Volksrepublik
CHINA
0 100 300 500
Kilometer
Amur
HEILUNGKIANG
MANDSCHUREI
Harbin
Tschangtschu
KIRIN
Wladiwostok
Japanisches Meer
MONGOLEI
(TSCHAHAR)
(JEHOL)
Schenjang
(Mukden)
LIAONING
(SUIYÜAN)
Peking
Tientsin
HOPEH
(Nord)
KOREA
(Süd)
Pyongyang
Seoul
Luschun
(Port Arthur)
JAPAN
Tokio
Osaka
Korea Straße
Gelbes Meer
Huangho
SCHENSI
SCHANSI
Yenan
Nanniwan
(Gelber Fluß)
Tsinan
SCHANTUNG
Tsingtao
Tschu-tscheng
Tschengtschou
Sian
HONAN
KIANGSU
ANHWEI
Hofei
Nanking
Schanghai
HUPEH
Wuhan
Yangtsekiang
Hangtschou
TSCHEKIANG
Ost-chinesisches Meer
PAZIFISCHER OZEAN
RYUKYU-INSELN
Lu-schan
Nantschang
Tschangscha
HUNAN
KIANGSI
Hsiang
Futschou
Matsu
FUKIEN
TAIWAN
Quemoy
KWANGSI
KWANGTUNG
Kanton
Perlen Fl.
Nanning
HONGKONG
MACAO
Golf von Tonkin
HAINAN
Südchinesisches Meer
PHILIPPINEN
LUZON
VIETNAM
(Süd)
Sam'l H Bryant

Roxane Witke · Genossin Tschiang Tsching

Roxane Witke

Genossin Tschiang Tsching

Die Gefährtin Maos erzählt ihr Leben

R. Piper & Co. Verlag München Zürich

Übersetzung aus dem Amerikanischen von Herbert Schlüter (Einleitung, I. und II. Kapitel), Wulf Bergner (III., XIV., XV. und XVI. Kapitel), Charlotte Franke (IV., V., VI. und VII. Kapitel), Anjuta Aigner-Dünnwald (VIII. und IX. Kapitel), Monika Hahn (X., XI., XII. und XIII. Kapitel), Hans-Jürgen von Koskull (XVII., XVIII. und XIX. Kapitel).
Die Originalausgabe erschien unter dem Titel »Comrade Chiang Ch'ing« bei Little, Brown & Company Ltd.
Der Piper Verlag dankt Dr. Frank Böckelmann für die Textredaktion.

Die Autorin dankt folgenden Verlagen, Agenten und anderen Personen für die Abdruckerlaubnis von Zitaten aus bereits früher erschienenen Büchern:
Little, Brown and Company, für Auszüge aus *»Khrushchev Remembers«* von Nikita S. Khrushchev. Übersetzt aus dem Russischen und herausgegeben von Strobe Talbott, mit einer Einleitung von Edward Crankshaw. Copyright © Little, Brown and Company (deutsche Ausgabe: »Chruschtschow erinnert sich«, Reinbek bei Hamburg, 1971.)
Curtis Brown, Ltd., für Auszüge aus *»Report from Red China«* von Harrison Forman. Copyright © 1972 by Harrison Forman.
The Seabury Press, für das Gedicht *»A Letter to Lady Tao Ch'iu«* aus *»The Orchid Boat: Women Poets of China«*, Übersetzt und herausgegeben von Kenneth Rexroth und Ling Chung. Copyright der englischen Übersetzung © 1972 by Kenneth Rexroth und Ling Chung.
Simon & Schuster, Inc., und Penguin Books Ltd., für das Gedicht *»The Immortals«* aus *»Mao Tse-tung«* von Stuart Schram. Copyright © 1966, 1967 by Stuart Schram (deutsch in: »Mao Tse-tung: 37 Gedichte«, übersetzt und erläutert von Joachim Schickel, München 1967).
Penguin Books Ltd. für Auszüge aus *»The Story of the Stone«*. Bd. I: *»The Golden Days by Cao Xueqin.«* Übersetzt von David Hawkes. Copyright © 1973 by David Hawkes.
Willis Barnstone für *»Militia Women«* und *»Written on a photograph of the Cave of the Gods«* aus *»The Poems of Mao Tse-tung«,* übersetzt von Willis Barnstone und Ko Ching-po. Copyright der englischen Übersetzung © 1972 by Bantam Books (deutsche Ausgabe: »Mao Tse-tung: 37 Gedichte«, übersetzt und erläutert von Joachim Schickel, München 1967).
Random House, Inc., für vier Zeilen aus *»Surgical Ward«* aus *»Collected Poems«* von W. H. Auden. Copyright 1945 by W. H. Auden.
Oxford University Press, für vier Zeilen aus *»Reply to Kuo Mo-jo«* von Mao Tse-tung. Aus *»Mao and the Chinese Revolution«,* übersetzt von Michael Bullock und Jerome Ch'en. Copyright © 1965 Oxford University Press (deutsch in »Mao Tse-tung: 37 Gedichte«, übersetzt und erläutert von Joachim Schickel, München 1967).

ISBN I-492-02285-5

Gesetzt aus der Times-Antiqua
Gesamtherstellung Appl, Wemding
Printed in Germany

Für Alexandra

Danksagung

Ich möchte mich bei der Johnson Foundation of Racine, Wisconsin, dem Joint Commitee on Contemporary China of the Social Science Research Council, dem American Council of Learned Societies, und bei dem National Endowment for the Humanities für ihre großzügige Unterstützung bedanken. Im East Asian Research Center der Universität Harvard durfte ich zwei Jahre lang in einer ausgezeichneten kollegialen Arbeitsatmosphäre arbeiten. Sowohl die Universität Stanford als auch die Staatliche Universität New York in Binghamton zeigten sich äußerst verständnisvoll gegenüber den Anforderungen meiner Forschung. Zu den Freunden und Kollegen, denen ich für ihren Beistand, ihr Urteil und ihre kritische Lektüre besonders zu Dank verpflichtet bin, gehören Larned G. Bradford, John K. Fairbank, Tsi-an Hsia, Michael Ipson, Donald R. Kelley, Donald W. Klein, John W. Lewis, Andrew J. Nathan, John S. Service, Ezra F. Vogel und Frederic Wakeman jr. Besonderen Dank schulde ich meiner kleinen Tochter, die immer fragte, wann Tschiang Tsching denn nun zum Essen käme.

Januar 1977 Roxane Witke

Inhalt

Einleitung

»Willst du Kenntnisse erwerben, mußt du an der die Wirklichkeit umwälzenden Praxis teilnehmen. Willst du den Geschmack einer Birne kennenlernen, mußt du sie verändern, das heißt sie in deinem Mund zerkauen.«
Mao Tse-tung, »Über die Praxis«

Einen Monat nach dem Tode Mao Tse-tungs am 9. September 1976 wurde seine Witwe Tschiang Tsching auf Geheiß der selbsternannten Nachfolger verhaftet und zur Staats- und Parteifeindin gestempelt. Ihr Schicksal teilten drei führende Männer der Partei – Yao Wen-yüan, Wang Hung-wen und Tschang Tschun-tschiao –, alle drei an die Macht gekommen, indem sie Maos Prinzipien der Kulturrevolution propagiert hatten. In den folgenden Wochen drängten sich die nach Millionen zählenden Massen in den Straßen von Peking, Schanghai und anderen Städten und überschütteten die »Viererbande« mit Anschuldigungen; dazu gehörten versuchter Mord an dem neuen Vorsitzenden Hua Kuo-feng und der Versuch, die höchsten Partei- und Staatsämter an sich zu reißen. In Schanghai führten die Demonstranten Bilder von Tschiang Tsching mit sich, auf denen ihr Hals in der Schlinge des Henkers steckte, und Transparente, auf denen ihr Name in riesigen Schriftzeichen stand, die in der Form von Knochen gemalt waren. Und als auf den Wandzeitungen die Todesstrafe für sie gefordert wurde, kündete Anfang November die Regierung an, daß der »Viererbande« der Prozeß gemacht werden würde.

Anfang Oktober informierte, wie verlautete, Hua das Politbüro des Zentralkomitees darüber, daß Tschiang Tsching mit einer ganzen Reihe von unerlaubten Mitteln versucht habe, mehr Macht zu erlangen, wozu auch ein ungewöhnliches wochenlanges Interview gehörte, das sie 1972 einer amerikanischen Professorin gegeben hatte. Sie habe – dies war der Vorwurf – das Interview benutzt, um einen »Kult um ihre Person« zu begründen, und dabei persönliche Angelegenheiten und Parteigeheimnisse an eine Ausländerin verraten.

Während des ganzen nächsten Monats sah man Wandplakate mit Karikaturen von ihr, auf denen sie als »Kaiserin« und »Verräterin« gebrandmarkt wurde. Einige Plakate zeigten Aufnahmen von Tschiang Tsching und der »amerikanischen Professorin« – mir – beim Interview. Was einmal als ihr Privileg gegolten hatte, war ihre Strafe geworden.

Tschiang Tsching ist die vierte und letzte Frau Mao Tse-tungs, des revolutionären Führers mit dem größten und beständigsten Einfluß in unserer Zeit. Damals, als wir miteinander sprachen und dieses Buch geschrieben wurde, war sie, ungeachtet der geringen Publizität, die ihr die chinesische Regierung gab, die mächtigste Frau der Welt. Trotz ihrer Ehe mit Mao, durch die sie an die Macht gelangte, sprach sie in unseren Unterredungen weniger von sich als der Frau Maos als von ihrem eigenen dreißigjährigen Ringen um eine führende Stellung. Und selbst als sie die Höhen der Macht erreicht hatte, war ihre Stellung immer gefährdet. Warum das so war, zeigt ihre Lebensgeschichte mit großer Deutlichkeit. In dem ersten der letzten vier Jahrzehnte war sie noch weithin unbekannt; im zweiten und dritten gelangte sie als die Frau eines revolutionären Führers in eine Gesellschaft, die weitgehend patriarchalisch war und es noch immer ist – wenn auch nicht mehr in dem Maße wie früher. Erst im vierten Jahrzehnt, als Maos Kräfte abnahmen, als er im Grunde nur noch ein Symbol war und immer weniger Macht ausübte, trat sie in den Vordergrund.

Obwohl sie einen Platz an der Spitze einnahm, mußte sie feststellen, daß die Welt nicht viel von ihr wußte. In China war es seit jeher das Ziel eines begabten Mannes, sich einen Namen in der Geschichte zu machen. Tschiang Tsching gehört zu den wenigen Frauen der chinesischen Geschichte, die den gleichen Ehrgeiz hatten. Dieses Buch zeigt, wie sehr sie sich um ihre historische Anerkennung bemühte und daß sie ihr Leben so darstellen wollte, wie nur sie selbst es kannte. Sie wollte, daß man sich später an ihre eigenen Überzeugungen und Leistungen erinnerte.

Natürlich nahm Tschiang Tsching ein großes Wagnis auf sich, als sie sich um Publizität bemühte. Mit ihrem Wunsch nach einem Buch, in dem ihre eigene Geschichte erzählt wurde, setzte sie sich über die Gesetze der kommunistischen Bewegung in ihrer gegenwärtigen Phase hinweg. Zwischen dem Ende der dreißiger und der Mitte der vierziger Jahre, als die chinesischen Kommunisten – die ihre Basis im nordwestlichen Jenan hatten – noch begeisterte junge Bauern-Revolutionäre von mehr oder weniger schlechtem Ruf waren, suchte die herrschende Kuomintang ihre Bedeutung in der Weltöffentlichkeit herunterzuspielen, indem sie ihnen jeden Zugang zur Außenwelt verwehrte. Aber die Kommunisten halfen sich, indem sie geschickt redigierte Biographien tollkühnen Journalisten anvertrauten, denen es gelungen war, bis zu ihren Stützpunkten vorzudringen. Man hoffte, daß die ausländischen Gäste – der bekannteste war Edgar Snow – die nicht-chinesische Welt mit wohlwollenden Porträts kommunistischer Kämpfer vertraut machen würden.

Doch die Periode der bestellten Biographien endete mit der Konsolidierung der kommunistischen Herrschaft über China in der Mitte unseres Jahrhunderts, als die Kommunisten eine vollständige Neugliederung von Land und Volk in Angriff nahmen und diplomatische Beziehungen zu auswärtigen Mächten aufnahmen. Obgleich China in den siebziger Jahren noch weitgehend von derselben Gruppe beherrscht wurde, die sich schon in Jenan gebildet hatte, propagierte diese Gruppe aggressiver denn je die Marx'sche These, daß die Geschichte mehr von den Massen als von deren Führern gemacht werde. Mit dem Selbstvertrauen, das ihnen nach fast einem Vierteljahrhundert Herrschaft zugewachsen war, luden sie Tausende von Ausländern ein. Sie erwarteten, daß die Gäste vom neuen China beeindruckt sein und ausführlich und freundlich über die befreiten Massen berichten würden.

Zwar widersprach Tschiang Tsching als strenge chinesische Kommunistin nicht dem Grundsatz, daß die Geschichte vom Volk gemacht würde und die Geschichtsbücher deshalb vom Volk zu handeln hätten. Doch konnte sie nicht vergessen, daß man ihr, als sie noch im Schatten Maos in Jenan gelebt hatte, keine Chance gegeben hatte, sich auch außerhalb Chinas einen Namen zu machen und ihren Leistungen gemäß beurteilt zu werden. Als im Sommer 1972 die von ihr inspirierte Kulturrevolution sie nach oben getragen hatte, ergriff sie die Gelegenheit, mir (ich hatte nur den Auftrag, über die Frauen in China zu berichten) und damit der Welt klarzumachen, daß sie um eine führende Position kämpfte und nach Maos Tod einen Anteil an seinem Erbe beanspruchen wollte.

Um dies deutlich zu machen, mußte sie sich oft vorsichtig und zweideutig ausdrücken. Wie bei vielen chinesischen Herrschern in der Vergangenheit verbanden sich auch bei ihr politisches Geschick und künstlerische und literarische Begabung. Auf die Rückseite eines der Photos, die sie mir schenkte – einer Ansicht der Han-yang-Spitze im Lu-schan-Massiv schrieb sie ein Gedicht, das höchstwahrscheinlich ein unveröffentlichtes Gedicht von Mao ist. (In Stil und Inhalt erinnert es an seine Gedichte aus den frühen sechziger Jahren.) In der Tradition einer Lyrik, die scheinbar von der Natur, in Wahrheit aber von Politik handelt, vergleicht er Tschiang Tsching mit einem wunderbaren Berggipfel, der meist im Flußnebel verborgen bleibt (»Tschiang« bedeutet »Fluß«). Nur selten zeige sich seine – ihre – »Majestät« unverhüllt. Vielleicht ist dies der Grund, weshalb sie mir das Bild gab.

»Ich schlage vor, daß ich mich vor Ihnen seziere«, sagte Tschiang Tsching. Sie offenbarte mir jedes Detail in ihrem Leben mit demonstrativer Offenheit und ideologischer Virtuosität. Das Bild vom »Sezieren« – wesentlich für ihr Selbstverständnis und ein Leitmotiv ihres Berichts – hatte sie von Lu Hsün entlehnt, dem größten chinesischen Protestschriftsteller des zwanzigsten Jahrhunderts, einem Mann, den sie vergötterte. Ihre Sektionen waren wie die seinen stets zweischneidig: Selbst-Sektion und Sektion der anderen. In freierer Übersetzung für die Massen wurden daraus Selbstkritik und Kritik der anderen, die tägliche Litanei des revolutionären Lebens.

Die Selbstanalysen Tschiang Tschings offenbarten eine Fülle von Widersprüchen und Konflikten. Am auffälligsten war dabei der Widerspruch zwischen ihrer persönlichen Unsicherheit und der festen und entschlossenen Haltung, mit der sie der Öffentlichkeit gegenübertrat, ferner die Paradoxie ihrer hartnäckig oppositionellen Haltung in einer Gemeinschaft von »Genossen« und schließlich die Skrupellosigkeit, mit der sie ihrer Überzeugung von den wohltätigen Wirkungen der Revolution diente.

Maos von Marx übernommene Erkenntnis, daß die Dialektik die »Algebra der Revolution« sei, hat das Leben Tschiang Tschings emotional und ideologisch bestimmt. Von Kind an gewann sie ihre Kraft aus Konflikten. Die marxistische Dialektik, die sie in ihrer Jugend kennengelernt hatte, bestärkte sie in ihrem eigenwilligen und kämpferischen Temperament. Auch ihre Erfahrungen in der Agitation gegen das repressive Regierungssystem Tschiang-Kai-scheks rechtfertigten eine am Konflikt orientierte Haltung. Die Ehe mit dem Banditenfürsten, die ihr in der revolutionären Avantgarde Prestige verlieh, befriedigte vielleicht ihr Herz und ihr Gemüt. Doch der Lauf der Dinge, Maos Auffassung von der hauptsächlichen Chance und ihr persönlicher Ehrgeiz gaben ihrem Leben eine andere Bestimmung.

Das Leben Tschiang Tschings, die Revolution und damit auch dieses Buch sind also voller Widersprüche: Einige sind verwirrend, manche aber aufschlußreich. In den täglichen Auseinandersetzungen des zum Maoismus gewordenen Marxismus ist vor allem von den großen Konflikten zwischen den Klassen die Rede (Grundbesitzer und Bauern, Kapitalisten und Arbeiter, Bourgeoisie und Proletariat). Fast alle ausländischen Beobachter Chinas geben sich mit Erklärungen, die auf diese Gegensätze verweisen, zufrieden. Aber auch aus anderen, vertrauteren und leichter nachvollziehbaren Konflikten speist sich ein revolutionäres Bewußtsein. Dazu gehören die Spannungen zwischen den verschiedenen Führern, zwischen den Führern und Geführten, zwischen den Geschlechtern, den Generationen, dem öffentlichen und dem privaten Bereich, zwischen dem intellektuellen Liberalismus und der politischen Orthodoxie und zwischen den »starken« und »schwachen« Seiten der menschlichen Natur. Obwohl sich alle offiziellen Erklärungen Tschiang Tschings in marxistischen Gedankengängen bewegten, zeigt ihre Lebensgeschichte, daß für sie andere Konflikte ebenso bedeutsam (und für ihre eigene Person sogar noch bedeutsamer) waren.

Ihr Leben, wie sie es mir beschrieb, war einsam und hart gewesen, ein Leben, in dem Vertrauen und Güte fehlten, sieht man einmal von den wenigen familiären und freundschaftlichen Bindungen ab. Nachdem die Kinder, die sie gemeinsam mit Mao aufgezogen hatte, groß geworden waren und während Mao seinen kühnen Weg weiterging – immer wieder unterbrochen von Perioden, in denen er sich völlig zurückzog und in sich selbst zu versinken schien –, war sie einsamer als je zuvor. In ihren mittleren Jahren stand sie vor der Entscheidung, entweder als anonyme Lebensgefährtin zu altern oder um einen Platz in der Führungsschicht zu kämpfen. Dabei mußte sie sich auf ihre eigenen Fähigkeiten verlassen, wenn sie überleben wollte. So setzte sie sich in den frühen sechziger Jahren vorbehaltlos für eine kulturelle Revolution ein und entwickelte dabei ihren eigenen politischen Stil, der bewußt dialektisch und durch taktisches Geschick gekennzeichnet, aber im Grunde höchst widersprüchlich war. Sie brachte es zu einer wahren Kunst darin, ihre Vertrauten und Berater zu unbedingter Loyalität zu verpflichten. Diese Vertrauten gewannen dann ihrerseits diejenigen für sich, die in der politischen Hierarchie unter ihnen standen. Aber da Tschiang Tsching die Furcht vor Verrat nie verlor, konnte sie dieser Loyalität nie ganz froh werden. So wenig wie Mao durfte sie Skrupel haben, wenn es darum ging, Genossen, die politisch nicht mehr von Nutzen waren, fallenzulassen oder sogar öffentlich bloßzustellen. In einer Welt, in der die Lehre von der Verpflichtung gegenüber dem ganzen Volk Vorrang hat vor der Verpflichtung gegenüber dem Individuum, hielt keine Freundschaft einem »klassenbewußten« Urteil stand. Da ihre politischen Maßstäbe so streng waren, wußte sie weit mehr von Feinden als von Freunden zu erzählen – das heißt, sie »sezierte« sie in der Tat.

Bereits 1934, als sie noch eine ehrgeizige junge Filmschauspielerin war, hatte sie ein ambivalentes Verhältnis zu den Massen, die schon damals das eigentliche Subjekt und Objekt aller radikalen und politischen Anstrengungen waren. Würden die Massen sich um sie drängen und sie mit Blumen überhäufen, oder würden sie sie ermorden? Oder so sehr demütigen, daß sie zum Selbstmord getrieben wurde? Ich kam dahinter, daß ihre persönlichen Obsessionen fast immer einen politischen Hintergrund hatten. Ein gutes Beispiel ist die lange, teils eingebildete, teils wahre Geschichte von den Schikanen, die sie von dem Kulturkommissar Tschou Yang und seiner Garde von Talenten erdulden mußte. Ihren Groll gegen diese Männer nährte sie drei Jahrzehnte lang, bis sie genug Macht erworben hatte, um sie zu vernichten. Persönliche Rachsucht in Verbindung mit einer Politik im Dienste Maos ließen sie eine Kulturrevolution gegen die widerspenstige revisionistische Ideologie solcher Männer fordern – gegen eine Ideologie, die uns wesentlich liberaler als die Ideologie Tschiang Tschings und Maos erscheint.

Dabei blieb ihr immer bewußt, daß sie der Unterstützung Maos für ihre grandiosen Pläne nie ganz sicher war, zumal in den Jahren, in denen er eher ein zurückgezogen lebender Philosoph als ein regierender König war. Diese Sorge, die in ihrem ganzen Bericht spürbar ist, muß als Reaktion auf die Impulsivität Maos verstanden werden. Als paranoid kann man sie nicht bezeichnen. Nachdem er seine erste Frau verstoßen hatte – ein Bauernmädchen, das ihm seine Eltern aufgezwungen hatten –, heiratete und verließ er seine zweite Frau, eine Intellektuelle, von der er drei Söhne hatte. Sie wurde, zur Vergeltung für seine kommunistische Agitation, von der Kuomintang hingerichtet. Seine dritte Frau – sie erlitt während des qualvollen Langen Marsches einen Nervenzusammenbruch – wurde nach langjährigem Exil in der Sowjetunion in eine chinesische Heilanstalt eingewiesen. Seine beiden designierten Nachfolger, Liu Schao-tschi und Lin Piao, verloren plötzlich sein Vertrauen, und er vernichtete sie beide in der Blüte ihrer Jahre. Wie konnte sich Tschiang Tsching angesichts eines solchen Verhaltens als Frau und als politische Partnerin auch nur im geringsten sicher fühlen?

Wenn man sich nicht als Anthropologe betätigen will, um zu begreifen, mit welchen Schwierigkeiten Tschiang Tsching in ihrer Umgebung zu kämpfen hatte, könnte man leicht eine klare Linie in ihrem Leben vermissen. Mit so simplen Etikettierungen wie »radikal«, »ultralinks« oder auch »paranoid« zeichnet man kein Bild von ihrer Persönlichkeit oder von der Revolution, der sie sich zusammen mit Millionen anderer verschrieben hatte. Wenn eine Gesellschaft sich lieber darüber ausläßt, was sein sollte, statt aufzudecken, was ist, dann ist die notwendige Umformung der Realität keine leichte Aufgabe.

Das China der Gegenwart wird ebenso von den Kräften der Tradition bewegt wie vom revolutionären Elan. Von zentraler Bedeutung für die politische Dynamik ist überall die Beziehung zwischen Führern und Geführten. Der Philosoph Konfuzius, der Begründer der politischen Morallehre, an die man sich in China ungefähr fünfundzwanzig Jahrhunderte lang hielt, verglich die Wirkung des Herrschers auf das Volk mit dem Druck, den der Wind auf das Gras ausübt. Dank innerer Tugend und äußerer Tatkraft, mit Worten und Taten, war der Herrscher ein Vorbild für sein Volk, das sich seiner letztlich moralischen Macht beugte.

Die kommunistischen Führer – vielleicht ohne sich dessen immer bewußt zu sein – haben von Anfang an nach demselben Prinzip gehandelt. Die »führenden Genossen« (wie sich die Spitzenpolitiker selbst nennen) dienen dem Volk als Vorbilder in ihrer moralischen Haltung und ihrem Handeln. Um beim Volk einen starken Widerhall zu finden, werden einzelne aus den Volksmassen belohnt, wenn sie sich der von der Zentrale ausgehenden moralischen Kraft beugen. Die aus den Massen hervorgegangenen würdigsten Personen werden als lokale Vorbilder präsentiert. Das System des allgemeinen Wettstreits wird auf alle kontrollierbaren Bereiche des Alltags ausgedehnt: die Familie, die Schule und den Arbeitsplatz. Aber alle politischen Vorstellungen, die auf der untersten Ebene verwirklicht werden, gehen von der Spitze aus.

Wer also regiert, und wer macht Geschichte? Die Führer, schon avanciert die einen, frisch den Massen entwachsen die anderen, wie es der konfuzianischen Tradition entspricht? Oder in erster Linie die Massen, wie es Marx gelehrt und die chinesischen Kommunisten bekräftigt haben? Tschiang Tsching sprach und handelte – wie das Regime, das sie repräsentierte – nach dem Vorbild beider Traditionen. Und sie lebte an beiden Enden des sozialen Spektrums – freilich nirgendwo angenehm.

Daß sie eine Frau war, brachte sie in ein Dilemma, das in ihrem Leben von zentraler Bedeutung war. Sie war ein Kind des Volkes, trennte sich von ihrer Familie und lernte als Schauspielerin die Kunst, das Publikum für sich zu gewinnen. Schließlich erkämpfte sie sich einen Weg bis zum Gipfel der revolutionären Macht. Ihre Ehe mit Mao, die ihren Erfolg begünstigte, schien sie an die Spitze einer Gesellschaft zu führen, in der Männer und Frauen angeblich gleich waren. Aber in Wirklichkeit sah sie sich gezwungen, im Schatten des großen Mannes zu stehen. Sie blieb ausgeschlossen von den Beratungen der führenden Männer, und sie war isoliert von den Massen, die die Geschichte zu verändern begannen. In ihren mittleren Jahren entzog sie sich dem Einfluß des Vorsitzenden, indem sie sich anderer einflußreicher Männer und der darstellenden Künste bediente, um ihre Verbindung zu den Massen wiederherzustellen. Nur die Massen konnten ihr die politische Legitimation und Sicherheit bieten, die sie für ein Leben in der permanenten Revolution benötigte.

Für Tschiang Tsching war das Leben in den Massen nie leicht gewesen. Es wurde noch erschwert durch die Entschlossenheit der in den dreißiger Jahren herrschenden nationalistischen Regierung, alle Unzufriedenen zu beseitigen, insbesondere Radikale wie sie. Dazu kamen der Nachteil, eine Frau zu sein – die Geringschätzung des weiblichen Nachwuchses war in China Tradition –, und der schlechte Ruf, in dem selbst die guten Schauspielerinnen und Filmstars standen. Und als sie im befreiten Nordwesten des Landes ihr Schicksal mit dem Mao Tse-tungs verband, forderte sie damit neue Vorurteile heraus: das Vorurteil gegen die jüngere Frau, die die ältere Ehefrau verdrängt, und das gegen die Frau des politischen Führers, die nach einem Sonderstatus strebt und eine direkte Beziehung zum Volk sucht. Als selbsternannte politische Führerin geriet sie in den sechziger Jahren noch mit einer anderen, bis dahin nicht in Frage gestellten Tradition in Konflikt – mit der Überzeugung, daß Autorität in Fragen der Kunst ein Vorrecht des Mannes sei. Im Verlauf der Kulturrevolution übernahm sie das Kommando über den außerordentlich wichtigen Bereich der Kultur. In diesem Bereich wird im heutigen China die Ideologie vermittelt und damit das Bewußtsein des Volkes geprägt. Wie keine andere Frau ihrer Zeit machte sie den Nietzsche'schen Sprung über die eigene Generation hinweg und lebte immer mehr in der faustischen Überzeugung, daß es keine Kunst gab, die sie nicht ausüben, keine Wissenschaft, die sie nicht verstehen, kein Gebiet, das sie nicht beherrschen könnte.

Als Kind rebellierte sie spontan, und später wurde sie eine Frau der Extreme. Sie machte sich ein entschiedenes marxistisches Denken zu eigen und verwarf die gemäßigte Position. In der Gesellschaft, in der sie lebte, verabscheute sie die Bourgeoisie. Im Theater, das sie unter ihre Kontrolle gebracht hatte, verbannte sie alle »mittleren Rollen« von der Bühne (das heißt jene, die keine extremen Klassengegensätze darstellten). Alles, was sie plante, führte sie ohne Rücksicht auf die Konsequenzen bis zum Ende durch. Nichts war wahr für sie, wenn es nicht wehtat – ihr oder einem anderen oder einer sozialen Klasse. Ihr Leben unter ständigem Risiko, das geschärfte Bewußtsein für die Vergangenheit und der improvisationsfreudige Stil ihrer Kulturrevolution ließen erkennen, daß sie gegen gewisse heilige Vorstellungen rebellierte, an denen die kommunistische Politik hing. So bekämpfte sie den altmodischen Bürokratismus, der die Frauen und die Jugend von der Ausübung der Macht und von der Verantwortung ausschloß.

Obwohl sie in einer von den Männern beherrschten Gesellschaft jeden Grund gehabt hätte, Feministin zu sein, war sie keine – nicht im üblichen Sinne. Sie machte gelegentlich Bemerkungen über die Schwierigkeiten, mit denen die chinesischen Frauen zu kämpfen hätten, und über die Veränderungen des Status der Frauen (sie äußerte sich nicht über die Lage der Frauen in der westlichen Welt). Aber sie beklagte sich so gut wie nie, obwohl ihr doch Männer oft das Recht auf eine eigene Meinung bestritten und ihren Aufstieg zur Macht zu verhindern gesucht hatten. Die Gründe für ihre Zurückhaltung waren im wesentlichen ideologischer Natur. In einer marxistischen Darstellung der Vergangenheit Chinas gehörte die Frauenrechtsbewegung zu der bürgerlich-demokratischen Phase der historischen Entwicklung. Deshalb entwickelte die Chinesische Kommunistische Partei die Theorie, daß unter dem Sozialismus die Frauen den Kampf der Geschlechter abbrechen, den Klassenkampf beginnen und an der Seite ihrer proletarischen Brüder gegen die gemeinsamen Unterdrücker kämpfen sollten – die Grundbesitzer, Kapitalisten und Imperialisten. Wann immer Tschiang Tsching in unseren Gesprächen ihrem Ärger über einen Mann Luft machte, warf sie ihm »revisionistische« und »konterrevolutionäre« Machenschaften vor, nur selten »männliche Anmaßung«. Hätte sie behauptet, daß in der kommunistischen Führung lauter männliche Chauvinisten säßen, hätte sie den Erfolg in Frage gestellt, mit dem das Regime das Stadium des Sozialismus erreicht hatte, und überdies der ebenso traditionellen wie revolutionären Vorstellung zuwidergehandelt, nach der die Führer rechtschaffene Vorbilder für das ganze Volk sind. Und schon gar nicht konnte sie aus allen möglichen allgemeinen und privaten Gründen ihren Mann kritisieren: Gerade der Vorsitzende Mao präsentierte sich den Massen der Frauen als ihr persönlicher Fürsprecher – er, der Führer, der sie stolz machte, wenn er sagte: »Die Frauen tragen die Hälfte des Himmels.«

Wir sollten uns an Tschiang Tsching als an einen Menschen von ungewöhnlichem Mut erinnern – eine Führerin in einer Periode des Übergangs und ein hervorragendes Mitglied der revolutionären Avantgarde. Sie war ein Überbleibsel aus dem feudalen Zeitalter, als die Herrscher machtlose, aber schöne und begabte Frauen heirateten – Frauen, denen es zuweilen gelang, am Ende selbst Macht auszuüben, doch nur im Hintergrund, kaum je vom Thron des Herrschers aus. Die Schritt für Schritt erfolgende Befreiung der Nation katapultierte einige wenige Frauen in leitende Positionen. Aber erst die Kulturrevolution gab den Armen, der Jugend und den Frauen mehr Unabhängigkeit von der Familie. Obwohl der Weg Tschiang Tschings zur Macht mit ihrer Heirat begann, wurde die autonome Stellung, die sie später erreichte, auch für andere Frauen zum Signal, ohne Rücksicht auf Ehemann und Familienbande nach politischer Autorität zu streben.

Hätte die politische Karriere Tschiang Tschings im materiellen Bereich der Revolution begonnen – dort, wo es um Fortschritte in der Landwirtschaft, der Industrie oder der Wissenschaft geht –, wäre meine Aufgabe, eine historische Rekonstruktion, sehr viel leichter gewesen. Niemand wird widersprechen, wenn man feststellt, daß eine Ausweitung der Lebensmittelproduktion und eine gerechtere Verteilung eines der wichtigsten nationalen Ziele für ein riesiges Land sein muß, das regelmäßig von Hungersnöten heimgesucht wird. Aber als Tschiang Tsching auf den Kontrollturm der Revolution kletterte, wurde die Wirtschaft des Landes von Männern überwacht, die die Macht schon lange in Händen hielten. Andere fungierten als Wächter der Ideologie.

Aber gerade der nicht-materielle Bereich – in der marxistischen Terminologie der »Überbau« – interessierte Tschiang Tsching am meisten. Mao hatte schon immer gewußt, daß die größte Herausforderung an die revolutionäre Führung darin bestand, den menschlichen Geist zu manipulieren, die Ungebildeten wie die Gebildeten dazu zu bewegen, im Namen des proletarischen Klasseninteresses jahrhundertealte Werte zu verwerfen. Wie aus dem Bericht Tschiang Tschings hervorgeht, haben die chinesischen Führer ebenso wie die ausländischen Beobachter über die moralischen und die technisch-praktischen Probleme der Revolution und über den Nutzen und den Mißbrauch der Propaganda gründlich nachgedacht. Allerdings wissen wir kaum etwas darüber, an welche Alternativen die führenden Politiker dachten. Wir kennen nicht viel mehr als ihre öffentlichen Erklärungen.

Ideologie wird oft als etwas angesehen, das in keinem Zusammenhang mit der Praxis steht, und für Journalisten sind die »Ideologen« oder »Radikalen« eine Gruppe für sich. Aber in China besteht ein vitaler Zusammenhang zwischen der Ideologie und der Lösung der materiellen Lebensfragen. Dieser Zusammenhang von Idee und Aktion faszinierte Tschiang Tsching, und ihr Hauptinteresse galt den Techniken der Beeinflussung menschlicher Motivationen. Wie konnte man Bauern und Arbeiter dazu bringen, mit den Gewohnheiten vieler Generationen zu brechen und die sozial Höherstehenden (Grundbesitzer, Kapitalisten und so weiter), die für sie vielleicht Patriarchen, keine Tyrannen gewesen waren, zu entmachten? Wie konnte man Millionen junger Menschen dazu bringen, gegen das fundamentale Gebot Konfuzius' zu verstoßen, gegen das Gebot kindlicher Ehrfurcht, das besagte, daß die Weisheit des Alters unter allen Umständen respektiert werden müsse? Und wie konnten Frauen lernen, ihren Männern die Stirn zu bieten, wenn die herkömmliche Kriecherei bequemer war? Wie brachte man Menschen, die seit Jahrhunderten nach derselben alten Produktionsmethode arbeiteten, dazu, Neuerungen einzuführen, um ein kühnes Produktionsziel zu erreichen? Und wie waren sie durch nicht-materielle Anreize wirksam zu stimulieren?

Die Antwort auf diese Fragen lag in einer Etablierung neuer Werte und in einem System von Belohnungen und Bestrafungen, wie es so zielstrebig noch nie in der Geschichte angewandt worden war. In dieser schonungslos errichteten Kulturindustrie der sechziger Jahre tauchte Tschiang Tsching als der Chefingenieur auf, mit Plänen in der Hand, die kein anderer als der Vorsitzende Mao selbst entworfen hatte. In einer Welt, in der die nationale Gegenwart die gleiche Bedeutung wie die nationale Vergangenheit hatte, duldeten Tschiang Tsching, Mao und ihre Anhänger keine andere Autorität und keine ausgleichenden Gegenkräfte.

»Ein großer Schriftsteller ist sozusagen eine zweite Regierung seines Landes«, schrieb Solschenizyn in »Der erste Kreis der Hölle«. Da die zaristische Tradition durch europäische Begriffe wie Freiheit und Liberalismus durchsetzt war, sah sich die Sowjetunion gezwungen, Gruppen von Abtrünnigen, die sich immer wieder bildeten, zu dulden. Aber in China war die autokratische Tradition des Kaiserreichs von solchen Ideen weitgehend unberührt geblieben, bevor die Regierung Mao Tse-tungs diese Tradition auf andere Weise fortsetzte. Millionen von Anhängern übertönten die vereinzelten Stimmen der Dissidenten, die sich zum erstenmal in einer kurzlebigen liberalen Bewegung erhoben hatten, von der sich der gleichermaßen autokratische Tschiang Kai-schek herausgefordert sah. Die Schriftsteller, die die Regierung Maos nicht unterstützten, wurden unterdrückt, liquidiert oder durch ideologische Umerziehung »gerettet«.

Unter der Herrschaft Maos wurde die Freiheit des Gewissens, der Rede und der Presse, die wir in unserer Kultur als Lebensrechte beanspruchen, als bürgerlich, reaktionär und konterrevolutionär verurteilt. Als Tschiang

Tsching vom Kampf gegen eine Zentralregierung (die der Nationalisten der dreißiger Jahre) zur Verteidigung einer anderen (der Mao Tse-tungs) überging, wurde sie die treibende Kraft des geistigen Sektors, die Hüterin des Überbaus, die Leiterin des nationalen Syndikats einer proletarischen Kultur. Der Leitgedanke war, daß – da ja nun die Zentralregierung wirklich die Regierung »des Volkes« war – eine »zweite Regierung«, von links oder von rechts, völlig überflüssig war.

Man wird natürlich Tschiang Tsching und Mao – die eine entmachtet, der andere tot – als Menschen und als politische Führer miteinander vergleichen. Die Hingabe an die Sache war beiden gemein, aber die Unterschiede, was das Talent und den strategischen Überblick betrifft, waren unübersehbar. In dem, was Tschiang Tsching sprach und schrieb, fehlten die ideologische Virtuosität, die Souveränität in der Auseinandersetzung mit der Geschichte, der Wechsel von Sanftheit und Schärfe, die poetischen Höhenflüge, die Gelassenheit und der Stich ins Absurde, der das gelackte Bild Mao Tse-tungs menschlicher machte. Tschiang Tsching lernte es, in der Öffentlichkeit zu leben und ihre politische Karriere dem Test des praktischen Erfolgs auszusetzen. Alles in allem sind vielleicht die Geschichte ihres Lebens und ihre Selbsteinschätzung (im Hinblick auf den Einfluß, den sie ausgeübt hat) historisch bedeutsamer als die Ansichten, die sie dem chinesischen Volk – und durch dieses Buch – verkündet hat. Tschiang Tsching hatte – wie jeder in China weiß, der sie kannte – eine gewisse Ausstrahlung, die ich in ihrer Nähe empfand, während sie sich mit wachsender Entfernung zu verflüchtigen schien – und die in ihren Schriften völlig fehlt. Ungeachtet ihres Alters setzte sie jene Anziehungskraft ein – manche mögen es Sex-Appeal nennen –, die mit großer Macht verbunden ist. Während ihres eindrucksvollen Monologs erlebte ich manch theatralischen Stimmungswechsel – von Wut zu Zärtlichkeit und heiterem Übermut, vergleichbar den wechselvollen Schaustellungen der von ihr geführten Kulturrevolution. Die politische Starrolle, die sie spielte, ist nicht einfach als Fortsetzung ihrer lang zurückliegenden kurzen Karriere als Schauspielerin zu verstehen. Tschiang Tschings Selbstbewußtsein gründete, wie es mir schien, in der Gewißheit, daß ihr niemand mehr ihren Platz in der Geschichte streitig machen kann. Privat spielte sie diese Rolle ebenso überzeugend wie vor den Massen. In ihrer kraftvollen, lebenssprühenden Persönlichkeit konzentrierte sich das Gefühl des Volkes für das gewaltige nationale Drama, das sich vollzog.

Dieses Buch ist »autorisiert« nur insofern, als Tschiang Tsching den Wunsch nach seiner Veröffentlichung äußerte. Nie hat sie verlangt, das Manuskript vor der Drucklegung einsehen zu können. Auf unsere erste Begegnung in Peking war ich nicht vorbereitet; zwar hatte ich mein Notizbuch bei mir, aber die Situation schlug mich so sehr in Bann, daß ich es nicht gebrauchte. Sie berührte einen weiten Kreis von Themen, einige beiläufig, andere mit Nachdruck. Etwa zwei Wochen später erhielt ich eine Niederschrift des Interviews, die, wie sie erklärte, auf »Präzision und Diskretion« hin redigiert worden war. Die »Redakteure« waren: Tschou En-lai, der Premierminister, Yao Wen-yüan (der Chef der literarischen Mitarbeiter Tschiang Tschings) und andere »führende Genossen« (dieser Hinweis schloß Mao nicht aus). Wie ich es erwartet hatte, waren einige schockierende Bemerkungen über Lin Piaos Travestien und deren schädliche Auswirkungen auf ihre psychische und physische Gesundheit aus der Aufzeichnung gestrichen worden – aber nicht aus meinem Gedächtnis. Auf ihren Wunsch hin werden jedoch solche Einzelheiten in diesem Buch nicht behandelt.

Bei unseren nächsten Zusammentreffen machte ich mir regelmäßig Notizen, trotz der Zusicherung Tschiang Tschings, daß ich jedesmal eine Aufzeichnung erhalten würde. Diese Aufzeichnungen beruhten, wie sie sagte, jeweils auf einer Bandaufnahme, die durch Notizen von einem oder mehreren offiziellen Schreibern ergänzt wurden. Wenn wir allerdings unterwegs waren, verließen wir uns ausschließlich auf diese Notizen. Doch obwohl ich die Fähigkeiten der Schreiber nicht bezweifelte und durchaus darauf vertraute, daß Tschiang Tsching stark genug war, um Wort zu halten, machte ich mir Notizen für meine eigenen Aufzeichnungen, die das meiste von dem, was sie gesagt hatte, enthielten. Außerdem notierte ich, wie sie aussah und sich bewegte, in welchem Rahmen das Gespräch stattfand und die Namen dritter Personen, die am Gespräch teilnahmen. Notfalls würden mir meine Notizen genügen, und sonst konnte ich sie mit der offiziellen Niederschrift vergleichen. Die politische Bearbeitung durch Tschou und andere war für mich von besonderem Interesse.

Nachdem ich im Jahre 1972 in die Vereinigten Staaten zurückgekehrt war, tauschten Tschiang und ich über zwölf Monate lang zahlreiche Bücher und Fotos, zwei Spielfilme und mehrere Mitteilungen aus. Dies geschah auf diplomatischem Weg, durch Vermittlung des chinesischen Botschafters bei den Vereinten Nationen, Huang Hua, und seiner Frau Ho Li-liang. Dann jedoch verzögerte sich die Zustellung der restlichen Protokolle, und es kam zu einem monatelangen Tauziehen. Von Zeit zu Zeit erhielt ich eine Benachrichtigung, aus der hervorging, daß die Ausfertigung der Protokolle in zwei Sprachen (chinesisch und englisch) Schwierigkeiten bereite, ich sie aber bald erhalten würde. Endlich, im Mai 1973, wurde ich von Ho Li-liang im Namen des Botschafters und ihrer Genossen davon unterrichtet, man sei der Meinung, daß unsere Gespräche »zu lang und zu kompliziert« seien, als daß man sie als einen offiziellen Bericht der Partei oder der Regierung herausgeben könne. Aber es stünde mir frei, versicherte Ho Li-liang (und sie und der Botschafter wiederholten bei anderen Gelegenheiten diese Aufforderung), die erste Niederschrift zu veröffentlichen (deren Themen in den ausführlicheren Berichten, die mir Tschiang Tsching später gegeben hatte, wieder aufgegriffen wurden) und im übrigen meine eigenen Notizen zu verwenden. Ich sollte keine »Biographie« schreiben (da dies gegen den marxistischen Grundsatz verstoßen würde, daß die Massen und nicht die Führer Geschichte machten – und gegen die Auffassung, daß allein Mao die Quelle der Wahrheit und Weisheit sei), sondern eine Geschichte der Revolution, dargestellt

»vom Standpunkt des Vorsitzenden Mao« aus. Wenn ich einige wenige Kapitel Tschiang Tsching widmen wolle, sei dagegen nichts einzuwenden.

»Aber ich bin mit dem Vorsitzenden Mao nicht zusammengetroffen und kenne daher seinen Standpunkt nicht«, erwiderte ich.

»Sie können seine Werke lesen«, sagte Ho Li-liang.

Das, sagte ich ihr, hätten schon viele getan, sogar viele Ausländer. Aber was die persönliche Perspektive des Vorsitzenden angehe, so könnte ich wenig Neues hinzufügen, und dieses Wenige würde notwendigerweise auf dem beruhen, was mir Tschiang Tsching erzählt hatte. Ich erfuhr daraufhin, daß das Botschafterpaar den Auftrag Tschiang Tschings an mich, ihren »Standpunkt« ohne Abstriche zu veröffentlichen, zurückziehen sollte.

Daß man mir, abgesehen von den ersten Niederschriften, alle Protokolle verweigerte, war betrüblich. Aber zugleich weckte es mein Interesse, ich sah nun deutlich die Widersprüche und die Interessenkonflikte innerhalb der chinesischen Führung. Die Sorge, die ich hinter ihrer verkrampften Gastfreundschaft in ihrer New Yorker Mission spürte, war – das wußte ich – nur der äußere Ausdruck sehr viel tiefergehender Zerwürfnisse, und diese wurden vor der chinesischen Öffentlichkeit stets durch allgemein gehaltene Erklärungen und Anordnungen des Vorsitzenden Mao verdeckt. Aber letzten Endes gab die Entscheidung, mir keine offizielle Version der Äußerungen Tschiang Tschings zu überlassen, mir meine Freiheit als Autorin dieses Buches zurück. Statt daß ich nur als Sprachrohr Tschiang Tschings fungierte, wie man es von mir erwartete, konnte ich jetzt berichten, was sie gesagt hatte, es mit anderen Quellen vergleichen und interpretieren. Den Konflikt in der chinesischen Führung konnte ich nun aus meinem Bericht nicht mehr ausklammern. Zum Beispiel stellte ich mir die Frage: Hatte Tschiang Tsching, die mir die Protokolle versprochen hatte und die, solange ich in China war, jedes Versprechen gehalten hatte, sich plötzlich freiwillig dazu entschlossen, sie nicht zu autorisieren? Hatte Mao diesen Entschluß gefaßt? Oder hatten andere es verübelt, daß Tschiang Tsching die Regeln der revolutionären Anonymität mißachtete, tagelang allein unterwegs war, den mörderischen Konkurrenzkampf zwischen den Führern aufdeckte und Meinungen äußerte, die sich von denen Maos unterschieden oder überhaupt von niemandem geteilt wurden?

Diese offenen Fragen bestärkten mich in meinem Entschluß, mich auf das umfangreiche Material zu verlassen, das mir Tschiang Tsching geliefert hatte. Meine Arbeit an dem Buch blieb der chinesischen Delegation bei den Vereinten Nationen nicht verborgen, und ihre Besorgnis wuchs. Offenbar war die Delegation aus Peking über die Substanz der Gespräche (und die Bedenken von höchster Stelle) informiert worden. Im Januar 1974 forderte Ho Li-liang (die kurz zuvor drei Monate in Peking verbracht hatte) mich noch einmal eindringlich auf, keinen vollständigen biographischen Bericht zu geben, besser gesagt, »keine Geschichte der Revolution zu schreiben, die weitgehend den Standpunkt der Genossin Tschiang Tsching wiedergibt«. Ho fragte mich, ob ich mich nicht an das »Mai-Kommuniqué« erinnerte (im Mai 1973 hatten sie und Huang Hua mich davor gewarnt, eine Biographie zu schreiben), und sie bot mir eine finanzielle Entschädigung an, für den Fall, daß ich ihrer Bitte entspräche. Natürlich weigerte ich mich. Mit Rücksicht auf die ursprünglichen Wünsche Tschiang Tschings und weil ich sicher war, daß meine Aufzeichnungen von großem historischem Interesse seien, setzte ich meine Arbeit fort.

Was hohe chinesische Beamte zu unterdrücken suchten, das wollten ihre amerikanischen Kollegen ebenso begierig erfahren. Beauftragte des Büros von Außenminister Kissinger, das CIA und der FBI baten mich direkt und indirekt (durch Freunde und Kollegen) um vollständige Kopien der Protokolle und meiner persönlichen Notizen. Ich lehnte es aus zwei Gründen ab, ihnen die Kopien zu überlassen. Der erste: Kein Vertreter der chinesischen Regierung hatte in China versucht, mich als Überbringer politischer Informationen an die amerikanische Regierung zu benutzen, und keine Fragen der nationalen Sicherheit standen auf dem Spiel. Der zweite: Als Historikerin, die, als sie nach China ging, nur sich selbst repräsentierte, sah ich mich nicht verpflichtet, anderen mein noch nicht ausgewertetes Material auszuhändigen, bevor ich selbst die Maßstäbe von Präzision und Diskretion angelegt hatte. Zuerst wollte ich das Material zu einem Buch zusammenstellen, das der breiten Öffentlichkeit das ungewöhnliche Leben Tschiang Tschings, das untrennbar mit der Geschichte der Revolution verbunden war, nachvollziehbar machen konnte. Nachdem ich aus China zurückgekehrt war und ein Jahr in Stanford und später zwei Jahre an der Harvard-Universität verbracht hatte, wurde es publik, daß Tschiang Tsching mehrere ausführliche Interviews gegeben hatte, obwohl nur eine Auswahl des Materials in akademischen Kreisen und einigen Zuhörern bekanntgeworden war (ich hatte über Tschiang Tschings Leben, ihre Genossen und die chinesische Problematik insgesamt referiert). Es begann im Spätherbst 1975. In dieser Zeit fand das übliche Gerangel um mehr Einfluß unter den rivalisierenden chinesischen Führern – unter den Mitgliedern der alten Garde wie unter den Emporkömmlingen – größeren öffentlichen Widerhall als sonst. Die Chinaspezialisten der Presse griffen einige Bemerkungen auf, die ich privat oder öffentlich über die Interviews gemacht hatte. So konnte man unter anderem hören, daß Tschiang Tschings Indiskretionen gegenüber einer Ausländerin und die Enthüllungen der »geheimen Taktiken« des Vorsitzenden Mao ihren Sturz verschuldet hätten – sicher eine Übertreibung angesichts der Tatsache, daß Tschiang Tsching noch jahrelang nach den Interviews öffentlich aufgetreten war und die von ihr vertretenen Prinzipien noch lange Gültigkeit hatten. Im nächsten Frühjahr, als der mutmaßliche Nachfolger Tschou En-lais, Teng Hsiao-ping, in Ungnade gefallen war, sahen Reisende in Kanton Wandzeitungen, auf denen Tschiang Tsching (die als treibende Kraft der Bewegung gegen die Rechten galt) angeprangert wurde, weil sie eine Biographie veranlaßt habe, die innerparteiliche Vorgänge und »für Mao peinliche persönliche Angelegenheiten« preisgab. Ähnliche Spekulationen, auch unsinnige Berichte über einen Diebstahl von Teilen meines Manuskripts aus meinem Büro in der Harvard-Universität* und über die Übergabe dieser Texte an den amtieren-

* Einzelheiten über Diebstähle, bei denen keine Originalmanuskripte abhanden kamen, wurden von mir weder in der Öffentlichkeit noch in der Presse erörtert.

den Premierminister Teng Hsiao-ping (der sie dann seinerseits an Mao weitergereicht haben soll) wurden im nächsten Frühjahr international verbreitet.

Solche Spekulationen über die Herren Chinas und ihre riskanten Kontakte mit dem Ausland passen sehr gut zu der Geschichte Tschiang Tschings. Bei der Rekonstruktion ihrer Vergangenheit kam immer wieder zur Sprache, wie sie in ihrem ganzen Leben von dem Klatsch verfolgt wurde, dem eine Frau, die um politischen Einfluß kämpft, unweigerlich ausgesetzt ist. Besorgt äußerte sie einmal, sie hoffe, mein enger Kontakt mir ihr und der Umstand, daß ich über sie schrieb, werde mich nicht ähnlichen Verleumdungen aussetzen.

Tschiang Tschings wechselnde Stimmungen, ihre Neigung, unvermittelt vom Persönlichen zum Allgemeinen und von großer Offenheit zu höflicher Korrektheit überzugehen, eigene Meinungen zu äußern und sich dann auf die Orthodoxie Maos zu berufen – das alles macht es ungewöhnlich schwierig, ihrer menschlichen und historischen Bedeutung gerecht zu werden. Ich zitiere Tschiang Tsching in diesem Buch wörtlich und indirekt, und ich füge meine Beobachtungen hinzu, die sich auf sie als Person und als Erzählerin beziehen. Wenn nötig stelle ich ihre Erinnerungen in einen größeren historischen Zusammenhang, der dokumentarisch belegt ist. Ihre unbegründeten Schmeicheleien – auch sie gehören zu ihrem politischen Stil – habe ich aus dem Manuskript gestrichen. Die Schwierigkeit, ein einheitliches Bild von Tschiang Tschings Vergangenheit zu zeichnen – eine Aufgabe, die sie als Gastgeberin, Erzählerin und Vorbild für ihr Volk nicht ohne fremde Hilfe erfüllen konnte –, diese Schwierigkeit wurde noch dadurch erhöht, daß die chinesische Kultur uns fremd geblieben ist. Dies betrifft auch die sexuellen Tabus, von denen sich in China sogar eine entschiedene Revolutionärin nicht freimachen kann. Hinzu kommt noch das Übersetzungsproblem (eine wortgetreue Übersetzung aus dem Chinesischen garantiert nicht immer Literatur) und die Vieldeutigkeit der starren marxistischen Terminologie, die heute in großem Maße den Alltag des chinesischen Volkes und seine Vorstellungen von der Außenwelt prägt.

Hätte der Vorsitzende oder das Zentralkomitee ein propagandistisches Buch über Tschiang Tsching gewünscht, dann hätten sie es selbst zusammenstellen und in beliebig viele Sprachen übersetzen lassen können. Mit einer von mir nur leicht redigierten Wiedergabe von Interviews, die den Charakter gesprochener Memoiren haben, wäre niemandem gedient, am wenigsten Tschiang Tsching, da ihr Weltbild einer Interpretation bedarf. Ein journalistisches Gemisch von sensationellen und nicht durchdachten Meinungen – eine unvermittelte Konfrontation ihrer proletarischen Kultur mit der unseren – hätte das Ergebnis verfälscht. Tschiang Tsching hatte alles riskiert, um die verschlungenen Wege ihres Werdegangs und der politischen Entwicklung zu entwirren. In einer Wiedergabe des Redetextes wäre gerade das, worauf es ihr ankam, nicht deutlich geworden. Ich entschied mich dafür, Tschiang Tsching so zu präsentieren, wie es mir aus der Erfahrung unserer Gespräche heraus geboten erschien. Ich ergänzte ihren Bericht und meine Beobachtungen durch distanzierte Beurteilungen. Denn ich war ja, wie Tschiang Tsching mehrmals nachdrücklich feststellte, keine Journalistin, sondern Historikerin.

I Die Begegnung

Ich habe noch mit keinem anderen Ausländer über meine Vergangenheit gesprochen. Sie sind der erste, dem ich davon erzählt habe, weil ich hörte, Sie wollten darüber etwas erfahren.
Tschiang Tsching, 12. August 1972

Zu meiner unerwarteten Reise nach China war es in der Folge des dramatischen Umschwungs in den chinesisch-amerikanischen Beziehungen gekommen. Dieser Umschwung hatte im Sommer 1971 nach mehr als zwanzigjähriger »Nichtanerkennung« begonnen. Diese merkwürdige Doktrin basierte auf unserer im Kalten Krieg verstärkten Furcht vor dem Kommunismus, dessen eigentümliche chinesische Spielart sich unserem Verständnis immer noch entzog. Unserem systematischen Ignorieren der chinesischen Realität entsprach die traditionelle Selbst-Abkapselung Chinas, nun auf vieldeutige Weise relativiert durch ein marxistisches Weltbild, das eine rituelle Verunglimpfung der imperialistischen Supermächte begründete. Aus der Perspektive der Kommunistischen Partei Chinas war dabei die Regierung der Vereinigten Staaten von beispielloser Bedeutung. Aus Gründen der Realpolitik schlug in einem denkwürdigen Augenblick die programmierte Feindseligkeit in ungeduldige Verhandlungsbereitschaft um. Dem ersten vorsichtigen Annäherungsversuch von Außenminister Henry Kissinger bei Ministerpräsident Tschou En-lai folgte der Besuch Präsident Nixons und seiner eindrucksvollen Delegation. Wir verfolgten diese historische Begegnung am Fernsehschirm und stellten erstmals die seltsame Mischung von Begeisterung und Feindlichkeit in Frage, mit der wir beobachtet hatten, wie das revolutionäre China die Energien von mehr als 800 Millionen Menschen gegen die Vorherrschaft der Vergangenheit mobilisiert hatte.

Der Umschwung kam schnell. Im Herbst wurde eine Ständige Vertretung der Volksrepublik China bei den Vereinten Nationen zugelassen, und die geschickte chinesische Kulturdiplomatie gewann in den Vereinigten Staaten ein neues Betätigungsfeld. Das Interesse der Amerikaner, das »wirkliche« China kennenzulernen, schien plötzlich unersättlich. Im Gegensatz zu vielen meiner Kollegen, die sich eiligst um ein Visum bemühten und die chinesische Botschaft in Ottawa belagerten, tat ich nichts dergleichen. Ich war während des Kalten Krieges in den fünfziger Jahren aufgewachsen und davon überzeugt, daß der Gegenstand meines Lehrens und Forschens in den sechziger Jahren, nämlich die moderne chinesische Geschichte auf sozialem und intellektuellem Gebiet, für mich rein »akademisch« bleiben würde – unberührt von persönlicher Erfahrung. Aber eine zufällige Begegnung lockte mich aus der Reserve. Im Spätherbst 1971 fuhr ich nach New York, um an dem *»Modern China Seminar«* der Columbia-Universität teilzunehmen. Ich stieg in einem bescheidenen Hotel ab, dem »Roosevelt«. Als ich am nächsten Morgen nach dem Frühstück in der Halle die *»New York Times«* überflog, zog eine hereinstürmende quasi militärische Formation meine Aufmerksamkeit auf sich. Gestalten, so steif, als hätten sie einen Stock verschluckt, die Augen geradeaus, mit sorgfältig gebürstetem kurzen Haar und in marineblauen Jakken mit hohem Kragen. Unverkennbar die eben aus der Volksrepublik eingetroffene chinesische Delegation. Diese Beamten waren vorübergehend im vierzehnten Stock untergebracht, und ich wohnte im selben Hotel, ohne diese Gelegenheit, die mir wie ein Wunder erschien, zu nutzen.

Ich hatte nur noch wenige Augenblicke Zeit vor meiner nächsten Verabredung. So eilte ich denn zum Lift und drückte auf den Knopf mit der »14«, nur um dahinterzukommen, ob diese streng erzogenen Emissäre Pekings an der Tradition festhielten, die ich vor fünf Jahren in Taiwan kennengelernt hatte. Nahmen sie ein typisch nordchinesisches Frühstück mit einfachen Eiern und Pfannkuchen zu sich? Und hielten sie ihre Teekannen vielleicht auf den antiquierten Heizkörpern des Hotels warm?

Vor dem sich öffnenden Fahrstuhl standen zwei riesige Polizisten und ein uniformierter Hotelpage. »Zeigen Sie Ihren Ausweis«, forderte der eine der beiden Beamten. Ich gehorchte. »Zweck des Besuches?« Ich sagte irgend etwas Albernes – ich sei geistig an China interessiert und so weiter. Da wurde ich eines pyjamabekleideten Chinesen ansichtig, der neugierig aus einer der Zimmertüren herüberblickte. *»Ni tschih-le ma?«* fragte ich ihn im Umgangschinesisch (»Haben Sie gegessen?«) und fügte die Frage hinzu, wie er und seine Landsleute sich in einer amerikanischen Stadt zurechtfänden. Alarmiert verschwand er. Nach aufgeregtem Getuschel hinter der Tür erschien ein schlanker Mann in einem kurzärmligen Hemd und ausgebeulten Hosen. »Ich bin Liu«, erklärte er nervös, während er mich in ein kleines Zimmer führte. Wir setzten uns. Er bot mir Tee und Zigaretten an, chinesische Produkte. Abwechselnd chinesisch, französisch und englisch sprechend, begannen wir eine liebenswürdige Konversation über die Wandlungen in der chinesischen Diplomatie, über die Möglichkeit eines Studentenaustausches (»in ferner Zukunft«) und die Chancen einer geistigen Verständigung zwischen dem chinesischen und dem amerikanischen Volk. Wir stellten Spekulationen an, blieben aber zurückhaltend. Der Name des Vorsitzenden Mao fiel nicht.

Mit leiser Stimme lud mich Mr. Liu ein, doch einmal wiederzukommen. Als ich ging, folgte mir der Hotelpage in den Fahrstuhl. Wir fuhren herunter, und er sagte mit pfiffigem Lächeln: »Sie halten mich für einen Hotelpagen, aber in Wirklichkeit bin ich Detektiv. Und nicht nur das. Ich bin auch Student der John-Jay-Universität. Wenn Sie wirklich, wie Sie angeben, Professorin sind – und ich habe meine Zweifel –, dann könnten Sie doch meine Semesterarbeit über Ökologie durchsehen. Warum nicht?« Ich spürte seinen Blick im Nacken, als ich schnurgerade auf den Ausgang zustrebte. Schließlich wurde ich den Kerl los, nachdem ich im dichten Menschengewühl ein paar Straßenzüge weit gelaufen war.

Diese seltsame Begegnung brachte mir wieder zum Bewußtsein, was mich der Kalte Krieg und die akademische Arbeit fast hatten vergessen lassen, nämlich daß Kommunisten Menschen sind, die anders handeln und sprechen können, als es der ideologischen Engstirnigkeit entspricht, mit der sie sich gedruckt äußern.

Als ich nach einigen Wochen mit einem anderen akademischen Auftrag wieder nach New York kam, waren die Chinesen in das eigens für sie umgebaute Hotel in der Westlichen Sechsundsechzigsten Straße umgezogen. Dort hatten sie damit begonnen, sich wirkungsvoller gegen amerikanische Sonderlinge abzuschirmen. Obwohl ich nur wenige Stunden Zeit hatte, wollte ich ihnen doch einen erneuten Besuch abstatten. Das war nicht gerade ein leichtes Unterfangen, denn ich mußte ungefähr zwanzigmal telefonieren, bis ich die richtige Verbindung bekam. Unter anderem geriet ich an das UN-Büro von Nationalchina (Taiwan), das gerade aufgelöst wurde. Eine wütende Männerstimme erklärte: »Die kommunistischen Banditen wohnen nicht hier!«

Bald darauf wurde ich mit einer Mitarbeiterin Mr. Lius, Ho Li-liang verbunden. Sie war Botschaftsrätin in der diplomatischen Vertretung bei den UN und die Frau des Botschafters Huang Hua, des Chefs der Mission, der jahrelang der ranghöchste Beamte Chinas im Ausland war. Sie bestand auf einem Besuch an diesem Nachmittag. An unserer Unterhaltung, die teils chinesisch, teils französisch geführt wurde (damals drückte sich Ho Li-liang lieber französisch als englisch aus), nahm später auch Kao Liang teil, damals der zweite Botschaftssekretär. Kao Liang, der zu dieser Zeit nur chinesisch sprach, war ein robuster und lebhafter Mann. Wie während des Gesprächs deutlich wurde, hatten sie durch eigene Nachforschungen erfahren, daß ich an einem Buch über die moderne chinesische Frauenbewegung arbeitete. Ich hatte mich in dieses Thema eingearbeitet und war nun mit der rebellischen Jugend mancher chinesischer »Veteranen der Revolution« vertraut. Sie waren auch dahintergekommen, daß ich der Mitautor einer sechzehnbändigen Auswahl aus bislang nicht übersetzten persönlichen Erinnerungen von Revolutionären – unter dem Titel »*The Red Flag waves*« – war.[1] Sie äußerten sich kritisch über die Sammlung und machten mich darauf aufmerksam, daß die Ansichten einiger der darin Vertretenen – unter ihnen waren auch gestürzte Genossen – »Irrtümer enthielten.« Außerdem interessierten sie sich sehr für eine Untersuchung von mir über die unruhige Jugend des Vorsitzenden, der ich den Titel »Mao, Frauen und Selbstmord in der *Bewegung des 4. Mai*« gegeben hatte.[2] Als wir über das Dilemma sprachen, in dem sich Frauen in einer sozialistischen Revolution befinden – wobei mir Ho Li-liang versicherte, die Frauen brauchten nur am proletarischen Klassenkampf teilzunehmen, um mit den Männern gleichberechtigt zu sein – erwähnte ich, daß ich im Herbst 1967 bei meiner Rückkehr nach Berkeley – ich hatte eine zweijährige Studienreise durch Asien und Europa hinter mir – Zeitungsberichte über Tschiang Tsching gelesen hatte. Diese Berichte hatten mich fasziniert. Die Frau Mao Tse-tungs, die sich zuvor der öffentlichen Aufmerksamkeit entzogen hatte, beherrschte plötzlich die nationale Szene, fiel über große alte Männer her und griff das Establishment an. Ich konnte der Versuchung nicht widerstehen und schob alle anderen Arbeiten beiseite, um Tschiang Tschings Geschichte zu schreiben. Ein Plan, der sich nahezu als undurchführbar erwies. Denn bis zur Zeit der Kulturrevolution, die 1966 losbrach, hatte die kommunistische Presse ihre Person und ihre politische Bedeutung, worin sie auch bestanden haben mochte, so gut wie ignoriert. Soviel Zurückhaltung im Zentrum der Macht reizte die professionellen China-Beobachter zu kühnen Spekulationen. Sie empfanden es als Sensation, daß eine Frau in China Macht ausübte.

Außerdem meldeten sich einige Chinesen, geschwätzige alte Herren, behaupteten, den aufgehenden Stern schon in der Vergangenheit gekannt zu haben, als Tschiang Tsching keine große Schönheit und keine besonders gute Schauspielerin, dafür aber eine notorisch launenhafte Einzelgängerin gewesen sei.[3] Wie nicht anders zu erwarten, tauchten in diesen Erinnerungen immer wieder sexuelle Motive auf: Filmstar-Romanzen und gebrochene Herzen hatten angeblich ihren Weg zur Macht begleitet. Nicht nur die Korrektheit, auch die Relevanz solcher Informationen war zweifelhaft. Man stelle sich vor, das Objekt all dieser Geschichten wäre ein Mann gewesen, der plötzlich an die Macht gelangt war. Würde man die Spekulationen oder den durch sexuelle Ressentiments genährten Klatsch ehrgeiziger oder enttäuschter Frauen als verläßliches Quellenmaterial für eine Biographie anerkennen? Nachdem ich mich sechs Wochen in diesen Schmutz versenkt hatte, legte ich alles angewidert zu den Akten und sah es erst Monate später wieder durch, nachdem ich die betreffende Dame kennengelernt hatte.

Ich sprach Ho Li-liang auf das verzerrte und diskriminierende Bild an, das man sich im Ausland von Tschiang Tsching machte. Aufgebracht riet sie mir – obwohl sie feststellte, daß Tschiang Tsching eine »geborene Revolutionärin« sei –, mich nicht über Gebühr mit ihrer Vergangenheit zu beschäftigen. Warum interessierte ich mich nicht lieber für jüngere Genossinnen, zumal für die, welche in den letzten Jahren ins Zentralkomitee berufen worden waren? Sie und Kao Liang seien gern bereit, für mich einen Brief nach Peking zu schreiben, damit ich China besuchen dürfte, um die Lage der Frauen und die chinesische Kultur im weitesten Sinne zu studieren. Denn nur wenn ich das Land mit meinen eigenen Augen gesehen und selbst mit den Menschen gesprochen hätte, könnte ich die Gefahr vermeiden, mit Hilfe irreführender Dokumentationen, die in ausländische Bibliotheken gelangt seien, »akademisch« über dieses Thema zu schreiben.

Natürlich hatte ich nichts dagegen einzuwenden, aber ich nahm den Vorschlag auch nicht ernst. Ich kehrte zu meiner Lehrtätigkeit in Binghamton an der *State University of New York* zurück und machte mich daran, meine Geschichte der chinesischen Frauenbewegung in den zwanziger Jahren umzuschreiben. Aber ein paar Wochen später rief mich Kao Liang an, mit vor Aufregung schriller Stimme. Die *Gesellschaft des chinesischen Volkes für Freundschaft mit dem Ausland* (das Amt, das die Beziehungen zu den Ländern pflegt, mit denen China keine offiziellen diplomatischen Beziehungen unterhält) lud mich ein, in diesem Sommer, zu einem von mir gewählten Zeitpunkt, China »als Privatperson« zu besuchen. Alle Ausgaben würden mir in China ersetzt werden. Nein, es sei nicht nötig, erst nach Ottawa zu reisen, erklärte mir Kao. »Schicken Sie uns einfach Ihren Paß ...« Ich schickte einen neuen, der nicht meine Reisen nach Taiwan verriet. Wenige Tage später kam der Paß mit dem Visum in einem einfachen braunen Briefumschlag zurück.

Am 18. Juli flog ich nach Hongkong. Ich wurde auf dem Kai Tak-Flughafen von »unseren Freunden« begrüßt, den liebenswürdigen Vertretern der *Freundschaftsgesellschaft.* Sie lieferten mich in einem unscheinbaren Hotel ab. Am nächsten Morgen begleitete mich der Chef der Freunde mit zwei anderen unauffällig auf der Fahrt durch die Halbinsel von Kowloon bis zu der Stadt Schumtschun, der Grenzstation zwischen Hongkong und der Volksrepublik. Hier stand ich am Rande einer Kultur, die ich nur aus historischen Zeugnissen kannte und von deren gegenwärtiger Wirklichkeit ich mir kaum ein Bild machen konnte. Auf meinen Studienreisen vor einigen Jahren hatte ich von den Höhen von Hongkong und den vor der Küste gelegenen Inseln Quemoy und Matsu einen kurzen Blick auf »Rotchina« geworfen, wie damals die Etikettierung lautete. Die Menschen dort drüben waren kalligraphische Zeichen vor einer sich lang hinziehenden verschwommenen Landschaft. Jetzt, aus unmittelbarer Nähe, haftete der Szene noch immer etwas Unwirkliches an. Unter den schmetternden Klängen revolutionärer Musik wandte ich Kowloon den Rücken. Ich überschritt die Lowu-Brücke und sah vor mir ein Bilderbuchbild vom zeitlosen China: fröhliche Arbeiter und Bauern im Vordergrund, ordentlich bestellte Felder in der Mitte und grüne Hügel im Hintergrund. Im grellen Schein der Morgensonne hatte dieser erste flüchtige Blick auf die Wirklichkeit die surreale Wirkung eines Cartoons von Peter Max.

Von Schumtschun fuhr ich mit dem Zug nach Kanton, wo ich zwei weiblichen Mitgliedern der örtlichen *Freundschaftsgesellschaft* anvertraut wurde. Die eine war jung, die andere war in mittleren Jahren, aber beide waren ungemein gastfreundlich. Nach einer Siesta (bei meiner Ungeduld empfand ich den Brauch als Zwang; ich konnte nur so tun, als ob ich schliefe) und einem hervorragenden Essen nach südlicher Art setzte ich die Reise auf dem Luftweg nach Peking fort. Aber unterwegs meldeten unsere übervorsichtigen Piloten unsichere Wetterverhältnisse, und sie verfügten einen außerplanmäßigen Aufenthalt über Nacht in Tschengtschou, erwähnenswert als Zentrum der Tabakindustrie. Man gab uns das Gepäck nicht heraus, und wir verbrachten eine schwüle Nacht auf Rotang-Betten in einem proletarisch-palastartigen, doch baufälligen Gästehaus. Am Morgen setzten wir den Flug fort.

Am Flughafen erwartete mich eine Abordnung des Pekinger Büros der *Freundschaftsgesellschaft.* Während der Fahrt auf einer der strahlenförmig aus der Hauptstadt herausführenden Straßen, die von Weiden gesäumt wurde, unterhielt ich mich mit den drei Beauftragten, die für die nächsten sechseinhalb Wochen meine Begleiter sein sollten: Yü Schih-lien, eine erfahrene Dolmetscherin von Mitte Dreißig; Tschen Wen-tschao, ein noch in der Ausbildung befindlicher Dolmetscher Anfang Dreißig und Frau Tschen Ming-Hsien, die wir für gewöhnlich Lao Tschen (Ehrwürdige Tschen) nannten, da sie die Älteste von uns war – Anfang Vierzig. Obwohl der Altersunterschied zwischen Lao Tschen und meinen beiden jüngeren Begleitern weniger als ein Jahrzehnt ausmachte, markierte eben dieses Jahrzehnt eine Kluft zwischen den Generationen. Die beiden jüngeren waren Produkte des kommunistischen Erziehungssystems. Lao Tschen dagegen hatte noch die halbwestliche liberale Erziehung erfahren, die mit dem Triumph der Lehre der Kommunistischen Partei ihr Ende gefunden hatte. Zwar sprach sie nicht englisch, doch ihr umfassenderes Wissen und ihre Sensibilität erleichterte unsere Verständigung und ebnete mir, wie ich glaube, den Weg – gerade in den entscheidenden Situationen.

Kaum war ich ins »Peking-Hotel« gezogen, wurde ich aufgefordert, einen Reiseplan festzulegen und eine Liste der Personen, die ich zu interviewen wünschte, zusammenzustellen. Das Reiseprogramm, das einige größere Städte einschloß, enthielt nichts Ungewöhnliches. Doch meine Interview-Wünsche bezogen sich nicht nur auf Personen, die mir bei meiner Arbeit weiterhelfen konnten. Einige waren scheinbar unerfüllbar. Ich bat auch um ein Interview mit dem Gegenstand dieses Buches: eine Verbeugung pro forma vor der prominentesten Frau Chinas, der Autorität auf dem Gebiet der revolutionären Kultur. Ich glaubte damals selbst nicht daran, daß es zu einer Begegnung kommen würde, und hatte auch in Anbetracht ihres einschüchternden Rufes gar nicht den Wunsch, sie zu sprechen.

Nach drei Wochen kannte ich alle Sehenswürdigkeiten Pekings, des kaiserlichen wie des revolutionären. Ich war in den Nordwesten geflogen, wo ich Sian besucht hatte, die Geisterhauptstadt der erlauchten Tang-Dynastie (618–960) und nach Jenan, einer Barackenstadt, aufpoliert als heilige Stätte für den Kult Mao Tse-tungs und der Kommunistischen Partei Chinas. Auf jeder Station sorgten die Dolmetscher dafür, daß ich mit Männern und Frauen verschiedener Altersgruppen sprechen konnte – Menschen, deren wirtschaftliche Lage sich nach der Revolution verändert hatte. Von ein paar denkwürdigen Ausnahmen abgesehen, hatten diese sorgfältig ausgewählten Beispiele der neuen sozialen Ordnung sich von dem Schatz ihrer persönlichen Erfahrung getrennt oder ihn entsprechend den Leitlinien der herrschenden Ideologie umstrukturiert. Für jemanden wie mich, der im Geist einer individualistischen Moral erzogen worden und an die intellektuelle Unruhe der akademischen Welt gewöhnt war, hatten die sich ständig wiederholenden politischen Litaneien etwas Qualvolles. Ich mußte mir immer vor Augen halten, daß sie nicht einfach versuchten, mir etwas zu beweisen, sondern daß sie sich selbst davon überzeugen wollten, daß die neuen Glaubenssätze »richtig« und die alten »falsch« waren. Bei solchen weitgehend programmierten Begegnungen spielte das Alter meiner Gesprächspartner eine wichtige Rolle. Je höher das Alter und der soziale Status waren, desto reicher und unverfälschter war die Erinnerung. Ältere Frauen, die die politischen Prozesse der ersten Jahre der neuen Ordnung überlebt hatten, argumentierten zäh und flexibel im Rahmen der festgelegten Themen, vor allem wenn es um die schematisierten Berichte über den Sieg der Revolution ging. Einige wenige zeigten Schlagfertigkeit, Humor und sogar Mutterwitz. Aber da sie nun einmal als Revolutionäre ausgewiesen waren, wollte so gut wie niemand auf ungewöhnliche politische Fragen antworten. Intellektuelle Abenteuer zwischen unseren Klassen und Kulturen waren ohnehin unzulässig. Jüngere Frauen, die in der relativ ruhigen Zeit seit der Jahrhundertmitte aufgewachsen waren, zeigten sehr viel weniger Bereitschaft, Erfahrungen wiederzugeben und – selbst in alltäglichen Fragen – Urteile abzugeben als die alten Frauen. Paradoxerweise wirkten manche jungen Mädchen mit jugendfrischen Gesichtern weit über ihre Jahre hinaus gesetzt und verbraucht. Aber auch wenn sie einfach die Parteilinie zitierten, bewies dies anschaulich die Macht der Führer, zu bestimmen, was gedacht werden darf, und das öffentliche Verhalten zu kontrollieren.

Aber diese Einfalt in den meisten Berichten über die schlechte Vergangenheit und die gute Gegenwart, über den bösen Liu Schao-tschi (den ersten ausgeschalteten Erben Maos) und den wunderbaren Mao zwang mich, meinen Begleitern, die für den Erfolg meiner Arbeit verantwortlich waren, zu erklären: »Wenn ihr erwartet, daß Ausländer meinen Bericht über die Frauen Chinas lesen wollen, dann müssen wir die Schwerpunkte anders setzen.« Wäre es nicht besser, fragte ich sie, statt ausschließlich diese »typischen« Vertreterinnen der Massen zu befragen, deren Durchschnittlichkeit sie für Ausländer uninteressant machte, die Bekanntschaft einiger ungewöhnlicherer Persönlichkeiten zu suchen – deren Namen im Ausland bekannt waren – und zu zeigen, daß sie mit der Zeit gegangen waren?

Mein Vorschlag fand Anklang, denn im Lauf der dritten Woche meines Aufenthalts stieg allmählich das Niveau der Interviews, und nun wurde auch so etwas wie wechselseitige Herausforderung spürbar. Während dieser den halben oder auch ganzen Tag beanspruchenden Begegnungen mit Historikern, Ärzten und Künstlern – in der Mehrzahl Frauen – fand ich mich unweigerlich in der Rolle des einzigen Opponenten der ideologischen Orthodoxie, die sie mir unermüdlich vorbeteten. Überdrüssig dieser Monotonie und begierig auf ein intellektuelles Spiel übernahm ich zuweilen die Rolle des *advocatus diaboli* (das heißt des Revisionisten oder des Verteidigers des in Ungnade gefallenen Liu Schao-tschi). Nur so konnte ich politisch und intellektuell Distanz zu der von ihnen vertretenen simplen Linie halten.

Am Abend des 11. August teilten mir meine Begleiter, aufgeregter als gewöhnlich, mit, daß am nächsten Morgen Teng Ying-tschao und Kang Ko-tsching mit mir über die Ursprünge der Frauenbewegung sprechen wollten. Teng Ying-tschao war die Erste Beamtin der Revolution für die Förderung der Frauen und die Frau des Ministerpräsidenten Tschou En-lai, und Kang Ko-tsching war die kriegerische Frau von Tschu Te, dem Gründer der Roten

Armee. Diese vollkommene Übereinstimmung des Hauptthemas meiner wissenschaftlichen Arbeit und dem, was im Zentrum des Lebens dieser Frauen stand, war, gelinde gesagt, aufregend.

Ich lief die langen Treppenfluchten des Hotels hinunter und tauchte in die nächtliche Hitze des Platzes am Tor des Himmlischen Friedens. Dort mischte ich mich unter die Menge, die sich bis in die frühen Morgenstunden auf dem Platz drängte. Nach einem kurzen Schlaf war ich bereit für das Interview im Außenministerium um neun Uhr. Teng Ying-tschao und Kang Ko-tsching waren in Begleitung anderer führender Frauen erschienen, doch waren diese sichtlich von geringerer Bedeutung als die beiden Matriarchen der Revolution. Teng Ying-tschao, eine zarte Frau Ende der Sechzig, glänzte mit schlagfertigem Witz und großzügigem Humor. An diesem Morgen begann sie, über die revolutionären Krisen der letzten fünfzig Jahre zu sprechen – aus einer recht unvertrauten Perspektive, der der Frauen.

Noch benommen von dieser Exkursion in die Vergangenheit kehrte ich ins »Peking-Hotel« zurück. Zum erstenmal sehnte ich mich nach der chinesischen Siesta. Yü Schih-lien fing mich ab, was mich überraschte, weil sie wie meine übrigen Begleiterinnen sonst zu dieser Tageszeit ihren Nachmittagsschlaf hielt.

Yü flüsterte mir zu: »Möglicherweise werden ein paar jüngere Genossinnen Sie heute nachmittag in Ihrem Zimmer aufsuchen.«

»Wer?«

»Ich weiß nicht«, erwiderte sie ausweichend. Ein paar Augenblicke später erschien sie wieder an meiner Tür, um mir anzukündigen, es sei *wahrscheinlich,* daß »jüngere Genossinnen« mich besuchen würden. »Es wäre gut, wenn Sie etwas aufräumen, und ich werde einen besseren Tee und frische Tassen kommen lassen.«

Während ich meine Papiere und Bücher auf dem Schreibtisch ordnete, wurden Tabletts mit Tee und Mineralwasser und eine Pyramide von frischem Obst gebracht. Dann kam Yü zurück, mit vor Erregung funkelnden Augen. »Sie sind auf dem Weg. Und anscheinend hat sie Genossin Tschiang Tsching geschickt!«

Punkt drei Uhr standen zwei überwältigende junge Frauen vor meiner Tür, verblüffend attraktiv in dem herben Stil der Revolution. Hsü Erh-wei und Schen Jo-yün gaben mir die Hand und stellten sich mit der offiziösen Herzlichkeit hoher Parteifunktionäre vor. Ich begrüßte sie auf chinesisch, und sie antworteten in einem ausgezeichneten Englisch mit dem Akzent der britischen Oberschicht.

»Die Genossin Tschiang Tsching wünscht, Ihnen ihre politischen Ansichten mitzuteilen«, begann Schen. »Sie hat uns beauftragt, Ihnen eine Zusammenfassung von vier Ansprachen vorzulesen, die sie während der Kulturrevolution gehalten hat.«

»Warum ist es so dringend?« fragte ich verwundert.

»Wir haben keine Ahnung«, erwiderten sie lächelnd. Dann machten sie sich an die Arbeit.

Zweieinhalb Stunden lang rezitierten sie eine improvisierte Übersetzung eines langen, weitschweifigen Vortrags, den Tschiang Tsching im Februar 1966 in der *Beratung über die Arbeit in Literatur und Kunst in der Armee* gehalten hatte.[4] Sie unterbrachen die Lesung nur, um Leitungswasser aus Schalen zu schlürfen. Mit einer kühnen, aus zehn Punkten bestehenden programmatischen Erklärung forderte Tschiang Tsching die Volksbefreiungsarmee auf, die Initiative in der Kulturrevolution gegen Überbleibsel und Wiedererweckungsversuche der Schwarzen Linie der dreißiger Jahre zu ergreifen – der Zeit, in der die proletarische und die bürgerliche Kunst Chinas und die internationale Links-Kultur eine erste Blüte erlebten – und eine revolutionäre Kultur zu schaffen, die den Arbeitern, Bauern und Soldaten diente.

Meine Rolle bestand nicht darin, artig zuzuhören, wie sie mich wissen ließen, sondern nach kommunistischer Manier fleißig mitzuschreiben. Immer wenn bei rhetorischen Stellen oder Wiederholungen meine Feder ruhte, blickten sie solange starr auf meine Hand, bis diese ihre Tätigkeit wieder aufnahm.

»Warum lassen Sie mich diese Texte nicht im Original lesen, wenn ich dazu Zeit finde?« fragte ich.

»Weil uns die Genossin Tschiang Tsching beauftragt hat, sie Ihnen vorzulesen.«

Was ich bereits damals ahnte, fand seine Bestätigung, als ich, wieder in Amerika, Einblick in die Aufzeichnungen der Reden Tschiang Tschings nehmen konnte: Die gedruckten Originalversionen, die in China meist nur in wenigen Exemplaren verbreitet wurden, enthielten freundschaftliche Hinweise auf Lin Piao, Tschen Po-ta und andere Führer der Kulturrevolution, die später aus den Reihen der revolutionären Elite ausgestoßen worden waren.

So lasen sie weiter, und ich schrieb weiter mit, bis halb sechs Uhr, als Yü ihnen durch ein Kratzen an der Tür ein Zeichen gab. Sofort griffen sie nach ihren schwarzen Plastik-Aktenmappen (dem Statussymbol der Funktionäre) und packten die unzensierten Reden Tschiang Tschings wieder ein. Dann verabschiedeten sie sich rasch. Aufgeregt und ungeduldig legte mir Yü nahe, mich frischzumachen. Aber ich war erschöpft von einem langen Vormittag mit einigen Begründerinnen dieser außergewöhnlichen sozialen Ordnung und von diesem Nachmittag, an dem ich pausenlos mit fieberhaftem Eifer hatte schreiben müssen. Ich erklärte also Yü, daß ich heute abend in Ruhe essen und zur Abwechslung einmal früh zu Bett gehen wollte.

»Das können Sie nicht tun!« erwiderte sie scharf.

»Warum nicht?«

»Weil es möglich ist, daß Genossin Tschiang Tsching heute abend Zeit findet, Sie zu sehen. Beeilen Sie sich also!«

In wenigen Augenblicken wurde aus »möglich« »wahrscheinlich« und schließlich »sicher«. Über Art, Ort oder Zweck eines solchen Besuchs wurde ich im unklaren gelassen. Ich bemühte mich, vernünftig zu sein und mich von früheren, meist unangenehmen Vorstellungen von Tschiang Tsching freizumachen. Ich hatte sie nur einmal persönlich gesehen, aus einer Distanz von vier Tischen bei einem Bankett in der Großen Volkskongreßhalle, mit dem am 1. August der fünfundvierzigste Jahrestag der Gründung der Volksbefreiungsarmee gefeiert wurde. Sie war zusammen mit den anderen führenden Politikern steif in den Saal marschiert, und man hatte ihr einen Platz in der Mitte der erhöhten Tafel angewiesen, wo die Patriarchen der Revolution saßen, unter ihnen Tschu Te und Tung Pi-wu, beide wächserne, zum Skelett abgemagerte Achtziger. Sie trug eine unansehnliche graue Uniform und unterhielt sich kaum mit ihrer prächtig gekleideten Tischgenossin Madame Sihanouk von Kambodscha, die, nicht im geringsten entmutigt durch Tschiang Tschings mürrische Miene, lächelnd und lebhaft plauderte. Ich erinnerte mich auch an Fotos in Zeitungen, die Tschiang Tsching im sackartigen militärischen Drillichanzug zeigten, auf dem Kopf eine verwegene Mütze und – es war zur Zeit der Kulturrevolution – im Begriff, eine Rede an die Menge zu halten. Schließlich erinnerte ich mich an eine Photographie vom Beginn der sechziger Jahre, die noch an die Atmosphäre der fünfziger Jahre gemahnte. Sie war offensichtlich verlegen, lächelte aber grimmig-entschlossen in die Kamera.

»Noch zwanzig Minuten!« sagte Yü. Sie trieb mich aus meinen verschwitzten Sachen – Hemd und Hose –, die ich seit fünf Uhr früh trug. Ein rasches Bad im kalten Wasser, eine doppelte Tablettendosis, um heftigen Kopfschmerzen zuvorzukommen – dann zog Yü den Reißverschluß an dem von ihr ausgewählten Reisekleid zu. »Besser das schwarze als das rote«, hatte sie entschieden.

Die Gastlichkeit der Chinesen ist legendär. Daran erinnerte ich mich, als unser Wagen hupend den Tschang-an-Boulevard hinunterfuhr. Und legendär war ihr Talent, ihre Gäste zu kontrollieren, indem sie ihrem Geschmack und ihren Interessen entgegenkamen, und sie dann zu überraschen, wenn sie am wenigsten darauf vorbereitet waren. Als der Wagen vor der breiten Freitreppe vorfuhr, die zur Großen Volkskongreßhalle führte, in der die politische Führung wichtige politische Veranstaltungen und Empfänge arrangierte, stellte sich heraus, daß das, was wie eine improvisierte Einladung ausgesehen hatte, in Wahrheit ein sorgfältig orchestriertes Ereignis war. Da Tschiang Tsching eine ihrer seltenen Einladungen an einen ausländischen Besucher hatte ergehen lassen, und zwar in diesem Falle an einen, dessen Rolle sie zu bestimmen hatte, waren die Medien mobilisiert worden, um dem Vorgang einen offiziellen Anstrich zu geben. Photographen von Hsinhua, der Presseagentur der Partei, liefen in Scharen auf unseren Wagen zu, machten Blitzlichtaufnahmen und eilten zu den Fernsehkameras, als wir die Treppe hinaufstiegen. Im Hauptsaal kam es zu einem raschen Austausch von Namen, jeweils von einem Kopfnicken begleitet, mit den verschiedenen Mitgliedern des Gefolges von Tschiang Tsching. Zu diesem Gefolge gehörte damals auch die Nichte Mao Tse-tungs, die Stellvertretende Außenministerin Wang Hai-jung. Wir durchquerten mehrere Räume, bis wir in einem großen, im künstlichen Licht fahl erscheinenden Vestibül stehenblieben. Jemand räusperte sich und verkündete mit hoher Stimme, daß die Genossin Tschiang Tsching sich im nächsten Raum befinde, »so gut wie empfangsbereit«.

Die Tür ging auf, und rasch, mit ausgestrecktem Arm und breitem Lächeln, trat Tschiang Tsching ein. Meine Hand ergreifend, blickte sie mir forschend in die Augen. Unsere Arme sanken herab, aber unsere Blicke blieben aufeinander geheftet – vielleicht waren es zwei Minuten, doch mir erschien es wie eine Ewigkeit –, bevor wir weitere Worte wechselten.

»Sie sind jünger, als ich dachte«, bemerkte sie.

»Älter, als ich aussehe«, sagte ich. Ich hoffte, sie würde nicht enttäuscht sein.

Sie lachte und sagte, sie würde alt, bald sei sie schon sechzig. Ich verkniff mir zu sagen, daß sie weit jünger aussah, als sie war, denn selbst im Zeitalter der Revolution brachte das Alter noch immer den Vorteil eines höheren Ranges. Während wir weitersprachen, musterte sie ungeniert, ohne ihre Neugier zu verbergen, mein Gesicht, mein Haar, mein Kleid und die Sandalen mit den hohen Absätzen. Auch ich war neugierig, aber ich glaube, daß ich meine Prüfung nicht ganz so auffällig vornahm.

Tschiang Tsching trug die braune Kunststoffbrille, die ich seit den frühen sechziger Jahren auf Bildern von ihr bemerkt hatte. Die zarte olivfarbene Haut ihres Gesichts glänzte in der Hitze. Nase und Wangen waren kräftig geformt und ähnelten im Schnitt denen Maos. Die gelblichrosafarbenen Muttermale an der Nasenspitze und am rechten unteren Mundwinkel waren eher dekorativ, als daß sie ihr Gesicht entstellt hätten.

Sich zu ihrer vollen Größe von 1,65 m aufrichtend, nahm sie für sich in Anspruch, recht groß zu sein (wie es die meisten Schantung-Bewohner sind). Aber als sie sich neben mich stellte und es sich zeigte, daß sie etliche Zentimeter kleiner war als ich, wies sie mit gespieltem Vorwurf auf den unfairen Vorteil meiner hohen Absätze hin. Schlank und feingliedrig, mit abfallenden Schultern und schmaler Taille, bewegte sie sich mit ungewöhnlicher Geschmeidigkeit und Anmut. Ihre zarten Hände mit den schlanken Fingern (»Bohnenfadenfinger« sagten die klassischen Dichter dazu) begleiteten ihre Sätze mit fließenden Bewegungen.

Ihre Kleidung war konservativ – perlgraue Hosen und eine dazu passende Jacke über einer weißseidenen Hemdbluse. Wie fast alle Chinesen trug sie Kunststoff-Sandalen – ungewöhnlich war nur ihre weiße Farbe. Sie paßten zu ihrer weißen Plastikhandtasche, die durchaus aus unserer eigenen proletarischen Kultur hätte stammen können. Stil, Schnitt und Stoff ihres Kostüms waren, wie bei dem von Teng Ying-tschao, von besserer Qualität als durchschnittlich. Aber an den Säumen war ihre Kleidung (und die Tengs) ein wenig fadenscheinig geworden. Waren dies kultivierte Zeichen einer proletarischen Gesinnung auf berühmten Schultern?

Links neben Tschiang Tsching stand in etwas gezwungener Haltung Yao Wen-yüan, den sie enthusiastisch als einen Mann vorstellte, der der Kulturrevolution von ihrem frühesten Stadium an loyal als Propagandist gedient hatte. Er war von mittlerem Wuchs, hatte runde Schultern und einen bulligen, kahl werdenden Schädel und trug einen Anzug aus dem leichten perlgrauen Stoff, der Politikern der ersten Garnitur vorbehalten war. Unter den anwesenden Männern war er der einzige, der die typische Arbeitermütze mit weichem Deckel und schmalem Schirm trug. Unruhig verlagerte er das Gewicht seines Körpers von einem Fuß auf den anderen – seine Füße steckten in Schuhen aus glänzendem Kunstleder –, und wiederholt nahm er die Mütze ab und setzte sie wieder auf, während die anderen sprachen. Bei dieser ersten Begegnung zeigte er den übertriebenen Diensteifer eines Mannes, der noch nie seine Zeit verschwendet hatte. Um mehr als zehn Jahre jünger als Tschiang Tsching, nahm er ihr gegenüber eine unterwürfige Haltung ein, stets bereit, auf jede ihrer im Gespräch gegebenen Anregungen zu reagieren.

Sie führte uns in einen Empfangsraum, in dem wir ein etwas konfuses Gespräch über Geschichte und Literatur führten. Jeder unternahm tapfere (oder vergebliche!) Anstrengungen, etwas über die Kultur des anderen zu sagen. Unser unverbindliches Geplauder führten wir im Mandarin-Chinesisch, das wir beide sprachen – aber das, worum es uns an diesem Abend eigentlich ging (ihre Vergangenheit, ihre gegenwärtige Arbeit und ihre Ansicht zu verschiedenen Problemen), wurde durch Dolmetscher auf englisch wiedergegeben. Diese Dolmetscher waren, wie sich herausstellte, meine beiden Quälgeister vom Nachmittag, die mir Tschiang Tsching gesandt hatte: Schen Jo-yün und Hsü Erh-wei. In diesem Augenblick, während einer Begegnung, die intensiver und lebendiger und deren Ablauf weniger vorhersehbar war als jede andere, die ich bis dahin in China gehabt hatte, sagte ich Tschiang Tsching, daß ich vollkommen vergessen hätte, mir Notizen zu machen. Sie versicherte mir, es werde alles auf Band aufgenommen, durch Schreiber aufgezeichnet und sodann von führenden Genossen durchgesehen, bevor man mir den Text in chinesischen und englischen Abschriften* übergeben werde.

Der Raum war im unausgewogenen Stil des revolutionären China eingerichtet – übergroße, üppig gepolsterte Sessel, undefinierbare Couch- und Beistelltische und leichte Holzstühle, die für die Assistenten und Dolmetscher nach Bedarf hin- und hergetragen wurden. In Seladon-Krügen, die mit einem Deckel versehen waren – einer vergröberten Version eines Modells aus der Sung-Dynastie – wurde ein stark aromatischer Tee gereicht. Abgesehen von einem roten Faden, der um den Henkel ihrer Tasse gewickelt war, und einem elektrischen Klingelknopf, der, in ein kleines Handtuch gewickelt, auf dem Tischchen neben ihr lag, unterschieden sich die Gegenstände, die Tschiang Tsching benutzte, in nichts von denen der anderen.

Das Essen für zehn Personen – für uns und die acht Assistenten und Helfer – wurde an einem runden Tisch in einem geräumigen Saal serviert. Ich saß zur Linken Tschiang Tschings, und zu meiner Linken saß Yao Wen-yüan. Das Menü war eine Komposition zum klassischen Thema der Peking-Ente – mein Lieblingsgericht, wie ich bemerkte. Das habe sie gewußt, antwortete sie mit einem strahlenden Lächeln. Als weitere Platten aufgetragen wurden, beeilte sie sich, mich auf die ungewöhnlichen vegetarischen und aus Meeres-

* Die wörtlichen Zitate Tschiang Tschings in diesem Buch beruhen auf dieser Abschrift, außer wenn auf andere Quellen zurückgegriffen wird, die als solche gekennzeichnet werden. Während der folgenden Zusammenkünfte machte ich mir fortlaufend Notizen, deren Paraphrasierung die Basis von Tschiang Tschings Geschichte bildet.

tieren zubereiteten Gerichte und deren Zusammensetzung hinzuweisen; auch wollte sie sicher sein, daß ich die (eßbaren) Blumen aß. Als das Entenklein, in dünne Scheiben geschnitten und auf einer Platte köstlich angerichtet, serviert wurde, holte Yao Wen-Yüan mit seinen Eßstäbchen die Entenzunge heraus und steckte sie mir in den Mund. Ich schluckte, dankte ihm und verkniff mir die Bemerkung, daß ich noch nie in meinem Leben etwas gekostet hatte, das so sehr wie ein Gummiband schmeckte.

Dieser Abend war das einzige Mal, daß ich mit Yao Wen-yüan zusammentraf. Da Tschiang Tsching zugleich die Gastgeberin und der Hauptgegenstand des Gesprächs war, wandte ich ihr das Gesicht und damit ihm den Rücken zu. Aber das war weniger peinlich als der Umstand, daß er während meines ganzen Aufenthaltes in China der einzige Chinese war, der mein gewiß alles andere als vollkommenes Chinesisch nicht verstehen wollte. Wenn ich das Wort an ihn richtete, warf er in Verzweiflung die Hände hoch und rief nach einem Dolmetscher: *»Ta schuo-ti schen-ma! Ta schuo-ti schen-ma!* – Was hat sie gesagt? Was hat sie gesagt?« Da er aus Schanghai stammte – seine Stimme hatte noch den Kommandoton der unverändert gebliebenen Gesellschaft dieser Stadt –, mochte für ihn mein Mandarin-Chinesisch (mit amerikanischem Akzent), dessen klassische Aussprache auf dem Pekinger Dialekt beruht, schwer verständlich gewesen sein. Oder hatte meine Weigerung, jeden Gedanken in den üblichen ideologischen Jargon zu kleiden, ihn verärgert?

Die Reste der ersten Gänge wurden von jungen Mädchen mit jugendlich frischen Gesichtern abgeräumt, während drallere junge Frauen gewaltige Platten mit karamelfarbenen gebratenen Enten hereintrugen, damit die Gäste sie bewundern konnten. Daraufhin zogen sie sich hinter Wandschirme zurück, um dort das Geflügel geschickt zu zerlegen und die Haut vom Fleisch und das Fleisch von den Knochen zu lösen. Den Rumpf reservierten sie für die Suppe, die als vorletzter Gang gereicht werden sollte. Während dieser Handreichungen sagte ich zu Yao Wen-yüan, daß ich erst kürzlich die Volkskommune der Chinesisch-Kubanischen Freundschaft besucht und dort den ganzen Zyklus der Arbeit auf einer Entenfarm beobachtet hätte.

»Gestopfte Enten«, erklärte Yao.

»Ja, und ich habe sogar das Endstadium der Mästung photographiert, wenn der ›Spezialist‹ den Entenschnabel über der Futterzuleitung stopft.«

»Sie haben auch Freude an der Photographie!« bemerkte Tschiang Tsching. »Dann haben wir etwas gemeinsam. Ich photographiere gern.«

Wir tauschten unsere Meinungen über gute Motive in und um Peking aus. Während ich vor allem an menschlichen Motiven interessiert war – Männer und Frauen in Schlängelbewegung bei der Ausübung des alten *tai-tschi tschüan* oder singend vor den widerhallenden Palastwänden im Morgengrauen –, zog sie die Natur vor.

»Haben Sie einmal bei Sonnenuntergang die Wolken über dem Peihai-Park aufgenommen?« fragte sie. Nein, das hatte ich nicht. »Ich bin keine gute Photographin«, fuhr sie fort, »aber ich habe von diesem Motiv eine Aufnahme gemacht, die ich Ihnen geben kann.«

Später gab sie freilich zu, eine Unmenge Photos gemacht zu haben, rund zehntausend Aufnahmen in den letzten Jahren. Aber drei- bis viertausend habe sie vernichtet, und sie müsse noch mehr aussondern, vor allem die, denen weder ein künstlerischer noch ein historischer Wert zukomme.

»Aber warum eine solch phantastische Zahl von Aufnahmen?«

»Um mich zu üben!« Dieses Wort, das sie noch oft gebrauchte, war ihr Kürzel für Selbstdisziplin und die ständige Bemühung, es immer besser zu machen.

Sie wechselte das Thema. Zu den Dingen, die Ministerpräsident Tschou am Herzen lägen, sagte sie, gehöre es, ihr zu empfehlen, welche ausländischen Gäste sie empfangen solle. Als die Gattin Edgar Snows, Lois Wheeler Snow, im September 1970 nach Peking kam, mußte kurzfristig ein Empfang für sie arrangiert werden. Tschiang Tsching hatte sich zu Hause zu einer Siesta niedergelegt, als die Aufforderung kam, zum Empfang zu erscheinen. Völlig unvorbereitet, wie sie war, fiel ihr kein passendes Geschenk für den Ehrengast ein. Mrs. Snow ihrerseits war dermaßen verwirrt, daß sie versehentlich Tschiang Tsching ein Geschenk übergab, das sie dem stellvertretenden Außenminister Tschiao Kuan-hua zugedacht hatte.

»Haben Sie die Snows einmal kennengelernt?« fragte sie.

Nein, aber ich hatte viel von Snow gelesen. Darüber unterhielten wir uns kurz. Ich hatte mit seiner früheren Frau, Nym Wales, korrespondiert. Sie hatte die führenden Frauen der chinesischen Revolution Ende der dreißiger Jahre interviewt.[5]

»Auch seine jetzige Frau steht China freundlich gegenüber. Wenn Sie sie einmal sehen, dann grüßen Sie sie und ihre ganze Familie von mir und sagen Sie ihr, ich hoffte, daß sie uns wieder besucht. Wenn Sie eine Freundin Chinas werden, müssen auch Sie uns häufig besuchen. Solange ich lebe, werde ich Sie immer empfangen.«

Der Gedanke an die Zukunft und unser aller Sterblichkeit stimmte sie ernst. Mit einem raschen Blick in die Gesichter der anderen sagte sie: »Als dialektischer Materialist kann man sehr wohl die Gesetze von Geburt, Alter, Krankheit und Tod verstehen. Man kann politisch jung bleiben, aber es ist sehr schwer, sich eine immerwährende Gesundheit zu erhalten. Ich gestehe, daß ich alt bin.«

Ihren plötzlichen Stimmungsumschwung aufgreifend, begann Yao Wen-yüan zu rezitieren:

> Das alte Streitroß, das im Stall liegt,
> Verlangt danach, tausend Meilen zu rennen;
> Der Held in seinen abendlichen Jahren
> Gibt sein erhabenes Ideal nie auf.

»Dieser Vers von Tsao Tsao ist sehr gut«, bemerkte Yao.

»Die anderen Verse des Gedichts sind auch nicht schlecht«, meinte Tschiang Tsching und fuhr fort:

Mag auch die Heilige Schildkröte lange leben
Es kommt die Zeit, da sie sterben muß.
Die Fliegende Schlange steigt über den Nebel
Und sinkt zuletzt in den Staub.

»Es folgt noch ein Vers«, sagte sie. »Aber das ist naiver Materialismus«, schickte sie voraus.

Nicht allein beim Himmel liegt
Fülle oder Verkürzung des Lebens.
Indem man Seele und Körper in Frieden hält,
Gewinnt man ein langes Leben.

Das Gedicht hatte die Gedanken Tschiang Tschings auf die Beziehung zwischen Langlebigkeit und physischem Wohlbefinden gelenkt. Wie ihre Lebensgeschichte zeigt, hatte sie lange unter Krankheiten gelitten und gelernt, in der Krankheit und in persönlichen Feinden etwas Gemeinsames zu sehen: die Herausforderung an den Willen zum Überleben, biologisch oder politisch. Während ihre Eßstäbchen über eine Reihe frisch aufgetragener Platten und Schüsseln flatterten, erklärte sie: »Ich habe mich in letzter Zeit etwas ausgeruht. Aber Ihretwegen bin ich heute gekommen. Es ging mir gesundheitlich nicht sehr gut, und ich habe in letzter Zeit schlecht geschlafen. Ich brauche Ruhe und ärztliche Behandlung ebenso wie Leibesübungen.«

»Welche Art von Sport treiben Sie?«

»Schwimmen, Reiten, Spazierengehen und Gartenarbeit«, erwiderte sie. Sie fuhr mit der Hand in ihre Tasche und holte eine Handvoll Jasminblüten hervor, die im *Tschung-nan-hai* gewachsen waren, der Familienresidenz Maos im früheren Kaiserpalast in Peking. Als sie mir diese stark duftenden weißen Blüten in die Hand drückte, spiegelte sich in ihrem Gesicht meine Überraschung und mein Entzücken. »Und ich züchte einige chinesische Heilkräuter«, fügte sie hinzu. »Den Jasmin habe ich selbst gezüchtet. Außerdem baue ich verschiedene Gemüse an. Es ist mir auch gelungen, auf einem kleinen Feld Reis anzubauen. Er steht schon fast so hoch« – sie hielt die Hände in einem Abstand von etwa dreißig Zentimetern übereinander. »Ich habe auch ein wenig Baumwolle angepflanzt. Das alles hilft mir, mich geistig und physisch zu entspannen.«

»Wir exportieren Jasmin«, fuhr sie mit sichtlichem nationalen Stolz fort. »Und wir bauen Tee in Kiangsu, Tschekiang und Schantung an.«

Ich sagte ihr, daß ich wie viele Ausländer gern Jasmintee trank, aber meine Lieblingssorte sei doch Chrysanthementee.

»Chrysanthementee ist gut für die Augen. Der Anbau von Chrysanthemen ist eine Nebenbeschäftigung. Sie werden in weiten Gebieten des Landes gezogen. Haben Sie schon die baumartigen Päonien in China gesehen?«

»Ja, aber hauptsächlich auf Bildern aus der Zeit der Ming-Dynastie oder auf Photographien – aber nur selten mit eigenen Augen.«

»Ich kann Ihnen ein paar Aufnahmen zeigen. Ich habe einige Exemplare angepflanzt. Man kann sie auch als Heilmittel verwenden.« Den Daumen und den Zeigefinger weit auseinanderspreizend, sagte sie: »Ein Stück Rinde von der Wurzel, etwa so groß, reicht in einer Apotheke vier bis fünf Monate. Es ist sehr teuer.«

»Was kann man damit behandeln?« fragte ich.

»Ich bin kein chinesischer Arzt vom alten Schlag. Ich weiß es nicht. Dann gibt es auch die Stauden-Päonie. Bei ihr dienen die Wurzel und die Blume medizinischen Zwecken. Natürlich gebe ich alles, was ich anbaue, dem Staat.«

»Ich habe chronische Beschwerden in den oberen Atemwegen«, fuhr sie mit der gleichen Sachlichkeit fort. »Das führte zu Schwierigkeiten in den Harnwegen. Früher ließ ich mir, wenn ich Fieber hatte, Antibiotika injizieren. Aber in letzter Zeit habe ich Lotosstengel genommen. Lotos wirkt harntreibend. Jetzt nehme ich viermal täglich Lotosstengel zu mir und fühle mich sehr viel besser.«

Beeindruckt von diesen persönlichen Mitteilungen fragte ich sie, wie man den Lotosstengel zu sich nimmt. »Sie lassen ihn fünfzehn Minuten in Wasser kochen und trinken dann die Lösung wie Tee«, erklärte sie. »Es schmeckt leicht aromatisch. Ich habe seit 1969 an keinen ernsthaften Beschwerden dieser Art mehr gelitten. Bei einer Analyse des Lotosstengels gelang es mir, ein bestimmtes Lotos-Alkaloid zu isolieren. Aber die Einnahme des Alkaloids allein wäre nutzlos, denn der Lotosstengel besitzt noch viele andere Eigenschaften. Ich glaube, daß es der Wissenschaft noch einmal gelingen wird, mehr über seine Zusammensetzung zu erfahren. Nehmen Sie zum Beispiel die weiße Tageslilie, die Tuberose. Ihre Blüte ähnelt einer Haarnadel. Sie strömt einen intensiven Geruch aus, und Schlangen machen einen Bogen um sie. Die ganze Pflanze ist für medizinische Zwecke verwendbar. Aber bis heute hat die Wissenschaft nicht ihre chemischen Bestandteile analysieren können. Also hinkt die medizinische Wissenschaft den Erfordernissen des täglichen Lebens hinterher. Wenn die amerikanische Wissenschaft daran interessiert ist, kann sie auf diesem Gebiet forschen. Da ihr und wir in denselben Breiten wohnen – nur auf den entgegengesetzten Seiten des Globus –, kann das, was hier wächst, auch bei euch wachsen. Haben Sie schon Lotosblumen gesehen?«

»Ja, erst vor kurzem im Sommerpalast, im Garten der Harmonischen Interessen.«

»Im Sommerpalast stehen nur rote Lotosblumen.«

»Und die im Park des Purpurnen Bambus sind weiß«, ergänzte Yao Wenyüan.

»Die Chinesen haben immer gesagt, daß alle Teile der Lotosblume wertvoll sind«, fuhr Tschiang Tsching fort. »Nichts ist nutzlos. Was wir als appetitanregende Vorspeise gegessen haben, war Lotoswurzel von der weißblühenden Art. Die Wurzel der rotblühenden kann nicht auf die gleiche Weise zubereitet werden. Nur die weiße Abart kann als Nahrungsmittel verwendet werden. Lotos gedeiht südlich des Yangtse-Flusses, wo sein Anbau eine Nebentätigkeit der Bauernfamilien ist.«

In diesem Augenblick wurden die letzten Gänge des Mahls serviert, unter anderem ein sahniger Lotosbrei. Auf der Oberfläche des Breis, der in einer Schale vor jedem Gast stand, lagen weiße Jasminblüten. »Für den sogenannten Zucker-Lotossamenbrei nimmt man Hirse als wichtigste Zutat. Meine Heimatstadt produziert diese Art von Hirse. Hirse ist bei weitem nahrhafter als Reis. Eiweiß und Fett sind weitere Zutaten.«

In den Kommentaren Tschiang Tschings zu dem Nährwert und den medizinischen Eigenschaften der Speisen spiegelte sich auch ihr Vergnügen an dem Bewußtsein, daß die Nahrungsmittel aus allen Teilen des Landes auf ihre kosmopolitische Tafel in der Hauptstadt kamen. Zum ersten Dessert-Gang, rosa Melonenscheiben von einer zarten Textur, wie ich sie noch nie gesehen hatte, bemerkte Tschiang Tsching: »Das ist *Hami kua,* eine Melone aus der Provinz Sinkiang.« Und sie fuhr fort: »Wir haben in Sinkiang jetzt vier Millionen und siebenhunderttausend Uighuren.« (Die Uighuren sind eine politisch nützliche Minorität, die für China einen Puffer gegen die Sowjetunion bildet). Ich fand die Melone ungewöhnlich köstlich und sagte es. Jemand mußte sich das gemerkt haben, denn an den folgenden Abenden wurden mir im »Peking-Hotel« wundervoll reife Hami-Melonen serviert, ohne daß ich sie bestellt hatte.

Die Stimmungen Tschiang Tschings wechselten rasch. Als sie bemerkte, daß sie beim Essen ein wenig Entenbratensauce auf ihre Hose geschüttet hatte, warf sie lachend die Arme hoch und sagte, sie sei doch unordentlich wie ein Kind. Und als der letzte Gang aufgetragen wurde – Früchte, die den »Pfirsichen der Unsterblichkeit« aus der taoistischen Legende in nichts nachstanden –, fragte sie mich mit mutwilligem Spott: »Haben Sie, bevor Sie nach China kamen, sich uns in Ihrer Phantasie als Dämonen mit drei Köpfen und sechs Armen vorgestellt?«

»Eigentlich nicht. Aber ich hatte mich darauf gefaßt gemacht, daß ich während meines Besuchs hier wenigstens einmal mit dem alten Spitznamen ›fremder Teufel‹ beschimpft werden würde. Aber ich bin enttäuscht worden.«*

»Ihr Haar ist nicht so lang, und Ihr Rock ist nicht so unheimlich kurz«, bemerkte sie und lachte kurz. Später fiel mir auf, daß ihr musikalisches Lachen manchmal etwas scharf klingen konnte.

»Das Volk erkennt mich überall und umringt mich, wo ich auch bin«, erklärte sie im Laufe des Gesprächs. »Einmal nahm ich mir vor, im Sommer-Palast spazierenzugehen, aber ich hatte nicht daran gedacht, daß Kindertag war. Plötzlich war ich von Tausenden umringt und konnte nicht entkommen. Je weniger man gesehen wird, desto größer ist das Staunen – je mehr man gesehen wird, desto geringer ist das Staunen«, dichtete Tschiang Tsching. »Wenn ich in meinem Wagen ausfahre, muß ich auf beiden Seiten die undurchsichtigen Fenster hochkurbeln. Sonst entdeckt mich die Menge, ruft meinen Namen und läuft hinter dem Wagen her. Am größten ist das Problem für den Vorsitzenden Mao. Sobald ihn jemand bemerkt, drängen sich die

* Diese Erwartung erfüllte sich später auf einer Straße in Schanghai.

Massen hinter seinem Wagen. Und wenn Ministerpräsident Tschou ausgeht, sucht die Menge durch Geschrei seine Aufmerksamkeit zu erregen und umringt ihn, um ihm die Hand zu schütteln.«

Nach dem Essen an diesem Abend begaben wir uns in das Tien-tschiao-Theater, wo wir mit einer Stunde Verspätung zu einer Sonderaufführung der »Geschichte einer Roten Signallaterne« eintrafen. »Die Rote Signallaterne« war die erste Oper, die Tschiang Tsching umgearbeitet hatte, damit sie der proletarischen Linie entsprach, die sie während der Kulturrevolution für alle Künste verbindlich gemacht hatte.

Nach dem Ende der Vorstellung hatte Tschiang Tsching einen triumphalen Abgang. Sie führte uns in ein privates Vestibül, wo wir uns in den Polstern eines riesigen Sofas niederließen. Als der Lärm des aufbrechenden Publikums hinter der geschlossenen Tür verhallt war, sagte sie, den Blick konzentriert auf mich gerichtet: »Ich hoffe, es wird Ihnen möglich sein, den Weg von Edgar Snow und Mrs. Snow zu beschreiten.«*

»Das ist ein gewaltiges Vorbild«, erwiderte ich, erschreckt von dieser Herausforderung. Aber ich begriff, daß alles davon abhing, ob wir uns vertrauen konnten.

»Die Leute könnten sagen, daß wir Sie einer Gehirnwäsche unterzogen haben«, neckte sie mich. »Fürchten Sie sich davor?«

»Nein. Eine solche Säuberung wäre unmöglich.«

»Schließlich sind Präsident Nixon und seine Frau hier gewesen. Wenn ich das Präsidentenpaar begleiten kann, warum kann ich dann nicht Sie begleiten? Sie können sich doch auch um die Präsidentschaft bewerben!«

Dann wurde sie wieder ernst. Sie machte sich Gedanken über meine gegenwärtige Rolle. Ich sei die erste Ausländerin, der sie von ihrem Leben erzählt habe, erklärte sie. Und auf meine Frage, ob ich das Gehörte veröffentlichen dürfe, nickte sie und antwortete: »Sie können es veröffentlichen. Aber Sie müssen wissen, daß ich Sie nicht als Korrespondentin, sondern als eine gute Freundin betrachtet habe. Zuerst muß ich den Ministerpräsidenten bitten, das Protokoll unseres Gesprächs durchzulesen. Was ich Ihnen heute abend erzählt habe, ist wahr. Zugegeben, wir sind einen schwierigen und nicht immer geraden Weg gegangen. Doch wenn ich auch heute auf die Sechzig zugehe – ich bin noch immer entschlossen, mir meine politische Jugend zu bewahren.«

Hatte sie noch mehr zum Begriff der »politischen Jugend« und zu anderen Aspekten ihres Lebens zu sagen?

* Edgar Snow war der einzige – chinesische oder ausländische – Schriftsteller, dem Mao persönlich von seinen Jugendjahren berichtet hat. Snow nahm diesen Bericht in sein Buch »Roter Stern über China« auf (New York 1938; deutsche Ausgabe Frankfurt a. M. 1974), Lois Wheeler Snow hatte gerade *»China on Stage«* (New York 1972) geschrieben, ein Buch, das Übersetzungen und Beschreibungen von Balletten und Opern der Revolution enthält, von Tschiang Tsching autorisiert. Das Buch Edgar Snows umfaßt ein sehr viel größeres Spektrum von Themen als das Buch seiner Frau, doch beiden eignet ein hohes schriftstellerisches Niveau und Begeisterung für die Kommunistische Partei Chinas, und in beiden Werken wird auf kritische politische Haltung verzichtet.

»Dazu haben wir diesmal keine Zeit mehr. Wenn Sie wieder nach China kommen, werden wir wieder darüber sprechen. Einstweilen möchte ich Ihnen ein paar Dinge zur Erinnerung mitgeben. Ich bin zwar nur eine schlechte Amateurphotographin, aber ich will Ihnen einige Aufnahmen als Andenken überlassen. Vielleicht ist es einfach ›Protzerei in Gegenwart eines Fachmanns‹. Hier habe ich keine guten Bilder. Ich habe ein paar Aufnahmen von der Frauenmiliz gemacht, aber ›gewisse Leute‹ haben mir die guten Bilder weggenommen. Wenn ich nach *Tschung-nan-hai* komme, werde ich überall nachsehen.«

Als wir uns im Theater verabschiedeten, das jetzt, von den Mitgliedern ihrer Begleitgruppe abgesehen, so gut wie leer war, bat man mich, als erste das Haus zu verlassen, damit Tschiang Tsching unbemerkt durch die Nacht nach Hause fahren konnte.

Obwohl ich nicht damit rechnen konnte, Tschiang Tsching wiederzusehen, hatte sich ihr Bild meinem Gedächtnis eingeprägt – ein Bild von provozierender Lebendigkeit. Um anderen einen angemessenen Eindruck von ihrem Werdegang zu vermitteln, hatte ich zu wenig erfahren. Was sie über ihre größtenteils unbekannte Jugend und ihre zunehmende Verstrickung in die historischen Auseinandersetzungen angedeutet hatte, reizte die Wißbegierde mehr, als daß es sie befriedigte. Sie war nur eine Frau von vierhundert Millionen. Aber ich vermutete, daß ihre einzigartige Erfahrung – die Verschmelzung von Alltäglichem und Außergewöhnlichem – uns wichtige Hinweise auf das problematische Verhältnis von Frauen und Macht im revolutionären China geben könnte.

Am Morgen nach diesem ersten Abend mit Tschiang Tsching nahm ich meine Gespräche mit Teng Ying-tschao und anderen führenden Frauen wieder auf. Wir setzten die Gespräche an vier aufeinanderfolgenden Vormittagen fort. Wie ihr Ehemann Tschou En-lai hatte auch Teng einen ungewöhnlich hohen Wissensstand, und sie konnte über ideologische Fragen in einer Sprache sprechen, die sich über den politischen Jargon erhob. Sie wurde 1904 geboren, war also nur ein Jahrzehnt älter als Tschiang Tsching. Aber unter dem Aspekt der Generationen bestand ein größerer Unterschied. Teng gehörte zu der ersten kommunistischen Generation, die zusammen und gleichberechtigt mit Mao seit dem Beginn der zwanziger Jahre in der Bewegung aktiv war. Tschiang Tsching dagegen gehörte zur zweiten Generation der Revolutionäre. Von ihnen kamen zwar einige in den *Weißen Gebieten* mit der Kommunistischen Partei zu Beginn der dreißiger Jahre in Berührung. Doch zu der revolutionären Kerngruppe um Mao in den *Roten Gebieten* stießen sie erst am Ende dieses Jahrzehnts. Von überkommenen sozialen Abhängigkeiten befreit, widmeten Teng und Tsai Tschang – Frau Li Fu-tschuns und Revolutionärin von Anfang an – zusammen mit anderen Frauen aus der Gründergeneration ihr Leben der historischen Aufgabe, die Frauen Chinas wachzurütteln, zu organisieren und zu revolutionieren. Durch ihr unzweideutiges und freimütiges Bekenntnis, daß es ihr in erster Linie um die speziellen Probleme der Frau ging und ihre Gewohnheit, sich überall und bei allen politischen Anlässen mit Frauen zu verbünden, unterschied sich Teng von Tschiang Tsching. Der Feminismus Tschiang Tschings war mehr privater Natur, und ihr großer politischer Ehrgeiz verbot es ihr, in erster Linie als Kämpferin für die Gleichberechtigung der Geschlechter aufzutreten.

Doch ich verlor nicht den Kontakt zu Tschiang Tsching. Nach meinen Gesprächen mit Teng Ying-tschao erschienen an den folgenden Nachmittagen die beiden Abgesandten Tschiang Tschings, Hsü Erh-wei und Schen Jo-yün, in meinem Hotelzimmer, um mir weitere Reden Tschiang Tschings vorzulesen. Beide waren hervorragende Dolmetscherinnen, nicht nur Sprachenkenner oder Funktionäre. Sie wurden gleichermaßen wegen ihres politischen Geschicks und wegen ihrer goldenen Zunge geschätzt und waren zudem Dolmetscherinnen verschiedener Kulturen. Mit ihrer gewinnenden Persönlichkeit, ihrem attraktiven Äußeren, ihrer Sprachbegabung und ihrer überlegenen und gelassenen Haltung hätte Schen Jo-yün in jeder Gesellschaft Karriere gemacht. Ihre ungewöhnlichen Fähigkeiten ließen es um so bemerkenswerter erscheinen, daß sie strikt den kompromißlosen proletarischen Standpunkt vertrat. Allerdings wurde sie mit zunehmendem Prestige und Einfluß belohnt. In der Mitte der sechziger Jahre hatte sie anderthalb Jahre in London studiert, bis sie wie fast alle im Ausland lebenden chinesischen Kommunisten zurückgerufen wurde, um an der Kulturrevolution teilzunehmen. 1972 begleitete sie das chinesische Tischtennis-Team bei seiner ersten diplomatischen Mission in die Vereinigten Staaten. Im Sommer 1972 diente sie Tschiang Tsching bei den heikelsten Unternehmungen. Noch im selben Jahr kehrte sie als persönliche Dolmeterschin des Stellvertretenden Außenministers Tschiao Kuan-hua in die Vereinigten Staaten zurück. 1974 erhielt sie einen verantwortungsvollen Posten im Verbindungsbüro in Washington.

Nach meinem überraschenden Zusammentreffen mit Tschiang Tsching pflegte Schen zu allen möglichen Tageszeiten, auch abends, bei mir vorbeizukommen. Außer der politischen Lektüre brachte sie bis dahin unveröffentliche Aufnahmen von Tschiang Tsching und Mao in Jenan aus den vierziger Jahren, einige Farb-Kunstphotos, eine Reihe von Porzellan-Pandas (aus dem berühmten *Tsching-te-tschen*-Ofen – wobei allerdings die Qualität der Produkte seit den Tagen des Kaiserreichs nachgelassen hat) und andere Erinnerungsstücke aus dem Leben Tschiang Tschings mit. Ihre Kunstphotographien – von Landschaften und Blumen, den Lieblingsmotiven der traditionellen chinesischen Malerei – erschienen mir wie eine moderne Variante der Arbeit mit dem Pinsel, wie sie von der einstigen Mandarin-Klasse kultiviert worden war. Dies alles – ihre künstlerischen Neigungen, die esoterische Liebe zum Gartenbau, die fixe Idee, sich durch selbst angepflanzte Heilkräuter zu kurieren, der Stolz auf ihre sportlichen Fähigkeiten und schließlich ihre offizielle Vorliebe für das Theater –, dies alles verband sie mit der kaiserlichen Tradition Chinas. Wie Mao, ließen auch der ehrwürdige Führer der Roten Armee, Tschu Te, der faustische Kuo Mo-jo und andere alte, dem proletarischen Ethos verpflichtete Revolutionäre nicht davon ab, sich als klassische Dichter zu betätigen und ihre Arbeiten zu veröffentlichen. Allerdings war den rangniederen Genossen und den unter ihrer Herrschaft erzogenen Generationen der Zugang zu dieser erhabenen Tradition versperrt. Und ganz wie ihre kaiserlichen Vorgänger wollte keiner der gegenwärtigen Führer, Tschiang Tsching nicht ausgenommen, mehr sein als ein Dilettant – und wäre er ein noch so begabter Künstler. Mit Vergnügen stellte ich beim Betrachten ihrer Photographien fest, daß die Widmungen auf der Rückseite mit Rotstift geschrieben waren – die moderne proletarische Entsprechung der zinnoberroten Tusche, die für die kaiserliche Signatur verwendet worden war.

Mit Hilfe von Schen stellte Tschiang Tsching meine photographischen Fähigkeiten scherzhaft auf die Probe. Hatte sie die Aufnahmen von Pfingstrosen, die sie selbst gesät hatte, bei natürlicher oder künstlicher Beleuchtung gemacht? Zu welcher Tageszeit waren die Aufnahmen entstanden? Woher rührte die Feuchtigkeit in der Atmosphäre? Ich ging mit Vergnügen auf ihr Spiel ein und vertraute Schen meine Vermutungen an. Am nächsten Tage kam sie dann mit den richtigen Antworten zurück und schilderte mir das Entzücken Tschiang Tschings, wenn diese feststellen durfte, daß ihr raffiniertes Artistentum mein Urteil irregeführt hatte. So hatte ich eine natürliche Beleuchtung durch die Morgensonne vermutet, obwohl Tschiang Tsching in Wirklichkeit, von ihrer Leibwache unterstützt, ein ausgeklügeltes System künstlicher Beleuchtung bei Einbruch der Dunkelheit in Betrieb genommen hatte. Und dann hatte ich geglaubt, daß die edelsteinartigen Tropfen auf den Blütenblättern das Resultat eines natürlichen Niederschlags seien. Doch Tschiang Tsching hatte mit ihren Fingerspitzen Wasser auf die Blütenblätter gespritzt, einen Augenblick, bevor sie die Aufnahme gemacht hatte.

Meine fünf Tage in Schanghai, beginnend mit dem Ende der dritten Augustwoche, wurden von einem erweiterten Kontingent von Reisebegleitern gestaltet. Zu meinem Pekinger Stammpersonal kamen nun noch fünf Frauen und ein Mann aus Schanghai – Künstler und Wissenschaftler, die an den Umgang mit Ausländern gewöhnt waren. Gewiß hatte ich diese verstärkte offizielle Aufmerksamkeit meinem ersten Zusammentreffen mit Tschiang Tsching zu verdanken – einem Ereignis, über das die »Volkszeitung« einen Bericht mit Bild gebracht hatte. In Schanghai erlebte ich die übliche Vorführung revolutionärer Wundertaten, wozu auch die durch Akupunktur bewirkte Anästhesie gehörte, vorgeführt an Frauen, die sich bei Bewußtsein und in heiterer Stimmung einer Gebärmutteroperation unterzogen. Nervenblockierung, verstärkt durch politische Hypnose – Magie schien im Spiel zu sein. Tsai Tsui-an, die jüngste Tochter des berühmten liberalen Erziehers Tsai Yuan-pei, berichtete hinter vorgehaltener Hand mit vielen Einzelheiten und ohne die parteioffizielle Terminologie über das Leben ihres Vaters und über ihr eigenes. Einige jüngere Schriftstellerinnen gestanden mir, wie qualvoll und nahezu unmöglich es für sie sei, in Übereinstimmung mit den von der Kulturrevolution gesetzten Normen den Ton authentischer Schlichtheit zu treffen, um »dem Volk zu dienen«. In diesem Kreis befand sich auch eine vom Regime als Musterbeispiel der »neuen Frau« Geförderte, Wang Hsiutschen, eine Textilarbeiterin, die 1969, als sie Mitte Dreißig gewesen war, ins Neunte Zentralkomitee der Partei gewählt worden war – und 1973 ins Zehnte Zentralkomitee. Aber der Umstand, daß sie ein politischer Star geworden war, hatte ihr nichts von ihrer Bescheidenheit genommen. Nur erinnerte die lebhafte Schilderung ihrer Vergangenheit eher an ein Drehbuch für einen Film als an einen persönlichen Erfahrungsbericht. Diesen Eindruck gewann ich auch bei vielen anderen, abgesehen von denen, die bereits die höchsten Stufen der Macht erreicht hatten.

Sehr wichtig war auch, daß unsere Besuche uns in den kulturellen Bereich Schanghais führten, der als die Domäne Tschiang Tschings galt. Yao Wen-yüan war hier ihr Stellvertreter. Ein Besuch im Haus des streitlustigen modernen Schriftstellers Lu Hsün endete mit literarischen Auseinandersetzungen, die später bei Tschiang Tsching wieder aufgenommen wurden. Auch eine Diskussion mit dem kampferprobten Literaturkritiker Professor Liu Ta-tschie von der Fu-tan-Universität über den großen chinesischen Roman des achtzehnten Jahrhunderts, »Der Traum der roten Kammer«, wurde bei Tschiang Tsching fortgesetzt. Yao Wen-yüan arrangierte Opernaufführungen und Ballettveranstaltungen und sorgte für Interviews mit den Künstlern.

Am späten Nachmittag des 24. August kehrten wir von einem anstrengenden Interview heim. Ich hatte mich lange mit den unter der Ägide Tschiang Tschings vom Ballettklassizismus befreiten Tänzern unterhalten. Als wir im Auto saßen, die untergehende Sonne vor uns, die sich mit einem Dunstschleier über die niedrige, von Industrieanlagen geprägte Silhouette der Stadt senkte, blickten meine Begleiter plötzlich auf Lao Tschen, die ihre Selbstbeherrschung aufgab und aufgeregt verkündete: »Wir haben erfahren, daß Genossin Tschiang Tsching heimlich nach Kanton geflogen ist. Dort denkt sie über ihr Leben und die Revolution nach. Sie will sich noch mehrmals mit Ihnen treffen. Sie wird alle Fragen beantworten, die Sie ihr gestellt haben. Sie fliegen morgen mit einer Maschine, die aus Peking kommt, nach Kanton. Wir müssen Sie darauf hinweisen, daß die Reise geheim ist und daß niemand außer uns, die wir Sie begleiten, davon erfahren darf.«

Sollten wir in ein mythisches Reich befördert werden, das von Frauen beherrscht wurde? Das fragte ich mich, während ich ängstlich bemüht war, das Gefühl für die Wirklichkeit nicht zu verlieren. Einen Augenblick später brachen wir alle in Gelächter aus: Das, was sich nun als der Zweck unserer Reise herausstellte, erschien nur solange vernünftig, bis man darüber nachdachte. Es war ebenso absurd wie wunderbar. Trotzdem war es offenkundig, daß hinter dem Ablauf der Ereignisse der unbeugsame Wille Tschiang Tschings stand. Sie war entschlossen, ihre Geschichte zu erzählen.

Am Nachmittag des nächsten Tages brachte uns die Schanghaier Gruppe zum Flughafen. Yü, Lao Tschen und ich wurden auf einem Platz abgesetzt, auf dem nur ein großes silbernes Düsenflugzeug stand. Mit ihm waren Tschang Ying, eine prominente Propagandistin, die Dolmetscherin Schen Jo-yün und Tang Lung-ping, ein Vizechef des Protokolls und nunmehr das einzige männliche Mitglied unserer Gruppe, aus Peking gekommen. Lächelnd und winkend erschienen sie in der Tür.

Das geräumige und geschmackvoll eingerichtete Innere der Maschine unterschied sich eindrucksvoll von der Inneneinrichtung, die in China üblich war. Tschang Ying und ich wurden in die vordere Kabine geführt. Hier standen Schreib- und Eßtische mit elektronischem Zubehör und ein richtiges Bett mit feinbestickter seidener Bettwäsche und passendem Kopfkissen, alles in Blaßrosa und Weiß gehalten. Ich war mit Tschang Ying allein, und sie erzählte mir von ihren Abenteuern als junge Reporterin in Tschungking gegen Ende der dreißiger Jahre, bevor sie nach Jenan übersiedelt war. In dem kommunistischen Stützpunktgebiet hatte sich zum erstenmal ihr Weg mit dem Tschiang Tschings gekreuzt. In ihrer Eigenschaft als Leiterin der Propagandaabteilung reagierte sie auf meine Begeisterung für die intellektuelle Vielseitigkeit Lu Hsüns mit einem Bekenntnis zur strengen Parteilinie. Sie sah bei ihm nur Ansätze kommunistischer Gesinnung. Doch obwohl sie eine treue Dienerin des Regimes war, hatte ihr Denken nichts an Flexibilität eingebüßt, und unsere ideologischen Differenzen beeinträchtigten weder unseren Respekt voreinander noch die Bequemlichkeit unseres Flugs. Während wir in liebenswürdiger Weise diskutierten, trugen zwei ungemein hübsche Mädchen der VBA Platten mit gebratener Ente, Süßigkeiten, frisch gedämpfte Brötchen, erlesene Früchte, Eis, Liköre, Bier und Wein in die Kabine.

Ermattet vom Genuß des chinesischen Weins, gab ich dem Drängen Tschang Yings nach und willigte ein, mich in Anbetracht dessen, was mich in Kanton erwartete, ein wenig auszuruhen. Sie selbst zog sich in die Hauptkabine zurück. Die seidenen Bettücher bildeten einen wohltuenden Kontrast zu der proletarischen Nüchternheit des chinesischen Alltags. Als ich im Begriff war einzuschlafen, zog eine Stewardeß die Vorhänge zu. Ich schlief, bis mich die freundliche Stimme des Kopiloten weckte. Er beugte sich über mich und beschrieb unsere Landung über dem Kanton-Delta mit präzisen Zeit- und Ortsangaben.

»Genossin Tschiang Tsching ist bereit!« Diese Worte waren die Aufforderung, das Gästehaus, in dem wir gewartet hatten, zu verlassen und zur Villa Tschiang Tschings zu fahren. In der Abenddämmerung bahnten sich unsere Wagen hupend einen Weg durch das Verkehrschaos von Menschen und Tieren. Die Dunkelheit brach herein, als wir die Peripherie Kantons erreichten. Bei der Zickzackfahrt auf holprigen Straßen verloren wir jedes Gefühl für die Richtung. Eine enge kurvenreiche Straße führte durch Bambushaine zur Villa. Im Gehölz erkannten wir junge Wachen der VBA mit blinkenden Bajonetten. Die Villa, ein einstöckiges modernes Gebäude, stand friedlich und fern vom Lärm der Stadt inmitten von tropischen Gärten. Hier wuchsen rankende Bougainvilleas, Hibiskussträucher in glühenden Farben, rosa angehauchte Lotosblumen, die auf spiegelnden Teichen schwammen, duftende Magnolien, Jasmin und Ingwerblüten. Die Nacht war erfüllt vom vibrierenden Zirpen der Zikaden und dem atonalen Diskant der Vögel.

Das Innere der Villa war geräumig, aber die Ausstattung war nüchtern, belebt nur durch Vasen mit leuchtend blauen und goldenen Schwertlilien und einigen Rollenbildern. Diese Bilder stammten zwar von zeitgenössischen Künstlern, zeigten aber keineswegs den Stil des sozialistischen Realismus. Hier, Tausende von Meilen entfernt von der nördlichen Hauptstadt, wo sie auf Formalitäten und persönliche Rivalitäten Rücksicht nehmen mußte, konnte Tschiang Tsching sich sanfter und entspannter geben. Sie trug ein vorzüglich geschnittenes Hemdblusenkleid aus schwerem Crêpe de Chine mit einem weiten, bis zur Wadenmitte fallenden plissierten Rock. Dieser Stil erinnerte an die frühen fünfziger Jahre in Amerika. Die weißen Kunststoffsandalen und die dazu passende Handtasche kannte ich bereits, doch war der Handtaschengriff jetzt mit zerrissenem frotteeartigem Stoff umwickelt.

»Sind Sie in meiner Gegenwart nervös? Das dürfen Sie nicht sein.«

»Nein.« Tatsächlich war ich weit weniger nervös als bei unserer ersten Begegnung. Ich begann, mir Notizen zu machen. Da es heiß und schwül war, rollte ich mir die Hemdsärmel bis über die Ellbogen hinauf.

»Ihnen ist warm«, bemerkte sie. Sie bedeutete einem Gehilfen, die Klimaanlage einzuschalten. Stöhnend sprang das Gebläse an. Es lief einige Augenblicke mit leisem Brausen und erstarb dann plötzlich.

Sie kam auf die Hintergründe unserer ersten Begegnung vor fast zwei Wochen zu sprechen. Ministerpräsident Tschou habe sie gefragt, ob sie mich nicht kennenlernen wolle. Er habe ihr gesagt, ich sei »jung und von China begeistert« und sei ihm von John S. Service empfohlen worden, nachdem ich meine Gespräche in der UN-Mission begonnen hatte.* Obwohl ich keine Kommunistin sei, sehe man in mir einen »entschiedenen Freund des chinesischen Volkes und aller revolutionären Menschen«. Sie sei damals im Begriff gewesen, eine andere Flugreise anzutreten, doch sie sei geblieben, um mich wiederzusehen. Warum? Wenn sie es nicht getan hätte, würde sie den Eindruck gemacht haben, arrogant oder eingebildet zu sein. Außerdem lasse sie sich von dem Gefühl ihrer Verantwortung gegenüber dem chinesischen Volk leiten. Sie wußte auch, daß ich bereits die Große Schwester Teng (Teng Ying-tschao) getroffen hatte und daß wir schon lange Diskussionen geführt hatten. In aller Eile habe sie einige Opernbesuche für mich arrangiert; es sei, wie sie mir versicherte, keine Zeit geblieben, um besondere Vorbereitungen zu treffen. Dann habe sie sich mit der Frage beschäftigt, was sie mir schenken könne. Jetzt lachte sie, wenn sie daran dachte, daß all diese ängstlichen Bedenken und das ganze Hin und Her sie zum Schwitzen gebracht hatten. Gewiß, sie habe mich nicht gut gekannt, aber sie habe sich doch an jenem Abend in Peking ein gutes Bild von mir gemacht. Nach unserem Abschied habe sie über meine Arbeit nachgedacht und sich für das »Grundkonzept« einer Reihe von Interviews entschlossen, die sie mir, wohl wissend, daß sie veröffentlicht werden würden, geben wolle. (Sie gebrauchte den Ausdruck »Grundkonzept«, ohne zu erklären, was er bedeutete.)

* Service war Mitglied der U. S. Dixie Mission in Jenan Mitte der vierziger Jahre. Seine unvoreingenommenen Berichte über das Leben unter den jungen Kommunisten hatte ihm die Ungnade des State Department und die Bewunderung der chinesischen Kommunisten eingetragen.

Vor vier oder fünf Tagen sei sie in aller Frühe aufgestanden und nach Kanton geflogen. Warum nach Kanton? Um sich von der täglichen Regierungsarbeit zu erholen und um sich ärztlich behandeln zu lassen. Sie schlafe und esse besser, wenn sie von dem Druck, unter dem sie in Peking stehe, frei sei. Nach wenigen Tagen arbeite ihr Gedächtnis, das sie in den letzten Monaten wiederholt im Stich gelassen habe, wieder besser. Damit ich mich nicht zu dem irrigen Schluß verleiten ließ, daß dies die übliche Art sei, in der sie ihre Zeit verbringe, versicherte sie mir, daß sie sich im allgemeinen »mit ernsten politischen Angelegenheiten« beschäftige. Und mit Nachdruck erklärte sie: »Die Beschäftigung mit Lappalien ist mir unerträglich.« Sie und ich würden unsere Zeit nicht mit Lappalien vertrödeln.

Kurz vor meiner Ankunft hatte sie vor etwa fünfzehnhundert Menschen gesprochen, und vor einer Gruppe von Funktionären hatte sie über die aktuelle Situation referiert. Von diesen Verpflichtungen abgesehen, war das eigentliche Motiv ihrer Reise, daß sie mich sehen wollte. Aber sie betonte, daß unsere Zusammenkünfte geheim bleiben müßten. Wenn die Massen in Kanton und Umgebung erführen, daß sie noch immer hier sei, ihnen so nahe sei, würde sie das schrecklich aufregen. Und wenn sie gar den eigentlichen Zweck der Reise erführen – nämlich mit einer Ausländerin zu sprechen –, so würden sie das nicht verstehen. Darum dürfe auch ich nur mit ihr und den Mitgliedern ihrer und meiner Begleitung verkehren und keine Verbindung zur Außenwelt aufnehmen.

Edgar Snow, fuhr sie fort, habe ausreichend Zeit für lange, eingehende Gespräche mit dem Vorsitzenden Mao, Ministerpräsident Tschou und den Revolutionären der älteren Generation gehabt. Diese Männer arbeiteten damals, Ende der dreißiger Jahre, im Nordwesten. Die älteste Revolutionärin, mit der ich bisher gesprochen hatte, war Teng Ying-tschao. 1919, während der *Bewegung des 4. Mai,* war sie schon fünfzehn gewesen. Tschiang Tsching war damals fünf Jahre alt gewesen – zu klein, um dieses umwälzende Ereignis einschätzen zu können. Tschiang Tsching gab zu, daß Teng Ying-tschaos revolutionäre Geschichte länger sei als ihre. Dafür sei ihre Geschichte »umfassender«, wie sie erklärte. Denn sie sei nicht auf Frauen-Angelegenheiten beschränkt.

Als sie und die anderen politischen Führer von 1937 bis 1947 im Nordwesten gearbeitet hatten, sei es ihr gemeinsames Ziel gewesen, den Standpunkt des Vorsitzenden Mao zu unterstützen. Auf Grund ihrer besonderen Position in jenen Jahren (sie hatte Mao 1939 geheiratet), werde sie mehr aufschlußreiche Einzelheiten der Jenan-Periode schildern können, als das Teng Ying-tschao möglich sei. Wenn sie auch selbst nicht am Langen Marsch vom *Zentralen Sowjetgebiet* in den Nordwesten (in der Mitte der dreißiger Jahre) teilgenommen habe, werde ihr Bericht doch Aufschluß über diesen Marsch geben. Im allgemeinen wolle sie sich auf die Ereignisse konzentrieren, die sie selbst miterlebt habe. Doch nichts solle mir aufgezwungen werden. Wenn ich an militärischen Fragen nicht interessiert sei, werde sie darüber hinweggehen. Aber da die Bourgeoisie nun einmal »bis an die Zähne bewaffnet« sei, könnten die Chinesen nicht auf Waffen verzichten. Die Chinesen, so beteuerte sie, wollten keinen Krieg. Doch bestehe ein Unterschied zwischen gerechten und ungerechten Kriegen. Sie, die Chinesen, führten niemals einen ungerechten Krieg gegen andere. Aber sie habe nicht die Absicht, erklärte sie mit entspannter Miene, länger dogmatisch draufloszureden.

Lächelnd griff sie nach einem schmalen Goldbrokatetui und entnahm ihm einen kleinen, kunstvoll aus Sandelholz geschnitzten Fächer. Liebevoll ließ sie ihre Finger über ihn gleiten. Sie habe ihn schon viele Jahre benutzt, sagte sie. Auf einer Seite war der seidene Bezug mit rosa Pflaumenblüten bemalt. Auf der anderen Seite stand Mao Tse-tungs Gedicht »Winterwolken« (*Tung-yün*) vom 26. Dezember 1962, seinem siebzigsten Geburtstag (nach chinesischer Rechnung gilt der Tag der Geburt als erster Geburtstag). Das Gedicht lautete:

Schneelast auf Winterwolken, weiße Flocken im Flug
zehntausend Blüten, zahllos verwelkt, auf einmal so selten.
Hoch der Himmel, Wirbel an Wirbel, der Frost strömt gierig,
groß die Erde, wenig, wie wenig Wärme, ein Lufthauch.
Einzig mutige Männer machen Jagd auf den Tiger,
noch geringer ist der Tapferen Furcht vor dem Bären
Prunusblüten zur Freude, daß weit der Himmel verschneite;
starr gefroren die Fliegen, und keiner, den es wundert.

Als ich die Zeilen Maos überflog, versicherte sie mir, daß dies kein Original seiner Handschrift sei. Die Handschrift des Vorsitzenden sei ein Kunstwerk, und sein Gras-Stil, die Kursivschrift, sei berühmt. Er sei der Schrift Wang Hsi-tschihs ebenbürtig.* Sollte jemand wirklich glauben, er könne in den Besitz einer Original-Kalligraphie des Vorsitzenden Mao gelangen, würde er sein Leben riskieren. Mit einer weitausholenden Handbewegung deutete sie auf die große Reproduktion der kühnen, zuweilen sprunghaften Handschrift Maos, die hinter uns an der Wand hing. Auf den Fächer zurückkommend, sagte sie, daß sie für mich einen bestellt habe. Er werde in Kürze eintreffen, doch könne ich einstweilen diesen benutzen. Einen Augenblick später entschloß sie sich, ihn meiner Tochter zu schenken. »Wie heißt sie?« fragte sie.

»Alexandra.«

»Warum haben Sie einen russischen Namen gewählt?« forschte sie mißtrauisch. Ich sagte irgend etwas über die Russen und über das Entlehnen von Namen aus dem Griechischen, doch schien sie das nicht zu interessieren.

Sie entnahm flachen Porzellanschalen kleine Ringe von weißem Jasmin und winzigen weißen Orchideenblüten und legte sie auf den Tisch. Dann tauchte sie die Finger in eine mit Wasser gefüllte Schale und besprengte die Blütenblätter. Mit diesem hübschen Ritual eröffnete sie jeden unserer ge-

* Wang Hsi-tschih, der berühmteste Schreibkünstler der chinesischen Geschichte, lebte von 321 bis 391. Man hat seine Werke als »leicht wie treibende Wolken, kraftvoll wie ein aufgeschreckter Drache« gekennzeichnet.

meinsamen Abende. Gelegentlich verteilte sie während unserer Gespräche lose Blüten an die Assistentinnen. Da die Fächer bis in die späte Nacht fast ständig in Bewegung waren, waren wir eingehüllt in das scharfe Aroma der Blüten, in den sich der schwere Duft von Sandelholz mischte. Dieser Geruch drang in alle Ecken des Raumes.

»Wie wollen wir vorgehen?« fragte sie, als erwarte sie eine Antwort von mir. Da ich sehr gespannt war, wie sie die Sache angehen würde, sagte ich ihr, daß sie als die Gestalterin kultureller Programme auch hier die Initiative behalten solle. Ich wußte auch, wie sehr sich die Arbeit, die mir bevorstand, von dem Interview mit einem westlichen oder westlich orientierten Führer unterscheiden würde. Ein westlicher Staatsmann hätte von mir viele Fragen und auch Widerspruch erwartet. Außerdem war ich bereits lange genug mit ihr zusammengewesen, um einzusehen, daß meine vom amerikanischen Wissenschaftsbetrieb beeinflußte Neugier in keiner wesentlichen Beziehung zur inneren Dynamik ihres Lebens und der Geschichte der chinesischen Revolution stand.

Ihre Lebensgeschichte sei lang, schmerzlich und romantisch, begann sie träumerisch. »Aber schreiben Sie nicht einfach über mich«, fügte sie hastig hinzu. Als Marxistin legte sie mir ans Herz, ihre Lebensgeschichte stets nur vor dem Hintergrund der Revolution zu sehen. Mit dieser sei sie untrennbar verbunden. Wenn man den umfassenden Bereich der revolutionären Erfahrung in Betracht ziehe, nehme sich die Rolle einer einzelnen Person sehr klein aus. Und ihre Rolle sei völlig unbedeutend gewesen, erklärte sie mit Entschiedenheit.

Ich sollte mir die Freiheit nehmen, auch einmal nicht mit ihr übereinzustimmen und ihr zu widersprechen; dies würde unserer Freundschaft nicht schaden. Ihre einzige Bitte an mich sei, nicht den Sinn ihrer Worte zu verdrehen. Ich hätte nicht die Absicht, sie zu rühmen oder zu tadeln, erwiderte ich, denn ich wolle es vermeiden, in den belehrenden Ton konfuzianischer und kommunistischer Historiker zu verfallen. Mein Hauptziel sei es, vorurteilslos wiederzugeben, was sie sagte, und dem Leser einen Eindruck von ihrer Persönlichkeit zu geben, den nur die direkte menschliche Begegnung vermitteln könne. Mit einem Zitat Lu Hsüns antwortete sie, auch wenn sie andere kritisiere, kritisiere sie stets sich selbst noch strenger. Man dürfe nie selbstzufrieden sein. Sie hoffe, mein einzigartiges China-Erlebnis werde mich nicht eitel machen. Ganz gleich, wie außergewöhnlich das Leben eines Menschen sei, man müsse immer bescheiden bleiben.

Sie vermute – und sie lächelte wissend, als sie es sagte –, daß ich mehr über ihr Privatleben erfahren wolle. Darum wolle sie mit dem Krieg beginnen, denn die Prinzipien der Kriegführung enthielten auch den Schlüssel zu ihrem Leben und zur Dynamik der gesamten Revolution. Wenn es mich nicht interessiere, so werde sie mir die Kriegsgeschichte nicht aufdrängen. Doch sie verbürge sich dafür, daß ihre Darstellung nicht trocken sei. Im Anschluß daran werde sie auf ihre persönliche Geschichte zu sprechen kommen und mit ihrer Kindheit beginnen.

Inzwischen war es neun Uhr abends geworden. Abgesehen von einer

Pause, in der wir aßen und in ein anderes Zimmer gingen, um frischere Luft zu haben, sprach Tschiang Tsching ununterbrochen bis drei Uhr dreißig am Morgen. Je später es wurde, desto höher stieg ihr Energiespiegel, und sie schien nicht darauf zu achten, daß sich in dieser unbarmherzigen Hitze, in der nur sie allein sprach, Mattigkeit und Schläfrigkeit ihrer regungslosen Zuhörer bemächtigten.

Allabendlich beendete Tschiang Tsching ihren Bericht nur auf das wiederholte Drängen ihrer Leibwache und Krankenschwestern hin – und dank der stummen Signale ihrer beiden Leibärzte, die den Raum durchmaßen oder sie aus einer entfernten Ecke beobachteten. Neben diesen für ihr Wohlergehen verantwortlichen Menschen gehörten zu den Zuhörern Hsü Erh-wei und Schen Jo-yün, die sich als Dolmetscher ablösten, ferner Tschang Ying, die Vize-Leiterin für Propaganda, Tang Lung-ping, der Stellvertretende Protokollchef (der einzige Mann in ihrem Gefolge), und meine beiden Begleiterinnen Yü Schih-lien und Lao Tschen. Hin und wieder wechselte ich mit den beiden einen Blick oder ein Lächeln, aber ungeachtet ihrer Redegewandtheit wahrten sie in Gegenwart Tschiang Tschings fast völliges Stillschweigen.

Am zweiten Abend zogen wir in eine größere Villa um (obwohl Tschiang Tsching auch weiterhin in der anderen wohnte). Sie enthielt mehr Zimmer, die wir nacheinander benutzen konnten, wenn die schwüle Luft zu stickig geworden war. Jeder dieser höhlenartigen Räume war auf dieselbe Weise ausgestattet: mit Handtüchern (großen und kleinen, trockenen und nassen, warmen und kühlen), mit denen wir uns erfrischten, mit Teewagen, Zigaretten, Schalen mit getrockneten Früchten, Schreibpapier und Büromaterial, Mikrophonen auf niedrigen Tischen und Tonbandgeräten. Die Interviews begannen am frühen Abend, wurden mit einem späten Dinner unterbrochen und dann bis in die frühen Morgenstunden fortgesetzt. Insgesamt nahmen sie sechs Tage in Anspruch. Einmal einigten wir uns auf eine zusätzliche Sitzung am späten Vormittag und eine andere am Nachmittag desselben Tages. In dem gebieterischen proletarischen Stil, den sie als ihr Vorrecht ansah, erzählte mir Tschiang Tsching, mit vielen Abschweifungen und sich immer wieder unterbrechend, die Geschichte ihres Lebens in der Revolution.

Erster Teil: Jugend

II Ausbruch aus der Unmündigkeit

Ich habe einige Erinnerungen, allerdings höchst fragmentarische. Sie zeigen mir die mit einem Messer abgeschabten Fischschuppen; einige bleiben am Fisch haften, während andere ins Wasser fallen. Wenn man das Wasser umrührt, wirbeln einige schimmernd an die Oberfläche. Aber Blut haftet an ihnen, und selbst mir scheint es wahrscheinlich, daß sie den Kennern das Vergnügen verderben.
Lu Hsün, »Zum Gedächtnis Wei Su-yüans« (1934)

Tschiang Tsching erblickte im März 1914 als Li Tschin das Licht der Welt. Sie wollte nicht das genaue Datum ihrer Geburt preisgeben, weil sie, wie sie sagte, nicht wünsche, daß die Massen ihren Geburtstag feierten. Ihr erstes Zuhause war in Tschu-tscheng, einer Stadt mit ungefähr achtzigtausend Einwohnern am Südufer des Wei-Flusses, etwa achtzig Kilometer von der großen Hafenstadt Tsingtao in der Provinz Schantung entfernt. Diese Provinz lag ungeschützt zwischen dem Golf von Tschihli und dem Gelben Meer und war deshalb eine der ersten Regionen, die eine Beute des ausländischen Imperialismus wurden. 1860 wurde die Küstenstadt Chefoo an Frankreich abgetreten. 1898 wurde der Hafen von Wei-hai-wei an die Engländer und die Halbinsel von Tsingtao an Deutschland verpachtet. Im Geburtsjahr Tschiang Tschings, in dem der Erste Weltkrieg begann, eignete sich Japan das von den Deutschen gehaltene Gebiet von Schantung an, als eine Basis, von der aus einmal ganz China von dem sich mächtig ausdehnenden japanischen Kaiserreich geschluckt werden konnte. In ihren Kindheitsjahren sorgten die lästige militärische Anwesenheit der Japaner und die Kolonialverwaltung für chronische Unruhe in der ganzen Provinz. Diese Unruhe entlud sich immer wieder in blutigen Zusammenstößen.

Trotz dieser imperialistischen Bedrohung hatte die Provinz eine imponierende revolutionäre Tradition. Bei den Taiping- und Boxeraufständen in der Mitte beziehungsweise am Ende des neunzehnten Jahrhunderts waren starke Kräfte aus der Provinz Schantung beteiligt. Auch für die Revolution von 1911 stellte diese Provinz viele Kämpfer. Die Gefallenen wurden als Märtyrer geehrt. Schantung war die diplomatische *cause célèbre* des Zwischenfalls vom 4. Mai 1919. Neun Jahre später war die Hauptstadt der Provinz der Schauplatz des Tsinan-Zwischenfalls, der eine neue Periode der chinesisch-japanischen Konfrontation einleitete.

Der Lebensstandard in Schantung, einer dichtbevölkerten Provinz Chinas (der zweitgrößten), war katastrophal schlecht – ein Umstand, der in den Kindheitserinnerungen Tschiang Tschings deutliche Spuren hinterließ. In normalen Zeiten aßen die einfachen Leute nur eine oder zwei richtige Mahlzeiten in der Woche; Darmbeschwerden und langsamer Hungertod waren an der Tagesordnung. Hungersnöten fiel eine große Zahl von Menschen zum Opfer. In Tschiang Tschings heimatlichem Verwaltungsbezirk Tschu-tscheng waren die Lebensverhältnisse vergleichsweise besser als in den anderen Bezirken, und Kultur und Erziehungswesen standen auf verhältnismäßig hoher Stufe. Nach dem Sturz der letzten Dynastie hatte man ein modernes Erziehungssystem eingeführt. In den beiden ersten Jahrzehnten des zwanzigsten Jahrhunderts (als Tausende von Studenten auswanderten) exportierte Tschu-tscheng mehr Studenten nach Japan, Europa und Amerika als irgendein anderer Kreis der Provinz. Später geriet auch Tschiang Tsching unter den Einfluß verschiedener Auswanderer, die unter dem Eindruck ihrer Erfahrungen im Ausland als Lehrer, Schriftsteller, Kuomintang-Reformer oder radikale Verschwörer zurückgekehrt waren.

Bereits an unserem ersten Abend in Peking hatte sich Tschiang Tsching in ihre Kindheit zurückversetzt. Sie begann vorsichtig und hielt sich zunächst an die abgedroschenen politischen Schlagworte – die nicht alle kommunistischen Ursprungs waren –, indem sie von den Mißständen der »alten« Gesellschaft, der Perfidie der Klasse der Grundbesitzer und vom nationalen Widerstand gegen alle möglichen Formen des ausländischen Imperialismus sprach. Später sprach sie dann freier und griff nur noch selten auf ihr ideologisches Rüstzeug zurück.

»Da Sie gern etwas über meine Vergangenheit wissen möchten, will ich Ihnen kurz etwas darüber erzählen«, begann sie. »Ich wuchs auf in der alten Gesellschaft und hatte eine elende Kindheit. Ich haßte nicht nur die chinesischen Grundbesitzer, sondern fühlte auch eine spontane Abneigung gegen das Ausland, da die fremden Teufel aus dem Osten und aus dem Westen uns herumzukommandieren pflegten. Uns fehlten Nahrung und Kleidung. Die Ausländer sahen auf uns herab und nannten China den ›kranken Mann im Osten‹.«

Li Tschin war der erste von mehreren Namen, die sie trug, bevor sie den Namen Tschiang Tsching annahm – es war der, den sie in der kommunistischen Gemeinschaft führte. Sie hatte sehr viele Geschwister – wie viele es genau waren, sagte sie nicht –, das zweitjüngste war wenigstens ein Dutzend Jahre älter als sie selbst. (Falls sie für ihre Zurückhaltung, wenn es um die Zahl und die Namen von Familienmitgliedern und später ihren Freunden ging, überhaupt ein bewußtes Motiv hatte, dann wahrscheinlich das, daß sie während des langen politischen Kampfes die Überlebenden vor der öffentlichen Aufmerksamkeit, vor Nachforschungen oder Beschuldigungen zu schützen suchte.) Ihr Vater war bei ihrer Geburt ein »alter Mann« von etwa sechzig Jahren. Obwohl auch ihre Mutter bereits über vierzig war, erschien sie ihr in der Erinnerung als viel jünger und viel zärtlicher als ihr Vater. Ihr Vater hatte als Zimmermannslehrling begonnen und später eine eigene Werkstatt besessen, die auf die Herstellung von Rädern spezialisiert war (für die berühmten quietschenden Schubkarren von Schantung). »Weil wir arm waren und nicht genug zu essen hatten, schlug oder beschimpfte mein Vater ständig meine Mutter.« Sein Benehmen brachte ihm den Spitznamen *ma-jen i-schu-tschia* ein, »Künstler in der Kunst der Beschimpfung«. Seine Kinder verprügelte er, wann immer er dazu aufgelegt war, wenn er aber brutal die Mutter angriff, scharten sich die Kinder um sie und taten ihr Bestes, um sie zu schützen.

Manche seiner Wutanfälle blieben ihr unvergeßlich. Zur Zeit des Laternenfestes, das am fünfzehnten Tag des ersten Mondmonats gefeiert wird, hatte eine ganze Reihe von Grundbesitzern eine große Menge Laternen aufgestellt. Anscheinend erbost über diese Zurschaustellung eines ihm unerreichbar bleibenden Reichtums, ergriff ihr Vater einen Spaten und verfolgte damit seine Frau; er traf sie zuerst an der Schulter, dann an der Hand und brach ihr dabei den kleinen Finger. Als sich Tschiang Tsching schützend vor ihre Mutter stellte, schlug der Vater das Kind so heftig auf den Mund, daß ein Zahn herausbrach. Als Tschiang Tsching diese Szene schilderte, von der ihre Mutter eine verkrüppelte Hand zurückbehielt, schob sie mit dem Zeigefinger die Oberlippe hoch, um zu zeigen, wo sie damals den Milchzahn verloren hatte. Gleichsam als ideologische Reflexion fügte sie hinzu: »Erst dachte ich, wenn ich sah, wie mein Vater meine Mutter und uns Kinder tyrannisierte, daß alle Männer schlecht seien. Aber in Wirklichkeit hat ihn nur die drückende Armut dazu gebracht.« Was seine Gründe auch gewesen waren, für ihre Mutter schien dieser Zwischenfall den Tropfen bedeutet zu haben, der das Faß zum Überlaufen bringt. Sie band sich Tschiang Tsching auf den Rücken und floh mit ihr. Sie kamen nie mehr zurück. Obwohl sie damals noch klein gewesen sei, fügte Tschiang Tsching geheimnisvoll hinzu, habe sie von jenem Augenblick an gelernt, ihren Weg im Dunkeln zu finden und sich später nachts auch allein zurechtzufinden.

Ein Grundbesitzer im Kreis Tschu-tscheng, der zwar eine Frau und mehrere Konkubinen, aber noch keinen männlichen Nachkommen hatte, stellte ihre Mutter als Dienerin ein. Tschiang Tsching weigerte sich zunächst, sie zu begleiten, willigte dann aber doch ein. Von diesem Zeitpunkt an sieht sie in ihrer Erinnerung ihre Mutter stets in einem großen Kreis von Menschen. Warum ihre Mutter damals eine Stellung in diesem Haushalt annahm, mochte Tschiang Tsching zu der Zeit nicht verstanden haben, denn sie gab nachträglich die folgende Rechtfertigung: »Meine Mutter ging arbeiten, damit ich die Schule besuchen konnte. Und doch konnte ich die Grundschule nur beenden, weil der Unterricht und die Schulbücher frei waren. Trotzdem hatte ich noch oft Hunger oder bekam nur Kaltes zu essen, was zu einer chronischen Magen-Darmverstimmung führte.« Sie erinnerte sich, wie sie einmal erbrechen mußte, als sie die kalten Eierkuchen heruntergewürgt hatte, die ihr Verwandte gegeben hatten, um ihren quälenden Hunger zu stillen, und wie sie lange Zeit an Ekel und Brechreiz gelitten hatte.

Als Kind habe sie auch nie neue oder überhaupt richtige Mädchenkleider bekommen (hier klang in ihrem Ton deutlich ein Ressentiment mit). Es waren alles getragene Sachen von einem ihrer Brüder. Ihr Haar war zu zwei Zöpfen geflochten, die zum Schabernack herausforderten. Eine der kleinen Töchter in der Familie, für die Tschiang Tschings Mutter arbeitete, hatte sich einen Sport daraus gemacht, sie, Tschiang Tsching, wegen ihres komischen Aussehens aufzuziehen. Als sie wieder einmal zum Hänseln aufgelegt war, zog sie Tschiang Tsching an den Zöpfen. Wütend und mit aller Kraft stieß Tschiang Tsching die Angreiferin zurück. Es kam zu einer schrecklichen Szene, bei der Familienmitglieder dem anderen Kind zu Hilfe eilten. Das Endergebnis war, daß Tschiang Tschings Mutter gehen mußte.

Aber ihre Mutter fand bald eine neue Stellung, diesmal in dem Hause eines »bankrotten Grundbesitzers«; allerdings bedeutete der Verlust seines Vermögens, daß es im Hause fast nichts zu essen gab. Eines Nachts saß Tschiang Tsching allein in dem Zimmer, das sie mit ihrer Mutter teilte; durch den schadhaften Fensterrahmen, dem die Papierverkleidung fehlte, regnete es herein. Die einzige Lichtquelle war eine kleine Petroleumlampe. Tschiang Tsching, die nichts zu tun hatte, saß stundenlang bewegungslos auf dem *kang* (dem für das nordchinesische Haus charakteristischen breiten Steinbett) und wartete auf ihre Mutter. Als gegen Morgen der Regen aufhörte, erschien ihre Mutter. Erstaunt, ihre Tochter in derselben aufrecht sitzenden Haltung zu finden, in der sie sie verlassen hatte, brach sie in Tränen aus und wiegte Tschiang Tsching in ihren Armen. Sie gab ihr ein Brötchen, aber das Kind war zu erschöpft, um mehr als ein Stückchen abzubeißen. Ihre Mutter konnte gar nichts essen und verwahrte den kostbaren Bissen, um ihn später mit Tschiang Tsching zu teilen.

»Als ich fünf oder sechs Jahre alt war, lernte ich, in der Dunkelheit nach meiner Mutter zu suchen.« Sie wiederholte diese Feststellung mehrere Male und überließ es ihren Zuhörern, darüber nachzudenken, worin die nächtliche Beschäftigung ihrer Mutter bestand. Dieses einsame Herumirren in der Nacht wurde ein Motiv ihrer Kindheitserinnerungen. Andere Menschen, sagte Tschiang Tsching, fürchten sich, wenn sie bei Dunkelheit unterwegs sind, vor der Begegnung mit Teufeln, Geistern oder Göttern; davor hatte sie nie Angst gehabt. Aber etwas fürchtete sie: die Wölfe.[1] Jahrelang lebte sie mit der unbezwingbaren Angst, daß sie sie aufspüren und fressen würden. Der beunruhigende Gedanke an Wölfe erinnerte sie an ein anderes Ereignis in einem Tschen-Dorf, wo jedermann wie ihre Familie den Zunamen Li führte. Sie hatte an jenem Tag nur eine Mahlzeit gehabt und war vor Hunger in den Gassen herumgelaufen, um ihre Mutter zu suchen. Das nur spärlich bevölkerte Dorf wimmelte von Hunden. Plötzlich überfiel sie eine Meute von rasenden Hunden, und einer biß sie ins Bein. Sie hob den Saum ihres Kleides und zeigte uns die schwach erkennbaren Narben über dem Knöchel. Alarmiert durch das Hundegebell, war ihre Mutter auf sie zugelaufen, hatte sie in ihre Arme gerissen und dann auf dem Rücken heimgetragen – die Mutter mit tränenüberströmtem Gesicht.

Daß ihre Mutter die Stellung im Haushalt des bankrotten Grundbesitzers annahm, hatte zur Folge, daß Tschiang Tsching wieder eine andere Grundschule in Tschu-tscheng besuchen konnte. Ihre Zulassung wurde befürwortet von einem Gelehrten namens Hsüe Huan-teng, der eine hervorragende Rolle in der *Bewegung des 4. Mai* spielte (die für die Erziehung auch der Armen, und zwar beider Geschlechter, eintrat), und der später Professor am Lehrerinnenseminar in Peking wurde (das richtungweisend war für die chinesisch verwaltete Hochschulausbildung für Frauen). Als sie sich in der Grundschule anmeldete, gab Professor Hsüe ihr einen neuen Namen, Yün-ho (Wolkenkranich), der zu ihrer hoch aufgeschossenen schlanken Gestalt paßte. Vom Kreis geführt, war die Schule hauptsächlich für die Töchter der Grundbesitzer errichtet worden. Die wenigen Mädchen aus der Arbeiterbevölkerung waren nur »zum Vorzeigen« aufgenommen worden. Zu arm, um eine Uniform kaufen zu können, trug Tschiang Tsching, was sie bekam, meistens abgelegte Sachen von Jungen. Die anderen Kinder fanden ihre Erscheinung lächerlich. Der eine ihrer beiden lädierten Schuhe ließ ihre große Zehe sehen; spöttisch nannten sie ihn »ihren großen Bruder«. Ihre Fersen, als »Enteneier« verspottet, ragten am anderen Ende der Schuhe heraus.

Ähnlichem Spott war sie auch von seiten einer »Tante« und einer »Nichte« in der Familie des Arbeitgebers ihrer Mutter ausgesetzt (die Tante und die Nichte waren vermutlich Verwandte des Arbeitgebers und nicht Angehörige Tschiang Tschings). Einmal wurde sie von den beiden so verspottet, daß sie im Zorn der Tante gegen die Brust schlug. Beide Frauen schrien wehleidig auf, wehrten sich aber nicht. Warum? Weil sie (Li Tschin) zu klein war, erklärte sie. Ganz aus der Fassung gebracht durch den Zwischenfall, rannte sie zur Schule und kündigte dem Direktor an, daß sie die Schule verlassen und weglaufen wolle. Zu ihrer Verwunderung hörte er sie voller Mitgefühl an, trocknete ihre Tränen und sagte ihr, sie dürfe sich über solche Dinge nicht ärgern. Worauf es allein ankam, war, daß sie fleißig lernte und unbeirrt ihre Schulaufgaben erledigte. Sie gab nach. Mit der Zeit bekamen ihre Lehrer Achtung vor ihr, und einige gewannen sie sogar lieb.

Aber die Schule führte auch zu neuen Zwischenfällen. Die Stunde, die sie am meisten haßte, war *hsiu-schen* – Selbst-Erziehung in konfuzianischer Ethik.* Als sie nun eines Tages in dieser Stunde vor sich hinträumte, wurde ihr Lehrer wütend und zog sie in die Toilette, wo er fünfmal mit einem Brett auf sie einschlug. (Derselbe Lehrer hatte auch, wie Tschiang Tsching bemerkte, die Tochter des Arbeitgebers ihrer Mutter geschlagen.) Nach dem Unterricht schien ihm sein Verhalten leid zu tun, und er versöhnte sich mit ihr. Es kam jedoch zu weiteren Zwischenfällen, und nach einem Semester wurde sie von der Schule verwiesen. Damals gelobte sie, sich nie wieder von irgend jemandem einschüchtern zu lassen. So endeten ihre Erfahrungen mit der Grundschule abrupt im fünften Jahr.

* Der Begriff *hsiu-schen* (wörtlich: die Kultivierung des Ich), bedeutet Selbstdisziplin oder Selbstverleugnung. Bevor die KPCh die Erziehung übernahm, wurde *hsiu-schen* systematisch beschworen, um der Jugend ihren bescheidenen Rang bewußt und sie für Autorität empfänglich zu machen.

Die Welt, bemerkte Tschiang Tsching mit Skepsis, habe oft bewundert, wie lange schon China ein Kulturvolk sei. Aber als Kind habe sie erfahren, in welch tiefer Barbarei die Chinesen lebten. In der Provinz Schantung sei es in ihrer Kindheit gang und gäbe gewesen, daß die Ortstyrannen die eigenen Landsleute enthaupteten und die Köpfe auf der Stadtmauer zur Schau stellten, um die Bevölkerung in Schrecken zu versetzen. Als sie das als Kind sah, wurde sie krank und entdeckte, daß »die Menschen kein Herz haben«. Und als ihre Mutter einmal erfuhr, daß solch ein blutiges Ereignis wieder bevorstand, zu einer Zeit, wo sie nicht zu Hause sein würde, bat sie die Nachbarn, ihrem Kind die Augen zu verbinden. Aber auch mit verbundenen Augen konnte Tschiang Tsching sich die grauenvolle Schlächterei vergegenwärtigen.

Noch andere Schreckensbilder aus ihrer frühen Kindheit hatten sich ihr unauslöschlich eingeprägt. Tschu-tscheng war ein fruchtbares Gebiet. Aber jedes Jahr zur Erntezeit plünderten Banditen und auch einige Grundbesitzer die Ernten der Bauern. Wer auf frischer Tat erwischt wurde, kam ins Gefängnis, und einige der Übeltäter wurden erschossen oder enthauptet. Zwei Offiziere kontrollierten regelmäßig die Gefängnisse im Gebiet von Tschutscheng und fällten die Todesurteile. Als ein Kind, das gewohnt war, auf die Geräusche der Stadt zu achten, lernte Tschiang Tsching die Schüsse zu deuten, die von der hohen, aus Ziegeln errichteten Stadtmauer widerhallten; aus der Zahl der Schüsse schloß sie auf die Zahl der Getöteten. Sie erfuhr, daß die Offiziere während ihrer täglichen Inspektionen der Gefängnisse oft ein Dutzend oder mehr Menschen töteten, darunter auch solche, die offenbar unschuldig waren. Warum mußten die Unschuldigen sterben? Es war die Taktik der Militärgouverneure, deren Hauptsorge die eigene Sicherheit war, die Stadttore bei Tagesanbruch gerade einen Spalt weit zu öffnen und sie bei Einbruch der Dunkelheit wieder zu verrammeln. Und weil sie fürchteten, daß Fremde und andere nicht identifizierbare Personen Unruhe stiften könnten, wurden solche ungebetenen Gäste sofort erschossen. Auf Grund ihrer Beobachtungen kam Tschiang Tsching dahinter, daß die Hinrichtungen am Kleinen Osttor stattfanden. In der Nähe befand sich eine Hängebrücke, die schwankte, wenn man hinüberging. Dabei war ihr immer etwas unbehaglich zumute, aber sie fürchtete sich nicht, denn der Ort, an dem sie lebte, war auf einem Felsen gebaut, und so war sie an Höhen gewöhnt.

Sie erinnerte sich, daß sie nicht begreifen konnte, warum manche Menschen den Wunsch hatten, andere zu töten. Noch bestürzender war die öffentliche Begeisterung über solche Ereignisse. Wenn in Tschu-tscheng Hinrichtungen stattfanden, dann beobachteten die »reichen Leute« das Schauspiel von der Stadtmauer aus. Es war eine Szene von düsterer Eindringlichkeit. Rote Quasten flatterten von den breiten Schwertern, mit denen den Opfern der Kopf abgetrennt wurde. Die Gefangenen wurden im Gänsemarsch auf den Platz geführt, jeder von ihnen mit einem Plakat auf dem Rücken. Selbst wenn Tschiang Tsching die Hinrichtungen nicht beobachtete, sondern nur die Geräusche wahrnahm, wußte sie, was das Händeklatschen bedeutete. Jede Beifallssalve signalisierte einen Toten. Und sie wußte: die, die am lautesten klatschten, waren die Reichen.

»Einmal habe ich auch hängende Köpfe gesehen«, fuhr sie fort. Damals wohnte sie mit ihrer Familie in Tschu-tscheng zwischen den inneren und den äußeren Stadtmauern, besuchte aber die Schule innerhalb der Stadtmauern. Als sie eines Tages von der Schule heimkam, wurde sie auf ein merkwürdiges Geräusch aufmerksam. Sie blickte auf und sah einen alten Mann auf sie zukommen, der über der Schulter eine Stange trug, an deren beiden Enden je ein Kopf baumelte, aus dem noch das Blut tropfte. Wie betäubt wandte sie sich ab und rannte blindlings nach Hause. Sie warf ihre Bücher auf den Boden, fiel aufs Bett und bekam prompt hohes Fieber. »Ich glaube, das genügt, um Ihnen eine Vorstellung von meiner Kindheit zu geben«, sagte Tschiang Tsching mit ruhiger Stimme.

Tschiang Tsching wuchs in gefährlichen Zeiten auf, was zur Folge hatte, daß sie nie das Gefühl der Bedrohung und der Unsicherheit verlor. Vom Beginn der zwanziger Jahre an rüttelte die zunehmende Macht der Kriegsherren und das Erstarken des Imperialismus, die beide die Einheit der Nation bedrohten, aber auch das Anwachsen des großstädtischen Industrialismus in den Vertragshäfen von Schanghai und Tsingtao das politische Bewußtsein der jungen Generation der *Bewegung des 4. Mai* auf. Kommunistische und nationalistische Parteiagenten suchten den Gedanken der Revolution zu fördern, indem sie in den großen Städten den Aufruhr schürten; sie suchten den heimlichen Kontakt mit den Arbeitern in den im ausländischen Besitz befindlichen Fabriken, verbreiteten auf diesem Wege marxistische Propaganda und riefen zu Streiks auf, bei denen gegen die physische Ausnutzung der Arbeiter protestiert wurde, gegen die lange Arbeitszeit, die Beschäftigung von Kindern und die jämmerlichen Unterbringungsbedingungen. Als in den Baumwollspinnereien von Tsingtao und Schanghai gestreikt wurde, reagierten die japanischen Besitzer mit der Verhaftung von »Radikalen«, von denen viele Studenten waren. Die furchtbarste Konfrontation in den zwanziger Jahren fand am 30. Mai 1925 in Schanghai statt, als ein Demonstrationszug von Studenten, Kaufleuten und Arbeitern, der sich gegen die Ausbeutung chinesischer Arbeiter in von Japanern und Briten geleiteten Fabriken richtete, von britischer Polizei beschossen wurde. Die Nachricht von diesem blutigen Zusammenstoß löste eine gewaltige öffentliche Reaktion aus, die sich auf Tsingtau und andere chinesische Städte ausdehnte.

Ende der zwanziger Jahre waren Tausende von Japanern zur Verteidigung ihrer langfristigen Interessen in Schantung in Tsinan und Tsingtao stationiert. Obwohl Tschiang Tsching auf diese Phase der politischen Geschichte Chinas nicht näher einging, hat sie ihr unverkennbar ihren Stempel aufgedrückt. Im Frühling 1928, als sie gerade vierzehn war, waren die von Tschiang Kai-schek und den Kriegsherren Feng Yü-hsiang und Yen Hsi-schan geführten nationalistischen Streitkräfte zur zweiten Offensive des *Nordfeldzugs* angetreten, um die Einigung Chinas zu vollenden. Japan setzte umgehend eine Expeditionsstreitmacht in Marsch, um die Interessen von Tausenden von japanischen Bewohnern Tsinans zu wahren und den Vormarsch der Nationalisten nach Norden zu blockieren. Am 2. Mai verlegte Tschiang Kai-schek sein Hauptquartier nach Tsinan, um den japanischen Truppen zuvorzukommen. Während der ersten Maiwoche herrschte zwischen den japanischen und den nationalistischen Streitkräften in Tsinan ein gespannter Burgfrieden, der durch gegenseitige Kontaktaufnahme und zahlreiche kleine Zwischenfälle unterbrochen wurde. Am 7. Mai zog dann Tschiang Kai-schek den Großteil seiner Truppen ab und setzte mit ihm den Marsch nach Norden fort. Die Truppen, die er zurückließ, fielen den japanischen Okkupanten in die Hände, die fast ein Jahr ihr Terrorregiment führten. Sie verwalteten die Stadt mit Hilfe chinesischer Handlanger, hoben die Presse- und Versammlungsfreiheit auf und metzelten alle chinesischen Bürger nieder, die in Verdacht standen, mit Tschiang Kai-schek zu sympathisieren.[2] Tschiang Tsching erwähnte diese schreckliche Zeit, die sich so stark auf ihr Leben auswirkte, nur nebenbei.

Nachdem 1911 der letzte Mandschu-Kaiser gestürzt worden war, übernahm – so fuhr Tschiang Tsching fort – der Militärgouverneur Tschu Yü-pu das Kommando über die Provinz Tschihli (später Hopeh), in der auch die Hauptstadt Peking lag. 1927 zog Tschiang Tsching mit ihrer Mutter nach Tientsin, wo sie bei einer älteren Schwester wohnten, die dort mit einem untergeordneten Beamten verheiratet war, der unter Tschu Yü-pu und anderen Kriegsherren des Nordens diente. 1927 war für sie das Jahr, in dem »Tschiang Kai-schek die Revolution verriet. Ich war damals erst dreizehn. Ich mußte die gesamte Hausarbeit erledigen – die Böden wischen, die Zimmer putzen, einkaufen und ins Pfandhaus gehen. Aber diese körperliche Arbeit härtete mich auch ab. Dennoch wünschte ich mir sehr, weiter zur Schule gehen zu können. Aber die Gebühren waren in allen Schulen so hoch, daß ich es mir nicht leisten konnte. Außerdem verlor mein Schwager seine Stellung.« Später in demselben Jahr – sie erinnerte sich, daß es kurz vor der Ankunft der Truppen des *Nordfeldzugs* war (die Tientsin am 6. Juni 1928 erreichten) – entschloß sie sich, von zu Hause wegzugehen. Sie hoffte, in einer chinesischen Zigarettenfabrik Arbeit zu finden; damals wurden Zigaretten noch mit der Hand gedreht, und diese Arbeit wurde meistens von Kindern verrichtet. Aber ihr Schwager verbot es ihr, ungeachtet der beschränkten Verhältnisse, in denen er lebte und die ihn gezwungen hatten, nahezu alle Besitztümer der Familie ins Pfandhaus zu bringen. Er sagte ihr, die Arbeit in solch einer Fabrik würde sie zu einer »kleinen Bürokratin« machen (eine Bezeichnung, die sie nicht erklärte). Obwohl sie sich über seinen Widerstand ärgerte, fügte sie sich seinem Wunsch. 1929 zog er mit ihrer Schwester nach Tsinan, der Provinzhauptstadt von Schantung, und nahm auch Tschiang Tsching und ihre Mutter mit.

Im westlichen Schantung gelegen, zehn Kilometer vom Gelben Fluß, war Tsinan eine bequeme Zweitagereise von dem heiligen Berg des Konfuzius, dem Tai-schan entfernt. Tsinan war seit der Ming-Dynastie, als die innere Stadtmauer mit ihrer Fülle von eindrucksvollen Toren und Türmen errichtet wurde, ein lebendiges kulturelles Zentrum gewesen. Die äußere Stadtmauer stammte aus der Zeit der Mandschu-Dynastie; damals war Tsinan das Prüfungszentrum der Provinz Schantung für den Verwaltungsdienst. Zu der Zeit, als Tschiang Tsching dorthin zog, hatte die Stadt mehr als vierhunderttausend Einwohner, und das städtische Verkehrsnetz und die Eisenbahnverbindungen mit der Außenwelt waren die besten der ganzen Provinz. Dank der Reformfreudigkeit zu Anfang des zwanzigsten Jahrhunderts waren die Schulverhältnisse ausgezeichnet; es gab über zweihundert Grundschulen, mehrere höhere Schulen und Colleges und schließlich die Cheeloo-Universität.[3] Das intellektuelle Leben stand auf allen Ebenen des Erziehungssystems unter dem Einfluß einer fortschrittlich ausgerichteten Lehrerschaft, die sich zu einem hohen Prozentsatz aus Mitgliedern der KMT zusammensetzte. Die ethnische Zusammensetzung der Stadtbevölkerung war seit dem Ende des neunzehnten Jahrhunderts nicht mehr einheitlich, als nämlich die Gemeindeverwaltung die Stadt Ausländern geöffnet hatte, in erster Linie Europäern; überwiegend war der deutsche Anteil. Die neuesten Einwanderer waren Japaner; ihre Zahl betrug rund fünftausend zu der Zeit, als Tschiang Tsching in die Stadt zog.[5]

Seit der Zeit der Ming-Dynastie war Tsinan berühmt gewesen wegen seiner Theater, in denen einige der Darsteller – entgegen dem sonst in China herrschenden Brauch – Frauen waren. In diesem historischen Kulturzentrum fand nun Tschiang Tsching zu ihrem Beruf als Schauspielerin. Sie begann ihr Studium am Schantunger Provinztheater für Experimentelle Kunst, einer Art Internat. Wie im republikanischen China üblich, kam für das Schulgeld und die Lebenshaltungskosten die Regierung auf, dafür waren die Absolventen im allgemeinen verpflichtet, für eine unbestimmte Zeitdauer als Lehrlinge am Theater zu arbeiten.

»1929 wurde ich zum Schantunger Provinztheater für Experimentelle Kunst in Tsinan zugelassen. An dieser Kunsthochschule studierte ich hauptsächlich modernes Drama, aber auch ein wenig klassische Musik und klassisches Drama. Ich war damals fünfzehn Jahre alt. Wir brauchten kein Schulgeld zu zahlen, hatten die Mahlzeiten frei und bekamen ein monatliches Taschengeld von zwei Yüan [ungefähr sechzig US-Cents].* Da die Schule vorzugsweise Absolventen der höheren Schule und sogar Studenten aufnahm, erfüllte ich eigentlich nicht die Vorbedingungen. Ich wurde nur deshalb aufgenommen, weil es in der Schule zu wenig Mädchen gab. Ich studierte dort nur ein Jahr, lernte dabei aber sehr viel. Ich studierte alles, wozu sich Gelegenheit bot. Ich stand vor Tagesanbruch auf und bemühte mich, soviel wie möglich zu lernen.« Sie eignete sich eine umfassende Kenntnis der dramatischen Literatur an und lernte, traditionelle Opernpartien zu singen und modernes Theater zu spielen; darüber hinaus wurde sie mit verschiedenen Musikinstrumenten vertraut gemacht, wozu auch das Klavier gehörte, damals für China ein exotisches Instrument. Drei Monate lang hatte sie Klavierunterricht. Obwohl ihr Lehrer sie gern hatte, war er ein strenger Zuchtmeister.

* Ein Yüan oder mexikanischer Yüan-Dollar war unterteilt in 100 Cents. Um 1929/1930 war ein Yüan etwa 30 US-Cents wert.

Damit sie beim Spiel das richtige Tempo beachtete, schlug er ihr mit einem Stock aufs Handgelenk – eine pädagogische Maßnahme, die sie mißbilligte. Mit so wenig Übung gelangte sie nie über das Spielen der Tonleitern und elementarer Übungen hinaus.

In der Klasse Tschiang Tschings waren nur drei Mädchen, und sie war die jüngste. Die beiden anderen sahen, ebenso wie alle übrigen Schüler, wegen ihrer fadenscheinigen Kleidung auf sie herab. Die Frau des Direktors, Yü Schan, die am Ersten Lehrerinnenseminar in Tientsin studiert hatte (wie übrigens auch die Frau Tschou En-lais, Teng Ying-tschao), war die Schwester eines der beiden Mädchen.[6] Sie war »reaktionär« und schikanierte Tschiang Tsching unaufhörlich. Aber Tschiang Tsching ließ sich nicht einschüchtern und brachte es sogar fertig, den beiden anderen Mädchen Streiche zu spielen. Zumal an einen erinnerte sie sich noch jetzt, nach mehr als vierzig Jahren, mit Vergnügen – und nicht ohne Bosheit, wie sie freimütig gestand.

Die Schule befand sich in einem alten Tempel des Konfuzius, in dessen Räumen es im Sommer erstickend heiß war. Nach dem Unterricht pflegten die Schüler in den großen Hauptsaal zu gehen, um sich dort abzukühlen. Tschiang Tsching erinnerte sich noch lebhaft an die riesige Statue des Konfuzius, die in der Mitte der Halle stand. Er trug einen gewaltigen Hut mit Perlenschirm vorn und hinten; flankiert wurde er von zweiundsiebzig Weisen, seinen Schülern. An einem drückend heißen Abend flüchtete sich Tschiang Tsching in den großen Saal und ließ sich auf einen alten Rohrstuhl fallen. Da kamen die beiden anderen Mädchen herein und verlangten, sie solle aufstehen und ihnen Stühle bringen. Tschiang Tsching beschloß, ihrem Wunsch auf ihre eigene Weise nachzukommen. Zuerst erbot sie sich, ihnen die Lampe zu halten, dann trug sie zwei Stühle für die beiden in den Tempelsaal. Als sich die beiden stolz darauf niederließen, schlüpfte Tschiang Tsching, die Lampe in der Hand, durch die Tür, schlug das Tor hinter sich zu und rannte davon. Eingeschlossen in dem stockdunklen unheimlichen Saal, stimmten die Mädchen ein großes Geschrei an und bettelten darum, herausgelassen zu werden.

Mehrere Jungen aus der Schule eilten herbei, um sie zu trösten, dann zogen sie los, um Tschiang Tsching zu fassen und »ihr eine Lektion zu erteilen«, wie sie es ausdrückte. Sie war so schnell sie konnte zu den Büschen am Flußufer gerannt, wo man sie nicht finden konnte. Aber die Mädchen wußten, daß sie schließlich in den Schlafraum zurückkommen mußte, den sie alle teilten. Dann würden sie mit ihr abrechnen. Als Tschiang Tsching glaubte, daß alle schliefen, schlich sie sich in das Schlafzimmer, kroch ins Bett und zog das Moskitonetz eng um sich. Die andern wußten aber, daß sie schrecklich kitzlig war. Als sie die Finger sah, die bedrohlich durch das Netz stießen, war die Reihe an ihr zu schreien. Die erzürnten Mädchen wollten ihr das Versprechen abzwingen, so etwas Böses nie wieder zu tun. »Das kommt darauf an«, sagte sie. Sie wollte sich nicht festlegen.

Die Schule hatte jedoch auch ihre guten Seiten. Um auf der Bühne aufzutreten, mußte Tschiang Tsching erst den Dialekt von Peking beherrschen, die Mandarinsprache, *lingua franca* für alle offiziellen und kulturellen Beziehungen in China. Sie selbst sprach den Dialekt der Provinz Schantung, genauer gesagt, den lokalen Dialekt ihres Geburtsortes. Ihre Mitschüler lachten schallend über ihre unbeholfenen Versuche – sie sprachen den Pekinger Dialekt bereits fließend. Nichtsdestoweniger blieb sie hartnäckig, wie sie sich weniger mit Ressentiment als mit Stolz auf das Erreichte erinnerte, und einer ihrer Schulkameraden paukte mit ihr und hörte geduldig ihren Proberezitationen zu.

Einmal inszenierte die Schule als Experiment eine Aufführung der »Tragödie am See«, – ein »bürgerliches Drama« des bekannten Bühnenschrifstellers Tien Han, des Gründers der Südchinesischen Schauspielgesellschaft, einer um Erneuerung bemühten, sehr einflußreichen Dramatikergruppe der damaligen Zeit. Die Hauptrolle spielte die Schwester der Frau des Direktors, jedoch wurde im Turnus abgewechselt. Tschiang Tsching war am Montag an der Reihe, wenn es für gewöhnlich wenig Publikum gab. Wie es ihre Art war, ging sie ganz in ihrer Rolle auf, so daß sie ihr Publikum zu Tränen rührte. Diese Reaktion hatte wiederum die Wirkung, daß sie selbst weinen mußte – eine Folge des »naturalistischen« Spiels, um das sie bemüht war (wie sie uns erklärte, lehnte später das kommunistische Regime den Naturalismus ab). Als sie sich nach der Vorstellung abschminkte, kamen der Direktor der Schule und ihr Lehrer in die Garderobe, um ihr Spiel zu loben und ihr Talent zur Tragödin zu rühmen. Überwältigt von ihrem Lob brach sie wieder in Tränen aus und stürzte aus der Garderobe. Trotz dieses von ihr als melodramatisch empfundenen Zwischenfalls erinnerte sie sich an die allgemeine Atmosphäre dieser Zeit mit einem Gefühl des Ärgers. »Eigentlich bin ich in Tsinan immerzu beleidigt worden«, fügte sie hinzu, ohne sich weiter auf Einzelheiten einzulassen.

»Die Schule wurde geschlossen, als Han Fu-tschü, ein Kriegsherr der Nordwestarmee, nach Tsinan kam.[7] Ich schloß mich einigen Lehrern und Mitschülern an, um mit ihnen eine Theatertruppe zu gründen, die auf Tournee ging, zunächst nach Peking. Ich sagte meiner Mutter nichts davon, sondern schrieb ihr nur einen Brief vom Bahnhof aus, wenige Minuten, bevor der Zug abfuhr.

Damals [1930] war ich erst sechzehn Jahre alt, und das Leben in Peking war sehr schwer. Meine Ausstattung war dürftig, und ich besaß nicht einmal Unterwäsche. Obwohl ich die beste Steppdecke von zu Hause mitgenommen hatte, zitterte ich vor Kälte, weil die Wattierung mit der Zeit dünn geworden war. Zu dieser Jahreszeit herrschten in Peking schwere Sandstürme, und die Nächte waren furchtbar. Von Politik wußte ich noch nichts. Ich hatte keine Ahnung, was ›Kuomintang‹ und ›Kommunistische Partei‹ bedeuteten. Ich wußte nur, daß ich mir meinen Unterhalt selbst verdienen wollte und daß ich fürs Theater schwärmte.

Dann ging ich im Frühjahr 1931 nach Tsingtao.« (Sie erinnerte sich lebhaft an den ersten Eindruck von Tsingtao: Kälte, Nebel und im Hafen eine salzige Brise vom Meer her. Wie merkwürdig, meinte sie, daß sie noch nie den Ozean gesehen hatte, obwohl ihre Heimatstadt Tschu-tscheng keine achtzig Kilometer von der Küste entfernt lag.) »Mein früherer Lehrer

[Tschao Tai-mou], der aus meiner Heimatstadt stammte und Direktor des Experimentellen Theaters in Tsinan gewesen war, war jetzt Dekan an der Universität von Tsingtao, an der er gleichzeitig als Literaturprofessor lehrte. Durch seine Beziehungen ermöglichte er mir die Zulassung zum Studium an der Tsingtao- [jetzt: Schantung-] Universität.«

Die Einladung Tschao Tai-mous reizte sie, aber sie fürchtete sich ein wenig vor der fremden Umgebung in Tsingtao. Um ihr Mut zu machen, versprach er ihr die Einrichtung einer Kunst-Abteilung an der Universität (vermutlich war Theaterwissenschaft gemeint, obwohl sie es nicht sagte) und bot ihr die Finanzierung der Reise an. Auch ihre Mitschüler vom Theater für Experimentelle Kunst drängten sie, das Angebot anzunehmen, und schließlich willigte sie ein. (Obwohl sie die Universität besuchte, war sie anscheinend nie immatrikuliert.) »Tschao gehörte der Reformistischen Gruppe der Kuomintang an. Er hatte über Literatur und Kunst ähnliche Ansichten wie Hu Schih.* Damals schätzte mich die Bourgeoisie«, fügte sie mit einem Lächeln hinzu. »Es gab eine Zeit, in der Mitglieder der Gruppe um Hu Schih, zu der Leute wie Liang Schih-tschiu und Wen I-to gehörten, versuchten, mich auf ihre Seite zu ziehen.** Wen I-to war einer meiner Lehrer an der Tsingtao-Universität. Ich habe viele seiner Vorlesungen gehört.«

»Am meisten lernten wir aber durch das negative Beispiel des japanischen Imperialismus. Nach dem *Mukden-Zwischenfall* am 18. September 1931 wurden unsere drei nordöstlichen Provinzen [die Mandschurei] von den japanischen Imperialisten besetzt. Das konnten wir nicht hinnehmen. Wir durften nicht die Sklaven einer fremden Nation werden. Auch ich fühlte mich verpflichtet, der japanischen Aggression Widerstand zu bieten.« Damals gingen in ganz China die Wogen der nationalen und demokratischen Revolution hoch. Viele Studenten traten in den Streik oder wendeten sich mit Petitionen an die Regierung und wurden dabei von den Arbeitern unterstützt. Die Bewegung hatte breite Schichten des Volkes erfaßt.

»Von der allgemeinen Stimmung mitgerissen sagte ich zu meinem Lehrer Tschao: ›Ich möchte mich der Petitionsbewegung anschließen.‹ – ›Sie wollen also auch Krawall machen?‹ fragte er scharf. Ich war so verblüfft, daß ich kaum etwas sagen konnte. Ich drehte mich daher um und ging hinaus, und ich wußte genau, daß er sehr ungehalten über mich war. Ich ging allein in die Berge und irrte im Wald umher,*** zutiefst verwirrt durch die Frage,

* Der bedeutendste der in Amerika ausgebildeten Intellektuellen. Nach 1949 der wichtigste Wortführer der Liberalen Taiwans.

** Liang hatte an der Harvard- und an der Columbia-Universität studiert und sämtliche Werke Shakespeares ins Chinesische übersetzt. Wen I-to war ein sehr angesehener Dichter und überdies bekannt als linksgerichteter Führer der Demokratischen Liga Chinas. Yao Wen-yüan, der bei dem Gespräch an diesem ersten Abend anwesend war, bemerkte sachlich: »Wen I-to wurde von den Schergen Tschiang Kai-scheks in einem späteren Stadium der demokratischen Revolution ermordet, weil er der progressiven Anti-Tschiang Kai-schek-Bewegung angehörte. Der Vorsitzende Mao äußerte sich sehr lobend über ihn in einem Artikel vom August 1949.«

*** Unter den sensiblen Geistern ihrer Generation war solch eine Wanderung auch eine Metapher für Selbstbesinnung. Dies klingt in ihren Worten mit.

was er gemeint hatte, als er sagte, die patriotische Bewegung der Studenten sei ein ›Krawall‹. Als ich schließlich begriff, daß seine Ansichten falsch waren, beschloß ich, mich der *Liga Linker Dramatiker* [einer kommunistischen Tarnorganisation] in Tsingtao anzuschließen.

»An der Universität von Tsingtao boykottierten die Studenten massenhaft Vorlesungen und Prüfungen. Unter diesen Umständen weigerte ich mich, noch weitere Unterstützung von meinem Lehrer anzunehmen. Statt dessen arbeitete ich in der Universitätsbibliothek. Meine Arbeit bestand darin, Karteikarten auszuschreiben. Gleichzeitig besuchte ich nach wie vor die Vorlesungen. Ich verdiente jeden Monat 30 Yuan [ungefähr neun US-Dollar] und sandte zehn davon meiner Mutter. Da die Lebenshaltungskosten in Tsingtao sehr hoch waren, reichten die mir verbleibenden zwanzig Yüan nicht aus. Denn Sie müssen wissen, ich hatte nicht nur für mich zu sorgen, sondern mußte auch Kameraden aushelfen. Wir mußten aus eigener Tasche die Unkosten bezahlen, wenn wir Stücke auf die Bühne brachten, die zur *Rettung des Vaterlandes** aufriefen – niemand unterstützte uns finanziell. Wenn wir unsere Stücke in den Fabriken und auf den Dörfern aufführten, hießen uns die Menschen willkommen und halfen uns auch, aber sie hatten selbst keine Mittel. Damals wußte ich noch nicht, daß die Befreiung durch die Armen geschehen muß. Erst später, nachdem ich in die Partei eingetreten war, lernte ich von den Genossen, daß eine so naive Auffassung nicht genügt und daß man dem Proletariat dienen muß.«

Aber die Universität war nur eine Dimension im Leben Tschiang Tschings in Tsingtao. Bald nach ihrer Ankunft dort, 1931, gründete sie mit einigen Kollegen (den oben erwähnten ›Kameraden‹) die Schauspielvereinigung der Küstengebiete. Der Zweck war weniger künstlerisch als politisch: in Schulen, Fabriken und in den ländlichen Bezirken mit Hilfe der Bühne Propaganda gegen Japan zu treiben.[8] »Nachdem wir in der Stadt auf dem Höhepunkt des Neujahrsfestes gespielt hatten, ging unsere Truppe aufs Land, um Nachrichten über die Sowjetgebiete zu verbreiten, die die chinesische Rote Armee in Kiangsi geschaffen hatte. 1931 war noch nicht viel über die Führer der Roten Armee und die neue Lebensweise in den Sowjetgebieten bekannt geworden, und die Streitkräfte dieser Armee stellten noch keine ernsthafte Bedrohung für die Sicherheit des nationalistischen Regimes dar. Trotzdem war es nicht ungefährlich, die Existenz dieser Sowjetgebiete öffentlich zu erwähnen. Um der Verhaftung durch Kuomintang-Agenten zu entgehen, die die ländlichen Bezirke infiltriert hatten, beschlossen die Mitglieder der Schauspielvereinigung, sich zu trennen und in kleinen Gruppen zu reisen, so daß sie in diesem japanisch besetzten Gebiet weniger auffielen.«

Bei dieser ersten Berührung mit dem Land trafen sie auf eine schlechthin unvorstellbare Armut. Es gab so gut wie keine Nahrungsmittel zu kaufen, und Restaurants und Gasthäuser existierten praktisch überhaupt nicht.

* *Rettung des Vaterlandes* (*tschiu-kuo*) war der von den zwanziger bis zu den vierziger Jahren geläufige Begriff, der auf alle organisierten patriotischen Bemühungen, »die Nation [vor den Japanern] zu retten« Anwendung fand.

Mehrmals erwähnte Tschiang Tsching, wie sehr sie von Hunger geplagt worden seien. Daß sie gezwungen waren, oft lange Zeit ohne Nahrung auszukommen, untergrub ihre Moral.

Das erste Dorf, das sie erreichten, war Lao-schan-wan, ein paar Kilometer die Küste aufwärts von Tsingtao entfernt. Als die Schauspieler dort eintrafen, schockierten sie die Dorfbewohner durch ihre Kleidung – die Männer mit ihren westlich geschnittenen Anzügen, die Frauen mit den Kleidern, die man üblicherweise in den Städten der chinesischen Republik trug, mit Mandarinkragen und geschlitztem Rock. Aus der Fassung gebracht durch ihr Erscheinen schenkten sie ihnen einen Silberdollar, offenbar, um sie zur raschen Weiterreise zu bewegen. Außerdem warfen die empörten Dorfbewohner ihnen vor, sie seien nur so zum Spaß gekommen und nicht, um eine richtige Vorstellung zu geben. So hatte auch die Propaganda der Truppe keinen nennenswerten Erfolg. Damals, so erklärte Tschiang Tsching, wußten sie noch nichts von der Methode, »die Erfahrung zusammenzufassen«, mit der die kommunistisch geschulten Politarbeiter unmittelbar nach einer Vorstellung eine kollektive Bewertung der Plus- und Minuspunkte der einzelnen Darsteller vornehmen.

Als sie sich anschickten, Lao-schan-wan zu verlassen, empfahlen ihnen die Einwohner, nach Wang-ko-tschuang zu gehen, einem größeren Dorf mit mehreren Wirtshäusern, nur ein paar Kilometer weit die Küste von Tsingtao aus hinunter. Dort bekam Tschiang Tsching die Aufgabe, mit Kindern zu arbeiten. Da zu diesem Zeitpunkt die Japaner das gesamte Küstengebiet um Tsingtao in Besitz genommen hatten, suchte und fand Tschiang Tsching den Kontakt mit den Kindern, indem sie ihnen antijapanische Lieder beibrachte. Die Kinder reagierten bereitwillig, da sie bereits von ihren Eltern vor den bösen »westlichen und östlichen Teufeln« gewarnt worden waren. Die Kinder fühlten sich zu ihr hingezogen, und ein paar luden sie ein, sie zu besuchen. Obwohl sie diese Erinnerung sichtlich genoß, stellte sie fest, daß andere Mitglieder der Truppe einen ebenso großen Erfolg gehabt hatten wie sie.

Während des Aufenthalts in Wang-ko-tschuang paßte sich Tschiang Tsching an das dörfliche Leben an, und die Bauern faßten Zuneigung zu ihr. Sie wählten sie aus der Gruppe aus, wie sie sich mit Vergnügen erinnerte, und baten sie, ihnen ihre Lieblingsarien aus Peking-Opern zu singen. Schon damals war sie keine Anhängerin der Peking-Oper, doch ihnen zuliebe kam sie dem Wunsch nach. Nach einer Weile stimmten ihre Zuhörer ein und sangen in dem dort üblichen Opernstil mit. Sobald die Truppe das Vertrauen der Bevölkerung gewonnen hatte, flocht man Politisches in Lieder und Parodien ein. Solche Neuerungen kamen am besten bei den jungen Bauern an. Aber wie erstaunt waren sie erst, als ihnen die Schauspieler vom Leben in den Sowjetgebieten erzählten (meistens nur aufgrund von Nachrichten aus zweiter Hand), besonders wenn sie vom kommunalen Eigentumsrecht an Nahrungsmitteln und Kleidung hörten.

Aber im großen und ganzen befand sich die politische Arbeit der Schauspielvereinigung noch im Stadium des Experiments. Zu den Vorstellungen, die die Truppe probeweise in Wang-ko-tschuang gab, gehörte die Originalfassung von »Leg deine Peitsche nieder!«[9] Dieser Einakter mit Gesang und Instrumentalmusik über Flüchtlinge aus der Mandschurei, die unter japanischer Besatzung lebten, war ein typisches Beispiel für Straßentheater und wurde in den dreißiger Jahren überaus beliebt als Mittel zur Darstellung des Themas »Nationale Verteidigung«. Da die erste Fassung einige Mängel hatte, wollte Tschiang Tsching nicht, daß die Partitur die Runde machte. Als einige Musiker aus dem Dorf eine Kopie von ihr haben wollten, steckte sie sie rasch in die Tasche, stahl sich aus der Versammlung davon und eilte geradewegs zum Friedhof, wo sie sie unter einem Grabstein versteckte.

Im Publikum von Wang-ko-tschuang befanden sich auch ziemlich viele Soldaten, denen die Vorstellungen der Truppe offensichtlich gut gefielen. Empfänglich für ihr Lob, willigte Tschiang Tsching ein, sich mit dreien von ihnen zu treffen. Als sie über Politik sprachen, wurden die Soldaten nicht müde, den großen Wert einer Zusammenarbeit zwischen den chinesischen Kommunisten und der Kuomintang zu betonen, – eine Vorstellung, der sie schon damals nicht zustimmen konnte. Aber sie trennten sich, ungeachtet ihrer politischen Meinungsunterschiede, in aller Freundschaft; die Soldaten bestanden darauf, daß sie für sich und ihre Freunde ein paar Geschenke als Zeichen ihrer Anerkennung für ihre kulturelle Arbeit annahm. An diesem Abend kehrte sie in das Wirtshaus mit Geschenken beladen zurück: mit Baumwolldecken, gedünstetem Kohl, für den diese Region Schantungs berühmt ist, und gedämpftem Brot, einer nordchinesischen Spezialität. Erst später kam sie dahinter, daß unter den Soldaten, mit denen sie damals gesprochen hatte, einige waren, die am Aufstand von Schanghai 1927 teilgenommen hatten – der zur Liquidation mutmaßlicher Kommunisten in den Reihen der Kuomintang geführt hatte – und daß schon vor der Ankunft der Truppe in Wang-ko-tschuang ein Ortsverband der Kommunistischen Partei dort bestand. Sie war mit diesem Ortsverband nie in Berührung gekommen; ihr erster Kontakt mit der Partei erfolgte später, und zwar in Tsingtao.

Nach einem Aufenthalt von mehreren Tagen in Wang-ko-tschuang bereiteten sich die Schauspieler auf die Weiterreise vor. Einige der Dorfbewohner drängten Tschiang Tsching zu bleiben, und sie war von der Gastlichkeit gerührt, aber sie mußten die Tournee fortsetzen. Immer wenn sie sich in diesen abgelegenen Gegenden wieder auf den Weg machten, wurde ihr Geld knapp, und der Magen knurrte ihnen vor Hunger. Einmal, als sie, wie üblich, völlig abgebrannt waren, quetschten sie sich in einen Autobus. Nach ein paar Stunden hielt der Fahrer an einer Haltestelle auf einem schmalen Weg im Gebirge und forderte das Fahrgeld. Sie versuchten, ihn zu überzeugen, daß sie an ihrem Zielort bezahlen würden, aber er protestierte lautstark und hätte sie aus dem Bus geworfen, wenn nicht ein paar Einheimische ihnen zu Hilfe gekommen wären, die das Fahrgeld bezahlten. Diese peinliche Begegnung zwischen den »armen« Bergbewohnern und den »reichen« Großstadt-Intellektuellen machte auf Tschiang Tsching einen nachhaltigen Eindruck. Bald darauf untersuchte Tschiang Tsching die sozialen Zusammenhänge in einem langen, in Tsingtao veröffentlichten Artikel.

Die Erwähnung dieses 1931 geschriebenen Artikels erinnerte Tschiang

Tsching an einen Zwischenfall aus jüngerer Zeit. Während der Kulturrevolution beauftragte die »Lin Piao Clique« (Lin Piao war bis zum Herbst 1971 als Tschiang Tschings wichtigster politischer Helfer gefeiert worden) zwei Gruppen damit, Material zu suchen, das in dem Machtkampf gegen Tschiang Tsching verwendet werden könnte. Die eine Gruppe, vordem bekannt als die *16.-Mai-Gruppe,*[10] stellte alle möglichen Informationen über ihre Vergangenheit zusammen, um sie dadurch in die Enge zu treiben. Diese Gruppe forderte Tschou En-lai auf, er möge persönlich nach den Artikeln fahnden, die Tschiang Tsching vor Jahren geschrieben hatte, darunter dem, den sie zu Beginn der dreißiger Jahre als Mitglied der Schauspielvereinigung der Küstengebiete in Tsingtao geschrieben hatte. Tschou fügte sich ihrem Druck, aber seine Nachforschungen blieben ohne jeden Erfolg. Außer dem in Tsingtao erschienenen Artikel war ihnen noch ein anderer entgangen, der unter der Überschrift »Mein offener Brief« ein paar Jahre später in der Schanghaier Zeitung »*Ta-kung pao*« erschienen war. Nach einem flüchtigen Zögern in ihrem Bericht stellte Tschiang Tsching ihre Bemerkung richtig: tatsächlich habe Tschou einen Artikel aufgespürt, den sie für ein Frauen-Magazin geschrieben habe. Da der Aufsatz so lange zurücklag, hatte Tschiang Tsching ihn fast vergessen. Als man sie wegen dieses Artikels zur Rede stellte, warf man ihr vor, ihn nur geschrieben zu haben, um Geld zu verdienen. Sie verblüffte ihre Befrager damit, daß sie ihnen zustimmte! Da sie damals von der Hand in den Mund lebte, hatte sie den Artikel *nur* des Geldes wegen geschrieben.

In der Zeit der Chinesischen Republik war es für einen armen Studenten nichts Ungewöhnliches, Vorlesungen als Gasthörer zu besuchen und dieselbe Arbeit zu leisten wie ein regulärer Student; er hatte nur nicht das Recht, ein Diplom zu erlangen. In ihrer Eigenschaft als Gasthörerin kam Tschiang Tsching mit angesehenen Professoren in Berührung, nicht nur an der Tsingtao-Universität, sondern später auch an der von Peking und an Universitäten in Schanghai. Als Gasthörerin in Tsingtao sah sie sich zum erstenmal direkt dem Einfluß intellektueller Persönlichkeiten ausgesetzt, die lebendige Ideen zu vermitteln wußten. Obwohl sie später die zwanglose akademische Diskussion ablehnte, war das freie Spiel der Gedanken im Milieu der Universität für sie im empfänglichen Alter von siebzehn Jahren ein erregendes Erlebnis.

Sie hatte, wie sie gestand, seit Jahren nicht mehr an ihre Erfahrungen von Tsingtao zurückgedacht, und vermochte die Ereignisse nur unvollständig zu rekonstruieren. Dank ihren mannigfaltigen Theatererfahrungen war sie stark an alter und moderner Literatur interessiert, auch daran, sich selbst im Schreiben zu versuchen (eine verbreitete Erscheinung unter gebildeten und idealistischen jungen Leuten ihrer Generation). Ihr erster Lehrer war Wen I-to, der Vorlesungen über den Roman, das Drama und die Dichtung zur Zeit der Tang-Dynastie und über die Geschichte der chinesischen Literatur hielt. Der zweite war Yang Tschen-scheng, der Autor des Romans »Jade

Gentleman« (1925) und damals Präsident der Universität von Tsingtao, bei dem sie »kreatives Schreiben« studierte. Ihn lernte sie besser kennen als Wen I-to. Sie besuchte auch die Vorlesungen von Fang Ling-lu, einer Schriftstellerin, die, soweit sie sich erinnerte, damals Vorsitzende der Literarischen Gesellschaft von Tschekiang war. Tschiang Tsching bemerkte, daß Wen I-to, Yang Tschen-scheng und Fang Ling-lu alle in den Vereinigten Staaten studiert hätten und daß Yang und Fang noch die Zeit der Befreiung 1949 erlebten.

Die Namen ihrer übrigen Lehrer waren ihr entfallen. Woran sie sich am besten erinnerte, war das Echo, das ihre eigenen ersten literarischen Versuche fanden. Sie schrieb ihre erste Kurzgeschichte in einem Seminar, das Yang Tschen-scheng abhielt; er lobte ihre Arbeit voller Begeisterung, weil sie dem, was die berühmte Schriftstellerin Hsie Ping-hsin schrieb, sehr ähnlich sei. Als große Bewunderin von Ping-hsin (unter diesem Pseudonym kannte man sie am besten) war Tschiang Tsching durch diesen Vergleich geradezu überwältigt. Eine zweite Geschichte war nicht ganz so erfolgreich. Wenn sie Yang auch als die beste des Seminars beurteilte, hatte er doch eine Kritik anzubringen. »Miss Li«, sagte er, »Ihr Räuber ist zu vornehm. Wenn er jemanden verflucht, gebraucht er den Ausdruck ›Du sollst tot umfallen!‹ (›*kai-ssu*‹). Das klingt zu gebildet – nicht rauh genug für einen Räuber.« Gedemütigt durch diese Kritik, kehrte sie nie wieder in sein Seminar zurück.

Im Sommer 1931 schrieb Tschiang Tsching ein Theaterstück mit dem Titel »Wessen Verbrechen?«, das von einem jungen Revolutionär handelte, der bei seiner kränklichen Mutter lebte. Später wurde der Sohn verhaftet, und seine Mutter starb. Als sie die Handlung erzählte, fiel ihr der Name ihres Lehrers im Stückeschreiben, Tschao Ping-o, wieder ein, mit dem sie im Lauf des Semesters ebenfalls eine peinliche Auseinandersetzung hatte. Er lobte zwar ihren Stil, gestand aber seine Verwirrung angesichts der politischen Zweideutigkeiten im Text. Er fragte sie geradeheraus, ob ihre »Revolutionäre« der Kommunistischen Partei oder der Kuomintang angehörten. Noch immer in hoffnungsloser Unkenntnis des wesentlichen Unterschieds zwischen beiden und frustriert über ihre eigene Verlegenheit, entgegnete sie scharf: »Sagen *Sie* mir doch den Unterschied zwischen der Kommunistischen Partei Chinas und der Kuomintang!« Das abrupte Lachen, mit dem er ihre jugendlich-unreife Reaktion aufnahm, zeigte ihr, daß er sie für reichlich töricht hielt. Doch fand er ihr Stück gut genug, um sie zu ermuntern, es von einem auf drei Akte zu erweitern. Das Stück war dabei gar nicht so wichtig, erklärte sie; wichtig war nur, daß Tschaos Sticheleien sie neugierig gemacht hatten. Obschon sie während der Tournee mit der Schauspielervereinigung ein bißchen Propaganda für die Sowjets gemacht hatte, begann sie sich jetzt doch zu fragen, worin die ideologischen Unterschiede zwischen der Kommunistischen und der Kuomintang-Partei bestanden. »Von diesem Augenblick an begann ich zu beobachten.«

In jenem Herbst wurde die übliche Ruhe des Universitätslebens durch den *Mukden-Zwischenfall* am 18. September 1931 erschüttert. Japanische Truppen marschierten in die Mandschurei ein. Sogar angesichts dieser schweren

Krise war ihr die Bedeutung des Begriffs Reformismus noch immer so unbekannt wie die Beziehung, die zwischen Reformismus und der Kuomintang bestand.* Wenn sie und ihresgleichen bisher geglaubt hatten, daß diese an den Universitäten so konzentriert vertretenen Nationalisten Patrioten seien, denen die Einheit ihres Vaterlandes über alles gehe, dann hatten sie sich geirrt. Sie erkannte jetzt, daß diese geachteten Reformisten nicht ernsthaft entschlossen waren, der japanischen Aggression Widerstand um jeden Preis entgegenzusetzen. Als sie sich in der ersten Erregung über den *Mukden-Zwischenfall* offen für den Widerstand aussprach, kritisierten die anderen *sie* als Störenfried. Den Sarkasmus Tschao Ping-os noch im Ohr, irrte sie allein in den Wäldern um Tsingtao umher, um über seine Worte nachzugrübeln. Es dämmerte ihr nun, daß Tschao ein Mitglied der Kuomintang sein mußte, der Nationalistischen Partei, die der Linie des harten Widerstands nicht folgte. Wenn Studenten an der Universität begannen, ihr Schwierigkeiten zu bereiten, dann, so nahm sie an, mußten auch sie für die Kuomintang arbeiten. Darauf nahm sie keine Hilfe mehr von Tschao Ping-o an und ging von nun an ihren eigenen Weg.

Der Empfangsraum, in dem wir uns – Tschiang Tsching und ich – unterhielten, besaß großzügige Proportionen; aber an diesem Augustabend, an dem Tschiang Tsching sich über ihre Kindheit ausließ, war es in Kanton so schwül, daß wir zu ersticken meinten. Tschiang Tsching schlug vor, in einen anderen Raum zu gehen. Sie stand auf, reckte sich genüßlich, ordnete und glättete ihr Kleid und ging voraus. Das Zimmer, in das wir hinüberwechselten, war ähnlich geräumig und großzügig ausgestattet wie das erste. Die Sitzgelegenheiten, Tische, Schreib- und Aufnahmegeräte, die Erfrischungen und all die heißen, kalten, feuchten und trockenen Handtücher waren genau so angeordnet wie im ersten Raum. Wir setzten uns, und sie nahm ihren Bericht wieder auf.

Sie hatte auch bei dem Schriftsteller Schen Tsung-wen studiert, der an der Universität von Tsingtao das Schreiben von Prosa lehrte. Als seine Studentin lernte sie ihn allmählich kennen. Er lebte mit einer Schwester, Schen Tschou-tschou, zusammen, die Tschiang Tsching oft ins Haus lud. Von ihrem literarischen Talent stark beeindruckt, suchte Schen ihren Stil zu verbessern, indem er sie jede Woche eine Geschichte schreiben ließ. Er meinte es wohl ernst, sagte sie, aber sie gab sich keine Mühe. Aus ihrer Perspektive der armen Studentin gesehen, schien ihr die Familie Schen reich zu sein.[11] Als die Schwester Schens sah, daß Tschiang Tsching Geld brauchte, bot sie ihr

* »Reformismus« bezeichnet einen Komplex von bestimmten Reformvorstellungen, die alle mehr oder weniger von Intellektuellen, darunter auch einigen Hochschulprofessoren, befürwortet wurden, die sich stillschweigend oder aktiv mit der KMT seit dem Ende der zwanziger Jahre identifizierten. Es war bekannt, daß sie sich für die Bekämpfung des Analphabetentums einsetzten und für die Übernahme des westlichen Standards für Schule und Universität; auch daß sie zuweilen den japanischen Imperialismus tolerierten, und vor allem, daß sie gewaltsame Eingriffe ins soziale Gefüge und den Klassenkampf mißbilligten. In den beiden letzten Punkten unterschieden sie sich am meisten von den Kommunisten.

an, gegen Bezahlung für Schen einen Pullover zu stricken; aber Tschiang Tsching lehnte ab. Später erfuhr sie, daß Schen Tschou-tschou auf der französischen Missions-Schule in Peking ausgebildet worden war, einer elitären Bildungsanstalt, für deren Besuch ein hohes Schulgeld zu zahlen war – fünf- oder sechshundert Silber-Yüan pro Semester.

Schließlich faßte Tschiang Tsching noch einmal die kulturelle Bedeutung ihrer Jahre in Tsinan, Peking und Tsingtao zusammen. Sie habe, sagte Tschiang Tsching, ein Jahr (1929–1930) an einer Kunstakademie und zwei Jahre (1931–1933) in den »höheren Sphären des Kulturbetriebs« verbracht, womit sie die intellektuellen Kreise der Tsingtao-Universität und den kulturell aktiven Kreis der Schauspielvereinigung der Küstengebiete meinte. In jenen Jahren entstand ihre Liebe zum Roman und zur Dichtung. Sie las auch mit Vergnügen Übersetzungen ausländischer Dichtung, besonders »alte Lyrik«, obwohl sie fand, daß Poesie zumeist unübersetzbar sei und so von Ausländern im Grunde nicht aufgenommen werden könne. In ihrer Jugend habe sie Verse geschrieben, die zu veröffentlichen sie in Betracht gezogen habe, und auch Essays, von denen einige auch veröffentlicht seien. Aber in den dreißiger Jahren war sie zu der Überzeugung gelangt, daß das Schreiben von Gedichten und Essays bei weitem nicht so wichtig war wie die aktive Unterstützung der Revolution. Ihre schulische Ausbildung dauerte alles in allem nur acht Jahre, fünf Jahre Grundschule eingeschlossen. Ihre wirkliche Ausbildung war, wie die Maos, die »Erziehung durch die Gesellschaft«, die Erziehung in der Schule der Erfahrung. Und die begann im Jahre 1933.

III Agitation und Gefängnis

Eine Revolution ist eine schmerzhafte Angelegenheit, vermischt mit Blut und Dreck, nicht so schön und interessant, wie die Dichter sie sich vorstellen. Eine Revolution ist eine äußerst handgreifliche Sache, die viele häßliche und mühselige Aufgaben mit sich bringt, nicht so romantisch, wie die Dichter sie sich vorstellen.
Lu Hsün, »Gedanken über die *Liga Linker Schriftsteller*« (1930)

Orest: Du siehst sie nicht, du nicht – aber ich *sehe sie: sie stellen mir nach, ich muß weiter.* – Choephoroi.
T. S. Eliot, »*Sweeney Agonistes*«

Das Jahr 1933, in dem Tschiang Tsching in die KPCh eintrat, prägte ihr weiteres Leben und nahm deshalb auch in ihrer Erzählung breiten Raum ein. Wie für Tausende unzufriedener junger Menschen ihrer Generation, die ihre Familien verlassen hatten und die Ausübung der Religion schal und bedeutungslos fanden, wurde auch für sie der Eintritt in die Partei eine Art Initiationsritus, der den Übergang zum Erwachsensein markierte. Aber wie die anderen, die in den von der Kuomintang brutal beherrschten Städten lernen wollten, sich durchzuschlagen und unauffällig zu leben, mußte Tschiang Tsching feststellen, daß es schwierig war, eine aktive Parteimitgliedschaft aufrechtzuerhalten – hauptsächlich deshalb, weil die im Untergrund arbeitenden Parteigliederungen schwer aufzuspüren waren. Als sie in Tsingtao heimlich in die Partei eintrat, wußte sie nur wenig über ihre Gliederung, und sie wußte auch nicht, wer außerhalb des kleinen Kreises von Genossen, den sie kannte, noch dazugehörte. Noch weniger begriff sie, welche Bedeutung der Marxismus – eine von den chinesischen Kommunisten damals noch ungenügend verstandene ausländische Doktrin – eines Tages für ihr Land haben würde. Und daß sie eine Frau in einer noch immer von Männern beherrschten Welt war, machte sie noch verwundbarer.

Die Kommunistische Partei Chinas war zwölf Jahre zuvor in Schanghai von einem Dutzend jüngerer Männer gegründet worden, die nicht nur mit den herrschenden Verhältnissen unzufrieden waren, sondern auch den Ehrgeiz hatten, sie zu verändern. Auf Befehl Moskaus arbeitete die KPCh in den Jahren zwischen 1923 und 1927 gemeinsam mit ihrer natürlichen Rivalin, der KMT, gegen die Kriegsherren. Sie hoffte, dadurch die Einigung und Regeneration der Nation herbeiführen zu können. Zu dem unvermeidlichen Bruch zwischen den beiden Parteien kam es im Frühjahr 1927, als Tschiang

Kai-schek, der durch einen Staatsstreich an die Macht gelangte Oberbefehlshaber der Kuomintang-Truppen, massiv gegen die kommunistischen Untergrundbewegungen in den Städten vorging, um in den Großstädten unangefochten herrschen zu können. Der endgültige Bruch kam im April mit dem Blutbad von Schanghai – der Stadt, wo die kommunistischen Gewerkschaften und ihr Potential für einen Aufstand am größten gewesen waren.

Der Zerfall der Einheitsfront zwischen KPCh und KMT rief eine weitere Spaltung hervor: zwischen der Arbeiter- und der Bauernfraktion der KPCh. Im Jahre 1928 formierten Mao Tse-tung und Tschu Te als selbsternannte ZK-Bevollmächtigte den Kern der Roten Armee im Tschingkang-Gebirge in der Provinz Kiangsi. Aber die das Zentralkomitee beherrschende Arbeiterfraktion lehnte die unorthodoxe Idee ab, daß einfache Bauern mobilisiert werden sollten, um die Großgrundbesitzer zu enteignen. Ende der zwanziger Jahre stand an der Spitze dieser Fraktion Li Li-san, ein in Moskau ausgebildeter Polemiker und Gewerkschaftsführer. Von seiner Schanghaier Basis aus kittete er die Bruchstücke der im Frühjahr 1927 von der KMT zerschlagenen Parteiorganisation wieder zusammen. Drei Jahre lang zettelte er verlustreiche Aufstände in den großen Städten an. Gleichzeitig versuchte er, von Schanghai aus eine »revolutionäre Erhebung« der auf dem Lande stationierten Einheiten der Roten Armee in Gang zu setzen, um die Industriezentren angreifen zu lassen und unter kommunistische Kontrolle zu bringen. Ein weiterer junger Radikaler, der als Politologe und Literaturtheoretiker sehr produktive Schriftsteller Tschü Tschiu-pai, führte die KPCh seit dem schwierigen Sommer des Jahres 1927, ein Jahr lang. Auch er schätzte das revolutionäre Potential der Städte falsch ein. Beide Männer schienen zu vergessen, daß China kaum industrialisiert, zum überwiegenden Teil agrarisch und zutiefst konservativ war. Außerdem hatte keiner der beiden erwartet, daß die bäuerlichen Revolutionäre eigene Wege gehen und die aus den Städten kommenden Weisungen ignorieren würden. Solche schweren Fehler der Schanghaier Fraktion machten ihre Führung und deren radikale Gefolgsleute zu leichten Opfern der KMT-Geheimpolizei, die bekannte oder mutmaßliche Kommunisten in ihren Tarn- und Untergrundorganisationen aufstöberte, sie von den Straßen vertrieb, manche einsperrte und andere hinrichtete. Nachdem ihr Versuch, in China eine Umwälzung nach klassischem marxistischem Muster in Gang zu bringen, fehlgeschlagen war, verließen diese jungen Idealisten etwa ab 1933 Schanghai. Einige von ihnen zogen sich in die südöstliche Provinz Kiangsi zurück, wo Mao Tse-tung und Tschu Te bereits ein Stützpunktgebiet ausgebaut hatten. Andere suchten Zuflucht bei Förderern in Moskau. Selbst nach Auflösung der städtischen Parteiorganisation wurde die Debatte über den für China richtigen Weg zur Revolution von Männern mit kühnen Träumen fortgesetzt. Sollten die chinesischen Kommunistenführer sich auf die Städte oder das Land konzentrieren? Sollten weitgereiste urbane Intellektuelle oder bäuerliche Kommandeure sich der Öffentlichkeit als KPCh-Theoretiker und -sprecher präsentieren? Sollten Parteimitglieder es weiterhin riskieren, in den geteilten *Weißen Gebieten* zu arbeiten, oder sollten sie sich in den *Roten Gebieten* sammeln? Erst im Jahre 1935 wandelte sich die ideologische Orientierung des Zentralkomitees von einer russischen zu einer chinesischen. Auf der im Januar 1935 während des Langen Marsches in Tsunyi stattfindenden Tagung des Politbüros des ZK der KPCh wurde eine neue kollektive Führung mit Mao Tse-tung als Erstem unter Gleichen eingesetzt.

Diese folgenreichen historischen Umwälzungen begannen, als Tschiang Tsching noch ein junges Mädchen war und sich bemühte, auf eigenen Beinen zu stehen, wie es damals nur wenige junge Frauen ohne Unterstützung durch Eltern, Geschwister, Ehemann oder angeheiratete Verwandte versuchten. Da sie in der Stadt geboren und aufgewachsen war, wußte sie fast nichts über das China außerhalb der Städte, das jetzt mit Untergrundzellen und Stützpunkten für revolutionäre Aktionen durchsetzt war. Als die japanische Aggression gegen Chinas territoriale Integrität durch die Invasion der Mandschurei Tschiang Tsching 1931 dazu veranlaßte, ihre Umwelt erstmals skeptisch zu betrachten und patriotisch zu handeln – was damals an Subversion grenzte – bereiteten Mao Tse-tung und Tschu Te anderswo eine neue historische Bühne vor. Sie bauten auf ihre Jugend, auf den Respekt, den man der Tatkraft entgegenbrachte, und auf ihr Talent, die von Armut und Unterdrükkung genährten weitverbreiteten Ressentiments zu schüren, und führten ihre geächteten Streitkräfte in die Hügel von Kiangsi, die seit Jahrhunderten Banditen als Schlupfwinkel gedient hatten. Dort wurde Mao Vorsitzender der Ersten Allchinesischen Sowjetregierung, deren provisorische Hauptstadt Juitschin während der Besetzung umgestaltet wurde.

In Schanghai war Tschü Tschiu-pai 1931 durch die kollektive Führung der Achtundzwanzig Bolschewiken – ein Sammelname für die in Moskau geschulten jungen Chinesen, die Ende der zwanziger Jahre heimgekehrt waren – aus dem Politbüro verdrängt und entmachtet worden. Zu diesem Zeitpunkt waren sie fest davon überzeugt, die Komintern werde China in einem abgekürzten Verfahren zu einer mit dem internationalen Kommunismus übereinstimmenden nationalen Integrität führen. In den Jahren 1931 bis 1935 – der Zeit, in der Tschiang Tsching politisch erwachte und in die KPCh eintrat – wurden die Achtundzwanzig Bolschewiken von Wang Ming geführt, unter diesem Tarnnamen war Tschen Schao-yü in Parteikreisen bekannt. Obwohl Wang Ming sich meistens bei der Komintern in Moskau aufhielt, erreichten seine Bolschewiken in China die Grenzen ihrer auf die Städte beschränkten Macht, während sich auf dem Lande kompliziertere und weiterreichende politische Entwicklungen abspielten. Die tatsächlichen Lebensverhältnisse im damaligen städtischen Untergrund lassen sich kaum mehr rekonstruieren. Kein chinesischer Historiker hat es gewagt, diese Zeit objektiv und umfassend darzustellen, und die meisten Überlebenden haben praktisch Stillschweigen geschworen. Dafür sind traditionelle und revolutionäre politische Gründe maßgebend gewesen: Der Wunsch, alte Kampfgefährten vor Vorwürfen zu bewahren, die sie wegen ihres Verhaltens, das heute als unorthodox beurteilt werden würde, zu erwarten hätten, und der Wunsch, bestimmte Mythen über die Ursprünge und die frühe Geschichte der Partei, die Mao schmeichelten oder ihn zumindest nicht herabsetzten, aufrechtzuerhalten.

Zu diesen Mythen gehörte die Behauptung, daß Geld die Beziehungen zwischen Genossen nicht beeinträchtigen und auch keine KPCh-Mitgliedschaft erkaufen konnte. Aber wie Tschiang Tsching berichtete, mußte die Mitgliedschaft oft mit Bargeld oder bei Frauen sogar mit Liebe bezahlt werden. Ebenfalls zu bezahlen waren Hilfeleistungen bei der Kontaktaufnahme mit anderen Genossen, Schweigen in gefährlichen Situationen und sogar zukünftig zu erweisende Dienste. Angesichts dieser Enthüllungen kann man sich nur fragen, wie groß der Unterschied zwischen solchen Praktiken und den sprichwörtlichen »Schmiergeldern« der Vergangenheit überhaupt war.

Von größter Bedeutung aber waren die psychologischen Auswirkungen des Lebens in den radikalen Splittergruppen, die sich bemühten, die Verbindungen zu der geschwächten Stadtfraktion der KPCh aufrechtzuerhalten. Daß die Bindungen zwischen Neulingen wie Tschiang Tsching und den schwer zu erreichenden, nicht immer zuverlässigen Beherrschern des kommunistischen Untergrunds in den von der KMT brutal regierten Städten stets gefährdet waren, förderten bei ihr und anderen Kommunisten ihrer Generation eigentümliche, auch später fortbestehende Einstellungen und Verhaltensweisen. Sie waren stets wachsam, auf dem Sprung, erwarteten irgendeinen Angriff. Sie wurden gewohnheitsmäßig vorsichtig, mißtrauisch und geschickt im Erfinden von Ausflüchten. Sie waren unselbständig und dann wieder aufsässig. Gelegentlich führten sie aufsehenerregende Aktionen durch, um auf sich aufmerksam zu machen und die Öffentlichkeit zu alarmieren.

Tschiang Tsching warf mir einen erwartungsvollen Blick zu und stellte die naheliegende Frage: »Interessiert es Sie, wie ich in die Partei eingetreten bin?«

Bei der Schilderung ihrer beiden Jahre in Tsingtao hatte sie auf diesen Punkt hingearbeitet. Die Antwort würde eine bisher unbekannte Episode aus ihrem Leben öffentlich bekanntmachen. Tschiang Tsching war noch immer eine halbe Studentin, eine unausgereifte Schauspielerin und eine eben flügge werdende Schriftstellerin, als sie infolge der Erweiterung ihres geistigen Horizonts auch mit Parteimitgliedern in Berührung kam. Als Schauspielschülerin in Tsinan hatte sie das Theater nach eigener Aussage als Einkommensquelle und Fortbildungsstätte betrachtet. Aber nachdem sie Anfang 1931 in die wesentlich modernere und lebendigere Hafenstadt Tsingtao gekommen war, verlor sie allmählich diese jugendliche Naivität (so bezeichnete sie es heute) und konzentrierte sich immer mehr darauf, politische Ereignisse zu analysieren und politische Kontakte herzustellen. Ihr Studium und ihre Bühnenlaufbahn liefen in dieser Zeit nebeneinander her.

Solange Tschiang Tsching in Tsingtao war, war ihre politische Einstellung vorwiegend nationalistisch. Die beiden Ereignisse, an die sie sich am deutlichsten erinnerte, waren der *Mukden-Zwischenfall* vom 18. September 1931 und der japanische Angriff auf Schanghai am 28. Januar 1932. Als diese Verletzungen von Chinas Integrität in Tsingtao bekannt wurden, schloß sie sich den jungen Radikalen an, die von der Nationalregierung energischeren Widerstand gegen Japan forderten. Tschiang Tsching hegte bald den Verdacht, daß die Professoren, die sie als akademische Lehrer verehrte und einst als »Reformer« respektiert hatte, in Wirklichkeit zur Gewaltlosigkeit neigten. Dazu kam noch, wie sie schon früher erläutert hatte, daß diese Professoren es mißbilligten, daß Tschiang Tsching die Kühnheit besaß, zu verlangen, China müsse verteidigt werden. Eine Reihe von Vorfällen machte ihr klar, daß sie sich nicht mehr auf die Professoren als Mentoren verlassen konnte. Deren politischer Konservatismus und ihre offenbar mangelnde Risikobereitschaft zwangen Tschiang Tsching dazu, unabhängig zu sein und anderswo Gesinnungsgenossen zu suchen. Sie fand sie in der radikalsten Gemeinschaft, der Kommunistischen Partei Chinas.

Tschiang Tsching knüpfte mühsam neue Verbindungen. Indem sie das Vertrauen der weiter vom Zentrum entfernten Genossen gewann, gelang es ihr allmählich, sich nach innen vorzuarbeiten. Im Jahre 1931 trat sie den Tsingtaoer Zellen der *Liga Linker Dramatiker* und der *Liga Linker Schriftsteller* bei, 1932 schloß sie sich der Antiimperialistischen Liga an. Diese drei Vereinigungen waren in gewisser Beziehung kommunistische Tarnorganisationen, über die sie mir später mehr erzählen wollte. Um sich ihren Lebensunterhalt zu verdienen, arbeitete Tschiang Tsching als Bibliothekarin in der Universitätsbibliothek von Tsingtao, wo ihr reichhaltigere Bestände, als sie früher jemals gesehen hatte, zur Verfügung standen und wo sie »ernsthaft lesen« konnte. In ihrer Freizeit las sie ihr »erstes marxistisch-leninistisches Werk«, Lenins »Staat und Revolution«, das ihr Interesse für weitere, in chinesischer Übersetzung vorliegende klassische Werke des Sozialismus weckte.

Nachdem Tschiang Tsching von ihrer Tätigkeit erzählt hatte, machte ich eine Bemerkung über die ins Auge fallende Parallele zwischen ihr und Mao, der zwölf Jahre vor ihr ein Jahr lang eine ähnliche untergeordnete Stellung in der Bibliothek der Peking-Universität bekleidet hatte. Beide hatten die Gelegenheit genutzt, um viel zu lesen, und erinnerten sich am besten an ihre erste Berührung mit den grundlegenden Werken Marx' und Lenins. Und sie waren beide etwa ein Jahr später in die KPCh eingetreten. »Man kann mich nicht mit dem Vorsitzenden vergleichen«, erklärte sie kategorisch. »Er hat auf zahlreichen Gebieten sehr viel gearbeitet, während ich nur sehr wenig gearbeitet habe – bei Studenten, Arbeitern und Bauern und während des Befreiungskrieges in der Armee.«

In Tsingtao war die politische Lage »düster«. Aufgrund der »verräterischen Aktivitäten« einiger (von der Komintern geführter) Genossen wurde die dortige Parteiorganisation Anfang der dreißiger Jahre teilweise aufgelöst. Da eine reguläre Untergrundorganisation nicht vorhanden war, wurde die Aufnahme neuer Mitglieder noch eigenwilliger als zuvor gehandhabt. Über jeden Aufnahmeantrag wurde gesondert entschieden, wobei vieles von den Launen der Wortführer abhing.

Ende 1932 lernte Tschiang Tsching Li Ta-tschang kennen. Er war damals

Stadtparteisekretär in Tsingtao und wurde später der führende KPCh-Funktionär von Szetschuan, der größten Provinz Chinas. Sie fügte hinzu, er sei »während der Kulturrevolution brutal behandelt worden«. Tschiang Tsching unterbreitete ihren Fall Li Ta-tschang und verlangte Auskunft darüber, weshalb ihre Kontaktaufnahme mit der Parteiorganisation so lange hinausgezögert worden war. Sie hatte monatelang versucht, an die richtigen Leute heranzukommen, aber alle ihre Versuche waren vergebens gewesen. Der sichtlich verlegene Li Ta-tschang wußte keine Erklärung, obwohl sie vermutete, daß es eine geben müsse. Welches Vorurteil bestand gegen sie?

Obwohl Li Ta-tschang erst Anfang zwanzig war, stand er bei den jungen Radikalen bereits in dem Ruf, ein professioneller Revolutionär zu sein. Für Tschiang Tsching arrangierte er eine Reihe heimlicher Treffs, um sie sicher in die Parteizentrale zu bringen, ohne daß sie befürchten mußte, verhaftet zu werden oder anderen Repressalien der Nationalregierung ausgesetzt zu sein.

Anfang 1933 wurde der Tag festgelegt, an dem drei KPCh-Mitglieder sich in Tsingtao scheinbar zufällig auf offener Straße mit Tschiang Tsching treffen sollten. Sie sollte in Begleitung eines Studenten einer bestimmten Route folgen. Die beiden sollten wie ein Liebespaar in enger Umarmung die Straße entlangschlendern, aber vorsichtig sein, auf Spitzel oder Agenten achten und nach den vereinbarten Zeichen Ausschau halten. Alles klappte, und Tschiang Tsching kam mit den Männern zusammen, die unmittelbare Repräsentanten der Partei waren. Ihr Aufnahmeantrag wurde bearbeitet, und sie wurde im Februar 1933 Parteimitglied.[1]

Die verschwörerhaften Intrigen, die ihr endlich die Mitgliedschaft einbrachten, stärkten ihren Selbstbehauptungswillen und veränderten offenbar auch ihr Aussehen. Wie Tschiang Tsching sich erinnerte, gaben einige Freunde, die nicht ahnten, welchen politischen Weg sie ging, ihr den Spitznamen Erh Kan-tze – Zwei Stelzen –, weil ihre Beine so dünn waren. Sie hatte abgenommen, weil sie nur noch sehr wenig aß: lediglich zwei *schao-ping* (nordchinesische Weizenmehlpfannkuchen) pro Tag. Als Kommilitonen sie fragten, wie sie von so wenig leben könne, griff sie zu einer Notlüge und behauptete, sie esse bei Verwandten. Eigentlich hätte sie in der Mensa essen sollen. Aber das hätte acht Yüan im Monat gekostet, und das konnte sie sich nicht leisten. Und sie sparte auch anderswo, z. B., indem sie sich im Theater nur den dritten Platz gönnte, obwohl sie lieber auf dem ersten Platz gesessen hätte.

Warum mußte sie so eisern sparen? »Um Li Ta-tschang zu bezahlen!« antwortete Tschiang Tsching lebhaft. Sie weigerte sich, nähere Angaben zu diesem Thema zu machen, deutete aber an, daß zumindest sie für ihre Parteimitgliedschaft hatte bezahlen müssen.

Etwas später im Frühling desselben Jahres gesellte Tschiang Tsching sich zu den Hunderten, bald Tausenden von Mitgliedern der neuen linken Generation von Schriftstellern, Künstlern und Dramatikern, die es aus anderen

Städten unaufhaltsam nach Schanghai zog. Dieses Paris des Ostens, Moskau des Orients und Mekka der modernen chinesischen Kultur blühte, weil es einen Zugang zum Geist und zur Substanz westlicher Zivilisation bot – aber es konnte seine einzigartige Weltoffenheit nicht dem übrigen China vermitteln. Für eine Schauspielerin, die auf der nationalen Bühne auftreten wollte, wie für eine junge Revolutionärin, die sich zum Zentrum des politischen Geschehens hingezogen fühlte, war Schanghai ein unwiderstehlicher Magnet. Aber die politischen Radikalen, deren Gedächtnis weiter zurückreichte, konnten die von der Nationalregierung angeordnete Kommunistenverfolgung des Jahres 1927 nicht vergessen und sahen Schanghai mit dem Blut der »revolutionären Märtyrer« befleckt, die zu Tausenden wegen vermuteter Beziehungen zu den Kommunisten hingerichtet worden waren. Dieses Blutbad besiegelte die politische Spaltung der Nation, und mit ihr begann die Herrschaft des *Weißen Terrors*. Von diesem Zeitpunkt an dienten der regierenden KMT Banden, Geheimagenten und Militärpolizei. Paradoxerweise machte eben diese Polarisierung der politischen Kräfte – und die Existenz der Pufferzonen der Internationalen Niederlassung und der Französischen Konzession, deren Exterritorialität Chinesen theoretisch vor einer Verhaftung schützte – das Leben der Schanghaier Linken etwas weniger gefährlich als beispielsweise in Nanking oder Peking. Dort herrschte die Nationalregierung unumschränkt, und sie hatte es mit einer weniger starken Opposition zu tun.

Am Tag ihrer Abreise aus Tsingtao war Tschiang Tsching aufgeregt und ängstlich zugleich. Einige Freunde begleiteten sie zum Kai, um sie zu verabschieden. Dort machten sie Tschiang Tsching mit einem jungen Mann bekannt (dessen Namen sie in unserem Gespräch nicht nennen wollte), der auf der Reise ins südlicher gelegene Schanghai ihr Begleiter sein sollte. Das fand sie einigermaßen verblüffend, doch sie protestierte nicht dagegen. Auf dieser ersten Seereise wurde sie entsetzlich seekrank. Obwohl sie Berge »wie ein Tiger« besteigen konnte, war sie keine Seefahrerin, und sie würde auch nie eine werden. Die Reise war ein schwindelerregender Alptraum, und sie mußte sich ständig übergeben. Da sie sich nicht mehr zu helfen wußte, wandte sie sich in ihrer Verzweiflung hilfesuchend an Mitreisende, auch an ihren Begleiter. Ohne jeden Erfolg.

Ihre Lage sollte sich noch verschlimmern, denn ihr Verhältnis zu ihrem Reisebegleiter entwickelte sich bedenklich. Er wußte aus Gesprächen, daß Tschiang Tsching in Schanghai von einem ehemaligen Schulfreund abgeholt werden sollte. Als sie eine gewisse Unsicherheit in bezug auf dieses geplante Treffen verriet, schlug er ihr frech vor, die erste Nacht mit ihm in einem Schanghaier Hotel zu verbringen. Tschiang Tsching war über seine Unverschämtheit wütend, lehnte energisch ab und wußte nun, daß er »nichts taugte«. Irgendwo in Schanghai gebe es ein Frauenwohnheim, versicherte sie ihm. Falls ihr Freund sie nicht abholte, würde sie sofort dorthin fahren. Sie würde sich ein Taxi oder eine Rikscha nehmen, um sich hinbringen zu lassen. Er ließ nicht locker, änderte seine Taktik und bot ihr an, eine passende Unterkunft für sie zu finden, wenn sie ihm 15 Yüan vorstrecke. Tschiang Tsching lehnte auch dieses Ansinnen ab. Als das Schiff anlegte, suchte sie in der Menschenmenge am Kai nach dem Gesicht ihres Freundes. Sie war so erleichtert, als sie ihn entdeckte, daß sie sofort zu ihm lief. Sie hasteten zu seinem Wagen und rannten so schnell davon (sie errötete bei der Erinnerung daran), daß ihr Gepäck versehentlich am Kai zurückblieb.

Am Abend nach ihrer Ankunft in Schanghai begegnete Tschiang Tsching zufällig einem weiteren Freund, der einem Theaterensemble mit Verbindungen nach Rußland angehörte. (Sie flocht an dieser Stelle ein, daß die Sowjetunion kurz zuvor – am 12. Dezember 1932 – diplomatische Beziehungen zur Nanking-Regierung aufgenommen hatte.) Das Ensemble probte im Augenblick eine »progressive Show« über das bäuerliche China. Ihr Freund lud sie zu einem Imbiß in der *Sincere Company* ein, damals das größte Kaufhaus Schanghais.* Während des Essens drang plötzlich eine schrille Frauenstimme von der Straße her in das ruhige Restaurant. »Was war das?« fragte Tschiang Tsching erschrocken. »Nur eine Prostituierte, die Freier sucht«, antwortete ihr Freund. Auf diese Weise lernte sie Schanghais berühmt-berüchtigtes Straßenleben kennen. (Sie lachte, als sie sich daran erinnerte.)

Das an diesem Abend geführte Gespräch sollte tiefgreifende Auswirkungen auf ihre nächsten vier Jahre in Schanghai haben. Denn bei dieser Gelegenheit hörte sie zum erstenmal von dem neugegründeten Frühling-und-Herbst-Schauspielensemble, das bereits zu einer treibenden Kraft in der linken Theaterbewegung geworden war.[2] Es wurde von dem Dramatiker Tien Han geleitet, der gleichzeitig an der Spitze der *Liga Linker Dramatiker* stand. Er sei sich wahrscheinlich nicht darüber im klaren gewesen, daß sie der Ortsgruppe Tsingtao dieser Liga im Jahre 1931, dem Jahr ihrer Gründung, beigetreten sei, meinte Tschiang Tsching in unserem Interview. Damals sei Tien Han noch kein »Abtrünniger« gewesen, stellte sie fest. Sie bezog sich dabei indirekt auf die Kampagne, die während der Kulturrevolution unter ihrer Ägide gegen ihn geführt worden war. Seine verschiedenen kulturellen und gesellschaftlichen Verbindungen zur KPCh (in die er 1931 eingetreten war)[3] brachten Tschiang Tsching zu der Überzeugung, wenn sie ihn kennenlernen und sein Vertrauen gewinnen könne, werde er für sie einen Kontakt zur Schanghaier Parteizentrale herstellen und ihr dadurch die Möglichkeit geben, weiterhin Mitglied der Partei zu bleiben.

Ich fragte Tschiang Tsching, weshalb es selbst für ein Parteimitglied so schwierig gewesen sei, in Schanghai die richtigen Verbindungen herzustellen?

Tschiang Tsching erklärte mir, daß die dortige Parteiorganisation wegen der von Wang Ming verfolgten Linie immer weiter unterminiert worden und Mitte der dreißiger Jahre fast völlig zerfallen sei. Deshalb waren offene und direkte Kontakte mit Mitgliedern aus anderen Städten unmöglich. »Wir hatten noch Glück, wenn wir als ›Wasserblumen‹ überlebten«, sagte sie. Sie meinte damit, daß Neuankömmlinge wie sie zunächst nur Treibgut waren. Als sie Tsingtao verließ, mußte sie auch ihre kostbare Parteimitgliedschaft zurücklassen, denn in Schanghai waren frühere Bindungen zur KPCh wertlos, wenn es einem nicht gelang, persönliche Beziehungen zu Mitgliedern der

* Nach der Befreiung in »Kaufhaus Nr. 1« umbenannt.

dortigen Organisation aufzunehmen. Tschiang Tsching war davon überzeugt, daß Tien Han ihr als Vorsitzender der *Liga Linker Dramatiker* würde helfen können. Aber damals war er nicht leicht zu erreichen, und sie begann ihre Suche, ohne zu ahnen, wo sie ihn finden konnte. Und sie war sich darüber im klaren, was der *Weiße Terror* bedeutete. Auf der Suche nach einem prominenten Kommunisten, der gute Verbindungen hatte, riskierte sie ihr Leben.

So verbrachte Tschiang Tsching die ersten Tage in Schanghai damit, Tien Han und weitere führende Mitglieder des Frühling-und-Herbst-Schauspielensembles aufzuspüren. Es war äußerst schwierig für sie, Auskünfte zu erhalten und mit anderen Menschen Kontakt aufzunehmen, weil ihr heimischer Schantung-Dialekt und der Peking-Dialekt, den sie für die Bühne gelernt hatte, sich wesentlich vom Schanghai-Dialekt unterschieden. Also mußte sie sich einen dritten Dialekt aneignen. Bevor Tschiang Tsching auf Umwegen den Schlupfwinkel erreichte, hatte sie gefährliche Begegnungen mit Spitzeln und wäre mehrmals beinahe verhaftet worden. Davon berichtete sie fast genüßlich und mit dem Gespür einer guten Erzählerin für dramatische Effekte. Deutlich erinnerte sie sich an die Beklommenheit, mit der sie vor Männern gestanden hatte, die nicht nur hervorragende Bühnenautoren, sondern auch einflußreiche Politiker waren. Sie hatte ihnen erklärt, wer sie war und was sie in Schanghai zu erreichen hoffte. Sie wollte Tien Han vorgestellt werden, weil sie gehört hatte, er sei nicht nur der Leiter des Frühling-und-Herbst-Schauspielensembles, sondern besitze auch Einfluß in den Parteikreisen, mit denen sie Verbindung aufnehmen müsse. Ihre Aufrichtigkeit und Ernsthaftigkeit mußten überzeugend gewirkt haben, denn ihre Gesprächspartner waren bereit, sie mit Tien Han zusammenzubringen.

Tschiang Tsching hielt sich an ihre Anweisungen und erfuhr, daß Tien Han einen jüngeren Bruder hatte: Tien Hung. Er, den seine Kumpane als den »Schlimmen Mann« kannten, sollte sich um ihren Fall kümmern. Er drängte sich Tschiang Tsching auf immer unangenehmere Weise auf, aber er erklärte sich bereit, sie zu seinem Bruder zu bringen, der KMT-Repressalien dadurch entging, daß er ständig seinen Aufenthaltsort wechselte. Er brachte sie zuerst zu einem Haus, in dem – wie sich herausstellte – seine Mutter wohnte. Tschiang Tsching konnte sich nicht mehr an die Adresse erinnern, aber sie wußte noch, daß sie von Madame Tien, einer eindrucksvollen Frau, freundlich empfangen wurde. Sie lud Tschiang Tsching ein, ein paar Tage ihr Gast zu sein und ihnen von sich zu erzählen. Tschiang Tsching sah ein, daß ihr keine andere Wahl blieb, aber sie blieb vorsichtig. Sie erzählte den beiden nur das Nötigste. Sie nannte die Namen einiger Parteimitglieder, die sie in Tsingtao gekannt hatte (manche von ihnen seien später zu Parteiverrätern geworden, fügte sie bedauernd hinzu). Daß sie die Namen bekannter Genossen, die anderswo in der Parteiorganisation arbeiteten, nennen konnte, machte sie für Tien Hans Familie vertrauenswürdig.

Einige Tage später suchten Tien Han, Tschou Yang und Yang Hancheng* Tschiang Tsching auf. Sie berichteten, daß das Zentralkomitee, in

* Sie benutzte für die beiden letzteren ihre Decknamen aus den dreißiger Jahren –

dessen Auftrag sie gekommen waren, die Verhältnisse in der KPCh von Tsingtao kenne und beschlossen habe, Tschiang Tsching die Möglichkeit zu geben, vorschriftsmäßig Kontakt mit der Schanghaier Parteiorganisation aufzunehmen. (Das war offenbar notwendig, bevor ihr wieder die vollen Mitgliedsrechte gewährt werden konnten.) Dann wurde sie gefragt, auf welchem Gebiet sie für die Partei arbeiten wolle. Da bekannt war, daß sie von Beruf Schauspielerin war, sollte Tschiang Tsching ihre Wahl zwischen Bühne und Film treffen. Sie war sich mit den drei Männern darüber einig, daß die Kulturarbeit im Dienst der Sache wichtig sei, lehnte aber trotzdem beide Vorschläge ab und erklärte ihnen, sie wolle »Massenarbeit an der Basis« leisten – d. h. sie wollte nicht um jeden Preis berühmt werden, sondern zog es vor, Propaganda zu machen. Auf diese Weise würde sie täglich auf zwanglose Weise unters Volk kommen. Diese Antwort mußte ihre Gesprächspartner verblüfft haben (vermutete Tschiang Tsching jetzt amüsiert), da sie wahrscheinlich das Gegenteil erwartet hatten. Trotzdem wurde man sich einig: Tschiang Tsching schloß sich einer der proletarischen Schauspielgruppen an, der Schanghaier Werk-Studium-Truppe unter der Leitung des Bühnenautors und Produzenten Tschang Keng, mit dem sie später Schwierigkeiten bekommen sollte.

Die Schanghaier Werk-Studium-Truppe, die nicht nur eine Schauspielschule, sondern auch eine allgemeinbildende Schule war, berief sich auf die Erziehungsphilosophie und die Soziallehre von Tschang Kengs Kollegen Tao Hsing-tschih. Die Truppe verdankte ihren Namen Tao, einem Mann, den Tschiang Tsching stets bewunderte. Damals war Tao Hsing-tschih, der sich vor allem als Pädagoge einen Namen gemacht hatte, so berühmt wie Wen I-to, obwohl keiner der beiden KPCh-Mitglied war. Als Tschiang Tsching Tao kennenlernte, war er über vierzig, und seine Sorge um idealistische junge Menschen, zu denen auch sie gehörte, war väterlich. Sie habe zu jenen gehört, die er »liebte und beschützte«, stellte sie fest.

Die Schanghaier Werk-Studium-Truppe arbeitete in Ta-tschang (dort, wo sich jetzt der Flughafen Schanghai befindet), in der Nähe einer weiteren Gruppe, der Schanghaier Schauspielschule, die Tao Hsing-tschih selbst leitete. Da der Unterricht kostenlos war, zog die Schanghaier Werk-Studium-Truppe Schüler aus den wirtschaftlich und kulturell benachteiligten Industriegebieten und Dörfern der näheren Umgebung an. Auf dem Stundenplan standen auch Abendkurse und andere Fortbildungskurse für Frauen, Verkäufer und andere, deren Schulbildung aus irgendwelchen Gründen unvollständig geblieben war. Tao Hsing-tschih bewies von Anfang an aktives Interesse für die Schule. Er besuchte sie häufig und fühlte sich für ihren Fortbestand verantwortlich. Geriet die Schule in finanzielle Schwierigkeiten oder bekamen manche Schüler nicht genug zu essen, zogen Tao und einige Lehrer los und trieben irgendwo die benötigten Mittel auf.

Tschiang Tsching schilderte Tao mit offenkundiger Zuneigung und Ach-

Tschou Tschi-ying beziehungsweise Hua Han –, als sie die beherrschenden Persönlichkeiten des linken Theaters waren.

tung als einen hochgebildeten Mann mit philosophischer Geisteshaltung. Diese Haltung drückte sich schon in der Veränderung seines ursprünglichen Namens aus. Er hieß eigentlich Tschih-hsing, d. h. »Wissen-Tat«, eine Anspielung auf den neokonfuzianischen Philosophen Wang Yang-ming (1472–1529), dessen Formel *»tschih hsing ho i«* (»Wissen und Tat vereinigt«) den Intuitionismus begünstigte. Taos ursprünglicher Vorname bedeutete: »Erst Wissen ermöglicht die Tat«. Aber als er volljährig wurde, stellte er seinen Namen in Hsing-tschih um, wodurch auch der Sinn umgekehrt wurde: »Erst die Tat ermöglicht das Wissen«.*

Tao Hsing-tschih wurde durch die demokratische Erziehungsphilosophie John Deweys, der während der *Bewegung des 4. Mai* in China Vorträge hielt, dazu angeregt, sein Studium in Amerika fortzusetzen, wodurch er sich eine »liberale Geisteshaltung« aneignete. Nach seiner Rückkehr nach China wurde er ein unermüdlicher Förderer eines allgemeinen Bildungssystems auf der Basis gebührenfreier Internatsschulen – eine Weiterentwicklung der von seinem Kollegen James Yen begründeten Massenerziehungsbewegung. Als Tschiang Tsching Tao kennenlernte, war er Rektor der Yu-tsai, einer gebührenfreien Grundschule in Tschungking gewesen, die einen ausgezeichneten Ruf hatte. Zuvor (im Jahre 1927) war Taos Name im Zusammenhang mit dem Experimentellen Ländlichen Lehrerseminar bekannt geworden, die er in Hsiao-tschuang bei Nanking gegründet hatte. Nach Tschiang Tschings Darstellung war die Schule in Hsiao-tschuang auf »freies Denken ausgerichtet«, was bedeutete, daß alle politischen Richtungen akzeptabel waren – ein Prinzip, das die Kuomintang fürchtete und verurteilte. Als 1927 die KMT ihre Diktatur errichtete, wurden zahlreiche Schüler dieser Schule, darunter auch einige Mitglieder der KPCh und der Jugendliga, verhaftet, weil sie sich öffentlich zu demokratischen und anarchistischen Überzeugungen bekannt hatten. Im Jahre 1930 schloß die Regierung schließlich die Schule und ließ ihre Schüler und Lehrer zusammentreiben und inhaftieren. Diese Unterdrückung einer unkonventionellen Bildungseinrichtung erregte an beiden Enden des politischen Spektrums große Unruhe in der Presse. Als junge Radikale war auch Tschiang Tsching zutiefst beeindruckt, als sie von tapferen Jugendlichen las, die ihren Kerkermeistern die »Internationale« ins Gesicht sangen und sich weigerten, sich von ihnen einschüchtern zu lassen.

Da Tien Han dafür verantwortlich war, daß Tschiang Tsching der Schanghaier Werk-Studium-Truppe zugeteilt worden war, bildete er sich ein, sich in alle Angelegenheiten ihres Lebens einmischen zu können. Deshalb erteilte er seinem jüngeren Bruder Tien Hung (»Schlimmer Mann«) den Auftrag, sie in den Unterricht zu begleiten und ihm über alles, was sie tat, Bericht zu erstatten. Tschiang Tsching fand diese Beaufsichtigung lästig und unerträglich. Außerdem mischte Tien Hung sich in ihre Arbeit ein und ließ erkennen, daß er sich in sie verliebt habe, was ihr nur unangenehm war. Tschiang

* Eine philosophische Unterscheidung, die in John Deweys Experimentalismus, den Tao Hsing-tschih studierte, impliziert ist; sie tritt auch bei den neokonfuzianischen Philosophen der Ming-Dynastie auf, deren Ideen bis in die Neuzeit hinein lebendig blieben, und lebt in der kommunistischen Forderung, die Ideologie in die Tat umzusetzen.

Tsching schrieb Tien Han schließlich einen Brief, in dem sie ihm detailliert schilderte, wie unerträglich sein kleiner Bruder geworden war, und ihn aufforderte, Tien Hung anderweitig zu verwenden.

Tien Han wurde damals von seinem Bruder und allen Eingeweihten Lao Ta genannt – d. h. Alter Großer oder sinngemäß Nummer Eins –, da er der älteste Sohn der Familie Tien war. Aber dieser Name paßte auch zu ihm, da er (allerdings nicht ausschließlich, obwohl Tschiang Tsching dies behauptete) aus der Banditen- und Gaunersprache stammte. (Das sagte sie mit offenkundiger Befriedigung und voller Boshaftigkeit gegenüber einem Mann, an dem sie sich in späteren Jahren gerächt hatte.) Wie hatte *sie* die Banditensprache gelernt? Ihre politische Arbeit in den untersten Bevölkerungsschichten hatte ihren Wortschatz um Unterweltausdrücke »bereichert«. Aber die wirkliche Banditensprache hatte sie Anfang der fünfziger Jahre gelernt, als sie inkognito in ländlichen Gebieten gearbeitet hatte. Dabei hatte sie alle möglichen Ausdrücke aufgeschnappt – auch die Decknamen der ersten neun Mitglieder einer Gangsterbande. Der Lao Ta Genannte war der Boß.

Obwohl Tschiang Tsching durch ihren Brief den »Schlimmen Mann« Tien Hung bei dem »Alten Großen« Tien Han angeschwärzt hatte, blieb ersterer ihr unvermindert zugetan. Sie erkannte allerdings bald, daß seine Aufdringlichkeit auch ein Versuch politischer Beeinflussung war – unter Anleitung Tien Hans, der mit heimtückischen Methoden arbeitete. Tschiang Tsching hatte Tien Han aufgesucht, um Verbindung zu der Schanghaier Parteiorganisation zu bekommen; jetzt geschah genau das Gegenteil. Tien Han bemühte sich, sie daran zu hindern, mit anderen Genossen, die sie in Zukunft möglicherweise vor staatlichen Repressalien hätten schützen können, Kontakt aufzunehmen. Da Tschiang Tsching diese lebenswichtigen Verbindungen fehlten, während sie andererseits in gewissen Kreisen bereits als linke Aktivistin bekannt war, trieb sie tatsächlich »in gefährlichen Wassern«. Nach einiger Zeit wurde ihr klar, daß sie ohne den Schutz der kommunistischen Untergrundorganisation auskommen mußte. Manche Leute, die sie bisher für ihre Freunde gehalten hatte, weigerten sich jetzt, ihr die Tür zu öffnen. Sie erkannten, daß jemand wie Tschiang Tsching eines Tages verhaftet werden würde – und das konnte auch für sie schlimme Folgen haben.

Durch ihre Bekanntschaft mit Tien Han lernte Tschiang Tsching Liao Mo-scha kennen, der ebenfalls Mitglied der *Liga Linker Dramatiker* war. Der um Anerkennung ringende junge Autor Liao war »damals noch in Ordnung« (ein indirekter Hinweis auf seine spätere abweichlerische journalistische Kritik an Maos Regime, die schließlich seinen Sturz bewirkte). Tschiang Tsching bemerkte auch, Liaos Frau habe einen berühmten Vater gehabt, nannte aber keinen Namen. Anfang der dreißiger Jahre war Liao sehr arm. Er und seine Frau hausten in elendesten Verhältnissen in der Dachkammer eines Hauses, das einem anderen gehörte. Als Tschiang Tsching die beiden kennenlernte, erwartete seine Frau ein Kind. Angeblich deshalb, weil Tschiang Tsching noch immer auf der Suche nach der Parteizentrale war, lud Liao Mo-scha sie ein, zu ihnen zu ziehen – vielleicht um ihre politische Einstellung und ihren Charakter auf die Probe zu stellen. Da sie keine bessere Wohnmöglichkeit in

Aussicht hatte, nahm sie dankend an. Die Mansarde war so winzig, daß Tschiang Tsching auf einem kleinen Tisch schlafen mußte. Die ständigen Streitereien der Liaos, die sich jetzt auf sie als Außenstehende konzentrierten, waren unangenehm und ermüdend, so daß Tschiang Tsching kaum noch schlafen konnte.

Während sie bei den Liaos wohnte, begann Tschiang Tsching, die Intellektuellenkreise kennenzulernen, deren Mittelpunkt die *Ta-hsia* war, wie die Schanghai-Universität bei den Studenten hieß. Sie belegte dort Vorlesungen. Vom Anfang der dreißiger Jahre bis zu den Demonstrationen am 9. Dezember 1935* wurden dort Positionen vertreten, die »weit links« lagen und Ausdruck der russisch beeinflußten Wang-Ming-Linie waren. Jedesmal wenn Studenten und Professoren demonstrierten, verhafteten die KMT-Behörden zahlreiche Mitglieder der KPCh und der Jugendliga. Während des Höhepunktes der Studentenproteste im Zusammenhang mit den Demonstrationen am 9. Dezember »hielten ganze Massen von Gefolgsleuten der Wang-Ming-Linie die rote Fahne hoch«. Tschiang Tsching betonte, die meisten Festgenommenen seien KPCh-Mitglieder gewesen.

Es war heiß und schwül, als sie begann, Vorlesungen an der *Ta-hsia* zu besuchen. Tschiang Tsching erinnerte sich an das angenehme Gefühl, nur leichteste Kleidung getragen zu haben. Es gelang ihr schwer, in Studentenkreisen Freunde zu gewinnen. Da sie Schauspielerin war, von auswärts kam und offensichtlich an verschiedenen kommunistischen Aktivitäten beteiligt war, hatten die anderen kein rechtes Vertrauen zu ihr. Während sie sich bemühte, in der Studentenschaft Anschluß zu gewinnen, trennte sie sich von Liao Mo-scha und seiner Frau, weil diese Verbindung sich auf die Dauer als persönlich und politisch kompromittierend erwies. Um ihren Plan verwirklichen zu können, brauchte sie rasch Geld. Tschiang Tsching wandte sich hilfesuchend an eine Kommilitonin, von der sie wußte, daß sie einigermaßen wohlhabend war. Die Studentin empfing sie freundlich, was für Tschiang Tsching überraschend war, weil sie Zurückweisungen gewöhnt war. Als sie das Gespräch auf die 20 Yüan brachte, die sie sich leihen wollte, zögerte die andere einen Augenblick und murmelte dann, sie sei ziemlich abgebrannt, weil sie eben ihr Hörgeld bezahlt habe. Trotzdem gab sie Tschiang Tsching das Geld, und Tschiang Tsching ging damit sofort zu Liao Mo-scha. Sie wollte es ihm leihen, weil sie wußte, daß er es brauchte und haben wollte. (Hier drückte sich Tschiang Tsching ein wenig unklar aus. Sie deutete an, daß sie mit diesem Geld sein Schweigen in bezug auf ihre plötzliche Trennung »kaufen« wollte). Als Liao das Geld nahm, erklärte Tschiang Tsching ihm, sie ziehe jetzt aus, und bat ihn, ihr die 20 Yüan bald zurückzuzahlen. (An dieser Stelle unterbrach sie ihre Erzählung, um indigniert festzustellen, sie habe niemals auch nur einen einzigen Cent von ihm zurückerhalten.)

* Schwere Studentenunruhen, die durchaus mit der *Bewegung des 4. Mai* im Jahre 1919 und der Kulturrevolution des Jahres 1966 verglichen werden können. Alle drei gingen von der Peking-Universität aus. Eine Analyse der Beteiligten und der Ereignisse geben John Israel und Donald W. Klein in »*Rebels and Bureaucrats: China's December 9ers*«, Berkeley 1975.

Obwohl sie von Liao Mo-scha nichts zu erwarten hatte, mußte sie ihrer Kommilitonin das geliehene Geld so schnell wie möglich zurückgeben. Wie sollte sie das schaffen? Sie hatte noch andere bescheidene Verdienstquellen, z. B. als Teilzeitlehrerin in mehreren Schanghaier Mittelschulen. Diese Tätigkeit wurde nach Stunden bezahlt – aber Tschiang Tsching wußte jetzt nicht mehr, wieviel sie damals verdient hatte. Ihre einzigen größeren Ausgaben waren die Fahrtkosten: zur Universität, in die Schulen, ins Theater und zu Besuchen in anderen Stadtteilen. Deshalb konnte sie etwas sparen und das geliehene Geld nach nicht allzu langer Zeit zurückzahlen. Für Tschiang Tsching war das eine größere Erleichterung, als ihre Kommilitonin, die nichts von ihrer Untergrundarbeit wußte, ahnen konnte. Liao Mo-scha hatte jetzt ihr gegenüber keine Ansprüche mehr, und Tschiang Tsching beschloß, sich nie mehr mit Mitgliedern der *Liga Linker Dramatiker* abzugeben (ein Entschluß, der bald umgestoßen wurde) – und schon gar nicht mit denen, von denen sie den Eindruck hatte, sie verwehrten ihr den Zugang zu der lokalen Parteiführung, die ihr das geben konnte, was sie sich am sehnlichsten wünschte: eine Erneuerung ihrer Mitgliedschaft in Schanghai.

Für Linke aller Altersstufen und verschiedener Berufe wurden politische Demonstrationen in den dreißiger Jahren geradezu lebensnotwendig. Organisierte Gruppen konnten ihre Ansichten zu nationalen Fragen freimütiger äußern und ihre Forderungen an die Regierung mit geringerem Risiko vorbringen, als dies Einzelpersonen möglich war. Tschiang Tsching erinnerte sich daran, daß Demonstranten im Jahre 1933 noch mehr Bewegungsfreiheit gehabt hatten als in späteren Jahren. Im August – sie hatte inzwischen ihre Lehrtätigkeit aufgenommen – vertrat Tschiang Tsching eine Gruppe von Lehrerinnen aus einer Vorstadt. Mit einer kleinen Gruppe von Studenten und Arbeitern marschierte sie zum Hafen, um Lord Marley von der englischen Labour Party und den Franzosen Paul Vaillant-Couturier (Chefredakteur der kommunistischen Zeitung *»L'Humanité«*) zu begrüßen. Die beiden kamen nach Schanghai, um dort in der ersten Septemberwoche an einer Antikriegskonferenz teilzunehmen.[4] Die von zwei Musikkapellen begleiteten Chinesen schwenkten rote Fahnen und zündeten Feuerwerkskörper an, um diese berühmten Gäste für ihren »Antiimperialismus« zu ehren.

Die von der Universität ausgehenden Demonstrationen unterschieden sich grundlegend von denen, die auf den breiten Hauptverkehrsadern Schanghais stattfanden. Tschiang Tschings Erinnerung an das Universitätsleben – an die Professoren, Studenten, Vorlesungen, Seminare und Diskussionen – war weit weniger lebendig als ihre Erinnerung an die Unruhen und die ständige Drohung, verhaftet zu werden. Soweit sie sich erinnerte, folgte die Schanghaier Parteiorganisation in den Jahren 1933 und 1934 noch immer Wang Mings linker Linie, und die kommunistische Jugendliga stand noch weiter links als Wang Ming. Wegen dieser und anderer Differenzen in der politischen Einstellung vieler Genossen konnte Tschiang Tsching nicht in jedem Fall auf die

Unterstützung solcher Parteimitglieder zählen.* Doch so gespannt das Verhältnis der Genossen untereinander auch sein mochte, alle lebten unter derselben Bedrohung. Die Kuomintang versuchte, den organisierten Widerstand zu zersetzen, indem sie in die Studentenschaft Blauhemden (Angehörige eines militaristischen Jugendkorps, das oft als faschistisch bezeichnet und mit Hitlers Braunhemden und Mussolinis Schwarzhemden verglichen wurde), Spitzel, Agenten und Gegenagenten einschmuggelte, die alle heimlich bewaffnet waren. An der Universität – und in ganz Schanghai – wurde es schwierig, zuverlässig zwischen Freund und Feind zu unterscheiden.

Tschiang Tsching beteiligte sich bald mit Freunden an Demonstrationen in ganz Schanghai. Die Studenten forderten eine Stärkung des nationalen Widerstands. Am Jahrestag der überraschenden Verteidigung Schanghais gegen die Japaner durch die meuternde *19.-Route-Armee* der Kuomintang (am 18. Juli 1932) waren sie und ein etwa gleichaltriger junger Mann in der Stadt unterwegs, um Geld für die Armee zu sammeln. Auf dem Weg durch Schanghai trafen sie andere Widerstand Leistende, darunter eine Gruppe von Männern, die bereit waren, ihr Leben für ihre Sache zu opfern. Als Tschiang Tsching die auf den Bahngleisen liegenden Gestalten sah, die mit diesem äußersten Mittel gegen die nachgiebige Haltung der Nationalregierung gegenüber den japanischen Invasoren protestierten, vermutete sie, daß einige von ihnen der damals in den *Zentralen Sowjetgebieten*** stationierten Roten Armee angehörten (möglicherweise ein Hinweis auf Angehörige der *19.-Route-Armee,* die im November in Futschou eine Revolutionäre Volksregierung ausgerufen hatten; ihr Versuch, zu einer Einheitsfront mit den in den nahegelegenen *Zentralen Sowjetgebieten* stationierten Kommunisten zu gelangen, mißlang).[5]

Da Tschiang Tsching sich häufig an Straßendemonstrationen beteiligte, kannte sie bald die Taktik, die ihnen zugrundelag. Ein Studentenführer gab kurzfristig Ort und Zeitpunkt der Demonstration bekannt. Die Teilnehmer strömten rasch von allen Seiten zusammen, gaben Parolen aus, stellten Forderungen und liefen wieder auseinander, bevor sie von Polizisten und Kriminalbeamten festgenommen werden konnten. Die Erinnerung an das Aufbegehren der Jugend gegen die Staatsgewalt und die Bereitschaft zu Heldentaten – auch an ihre eigene – animierte Tschiang Tsching. Sie erwähnte mehrmals, solche Demonstrationen seien stets lebensgefährlich gewesen. Aber die Demonstranten hatten keine andere Wahl. Wie hätten sie sonst ihre Vorstellungen propagieren und Spenden für ihre Sache sammeln sollen? Bei solchen Unternehmungen konnten sie und ihre radikalen Genossen mit der Un-

* Anfang der dreißiger Jahre orientierten Tschiang Tsching und ihre kommunistischen Freunde sich im allgemeinen an der Wang-Ming-Linie, die in den Städten vorherrschte. Sie sagte sich erst nach 1937 von ihr los, als sie Mao Tse-tungs »Zentrums«-Position annahm, die Wang Ming sowie die angeblich noch linksradikalere Jugendliga zurückwies.

** Die KPCh hatte ihr erstes Stützpunktgebiet und zugleich ihren ersten offiziellen Regierungssitz seit November 1931 in Juitschin in der Provinz Kiangsi. Die wichtigsten Aktivitäten der Partei in den nächsten drei Jahren waren: die Verteidigung des Gebiets mit Guerillamethoden, eine unnachgiebig durchgeführte Bodenreform, die Einführung der Wehrpflicht und Experimente mit revolutionärer Kultur.

terstützung der Liga Linker Erzieher rechnen, denen liberale Förderer wie Tao Hsing-tschih und andere Sympathisanten angehörten.

Detaillierter – und vielleicht zuverlässiger – waren Tschiang Tschings Erinnerungen an Demonstrationen zum Jahrestag der japanischen Invasion in der Mandschurei (die 1931 mit dem *Mukden-Zwischenfall* begonnen hatte). Für linksorientierte Studenten und Radikale endete diese Serie von Demonstrationen katastrophal. Geheimagenten der KMT und kommunistische Verräter nahmen prominente Mitglieder der Kommunistischen Jugendliga fest und behaupteten, sie gehörten zu »ihren eigenen Leuten«. Die davon Betroffenen, die entschlossen waren, nicht zu »Marionetten des Feindes« zu werden, schworen sich, eher für ihre Sache zu sterben, als etwa als Feiglinge zu überleben. In einem öffentlichen Auftritt, in dem sie ihre Stärke demonstrierten, riefen sie: »Zerstört die Jade, statt das Ziegeldach zu flicken!« (Widerstand um jeden Preis) und »Lieber links als rechts!« So sehr Tschiang Tsching sie auch bewunderte, so sehr fürchtete sie sich vor einem ähnlichen Schicksal. Danach habe sie sich die Demonstrationen, an denen sie teilnahm, sorgfältiger ausgesucht, stellte sie fest.

Tschiang Tsching beschloß, einen neuen Anlauf zu nehmen, um endlich Kontakt mit der im Untergrund arbeitenden Parteiorganisation zu bekommen. Ihre Kriegslist bestand darin, an den Massendemonstrationen zum Jahrestag des *Mukden-Zwischenfalls* teilzunehmen. Dies war zwar riskant, aber sie hoffte, dabei einigen gleichgesinnten Genossen aufzufallen und sie durch ihr tapferes Engagement für die kommunistische Sache zu beeindrucken. Und sie hatte Glück. Ihr sorgfältig kalkuliertes Verhalten bei den Demonstrationen überzeugte einige der Verantwortlichen, und sie gaben ihr nun den Wink, als geheime Anführerin des Demonstrationszugs zu fungieren.

Tschiang Tsching gehörte nun zur Vorhut, und sie wurde weiter auf die Probe gestellt. Einer der Kundgebungsleiter gab ihr den Auftrag, sich um zwei Arbeiterinnen zu kümmern, die sich ihnen eben erst angeschlossen hatten. Tschiang Tsching stellte bei der ersten Begegnung fest, daß sie die beiden noch nie gesehen hatte. (Hier berichtete sie freimütiger als sonst über ihre Eindrücke.) Sie war erstaunt, als sie sah, daß diese Arbeiterinnen viel besser als sie gekleidet waren. Wie war das möglich? Sie hatten offenbar keine familiären Verpflichtungen und brauchten niemanden zu unterstützen. Tschiang Tschings Situation sah anders aus. (Sie äußerte sich nicht weiter zu diesem Punkt, und ich fragte mich, ob sie damit andeuten wollte, sie habe ihre Mutter, einen Ehemann, einen Liebhaber oder einfach nur Genossen finanziell unterstützt.) Obwohl sie keineswegs elegant angezogen war, unterschied ihre Kleidung sich doch von der einer gewöhnlichen Arbeiterin. Als Schauspielerin und studierende Intellektuelle imitierte sie nicht den proletarischen Stil – auch nicht aus politischen Gründen. Trotzdem hatten die Leute, auf die es bei dieser Demonstration ankam, nichts gegen ihre schauspielerhafte Erscheinung. Sie hatten Tschiang Tsching schließlich zu ihrer Anführerin bestimmt.

Am Nachmittag dieses Tages (des 18. Septembers) trat Tschiang Tsching in einer Wohltätigkeitsvorstellung von »Kindermord« auf, einem auf einem japanischen Film basierenden Stück, das den Erfordernissen des Tages entsprechend aktualisiert worden war. Die Einnahmen aus dieser Vorstellung waren für die streikenden Arbeiter einer Fabrik der *British-American Tobacco* bestimmt. Wie üblich gab es mehrere Kategorien von Plätzen: Während die billigsten nur zwanzig oder dreißig Cent kosteten, waren für die besseren fünf bis zehn Yüan zu zahlen. Da die Vorstellung keineswegs ausverkauft war, kaufte Tao Hsing-tschih, der unermüdliche Förderer des Ensembles, die teuren Karten auf, um die Sache der Schauspieler und der Arbeiter zu unterstützen.

Diese Vorstellung von »Kindermord« sollte Tschiang Tsching nie vergessen. Die Ereignisse des Tages hatten die Theaterbesucher und die Schauspieler, unter denen sich weitere Demonstranten befanden, in große Erregung versetzt. Bei ihren Auftritten achtete Tschiang Tsching normalerweise nur wenig auf die Reaktion des Publikums, aber diesmal beobachtete sie die Zuschauer genau. Da »Kindermord« ein Proteststück war, mußte das Publikum ebenso wie das Ensemble mit einer Bestrafung rechnen. Und an diesem Nachmittag wurden Verhaftungen vorgenommen. Sobald der Schlußvorhang gefallen war, verließen die Schauspieler das Theater durch den Bühnenausgang und beeilten sich, zu den Demonstrationen zurückzukommen.

Nachdem die Demonstranten sich später verlaufen hatten, stand Tschiang Tsching allein, erschöpft und hungrig da. Sie suchte in ihrer Handtasche nach Fahrgeld, fand keines und konnte sich deshalb auch kein Abendessen leisten. Dann fiel ihr ein, daß sich ganz in der Nähe ein kleines Restaurant befand, das von Weißrussen geführt wurde. Sie kannte den alten Mann, dem es gehörte, und war davon überzeugt, daß sie dort wenigstens einen Teller Borschtsch-Suppe bekommen würde, wenn sie darum bat. Als sie das Restaurant betrat, merkte sie, daß einige Gäste, die nachmittags im Theater gewesen waren, bei ihrem Anblick überrascht waren, weil sie angenommen hatten, auch Tschiang Tsching sei unmittelbar nach der Vorstellung verhaftet worden. Aber jetzt begrüßten sie sie als Li Yün-ho, die Schauspielerin, die sich durch ihre Leistungen in verschiedenen Rollen einen Namen gemacht hatte. (Tschiang Tsching schien nicht zu merken, daß das, was sie eben gesagt hatte, nach Selbstlob klang.) Der Besitzer mußte gehört haben, daß Tao Hsing-tschih, dessen Liberalismus er unterstützte, mutig im Parkett aufgestanden war, um Tschiang Tschings Leistung zu loben, denn der alte Russe lud sie an diesem Abend zu einem opulenten Mahl ein.

Tschiang Tsching meldete sich auch für die am nächsten Tag stattfindende antijapanische Demonstration und bekam eine Führerin zugeteilt, von der sie zum Sammelpunkt gebracht werden sollte. Aber diese Begleiterin ließ sie aus unbekannten Gründen unterwegs im Stich. Tschiang Tsching, die fürchtete, die anderen könnten glauben, sie wolle sich ihrer Mitverantwortung für die Demonstration entziehen, hastete nach Nei-scheng-tschia. Aber dort sah sie keine bekannten Gesichter. Sie geriet in ein anderes Viertel, das von berittenen Polizisten – Sikhs der britischen Kolonialverwaltung – umstellt war. Sie machte einen Bogen um dieses gefährliche Gebiet und suchte so unauffällig wie möglich weiter. Endlich begegnete sie durch Zufall einem Freund, der ihr erklärte, die Demonstration sei in die Peking West Road verlegt worden, eine oft für solche Zwecke benützte Hauptverkehrsstraße. Auf dem Weg dorthin lief Tschiang Tsching die Ai-wen-i-Straße entlang, ohne auf Bekannte zu stoßen. Sie hastete weiter und blieb erst stehen, als sie eine Gruppe distinguiert aussehender Herren – alles »Literaten« – auf der Straße stehen sah. Diese ungewöhnliche Zusammenkunft inmitten gewöhnlicher Bürger bewies ihr, daß die Demonstration in der Nähe stattfinden mußte.

Die Erinnerung an diese Hetzjagd durch die Straßen von Schanghai hatte Tschiang Tsching so sehr erschöpft, daß sie zuletzt fast nur noch im Flüsterton sprach. Sie schwieg einige Sekunden lang und fand dann ihre Stimme wieder. Das Gespräch über ihre Kindheit, das wir am vorigen Abend geführt hatten, hatte sie so aufgewühlt, daß sie ein Schlafmittel hatte nehmen müssen, um zur Ruhe zu kommen. Sie hatte unvorsichtigerweise eine zu große Dosis genommen und war zusammengebrochen. Ihre Krankenschwester hatte sie auf dem Fußboden aufgefunden und ins Bett getragen. Tschiang Tsching lachte, als sie mir davon erzählte. An diesem Abend waren Hsiao Tschiao, ihr stämmiger junger Leibwächter, eine Krankenschwester und ein Arzt wachsamer als zuvor; sie machten sich im Zimmer zu schaffen, beobachteten Tschiang Tsching und achteten auf Anzeichen von Erschöpfung. Hsiao Tschiao wolle sie um Mitternacht ins Bett schicken, sagte Tschiang Tsching und lachte wieder. Ihr Lachen deutete darauf hin, daß es ihm schwerfallen würde, sein Vorhaben zu verwirklichen (was sich dann bestätigte). Diese bevorstehende Auseinandersetzung schien sie aufzuheitern, denn sie stand auf, löste den Knoten ihres seidenen Gürtels und ging im Zimmer auf und ab, wobei die Gürtelenden bei jedem Schritt mitschwangen.

Zu den Leuten, die Tschiang Tsching am Rande der Demonstration erkannte, gehörte ein Junge, der früher einer ihrer Schüler gewesen war und jetzt dem Studentenkorps angehörte. Er trug ein Paket, das vielleicht eine Waffe oder Flugblätter enthielt und Verdacht erregen mußte. In diesem Augenblick entdeckte ihn ein berittener Sikh-Polizist. Er hob seinen Schlagstock, beugte sich aus dem Sattel seines galoppierenden Pferdes herunter und schlug dem Jungen das Paket aus den Händen. Der von dem Schlag Benommene verlor kurz das Gleichgewicht, fing sich wieder und rannte davon. Tschiang Tsching, die über die Brutalität des Sikhs empört war, wollte impulsiv hinter dem Jungen herlaufen und sich um ihn kümmern. Aber das wäre tollkühn gewesen, da sie damit nur riskiert hätte, ebenfalls niedergeschlagen zu werden. Um nicht verdächtig zu wirken, schlenderte sie zu einem Geschäft für Damenmoden hinüber und tat so, als interessiere sie sich für die Kleider in der Auslage. Da Tschiang Tsching ins Schaufenster starren mußte, nahm sie nicht alles wahr, was sich um sie herum abspielte. Kurze Zeit später näherte sich eine Frau mittleren Alters, die sie als Lao Wang (Ehrwürdige Wang) kannte und die seit etwa einem Jahr in Schanghai politische Basisarbeit leistete, und blieb schweigend neben ihr stehen. Tschiang Tsching verstand, daß sie ihr folgen sollte, und ging neben ihr her die Ai-wen-i in Richtung Nitseng-Brücke entlang. Plötzlich bemerkten sie, daß sie von der Polizei verfolgt wurden. Tschiang Tsching forderte ihre Begleiterin auf, allein weiterzugehen. Da Lao Wang weniger bekannt als Tschiang Tsching war, konnte sie leichter durch die polizeiliche Absperrung schlüpfen. Danach gelangte Tschiang Tsching auf Umwegen in ihre Schule zurück.

Obwohl sie weder dem Zentralkomitee der KPCh noch dem Provinzparteikomitee (oder auch nur der Schanghaier Parteiorganisation) angehörte, wurde sie allmählich als kommunistische Revolutionärin bekannt. Dieser Ruf brachte es mit sich, daß Tschiang Tsching bei Demonstrationen besonders vorsichtig sein mußte. Wenn sie aufgefordert wurde, an »fliegenden Versammlungen« teilzunehmen, die rasch organisiert und ebenso rasch wieder aufgelöst wurden, wog sie die Umstände sorgfältig ab, bevor sie zusagte. Würde sie hinter Gefängnisgittern ebenso nützlich sein wie in Freiheit, wenn sie weiterhin auf dem Kultursektor arbeiten konnte? (Diese und ähnliche besorgte Überlegungen kleidete sie in viele wortreiche Argumente, die ihre Bereitschaft zur Selbstaufopferung, ihren Willen zum Überleben und eine gewisse Ruhmsucht anklingen ließen.)

Linke politische und kulturelle Organisationen konnten nur überleben, wenn sie wirksame Verhaltensformen und Verständigungsmethoden entwikkelten, d. h. solche, die möglichst nicht die Aufmerksamkeit der Polizei auf sich zogen. Tschiang Tsching und ihre Freunde diskutierten endlos über die Methoden, die am meisten Erfolg versprachen. Die komplexe soziale und politische Struktur des Gebiets, in dem sie arbeitete, war von Außenstehenden nicht leicht zu durchschauen, und diese Oberflächentrübung erleichterte konspirative Betätigungen – unter der Voraussetzung, daß die nötigen Vorsichtsmaßnahmen getroffen wurden.

Im Herbst dieses Jahres erhielt Tschiang Tsching einen längsgefalteten Brief, auf dem ihr Deckname Yün-ho* – Wolkenkranich – stand. Aber das Schriftzeichen für *ho* war verändert, so daß nur das »Vogel«-Element auf der rechten Seite übriggeblieben war, während die linke Hälfte aus Sicherheitsgründen fehlte. Solche Vorsichtsmaßnahmen waren üblich in den *Weißen Gebieten*, wo Namensänderungen der politischen Tarnung dienten, aber noch häufiger aus persönlichen oder beruflichen Gründen vorgenommen wurden. Der Brief selbst war ein Musterbeispiel für bewußte Irreführung. Der Absender drückte Tschiang Tsching sein Mitgefühl dafür aus, daß sie nach dem Biß eines tollwütigen Hundes im Krankenhaus liege und sich nur allmählich erhole. Hinter diesen Worten verbarg sich die eigentliche Nachricht. Man teilte Tschiang Tsching mit, daß ihr Leben in Gefahr sei, und wies sie an, die Stadt zu verlassen.

Wie wütend sie damals über diesen Geheimbefehl war! Seit ihrer Ankunft in Schanghai hatte sie darauf hingearbeitet, das Vertrauen von Leuten zu gewinnen, die sie mit dem Stadtparteikomitee zusammenbringen konnten. Konkurrierende linke Organisationen, denen bestimmte unangenehme Per-

* Anfang der dreißiger Jahre benützte sie noch den Namen Li Yün-ho, wodurch ihr Familienname Li erhalten blieb. Aber ihre Freunde kannten sie, wie sie sagte, einfach als Ho.

sonen angehörten, hatten ihr alle möglichen Ratschläge aufgedrängt, die zum Teil widersprüchlich waren. Eine dieser Organisationen, die Revolutionäre Liga, hatte inzwischen einen Linksruck erlebt und stand jetzt »noch weiter links als das Parteizentrum« (das sich noch an die Wang-Ming-Linie hielt). Die Jugendliga und andere Jugend- und Studentengruppen waren ebenfalls »von der Linken kooptiert worden«, wie Tschiang Tsching es ausdrückte. Diese ultralinken Gruppen drängten jetzt Tschiang Tsching und einige ihrer Freunde, die nicht ganz so weit links standen, Schanghai zu verlassen, ohne sich darum zu kümmern, wohin sie sich wandten. Als die Liga Linker Erzieher erfuhr, in welche Zwickmühle Tschiang Tsching geraten war und daß sie noch immer zögerte, wiederholte sie den Befehl, Schanghai sofort zu verlassen. Tschiang Tsching lehnte sich zunächst dagegen auf, weil sie in Schanghai nicht nur politische und berufliche Interessen verfolgte, sondern auch – wie sonst nirgendwo – persönliche Bindungen hatte. Aber schließlich gab sie doch nach und zog nach Peking um.

Ihrer Erinnerung nach war der *Weiße Terror* in Peking ebenso brutal wie in Schanghai. Die Spannungen wurden noch durch die Anwesenheit des Dritten Schanghaier Regiments verschärft, das in Peking und Tientsin stationiert war, um die Interessen der Kuomintang-Regierung zu wahren. Tschiang Tsching, die in Peking isolierter und hilfloser als je zuvor war, schrieb sich als Gasthörerin an der Peita (Peking-Universität) ein. In ihrer dritten akademischen Umgebung (nach den Universitäten in Tsingtao und Schanghai) fühlte sie sich jetzt zu den Sozialwissenschaften hingezogen – zu einem Gebiet, auf dem der marxistische Theoretiker Li Ta einer der populärsten akademischen Lehrer der Peita war. Zu seinen Politologie-Vorlesungen strömten Studenten aller Fakultäten in den Hörsaal; Tschiang Tsching war oft dabei.

An der Peita mußte sie mit sehr wenig Geld auskommen. Ihr Einkommen (aus nicht erwähnter Quelle) betrug nur sieben Yüan im Monat. Wenn sie die Zimmermiete bezahlt hatte, blieben ihr nur vier Cent für jede Mahlzeit. Die Peking-Universität, wo der Vorsitzende Mao einst gearbeitet hatte, war die berühmteste aller chinesischen Hochschulen und Universitäten. Selbst eine Gasthörerin wie Tschiang Tsching konnte dort in Vorlesungen und aus Büchern viel lernen. Sie schaffte es auch, einen Leserausweis für die Peking-Bibliothek zu erhalten. Danach verbrachte sie einige Monate lang den größten Teil ihrer Zeit in der Bibliothek und lernte deren außerordentlich reichhaltige Bestände kennen, während sie sich von trockenem Brot und abgekochtem Wasser ernährte.

Das strenge Selbstbildnis, das Tschiang Tsching als junge Gelehrte darstellte, wurde durch eine weitere Episode ergänzt, die sie ein wenig mädchenhafter zeigte. Sie schilderte lachend, wie sie während ihres Pekinger Exils zum erstenmal versucht hatte, mit einem Fahrrad zu fahren. Nach mehreren schmerzhaften Stürzen hatte sie den Bogen heraus. Sie sei als junge Frau in mancher Beziehung unbeholfen gewesen, sagte sie, und habe einen schlechten Gleichgewichtssinn gehabt. Beim Radfahren wie bei allem anderen verdankte sie ihren schließlichen Erfolg ihrer Willenskraft.

Tschiang Tschings Rückkehr aus Peking nach Schanghai im Frühjahr 1934 wurde von der *Liga Linker Erzieher,* einer Tarnorganisation der KPCh, vorbereitet. Dieser Ortswechsel war für Tschiang Tsching viel bedeutungsvoller, als man vermuten könnte, denn die Betreuung durch die Liga garantierte, daß ihre Verbindung zur Partei nach einer mehr als einjährigen gefährlichen Unterbrechung wiederhergestellt wurde. Durch die Bemühungen der Liga Linker Erzieher und anderer kommunistischer Gruppen waren in den letzten Monaten viele Sektoren des Schanghaier Schulsystems unter die Kontrolle der KPCh gekommen – »in unsere Hände gefallen«, wie Tschiang Tsching es ausdrückte.

Die Partei delegierte Tschiang Tsching als Lehrerin für ein Abendkursprogramm für Arbeiterinnen, das der Christliche Verein Junger Frauen durchführte. Obwohl das Arbeiterprogramm dieses Vereins »aufgeklärt« war, beurteilte Tschiang Tsching ihn im übrigen als »zutiefst reaktionär«. Sie hatte jedenfalls kein Interesse an seiner christlichen Grundhaltung.

Tschiang Tschings Arbeit für Christentum und Kommunismus zugleich scheint paradox und erfordert einige zusätzliche historische Erläuterungen. Als Tschiang Kai-schek im Jahre 1927 seine kommunistischen Bundesgenossen verriet, wurden die meisten von den Kommunisten gelenkten Gewerkschaften aufgelöst. Sie mußten deshalb durch andere ersetzt werden, die entweder kein politisches Gewicht hatten oder in Wirklichkeit von der KMT kontrolliert wurden. Diese Erschwerung der gewerkschaftlichen Arbeit, die Folgen der Weltwirtschaftskrise und die Übersiedlung des Zentralkomitees der KPCh nach Kiangsi brachten es mit sich, daß die wenigen in Schanghai zurückgebliebenen Gewerkschaftsführer nach 1932 versuchen mußten, andere Verbindungen zu knüpfen. Abgesehen von den Organisationen der KMT, die infiltriert werden konnten, gab es keine große Auswahl.[7] Wichtig waren damals jedoch angesehene reformistische christliche Institutionen, die in der Arbeitswelt Erfahrung hatten. In der in den dreißiger Jahren heraufziehenden Krise der Städte hatten CVJF und CVJM sich auf die Arbeiterwohlfahrt und ihre Missionen in ausländischen Industriegebieten konzentriert. In China waren sie vor allem in Schanghai aktiv, weil die organisierte Ausbeutung menschlicher Arbeitskraft dort am nachhaltigsten und im größten Maßstab betrieben wurde. Vom Standpunkt der KMT aus vergrößerte ihre ausländische und christliche Reputation das Prestige der Regierung, zu einem Zeitpunkt, als die KMT um internationales Ansehen bemüht war. Deshalb waren CVJF und CVJM die einzigen privaten Organisationen in Schanghai, die offen patriotische und andere reformistische Arbeit betreiben konnten, ohne von der Regierung daran gehindert zu werden.[8]

Der Vorstand des Schanghaier CVJF betraute klugerweise auch Chinesinnen mit verantwortungsvollen Aufgaben. Tschiang Tsching, die vermutlich von der *Liga Linker Erzieher* empfohlen worden war und schon einige Erfahrung als Lehrerin in Schanghai hatte, gehörte zu denen, die dazu ausgewählt wurden. Das den Arbeiterinnen – meist einfachen Frauen vom Lande – angebotene Programm reichte von Geselligkeit und Freizeitgestaltung über die Untersuchung und Verbesserung der Arbeitsbedingungen in den Fabriken bis zu Lese- und Rechtschreibunterricht und medizinischer Versorgung. Der CVJF unterstützte auch Boykottaufrufe gegen japanische Erzeugnisse, führte antijapanische Theaterstücke auf und veranstaltete Vorträge und Diskussionen über patriotische Themen.[9]

Diese progressiven Aktivitäten des CVJF ergänzten andere, die von radikaleren Gruppierungen wie der *Liga Linker Erzieher,* den *Ligen Linker Schriftsteller und Dramatiker* und der KPCh getragen wurden. Diesen Verbänden ging es selbstverständlich nicht nur um Literatur und Patriotismus, sondern auch darum, in der Arbeiterschaft das proletarische Klassenbewußtsein zu fördern, durch das eines Tages die Kapitalisten und Imperialisten im In- und Ausland gestürzt werden sollten.

Die Welt der Fabrikarbeiter, in die Tschiang Tsching im Jahre 1934 abkommandiert wurde, war ihr nach ihren bisherigen Erfahrungen völlig fremd. Dieser Einsatz in der Arbeiterklasse habe keineswegs bedeutet, fügte sie rasch hinzu, daß sie Seite an Seite mit den Arbeiterinnen gearbeitet habe. Sie sei Lehrerin gewesen – eine Rolle, zu der auch das Zusammenleben mit den ihrer Obhut anvertrauten Arbeiterinnen gehört habe. Für dieses Arrangement sei der CVJF verantwortlich gewesen. Nachdem Tschiang Tsching einige Zeit beim CVJF gearbeitet hatte, wurde ihr Aufgabenbereich erweitert. Sie besuchte nun auch Arbeiterfamilien und sammelte Informationen über ihre Lebensverhältnisse. Diese Ausflüge in Arbeiterfamilien machten ihr wirklich Spaß. Später wurde sie losgeschickt, um Sanitätseinrichtungen und kleine Fabriken zu kontrollieren, die den ausländischen Reformisten nicht zugänglich waren.

Nachdem Tschiang Tsching gelernt hatte, kleine Fabriken zu kontrollieren und darüber Bericht zu erstatten, wagte sie sich an größere heran, die meist ausländischen Gesellschaften gehörten, obwohl sie von Chinesen geleitet wurden. Der Zugang zu diesen Fabriken wurde erschwert, weil die Betriebsleiter fürchteten, ungünstige Berichte außenstehender Beobachter und eine raffinierte Agitation, welche die Arbeiter zu antijapanischer Propaganda verleitete, könnten die Produktion beeinträchtigen, der ihr einziges Interesse galt. Die Arbeitsbedingungen spielten in ihren Überlegungen bestenfalls eine untergeordnete Rolle. Von allen ihren Aktivitäten, die teilweise vom CVJF ausgingen, fand Tschiang Tsching die Besuche in kleinen und großen Fabriken am fesselndsten.

Alle Behinderungen und Beschimpfungen, die sie bei ihrer Arbeit hinnehmen mußte, wurden durch den großen Einfluß wettgemacht, den Tschiang Tsching nach der Arbeit auf das Leben der Arbeiterinnen auszuüben begann. Sie waren in sogenannten »Wohnheimen« untergebracht: gewöhnlich Baracken, die die Fabriken zur Unterbringung lediger Arbeitskräfte von der KMT erhalten hatten. Männer und Frauen hausten dort getrennt, und alle Bereiche ihres Lebens wurden streng kontrolliert.

Das Tschiang Tsching zugewiesene Wohnheim lag im Fabrikbezirk. Sie hatte ein eigenes kleines Zimmer an der Rückseite des Gebäudes. Die vorderen Räume dienten als Klassenzimmer, und die Arbeiterinnen schliefen jeweils zu mehreren in den übrigen Räumen. Tschiang Tsching machte sich nachträglich Vorwürfe, wenn sie daran dachte, wie naiv und umständlich sie begonnen hatte. Beispielsweise opferte sie viel zuviel Zeit für die Vorbereitung des Unterrichts, während sie gleichzeitig als Schauspielerin auftrat und politisch arbeitete. Sie saß stundenlang da, um ihre Kurse vorzubereiten oder Schularbeiten zu korrigieren, was dazu führte, daß sie nicht genug Schlaf bekam und oft bis an den Rand der Erschöpfung arbeitete. Müdigkeit und Verzicht bestimmten diese Phase ihres Lebens.

Trotzdem waren die Schwierigkeiten, mit denen Tschiang Tsching zu kämpfen hatte, harmlos im Vergleich zu denen der Arbeiterinnen. Die Mehrzahl ihrer Schülerinnen kam aus den großen Textilfabriken, die meist Japanern gehörten, aber von Chinesen geleitet wurden.[10] Die übrigen arbeiteten in Zigarettenfabriken, die Engländern gehörten, vor allem in denen der *British-American Tobacco Company*. Die Arbeit begann dort um sechs Uhr morgens. Um rechtzeitig ihren Arbeitsplatz zu erreichen, mußten die Frauen im Wohnheim um vier Uhr aufstehen und in der Dunkelheit durch die Stadt zu den Fabriken marschieren. Die Arbeitsbedingungen bei der *British-American Tobacco* waren »höllisch«. Eine Arbeiterin konnte dort höchstens 17 oder 18 Yüan im Monat verdienen. Kinderarbeit war die Regel, und die Kinder verdienten fast nichts. Im Sommer blieben die Fenster der Fabriksäle geschlossen, so daß bei der in dieser Jahreszeit herrschenden Luftfeuchtigkeit ein regelrechtes Dampfbad entstand. Im Winter wurden die Fenster dagegen geöffnet. Warum? Weil die Fabrikbesitzer fürchteten, Arbeiter, die sich wohlfühlten, könnten träge werden. Deshalb benutzten sie Sommerhitze und Winterkälte, um die Arbeiter anzutreiben. Die Toiletten in den großen Zigarettenfabriken waren so verdreckt, daß Tschiang Tsching schon beim bloßen Anblick mit einem Brechreiz zu kämpfen hatte.

Die Zigarettenfabriken waren äußerst primitiv eingerichtet. In den Sälen standen lange Reihen roher Holzbänke – sonst nichts. Um morgens einen Sitzplatz zu bekommen, mußten die Kinder, die nur Gelegenheitsarbeiter waren, sich abends anstellen und die ganze Nacht in langen Schlangen zusammengedrängt warten. Die Glücklichen, die einen Sitzplatz ergatterten, mußten stundenlang ohne Pause arbeiten, ununterbrochen Zigaretten rollen und sie in Schachteln packen. (»Genau das, was ich mir als Kind gewünscht habe!« bemerkte sie lachend.)

Um die Methoden in den Zigarettenfabriken zu illustrieren, schilderte Tschiang Tsching den Fall der »Tochter eines reichen Mannes«. Warum ein Reicher seine Tochter in diese berüchtigt unmenschliche Umgebung geschickt haben sollte, blieb dabei ungeklärt. Das Mädchen war jedenfalls ehrgeizig. Um am nächsten Morgen ganz bestimmt einen Sitzplatz zu bekommen, stellte es sich am Vorabend schon sehr früh an. Aber der Arbeitsvermittler, der für die Vertragsarbeiter zuständig war, wollte eine von ihm betreute Arbeitskraft vor das Mädchen in die Schlange stellen. Das reiche Mädchen beharrte trotzig auf seinem Recht und wollte nicht zur Seite rükken. Daher packte der Vemittler es einfach an den Schultern, schleifte es über den Boden hinter sich her und stieß es eine Treppe hinunter. Das Mädchen blieb schwerverletzt am Fuß der Treppe liegen und starb wenig später.

Arbeiterinnen, die solche Vorfälle miterlebt hatten, seien sehr leicht zu mobilisieren gewesen, stellte Tschiang Tsching ruhig fest.

Außer den Arbeiterinnen aus Zigarettenfabriken unterrichtete sie auch Frauen, die in den kleinen nahegelegenen chinesischen Strumpffabriken arbeiteten. Dort waren die Hungerlöhne noch niedriger als in den Zigarettenfabriken. Der Höchstlohn einer Strumpfwirkerin betrug zwölf Yüan im Monat – und lag damit weit über dem Durchschnitt. Die Arbeiterinnen wurden auf jede nur vorstellbare Weise ausgebeutet. Brach die Nadel einer Strickmaschine ab, mußte die für diese Maschine Verantwortliche einen Yüan für eine neue Nadel bezahlen. Eine von Tschiang Tschings Schülerinnen hatte das Pech, innerhalb eines Monats acht Nadeln zu zerbrechen. Nachdem sie die Strafen bezahlt hatte, blieb ihr kein Geld mehr für ihre Miete im Wohnheim, für ihr Essen und für ihre Familie (bei der sie nicht mehr lebte). Diese Ausbeutung durch die Betriebsleitung wurde noch dadurch verschärft, daß sie nie imstande war, die ganze Strafe zu bezahlen (wofür sie weitere persönliche Kränkungen hinnehmen mußte). Tschiang Tsching sagte, sie habe damals selbst so wenig verdient, daß sie dieser Arbeiterin nicht habe helfen können.

So sehr diese Frauen der Willkür der Betriebsleitung ausgeliefert waren – sie waren immer noch besser dran als die Vertragsarbeiterinnen, mit denen Tschiang Tsching ebenfalls zu tun hatte.[11] Um die Fabriken mit frischen Arbeitskräften zu versorgen, fuhren Arbeitsvermittler oder »Lieferanten«, wie sie auch genannt wurden, regelmäßig aufs Land, warben Bauern an und brachten sie als billige Arbeitskräfte in die Stadt. Die Methoden dieser Lieferanten waren äußerst skrupellos. Um die unwissenden, in Armut lebenden Bauern zu ködern, schilderten sie ihnen Schanghai als ein Paradies auf Erden, in dem selbst der einfachste Bauer reich werden könne. Hoffnungslos leichtgläubige und verzweifelt ums Überleben kämpfende ältere Bauern verkauften ihre Kinder und andere Familienmitglieder, indem sie Verträge mit den Lieferanten abschlossen. Aber das »Paradies«, das die Angeworbenen in Schanghai erwartete, war die Hölle selbst. Die tägliche Arbeitszeit in den Fabriken war unglaublich lang. Zwischen den Schichten wurden die Arbeiter in winzige Räume gesperrt, die kaum größer als Käfige waren. Da sie nur etwas Grütze und Wasser bekamen, litten alle an Unterernährung. Viele von ihnen starben.

Tschiang Tsching stellte fest, daß nicht nur die KMT ihre politische Arbeit zu behindern versuchte, sondern daß es auch konkurrierende linke Gruppen gab, die auf ihre Erfolge eifersüchtig waren. Während sie Fabrikarbeiterinnen unterrichtete, versuchten die Schanghaier Parteiführer und die Kommunistische Jugendliga, die aus locker mit der KPCh verbundenen ehrgeizigen jungen Radikalen bestand, die Massen für sich zu gewinnen und dabei jeweils ihre eigenen Ideen zu propagieren.

Sobald Tschiang Tsching erste Erfolge im Kampf gegen das Analphabetentum und bei der Verbreitung kommunistischen Gedankenguts erzielte – sie bezeichnete dies als Basisarbeit –, versuchten bestimmte Mitglieder der Jugendliga, sich bei ihr einzuschmeicheln, um auf diese Weise an ihren Erfolgen teilhaben zu können. Sie hatten offenbar erfahren, daß die Liga Linker Erzieher, eine KPCh-Unterorganisation, ihre Arbeit unterstützte, und waren eifersüchtig auf diese Protektion von oben. Eines Tages wurde Tschiang Tsching von einem Mitglied der Jugendliga überrascht. Der junge Mann tauchte unangemeldet in ihrem Hinterzimmer im Frauenwohnheim auf. Vielleicht versuchte er, sie zu vergewaltigen oder sie zu provozieren, denn Tschiang Tsching drückte sich im Hinblick auf diesen Vorfall sehr vage aus. Deutlich zum Ausdruck kam nur, daß er auf arrogante Weise den Versuch machte, sie persönlich und politisch auf seine Seite zu ziehen. Sie blieb jedoch standfest und erklärte ihm, sie weigere sich, »den politischen Stil der Jugendliga zu kopieren ... Und das war meine Rettung«, sagte Tschiang Tsching. Nachdem sie den jungen Mann vertrieben hatte, beschäftigte sie sich wieder damit, ihre Anhängerinnen für den Protestmarsch zum Jahrestag des *Mukden-Zwischenfalls* zu organisieren.

Der Hauptfeind in der Stadt war natürlich die Kuomintang, deren Sicherheitskräfte in den unterschiedlichsten Verkleidungen auftraten. Tschiang Tsching wurde durch Erfahrung wachsamer und geschickter, wenn es darum ging, ihnen zu entwischen. (Sie erinnerte sich mit offenkundigem Vergnügen an diese Zeit.) Damals war es durchaus üblich, daß die KMT-Polizei, der es darum ging, ihre Erfolgsquote bei der Kommunistenjagd zu erhöhen, willkürlich Omnibusse kontrollierte. Wenn Tschiang Tsching sah, daß ihr Bus von Polizeibeamten angehalten wurde, versuchte sie, einer Identifizierung und möglichen Verhaftung durch verschiedene Methoden zu entgehen: Sie versuchte zunächst, auszusteigen und zu verschwinden, bevor die Kontrolle begann. Falls sie zwar noch aussteigen konnte, aber trotzdem von der Polizei angehalten wurde, begegnete sie den Beamten mit ausgesuchter Höflichkeit. Dadurch wurden die Beamten meistens soweit besänftigt, daß sie Tschiang Tsching gehen ließen. War sie jedoch in einem Bus eingeschlossen, der gründlich durchsucht wurde, bereitete sie sich darauf vor, sich aggressiv zu verteidigen. Und wenn sie von der Polizei verhört wurde, während sie wichtiges politisches Material bei sich hatte, zeigte sie ein so anstößiges Verhalten, daß die Beamten aus dem Gleichgewicht gerieten und sie passieren ließen.

Trotz ihres Vorbilds und obwohl Tschiang Tsching sie eingehend belehrte, waren die Schülerinnen ihrer Abendkurse weniger geschickt, wenn es darum ging, ihre politischen Aktivitäten zu tarnen. Durch eigene Unvorsichtigkeit fielen mehrere von ihnen Mitgliedern der Kommunistischen Jugendliga in die Hände und wurden beschimpft und körperlich mißhandelt. Solche Angriffe gegen ihre Schülerinnen wertete Tschiang Tsching als persönliche Beleidigung. Weil sie kaum lesen und schreiben konnten, schienen die Arbeiterinnen nicht zu begreifen, welche Gefahren mit dem Besitz staatsgefährdenden Materials verbunden waren. Tschiang Tsching erinnerte sich gut an einen bestimmten Vorfall. Ihr fiel während des Unterrichts plötzlich auf, daß einige Frauen politische Flugblätter mitgebracht hatten, obwohl für diese Stunde nur Rechtschreibübungen vorgesehen waren. Tschiang Tsching war über diese Fahrlässigkeit so wütend, daß sie die Flugblätter vor den Augen der Frauen anzündete. Nachdem die Flugblätter zu Asche verbrannt waren, wies sie die Frauen an, in die Küche zu gehen und Wasser zu kochen. Selbst die Köchin, die kaum wußte, was im Wohnheim vorging, wurde zu dieser Nachhilfestunde hinzugezogen. Tschiang Tsching und ihre Schülerinnen kratzten gemeinsam die verkohlten Überreste der Flugblätter zusammen und warfen sie ins kochende Wasser, das die letzten sichtbaren Spuren ihrer geheimen politischen Arbeit für die KPCh vernichtete.

Tschiang Tsching unterrichtete damals in zwei Kursen: morgens die Arbeiterinnen der Nachtschicht und abends die anderen, die tagsüber gearbeitet hatten. Da die Nachmittage unterrichtsfrei waren, konnte sie sich in dieser Zeit anderen Aktivitäten widmen. Eines Abends kam sie spät nach Hause und korrigierte noch Schularbeiten, bis sie gegen vier Uhr morgens endlich ins Bett ging. Die Nachtschichtarbeiterinnen kamen kurz vor Tagesanbruch nach Hause. Sie zogen wie gewöhnlich die Schuhe aus und gingen auf Strumpfsocken in ihre Zimmer, um ihre Lehrerin nicht zu wecken. Da Tschiang Tschings Zimmer schlecht belüftet war, ließ sie manchmal die Tür einen Spalt breit offen, um mehr Luft zu bekommen. An diesem Morgen klangen die Schritte der Arbeiterinnen auf der Treppe schwerfälliger als sonst, und Tschiang Tsching hörte etwas gegen die Wände stoßen. Neugierig geworden öffnete sie die Tür und sah die Frauen im Gänsemarsch vorbeikommen. Normalerweise hatte jede von ihnen nur einen kleinen Kasten mit Arbeitsmaterial, ihren persönlichen Besitz, bei sich. Diesmal schleppten sie jedoch große Bündel, die Tschiang Tsching nicht identifizieren konnte. Deshalb wies sie die Frauen besorgt an, sofort auf ihre Zimmer zu gehen, und kündigte an, sie werde eine Kontrolle vornehmen.

Wie habe sie so herrisch auftreten können? Dies fragte sich Tschiang Tsching jetzt selbst, als sei sie von ihrem eigenen Verhalten überrascht. Weil Lehrerin Li, wie sie genannt wurde, bei ihren Schülerinnen so hohes Ansehen genoß, daß sie entscheiden konnte, wie sie es für richtig hielt. Sie sei von ihnen gut behandelt worden, stellte Tschiang Tsching ohne jedes Anzeichen von Verlegenheit fest. Und ihre Schülerinnen wußten es zu würdigen, daß Tschiang Tsching ihre politische Aktivität gut zu tarnen wußte, denn auch sie wollten möglichst keine Schwierigkeiten mit der Polizei bekommen. – Also ließ Tschiang Tsching diese geheimnisvollen Bündel öffnen. Die Frauen stellten sich absichtlich ungeschickt an und öffneten langsam die Verpackungen. Tschiang Tsching stieß sie ungeduldig beiseite und riß die Bündel selbst auf. Sie entdeckte, daß die Arbeiterinnen Flugblätter – gedruckte Beweise für ihre politische Arbeit – in Zeitungen verpackt hatten, weil sie glaubten, sie auf diese Weise unauffälliger transportieren zu können. »Wie kann man bloß so dämlich sein?« kreischte Tschiang Tsching. Sie ließ sofort alle Bündel auspacken, die wertvollen Flugblätter aussortieren und die Zeitungen, die nur Platz wegnahmen und auffällig waren, wegschaffen. Dann wies Tschiang Tsching die Arbeiterinnen zurecht. Wenn sie Propagandamaterial in die Fabriken oder nach Hause transportierten, sollten sie es in sehr kleine Päckchen aufteilen. Noch besser war es, Flugblätter in einen Schirm zu stecken. Wurde eine Arbeiterin unterwegs kontrolliert, konnte sie sofort die Flugblätter wegwerfen und in aller Unschuld behaupten, nur einen Schirm zu tragen.

Die Sicherheitsprobleme, die selbst bei der einfachsten Flugblattverteilung bei den werktätigen Massen entstanden, waren schwieriger, als daß Tschiang Tsching sie allein hätte bewältigen können. Außerdem ging es dabei auch oft um ihre eigene Sicherheit. Tschiang Tsching bleute ihren Schülerinnen immer wieder ein, sie sollten nicht ins Wohnheim zurückkommen, falls sie bemerkten, daß sie auf dem Heimweg beschattet wurden. Vielmehr sollten sie so tun, als wollten sie eine Kollegin besuchen. Oder sie sollten in einem Geschäft verschwinden, um die Verfolger abzuschütteln. Trotz dieser Absprachen war ihr stets unbehaglich zumute, wenn eine der Arbeiterinnen unerwartet lange fortblieb.

Als eines Abends mehrere Arbeiterinnen nicht zur gewohnten Zeit aus der Fabrik zurückkamen, konnte Tschiang Tsching vor Angst, ihnen könnte etwas zugestoßen sein, nicht schlafen. Dann jedoch kamen alle heim – bis auf zwei, die erst mehrere Stunden später zurückkehrten. Da sie geglaubt hatten, beschattet zu werden, hatten sie sich genau an Tschiang Tschings Anweisungen gehalten: Sie waren zu Kolleginnen gegangen und hatten ihren Heimweg erst fortgesetzt, als die Gefahr vorüber zu sein schien. Diese Episode und die Tatsache, daß ein weiteres Mitglied der Jugendliga, das vermutlich wie jener erste junge Mann eifersüchtig auf ihre Erfolge war, sie in ihrer Unterkunft aufgespürt hatte, überzeugten Tschiang Tsching davon, daß sie dort nicht länger sicher war. Deshalb packte sie ihre Sachen, lieh sich etwas Geld und mietete ein Zimmer in einem anderen Haus.

Nach dem Umzug in ein anderes Stadtviertel war Tschiang Tsching eines Tages unterwegs, um einen Brief aufzugeben, als sie einem alten Freund aus Tsingtao begegnete. (Sie schilderte lebhaft sein eindrucksvolles Aussehen und seine blütenweiße Uniform.) Im Verlauf des Gesprächs erzählte er, er arbeite als Kassierer im Schanghaier Hauptpostamt, das in der Internationalen Niederlassung lag. Aber aus seinen Andeutungen war auch zu entnehmen, daß er irgendeiner kommunistischen Organisation angehörte und seine Arbeit bei der Post nur als Tarnung benutzte. Er versicherte mehrmals, daß er sehr froh sei, Tschiang Tsching wiederzusehen. Und er fragte, ob sie an seiner Tätigkeit interessiert und vielleicht sogar bereit sei, ihn zu unterstützen und Nachrichten an Leute in Schulen zu übermitteln. Tschiang Tsching, die seine Aufdringlichkeit verwirrend und beängstigend fand, antwortete ausweichend, sie habe »noch keinen Kontakt mit der Parteiorganisation aufgenommen«. Sie hoffte, er werde sich dadurch abwimmeln lassen. (Das sei natürlich eine Lüge gewesen, sagte sie, aber eben eine Notlüge.)

Tschiang Tsching meldete diese Begegnung der *Liga Linker Erzieher* und erhielt Anweisungen, wie sie sich bei einem etwaigen weiteren Treffen zu verhalten habe. Einige Tage später machte sie einen Spaziergang durch den Tsao-fen-Park – einen für Ausländer angelegten Park, den sie jedoch betreten durfte, weil sie eine Saisonkarte gelöst hatte. Dort begegnete sie ihrem Freund zum zweitenmal. Sie übergab ihm im Auftrag der *Liga Linker Erzie-*

her einen Brief, dessen Inhalt sie allerdings nicht kannte. Die beiden sprachen kurz miteinander, und Tschiang Tsching erklärte ihm, es sei besser, weitere Begegnungen zu vermeiden. Er schien Verständnis für ihre Zwangslage zu haben, wollte die Verbindung zu ihr jedoch offenbar nicht abreißen lassen.

Einige Tage später schickte er ihr ein Exemplar der linksstehenden Zeitschrift »Wissen der Welt«. Sie trafen sich erneut im Tsao-fen-Park, wo er ihr weitere Gefälligkeiten erweisen wollte und sie zum Essen einlud. Tschiang Tsching lehnte besorgt ab und behauptete, keine Zeit zu haben. Um ihn von ihrem üblichen Heimweg abzulenken, verließ sie den Park in einer anderen Richtung. Sie kam durch ein Wohnviertel. Dort begegnete sie einer jungen Frau, die sie in Tsingtao als Verkäuferin gekannt hatte. Ihre Bekannte lud sie zu sich nach Hause ein. Aber Tschiang Tsching lehnte die Einladung dankend ab, um keine Zeit zu verlieren, und hastete zu Fuß weiter, weil kein Bus in ihre Richtung fuhr.

Da hörte sie in einiger Entfernung hinter sich plötzlich schreiende und fluchende Männerstimmen. Sie sah sich um und erkannte zwei Männer, die jemanden verfolgten und immer näherkamen. »Verdammte Bullen!« rief ein anderer Mann hinter ihnen her. Im nächsten Augenblick bemerkte Tschiang Tsching, daß die beiden Gestalten sie fast schon erreicht hatten. Als sie sich nach ihnen umdrehte, nahm sie wahr, daß der eine Mann wie ein Arbeiter gekleidet war, während der andere die Tracht eines Händlers trug – beides Verkleidungen von Geheimpolizisten. Die beiden ergriffen sie, bevor sie etwas sagen konnte, und hielten sie an beiden Armen fest. Sie war wütend, weil sie zum erstenmal in ihrem Leben »geschnappt« worden war. Tschiang Tsching beschwerte sich aufgebracht darüber, daß ihre Festnahme eine Verletzung der Exterritorialität dieses Stadtteils bedeute, in dem Chinesen keine Verhaftungen vornehmen durften. Aber die beiden brachten sie ungerührt und barsch zu einem Polizeirevier. Da dort keine Kriminalbeamtin Dienst tat, mußten sie auf die übliche Leibesvisitation verzichten und förderten nur die Zeitschrift »Wissen der Welt« zutage. Diese Zeitschrift allein war nicht belastend.

Obwohl kein zureichender Grund dafür vorhanden war, sie weiter auf dem Polizeirevier festzuhalten, waren die Männer, die Tschiang Tsching verhaftet hatten, weiterhin entschlossen, sie aus der Stadt zu schaffen. (Die KMT machte es sich und »Unruhestiftern« manchmal leicht, indem sie solche Leute aus Schanghai vertrieb.) Tschiang Tsching, die vor dem Gedanken zurückschreckte, in einem ihr unbekannten Gebiet auf dem trockenen zu sitzen, wandte ein, sie könne den Weg aus der Stadt in der Dunkelheit nicht finden. Außerdem sei sie für ein derartiges Unternehmen nicht richtig angezogen. Aber die Männer ließen sich von ihren Protesten nicht beeindrucken und versuchten, ihren Abmarsch zu beschleunigen, indem sie aus ihrer Asservatenkammer ein farbenprächtiges chinesisches Samtgewand holten, das Tschiang Tsching unter anderen Umständen nie getragen hätte. Als Tschiang Tsching sich unbeobachtet umziehen konnte, zog sie das Samtgewand an und darüber ihr schlichtes Kleid im westlichen Stil und ihre wollene Strickweste.

Aus der Unterwäsche, die sie zurückließ, zog sie heimlich ihr kostbarstes und belastendstes Dokument – das geheime Aufnahmegesuch – und verbarg es unter ihrer Wolljacke. In dieser seltsamen Aufmachung verließ sie das Polizeirevier und rannte in die Nacht.

Wie andere schreckliche Erlebnisse aus ihrem Leben schilderte Tschiang Tsching diese nächtliche Flucht aus Schanghai als ein zugleich unwirkliches und groteskes Ereignis. Sie ging rasch oder lief. Während sie durch verschiedene Stadtteile hastete und dabei zweifellos einen bizarren Eindruck machte, versuchten verschiedene Männer, ihr aufzulauern. Aber sie entkam. Wenig später erreichte Tschiang Tsching die Stadtgrenze. Nun hatte sie das flache Land vor sich. Sie trabte atemlos und müde die Straße entlang. Plötzlich wurde sie von hinten gepackt und festgehalten. Alle Befreiungsversuche waren erfolglos. »Hilfe, ich werde entführt!« kreischte sie immer wieder, so laut sie konnte. Aber ohne jeden Erfolg, denn außerhalb der Stadtgrenzen hielt sich niemand auf, der sie hätte hören oder ihr hätte zu Hilfe kommen können.

Tschiang Tsching nahm an, sie sei von der Polizei geschnappt worden. Aber als sie die Männer näher betrachtete, stellte sie fest, daß diese ihrer Kleidung nach Geheimagenten in Zivil sein mußten. Da sie nicht hoffen konnte, ihnen zu entwischen, versuchte sie, die Situation zu ihren Gunsten zu verändern, indem sie die Empörte spielte. Sie machte den Männern Vorwürfe, weil sie sich einer Frau gegenüber so viehisch benahmen. Das wirkte tatsächlich, denn einer von ihnen lockerte seinen Griff und machte sogar einige alberne höfliche Gesten. Als sie durch eine dunkle Straße kamen, nutzte Tschiang Tsching die Bewegungsfreiheit aus, die der eine ihr ließ: Sie gab vor zu stolpern, kam von der Straße ab und sprang in ein Reisfeld. Bevor die Männer sie wieder fassen konnten, holte sie ihr Geheimdokument – den Aufnahmeantrag von der Schanghaier Parteiorganisation – unter ihrer Wolljacke hervor, steckte es in den Mund, kaute hastig und schluckte es hinunter. Das Gefühl, als das Papier durch ihre Speiseröhre rutschte, war, gelinde ausgedrückt, eigenartig. Aber Tschiang Tsching wußte nun, daß sie alle sichtbaren Beweise für ihre Verbindung zur KPCh vernichtet hatte.

Nachdem die Geheimagenten Tschiang Tsching auf die Straße zurückgeholt hatten, brachten sie die Festgenommene zur Bezirkspolizeistation. Dort wurde sie in eine Zelle gesperrt. Sie hörte, daß die Männer telefonisch meldeten, sie hätten eine Verdächtige gefaßt – eine Leistung, die sie ihrer Ansicht nach dazu berechtigte, einen Dienstwagen mit schwarzem Nummernschild anzufordern: ein Fahrzeug, das mehr Prestige verlieh als ein gewöhnliches Taxi mit weißem Kennzeichen. Aber damals seien alle Autos klein gewesen, fügte Tschiang Tsching beiläufig hinzu.

Als Tschiang Tsching untätig in ihrer Zelle saß, wurde ihr bald klar, daß sie nicht um ihrer selbst willen festgehalten wurde, sondern weil sie in den Verdacht geraten war, zu Personen Kontakt zu haben, die von der KMT als Staatsfeinde angesehen wurden. Die Nationalregierung habe damals hohe Kopfgelder für die Ergreifung von Staatsfeinden ausgesetzt, fügte Tschiang Tsching erklärend hinzu. Ein ehrgeiziger Geheimagent konnte sich viel Geld und Prestige sichern, wenn er einen Verdächtigen faßte, dessen Aussagen und Kontakte ihm später die Chance eröffneten, einen Staatsfeind zu verhaften und die Belohnung zu kassieren.

Welche nützlichen Kontakte konnte man in ihrem Falle vermuten? Offenbar mußte es sich um Kontakte zu dem berüchtigsten Schanghaier Kommunisten handeln: zu Wang Ming, dem Anführer der sogenannten Achtundzwanzig Bolschewiken, der nach seiner Ausbildung durch die Moskauer Komintern für kurze Zeit nach China zurückgekehrt war, um in den Jahren 1930 und 1931 das ZK der KPCh zu leiten. In der Mitte der dreißiger Jahre (Tschiang Tsching beeilte sich, dies aus aktuellen politischen Gründen hinzuzufügen) sei Wang Ming jedoch als »Renegat« entlarvt worden.*

Trotz seiner Fehler beherrschten seine Gefolgsleute damals die Schanghaier Parteiorganisation. Wenn Tschiang Tsching ihre Haut retten wollte, durfte sie nicht zugeben, daß sie Kontakte zu ihm oder von ihm beeinflußten Organisationen hatte. Und noch weniger durfte sie erkennen lassen, daß sie an der Planung von Aufständen beteiligt oder gewerkschaftlich tätig gewesen war. Denn beides gehörte zu Wang Mings Strategie.

Als Tschiang Tsching vernommen wurde, versuchte sie das, was man vermutlich beobachtet hatte, als möglichst harmlos darzustellen: ihren Spaziergang im Park und ihr Rendezvous mit einem jungen Mann – offenbar einem Spitzel. (Tschiang Tsching war anscheinend ständig überwacht worden.) Sie sei nur deshalb im Tsao-fen-Park (einem beliebten Treffpunkt für kommunistische Liebespaare, die sich auf exterritorialem Gebiet vor einer Verhaftung durch die chinesische Polizei sicher fühlten) spazierengegangen, weil sie gern spielende Kinder beobachtete. Und nun müsse sie unbedingt zu ihrer Arbeit als Lehrerin zurück. Aber diese Darstellung war offenbar nicht überzeugend genug. Tschiang Tsching wurde als Verdächtige von der Bezirkspolizeistation ins Polizeipräsidium von Schanghai überstellt. Sie lachte, als sie sich daran erinnerte, daß sie ihre Bewacher, wütend über diese erneute Inhaftierung, höhnisch aufgefordert hatte: »Verwendet eure Zeit lieber dazu, echte Kommunisten zu erwischen!«

Tschiang Tschings Olivenhaut glänzte in der Hitze des späten Abends, der ein früher Morgen geworden war, als sie sagte: »So bin ich damals geschnappt und acht Monate lang von der Kuomintang gefangengehalten wor-

* Wang Ming blieb während seiner gesamten politischen Laufbahn ein treuer Anhänger Stalins. Dieser schätzte verständlicherweise Wang Mings Loyalität gegenüber der unter seiner Ägide in Moskau etablierten Komintern und zog Wang Ming deshalb Mao vor, der einen unabhängigeren chinesischen Kurs forderte. Zu den Merkmalen der Wang-Ming-Linie, die Mao Tse-tung am meisten störten, gehörten sein »Abenteurertum« und seine »putschistischen« Methoden in den Städten, die zu einer Zersplitterung der im Untergrund tätigen Parteiorganisationen führten. Wang Ming wiederum verachtete Maos Methoden: den Guerilla- und Bewegungskrieg und die Etablierung ländlicher Stützpunktgebiete weit außerhalb des Einflußbereichs der von der KMT beherrschten Großstädte.

den«. Dies war eine Phase ihres Lebens, von der sie nie zuvor berichtet hatte.* Ihr Gesichtsausdruck ließ widersprüchliche Empfindungen erkennen: Verbitterung wegen dieser sinnlos hinter Gittern verbrachten Zeit und Belustigung über die Ironien des Schicksals in der Enge eines Frauengefängnisses.

Unter den Häftlingen – die alle aus politischen Gründen, nicht wegen Straftaten in Haft waren – war eine erfahrene Kommunistin, die Tschiang Tsching einige wertvolle Ratschläge gab. Nach einem Blick auf Tschiang Tschings äußere Erscheinung erklärte diese Genossin ihr, mit ihren kurzen Haaren sehe sie wie eine Radikale aus. Die Frau trug selbst Zöpfe, um altmodisch und rückständig zu wirken. Sie gab vor, Analphabetin zu sein, und stellte sich erfolgreich dumm. Tschiang Tsching dachte über ihre Ratschläge nach und bemühte sich dann ebenfalls, geistig beschränkt zu wirken. Wenn ihre Mithäftlinge Revolutionslieder anstimmten, sang Tschiang Tsching unbeirrt Arien aus Peking-Opern. (Für sie sei das schon damals *wirklich* rückständig gewesen, rief sie lachend.) Aber so beschränkt sie sich auch stellte, die Polizei war dennoch nicht davon abzubringen, ihren Kontakten zu revolutionären Kreisen nachzuspüren. Wie Tschiang Tsching später erfuhr, war an dieser Hartnäckigkeit ein »weiblicher Spitzel« unter den Gefangenen schuld. Von ihm hatte die Polizei den Tip erhalten, diese Li Yün-ho (Tschiang Tsching) sei nicht so naiv, wie sie sich stelle.

Zu den politischen Gefangenen gehörte eine Arbeiterin, die zur Zeit von Tschiang Tschings Einlieferung schon acht Monate hinter Gittern saß. Ihr Schicksal sei typisch für das vieler guter Genossen gewesen, die das Opfer von Parteiverrätern geworden seien, sagte Tschiang Tsching. In diesem Fall war der Renegat und Verräter ein leitender Gefängnisaufseher mit dem Spitznamen Hei Ta-han (d. h. »Großer Schwarzer Chinese«, ein Name aus dem Banditenjargon, der hier einem Mann gegeben wurde, dessen Bösartigkeit durch seinen Verrat an der KPCh bewiesen worden war). Hei Ta-han war früher ein Anhänger der »linksabweichlerischen Linie« der Wang Ming-Gruppe gewesen. Er war in der Provinz Anhwei geboren und Kommunist geworden und hatte dem Provinzparteikomitee von Kiangsu angehört. Später wurde er bei politischer Arbeit in Schanghai verhaftet. Er verriet die KPCh schon nach zwei Stunden, indem er in die Geheimpolizei der KMT eintrat, gab aber weiterhin vor, ein guter Kommunist zu sein. Als Geheimagent der KMT war er in einen Fall verwickelt, der ihn in linken Kreisen als einen Ausbund von Infamie erscheinen ließ. Hei Ta-han kannte eine Genossin, die er vernichten wollte. Er verfolgte sie tagelang und stöberte sie schließlich in der Französischen Konzession auf, wo sie politische Immunität zu haben glaubte. Er gewann ihr Vertrauen und erzählte ihr, ihre Identität sei der Polizei verraten worden; sie befinde sich in Lebensgefahr, solle augenblicklich den Ort wechseln und müsse alle ihre Parteidokumente mitnehmen.

Das sei eine grausame List gewesen, berichtete Tschiang Tsching. Die Frau habe als eingeschriebene Genossin in der Französischen Konzession ge-

* Möglicherweise deshalb nicht, weil im Lauf der Jahre einige Genossen verdächtigt oder beschuldigt worden waren, im Gefängnis mit dem Feind zusammengearbeitet zu haben oder KMT-Agenten geworden zu sein.

wohnt, weil sie angenommen hatte, auf exterritorialem Gebiet vor der chinesischen Polizei sicher zu sein. Trotzdem hatte Hei Ta-han sie zur Flucht überredet. Sobald sie das Konzessionsgebiet verlassen hatte, wurde sie von Polizisten umringt und zum Polizeirevier geschleppt. In der offiziellen Pressemitteilung über ihre Verhaftung sei behauptet worden, sie habe der Polizei ihre Parteidokumente »freiwillig« vorgelegt, fügte Tschiang Tsching spöttisch hinzu.

Nachdem sie in das Gefängnis eingeliefert worden war, über das Hei Tahan herrschte und das Tschiang Tsching nun mit ihr teilte, versuchte er, sie zu vergewaltigen, ohne daß bekannt wurde, ob er damit Erfolg gehabt hatte. Etwa zur gleichen Zeit heiratete er eine andere Frau, die er dann betrog, indem er einer weiteren nachstellte. Hei Ta-han war nicht nur ein Renegat und Verräter, sondern auch ein Sadist, der seine Frau quälte. Einmal zwang er sie dazu, sich flach auf dem Boden auszustrecken. Er stellte Ziegelsteine unter ihre Knöchel und ließ sich mit seinem massigen Körper auf ihre Beine fallen. Er brach ihr dabei beide Knie, und sie blieb ihr Leben lang verkrüppelt.

Die Genossin, die von Hei Ta-han hereingelegt und dann verhaftet worden war, hatte alle ihre Parteidokumente verloren und war deshalb von der Parteiorganisation abgeschnitten, die sie sonst hätte beschützen können. Im Gefängnis wurde sie von der Polizei unter starken Druck gesetzt. Sie sollte ihre Verbindungen zum kommunistischen Untergrund eingestehen. Aber sie weigerte sich, ein Geständnis abzulegen und blieb selbst unter der Folter bei ihrer Weigerung. Der Renegat Hei Ta-han griff schließlich ein und schrieb ein Geständnis, das als das ihre ausgegeben wurde.

Für Tschiang Tsching bestand die große Schwierigkeit darin, auf irgendeine Weise Verbindung mit der Außenwelt zu bekommen. Sie hoffte sehnsüchtig, daß jemand auftreten und sich für ihre Schuldlosigkeit verbürgen würde. Wie sollte sie sonst freikommen? Tschiang Tsching schrieb an die Schule, an der sie als Teilzeitlehrerin in Abendkursen unterrichtet hatte, und bat um einen Zeugen, der ihren guten Leumund bestätigen konnte. Sie wartete wochenlang vergebens auf eine Antwort. Auch Mitteilungen, die für Mithäftlinge bestimmt waren, blieben unbeantwortet. Tschiang Tschings Versuche, innerhalb des Gefängnisses und mit der Außenwelt Kontakte herzustellen, machten sie nur verdächtig, denn die Gefängnisleitung unterzog sie bald darauf weiteren zermürbenden Verhören.

Über verschiedene Querverbindungen, die sie damals nicht überblickte, erfuhr Tschiang Tsching, daß die Parteiorganisation »sie nicht vergessen hatte«. Ihre Genossen schickten ihr anonym eine Steppdecke, Brot und etwas Geld. Die Polizei beschlagnahmte das Geld. Das Brot ging durch die groben Hände der Aufseher und war zerkrümmelt, als es Tschiang Tsching erreichte. Nur die Steppdecke kam heil an.

Wenig später wurde ein weiterer Schub verhafteter Frauen eingeliefert. Tschiang Tsching stellte verblüfft fest, daß sich darunter fünf oder sechs ihrer ehemaligen Schülerinnen befanden. Durch Gerüchte erfuhr sie, daß die Partei zweien von ihnen den Auftrag gegeben hatte, ihr das Geld, die Steppdekke und das Brot zu bringen. Ihr Schmollen verriet, welche Ressentiments sie gegenüber Tschiang Tsching hegten: Sie hatten den Verdacht, sie seien festgenommen worden, weil sie sich durch die Ablieferung der Liebesgaben für Tschiang Tsching strafbar gemacht hatten. Voller Empörung über die ungerechte Bestrafung dieser Frauen verlangte Tschiang Tsching, der Gefängnisleitung vorgeführt zu werden. Dann stand sie zwischen zwei Wachen im Büro und prangerte die Verantwortlichen laut an: »Ihr habt es nicht geschafft, richtige Genossen zu fassen! Ihr wißt nicht mal, wie man richtige Frauen erwischt! Ihr habt nur ein paar Mädchen geschnappt, die so freundlich gewesen sind, mir eine Decke zu schicken. Warum erschießt ihr mich nicht gleich?« Hei Ta-han wurde so wütend, daß er Tschiang Tsching ins Gesicht schlug. Sie war benommen und kaum mehr imstande, sich auf den Beinen zu halten. Er beschimpfte sie mit den übelsten Ausdrücken. Aber Tschiang Tsching setzte sich zur Wehr: »Wie können Sie es wagen, mich zu beschimpfen!«

Ihre ehemaligen Schülerinnen, die diesen Wortwechsel mitangehört hatten, seien völlig durcheinander gewesen, erinnerte sich Tschiang Tsching. Um ihr die Gewißheit zu geben, daß sie keine Ressentiments gegen sie hegten, erklärten sie hartnäckig, Tschiang Tsching könne unmöglich irgend etwas mit ihrer Verhaftung zu tun gehabt haben, und sie vermuteten, sie seien wegen ihrer Beteiligung an politischen Demonstrationen festgenommen worden. Während sie sich gegenseitig zu beruhigen versuchten, fiel Tschiang Tschings Blick durch das schmale Fenster auf einen eben in Sicht kommenden Leichenzug. Plötzlich wurde ihr klar, daß dort eine kommunistische Arbeiterin, die während ihrer politischen Tätigkeit ermordet worden war, zu Grabe getragen wurde. Auch Hei Ta-han sah den Leichenzug und lächelte grausam. Dann setzte er eine scheinbar großzügige Miene auf und erklärte seinen Kollegen, den anwesenden Polizisten und den Häftlingen wichtigtuerisch, er habe nicht die Absicht, diesen kommunistischen Leichenzug zu weiteren Verhaftungen zu benutzen. Er begründete diesen Entschluß ohne jegliche Ironie mit der Tatsache, daß das Gefängnis bereits mit weiblichen Häftlingen überfüllt sei.

Nachdem Tschiang Tsching wieder in ihre Zelle zurückgebracht worden war, begann sie, einigen ihrer Mithäftlinge die richtige Taktik bei Vernehmungen beizubringen. Sie sollten nach Möglichkeit immer harmlose Äußerungen machen, wie zum Beispiel: »Oh, wir haben uns nur die Prozessionen angesehen!« Aber sie waren hoffnungslos begriffsstutzig. Eine Frau, die verhaftet worden war, weil sie Flugblätter bei sich gehabt hatte, gehörte zu den Analphabeten, die nicht wußten, welch gefährliches Material sie da transportierten. Tschiang Tschings Erinnerungen waren bemerkenswert nüchtern. Die anderen Häftlinge erschienen ihr ganz und gar von Emotionen beherrscht. Nach einiger Zeit im Gefängnis fiel ihr auf, daß die ganze Gruppe in Tränen ausbrach, sobald eine Frau weinte. Um ihre Beobachtung zu überprüfen, forderte sie eine ihrer ehemaligen Schülerinnen – die noch immer zu ihr als ihrer Lehrerin aufsah – zum Weinen auf. Die Frau begann zu schluchzen, und bald brach das ganze Gefängnis in Tränen aus. Dieses kollektive

Gejammer war äußerst irritierend für die Aufseher, die im allgemeinen jünger und weniger hartgesotten als ihre Vorgesetzten in der Gefängnisleitung waren. Einer der labilsten Aufseher trug ständig eine Peitsche im Gürtel und drohte jeder Weinenden Peitschenhiebe an. Allein diese Drohung genügte, um einige Frauen in Tränen ausbrechen zu lassen. Bald schluchzten alle – sogar einige Aufseher.

Wenn die Neuzugänge an die Reihe kamen, verhört zu werden, wurden sie einzeln vernommen. Dieses Erlebnis war für die Wartenden ebenso qualvoll wie für die Betroffenen. Im Lauf der Zeit wurden die meisten der später als Tschiang Tsching verhafteten Frauen wieder freigelassen. Aber warum nicht auch sie selbst? Weil sie keinen Zeugen für ihre »politische Unbescholtenheit« beibringen konnte, wie sie mir erklärte. Als eine ihrer Schülerinnen kurz vor der Entlassung stand, nahm Tschiang Tsching sie beiseite und gab ihr den Auftrag, der Partei mitzuteilen, sie habe niemanden, der zu ihren Gunsten aussagen könne, und werde ohne eine entlastende Zeugenaussage nie mehr freikommen. Die Botin sollte der Partei außerdem versichern, daß Tschiang Tschings wahre Identität der Gefängnisleitung noch immer nicht bekannt sei.

Falls die junge Frau sich an ihre Anweisungen hielt, blieb dieser Appell fruchtlos. Schließlich griff Tschiang Tsching zu einem letzten Mittel. Sie griff auf ihre Verbindungen zu Ausländern zurück, weil sie wußte, daß die Gefängnisleitung Besuche von Ausländern fürchtete. Sie bat eine andere ehemalige Schülerin, die entlassen werden sollte, beim CVJF dafür zu sorgen, daß ein Ausländer kam und sich für sie verbürgte. Das wirkte. Ein Ausländer kam und sagte zu ihren Gunsten aus, und so wurde auch sie entlassen.

Nach ihrer Entlassung kehrte Tschiang Tsching nicht in ihre frühere Wohnung zurück, weil sie fürchtete, die anderen auf diese Weise in Schwierigkeiten zu bringen. Statt dessen zog sie mit einer Freundin zusammen. Anfang Februar 1935 wurde das chinesische Neujahrsfest gefeiert, und in ihrem eigenen Leben begann ein neuer Abschnitt.

IV Auf der Bühne

Ob Mann oder Frau, niemand ist nur weise und tugendhaft oder nur böse und gemein. Ihre ungewöhnliche Intelligenz und Vitalität hebt sie über Zehntausende anderer hinaus, aber ihre exzentrische ketzerische Ungezwungenheit macht sie geringer als diese. In Wohlstand und Ansehen geboren, werden sie zu schwärmerischen Romantikern, und als Angehörige gebildeter Familien mit bescheidenen Mitteln zu Eremiten und stolzen Gelehrten. Aber selbst bei armseliger und niederer Herkunft würden sie es lieber als Schauspieler und Kurtisanen zu etwas bringen als dem gemeinen Volk als Knechte und Lakaien zu dienen.
Tsao Hsue-tschin,
»Der Traum der roten Kammer«

Das Schanghai der dreißiger Jahre war schon Jahrzehnte später eine schillernde und zugleich düstere Legende. Seit der Blütezeit von Tschang-an, der Hauptstadt der Tang-Dynastie, hatte es keine Stadt gegeben, die auch nur annähernd so weltoffen gewesen war. Im achten und neunten Jahrhundert strömten aus Zentral- und Südasien Händler und Missionare, vor allem Buddhisten, ins »Reich der Mitte« und bewirkten tiefgreifende Veränderungen. Tausend Jahre danach, als das chinesische Kaiserreich zerfiel, war es der Hafen Schanghai, über den europäische und amerikanische Kaufleute und christliche Missionare nach China kamen – die einen, um Profit zu machen, die anderen, um dem Volk ihr Heil zu bringen. Die wirtschaftliche Expansion leitete neue soziale und intellektuelle Entwicklungen ein. Schanghai, die westlichste aller chinesischen Städte, wurde zu einem Zentrum moderner Bildung, publizistischer und journalistischer Aktivitäten sowie kühner Experimente im Bereich der darstellenden Künste.

In ihren Erinnerungen an die Zeit in Schanghai hebt Tschiang Tsching sehr deutlich den Kontrast zwischen Ausländern und Chinesen, Reichen und Armen, Reaktionären und Radikalen, Kapitulationisten und Patrioten hervor. Reichtum und Macht waren extrem ungleich verteilt, und für Unterprivilegierte wie Tschiang Tsching konnte das Leben die Hölle sein.

Kurz nach 1930 waren von den insgesamt drei Millionen Einwohnern Schanghais ungefähr fünfzigtausend Ausländer. Als Individuen schienen die Ausländer für Tschiang Tsching so gut wie keine Rolle zu spielen. Nie erwähnte sie einen ausländischen Freund oder Bekannten oder einen ausländischen Feind. Trotzdem waren es die Fremden, die das Stadtbild beherrschten, übermächtig und allgegenwärtig. Durch die Sonderrechte, die sie genossen, hoben sie sich deutlich von allen anderen ab. Sie wohnten in eigenen Konzessionen – der Internationalen und der Französischen – und in Häusern eigenen Stils, umgeben von idyllischen Parks und Rennbahnen. Für Unterhaltung sorgten eigene Orchester, eigene Ballettgruppen und eigene Kinos; und in ihren Buchläden lagen für sie Bücher und Zeitschriften mit Nachrichten aus aller Welt bereit. Für die jungen Chinesen, die sich von den überkommenen Bildungsmethoden zu lösen begannen, war diese Fülle fremden Kulturguts nicht nur intellektuell verlockend, sondern auch politisch erniedrigend oder gefährlich.

Der internationale Handel in Schanghai brachte eine neue Klasse chinesischer Kapitalisten hervor, ehrgeizige Männer, die die Spielregeln der nationalen und internationalen Märkte zu beherrschen lernten und dem Regime der KMT als finanzielles Polster dienten. Wie die Zeit der Ausländer in Schangri-la, so war auch die Zeit dieser halbwegs unabhängigen neuen Klasse von Geschäftsleuten nur befristet, denn der Kommunismus, der sich über dem Horizont erhob, duldete kein freies Unternehmertum und auch nicht die Kultur der neuen Klasse.

Aber in den dreißiger Jahren fand Hollywood in dieser Unternehmerklasse und ihren Söhnen und Töchtern, die eine Revolution wachsender Ansprüche erlebten, einen gewinnbringenden Markt. Die strahlenden Zelluloidhelden und -heldinnen aus einer fremden Welt weckten das Bedürfnis nach augenfälligen Statussymbolen weltmännischer Lebensart – den Cocktailbars, der Pariser Mode, der internationalen Küche, Ballsälen und Gesellschaftstänzen, Schnulzensängern wie Bing Crosby, dessen populäre Lieder von chinesischen Kulturpuritanern als »gelbe Musik« tituliert wurden, Bordellen, die in jeder Straße zu finden waren und sogar so exotische Exemplare wie Weißrussinnen aufzuweisen hatten, und Massagesalons. Ausschweifungen, exotische Vergnügungen und die sozialen Privilegien, die die neureichen Städter genossen, förderten nicht gerade ein gesundes politisches Bewußtsein. Ihr Desinteresse für die Habenichtse, die ihnen an Zahl weit überlegen waren, und ihre Bereitwilligkeit, von den ausländischen Investoren, denen es um die politische Führung in China ging, zu profitieren, machten sie zur idealen Zielscheibe der politisch bewußten Linken. Die Sorge um die hilflosen Massen, die ohne Führung waren, und die Entschlossenheit, um die nationale Integrität zu kämpfen, war allen Gegnern der Kuomintang gemein. Aber den radikalsten Schriftstellern, Lehrern und Schauspielern ging es vor allem darum, in Chinas größtem natürlichem Reservoir, den verarmten Massen, ein proletarisches Klassenbewußtsein zu wecken, das nach ihrer Überzeugung der ausschlaggebende Faktor für eine revolutionäre Veränderung sein würde.

Ungeachtet aller revolutionären Rhetorik handelten die neuen linken Gruppen im Sinne zweier bedeutender historischer Traditionen. Die erste dieser Traditionen war die der neokonfuzianischen Schule, die in der Ära der Ming- und Mandschu-Dynastien (1368–1911) ihre Blütezeit hatte. Diese Schule verpflichtete den »Gentleman-Gelehrten«, auf die zynische Absage an die unzulängliche Welt oder auf taoistische Abwendung von ihr zu verzichten. Vielmehr sollten die Privilegierten dem Wohle aller dienen. Politisch bewußte Schriftsteller, Künstler, Lehrer und Schauspieler, die beschlossen hatten, »die Massen wachzurütteln« und sich für die Interessen der Massen gegenüber der nur auf ihren eigenen Vorteil bedachten Oligarchie einzusetzen, bewiesen in den dreißiger Jahren einen Sinn für öffentliche Verantwortung. Doch die glühende Rhetorik gegen die Bedrohung durch fremde Mächte orientierte sich an einem anderen historischen Vorbild: der Auflehnung gegen fremde Herrschaft. Die Gründer der Ming-Dynastie vertrieben die barbarischen Mongolen und beendeten die Fremdherrschaft. Als ihre Macht Jahrhunderte später gebrochen wurde, fiel China 1644 an die Mandschu. 267 Jahre später wurden die Mandschu von Streitkräften entmachtet, die mit Sun Yat-sen verbündet waren. Und jetzt würde sich die nächste Generation junger Nationalisten gegen die Japaner auflehnen.

Neu im 20. Jahrhundert war nur die zunehmende Bedeutung der Kommunikationsmittel. Die literarische Polemik der politischen Lager fand im gleichen Maße, in dem das Analphabetentum bekämpft wurde, immer größere Verbreitung. Auch das politische Theater und der Film vergrößerten die Breitenwirkung der radikalen Stimmen. Die Erneuerung des Theaters erfolgte während der letzten Mandschu-Dekade und nahm in der Zeit der Republik ihren Fortgang. Die vorherrschende Form des traditionellen chinesischen Theaters wurde mit »Oper« übersetzt. Wenn die verschiedenen Schulen auch eigene Stile entwickelt haben, so zeichnet sich doch die chinesische Oper insgesamt durch die Einfachheit der Handlung, eine weitgehende Stilisierung der Charaktere, abstrakte Pantomime, artistische Akrobatik, schrillen Gesang und zurückhaltende Orchesterinstrumentation aus. Bis auf wenige lokale und zeitgenössische Ausnahmen kennt die chinesische Oper nur männliche Darsteller. Als sich die Chinesen im Ausland nach neuen Ideen umsahen, erkannten sie schnell, daß sich unsere abendländische Oper für ihre Zwecke nicht eignete, weil sich deren musikalische und vokale Komplexität sowie ihr pompöser Stil kaum in eine andere Kultur übertragen ließen. Hingegen fühlten sie sich von unserem Theater angezogen, von Sprechstükken, in denen der Sinn durch Worte vermittelt wurde und die faszinierende neue Handlungen, neue Charaktere und neue philosophische Konzepte anboten.

Die Chinesen fanden schnell Geschmack an ausländischen Theaterstücken, aber sie konnten sich nur bis zur kommunistischen Machtergreifung daran erfreuen. 1907 gründete eine Gruppe chinesischer Studenten in Tokio die »Frühlingsweide-Gesellschaft«. Ihre erste Aufführung (nur mit männlichen Darstellern) war die chinesische Version der »Kameliendame« (die chinesische Übersetzung des Romans von Dumas war bereits ein außerordentlicher Erfolg).[1] Das Schauspieltheater des Westens kam bei der jüngeren Generation, die auf neue Vorbilder erpicht war, gut an. In den zwanziger Jahren – der einzigen Epoche in der Geschichte Chinas, die bewußt »modern« war, ohne daß ihre kulturellen und politischen Protagonisten später dafür zu büßen hatten – wurde viel aus anderen Sprachen übersetzt – vor allem Ibsen, Strindberg, Eugene O'Neill, G. B. Shaw und Oscar Wilde. Gleichzeitig entstanden aber auch durch diese Werke inspirierte und sie imitierende chinesische Theaterstücke, die sowohl historische als auch zeitgenössische Themen verarbeiteten. In der Mitte der zwanziger Jahre errangen Hung Schen, Tsao Yü, Ou-yang Yü-tschien und Tien Han großes Ansehen. Vierzig Jahre lang konnte das fortschrittliche Publikum sich daran erfreuen – dann machte das strenge proletarische Ethos der Kulturrevolution dem ein Ende.

In ihren ersten Jahren als Schauspielerin wagte sich Tschiang Tsching – die noch nicht einmal zwanzig war – sowohl an moderne Rollen als auch an klassisch chinesische Rollen heran. Aber als dann die Gefahr, daß China dem expansiven japanischen Imperialismus zum Opfer fallen könnte, immer drohender wurde, sah sich die Avantgarde unter den Schriftstellern gezwungen, die Doktrin des *l'art pour l'art,* die in den zwanziger Jahren bestimmend gewesen war, zu überdenken. Der ästhetische Ausflug in fremde Kulturen, den diese erste kulturell ungebundene Generation begeistert unternommen hatte, wurde Anfang der dreißiger Jahre jäh abgebrochen. Von nun an waren die Linken – die zwar ihre Ziele kannten, aber nicht wußten, wie sie sie verwirklichen sollten – darum bemüht, sich eines klaren, verständlichen Stils zu bedienen, der die Massen zur *Rettung des Vaterlandes* inspirieren sollte.

In einer Gesellschaft, die in jedem Bereich und auf jeder Ebene von Organisationen und Verbänden kontrolliert wurde, war die Formierung Linker Ligen eine naheliegende politische Konsequenz. Nach außen hin handelte es sich dabei um Berufsorganisationen von Schriftstellern, Dramatikern, Lehrern, Journalisten und Kritikern. Allerdings war es nicht zu übersehen, daß diese Ligen meist junge Männer und Frauen der politischen Linken an sich zogen – jedoch nicht unbedingt Mitglieder der Kommunistischen Partei. Um überleben zu können, mußte sich Tschiang Tsching, wie alle jungen Radikalen, einer solchen Gruppe anschließen. Zum erstenmal kam sie mit diesen einem schnellen Wandel unterworfenen Linken Ligen 1931 in Tsingtao in Berührung. Dort trat sie der Liga Linker Dramatiker bei, zu der sich im selben Jahr mehrere kleine Theatergruppen zusammengeschlossen hatten. Dazu gehörte vor allem das Schanghaier Theater der Kunst, das ein Jahr zuvor gegründet worden war und Romain Rollands »Das Spiel von Liebe und Tod« sowie eine Bühnenfassung von Erich Maria Remarques »Im Westen nichts Neues« aufgeführt hatte, und die Südchinesische Schauspielgesellschaft, die der Bühnenschriftsteller Tien Han gegründet hatte. Von Anfang an hatte die *Liga Linker Dramatiker* einen gegenwartsbezogenen und internationalen Charakter. Sie benutzte das Theater als Vehikel für politische Botschaften – ähnlich wie in den Vereinigten Staaten die *Theater Guild,* das *Laboratory Theater,* das *Federal Theater* und das *Theater Collective* in den dreißiger Jahren. Angesichts der kriegsähnlichen Zustände, die keinen Aufschub duldeten, entwickelte sich das neue Theater in verschiedenen Richtungen. Das Straßentheater und sein ländliches Analogon, das auch Tschiang Tsching als Mitglied der Schauspielvereinigung der Küstengebiete in Schantung kennenlernte, wurden zu einer alltäglichen Erscheinung. Später übernahmen es die Kommunisten und stellten es in einen großen Rahmen. In den Städten wurden mit geringen finanziellen Mitteln proletarische Dramen im

Stil von Gerhart Hauptmann und Bertolt Brecht aufgeführt. Tschiang Tsching wirkte auch in solchen Stücken mit, bis sie später Engagements im professionellen Theater bekam, das auf die Intellektuellen und die Kulturkonsumenten der bürgerlichen Kapitalistenklasse ausgerichtet war. Auf dieser kommerziellen Bühne reflektierten »große bürgerliche Dramen« von Gogol, Ostrowski, Strindberg und Ibsen die Bestimmung des Menschen. Sie gaben Impulse für eine freiheitliche Kulturrevolution, deren Restbestände später, in den sechziger Jahren, von Tschiang Tsching hinweggefegt wurden.

Am Anfang des 20. Jahrhunderts waren in China weibliche Schauspieler noch immer etwas Ungewöhnliches, vor allem im professionellen Theater. Auf Laienbühnen, die weniger kommerziell orientiert waren, hatten Frauen bessere Chancen. Die traditionellen Opernaufführungen wurden fast ohne Ausnahme von männlichen Schauspielern bestritten, von denen sich einige auf Frauenrollen spezialisiert hatten. Sie bemühten sich, Frauen realistisch darzustellen, indem sie mit eingebundenen Füßen – dem Symbol für weibliche Schönheit – über die Bühne staksten. Aber nicht überall in China war die Oper die Domäne der Männer. In Kanton traten schon seit längerer Zeit Männer und Frauen auf, und in der Provinz Tschekiang war es genau umgekehrt. Dort hatten die Frauen das Monopol in der Oper und spielten auch Männerrollen. Der aus Tschekiang stammende Schriftsteller Lu Hsün pflegte immer darauf hinzuweisen, wie gut es den Männern gefalle, nur Mädchen auf der Bühne zu sehen. Aber wie die Lage der Schauspielerinnen gegenüber den Schauspielern auch war – das gesellschaftliche Ansehen der einen wie der anderen war gering. Selbst in einer Weltstadt wie im Schanghai der dreißiger Jahre wurden sie mit Fleischhauern, Kriminellen, Vagabunden und Prostituierten auf eine Stufe gestellt, obwohl die Prominenteren unter ihnen in der aufstrebenden Unternehmerklasse verkehrten. Während des gesamten Interviews äußerte sich Tschiang Tsching zu ihrer gesellschaftlichen Stellung in jenen Tagen nur sehr zurückhaltend.

Anfang der zwanziger Jahre forderte der angesehene Theaterschriftsteller und Regisseur Hung Schen, der in Harvard studiert hatte, die Mitwirkung weiblicher Darsteller im modernen Theater.[2] Unter Tien Hans Leitung wurde es üblich, Schauspielerinnen im Laien- und Experimentaltheater einzusetzen. Tien Hans einflußreiche Südchinesische Schauspielgesellschaft, die er Mitte der zwanziger Jahre in Schanghai gegründet hatte, war die Vorgängerin des Schantunger Provinztheaters für Experimentelle Kunst in Tsinan, dem Tschiang Tsching ab 1929 angehörte, und der *Liga Linker Dramatiker*. Beide Organisationen trugen gemeinsam mit einigen anderen Theatergruppen dazu bei, weiblichen Schauspielern künstlerische Geltung zu verschaffen. Allerdings dauerte es eine Weile, bis sich in der öffentlichen Meinung ebenfalls eine positive Einstellung durchsetzte. Es ist von trauriger Ironie, daß es Tschiang Tsching nie fertiggebracht hat, ihre persönliche Abneigung gegen Tien Han (er mochte sie übrigens genausowenig wie sie ihn) und seine künstlerischen Leistungen in Einklang zu bringen. Tien Han gründete die »Bewegung der kleinen Bühne« – ein Laientheater mit einem Repertoire moderner Dramen, das Tschiang Tsching zu ihren ersten Publikumserfolgen verhalf.

»In den dreißiger Jahren schossen in Schanghai die Künstlervereinigungen wie Pilze aus dem Boden«, sagte Tschiang Tsching über die Linken Ligen, zu deren Funktion es gehörte, kritische Schiftsteller vor der scharfen KMT-Zensur zu schützen und die Unterdrückung avantgardistischer Kunst, neuer Filme und liberaler Erziehung zu verhindern. Jede Liga hatte ihre eigene »politische Schattierung«, die durch die Persönlichkeit ihrer Führer und ihre Ideologie bestimmt wurde. In der Mitte der dreißiger Jahre formierten sich unter anderem die *Liga Linker Schriftsteller, Linker Erzieher, Linker Dramatiker* und andere, aber auch die *Sozialistische Liga.* Sie alle schlossen sich schließlich zum *Linken Kulturbund* zusammen, der von dem Theaterautor Yang Han-scheng geführt wurde. Tschiang Tsching begegnete ihm Ende 1933 zum erstenmal, als er noch die *Liga Linker Dramatiker* leitete. Jede Liga organisierte sich selbst, aber zwischen den Mitgliedern der verschiedenen Gruppen, zu denen auch Mitglieder der Kommunistischen Jugendliga gehörten, bestanden so viele persönliche Beziehungen, daß sich Außenseiter kaum einen klaren Überblick verschaffen konnten.

Nach ihrer Entlassung aus dem Gefängnis – am Tag des traditionellen chinesischen Neujahrsfestes 1935 – trat Tschiang Tsching bald wieder im Theater auf. Erst jetzt begann sie, den Beifall, der ihr galt, zu genießen. Verschiedene Gruppen der Linken nahmen Kontakt zu ihr auf. Obgleich sie in dieser Zeit kein »richtiges« Parteimitglied war, da sie kein Parteibuch besaß, brachte ihr die Tatsache, daß die Linken Ligen Verbindung zu ihr hielten, den Ruf eines »revolutionären Charakters« ein. Man habe sie zur Kenntnis genommen, betonte sie, als ob sie jeden Zweifel zerstreuen wollte. Und nun wetteiferten die anderen miteinander – jeder wollte sie für sich gewinnen. Wahrscheinlich hatten sie erkannt, daß die Theaterstücke, Filme und die anderen Aktivitäten, mit denen sie sich befaßte, im Grunde revolutionärer Natur waren, obwohl sie auf den ersten Blick harmlos erscheinen mochten.

In den ersten Monaten des Jahres 1935 litt Tschiang Tsching noch immer unter den Nachwirkungen ihres langen Gefängnisaufenthalts. Der Mangel an guter Ernährung und ärztlicher Betreuung hatten sie physisch geschwächt. Während der Haft war ihre Menstruation ausgeblieben, und seitdem war sie nicht wieder eingetreten. Nachmittags litt sie gewöhnlich unter Schüttelfrost und Fieber. Ihr schlechter Gesundheitszustand war auch der Schanghaier Parteiorganisation bekannt, und diese bot ihr an, sie in ein Gebiet in der Provinz Tschekiang zu schicken, damit sie sich in dem dort herrschenden milden Klima erholen konnte. Aber Tschiang Tsching lehnte ab, denn trotz allem wollte sie wieder an das kulturelle Leben in Schanghai Anschluß finden. Allerdings dauerte es noch einige Monate, bis sie ihre normale Arbeit wieder aufnehmen konnte.

Während der Neujahrsfeiern erhielt sie von der Bühnenvereinigung, die damals von Tien Han geleitet wurde, eine Freikarte für die Aufführung seines Stückes »Lied von der Rückkehr des Frühlings«. Mit dieser Geste wollte er ihr zu ihrer Entlassung aus dem Gefängnis gratulieren. Sie war hocherfreut, besaß aber keine warme Winterkleidung, um hingehen zu können. Ihre gesamte warme Kleidung war in der Zeit, in der sie im Gefängnis saß, verschwunden. Sie habe die meiste Zeit gefroren, sagte sie. Nicht nur wegen ihrer schlechten körperlichen Verfassung, sondern auch, weil sie keine warme Kleidung gehabt habe. Sie löste das Problem, indem sie sich von einer Freundin einen Mantel lieh. Dann machte sie sich mit der Karte auf den Weg zum Theater der Goldenen Stadt. Sie nahm einen teuren Balkonplatz, um alles gut sehen zu können.

Einige Tage später – es war immer noch zur Zeit der Neujahrsfeiern – ging sie in ein anderes Theater. Sie erwähnte diese Begebenheit nicht wegen der Aufführung, die sie sich ansah, sondern um zu zeigen, wie wenig manche Kommunistenführer von ihr wußten – daß ihnen nicht einmal bekannt war, daß sie Kommunistin war. Während sie dasaß und darauf wartete, daß sich der Vorhang hob, beobachtete sie die Leute, die an ihr vorübergingen. Plötzlich bemerkte sie ein vertrautes Gesicht – eine Frau mit eleganten Schuhen, schwarzem Pelz und Brille. Sie war unter dem Nahmen Tsching-schu* bekannt, und die Frau einer »bekannten Persönlichkeit«. Es hieß, daß sie gerade vom Hung-hu-Sowjet zurückgekehrt sei. Es hatte den Anschein, als habe sie Tschiang Tsching an diesem Abend im Theater nicht gesehen. Einige Monate später erfuhr sie, daß Tschiang Tsching der *Liga Linker Dramatiker* angehörte. Aber auch dann war ihr noch nicht klar, daß Tschiang Tsching ebenfalls Kommunistin war.

Im selben Frühjahr fuhr Tschiang Tsching mit dem Zug nach Peking, wo sie sich – außerhalb des Schutzes der Parteiorganisation – einige Zeit aufhielt. Sie besuchte Li Tas Vorlesungen an der Peking-Universität und verbrachte viele Stunden in der Peking-Bibliothek. In Peking erfuhr sie, daß Tien Han und einige andere prominente Linke wegen des Verdachts, daß sie der Kommunistischen Partei angehörten, im Februar verhaftet worden waren.[3] Sie fürchtete, die Verhaftung könne sich auf ihre eigene politische Karriere negativ auswirken, denn schließlich waren die Verhafteten die Führer der *Liga Linker Dramatiker*, von der sie gefördert wurde.

Zu diesem Zeitpunkt war die nationalistische Regierung derart antikommunistisch eingestellt, daß es schon gefährlich war, sich einen sowjetischen Film anzusehen. (Bei der Erinnerung daran mußte Tschiang Tsching herzlich lachen.) Einmal, als sie in Peking in einem Kino war, in dem ein sowjetischer Film gezeigt wurde, mußte sie sich gleich nach der Vorführung durch eine Seitentür verdrücken, um nicht den Regierungsbeamten am Haupteingang in die Arme zu laufen. Aber als sie wieder auf der Straße war, prallte sie mit Tien Hung (»Schlimmer Mann«) zusammen, dem jüngeren Bruder von Tien Han. Er hatte ihr ein Jahr zuvor Anträge gemacht. Sie hielt es für besser, die Parteiorganisation der *Liga Linker Erzieher* davon zu unterrichten, daß sie ihn (und andere) dort gesehen hatte.

Plötzlich forderte die *Liga Linker Erzieher* sie auf, nach Schanghai zurückzukehren. Man versprach ihr die Rolle der Nora in Ibsens »Ein Puppen-

* Wahrscheinlich ist dies nicht der wirkliche Name der Frau, sondern eine Abwandlung des Namens. Vielleicht meinte sie Meng Tsching-schu, die Frau von Tschen Schao-yü alias Wang Ming. Da sie später politische Feinde wurden, wollte Tschiang Tsching sie vielleicht nicht direkt erwähnen.

heim«. Sie war ziemlich aufgeregt, denn die Nora war eine Rolle, die sie bewunderte. In Schanghai luden ihre Gönner von der Liga sie ein, sich einer Gruppe hervorragender Schauspieler anzuschließen, die auf moderne Dramen spezialisiert war. In den folgenden Wochen führten sie verschiedene Schauspiele von Ibsen, Ostrowskis »Das Gewitter« und Gogols »Revisor« (in dem sie die Heldin spielte) auf. Sie spielte auch in einer Bühnenfassung von Dickens' »Die Geschichte zweier Städte« mit. Der Roman, den sie in der Übersetzung kannte, sei besser als das Stück gewesen, sagte sie. Obgleich die im Roman dargelegten Ansichten »reaktionär« seien, hielt sie das Buch für historisch aufschlußreich.

Für ihre Darstellung der Nora widmeten ihr Zeitungen und Zeitschriften phantastische Kritiken. Aber sie war sich nicht sicher, ob das nicht auf ihre Bekanntschaft mit einigen wichtigen Persönlichkeiten des Schanghaier Kulturlebens zurückzuführen war. Nur Tschang Keng, der zwei Jahre zuvor Direktor der Schanghaier Werk-Studium-Truppe gewesen war und inzwischen in der Parteiorganisation eine wichtige Position innehatte, kritisierte ihre schauspielerische Leistung. Er nannte sie »zu naturalistisch«[4]. Tschang Keng war außerordentlich konventionell und wäre wohl nie fähig gewesen, *ihre* Auffassung der Nora zu akzeptieren. Tschiang Tsching hatte sie als *Rebellin* dargestellt. Damit ging sie über Ibsens Konzept hinaus, was der Rolle ihrer Meinung nach zugute kam. Die Zuschauer bedachten ihre Auftritte mit Beifallsstürmen. (Bei dieser Gelegenheit erwähnte sie, daß es in jenen Tagen äußerst ungewöhnlich gewesen sei, wenn die Zuschauer einem einzelnen Darsteller Beifall spendeten. Heutzutage sei dies bei den revolutionären Opern aber eine Selbstverständlichkeit.)

Was den künstlerischen Inhalt angehe, so fehle in »Ein Puppenheim« leider eine zufriedenstellende Lösung, fuhr sie fort. Lu Hsün hielt einmal eine Rede, die unter dem Titel »Was passierte, als Nora von zu Hause fortging?« veröffentlicht wurde.[5] Er war einer der vielen, die darüber Spekulationen anstellten, was Nora wohl anstellen würde, um zu überleben, nachdem sie von zu Hause weggegangen war. Würde sie nur eine Art »öffentliches Ausstellungsstück« werden? Würde sie je eine Arbeit finden? Diese und andere Fragen untersuchte Lu Hsün im Zusammenhang mit der Frauenemanzipation.

Ihre Mitwirkung in großen modernen Dramen an der Schanghaier Bühne machte Tschiang Tsching prominent. Zum erstenmal in ihrem Leben traf sie mit berühmten Schauspielern und Schauspielerinnen zusammen, und der Name Li Yün-ho (ihr damaliger Künstlername) wurde weithin bekannt. Vor einem anspruchsvollen und empfänglichen Publikum aufzutreten, bereitete ihr viel Vergnügen, obwohl die materielle Lage der Schauspieler im allgemeinen trostlos war. Aufgrund der wachsenden Inflation stiegen die Produktionskosten steil in die Höhe. Im Gegensatz zu den einfachen proletarischen Theatern, an denen sie früher gearbeitet hatte, mußten bei den großen kommerziellen Unternehmen unfaßbar hohe Mieten für unverschämte Theaterbesitzer aufgebracht werden. Wenn bei einer Vorstellung beispielsweise 500 Yüan eingenommen wurden, dann strich der Besitzer die Hälfte dieser Summe ein.

Die Kosten wurden mehr oder weniger gleichmäßig von den Darstellern getragen. Die Lage Tschiang Tschings war noch dadurch erschwert, daß sie das Gefühl hatte, andere Mitglieder der Truppe blickten auf sie herab. Was hatten sie gegen sie? Wahrscheinlich hatten sie Angst, sich mitschuldig zu machen, wenn sie mit ihr, einem Mitglied der linken Kulturelite, zusammenarbeiteten. Und bestimmt merkten sie auch, daß ihre schauspielerischen Leistungen nicht gerade überragend waren. Diese ständige Mißbilligung machte ihr so zu schaffen, daß sie in Gegenwart ihrer Kollegen nie entspannt war. Selbst nachts bekam sie kein Auge zu. Wie gut sie sich noch an die langen Stunden erinnern konnte, in denen sie wachgelegen war! Um bei ihren Kollegen Anerkennung zu finden, arbeitete sie unermüdlich und studierte verschiedene Rollen ein. Immer wenn sie nicht schlafen konnte, stand sie auf und deklamierte ihre Texte bis tief in die Nacht. (Sie erzählte mir in unserem Interview, daß sie selbst heute noch manchmal die Geräusche jener Zeit im Ohr habe – das leise Surren der Nähmaschine und die abgehackten Geräusche aus der Schneiderwerkstatt unter ihr.) So erlangte sie durch eigene Anstrengungen, ohne jede offizielle äußere Unterstützung, die besonderen Fähigkeiten, die sie als Schauspielerin im modernen Drama benötigte. Wichtig war, daß sie ihre Stimme trainierte, um auf der Bühne im normalen Umgangston sprechen zu können. Das war weit schwieriger als das schrille Singen in den Opern oder das grelle Kreischen in den improvisierten Propagandaspielen. Je bekannter sie in Theaterkreisen wurde, desto mehr Leute, die sich vorher nicht um sie gekümmert hatten, buhlten um ihre Gunst. Sie lächelte ironisch, als sie davon sprach.

Nachdem das europäische Repertoire durchgespielt war, führte das angesehene Amateur-Ensemble, dem sie jetzt angehörte, eine Reihe »berühmter demokratischer Nationalistenstücke« auf. Alle stammten von chinesischen Autoren, und alle behandelten Themen der Gegenwart. In dieser Zeit gründete eine Splitterorganisation die Gesellschaft der Vierzigerjahre. Wie kam es zu diesem Namen? Die Mitglieder dieser Organisation verstanden sich als Avantgarde, die ihrer Zeit um zehn Jahre voraus war. Eines der ersten Stücke, das sie aufführten (noch im Jahr 1936 am berühmten Theater der Goldenen Stadt) war Hsia Yens »*Sai Tschin-hua.*« Der Titel bezog sich auf eine berüchtigte Schönheit aus der Boxer-Ära, die die Geliebte eines deutschen Generals wurde. Tschiang Tsching war außer sich, weil die verabscheuungswürdige Sai, eine Frau, die nach ihrer Meinung die Sache des chinesischen Nationalismus in den Schmutz gezogen hatte, von einer chinesischen Schauspielerin dargestellt wurde. Über diese ihre Einstellung, aus der sie kein Hehl machte, waren die anderen Mitglieder der Gesellschaft der Vierzigerjahre so empört, daß sie tatsächlich drohten, sie *umzubringen!*[6]

Obwohl der Leiter Tschang Keng ihre schauspielerische Darstellung kritisierte habe, fuhr Tschiang Tsching fort, habe er es auf sie abgesehen. Er stellte ihr nach, und dadurch ruinierte er sie politisch. 1935 waren er und ein gewisser Hsü Mao-yung in der kommunistischen Parteiführung von Schanghai prominente Persönlichkeiten. Genauer gesagt, Tschang Keng war Leiter der Parteiorganisation. In Abwesenheit seiner Rivalen pflegte er Schanghai als seine persönliche Domäne zu betrachten. Tschiang Tsching gab zu, daß ihre Erinnerung an Tschang Keng nicht frei von bitteren Gefühlen war, denn sie hatte seine unverbesserliche männliche Herrschsucht zu spüren bekommen. Nachdem sie als Schauspielerin ziemlich bekannt und mit ihm zusammen gesehen worden war, erzählte er überall in Parteikreisen herum, sie »gehöre« ihm. »Sie ist mein Mädchen, also Finger weg!« pflegte er sich auszudrücken. (Sie schnaubte geradezu vor Verachtung und sagte, daß sie ihn gehaßt habe.) Aber es gelang ihr, ihn sich vom Leib zu halten. Nie willigte sie ein, mit ihm nach Hause zu gehen, wenn er sie am Abend nach den politischen Versammlungen, die sie beide besuchten, begleitete, wie oft er auch darum bat. Einmal besaß er sogar die Unverfrorenheit, ihr einen Heiratsantrag zu machen. Sie lehnte ihn rundweg ab. Er fürchtete, sein Gesicht zu verlieren. Aus Rache verbot er der *Liga Linker Dramatiker* – als Leiter der Schanghaier Parteiorganisation hatte er die nötige Kompetenz dazu –, mit ihr in Verbindung zu bleiben. Und um alles noch schlimmer zu machen, verbreitete er obendrein das Gerücht, sie sei eine Trotzkistin.

Tschang Kengs rachsüchtiges Verhalten wirkte sich auf ihre politische Arbeit aus. Beispielsweise organisierte sie Anfang März 1935 (meinte sie vielleicht 1936?) zur Feier des Internationalen Frauentags am 8. März eine Laienaufführung im Theater eines Hotels. Sie hatte mit den anderen Teilnehmern verabredet, am 7. März zu letzten Vorbereitungen und einer letzten Probe im Hotel zusammenzukommen. Sie war pünktlich dort, aber außer ihr erschien niemand. Man hatte sie im Stich gelassen. Steckte Tschang Keng dahinter? Sie war verzweifelt, denn die Karten waren fast ausverkauft, überwiegend an Arbeiter, die sie nicht enttäuschen konnte. Ihr treuer Freund Tao Hsing-tschih hatte auch einige Karten gekauft.

Nach mühsamer Suche gelang es ihr, die Schauspieler zusammenzutrommeln und die Aufführung schnell noch einmal zu proben. An jenem Tag hatte sie hohes Fieber, aber darauf konnte sie keine Rücksicht nehmen. Mitten in einem Duett fiel ihr plötzlich ein, daß die Bühnenausstattung noch nicht angeliefert worden war. Nach der Probe rannte sie trotz ihres Fiebers los, um das Nötigste zu kaufen. Aber beim Verlassen des Theaters rutschte sie aus und fiel die Treppe hinunter. Zum Glück war sie nicht verletzt. Aber als sie sich wieder aufgerappelt hatte, kam jemand und sagte, die Aufführung könne unmöglich im Theater des Hotels stattfinden. Sie war außer sich. In allerletzter Minute wurde die Situation durch die Intervention einer Nichte Huang Schao-hsiungs, einer hohen Beamtin der Kuomintang, gerettet. Sie erklärte sich dazu bereit, ein Dokument zu unterzeichnen, das die Vorführung erlaubte. Nachdem alles geregelt war, setzte sich Tschiang Tsching hinter die Kulissen, um angesichts des bösartigen Boykotts der Aufführung, die sie organisiert hatte, ein Protestschreiben aufzusetzen.

Von dem ganzen Ärger und den Schwierigkeiten bei den Vorbereitungen war sie derart mitgenommen, daß sie mitten in der Aufführung auf offener Bühne in Tränen ausbrach; sie mußte so hemmungslos schluchzen, daß sie sich nicht mehr an ihren Text erinnern konnte. Nicht einmal den Souffleur konnte sie verstehen. Allerdings waren die Zuschauer von diesem nicht vorgesehenen Auftritt so gerührt (noch heute wunderte sie sich darüber), daß auch ihnen die Tränen kamen. Einer ihrer Kollegen versuchte, die Situation zu retten, indem er den Betrunkenen spielte. Er versetzte ihr einen kräftigen Schlag auf den Rücken, um sie wieder zu sich zu bringen. Das wirkte tatsächlich, und die Aufführung konnte ihren normalen Lauf nehmen. Am Ende war Tschiang Tsching so erschöpft, daß sie sich fast nicht mehr auf den Beinen halten konnte. Sie hatte über 40 Grad Fieber. Wie sich herausstellte, hatte sie sich eine Lungenentzündung zugezogen. Freunde brachten sie sofort ins Krankenhaus, wo sie mehrere Tage bleiben mußte, bis sie sich wieder erholt hatte.

1935 brachte für China und die restliche Welt eine entscheidende Wende. Die Bedrohung durch Hitler und Mussolini konnte nicht länger ignoriert werden. In Ostasien planten japanische Militaristen die Invasion Chinas von der Mandschurei aus. Die kommunistische Welt, deren Zentrum damals Moskau war, reagierte mit dem VII. Kongreß der Komintern. Moskaus Anweisungen für China waren klar und einfach: Vergeßt alle internen politischen Differenzen und tretet geschlossen gegen den internationalen Faschismus an! Aber das war leichter gesagt als getan. China hatte nicht nur unter seiner Schwerfälligkeit und seiner althergebrachten Trägheit zu leiden, sondern auch unter Bürgerkriegen, die von den Kriegsherren und den Konflikten zwischen der KMT und den Kommunisten entfacht wurden. Moskau wandte sich an die Genossen in den Städten, in denen der Boden für nationalistische und revolutionäre Bewegungen am besten vorbereitet war. Indessen machte sich Mao Tse-tung mit der Roten Armee auf den Langen Marsch von Juitschin im Südosten nach Jenan im Nordwesten, ohne daß dies übermäßig große Beachtung fand. Wer hätte zu dieser Zeit geglaubt, daß seine Bauernrevolution ohne die Unterstützung Moskaus zu einem beispiellosen Erfolg in der Weltgeschichte führen würde?

Tschiang Tschings Erinnerungen an 1935 betrafen aber immer noch die städtische Revolutionsszene. Das politische Klima der ersten Jahreshälfte beschrieb sie als »unausgeglichen«. Politische Direktiven aus Moskau zielten auf organisatorische Veränderungen ab, die unter den selbsternannten Linken Verwirrung stifteten. Als sie 1935 nach Schanghai zurückkehrte, existierte die *Liga Linker Dramatiker* noch, aber die Zusammensetzung der Mitglieder hatte sich in den vergangenen vier Jahren erheblich verändert. Ende Juli beriefen die neuen Führer der *Liga Linker Dramatiker* ein Treffen für den 1. August ein. Tschiang Tsching nahm daran teil. Bei der öffentlichen Sitzung legten die Führer das Manifest vom 1. August vor, das Wang Ming (der gerade am VII. Kongreß der Komintern teilnahm) in Moskau entworfen hatte. Das Manifest forderte die Auflösung der Revolutionären Liga und die Gründung der *Vereinigung Verschiedener Kreise zur Rettung des Vaterlands.* Alle Ligen und Parteien waren angehalten, ihre besonderen Ziele der Rettung des Vaterlands und dem gemeinsamen Anliegen des weltweiten Kampfes gegen den Faschismus unterzuordnen.

Das Manifest bedeutete nicht nur einen wichtigen Markstein in der Entwicklung des chinesischen Kommunismus, sondern führte auch zu einer Spaltung in der literarischen Welt. Die offizielle Entscheidung für eine Einheitsfrontpolitik hatte zur Folge, daß die Organisation der Kommunistischen Partei in Schanghai nun auf die Unterorganisationen noch weniger Einfluß nehmen konnte als bisher. Tschiang Tsching selbst hatte infolge von Tschang Kengs Racheakten vom Herbst 1935 mehr und mehr den Anschluß an die Parteiorganisation verloren – obwohl sie inzwischen Kontakte zu anderen linksgerichteten Gruppen hergestellt hatte, unter anderem zum *Filmverband zur Rettung des Vaterlands* (in dem sie eine bekannte Persönlichkeit war, wie sie sagte), zur *Frauenvereinigung zur Rettung des Vaterlands*[8] und zur *Liga der Freunde der Sowjetunion.* Außer den genannten Organisationen wurden noch eine ganze Reihe weiterer Verbände ins Leben gerufen, um die einzelnen Parteien, Ligen und anderen politischen Gruppen in einer gemeinsamen Front zu vereinigen. Aber die Namen trogen. Obwohl sie nominell der Linken angehörten, waren die Führer der meisten Verbände »Verräter, Überläufer oder Geheimagenten« (sicherlich eine Übertreibung; inwieweit sie zutrifft, läßt sich nicht feststellen). Von einigen Mitgliedern der Revolutionären Liga wußte Tschiang Tsching genau, daß sie sich zwar prokommunistisch gebärdeten, in Wirklichkeit aber Antikommunisten waren. Kurz darauf wurde die Revolutionäre Liga allerdings von der *Liga Linker Dramatiker* aufgelöst. Die Liga berief sich dabei auf das Manifest vom 1. August.

Die *Vereinigung Verschiedener Kreise* wurde bereits im August 1935 ins Leben gerufen. Aber bis dieses Bündnis auch tatsächlich zustandegekommen war, verging noch eine ganze Weile. Wie sich Tschiang Tsching erinnerte, war dieser Prozeß zwei Jahre später, als sie Schanghai verließ und nach Jenan ging, noch immer nicht abgeschlossen. Statt dessen retteten sich die Linken Ligen auch über die nächsten beiden Jahre hinweg – wobei die Führer zunehmend konservativer wurden, während die Mitglieder junge revolutionäre Leute wie Tschiang Tsching waren.

Wie konnten »aufrichtige« junge Revolutionäre ihre Verdienste nachweisen? Eine Möglichkeit, so erklärte Tschiang Tsching, bestand darin, sich auf die Mitgliedschaft in der Partei zu berufen. Allerdings besagte das in den *Weißen Gebieten* nicht allzuviel, denn wer einmal Mitglied war, mußte es nicht unbedingt bleiben (wie sie am eigenen Leib erfahren hatte). Auch gab es Leute, die einfach behaupteten, der Partei anzugehören, obwohl dies gar nicht stimmte. Damals mußte immer zunächst einmal von der Annahme ausgegangen werden, daß jemand falsche Behauptungen aufstellte. (Z. B. wurde ja auch ihre eigene Mitgliedschaft zunächst angezweifelt, als sie nach Jenan kam.) Denn viele Angehörigen der linken Organisationen täuschten kurz nach 1930 vor, Mitglied der Partei zu sein. Noch immer waren viele aufrechte junge Linke mit diesen sogenannten linken Organisationen verbunden. Die revolutionäre Einstellung eines Menschen müsse stets individuell und mit äußerster Gründlichkeit geprüft werden, stellte Tschiang Tsching fest. Zum Beispiel war der Parteitheoretiker Ai Sze-tschi ein wirklich guter Genosse. Dennoch waren manche ganz anderer Meinung. Ebenso erging es Lin Tschi-lu, der zu Unrecht kritisiert wurde. Lin, der in Jenan mit Tschiang Tsching die Parteischule besuchte, war später in Sinkiang tätig. Dort wurde er zur selben Zeit wie Mao Tse-min, der jüngste Bruder des Vorsitzenden, »zum Märtyrer«.

Einige Mitglieder der »falschen« Linken Ligen waren darauf spezialisiert, jeden, der talentiert war und folglich ein lästiger Konkurrent werden konnte, durch heimtückische Angriffe zu lähmen. Der Schriftsteller Lu-Hsün, der durch und durch links war, war ständig Angriffen ausgesetzt. Anderen erging es nicht viel besser, auch nicht Tschiang Tsching. Ständig wurden üble Gerüchte über sie verbreitet. Schwätzer und Journalisten verunglimpften sie mit den vulgärsten Ausdrücken und stellten ihre politische Integrität in Abrede. (Sie erwähnte das in sehr ärgerlichem Ton, ging aber nicht näher darauf ein.) Sie konnte dies alles nur ertragen, weil sie darauf vertraute, daß die Massen hinter ihr standen – wenn schon nicht diejenigen, die angeblich das Volk vertraten. Die Massen spürten, daß es ihr, auch wenn sie in bürgerlichen Theaterstücken auftrat oder sich anderweitig in den »oberen Kulturschichten« betätigte, immer und einzig um nichts anderes als die Revolution ging.

Zu den Prominenten der »oberen Kulturschicht« gehörten auch die sogenannten Sieben Gentlemen (Schen Tschün-ju, Tschang Nai-tschi, Tsou Taofen, Li Kung-pu, Scha Tschien-li, Wang Tsao-schih und Schih Liang, eine Frau)[9], eine Gruppe von Journalisten und anderen Akademikern, die die Bewegung zur *Rettung des Vaterlands* anführten. Sie waren etwas älter als die »revolutionären jungen Leute«, mit denen Tschiang Tsching gewöhnlich zusammen war. Weil sie als Mitglieder des Exekutivkomitees der Allchinesischen Föderation der Vereinigungen zur *Rettung des Vaterlands* bekannt waren, wurden sie von der KMT wegen ihrer linken und »kommunistischen« Aktivitäten angegriffen, obgleich kein einziger von ihnen Kommunist war. Im November 1936, einen Monat, bevor Tschiang Kai-schek in Sian festgehalten[10] und gezwungen wurde, die aggressive Politik der Nationalen Verteidigung, die die Sieben Gentlemen gefordert hatten, sich zu eigen zu machen, wurden sie eingesperrt. Und erst mit dem Ausbruch des chinesisch-japanischen Kriegs im Juni 1937 wurden die Sieben aus dem Sutschou-Gefängnis entlassen. Zu diesem Zeitpunkt ging Tschiang Tsching von Schanghai nach Jenan. Natürlich war sie nicht so berühmt wie die Sieben Gentlemen (sagte sie fast entschuldigend). Dennoch wußten »alle revolutionären Arbeiter« von ihr – obwohl sie selbstverständlich nicht alle kennen konnte. Die Sieben Gentlemen waren die prominentesten nichtkommunistischen Vertreter der Linken. Doch daneben gab es noch andere, jüngere, die schließlich ebenfalls von Schanghai nach Jenan gingen. Dort behaupteten sie (fälschlicherweise), die Parteiorganisation der *Weißen Gebiete* zu repräsentieren.

Was Tschiang Tsching selbst betraf, so war ihr Fall in Jenan nicht einfach zu beurteilen. Denn aufgrund ihrer Vielseitigkeit und der vielen Projekte, denen sie nachgegangen war, konnte leicht ein falscher Eindruck entstehen. Sie war persönlichen Schikanen ausgesetzt (vermutlich durch die Parteihierarchie). Dazu kam die zunehmende Entfremdung zwischen den linken Führern und den Massen von Schanghai, die sie zu führen vorgaben. Dies alles trug dazu bei, daß Tschiangs Arbeit in Schanghai nach 1935 in einem vielleicht etwas dubiosen Licht erschien. Da sie während der ersten beiden Jahre in Schanghai Lehrerin und Mitglied der »echten« linken Ligen war, hatte sie das zu tun, was damals als »Arbeit an der Basis« bezeichnet wurde. Aber nachdem das Programm zur Bildung einer Einheitsfront in die Wege geleitet worden war, kümmerte sich die Parteiorganisation in der *Liga Linker Dramatiker* um Tschiang Tsching – tat also das, was zuvor die *Liga Linker Erzieher* getan hatte. Demgemäß erhielt sie auch einen anderen Berufsstatus. Die *Liga Linker Dramatiker,* die weitreichende Beziehungen im Bereich der darstellenden Künste hatte, ergriff die Initiative und nahm Tschiang Tsching wieder in die »oberen Schichten« auf – zusammen mit wirklich hervorragenden Schauspielern, Theaterautoren, Kritikern und Schriftstellern, die sich relativ ungezwungen in linken Ligen und anderen oppositionellen Organisationen bewegten. Diese Beförderung vom Proletariat (oder von den Intellektuellen, die für das Proletariat arbeiteten) auf die Ebene gehobener Unterhaltung stellte an Tschiang Tsching neue persönliche und berufliche Ansprüche. Filmproduzenten begannen, ihr mit Verträgen zuzusetzen. An dieser Stelle ihres Berichts wirkte Tschiang Tsching etwas verklemmt, und sie kam auch erst im weiteren Verlauf des Interviews auf ihre Zeit als Filmschauspielerin zu sprechen.

Ende 1935 war die kommunistische Gemeinschaft in Schanghai durch Konkurrenzkämpfe und Austritte zerrissen. Daher bestand die Gefahr der Isolierung von der großen kommunistischen Bewegung, die sich zur gleichen Zeit im Nordwesten etablierte. Das Zentralkomitee unter der Leitung von Mao Tse-tung war nach dem einjährigen Langen Marsch im Oktober 1935 dort eingetroffen. Wieviel, so fragte Tschiang Tsching, konnten die Führer der Landrevolution vom Charakter der meisten Organisationen des linken Flügels im Schanghai der dreißiger Jahre schon wissen? Nachdem sie in Jenan angekommen war, mußte sie feststellen, daß die Führer von der reaktionären Politik, die von den meisten Linken Ligen praktiziert wurde, nicht die geringste Ahnung hatten. Was sich auf der Schanghaier Szene tatsächlich abspielte, offenbarte sich ihnen erst am Vorabend der Kulturrevolution, als Tschiang Tsching endlich dafür sorgte, daß die Wahrheit ans Tageslicht kam. (Wie hatte es dem alten Führungsstab nur so lange verborgen bleiben können?)

All den Gruppen junger und nicht ganz so junger Linker und Bürgerrechtskämpfer der dreißiger Jahre war ein Mann haushoch überlegen – Lu Hsün.

In Tschiang Tschings Erinnerungen an die neuere Ära nimmt Lu Hsün den Platz des Kulturhelden ein und Mao Tse-tung den des politischen. Allerdings gibt es nach Meinung der chinesischen Kommunisten zwischen kulturellen und politischen Belangen keine klaren Grenzen. Diese beiden Männer bewunderte Tschiang Tsching mehr als alle anderen, und sie zitierte sie auch häufiger als alle anderen. Im Zusammenhang mit den ideologischen Zielen, für die sie während der Kulturrevolution eintrat und die sie bis in die Mitte der siebziger Jahre unterstützte, zeigte sie in unserem Gespräch, in dem sie mehrere Beispiele anführte (manche von ihnen waren ziemlich weit hergeholt) überraschend deutlich, wieviel diese beiden Männer einander verdankten und wie tief ihr gegenseitiger Respekt war.

Eines Abends – es war fast Mitternacht – ließ sich Tschiang Tsching lang und breit über Lu Hsün aus. Obwohl alle anderen Anwesenden allmählich Anzeichen von Müdigkeit zeigten – sie hielten sich mit heißem Tee und wechselweise kalten und warmen sowie nassen und trockenen Kompressen wach – wollte Tschiang Tsching nicht aufhören. Die drückende Hitze, die durch das grelle künstliche Licht verstärkt wurde, trieb ihr den Schweiß auf die Stirn. Ohne ihren Monolog zu unterbrechen, griff sie gelegentlich mit der Hand in ihre weiße Plastikhandtasche, zog einen grünweißen Plastikkamm hervor und fuhr sich damit durch die kurzen Haare.

Schon als junger Mann war Lu Hsün »gegen den Konfuzianismus«, sagte sie. In den Jahren vor der *Bewegung des 4. Mai* von 1919, in denen er in Japan studierte, entwickelte er sich zum »radikalen bürgerlichen Demokraten«. In der Mitte der zwanziger Jahre wurde er im Norden von der Regierung der Kriegsherren verfolgt, und er verlor seine Lehrstelle im Pekinger Lehrerinnenseminar, wo er in eine Kontroverse über die Ernennung einer reaktionären Direktorin (Yang Yin-yu) verstrickt war. 1926 nahm er im Süden eine Stelle als Lehrer an der Amoy-Universität an und im darauffolgenden Jahr ging er in die Gegend von Kanton. Dort wurde er Vorsitzender der Abteilung für Literatur an der Sun Yat-sen-Universität. 1927, einem wichtigen Jahr in der politischen Geschichte des Landes, traf er in Schanghai ein. Er bezeichnete sich selbst als »Beobachter der Gezeiten«. Die nächsten drei Jahre verbrachte er damit, die Menschen zu beobachten. Aber dann wollte er nicht mehr nur beobachten, sondern begann zu schreiben. Seine Waffen waren Papier und Feder.[11]

Als Tschiang Tsching 1933 nach Schanghai kam, war Lu Hsün noch dort. Es herrschte der *Weiße Terror*. Täglich wurden Untergrundorganisationen der Partei ausgehoben, an manchen Tagen gleich mehrere. Lu Hsün war nie Mitglied der Partei. Trotzdem war er stets bemüht, auch den Kommunisten unter seinen Freunden zu helfen. Ein Beispiel: General Tschen Keng von der Roten Armee wurde während der Einkreisungsfeldzüge im *Zentralen Sowjetgebiet* verwundet und kam 1933 zur ärztlichen Behandlung nach Schanghai. Als Lu Hsün von seiner Ankunft erfuhr, lud er ihn zu sich nach Hause ein.[12] Tschen Keng und ein anderer Befehlshaber der Roten Armee, Hsieh Futschih, verbrachten einige Zeit im Schutz von Lu Hsüns Haus. Der Schriftsteller und frühere Parteiführer Tschü Tschiu-pai[13] war ebenfalls ein enger

Freund Lu Hsüns. »Allerdings bevor er ›abtrünnig‹ wurde«, fügte sie scharf hinzu.

Sie bewunderte Lu Hsün bereits in ihrer Jugend, als sie seine Gedanken noch gar nicht verstehen konnte, weil sie viel zu scharfsinnig waren. Seine Essays, die sogenannten »Gemischten Gedanken«, und seine anderen Arbeiten, die er für die Literatur-Beilage der Schanghaier Zeitung »*Schen-Pao*« verfaßte, las sie regelmäßig. Zuerst war es gar nicht so einfach herauszufinden, welche Artikel von ihm stammten, denn er schrieb unter verschiedenen Pseudonymen – die Politiker warteten nur darauf, ihm das Handwerk zu legen. Aber später konnte sie ihn immer gleich am Stil erkennen.

Ich fragte sie, ob Lu Hsün von ihr gewußt habe. Als sie noch in Schanghai wohnte, hatte ihr einmal jemand gesagt, Lu Hsün habe sie auf der Bühne gesehen, antwortete sie errötend. Aber das habe man ihr nur *erzählt,* betonte sie. Ob es tatsächlich stimmte, konnte sie nicht sagen.

In der Mitte der dreißiger Jahre war sie noch nicht reif genug, um Lu Hsün in seiner ganzen Größe zu erfassen. Aber später erfuhr sie, daß der Vorsitzende Mao schon lange Lu Hsüns brillante Fähigkeiten als Beobachter der Gesellschaft und Schriftsteller erkannt hatte. Als sich der Vorsitzende noch im Nordwesten aufhielt, verschlang er jeden Artikel Lu Hsüns, dessen er habhaft werden konnte. Wo immer er sich aufhielt, stets fragte er nach neuen Arbeiten von Lu Hsün. Nachdem der Vorsitzende Lu Hsüns Essay »Mein offener Brief« gelesen hatte, sprach er mit Tschou En-lai über ihn. Er erklärt bei dieser Gelegenheit: »Dieser Mensch ist absolut integer!«

Nachdem sie die Frau des Vorsitzenden geworden war (wie sie diesen »großen Sprung nach oben« gewöhnlich zu bezeichnen pflegte), erfuhr sie zu ihrem Erstaunen, daß die Teilnehmer am Langen Marsch eine ganze Reihe Bücher mit sich geführt hatten, einschließlich der Werke von Marx und Lenin. Jahre später wurden viele dieser Bücher von Leuten, die ihren einzigartigen historischen Wert erkannten, gestohlen. Es gelang Tschiang Tsching einige Bände mit handschriftlichen Anmerkungen des Vorsitzenden zu retten. Sie betonte, wie wertvoll diese Bücher jetzt waren.

Nachdem die Rote Armee 1935 den Norden von Schensi erreicht hatte, schickte die Partei jemanden los, um Verbindung mit Lu Hsün aufzunehmen, in der Hoffnung, ihn beschützen und für ihre Zwecke gewinnen zu können. Zuerst suchte man ihn in Schanghai, denn dort drohte ihm die größte Gefahr; doch er war nicht aufzufinden. Die Suche wurde auf das ganze Land ausgedehnt – ohne Erfolg. Wenn es dem Vorsitzenden gelungen wäre, Lu Hsün aus Schanghai herauszuholen und in die von Kommunisten beherrschten Gebiete des Landes zu bringen, so mutmaßte sie, dann wäre er seiner Krankheit bestimmt nicht so schnell erlegen und noch nicht im Oktober 1936 gestorben. Im Schutz der Partei hätte er länger gelebt.

Die Suche nach Lu Hsün habe zu dem Zeitpunkt begonnen, als der *Kampf zwischen den Parolen* ausbrach, bemerkte sie, wobei sie sich auf einen berühmten Disput bezog, der durch Wang Mings Moskauer Direktiven ausgelöst wurde. Mittlerweile folgte das Zentralkomitee der KP Chinas der Linie, die der Vorsitzende Mao für die Künste eingeschlagen hatte und in der

Parole »Literatur der Massen für den nationalen revolutionären Krieg« zusammengefaßt war.* Diese Parole drückte, wie Tschiang Tsching hervorhob, sowohl proletarischen Klassencharakter als auch den Geist des Widerstandes gegen Japan aus. Die Parole, die Wang Ming dagegensetzte, lautete nur: »Literatur der nationalen Verteidigung«. Aber da wohl jede Klasse für die nationale Verteidigung eintrat, eignete Wang Mings Spruch, wie Tschiang Tsching meinte, nichts von dem spezifischen Klassencharakter, der für eine marxistische Analyse unabdingbar ist. Lu Hsün akzeptierte die Parole des Vorsitzenden Mao und setzte sich für sie ein. Die selbsternannten »Linken« – links dem Namen nach, aber rechts im Geiste – stellten sich in diesem Punkt geschlossen gegen Lu Hsün. Mit Tschou Yang, Tien Han, Yang Han-scheng und Hsia Yen (den Vier Bösewichten)[14] an der Spitze war ihr Eintreten für die Wang Ming'sche Parole »eigentlich nichts anderes als politische Prostitution nach Art von Sai Tschin-hua«, der Geliebten eines Deutschen, oder von Schih Ta-kai, dem »Großgrundbesitzer, der sich in die Taiping-Rebellion einschlich« (1850–1864). Beide, Sai und Schih, waren »hundertprozentige antikommunistische Verräter«, erklärte Tschiang Tsching entrüstet, ungeachtet der Tatsache, daß sie zwei beziehungsweise sieben Jahrzehnte vor der Gründer der Kommunistischen Partei Chinas in Aktion getreten waren.

Lu Hsün war ein Mann mit Prinzipien, fuhr Tschiang Tsching fort. Beispielsweise machte er nie irgendwelche Geschenke. An irgendeiner Stelle schrieb er einmal, daß Gäste, die man verwöhnt, einen verdammen. Trotzdem schickte er, als er erfuhr, daß Mao Tse-tung die Roten Streitkräfte in den Nordwesten führte, Schinken und andere Nahrungsmittel, um ihnen zu helfen. Allerdings mußten sie verlorengegangen oder gestohlen worden sein, denn sie trafen nie ein.

Trotz seiner Eigentümlichkeiten muß Lu Hsün unter dem Aspekt des historischen Materialismus beurteilt werden. So gesehen war er ein »radikaler bürgerlicher Demokrat«. Zuerst beobachtete er seine politische Umgebung drei oder vier Jahre lang. Dann, als er zu wissen glaubte, was das Land brauchte, stand er auf und kämpfte bis zu seinem letzten Tag. Der Vorsitzende, der Lu Hsüns Weg stets aufmerksam verfolgt hatte, nannte ihn einen der »mutigsten Bannerträger«.[15]

Vor einigen Jahren tauchten einige bis dahin unbekannte Manuskripte von Lu Hsün auf, sagte Tschiang Tsching. Sie zeigte mir die Fotokopie eines Briefes von Lu Hsün, der eigens per Flugzeug von Peking nach Kanton gebracht worden war, um zu illustrieren, was sie meinte. In diesem Brief schrieb Lu Hsün, daß er die reaktionären Plakate der Kuomintang einige Monate lang eingehend studiert habe; sie verdammten *alles und jeden* außer den Vier Bösewichten.[16] Diese und andere Stellen bewiesen, welch aufmerksamer Beobachter Lu Hsün gewesen sei, denn in jenen Tagen hatten sie und

* Mao hatte sich Lu Hsüns Parole »Literatur der Massen für den nationalen revolutionären Krieg« zu eigen gemacht. Diese Parole wurde von dem Schriftsteller Hu Feng in seinem Artikel »Was erwartet das Volk von der Literatur?« erstmals eingeführt (in *Tschung-kuo hsien-tai wen-hsueh schih tsan-kao tze-liao* [Quellen zur Geschichte der zeitgenössischen chinesischen Literatur, Peking 1960], 565f.).

andere nur *geahnt,* daß diesen Vieren und ihren Gefolgsleuten nicht zu trauen war. Obgleich sie Leuten dieser Art begegnet war, hatte sie das Ausmaß ihrer Bösartigkeit einfach nicht erkannt. Warum? Weil sie nicht so gut beobachten konnte wie Lu Hsün, weil ihr sein Sinn für das Detail fehlte. Doch obwohl sie damals noch sehr jung gewesen sei, habe sie instinktiv gewußt, daß diese Männer – dieselben, die ihre Verbindung zur Partei unterbrochen hatten – im Unrecht waren.

Lu Hsün beließ es nicht bei passiven »Beobachtungen«. Er behielt seine Ansichten nicht für sich; im Gegenteil, er nahm kein Blatt vor den Mund, kritisierte andere aufs schärfste und handelte nach dem Motto: »Wie du mir, so ich dir«. Es war klar, daß er sich mit seiner scharfen Zunge und seiner kämpferischen Feder zahlreiche Feinde schuf.

In den ersten Jahren ihrer Ehe mit dem Vorsitzenden Mao freundete sich Tschiang Tsching mit Lu Hsüns Witwe, Hsü Kuang-ping, an. »Sie erzählte mir, daß sie, wenn sie einmal zusammen unterwegs waren, nicht wagten, auf derselben Straßenseite zu gehen, sondern daß sie sich immer trennten. Jeder ging auf einer Seite, damit wenigstens einer überlebte, falls die KMT sie doch einmal erwischen sollte. So erging es uns damals allen. Jeder, der gegen den japanischen Imperialismus Widerstand leistete, mußte jeden Augenblick damit rechnen, eingesperrt zu werden.«

Lu Hsüns Prestige in Schanghai war sehr groß, nicht nur unter Künstlern und Intellektuellen, die ihn am besten kannten, sondern auch bei den »breiten Massen der Arbeiter und Bauern«. Diese spürten, daß er ihre Notlage kannte, und er ermutigte junge Autoren, für sie zu schreiben. Als Lu Hsün im Oktober 1936 starb, strömte die Arbeiterklasse zu seiner Beerdigung. Es war eine gewaltige politische Demonstration. »Ich marschierte in den ersten Reihen der Prozession«, erinnerte sich Tschiang Tsching mit leuchtenden Augen. »Wir sangen fast alle revolutionären Lieder, die damals im Umlauf waren, mit Ausnahme der ›Internationalen‹. Das durften wir nicht wagen, sonst wären wir alle eingesperrt worden. Wir marschierten in Viererreihen, Arm in Arm.«

Künstler, Schriftsteller und Intellektuelle, die Lu Hsün im Leben gefolgt waren, kamen, als er starb. Obwohl er auf Ting Ling, Hsiao Tschün, Hu Feng und andere »ungeheuren Einfluß« ausgeübt hatte, wurden diese in der Geschichtsschreibung überbewertet. Diese »klugen Burschen tarnten sich als Anhänger der Linken, aber in Wirklichkeit waren sie Geheimagenten der KMT«, berichtete sie voller Erbitterung (was ungefähr dasselbe bedeutete, wie wenn man John Steinbeck einen John Bircher nennen würde).

»Und was die Vier Bösewichte betrifft«, fuhr sie schnell fort, »so nahmen diese Mitte der dreißiger Jahre für sich in Anspruch, die Parteiorganisation zu repräsentieren. Dabei taten sie nichts anderes, als deren Prinzipien zu verdrehen. Diese Pseudokommunisten verfolgten zusammen mit Vertretern der KMT-Regierung Lu Hsün und bekämpften ihn schonungslos, mit literarischen und journalistischen Mitteln, bis zu dem Tag, an dem er starb. Lu Hsün litt unter dem Klima der Verfolgung, der in den dreißiger Jahren alle kommunistischen Parteimitglieder und Sympathisanten ausgesetzt waren.«

Wieder verlieh sie ihrer Überzeugung Ausdruck, daß er länger gelebt haben würde, wenn es dem Vorsitzenden (oder ihr und dem Vorsitzenden) gelungen wäre, ihn aus Schanghai in das Stützpunktgebiet zu holen. Selbstverständlich sei er nie Mitglied der Partei gewesen. Aber Leute wie er benötigten keinen Parteiausweis. Sie und der Vorsitzende betrachteten ihn als »parteilosen Marxisten«.

Offensichtlich verärgert bemerkte Tschiang Tsching, sie habe gehört, daß ich bei meinem Besuch in Schanghai letzte Woche wohl nicht davon überzeugt gewesen sei, daß Lu Hsün in diesem Sinne als Kommunist zu bezeichnen sei. Sie forderte Tschang Ying auf, mir die Kopie eines Briefes zu zeigen, den Lu Hsün 1936 an einen Trotzkisten geschrieben hatte.[17] Sofort wartete Tschang Ying mit dem Gewünschten auf. »Lesen Sie das«, sagte Tschiang Tsching zu mir. »Dann werden Sie verstehen, in welchem Sinn Lu Hsün ein guter Kommunist gewesen ist.«

Sie beobachtete mich, während ich den Brief überflog. Später betrachtete ich ihn mir noch einmal genauer. In dem Brief lobt Lu Hsün Mao Tse-tungs praktische Einstellung gegenüber der Revolution im Gegensatz zu den hochgestochenen theoretischen Vorstellungen der Trotzkisten, und er kritisiert all diejenigen, die »den Vorschlag Mao Tse-tungs und anderer, sich gegen Japan zu vereinigen, ablehnen«. Der Brief wurde zuerst während der Kulturrevolution als Schulungsmaterial für politische Führer bekannt gemacht und später, zu Beginn der Propagandakampagne, durch die Lu Hsün zum intellektuellen Mittelpunkt des Schanghais der dreißiger Jahre ernannt wurde, öffentlich verbreitet. Lu Hsüns Witwe, Hsü Kuang-ping, trug zu dieser Revision der Geschichte wesentlich bei. 1967, auf dem Höhepunkt der Kulturrevolution, bei der diejenigen, die vor 30 Jahren Lu Hsüns Rivalen waren, ausgeschaltet werden sollten, schrieb sie: »Unter dem *Weißen Terror* der Kuomintang achtete [Lu Hsün] nicht auf seine persönliche Sicherheit und erklärte offen heraus, daß er es als eine große Ehre ansehe, ein Genosse des Vorsitzenden Mao zu sein. Zu dieser Zeit lagen zwischen Lu Hsün und dem Vorsitzenden Mao große Entfernungen, aber Lu Hsün war mit ganzem Herzen beim Vorsitzenden Mao. Für Lu Hsün war unser großer Führer, der Vorsitzende Mao, die röteste Sonne seines Herzens.«

Damit ich Lu Hsüns verschiedene Positionen in der politischen Diskussion der dreißiger Jahre richtig einschätzen könne, empfahl mir Tschiang Tsching, Lu Hsüns Antwortbrief an Hsu Mao-yung[18] zu lesen. Der Brief bezieht sich auf die Kontroverse um Lu Hsüns Parole »Literatur der Massen für den nationalen revolutionären Krieg« und Tschou Yangs Unterstützung von Wang Mings »Literatur der nationalen Verteidigung«. Letzteres bedeute nicht mehr und nicht weniger, hob Tschiang Tsching immer wieder hervor, als daß alles akzeptiert werde – welchen Klassencharakter es auch immer habe –, solange die Japaner nur rituell getadelt würden. Um Lu Hsüns politische und historische Ansichten sowie seine Beurteilung des Verhaltens der Menschen in Schanghai zu verstehen, solle man »Über die Antijapanische Einheitsfront«, »Über den Konfuzianismus« und »Das Geschwätz der Leute ist etwas Schreckliches« lesen.[19] All diese Essays bestimmten die einzigartigen historischen Umstände, unter denen die gesamte Linke (sie selbst, Tschiang Tsching, eingeschlossen) durch Manipulation der öffentlichen Meinung der Verfolgung ausgesetzt gewesen sei.

Tschiang Tsching berührte meinen Arm und wies mit dem Kopf auf einen großen Tisch, auf den die Helferinnen gerade ungefähr zwanzig dicke Bände mit rotem Einband legten. »›Gesammelte Werke von Lu Hsün‹ in der Originalfassung von 1938«, verkündete sie stolz. Und sie fügte hinzu, daß diese Ausgabe heute sehr rar sei. Selbst ihre Helfer, die besondere Vollmachten besäßen, hätten Mühe gehabt, diese Ausgabe aus Buchläden und privaten Sammlungen zusammenzutragen. Es solle ein Geschenk für mich sein, zum Andenken an unser gemeinsames Interesse an Lu Hsün und um mir zu zeigen, wie hoch die Kommunistische Partei auch heute noch schriftstellerische Arbeit einschätze. Lu Hsün dürfe man nur im Original lesen, sagte sie. Warum? Weil die Vier Bösewichte und die Verleger, die mit ihnen unter einer Decke gesteckt hätten, in den fünfziger und sechziger Jahren Neuausgaben herausgebracht hätten, in denen Teile des Originals abgeändert worden seien. Bestimmte Passagen seien entstellt worden, um die »bürgerliche Linie«, die sie gegen den Vorsitzenden vertraten, zu rechtfertigen. An welchen Stellen wurde etwas geändert? Alle Vorwürfe, die gegen sie [die Vier Bösewichte] gerichtet seien, seien gestrichen worden, erwiderte sie, ohne auf meine Frage nach den Textstellen näher einzugehen.

Tschiang Tschings Bericht über Lu Hsün und die Politik der dreißiger Jahre enthielt mehr tiefe Bedeutungen und Ironien, persönliche und allgemeine, als sie in unserem Interview direkt darzulegen wagte. Von früher Jugend an war sie, wie Tausende anderer junger Unzufriedenen und Idealisten, von Lu Hsün hingerissen gewesen – von einem Mann von Bildung, dem die alten Ideen ebenso vertraut waren wie die modernen, die chinesischen ebenso wie die anderer Länder, von einem Mann, der sich nie durch irgendwelche akademischen Schulen etwas vorschreiben ließ. Während andere Gelehrte seiner Generation politische Krisen unbeschadet zu überstehen versuchten, engagierte er sich bis zum letzten. Er war ein Rebell, der sich von keinem Regime einschüchtern ließ, auch wenn es sich noch so fortschrittlich gebärdete, wenn es weiterhin die unumstritten feudale Ergebenheit des chinesischen Volkes ausnutzte. Seine intellektuelle Bedeutung und die Würde, die er symbolisierte, hielten die nationalistische Regierung davon ab, ihn einzusperren oder hinzurichten, eine Maßnahme, vor der sie gewöhnlich keineswegs zurückschreckten, wenn es sich um weniger wichtige Dissidenten handelte. Wie Tschiang Tsching hervorgehoben hatte, »töteten« ihn die Nationalisten indirekt durch Manipulation der öffentlichen Meinung – indem sie über ihn Gerüchte ausstreuten, während sie gleichzeitig viele seiner Schützlinge physisch und moralisch vernichteten.[20]

Viele Stunden hörte ich Tschiang Tsching zu. Sie sprach völlig unvorbereitet von ihm, und er wurde für mich auf verschiedene Weise lebendig – vor allem seine Sprache. Wenn ich mit anderen Kommunisten, die mir begegneten, über ihn sprach, dann war das Ergebnis meist nur eine langweilige marxistische »Soziologese«. Natürlich war auch Tschiang Tsching nicht frei von diesen ideologischen Konventionen, wie weit sie auch intellektuell darüberstand. Wenn sie frei sprach, dann bediente sie sich Lu Hsüns beißender Ironie. Sie mokierte sich über die menschliche Torheit und rechnete unermüdlich mit persönlichen Feinden ab. Wenn sie sich vergaß und sie selbst war, bevorzugte sie eine provokative Mischung von literarischen Anspielungen und urwüchsigem Dialekt. Dabei war sie mit einem Wortschatz ausgerüstet, über den die meisten ihrer Kollegen nicht verfügten. Aber was die literarische Phantasie, die Feinheit der Wahrnehmung und die Tiefe des Gefühls betraf, so war ihr Lu Hsün weit überlegen.

In den meisten Diskussionen, die ich über Lu Hsün und andere vom kommunistischen Regime veröffentlichten Autoren führte, kam die Rede auf Lu Hsüns Bindungen zur kommunistischen Partei und deren Ideologie. Tschiang Tsching legte großen Wert auf die Feststellung, daß Lu Hsün ein Kommunist im Geiste, wenn schon nicht dem Buchstabensinn nach gewesen sei. Das betonte sie immer wieder, wenn sie zwischen ihm und sich Parallelen zog. Lu Hsün war nie Parteimitglied gewesen – aber auch sie selbst hatte ja ihren Mitgliederstatus in Schanghai verloren, und darunter hatte sie in den darauffolgenden Jahren sehr zu leiden. Unter diesen Umständen hatten beide, er und sie, heldenhafte Züge gezeigt, und Tschiang Tsching konnte sich nicht genug daran tun, dieses Gemeinsame hervorzuheben. Unter diesem Gesichtspunkt berichtete sie über die Verfolgung durch die KMT und durch die politischen Kommissare Tschou Yang, Yang Han-scheng, Hsia Yen und Tien Han, die Lu Hsün einmal spaßeshalber als die Vier Bösewichte tituliert hatte – ein Name, der ihnen bis zum heutigen Tag anhaftet. Somit war für Tschiang Tsching der Glaube an Lu Hsüns Verbundenheit mit der Partei und ihrer Ideologie von größter Bedeutung, da auf diese Weise auch die Kontinuität ihrer eigenen politischen Laufbahn bewiesen wurde. Auch sie war stets vom kommunistischen Geist erfüllt gewesen, auch in Zeiten, in denen sie dem Buchstabensinn nach kein Mitglied gewesen war.

Mehr als ein Jahrzehnt nach der Kulturrevolution waren Tschiang Tschings Ideologen noch immer damit beschäftigt, Lu Hsüns Werke nach Bemerkungen zu durchforsten, die sich glaubhaft als Verdammung der Vier Bösewichte und als Parteinahme für die Sache Maos auslegen ließen. Bei einer Rekonstruktion der Kulturszene der dreißiger Jahre ragt Lu Hsün als die einzige literarische Gestalt heraus, die mächtig genug war, um Mao Tse-tung in Schanghai ideologisch repräsentieren zu können – in einer Zeit, in der Mao und seine Männer im Hinterland um das nackte Überleben und ihren politischen Nimbus kämpften. Bedeutsam ist auch, daß Tschiang Tsching nur Lu Hsün unter allen anderen Schanghaier Schriftstellern für geeignet hielt, in den Jahren nach 1960, in denen der Liberalismus ins Hintertreffen geriet, postum die Rolle des Vorkämpfers für ihre und Maos Überzeugungen zu übernehmen.

V Filmarbeit in Schanghai

Wein, Musik und Film sind die drei bedeutendsten Schöpfungen des Menschen. Der Film ist die jüngste und mächtigste. Er regt zum Tagträumen an. Träume kommen aus dem Herzen, sie spiegeln das Elend der unterdrückten Welt. Nichts hindert den Film, Ideen zu verbreiten.
Tien Han: »Erinnerungen an meine Filmkarriere«

Der Film hatte Tschiang Tsching von jeher fasziniert. Er bedeutete für sie einen wichtigen Bestandteil moderner Kultur. Für sie gehörten Film und Literatur eng zusammen. Bei unserem ersten Gespräch in der Großen Volkskongreßhalle erzählte sie, wie sie im Laufe ihrer lückenhaften Ausbildung mit ausländischer Literatur in Berührung gekommen war:

»Ich habe mich an Romanen, Theaterstücken und Gedichten versucht, aber nichts davon war wirklich gut. Der erste amerikanische Schriftsteller, den ich kennenlernte, war Upton Sinclair, der Autor von »Petroleum!«, »König Kohle«, »Der Sumpf«. Sinclair war ein Reformist. Später las ich auch Jack London und John Steinbeck. Aber ich weiß zu wenig. Allerdings habe ich viele Filme gesehen. Die meisten stammen aus der Zeit Roosevelts, in der viele Filme nach literarischen Vorlagen gemacht wurden. Oft habe ich nichts gegessen und lieber gehungert, um mit dem gesparten Geld ins Kino zu gehen. Ich bewundere Greta Garbo. Sie ist eine große Schauspielerin. Wissen Sie, was sie inzwischen macht?«

»Sie lebt in New York, glaube ich, und hat sich ins Privatleben zurückgezogen«, sagte ich.

»Ich sollte wirklich etwas für sie tun. Ihr Amerikaner habt die Garbo nicht gerade nett behandelt. Nicht einmal einen Akademiepreis habt ihr ihr gegeben.* Aber ich glaube nicht, daß das am amerikanischen Volk liegt, daran sind die Leute schuld, die in den Vereinigten Staaten an der Macht sind. Als ich in Jenan war, habe ich mich öfters mit einem Korrespondenten – Brooks Atkinson hieß er – über die Garbo unterhalten.«

Brooks Atkinson sei als Theaterkritiker der *»New York Times«* bekannt geworden, bemerkte ich.

»Kein Wunder, daß er so viel über Literatur und Kunst wußte! Lebt er noch in New York?«

»Ja, aber er ist nicht mehr bei der *›Times‹*.«

* 1954 erhielt Greta Garbo den *Special Academy Award* »für ihre unvergeßlichen Darstellungen auf der Leinwand«.

»Wenn Sie ihn sehen, sagen Sie ihm bitte, daß ich mich an ihn erinnere. Und falls Sie die Garbo treffen, richten Sie ihr meine Grüße aus. Sie ist eine große Künstlerin. Die ›Große Garbo‹! Hervorragend, wie sie die bürgerlich-demokratischen Werte des 19. Jahrhunderts interpretiert. Sie hat so etwas Rebellisches an sich. Dabei hat sie sehr viel Würde; sie ist weder affektiert noch theatralisch.«

In Gedanken spielte ich die unwahrscheinliche Szene durch: R. W. trifft auf der Fifth Avenue in der nach chinesischen Vorstellungen kleinen Stadt New York zufällig die legendäre Garbo. Ich bemerkte, daß die Garbo immer einen Hauch von Einsamkeit ausstrahlte, im Film wie in ihrem wirklichen Leben, daß sie sich von den anderen Menschen abkapselte. Sie wollte einzigartig sein.

»Ja, sie ist tatsächlich einzigartig«, wiederholte Tschiang Tsching. »Man sollte ihr wirklich eine akademische Auszeichnung geben. Ich würde vorschlagen, daß Metro-Goldwyn-Mayer neue Kopien von ihrer ›Kameliendame‹ und der ›Königin Christine‹ ziehen läßt und die Filme wieder in den Kinos zeigt, damit sie ihre Auszeichnung bekommen kann. Das wäre nur gerecht. Sie ist Schwedin. Wir besitzen Kopien dieser beiden Filme.«

Ich war erstaunt zu erfahren, daß es in China immer noch Kopien von Garbo-Filmen gab; aber dann erinnerte ich mich, daß Tschiang Tsching während der Kulturrevolution in mehreren Ansprachen gewisse nicht-proletarische Werke erwähnte, die sich dazu eignen würden, »am negativen Beispiel zu lernen«. Würden Filme mit der Garbo oder Chaplin, die früher in China begeistert aufgenommen wurden, nun als positiv bewertet, oder sollten sie als negative Beispiele illustrieren, wie proletarische Filme nicht sein sollten, fragte ich.

»Wir können einiges von den schauspielerischen Leistungen und den Filmtechniken lernen, aber leider besitzen wir zu wenig Kopien.« Ich ging auf ihren unausgesprochenen Wunsch ein und bot ihr an, mich dafür zu verwenden, daß sie welche erhielt. Allerdings hatte ich im Moment keine Ahnung, wie ich das anstellen sollte.

»Es ist für uns nicht einfach, an ausländische Filme zu kommen«, gab sie zu. »Da gibt es den Film ›*The Sound of Music*‹. Wir haben uns eine Kopie in Hongkong besorgt; leider war die Farbqualität sehr schlecht. Daraufhin haben wir uns in allen möglichen Ländern umgetan, um eine bessere Kopie zu bekommen – leider ohne Erfolg. Das ist gar nicht so einfach. Dieser antifaschistische Film hat ein ernstes Anliegen. Der Regisseur ist hervorragend!«*

Im Lauf der Zeit habe sie unglaublich viele Filme gesehen, sagte sie, und ihre Lieblingsfilme sogar mehrmals. Einen Dokumentarfilm des russischen Filmregisseurs Roman Karmen hatte sie sich schon dreimal angesehen.[1]

* Nach meiner Rückkehr in die Vereinigten Staaten nahm ich Kontakt mit dem Produzenten und Regisseur Robert Wise auf, der Tschiang Tsching eine Kopie seines Films »*The Sound of Music*« schickte; dafür erhielt er von ihr die Filmversion ihres revolutionären Balletts »Das Weißhaarige Mädchen«; sie bestand dann aber darauf, daß ich sie behielt.

»Ich habe den Roman einer amerikanischen Schriftstellerin, ›Vom Winde verweht‹, gelesen [ins Chinesische übersetzt mit *Piao*, wörtlich wirbelnd, wie der Wind]«, sagte sie. »Der Film, der danach gedreht wurde, heißt ›Die schöne wilde Frau‹.« »Er schildert die neureiche Bourgeoisie zur Zeit des amerikanischen Bürgerkriegs«, warf Yao Wen-yüan lebhaft ein. »Die Sklavenbesitzer im Süden verloren an Boden. Amerika befand sich im Umbruch; alles ging drunter und drüber. In vier Jahren feiern die Vereinigten Staaten den 200. Jahrestag ihrer Unabhängigkeitserklärung. Es lohnt sich, diese 200 Jahre amerikanischer Geschichte einmal gründlich zu untersuchen. Man muß Vergangenheit und Gegenwart Amerikas analysieren, um seine Zukunft zu verstehen.«

»Wissen Sie, warum ich ›Vom Winde verweht‹ erwähnt habe?« fragte Tschiang Tsching. »Nicht, weil es von großem literarischem Wert wäre, sondern weil mir der Film ein plastisches Bild vom amerikanischen Bürgerkrieg vermittelt hat.

Ich habe eine ganze Reihe literarischer Werke gelesen. In meiner Jugend habe ich auch amerikanische Geschichte studiert, aber das meiste habe ich wieder vergessen. Ich kann mich nur noch an Washington und Lincoln erinnern. Washington, der nur drei Millionen Amerikaner hinter sich hatte, besiegte den englischen König, der dreißig Millionen Untertanen hatte [in Wirklichkeit hatte England zur Zeit Washingtons nur ungefähr zehn Millionen]. Nach unserer Ansicht beging Washington später ein Verbrechen, als er die Indianer töten ließ. Aber das wissen Sie ja alles viel besser. Schließlich sind Sie Historikerin, nicht ich. Ich verstehe nicht viel davon. Historisch gesehen war es wohl so, daß er sich zuerst mit den Indianern gegen die Franzosen verbündete; und nachdem er die Briten besiegt hatte, schlachtete er die Indianer ab. Trotzdem war er ein großer Mann.«

Ich gab zu, daß die Regierung der Vereinigten Staaten seitdem nicht allzu viel getan habe, um den Indianern Wiedergutmachung zu leisten und ihre Interessen zu vertreten.

»Daran sind die monopolkapitalistischen Gruppen schuld«, versicherte Tschiang Tsching. »Die Arbeiter würden so etwas nicht tun. Die kalifornischen Monopolgruppen sind Nachzügler; sie schlossen sich erst nach 1930 zusammen, viel später als die im Osten. Und in den Westernfilmen der dreißiger Jahre waren die Weißen selber die Wilden und begingen unglaubliche Grausamkeiten an den Indianern.«

Aber die amerikanischen Western aus den dreißiger Jahren dokumentierten doch keineswegs die damalige Realität, beeilte ich mich zu erklären. Es seien romantische Reminiszenzen an eine Epoche, die gegen 1900 zu Ende gegangen sei.

»Aber es werden in Amerika auch heute noch Westernfilme produziert«, erklärte sie und beendete damit die Unterhaltung.

Eines Abends eröffnete Tschiang Tsching nach einem späten Essen in Kanton mit anschließendem Spaziergang, sie habe eine Überraschung für uns:

Garbos »Königin Christine«. Sie strahlte über das ganze Gesicht. Dieser Metro-Goldwyn-Mayer-Film aus dem Jahr 1933 war einer ihrer Lieblingsfilme. Sie hatte ihn eigens für diesen Abend aus Peking einfliegen lassen. Ihr persönliches Archiv ausländischer und chinesischer Filme umfaßte eine fast komplette Sammlung aller Garbo-Filme. Allerdings war die einzige Kopie der »Kameliendame« in wirklich schlechtem Zustand, nachdem sie im Verlauf der vielen Jahre immer wieder gespielt worden war. »Anna Karenina« besaß sie leider nicht, stellte Tschiang Tsching bedauernd fest.

Ihre Augen leuchteten, als die Lichter ausgingen; und während wir im Dunkeln warteten, bemerkte sie, daß sie dieser Film, obgleich sie ihn schon so oft gesehen habe, immer wieder aufs neue fasziniere. Der Film wurde auf eine tragbare Leinwand projiziert, die Filmrolle quietschte, das Bild wurde immer wieder unscharf, und die ruckartigen Bewegungen der Schauspieler wirkten unnatürlich schnell oder langsam. Der Originalton war praktisch nicht zu verstehen. Chinesische Untertitel gab es nicht, was Tschiang Tsching nicht weiter störte, da sie den Film von Anfang bis Ende auswendig kannte. Und tatsächlich war ihre chinesische Nacherzählung, die sie mir ins Ohr flüsterte, immer noch verständlicher als der englische Dialog.

Ich war von dem Film fasziniert, nicht nur, weil ich ihn noch nicht kannte, sondern weil sie beschlossen hatte, ihn mir zu zeigen. Gab es zwischen diesem europäischen Märchen und Tschiang Tschings Leben etwa eine Verbindung? Christine, im 17. Jahrhundert Königin von Schweden, ist eine schöne und eigenwillige junge Monarchin. Sie lehnt die Partner ab, die ihr vom Hof vorgeschlagen werden, und sucht sich ihre Liebhaber selbst aus. Sie läßt sich von dem brillanten spanischen Botschafter (John Gilbert) betören, der nach Schweden gekommen ist, um im Auftrag des Königs von Spanien um ihre Hand anzuhalten. Als junger Mann verkleidet, begibt sie sich in die Herberge, in der der Botschafter absteigen soll. Da das Wirtshaus überfüllt ist, müssen sich die beiden »jungen Männer« ein Zimmer teilen. Im Verlauf des Abends gibt sie sich als Frau zu erkennen.* Die beiden verlieben sich leidenschaftlich ineinander, was dazu führt, daß sie seinetwegen auf den Thron verzichtet. Aber dann stirbt er, und Christine bleibt allein zurück, ohne Liebe und ohne Macht. Am Ende des Films steht die Garbo mit klassischem Profil am Bug ihres Schiffes und starrt in eine unbestimmte Zukunft.

Das Licht ging an, und ich sah neben mir Tschiang Tschings zwar ausgeprägtes, aber nicht ganz so berühmtes Profil – mit leicht verschwommenem Blick. Selbst etwas mitgenommen, warf ich einen Blick auf meine Armbanduhr – fast zwei Uhr morgens. Tschiang Tsching hatte es bemerkt. Mit einem

* Diese Szene erinnert auffallend an jenes häufig verfilmte Motiv in jahrhundertealten chinesischen Erzählungen (die sich in Hongkong und Taiwan noch immer großer Beliebtheit erfreuen): fahrende Ritter begegnen unkonventionellen und abenteuerlustigen jungen Frauen, die, als Männer verkleidet, weltliche Erfahrungen sammeln, schon bald das Bett mit männlichen Begleitern teilen und sich im richtigen Augenblick als Frau zu erkennen geben. Dieses Motiv – daß Personen in die Kleider des anderen Geschlechts schlüpfen – ist in den heutigen kommunistischen Filmen verboten; vielleicht werden gerade deshalb bei Tschiang Tsching beim Anblick solcher Szenen nostalgische Gefühle wach – und Millionen Chinesen würden nicht anders empfinden.

Lächeln verkündete sie munter, dies sei nur eine kurze Unterbrechung. Sobald die Vorführgeräte bereit seien, würden wir einen neuen Dokumentarfilm über archäologische Ausgrabungen während der Kulturrevolution in der Nähe der Stadt Tschangscha in der Provinz Hunan – ganz in der Nähe des Geburtsorts des Vorsitzenden Mao – sehen. Inzwischen könnten wir uns ja noch einmal gegenseitig photographieren; am besten dort, wo wir am Nachmittag aufgehört hatten: auf der mondbeschienenen Terrasse über dem Lotusteich im Orchideengarten. Damit der Hintergrund malerischer wirkte, wies sie ihren Leibwächter Hsiao Tschiao an, große Töpfe mit Bambus aufzustellen und für gute Beleuchtung zu sorgen. Wir photographierten uns ungefähr eine Stunde lang gegenseitig.

Zu den Attraktionen des Dokumentarfilms gehörte die »einbalsamierte Prinzessin«, deren poröse Mumie nach mehr als zweitausend Jahren Einbalsamierung ans Tageslicht gebracht worden war. Tschiang Tsching begeisterte sich an diesem Film, der anscheinend unter ihrer Leitung produziert worden war; sie kommentierte seine wissenschaftliche Bedeutung, ohne sich näher auf die starke Betonung, die der Film auf die Politik der proletarischen Archäologie legt, einzulassen.

Beim Film arbeitete Tschiang Tsching nur während der Jahre 1936 und 1937. Mit dieser eher dürftigen Information begann sie ihren Bericht über einen Abschnitt ihres Lebens, über den sie sich gewöhnlich auszuschweigen pflegte. Auf keinen Fall dürfe man diese beiden Jahre gesondert betrachten, warnte sie. Die Leute glaubten immer, sie habe während ihrer ganzen Jugend nichts anderes im Kopf gehabt als den Wunsch, unbedingt berühmt zu werden. Manche Leute hätten sogar behauptet, ihr einziger Ehrgeiz sei es gewesen, mit einundzwanzig ein großer Star zu sein. Wie wenig das der Wahrheit entsprach! Wie bei allem anderen, begann sie auch mit der Schauspielerei von ganz unten und arbeitete sich langsam nach oben. Mit achtzehn hatte sie bereits ein festes Engagement, wenn auch bei sehr niedriger Gage. Wenn Uneingeweihte sie auch offenbar ausschließlich als Schauspielerin betrachtet hatten, so war es doch schon von frühester Jugend an ihr Wunsch gewesen, für die Kommunistische Partei zu arbeiten. Sie blickte mich durchdringend an und stellte fest, daß ihr starkes Engagement für den Kommunismus im Ausland nicht zur Kenntnis genommen worden sei. Das ganze Ausmaß ihres Einsatzes sei bis zu diesem Abend nicht einmal den anderen Teilnehmern an unserem Gespräch bekannt. Bei diesen Worten blickte sie mit rätselhaftem Lächeln in die Runde. In ihren frostigen Worten schwang eine Drohung mit, die durchaus ernstzunehmen war.

Dann schwieg sie, während ihre Augen jeden einzelnen in der Runde scharf fixierten. Nach einer Weile sprach sie weiter. Viele Jahre lang war sie – auch heute noch – politischen Verfolgungen ausgesetzt, innerhalb und außerhalb der Partei. Mit theatralischem Lächeln warf sie den Kopf zurück, wie um die Spannung, die ihre Worte im Raum erzeugt hatten, aufzulosen. Dann sagte sie: »Schon immer lag meine wahre Stärke darin, Felsen und Steine aus dem Weg zu räumen – darin bin ich ganz groß! Natürlich ist es ruhmreich, für die Revolution zu arbeiten, und sei die Arbeit auch noch so niedrig. Wer seine Aufgabe richtig erfüllt, sollte darüber keine großen Worte verlieren; und wer einen Fehler begangen hat, muß Selbstdisziplin üben.«

Nie sei ihr daran gelegen gewesen, eine berühmte Filmschauspielerin zu werden, fuhr sie schnell fort. Aber nachdem sie nun einmal als Schauspielerin bekannt war, traten verschiedene Filmgesellschaften an sie heran und versuchten, sie dazu zu *zwingen,* Verträge zu unterschreiben. Lu Hsün stand ihr bei. Als bedeutender Autor konnte er es sich leisten, diese Leute zu verurteilen, die die Schauspieler so brutal einschüchterten. Die großen Filmproduzenten (die direkt oder indirekt im Dienste der KMT standen, zum Beispiel über enge Kontakte zu Tschou Yang und Konsorten im Kulturbereich) schlugen jedoch zurück. Sie verleumdeten Lu Hsün und drohten sogar, Tschiang Tsching zu *töten.* Sie und Lu Hsün waren in ihrer Schanghaier Zeit den gleichen Belästigungen ausgesetzt. Und genau wie sie, litt auch er unter diesen ständigen Angriffen. Sie erhob die Stimme, als sie berichtete, daß alle möglichen Leute und Organisationen – Nationalisten und Kommunisten – Komplotts gemacht hätten, um sie zu töten. Außer der Schanghaier Zeitung »*Ta-kung pao*«[2] hatten sich alle Medien – Rundfunk, Zeitungen und andere einflußreiche Publikationsorgane – gegen sie verschworen. Dabei waren sie heimtückisch und hinterhältig zu Werk gegangen, wie es in der Zeit des *Weißen Terrors* gang und gäbe war. Sie verbreiteten das Gerücht, daß sie gekidnappt werden sollte. Ja, sie versuchten mit allen Mitteln, sie in den Selbstmord zu treiben. Als Einzelperson konnte sie dagegen nichts unternehmen. Da sie keinen Zugang zu den Medien hatte, konnte sie sich gegen die Angreifer, zu denen auch führende Leute in den Medien gehörten, nicht wehren. Als ihr klar wurde, wie allein und isoliert sie dastand und wie leicht man ihr Schaden zufügen konnte, lebte sie ständig in Angst und Schrecken. Ihr Gesundheitszustand verschlechterte sich zusehends, denn ihr Körper besaß nicht mehr die Kraft, sich gegen Krankheiten zur Wehr zu setzen.

Tschiang Tsching hatte diesen Bericht voller Empörung vorgebracht. Ihre Anspielungen und die Einseitigkeit ihrer Informationen werden den Leser, genauso wie damals die kleine Zuhörerschaft, dazu veranlassen, sich zu fragen, wie die historischen Gegebenheiten, auf die sie sich bezog, denn nun in Wirklichkeit ausgesehen haben mögen, und welche Rolle sie selbst denn nun tatsächlich gespielt haben mag. Als sie zusammenfassend über die Position sprach, die sie in den dreißiger Jahren in der Filmindustrie innegehabt hatte, äußerte sie sich zurückhaltend und ausweichend. Schließlich baute sie ihre persönliche Vergangenheit mit Rücksicht auf politische Debatten auf, die die kommunistische Revolution auf ihrem ganzen Weg verfolgt haben, und mit Rücksicht auf Persönlichkeiten, die bis zum Vorabend der Kulturrevolution immense Macht ausübten und die noch immer Anhänger besaßen – Schriftsteller und andere Künstler, die zum Schweigen gebracht, in einigen Fällen auch »liquidiert« worden waren. Darüber hinaus konnte sie sich während ihrer Mitwirkung an Filmen, die zwischen 1936 und 1937 gedreht wurden, der Nationalen Verteidigungslinie Wang Mings (die von Tschou Yang und seinen Anhängern unterstützt wurde) wohl kaum so stark widersetzt haben, wie sie jetzt gern wahrhaben wollte; denn die Wang-Ming-Linie beherrschte den Schanghaier Untergrund und die Kommunistische Partei in den Großstädten. Und warum sollte sie jetzt unnötigerweise ins Gericht gehen mit Männern, die sie vor fünfunddreißig Jahren brüskiert hatten, wenn sich die politischen Machtverhältnisse in der Zukunft durchaus so verschieben konnten, daß dann die Nachfolger ihrer damaligen Gegner in einer liberaleren Phase der Kulturpolitik vielleicht auch mit ihr abrechnen würden.

Eins steht jedenfalls fest: Sie legte Wert darauf, daß in den Aufzeichnungen festgehalten wurde, daß sie, auch wenn sie gezwungenermaßen in den dreißiger Jahren eine Art Doppelleben führte – einmal als Kulturarbeiterin im kommunistischen Untergrund und zum anderen als Mitarbeiterin an Reformprogrammen, die von der CVJF gefördert wurden – trotz allem seit eh und je *überzeugte* Kommunistin gewesen war. Das heißt, daß sie nicht nur mit der Linken kokettierte, um beruflich Vorteile zu haben, und daß es ihr mit dem Anliegen, die Themen des Klassenkampfes in der Kunst auszudrükken, ernster war als Wang Ming, was bedeutete, daß sie eine fast ebenso radikale Position vertrat wie Lu Hsün. Obgleich sie nicht im einzelnen ausführte, auf welche Weise sie »gezwungen« worden war, Verträge zu unterzeichnen (die Androhung von sexueller Mißhandlung kann nicht ausgeschlossen werden), auch nicht angab, für welche Filme sie engagiert wurde, darf angenommen werden, daß es sich bei den Filmen, die sie abzulehnen versuchte, im Prinzip um solche Werke handelte, die den *Widerstandskrieg* befürworteten, den Klassenkampf jedoch außer acht ließen, oder daß sie überhaupt nichts mit Politik zu tun hatten und nur rein kommerziellen Zwecken dienten. Als Lu Hsün Schauspielern zu Hilfe kam, die in unpatriotischen, pro-KMT- oder »Unterhaltungs«-Filmen eingesetzt wurden, zogen ihn die Anhänger Wang Mings in den Schmutz und drohten Tschiang Tsching, sie umzubringen. Ihr gemeinsamer Feind (nach ihrer Darstellung ein Berührungspunkt zwischen ihr und Lu Hsün) kündigte an, sie zu »kidnappen« – sie festzunehmen und dazu zu zwingen, einen Vertrag zu unterzeichnen, den sie dann auch erfüllen mußte, – wenn sie nicht freiwillig ihre Zustimmung gab. Diese Drohung und die schreckliche Vorstellung, gegen ihre politische Überzeugung handeln zu müssen, trieben sie an den Rand des Selbstmords. Hätte sie sich aus diesem Gewissenskonflikt heraus das Leben genommen (tatsächlich begingen viele Schanghaier Schauspielerinnen Selbstmord, die sich in der gleichen Situation befanden), dann wären ihre »Feinde« dafür nur indirekt verantwortlich gewesen.

Bei Abwägung ihrer Motive dürfen wir nicht vergessen, daß sie sich 1972, zum Zeitpunkt des Interviews, in einer unvergleichlich günstigen Situation befand: Tschiang Kai-schek und sein KMT-Apparat lebten seit über zwanzig Jahren im Exil auf der Insel Taiwan, und ihre alten Feinde von der Linken – Tschou Yang, Hsia Yen, Tien Han und Yang Han-scheng – hatte sie selbst sechs Jahre vorher öffentlich diskreditiert und ihre kulturellen Legate zerstören oder beschlagnahmen lassen. Wer hätte also jetzt ihre Anschuldigungen bestätigen oder widerlegen sollen?

Zum Glück hatte sie außer dem Gehalt noch Nebeneinnahmen (wahrscheinlich durch Schauspielen), sagte Tschiang Tsching, als sie mit ihrem Bericht fortfuhr. Aber der größte Teil dieses Geldes wurde für den Unterhalt ihrer »Familie« – aufgebraucht. Wer das gewesen sei? »Zwei Genossen und einige andere Freunde«, erwiderte sie ausweichend. Diejenigen, die wußten, wie wenig Geld ihr zum Leben zur Verfügung stand, wunderten sich über einige ihrer Gewohnheiten, vor allem über ihre Vorliebe für teure Restaurants, die doch nur für die Reichen da waren. Was sie allerdings nicht wußten, war, daß sie in diesen feinen Restaurants (warum sie dorthin ging, kann man nur ahnen) nie etwas anderes bestellte als eine Portion gedämpftes Brot, das sie sehr langsam und immer nur in ganz kleinen Stücken kaute. Wenn von dem Geld noch etwas übrigblieb, nachdem sie das Lebensnotwendigste besaß und die Familie versorgt war, kaufte sie alle möglichen Bücher. Viele Stunden verbrachte sie schmökernd in Buchläden. Nachdem die Buchhändler sie besser kannten, vertrauten sie ihr, und wenn sie einmal ein Buch haben wollte, es aber nicht gleich bezahlen konnte, dann schickten sie es ihr einfach zu, und sie bezahlte später.

Zu dieser Zeit hatte fast jeder in Schanghai Geldsorgen. Für viele tausende von Arbeitslosen wurde der Diebstahl zum letzten Ausweg. Ihr wurde mehrmals die Handtasche gestohlen (bei dieser Erinnerung stieß sie ein kurzes Lachen aus). Wenn sie kein Bargeld mehr hatte, blieb ihr nichts anderes übrig als der Weg zum Pfandhaus. Nachdem ihr Gesicht durch Theater und Film bekanntgeworden war, war ihr das ziemlich peinlich. Außer ihrer Armbanduhr und einem Füllfederhalter (Symbole der Zugehörigkeit zur Intelligenzschicht und zur Beamtenschaft sowohl im republikanischen als auch im kommunistischen China) besaß sie nichts, was sich als Pfand geeignet hätte. Einmal, als sie ihre Uhr und den Füller auf den Ladentisch gelegt hatte, sah sie der Pfandleiher scharf an und fragte, wieviel sie dafür wolle. »Fünf Yüan«, sagte sie zu ihm. Ohne zu feilschen und ohne jeden Kommentar händigte er ihr die fünf Yüan aus und nahm dafür Uhr und Federhalter in Verwahrung. Aber so einfach war es nicht immer; dieser Vorfall bewies nur, daß er sie erkannt haben mußte und ihm ihre mißliche Lage leid tat. Spätere Besuche im Pfandhaus verliefen immer problemloser. Um ihre Kreditfähigkeit nicht aufs Spiel zu setzen, brachte sie das Geld stets innerhalb weniger Tage zurück.

Um noch besser zu verdeutlichen, daß sie damals nur aus Geldnot am Ende doch Filmverträge unterschrieben hatte, führte sie noch einige Beispiele aus ihren ersten beiden Schanghaier Jahren an, denen zu entnehmen war, wie dringend sie das Geld gebraucht hatte. Oft hatte sie nicht einmal Geld für die Busfahrkarte. Sie erinnerte sich noch, wie sie einmal mit dem Bus in einen entfernten Stadtteil gefahren war, um dort einer politischen Versammlung beizuwohnen. Es war stockdunkel draußen, als die Versammlung vorbei war. Zwar fuhr noch ein Bus, doch ihr Geld reichte nur noch für einen Fahrschein dritter Klasse – normalerweise fuhr sie erster Klasse. Es waren nur noch ganz hinten Plätze frei, auf denen man die schaukelnden Bewegungen des Wagens besonders stark spürte. Ihr wurde schlecht – schon in ihrer Kindheit hatte sie keine Fahrten im Wagen vertragen. Schließlich mußte sie ein ganzes Stück von ihrer Wohnung entfernt aussteigen, weil sie es einfach nicht mehr aushielt und das Gefühl hatte, sich übergeben zu müssen. Es blieb ihr nichts anderes übrig, als den langen Weg nach Haus zu Fuß zurückzulegen, viele Dutzende *li* (ein *li* ist ungefähr ein halber Kilometer). Als sie endlich in ihrem Arbeiterinnenwohnheim angekommen war, hatte sie ganz geschwollene Beine.

Ein anderes Mal befand sie sich gerade im Stadtteil Pei-hsien-tschang, als ein Taifun aufkam und kein Bus mehr fuhr. Es gab nur noch Rikschas, doch der Rikscha-Fahrer verlangte das Geld im voraus, und so viel hatte sie nicht bei sich. Sie mußte den weiten Weg nach Hause zu Fuß gehen. Unterwegs mußte sie sich an einen Baum klammern, weil sie der Sturm sonst umgerissen hätte. Große Bäume knickten um, Äste und Zweige brachen ab und wirbelten durch die Luft. Als sie endlich zu Hause war, zitterte sie am ganzen Körper und hatte hohes Fieber. Mit letzter Kraft schleppte sie sich in ihre Bodenkammer, während das Haus, das sie mit einigen Arbeiterstudenten teilte, in allen Fugen ächzte.

Und als wäre das alles noch nicht genug gewesen, geriet nun auch das Internat für Arbeiter, an dem sie unterrichtete, in solche Schwierigkeiten, daß sie allesamt hungern mußten. In dieser Zeit gehörte sie einer Laien-Theatergesellschaft an, die dreimal wöchentlich vor vollem Haus spielte. Dennoch hatten sie nicht genug Geld, und die Schauspieler mußten in die eigene Tasche greifen, um das Theater am Leben erhalten zu können. Auch sie mußte Geld beisteuern – »genauso wie ein Mann«, bemerkte sie mit einem Anflug feministischen Stolzes.

Damit ich auch genau verstünde, was für ein Mensch sie sei, fuhr Tschiang Tsching ernst fort, müßte ich wissen, daß sie »niemals irgend etwas von einem Mann angenommen« habe. Im alten China bezahlte stets der Mann, wenn er mit einer Frau zusammen ausging. Aber sie ließ das nicht zu. Wenn sie kein Geld hatte, dann sagte sie zu ihrem Begleiter: »Heute zahlst du, aber nächstes Mal bin ich dran.« Einmal beschloß sie spontan, sich die »Kameliendame« mit der Garbo in einem teuren Kino anzusehen. In einer exzentrischen Stimmung zog sie einen Männermantel an und nahm eine Männertasche anstatt eines Damentäschchens mit. Als sie zum Schalter kam, waren die besten Plätze schon weg – es gab nur noch Balkonplätze zu einem Yüan. Für diesen Preis konnte sie sich jedoch den Film von einem der besten Plätze eines zweitrangigen Kinos aus ansehen. Daher zog sie los, um eins zu suchen. Als sie durch die Straßen ging, hatte sie das deutliche Gefühl, beobachtet zu werden; aber sie wagte nicht, sich umzudrehen. Vor dem Kino begegnete sie einem Freund. Als sie ihre Karte kaufen wollte, mußte sie feststellen, daß ihre Geldbörse verschwunden war – ein Taschendieb mußte sie gestohlen haben, wahrscheinlich die mysteriöse Person, die ihr auf der Straße gefolgt war. Sie war wütend, und außerdem war es ihr peinlich, daß ihr Bekannter glauben könnte, sie habe nur so getan, als wolle sie bezahlen. Aber zugeben, daß man ihr das Geld gestohlen hatte, wollte sie ihm gegenüber auch nicht. Sonst bedauerte er sie noch und glaubte, er müßte ihr helfen. Daher verabschiedete sie sich schnell, winkte einer Rikscha und machte sich auf die Suche nach Freunden, die ihr etwas Geld für das Nötigste borgen konnten.

Aber sie konnte niemanden auftreiben und ging schließlich auf eine Bank, wo sie sich zu einem horrenden Zinssatz eine kleine Summe auslieh. Sie schämte sich, zugeben zu müssen, daß sie das Geld erst zurückzahlen konnte, bevor sie nach Jenan ging.

Ihr schlechter Gesundheitszustand deprimierte sie. Die Fieberanfälle wiederholten sich, und schließlich begann sie zu phantasieren. Wenn sie tagsüber ausging, wußte sie vorher nie, welche üblen Verleumdungen sie wieder in den Zeitungen finden würde, oder welche Gerüchte ihr wieder zu Ohren kommen würden. In jenen Tagen hatte sie oft das Gefühl, als »böte sie sich als Gefangene der Massen an«. (Sie erklärte nicht weiter, was sie damit sagen wollte.) Die Massen konnten launenhaft und unberechenbar sein. Einmal konnten sie ihr böse sein, und dann wieder ergriffen sie begeistert ihre Hände oder empfingen sie mit Blumen. Eine Freundin von ihr, Korrespondentin der Zeitung *»Ta-kung pao«,* wußte von ihrem prekären Zustand – von den Ängsten, in denen sie schwebte, und der anhaltenden Bedrohung ihres Lebens. Sie versuchte sie zu überreden, ihre Lage in der Öffentlichkeit darzustellen – durch Zeitungsartikel. Warum sollte sie sich nicht wehren? Aber Tschiang Tsching lehnte ab. Bald danach traf sie einen Korrespondenten, der in einer anderen Zeitung üble Dinge über sie geschrieben hatte. Großmütig streckte er die Hand aus, um sie zu begrüßen. Außer sich vor Zorn fuhr Tschiang Tsching ihn an: »Sie haben mich in Fettdruck beschimpft!«

1936 geriet sie in eine immer größere persönliche Krise und wollte weg von Schanghai, vor allem nach den Feiern zum Doppelten Zehnten (der 10. Oktober war der nationale Feiertag der chinesischen Republik). Aber da sie bei einer Filmgesellschaft unter Vertrag stand, durfte sie die Stadt nicht verlassen. In dieser Zeit rieten ihr gute Freunde, über die Dinge, die sie quälten, ein paar Artikel zu schreiben. Und da sie wußten, daß sie denselben Vorschlag früher abgelehnt hatte, waren sie erstaunt, als sie es schließlich doch tat. Leider entsprach ihr erster Artikel nicht ganz ihren Intentionen: an der Stelle, an der sie den Ausdruck »japanische Imperialisten« verwendet hatte, änderte der Drucker das Schriftzeichen für Japan derart, daß die Bedeutung verlorenging. Einige andere Freunde ermahnten sie dringend, ihre radikalen Ideen für sich zu behalten. »Damit forderst du deine Verhaftung geradezu heraus«, warnten sie. Aufgebracht erinnerte sie sie daran, daß sie bereits vor zwei Jahren gekidnappt und monatelang eingesperrt gewesen war.

Zu den Artikeln, die sie während dieser Krisenmonate in Schanghai veröffentlichte, gehörte auch einer mit dem Titel »Unser Leben«; er erschien am 25. Mai 1937 in dem linken Magazin »Aufklärung«.[3] Obgleich ihre jugendliche Vorstellung vom Marxismus vielleicht ein wenig naiv gewesen sein mag – sie war damals gerade dreiundzwanzig –, war es ihr gelungen, das Dilemma der Schauspieler offen darzulegen. Ihr Glaube an die Möglichkeiten der modernen Theater-Bewegung spiegelte sich in der Haltung einer Schauspielerin wider, die sich gegen die ständige Infragestellung ihrer sozialen Position, ihres beruflichen Könnens und ihrer politischen Einstellung wehrt. Dreißig Jahre später sollte sie ihre Argumente vom Kontrollturm der Kulturrevolution aus fortsetzen, aber damals schrieb sie in »Unser Leben«:

Das Leben eines Schauspielers ist für die meisten Menschen etwas Unvorstellbares. Oft sagen die Leute neiderfüllt: »Oh, welch ein angenehmes, erstrebenswertes Leben!« Oder irgendeiner, der sich für einen Aristokraten hält, blickt auf uns herab und mokiert sich: »Ach, das sind doch nur ein paar liederliche Schauspieler.« Wieder anderen sind wir, die wir an der neuen Theater-Bewegung mitgewirkt haben, nur ein Dorn im Auge, den man möglichst schnell wieder loswerden möchte. Wir sind gefährlich wie Zündpulver, und die uns vernichten wollen, greifen von allen Seiten an. Heute ist der Imperialismus vielleicht die stärkste Macht; vor allem möchten [die Imperialisten] ihre Welt, so wie sie ist, mit ihren besonderen Privilegien erhalten. Wie Jagdhunde [eine von Tschiang Tsching immer wieder benutzte Metapher] streifen sie überall herum, stets auf dem Sprung und stets bereit, die neue Theater-Bewegung zu vernichten. In der Internationalen Niederlassung und in der Französischen Konzession stürzen sie sich rücksichtslos auf unsere Darsteller. Wir wissen, daß sie auch in andere Richtungen gierig zuschlagen werden.

Schauspieler und Schauspielerinnen müssen stark sein, körperliche und geistige Stärke besitzen, schrieb Tschiang Tsching im selben Artikel. Sie sind nicht nur zur Unterhaltung da, und sie sind auch kein Spielzeug. In kritischen Zeiten wie dieser müssen sich die Schauspieler ihrer gesellschaftlichen Verantwortung bewußt werden und demgemäß handeln. Sie müssen mit den Autoren und Regisseuren als Gleichgestellte zusammenarbeiten, um ihr Verständnis für soziale Probleme zu vertiefen.

Diese klare und leidenschaftliche Stimme jener Jahre stand in krassem Gegensatz zu ihrem Bericht über die Qualen, die sie als Schauspielerin durchgestanden hatte. »Jetzt wissen Sie, wie Li Yün-ho entstanden ist«, bemerkte sie dunkel. Sie schwieg, fing sich wieder, und von einem Augenblick zum anderen wechselte ihre Stimmung von Verzweiflung zu Entschlossenheit. Nachdem sie aus diesem Alptraum »erwacht« sei, sagte sie, sei sie vom Bild der roten Fahne der Kommunistischen Partei erfüllt gewesen. Sie vertraute darauf, daß China seine eigene rote Fahne besitzen würde, und daß die ganze Welt ihre eigene rote Fahne besitzen würde. (Sie sprach mit Überzeugung – aber klangen diese Sätze nicht auch wie der Schluß einer revolutionären Oper?)

Bald nach Beginn dieses Jahrhunderts begann, gleichzeitig mit dem modernen Drama, die Entwicklung des Films. Die Produktion konzentrierte sich auf Schanghai, obgleich auch in Hongkong und anderen Großstädten Filmstudios entstanden. Angeregt durch die ausländischen Filme, die den Markt überschwemmten, und durch ausländische Investitionen, orientierte sich die chinesische Filmindustrie bis etwa 1925 eindeutig an westlichen Vorbildern: eine bunte Mischung aus Unterhaltung à la Hollywood und sowjetischer Propaganda. Die jungen chinesischen Filmemacher, von denen viele im Ausland ausgebildet waren, ließen sich auch von den hohen technischen und ästhetischen Ansprüchen der Japaner beeinflussen, die weit fortgeschrittener waren als sie selbst. Ganze Serien von Filmen behandelten Themen aus dem konfliktgeladenen städtischen Milieu – Entwicklung politischen Bewußtseins innerhalb der Arbeiterklasse, Ausbildung von Kindern sozial schwacher Schichten, Frauenemanzipation und Frauenrechte, sowie Arbeitslosigkeit.[4] Dabei wurden bei der Darstellung wie auch bei der Ausstattung realistische und naturalistische Mittel eingesetzt, beides Elemente, die die chinesische Tradition nicht kannte.

Trotz der eigenen Fortschritte war die chinesische Filmindustrie vorwiegend ausländischen Einflüssen ausgesetzt. 1936, dem Jahr, in dem Tschiang Tsching ihr Filmdebüt gab, liefen in Schanghai 373 Filme in Erstaufführung, von denen nur 30 nicht in Hollywood entstanden waren. Die chinesischen Filmstudios, die ohnehin nur einen Bruchteil aller gezeigten Filme herstellten, paßten sich dazu auch noch in Inhalt und Stil an Hollywood an.

Ab 1920 wurden in Schanghai chinesische Filmtechniker von amerikanischen Spezialisten ausgebildet; allerdings mußten die meisten bereits nach wenigen Jahren wieder entlassen werden, weil keine finanziellen Mittel mehr da waren. Sie hinterließen nur rudimentär ausgebildetes Personal und technisch veraltete Geräte. Trotz dieses Handikaps, zu dem noch Kapitalknappheit kam, waren Ende der zwanziger Jahre in Schanghai mehrere Filmstudios in Betrieb. Jedes entwickelte einen eigenen Stil und besaß einen eigenen Schauspielerstab.

Von Beginn der dreißiger Jahre an erkannten die Führer der linken Kulturbewegung, vor allem diejenigen, die sich mit dem modernen Drama beschäftigt hatten, welch einzigartiges Potential der Film für Propagandazwekke darstellte, und begannen, sich mit diesem Medium näher zu befassen. Wie beim Theater, so kamen die Zuschauer auch beim Film ohne Lesen und Schreiben aus; außerdem waren Herstellung und Vertrieb von Filmen in jenen Tagen relativ billig. Anfang der dreißiger Jahre gab es zwar noch keine offizielle Liga der Filmemacher, trotzdem wurden die Interessen der radikalen Filmer von einigen führenden Mitgliedern der *Liga der Linken Dramatiker* gefördert. Zum Beispiel beeinflußten Tien Han, Hsia Yen und Yang Han-scheng sowohl das moderne politische Drama als auch den Film. Nach dem japanischen Angriff auf Schanghai vom 28. Januar 1932 setzte sich Hsia Yen bei der KPCh für die Einrichtung eines Filmbüros in der Untergrundbewegung ein.[5] Immer häufiger wurden Filme zur Verbreitung politischer Meinungen verwendet, und die Filmkritik, die ihre erste Blüte erlebte, diente den Zwecken der Linken. Im Juli 1932 gründete die KPCh ihre eigene Filmzeitschrift, »Filmkunst«, die die Aufgabe hatte, »offenen Kampf und sachliche Kritik«, das heißt, eine ideologisch richtige Filmanalyse zu fördern.[6] Im Februar 1933 gründete die Partei in Schanghai die Chinesische Filmkunst-Vereinigung, um Kinoprodukte im Kampf gegen den Imperialismus gezielt einzusetzen.

Tschiang Tschings Karriere war ebenso von starken Persönlichkeiten bestimmt wie von Politik oder Kunst. Einem von ihnen sind wir schon früher begegnet, nämlich dem Produzenten und Drehbuchautor Hsia Yen, dessen berufliche Laufbahn parallel zu der von Tschiang Tsching verlief. Immer wenn sich ihre Wege kreuzten, kam es zur Auseinandersetzungen. Beide wuchsen mit dem Theater auf – Hsia Yen, der Schriftsteller, schloß sich zunächst der linken Theater-Bewegung an und wandte sich dann dem Film zu. Als Revolutionär der ersten Generation wurde Hsia Yen Mitglied einer marxistischen Gruppe in Hangtschou an und studierte in Japan. 1927 trat er der KPCh bei und 1930 und 1931 gehörte er zu den Mitbegründern der *Ligen Linker Schriftsteller und Dramatiker.* Im darauffolgenden Jahr begann er, avantgardistische linksgerichtete Filme zu produzieren, zu einem Zeitpunkt, an dem die gesamte Filmindustrie infolge des zunehmenden japanischen Expansionismus sowohl in finanzielle wie auch politische Schwierigkeiten geraten war. Im Sommer 1932 schloß er sich – zusammen mit einigen anderen KPCh-Mitgliedern – der *Star Film Company* an, die es sich zur Aufgabe gemacht hatte, nicht in allen Filmen romantische, sexuelle und feministische Themen, für die die westlich orientierte Intelligenzschicht eine Vorliebe besaß, zu behandeln, sondern statt dessen Probleme darzustellen, die für die Masse der chinesischen Bevölkerung relevant waren. Es war Hsia Yen, der marxistische Themen wie den Klassenkampf in den chinesischen Film einführte.[7]

Angesichts ihrer gegenseitigen Abneigung, die sich später zu offener Feindschaft entwickelte, ist es geradezu ein ironischer Zufall, daß Hsia Yen dasselbe Milieu, in dem Tschiang Tsching der aufreibenden Tätigkeit nachging, Arbeiterinnen zu unterrichten und die Arbeitsbedingungen in den Schanghaier Fabriken zu untersuchen, als proletarische Kulisse für seine realistischen und naturalistischen politischen Filme verwendete. Sein »Aufschrei der Frauen« beispielsweise deckte die entsetzlichen Verhältnisse in der Textilindustrie auf.[8]

Um der historischen Situation Rechnung zu tragen, produzierten die *Star Film Company* und andere Studios Filme, die die moralische Korruption der KMT und die Ungewißheit über den weiteren Verlauf des *Widerstandskrieges* behandelten. Diese Offenheit brachte ihnen unvermeidlich einen Platz im gleichen Anti-Regierungslager ein, dem auch die Dissidenten unter den Journalisten, Schriftstellern und Verlegern angehörten, und sie wurden auch auf die gleiche Art und Weise bestraft. Die Gestapo-ähnliche Vereinigung der Blauhemden, das Komitee zur Vernichtung des Kommunismus und andere Geheimorganisationen drangen von Zeit zu Zeit in die Filmstudios ein und machten sie kurzerhand dicht, genauso wie Verlage, Buchläden, Kulturinstitutionen, Schulen und Universitäten.[9] Im November 1932 mußte das relativ konservative *I Hua*-Filmstudio den Blauhemden als Sündenbock herhalten – als Warnung an alle, den Weg der reinen Unterhaltung oder der politischen Orthodoxie nicht zu verlassen.[10]

Die meist linken Mitglieder der stillgelegten Studios fanden in anderen Filmgesellschaften Aufnahme und setzten dort ihre Arbeit fort. Daraufhin schleuste die Regierung in die restlichen Studios Agenten und Gegenagenten ein, um gar nicht erst irgendeine Art politischer Unabhängigkeit aufkommen zu lassen. Als linke Künstler getarnte Agenten manipulierten entsprechend dem Interesse der KMT Drehbücher, Kinoprogramme und Werbeanzeigen. Um der öffentlichen Diskussion über die politischen Inhalte der einzelnen

Filme allmählich ein Ende zu bereiten, wurden Filmbeilagen in Tages- und Wochenzeitschriften sowie unabhängige Filmjournale sporadisch zensiert oder durch Behördenbeschluß verboten.

1934 war das letzte Jahr, in dem die linken Filmemacher offen gegen die nationalistische Regierung opponierten. Im darauffolgenden Jahr wurde der Ruf nach einer Einheitsfront aller rivalisierenden politischen Gruppen laut, und die Gründung von Vereinigungen zur *Rettung des Vaterlandes* an ihrer Stelle bedeutete, daß Kontroversen mit Rücksicht auf die Überlebenschancen aller beigelegt werden mußten. Aber diese Vereinigungen zur *Rettung des Vaterlandes* besaßen durchaus einen eigenen politischen Standort. Wenn sie Regierungsakte kritisierten, die auf eine kompromißbereite Haltung gegenüber den Japanern schließen ließen, mußten sie damit rechnen, daß die Regierung mit Repressionen darauf reagierte. Immer mehr ging die KMT jetzt dazu über, auf breit angelegte Angriffe gegen oppositionelle Institutionen zu verzichten und statt dessen bestimmte Personen zu diffamieren. Die meisten Zeitungen und Zeitschriften wurden von KMT-Leuten kontrolliert, die die Macht besaßen, verleumderische Kampagnen gegen Schriftsteller und Künstler zu starten, indem sie öffentlich auf »dunkle« Stellen in deren Privatleben hinwiesen und ihre politischen Ideen verurteilten. In der Gesellschaft von Schanghai mit ihren ungleich verteilten Rechten und Freiheiten waren Frauen diesen demütigenden Kampagnen stärker ausgesetzt als Männer. Insbesondere künstlerisch tätige Frauen, allen voran die Schauspielerinnen, deren soziales Prestige keineswegs dem Glanz und Ruhm, der sie umgab, entsprach, konnten durch Manipulation der öffentlichen Meinung bis zum Selbstmord getrieben werden.

Der *Weiße Terror,* den die nationalistische Regierung ab 1935 systematisch betrieb, führte in der Filmindustrie wie auch in anderen Bereichen der Kunst zu einschneidenden Veränderungen. In den zurückliegenden Jahren war der Film ein beliebtes Ausdrucksmittel für soziales und politisches Bewußtsein gewesen. Ideologische Meinungen wurden geradeheraus vertreten; soziale Mißstände und deren revolutionäre Lösung wurden unmißverständlich dargestellt. Als jedoch die KMT 1935 offiziell für eine Politik der Einheitsfront eintrat, wurde es zu gefährlich, sich Regierungsrepressalien auszusetzen, so daß die anti-nationalistischen Filmemacher gezwungen waren, sich subtilerer Mittel der Charakterisierung zu bedienen und politische Aussagen auf indirektem Wege zu vermitteln. Vom künstlerischen Standpunkt aus war das natürlich zu begrüßen; allerdings wurde diese Ausdrucksform Ende der vierziger Jahre wieder abgeschafft, als die Filmindustrie in kommunistische Regie genommen wurde und politische Aussagen wieder direkt vermittelt wurden. Während der Kulturrevolution setzte sich dieser Stil dann vollends durch. 1935 befleißigten sich die Filmer jedoch nicht nur indirekterer Methoden zur Vermittlung politischer Inhalte, sondern sie waren auch gezwungen, sich bei der Rollenbesetzung ziemlich komplizierter Taktiken zu bedienen. Aus Sicherheitsgründen wurden mit den Schauspielern jetzt Einzelverträge abgeschlossen, nicht wie früher mit ganzen Gruppen. Wie uns Tschiang Tsching verriet, gehörte sie zu denen, die von den Filmproduzenten Angebote bekamen, wobei man sie manchmal auch unter Druck setzte und zum Abschluß von Verträgen zwang, die, im nachhinein betrachtet, politischen und somit auch persönlichen Schaden anrichteten.

Tschiang Tschings Filmkarriere begann zu einem Zeitpunkt, der für die moderne Kulturgeschichte Chinas von höchster Bedeutung war. Linke Regisseure, die von der Regierung in den Untergrund getrieben worden waren, griffen jedes Schauspielertalent, dessen sie habhaft werden konnten, auf; sie erfanden Namen und Leitbilder, die auf neue Rollen zugeschnitten waren. So erging es auch Tschiang Tsching, die unter Pseudonym für die *United Photoplay (Lien Hua)*-Filmgesellschaft arbeitete. Bis dahin war sie im politischen Untergrund und auf der Bühne als Li Yün-ho oder unter Teilen dieses Namens bekannt. Sie wies darauf hin, daß Li zu ihrem Familiennamen gehörte, den sie auf diese Weise weiterführte. Als sie ihren ersten Vertrag unterschrieb, riet ihr ein führendes Mitglied der *Liga Linker Dramatiker* – ein Mann, den sie bewunderte, aber nicht namentlich nannte – einen neuen Namen anzunehmen, und zwar einen, der sie nicht mit dem Nachnamen Li in Zusammenhang brachte, der in politischen Kreisen berüchtigt war (sie ging nicht näher darauf ein). Und so wählte sie Lan Ping als ihr Filmpseudonym. Die Gründe waren persönlicher Art. *Lan,* wörtlich »blau«, wählte sie, weil sie blaue Kleidung in allen Schattierungen bevorzugt – dunkelblau, hellblau und auch blaugrau. Und weil sie in Kürze von Schanghai nach Peiping gehen würde (Peiping heißt wörtlich »nördlicher Friede« und war die damalige Bezeichnung für Peking), wählte sie das Zeichen für *ping,* also »Friede«, als zweiten Teil ihres Namens. Lan Ping heißt somit Blauer Friede.

Aber nachdem sie den Filmvertrag mit der *United Photoplay* unterschrieben hatte, beschloß das nämliche Mitglied der *Liga Linker Dramatiker,* das zweite Zeichen ihres Namens von *ping,* »Friede«, in ein anderes, auffälligeres umzuändern, das zwar auch wie *ping* ausgesprochen wird, sich aber anders schreibt und »Apfel« bedeutet. Er hielt diese Bedeutung im Zusammenhang mit Filmen für effektvoller. Sie behielt *ping* in der Bedeutung von Apfel bei, und seitdem war sie als die Filmschauspielerin Lan Ping – Blauer Apfel – bekannt.[11] An dem Mann, der ihre Namensänderung veranlaßt hatte, übte Tien Han später Verrat, fügte sie scharf hinzu.

Unter dem *Weißen Terror* bestand für Künstler unablässig die Gefahr, daß ihre »Kooperation« mit verschiedenen Gruppen gegen den ausländischen Imperialismus als »Kollaboration« mit chinesischen Repräsentanten des ausländischen Feindes ausgelegt werden konnte. Im Unterschied zum Schauspiel, dessen Aufführung die Darsteller immer selbst unter Kontrolle hatten, gelangte der Film, nachdem er abgedreht war, zu den Redakteuren und Zensoren, die damit tun und lassen konnten, was ihnen beliebte. Als ich sie bat, mir einige Beispiele zu nennen, erwiderte Tschiang Tsching zurückhaltend, daß sie eigentlich nicht darauf vorbereitet sei, daß sie aber trotzdem etwas sagen wolle.

»Anfang der dreißiger Jahre standen uns die Filmstudios sehr nahe, denn wenn eine Nation in Gefahr ist, unterdrückt zu werden, finden dekadente und obszöne Filme keinen Markt. Das Volk forderte Demokratie und wollte gegen die Japaner kämpfen. Damals stammten siebzig Prozent aller vorgeführten Filme aus Amerika. Die Eintrittskarten waren so teuer, daß die Arbeiter sich keinen Kinobesuch leisten konnten. In Schanghai wurden einige relativ demokratische Filme produziert, die sich mehr oder weniger engagiert mit den Problemen der Masse auseinandersetzten oder anti-imperialistische Themen aufgriffen. Aber die Filmregisseure wagten es nicht, sich offen zu äußern. Sie wußten, daß man sie sonst kidnappen würde, so wie ich gekidnappt und von der Kuomintang mehrere Monate lang gefangen gehalten wurde.«

Weitere Einzelheiten, die Tschiang Tsching nicht erwähnte, können den dokumentarischen Aufzeichnungen entnommen werden. Im Oktober 1934 wurde Hsia Yen auf Betreiben des konservativen Flügels der *Star-Studios* entlassen, weil seine zweijährige Tätigkeit als »subversiver« Filmregisseur verurteilt wurde. Daraufhin trat er der linken Fraktion der *United Photoplay* bei, festigte seine Beziehung zu dem im Untergrund arbeitenden KPCh-Filmbüro und setzte die Produktion seiner progressiven Filme fort.[12] Die *United Photoplay* wurde 1929 gegründet. Ausländische und chinesische Geldgeber, darunter auch einige Kriegsherren, hatten beschlossen, auf gewinnträchtige Klischees zu verzichten – z. B. auf Geister und fahrende Ritter, die auch heute noch in Form von Heftchen, im Fernsehen und in Filmserien bei den Auslandschinesen Anhänger finden. Die ersten Produktionen der *United Photoplay* beschäftigten sich mit den intellektuellen und moralischen Problemen ihrer führenden Mitglieder, die sich während der liberalen und kosmopolitischen *Bewegung des 4. Mai* emanzipiert hatten: Aufstand gegen das alte Familiensystem, »moderne« Liebe und Ehe und Konflikte zwischen romantischer Liebe und sozialer Verantwortung. Dann zwangen die tragischen Kriegsereignisse Anfang der dreißiger Jahre die *United Photoplay*, diese sentimentalen Themen fallenzulassen und statt dessen Filme mit kaum verhüllten politischen Aussagen zu produzieren. In ihrem Bemühen um politische Immunität gingen sie sogar noch weiter und schufen Filme, deren Handlung und Gestalten allegorische Bedeutung hatten. Zu dieser kritischen Zeit wurde Tschiang Tsching von der *United Photoplay* engagiert.

Von einer Position der Stärke aus – nachdem die kulturrevolutionäre Abrechnung stattgefunden hatte – stellte sie fest: »Mitte der dreißiger Jahre haben die Vier Bösewichte [Tschou Yang, Yang Han-scheng, Hsia Yen und Tien Han], die ihren Namen von Lu Hsün erhielten, die Revolution verraten, und es wurden keine guten Filme mehr gedreht. Zu dieser Zeit wurde ich von einer Filmgesellschaft unter Vertrag genommen. Ich war bestimmt keine große Schauspielerin, aber den neuen war ich weit überlegen. Ich konnte Basisarbeit leisten und als [Schauspiel-]Regisseur mit den Werktätigen arbeiten. Natürlich studierten [proletarische Künstler] auch selbst Stücke ein und traten als Schauspieler auf. Ich ging auch in die Schulen. Solche Sachen habe ich viel gemacht.«

Tschiang Tsching hatte wiederholt ihre Bühnenrollen erwähnt, aber nie ihre Filmrollen, auch nicht, wenn ich sie direkt darauf ansprach, was ich mehrmals getan habe. Dafür gab es mehrere Gründe, die teilweise nicht schwer zu erraten sind. Einmal wollte sie prinzipiell die Filme aus dieser Zeit – Ende der dreißiger Jahre – unterschlagen; außerdem hatte sie aber auch persönliche Gründe. Mehr als einmal sagte sie, sie wolle nicht, daß ihre Rolle als Filmstar in den Vordergrund gespielt würde. Ganz gewiß wollte sie auch nicht riskieren, daß Ausländer plötzlich versuchten, alte Filme mit ihr aus der Versenkung zu holen, um damit das Programm ganzer Filmfestivals zu bestreiten. Jahrelang war das Gerücht umgegangen, daß Mao nach seiner Heirat mit Tschiang Tsching alle Filme, in denen sie mitgewirkt hatte, habe vernichten lassen. Aber angesichts der historischen Tatsache, daß sein Regime private Filmstudios und Filmarchive erst Anfang 1950 enteignete, ist das unwahrscheinlich – denn bis dahin waren die Kopien der meisten kommerziellen Filme bereits nach Hongkong und in chinesische Niederlassungen in Übersee gelangt. Es ist jedoch dokumentarisch belegt, daß Bücher, die nach 1950 erschienen sind und die Tschiang Tsching als Darstellerin bestimmter Rollen aufführen, Anfang der sechziger Jahre verboten wurden und daß ihre Autoren wegen einer Anzahl von Vergehen – vor allem wegen ihrer politischen Einstellung, die nicht mit der orthodoxen Richtung übereinstimmte, die Mao zu Beginn der Kulturrevolution offiziell eingeführt hatte – aufs heftigste kritisiert wurden.[13] Der wichtigste Beweggrund für die spärlichen Informationen über ihre Filmkarriere ist vielleicht der, daß die Filme, in denen sie mitspielte, während der Ära der Einheitsfront produziert wurden, während der die Filmteams gezwungen waren, für die Linie der Nationalen Verteidigung im Sinne einer Kooperation mit der KMT gegen den ausländischen Feind einzutreten; denn nicht alle Beteiligten unterstützten gleichzeitig auch den proletarischen Klassenkampf, zu dem sich Tschiang Tsching später bekannte. Die filmische Aufbereitung der Linie der Nationalen Verteidigung bot sich natürlich später für verschiedene retrospektive politische Interpretationen an, vor allem auf Kosten der wachsenden Zahl von Mao-Feinden in anderen Bereichen.

Als Chinas beste moderne Schriftsteller, allen voran die Dramatiker, damit begannen, Filmdrehbücher zu schreiben, die versprachen, den Film zum populärsten aller Medien zu machen, wurden auch junge Bühnentalente zum Film geholt. Zu den erfolgreichsten Filmstars, die vom Theater abgewandert waren, gehörten Pai Yang und Tschao Tan, die manchmal auch als die Garbo und der Gable Chinas bezeichnet wurden. Diese beiden Namen, die in jenen Tagen ganz zweifellos mehr Ausstrahlung besaßen als ihr eigener, hat Tschiang Tsching nie erwähnt. Aber wie sie sagte, war sie selbst auch nur aufgrund ihrer Theatererfolge zum Film gekommen.

Tschiang Tschings Filmkarriere muß im Zusammenhang mit der Politik der Einheitsfront gesehen werden, die im Sommer 1935 ins Leben gerufen wurde. Die Forderung nach Überparteilichkeit in den Vereinigungen zur *Rettung des Vaterlandes,* die die Nachfolge der Linken Ligen antreten sollten, verbot allen Schriftstellern und Künstlern, auf Kosten des nationalen Interesses für parteiliche Belange einzutreten oder die Heuchelei der KMT-Regierung und die Fruchtlosigkeit ihrer halbherzigen Bemühungen, die Herrschaft der Japaner zu beseitigen, offen anzuprangern. Danach konnten kritische Aussagen im Film nur noch mit indirekten Stilmitteln ausgedrückt werden. Tschiang Tschings erster Film, »Blut auf dem Wolfsberg«, ist ein gutes Beispiel für die Technik, mittels allegorischer Darstellung politische Inhalte zu vermitteln. Die Originalgeschichte »Kalter Mond und Wolfsatem« stammte von Schen Fu, einem Mann, der einer Arbeiterfamilie entstammte und 1933 zur *United Photoplay* gestoßen war, als politische Schriftsteller und Filmer noch größere Freiheiten besaßen als nach 1935. Die Geschichte wurde von Schen Fu und dem hervorragenden Drehbuchautor Fei Mu zu einem Drehbuch umgeschrieben und unter der Regie von Fei Mu und dem berühmten Tschou Ta-ming, mit dem sich Tschiang Tsching später anfreundete, gedreht.

Oberflächlich betrachtet ist »Blut auf dem Wolfsberg« nur eine aufregende Geschichte über ein Wolfsrudel, das in ein Dorf einbricht, die Einwohner dutzendweise verschlingt und Panik und Schrecken verbreitet. Zuschauer, die mit der äsopischen Sprache dieses Jahrzehnts vertraut waren, erkannten zweifellos die Wölfe als Symbol für die Japaner. Die Dorfbewohner reagieren unterschiedlich auf die Angreifer. Die Heldin des Films, Kleine Jade, und ihr Vater sind auf Rache aus. Tschao Erh, ein abergläubischer Teehausbesitzer, glaubt, daß Wölfe von Berggeistern beherrscht werden und daher nicht vernichtet werden können; die einzige Möglichkeit, ihnen zu entkommen, ist, sie mit einem Zauberspruch zu bannen. Lao Tschang kennt keine Furcht. Allein zieht er auf die Wolfsjagd. Liu San und seine Frau (dargestellt von Lan Ping alias Tschiang Tsching) haben vor den Wölfen entsetzliche Angst (nicht nur im Film). Als Kleine Jade, ihr Vater und der mutige Lao Tschang auf die Wolfsjagd gehen, werden sie von Hundefängern begleitet, die einen toten Wolf mitschleppen, um die bösen Geister zu verjagen. Der Vater, der unbewaffnet ist, wird auf der Stelle von einem Wolf verschlungen. In der gleichen Nacht fällt das Wolfsrudel erneut in das Dorf ein und tötet den Sohn von Liu San und seiner Frau. Dieses Unglück führt zum offenen Widerstand. Während das Wolfsrudel am hellichten Tage durch die Straßen zieht, mobilisieren Kleine Jade, Lao Tschang und Liu San die Bauern zur Verteidigung des Dorfes. Liu Sans Frau (Tschiang Tsching), die früher vor den Wölfen Angst hatte, schlägt sich nun mutig auf die Seite derer, die die Wölfe bekämpfen. Die brennenden Fackeln hoch erhoben, singen die Dorfbewohner das »Tötet-den-Wolf-Lied« und ziehen in die Schlacht:

> Ob wir leben oder sterben, wir kämpfen
> gegen die Wölfe und schützen unser Dorf.
> Das Blut unserer Brüder ist wie ein Meer,
> die toten Leiber unserer Schwestern sind wie Eis!
> Und sind die Wölfe noch so gefräßig, wir
> weichen nicht.
> Wir vernichten die Wölfe,
> denn ohne Heim können wir nicht leben.[14]

Wie alle Filme, die in den dreißiger Jahren unter der nationalistischen Regierung entstanden, wurde »Blut auf dem Wolfsberg« mehrfach zensiert, bevor der Film freigegeben wurde. Gemäß den KMT-Bestimmungen mußten zuerst der Entwurf des Drehbuchs, danach das fertige Drehbuch und die Dialoge und am Ende der ganze Film von der Zentralen Filmzensur genehmigt werden. Dann sah sich der von Ausländern kontrollierte Schanghaier Stadtrat den Film an, um Szenen herauszunehmen, an denen die Japaner Anstoß nehmen konnten. Und schließlich und endlich besaß das japanische Konsulat sogar selbst das Recht, Filme zu überprüfen, die im Verdacht standen, imperialistische Privilegien in Frage zu stellen. Obgleich die Zensoren des Schanghaier Stadtrats ahnten, wen die Wölfe in »Blut auf dem Wolfsberg« verkörperten, gab das japanische Konsulat den Film frei – vielleicht nur, weil es eine derartige Verleumdung einfach nicht wahrhaben wollte.[15]

In der gespaltenen politischen Szenerie von damals mußte der Film heftige Kontroversen herausfordern. Verteidiger von Ruhe und Ordnung, die diskret die Japaner unterstützten, griffen die durchsichtige Allegorie an. Linke Kritiker, die die Kollaboration der KMT mit dem ausländischen Feind mißbilligten, priesen den geschickten Einfall, das Thema des Widerstands auf diese Weise zu behandeln. Wichtige Fürsprecher waren etwa dreißig radikale Kritiker des Kunstvereins, einer relativ neuen KPCh-Geheimorganisation.* Zu den Mitgliedern des Kunstvereins gehörten verschiedene Bekannte von Tschiang Tsching: ihr zurückgewiesener Verehrer Tschang Keng; die Filmproduzenten Tschen Po-tschi, Tsai Tschu-scheng und Li Sze; sowie der Schauspieler und Filmkritiker Tang Na (alias Ma Tschi-liang), mit dem sie Gerüchten zufolge sogar verheiratet gewesen sein soll. Diese Leute begeisterten sich für die darstellerische Leistung Tschiangs Tschings in Filmen, die der von Tschou Yang unterstützten Wang-Ming-Linie der Nationalen Verteidigung dienten. Wie hätten sie ahnen können, daß sie damit Tschiang Tsching, die ins Hinterland geflohen war und sich Mao, dem Rivalen Wang Mings, zugewandt hatte, ernsthaft komprimittieren würden? Die Wortführer der aufstrebenden Schanghaier Bourgeoisie kümmerte es weniger, ob die Japaner irritiert waren oder nicht; sie fanden den Film in seiner optischen Anspruchslosigkeit einfach langweilig. Sie waren den Kinosex der sogenannten »weichen« Filme gewöhnt, sie vermißten verführerische Blicke aus Frauenaugen, üppiges Fleisch und breite Schenkel, und wollten mehr Busen und aufreizendes Make-up sehen.

Obgleich der Film offiziell genehmigt war, wurde er im Herbst 1936 von der KMT-Polizei und der Polizei der Internationalen Niederlassung verboten. Dadurch sah sich der Kunstverein zu einem internationalen Aufruf veranlaßt: Stückeschreiber und Filmemacher sollten von politischer Bevormundung befreit werden.[16]

Nur wenige Historiker der Volksrepublik haben es gewagt, auf Tschiang Tschings Rolle in diesem Film einzugehen. Tscheng Tschi-hua tat es den-

* Der Kunstverein war einer von zahlreichen offiziellen und inoffiziellen Kulturvereinen, aus denen sich die Schanghaier Caféhaus-Gesellschaft zusammensetzte und die nach dem Sieg der KPCh gewaltsam aufgelöst wurden.

noch, wenn auch mit der nötigen Zurückhaltung. Es überrascht nicht, daß er ein Opfer der Kulturrevolution wurde. Seine enzyklopädische Geschichte des chinesischen Films enthielt auch eine Zusammenfassung von »Blut auf dem Wolfsberg«, und sein Kommentar bezog sich einzig auf Lan Pings Darstellung. Er lobte ihre Darstellung einer einfachen Bäuerin, deren politisches Bewußtsein durch die brutale Erfahrung, ihr Kind an die Wölfe verloren zu haben, geweckt wurde. Ihre darstellerische Leistung sei vom Volk genauso positiv aufgenommen worden wie von den Kritikern, stellte er fest.[17]

»Wang Lao-wu«, der zweite Film der *United Photoplay,* in dem Lan Ping auftrat, setzte Themen über soziale Ausbeutung und nationalen Widerstand auf direktere Weise um. Er spielte in den Slums und wurde von dem berühmten Tsai Tschu-scheng, einem Mitglied des Kunstvereins, inszeniert. Um sich auf den Film, der das Leben auf den Hausbooten der Schanghaier Flußmündung authentisch darstellen sollte, vorzubereiten, stellte er umfassende Recherchen an. (Dieser künstlerische Pragmatismus wurde später unter dem kommunistischen Regime übernommen.) Die Geschichte, die nach diesen Recherchen entwickelt wurde, handelt von Wang Lao-wu, einem verarmten fünfunddreißigjährigen Junggesellen, der das »gute Gewissen« des arbeitenden Volkes besitzt, dessen politisches Bewußtsein aber nicht sehr stark ausgeprägt ist. Er verliebt sich in eine Näherin (gespielt von Lan Ping, alias Tschiang Tsching), die aber seine Liebe nicht erwidert. Als ihr Vater stirbt, beweist er ihr sein Mitgefühl; aus Dankbarkeit heiratet sie ihn. Sie bekommen vier Kinder und wohnen in einer der für Schanghai typischen Hütten. Ihre armselige Existenz deprimiert ihn allmählich so sehr, daß er zum Trinker wird. Nach dem japanischen Angriff auf Schanghai im Jahre 1932 wird sein Zustand immer schlimmer, die Familie sinkt in immer größeres Elend.

Der Vorarbeiter (der unmißverständlich als Feind der Arbeiter charakterisiert ist) will Wang Lao-wu zu seinem persönlichen Vorteil ausnutzen. Heimlich rät er ihm, zwischen den Arbeiterhütten ein Feuer zu legen. Normalerweise tut Wang Lao-wu das, was man ihm aufträgt, aber diesmal befiehlt ihm sein Instinkt, sich zu widersetzen, dem Vorarbeiter die Stirn zu bieten und ihn in aller Öffentlichkeit als Verräter anzuprangern. Außer sich vor Wut, rächt sich der Vorarbeiter, indem er Wangs Hütte in ein Flammenmeer verwandelt, aus dem sich Frau und Kinder mit knapper Not retten können. Dann stachelt er die Leute gegen Wang auf, und stellt *ihn* als den »Verräter« hin, »der sterben muß«. Weinend fleht seine Frau die Leute an, ihn nicht zu bestrafen; er *will* gut sein, erklärt sie, er weiß nur nicht, wie er es anstellen soll. Inzwischen hat das Feuer, das von dem verräterischen Vorarbeiter gelegt wurde, die Flugzeuge des Feindes auf den Plan gerufen. Das Dorf wird bombardiert, und von allen Seiten nähern sich die Japaner. Im letzten Bild beugt sich Wangs Frau über den Leichnam ihres Mannes. Inmitten von Sterbenden und Wehklagenden hebt sie stolz den Kopf und verdammt alle ausländischen Feinde und chinesischen Verräter.[18]

Trotz der eklatanten Melodramatik hatte der Film bei den Kritikern immerhin soviel Erfolg, daß Lan Ping durch ihn Filmruhm erlangte. Als der

Film im Juni 1937 abgedreht war, schrieben die Zeitungen über Lan Pings Auftritte in der Öffentlichkeit und über ihre persönlichen Ansichten zu diversen Fragen.[19] Dieser gesellschaftliche Glanz wirkte vor dem Hintergrund der tragischen Situation des Volkes befremdlich. Noch bevor der Film freigegeben war, wurde Tschiang Kai-schek im Dezember 1936 in Sian, in der nordwestlichen Provinz Schensi, gefangengenommen. Als er mit dem Tode bedroht wurde, verpflichtete er sich dazu, wirksamen nationalen Widerstand zu leisten und die Politik der Einheitsfront zu unterstützen. In den folgenden Monaten sollte das Territorium, das er zu beherrschen vorgab, in den gemeinsamen Kampf einbezogen werden. Wie unter jedem chinesischen Regime der Vergangenheit oder der Gegenwart, ob es nun nationalistisch oder kommunistisch war, mußte sich die Kultur an die Regierungspolitik anpassen. Der Film »*Wang Lao-wu*« wurde zu einem schwierigen Fall. Da der verräterische Vorarbeiter als Verkörperung der nationalistischen Regierung gedeutet und somit in dieser Figur die unaufrichtige Haltung der KMT zum Widerstand aufgedeckt werden konnte, wurde der Film beschlagnahmt; er wurde erst im April 1938 wieder freigegeben. Bis dahin hatte sich die gesamte politische Szene verändert. Die japanische Invasion in Schanghai war zur Realität geworden, und Hunderttausende, darunter Tschiang Tsching, wurden dadurch ins Exil getrieben.

Um alles zu beseitigen, woran die Japaner Anstoß nehmen konnten, schnitten die KMT-Zensoren diejenigen Passagen des Films, in denen Wang Lao-wu den Japanern Widerstand leistet, das heißt, in denen er sich weigert, mit dem verräterischen Vorarbeiter zu kollaborieren. Dadurch wurde nicht nur das künstlerische Gesamtbild des Filmes zerstört, sondern, weit wichtiger, die Aussage dahingehend umgeändert, daß der japanische Expansionismus befürwortet wurde.[20] So kam es, daß Lan Ping, die Revolutionärin Tschiang Tsching, in einem Film auftrat, der durch ein paar Schnitte soweit verändert wurde, daß er zur Kollaboration mit den Japanern aufzufordern schien.

Wie Tschiang Tsching nach dreißig Jahren rückblickend feststellte, war sie dagegen machtlos – und es gab nichts, womit sie den Schaden, den ihr Ansehen gelitten hatte, wieder gutmachen konnte. Wie alle anderen war sie den unberechenbaren Folgen drastischer politischer Veränderungen machtlos ausgeliefert. Aus dieser bitteren Erfahrung lernte sie eine der wichtigsten Lektionen ihres Lebens: wenn man nicht das Opfer sein will, muß man selbst die Macht erlangen.

Als Filmschauspielerin erfuhr Tschiang Tsching am eigenen Leib die Abhängigkeit des Künstlers von den jeweils herrschenden Verhältnissen. Zugleich machte sie die Erfahrung, daß die Welt des Films einem ständigen Wandel unterworfen war. So wie nationale Katastrophen in den dreißiger Jahren dem Prinzip »Kunst um der Kunst willen« ein Ende bereitet hatten, so mußte auch der »Film um des Filmes willen« politischem Druck weichen. Diese gewissenhafte Annäherung von Kunst und Realität veranlaßte einige Autoren, allgemeine soziale und politische Fragen mit Hilfe des *cinema à clef* zu erforschen. Tschiang Tsching machte auf einen solchen Fall aufmerksam, wodurch sie gleichzeitig zwischen ihrem eigenen und dem Leben des unglücklichen Stars Yüan Ling-yü eine Parallele zog.

Neben dem Drehbuchautor Hsia Yen, über den sich Tschiang Tsching kurz und abwertend aussprach,[21] gab es noch zwei weitere angesehene Autoren, nämlich Lu Hsün und Tien Han, die ebenfalls Filmdrehbücher für die *United Photoplay* schrieben, bei der sie unter Vertrag stand. Ihrer Ansicht nach konnte Lu Hsün keinen Schaden anrichten, aber bei Tien Han war das etwas anderes. Da sie durch persönliche Ressentiments ihm gegenüber bei ihrer Rückschau auf seine Vergangenheit etwas voreingenommen war, sollte seine kurze aber erfolgreiche Filmkarriere doch noch zusätzliche Erwähnung finden.

Das künstlerische Potential des Films faszinierte Tien Han bereits Mitte der zwanziger Jahre, als bei den chinesischen Intellektuellen noch der europäische Romantizismus und der japanische Ästhetizismus in Mode waren. »Zelluloidträume« nannte er Filme. »Wein, Musik und Film sind die drei bedeutendsten Schöpfungen des Menschen.« 1926 gründete er das Südchinesische Filmtheater, einen Ableger der richtungweisenden Südchinesischen Schauspielgesellschaft, deren Initiator er gewesen war. Nach seiner Zuwendung zum Marxismus im Jahre 1931 verwarf er den Gedanken der »Zelluloidträume« als kapitalistisches Ideengut.[22] Mit seiner Hinwendung zur Linken begann er, das große Publikum mehr zu berücksichtigen, und schrieb Drehbücher, die den sozialen Wandel in den Städten zum Inhalt hatten. Zu seinen besten Filmen gehört »Drei moderne Mädchen«, dessen Drehbuch er unter dem Pseudonym Tien Han geschrieben hatte und der 1933 von der *United Photoplay* produziert wurde. Der Star dieses politischen Melodramas war Yüan Ling-yü, die von manchen Kritikern mit der Garbo verglichen wurde (für die Chinesen war die Garbo die Filmgöttin des Westens). Und auch Yüan Ling-yü wurde ein populäres Kultobjekt ihrer Ära.[23]

Auf dem Gipfel ihrer Filmkarriere spielte Yüan Ling-yü in einem weiteren sensationellen Film, »Die neue Frau«, mit, der den Feminismus, die Linke und die politischen Verfolgungen zum Thema hatte. Auch dieser Film wurde von der *United Photoplay* produziert; Regisseure waren Tsai Tschu-scheng und Tschou Ta-ming (der einmal mit Yüan Ling-yü verheiratet war), die die Hauptrolle ebensogut Tschiang Tsching hätten geben können. Die eindrucksvolle Begleitmusik zu diesem Beispiel für das *cinema à clef* stammte von Nie Erh (der fünf Jahre später in Jenan die Kantate »Der Gelbe Fluß« schrieb, die Tschiang Tsching später der Kulturrevolution anpaßte).[24] Es handelte sich um die fiktive Rekonstruktion des Lebens von Ai Hsia, einer Schauspielerin, die im Februar 1934 Selbstmord begangen hatte. Im Film ist Ai Hsia eine Schriftstellerin. Weil ihr Roman ein Mißerfolg ist, kann sie ihre kleine Tochter nicht mehr ernähren, verfällt in Depressionen und sieht keinen anderen Ausweg mehr als den Selbstmord. Im letzten Augenblick wird sie jedoch entdeckt und mehr tot als lebendig in ein Krankenhaus gebracht.

Alle Bemühungen, sie zu retten, sind vergebens; bevor sie stirbt, hört sie durch das geöffnete Fenster einen Zeitungsjungen rufen: »Berühmte Schriftstellerin begeht Selbstmord!« Der Film endet mit einer Apotheose des proletarischen Aufbruchs. Eine Gruppe Arbeiterinnen, die gerade von Ai Hsias Selbstmord gelesen haben (ganz offensichtlich keine Analphabetinnen!), verwandeln ihren Schmerz in Entschlossenheit. Gemeinsam marschieren sie der aufsteigenden Sonne entgegen.[25]

Tschiang Tsching sagte nicht direkt etwas über Yüan Ling-yü, aber aus der Art, wie sie ihre eigene Karriere beim Film darstellte, ging unmißverständlich hervor, daß Yüan Ling-yü sowohl auf der Leinwand als auch im Leben ein Vorbild für sie gewesen sein muß – jedenfalls bis Tschiang Tsching selbst Schanghai verließ. Yüan Ling-yü war vier Jahre älter als sie und stammte aus einer Schanghaier Arbeiterfamilie; ihre Mutter war berufstätig, so wie die von Tschiang Tsching. Ihre Filmkarriere begann beim *Star Studio*; später ging sie zur *United Photoplay*, wo sie und Tschiang Tsching in linken und avantgardistischen Filmen mitwirkten. Yüan war jedoch nicht nur erheblich hübscher als Tschiang Tsching und eine bessere Schauspielerin als diese; ihr spektakulärer Selbstmord drückte dem sozialen Bewußtsein Schanghais einen unauslöschlichen Stempel auf. Wie bei zahlreichen Stars vor und nach ihrer Zeit, so hatte die Erinnerung an sie einen tragischen Beigeschmack: Sie war das Opfer böser Verleumdungen.

Im Februar 1935, am ersten Jahrestag von Ai Hsias Tod, hatte »Die neue Frau« in Schanghai Premiere. Ironie des Schicksals: Am 8. März, der in China schon lange als internationaler Frauentag gefeiert wurde, beging Yüan Ling-yü, die Schauspielerin, die Ai Hsias Selbstmord dargestellt hatte, im Alter von 25 Jahren Selbstmord.[26]

In den letzten Monaten ihres Lebens wurde Yüan Ling-yü wegen ihrer Scheidung von dem Kameramann Tschou Ta-ming und wegen ihrer Affären mit anderen Männern öffentlich angeprangert. Alle Schauspielerinnen, die im Rampenlicht standen – einerlei, ob sie in linksgerichteten Filmen mitwirkten, wie Yüan und Tschiang Tsching, oder in kommerziellen Filmen – unterlagen der öffentlichen Kritik, und das umso mehr, wenn sie eine unorthodoxe politische Einstellung hatten. Die begehrteren Filmstars, die etwa mit einer Clara Bow oder Betty Grable zu vergleichen wären, verkehrten mit KMT-Politikern, Generälen und Geschäftsmagnaten. Wie politisch naiv oder reaktionär diese Frauen auch immer gewesen sein mögen, nach traditionellen chinesischen Maßstäben traten sie außergewöhnlich radikal auf. Ihr ausschweifender Lebensstil verhöhnte die alten Konventionen, denen zufolge die Frauen sittsame Töchter und aufopfernde Ehefrauen zu sein hatten und denen sich die meisten Chinesinnen unterwarfen. Überall im alten China, und in ländlichen Gebieten auch später noch, trieben strenge Moral und sozialer Druck, der für Frauen viel stärker war als für Männer, viele, die ihre Keuschheit verloren hatten oder fürchteten, sie zu verlieren, in den Selbstmord. Die pflichtbewußten Frauen, die mit diesem moralischem Imperativ ins Grab gingen, wurden den Lebenden postum als Beispiel gepriesen.

Obgleich dieser einseitige repressive Sexualkodex unter Revolutionären und fortschrittlichen Geistern weit weniger verbreitet war, machten sich sensationsgierige Journalisten die Presse und die öffentliche Meinung zunutze, um »unsittliche« Frauen zu demütigen. Und die KMT-Regierung schreckte nicht davor zurück, sie dem Spott preiszugeben oder zu vernichten. Die Abfolge von Publizität, Verfolgung und Selbstmord wurde zur Routine.

Der Freitod Yüan Ling-yüs im Frühjahr 1935 erregte ungeheures Aufsehen (mehr als jeder andere), da ihre Geschichte von der Kunst zum Leben und wieder zurück zur Kunst geführt hatte, wobei sie in jedem Stadium berühmter geworden war. Schon wenige Wochen nach ihrem Tod wurde ihr Leben in »Tod eines Filmstars« gefeiert, einem beispiellosen Erfolg auf den Schanghaier Bühnen. Am Ende ihrer Erinnerungen an die Zeit in Schanghai verwies Tschiang Tsching auf Lu Hsüns Essay: »Das Geschwätz der Leute ist etwas Schreckliches«, dessen Titel Yüan Ling-yüs Abschiedsbrief entnommen war. »Das sollten Sie unbedingt lesen«, drängte Tschiang Tsching, »Sie finden darin Hinweise auf mein eigenes Leben.«

Der Essay, der die sadistischen Tendenzen angreift, die auch im modernen China eine Rolle spielten, handelt von Frauen, die in den Schmutz gezogen werden, nur weil sie Schauspielerinnen sind. Journalisten sind »schmatzende Klatschmäuler«, die Leser beliefern, die ganz wild darauf sind, sich an Ausschmückungen über das Sexualleben von Frauen zu ergötzen, die im Licht der Öffentlichkeit stehen: »Wenn ein Mädchen weggelaufen ist, verkündet der brillante Schreiber bereits sein Urteil, noch bevor bekannt ist, ob es durchgebrannt ist oder verführt wurde: ›Sie war einsam und sehnte sich nach einem Geliebten, um mit ihm das Lager zu teilen.‹ Woher will er das wissen? Und obgleich es in ärmeren Gegenden durchaus üblich ist, daß eine Frau mehrmals heiratet, hat der brillante Schreiber seine Schlagzeile parat: ›Lüsterner als Wu Tse-tien‹«.*

Wenn eine Frau erst einmal in Verruf geraten sei, betonte Lu Hsün, nütze es ihr nichts, wenn die falsche Beschuldigung zurückgenommen oder der angerichtete Schaden wieder gutgemacht werde: »Eine hilflose Frau wie Yüan Ling-yü wird gequält. Man beschmiert sie mit Schmutz, den sie nicht wieder abzuwischen vermag. Soll sie sich wehren und zurückschlagen? Da sie keine Macht über die Presse besitzt, ist ihr das nicht möglich. Sie hat niemanden, mit dem sie sprechen, an den sie sich wenden könnte. Wenn wir uns an ihre Stelle versetzen, dann begreifen wir, daß sie die Wahrheit sprach, als sie sagte, daß das Geschwätz der Leute etwas Schreckliches sei. Und wer da glaubte, die Zeitungen hätten etwas mit ihrem Selbstmord zu tun, sprach ebenfalls die Wahrheit.«[27]

* Kaiserin (»Kaiser« aus eigenen Gnaden) der Tschou-Dynastie (684–705 n. Chr.), Interregnum der Tang. Jahrhundertelang war ihre sexuelle Unersättlichkeit und ihr tyrannisches und unkonventionelles Benehmen Ziel des Spottes in vielen populären Romanen. Ihr legendäres Leben wurde 1939 in Schanghai und 1963 in Hongkong in aufwendigen Produktionen verfilmt. 1960 erschien Kuo Mo-jos historischer Roman über sie, der 1963, gegen Ende der kulturell liberalen Ära, in einer Bearbeitung neu aufgelegt wurde. 1974 stellte die Kommunistische Partei die historische Überlieferung auf den Kopf und feierte sie als Heldin der »Legalisten«.

Im wesentlichen hatte Tschiang Tsching das gleiche über ihre eigene mißliche Lage gesagt, nachdem sie »in Fettdruck« abgestempelt worden war – womit sie die Schlagzeilen der Zeitungen meinte. Wenn China heute eine liberalere Gesellschaft wäre, wenn sich Männer und Frauen über ihre sexuellen Abenteuer auslassen könnten, ohne repressive Maßnahmen befürchten zu müssen, hätten wir über Tschiang Tschings Vergangenheit vielleicht mehr erfahren. Aus den Hinweisen, die sie mir gab, aus Veröffentlichungen in der Presse und Gerüchten, die unter Exilchinesen ihrer Generation kursieren, lassen sich immerhin einige Schlüsse ziehen. Wenn sie Fragen auswich, hatte sie dafür persönliche und politische Gründe, die oft beide miteinander verstrickt waren. Im Verlauf ihrer Filmkarriere, die nach ihrer eigenen Aussage eher auf ihre Armut als auf ihren persönlichen Ehrgeiz zurückzuführen ist, wurde ihr Name öfters mit dem des Schauspielers und Filmkritikers Tang Na, einem führenden Mitglied des von den Kommunisten geförderten Kunstvereins in Zusammenhang gebracht.[28] Manche sagen, sie sei mit ihm verheiratet gewesen, und als sie ihn verließ, habe er aus Verzweiflung fast Selbstmord begangen. Tang Nas Selbstmorddrohung, die von der Presse eilig verbreitet worden war, enthielt einen Hinweis auf Tschiang Tsching und stellte sie als die Schuldige hin. Dadurch wurde sie nicht nur noch berühmter, sondern es machte sie auch zur Zielscheibe von Frauenhaß und Sadismus, die in der modernen Gesellschaft genauso weitverbreitet zu sein scheinen wie in der alten. Auch wenn die Lan Ping – Tang Na-Affäre heute kaum nachweisbar sein mag, und auch wenn diese Romanze keinen nachhaltigen Einfluß auf ihr Leben ausgeübt haben mag – die Gerüchte darüber und die politische Manipulation von Filmen, in denen sie mitgewirkt hatte, waren gewissermaßen ihr Schanghaier Erbe, das sie nach Jenan mitbrachte. Wie würde sie es bewältigen?

Zweiter Teil: Im Hinterland

VI Bei Mao in Jenan

Manchmal genügt schon ein Blick zum Glück.
Sprichwort, zitiert in
»Der Traum der roten Kammer«

Tschiang Tsching war mit ihren Gedanken so tief in die Vergangenheit versunken, daß sie sich nicht leicht ablenken ließ. Jeden Abend gegen zehn oder elf näherte sich ihr unauffällig ein Mann, um mitzuteilen, daß das Essen bereit sei; aber sie fuhr in ihrer Erzählung fort, als hätte sie nichts gehört. Die Nachricht wurde von Zeit zu Zeit wiederholt, bis sie endlich reagierte. Dann sagte sie: »Sie können sich etwas frisch machen, wir treffen uns dann bei Tisch.«

In dem geräumigen, nur spärlich möblierten Eßzimmer nahmen wir, zusammen mit sieben ihrer Begleiter, an einem runden Tisch Platz. Tischtuch und Servietten waren aus schwerem weißen Leinen, und das Porzellan und die Eßstäbchen besaßen die hohe, aber unaufdringliche Qualität, wie sie im Süden Chinas üblich ist. Tschiang Tsching genoß es sichtlich, bei Tisch, wie im übrigen bei jeder anderen Gelegenheit, die Hauptrolle zu spielen. Von mir erwartete sie nur Bemerkungen zu dem, was sie sagte, und Antworten auf ihre Fragen; sie bestimmte, worüber gesprochen wurde, ich lieferte ihr bestenfalls die Stichworte. Die anderen aßen meist schweigend und schienen es zu genießen, sich von ihr unterhalten zu lassen.

Da sie bei Tisch meist an das vorher Gesagte anknüpfte, wenn auch in etwas gelockerter Form, nahm ich Block und Schreibstift zur Hand. An meinem ersten Abend in Kanton fragte mich Tschiang Tsching spöttisch, ob ich eigentlich nicht vorhätte, mit ihr zu essen. Doch, natürlich, erwiderte ich, erklärte ihr aber, daß ich mich wohler fühlte, in ihrer Gegenwart meine beruflichen Utensilien bei mir zu haben. Sie lachte und warf mir scherzhaft vor, ich würde »zu hart arbeiten«, eine im kommunistischen China geläufige Form des Kompliments. Am nächsten Abend setzte ich mich absichtlich darüber hinweg und bediente mit der linken Hand die Eßstäbchen, während ich mir mit der rechten Notizen machte; diese Unhöflichkeit duldete Tschiang Tsching allerdings nicht lange. Ich beneidete unseren »Hofchronisten«, der alles, was gesagt wurde, aufschreiben konnte – aber nur, weil ihm die beiden Frauen neben ihm geschickt die Eßstäbchen in den Mund schoben.

Unser Essen war nicht alltäglich und immer besonders hübsch angerichtet, ohne dabei protzig zu wirken.[1] Jede Mahlzeit bestand aus ungefähr zehn Gängen, immer zu einem ganz bestimmten kulinarischen Thema – verschiedene Zubereitungsarten von Fleisch, Geflügel oder irgendeine regionale Spezialität. Zwischen den Mahlzeiten wurde fast ununterbrochen Tee serviert.

Nur während des Essens selbst gab es Wein und alkoholische Getränke, letzteres ein scharfes Destillat namens *mao-tai.* Tschiang Tsching hob bei Trinksprüchen das Glas nur an die Lippen, trank aber nichts. Als sie bemerkte, daß ich nicht nur pro forma trank und auch immer wieder einmal zwischendurch ein Schlückchen zu mir nahm, lächelte sie ein wenig verstimmt, beteuerte aber, daß sie nichts dagegen habe. »Das gehört alles mit zu meiner Arbeit«, versicherte ich, hob mein Glas mit beiden Händen und prostete strahlend dem geröteten Gesicht Lao Tschens, meiner ältesten Begleiterin aus Szetschuan, zu. Sie kicherte und verkündete herausfordernd: »Wir beide wissen, wie man die Lebensgeister wach hält!«

Tschiang Tsching erklärte ganz sachlich, daß Alkohol nicht gut für ihre Nerven sei, und dann widmete sie sich wieder den frisch aufgetragenen Delikatessen.

Sie zog mild gewürzte Speisen vor, vor allem die kleinen Schalen mit den breiigen Substanzen, die gegen das Ende der Mahlzeiten serviert werden. Dazu gehörten auch Suppen mit exotischen Meerestieren und Pilzen, die wie welke Blumen aussahen; Reis, mit geschabten Krabben und Grünzeug gemischt; Hirsebrei mit Jasminblüten garniert, sowie süßes Walnußpüree, das Tschiang Tsching als besonders nahrhaft empfahl. So appetitlich dies alles auch aussah, ich war nicht daran gewöhnt und hielt mich daher lieber an die scharfen, süßsauren Gerichte. Jeden Bissen tunkte ich in Essig und Pfeffer-Jam, eine dicke Soße aus gemahlenem scharfem Pfeffer in Öl. Nach unserem ersten gemeinsamen Essen standen an meinem Platz immer zusätzliche Essigkännchen und Schälchen mit Pfeffer-Jam. Ob der Vorsitzende immer noch so gern den scharfen Hunan-Pfeffer esse, fragte ich (er stammt aus der Provinz Hunan, die für ihren Pfeffer berühmt ist). »Nicht mehr so wie früher – seit er älter ist«, erwiderte sie heiter.

Tschiang Tsching hatte ihre Geschichte an einer Stelle unterbrochen, als sie gerade im Begriff war, aus Schanghai, wo sich ein Sturm zusammenbraute und eine neue japanische Invasionswelle bevorstand, zu flüchten. Ich war gespannt, was sie als ihren Zielort angeben würde. Ich erinnerte mich an einen Bericht aus Hongkong, in dem behauptet wurde, sie habe sich der Zentralen Film-Gesellschaft angeschlossen, einem Organ des KMT-Propagandaministeriums, und sei mit dieser nach Tschungking und in andere Städte im Landesinnern gegangen, um in Filmen der Nationalen Verteidigung mitzuwirken – und sei erst ein oder zwei Jahre später in Jenan aufgetaucht.[2] Weit glaubhafter erscheint allerdings das, was der Historiker des kommunistischen Films Tscheng Tschi-hua darüber zu berichten wußte: 1938 habe sie bei der Zentralen Film-Gesellschaft in Wuhan gearbeitet und sei im darauffolgenden Jahr nach Tschungking gegangen, um dort an der Seite des gutaussehenden und vielseitigen Tschao Tan die Hauptrolle in »Jungen und Mädchen von China« zu spielen.[3]

Meine Spekulationen wurden hinfällig, als sie erklärte, daß sie Schanghai nach dem Zwischenfall bei der Marco-Polo-Brücke im Juli 1937, durch den die Fassade der Einheitsfront eingerissen und eine weitere Phase chinesisch-japanischer Kämpfe eingeleitet wurde, verlassen habe. Direkt nachdem sie auf ihr persönliches Mißgeschick in ihrem Artikel »Mein offener Brief«, der in einer Schanghaier Zeitung veröffentlicht wurde, aufmerksam gemacht hatte, floh sie aus der Stadt. Als sie nach einer Reise von fast 1500 Kilometern in Sian ankam, hatte der Krieg eine katastrophale Wende genommen. Am 13. August bombardierten die Japaner Schanghai. Damit wurde ein einzigartiges gesellschaftliches und kulturelles Zentrum vernichtet, jedoch blieb das »Schanghai der dreißiger Jahre« ein Begriff.

Damals war Sian ein ärmlicher ausgedehnter Marktflecken im Süden der Provinz Schensi – vor tausend Jahren war es die Hauptstadt von elf Dynastien gewesen. Seine Bevölkerungszahl war auf 50000 geschrumpft, und davon waren etwa 5000 Agenten der KMT, die die Stadt aus dem Untergrund beherrschten. Nach den Sian-Ereignissen vom Dezember 1936 errichtete die KPCh dort das Hauptquartier der *8.-Route-Armee.* Von 1937 bis 1946 diente dieses Büro (das 1970 als Gedenkstätte des kommunistischen Aufstiegs restauriert wurde) dazu, linke Flüchtlinge in die Geheimnisse der Parteidisziplin einzuführen, bevor sie auf die letzte Strecke ihrer Reise geschickt wurden: die 500 Kilometer durchs Gebirge nach Jenan. Tschiang Tsching gehörte zu den vielen tausend jungen Flüchtlingen, die diesen Weg einschlugen. Für die meisten war dies der Wendepunkt in ihrem Leben.

»Nach dem Zwischenfall vom 12. Dezember 1936 [den *Sian-Ereignissen*] verbesserte sich die Lage ein wenig, als es Tschang Hsüe-liang gelang, den Vormarsch Tschiang Kai-scheks aufzuhalten. Aber wir [die Rote Armee] waren noch immer stark eingeengt. Tschiang Kai-schek mobilisierte eine Streitmacht von angeblich 300000 Mann, um unser Gebiet einzukreisen und anzugreifen. Erst nach dem Zwischenfall vom 12. Dezember erfuhr ich, daß unsere Armee Nord-Schensi erreicht hatte; ich bat sofort, dorthin reisen zu dürfen. Ich kam in Jenan erst im Sommer [genauer, Ende August] 1937 an. Damals war es außerordentlich schwierig, dahin zu kommen. Ich fuhr auf einem unserer Armeelastwagen mit, die Reis transportierten. Auf halbem Weg mußten wir anhalten, da die Straße wegen eines Unwetters nicht mehr passierbar war. Ich mußte ziemlich lange warten. Mein Geld war aufgebraucht, und ich wußte mir nicht mehr zu helfen. Dann hat mir jemand ein Pferd besorgt, aber ich hatte überhaupt keine Ahnung, wie man reitet. Ich stieg also auf, aber das Pferd fuhr fort, Gras zu kauen, und rührte sich nicht vom Fleck. Natürlich wollte ich nicht zugeben, daß ich gar nicht reiten konnte. Deshalb kletterte ich wieder herunter und holte mir eine Weidenrute. Damit stieg ich wieder auf das Pferd und schlug ihm kräftig aufs Hinterteil. Da wurde es plötzlich ganz wild und galoppierte wie verrückt los. Ich dachte, ich würde es nicht überleben. Jeden Augenblick konnte ich vom Pferd stürzen. Aber endlich wurde es müde und verfiel in eine langsamere Gangart.

Als ich in Lo-tschuan ankam, hatte das Politbüro des Zentralkomitees gerade eine Sitzung. Ich war völlig durcheinander, und der Schrecken saß mir noch in allen Gliedern. Ich glaubte, ich würde im nächsten Augenblick in Ohnmacht fallen. Aber ich war fest entschlossen, die führenden Genossen des Zentralkomitees zu begrüßen – sie hatten meinetwegen eine sehr wichtige Sitzung unterbrochen. [Der übliche Empfang für Kulturprominenz?] Ich riß mich zusammen und hämmerte mir immer wieder ein, daß ich auf keinen Fall vor ihren Augen schlappmachen durfte – im Gegenteil, ich mußte ihnen aufrecht gegenübertreten. Ich schüttelte jedem einzelnen von ihnen die Hand.«[4]

Auf politische Fragen im Zusammenhang mit dem Zentralkomitee ging Tschiang Tsching nicht ein, sondern ließ sich weitschweifig über Pferde aus, den Militarismus, über die Eigenart der Menschen aus dem Norden und darüber, wie man sich ein Tier gefügig macht. Pferde waren in Jenan Mangelware, daher waren sie hauptsächlich der Führungsspitze vorbehalten. Später war sie als Ehefrau Maos auch dazu berechtigt, ein Pferd zu halten, und überwand allmählich ihre Furcht vor ihnen. Immer wieder zwang sie sich zum Reiten und brachte es schließlich auf fünf Kilometer in zehn Minuten.

»Ich reite bis zum heutigen Tag auf einem sanften, ruhigen Pferd. Ich reite für mein Leben gern. Sie auch?«

Ich mußte gestehen, daß mir in diesem Punkt die Theorie lieber war als die Praxis. Das Pferd würde meine Unsicherheit bestimmt sofort merken und mit mir machen, was es wollte.

»Sie müssen ein junges Pferd nehmen und es selbst zureiten«, riet sie mir. »Wenn ich zu einem Pferd von mir ›*Ma-erh*‹ sage [etwa ›Pferdchen‹], wiehert es mir zu. Aber wenn ich es nicht selbst zugeritten habe, wirft es mich möglicherweise ab.«

Danach kam sie wieder auf ihre Ankunft im Stützpunktgebiet zu sprechen; sie erzählte, sie habe den letzten Teil des achtzig Kilometer-Trecks von Lo-tschuan nach Jenan zusammen mit anderen auf einem Lastwagen zurückgelegt. Wie sich herausstellte, fuhr ihr Wagen zufällig direkt hinter dem von Mao Tse-tung her, der von dem Treffen in Lo-tschuan nach Jenan zurückkehrte. Aber das erfuhr sie erst später. Der erste Blick auf die alte Mauer von Jenan würde ihr unvergeßlich sein. Auf das Südtor waren zwei Zeichen geschrieben – *an-lan*, – »die Wellen glätten«, erinnerte sie sich wehmütig.

In Tschiang Tschings Bericht wurde die Rote Armee nicht erwähnt; deren Situation läßt sich aber ohne weiteres rekonstruieren. Sieben Monate vor Tschiang Tschings Ankunft im August 1937 hatte die Partei ihr Hauptquartier von Pao-an nach Jenan, etwa 65 Kilometer südöstlich, verlegt. Während der folgenden zehn Jahre sollte Jenan Hauptstadt des Grenzgebietes Schensi-Kansu-Ninghsia sein.* Das Gebiet war im Süden durch Lo-tschuan und im

* Im Sinne der Einheitsfront trafen die Kommunisten am 22. September 1937 mit den Nationalisten die Abmachung, den Namen ihres Stützpunktgebietes im nördlichen Schensi in Schen-Kan-Ning-Grenzgebiet umzuändern, ein Kompositum, das sich auf die drei Provinzen bezog, die bereits teilweise durch die Kommunisten befreit waren. Neben anderen Konzessionen stimmten die Kommunisten auch zu, künftig Landenteignungen zu unterlassen, das allgemeine Wahlrecht nach demokratischen Regeln einzuführen und den Namen der Roten Armee in »Nationalrevolutionäre Armee« umzuändern. Wie sich in der Praxis zeigte, standen diese Zusagen nur auf dem Papier.

Norden durch die Große Mauer begrenzt, die Windungen des Gelben Flusses bildeten die Ost- und Westgrenzen. Zur Zeit von Tschiang Tschings Ankunft – fast zwei Jahre nach Beendigung des Langen Marsches, der sich als die qualvollste und zugleich konstruktivste Erfahrung bei der Bildung von kommunistischer Identität und kommunistischem Ethos erwiesen hatte –, war eine gewisse Atempause eingetreten. Die Genossen, die die fast unglaublichen Anforderungen an das menschliche Durchhaltevermögen überlebt hatten, bildeten die Generation revolutionärer Gründerpersönlichkeiten, die von ihren Genossen und dem Volk stets als »Veteranen des Langen Marsches« betitelt werden sollten. Dieser besondere Status wirkte sich für Tschiang Tsching ständig zum Nachteil aus, weshalb sie sich bemüßigt fühlte, an anderer Stelle unseres Interviews ausführlich den späteren Befreiungskrieg zu erörtern, an dem sie selbst auch teilgenommen hatte.

Die objektiven Gegebenheiten des Langen Marsches sind allgemein bekannt, der menschliche Aspekt wurde in den historischen Aufzeichnungen jedoch nur flüchtig beleuchtet. Der Marsch begann im Herbst 1934 mit dem Rückzug der Roten Armee, die in zunehmendem Maß Niederlagen einstekken mußte, nachdem die KMT zwischen Dezember 1930 und Oktober 1934 die *Zentralen Sowjetgebiete* im Südosten fünfmal eingekesselt hatte. Diesen fast 10000 Kilometer langen Marathon-Marsch – der westlichste Teil der Route schlängelte sich durch Szetschuan und Yünnan – überlebten nur etwa 20000 Soldaten, das heißt weniger als 30 Prozent aller Teilnehmer. Der Marsch endete in Wu-tschi-tschen in Nord-Schensi. Der Kern der Partei zog noch etwa 280 Kilometer weiter nördlich bis Pao-an, der Ruine einer Grenzstadt, die inmitten von kahlen Hügeln lag und dafür berühmt war, den Banditen, die in der Mitte des 17. Jahrhunderts die Ming-Dynastie stürzten, Schutz gewährt zu haben.

Das Zentralkomitee blieb während der Sian-Ereignisse, der gefeierten Verhaftung von Tschiang Kai-schek, in Pao-an. Dieses Manöver, das Tschiang zwang, einer Einheitsfront gegen Japan zuzustimmen, ermöglichte es dem Zentralkomitee auch, die strategischen Operationen nach Jenan zu verlegen, einer durch Mauern geschützten, weitgehend zerstörten Stadt, die drei Jahrtausende lang eine Bastion gegen die Invasion barbarischer Horden aus den nördlichen Gebieten gewesen war und bis zu den Aufständen der Moslems und der Taiping Mitte des 19. Jahrhunderts ihre Bedeutung bewahrt hatte. Die große Hungersnot von 1928 bis 1933, die den gesamten Nordwesten heimgesucht und Millionen Menschenleben gekostet hatte, war in der Geschichte dieser Region nur eine von vielen Naturkatastrophen. Die »Stadt« Jenan besaß keine Bauten im üblichen Sinne, vielmehr war sie eine natürliche Zitadelle, die von tausend und abertausend menschlichen Händen in die Löß-Klippen gehauen worden war. Die Behausungen waren künstliche Höhlen; der harte Boden wirkte isolierend, so daß das Innere im Winter ungewöhnlich warm und im Sommer sehr kühl blieb und außerdem vor Bombenangriffen geschützt war. Die Höhlen waren besser ausgestattet als die Pueblo-Wohnungen – sie besaßen gewölbte Öffnungen, Holzgitter an den Fenstern, die mit Papier bespannt waren, und abgetrennte viereckige

Innenräume. Die schönsten Höhlen hatten dicke schwarzgelackte Türen und waren alles in allem komfortabler als die meisten chinesischen Wohnungen. Im Zickzack verlaufende Fußwege verbanden die Höhlen miteinander, die in Reihen übereinanderlagen und von den Klippen flankiert wurden. Als die Rote Armee in Jenan eintraf, hatte die Stadt ungefähr 3000 Einwohner. Während der nächsten zehn Jahre stieg die Bevölkerungszahl auf 100000 an.*

Die Soldaten, die in Jenans revolutionärer Gesellschaft in der Überzahl waren, standen Neuankömmlingen, vor allem aber Frauen, skeptisch gegenüber. Die Eingliederung in die Gemeinschaft hing gewöhnlich davon ab, welchen Ruf man genoß, wie man seine politische Vergangenheit darzustellen wußte und wieviel Vertrauen man den Parteigrößen einzuflößen vermochte. Kurz nach ihrer Ankunft suchte Tschiang Tsching Li Fu-tschun auf, den stellvertretenden Leiter des Organisationskomitees der Partei, der mit Tsai Tschang, einer berühmten Führerin der Frauenbewegung verheiratet war. Sie gab ihm einen Überblick über ihre politische Laufbahn und beschrieb, wie ungerecht sie von den politischen Führern in Schanghai behandelt worden war; sie berichtete, wie sie jahrelang darum gekämpft hatte, mit der Schanghaier Untergrundorganisation der Partei Kontakt aufzunehmen; wie man sie daran gehindert hatte, obgleich sie darauf verweisen konnte, daß sie der Partei schon in Tsingtao beigetreten war. Aus welchen Gründen sie diskriminiert worden sei, sei nie klar ausgesprochen worden, sagte sie. Sie war sehr aufgeregt, als sie ihre Bekenntnisse und Anschuldigungen vor Li Fu-tschun vorbrachte, doch er zeigte sich wohlwollend. Das habe überhaupt nichts zu sagen, beruhigte er sie. »Von jetzt an ist alles in Ordnung.«

»Alles in Ordnung« bedeutete, daß der politische Status anerkannt wurde. Die Zeit der Ankunft in Jenan spielte jedoch auch eine Rolle. Wer schon vor seiner Ankunft nachweislich eine feste Bindung an die Partei besaß, wurde bei der Zulassung zur Parteischule und zu anderen führenden Erziehungseinheiten der Regierung des Grenzgebiets bevorzugt behandelt. Der große Zustrom von Studenten und Intellektuellen während des Krieges verschärfte die Aufnahmebedingungen. Tschiang Tsching strebte sofort die höchste Institution an – die Parteischule. Die Zulassung hing vom Zentralkomitee ab und war auf Personen beschränkt, die ihre politische Zuverlässigkeit bewiesen hatten. Wie gut sie sich noch an die nagende Angst erinnerte, die sich ihrer bemächtigt hatte, als sie vor den berühmten Führern der Partei stand, die nun ihre Vergangenheit als Schauspielerin und politische Aktivistin aufrollten. Jede Einzelheit beleuchteten sie, einerlei, ob sie mit gegenwärtigen politischen Fragen in direktem Zusammenhang stand oder nicht.

Tschang Kuo-tao, lange Zeit ein Gegner Maos, war einer der wenigen Führer von damals, die sich noch an Tschiang Tschings Aufnahme durch die

* Nach Aussagen meiner Begleiter in Jenan war die Einwohnerzahl Anfang der siebziger Jahre auf etwa 50000 gesunken. Trotz der sozialen Gerechtigkeit, die die Kommunisten herstellten, nachdem sie an der Macht waren, waren die Menschen dort noch immer arm, ihre Haut wie Leder und ihre Augen von der sengenden Sonne und dem beißenden Wind zu schmalen Schlitzen verengt.

Jenan-Regierung erinnerten. Er war damals gerade Vorsitzender des Grenzgebietes Nord-Schensi, der einzigen lokalen Regierung, die von außen anerkannt wurde, wie er behauptete. Er bestätigte ihren Ankunftstermin, an den er sich aus anderen Gründen erinnerte: Ende Sommer 1937 waren die Zulassungen Sache der Public Relations-Abteilung. Obgleich sie offiziell der Regierung des Grenzgebiets unterstand, wurde sie in Wirklichkeit vom Zentralkomitee der KPCh gelenkt und fungierte als Zweigorganisation seines Büros für politische Sicherheit. Die Public Relations-Abteilung wurde jedoch in Wahrheit von zwei Männern geleitet: von Mao Tse-tung und Tschang Wen-tien. Sie akzeptierte durchaus manchmal auch Personen, von denen man annahm, sie seien keine ganz lupenreinen Kommunisten, und betrachtete sie als Freunde; dazu gehörten die »demokratische Persönlichkeit« Liang Sou-ming, der linke Militarist Ho Tschi-li und die spätere Ehefrau Maos Tschiang Tsching, eine Künstlerin, deren Ankunft wenig Aufsehen erregte.[5]

Viele Jahre später, erinnerte sich Tschiang Tsching, als sie und Li Futschun einmal über alte Zeiten sprachen, mußte er noch darüber lachen, wie er versucht hatte, sie während der Überprüfung, von der die Zulassung zu der renommierten Parteischule abhing, absichtlich zu erschrecken. Sie schaffte es, aber das war nur die erste Hürde. Denn am Besuch der Lu-Hsün-Schule (der späteren Akademie) für Literatur und Kunst war ihr genauso viel gelegen.[6] (Ob sie sie zur gleichen Zeit besuchte oder erst nach der Parteischule, ging aus ihren Äußerungen nicht klar hervor). Die praktische Ausübung eines künstlerischen Berufs genügte nicht für die Aufnahme; wichtiger war die politische Qualifikation. Als sie sich bei der Lu Hsün-Schule bewarb, stellte ihr Tschen Yün, Mitglied des Zentralkomitees und Leiter der Organisationsabteilung der KPCh, ein paar Fragen. Da sie wußte, daß er für die Bewilligung der Zulassung ausschlaggebend war, strengte sie sich an, ihn davon zu überzeugen, wie sehr sie sich wünschte, hier den Marxismus zu studieren; auf keinen Fall wollte sie den Eindruck erwecken, nur am Theater interessiert zu sein. Sie erzählte Tschen Yün, daß sie ihren Koffer gleich zur Prüfung mitgebracht habe – so sehr lag ihr daran, die Schule zu besuchen. Anscheinend ließ er sich überzeugen, denn er nahm sie auf der Stelle. (Sie mußte darüber lachen, wie entschlossen sie damals die Dinge angegangen war, aber, fügte sie hastig hinzu, schließlich habe sie damals an nichts anderes gedacht als an das Studium.) In Wirklichkeit aber war Tschen Yün gar nicht so überzeugt von ihr, wie sie angenommen hatte. Sie war erst kurze Zeit an der Schule, als er zu einer Aufführung kam und sie danach demütigte, indem er das Stück, in dem sie mitspielte, verriß.

Alles in allem verlief ihr Leben in Jenan normal. Im Herbst begann sie ein sechsmonatiges Armeetrainingsprogramm – damals sei sie zum ersten Mal mit dem Militär in Berührung gekommen, bemerkte sie stolz. (Seit der Kulturrevolution bemühte sie sich um das Wohlwollen der Militärs.) Gleichzeitig machte sie ihre erste richtige Schulung in marxistisch-leninistischer Theorie und ihrer chinesischen Variante mit, die damals vor allem in der von Wang Ming an der Parteischule propagierten orthodoxen Komintern-Linie bestand.

Obwohl kaum älter als sie selbst, war Wang Ming, dessen Wort unter den selbsternannten Kommunisten in Schanghai als Evangelium galt, bereits der chinesische Hohepriester des Marxismus-Leninismus und Mao Tse-tungs einziger ernstzunehmender ideologischer Rivale in Jenan. Tschiang Tsching betätigte sich auch weiterhin als Schauspielerin, ging aber auf meine Fragen nach Art der Stücke und Rollen nicht ein.

Sie betonte, daß sie sich nicht lange mit Kunst und Literatur beschäftigt habe. »Von den vier Jahren in Schanghai war ich zwei im oberen Kultursektor tätig, und die andern zwei Jahre arbeitete ich an der Basis. Als ich dann nach Jenan kam, wechselte ich den Beruf. Zuerst wollte ich gar nicht auf die Lu-Hsün-Akademie für Literatur und Kunst gehen, aber meine Organisation hat mich dazu gezwungen.«

Erstaunt fragte ich sie nach dem Grund, vermied es aber, sie darauf aufmerksam zu machen, daß sie vorher ja erzählt hatte, wie erpicht sie darauf gewesen war, die Zulassung zu schaffen.

»Ich arbeite gern mit den Massen zusammen. Die Arbeit mit den Massen ist wichtiger als die Kunst. Die Arbeit mit den Massen ist die entscheidende.«

Anscheinend hatte sie deswegen zwiespältige Gefühle gehabt, die jetzt in der Rückschau wieder zu Tage traten. Vielleicht hatte sie geglaubt, daß die Erinnerung an ihre Mitwirkung in ausländischen »bürgerlichen Dramen« und in Filmen der Nationalen Verteidigung – die sich mit dem Leben in Maos revolutionären Stützpunktgebieten kaum vereinbaren ließen – aufgefrischt werden könnte, wenn sie sich jetzt erneut an der Theaterarbeit beteiligen würde, die in der Akademie besonders intensiv betrieben wurde. Oder war die Büroarbeit, für die sie zunächst eingeteilt war, einfach zu primitiv und unter ihrer Würde? War die Erinnerung daran, daß sie an der Akademie unter Leuten wie Tschou Yang und Tschang Keng arbeiten mußte, die sie in Schanghai verfolgt hatten, für sie zu unangenehm, als daß sie sich gern daran erinnert hätte? Vielleicht war auch die Akademie so elitär geworden und hatte sich so nach der Wang-Ming-Linie orientiert, daß sie sich jetzt im Beisein ihrer Mitarbeiter, in einer Ära, die sich ausschließlich auf die Massen berief, nicht darüber auslassen wollte, wie eng ihre Bindung an die Akademie gewesen war?

Wie immer ihre persönlichen Gefühle auch gewesen sein mögen, sie vermittelte jedenfalls einige sachliche Informationen über die Lu-Hsün-Schule, die 1938 die berühmte Lu-Hsün-Akademie für Literatur und Kunst wurde. Im Herbst 1937 arbeitete sie als Sekretärin an der Schule und war zum Teil mit Verwaltungsaufgaben betraut. Dabei war sie vor allem für die Belange der weiblichen Studenten zuständig. Zu ihren Schützlingen gehörte Tschang Ying, ihre engste Vertraute aus dem derzeitigen Kreis ihrer Mitarbeiter in Kanton. Die Genossin An Lin war damals ebenfalls dort, sowie eine Reihe anderer, die heute noch am Leben sind. Tschiang Tsching musterte Tschang Ying wohlwollend, als sie sagte: »Ich brüste mich nur mit der Zahl meiner Jahre, wenn ich sage, daß sie von mir gelernt hat.«

Tschang Ying ist eine kurze Abschweifung von Tschiang Tschings Geschichte wert. Obgleich sie einen wichtigen Posten als Propaganda-Expertin innehatte und für die Selbstdarstellung der VRCh im Ausland verantwortlich war, stand sie Tschiang Tsching während meines gesamten Besuchs zur Seite. Bei dem Gespräch über Jenan wandte sich Tschiang Tsching öfters an sie und ließ sich von ihr zusätzliche Informationen geben und gewisse Dinge bestätigen. Tschang war nur acht Jahre jünger als ihre Gönnerin, aber, wie fast jeder, Lichtjahre von deren politischem Status entfernt. In Tschiang Tschings Gegenwart wirkte sie sehr aufmerksam, sie verfolgte alles, was vor sich ging, sehr genau, und wenn sie etwas sagte, dann tat sie das auf sehr zurückhaltende Art. Aber in Abwesenheit von Tschiang Tsching wurde sie plötzlich sie selbst – äußerst intelligent, empfindsam und herzlich. Sie hatte die Aufgabe, mich in dem Gästehaus, in dem wir wohnten, oder bei Ausflügen zu Denkmälern und Restaurants in Kanton zu unterhalten und auf das aufzupassen, was ich sagte. Sie holte auch bei den anderen Genossinnen, die sich in unserer Gesellschaft befanden, Informationen über mich ein. Anscheinend wurden all diese Beobachtungen und Eindrücke während der internen Zusammenkünfte, die im Verlauf des Tages in der Villa stattfanden, an Tschiang Tsching weitergegeben. Über Tschang Ying ließ mir Tschiang Tsching auch Nachrichten zukommen, die sie nicht direkt zu vermitteln wünschte, unter anderem ihre Bitte, ihren Gedankenfluß nicht mit Fragen zu unterbrechen (wechselseitige Unterhaltung war nicht ihr Fall). Tschang Ying gab mir auch Dokumente zu lesen, die die Richtigkeit der Darstellungen von Tschiang Tsching belegten. Über Tschang Ying ließ ich umgekehrt Tschiang Tsching einige spezifische Fragen zustellen – etwa in Bezug auf die allgemeine Verwirrung, die in ausländischen Berichten über den Zeitpunkt ihrer Ankunft in Jenan herrscht, was ihr zweifellos nicht verborgen geblieben war. Tschang Ying stellte entschieden in Abrede, daß es in diesem Punkt Diskrepanzen gebe, und bestätigte Tschiang Tschings Aussage, im August 1937 auf direktem Weg von Schanghai über Sian nach Jenan gelangt zu sein.

Woher sie das so genau wisse? fragte ich in einer privaten Unterhaltung.

Sie sei kurz nach Tschiang Tsching nach Jenan gekommen, erklärte sie – im November des gleichen Jahres, und nicht erst 1938 oder 1939.

Lachend erzählte sie mir von ihren ersten Tagen in Jenan. Sie war fast noch ein Kind – erst fünfzehn Jahre alt. Sie konnte damals nur kantonesisch, das in ihrer Heimatstadt gesprochen wurde (jetzt unterhielten wir uns im Mandarin-Dialekt, den sie ausgezeichnet beherrschte.)

Was hatte sie veranlaßt, nach Jenan zu gehen?

»Ich wußte nur, daß ich den Japanern Widerstand leisten wollte; das war so ungefähr alles, was ich damals wußte. Wenn ich den Mund aufmachte, lachten sich die Leute halb tot, weil sie meinen Dialekt so komisch fanden. Und als ich mich bemühte, ihren Mandarin-Dialekt nachzuahmen –, machten sie sich über meinen kantonesischen Akzent lustig. Deshalb stand ich jeden Morgen ganz zeitig auf – vor allen anderen – und ging in die Berge, um sprechen zu üben; ich sagte Theaterstücke im Mandarin-Dialekt auf.«

»Dann waren Sie also auch Schauspielerin – wie Tschiang Tsching?«

»Natürlich nicht direkt wie Genossin Tschiang Tsching«, erwiderte sie bescheiden. »Ich hätte es nie so weit gebracht wie sie – dazu bin ich nicht begabt genug.«

Tschang Yings aufmerksame, bescheidene und zurückhaltende Art wurde auch bei anderen, scheinbar trivialen Anlässen deutlich. Eines Abends hörte Tschiang Tsching plötzlich zu reden auf und griff nach einer länglichen Schachtel, die jemand kurz vorher gebracht hatte. Sie entnahm ihr zwei Brieföffner – beides herrliche Schnitzereien, die eine aus Elfenbein, die andere aus Bambus. »Sie bekommen aber nicht alle beide«, bemerkte sie scherzend. Allerdings war sie sich noch nicht schlüssig, welchen sie mir geben sollte. Bewundernd strich sie mit den Fingern über das Material und meinte, beide seien sehr schön, der aus Elfenbein sei allerdings wertvoller. »Deshalb gebe ich Ihnen den aus Elfenbein.« Sie reichte ihn mir; dann beugte sie sich vor und streckte den anderen Brieföffner Tschang Ying hin, die darüber ziemlich erstaunt und etwas peinlich berührt war. Ich war entzückt und bedankte mich bei ihr. Dann las ich die Inschrift, die auf die archäologischen Ausgrabungen verwies, die seit der Kulturrevolution in Tschangscha durchgeführt worden waren. Diese Rekonstruktion der Vergangenheit demonstrierte die wissenschaftlichen Leistungen des Volkes und betraf obendrein Tschiang Tschings spezielle Interessengebiete – Kunst und Geschichte.

Zwei Tage später suchte mich Tschang Ying privat auf und gab mir den Brieföffner aus Bambus; sie bestand darauf, daß ich ihn behielt. Verwirrt lehnte ich ab, aber sie ließ sich nicht beirren. Daher bot ich ihr im Tausch den Öffner aus Elfenbein an; aber auch diesen Vorschlag wollte sie nicht akzeptieren. »Ich weiß, daß Sie Bambus mögen«, sagte sie. Ich fragte mich, woher sie das wissen konnte. Nach einigem Hin und Her stellte sich heraus, daß sie mich dabei beobachtet hatte, wie ich mich einmal bei Tagesanbruch aus dem Gästehaus geschlichen (in dem wir beide in verschiedenen Flügeln wohnten) und Bambusrohr fotografiert hatte. Über diesen tiefen Einblick in meine Privatgewohnheiten mußte ich lachen und gab nach. Bei unserem nächsten Zusammentreffen bemerkte Tschiang Tsching amüsiert, daß ich ja nun doch beide besäße. Sie fügte hinzu, daß ihr der Gedanke, Bambus gegenüber Elfenbein den Vorzug zu geben, gefiele, weil dadurch konventionelle materielle Wertmaßstäbe auf den Kopf gestellt würden.

Nachdem ich gehört hatte, wie Tschiang Tsching nach Jenan gekommen war, hätte ich natürlich auch gerne gewußt, wie sie Maos Bekanntschaft gemacht und wie sie ihn näher kennengelernt hatte. Ihre Antwort darauf war etwas ausweichend; hinter der offiziellen Miene verbargen sich romantische Gefühle. Nicht alles, was sie sagte, war für die Öffentlichkeit bestimmt. Schon in Schanghai waren ihr Gerüchte über den Führer der Roten Armee, den Einzelgänger Mao Tse-tung, und seinen respekteinflößenden Partner Tschu Te zu Ohren gekommen. Sporadische Nachrichtenberichte und Erzählungen von Reisenden, die zwischen den *Weißen* und *Roten Gebieten* hin-

und herpendelten, hinterließen einen gemischten Eindruck von Mao, dem Bauernrebellen und Volksverteidiger mit modernem revolutionärem Bewußtsein. Sie hatte nur eine vage Vorstellung von seinem Äußeren und keine Ahnung, was für eine Persönlichkeit er war. Wie andere Neulinge, die nach Jenan gekommen waren, war auch sie fasziniert von den Unterschieden zwischen den führenden Genossen, und sie nahm auch wahr, wie Mao über den anderen stand – in olympischer Höhe, wie manche es nannten. Aber während der ersten Monate wurde ihr Leben in Jenan von denjenigen Führern beeinflußt, die die direkte Kontrolle über politische, militärische und kulturelle Organisationen ausübten.

Schon bald nach ihrer Ankunft erfuhr Mao Tse-tung jedoch von ihr – von Lan Ping, der Schauspielerin. Sie wußte nicht, wer ihm von ihr erzählt hatte. Er bemühte sich persönlich um sie und bot ihr eine Eintrittskarte für einen Vortrag an, den er am Institut für Marxismus-Leninismus hielt. Überrascht und erschrocken lehnte sie zuerst ab, überwand dann aber ihre Scheu, nahm die Karte und hörte sich seinen Vortrag an.

Von ihrer Beziehung zueinander merkten die anderen Parteiführer kaum etwas und das Volk fast garnichts. Sowohl die traditionellen als auch die revolutionären Regeln des Anstands ließen es nicht zu, intime Einzelheiten über eine Liebesbeziehung, die zur Eheschließung führte, an die Öffentlichkeit zu tragen. Wenn Tschiang Tsching den ideologischen Aspekt hervorkehrte, pflegte sie – wie schon so oft vor der Öffentlichkeit – mir gegenüber zu bemerken, daß die Zurschaustellung individueller Gefühle, romantischer Vorstellungen und verlockender Sexualität – ob im Leben oder in der Literatur – »bürgerliche Irrtümer« offenbare – Abweichungen vom unpersönlichen und asexuellen »proletarischen« Ideal. Paradoxerweise machte sie auf mich jedoch einen außergewöhnlich phantasievollen und ausgesprochen weiblichen Eindruck, und sie wirkte so, als sei sie intensiver Gefühle fähig. Trotzdem gab sie mir nie einen Anlaß zu glauben, daß es bei ihr je zu Konflikten zwischen romantischer Liebe und revolutionärer Entschlossenheit gekommen wäre.

Was hatten Tschiang Tsching und Mao gemeinsam? Auf den ersten Blick lassen sich mehr Unterschiede erkennen als Ähnlichkeiten. Spielte bei ihnen die magnetische Anziehung von Gegensätzen eine Rolle?

Mao war in Hunan, einer Provinz im südlichen Landesinneren, geboren, wo er auch aufwuchs. Vor mehr als 2500 Jahren war Hunan Sitz des Tschu-Staates, und seit der Sung-Dynastie (960–1278) wegen der Banditen berüchtigt, die sich in den umliegenden Sümpfen versteckt hielten. Zahlreiche nationalistische und kommunistische Revolutionäre stammten aus Hunan.

Wie wir bereits gehört haben, stammte Tschiang Tsching aus dem im Küstengebiet gelegenen Schantung, einst der alte Staat Lu, der die konfuzianische Kultur hervorbrachte. Im 19. Jahrhundert wurde Schantung durch die Taiping und die Boxer sowie durch ein weibliches Kampfkorps mit dem Namen Rote Laternen (ist es Zufall, daß Tschiang Tschings erste revolutionäre Oper diesen Namen trägt?) auseinandergerissen. Anfang des 20. Jahrhunderts machten sich die Imperialisten gegenseitig die Kontrolle über die Halbinsel Schantung streitig und riefen damit nationalistische Unruhen hervor, aus denen sich Tschiang Tschings eigenes politisches Bewußtsein erklärt.

Als Sohn reicher Bauern noch vor dem Niedergang der Mandschu-Dynastie geboren, erhielt Mao seine Ausbildung im Sinne des konfuzianischen Klassizismus. Er lehnte sich zunächst gegen die Bindung seiner Familie an die konfuzianische Hochkultur auf, indem er klassische Romane las wie z. B. die »Geschichte der drei Reiche«, der von der Realpolitik zwischen rivalisierenden Königreichen zur Zeit des Niedergangs der Han-Dynastie handelt, »Die Räuber vom Liang Schan-Moor«, ein Geschichtenzyklus über Abenteurer, und »Die Reise nach dem Westen«, eine phantastische Erzählung von einem Mönch und einem Affen, in der das gesellschaftliche System verspottet wurde.

Als Kind einer relativ ungebildeten Familie in den ersten Jahren der Republik geboren, lernte Tschiang Tsching den Konfuzianismus von seiner ganz orthodoxen Seite her kennen – dazu gehörte bedingungslose Selbstdisziplin und Gehorsam gegenüber Höhergestellten. Sie war zwanzig Jahre jünger als Mao und befaßte sich daher nicht mehr mit historischen Abenteuerromanen, die im übrigen von jeher auf Jungen und Männer größeren Reiz ausgeübt haben als auf Mädchen und Frauen, sondern sie bevorzugte das moderne Theater, eine Fundgrube für fremde Wertvorstellungen und Verhaltensweisen. Trotzdem fühlte sie sich aber auch von der traditionellen Kultur angezogen, vor allem in der Art, wie sie etwa in dem großen Familienroman »Der Traum der roten Kammer« oder in dem pornographischen Roman aus der Zeit der Ming-Dynastie, *»Kin-ping meh«,* dargestellt ist – wo es um das Leben der Reichen, der Aristokraten und Mächtigen geht.

Daß Tschiang Tsching der Partei in jüngerem Alter beitrat als Mao – sie mit neunzehn und er mit achtundzwanzig Jahren – hat nichts zu bedeuten, denn schließlich gab es die Partei erst, seit Mao dazu beigetragen hatte, sie zu gründen; außerdem wies Tschiang Tschings Mitgliedschaft Lücken auf. Im Verlauf seiner unruhigen Jugend hatte Mao alle möglichen Vorstellungen darüber, was er einmal werden wollte – Seifenhersteller, Lehrer, Rechtsanwalt, Geschäftsmann. Als er jedoch auf die Dreißig zuging, konzentrierte er sich völlig auf seine Aufgabe als revolutionärer Führer. Hingegen übte Tschiang Tsching fast zehn Jahre lang einen festen Beruf aus, und bis zu dem Zeitpunkt, an dem sie – mit 23 Jahren – Mao begegnete, hatte sie ihre Energie zwischen beruflicher Karriere und Parteiarbeit geteilt.

Aber der entscheidende Unterschied zwischen ihnen, der auch die Dialektik der modernen Ära ausdrückt, lag vielleicht in seiner ländlichen und ihrer städtischen Herkunft. Bevor er 1949 in Peking Staatsoberhaupt wurde, hat Mao nie über längere Zeit in einer größeren Stadt gelebt. Tschiang Tsching lebte hingegen seit ihrem fünfzehnten Lebensjahr in der eleganten Provinzhauptstadt Tsinan und danach in den modernen Häfen Tsingtao und Schanghai, und gelegentlich reiste sie sogar nach Peking. Schanghai war für sie der kulturelle Prüfstein. Jahre später, am Vorabend der Kulturrevolution, war Schanghai ihr strategischer Ausgangspunkt gegenüber den etablierten Kräften in Peking. Mao kannte Schanghai nur flüchtig: 1921 kam er zur geheimen Gründung der KPCh dorthin, dann hielt er sich dort im Winter 1922 noch einmal kurz auf; im darauffolgenden Jahr wurde er Leiter der Organisationsabteilung der Partei und arbeitete während der ersten Phase der Zusammenarbeit für das Exekutivbüro der KMT. Für kurze Zeit hatte er auch einmal einen Job in einer Wäscherei – eine erniedrigende Tätigkeit in einer Stadt, die von Ausländern beherrscht wurde. Dieser Mangel an Erfahrung, was das städtische Leben betrifft, zeigt sich in seinen Schriften: kein einziger seiner Essays beschäftigt sich mit der politischen Geschichte Schanghais oder mit dessen sozialer oder ökonomischer Entwicklung.

Er war nicht nur ein Revolutionär im politischen Bereich, sondern auch auf privater Ebene; seine erste Ehe mit einem ungebildeten Bauernmädchen, die gemäß der Tradition von seinen Eltern arrangiert worden war, wurde nie vollzogen[7] – ein Affront gegen die alte Generation und ihre Bräuche. Seine erste tatsächliche Ehe ging er mit Yang Kai-hui ein, der modern eingestellten Tochter seines liberalen Ethiklehrers in Tschangscha. Da er als Mann keinerlei Keuschheitsregeln unterworfen war, konnte es sich Mao stets erlauben, über seine früheren Gefährtinnen zu sprechen. Selbst nach zwei weiteren Ehen (seine nächste Frau war Ho Tze-tschen) ehrte er Yang Kai-hui mit dem klassischen Gedicht »Antwort an Li Schu-i«[8] (sie ist »meine stolze Pappel« ist eine Anspielung auf ihren Nachnamen, der soviel wie Pappel bedeutet):

> Verlor meine stolze Pappel, verlorst deine Weide;
> o Yang, o Liu: leicht aufgeflogen zu Neunten Himmeln.
> Befragen, verhören Wu Kang, was er da habe,
> und Wu Kang reicht ihn entgegen, Zimtblütenwein.
>
> Vereinsamte Tschang O, breitet die weiten Ärmel,
> in zehntausend Meilen des Raums für die treuen Seelen zu tanzen.
> Die plötzliche Nachricht: auf Erden ergab sich der Tiger;
> in Tränen brechen sie aus, wie Ströme von Regen.

Genossin Tschiang Tsching, ein neuer Name und eine neue Persönlichkeit. Um sich der Namen Li Yün-ho und Lan Ping und der damit verknüpften unseligen Erinnerungen an Schanghai zu entledigen, nahm sie, wie Tausende anderer Bekehrter, im Kommunismus einen neuen Namen an. Hatte Mao ihr diesen Namen gegeben, fragte ich.

Sie reagierte, als wäre ich in ihre Intimsphäre eingedrungen. Sie habe ihn sich selbst ausgesucht. Sie würde mir seine Bedeutung erklären, wörtlich hieße er »Azurblaue Ströme«. Das erste Schriftzeichen, *Tschiang,* enthält keinen Hinweis auf ihren Familiennamen Li; damit wollte sie die Verbindung lösen. Außerdem ist in *Tschiang* ihre Liebe zu langen und breiten Flüssen enthalten – wie dem Yangtse, dessen Mündung sie von Schanghai her kannte. *Tsching* drückt ihre Liebe zu hoch aufragenden Bergen und zum Meer aus, die in chinesischen Gemälden beide durch *tsching* oder »azur« ausgedrückt werden – die Farbe der Natur, die die Chinesen als Blau mit leichtem Grünstrich sehen. Um das ganz spezielle Blau von *tsching* zu verdeutlichen, zitierte sie eine Zeile aus einem Gedicht der Tang-Zeit, die etwa folgendermaßen lautet: »Azur kommt von blau, aber es ist blauer als blau.«[9] So und nicht anders, sagte sie, sei die Bedeutung ihres Namens zu verstehen.

Die Bedeutungen sind vielfältig und faszinierend. Das *tsching* – azur – von Tschiang Tsching hieß, daß die Lan (blau) Ping von früher übertroffen werden sollte. Das *tschiang* – Fluß – ist sehr eng mit *yin* assoziiert, dem weiblichen Prinzip im traditionellen chinesischen Gedankengut. Im Mythos und in der Geschichte galten Frauen als die Urheberinnen von Flußüberschwemmungen und wurden dafür bestraft.[10] Es gab einmal (und gibt wahrscheinlich noch) ein beliebtes Sprichwort: »Frauen sind die Quelle allen Unheils« – *»Nü schih huo schui.«* Die Schriftzeichen für »Unheil« bedeuten »Wasserunheil« *(huo schui* in umgekehrter Reihenfolge).

Ihr deutlicher *yin*-Bezug paßte vorzüglich zu Maos *yang.* In der revolutionären Ikonographie wird Mao durch die Sonne symbolisiert, der kosmischen Kraft, die *yang* zugrundeliegt, dem maskulinen Prinzip. In der chinesischen Graphik dominiert das Symbol der Sonne, die stets positiv gesehen wird, und sowohl in der gesprochenen als auch in der gesungenen Propaganda heißt es: »Der Vorsitzende Mao ist die röteste aller roten Sonnen in unserem Herzen«.

Seit Beginn ihrer Ehe hätten sie sich über ihre völlig verschiedene Herkunft lustig gemacht, erinnerte sich Tschiang Tsching und zog ein Gesicht. Der Vorsitzende sagte immer, sie habe als Kind gelernt, »an Gottheiten zu glauben und Konfuzius zu lesen«, und danach habe sie das ganze »bourgeoise Zeug«, wie er sich ausdrückte, kennengelernt – durch das Theater. Und erst später habe sie begonnen, sich mit dem Marxismus-Leninismus auseinanderzusetzen – das war ihr drittes Lernstadium. In Wahrheit sei sie jedoch von früher Kindheit an gegen den Konfuzianismus gewesen. Je älter und reifer sie geworden sei, desto intensiver habe sie sich für die Kommunistische Partei eingesetzt. Selbst heute könne sie nicht von sich behaupten, den Marxismus-Leninismus in Theorie oder Praxis zu beherrschen. Ihr ganzes Leben sei jedoch ein unaufhörlicher Versuch, dieses Ziel zu erreichen.

Zu der Zeit, zu der Tschiang Tsching und Mao heirateten, war das Verhältnis zwischen den Geschlechtern in den *Roten Gebieten* außerordentlich unausgewogen. Unter den Teilnehmern des Langen Marschs gab es nur dreißig Frauen, meist Ehefrauen von Führern der Roten Armee. Fast alle verheirateten Soldaten mußten Frau und Kinder zurücklassen, als sie sich auf den Marsch begaben, und aufgrund der großen Entfernungen und der Kriegswirren fanden nur sehr wenige Familien wieder zusammen. Im Nordwesten, wo sich die Roten Soldaten niederließen, lag das Verhältnis von Männern zu Frauen ungefähr bei achtzehn zu eins. Manche Männer gingen Verhältnisse ein oder verheirateten sich einfach wieder, ohne sich erst von zurückgelassenen oder verlorengegangenen Frauen scheiden zu lassen. Aber der überwiegenden Mehrheit, die zu jung oder zu arm zum Heiraten war, wurde eingeschärft, ihre Kraft nicht mit sexuellen Dingen zu verzetteln und nicht ihr ganzes Geld an Prostituierte zu verschwenden. Ihre erste Pflicht war es, den Feind zu schlagen, und dazu benötigten sie ihre ganze Kraft und Energie.

In den Gebieten, die unter Roter Kontrolle standen, mußten Heirat und Scheidung nach den Gesetzen der chinesischen Sowjetrepublik vollzogen werden, die ursprünglich 1931 erlassen, dann 1934 und noch einmal 1939, dem Jahr, in dem Tschiang Tsching und Mao heirateten, revidiert wurden. Die Klauseln dieses Gesetzes waren unkonventionell und billigten jedem die gleichen Rechte zu: das westliche Modell der Monogamie trat an Stelle der chinesischen Polygamie (die sich sowieso nur die Reichen hatten leisten können); außerdem ging man dazu über, sich seinen Ehepartner selbst auszusuchen, anstatt zu akzeptieren, was Eltern oder Heiratsvermittler einem präsentierten. Das einfache bürokratische Verfahren bei Eheschließung und -scheidung folgte dem sowjetrussischen Modell, das Wang Ming für China neu formuliert hatte. Aber was in den revolutionären Schriften stand, entsprach nicht unbedingt der sozialen Realität. Eine Ehe konnte bereits aufgrund einer mündlichen Absprache zwischen den Partnern vollzogen werden, die die Partei dann offiziell billigte. Auch die Abteilung für Belange der Frauen nahm manchmal Heiraten oder Scheidungen vor.

Die meisten Überlebenden des Langen Marsches stellten eine Krieger-Elite dar, deren Meinungen wie auch gesetzgeberische Neuerungen in den befreiten Gebieten Maßstäbe setzten. Früher war man nach Wunsch und Laune der Eltern verheiratet worden; und jetzt, in den progressiven Kreisen Jenans, in denen elterliche Autorität und konfuzianische Pietät verurteilt wurden, erwartete man, daß jeder aus eigenem Entschluß, jedoch in Übereinstimmung mit Parteiinteressen, heiratete – und natürlich niemanden aus der ausbeuterischen Klasse. Als revolutionäre Idealisten verachteten sie auffällige Liebesaffären, offenen Ehebruch und überhaupt jede Art persönlicher Disziplinlosigkeit. Ihre puritanische Gesinnung im Namen der Revolution wurde durch die kulturelle Rückständigkeit des Nordwestens noch verstärkt. Hier, wie überall in China, war die Scheidung praktisch ein Privileg des Ehemannes. Wenn sie vollzogen wurde (was selten genug vorkam), war das eine Schande für die verstoßene Frau. An diesen Maßstäben wurden alle gemessen – die Parteiführer und sogar ihr Vorsitzender.

Darüber hinaus stand das sozial freie Benehmen der Scharen städtischer Studenten, Künstler und Intellektuellen, die der Armee nach Jenan folgten, im Widerspruch zu den festen Normen der Landbevölkerung. Männer und Frauen waren Erben der Frauenbefreiungsbewegung, die die junge gebildete Klasse während der *Bewegung des 4. Mai* erfaßt hatte und die eigenwillige Bohèmewirtschaft in Chinas Welt der modernen Künste anregte. Wer alle Heiratszeremonien – traditionelle chinesische oder westliche – mißachtete – die Paare machten sich einfach ihre eigenen Verträge oder kümmerten sich gleich gar nicht um Papierkram –, bewies damit, daß er zur Avantgarde gehörte. Manche Paare der kulturell »höheren Schicht« lebten auch einfach auf relativ herkömmliche Art zusammen. Klatschgeschichten über das freizügige Leben mancher Filmstars kursierten in den Städten entlang der Küste, gelangten bis ins Landesinnere und drangen sogar bis ins Ausland.

Der Klatsch verschonte auch den Vorsitzenden Mao nicht. Nach außen hin sah es so aus, als hätte er mit seiner Frau, einer Veteranin des Langen

Marsches, mit der er zwei Kinder hatte, Schluß gemacht, um sich mit einem Schanghaier Flüchtling einzulassen – noch dazu einer Filmschauspielerin. Somit hatte Tschiang Tsching nicht nur gegen die Skepsis anzukämpfen, mit der die revolutionären Führer die politische Vergangenheit dieser nach außen hin so brillant wirkenden Lan Ping betrachteten, sondern auch gegen die instinktive Verachtung der Landbevölkerung für das schon sprichwörtlich freizügige Leben eines Mädchens aus der Großstadt.

Hartnäckige Gerüchte über Tschiang Tschings Verbindung mit Mao stehen in Widerspruch zu den historischen Aufzeichnungen. Niemand, der sie oder Mao persönlich kannte, hat es je gewagt, diese Gerüchte schriftlich zur Diskussion zu stellen. Oder gab es da nichts zu erklären? Wer hatte beispielsweise die Geschichte in die Welt gesetzt, das Zentralkomitee sei gegen die Heirat gewesen und habe Maos Ehe mit der flatterhaften Schauspielerin nur unter der Bedingung zugestimmt, daß sie ihre Aktivitäten auf Heim und Herd beschränkte und sich zwanzig Jahre lang oder gar bis ans Ende ihrer Tage nicht um öffentliche Angelegenheiten kümmerte? Für manche Beobachter war Tschiang Tsching plötzliches Auftauchen während der Kulturrevolution nach zwanzig Jahren Ehe eine Bestätigung dieser Version.

Fragen wie diese legte ich Tschang Ying privat vor, und wie erwartet, gab sie sie an Tschiang Tsching weiter, die am nächsten Abend auf die ihr eigene Weise reagierte.

Lange, nachdem sie Schanghai verlassen hatte, erinnerte sie sich, kam sie in Gedanken einfach nicht los von den persönlichen Feinden, die sie dort gehabt hatte. Viele von ihnen waren nun auch in Jenan aufgetaucht. Sie gingen auf jede erdenkliche Art und Weise vor und beeinflußten auch die öffentliche Meinung im Nordwesten, um ihr zu verstehen zu geben, daß sie sie, falls sie sich weigerte, ihre Vorschläge zu akzeptieren (die sie an dieser Stelle nicht aussprach, aber wahrscheinlich sollte sie gezwungen werden, in politisch kompromittierenden Filmen mitzuwirken) *töten* würden.*

Weil sie sich in Jenan Gerechtigkeit erhoffte, legte sie die Gründe für ihre Verfolgung den höchsten Führern, Mitgliedern des Politbüros, offen dar, damit sie sich über ihre Vergangenheit ein klares Bild machen konnten. Später, nachdem sie bereits die Frau des Vorsitzenden geworden war (Ende 1938 wurde die Ehe offiziell anerkannt)** und feststellen mußte, daß sie noch immer von der Arbeit, die sie gerne verrichtet hätte, ausgeschlossen wurde, mußte sie befürchten, daß immer noch falsche Gerüchte über sie im Umlauf waren. Da sie keinen Fürsprecher hatte (anscheinend bekam sie nicht einmal von Mao Unterstützung), trat sie noch einmal vor die Parteiorganisation, um

* Da sie sich weder im konventionellen Sinn übertrieben noch umgangssprachlich ausdrückte, sind die Andeutungen über die Art von Kameradschaft, die unter den Schanghaier Kommunisten herrschte, wahrhaft erschreckend.

** Zweifellos wurde diese Verbindung ohne jedes Zeremoniell durch den Vorsitzenden selbst vollzogen, der seine Genossen im Zentralkomitee einfach über seine veränderten privaten Verhältnisse unterrichtete. Tschiang Tsching machte weder Angaben über die vertragliche Form noch über das genaue Datum.

diese anscheinend gerechten Männer von der Zwangslage, in der sie sich in Schanghai befunden hatte, zu überzeugen.

»Wir wissen über Ihre Vergangenheit Bescheid«, war alles, was sie darauf sagten.

Die Worte sollten beruhigend wirken, aber Worte allein genügten nicht. Tschiang Tsching bezog sich auf Tschang Keng, Theaterregisseur und einer der Leiter der Schanghaier Untergrundorganisation der Partei (und von ihr zurückgewiesener Verehrer), als sie fragte: »Warum hat er mich als Trotzkistin bezeichnet und andere glauben gemacht, daß es stimmt?«

»Das hat Tschang Keng nicht so gemeint«, erwiderten sie zweideutig.

Das hatten sie nur gesagt, weil sie von Tschou Yang beschützt wurden, mutmaßte Tschiang Tsching.* Sie erklärten ihr, daß Tschang Keng und andere sie eben »noch nicht kannten«, aber das war albern, denn gerade Tschang Keng kannte sie ja ziemlich gut. Erst nachdem sie schon eine ganze Weile in Jenan war, wurde ihr klar, daß Tschang Keng und seine Begleiter in Wirklichkeit »Spezialagenten des Feindes« waren (vermutlich der KMT – allerdings muß man sich fragen, warum feindliche Agenten im Lager der Roten Armee nicht entlarvt wurden). Sie würde nie vergessen, wie schwer sie ihr das Leben in Schanghai gemacht hatten. Doch selbst nachdem sie die Frau des Vorsitzenden geworden war und es in ihrer Macht lag, ihre Gegner zu vernichten, nahm sie sich zusammen. Nehmen wir zum Beispiel doch einmal Tschang Keng, sagte sie. In Jenan durfte er Leiter der Theaterabteilung an der Lu-Hsün-Akademie sein – wie leicht hätte sie das verhindern können, denn schließlich lag das kaum in ihrem eigenen Interesse. Nach der Befreiung wurde er dann zum Direktor des Forschungsinstituts für Schauspiel ernannt.

Obwohl die Parteiorganisation sie zuvorkommend behandelte, wurde sie den Verdacht nicht los, daß einige der führenden Genossen gegen sie eingenommen waren und dafür sorgten, daß sie isoliert blieb und keinen Kontakt zum Volk bekam. Nichts wünschte sie sich mehr, als daß die Massen erkannten, wie ernst es ihr mit ihrem Engagement war, und daß sie von ihnen akzeptiert wurde.

Aus diesem Grund ersuchte sie erneut um eine Anhörung im Hauptquartier der Parteiorganisation, deckte weitere Einzelheiten über die politischen Zustände im Parteiapparat des Schanghaier Untergrunds auf und versuchte zu erklären, daß sie nur ein Opfer der Umstände geworden sei. Sie wollte den Genossen zu verstehen geben, daß sie nicht die Absicht hatte, ihre Position als Frau des Vorsitzenden auszunutzen, um sich an Leuten zu rächen, die früher gegen sie gewesen waren und sie ihre Abneigung immer noch spüren ließen. Sie müßten endlich begreifen, daß sie mit ihnen zusammenarbeiten wollte. Wenn sie ihre Schuld zugäben, würde sie ihnen verzeihen. Sie wartete. Niemand gab irgend etwas zu.

* Tschou Yang war es wegen seiner starken Position in Jenan vielleicht nicht angenehm, wenn Mitglieder der Politbüros auf seine ehemalige Rolle als Förderer von Literatur und Kunst der Nationalen Verteidigung in Schanghai, die unter der Schirmherrschaft von Wang Ming stand, besondere Betonung legten.

Noch Jahre danach konnte sie sich des Verdachts nicht erwehren, daß für ihre Schwierigkeiten mit der Partei in Schanghai, für ihre Isolierung dort und nun auch in Jenan, für die üblen Gerüchte, die über sie verbreitet wurden, vor allem Tschou Yang verantwortlich war, der seit Mitte der dreißiger Jahre die kulturellen Belange der Partei praktisch ganz allein vertrat. Aber solange sie sich dessen nicht völlig sicher war, schwieg sie.

Forschend blickte sie in die ausdruckslosen Gesichter in ihrer Runde und teilte mit ernster Stimme mit, daß sie nun die Gelegenheit ergreifen wolle, um die Frage ihrer unterbrochenen Parteimitgliedschaft ein für allemal zu klären. Jahrelang hatte sie sich eingebildet, daß Tschou Yang, Tien Han, Yang Han-scheng, Tschang Keng und andere Mitglieder der *Liga Linker Dramatiker* ihr Mißgeschick in Schanghai verschuldet hätten. Erst als sie am Vorabend der Kulturrevolution die Initiative ergriff, brachte sie endlich den Mut auf, vor Tschou Yang hinzutreten und es ihm ins Gesicht zu sagen: »Wußtest du, daß ich damals in Schanghai war, und was ich angestrebt habe?«

»Ja, das wußte ich«, erwiderte er.

»Ich wollte zur Kommunistischen Partei Kontakt aufnehmen.«

Schweigend habe er zu Boden geblickt, berichtete sie mit leiser, bedächtiger Stimme.

Tschiang Tsching stand auf und bat mich, ihr zu folgen. Sie bedeutete ihrer Leibwache, durch die hohen Türen nach draußen voranzugehen. Hsiao Tschiao war sichtlich erstaunt, er nahm eine Taschenlampe und leuchtete uns, denn das fahle Mondlicht hob nur undeutliche Umrisse hervor. Die Nachtluft war feucht. Wir folgten dem Strahl der Taschenlampe – zuerst Tschiang Tsching, dann ich. Hinter mir kamen die Dolmetscherinnen und der junge Mann, der alles, was zwischen uns gesprochen wurde, aufschreiben mußte. Er war jetzt völlig auf sich gestellt, denn Tschiang Tsching hatte uns mit Absicht außer Reichweite der Mikrophone geführt.

Während wir weitergingen, redete Tschiang Tsching schnell und aufgeregt. Aber da sie mit abgewandtem Kopf sprach, konnte ich nicht alles verstehen, und der Schreiber, der erst hinter mir kam, verstand offensichtlich überhaupt nichts. Außerdem mußten wir ständig aufpassen, daß wir nicht in die blanken Bajonette der jungen VBA-Wachen liefen, die im Bambusdickicht neben dem engen Pfad versteckt waren. Ich warf einen Blick über die Schulter und sah Tschang Ying, Yü Schih-lien und Tschen Ming-hsien, deren Augäpfel im Mondlicht und im Strahl der Taschenlampe weiß glänzten. Sie lächelten etwas verkrampft, denn auch ihnen war im Dunkel des tropischen Gartens mit den Wachen, die zwischen den Büschen lauerten, unheimlich zumute.

»Ich möchte, daß Sie ein paar Dinge wissen, die nicht gleich alle Welt erfahren muß.« Und dann sprudelte es nur so aus ihr heraus.* Die Gerüchte,

* Ich habe mich immer bemüht, ihren Wunsch nach Trennung von privaten und öffentlichen Informationen zu respektieren. Im folgenden ist wiedergegeben, wozu sie mich ausdrücklich autorisiert hat.

die im Ausland über die Umstände ihrer Heirat mit Mao im Umlauf waren, interessierten sie nicht sonderlich. Das meiste war Unfug, bösartiges Geschwätz, möglicherweise von Wang Ming und seinesgleichen in die Welt gesetzt. Sie wußte auch von den Behauptungen, die in einer Kurzbiographie über sie in dem Londoner Magazin »*The China Quarterly*« aufgestellt worden waren, die aber zum größten Teil nicht stimmten.[12] Premierminister Tschou war um sie besorgt. Sie hatte Vertrauen zu ihm, daher vertraute auch er ihr. Er und seine Frau Teng Ying-tschao wußten, daß sie über die Widersprüchlichkeiten, die ihrer Heirat mit dem Vorsitzenden angedichtet wurden, nicht gerne sprach. Ein paar Dinge habe sie dazu aber doch zu sagen.

Als die Partei im *Zentralen Sowjetgebiet* ankam, (wahrscheinlich sprach Tschiang Tsching von der Ankunft in Jenan im Januar 1937) lebten der Vorsitzende Mao und seine dritte Frau Ho Tze-tschen schon seit über einem Jahr voneinander getrennt. Und als Tschiang Tsching selbst im Spätsommer 1937 von Schanghai nach Jenan ging, waren Mao und Ho bereits geschieden.[13] Ho hatte den Nordwesten verlassen und erholte sich in der Sowjetunion von einer Krankheit. Wer hatte die Scheidung eingereicht? Ho Tzeschen, nicht der Vorsitzende, sagte sie heftig.[14]

Sie war Ho nie persönlich begegnet, aber aus den Bemerkungen, die verschiedene Mitglieder der Familie des Vorsitzenden und gelegentlich auch der Vorsitzende selbst fallen ließen – der im übrigen in dieser Hinsicht bemerkenswert zurückhaltend war – konnte sie sich ein Bild von ihr machen. Ho Tze-tschen war, wie Tschiang Tsching erfuhr, eine eigensinnige Frau, die »die politische Welt des Vorsitzenden Mao nie verstanden hat«. Das lag zum Teil an ihrer Herkunft: sie stammte aus einer Grundbesitzer- und Kaufmannsfamilie und war an einen ziemlich hohen Lebensstandard gewöhnt. Jedesmal, wenn sie auf dem Langen Marsch in eine Stadt kamen, wollte Ho am liebsten dableiben, denn sie war an das Leben in der Stadt gewöhnt. Von Kindheit an verwöhnt, verachtete sie körperliche Arbeit. Sie weigerte sich, »Papier zu schneiden« und andere einfache Arbeiten zu verrichten, für die alle gemeinsam die Verantwortung zu tragen hatten.[15]

Zu diesen Problemen, die durch ihren Charakter bedingt wurden, kamen noch unglückliche Umstände hinzu, fuhr Tschiang Tsching fort. Während des Marsches wurde Ho bei feindlichen Angriffen mehrmals verwundet, was sie physisch und psychisch völlig aus dem Gleichgewicht brachte.* Als die Rote Armee Ende 1935 den Nordwesten erreichte, war sie weder der politischen Situation, noch ihren Kindern, noch irgendwelchen anderen persönlichen Bindungen gewachsen. Natürlich fand der Vorsitzende ihr Benehmen unerträglich. Als die Partei das *Zentrale Sowjetgebiet* des Nordwestens erreicht hatte, verließ Ho den Vorsitzenden und schwor, sich nie in ihrem ganzen Leben in Jenan niederzulassen.[16] Allein kehrte sie nach Sian zurück. Tschou En-lai und Teng Ying-tschao, die sich um die Ehe der beiden Sorgen mach-

* Sie scheint, wie so viele andere auch, einen Nervenzusammenbruch erlitten zu haben – dieser Aspekt der Geschichte der chinesischen Revolution ist bislang noch nicht gründlich untersucht worden.

ten, versuchten sie dazu zu überreden, nach Jenan zurückzukehren, aber sie lehnte es strikt ab. Als sie nun niemanden mehr hatte, der für sie da war und sich um sie kümmerte, ließ sie ihre Frustrationen an den beiden Kindern aus; sie pflegte sie ständig zu prügeln, was man ihnen noch anmerken konnte, als sie längst erwachsen waren, sagte Tschiang Tsching. Es erging ihnen wie ihrer Mutter – und auch durch deren Verschulden: sie vermochten sich den Anforderungen des sozialistischen Lebens nie anzupassen. Um 1930 wurden Ho und die beiden Kinder – die Tochter war noch sehr klein – von der Partei nach Moskau geschickt. Die rauhen Behandlungsmethoden der russischen Ärzte sowie der anderen Russen, die ihr zu helfen versuchten, verschlimmerten ihren Zustand nur noch mehr. Da sie sich isoliert fühlte, nahmen ihre Depressionen zu, und sie begann erneut ihre Kinder zu mißhandeln. Schließlich kümmerte sie sich überhaupt nicht mehr um sie, bis man sie ihr wegnahm und sie selbst in eine Irrenanstalt steckte. Ende der vierziger Jahre (als Stalins Haltung gegenüber Mao immer kritischer wurde) schickte man sie nach Schanghai zurück. Dort lebt sie noch heute in einer Nervenanstalt. Von Zeit zu Zeit wird sie mit Elektroschocks behandelt.

»Gibt es für ihren Zustand eine Erklärung?« fragte ich.

»Depressive Reaktion auf die ungewohnt harten Lebensbedingungen«, erwiderte Tschiang Tsching ruhig.

Zweifellos war an der Geschichte über den Bruch zwischen Mao und Ho – der treuen Ehefrau, fruchtbaren Mutter und Veteranin des Langen Marsches – mehr, als Tschiang Tsching für die Veröffentlichung preisgab. Sollte sie in Hos tragisches Schicksal eine Bedeutung für ihr eigenes hineininterpretiert haben?

Das Los von Ho-Tze-tschen, Tschiang Tsching und anderen Frauen, die sich von Mao angezogen fühlten, war eng verknüpft mit dem am besten gehüteten Element der Revolution – Maos Charakter und seiner persönlichen Macht. Zeitgenössische Beobachter haben es nur angedeutet. Wie so viele ausländische Journalisten, die unentwegt nach politischer Romantik suchen, war auch Nym Wales von der »Jenaner Mystik« fasziniert. Sie nannte Mao den »König Arthur von China . . . den Vorsitzenden der Tafelrunde von Jenan. Seine Männer waren Ritter und seine Frauen wahre Damen, voller Würde und Stolz und erfüllt von dem Bewußtsein, für ganz China Maßstäbe zu setzen.« Obgleich Nym Wales Maos letzter Frau nie begegnet war, entspricht Tschiang Tsching ihrer intuitiven amerikanischen Vorstellung von dem, was Mao an Frauen mochte, aufs Haar. Sie schrieb: »Mao gehörte zu den Männern, die besonders viel Gefallen an Frauen finden – allerdings nur an außergewöhnlichen Frauen. Er wollte eine feminine Frau, die ihm ein schönes Zuhause bereitete, und er schätzte auch Schönheit, Intelligenz und Geist, sowie Treue – ihm selbst und seinen Ideen gegenüber. Er fürchtete keine selbständig denkenden Menschen, und gegen Lippenstift und gekräuseltes Haar hätte er nichts einzuwenden gehabt.«[17]

In der 1968 überarbeiteten Ausgabe seines Buchs »Roter Stern über China« erwähnt Edgar Snow die Schauspielerin Lily Wu (Wu Kuang-wei), von der Mao fasziniert war und die für Tschiang Tsching gewissermaßen den

Boden bereitete. Ende der dreißiger Jahre arbeitete Lily Wu als Dolmetscherin für die faszinierende Agnes Smedley, die amerikanische Journalistin, die mit einigen chinesischen Kommunistenführern befreundet war. Lily Wu war von verwirrender Anmut, außerdem sehr begabt und eigenwillig. Während sich fast alle anderen Frauen einen kurzen Bubikopf-Haarschnitt zulegten und auf Make-up verzichteten, trug Lily Wu ihr lockiges Haar lang und schminkte sich auch weiterhin die Lippen, wie sie es von Schanghai her gewohnt war. Im Mai 1937 kam Mao einmal, um Agnes Smedley in ihrer Höhle zu besuchen; sie aß gerade mit Mrs. Snow (Nym Wales) und Lily zusammen zu Abend. Wie die meisten jungen politischen Enthusiasten in Jenan verehrte Lily den Vorsitzenden. Er setzte sich zu ihnen, und sie tranken Wein; und in dieser gelockerten fröhlichen Stimmung brachte sie Mao dazu, ihr die Hand zu halten.[18]

Von diesem Flirt erfuhr Ho Tze-tschen – ob es über das, was Mrs. Snow beobachtet hatte, hinausging, ist nicht bekannt; sie beschuldigte Lily Wu öffentlich, ihren Ehemann verführt zu haben. Mao stritt die Beschuldigung ab. Trotzdem sprach, laut Snow, ein Sondergericht des Zentralkomitees die Scheidung aus, und beide, sowohl Wu als Ho, wurden ins Exil geschickt, letztere, wie wir wissen, nach Rußland.[19]

War Lily Wu die Wegbereiterin von Tschiang Tsching? Wenn sich auch Tschiang Tsching über das genaue Datum des Beginns ihres Verhältnisses mit Mao ausschwieg, so erzählte doch Yang Tze-lie, die Frau von Maos Rivalen Tschang Kuo-tao, Hos Version der Geschichte, die im großen und ganzen den Bericht Tschiang Tschings ergänzt. Zu Beginn des Frühjahrs 1938 traf Yang aus Schanghai im KPCh-Hauptquartier der *8.-Route-Armee* in Sian ein. Dort wurde ihr ein einfaches Zimmer zugewiesen, das mit zwei Holzliegen ausgestattet war. Auf der einen lag eine schmale, blasse, kränkliche Frau, die sich ihr als Ho Tze-tschen, die Frau von Mao Tse-tung, vorstellte. Yang Tze-lie fragte sie, warum sie nicht bei ihrem Mann und seinen Kameraden in Jenan sei. Ho erklärte, sie sei auf dem Weg nach Moskau, um sich einer ärztlichen Behandlung zu unterziehen, sie habe aber ohnehin nicht die Absicht, nach Jenan zurückzugehen. »Tse-tung behandelt mich nicht gut«, sagte sie. »Wir zanken uns und haben ständig Streit. Er greift zum Tisch und ich zum Stuhl! Mit uns ist es aus, das weiß ich.«

So sollten sich verheiratete Genossen nicht aufführen, erwiderte Yang Tze-lie und erbot sich, in Jenan zu Mao zu gehen, um ihn zu überreden, ihr einen Brief zu schreiben. Ho hielt die Sache jedoch für aussichtslos.

Später erzählte Liu Tschun-hsien einmal Yang Tze-lie im Vertrauen: »Lan Ping ist sehr hübsch und eine gute Schauspielerin. Als sie nach Jenan kam, war der alte Mao hingerissen. Er klatschte bei ihren Auftritten immer so laut, daß Ho Tze-tschen eifersüchtig wurde. Die beiden hatten oft Streit deswegen – mit ganz schrecklichen Folgen.«

Einige Tage nach ihrer Ankunft in Jenan erzählte Yang Tze-lie Mao, daß sie Ho in Sian getroffen und ihr angeboten habe, sie hierher zurückzubringen. Sie habe aber abgelehnt. »Es ist alles deine Schuld«, sagte sie ärgerlich zu Mao. »Du solltest ihr sofort einen Brief schreiben.«

Mao lachte nur und sagte nichts. Als sie Mao einige Tage später wieder traf, bemerkte er: »Ich habe Ho einen Brief geschrieben, aber sie will nicht zurückkommen.« Ob er diesen Brief wirklich geschrieben hatte oder nicht, konnte Yang nicht sagen. Sicher war, daß sich Hos Gesundheitszustand verschlechterte und sie nach Moskau fahren mußte. Manche Genossen sprachen davon, wie dickköpfig Ho immer gewesen sei – wie ein hunanischer Esel.[20]

Zweifellos hatte Mao vom ersten Augenblick an, als Lan Ping in Jenan eintraf, ein Auge auf sie geworfen.

Im großen und ganzen sprach Tschiang Tsching nur sehr wenig von ihrer eigenen Familie und Herkunft, dafür umso mehr über die Mitglieder von Maos Familie, die sie im Lauf der Jahre näher kennenlernte. Einer der Gründe dafür mag darin liegen, daß ein Mädchen, das heiratet, nach chinesischer Tradition ihre eigene Familie für immer verläßt und sich der Familie ihres Mannes anschließt. Als Folge davon rückt ihre eigene Familie in den Hintergrund und die ihres Mannes wird zum Mittelpunkt ihres Lebens. Maos Familienleben, wie das der meisten Revolutionäre, die ja keinen festen Wohnsitz hatten, war insofern unkonventionell, als Ehemann und Ehefrau den Kern der Familie bildeten; die Eltern des Mannes, die nach altem Brauch aufgrund ihres Alters und ihrer Autorität an der Familienspitze hätten stehen sollen, waren sich selbst überlassen oder gar verstoßen worden. Noch mit siebzig Jahren setzte Mao seinen Vater ständig in aller Öffentlichkeit herab. Selbst war er jedoch ein fürsorglicher Vater und nahm, so weit sich das machen ließ, die Kinder seiner Frauen bei sich auf. Zu diesem Punkt, der sehr persönliche und schmerzhafte Erinnerungen heraufbeschwor, äußerte sich Tschiang Tsching ziemlich ausführlich.

Die Tragödien innerhalb der Familie Maos sind für die ganze Generation der Gründerväter der Revolution typisch. Als die Überlebenden des Langen Marschs endlich den Nordwesten erreicht hatten, waren sie durch tausend und abertausend Verluste während des Bürgerkriegs abgestumpft. Im Lauf der Jahre gingen die Todesopfer in die Millionen, und je mehr es wurden, umso stärker wurde der Wunsch nach Rache. Aber wie groß die persönlichen Leiden des einzelnen auch sein mochten – die kommunistischen Führer waren Strategen, die sich keine Sentimentalitäten leisten konnten. Blutschulden auf eigene Faust zu begleichen, würde zu keinen großen historischen Veränderungen führen. Daher unternahmen sie erbitterte Anstrengungen, um die persönlichen Rachegefühle für die Verwirklichung ideologischer Prinzipien nutzbar zu machen.

Paradoxerweise wird das revolutionäre Theater der Volksstimmung eher gerecht als die politische Ideologie. Während wir uns eine Aufführung der »Roten Signallaterne« ansahen, einer revolutionären Oper, die Ende der vierziger Jahre im Nordwesten spielt, begann Tschiang Tsching über Mao Tse-tungs Familie zu sprechen. Die Geschichten über die Überlebenden waren verknüpft mit schmerzlichen Erinnerungen an Kinder, Ehefrauen und andere Verwandte, die verlorengegangen, in den Wahnsinn getrieben oder durch die Gewalt der historischen Veränderung, die Mao, seine Genossen und seine Feinde über dem 20. Jahrhundert heraufbeschworen hatten, zugrundegerichtet worden waren. Während der Szene, in der die Großmutter die familiären Tragödien der Lis (ist die Übereinstimmung mit Tschiang Tschings Nachnamen reiner Zufall?) aufzählt, kamen Tschiang Tsching die Tränen, als sie von den sieben Mitgliedern der Familie des Vorsitzenden berichtete, die »ihr Leben für die Revolution gelassen« hatten.* Nach der von Tschiang Tsching aufgezählten Reihenfolge gehörten dazu Yang Kai-hui, die Frau des Vorsitzenden; sein mittlerer Bruder Mao Tse-tan kam in den *Sowjetgebieten* um, sein jüngster Bruder Mao Tse-min in Sinkiang; sein Sohn Mao An-ying kam in Korea ums Leben, sein Neffe Mao Tschun-hsiung beim Rückzug der Truppen aus der Zentralebene, und ein weiterer Sohn war so mißhandelt worden, daß er einen Gehirnschaden davontrug. Verärgert fügte sie hinzu, daß die KMT noch immer das gemeine Gerücht verbreite, sein Nervenleiden sei »unsere Schuld«.

Bei einer späteren Unterhaltung kam Tschiang Tsching noch einmal auf Yang Kai-hui zurück, nominell die zweite Ehefrau des Vorsitzenden, aber in Wirklichkeit seine erste. Ihre drei Söhne – Mao An-ying, Mao An-tsching und Mao An-lung – wurden ziemlich am Anfang der Ehe geboren.[21] Danach verließ sie der Vorsitzende, um in den Bergen Stützpunkte zu errichten.** Yang Kai-hui hatte volles Verständnis für Maos Ziele und unterstützte ihn in jeder Beziehung; schließlich wurde sie festgenommen und von den KMT-Behörden wegen der revolutionären Tätigkeit des Vorsitzenden eingesperrt. Da sie sich weigerte, ihren Mann oder die Kommunistische Partei zu denunzieren, ließ sie der hunanische Kriegsherr Ho Tschien 1930, zusammen mit Maos Cousine Mao Tse-tschien, in Tschangscha enthaupten.

Was ihre unmittelbare Vorgängerin Ho Tze-tschen anging, so war sich Tschiang Tsching nie völlig klar geworden, wie viele Kinder von ihr stammten; auch über dieses Thema schwieg sich der Vorsitzende aus. (In manchen Berichten heißt es, Ho hätte bereits vor dem Langen Marsch ein oder zwei Kinder bekommen, die vorübergehend oder für immer zu Bauern gegeben wurden.)[22] Den einen Sohn, den der Vorsitzende besonders liebte, nannten sie Mao-mao; aber er ging Ende der vierziger Jahre während des Kriegs in Nord-Schensi (anscheinend bei der Evakuierung Jenans) verloren.

Nicht lange nach ihrer Heirat übernahm Tschiang Tsching die Sorgepflicht für einen weiteren Sohn Maos (wahrscheinlich eines der Kinder von Ho Tzetschen). Offensichtlich war er als kleiner Junge nach Moskau geschickt worden und später nach Schanghai zurückgekehrt (wahrscheinlich 1944; genaue Angaben über den Zeitpunkt machte sie allerdings nicht); dort wurde er in die Obhut eines Priesters gegeben, der mit zwei Frauen verheiratet war, die

* Der Ausdruck bedeutet, daß sie im Krieg gefallen oder auf andere Art im Kampf für die Partei ums Leben gekommen waren.

** Warum er sie nicht schützte, indem er sie mitnahm, sagte Tschiang Tsching nicht; auch Mao hat nie darüber gesprochen.

sich beide als äußerst bösartig erwiesen. Sie schlugen den Jungen so erbarmungslos, daß sein Gleichgewichtssinn ständigen Schaden davontrug. Tschiang Tsching erinnerte sich noch gut daran, wie sein kleiner Körper immer hin- und herschwankte. Jahrelang konnte er sich nicht normal fortbewegen, oft stolperte er oder fiel plötzlich zu Boden.

Tschiang Tsching gewann den Jungen sehr lieb und zog ihn wie ihren eigenen Sohn auf, bis sie sich Anfang der fünfziger Jahre einer radiotherapeutischen Krebsbehandlung unterziehen mußte. Natürlich war es schwierig, sich in dieser Zeit um ihn zu kümmern. »Andere« (Ungenannte) kamen zu dem Schluß, daß sie nicht länger fähig sei, für ihn zu sorgen. Trotz all ihrer Bitten nahmen »sie« ihn ihr weg und verrieten nicht einmal, wo sie ihn hinschafften. (Konnte die Aberkennung des Sorgerechts von Tschiang Tsching, noch dazu nach der Befreiung, tatsächlich außerhalb der Jurisdiktion des Vaters und nationalen Führers Mao gelegen haben?) Es war ein schwerer Verlust, denn er war ein sehr kluges Kind; mit drei Jahren konnte er die »Internationale« bereits von Anfang bis Ende singen. Sie bekam nie heraus, wo seine Entführer ihn versteckt hielten, auch Mao nicht.

Der Vorsitzende habe ihr nie viel über Ho Tze-tschen erzählt, sagte Tschiang Tsching. Was sie wußte, erfuhr sie zum größten Teil von Mao Anying. Gleich nach der Scheidung begleitete Mao An-ying, noch nicht ganz zwanzig Jahre alt, Ho Tze-tschen und ihr jüngstes Kind, eine Tochter, in die Sowjetunion. Bei seiner Rückkehr (um 1944) wurden Tschiang Tsching und er gute Freunde, denn sie war nur ein paar Jahre älter als er.[23] Sie verglich diesen geringen Altersunterschied mit dem weit größeren zwischen ihr und Ho Tze-tschens Tochter, zu der sie ein ausgesprochen mütterliches Verhältnis hatte.

Von An-ying erfuhr sie Näheres über diese Generation der Familie Maos. Die Tochter war als Kind vorübergehend zu einem Bauern gekommen. In der Sowjetunion kam sie, nachdem man Ho Tze-tschen in eine Anstalt gesteckt hatte, in einen staatlichen Kindergarten, wo sie eine typisch russische Erziehung genoß. Später, als die Mutter in eine Nervenheilanstalt in Schanghai kam, nahm Tschiang Tsching das Kind zu sich. Sie gab ihm den Namen Li Min und zog es zusammen mit ihrer eigenen Tochter Li Na auf, die fast genauso alt war wie Li Min.

Ich erwähnte Tschiang Tsching gegenüber, daß man im Ausland gelegentlich hört, sie habe zwei eigene Töchter und vielleicht auch einen Sohn. Sie habe nur ein eigenes Kind, erwiderte sie mit Bestimmtheit, und der Vorsitzende Mao sei sein Vater. Bei mehreren Gelegenheiten verglich sie mich mit ihrer Tochter Li Na. Wir seien ungefähr gleich alt, hätten beide Geschichte studiert und einen gemeinsamen Hang zum allzu Intellektuellen. Li Na hatte man aufs Land geschickt – was ihr gutgetan habe, fügte Tschiang Tsching hinzu.

Die Tatsache, daß sie Li Min und Li Na gemeinsam aufzog, drückt sich in den Namen aus. Sie gab beiden ihren ursprünglichen Familiennamen Li* und

* Daß Tschiang Tsching ihrer eigenen und ihrer Pflegetochter den Namen Li gab, ist

dazu Vornamen, deren klassische Bedeutungen im Gegensatz zueinander stehen. Sie sind von dem alten Sprichwort »Ein wahrer Herr sollte beim Reden vorsichtig und im Handeln schnell sein« abgeleitet. Somit bedeutet Na »vorsichtig beim Reden« und Min »schnell im Handeln«. Aber in Wirklichkeit bestand dieser Gegensatz von Na und Min nicht. Tschiang Tschings eigene Tochter brachte aus der Schule lauter »Fünfer« heim (das heißt Einser-Noten), aber dann lernte sie so viel, daß sie »dumm« wurde. Außerdem war Li Na von Haus aus nicht gerade »vorsichtig beim Reden«, obgleich diese Schwäche durch politische Berichtigung ein wenig behoben werden konnte. Andererseits war Li Min nicht besonders »schnell im Handeln«, ein Punkt, auf den Tschiang Tsching nicht weiter einging.

Nach dem Tod von Mao Tse-min, des jüngsten Bruders des Vorsitzenden, (er wurde 1943 von KMT-Anhängern in Sinkiang hingerichtet)[24], bat sein Sohn Mao Yüan-hsin, in der Familie Mao Tse-tungs leben zu dürfen. Natürlich nahmen sie ihn auf, und mit der Zeit hatten sie alle ein sehr enges Verhältnis. Auf eigenen Wunsch nannte er Tschiang Tsching nicht »Tante«, sondern »Mutter«. Er war ein begabter Junge, der zu einem typischen Intellektuellen heranwuchs und wie diese während der Kulturrevolution »gezügelt« werden mußte.[25]

Ihre eigene Tochter, Li Na, war ihm ähnlich. Schon von klein auf vergrub sie sich in historische Studien und entwickelte sich immer mehr zur bornierten Intellektuellen. Gleich zu Beginn der Sozialistischen Erziehungsbewegung im Jahre 1960 schickte Tschiang Tsching sie aufs Land, wo die Mehrzahl des Volkes lebt, damit sie dadurch ihren Horizont erweiterte. So zog Li Na zusammen mit Hunderttausenden Studenten und Intellektuellen aus der Stadt aufs Land. Sie blieb mehrere Jahre dort und machte die verschiedenen Stadien der Sozialistischen Erziehungsbewegung mit. Als sie nach Peking zurückgekehrt war, heiratete sie und bekam ein Kind. »Ich bin also Großmutter!« erklärte Tschiang Tsching stolz. Ihre Stieftochter Li Min, fügte sie noch hinzu, studierte Naturwissenschaft, heiratete und bekam zwei Kinder.

Diese persönlichen Dramen blieben neben dem gewaltigen Panorama des Widerstandskampfes und des Bürgerkriegs weitgehend unbemerkt. Die ständige Veränderung der strategischen Lage verlangte Maos volle Aufmerksamkeit. Anfang 1933 errichteten die KMT-Truppen unter dem Befehl von Hu Tsung-nan, der seit seiner Verteidigung Schanghais gegen die Japaner berühmt war, rund um die kommunistischen Grenzgebiete eine Blockade. Dadurch war fünf Jahre lang der gesamte Handel und jegliche andere Kommunikation mit den anderen Teilen Chinas und der gesamten Außenwelt unterbunden. Die Folge war eine unaufhaltsame Inflation innerhalb des Grenzgebietes: die Getreidepreise schnellten in die Höhe, Baumwolle und

Ausdruck einer zunehmenden Tendenz in China, die auf Ausgewogenheit zwischen den Geschlechtern abzielt: durch den Namen von mütterlicher Seite soll gegenüber der männlich ausgerichteten Norm ein Gegengewicht geschaffen werden.

Stoffe, die zu den wesentlichsten Importgütern zählten, waren plötzlich nicht mehr erhältlich. Die Ausfuhr von Salz, die bis dahin neunzig Prozent aller Einkünfte in der Region ausgemacht hatte, war nicht mehr möglich[26]; genauso wie die Einfuhr von Waffen für die Rote Armee, die zu diesem Zeitpunkt ungefähr eine halbe Million Mann stark war. Die Erhöhung der Steuern, jahrhundertelang letzter Ausweg von Grundbesitzern und Kriegsherren, hätte die Bauern unweigerlich zur Ernüchterung gebracht. Um diese negative Geschichtslektion nicht noch einmal zu wiederholen, machten sich die kommunistischen Führer eine radikale Pioniergesinnung zu eigen. Mao, der es großartig verstand, aus der Not eine Tugend zu machen, erhob »Vertrauen auf die eigene Kraft« und »Selbstversorgung« zu positiven Schlagworten. Die Soldaten mußten sich als Bauern betätigen. Mit Holzkohle ließ Mao auf die alten Mauern, die Jenan umgaben, schreiben:

- Vertrauen auf die eigene Kraft, ausreichende Kleidung und Nahrung!

- Entwicklung der Wirtschaft und Vorsorge für die militärische Verteidigung!

- Durch Selbstversorgung bauen wir ein blühendes Grenzgebiet im Nordwesten auf!

- Mit der Hacke über der einen und dem Gewehr über der anderen Schulter werden wir Selbstversorger in der Produktion sein und das Zentralkomitee der Partei beschützen![27]

Aber selbst heute, mehr als 35 Jahre nach Eintreffen der Partei, sei Jenan noch immer unterentwickelt, bekannte Tschiang Tsching. Der Fehler liege bei »uns«, sagte sie von sich und den Führern – »in unserer Unzulänglichkeit«. In den letzten Jahren hatten internationale Verpflichtungen sie davon abgehalten, den Aufbau der Nordwest-Region zu fördern, die von jeher schier unüberwindbare Hindernisse aufweist: steile Berge, tiefe Täler und Terrassenfelder, die eine Produktionssteigerung so gut wie unmöglich machen. Es wäre schon lange an der Zeit, Pläne zur Urbarmachung und Verbesserung des Bodens zu erarbeiten. Zum Teil seien »gewisse Elemente« unter den Führern, die das Interesse der Öffentlichkeit außer acht gelassen hätten, schuld an der Rückständigkeit.

Während seines Aufenthalts im Nordwesten leitete Mao Tse-tung (wie wir aus anderer Quelle wissen) einige der ehrgeizigsten Projekte zur Nutzung des Bodens in die Wege. Im Winter 1939 befahl er dem jungen Kommandeur Wang Tschen, mit zehntausend Soldaten der 359. Brigade ein Modell-Projekt zur Urbarmachung von Brachland in den kahlen Bergen und Tälern von Nanniwan, fünfzig Kilometer südöstlich von Jenan durchzuführen. Sie waren angehalten, sich ihre Nahrung und Kleidung selbst zu beschaffen. Und so sammelten sie in verlassenen Tempeln Glocken, Urnen und Götterbilder, schmolzen sie ein und schmiedeten daraus Pflugscharen.[28] Außerdem hielten sie Schafherden, um Wolle zu gewinnen. Sie bauten neue Höhlenwohnungen, gründeten Dörfer und errichteten Schulen. Die Produktions- und Verbraucherkooperativen, die zuerst in der Landwirtschaft, dann auch im Handwerk und in der Kleinindustrie eingeführt wurden, folgten dem Prinzip der gegenseitigen Unterstützung. Zwar führten die Soldaten dieses Modell ein, allmählich jedoch wurden alle Männer, Frauen und Kinder des Gebiets in die Produktionskampagne miteinbezogen. Selbst in dieser Wildnis wurde das kulturelle Moment nicht vernachlässigt. Soldaten wurden zu Schauspielern, und die Bevölkerung wurde dazu angeregt, Propagandastücke über die fundamentale Wandlung in ihrem Leben aufzuführen.[29]

So revolutionär dieses umfassende Projekt zur Nutzung des Bodens, das unter militärischer Leitung durchgeführt wurde, auch ausgesehen haben mag – Mao Tse-tung hatte sich eingehend genug mit Geschichte befaßt, um sich darüber im klaren zu sein, daß es sich dabei im Grunde nur um eine neue Variante der alten Militärkolonien handelte, die es in den Grenzbereichen Chinas seit über zweitausend Jahren in ununterbrochener Folge gegeben hatte.[30] In regelmäßigen Abständen kamen die Parteiführer, unter ihnen Mao Tse-tung, von Jenan nach Nanniwan, und manchmal faßte einer seine frischen Eindrücke in Verse. Auf einer solchen Reise schrieb der Krieger Tschu Te sein Gedicht »Auf nach Nanniwan«:

Letztes Jahr war ich das erste Mal hier,
Da war nichts als Unkraut,
Kein Lager für die Nacht,
Nicht einmal Scherben von einem Krug;
Heute eröffnen wir einen neuen Markt,
Überall im Tal sind Höhlenwohnungen,
Wir lenken die Flüsse und ernten vorzügliches Korn,
Wasser ergießt sich in die neuen Reisfelder,
Das Militärlager ist im Bau,
Die Soldaten lagern Korn ein,
Auf den Weiden grasen fette Rinder und Schafe,
Astern werden zu Papierschönheiten.[31]

Aber nicht alle Aspekte des Lebens in Nanniwan waren so idyllisch. Tschiang Tsching kam ebenfalls hierher; aber nicht wie die Parteiführer, zur Inspektion, sondern als die neue Frau eines Parteiführers, um zu arbeiten. Im Januar 1939, gleich zu Beginn des Unternehmens, traf sie ein;[32] sie blieb sechs Monate. Von dieser Pflichtübung hätten die meisten Genossen von der Führungsspitze und das Volk nichts gewußt, erzählte sie mir. (Wollten Mao und gewisse andere Genossen sie einer Probe unterziehen, in der Hoffnung, Skeptikern und Gegnern die Ausdauer des Mädchens aus der Stadt vor Augen führen zu können?) Nachdem die Japaner die Roten Armeen 1939 in ihrem nordwestlichen Stützpunktgebiet angegriffen hatten, setzte eine ungefähr hunderttausend Mann starke KMT-Streitmacht unter dem Kommando von Hu Tsung-nan zu »drei antikommunistischen Attacken« an. Den KMT-

Truppen war es nicht nur darum zu tun, die Kommunisten nach ihrer üblichen Strategie der Einkesselung militärisch zu vernichten, sondern sie errichteten auch rund um das Gebiet eine Wirtschaftsblockade, so daß die *8.-Route-Armee* keinen Nachschub bekam.[33] Und als die Kommunisten gerade dabei waren, im Grenzgebiet Schensi-Kansu-Ninghsia die wirtschaftlichen Verhältnisse grundlegend umzustrukturieren, ließ die KMT nichts unversucht, um sie auszuhungern. (Tschiang Tschings Stimme bebte vor Zorn, als sie dies berichtete.)

Als der Vorsitzende ihre Gruppe in Jenan verabschiedete, sagte er ihnen, daß sie in der Wildnis umkommen würden, wenn es ihnen nicht gelinge, sich die nötige Nahrung und Kleidung selbst herzustellen. Nach dieser drohenden Prophezeihung machten sie sich auf den Weg. Als sie ihr Lager errichteten, bekam Tschiang Tsching Blasen an den Händen, denn sie hatte noch nie in ihrem Leben körperlich gearbeitet. Weiter erzählte sie, daß die wenigen Frauen, die an dieser Urbarmachungs- und Produktionskampagne teilnahmen, bevorzugt behandelt wurden.[34] Während der Menstruation waren sie zum Beispiel zwei Tage lang von der regulären Arbeit befreit – selbstverständlich hatten sie in dieser Zeit andere Aufgaben wie Waschen und leichte Hausarbeit zu erledigen. Derartige routinemäßigen Konzessionen gegenüber Frauen lehnte sie stets ab. Manche Frauen zogen die leichtere, traditionelle Frauenarbeit vor, weil sie es verabscheuten, zu der gleichen schweren körperlichen Arbeit gezwungen zu sein wie Männer. Damals waren Frauen noch der Meinung, Männerarbeit zu leisten sei »zweitrangig«.

Da Tschiang Tsching während all dieser Jahre Tuberkulose hatte – diese Krankheit ist im Nordwesten und anderen Teilen Chinas endemisch –, brauchte sie nicht am Spinnrad zu arbeiten, weil es zu anstrengend gewesen wäre. Die meiste Zeit verbrachte sie mit Stricken (im Nordwesten eine traditionelle Männerarbeit, die auch die Soldaten der 359. Brigade erlernten). Obgleich sie darin nicht geübt war, brachte sie es während ihres Aufenthalts immerhin auf zehn Pullover, die alle dem Kollektiv ausgehändigt wurden. Pullover waren lebenswichtig, denn in den Bergen war es immer kalt. Während der gesamten sechs Monate trug sie einen dicken wattierten Mantel. Als sie mit ihrer Gruppe aus den Bergen zurück nach Jenan kam, erwartete sie dort sommerliches Klima. Sie konnte sich noch gut daran erinnern, wie sie sich gefreut hatte, nicht mehr verschiedene Kleidungsstücke auf einmal anziehen zu müssen. Rückblickend gestand sie, daß andere in Nanniwan weit bessere Arbeit geleistet hätten als sie, und ganz sachlich fügte sie noch hinzu, daß sie sich dort nicht durch besondere Leistungen hervorgetan habe.[35]

Gleich nach ihrer Rückkehr nach Yang-tschia-ping, der Höhlenwohnung und dem Armeehauptquartier in den sanften Hügeln bei Jenan, in denen sie mit Mao lebte, widmete sie sich wieder der kulturellen Arbeit, die ihr mehr lag. Allerdings war diese Tätigkeit in jenen Tagen noch kein so wesentliches Mittel, um zur Führungsspitze zu gelangen. Erst später sollte sie durch Tschiang Tsching zu einem wichtigen Machtinstrument werden.

VII Volkskultur in den befreiten Gebieten

Geschichte wird vom Volk gemacht. Aber auf der Bühne der alten Oper (und in der gesamten alten, vom Volk losgelösten Literatur und Kunst) wird das Volk als Abschaum hingestellt. Die Bühne wird von den vornehmen Herren und Damen und deren verzärtelten Söhnen und Töchtern beherrscht. Nun haben Sie die auf den Kopf gestellte Geschichte wieder auf die Füße gestellt und die historische Wahrheit wieder hergestellt. Somit ist die alte Oper zu neuem Leben erweckt worden.
Mao Tse-tung, nach dem Besuch einer Aufführung von »Gezwungen, sich den Rebellen auf dem Liang-Berg anzuschließen«, Jenan 1944

Welchen Eindruck hat Tschiang Tsching in Jenan auf andere gemacht? Es gibt wohl kaum einen Chinesen, der es, ohne zu einem offiziellen Porträt ermächtigt zu sein, wagen würde, seine Meinung über die Frau des Vorsitzenden zu veröffentlichen; soviel bekannt ist, hat Mao aber nie jemanden dazu autorisiert. Erst nachdem Tschiang Tsching in der Kulturrevolution an die Macht gelangt war, veröffentlichten bestimmte Fraktionen der Roten Garden einige kurze schmeichelhafte Darstellungen ihrer politischen Laufbahn. Zuverlässige Hinweise auf Tschiang Tsching finden sich meist nur in den Berichten ausländischer Besucher, und diese Besuche begannen in Jenan. Dabei handelte es sich meist um Journalisten oder Diplomaten, und natürlich waren alle darauf erpicht, mit dem Mann an der Spitze zu sprechen. In mehreren Berichten wird seine Frau, die am Rande der politischen Szene ein recht angenehmes Leben zu führen schien, flüchtig erwähnt. Niemand ahnte, daß diese hübsche Frau von Mitte Zwanzig sich einmal zu der überragenden politischen Persönlichkeit entwickeln würde, die sie später war.

Jeder Besucher aus dem Ausland sah in ihr ein Spiegelbild seiner eigenen Kultur. Snows Berichte aus dem Nordwesten deuten darauf hin, daß Mao seine Frau den Besuchern nie aufgedrängt hat. Daher behandelt Snow Ho Tze-tschen und Tschiang Tsching nur kurz. Und Tschiang Tsching sah in Snow im Nachhinein eine verpaßte Gelegenheit. Später stellt er ihr Leben jedoch in den biographischen Anmerkungen der 1968 revidierten Ausgabe von »Roter Stern über China« dar. Einige Behauptungen aus ungenannten Quellen stehen allerdings im Widerspruch zu ihrem eigenen Bericht. Snow lernte Tschiang Tsching flüchtig in Jenan kennen – anscheinend kurz nach ihrer Heirat mit Mao. Der Amerikaner sah in ihr nur eine attraktive junge Frau, die »eine gute Bridgespielerin und eine ausgezeichnete Köchin« war.[1]

Ein etwas lebendigeres Bild von ihr zeichnete der sowjetische Regisseur Roman Karmen, der dreimal den Stalinpreis erhalten hat. 1938 schickte ihn Stalin nach China. Dort sollte er einen Filmbericht über die Revolution und den *Widerstandskrieg* machen. Nachdem er mehrere Monate das von der KMT beherrschte Gebiet durchstreift hatte, traf Karmen Mitte Mai 1939 in Jenan ein. Dort verbrachte er mehrere Monate und filmte revolutionäre Aktivitäten, vor allem in der Lu-Hsün-Akademie.[2] Zum ersten Mal begegnete er Tschiang Tsching am 25. Mai, als er gerade auf dem Weg zu Mao war, um mit ihm zu sprechen. Zweifellos fiel sie dem Auge des Künstlers auf. In ihrem eigenen Interview bezeichnete sie Karmen als »Stalins Photographen« und sprach sehr herzlich von ihm. Er nahm sie in vielen Posen auf, aber am besten gefiel sie ihm zu Pferde. Sein Photo erinnert uns daran, daß Reiten für eine Chinesin etwas Ungewöhnliches war (obgleich Tschiang Tsching dies nicht erwähnte) und wie wenig Pferde es im Nordwesten gab. (Als Tschiang Tsching mir das Photo gab, bemerkte sie, daß Karmen es ihr 1939 mit einigen anderen nach Jenan geschickt habe. Als sie für mich bei der Agentur Neues China eine Farbkopie anfertigen ließ, beschloß sie, eine andere Kopie der Großen Schwester Teng – Tschou En-lais Frau – zu verehren.)

Auf Karmens Photo ist sie abenteuerlich gekleidet und mit geflochtenem Haar zu sehen. Sie wirkt eher slawisch als chinesisch. Er schrieb:

> Auf dem Weg zu Mao ritten wir quer durch die Stadt. Die neueröffnete Politische Frauenuniversität, die für mehrere tausend Mädchen und Frauen, die von überallher nach Jenan gekommen sind, errichtet worden ist, liegt oben auf einem Hügel, hinter der Lu-Hsün-Akademie und der Antijapanischen Universität. Wir mußten zweimal durch den Fluß.
>
> Nach der zweiten Durchquerung kam uns eine Reiterin entgegengaloppiert. Als sie mit uns auf gleicher Höhe war, brachte sie ihr Pferd mit einem Ruck zum Stehen und begrüßte uns freundlich. Sie war die Frau von Mao Tse-tung. Wie viele Tausende anderer junger chinesischer Männer und Frauen war sie vor ein paar Jahren in dieses Gebiet gekommen, um an der Politischen Universität zu studieren. Sie war früher in Schanghai eine berühmte Schauspielerin. Jetzt ist sie Kommunistin und leistet der Partei als Maos Privatsekretärin große und ehrenvolle Dienste. Sie führt seinen Terminkalender, schreibt seine Reden auf, vervielfältigt Artikel und kümmert sich um alles mögliche. Gerade ist sie von einer weiten Reise zurückgekehrt, die sie auf Maos Anweisung hin unternommen hatte. Selbstsicher sitzt sie auf dem Rücken des kleinen Pferdes, das unruhig tänzelt und am Zaumzeug zerrt. An ihrem Hinterkopf sind zwei geflochtene Zöpfe mit Bändern befestigt. Sie trägt den Mantel eines gefangenen japanischen Offiziers und an den bloßen Füßen Holzsandalen.
>
> »Ich werde Mao sagen, daß Sie auf dem Weg zu ihm sind«, sagt sie. Und dann reißt sie ihr Pferd herum und galoppiert davon. Sie winkt uns mit der Hand zu, beugt sich weit nach vorn und entfernt sich in einer Staubwolke.[3]

Von 1942 bis 1954 hielt sich ein anderer sowjetischer Journalist in Jenan auf, Pjotr Wladimirow. Sein umstrittenes Tagebuch wurde erst dreißig Jahre später veröffentlicht – nachdem der chinesisch-sowjetische Haß bereits zum Himmel schrie und Tschiang Tsching offensichtlich schon an der Macht war.* 1942 beschrieb er sie als »eine zierliche, lebhafte Frau mit klugen, kastanienbraunen Augen, die neben ihrem Gatten ausgesprochen zerbrechlich wirkte ...« »Für Tschiang Tsching ist äußerste Zielstrebigkeit charakteristisch«, schrieb Waldimirow im selben Jahr. »Ihr Temperament unterwirft sie dem Verstand. Sie kennt kein Mitleid mit sich selbst und sorgt sich nur um ihre Karriere. Solange sie jung ist, strebt sie dem Ziel entgegen ...« Im darauffolgenden Februar stellte er fest, daß Tschiang Tsching nicht nur Maos Privatsekretärin war, sondern auch seine gesamte geheime Korrespondenz erledigte. Ihr enger Freund und Vertrauter war Kang Scheng, der ihre Ehe sehr begrüßte, da sie ihm Zugang zum Vorsitzenden verschaffte. Von Mao sagte Wladimirow, daß er keine westlichen Klassiker gelesen habe und alles, was nicht chinesisch war, verachte. Er kenne nur altertümliche Enzyklopädien, klassische philosophische Abhandlungen und ältere Romane. Seiner Meinung nach war Tschiang Tsching viel belesener, vor allem in ausländischer Literatur. Geschickt und unauffällig half sie ihrem Mann, die verschiedensten Probleme zu lösen, die mit ihrem häuslichen Leben nichts zu tun hatten. »Sie ist neugierig und machthungrig, versteht das aber geschickt zu verbergen. Ihre eigenen Interessen stellt sie über alle anderen.«

Als der Korrespondent der *»New York Times«*, Tillman Durdin, 1944 Tschiang Tsching kennenlernte, stellte er, wie andere auch, fest, wie sehr sie im Schatten der älteren Frauen stand, vor allem der prominentesten unter ihnen. Dies waren Tsai Tschang (die Frau von Li Fu-tschun), Kang Kotsching (die Frau von Tschu Te) und Teng Ying-tschao (die Frau von Tschou En-lai). Sie hatten nicht nur einen höheren Rang in der Parteihierarchie, sondern auch ein viel besseres Verhältnis zu den Massen, eine Tatsache, deren Tschiang Tsching sich schmerzhaft bewußt war. Durdin sah in ihr eine klassische chinesische Schönheit – »als sei ein chinesisches Gemälde zum Leben erwacht«. Sie trug die gleiche Kleidung wie das gewöhnliche Volk. Allerdings unterschied sie sich deutlich in der Qualität des Stoffes und im Zuschnitt. Ihre Haare trug sie im Sowjetstil – das war bei den weiblichen Revolutionären im Nordwesten große Mode und stand ihr gut. (Die meisten Frauen bevorzugten dreißig Jahre später noch immer den gleichen Haarschnitt.) Damals rauchte sie in Gesellschaft von Ausländern und liebte amerikanische Tanzmusik. Ein Amerikaner, der einmal mit ihr tanzte, fand ihr Englisch »gar nicht so unmöglich«.

Nach ihrer Heirat mit Mao bekam sie Tuberkulose. Davon hatte sie sich 1944 noch immer nicht ganz erholt. Aber ihr schlechter Gesundheitszustand konnte sie nicht davon abhalten, ihren Schauspielunterricht an der Lu-Hsün-

* Peter Wladimirow, »Das Sondergebiet Chinas, 1942–1945«, Berlin 1976. Diesen Absatz betreffend s. vor allem S. 18, 132f., 156, 158, 246–258, 448.

Akademie fortzusetzen. Außerdem inszenierte sie ein Repertoire von Propagandastücken, die zum Widerstand gegen die Japaner aufforderten.[4]

Ein anderer aufmerksamer amerikanischer Journalist, Harrison Forman, lernte Mao und Tschiang Tsching 1944 kennen. Seine Bemerkungen über Tschiang Tschings Lebensgeschichte, die wahrscheinlich auf dieses Treffen zurückgehen, stimmen mit ihrem eigenen Bericht von 1972 überein. Er schrieb:

> Mao erwartete mich am Eingang des kleinen umzäunten Grundstücks vor einer Reihe von etwa einem halben Dutzend gewöhnlicher Höhlen, die er mit seiner Familie und seinen engsten Mitarbeitern bewohnte. Er war in Begleitung seiner anmutigen jungen Frau, der früheren Lan Ping, einer bekannten Schanghaier Schauspielerin, die außerordentlich intelligent ist und seit 1933 der Kommunistischen Partei angehört. 1937 gab sie ihre Filmkarriere auf und ging nach Jenan, um an der Lu-Hsün-Kunstakademie zu arbeiten. Maos Interesse am Theater brachte sie einander näher; sie heirateten in aller Stille im Frühjahr 1939.
>
> Beide trugen einfache Kleidung – sie ein pyjamaartiges Gewand, das um ihre schlanke Taille mit einem Gürtel zusammengehalten wurde, und er einen Anzug aus grobem, handgesponnenem Tuch mit weiten Hochwasserhosen. Ich wurde in den »Salon« geführt – eine Höhle mit einfachem Backsteinboden, weiß getünchten Wänden und stabilen, fast klobigen Möbeln. Es war Abend, und die einzige Lichtquelle bestand aus einer Kerze, die auf einer umgedrehten Tasse stand. Als Erfrischung erhielt ich schwachen Tee und Kuchen mit landesüblichen Süßigkeiten, sowie Zigaretten. Während unserer ganzen Unterhaltung liefen kleine Jungen hinein und heraus. Sie stellten sich hin und starrten mich an. Dann grapschten sie blitzschnell nach etwas, das auf dem Tisch lag, und flitzten davon. Mao beachtete sie gar nicht.[5]

David D. Barrett und John S. Service, Mitglieder der amerikanischen Beobachtergruppe (Dixie Mission), die sich 1944 und 1945 in Jenan aufhielt, sahen in Tschiang Tsching ebenfalls die attraktive Ehefrau. Colonel Barrett erinnert sich daran, daß Mao sie ihm anläßlich einer Militär-Veranstaltung vorstellte – »Colonel Barrett, das ist Tschiang Tsching«. Er hatte erwartet, vor einer Schwindsüchtigen zu stehen, und war erstaunt darüber, daß sie so gesund aussah. Sie begrüßte ihn freundlich – »ihre Umgangsformen hatten die Anmut und Geschliffenheit einer Schauspielerin. Sie sprach ein ausgezeichnetes *kuo-yü* [Mandarin], wie fast alle chinesischen Schauspielerinnen. Ich erinnere mich, daß sie viel besser und auch viel eleganter aussah als die meisten Frauen kommunistischer Führer.«[6]

Service bestätigte den allgemeinen Eindruck, daß Teng Ying-tschao und Kang Ko-tsching viel mehr an die Öffentlichkeit traten als Tschiang Tsching. Gelegentlich besuchte Tschiang Tsching die Tanzabende am Samstag, aber bedeutendere Funktionen übernahm sie nicht. Bei offiziellen Essen für die amerikanische Beobachtergruppe oder bei späteren Besuchen in Jenan repräsentierte sie nicht. An einem Abend im August 1944 hatte Service einmal ein Essen mit Mao, Tschiang Tsching und deren Dolmetscher. Mao führte und beherrschte die Unterhaltung; Tschiang Tsching beteiligte sich so gut wie gar nicht daran. »Sie war relativ jung (für die Gesellschaft von Jenan, deren Mitglieder zum überwiegenden Teil älter waren) und ziemlich hübsch (aber keine Schönheit)«, erinnert sich Service. Während seines ganzen Aufenthalts kam ihm kein einziges Mal das Gerücht zu Ohren, daß Ho Tzetschen den Verstand verloren und Tschiang Tsching ihre Ehe mit Mao auseinandergebracht haben soll. Unter den Chinesen in Jenan (und vielleicht auch andernorts) wurden Ehegeschichten als Privatsache betrachtet und nicht öffentlich diskutiert.[7]

Robert Payne stattete Mao 1945 einen Besuch ab – Mao war damals zweiundfünfzig – und schrieb später: »Seine Frau kam herein. Sie trug schwarze Hosen und einen Pullover und begrüßte mich mit ›*Nin hao?*‹ im klassischen Pekinger Dialekt. Und plötzlich stellte man fest, daß ihr schmales langes Gesicht viel schöner und ausdrucksvoller war als das Gesicht der erheblich berühmteren Madame Tschiang Kai-schek. Sie brachte den Duft der Blumen herein, die sie im Hochland gepflückt hatte.«[8]

Soviel zu dem Eindruck, den sie als Ehefrau vermittelte. In Tschiang Tschings eigenen Erinnerungen an jene Zeit werden die ständigen Demütigungen, die sie hinzunehmen hatte, von ihrem Streben nach Gleichberechtigung mit Mao überdeckt. Wie Tschiang Tsching sich und Mao rückblickend in jenen Tagen gern sehen möchte, wird in den Aufnahmen aus der Zeit in Jenan deutlich. Dort strafen Schönheit und Unschuld die späteren Ereignisse Lügen: ihren Aufstieg zur Macht über das materielle und kulturelle Leben einer Milliarde Chinesen in den nächsten dreißig Jahren. Auf diesen Bildern machen Mao und Tschiang Tsching auch den Eindruck von zwei Menschen, die sich ebenbürtig sind.

In den Augen ausländischer Besucher in Jenan in der Mitte der vierziger Jahre war Mao Tse-tung die herausragende vitale Figur in einer Galerie revolutionärer Persönlichkeiten, ein Mann, den Edgar Snow 1938 der Welt mit seinem Buch »Roter Stern über China« vorgestellt hatte. Seine Berichte (und die anderer) von der Natürlichkeit, dem Idealismus und Enthusiasmus dieser Gruppe selbsternannter Revolutionäre nahmen dem abstrakten Marxismus etwas von seiner frostigen Kälte und verringerten die Furcht vor der strengen kommunistischen Praxis.

1947 vertrieb die KMT die Roten Streitkräfte aus ihren Stützpunkten und legte Jenan mit ihren Bomben in Schutt und Asche. Zu Anfang der fünfziger Jahre, nachdem sich das kommunistische Regime etabliert hatte, wurde Jenan als Gedenkstätte der Partei neu errichtet. In den Museen wurden die Relikte des Langen Marsches zur Macht zur Besichtigung freigegeben. Aber vor allem diente der Wiederaufbau Jenans dem Personenkult eines Mannes: Mao Tse-tungs.

Bevor ich Tschiang Tsching traf, stattete ich Jenan Anfang August 1972 einen viertägigen Besuch ab, um mit eigenen Augen zu sehen, in welchem Ausmaß die Vergangenheit heraufbeschworen worden war. Wie Millionen Chinesen und einige wenige Ausländer vor mir wurde ich von Mitgliedern der Roten Garden, die sich als Stadtführer betätigten, durch sämtliche Ausstellungen geschleust. Es waren schmucklose Gebäude in einem kargen Gebiet. Nachdem ich viele Jahre damit verbracht hatte, mir alles über die Männer der Pionierzeit anzulesen, war ich über die Proportionen erschüttert. Riesige Bilder von Mao Tse-tung erdrückten die geradezu zwergenhaft kleinen von Tschu Te, Tschou En-lai, Lo Jui-tsching und anderen brillanten Strategen. Weniger überrascht war ich davon, daß die Gesichter von Männern wie Liu Schao-tschi und Lin Piao, die einmal als Maos Nachfolger bezeichnet, später aber in Schande verstoßen worden waren, überall sorgfältig entfernt worden waren. Einmal ist Tschiang Tsching hinter dem Vorsitzenden zu sehen – so verschwommen, daß die meisten Besucher sie bestimmt für einen jungen Soldaten halten. Mao überragt auf seinem berühmten weißen Pferd alles andere.

Von dem weißgeschrubbten Museum aus wurde ich durch die gleißende Sonne und den roten Staub der Straßen zu den Höhlen gefahren, in denen Mao gewohnt hatte. In diesen einfachen Behausungen, die als Kultstätte sicherlich urtümlicher wirken als damals, wurde Mao Tse-tung als rein intellektuelle Gestalt präsentiert. In Jenan, als Mao schon länger als ein Jahrzehnt die Rote Armee und die Kommunistische Partei führte, war er von allen militärischen Aufgaben weitgehend befreit. Er widmete sich der theoretischen Analyse seiner unmittelbaren Vergangenheit. Die Mitglieder der Roten Garden werteten jetzt die Bedeutung ihres Vorsitzenden nach der Zahl der Essays, die er geschrieben hat. Aus ihren eingeübten Standardsätzen ging hervor, daß von den einhundertfünfzig Essays, die in den »Ausgewählten Werken« des Vorsitzenden enthalten sind, einhundertzwölf während seines dreizehnjährigen Aufenthalts im Nordwesten verfaßt worden sind, davon allein zweiundneunzig in den Höhlen von Jenan.

In den Höhlen in Yang-tschia-ping tritt eine bescheidenere Seite seines Wesens – die dem Volk ebenfalls zur Nachahmung anempfohlen wird – in den Vordergrund. Man zeigte mir am Fuß des Berges den Siegesgarten, in dem er nach den vielen Stunden oder gar Tagen des Schreibens gern zu arbeiten pflegte. Er zog sein eigenes Gemüse und auch Tabak und blieb so in engem Kontakt mit der Heimaterde. Sein kleiner Garten wird noch immer bewirtschaftet. Wir aßen die vorzüglichen, in der Sonne gereiften Tomaten.

Alle Höhlen waren nach dem gleichen architektonischen Prinzip angelegt: ein Raum diente zum Schlafen und zum Baden, ein zweiter diente zum Schreiben und Essen, und im dritten Raum (der sich nur in Maos Höhle befand) wurden die Gäste empfangen und die Sitzungen des Zentralkomitees abgehalten. In dem Raum, in dem Mao gearbeitet hatte, wurde man auf den kahlen Holztisch und den Pinsel und die Tinte aufmerksam gemacht, die um den leeren Platz, an dem einst seine Manuskripte gelegen hatten, arrangiert waren. Auf der einen Seite stand auch ein gebrauchter Blechbecher (nicht der ursprüngliche). Wenn es dem Vorsitzenden die Zeit erlaubte, schrieb er ganze Nächte lang, ohne zu schlafen und ohne zu essen.[9] Diese offizielle Version – in einer anderen Kultur hätte man Mao als Philosophen-König verehrt – wiederholten alle Stadtführer von Jenan immer wieder aufs neue.

In den Gesprächen mit meinen Führern hatte ich eine ganze Menge über die intellektuellen Leistungen des Vorsitzenden erfahren. Aber was war eigentlich mit seiner Frau? War er nicht mit Genossin Tschiang Tsching verheiratet gewesen? Wie verbrachte sie ihre Zeit, während der Vorsitzende mit der Durchführung der Revolution beschäftigt war? Bestimmt waren seine Kinder nicht in dem kleinen eingegrenzten Grundstück herumgelaufen. Wo waren sie jetzt?

Bei diesen einfachen Fragen, die ein chinesischer Pilger wahrscheinlich kaum gestellt hätte, zuckten sie zusammen, lächelten und schüttelten den Kopf. (Zweifellos hatten die jungen Leute wirklich keine Ahnung.) Aber was sie mir zu verstehen gaben, war deutlich genug. In der offiziellen Geschichte, der einzigen, die in China gültig ist, tauchte der Vorsitzende Mao nicht als Ehemann oder Familienvater auf. Und Tschiang Tschings Rolle als Ehefrau oder Politikerin war einfach kein Gegenstand der öffentlichen Diskussion.

Tschiang Tschings Darstellung der Jahre in Jenan war fragmentarisch und emotionsgeladen. Danach war Mao Tse-tung launenhaft, ängstlich, ironisch, idealistisch und erfinderisch. Es stimmte, daß er die Gewohnheit hatte, sich lange Zeit zurückzuziehen und über theoretischen Konzepten zu brüten oder sich unter das Volk zu mischen. Und immer und überall war er von seinem Erzrivalen und ihrem gemeinsamen Feind bedroht: Wang Ming. Denn Ende der dreißiger Jahre kämpften Wang Ming und Mao noch immer, jeder nach seiner »Linie«, um die Gunst des Revolutions-Patriarchen Stalin. Wie Brüder weitteiferten sie miteinander, um sich durch ihre Zuverlässigkeit und Klugheit als revolutionäre Führer zu empfehlen.

Für Tschiang Tsching stellte Wang Ming eine andere Gefahr dar. Als sie in Schanghai gelebt hatte, war er zwar nicht in China gewesen, doch er hatte von seinem Büro in Moskau aus die Untergrundorganisation der Partei geleitet und war allwissend und mächtig gewesen. Um als Kommunistin akzeptiert zu werden, war ihr nichts anderes übriggeblieben, als seiner Politik zu folgen, die später als rechtsopportunistische Linie denunziert wurde. Außerdem war sie von den Männern, welche die tägliche Arbeit des Schanghaier Netzes kontrolliert hatten – unter ihnen Tschou Yang und Tschang Keng – unterdrückt worden. Auch später, in Jenan und in Peking, verwehrten sie ihr den Zugang zu den Massen.

Sie lernte Wang Ming erst kennen, als sie nach Jenan kam und ihren eigenen politischen Coup landete, indem sie Mao heiratete. Schon damals war abzusehen, daß jeder der beiden Männer seinen eigenen Weg zur Revolution ging. Wang Ming ging den russischen Weg. Er orientierte sich an den großen Städten und war vorübergehend auf die Unterstützung der Konkurrenzpartei und der Bourgeoisie angewiesen. Mao ging den chinesischen Weg. Er wollte zuerst die Bauern mobilisieren und die Großgrundbesitzer entmachten und danach die Städte einnehmen. Beobachtete Stalin, was geschah? Konnte er es überhaupt sehen? War nicht Maos Einladung an Stalins Hausphotographen Karmen, einen exklusiven Filmbericht über die Revolution auf dem Lande zu drehen, ein Beweis für sein Bemühen, Stalins Gunst zu gewinnen? Galoppierte nicht seine agile Frau auf ansehnlichen Filmmetern durch den roten Staub?

Um die ideologischen Differenzen zwischen Wang Ming und dem Vorsitzenden verständlich zu machen, stellte Tschiang Tsching einige Charaktermerkmale der beiden Kontrahenten gegenüber (im Sinne von Schwarz und Weiß). Dies muß hier nicht alles wiederholt werden, denn die Wahrheit liegt sicher in der Mitte. Nach ihrer Ansicht zeigte sich im Hinblick auf die Bodenreform und die Einheitsfrontpolitik der größte Gegensatz. Noch während seines Aufenthalts im *Zentralen Sowjetgebiet* begann der zukünftige Vorsitzende, Pläne für eine Bodenreform zu entwickeln. Am 23. Januar 1934 schrieb er einen Artikel, in dem er darlegte, wie wichtig es für die Bauern sei, im Interesse einer Produktionssteigerung in der Landwirtschaft Projekte zur Urbarmachung des Bodens durchzuführen. Im Sommer und Herbst 1934 setzte er sich mit dem Problem der Neuorganisierung der menschlichen Arbeitskraft auseinander und schlug als Lösung die *Gruppen der gegenseitigen Arbeitshilfe* vor.

Sie behauptete (dokumentarische Beweise gibt es dafür nicht), daß Wang Ming, bevor er von Moskau zurückgekehrt sei, bei der Komintern einen formalen Protest gegen die Agrarpolitik Maos eingereicht habe. Dann ließ der *Widerstandskrieg* die Meinungsverschiedenheiten zwischen ihnen erst einmal in den Hintergrund treten, und Wang Ming setzte sich mit allem Nachdruck für eine Einheitsfront mit der KMT unter Hintanstellung des Klassenkampfes ein. (Sie erwähnte nicht, daß Wang Ming auch die proletarischen Aufstände in den Städten, beispielsweise in Wuhan, eingeleitet hatte.) Im Oktober 1935 beendete die Rote Armee den Langen Marsch. Wie triumphal dies für die Streitmacht des Vorsitzenden Mao auch immer gewesen sein mag – die Auseinandersetzungen in den Reihen der Parteiführer waren damit nicht beigelegt. Auf der Konferenz der Parteiführung, die am 25. Dezember 1935 in Wai-yao-pao stattfand, wurden Wang Mings Ansichten, die er im Sommer dem VII. Kongreß der Komintern vorgelegt hatte, aus Moskau übermittelt. Mit Unterstützung Moskaus widersprach er dem Vorsitzenden Mao in allen wichtigen Punkten. Tschiang Tschings Miene verdüsterte sich, als sie von dieser Auseinandersetzung berichtete.

Aber noch bedeutsamer als dieser Streit war für sie ihre persönliche Feindschaft mit Wang Ming und dessen lästige Gegenwart im Kreis der führenden Genossen. Wang Ming habe schon Jahre zuvor das Vertrauen aller verloren, versicherte sie. Aber solange es möglich war, zeigte sich der Vorsitzende großzügig, und er sprang ihm in heiklen Situationen bei. Zum Beispiel fand sich beim VII. Parteitag von 1945, der in der Nähe ihres Hauses in Yang-tschia-ping abgehalten wurde, kein einziger Delegierter dazu bereit, Wang Ming ins Zentralkomitee zu wählen. Erst als der Vorsitzende dafür plädierte, wurde er gewählt.[10] Doch als 1969 der IX. Parteitag (auf dem Tschiang Tsching in das Politbüro aufgenommen wurde und in die Politik einzugreifen begann) abgehalten wurde, lagen unwiderlegbare Beweise dafür vor, daß Wang Ming ein »Renegat« und »Verräter« war (ein Abtrünniger der Partei und folglich auch der Nation). Er hatte nicht nur keine Chance, wieder ins Zentralkomitee gewählt zu werden – er wurde sogar aus der Partei ausgestoßen. Er flüchtete in die Sowjetunion, wo er in seiner Jugend so viele Jahre verbracht hatte. Wang Ming sei jetzt ein alter Mann, sagte sie [er starb im März 1974], der eigensinnig an seinen alten Ideen festhalte. Seit er in Moskau sei, schreibe er jeden zweiten oder dritten Tag an die Redakteure von Zeitungen, um das Regime zu verunglimpfen. Aber sie beachteten ihn einfach nicht.

Eigentlich, meinte sie, sei Wang Ming gar kein richtiger Chinese. So gesehen, war Anna Louise Strong, obwohl sie Amerikanerin war, chinesischer als Wang Ming.[11]

Im Zusammenhang mit der Bodenreform, von der Tschiang Tsching im Nordwesten einen ersten Eindruck gewonnen hatte, erwähnte sie einen Artikel, den der Vorsitzende am 1. Oktober 1943 verfaßt hatte und dem er den Titel gab: »Die Bewegungen zur Pachtherabsetzung, zur Produktionssteigerung und zur Unterstützung der Regierung und Sorge für das Volk in den Stützpunktgebieten entfalten«. Darin führte er die Gedanken aus, die er bereits im Januar 1934 entwickelt hatte, insbesondere die Idee, *Gruppen der gegenseitigen Arbeitshilfe* zu bilden (*Arbeitsaustauschbrigaden,* wie sie in Nord-Schensi genannt wurden). Diese Gruppen sollten sich zu Kooperativen entwickeln und den Interessen der lokalen Bevölkerung dienen. Dabei sollte die Familie die Grundeinheit bilden. Ein solcher Austausch von Arbeitsleistungen sowie der Einsatz von Teilzeit- und Ganztagsarbeitern war im Krieg unumgänglich, wenn die landwirtschaftliche Produktion und die militärische aufrechterhalten werden sollten.

Die wirtschaftliche Lage in der Mitte der vierziger Jahre entsprach im allgemeinen der *neudemokratischen Wirtschaft.* Die Genossenschaften waren als *Arbeitsaustauschbrigaden* oder als *Arbeitsgemeinschaften* organisiert, wobei letztere eine Variante der *Arbeitsaustauschbrigaden* darstellten. Alle diese Organisationen erlaubten Ganztagsarbeit und Teilzeitarbeit, und womöglich hatten sie gemeinsame Einrichtungen zum Wohnen, Arbeiten und Essen. Sie sollten sich aus Freiwilligen zusammensetzen. Neben den landwirtschaftlichen Produktionsgenossenschaften wurden auch andere Formen der Kollektivierung gefördert, zum Beispiel Mehrzweckgenossenschaften, in denen die Funktion von Produktions-, Konsum- und Transportgenossenschaften vereinigt waren. Ihnen folgten Kreditgenossenschaften, Transportgenossenschaften und schließlich handwerkliche Produktionsgenossenschaften.

Damit ich die Zeit in den Jahren zwischen 1940 und 1950 richtig verstehen könnte, empfahl Tschiang Tsching die Lektüre folgender Aufsätze des Vorsitzenden: »Über die Neue Demokratie« (Januar 1940), »Organisieren!«

(November 1943) und »Über die Koalitionsregierung« (April 1945).[12] In ihnen wollte er zeigen, daß er der Einheitsfront den höchsten Vorrang einräumte, solange in ihr die Unabhängigkeit und die Initiativkraft der Kommunistischen Partei gesichert waren. Tschiang Tsching hob auch hervor, daß die mit der Einheitsfront auftauchenden Probleme in allen Bereichen den *Kampf zweier Linien* (der Vorsitzende versus Wang Ming) deutlich werden ließen – nicht nur im wirtschaftlichen, sondern auch im politischen, militärischen und kulturellen Bereich.

Wenn jemand aus der Gesprächsrunde zu gähnen begann oder Mühe hatte, nicht einzuschlafen, lebte Tschiang Tsching auf. Sie erhob sich aus ihrem breiten Korbsessel und ging hinüber zu dem Billardtisch, der auf einer Seite des Raums aufgestellt war. Sofort folgten ihr zwei Leibwächter mit Billardstöcken. Sie bekomme geschwollene Füße, wenn sie keine Bewegung habe, erklärte sie, während sie ihren Billardstock ergriff, sich aus der Hüfte heraus weit nach vorn beugte und so die Tischplatte überblickte. Eine Weile war nur das scharfe Klicken der Bälle zu hören, unterbrochen von kleinen spitzen Freudenschreien, wenn sie vor ihren Spielpartnern in Führung ging. Im weiteren Verlauf des Spiels griff sie wieder ihr Thema auf und sprach sprunghaft über die wirtschaftlichen Probleme des Nordwestens. Schon immer habe ein Kampf zwischen privater Wirtschaft einerseits und organisierter Wirtschaft andererseits stattgefunden. Ohne Organisation könne man nichts zustandebringen. Und die Organisation müsse alles mit einschließen: die Tiere, die Saat und die Arbeitskraft.

Aus einer historischen Perspektive läßt sich erkennen, daß die Große Proletarische Kulturrevolution ein Vierteljahrhundert später nicht solch grandiose Ausmaße angenommen hätte, wenn die Regeln für das proletarische Kunstschaffen, die Mao Tse-tung in einem baufälligen Hörsaal in Jenan formuliert hatte, strikt beachtet worden wären (falls dies überhaupt möglich gewesen wäre). Das gilt vor allem für den sogenannten Überbau: Erziehung, Literatur und Kunst. Die Schwierigkeiten beim Aufbau einer rein proletarischen Kultur kennzeichneten von Anfang an eine Strukturschwäche der revolutionären Ordnung. Obwohl Mao Tse-tung und Tschiang Tsching es niemals öffentlich zugegeben hätten, ist es Mao nicht gelungen, bedeutende Talente aus Bereichen, die ihm fremd waren, für sich zu gewinnen. Dies gilt vor allem für die Literatur und die darstellenden Künste. Der Konflikt zwischen totalitärer politischer Autorität und schöpferischer Unabhängigkeit läßt sich nicht beilegen – nirgends auf der Welt. Aber in der Rhetorik von Mao Tse-tungs Regime wurde dieser unüberbrückbare Gegensatz bagatellisiert. Auf diese Weise sollte der Beweis für den *Kampf zweier Linien* erbracht werden: der richtigen Linie Mao Tse-tungs und der falschen Linie des jeweiligen Widersachers. In den dreißiger und vierziger Jahren waren dies die Linien von Mao und Wang Ming; in den sechziger Jahren waren es die Maos und Liu Schao-tschis.

Die ständigen öffentlichen Versicherungen, zwischen dem Vorsitzenden Mao, der Partei und dem Volk herrsche volle Übereinstimmung, scheint jeden Zweifel beseitigt zu haben. Aber wenn das Schiff so ruhig lief, warum sollte dann Mao, »Unser Großer Steuermann«, seinen Kurs alle paar Monate oder Jahre immer wieder so ostentativ ändern? Um in Jenan die Oberhand zu behalten, mußte Mao seinen Genossen und den Massen demonstrieren, daß diejenigen, die mit ihm auf intellektueller Ebene nicht übereinstimmten, sich damit auch ihm persönlich gegenüber nicht loyal verhielten. Dissidenten wurden öffentlich angeprangert und als »Dogmatiker«, *Rechtsopportunisten* oder als Gefolgsleute Wang Mings beschimpft.[13] Allerdings war der Inhalt der Anschuldigung nicht immer klar. Zweifellos waren viele Dissidenten einfach nur marxistische Schriftsteller oder Künstler mit eigenen Ideen.

Um Begeisterung für Mao zu erwecken, wurden zu Beginn der vierziger Jahre in Sitzungen, die der *ideologischen Umerziehung* dienten, zermürbende Ermittlungen durchgeführt. Vielleicht war diese *ideologische Umerziehung* die tiefstgreifende und quälendste Erfahrung der gesamten Revolution. Sie war Maos Methode, schlecht informierte, skeptische oder abweichlerische Individuen – meist Intellektuelle – von der Richtigkeit seiner Weltanschauung und seiner Politik zu überzeugen. Es genügte jetzt nicht mehr, der herrschenden Linie einfach nur beizupflichten oder gar ganz zu schweigen. Eine erfolgreiche *ideologische Umerziehung* mußte dadurch bewiesen werden, daß man sich öffentlich für Mao aussprach und andere Mitglieder der Gesellschaft dazugewann. Außenseitern, die diese Methode nicht guthießen, erschien die *ideologische Umerziehung* als »Gehirnwäsche«.

Maos Methode der *ideologischen Umerziehung* hat einen nationalen Hintergrund. Um dem Volk seine revolutionären Botschaften verständlich zu machen, benutzte er ihre Sprache, und so sprach er auch davon, »die Krankheit zu heilen, um den Patienten zu retten«. In der Behandlung des Geistes durch Umerziehung und psychologische Techniken unterschied sich Mao von Stalin, der wegen brutaler Gewaltakte und der »Liquidierung« von Dissidenten und anderen nutzlosen Personen berüchtigt war. Während Stalin die Tradition der Zaren fortsetzte, hat Maos Methode Vorbilder in der chinesischen Geschichte. Wie Konfuzius, dessen Lehre besagt, daß jeder zum Lernen fähig ist, so lehrte Mao, daß die politische Überzeugung, das »Bewußtsein«, umgeformt werden könne. Der Prozeß des Gesinnungswandels, in dem man sich auf Maos Seite und damit auf die Seite der Partei stellte, war der religiösen Bekehrung gar nicht so unähnlich: Man wird »überzeugt«, daß man einen Glauben, dem man ein Leben lang anhing, und anerzogene Verhaltensweisen preizugeben und andere anzunehmen habe – vor allem den Glauben an die Notwendigkeit eines unaufhörlichen proletarischen Klassenkampfes. Die psychologisch scharfsinnigen Aufsätze von Liu Schao-tschi (der berühmteste, 1939 veröffentlichte Aufsatz wurde unter dem Titel »Wie man ein guter Kommunist wird« bekannt) waren die Schlüssel für den Umerziehungsprozeß, der für die ununterbrochene Revolution für notwendig erachtet wurde.

Über die *ideologische Umerziehung* ist in China fast nichts veröffentlicht worden, weder von Journalisten noch von Romanschriftstellern oder Bühnenautoren. Und in den offiziellen Dokumentationen findet sich auch nichts Wesentliches zu diesem Thema.[14] Wahrscheinlich sind die Wunden aus der Zeit der Revolutionsgerichte zu frisch – oder noch offen –, so daß eine objektive Einschätzung dieser Dinge nicht gewährleistet wäre. Wahrscheinlich wäre es für einen Bühnenautor, der um den Preis seiner Gesundheit oder seines Lebens gezwungen wurde, im Namen der revolutionären Gerechtigkeit den Auftrag des Proletariats zu seinem eigenen zu machen, unzumutbar, die Dynamik der Zerstörung und Erneuerung einer Persönlichkeit darzustellen.

Von 1942 bis 1944 war die *ideologische Umerziehung* die Grundlage der *Berichtigungskampagne,* die in allen politischen, militärischen, erzieherischen und kulturellen Institutionen Jenans und des Grenzgebietes systematisch durchgeführt wurde.[15] Diese Methode des »Reinhaltens von Klassenwerten« wurde auch nach der Befreiung regelmäßig angewandt.

Die *Berichtigung* von Künstlern wurde an der Lu-Hsün-Akademie durchgeführt. Dieses revolutionäre Kulturzentrum war geprägt von persönlichen Feindschaften und ideologischen Gegensätzen, die meist zu differenziert waren, als daß sie sich in das Korsett des *Kampfs zweier Linien* hätten pressen lassen. Der Kluft zwischen dem, wofür der Namensgeber der Akademie, Lu Hsün, eintrat, und dem, was in der Künstlerkolonie der Emigranten vor sich ging, muß von künftigen Historikern erst noch dargestellt und untersucht werden. Einige der bedeutendsten Anhänger Lu Hsüns, unter ihnen die Schriftstellerin Ting Ling und der Romancier Hsiao Tschün, wurden in den Lehrkörper der Akademie aufgenommen. Aber ihr kompromißloses Eintreten für Lu Hsüns individualistisches Vorbild und sein unbestechliches künstlerisches Urteil wirkten sich am Ende verhängnisvoll für sie aus. Als Tschou Yang, ein Kulturkommissar, den Lu Hsün verabscheut hatte, kurz nach Tschiang Tsching in Jenan eintraf, wurden seine Verdienste in der Schanghaier Untergrundpartei und in progressiven kulturellen Organisationen durch Tschiang Tschings zukünftigen Mann belohnt, indem er ihn zum Präsidenten der Lu-Hsün-Akademie ernannte.

Unter Tschou Yangs Verwaltung gründete die Akademie vier Abteilungen: Literatur, Theater, Schöne Künste und Musik. Außerdem wurden eine Werkstatt für Schriftsteller, ein Forschungszentrum und ein Arbeitsraum für das Kunsthandwerk eingerichtet. Aber die größten Abteilungen waren die für Schauspiel und für Musik, denn die darstellenden Künste waren am ehesten in der Lage, zu den Massen vorzudringen. Wer war der Leiter der Schauspielabteilung, in der Tschiang Tsching unterrichtete? Kein anderer als Tschang Keng, ihr Vorgesetzter und Widersacher aus den Schanghaier Jahren. Und hier, in der ländlichen Umgebung, führte Tschang Keng seine frühere Tätigkeit fort. Er förderte Stanislawskis »methodische« Dramaturgie, eine Schule, die später von den Kommunisten verworfen wurde, da sie vermeintlich individuelle Autonomie und Selbstsucht förderte – beides Todsünden für den sozialistischen Kollektivismus. Er ließ auch nicht davon ab, ausländische Stücke in ihrer ganzen Länge aufzuführen, unter anderem Gogols »Die Heirat«, ein Schauspiel, das bürgerliche Umgangsformen darstellte – wie dazu geschaffen, Intellektuelle zu unterhalten und bei einfachen Genossen, die von der Partei zu einem neuen proletarischen Bewußtsein geführt werden sollten, Verwirrung zu stiften.[16] Andererseits waren Tschang Keng, Ma Ko und andere erfahrene Bühnenschriftsteller Pioniere der Kulturrevolution. Denn sie schufen das neue Bauerntheater mit Motiven der regionalen Kultur. Auf diese Weise wurde *yang-ko*, ein alter Volkstanz und Fruchtbarkeitsritus aus dem Nordwesten, zum Tanz der Befreiung, und auch die Oper erhielt neue politische Inhalte. Zu den ersten Produktionen gehörten »Brüder und Schwestern zähmen die Wildnis« und »Das Weißhaarige Mädchen«, pathetische Stücke, die die großen Helden der Gegenwart verherrlichen.[17] Zwanzig Jahre später erinnerte sich Tschiang Tsching an letzteres und machte es zum Herzstück ihres neuen Modellrepertoires.

Da in Jenan Raum und Material knapp waren, mußten alte Gebäude für neue Zwecke herhalten. Die Lu-Hsün-Akademie war in einer verlassenen katholischen Kirche untergebracht, ungefähr fünf Kilometer von der Stadtmitte entfernt. Das Kirchenschiff wurde in einen Zuschauerraum verwandelt, in eine schauerlich hallende Arena für die neue Synthese traditioneller und zeitgenössischer, einheimischer und fremder Kunst. An einem gewöhnlichen Tag konnte etwa in einer Ecke der Halle ein Solo-Cellist proben, während in einer anderen Ecke ein kleines Streichorchester Töne produzierte, die fremden Ursprungs zu sein schienen. Und unweit davon – in einer der Unterkünfte – mühte sich vielleicht eine Volksliedergruppe damit ab, alten Melodien neue Gedichte zu unterlegen.[18]

Die Unterkünfte, die früher einmal von christlichen Konvertiten benutzt worden waren, beherbergten jetzt revolutionäre Musik- und Schauspielstudenten. Manche von ihnen versuchten, sich einen bohèmehaften Anstrich zu geben und kleideten sich in romantische Bilderbuch-Trachten russischer Bauern, um sich von den Militärs zu unterscheiden. Meist waren es junge Leute aus der Umgebung. Nach zweijährigem Studium wurden sie an die Front geschickt, wo sie lustige musikalische und gesprochene Stegreifspiele aufführten, um die Roten Soldaten und die Bevölkerung aufzumuntern.

Bei den älteren Künstlern, Schriftstellern, Musikern, Dramatikern und Journalisten waren lange Diskussionen an der Tagesordnung. Als der amerikanische Journalist Harrison Forman einmal einer solchen Diskussion beiwohnte und den Argumenten dieser städtischen Intellektuellen lauschte, die es aufs Land verschlagen hatte, erlebte er, was Mao als »hochtrabendes und großmächtiges Getue« zu attackieren pflegte:

> Die meisten von ihnen kamen aus Schanghai, dem kulturellen Zentrum Chinas. Aber die verwestlichte »hochgestochene« Kunst und Literatur war vom Bauernvolk des chinesischen Hinterlands so weit entfernt wie James Joyce von Konfuzius. Unter den Bedingungen des Krieges, weit weg von Schanghai, waren die Literati Fische auf dem Trockenen. Sie brachten es einfach nicht fertig, auf die unkundigen Bauern, Arbeiter und Soldaten nicht von oben herabzublicken, und diese reagierten darauf mit Ableh-

nung. Ohne Publikum schrieben, malten und musizierten sie für sich selbst und kümmerten sich nicht um das einfache Volk, das unter ihrem kulturellen und intellektuellen Niveau stand. Wenn der Bauer gute Literatur und Kunst nicht zu schätzen wußte, dann war das eben sein Pech. Die Kunst war sich zu fein für die Massen.[19]

Zwanglose Zusammenkünfte von Führern und Geführten, die von einigen amerikanischen Besuchern »Samstagabend-Tänze« genannt wurden, fanden im »Birnen-Garten« statt – in fröhlichen Stunden von den Kommunisten so getauft, als sie noch Spaß daran fanden, Vergleiche mit ihren kaiserlichen Vorgängern anzustellen, in diesem Fall mit dem esoterischen Hoftheater des Tang-Kaisers Ming Huang. In den befreiten Zonen bewies ein Mädchen, daß es emanzipiert war, wenn es sich seinen Tanzpartner selbst aussuchte. Auch Mao war nicht tabu. »Vorsitzender Mao, möchten Sie mit mir tanzen?« pflegte sie gegebenenfalls respektvoll zu fragen.[20]

Die Musik wurde von zerkratzten Schallplatten auf einem zerbeulten Grammophon oder durch Tanzorchester geliefert. Zur Kapelle gehörten chinesische Fideln, ausländische Violinen, Blasinstrumente, eine kantonesische Zither, eine musikalische Säge und eine Orgel, die die Missionare zurückgelassen hatten. Noch faszinierender war, was getanzt wurde. Zu Ehren der ausländischen Gäste wurden französische Menuette, Wiener Walzer, *Jingle Bells* und *Yankee Doodle* intoniert – und natürlich traditionelle chinesische Volkstänze. Zu diesem musikalischen Mischmasch tanzte man Foxtrott, Walzer und *yang-ko.*

In diesem Stadium des unverbildeten Kommunismus mischten sich die Führer unter das tanzende Volk. Westliche Gesellschaftstänze mit Körperkontakt waren damals noch nicht verboten. Forman erinnert sich:

> An jedem beliebigen Abend konnte es vorkommen, daß einem Mao Tsetung, der vielbewunderte kommunistische Schutzherr über neunzig Millionen Chinesen, ungekämmt und hemdsärmelig unter die Augen kam, wie er gerade mit einer niedlichen Studentin der Universität von Jenan einen schnellen Foxtrott aufs Parkett legte, während ein Lastwagenfahrer die dralle Madame Tschu Te im Tanz herumwirbelte. Und sogar Dickie-Dick Tschu Te persönlich, Chef einer halben Million Japsen-Killer, der, einem alternden Cowboy nicht unähnlich, tanzbeinschwingend mit einem strahlenden jungen Ding, das kaum halb so groß und gerade ein Drittel so alt war wie er, seinen ganz großen Spaß hatte. Kampfgestählte Generäle wie Lin Piao, Nie Yung-tschien [Jung-tschen], Yeh Tschien-ying und ein Dutzend andere – für jeden einzelnen würden die Japaner gut und gerne eine ganze Division knallharter Krieger opfern – sprangen wie jitterbugtanzende Schuljungen durch die Gegend.[21]

Derselbe Mao, der sich inoffiziell mit dem Volk vergnügte (während er zugleich die offizielle Geschichtsschreibung vorbereitete), machte sich daran, von einer Phase seines Lebens zur nächsten überzugehen: Er verwandelte sich vom jugendlichen revolutionären Aktivisten in einen reifen Militärstrategen und politischen Theoretiker. Obwohl sein Körper sich von den Strapazen des Langen Marschs erholt hatte, behielt er ein romantisches Symbol, das ihn von den anderen unterschied, bei: die langen Haare.[22] Während er sich im *Stützpunktgebiet* in seiner liebsten Rolle, der eines Lehrers, zeigte, leitete die parteioffizielle Tageszeitung »Befreiung« die erste Phase des Personenkults ein, der während der nächsten Jahre bald verstärkt, bald eingeschränkt wurde. In ihrer Ausgabe vom 14. Dezember 1941 pries ihn sein Freund Hsiao San als »unseren strahlenden großen Führer, unseren Lehrer und unseren Retter«. Diese Worte wurden zur Standard-Formel.

Als Mao die Prinzipien reflektierte, mit denen er in zehn Jahren eine bedingungslos auf ihn eingeschworene Gefolgschaft um sich versammelt hatte, wurde das zentrale Thema seiner Schriften die Anpassung der angeblich universell gültigen Prinzipien von Marx und Lenin an die besonderen Gegebenheiten der chinesischen Situation: im wesentlichen die Suche nach einer »nationalen Form«. Diese Suche nach einem eigenen Weg erstreckte sich auch auf den Bereich der Kunst und führte im Mai 1942 zu lebhaften Diskussionen an der Lu-Hsün-Akademie, von denen es kein Protokoll gibt, abgesehen von dem ausführlichen Bericht des Vorsitzenden selbst (unter dem Titel »Reden bei der Aussprache in Jenan über Literatur und Kunst«). Inwieweit es sich dabei um eine zuverlässige Zusammenfassung der vertretenen Standpunkte oder um persönliche Polemik handelt – oder gar um eine Wiedergabe der Gedanken des verstorbenen kommunistischen Schriftstellers Tschü Tschiu-pai –, ließ sich bisher nicht feststellen.

Nach Tschiang Tschings Meinung war die Situation in Jenan auch in den frühen siebziger Jahren noch nicht zufriedenstellend, obwohl sie erheblich günstiger war als die Umstände, unter denen sie und der Vorsitzende dort gelebt hatten. Auch in Jenan hatte Tschou Yang ihre schauspielerische Leistung kritisiert. Ungeachtet dessen, daß man sich in Jenan damals um die Verwirklichung einer klassenlosen Gesellschaftsform bemühte, brachte Tschou Yang peinliche Aufsätze über ein »Klassensystem« in Umlauf, das sich seiner Meinung nach durchsetzen würde. Nach seiner Darstellung war das Volk in »drei Grade und neun Klassen eingeteilt«, was nichts anderes bedeutete, als daß es noch nicht gelungen war, die Hierarchie der Vergangenheit zu überwinden.

Als Beweis zitierte Tschiang Tsching aus einem schmalen unbetitelten Taschenbuch, das in einer begrenzten Auflage herausgekommen war.[23] Sie blätterte darin und erwähnte, daß die Aufsätze 1941 veröffentlicht und 1958, während der *Bewegung gegen die Rechten,* neu aufgelegt worden seien. »Nichts als Verleumdungen!« erklärte sie. 1941 schrieb Tschou Yang, der damalige Präsident der Lu-Hsün-Akademie, ein Stück, in dem niederträchtige Formulierungen wie »jede Sonne hat ihre Flecken« vorkamen. (Schon in Jenan wurde Mao mit der Sonne verglichen.) Im März 1942 veröffentlichte

Wang Schih-wei unter dem Titel »Die wilde Lilie« eine Reihe von Aufsätzen, in denen er darauf verwies, daß die Lilie, Jenans schönste wildwachsende Blume, aus einer Zwiebel entsteht, die bitter schmeckt.[24] Mit dieser Blumen-Metapher griff er indirekt den »Bürokratismus« und die »Korruption« unter den Parteiführern an – alte Fehler, die man schon überwunden zu haben glaubte. Zur selben Zeit veröffentlichte Ting Ling einen Artikel über den Internationalen Frauentag, der eine vernichtende Darstellung der Situation der Frau unter der kommunistischen Regierung in Jenan enthielt. »Lesen Sie das«, sagte Tschiang Tsching, »damit Sie verstehen, warum der Vorsitzende bei der *Aussprache in Jenan* die Initiative ergreifen mußte.«

Maos polemische Initiativen – nicht nur bei der *Aussprache*, sondern auch bei anderen Gelegenheiten – habe in allen Lagern große Unruhe ausgelöst, berichtete Tschiang Tsching erzürnt. Mitglieder des Zentralkomitees und der Jugendliga (wahrscheinlich steckte Wang Ming dahinter, meinte Tschiang Tsching – wie in Schanghai) hängten Wandzeitungen auf, die die Partei, das Militär und das Volk verächtlich machten. Diese Kritik am Vorsitzenden und seinen engsten Mitarbeitern aus den Reihen verantwortlicher Genossen habe den Boden für die *Aussprache in Jenan* bereitet.

Unter nachdrücklichem Hinweis auf ihre schlichte Lebensweise erwähnte Tschiang Tsching, daß sie in ihrer Schanghaier Zeit auf einem Dachboden und in Jenan stets in Höhlen gehaust habe. Sie und der Vorsitzende hätten immer das gleiche Essen zu sich genommen und die gleichen Kleider getragen wie das arbeitende Volk. Und trotzdem habe man sie verleumdet und ihr nachgesagt, sie sei an einen luxuriösen »konterrevolutionären« Lebensstil gewöhnt.

In den ersten Jahren der Akademie glichen viele Lehrer Tschiang Tsching – professionelle Dramatiker, Schriftsteller und Musiker mit einem unerschütterlichen Selbstvertrauen, das auf Erfahrungen in den Kämpfen der letzten Jahre gründete. Den radikalen Veränderungen konnten sie sich nur langsam anpassen. Der Dramatiker Ma Ko berichtet, daß die Literaturexperten unzählige Stunden über griechische und lateinische Klassiker und das Europa des 19. Jahrhunderts diskutierten. Einige Schauspielerinnen (Namen wurden nicht genannt) waren von der Rolle der Anna Karenina so hingerissen, daß sie nichts anderes im Kopf hatten als die Schatten ihrer Augenwimpern auf dem Bühnenboden.[25]

Am besten erinnerte sich Tschiang Tsching an die progressive Arbeit, die in der Akademie geleistet wurde. Als sie Anfang der vierziger Jahre Lehrerin in der Theater-Abteilung war[26], drängte die Verwaltung darauf, die alten Opernzyklen mit überholten Themen (das Leben am Hof und die Weisheit der Gelehrten) durch das Sprechtheater, das wandlungsfähigste und meistversprechende Genre, abzulösen. Zu den neuen Stücken, die sich mit zeitgenössischen Themen befaßten, gehörten unter anderem »Feuer auf dem Flugplatz«, »Auf dem Sungari-Fluß« und »Brüder und Schwestern zähmen die Wildnis«.[27]

Als der Vorsitzende der Akademie seinen ersten Besuch abstattete, wurden diese Stücke gerade geprobt. Tschiang Tsching erinnerte sich daran, daß sie ihm sehr gefielen. Sie weckten sein Interesse, und er wollte sich auch mit der Arbeit in den anderen Abteilungen vertraut machen. Um sich über moderne Literatur und Kunst, womit er sich bis dahin kaum befaßt hatte, zu informieren, verwickelte er die Mitglieder des Lehrkörpers in ausgedehnte Diskussionen. Dabei entwickelte er die Thesen, die er später bei der *Aussprache in Jenan* vorbrachte.[28]

Kurz darauf erfolgte bei der Eröffnung der berühmten *Aussprache* (Ende Mai 1942) Mao Tse-tungs gut inszenierter Auftritt vor der Akademie. Ma Ko erinnert sich daran, daß die bevorstehende Ankunft Maos sich wie ein Lauffeuer herumsprach. Im Frühlingsregen eilten die Leute mit Papierblökken und Tintenfässern aus ihren Höhlen zum Auditorium. Wer im Inneren keinen Platz mehr fand, setzte sich auf den Exerzierplatz vor dem Eingang. Tschou Yang führte den Vorsitzenden Mao ein, der nun vor dem Volk den Verlauf der kürzlich geführten Diskussionen zusammenfaßte. Die wichtigste Frage, die er sich stellte, war: Wem sollen die Künstler dienen? Die Akademie, sagte er scherzend, sei nur die »Kleine Lu I« (Lu I war der Spitzname der Akademie), aber die befreiten Regionen und der Kampf um das Leben seien die »Große Lu I«. Die Mitglieder der Kleinen Lu I sollten sich nicht abkapseln, sondern hinausgehen und ihre neue Kultur im Bereich der Großen Lu I propagieren. Das Grundsatzreferat des Vorsitzenden löste eine heftige Diskussion aus, die mehrere Tage anhielt, und in dieser Zeit verwandelte sich der feine Frühlingsregen in Gewitterstürme.[29]

Aber verstand man die Ironie, die darin lag, daß gerade Mao, der Bewunderer Lu Hsüns, auf diese Weise Stellung bezog? Obwohl Mao Tse-tung die Lu-Hsün-Akademie errichtet hatte, um damit Lu Hsün zu ehren, stand die Haltung, die er einnahm, in schroffem Gegensatz zu der des Schriftstellers. So kritisierte er mit seinem Plädoyer für die »nationalen Formen« einer Massenliteratur, ohne es zu wissen, die Position Lu Hsüns, der nicht daran glaubte, daß alte und »feudale« Formen mit neuen politischen Inhalten gefüllt werden könnten. Mao unterstützte Tschou Yang, indem er behauptete, daß alte, dem Volk vertraute kulturelle Formen sich in hervorragendem Maße dazu eigneten, neue Ideen, d. h. die kommunistische Propaganda und die Verherrlichung Mao Tse-tungs, zu vermitteln. So stellte sich Mao auf die Seite von Tschou Yang, dem Gegner von Lu Hsün, und so attackierte er die engsten Schüler Lu Hsüns, Ting Ling, Hu Feng und Wang Schih-wei, die mutig nach Jenan gepilgert waren. Mehr noch, Tschou Yang, den Tschiang Tsching persönlich verabscheute, blieb noch zwanzig Jahre lang – bis Tschiang Tsching ihn zu Beginn der Kulturrevolution entfernen ließ – Maos rechte Hand in allen kulturellen Angelegenheiten. Als aber Tschiang Tsching endlich die Gelegenheit bekam, Lu Hsüns Vorstellungen in die Tat umzusetzen, mißachtete auch sie seine Lehre, indem sie ihr eigenes grandioses Projekt in Angriff nahm: die Erneuerung der traditionsreichen Peking-Oper durch das proletarische Ethos.

Tschiang Tsching wohnte, wie sie bei einem unserer Interviews bemerkte, der *Aussprache in Jenan* vom Mai 1942 bei. In welcher Funktion? Als Sekretärin des Vorsitzenden. Diese Stellung übernahm sie nach ihrer Lehrtätigkeit und Theaterarbeit in der Akademie. Die Diskussionen bei der *Aussprache in Jenan,* die der Literatur und der Kunst gelten sollten, bezogen auch andere Bereiche ein. Aus der Art, wie jemand argumentierte, konnte Tschiang Tsching erkennen, ob er für den Vorsitzenden oder für dessen Hauptrivalen Wang Ming eintrat. Wang Mings Forderung nach Orthodoxie leitete sich aus der sowjetischen Theorie ab, die der Vorsitzende als die *Linie der rechten Opportunisten* bezeichnete.[30] Tschiang Tsching kam nun wieder darauf zu sprechen, was für ihre Vergangenheit und für Chinas Gegenwart entscheidend war: Im Hinblick auf die kulturellen Fragen wurde Wang Mings Opportunismus mit der Formel »Literatur der nationalen Verteidigung« gekennzeichnet, im Gegensatz zu Lu Hsüns Parole aus den dreißiger Jahren: »Literatur der Massen für den nationalen revolutionären Krieg«. Lu Hsüns Parole besaß proletarischen Klassencharakter; sie wurde von Mao aufgenommen und war die Grundlage seines Referats bei der *Aussprache in Jenan.* Der Vorsitzende kleidete seine Angriffe in der Akademie in literarische Wendungen. Aber mit den gleichen Worten wandte er sich auch an das weit größere Publikum, das die Linie Wang Mings verteidigte. Dessen Feindschaft mit dem Vorsitzenden sprach sich in Jenan und im ganzen Grenzgebiet herum.*

Tschiang Tsching stellte fest, daß an der Parteischule, an der sie studierte, und am Institut für Marxismus-Leninismus *keine* Schriften des Vorsitzenden Mao zur Verfügung gestanden hätten. Die einzig greifbaren Werke seien jene der Achtundzwanzig Bolschewiken gewesen, deren Anführer Wang Ming war. Die einzige Möglichkeit, diese »ideologische Blockade« zu brechen, bestand für den Vorsitzenden darin, einen eigenen, unabhängigen Kurs einzuschlagen, direkt zum Volk zu gehen und mit ihm über Probleme zu diskutieren, die im Zusammenhang mit seinen eigenen persönlichen Interessen standen. Nur durch persönlichen Kontakt mit dem Volk konnte er sich Anhänger schaffen.

Tschiang Tsching kam wieder auf die *Aussprache* zurück und sagte, daß die Sitzungen lang und ermüdend gewesen seien. Viele (deren Namen heute nicht mehr genannt werden) referierten über ihre Fachgebiete. Der Vorsitzende wartete, bis er an der Reihe war. Wortgewandt und geschickt stellte er den Sachverstand derer (einschließlich Tschiang Tschings) in Frage, die für die Aufführung von »Feuer auf dem Flugplatz«, »Auf dem Sungari-Fluß« und »Brüder und Schwestern zähmen die Wildnis« verantwortlich waren. Der Tenor seiner Ausführungen unterschied sich eindrucksvoll von den Stellungnahmen der anderen. Er beurteilte nicht Literatur und Kunst *per se,* sondern bezog sich stets auf philosophische und politische Prämissen. Der Verlauf der Diskussion und die Schlußfolgerungen, die Mao zog, wurden in den »Reden bei der Aussprache in Jenan über Literatur und Kunst« zusammengefaßt.[31] Diesen Aufsatz hat Tschiang Tsching in den vergangenen Jahren immer wieder gelesen, und jedesmal gewann sie dadurch neue Erkenntnisse.

* Ein aufschlußreicher Widerspruch zur offiziellen Historiographie, aus der zu entnehmen ist, daß Wang Ming zu dieser Zeit bereits so gut wie geschlagen war.

In diesem Aufsatz stellte der Vorsitzende wichtige Fragen: Sollte man über die lichte Seite oder die dunkle Seite der Gesellschaft schreiben? In welchem Verhältnis stehen die Absichten und die Ergebnisse einer bestimmten Arbeit? Welche politischen und künstlerischen Normen erkennen wir an? Mao warnte davor zu glauben, daß diejenigen, welche die Dunkelheit beschreiben, notwendig große Geister seien, und daß diejenigen, welche die Helligkeit vorziehen, notwendig unbedeutend seien.

»Sie müssen das mehrmals lesen«, drängte sie. (Am nächsten Morgen erhielt ich, zusammen mit dem anderen »Studienmaterial«, den vollständigen Text dieses Aufsatzes.)

Im Hinblick auf die Kritik, der Mao damals ausgesetzt war, als sie dabei waren, ein gemeinsames Leben aufzubauen, sagte sie: »Ich habe Mao verehrt.« Sie sah mich an und fragte: »Möchten Sie von Ihren Studenten denn nicht verehrt werden, Professor Witke?«

Ich war über ihre Direktheit erstaunt und erklärte ihr, daß es mir lieber sei, wenn sie mit mir diskutierten, als daß sie mich verehrten.

Sie lächelte und fügte hinzu, daß der Vorsitzende während der ganzen Kulturrevolution den Kult um seine Person bekämpft habe, denn ein solcher Kult sei immer mit Gefahren verbunden. Manche Leute, die während der durch die Kulturrevolution entfachten Kämpfe versucht hätten, *sie* zu vernichten, begännen jetzt plötzlich, ihr zu schmeicheln, und überschlügen sich geradezu vor überschwenglichem Lob. Eine Zeitlang sei sie so dumm gewesen, sich davon einwickeln zu lassen. Aber dann habe sie gelernt, daß eine revolutionäre Taktik immer *flexibel* bleiben müsse.

Tschiang Tsching kam immer wieder von der *Aussprache in Jenan* auf die Kulturrevolution und von dieser auf die *Aussprache* zu sprechen, denn Maos Abhandlungen über die *Aussprache* dienten ihr in erster Linie als ideologische Rechtfertigung für ihr Vorgehen in der Kulturrevolution. Doch weder Mao in seinen »Reden« noch Tschiang Tsching selbst haben je den Ursprung der Gegensätze in den Ansichten über die Literatur klären können – und erst diese Gegensätze machten die *Aussprache* erforderlich. Marx, Engels und Lenin haben es versäumt, sich mit dem Problemen einer Revolution im kulturellen Bereich systematisch auseinanderzusetzen. Das mag auch der Grund dafür sein, daß Maos Kurs in dieser Angelegenheit, die für den Kommunismus in China von größter Bedeutung ist, ziemlich brutal, stalinistisch und pragmatisch war. In einer Sprache, die offensichtlich darauf abzielte, den »kraftlosen« Intellektuellen kalte Schauer über den Rücken zu jagen, bezeichnete Mao die Schriftsteller als »Ingenieure der menschlichen Seele« – eine Wendung, die Stalin von Gorki ausgeliehen hat. Ausgehend von Lenin sprach er von Literatur und Kunst als Zahnrädern in der revolutionären Maschine.[32] Er sagte: »Die Aussprache, die wir heute eröffnen, soll dazu führen, daß sich Literatur und Kunst als ein integrierender Bestandteil in den Gesamtmechanismus der Revolution gut einfügen, soll dazu führen, daß sie zu einer machtvollen Waffe für den Zusammenschluß und die Erziehung des Volkes, für die Schläge gegen den Feind und dessen Vernichtung werden, daß sie dem Volk helfen, einmütig gegen den Feind zu kämpfen.«[33]

Wenn Schriftsteller »Ingenieure« waren, dann war die Lu-Hsün-Akademie eine Kulturfabrik voller lästiger Gegensätze. Ihre Lehrer, in den Künsten nicht minder bewandert wie jede spätere chinesische Generation, wurden dazu angehalten, kulturelle Ausdrucksformen zu entwickeln, die schlicht genug waren, um bei Chinas ungeschulten »Massen der Arbeiter, Bauern und Soldaten« Anklang zu finden – und in den Jahren nach 1940 war dieser Ausdruck keineswegs eine Phrase. Neue Volksstücke und überarbeitete Opern, die aus der Gegend stammten, handelten vom Leben der Massen. Beliebt war die Figur des klugen Bauern, der der Roten Armee dabei behilflich ist, den verruchten Plan eines japanischen Marodeurs zu durchkreuzen. Diese einfachen Stilmittel, ganz und gar auf die Massen zugeschnitten, mußten die sensiblen Gehirne der intellektuellen Ingenieure, die daran gewöhnt waren, komplexe Handlungen mit konfliktreichen Situationen und differenzierten Charakteren zu entwerfen, auf die Dauer blockieren und lähmen. Angesichts der vorherrschenden Diskrepanz von Talent und Bildung verlangte Mao systematische Anstrengungen zur Beseitigung dieses Mißverhältnisses: die Produktion neuer Werke, von denen die Massen zu einer positiven Einstellung gegenüber Literatur und Kunst angeregt würden, und eine ideologische Umerziehung jener störrischen Intellektuellen, die sich in die neue Ordnung nicht einfügten.

Mao ermahnte die Intellektuellen (die Zirkel der Lu-Hsün-Akademie nicht ausgenommen), von ihren Elfenbeintürmen herabzusteigen. Sie sollten sich wie er unter das Volk mischen. Schriftsteller, Musiker und Künstler, die ihre eigenen elitären Kreise nie verließen, sollten doch einmal die Wandzeitungen lesen, die von den Massen aufgehängt wurden, sich Volksstücke ansehen und Volksmusik anhören. Nur wenn sie sich rückhaltslos auf die gemeinsame Kultur einließen, würden Intellektuelle und Künstler (die jetzt offiziell proletarisiert und als »kulturelle Arbeiter« eingestuft wurden) zu »wahren Wortführern« des Volkes werden. Er schrieb: »Nur wenn er ein Vertreter der Massen ist, kann er [der Spezialist] sie erziehen; nur wenn er zum Schüler der Massen wird, kann er ihr Lehrer werden. Wenn er sich aber für den Herrn der Massen hält, für einen Aristokraten, der hoch über dem ›gemeinen Volk‹ thront, kann er über noch so großes Talent verfügen – die Massen werden ihn nicht brauchen, und seine Arbeit hat keine Zukunft.«[34]

Mao machte die Schriftsteller auch darauf aufmerksam, daß Lu Hsüns »bittere Ironie und ätzender Spott«, die er unter »der Herrschaft der finsteren Mächte«, die den Genossen das Recht zur freien Rede verweigerten, zur Vollkommenheit gebracht habe, im neuen Regime, das Demokratie und Freiheit für alle *revolutionären* Schriftsteller und Künstler garantiert, nicht mehr angebracht seien: »Heute können wir laut und offen sprechen, brauchen keine versteckten Anspielungen, die den Volksmassen das Verständnis des Gesagten erschweren . . . Ironie ist immer notwendig. Aber es gibt verschiedene Arten von Ironie; eine, die sich gegen die Feinde wendet, eine an die Verbündeten adressierte, eine, die sich auf Menschen aus unseren eigenen Reihen bezieht . . . Wir müssen damit Schluß machen, die Ironie wahllos zu verwenden.«

Diese Warnung Maos wurde immer wieder in den Wind geschlagen und immer wieder geltend gemacht – am nachdrücklichsten während der Kulturrevolution. Dies war einer der Gründe, warum dieser Aufsatz für Tschiang Tsching von überragender Bedeutung war.

Zu den Schriftstellern, die sich Mao bei der *Aussprache* widersetzten und sich weigerten, sein Diktat zu befolgen, gehörte die berühmt-berüchtigte und eigensinnige Ting Ling. Als wir über die Hintergründe der *Aussprache in Jenan* sprachen, verwies Tschiang Tsching auf Ting Lings feministische Hetzschrift »Gedanken zum Achten März« (dem Internationalen Frauentag) hin. Diese Schrift war ein Schlag ins Gesicht einer Gesellschaft, die stolz darauf war, ein gewisses Maß an Gleichheit zwischen den Geschlechtern ebenso wie im ökonomischen und politischen Bereich hergestellt zu haben. Da Tschiang Tsching auf Ting Lings Kritik nicht näher einging, ist zu vermuten, daß es sich dabei um heikle Fragen handelte, zu heikel, um von ihr in einem größeren Kreis diskutiert zu werden. Auch über die Verfasserin selbst ließ sie sich nicht weiter aus. Ein Blick auf Ting Lings Leben zeigt, warum ihre Einsichten und ihre Offenheit in einer unvollkommenen revolutionären Gesellschaft einen empfindlichen Nerv treffen müssen.

Sie war acht Jahre älter als Tschiang Tsching und wurde in Hunan geboren – wie Mao Tse-tung und viele ältere revolutionäre Führer. Sie besuchte die modernen Schulen der Provinzhauptstadt Tschangscha. Dort begann sie ihre Karriere als Feministin, Künstlerin, intellektuelle Dissidentin und linke Politikerin. Diese Kombination von Interessen ließe sie wohl für jede Regierung, die von Männern geführt wird und Einmütigkeit und Konformität – sprich Unterordnung – verlangt, als untauglich erscheinen.

Als Studentinnen begannen beide, Tschiang Tsching und Ting Ling, zu schreiben. Dies bot ihnen eine Möglichkeit, mit einer antitraditionellen und nachkaiserlichen Welt Kontakt aufzunehmen. Ting Ling machte das Schreiben zum Beruf und wurde in den dreißiger Jahren Chinas geistreichste Autorin aus dem radikalen Lager. Tschiang Tsching gab das Schreiben zugunsten der Schauspielerei auf und begann schließlich eine nicht ganz makellose Filmkarriere. In der Mitte der zwanziger Jahre hatte Ting Ling ebenfalls mit dem Gedanken gespielt, Filmstar zu werden. Sie ließ ihn aber wieder fallen, weil sie über die sexuelle Ausbeutung der Frauen durch die Filmproduzenten empört war. Beide studierten an den Universitäten von Peking und Schanghai, Tschiang Tsching weniger ernsthaft. Beide waren Mitglieder der *Liga Linker Schriftsteller,* und Ting Ling war seit 1931 Mitglied der Kommunistischen Partei.[35] Als Dissidentin war sie weitaus prominenter als Tschiang Tsching. Auch sie wurde von der KMT verfolgt. 1933 wurde sie verhaftet und ins Gefängnis gesteckt. Man entließ sie erst nach den Sian-Ereignissen vom Dezember 1936, als Tschiang Kai-schek gezwungen wurde, bekannte kommunistische Politiker freizulassen. Die sexuellen Beziehungen beider Frauen waren offenbar recht verwickelte, doch nur Ting Ling machte ihre

Erfahrungen zum Thema ihrer literarischen Arbeiten. Beide waren mit dem Kurzgeschichten-Autor Schen Tsung-wen befreundet, Tschiang Tsching als Studentin an der Tsingtao-Universität und Ting Ling als Beteiligte eines *ménage à trois* – zusammen mit ihrem Mann, dem Schriftsteller Hu Ye-pin, der 1931 von der KMT hingerichtet wurde. Beide verehrten Lu Hsün, Ting Ling aus der Nähe und Tschiang Tsching aus der Ferne. Als Schriftstellerin und persönliche Bekannte verstand Ting Ling ihn und das, wofür er eintrat, besser als Tschiang Tsching; und ihre Verstimmung darüber, daß die KPCh Lu Hsün, der doch zunächst als Gegner des Totalitarismus und des Bürokratismus bekannt war, zum Kronzeugen einer strengen Kulturpolitik machte, war sicher in ihrer geistigen Verbundenheit und persönlichen Loyalität gegenüber Lu Hsün begründet.

Bei Ausbruch des Krieges flohen beide Frauen nach Jenan und arbeiteten an der Lu-Hsün-Akademie. Jede kam auf ihre Weise mit Mao in Berührung. Seine enge Freundschaft mit Ting Ling und ihre langen Gespräche in seiner Höhle wurden von vielen als Beweis für ein Liebesverhältnis gedeutet, so daß Ting Ling als eine Frau dastand, der Mao den Laufpaß gegeben hatte.[36] Wie dem auch sein mag – Mao heiratete Tschiang Tsching, zeigte aber immer offen seinen Respekt für Ting Ling, trotz ihrer Meinungsverschiedenheit während der *Aussprache in Jenan.* Alle Kampagnen zur *ideologischen Umerziehung* der nächsten fünfzehn Jahre vermochten ihre unabhängige Haltung nicht zu erschüttern. Sie erhob ihre Stimme während der *Hundert-Blumen-Bewegung* von 1956 bis 1957 (als jeder aufgefordert wurde, offen seine Meinung zu sagen), und es sollte bis zur zweiten *Bewegung gegen die Rechten* (1957–1959) dauern, bis auch sie in Ungnade fiel. Gerüchten zufolge soll das strahlendste Symbol weiblicher Unabhängigkeit in revolutionärer Zeit dazu verurteilt worden sein, in den Räumen des Schriftstellerverbands als Putzfrau zu arbeiten. Über eine spätere Rehabilitierung ist nichts bekannt – nur soviel, daß sie gegen 1975 noch am Leben war.

Tschiang Tsching und Ting Ling waren sich in Schanghai nicht begegnet, denn Ting Ling saß fast die ganze Zeit im Gefängnis. Ihre Wege kreuzten sich zum ersten Mal in Jenan, wo Ting Ling als Redakteurin der Parteizeitung »Befreiung« großes Ansehen und Vertrauen genoß. Aber sie und ihre intellektuellen Freunde erregten bei den führenden Genossen Anstoß, weil sie die Institution der Ehe ablehnten. Sie traten für die vollkommene Gleichberechtigung ein, da sie diese in einer kommunistischen Gesellschaft für unbedingt erforderlich hielten. Doch mußten sie feststellen, daß manche kommunistischen Führer, nicht anders als die konfuzianischen Führer der Vergangenheit, noch immer glaubten – vielleicht nur unbewußt –, Frauen müßten von ihnen geführt werden.

In den »Gedanken zum Achten März«, geschrieben nach Maos Heirat mit Tschiang Tsching, machte Ting Ling sich darüber lustig, daß die Parteiführer sich allen Ernstes einbildeten, die Stellung der Frau revolutioniert zu haben. Ting Ling zeigte, daß der Kampf um die Gleichberechtigung der Geschlechter, der von modernen gebildeten Chinesen seit dem Beginn dieses Jahrhunderts geführt wurde, den männlichen Chauvinismus noch immer nicht erschüttert hatte. Ohne Namen zu nennen, behauptete sie, daß die Frauen der Parteiführer am meisten zu bedauern seien.

In Jenan habe man der Stellung der Frau viel Beachtung geschenkt, schrieb Ting Ling, und angeblich solle es hier besser um sie bestellt sein als sonstwo in China. Dennoch bilde Jenan keine Ausnahme. Durch sozialen Druck würden die Frauen auch heute noch in die Ehe getrieben, und wer sich dem widersetze (so wie sie selbst), werde geächtet. Man dränge die Frauen, Kinder zu bekommen. Dabei seien die Mütter nicht in der Lage, jemanden zu finden, der sich um die Kinder kümmere, damit sie ihre Aufgaben in der neuen Gesellschaft erfüllen könnten. Derartige soziale Mißstände zwängen die Mütter, sich wie klassische Spießbürgerinnen aufzuführen – wie »Noras, die nach Hause zurückkehren«. Nach einem Jahrzehnt familiärer Häuslichkeit hätten sich Frauen, die vor ihrer Ehe progressiv und aktiv gewesen seien, in »rückständige Hausfrauen« verwandelt. Im heutigen Jenan seien »Rückständigkeit« oder »politische Unzuverlässigkeit« die Gründe, welche die Ehemänner am häufigsten anführten, um sich von ihren Frauen scheiden zu lassen.

Früher, fuhr Ting Ling fort, habe man eine Frau nur bedauern können. Aber heutzutage werde eine Frau, die man zwinge, Leid zu ertragen, ihre Ressentiments in Rachgefühle verwandeln. »Das geschieht dir ganz recht«, werde sie zu ihrem Mann sagen. Ting Ling sympathisierte ganz offen mit den schwachen und hilflosen Vertreterinnen ihres Geschlechts. Erdrückt von gesellschaftlichen Zwängen gelänge es den Frauen nicht, »sich über ihre Zeit zu erheben«, systematisch nachzudenken und entschlossen zu handeln. Frauen, die nach Gleichberechtigung strebten, müßten auf ihre Gesundheit achten, ihren Verstand gebrauchen, verantwortungsbewußt und resolut handeln und darauf vorbereitet sein, Leid zu ertragen.

Es hat den Anschein, als hätten Ting Ling und Mao längere Zeit eine starke Anziehung aufeinander ausgeübt. Aber Maos Bedürfnis, fast jede Kritik an Jenans neuer Gesellschaft und somit an sich selbst zu unterdrücken, brachte ihn am Ende dazu, diese unkonventionelle und unbezähmbare talentierte Frau aus der revolutionären Elite auszustoßen, so wie er schon zuvor ganze Scharen von Genossen, die ihm politisch abträglich waren, verbannt hatte. Wie die Frauen, über die sie geschrieben hatte, mußte nun Ting Ling dafür büßen, daß sie sich über ihre Generation erhoben hatte, zuerst in Schanghai unter der Herrschaft der KMT, dann in Jenan und schließlich in Peking. Aber solange sie noch Zugang zu den Medien hatte, erhob sie ihre Stimme als unabhängige Revolutionärin. Schließlich wurde sie gegen Ende der fünfziger Jahre zur Zeit der *Bewegung gegen die Rechten* zum Schweigen gebracht – endgültig, wie es schien.

Als Ehefrau, die im Schatten ihres Mannes stand, aus den intellektuellen Kreisen ausgeschlossen war und keinen festen Platz in der kommunistischen Partei oder der Frauenbewegung hatte, dürfte sich Tschiang Tsching über Ting Lings Aufsatz sehr geärgert haben. Trotzdem folgte sie langfristig dem Rat Ting Lings. Nachdem sie jahrelang in Maos Haus ein Dasein im verborgenen geführt hatte, fiel sie aus der Rolle, die ihr neidische Kollegen nachsagten, aus der revisionistischen Rolle der »Nora, die nach Hause zurückkehrt«. Sie benutzte ihren eigenen Verstand, entwarf ihre eigenen politischen Konzepte und ging ihre eigenen Wege. Aber selbst als Mitglied der nationalen Führung mußte sie für ihre Auflehnung gegen die einseitig festgelegten und scheinbar unauflösbaren sexuellen Normen bezahlen.

VIII Der Marsch nach Peking

Hier ist niemand, mit dem ich sprechen kann,
Der mich versteht.
Meine Hoffnungen und Visionen sind größer
Als die der Männer um mich herum.
Doch die Chance unseres Überlebens ist zu klein.
Was nützt das Herz eines Helden
In meinem Gewand?
Tschiu Tschin, »Ein Brief an die Dame Tao Tschiu«

»Ich bin auch Soldat«, verkündete Tschiang Tsching strahlend bei unserem Interview in Peking, als wollte sie jede gegenteilige Vermutung entkräften. »Während des Befreiungskrieges diente ich als Politinstrukteurin in einer Abteilung, die unmittelbar dem Oberkommando des Kriegsschauplatzes im Nordwesten unterstellt war. Ich habe noch heute einen militärischen Rang.«

Als sie dieses Thema in Kanton wieder aufgriff, verbanden sich ihre persönlichen Erinnerungen mit den Ergebnissen von Nachforschungen aus jüngster Zeit. Um sich auf unser Gespräch vorzubereiten, hatte sie in Tagebüchern nachgelesen, die vom und für das Zentralkomitee geführt worden waren. In ihnen waren die Ereignisse jedes Tages auf dem Marsch von Jenan nach Peking aufgezeichnet worden. Sie waren auf dem ganzen Weg in Dokumentenkisten mitgeführt worden. Diese Berichte ergänzte sie nun durch handgezeichnete Landkarten und Tabellen zu den verschiedenen Schlachten und Truppenstärken und eine Übersicht über die verschiedenen Kriegsschauplätze. Die letzten Tage, die sie mit dem Studium von Aufzeichnungen über einen Zeitraum von mehr als drei Jahrzehnten (1937–1972) verbracht hatte, waren anstrengend gewesen, wie sie zugab. Doch das Gespräch über diese turbulente Zeit bereitete ihr sichtliches Vergnügen. Sie hatte jahrelang darüber nachgedacht, aber nie Gelegenheit gehabt, ihre Ansichten ausführlich darzulegen. Ausländer müßten begreifen, daß nur »wir« (die führenden Genossen) die Geschichte jener Zeit kennen; daß nur »wir« den Gesamtüberblick und ein vollständiges Bild dessen zu geben vermögen, was sich im ganzen Land abgespielt hat.

Es fiel ihr nicht leicht, die Chance wahrzunehmen, kompetent über Kriegsführung zu sprechen (seit jeher ein Vorrecht der Männer), denn ab und zu benahm sie sich überraschend weiblich. Im Verlauf des etwa siebenstündigen Gesprächs unterbrach sie mehrmals völlig unerwartet ihren Bericht von den Kriegsereignissen und wandte sich mit strahlendem Lächeln überdimensionalen Kalligraphien des Vorsitzenden zu, die die Wände schmückten. Sie spielte nervös mit winzigen Jasminzweigen und Orchideenblüten an ihrem Fächer oder arrangierte die Blüten, die sie an meinem Fächer befestigt hatte.

Bevor wir am Abend mit dem eigentlichen Gespräch begannen, stand sie auf, führte mich durch die Halle in einen weiteren großen und hohen Raum und lud mich ein, neben ihr auf einem riesigen beigen Sofa Platz zu nehmen. Auf einem langen niedrigen Tisch vor uns standen Seladonschalen mit heißem Tee aus getrockneten Blüten, deren dampfendes Blumenaroma die feuchte Luft parfümierte, und Tabletts mit exotischen Früchten. Diese beschrieb sie poetisch mit botanischen Ausdrücken, ohne irgendein ästhetisches Urteil über ihre natürliche Schönheit oder ihren Duft abzugeben. Durchsichtige Scheiben aus dem dicken Stamm des Lotus und Lotussamen von Murmelgröße waren in symmetrischer Anordnung auf Tellern arrangiert. Geschickt bog sie die rosa überhauchten Stacheln der Sternflockenfrucht zurück, die innen weiß und knackig war. Sehr merkwürdig, ja geradezu durchdringend, waren die Phoenixaugen: lange aufgebrochene Schoten, an tropischen Bäumen gewachsen, von denen jede einen großen schwarzen Samen enthüllte – die Pupille im geweiteten Auge der Schote. Diese dunklen Augen der Phoenixfrucht, das kaiserliche Symbol des weiblichen Prinzips in der traditionellen chinesischen Ikonographie, starrten uns unerbittlich an, während wir sie mit Stäbchen herauslösten und aßen. Sie waren mehlig und schmeckten eigenartig, aber gut.

Tschiang Tsching stand auf und ging durch den Raum zu zwei großen Tischen, auf denen sechs Landkarten ausgebreitet waren, jede exakt mit der Hand gezeichnet (zwei von ihnen sind im Anhang abgebildet). Sie waren kurz zuvor eigens für sie in Peking angefertigt worden, unter Anleitung des Genossen Wang Tung-hsing (früher als Maos Leibwächter während der Bürgerkriegsjahre bekannt). Genosse Wang beriet den Vorsitzenden in militärischen Angelegenheiten und hatte ihn während des ganzen Marsches im Nordwesten begleitet. Aus diesem Grunde wußte er bestens Bescheid und zeichnete für den militärischen Bericht verantwortlich, den sie mir nun geben wollte. Obgleich Genosse Wang nicht kommen konnte, war doch Genosse Tschang Tsching-hua kein geringerer Experte. Der ungewöhnlich große Mann mit dem langen Schädel stand auf der anderen Seite des Kartentisches. Er war in seine Arbeit vertieft und schien über unser plötzliches Auftauchen verwirrt.

Während der Kampagne im nördlichen Schensi, fuhr Tschiang Tsching fort, sei Genosse Tschang Tsching-hua als Gruppenführer für militärische Operationen verantwortlich gewesen. Nun sei er Direktor des Nationalen Landvermessungsamtes. Seine Kriegserfahrung ermögliche es ihm, lebendig und exakt über die Kriegsgeschichte zu sprechen, wenn auch die Schriften des Vorsitzenden Mao die gründlichste Analyse der Prinzipien darstellten. Weder ihr Bericht noch der des Genossen Tschang Tsching-hua würden »trocken« sein, versprach sie. Wie sich dann herausstellte, hantierte Tschang mit dem umfangreichen Kartenmaterial und den Schaubildern, während sie sprach, und stimmte ihren Bemerkungen respektvoll und kommentarlos zu.

»Es wurden große Entstellungen verbreitet, sogar Lügen und Verleumdungen« – mit dieser Bemerkung begann sie, über ihre eigene Rolle im Befreiungskampf zu sprechen. »Was wäre ich für ein Mitglied der Kommunistischen Partei Chinas, wenn mich der Gegner nicht angriffe? Um nur ein Beispiel zu nennen – während der Kämpfe im Norden Schensis habe ich ununterbrochen politische Arbeit in der Armee geleistet. Dennoch gab es Leute, die behaupteten, ich hätte Schuhe gemacht. Andere sagten, ich sei davongelaufen, als ich in Jenan die ersten drei Läuse an mir entdeckte. Dabei wissen sie nicht, daß ich später auf dem Marsch mit den Truppen noch viel mehr Läuse hatte. Läuse zu haben, galt in jenen Tagen als revolutionär!«

»Wir erzählen Ihnen das alles nicht nur wegen Ihres Buches«, fuhr sie fort. »Ihr Kommen und Ihre Anwesenheit haben uns dazu bewogen, die ganze Welt über diese Phase unserer militärischen Geschichte aufzuklären«. Sie konzentrierte sich bei ihren Berichten auf die Kriegsereignisse im Nordwesten, an denen sie selbst beteiligt gewesen war.

So referierte Tschiang Tsching über das, was Tag für Tag geschehen war, und flocht dabei persönliche Anekdoten ein. Indem sie sich auf den Kriegsschauplatz im Nordwesten beschränkte, vernachlässigte sie notwendig die anderen Schauplätze. Folglich sprach sie auch nicht über die Heldentaten von Generalen wie Peng Te-huai, Liu Po-tscheng, Tschen I und Lin Piao. Auch gab sie keine ausführlichen Beschreibungen von strategischen Debatten oder gescheiterten Friedensverhandlungen. Diese können wir hier kurz zusammenfassen.

Am 9. August 1945 fiel die Sowjetunion in die Mandschurei ein und beendete damit die dreizehnjährige Vorherrschaft Japans über Chinas Nordosten, Mandschukuo, ein nominelles Königreich unter dem mandschurischen Marionettenkaiser Pu-i und einem Klüngel konfuzianischer Gelehrter. Am selben Tag ging mit dem Abwurf der amerikanischen Atombombe auf Nagasaki der Zweite Weltkrieg zu Ende. Japan kapitulierte am 14. August.

Für die Nationalisten und die Kommunisten, die vierzehn Jahre lang gegen die Japaner gekämpft hatten, bedeutete das plötzliche Verschwinden des gemeinsamen Feindes, daß sie keinen Gegner mehr hatten außer sich selbst. Zum Zeitpunkt der japanischen Kapitulation hatten die Armeen der Nationalisten eine dreifache Überlegenheit an Truppen und eine fünffache Überlegenheit an Waffen gegenüber den Kommunisten. Ihre Luftwaffe und ihre Seestreitkräfte waren gewaltig; die Kommunisten besaßen nichts dergleichen. Diese enorme Ungleichheit verführte alle Beobachter zu dem Glauben, daß das Land unter den Nationalisten bald wieder zu geordneten Verhältnissen zurückkehren würde. In dieser Situation beschloß die amerikanische Regierung, unter Mißachtung der antinationalistischen Lagebeurteilung, zu der amerikanische Beobachtergruppen in den vergangenen zwölf Monaten in Jenan und anderen chinesischen Provinzen gelangt waren, an die Nationalisten riesige Mengen Kriegsmaterial zu liefern. Sie machte damit die nationalchinesische Armee zur stärksten Streitmacht Asiens. Wie effektiv diese das Material einsetzte, sollte sich zeigen. Welche Seite die Unterstützung des chinesischen Volkes fand – wer zu dem fähig war, was man in früheren Zeiten als »Mandatsübernahme« bezeichnete und heute, in der neuen Terminologie, als die Anstrengung, »die Massen zu gewinnen« –, sollte sich ebenfalls zeigen.

Der Kampf um die bessere Position begann unverzüglich. Als Oberkommandierender der kommunistischen Streitkräfte befahl Tschu Te den kommunistischen Einheiten, alle Städte und Verbindungswege einzunehmen, die die Japaner und ihre chinesischen Marionetten gehalten hatten. Die Nationalisten widerriefen den Befehl und ordneten an, daß alle Einheiten auf ihrem Platz bleiben sollten, bis sie selbst formell Japans Kapitulation anerkannt hätten. Dies, so protestierten die Kommunisten, sei ein Versuch, »dem Volk die Früchte des Sieges zu stehlen«. Da die beiden Gegenspieler sich einem toten Punkt näherten, nahm Mao Tse-tung die telegraphische Einladung Tschiang Kai-scheks zu Verhandlungen in Tschungking an.

So flogen am 26. August der Vorsitzende Mao, der Stellvertretende Vorsitzende des Revolutionären Militärrates Tschou En-lai, General Wang Jofei und der Botschafter der Vereinigten Staaten, Patrick Hurley, zu den Verhandlungen nach Tschungking, der Hauptstadt der Nationalisten.* Die Gespräche zogen sich wochenlang hin. Schließlich wurde am 10. Oktober ein provisorisches Abkommen geschlossen, demzufolge durch die Politische Konsultativkonferenz unter Mitwirkung aller Parteien eine neue Regierung gebildet und eine Verfassung entworfen werden sollte; ein gemeinsames Komitee der Kuomintang und der Kommunistischen Partei sollte die Nationalisierung der Streitkräfte in die Wege leiten. Es lief darauf hinaus, daß die Nationalisten politische Zugeständnisse machen sollten – als Gegenleistung für militärische Zugeständnisse der Kommunisten. Während der Dauer der Verhandlungen kam es zwischen den gegnerischen Streitkräften immer wieder zu kleineren militärischen Auseinandersetzungen, und weder am 11. Oktober, als Mao nach Jenan zurückkehrte, noch im Dezember, als Botschafter Hurley, der als Vermittler gescheitert war, von General George C. Marshall abgelöst wurde, war eine dauerhafte Übereinkunft erzielt worden. Tschou En-lai, der seit 1944 monatelang in Tschungking verhandelt hatte, blieb auch weiterhin dort, um mit den Vertretern der Amerikaner und der Nationalisten einen Waffenstillstand auszuhandeln und die Grundlagen für eine Nachkriegsregierung zu schaffen.

Im Frühjahr 1946 hatte sich das Mißtrauen zwischen den alten Widersachern so sehr vertieft, daß eine friedliche Regelung der Meinungsverschiedenheiten nicht mehr möglich war. In Nordchina und der Mandschurei kam es wiederholt zu Verstößen gegen den Waffenstillstand. Im Januar 1947 verließ General Marshall China. Auch er war an seiner Aufgabe gescheitert: eine Koalition zustandezubringen zwischen den Nationalisten, deren politisches Geschick und Unterstützung im Volk geringer waren, als die Amerikaner vermutet hatten, und den Kommunisten, deren ideologische Fixierung und militärische Ziele keinen für beide Seiten akzeptablen Vertrag zuließen.

* Tschiang Tsching begleitete Mao nicht auf diesem Flug – seinem ersten. Er war im gleichen Jahr wieder zum Vorsitzenden des Politbüros und des Zentralkommitees gewählt worden.

Im Februar 1947 wurden die kommunistischen Vertreter bei der Politischen Konsultativkonferenz von amerikanischen Militärflugzeugen nach Jenan zurückgeflogen. Nur wenige Tage nach ihrer Ankunft überfielen und eroberten die Nationalisten die Rote Hauptstadt. Und um die Mitte des Jahres spaltete der Bruderkrieg die Nation. Die sieben »befreiten Gebiete« der Kommunisten verwandelten sich in sieben Kriegsschauplätze.[2]

Als Tschiang Tsching das Gespräch wieder aufnahm und auf die *Periode des Dritten Revolutionären Bürgerkrieges* (nach der Chronologie der Partei)[3] zu sprechen kam, verengte oder erweiterte sich die Perspektive ihrer Darstellung – je nach dem, ob sie sich auf persönliche oder kollektive Erinnerungen berief. Ich bemerkte, daß sie nicht mehr das persönliche »ich« gebrauchte, sondern zum kollektiven »wir« überging. Edgar Snow stellte das gleiche Phänomen bei Maos autobiographischem Bericht in den dreißiger Jahren fest, insbesondere als er Snow erzählte, wie die Rote Armee entstanden war:

> Mao Tse-tungs Bericht gehörte nun eigentlich nicht mehr zu der »persönlichen Geschichte«, sondern hatte sich irgendwie in den Verlauf einer großen Bewegung sublimiert, in der man ihn, obwohl er eine dominierende Rolle behielt, nicht mehr klar als Persönlichkeit erkennen konnte. Es gab nicht länger ein »ich«, sondern ein »wir«; nicht länger Mao Tse-tung, sondern die Rote Armee; nicht länger einen subjektiven Eindruck der Erfahrungen eines einzelnen Lebens, sondern den objektiven Bericht eines Beobachters, der sich mit den Veränderungen der kollektiven menschlichen Bestimmung als dem Material von Geschichte beschäftigt.[4]

Tschiang Tsching gebrauchte das kollektive »wir« fast nur bei der Darstellung des Befreiungskrieges; wenn sie später von anderen Kämpfen sprach – innerhalb der Partei oder mit sich selbst –, tauchte das »ich« wieder auf.

»Warum nennen wir diesen Teil des Befreiungskrieges in den späten vierziger Jahren nicht einfach ›Jahre der Kämpfe und Schlachten gegen Feinde und alte Gewohnheiten‹?« begann Tschiang Tsching. In der ganzen Geschichte der Revolution waren die Jahre des Krieges im Nordwesten, der vom 13. März 1947 bis zum 12. Juni 1949 dauerte, die schwersten, aber auch die wichtigsten für die künftige Entwicklung. Da sie an den Ereignissen dieser beiden entscheidenden Jahre persönlich beteiligt gewesen war, wurden einige Aspekte dieser Zeit vielleicht unter ihrer Anleitung in Kunstwerken dargestellt. Das Konzert »Der Gelbe Fluß« sowie die revolutionären Opern *»Schatschiapang«* und »Die Geschichte einer Roten Signallaterne«* heben die Bedeutung jener Zeit hervor.

Als der Krieg begann, waren die Kommunisten in ihren Stützpunkten im

* Mehr darüber in den Kapiteln XVI und XVII.

Nordwesten verschanzt, die sie nach dem Langen Marsch unter ihre Kontrolle gebracht hatten. In den zwölf Jahren von 1935 bis 1947 hatte die Kuomintang nie gewagt, die Grenzen dieser *Roten Gebiete* zu überschreiten; statt dessen versteckten sie sich feige in den O-mei-Bergen*. Die Erwähnung des wunderschönen Gebirgszuges in der Provinz Szetschuan erinnerte Tschiang Tsching an einen herrlichen Vers aus der »Lu-schan Ballade« des Tang-Dichters Li Po. »Ich war ein Verrückter aus dem Staate Lu«, begann sie. Aber dann brach sie ab und sagte, sie wolle mir eine Abschrift dieses Gedichtes geben.

Ernsthaft meinte sie, wenn ich nach Amerika zurückkehren und meine eigenen Untersuchungen über diese Zeit anstellen würde, sollte ich mich auf die Schriften des Vorsitzenden Mao über den *Widerstandskrieg* konzentrieren. »Über den langwierigen Krieg«, »Strategische Probleme des Partisanenkrieges gegen die japanische Aggression«, »Strategische Probleme des revolutionären Krieges in China«, »Über die neue Demokratie« und »Über die Koalitionsregierung« sind im zweiten und dritten Band von Maos »Ausgewählten Werken« enthalten. Alle diese Kapitel empfahl sie mir wärmstens.

Auf der Karte, welche die Lage zwischen August 1945 und Juni 1946 darstellte, zeigte sie mir, welche Gebiete bei der Kapitulation Japans im August 1945 in der Hand der Kommunisten waren und welche noch der Feind hielt. Das Ende des Zweiten Weltkriegs beendete auch den Widerstandskrieg, der vor allem von der *8.-Route-Armee* (unter dem Kommando von Tschu Te) und der *Neuen 4. Armee* (unter Tschen I) geführt worden war – wobei sie ausdrücklich hervorhob, daß beide Armeen unter dem Oberbefehl von Mao gestanden hatten.

Nach der Kapitulation Japans befand sich die Kommunistische Partei Chinas militärisch in einem schwerwiegenden Nachteil gegenüber der Kuomintang. 1945 und 1946 verfügte sie über 1,2 bis 1,3 Millionen Soldaten, und sie kontrollierte eine Bevölkerung von 130 Millionen, während der Feind 4,3 Millionen Soldaten hatte und eine Bevölkerung von über 300 Millionen beherrschte. Außerdem wurde Tschiang Kai-scheks Übermacht noch vergrößert durch die amerikanischen Imperialisten, die ihn mit Flugzeugen und Kriegsschiffen für den Transport seiner Truppen versorgten. Als die Kommunisten nach und nach die Oberhand über Tschiang Kai-schek gewannen, erlaubte er ihnen »gnädig«, sich einen großen Teil des ihm von den Amerikanern gelieferten Materials anzueignen. Die Kommunisten gaben ihm prompt den Spitznamen »Transportquartiermeister«.

Während Tschiang Tsching weiter aus Statistiken zitierte, die sich auf Schlachten, Truppenstärken und Verluste an Menschen und Material bezogen, bemerkte sie, daß ich mir eifrig Notizen machte. »Machen Sie sich keine Mühe«, sagte sie freundlich. »Ich gebe Ihnen diese Verzeichnisse mit.«

* Nachdem Nanking im Dezember 1937 den Japanern in die Hände gefallen war, verlegte Tschiang Kai-schek sein Hauptquartier nach Tschungking, der Provinzstadt von Szetschuan in den O-mei-Bergen. Bald folgten ihm seine loyalen Anhänger aus dem Militär, der Industrie und dem Erziehungswesen. 1946, ein Jahr nach der Kapitulation Japans, zogen die Nationalisten wieder in ihre frühere Hauptstadt Nanking ein.

»Das wäre ausgezeichnetes Quellenmaterial für mich«, antwortete ich ihr dankbar auf chinesisch.

Daraufhin warf sie den Kopf in den Nacken, schaute mich empört an und rief aus: »Dieses Material ist absolut verläßlich. Nichts daran ist gefälscht!«

Fassungslos über ihre Zurechtweisung merkte ich plötzlich, daß ich einen Sprechfehler begangen hatte. »Quellenmaterial« ist tatsächlich mit *tsan-kao tze-liao* zu übersetzen, aber im Chinesischen verwendet man den Ausdruck hauptsächlich für Material, das nur zum Teil verläßlich ist und tendenziös verwendet wird. Lachend entschuldigte ich mich und erklärte ihr das Mißverständnis.

Ein wenig gereizt fuhr sie fort, daß Mitte der vierziger Jahre die amerikanischen Imperialisten mit viel Aufwand versucht hätten, zwischen Tschiang Kai-schek und den Roten Streitkräften zu vermitteln. Sie setzten eine Dreiergruppe ein, die aber so zusammengesetzt war, daß sie nur Tschiang Kaischeks Sache diente. Schließlich wurden beide Seiten dazu überredet, das Abkommen vom Doppelten Zehnten (vom 10. Oktober 1945) zu unterzeichnen, und der Vorsitzende flog nach Jenan zurück.* Er war kaum gelandet, da setzte Tschiang Kai-schek den Bürgerkrieg fort.

Nachdem Tschiang Kai-schek das Abkommen gebrochen hatte, entschied sich der Vorsitzende für folgende Strategie: die Roten Streitkräfte sollten die Initiative behalten, indem sie zunächst den Eindruck erweckten, sie zu verlieren. Sie sollten kleine und mittlere Städte preisgeben, was den Feind veranlassen würde, seine Truppen in Garnisonen aufzusplittern, damit also seine Kräfte schwächen und seine Verletzlichkeit erhöhen. Eine andere List bestand darin, kleine Kuomintang-Truppeneinheiten in eine »Tasche« der Roten Armee zu locken und sie so aufzureiben. Auch beschloß die Parteiführung, die Kämpfe nicht über die kontrollierten Gebiete hinaus auszudehnen, da man diese am besten kannte und am wirksamsten überwachen konnte.

Um die ungleichen Truppenstärken und die Materialüberlegenheit des Gegners zu kompensieren, wandte die Rote Armee eine aktive Verteidigungsstrategie (Guerilla) an: sie konzentrierte ihre begrenzten Mittel auf die schwachen Punkte des Gegners. Das vorrangige Ziel war die Vernichtung des Feindes – das heißt politisch, nicht physisch, wie Tschiang Tsching eilig hinzufügte. Gegenüber Kriegsgefangenen war man tolerant. Man ließ ihnen die Wahl, zur Roten Armee überzuwechseln oder zu den Kuomintang-Truppen zurückzugehen. Wer zurück wollte, bekam sogar eine Transportmöglichkeit. Aber nur wenige wollten zurück, wie Tschiang Tsching später ausführte.

»Der Vorsitzende bestand darauf, auf diesem Kriegsschauplatz (im Nordwesten) zu bleiben und von hier aus den Kampf im ganzen Land zu leiten. Er befehligte zwei Armeen, unsere eigene und die des Feindes. Er lockte den Feind an Orte, wo unsere Armee ihn ›verschlingen‹ konnte. Ich kann seine

* Tschiang Tsching ist hier ein Irrtum unterlaufen. Die »Gruppe der drei Männer« – das sogenannte Komitee der Drei (General Marshall, Tschou En-lai und der Kuomintang-General Tschang Tschun) trat erst im Januar 1946 zusammen.

Führungskunst aus persönlicher Erfahrung bezeugen. Dies war eine entscheidende Phase, und es ist ungemein wichtig, daß Sie die damalige Situation verstehen. Zu jener Zeit hatte der Feind zwei Fäuste: eine in Ostchina, in Schantung, wo wir uns auf die Halbinsel Tschiaotung zurückgezogen hatten; die andere im Nordwesten mit dem Zentrum im nördlichen Schensi. Dort hatte der Feind mehr als 200000 Mann stehen – er behauptete, es seien 300000 – gegenüber unseren 20000, einem knappen Zehntel ihrer Streitmacht. Einen großen Teil davon haben wir vernichtet. Gleichzeitig führten wir Kämpfe im ganzen Land.«

In einem späteren Gespräch präzisierte sie ihre erste Äußerung über den Rückzug aus Jenan und fügte hinzu, daß bei einem Angriff des Feindes auf die Halbinsel Tschiaotung ihre Heimatstadt im Bezirk Tschu-tscheng zerstört worden sei. Nun schätzte sie die feindlichen Truppen als neunmal so stark wie die eigenen ein: 1947 hatte der Feind 300000 Mann (bei anderer Gelegenheit bezifferte sie die gegnerische Truppenstärke zur Zeit des Rückzugs aus Jenan auf 230000), wohingegen Mao 25000 Mann befehligte.[5] Doch der Vorsitzende machte den Unterschied deutlich: Wir haben Beine wie der Feind, aber unsere Beine sind *länger* als die des Feindes. Indem die Rote Armee die Kämpfe ins Landesinnere verlagerte, schlug der Feind wie ein »Blinder« auf sie ein. Er hatte keine Ahnung, wo sie sich befand und wo die Bevölkerung sich konzentrierte. Mit zunehmender Dauer des Krieges sympathisierte die Bevölkerung immer mehr mit der kommunistischen Seite. In den meisten Gebieten, durch die die revolutionären Streitkräfte marschierten, senkten sie den Pachtzins und leiteten eine Bodenreform ein, jene politischen Maßnahmen, mit denen sie nach und nach die Unterstützung des Volkes gewannen.

Tschiang Tsching erinnerte sich, daß der um den 12. März 1947 beginnende Luftangriff der Kuomintang auf Jenan abrupt eine Epoche beendete. Die länger als ein Jahrzehnt stabil gebliebene Gemeinschaft von Jenan brach auseinander. Die überstürzte Flucht mit ihren Zwischenfällen stärkte Tschiang Tschings Charakter und schärfte ihr politisches Bewußtsein. Ähnliche Auswirkungen hatte der Lange Marsch auf die meisten ihrer engeren Weggefährten.

Wenige Tage vor dem Rückzug aus ihrem Stützpunkt begann der Feind, sein Programm der strategischen Bombardierung in die Tat umzusetzen. Auf Befehl von Liu Kan und Tung Tschao, von denen jeder ein Truppenregiment im 29. Armeekorps der Kuomintang führte, warfen nahezu fünfzig Flugzeuge – amerikanische B-24 und P-52 – Bombenteppiche im Umkreis von fünf Meilen um das Zentrum von Jenan ab. Doch obwohl diese imponierende Luftwaffe eingesetzt worden sei, sei keiner ihrer Leute im Feuer gestorben, sagte Tschiang Tsching mit trotziger Miene.

In etwas herzlicherem Ton erzählte sie, daß sie bei diesem Angriff mit ihrer kleinen Tocher Li Na in einem Luftschutzbunker Zuflucht gesucht hatte, wo sie beide mit den anderen Lieder sangen, um die Angst zu vertreiben. Am Abend erleuchtete der Feuerschein die Felder, und einige machten sich auf den Rückweg zu ihren Wohnhöhlen. Als die Detonationen der Bomben verebbten, schloß sich Tschiang Tsching den anderen an. Sie sangen militärische Lieder, während sie über die aufgerissenen Felder stolperten. Danach, bemerkte sie kühl, seien die beiden feindlichen Kommandeure, Liu Kan[6] und Tung Tschao, von ihren eigenen Leuten ermordet worden.

Der mehrere Tage dauernde Luftangriff erzwang letztlich die Entscheidung zum Rückzug aus Jenan. Eines dürfe nicht übersehen werden, erklärte sie mir (um den Eindruck zu zerstreuen, man habe die Hauptstadt aufgegeben und damit das Gesicht verloren) – nämlich die Tatsache, daß der Rückzug auf die Initiative der eigenen Führung hin zustandekam. Anfangs waren die meisten führenden Genossen und die Truppen nicht bereit, die Basis zu verlassen, die sie fast ohne Hilfsmittel auf kargem Boden aufgebaut hatten. Sie wollten sich nur zu einer Stelle unmittelbar östlich des Gelben Flusses zurückziehen. Kommandeur Ho Lung (Militärhistoriker und Mitglied des Zentralkomitees seit 1945) schlug eine andere Strategie vor, die der Vorsitzende jedoch verwarf. Allerdings war es nicht leicht, die Leute davon zu überzeugen, daß sie die Befehle des Vorsitzenden akzeptieren müßten. Selbst noch nach Abschluß der Evakuierung aus der innermongolischen Hauptstadt Kalgan (am 11. Oktober 1946) und dem Beginn des Rückzugs aus Jenan protestierten einige »schlechte Elemente« innerhalb der Parteiführung gegen die Entscheidung des Vorsitzenden, noch ein paar Tage in Jenan durchzuhalten. Beim Demontieren und Packen hörte Tschiang Tsching zufällig Bemerkungen von ein paar widerwilligen, aber loyalen Genossen. Sie äußerten, daß es für den Vorsitzenden (und also auch für sie selbst) zu gefährlich sei, in dem belagerten Stützpunktgebiet zu bleiben. Tschiang Tsching gab diese Bemerkungen an den Vorsitzenden weiter, der sie sofort anfuhr: »Du bist ein Feigling! Und wenn du ein Feigling sein willst, dann schließ dich ihnen doch gleich an!«

Sie war die einzige Frau, die bis zum bitteren Ende in Jenan bei dem Vorsitzenden durchhielt. Ihr Gefühl sagte ihr, daß ein Nahestehender zurückbleiben müsse, um ihm in dieser schlimmen Zeit beizustehen.

Um seine Gelassenheit zu zeigen, beschäftigte sich der Vorsitzende in dieser Zeit ungewöhnlich viel mit Li Na, die damals sechs Jahre alt war. Er spielte mit ihr am Tag, wenn es alle sehen konnten. Aber nachts wurden mehrere Leute abgestellt, die das Kind bewachten. In diesen letzten Tagen in Jenan leistete Tschiang Tsching oft politische Arbeit mit Li Na im Schlepptau. Sonderaufträge führten sie über Flüsse und schwieriges Gelände. An solche Anstrengungen nicht gewöhnt, begann Li Na dann zu weinen. Sie wollte wieder nach Hause.

Bei dieser Gelegenheit fiel Tschiang Tsching ein, daß kurz vor ihrem Aufbruch Anna Louise Strong darum gebeten hatte, sie auf dem Marsch begleiten zu dürfen. Weil sie ihnen zu alt schien (sie war zweiundsechzig), rieten sie ihr davon ab, und sie verließ China. Sie verloren aber nicht den Kontakt mit ihr, denn nach der Befreiung kehrte sie zurück.

Der Rückzug wurde für den 18. März angesetzt. Eine Streitmacht von

25000 Mann, in acht Brigaden unterteilt, bildete die 1. Feldarmee, die Peng Te-huai befehligte. Die Männer wurden in zwei Kolonnen aufgeteilt, jede mit einem Kommandeur an der Spitze. Abermals betonte Tschiang Tsching, daß der Rückzug der Truppen ein strategischer Schachzug war, mit Bedacht geplant und von beiden Kolonnen geordnet durchgeführt.

Es war bitterkalt, als die Truppen am späten Nachmittag Aufstellung nahmen. Fußhoher Schnee knirschte unter den rutschenden Sohlen. In der Dämmerung, gegen sechs Uhr, setzten sie sich in Marsch, eine Geisterstadt zurücklassend.*

Der Vorsitzende fuhr im Jeep, ein Privileg, das nicht ungefährlich war. Als sie am späten Abend Liu-tschia-tschü, das ein paar Meilen nördlich lag, erreichten, hatte der Feind aus der Luft den Jeep gesichtet und belegte ihn mit Maschinengewehrfeuer. Obwohl das Dach völlig durchlöchert wurde, blieben alle unverletzt. Für den Rest der Reise tarnten ihn die Soldaten mit Laub.

Die überall verstreuten Hülsen zeigten, daß der Feind dreierlei Geschosse benützte. Alle waren in Amerika hergestellt worden: Panzer-, Spreng- und Brandmunition. Kurz darauf regnete es von allen Seiten Feuer aus der Luft, eine Erfahrung, die Tschiang Tsching weniger erschreckend fand, als sie es sich vorgestellt hatte. Natürlich seien sie nicht tollkühn gewesen, sagte sie. Die meisten rannten in Deckung.

Und es gab Augenblicke, in denen Tschiang Tsching in Panik geriet. Beim ersten Angriff auf Liu-tschia-tschü fanden sie und der Vorsitzende ihre Tochter Li Na nicht mehr, die sie wohlbehütet geglaubt hatten. Lähmendes Entsetzen befiel sie bei dem Gedanken, daß sie verlorengegangen oder gar getötet sein könnte, wie schon andere Kinder des Vorsitzenden auf dem Langen Marsch Jahre zuvor. Nach intensiver Suche spürten sie Li Na im Haus eines Bauern auf, der ihr Unterschlupf gewährt hatte. Da saß sie, glücklich

* Ein Mitglied des Zentralen Gardekorps, Tschiang Tschin-feng, gibt zu den gleichen Ereignissen einen mehr auf Mao bezogenen Bericht: Als am 12. der Luftangriff begann, rannten im ganzen Jenangebiet die Menschen in Deckung. Zu jener Zeit war das Zentralkomitee in der benachbarten Gemeinde Yang-tschia-ling untergebracht, während der Vorsitzende Mao (und Tschiang Tsching), die sich gewöhnlich nicht beim Zentralkomitee aufhielten, in Yang-tschia-ping wohnten. In beiden Orten hagelte es Bomben. Manche explodierten gefährlich nahe beim Haus des Vorsitzenden. Doch er hielt aus, nachdenklich über seinen Schreibtisch gebeugt und den Angriff ignorierend, bis ihn seine Genossen Tschou En-lai, Jen Pi-schih und Peng Te-huai wegholten. Sie rieten ihm zum Rückzug. Als die Angriffe am nächsten Tag fortgesetzt wurden, drängten sie abermals zum Aufbruch. Mao weigerte sich eigensinnig, die Leute im Stich zu lassen. Eine Woche dauerten die Bombardierung und der Beschuß an. Häuser wurden vernichtet, Kinder, Hunde und Schafe getötet. In der Dämmerung des 18. zogen sich die Roten Streitkräfte geordnet zurück, wie Tschiang Tsching berichtet.

Tschiang Tschin-fengs Augenzeugenbericht deckt sich im großen und ganzen mit Tschiang Tschings Erinnerungen. Er erwähnt dieselben Stationen auf dem Marsch, und auch die Daten stimmen überein. Unter den führenden Mitgliedern des Zentralkomitees hebt er Mao und Tschou En-lai besonders hervor (Tschou kommt stärker zur Geltung als in Tschiang Tschings Bericht). Als weitere Führer auf dem Marsch erwähnt er Jen Pi-schih, Lu Ting-i und Peng Te-huai. (Tschiang Tsching erwähnt sie kaum – Peng und Lu fielen 1959 bzw. 1966 in Ungnade, einige Zeit nach der Veröffentlichung von Tschiang Tschin-fengs Bericht im Jahre 1957). Er erwähnt weder Tschiang Tsching noch andere weibliche Teilnehmer (HCPP III, S. 338–367).

spielend und nichts von dem drohenden Unheil ahnend. Aus Sicherheitsgründen wurde Li Na dann zu Teng Ying-tschao geschickt, der Frau Tschou En-lais, die durch ihre politische Arbeit von ihrem Mann und dem Oberkommando im Nordwesten ferngehalten wurde. Li Na blieb viele Monate lang in Teng Ying-tschaos Obhut. Die beiden faßten große Zuneigung zueinander, sagte Tschiang Tsching lächelnd. Li Na nennt Ying-tschao noch heute »Mama Teng«.

Der Marsch wurde am nächsten Abend fortgesetzt. Allmählich wurde das Tempo erhöht. Sie rückten bei Nacht vor und rasteten am Tag. Am dritten Tag erreichten sie Kao-tschia-hsien, einige Meilen weiter nordöstlich. Hier entwarfen sie Schlachtpläne, unter anderem für eine Schlacht in Tsching-hua-pien. In dieser Zeit veranlaßte der Vorsitzende auch einige Umbesetzungen im Zentralkomitee.

Beim Auszug aus Jenan nannte sich das Zentralkomitee »Dritte Abteilung«. Sie unterteilte sich wiederum in vier Arbeitsgruppen. Tschiang Tsching wurde zur politischen Stellvertreterin bei der Dritten Abteilung ernannt, ein Amt, das sie fast während des ganzen Marsches behielt. Doch nun teilte der Vorsitzende das Zentralkomitee in das Arbeitskomitee (auch als Frontkomitee bekannt) und Hinterlandkomitee. Die Umstellung organisierte Tschou En-lai, der im Nordwest-Feldzug das Amt des Stellvertretenden Vorsitzenden der Militärkommission des Zentralkomitees innegehabt hatte.[7] Der Vorsitzende Mao, Tschou En-lai, Jen Pi-schih und Lu Ting-i wurden dem Frontkomitee zugewiesen – ebenso Liu Schao-tschi, fügte Tschiang Tsching hinzu.* Ye Tschien-ying war verantwortlich für das Hinterlandkomitee.

Um den Feind auszumanövrieren, der hinter den Wu-tai-Bergen lag, führte der Vorsitzende Mao die Truppen nach Westen auf die Große Mauer zu. Sie marschierten nur nachts, damit der Feind sie nicht entdecken konnte – das heißt, fast jede Nacht. Nach jeder Stunde legte man zehn Minuten Pause ein. Eine Kolonne führte der Vorsitzende, während die andere auf eigene Faust über den Fluß Huai-tschu setzte.

Manche der jungen Leute, die erst kurz zuvor zu ihnen gestoßen waren, konnten bei den stundenlangen Märschen durch die Finsternis kaum noch mithalten. Einige brachen vor Erschöpfung zusammen und mußten zurückgelassen werden. Tschiang Tsching selbst hatte es leichter, denn sie hatte ein Pferd. Sie erinnerte sich daran, daß ein Junge von vierzehn oder fünfzehn Jahren sich an den Schweif ihres Pferdes klammerte, um mitzukommen. Auch sie war am Rand der Erschöpfung und hatte panische Angst, daß sie einschlafen, vom Pferd fallen und sich verletzen könnte. Und welchen Nutzen hätte sie dann noch für ihre Genossen gehabt? Um wachzubleiben, zwang sie sich dazu, Revolutionslieder zu singen, und sie legte sich nie vor drei Uhr morgens schlafen. Zu diesen Strapazen kamen noch ihre chronischen Magenbeschwerden, an denen sie seit ihrer Kindheit litt (einer von

* Liu Schao-tschi war der erste designierte Nachfolger Maos. Er wurde in den sechziger Jahren entmachtet. In den späten vierziger Jahren marschierte er mit Tschu Te auf einer anderen Route nach West-Hopeh.

vielen Hinweisen auf ihre labile Gesundheit). Normalerweise produzierte ihr Magen abnorm viel Säure. Doch die Höhenlage des Gebiets, durch das sie nun marschierten, bewirkte das Gegenteil. Sie litt an einem Mangel an Magensäure und anderen gastritischen Störungen.

Am 31. März 1947 erreichten sie Tschiu-tschia-ping am Ufer des Huai-tschu. An diesem Tag bemerkte sie zu ihrem Ärger einen Soldaten ihrer Kompanie, der eine Feldmütze mit dem Abzeichen der Kuomintang trug. Wütend forderte sie ihn auf, die Mütze abzunehmen. Um ihren Standpunkt drastisch zu verdeutlichen, nahm sie ihre eigene Mütze ab – in jener Zeit die achteckige Kappe mit dem roten Stern –, setzte sich seine Kuomintang-Mütze auf und starrte ihn an. Andere Genossen, die dies beobachteten, warfen ihr mißbilligende Blicke zu. Einerlei, ihren Standpunkt hatte sie klargemacht. Sie hatte dem jungen Soldaten und den Augenzeugen demonstriert, daß in ihrer Mitte rechte Opportunisten lauerten, die sie dazu verleiten wollten, ihre Mützen mit dem Abzeichen der Kuomintang statt mit dem roten Stern der Kommunistischen Partei zu schmücken. Einer der Zeugen dieser Auseinandersetzung war Li Wei-han, damals Präsident des kommunistischen Parteirates. Als er sie mit der Mütze des jungen Soldaten auf dem Kopf sah, schrie er sie an: »Nimm das Kuomintang-Zeichen ab!«

»Ja, die Kuomintang und die Kommunistische Partei sind im Krieg!« schrie sie zurück. Jeder, der jetzt noch die Abzeichen der Kuomintang trage, müsse *ihrem* Befehl gehorchen, denn sie sei *Politinstrukteurin*.

Am Fuß der Berge entlang setzten sie den Marsch fort, bis sie die Ebene erreichten. In den zehnminütigen Verschnaufpausen traten sie auf der Stelle: so bitter war die Kälte. Trotz ihres Pelzmantels fror Tschiang Tsching bis ins Mark. Ein Genosse reichte eine kleine Schnapsflasche herum: so wärmte man sich für kurze Zeit auf.

Das Marschieren wurde zur Routine. In der Abenddämmerung brachen sie auf, und im Morgengrauen schlugen sie ihr Lager auf. Sie schliefen fast während des ganzen Tages. (Auch nach der Befreiung behielten die meisten aus der älteren Führungsschicht, darunter auch Tschiang Tsching, die Gewohnheit bei, nachts zu arbeiten und tagsüber zu schlafen.) Anfang April marschierten sie immer noch nach Westen. Am 5. April erreichten sie Tsching-yang-tscha. Eines der ersten Dinge, die sie erledigten, war die Ergänzung der »drei Schätze«, die sie für ihren Marsch brauchten: Salz, Pelze und Heilkräuter.

In dieser Phase des Krieges legten sich einige der Führer Pseudonyme zu, um ihre Identität zu verschleiern und es so dem Feind zu erschweren, sie ausfindig zu machen. Die Pseudonyme wurden sorgfältig gewählt. Der Vorsitzende nannte sich Li Te-scheng, »entschlossen zum Sieg«, und Tschou En-lai verbarg sich unter dem Namen Hu Pi-scheng, »des Sieges sicher«.[9] Während des Aufenthalts in Tsching-yang-tscha wechselte das Zentralkomitee aus Sicherheitsgründen abermals seinen Namen. Nun nannte es sich »Neunte Abteilung«,[10] wieder in vier Arbeitsgruppen untergliedert. Tschiang Tsching blieb weiterhin Politinstrukteurin einer dieser Gruppen.

In Tsching-yang-tscha zog sich der Vorsitzende allein in sein Quartier zurück, um seine Gedanken zu formulieren. Am 9. April gab er ein Rundschreiben heraus, in den er die »vorübergehende« Räumung von Jenan (wie er es damals nannte) im Rahmen einer durchdachten Verteidigungsstrategie für das gesamte Grenzgebiet von Schen-Kan-Ning begründete.[11] Der Angriff auf Jenan und auf Schen-Kan-Ning insgesamt, schrieb er, dürfe nicht als Beweis für die Stärke der Kuomintang verstanden werden. Im Gegenteil – der Überfall deute auf eine Krise innerhalb der Kuomintang hin. Daher rief der Vorsitzende die Partei und die Armee auf, Seite an Seite für die Verteidigung von Schen-Kan-Ning zu kämpfen.

In Wang-Tschia-wan, der nächsten Station, blieben sie zwei Monate. Am 7. Juni brachen sie wieder auf. Das an einen Abhang geschmiegte, nur von etwa zehn Familien bewohnte Dorf im Kreis Tsching-pien lag während ihres Aufenthalts nur etwa zehn Kilometer vom Feind entfernt. Das Zentralkomitee wurde in zwei hintereinanderliegenden Höhlen untergebracht. Tschiang Tsching und der Vorsitzende bezogen die rückwärtige Höhle, während Tschou En-lai, Lu Ting-i und Jen Pi-schih, die ihre Frauen nicht bei sich hatten, die vordere Höhle benutzten.*

Wenn die vier Männer eine Besprechung abhielten, mußte Tschiang Tsching sich in einen Eselsstall zurückziehen (die Erinnerung an diese absurden Verhältnisse belustigte sie). Mehrere schier endlose Tage lang mußte sie mit den Eseln verbringen, ohne jede Betätigung. Sie bekam Läuse und Flöhe

* Maos früherer Leibwächter, Yen Tschang-ling, gibt von diesen bescheidenen Verhältnissen einen Bericht, der im allgemeinen dem von Tschiang Tsching entspricht. Auch kennzeichnet er auf subtile Weise ihren Charakter. Als das Zentralkomitee im April in Wangtschia-wan eintraf – so erinnert er sich – bot ihnen ein greiser Bauer, der alte Wang, seine primitive, aus drei Räumen bestehende Höhlenwohnung an, in der überdies viele Fässer mit eingelegtem Gemüse standen. Der saure Geruch drang bis hinaus auf den Hof. Der Vorsitzende bezog (vermutlich mit Tschiang Tsching) den inneren Raum, während sein Stellvertreter Tschou und Lu Ting-i sich einen *kang* aus gestampfter Erde neben dem Eingang teilten. Jen Pi-schih wurde der dritte Raum zugewiesen, nicht größer als der *kang,* auf dem er schlief. Der alte Wang entschuldigte sich tausendmal für sein bescheidenes Heim und bat seine Verwandten, für die Führer noch eine andere Höhle freizumachen. Doch die Genossin Tschiang Tsching, damals politische Stellvertreterin im Büro des Oberkommandos, sagte zu Yen Tschang-ling: »Laß sie, wo sie sind! Es ist eine große Familie, Junge und Alte, Frauen und Kinder. Wie willst du sie alle in eine Höhle quetschen?«

»Es ist einfach zu voll hier!« protestierte Yen. »Selbst ein Kompaniestab hat normalerweise mehr Platz als wir!«

»Aber im Augenblick sind die Zeiten eben hart«, erwiderte sie. »Wir sind eine große Organisation, und wenn wir in ein kleines Dorf wie dieses kommen, machen wir der Bevölkerung ohnehin genügend Scherereien. Der Vorsitzende hat uns gelehrt: Wenn wir in Schwierigkeiten sind, dann sollen wir uns etwas einfallen lassen, um sie zu lösen. Er mag es nicht, wenn wir uns zu viele Gedanken über seine Bequemlichkeit machen. Außerdem müssen wir uns immer vor Augen halten, welchen Eindruck das auf die Bevölkerung macht.« (Yen, *»The Great Turning Point«,* S. 58–59)

In Yens Artikel findet sich kein Hinweis darauf, daß Tschiang Tsching die Frau des Vorsitzenden war. Doch er macht deutlich, wie wichtig es ist, das richtige politische Image zu wahren.

und nahm rapide ab. An ihrem Nacken schwoll eine große Beule. Was das war, konnte sie sich nicht vorstellen. Wenn die Besprechungen des Zentralkomitees beendet waren, rief sie der Vorsitzende wieder zu sich. Er hörte sich ihre Klagen an und »erleuchtete« sie, wie sie es ausdrückte. An ihrer Schlafstelle fand er eine Menge Wanzen. Das also waren die Genossen, die sie gebissen und die Schwellung hervorgerufen hatten. Den Wanzen zu Ehren, die in dichtgedrängten Reihen angriffslustig an den Wänden lauerten, tauften sie ihre Höhle in »Wanzenhauptquartier« um. Schließlich führten der Vorsitzende und sie einen Ausrottungskrieg, den keine einzige Wanze überlebte. (Sie lachte, als sie diese Episode beschrieb).

Während des Aufenthalts in Wang-tschia-wan kam es zu heftigen Meinungsverschiedenheiten im Zentralkomitee. Tschiang Tsching erfuhr von diesen Spannungen nur auf Umwegen. Der Feind näherte sich, aber es war unklar, aus welcher Richtung und in welcher Stärke er kam. Würden die Kommunisten vernichtet werden, wenn sie in Wang-tschia-wan blieben? Wollte der Feind sie nach Osten über den Gelben Fluß treiben und Schensi besetzen? Lu Ting-i, der sich nicht gerade als standhaft erwies, wollte sich auf die andere Seite des Gelben Flusses zurückziehen und in Eilmärschen nach Osten vorstoßen. Jen Pi-schih schloß sich diesem Vorschlag an. Aber der Vorsitzende weigerte sich, an Rückzug zu denken. Er hatte sich dafür entschieden, eine flexible Taktik beizubehalten und dem Feind innerhalb des Nordwestgebietes auszuweichen. Dieses Gebiet kannten sie gut, und sie waren entschlossen, es zu halten. Über diese Taktik wurde auf den schier endlosen Sitzungen des Zentralkomitees heftig diskutiert. Der Vorsitzende kam erschöpft und verärgert zu Tschiang Tsching zurück. Zunächst konnte sie sich nicht vorstellen, was ihn so verdrossen machte. Erst später merkte sie, daß sein Ärger nicht ihr galt, sondern den Männern, mit denen er sich auseinanderzusetzen hatte – eine Reaktion, an die sie sich im Lauf der Jahre gewöhnte.

Doch im großen und ganzen war das Leben in Wang-tschia-wan recht angenehm. Der Vorsitzende und sie waren bemüht, sich nicht abzusondern. Sie gingen unter die Leute und nahmen Anteil an ihrem Leben. Der Vorsitzende freundete sich mit einigen weisen alten Dorfbewohnern an und plauderte mit ihnen bis spät in die Nacht. Diese Erinnerung veranlaßte Tschiang Tsching, aus einem großen braunen Umschlag ein vergilbtes Photo herauszukramen. Dieses Photo hatte sie besonders gern, weil es sie an die Schlichtheit ihres früheren Lebens erinnerte, wie sie sagte. (Auf der unscharfen und grobkörnigen Photographie hielt ich Tschiang Tsching, die ihr Haar fast soldatisch kurz geschnitten trug, für einen schlanken Jungen; mein Irrtum erregte ihr schallendes Gelächter). Der Vorsitzende und sie saßen mit zwei Kindern und – vermutlich – einer Bediensteten an einem einfachen Holztisch vor ihrer Höhlenwohnung. In jenen Tagen, hob sie hervor, lebten sie so wie das einfache Volk.

Von Wang-tschia-wan aus leiteten sie (oder »wir«, wie sie sagte) mehrere Kämpfe in der Provinz Schensi. Einer davon wurde in Yang-ma-ho ausgetragen, einem kleinen Dorf im Südosten, ungefähr auf halbem Weg zwischen

Wang-tschia-wan und Jenan. Einheiten der Roten Armee zerschlugen die 135. Brigade der Kuomintang und reorganisierten deren Überreste. Mehr als 4000 Soldaten dieser Brigade wurden gefangengenommen. In Wang-tschia-wan schrieb der Vorsitzende »Über den Kurs für die Operationen auf dem nordwestlichen Kriegsschauplatz« (15. April 1947),[12] in dem er seine Ansichten über die Kuomintang darlegte. Wenn Tschiang Kai-scheks Regierung auch stark erscheine, argumentierte er, so sei sie doch im Inneren schwach und besiegbar.

Maos Argument wurde untermauert durch die Schlacht bei Pan-lung – südlich von Yang-ma-ho am 4. April. Bei diesem Kampf rieben die Kommunisten die 167. Division der Kuomintang bis auf ein Regiment auf und nahmen 6700 Mann sowie den Kommandeur Liu Kun-kang gefangen. Mehr als 12000 Sack Mehl und 40000 Uniformen aus dem Nachschub des Feindes fielen in ihre Hände. Nach der Schlacht schickte der Vorsitzende Tschou En-lai zu einer großen Siegesfeier in der Nähe von Pan-lung.

Tschiang Tsching berichtete auch von ihrer Arbeit als Propagandabeauftragte oder »Politinstrukteurin«, wie sie es nannte. In den Gebieten, durch die sie zogen, trafen sie auf zwei Gruppen von Menschen. Die einen waren Anhänger Mao Tse-tungs, die übrigen Feinde. Die Mao-Gruppe hatte wenig Land und erhielt keine amerikanische Hilfe. In ihrer Eigenschaft als Politinstrukteurin sprach sie vor Roten Soldaten und der Bevölkerung: »Wir sind dialektische Materialisten. Unser Ziel ist die Umgestaltung der Welt.« (Sie äußerte sich nicht darüber, ob ihre Zuhörer, überwiegend arme analphabetische Bauern, diesen Jargon verstanden hatten). Wenn sie vor Bauern sprach, erklärte sie ihnen, was die Kommunisten in China und auf der Welt erreichen wollten. Die Armee Tschiang Kai-scheks machte so viele taktische Fehler, daß sie den Kommunisten die Waffen lieferte. Sie diente praktisch als Versorgungstruppe der Roten Armee. Die Kuomintang-Soldaten waren miserable Kämpfer; ein kommunistischer Soldat wog zehn von ihnen auf. Solche und ähnliche Feststellungen stärkten das Vertrauen in die Rote Armee und deren Anhänger.

Als die Rote Armee nach Wang-tschia-wan kam, hatte die Bevölkerung zunächst panische Angst, weil kurz zuvor die Truppen des Feindes durchgezogen waren und Stadt und Felder verwüstet hatten. Die Kommunisten gewannen das Vertrauen der Menschen, indem sie ihnen bewiesen, daß sie, obwohl sie Soldaten auf dem Durchmarsch waren, sich anders verhielten als die Kuomintang. Sie stellten nicht nur die Ordnung wieder her, sondern sorgten auch für die Freilassung und den Schutz derer, die der Feind ins Gefängnis gesteckt hatte. Die Soldaten der Kuomintang hatten die Getreidevorräte der Bauern geplündert; nun half die Rote Armee den Bauern, die restlichen Nahrungsmittel zu sammeln und zu lagern. Schließlich waren die Leute überaus dankbar und der Roten Armee so verbunden, daß sie die Soldaten nicht mehr wegziehen lassen wollten. »Wir haben euch noch nicht mit Weizenmehl versorgt«, antworteten die Roten Soldaten – was heißen sollte, daß sie noch nicht genug für die Leute getan hatten. Als die Armee zum Aufbruch rüstete, kamen viele Einwohner zu den Höhlenwohnungen, die sie für die Kommunisten freigemacht hatten, und baten um Aufnahme in die Rote Armee. Viele zogen mit, obwohl das den Abschied von der Heimat bedeutete, in der ihre Familien seit Jahrhunderten lebten.

Am Abend des 7. Juni erreichten die Kommunisten Hsiao-ho, ein Dorf in Nord-Schensi nahe der Inneren Mongolei, und schlugen dort ihr Nachtlager auf. Wieder bezogen sie vorübergehend die Höhlenwohnungen der einheimischen Bevölkerung. Es goß in Strömen. Der Vorsitzende ließ sich dadurch nicht beirren. Er lehnte es ab, sich in die ihm und Tschiang Tsching zugeteilte Höhle zurückzuziehen, bevor nicht der letzte Soldat untergebracht worden war.

Kaum angekommen, erfuhren sie, daß der Feind sich von Osten her näherte. Deshalb brachen sie am nächsten Morgen nach Tien-tze-wan auf. Dieser dramatische Abschnitt des Marsches sei eine Beschreibung wert, meinte Tschiang Tsching. Da der Feind sie jeden Augenblick entdecken konnte, marschierten sie ununterbrochen weiter, durch Donner und Blitz und prasselnden Regen. Einmal verlor ihr Führer die Orientierung, und sie mußten umkehren, um den richtigen Pfad wiederzufinden. In Hörweite des Feindes mußten sie äußerste Wachsamkeit üben, und sie verständigten sich mit Handzeichen.

Auf dieser Strecke wollte Tschiang Tsching den Vorsitzenden Mao und seine Leibgarde nicht auch noch mit ihrer Person belasten. Sie ritt absichtlich langsam. Weiter hinten bemerkte sie, daß sie unter den Marschierenden die einzige Reiterin war. Ein fürsorglicher Genosse riet ihr abzusteigen, weil es gefährlich sei, bei einem Unwetter zu reiten – das Pferd könnte scheuen oder ausbrechen oder im Schlamm ausrutschen und sie abwerfen. Als er ihr Zögern bemerkte, streckte er ihr die Hand entgegen und zog sie aus dem Sattel auf den sumpfigen Pfad herab. Kaum hatte sie sich von ihrem Schreck erholt, gewahrte sie, daß am Boden, wo die Soldaten sich vorwärtsplagten, so gut wie keine Sicht war. Um in der Dunkelheit auf dem schmalen, mit Gestrüpp überwucherten Pfad den Vordermann nicht aus den Augen zu verlieren, hatten die Soldaten sich an den Händen gefaßt. Sie bildeten eine enge Kette, so daß jeder, der sich ein wenig vorbeugte, dem nächsten mit dem Kopf in den Rücken stieß. So tasteten sie sich lautlos voran, um den nahen Feind nicht auf sich aufmerksam zu machen.

Kurz vor dem Morgengrauen gab ein Angehöriger der vom Vorsitzenden angeführten Vorhut durch die Menschenkette die Nachricht weiter, Tschiang Tsching solle nach vorn kommen, da hinter dem nächsten Berg das Lager aufgeschlagen werden sollte. Rasch bahnte sie sich ihren Weg an den anderen vorbei. Als sie beim Vorsitzenden anlangte, hing ihr das Regencape, mit Wasser vollgesogen, schwer auf den Schultern. Trotzdem leistete es noch gute Dienste, und sie drängte ihn, es sich überzuwerfen (es war das einzige Regencape in der ganzen Armee). Zuerst zögerte er, aber sie drang weiter in ihn. Endlich gab er nach. Daß sie den Vorsitzenden dazu überreden konnte, sich diesen kostbaren Regenmantel um die Schultern zu hängen, war ihr *persönlicher* Sieg.

Der Regen prasselte unaufhörlich nieder, doch der Marsch ging weiter.

Abermals war sie, und nicht nur sie allein, vor Erschöpfung dem Zusammenbruch nahe. Ein Soldat neben ihr bemerkte wohl, wie schlimm es um sie stand. Wortlos löste er von seinem Gürtel eine Thermosflasche mit Schnaps und reichte sie ihr. Sie nahm die Blechtasse von ihrem Gürtel und goß sich einen großen Schluck ein. Der Schnaps weckte neue Lebensgeister in ihr. Dann reichte sie die Flasche an die anderen Genossen weiter.

Bei Tagesanbruch wollten sie rasten. Sie hielten Ausschau nach Höhlenbehausungen – fast ohne Erfolg. Wie sich herausstellte, war die Gegend nahezu unbewohnt, und es gab so gut wie nichts zu essen. Tschiang Tsching muß einen erbarmungswürdigen Eindruck gemacht haben, denn Tschou En-lai kam zu ihr und fragte sie, ob sie sich fürchte.

»Warum sollte ich mich fürchten?« entgegnete sie abweisend. »Wir sind zweihundert Leute hier.* Niemand ist auf sich allein gestellt.«

Kurz darauf gestand ihr eine andere Genossin, daß sie in ihrem ganzen Leben noch nie solch qualvolle Stunden erlebt habe.

Der 9. Juni zog neblig herauf; der Tag ihrer Ankunft in Tien-tze-wan. Kundschafter wurden ausgeschickt. Sie sollten feststellen, ob der Feind ihnen gefolgt war. Offensichtlich war dies nicht der Fall, und so blieben sie eine Woche. Diese Zeit war nicht vergeudet. Sie studierten die Lebensweise und das Wirtschaftssystem der Bevölkerung im Hinblick auf die künftige Bodenreform. Tschiang Tsching übernahm verschiedene Aufgaben bei den Einheimischen. Einmal kämmte sie das lange verfilzte Haar einer kranken Frau.

Das Gemeinwesen von Tien-tze-wan bestand strenggenommen aus den Höfen von sieben Grundherren, die große Ländereien besaßen. Bei der Zusammenarbeit mit einigen Ortsbewohnern gewann Tschiang Tsching Einblick in das Verhältnis von Pächtern und Grundherren. Zum Beispiel konnte ein Lohnarbeiter neunzig *mou*** Land selbst bearbeiten. Aber er konnte nichts damit anfangen, da er keinen Pflug oder andere landwirtschaftliche Geräte besaß. Für alle (von den Grundherren abgesehen) waren die Lebensbedingungen erbärmlich.

In jenem Sommer 1947, als der Feind »wie ein Blinder« kämpfte, hatte der Vorsitzende die Verantwortung für sämtliche militärischen Operationen. Er befehligte seine eigenen Streitkräfte, zugleich aber auch die des Feindes.[13] Die »Feigheit« des Gegners wirkte sich zu dessen Nachteil aus. Während die Rote Armee in der Ebene blieb und in den Höhlen der Dorfbewohner kampierte, schlug der Feind, »feige im Herzen«, sein Lager in den Bergen auf – in der Annahme, dort unbesiegbar zu sein. Doch die kühle, feuchte Bergluft rief bei den Truppen Arthritis hervor, was ihre Beweglichkeit einschränkte und die Moral untergrub. Um sich eben diesen Gefahren nicht auszusetzen, hatten sich die kommunistischen Führer gegen das Lagern in den Bergen entschieden. Außerdem suchten sie den Kontakt mit der Bevölkerung, um sie für ihre Sache zu gewinnen.

* Mit den »zweihundert Leuten« meinte sie wahrscheinlich nur das Zentralkomitee und Maos Leibgarde.

** Ein *mou* umfaßt ein bis zwei Zehntel Morgen.

Mit der Zeit wurden die Einheimischen mit der Taktik und den Gewohnheiten der Roten Armee immer besser vertraut. Wenn sie Rote Truppen mit ein paar Pferden und ein paar Taschenlampen sahen, wußten sie, daß wahrscheinlich der Vorsitzende Mao bei dem Kontingent war. Um ihn vor feindlichen Agenten oder ihm nicht wohlgesonnenen Mitbürgern zu schützen, nannten sie nie seinen Namen, sondern sagten statt dessen *»ta«* – »er«. Ihre Freunde verstanden sofort, wen sie damit meinten. Wenn sie jemand nach dem Aufenthaltsort der Roten Truppen oder des Vorsitzenden Mao fragte, gaben sie keine Antwort oder reagierten verärgert. Sie halfen mit, »unser Geheimnis« zu wahren, sagte Tschiang Tsching leise.*

Während die Kader des Zentralkomitees aus strategischen Gründen im Westen bleiben mußten, bewegte sich die Hauptstreitmacht nach Osten, um die Aufmerksamkeit des Feindes von den Führern abzulenken. Damals entsandte das Zentrale Gardekorps eine kleine Abteilung in den Süden nach An-tschai (Ansai), eine Gegend, die Tschiang Tsching von einem früheren Besuch in dem nahegelegenen Ho-tschia-lun her kannte. Ein anderer Genosse aus dieser Abteilung des Zentralen Gardekorps kannte das Gebiet um An-tschai ebenfalls und wußte seine Kenntnisse auszunützen. Als er eines Tages allein einen Auftrag ausführte, stand er plötzlich mehreren Kuomintang-Soldaten gegenüber. »Hände hoch!« schrie er. Sein gebieterischer Befehl verwirrte die Soldaten, die annehmen mußten, daß hinter ihm im Gebüsch noch viele andere lagen, derart, daß sie sich ergaben. Er nahm alle sieben gefangen. »Eine hübsche Finte«, kommentierte Tschiang Tsching fröhlich.

In jenen Tagen beherbergte das Dorf Huan-hsiang-tuan eine aus Dorfältesten und anderen einheimischen Notabeln bestehende reaktionäre Organisation. Wenn das Dorf von den Japanern oder der Kuomintang angegriffen wurde, riefen sie die Einwohner nicht zum Widerstand auf, sondern ermunterten sie zur Unterwürfigkeit: Alle mußten sich vor den über ihren Köpfen kreisenden feindlichen Flugzeugen tief verbeugen oder flach auf den Boden legen. Wenn Nahrungsmittel knapp waren, horteten sie die ganze Ernte und versteckten ihre Vorräte in Höhlen, statt sie unter den Leuten zu verteilen. Tschiang Tsching fügte hinzu, daß der Grundherr Nan Pa-tien im Revolutionsballett »Das Rote Frauenbataillon« als Mitglied einer solchen reaktionären Organisation dargestellt wird.

Am 16. Juni 1947 kamen die Verbände des Zentralkomitees zum zweitenmal nach Hsiao-ho. Sie blieben dort ungefähr eineinhalb Monate, bis zum 1. August. In dieser Zeit traf die 1. Feldarmee (unter Peng Te-huai) auf ihren bislang stärksten Gegner, die wilde Kavallerie von Ma Pu-fang, dem Oberhaupt der Moslems im Nordwesten und Gouverneur der Provinz Tsching-hai. Er und seine Verwandten standen einem Clan vor, der eine

* Das Thema der geheimen Truppenbewegungen erinnerte Tschiang Tsching daran, daß sie im vergangenen April (1972) ohne Ankündigung nach Kanton gefahren war. Doch schon am 1. Mai kursierte die Nachricht von ihrem Besuch in Hongkong. Ihre heimliche Rückkehr zu unserem Interview veranlaßte sie zu der Frage: »Wie lange wird es wohl dauern, bis das bekannt ist?«

»grundbesitzende Bourgeoisie« bildete. Da sie sehr vermögend und einflußreich waren, hatte man ihnen den Spitznamen »*San Ma*« (die drei Ma) gegeben.[14] Sie befehligten starke Kräfte »reaktionärer Truppen«. Politisch und kulturell unterschieden sich die *San Ma* von der Kuomintang, und auch militärsich waren sie der Kuomintang-Armee, insbesondere den Truppen unter Hu Tsung-nan im Nordwesten weit überlegen. Dennoch unterstützten sich die beiden Gruppen. Aber nicht alle Moslems leisteten den *San Ma* Gefolgschaft. Bereits Mitte 1940 hatten sich die meisten Moslems aus dem Nordwesten auf die Seite der Roten Armee geschlagen.

Die wirtschaftliche Struktur von Ninghsia, einem Gebiet im Nordwesten mit überwiegend islamischer Bevölkerung, war Tschiang Tsching ungewöhnlich erschienen: Zwei Drittel ihrer Einkünfte gaben die Leute für Kleidung aus, hatte man ihr erzählt.* Doch soweit sie es beurteilen konnte, trugen die in dieser Gegend lebenden Menschen gar keine normale Kleidung. Als die Frauen Tschiang Tsching in dem schlichten Militärdress sahen, den sie für gewöhnlich trug, hellten sich ihre Gesichter auf, denn sie hatten noch nie richtigen Stoff zu sehen bekommen. Ihre Kleidung bestand vorwiegend aus Schaffellen, die sie mit Wollschnüren zusammennähten. Nachts schliefen sie auf rauhem Filz. Ihre Lebensweise war sehr unhygienisch, und schon nach wenigen Tagen Aufenthalt bei ihnen wurde Tschiang Tsching von Läusen geplagt.

Die Bewohner dieser Gegend gehörten zum Han-Volk, d. h. sie waren echte Chinesen, keine nationale Minderheit. Aber sie hatten eigenartige Sitten und Gebräuche. Die Frauen trugen kleine Haarbüschel vor den Ohren, und das übrige Haar war zurückgekämmt. Unverheiratete Frauen hatten Pferdeschwänze, während die verheirateten ihr Haar hochsteckten. Nur wenige wagten es, sich die Haare abzuschneiden – zum Zeichen einer revolutionären Gesinnung.

Die Frauen von Ost-Kansu, einem Gebiet, das westlich vom damaligen Standort der Truppen lag, waren für ihre Schönheit bekannt. Die Frauen in Hsiao-ho waren sogar bildschön zu nennen. Tschiang Tsching erinnerte sich noch lebhaft an zwei Schwestern – eine hieß Kuei-hua (Kassia), die andere Lan-hua (Orchidee). Ihr Vater war von der Tradition der Han-Leute abgewichen, nach der die Frauen zur Familie des Mannes gehörten – er hatte in die Familie seiner Frau eingeheiratet. Dort diente er seinem Schwiegervater, einem Grundherrn, als Lohnarbeiter. Als die Rote Armee in Hsiao-ho die Bodenreform durchführte, wurde diesem Mann ein Stück Land seines Schwiegervaters zugewiesen. Es war guter Boden. Doch wie so viele andere wagte er es nicht, das Land anzunehmen und auf ihm als eigener Herr zu leben. Er konnte seine Einstellung nicht ändern. Was man ihm auch über die Bodenreform und die von ihr ausgelöste soziale Umwälzung sagte – er brachte es nicht über sich, mit seinem Schwiegervater zu brechen. Er blieb dem Grundherrn unerschütterlich ergeben.

Die Erfahrungen, die Tschiang Tsching auf dem Marsch bei der Durchfüh-

* Die meisten Bauern hätten damals zumindest diesen Anteil für Nahrung ausgegeben.

rung der Bodenreform sammelte, schärften ihr Bewußtsein für die lokalen Sitten, insbesondere die Heiratsbräuche. So hörte sie zum Beispiel von einem Grundherrn in der Provinz Kwangtung an der Südküste, dem es völlig anders als dem Grundherrn in Hsiao-ho erging. Weil die Männer dieser Gegend gewöhnlich auswanderten, waren die Frauen in der Überzahl, und das Konkubinat war sehr verbreitet. Dieser Grundherr hatte mehrere Konkubinen, und er zwang sie zu allerlei Gesindearbeiten, an die sie nicht gewöhnt waren. So mußten sie ihn in seiner Sänfte tragen und auf den Feldern arbeiten. Dies erregte in ihnen einen unversöhnlichen Haß. Als schließlich im Kreis Mei die Bodenreform durchgeführt wurde, rächten sie sich, indem sie die ganze Gemeinde gegen ihn aufhetzten. Er wurde öffentlich verspottet, und diese Erfahrung vernichtete ihn. Am Ende, sagte Tschiang Tsching triumphierend, sei jeder Konkubine ein Stück seines Landes zugeteilt worden.

Der Krieg war verlustreich und grausam. In zwei Jahren kam es kaum jemals zu einer Kampfpause. Die Kommunisten mußten kämpfen, wenn sie einen großen Teil des westlichen Grenzgebiets von Schen-Kan-Ning zurückgewinnen und das restliche Land besetzen wollten. Überall, wo sie hinkamen, stellten sie engen Kontakt zur Bevölkerung her, denn nur auf diese Weise konnten sie ihre Truppen verstärken. Von Juli 1946 bis Juni 1947 vernichtete die Rote Armee in allen Teilen Chinas 97,5 Divisionen der regulären Kuomintang-Streitkräfte und 1,2 Millionen nichtreguläre Kuomintang-Soldaten. Tschiang Tsching fügte hastig hinzu, daß sie mit »vernichten« nicht unbedingt töten meine.

Zu den besiegten Kuomintang-Soldaten wurde durch politische Schulung, vor allem durch ideologische Umerziehung Kontakt hergestellt. Wenn Mitglieder der Roten Armee mit ehemaligen Angehörigen der feindlichen Streitkräfte zusammenkamen, zogen sie diese ins Gespräch, gewannen ihr Vertrauen und erinnerten sie an die Leiden ihrer gemeinsamen Vergangenheit in Armut und Ausbeutung. Diese Leiden hatten viele in die Arme der Kuomintang statt in die der Roten Armee getrieben. Viele brachen in Tränen aus, wenn sie an die Qualen dachten, die sie ausgestanden hatten, und fühlten sich völlig hilflos. Dann baten sie, sich der Roten Armee anschließen zu dürfen. Doch ein solcher Frontwechsel war nicht leicht. Monatelang lebten die zur kommunistischen Seite übergegangenen Soldaten in der Furcht, von den Kuomintang-Truppen ergriffen und wegen Desertion bestraft oder gar hingerichtet zu werden. Die Politinstrukteure waren sich dieser Ängste bewußt und arbeiteten mit den neuen Rekruten für die Befreiung ihrer Heimatdörfer und -städte eng zusammen. Natürlich schreckten viele davor zurück, die Revolution in die Orte zu tragen, wo ihre Familien seit vielen Generationen lebten. Als Anreiz und Belohnung versprach die Rote Armee jedem von ihnen ein Stück Land. Die Bodenreform war für sie das einzige Mittel, sich an ihren früheren Herren und damit auch an der Kuomintang zu rächen. Tschiang Tsching behauptete, die neuen Rekruten hätten so gut wie die Kommunisten gewußt, daß die Kuomintang sie zum Kriegsdienst gezwungen hatte.

Es gab zahlreiche Überläufer von der Kuomintang. Sie waren nicht die einzigen, die zur Roten Armee stießen. Auch aus der Landbevölkerung schlossen sich viele an. Allerdings war das Grenzgebiet von Schen-Kan-Ning nur dünn besiedelt, und deshalb fielen diese Verstärkungen kaum ins Gewicht. Die Ausbildung begann mit einer Woche politischer Schulung. Dann folgte das militärische Training. Die meisten wurden in kurzer Zeit tapfere Soldaten. Unter den gegebenen Umständen hatten sie keine großen materiellen Erwartungen. Alles, was sie haben wollten, um zu zeigen, daß sie »zu uns gehörten«, war eine Soldatenmütze, geschmückt mit dem roten Stern. Die anderen Uniformstücke hatten untergeordnete Bedeutung. Die Leute trugen, was sie hatten. Die mit der Zeit immer stärker werdenden kommunistischen Streitkräfte traten meist in abenteuerlichen Kostümierungen auf. (Diese Erinnerung amüsierte Tschiang Tsching offensichtlich).

Es sei viel Falsches über den Verlauf der Kampfhandlungen im Nordwesten geschrieben worden, meinte sie und wurde dabei wieder sehr ernst. Manches stammte von Autoren, die nur vorgaben, auf der Seite der Roten Armee zu stehen. Ein Mann namens Wang Tschao-pu, der sich am Ende als Geheimagent von Tschiang Kai-schek entpuppte, schrieb einen Beitrag für »Die Rote Fahne weht«, in dem er schamlos mit seinen eigenen Taten prahlte. Eine ähnliche Gestalt war Yen Tschang-ling, den Tschiang Tsching persönlich kannte. Da er keine schriftstellerischen Fähigkeiten hatte, beauftragte er eine Zeitung, für ihn Artikel zu schreiben. Viel von dem, was er seinen Ghostwritern sagte, war völlig aus der Luft gegriffen. Zum Beispiel behauptete er, seine Einheit sei eine Million Mann stark gewesen – eine maßlose Übertreibung. Während, wie berichtet, Maos Verbände von Hsiao-ho nach Tien-tze-wan marschierten, hielt sich der Feind in den Bergen auf. Doch Yen Tschang-ling stellte die Dinge auf den Kopf. Bei ihm saß der Feind in den Tälern, und die Rote Armee nahm den Weg über die Berge. Außerdem schrieb Yen, Tschiang Tsching habe ihre Zeit damit verbracht, Schuhe für den Vorsitzenden anzufertigen, während sie in Wirklichkeit *politische* Arbeit geleistet hatte. In der Tat war sie Chef einer Abteilung des Zentralkomitees gewesen, und Jen wußte sehr wohl, daß sie viel Zeit auf die Schulung der Bevölkerung verwandt hatte. Doch als er schließlich viele Jahre später Gelegenheit fand, seine Darstellung zu veröffentlichen, zog er es vor, diese Tatsachen zu verschweigen.[16] Nach Tschiang Tschings Ansicht waren nahezu die einzigen verläßlichen Berichte die des Vorsitzenden Mao.

Zu Beginn des Marsches hatte es fast jeden Tag geregnet, im späten Sommer war es ungewöhnlich trocken. Auf den ausgedörrten Feldern reifte nichts mehr, und darunter litt die Rote Armee ebenso wie die Bevölkerung. Ihre Verluste wurden durch die Verwüstungen, die der Feind anrichtete, noch vergrößert. Der Feind war in jeder Hinsicht unmenschlich: Er tötete die Haustiere, vernichtete die Felder, beschlagnahmte das Getreide und versteckte es vor der Bevölkerung. Der Feind verwüstete jeden Ort, zu dem er kam, so daß man »nicht einmal mehr Hundegebell oder Hühnergegacker hören konnte«.

Am 1. August 1947 brachen die Roten Truppen von Hsiao-ho auf und marschierten zügig – durchschnittlich fünf Kilometer in der Stunde – nach Nordwesten. Zehn Tage später erreichten sie Sui-te, einst ein großes Handelszentrum, jetzt völlig heruntergekommen. Die Bevölkerung war drastisch geschrumpft. Hier stießen sie unerwartet auf ein Riesenaufgebot feindlicher Truppen. Sieben Divisionen schlossen sie rasch von drei Seiten her ein.

Unverzüglich zogen die Roten Truppen sich aus Sui-te zurück. Um den 17. August erreichten sie die Stadt Tschia-hsien, die am Weg nach Pai-lung-miao, einem Dorf am Westufer des Gelben Flusses, lag. In den wenigen angsterfüllten Stunden in Tschia-hsien gelang es Tschiang Tsching, für den Vorsitzenden ein paar Holzäpfel zu kaufen. Mao stand unter großer Belastung. Der Feind drang noch immer von drei Seiten gegen sie vor. Es war dies sein erster Zangenangriff gegen die 1. Feldarmee: eine Zange kam von Wu-pao im Süden, die zweite von Yü-lin im Westen, die dritte von Heng-schan, das südwestlich von Yü-lin lag. Der Vorsitzende berief eine Sondersitzung der Führer ein, um gemeinsam mit ihnen die Strategie festzulegen. Da Tschiang Tsching an dieser Sitzung nicht teilnahm, hatte sie Zeit, einige Soldaten der Roten Armee zu beobachten. Sie bemerkte Anzeichen von Unruhe bei ihnen. Ein junger Offizier von der Code-Abteilung näherte sich mit einer Schüssel Reis in der Hand. Er wolle diesen Reis am *Ostufer* des Gelben Flusses essen, sagte er forsch. Damit brachte er zum Ausdruck, daß er für einen Rückzug über den Fluß nach Schansi plädierte. »Du Feigling!« fauchte sie ihn an.*

Obwohl die feindlichen Truppen nur acht Kilometer entfernt waren, kannten sie offensichtlich nicht die Stellungen der Roten Armee. Der Vorsitzende nutzte diesen Vorteil aus und beordete die Hauptstreitmacht nach Pai-lung-miao. Am breiten Gelben Fluß blieben sie stehen, aber ihr Ziel war das

* Yen Tschang-ling (»*The Great Turning Point*«, S. 92f.) berichtet auch von diesem Gewaltmarsch von Sui-te nach Mi-tschih in der zweiten Augustwoche. Alle, einschließlich der Führer, waren durch Hunger und Schlaflosigkeit stark geschwächt. Tschou En-lai brach vor Erschöpfung zusammen. Blut rann ihm aus der Nase. Mao bestand darauf, die Tragbahre, die für ihn selbst gebracht worden war, Tschou zu geben. Doch als die Träger zu Tschou kamen, schickte er sie weg und sagte, sie sollten sich um den Vorsitzenden kümmern.

»In diesem Augenblick tauchte auch die Genossin Tschiang Tsching auf. Erst auf ihr wiederholtes Drängen hin willigte der Stellvertretende Vorsitzende Tschou schließlich ein, sich auf die Bahre zu legen.«

Nach Darstellung Yens war der Stellvertretende Vorsitzende Tschou während des ganzen Marsches ein unermüdlicher Arbeiter, der sich um jede Kleinigkeit persönlich kümmerte. Er aß und schlief wenig. Um ein wenig von der Last der Verantwortung von den Schultern des Vorsitzenden zu nehmen, legte er sich später schlafen als der Vorsitzende und stand vor ihm auf. Obwohl die Sohlen seiner Schuhe völlig durchgelaufen waren, sagte er davon niemandem etwas – aus Furcht, man könnte ihm helfen wollen. Doch als er sich auf die Bahre legte, kam sein Geheimnis an den Tag. Die Genossin Tschiang Tsching bemerkte: »Stellvertretender Vorsitzender Tschou, deine Sohlen haben Löcher, und die Socken sind zu sehen.« »Kein Wunder, daß ich beim Gehen die Kiesel auf dem Weg gespürt habe!« rief er.

gegenüberliegende Ufer.* Der Fluß war trüb und reißend. Nach den heftigen Regenfällen im Frühjahr führte der Fluß Hochwasser, das immer noch stieg. Wie sollten sie dort hinüberkommen? Hastig rissen sie einen Tempel am Flußufer nieder und bauten daraus eine Brücke. Einer nach dem anderen eilte hinüber. Als der letzte Mann das andere Ufer erreicht hatte, brachen sie die Brücke ab, damit ihnen der Feind nicht folgen konnte. Die Abteilung stand zum erstenmal am Ostufer des Gelben Flusses, und damit begann eine neue Phase des Befreiungskriegs.

Die Nordwest-Offensive war die schwierigste Phase des von Mao geführten Marsches. Als Wendepunkt in diesem Feldzug bezeichnete Tschiang Tsching die Schlacht von Scha-tschia-tien zu Beginn der dritten Augustwoche des Jahres 1947. Der Sieg der Roten Armee beendete die Defensivstrategie der ersten Kriegsjahre und leitete die Gegenoffensive ein, die bis zum Ende des nächsten Jahres überwältigende Siege bringen sollte. (Die geschickte Guerillataktik der kommunistischen Kräfte gegen einen weit überlegenen, aber schlecht organisierten Feind zeigt ein Film mit dem Titel *»Scha-tschia-tien«*, der Jahre später gedreht wurde.)

Am 18. August erhöhten die revolutionären Truppen ihr Marschtempo. Auf dem Weg nach Liang-tschia-tscha zogen sie durch Yang-tschia-yüan-tzu. Am nächsten Tag erreichten sie in der Abenddämmerung ihr Ziel. Liang-tschia-tscha, ein winziges Dorf, das kaum die nun mehrere hundert Mann starke Truppe aufnehmen konnte, lag etwa elf Kilometer nördlich von Scha-tschia-tien, wo sich die Hauptkräfte beider Seiten konzentrierten. Von Liang-tschia-tscha aus befehligte der Vorsitzende telefonisch den Einsatz seiner Streitkräfte in der Schlacht von Scha-tschia-tien. Er war angespannt und erschöpft. Alle wußten, daß der Ausgang dieser Schlacht darüber entschied, ob sie sich wieder nach Westen zurückziehen mußten oder nicht. Da andere Kräfte des Feindes Yü-lin im Westen angriffen, wollte der Vorsitzende nicht alle seine Truppen in Scha-tschia-tien einsetzen. In dieser prekären Lage befahl er einen Scheinangriff. Die Kriegslist hatte Erfolg. Mit ihren beschränkten Mitteln vernichteten die kommunistischen Truppen nicht nur die Hauptstreitmacht des Feindes – die 126. Division unter Hu Tsung-nan. Sie zerstörten auch das Divisionsoberkommando, zerschlugen den größten Teil der 126. Brigade und nahmen etwa 6000 Soldaten gefangen. Der Kommandeur dieser Brigade konnte in den Süden entkommen.

Nun wandten sich Maos Abteilungen wieder ostwärts. In Tschu-kuan-tschai, wo sie sich einige Zeit aufhielten, ernährten sie sich vorwiegend von grünen Bohnen, was aber ihrer Hochstimmung keinen Abbruch tat. Hier schrieb der Vorsitzende »Strategischer Kurs für das zweite Jahr des Befrei-

* Hier gebe ich Tschiang Tschings Erzählung wortgetreu wieder, obwohl diese erste Überquerung des Gelben Flusses auf der mir überlassenen Karte nicht verzeichnet ist. Offenbar setzten sie über den Fluß und wieder zurück und marschierten dann weiter.

ungskriegs«. In diesem Aufsatz erörterte er die wesentlichen Etappen, die zurückgelegt werden mußten, wenn der Krieg gewonnen werden sollte. Im Interesse einer landesweiten Gegenoffensive und der Ausdehnung des Befreiungskrieges auf Gebiete, die noch von der Kuomintang gehalten wurden, bestimmte er, daß das Frontkomitee (das Arbeitskomitee des Zentralkomitees) in eine Instruktionsbrigade verwandelt wurde. Der politische Kommissar Tschou En-lai wurde zum Kommandeur der neuen Instruktionsbrigade ernannt.[17]

Am 18. Oktober marschierten sie auf gewundenen Pfaden nach Tan tschia-ping. Dort besuchten Mao und Tschiang Tsching eine Papierfabrik. Die Beziehungen mit der Bevölkerung waren ausgezeichnet. Auch hier schützten die Einheimischen den Vorsitzenden, indem sie nie seinen Namen aussprachen und immer nur »er« sagten. Drei Tage später zogen sie nach Nan-ho-ti weiter, und anschließend nach Schen-tschuan-pao. Während das Frontkomitee (die Instruktionsbrigade) dort zurückblieb, mußte sich der Vorsitzende an einen anderen Ort begeben, und Tschiang Tsching begleitete ihn. Als beide durch die Straßen und Gassen gingen, kamen die Leute aus ihren Häusern, um sie zu begrüßen, und viele weinten vor Freude. Manche sagten, nun, nachdem sie den Vorsitzenden Mao gesehen hätten, könnten sie ruhig dem Tod ins Auge sehen.

Im November waren sie in der Umgebung von Lü-tschia-ping stationiert. Dort spürten sie zum erstenmal, daß der Strom der Geschichte in ihre Richtung floß. In Hochstimmung verließ Tschiang Tsching vorübergehend die Truppe – aus persönlichen Gründen. Ängstlich und aufgeregt setzte sie zum Ostufer des Gelben Flusses über und machte sich auf den Weg nach der alten Stadt Schuang-ta. Dort ließ sie sich zu dem Versteck ihrer Tochter Li Na führen, die kurz nach der Evakuierung von Jenan zu Teng Ying-tschao gebracht worden war. Doch inzwischen war diese mit dem Hinterlandkomitee fortgezogen und hatte Li Na in der Obhut anderer zurückgelassen. Das Kind hatte sich seit ihrem letzten Beisammensein vor fast acht Monaten merklich verändert. Die beiden beeilten sich, aus Schuang-ta wegzukommen, aber vor ihrem Aufbruch stiegen sie noch rasch auf die Stadtmauer. Tschiang Tsching warf einen letzten Blick auf Jenan, das im Westen gerade noch zu erkennen war, und verspürte plötzlich schmerzhaftes Heimweh: In dieser provisorischen Hauptstadt hatte sie fast ein Drittel ihres Lebens verbracht. Das Schicksal führte sie nun in eine andere Himmelsrichtung.

Sie kehrte mit Li Na zu ihrer Abteilung zurück. Der Vorsitzende widmete seine ganze Kraft dem Ziel, militärisch die Oberhand zu gewinnen. Beratungen und Proklamationen nahmen seine restliche Zeit in Anspruch. In den zwölf Tagen ihres Aufenthalts in Schen-tschuan-pao schrieb er »Deklaration der Chinesischen Volksbefreiungsarmee«, datiert vom 10. Oktober 1947. In Anspielung auf sein Erscheinungsdatum wurde es auch »Die Deklaration vom 10. X.« genannt.[18] Ferner schrieb er »Instruktion des Oberkommandos der Chinesischen Volksbefreiungsarmee über die erneute Bekanntmachung der Drei Hauptregeln der Disziplin und der Acht Punkte zur Beachtung«, datiert ebenfalls vom 10. Oktober 1947, eine Schrift, in der er die ethischen

Prinzipien der Roten Armee bekräftigte.[19] Beide Dokumente prägten den Charakter der künftigen politischen Arbeit. »Die Deklaration vom 10. X.« war ein Aufruf an das ganze Volk, Tschiang Kai-schek zu besiegen und das Land zu einen. (Tschiang Tsching empfahl mir die Lektüre dieser Aufsätze im vierten Band von Maos »Ausgewählten Werken«). Ihre eigene Abteilung – eine der drei, die dem Zentralkomitee unterstanden – nutzte diese Gelegenheit für eine Kampagne, die »das frühere Leid in Erinnerung rief« (ein autorisierter Vergleich der schlimmen Vergangenheit mit der guten Gegenwart und der noch besseren Zukunft) und die sogenannten »Drei Überprüfungen« durchführte (eine Routinekontrolle, in der geprüft wurde, ob die *Drei Regeln der Disziplin* und die *Acht Punkte,* die Mao erstmals bei der Gründung der Roten Armee im Tschingkang-Gebirge im Jahre 1928 formuliert hatte, beachtet wurden).* Als Politinstrukteurin ihrer Abteilung hatte Tschiang Tsching die Aufgabe, das Programm für die Erinnerung an vergangene Leidenszeiten zusammenzustellen. Wenn sie ihre eigenen Leiden als Modellfall für andere schilderte, spürte man wohl ihre eigene Erschütterung über die jüngsten Ereignisse, denn alle ihre Zuhörer waren zu Tränen gerührt, wie sie selbst sagte.

Am 11. November brach die 1. Feldarmee wieder auf. Nach zehn Tagen erreichten sie Wu-lung-pu. Weinende Menschen hießen sie willkommen. Doch hier hielten sie sich nicht lange auf. Am 22. November trafen sie in Yang-tschia-kou ein, wo sie länger als beabsichtigt blieben, nämlich vier Monate. Das Oberkommando arbeitete weiter an der Strategie, die Massen für die Revolution zu gewinnen und den Krieg zu beenden. Vom 25. bis zum 28. Dezember hielt das Zentralkomitee eine große Sitzung ab, die sich dadurch auszeichnete, daß der Vorsitzende seinen Aufsatz »Die gegenwärtige Lage und unsere Aufgaben« vorlas (vom 25. Dezember 1947)[20], ein Werk, an das Tschiang Tsching sich besonders gut erinnerte, weil er es ihr diktiert und sie es Wort für Wort notiert hatte. Aber die Worte seien alle *seine eigenen* gewesen, fügte sie schnell hinzu.**

* Die *Drei Regeln der Disziplin* lauten: 1. Gehorche dem Kommando in allem, was du tust. 2. Nimm den Massen nicht eine Nadel, nicht einen Faden weg. 3. Liefere alles Beutegut ab. Die *Acht Punkte zur Beachtung* lauten: 1. Sprich höflich. 2. Sei ehrlich, wenn du was kaufst und verkaufst. 3. Gib zurück, was du entliehen hast. 4. Bezahle für das, was du beschädigt hast. 5. Schlage und beschimpfe niemanden. 6. Beschädige nicht die Ackerbaukulturen. 7. Belästige keine Frauen. 8. Mißhandle nicht Gefangene. Vgl. AW IV, S. 159.

** 1964 äußerte sich Mao recht unpersönlich über diese Hilfe, die er einmal in Anspruch genommen hatte: »›Die gegenwärtige Lage und unsere Aufgaben‹ habe ich 1947 diktiert. Jemand schrieb es ab, und ich habe es durchgesehen. Damals war ich krank und konnte nicht selbst schreiben. Wenn ich jetzt etwas schreibe, macht das alles eine Sekretärin. Ich schreibe nicht mit eigener Hand . . . Aber wenn man nie die Initiative ergreift und sich auf eine Sekretärin verläßt, ist das so, als nehme einem eine Sekretärin die Verantwortung für die Führungsarbeit ab.« (»Reden auf der Aussprache in Hantan über die Säuberung in vierfacher Hinsicht« [28. März 1964], in *»Miscellany of Mao Tse-tung Thought, 1949–1968«,* II, S. 338. [Auszüge hieraus in »Mao intern«, München 1974, hrsg. H. Martin. Anm. d. Red.]

Der Zweck des Aufsatzes, sagte sie, sei es gewesen, die Idee einer neuen Demokratie im ganzen Land zu verbreiten. Die Reaktion ließ nicht lange auf sich warten. Am 28. Dezember begannen alle vier Feldarmeen in den befreiten Gebieten mit einer neuen Konsolidierungskampagne innerhalb der Armee, ähnlich der 1942 in Jenan eingeleiteten *Berichtigungsbewegung.*[21] Die neue Bewegung, die mit der »Erinnerung an vergangene Leiden« und den »Drei Überprüfungen« begann, ging der unmittelbar darauffolgenden Bodenreform voraus. Während des viermonatigen Aufenthalts in Yang-tschia-kou verfaßte der Vorsitzende noch mehrere andere Artikel, die ebenfalls im vierten Band seiner »Ausgewählten Werke« enthalten sind.

Unter den auf dem Tisch ausgebreiteten Karten griff Tschiang Tsching eine Übersichtskarte von Nordchina heraus, auf der der Kriegsverlauf bis Juli 1947 sowie die Etappen der Niederlagen des Feindes dargestellt waren. Dank einer neuen Strategie im Frühjahr 1948 gewannen die Kommunisten immer mehr die Oberhand. Partei und Armee setzten gemeinsam ihre Konsolidierungskampagne vom Dezember fort. An mehreren Fronten begannen Gegenoffensiven (geführt von Liu Po-tscheng, Tschen I, Lin Piao und anderen großen Generalen, die Tschiang Tsching nicht erwähnte). Doch die Hauptkräfte wurden in den Gebieten eingesetzt, die noch von Tschiang Kaischeks Armee unterdrückt wurden. Im Norden wurden die von den Kommunisten im Krieg gegen Japan befreiten Grenzgebiete in neuen Verwaltungseinheiten zusammengefaßt. Eine erhielt den Namen Tschin-Tscha-Tschi (bestehend aus Teilen der Provinzen Schansi, Tschahar und Hopeh), die andere die Bezeichnung Tschin-Tschi-Lu-Yü (bestehend aus Teilen der Provinzen Schansi, Hopeh, Schantung und Honan). Diese politische Umstrukturierung war der erste Schritt zu einer Volksregierung in Nordchina.

Der Marsch vom März 1948 wurde unter dem Eindruck begonnen, daß die Entscheidung kurz bevorstand. Am 21. März verließ die 1. Feldarmee Yang-tschia-kou in Richtung Hsü-pai-kou. Noch am selben Tag erreichte sie Tschi-tscheng-tien. Am 23. März zog sie durch Tschuan-kou, überquerte den Gelben Fluß und gelangte nach Tschai-tse-schan in der Provinz Schansi. Innerhalb von drei Tagen marschierte sie durch Schuang-ta und erreichte Tsai-tschia-yai. Am 4. April kamen die Truppen in den Kreis Ko-lan und erbeuteten einige Jeeps, die der Feind zurückgelassen hatte. Mit diesen Fahrzeugen zogen sie weiter nach Schen-tschih und dann nach Nordosten über die Große Mauer und wieder zurück. Am 6. April trafen sie in Tai-hsien und wenig später in Fan-tschih ein.

Im späten Frühjahr 1948 erblickten sie im Osten die hoch aufragenden, schneebedeckten Wu-tai-Berge. Weiter im Norden lag die Innere Mongolei. Die Luft war kühl und feucht, als am 11. April der Aufstieg begann. Mühsam bahnten sie sich auf schmalen Pfaden ihren Weg. Jeder ergriff die Hand des Vordermanns. Der frisch gefallene Schnee lag so hoch, daß sie die Beine bis zum Bauch anheben mußten und bei jedem Schritt nach hinten zu fallen drohten. Tschiang Tsching führte vor, wie das aussah. Mit zunehmender Höhe wurde die Luft immer dünner. Mehrere Genossen, auch sie selbst, hatten ein Gefühl der Leere im Kopf und Schwindelanfälle. Selbst der Vorsitzende fühlte sich unbehaglich. Die Stelle, an der sie schließlich die Wu-tai-Kette überschritten, lag fast 3300 Meter über dem Meeresspiegel. Der Vorsitzende und Tschiang Tsching fuhren in einem Jeep auf den nächsten Gipfel. Dort stiegen sie aus, und nachdem sich ihr Schwindelgefühl gelegt hatte, ließen sie den Blick über das atemberaubende Panorama schweifen. Noch an selben Tag erreichten sie den Wu-tai-Tempel, ein riesiges Bauwerk mit einem Dach aus glasierten Ziegeln – weit prächtiger als die Tempel von Peking, die sie bald kennenlernen sollte. Doch wie herrlich dieser Tempel auch ausgesehen habe, fügte sie mit spitzer Stimme hinzu, dies ändere nichts daran, daß sein Oberlama ein mächtiger Grundherr gewesen sei, der Yang Ling-tschie oder so ähnlich geheißen habe.

Seit einiger Zeit herrschte Waffenruhe. Nichts Böses ahnend erreichten sie am 13. April Tscheng-nan-tschuang in der Provinz Hopeh. Plötzlich hagelten Bomben auf sie herab. Später entdeckten sie, daß sich in ihren Reihen ein Verräter verbarg, der den Bombenangriff über Funk dirigierte. Fünf Tage lang marschierten sie unter verheerenden Luftangriffen weiter. Am fünften erreichten sie einen Berg namens Hua Schan in der Tschinling-Kette*, und noch immer regnete es Bomben. Sie explodierten sogar dort, wo gar keine Menschen oder Truppenbewegungen waren. Als der Angriff vorüber war, schlugen sie am Fuß des Berges ihr Lager auf. Der Vorsitzende zog sich von den anderen zurück, um zwei weitere Artikel zu schreiben.[22]

Nun begann der hochaufgetürmte Schnee zwischen den Felsen des Hua Schan zu tauen, und phantastische Wasserfälle stürzten in die Tiefe. Doch die Berge erschienen ihnen so schroff, daß sie sich nicht vorstellen konnten, wie man sie erklimmen und schließlich überqueren sollte. Während sich die Truppen für den Aufstieg bereitmachten und sich in einer Reihe aufstellten, entwarf der Vorsitzende sein »Telegramm an das Oberkommando der Front von Loyang nach der Wiedereroberung der Stadt« (8. April 1948).[23] In diesem kritischen Dokument nannte er neun Verhaltensregeln für die Befreiung der Städte, die in diesem Frühjahr in ihre Hände fallen würden.

Am 18. April traf Tschou En-lai, der in einer anderen Mission unterwegs gewesen war, in Hsi-pai-po ein, einer kleinen Gemeinde wenige Kilometer nordöstlich von der Stadt Schih-tschia-tschuang in der Provinz Hopeh. Der Vorsitzende stieß erst am 27. Mai zu ihm, worauf sie in Hsi-pai-po ihr Lager aufschlugen. Sie blieben zehn Monate dort. Von hier aus brach der Vorsitzende zu ihrem Endziel auf, der alten Hauptstadt Peking, die nur dreihundert Kilometer entfernt war. Auch in Hsi-pai-po schrieb der Vorsitzende zahlreiche Aufsätze (über die Bodenreform, die Parteidisziplin, die Kriegsstrategie und die Kuomintang).

Zugleich führte er seine Truppen so energisch wie zuvor. Im Hauptquartier in Hsi-pai-po legte er Taktik und Strategie für drei große Feldzüge fest: für den Feldzug von Liao-Schen (Liaohsi-Schenyang), den von Huai-Hai (Ostchina und Zentralebenen) und den von Ping-Tschin (Peking-Tientsin).

* Jahrhunderte früher verehrten ihn die Taoisten als den Heiligen Berg im Westen, einen der Fünf Heiligen Berge Chinas.

Tschiang Tsching wies erneut nachdrücklich darauf hin, daß der Vorsitzende nicht nur die eigenen, sondern auch die feindlichen Truppen lenkte. Sie warf einen Blick in einige Notizblätter und nannte Zahlen. Der Feldzug von Liao-Schen kostete den Feind 33 Divisionen und 472000 Mann, im Feldzug von Huai-Hai wurden 22 Armeekorps und 550000 Soldaten ausgeschaltet, und im Ping-Tschin-Feldzug verlor der Feind das 39. Armeekorps und 520000 Mann.[24] Nach dem letzten Feldzug (im Januar 1949) ging der Kommandierende General der KMT, Fu Tso-i, auf die kommunistische Seite über.[25]

1948 war die Feldarmee der Zentralebene (2. Feldarmee) unter dem Kommando von Liu Po-tscheng und mit Teng Hsiao-ping als politischem Kommissar dazu übergegangen, die feindlichen Linien in der Mitte zu durchstoßen. Als schließlich ihre Truppen die Ta-pieh-Berge in Richtung Wuhan passierten und den Ostrand von Nanking erreichten, war der Feind fast völlig geschlagen. »Die KMT konnte uns kaum noch Widerstand entgegensetzen.« Ende 1948 *flehte* sie der Feind geradezu an, sich an den Verhandlungstisch zu setzen. Infolgedessen wurde für den 21. Januar 1949 eine Sitzung einberufen. Aber die KMT-Reaktionäre weigerten sich, den angebotenen Friedensvertrag anzunehmen.[26] In Anbetracht der aussichtslosen Lage – die Kommunisten hatten alle Stützpunkte der Kuomintang erobert – gestand Tschiang Kai-schek seine Hilflosigkeit ein, indem er im Januar 1949 als Präsident offiziell zurücktrat und diesen Posten Li Tsung-jen überließ. Dennoch lag die wirkliche Macht weiterhin bei Tschiang Kai-schek.

Obwohl die kommunistischen Führer wußten, daß der Feind in dieser letzten Phase des Krieges rasch Boden verlor, gaben sie im Volk weiterhin die Parole aus: »Nieder mit Tschiang Kai-schek!« Um die Massen aufzurütteln, trommelten sie ihnen unermüdlich die Botschaft ein, der Feind sei *noch immer* furchterregend, so daß sie weiter auf der Seite der Roten Armee kämpfen müßten, bis der Sieg in ihren Händen sei.

Am 25. März 1949 verließ der Vorsitzende mit seinen Truppen Hsi-pai-po und stieß nach Peking vor. Nach dem Einzug in die künftige Hauptstadt (offiziell ab 27. September) besichtigte er die Truppen, die diesen Sieg erkämpft hatten. Auf der zweiten Plenarsitzung des VII. Zentralkomitees der Partei im März 1949 unterbreitete er Pläne für die Verlagerung der Parteiarbeit von den Dörfern in die Städte sowie für die Innen-, Wirtschafts- und Außenpolitik nach der Befreiung des ganzen Landes. Mit dieser Politik sollte der Übergang vom Stadium der »neudemokratischen« Revolution zum Sozialismus und Chinas Verwandlung von einem Agrarstaat in einen Industriestaat bewerkstelligt werden.

Was Tschiang Tsching betraf, so behielt sie ihren Posten als Politinstrukteurin sowie die Leitung einer »Diskussionsgruppe« (mobilen Propagandaeinheit) bis zum Abmarsch aus Hsi-pai-po. Als sich die neue Regierung in Peking bildete, wurde sie von ihren Pflichten entbunden. Sie rückte in das Parteisekretariat auf. Hsi-pai-po sei der Punkt gewesen, wo sich die Wege trennten, sagte sie zu Tschang Tsching-hua am Kartentisch.

Als die Partei den »KMT-Reaktionären« erstmals ein Friedensangebot machte, lehnten diese es ab, wiederholte Tschiang Tsching. Aber sie hatten keine Alternative, da sie kein Land mehr beherrschten, in das sie sich hätten zurückziehen können: Alle ihre Stützpunkte lagen in Gebieten, die nun von den Kommunisten besetzt waren. Im letzten Frühjahr des Krieges waren 158 Kuomintang-Divisionen (1,54 Millionen Soldaten der regulären Streitkräfte) ausgeschaltet worden. Erst als eine Pattsituation entstanden zu sein schien, als nämlich der Feind 2,9 Millionen Soldaten und die Rote Armee 3 Millionen Soldaten hatte, ließ sich Tschiang Kai-schek dazu herab, um Friedensverhandlungen nachzusuchen.

Bei den Friedensgesprächen im Frühjahr 1949 wurde die Kuomintang durch Tschang Tschih-tschung[27] vertreten. Nach dem Scheitern der Verhandlungen verließ er die Kuomintang und schlug sich auf die Seite der Revolution. Das war vielleicht weniger überraschend, als es schien, denn vor vielen Jahren, als die Kommunistische Partei noch in Jenan residierte, hatte Tschang Tschih-tschung (der Chef von Tschiang Kai-scheks Hauptquartier im Nordwesten seit 1946) ihnen einmal einen Besuch abgestattet. Offensichtlich war er davon beeindruckt gewesen, wie sich ihre Lebensweise verändert hatte. Als der Vorsitzende einmal eine Inspektionsreise in das Gebiet von Schen-Kan-Ning unternahm, äußerte Tschang den Wunsch, ihn zu begleiten. Das erschien allen merkwürdig, doch später wurde ihnen klar, daß Tschang schon Mitte der vierziger Jahre »zu der Auffassung gelangt war, daß ihr politisches Kapital in gewisser Weise auch das seinige sei«. (Tschiang Tsching fügte hinzu, daß er nicht mehr am Leben sei.)

Die Friedensverhandlungen dauerten bis zum 20. April. An diesem Tag lehnte die Regierung in Nanking das vorgeschlagene Abkommen ab. Da der Gegner nur die Sprache der Vergeltung verstand, forderte der Vorsitzende am 21. April »Unabhängigkeit und Integrität des Territoriums« und befahl der Roten Armee, nach Nordwesten und nach Süden zu marschieren, um den letzten Widerstand zu brechen. Massierte kommunistische Verbände überquerten daraufhin den Yangtse und stießen nach Süden. Am 23. April befreiten sie Nanking, einen Monat später Schanghai. Dann gingen sie an allen anderen Fronten vor und »fegten« über die feindlichen Truppen hinweg, wo immer sie auf sie stießen.

Dann zog Tschiang Tsching, lebhaft sprechend, eine Schlußbilanz. Danach hatte die Rote Armee 1,9 Millionen reguläre Kuomintang-Soldaten und 980000 Banditen ausgeschaltet. 1,2 Millionen Soldaten waren übergelaufen. Am Ende war das ganze Land mit Ausnahme von Taiwan befreit. Am 1. Oktober 1949 wurde Mao Tse-tung zum Vorsitzenden der Volksrepublik China gewählt.

Wo war Tschiang Tsching bei dieser monumentalen Feier? Jedenfalls nicht an der Seite des Vorsitzenden. Später würde sie dies erklären.

Inzwischen war es drei Uhr früh. Obwohl Tschiang Tsching seit dem frühen Abend fast ohne Unterbrechung erzählt hatte, zeigte sie keine Spur von Müdigkeit. Sie rundete den Bericht über den Befreiungskrieg mit einer persönlichen Bemerkung ab, die deutlicher, als sie es wohl beabsichtigt hatte, verriet, wie ungesichert ihre Stellung unter den männlichen Führern gewesen war.

In den letzten Stadien des Krieges schickte der Vorsitzende ein Telegramm von großer Bedeutung an den für die vertraulichsten Dokumente zuständigen Sekretär.[28] Obwohl sie die Frau des Vorsitzenden war (und für das Parteisekretariat arbeitete), gab man ihr das Telegramm nicht zu lesen, ein Affront ohnegleichen. Später erzählte sie dies Li Tao, einem Veteranen des Langen Marsches. Wütend über die Herabwürdigung Tschiang Tschings ging er zu den Genossen, die dafür verantwortlich waren, und sagte zu ihnen: »Ihr müßt die Genossinnen respektieren!«

Dritter Teil:
Hinter den Kulissen

IX Inkognito

Nicht nur das, was wir von Vater und Mutter geerbt haben, geht in uns um. Es sind alle erdenklichen alten, toten Ansichten und allerhand alter toter Glaube . . . Nehme ich nur eine Zeitung in die Hand und lese darin, so ist mir, als sähe ich Gespenster zwischen den Zeilen schleichen. Es müssen ringsum im ganzen Lande Gespenster leben.

Ibsen, »Gespenster«

In herkömmlichen Berichten chinesischer Revolutionäre ist 1949, das Jahr der Befreiung und der Gründung der Volksrepublik, der magische Wendepunkt: Die bittere Vergangenheit war überwunden, und man blickte in eine strahlende Zukunft. Doch der 1. Oktober, ein offizieller Jubeltag der Nation, war in Tschiang Tschings Rückblick auf die Vergangenheit kein Freudentag; das heißt, sie erwähnte ihn gar nicht. Wir können nur Vermutungen anstellen, wie sie ihn empfunden haben mag.

Sie war zwar vom Land in die Metropole gekommen, war aus Höhlenwohnungen in eine Stadt eingezogen, die sieben Jahrhunderte lang die Kaiser Chinas und ihre Tausende von Bediensteten beherbergt hatte. Aber lebten nicht viele unerwünschte Kräfte der Vergangenheit, die Bürde einer kaiserlichen Geschichte in diesen Monumenten weiter? Würden sich in diesem verschachtelten Labyrinth von Palästen – ocker, türkis und violett in der Purpurnen Verbotenen Stadt – ihre unkomplizierten Beziehungen zu Mao und den grobschlächtigen Genossen unweigerlich ändern? Würde sie, wie so viele kaiserliche Gemahlinnen und Konkubinen in alter Zeit, in oberflächlich instandgehaltenen Frauenhäusern eingesperrt sein? Oder würde sie, wie die unbezähmbare Kaiserin-Witwe Tze-hsi, jahrelang hinter dem Thron agieren, um eines Tages selbst darauf zu sitzen?

Die folgenden Kapitel zeigen, wie Tschiang Tschings Einfluß auf einige Aktivitäten des Vorsitzenden langsam wuchs und wie ihre eigene Karriere langsam Gestalt gewann. Zu Anfang merkten das nur wenige. In Tschiang Tschings Erinnerung waren die fünfziger Jahre eine Zeit politischer und physischer Belastung, in der sich Krankheit und Genesung, Rückzug aus öffentlichen Ämtern und Wiederaufnahme früherer Funktionen abwechselten; jedoch war sie stets hinter den Kulissen aktiv. Während der gesamten fünfziger Jahre wurde sie kaum in der Presse erwähnt. Wenn sie über diese Zeit berichtete, war eine Tendenz zur Hypochondrie nicht zu übersehen – typisches Kennzeichen der jahrhundertealten wohlhabenden Schicht in China, die es sich leisten konnte, ihre Krankheiten zu kultivieren.

Wenn sie sich gesundheitlich wohlfühlte, versuchte sie, im Parteiapparat

Fuß zu fassen; doch um sich einen festen Platz im Parteizentrum zu sichern, mußte sie erst bei den Massen und bei der Führung ihre Fähigkeiten beweisen. Daher verließ sie die Hauptstadt und bereiste das Land, leitete die umstrittene Wu Hsün-Untersuchung und nahm – gegen den Willen der Führer, manchmal auch gegen den ihres Mannes – an den beiden großen revolutionären Bewegungen der frühen fünfziger Jahre teil: der Bodenreform und der Reform des Eherechts. Dabei wurde sie jedoch von argwöhnischen und eifersüchtigen Genossen gezwungen, inkognito zu arbeiten, sobald sie der Hauptstadt den Rücken kehrte. Diese aufgezwungene Anonymität sollte sie daran hindern, sich einen Namen zu machen und eine persönliche Gefolgschaft im Volk zu gewinnen.

Als der Vorsitzende und Tschiang Tsching mit einigen führenden Genossen und ihren Truppen im März 1949 in Peking eintrafen und das Zentrum, die Kaiserstadt, in Besitz nahmen, quartierten sie sich im Ostteil ein, der an die Tschung-nan-hai (wörtlich: Mittlerer See, Süd-See) grenzt. Jeder Führer erhielt mit seiner Familie – sofern sie den Krieg überlebt hatte – eine Wohnung in diesen ehemaligen Kaiserpalästen zugewiesen. Obwohl man lange Abschnitte der Stadtmauer abgerissen hatte, um den Verkehr auf den breiten Alleen zu erleichtern, konnten die Wohnungen der Führer doch von außen nicht eingesehen werden und waren der Öffentlichkeit ebenso wenig zugänglich wie das Privatleben der Insassen. Tschiang Tschings und Maos Gemächer waren durch kunstvoll geschnitzte und farbig bemalte Säulen im Ming-Stil getrennt und doch miteinander verbunden.

Seit der Gründung der Republik im Jahre 1912 war der frühere Kaiserbezirk, der viele ineinandergehende Paläste umfaßte und die Purpurne Verbotene Stadt hieß, der Öffentlichkeit zugänglich. Nach dem Sturz der Mandschu-Dynastie wurde er umbenannt und hieß von da an der »Alte Palast«. Die Kommunisten restaurierten die hochaufragenden Tore, die mit Wolkenmuster geschmückten Marmortreppenhäuser, die grandiosen Palastbauten und Hunderte von prächtig ausgestatteten Räumen und erklärten den ganzen Bereich zum Museum der kaiserlichen Vergangenheit. Er ist nun, mit Ausnahme der Tschung-nan-hai, täglich für das Volk geöffnet, dem es auch, wie einem gesagt wird, gehört.

Abgeschirmt in Luxusquartieren, Welten entfernt von den Bauernhütten, die sie während ihres Marsches bewohnt hatten, standen die Führer vor einem Problem, mit dem alle Begründer von Dynastien seit jeher konfrontiert worden sind: Wie konnten sie sich das Vertrauen des Volkes erhalten, nachdem sie aufgehört hatten, so einfach zu leben wie das Volk? Hatten nicht die vielversprechendsten Vorgänger der Kommunisten, die Taiping, ihre Volkstümlichkeit und damit ihren Einfluß auf das Volk dadurch verloren, daß sie nicht der Versuchung widerstanden, dem fürstlichen Luxus der Hauptstadt im Süden, Nanking, zu verfallen?

Im März 1949, erinnerte sich Tschiang Tsching, war sie körperlich so mitgenommen von dem zweijährigen Marsch, daß sie sich nachträglich fragte, wie sie überhaupt in der Endphase noch hatte durchhalten können. Als die Ämter geschaffen und die Posten verteilt wurden, beschlossen einige Genossen aus der Führung – anscheinend nicht auf Veranlassung des Vorsitzenden –, sie in Anbetracht ihrer beeinträchtigten Gesundheit zu einer »medizinischen Kur« nach Moskau zu schicken. Warum, fragte ich sie, sollte sie Tausende von Kilometern in eine fremde Hauptstadt reisen, wenn sie so schwer krank war? Der jahrelange Krieg habe die meisten chinesischen Krankenhäuser zerstört, entgegnete sie. In den frühen fünfziger Jahren befanden sich die medizinischen Einrichtungen überall in einem verheerenden Zustand. Man fragte bei Stalin an, der sich dem Vorhaben geneigt zeigte. So wurde sie ein paar Tage nach ihrer Ankunft in Peking mit einigen Krankenschwestern und Leibwächtern in einen Zug verfrachtet, der durch Nord-China fuhr und dann das einzige fremde Land durchquerte, das sie kennenlernen sollte, die Sowjetunion. Am Moskauer Bahnhof wurde sie von einer Ambulanz abgeholt. Im Krankenhaus wurde ihr ein Zimmer zugewiesen, für das *die Chinesen bezahlten* (wie sie betonte). Ein Team von russischen Ärzten und Professoren untersuchte sie von Kopf bis Fuß, wobei sich herausstellte, daß mehrere Störungen die Ursache ihrer ständigen Fieberanfälle, ihrer Entkräftung und ihrer Auszehrung waren. Sie sei, erzählte sie, »nur noch Haut und Knochen« gewesen und habe nur noch »ganze zweiundvierzig Kilo« gewogen. Auf dem Krankenbett hörte sie zufällig mit an, wie die (übrigens äußerst standesbewußten) Ärzte und Professoren untereinander beratschlagten – zu jener Zeit konnte sie noch kaum Russisch – welches ihrer Leiden sie zuerst behandeln sollten.

Der Arzt, der sich hauptsächlich um sie kümmerte und mit dem sie in engeren Kontakt kam als mit den übrigen, war ein Professor namens Bolschoi. Als eine der Ursachen für ihr Fieber erwies sich eine Mandelentzündung; die Entzündung hatte an der rechten Mandel begonnen und dann auf die linke übergegriffen. Als ihr die Ärzte ankündigten, sie wollten als erstes eine Mandeloperation vornehmen, stand Tschiang Tsching auf und ging ohne fremde Hilfe in den Operationssaal. Sie habe wie ein »heldenhafter General« ausgesehen, sagten ihr die Krankenschwestern später (offensichtlich machte es ihr Spaß, mir zu berichten, was für ein Renommee sie gehabt hatte). Der Eingriff dauerte nur eine halbe Stunde, war jedoch sehr schwierig. Erst wurde die rechte Mandel entfernt, dann die linke.

Nachdem sie die Operation überstanden hatte, verordneten ihr die Ärzte eine Gewichtszunahme. Sie schickten sie mehr als 1500 Kilometer weit weg in den Süden nach Jalta, das für sein mildes Klima berühmt war. Einen Monat verbrachte sie in diesem luxuriösen Kurort am Schwarzen Meer, in dem sich einst die Zaren zur Sommerfrische aufgehalten hatten und der nun von erholungssuchenden und vergnügungslustigen Sowjetfunktionären besucht wurde. Auf der Rückreise nach Moskau Ende April begleiteten sie in ihrem Abteil zwei sowjetische Leibwächter und einige russische Köchinnen. Während der Reise im Schlafwagen erfuhr sie aus dem Radio, daß die kommunistischen chinesischen Streitkräfte in der Endphase des Befreiungskrieges die

»Amethyst«, ein britisches Kriegsschiff, beschossen hatten. Die Nachricht wühlte sie bis ins Innerste auf. Und als sie dann hörte, daß der Vorsitzende Mao bei dieser Gelegenheit erklärt hatte: »Das chinesische Volk hat sich erhoben!«, brach sie in Tränen aus.* Ihr Gefühlsausbruch rief bei den Leibwächtern und Köchinnen, die sich keinen Reim darauf machen konnten, beträchtliche Aufregung hervor. Die »Amethyst« sei ein britisches Kriegsschiff, und *die Chinesen hätten gewagt, darauf zu schießen!*, machte sie ihnen klar.

Nach Tschiang Tschings Rückkehr von Jalta ließ ihr Stalin eine Einladung zukommen. Ihre erste Begegnung verlief jedoch einigermaßen peinlich. Als sie und ihre Begleitung im Kreml eintrafen, waren Stalins Adjutanten sichtlich verwirrt: Sie hatten offensichtlich erwartet, der Vorsitzende Mao begleite sie und sei zu Verhandlungen bereit. Erst nach ihrer Rückkehr nach Peking im Herbst 1949 unternahm der Vorsitzende seine erste Reise in die Sowjetunion (er kam am 16. Dezember in Moskau an und kehrte am 4. März 1950 nach Peking zurück). In diesem Zusammenhang erwähnte sie, daß sie im Oktober 1949 zum Gründungsmitglied der *Chinesisch-Sowjetischen Freundschaftsgesellschaft* (deren Vorsitzender Liu Schao-tschi war) ernannt worden sei.

Als die Parteiführer im Frühjahr 1949 in Peking eintrafen, war China zur Hälfte befreit, und die Bodenreform hatte begonnen. Dabei ging man zunächst nach der durch Liu Schao-tschi vertretenen »rechten Linie« vor, die empfahl, sich auf die reichen Bauern zu stützen (anstatt sie zusammen mit den Grundherren zu enteignen).[1] Im Herbst dieses Jahres fühlte sich Tschiang Tsching dank ihres Aufenthalts in der Sowjetunion kräftiger als zuvor. Umgeben von einem großen Stab von Dienstboten empfand sie jedoch ihr Leben in der prunkvollen Residenz als beengend. So beschloß sie, zu einer Zeit, da die Bodenreform in vollem Gange war, eine Reise durch das Land zu unternehmen, um an Ort und Stelle die verschiedenen Pachtsysteme zu untersuchen. Als sie dem Vorsitzenden ihren Entschluß mitteilte, war er dagegen. Es folgten lange Debatten, aber sie setzte schließlich ihren Kopf durch.

Als sie im Herbst 1949 ihre Vorbereitungen zur Abreise traf, fühlten sich einige andere Frauen verpflichtet, es ihr gleichzutun und als Mitglieder einer Vorhut aus der Hauptstadt ebenfalls das Land zu bereisen. Das heißt, die *Ehefrauen* einiger anderer Parteiführer (eine der seltenen Gelegenheiten, bei der sich Tschiang Tsching selbst als die Frau eines Parteiführers bezeichnete) *folgten ihr* aufs Land.[2] Für sie stellte dies eine großartige Gelegenheit dar, den Klassenkampf an der Basis zu führen. Sie war allerdings auf diesem Ge-

* Als sich die VBA am 20. und 21. April 1949 über den Yangtse vorankämpfte, feuerte die »Amethyst« mit drei anderen britischen Kriegsschiffen und einigen Schiffen der KMT auf die kommunistischen Streitkräfte, wobei es 252 Tote auf chinesischer Seite gab. Die VBA erwiderte das Feuer und setzte die »Amethyst« außer Gefecht. Mao gab aus diesem Anlaß ein Kommuniqué heraus mit dem Titel »Erklärung des Sprechers des Oberkommandos der chinesischen Volksbefreiungsarmee über die Gewaltakte britischer Kriegsschiffe« (30. April 1949, AW IV, S. 427). Maos oft zitierte Erklärung anläßlich dieses Zwischenfalls – »Das chinesische Volk hat sich erhoben« – taucht in der jetzigen Fassung des Kommuniqués nicht auf.

biet kein Neuling mehr. Bereits während der Nordwest-Offensive (die zu Beginn des Jahres 1948 eingesetzt hatte), hatte sie beim Sturz der Grundherren und der Neuaufteilung des Bodens gemäß dem Agrargesetzentwurf des Vorsitzenden mitgewirkt.

Um sich der Bodenreformbewegung in Ostchina anzuschließen, fuhr sie mit dem Zug nach Schanghai, in die Stadt, die sie so gut kannte, die sie jedoch seit zwölf Jahren nicht mehr besucht hatte. Sie war ungeheuer aufgeregt bei dem Gedanken, Schanghai wiederzusehen. Natürlich war sie sich darüber im klaren, daß sich inzwischen die politische Situation wie auch das kulturelle Leben grundsätzlich verändert hatten. Am Bahnhof in Schanghai wurde sie von Kao Kang und Jao Schu-schih empfangen, den Männern, die das Nordwest-Büro bzw. das Ostchina-Büro und damit das gesamte Ostgebiet beherrschten. Offensichtlich waren sie bereits über Tschiang Tschings Pläne informiert. Von dem Augenblick an, da sie den Fuß auf den Bahnsteig setzte, kontrollierten die beiden jeden ihrer Schritte in dem Gebiet, das sie als »ihr Territorium« betrachteten.

Ein paar Jahre später entdeckte man, was sie, Mao und andere, die auf ihrer Seite standen, damals noch nicht wußten, nämlich daß sowohl Kao Kang als auch Jao Schu-schih schon zu jener Zeit »Renegaten« waren, die die Kommunistische Partei verraten und sich dem Feind angeschlossen hatten.[3] Sie beschäftigten mehr als dreitausend Geheimagenten, die die Städte und das Land im Osten infiltrierten, ein ausgedehntes Gebiet, das noch in den frühen fünfziger Jahren weitgehend unter ihrem *persönlichen* Einfluß stand. Meistens verhandelte Tschiang Tsching mit Jao Schu-schih. Sofort nach ihrer Ankunft in Schanghai eröffnete sie ihm, sie wolle direkt auf die Dörfer, um an Ort und Stelle mit ihren Untersuchungen über die Bodenreform zu beginnen. Er versuchte sie davon abzubringen mit der Begründung, es trieben sich überall so viele Geheimagenten herum (als ob es nicht vorwiegend seine eigenen gewesen wären!), daß er für ihre persönliche Sicherheit nicht garantieren könne – alles nur ein Vorwand, um seine eigenen Machenschaften zu kaschieren.

Er ließ sie unablässig beobachten. Einmal, als sie im Geschäftsviertel von Schanghai einkaufen wollte, kam ihr Jao Schu-schih zuvor und bestand darauf, sie persönlich in ein Warenhaus zu begleiten, obwohl sie ausdrücklich alleine gehen wollte. Danach wurde sie stets entweder von einem Leiter des Staatssicherheitsdienstes oder vom Sekretär Jao Schu-schih selbst begleitet. Wo immer sie auftauchten, waren sie von bewaffneten Geheimagenten umgeben, was den Eindruck erweckte, daß sie jeden Augenblick Gefahr lief, entführt zu werden. Dieses Gefühl war schon deshalb schrecklich, weil es sie nur allzu sehr an ihre frühere Zeit in Schanghai erinnerte. Jao Schu-schih und das bestimmte Auftreten »seiner Clique« brachten ihr zum Bewußtsein, daß sich die Verhältnisse in Ostchina seit der Befreiung nur oberflächlich geändert hatten.

Jao Schu-schih hatte sie in einem Hotel mit dem Namen »Haus des Sieges« untergebracht. Um sie im Auge zu behalten, quartierte er sich für die Dauer ihres Aufenthalts ebenfalls dort ein. Zuerst gab man ihr ein Zimmer nach Süden mit Zentralheizung. In jenem Winter (1950), sagte Tschiang Tsching, sei ein geheiztes Zimmer unerläßlich für sie gewesen, da sie doch noch recht mager und gesundheitlich labil war. Doch inzwischen hatte Jao Schu-schih wohl gemerkt, daß die Lage ihres Zimmers ihre Kontakte zu einflußreichen Genossen erleichterte, wohingegen er sie doch von allen Leuten fernhalten wollte, die eine Machtstellung innehatten. Außerdem rechnete er wahrscheinlich damit, daß sie abreisen würde, wenn sie sich allzu unbehaglich fühlte. Er habe sich »wie ein Heuchler« benommen, sagte Tschiang Tsching. Er nahm einen Zimmertausch vor, so daß er die besten Räume nach Süden bekam. Sie wurde in ein eiskaltes düsteres Zimmer mit Blick nach Norden und ohne Zentralheizung in einen Seitenflügel umquartiert. Um sich zu wärmen, deckte sie sich mit allen ihren Kleidern zu und wickelte sich in soviel Bettzeug ein, wie sie nur auftreiben konnte. »Gehen Sie zum Arzt!« riet ihr Jao, als sie sich schließlich über ihre Schmerzen und ihr Fieber beklagte. Das war nicht die von ihr beabsichtigte Lösung, also hielt sie weiter durch und trank literweise Wasser, um das Fieber zu senken. Am Ende kapitulierte er und gab ihr ein geheiztes Zimmer.

Da ihr das Ostchina-Büro nicht half, wandte sie sich an Tschen I, den Oberbürgermeister von Schanghai (er hatte sowohl Schanghai als auch ihre Heimatprovinz Schantung befreit) und erzählte ihm von ihren Enttäuschungen. Er riet ihr, die Taktik zu ändern und sich mit Leuten aus dem Kulturbereich zu treffen, mit denen sie ja ohnehin private und berufliche Gemeinsamkeiten verbanden. Da Tschen I selbst ihr aus Zeitmangel nicht Gesellschaft leisten konnte, gab er ihr den Stellvertretenden Bürgermeister Pan Han-nien als Begleiter in Theater, Kinos und zu anderen kulturellen Veranstaltungen mit, an denen es in jenen Tagen nicht mangelte. Es stellte sich heraus, daß Pan Han-nien ein recht fragwürdiger Umgang war. Über ihn kursierte das Gerücht, er sei in den dreißiger Jahren ein Anhänger Wang Mings gewesen, und außerdem entpuppte er sich später, ebenso wie Jao Schuh-schih, als ein »Renegat«, berichtete Tschiang Tsching gereizt. (Er wurde 1955 aus der Partei ausgeschlossen und eingesperrt.)

Als Beauftragter für die Region Ostchina mußte sich Jao Schu-schih um Tschiang Tsching kümmern, allerdings bereitete es ihm einiges Kopfzerbrechen, wie er sie mit harmlosen Beschäftigungen ablenken konnte. Einmal lud er sie zu einer erweiterten Sitzung des von ihm geleiteten Parteikomitees von Ostchina ein und kündigte ihr vorher an, seine Frau werde auch dabei sein. Es wurde nie geklärt, ob er das erwähnt hatte, damit sich Tschiang Tsching in dieser Situation wohler fühlte (dieser äußerst wichtige Ausschuß bestand damals nur aus Männern), oder weil er sie herabsetzen wollte.[4] Er richtete es so ein, daß er während der Sitzung direkt gegenüber von Tschiang Tsching saß, und bezeichnete sie bei der Vorstellung spöttisch als »allerhöchst Bevollmächtigte«. Dies empörte sie zwar, aber sie konnte sich nicht dagegen wehren.* Sein Ziel und das seiner Kumpane war, so argwöhnte sie, sie dermaßen zu demütigen, daß sie sich aus dem Staub machte.

* In Mao Tse-tungs Terminologie war ein »allerhöchst Bevollmächtigter« jemand, der

Bald darauf verließ sie Schanghai und fuhr ungefähr hundert Kilometer westlich nach Wuhsi, einer größeren Industriestadt am Großen Kanal in der Provinz Kiangsu. Dort nahm sie an einer Sitzung des Kreiskomitees teil, wo sie erstmals mit einer politischen Strömung in Berührung kam, für die Ostchina damals bekannt war: dem »sich intern bekämpfenden rechten Flügel« (mit dieser Bezeichnung, die ihre äußerste Ablehnung verriet, waren offenbar Machtkämpfe zwischen Rechten gemeint).

In Wuhsi begann sie ihre Arbeit mit einer Untersuchung über den historischen Hintergrund der gesamten Region. Die Regierung der Taiping (deren Aufstand sich zwischen 1850 und 1864 in Süd- und Zentralchina ausgebreitet hatte) hatte ein Gesetz erlassen, wonach die Bauern Land auf Dauer pachten konnten. Jeder erhielt etwas weniger als ein *mou* Boden zugeteilt. Ein so kleines Stück Land mußte sorgfältig gepflügt werden, außerdem mußte es gut gedüngt werden, wozu sowohl Menschen- als auch Hundekot genommen wurden. Da Ackerbau in so kleinem Maßstab nicht zum Leben ausreichte, wichen die Bauern auf verschiedene Nebenerwerbszweige aus. Im Umkreis von Wuhsi hatte man schon früher Tee und Seide erzeugt, weshalb die meisten Bauern auf einem Teil ihres Bodens Teesträucher oder Maulbeerbäume anbauten.

Von Wuhsi aus fuhr Tschiang Tsching aufs Land, um die Tee- und Seidenindustrien zu besichtigen, die unter den Plünderungen der Japaner außerordentlich gelitten hatten. Noch in den fünfziger Jahren waren die Betriebe nicht in Funktion, und die Bauern drohten zu verhungern. Der Nahrungsmangel war so groß, daß ein Bauer fünfzig Kilo Seidenkokons für nicht weniger als zweihundert Kilo Reis verkaufte. Während der Besetzung der Provinz Kiangsu (1937–1945) hatten die Japaner im Verlauf des Aufbaus eines Verkehrssystems zahllose Maulbeerbäume gefällt, die Grundlage der Seidenindustrie. Bis heute, sagte Tschiang Tsching, habe sich die Umgebung von Wuhsi und damit die gesamte Seidenindustrie Chinas noch nicht völlig von den Verwüstungen erholt.

Die Teeindustrie hingegen funktioniere wieder fast einwandfrei. Tschiang Tsching fügte hinzu, daß Maulbeerbäume nach etwa fünf Jahren ihren vollen Ertrag lieferten, während Teebäume erst nach zehn oder sogar zwanzig Jahren und manchmal nach noch längerer Zeit geerntet werden könnten. Deshalb ist ihr Anbau ungemein arbeitsintensiv.

Von Wuhsi kehrte Tschiang Tsching für kurze Zeit nach Schanghai zurück, dann fuhr sie heim nach Peking. Dort wurde ihr deutlich, daß Liu Schaotschi in der Bodenreform die »Linie der Großbauern« vertrat. Der Vorsitzende Mao bekämpfte diese Richtung zwar schon damals, aber es dauerte noch lange, bis sich die Beilegung ihres Streites zugunsten der Linie Maos konkret auf die Bodenreform auswirkte.[6]

Ziemlich verärgert betonte Tschiang Tsching, daß die Rolle, die sie bei der Bodenreform gespielt hatte, der Öffentlichkeit nie in ihrem ganzen Ausmaß

herumreiste und Theorien über Dinge zum besten gab, die er nicht aus eigener Anschauung kannte. Maos Standpunkt war, daß Theorie und Praxis zusammenwirken müßten (AW III, S. 10).

vor Augen geführt worden sei. Jahrelang ersannen ihre Gegner immer wieder neue Tricks, um ihr Bild und das anderer Führer in der Öffentlichkeit zu entstellen. Ihre Mitwirkung an der Bodenreform im Gebiet von Wuhsi erfolgte inkognito. Da heimlich Photos von ihr gemacht worden waren, ahnten einige vielleicht, wer sie war. Sicher war es nicht korrekt gewesen, sie ohne ihre Einwilligung zu photographieren. Aber da diese Photos bei späteren Nachforschungen nun einmal ausgegraben worden waren,* sollten sie wenigstens als Beweis für ihre Mitwirkung an der landwirtschaftlichen Revolution dienen. Aus einem gewöhnlichen braunen Umschlag zog Tschiang Tsching zwei vergilbte und zerknitterte Aufnahmen. Eine zeigte sie beim Dreschen, die andere beim Pflügen. Sie wolle zwar nicht, daß die beiden Photos in China veröffentlicht würden, doch könne ich das zweite Bild im Ausland publizieren, um zu beweisen, daß Frauen tatsächlich einen Pflug führen *können*, wenn auch die Männer dies nicht wahrhaben wollten. Später seien noch andere Photos heimlich und folglich unberechtigterweise von ihr gemacht worden, auch während der Kulturrevolution. Aber die würde sie jetzt noch nicht freigeben.

Tschiang Tsching lehnte sich in ihren Sessel zurück und sprach nun in ihrem offiziellen Tonfall über die veränderte Rolle der Frauen: »Die chinesischen Frauen spielten eine wichtige Rolle bei allen Revolutionskämpfen in China. Nicht nur in der *Bewegung des 4. Mai* (1919) und in der *Bewegung des 9. Dezember* (1935), wie Sie bereits wissen, sondern auch während des ganzen *Widerstandskrieges* gegen die Japaner (1931–1945) und des Befreiungskrieges (1945–1949) kam den Frauen eine ungeheure Bedeutung als Kämpferinnen in der Miliz und bei der Unterstützung der Fronttruppen zu. In manchen Dörfern haben Frauen den größten Teil der Arbeit geleistet.

Es hat sich ein ungeheurer Wandel vollzogen. Als ich 1952 erneut an der Bodenreform mitwirkte und dabei in ein anderes Gebiet kam, drückten sich die Männer faul herum und vergeudeten ihre Zeit in Teehäusern, während die Frauen die ganze Arbeit machten. Wenn eine Frau kam, um ihren Mann nach Hause zu holen, wurde sie beschimpft und geprügelt. Dennoch durften die Frauen nicht pflügen. Deshalb habe ich damals eigenhändig gepflügt. Das Gebiet galt als ein »Musterkreis« der Kuomintang. Jetzt können Frauen pflügen und alle möglichen anderen Arbeiten verrichten.

Sie dürfen jedoch Ihr Augenmerk nicht nur auf die Erfolge richten, die wir erzielt haben. Obwohl Frauen hohe Stellungen in der Industrie, in der Landwirtschaft, im Erziehungswesen und auf anderen Gebieten, sogar in so entscheidenden Bereichen wie in der Verteidigungsindustrie einnehmen, ist manches noch immer rückständig geblieben. Das sollten Sie einmal untersuchen.«

* Möglicherweise hatten ihre Feinde diese Nachforschungen betrieben, um dunkle Punkte ihrer Vergangenheit ausfindig zu machen. Vielleicht hatte aber auch sie selbst Recherchen angestellt, um dahinterzukommen, wer die Photos aufgenommen hatte.

Danach wandte sich Tschiang Tsching der internationalen Politik zu, die in ihren aktiven Interessen nur eine Randstellung einnahm, und ließ ein wahres Trommelfeuer von Anklagen über die erste »ausländische Aggression« gegen ihren neuen Staat los – die amerikanische »Invasion« Koreas. (Kommentare zu ihrer Version der Ereignisse und den von ihr zitierten Statistiken enthalten die Anmerkungen.)

Am 1. Oktober 1950, berichtete sie, überschritten die Truppen der Vereinigten Staaten den 38. Breitengrad, rückten gegen die Flüsse Yalu und Tumen vor, beide innerhalb der Grenzen Chinas gelegen, und starteten von dort aus weitere Angriffe. Um das ganze Land für die Verteidigung zu mobilisieren, prägte der Vorsitzende Mao den Satz »Widersteht der U.S.-Aggression und helft Korea«. Ferner schrieb er »Verteidigt das Land und eure Familien«, einen Aufsatz, dessen Titel ebenfalls zu einem populären Schlagwort wurde. Am 19. Oktober (offiziell am 25.) überschritten die chinesischen Freiwilligen den Fluß Yalu, um auf Seiten der Nordkoreaner zu kämpfen. Bis zum 10. Juni 1951 hatten die Chinesen die »amerikanischen Marionettentruppen« zum 38. Breitengrad zurückgetrieben. Am 27. Juli 1953 mußten die U.S.-Imperialisten schließlich einen Waffenstillstand unterzeichnen.

Der Krieg dauerte drei Jahre und einen Monat. Nach dem Waffenstillstand blieben die chinesischen Freiwilligen, die zwei Jahre und neun Monate gegen die amerikanischen Aggressoren gekämpft hatten, weiterhin in Korea. Tschiang Tschings Zahlen zufolge hatte der Feind 1,1 Millionen Soldaten, von denen 540000 aus den USA kamen, 520000 waren »koreanische Marionetten«, die Rhee unterstützten, und 48000 waren »Marionetten« aus anderen Ländern.[7] Dank der chinesischen Hilfe für Nordkorea wurde der Feind in vier von den fünf großen Kampagnen geschlagen. Im vierten Feldzug hatte Peng Te-huai gegen die Befehle des Vorsitzenden Mao verstoßen.[8]

Nach dem Ende des Krieges und dem Abschluß der Verhandlungen weigerten sich die Vereinigten Staaten, ihre koreanischen Kriegsgefangenen in die Heimat zurückzuschicken und verschifften sie nach Taiwan.[9] Für die Chinesen hingegen war es Ehrensache, die amerikanischen Kriegsgefangenen ihrem Volk zurückzugeben.

Der Status Taiwans war lange Zeit nicht geklärt. Jahre vor Ausbruch des Koreakrieges hatten die Vereinigten Staaten erklärt, Taiwan sei chinesisches Territorium. Und so hatten sie sich an die Regelung gehalten! »Nun ja, wir werden Taiwan so oder so befreien«, sagte Tschiang Tsching bestimmt. Dann las sie einige Zahlen vor, die sie sich notiert hatte. Die chinesische Seite errang im Koreakrieg »glänzende Siege«. Es gab insgesamt 1093800 Verluste, davon 400000 auf amerikanischer Seite und 397000 auf Seiten anderer feindlicher Länder.[10] Die Chinesen erbeuteten 10000 Flugzeuge, 560 Kanonenboote und mehr als 3000 Panzer.[11] Solche Zahlen, sagte Tschiang Tsching, illustrierten den Unterschied zwischen einem gerechten und einem ungerechten Krieg. Die Gerechtigkeit stand auf der Seite der Chinesen und der Nordkoreaner. Den chinesischen Freiwilligen gab der Vorsitzende Mao diese Anweisung mit auf den Weg: »Hegt jeden Berg, jeden Baum und jeden Grashalm in Korea!« Und daran hielten sie sich.

»General Eisenhower war eigentlich eine große Persönlichkeit«, sagte Tschiang Tsching mehrmals bei unserem Gespräch über den Koreakrieg. Bei seiner Bewerbung um die Präsidentschaft habe er versprochen, den Koreakrieg zu beenden, und als Präsident habe er auch danach gehandelt. Man respektierte es, daß er ihrem Territorium (China und seinen Nachbarstaaten) einen Besuch abstattete. Seine Absichten waren aufrichtig, wenn auch nur ein Waffenstillstand erzielt wurde.

Nach dem Krieg überließ China den Koreanern das gesamte Kriegsmaterial, das ins Land geschafft worden war, und schickte zahlreiche Chinesen zum Wiederaufbau nach Korea. Warum China das getan habe? Weil Korea mit China *verbunden* sei; natürlich seien die Chinesen dankbar für die Bereitschaft der Koreaner gewesen, sich zu verteidigen, und aus diesem Grund hätten sie ihnen großzügig geholfen.

Beim chinesischen Volk wurde die drohende Kriegsgefahr durch Presse, Filme und andere darstellende Künste gezielt ins Bewußtsein gerufen. Selbst eine der revolutionären Opern, »Sturm auf das Regiment ›Weißer Tiger‹«, spiele in der Zeit des Koreakriegs, erklärte Tschiang Tsching, doch werde sie jetzt gerade überarbeitet.* Ich solle sie mir ansehen, wenn ich wieder einmal nach China käme.

Um mir einen Einblick in den Koreakrieg aus chinesischer Sicht zu geben, arrangierte sie für mich am nächsten Vormittag eine Vorführung des Dokumentarfilms »Partisanen der Ebene«. Er weise einige Mängel auf, kündigte sie mir an, sei aber nicht langweilig.**

Der Tod von Mao An-ying, dem ältesten Sohn des Vorsitzenden, im November 1950 im Koreakrieg griff tief in ihr und Maos Leben ein. Im Januar des folgenden Jahres zogen sie und der Vorsitzende sich aus Peking zurück und verbrachten einige Zeit in einem milderen Klima, wo sie sich ausruhen, schreiben und Filme sehen konnten. Tschiang Tsching stellte fest, daß einige der Filme zensiert werden mußten – und machte damit ihren ersten Schritt in Richtung auf die Führungsrolle, die sie in der Kulturrevolution spielen sollte.

* Die Überarbeitung sollte den extremen Anti-Amerikanismus des Stückes abschwächen, wurde mir gesagt; dabei bezog man sich auf die einseitige Darstellung der amerikanischen G.I.s als »Schurken«, die Tschiang Tsching in einer Zeit chinesisch-amerikanischer Annäherung offenbar als geschmacklos empfand.

** Der Film handelte jedoch nicht von realen Personen und Ereignissen, sondern erwies sich als eine idealisierte und stilisierte Darstellung des chinesischen Freiwilligenheeres im Einsatz. Typisch für chinesische Dokumentarfilme, erhob er keinen Anspruch auf möglichst originalgetreue Wiedergabe historischer Realitäten. Die chinesischen Freiwilligen waren alle »anständige Burschen«, kostümiert mit Uniformen, die selbst im dicksten – wenn auch unblutigen – Kriegsgetümmel noch wie neu aussahen. Bei der Darstellung der Helden wurde der Stil Sergej Eisensteins kopiert, der zusammen mit anderen russischen Regisseuren seit den dreißiger Jahren der Avantgarde chinesischer Filmemacher als Vorbild diente. Was immer Tschiang Tsching unter den »Mängeln« des Films verstanden haben mag – die hölzerne Darstellung und der politische Selbstzweck machten den Film vom westlichen Standpunkt aus kaum genießbar und wenig glaubwürdig.

In den dreißiger Jahren war Tschiang Tsching der Willkür von Filmproduzenten hilflos ausgeliefert gewesen. Nun kehrte sie bald nach der Befreiung auf die Bühne zurück: diesmal als oberster Zensor der gesamten chinesischen Filmproduktion und ausgestattet mit beispiellosen Machtbefugnissen. In den frühen fünfziger Jahren lag die chinesische Filmindustrie mit ihren Archiven und internationalen Verbindungen noch weitgehend in den Händen unabhängiger Filmgesellschaften. Trotz der staatlichen Etablierung des chinesischen Marxismus und Mao Tse-tungs ausdrücklicher Verpflichtung (anläßlich der *Aussprache in Jenan* von 1942), ausschließlich die proletarische Kunst zu fördern, produzierten chinesische Regisseure noch immer eine Vielzahl von Spielfilmen, die sich im Stil an die Werke aus den zwanziger und dreißiger Jahren anlehnten, einer Zeit, als trotz der Kriegswirren viel Neues auf diesem Gebiet entstanden war. In den Städten war das Kino noch immer eine der beliebtesten Attraktionen, bis sich einige der kommunistischen Führer daran machten, den Film als Propagandamittel zum »Aufbau des Sozialismus« einzusetzen.

Das Gebot, der Film müsse loyal gegenüber der Partei sein, kam im kulturellen Untergrund von Schanghai in den frühen dreißiger Jahren auf. Nach der Zerstörung Schanghais im Sommer 1937 durch die Japaner zogen ein paar unternehmungslustige Filmleute mit primitivster Ausrüstung nach Jenan und drehten dort Dokumentarfilme im kommunistischen Stil über die Agrarreform. Bislang war nur wenig Anschauungsmaterial über dieses Experiment an die Außenwelt gedrungen. Andere filmische Talente aus Schanghai flohen nach Hongkong und produzierten Dokumentarstreifen und patriotische Spielfilme. Gleichzeitig betrieb die Kuomintang Studios in Peking, Tschungking und Schanghai, solange diese Städte unter ihrem Einfluß standen.[12] Nach Japans Niederlage im Jahr 1945 übernahmen kommunistische Filmschaffende die hochentwickelten japanischen Filmstudios im mandschurischen Tschangtschun. Dort hatten japanische Profis und ihre chinesischen Mitarbeiter mehr als ein Jahrzehnt lang Unterhaltungsfilme produziert. Die technischen Anlagen der Japaner fielen zusammen mit den einst von der KMT kontrollierten privaten Studios dem kommunistischen Regime als Erbe zu.

Bald nach der Befreiung richtete das Zentralkomitee innerhalb der Propagandaabteilung ein Film-Büro ein, wo ehrgeizige Pläne für die Filmproduktion entwickelt wurden.[13] Um den Stil des von Moskau propagierten sozialistischen Realismus* erfolgreich durchzusetzen – damals bestand noch ein gutes Einvernehmen zwischen China und der Sowjetunion –, mußte in den neuen Produktionen der individuelle, innerhalb vieler Jahre entwickelte Stil chinesischer Filmregisseure ausgemerzt werden. Außerdem galt es, die ausländischen, vorwiegend amerikanischen Filme zu verbannen, die nach wie

* Ein Ausdruck sowjetischen Ursprungs, den A. Zhdanov, Stalins Beauftragter für Literatur, 1934 folgendermaßen definierte: ». . . vor allem muß man das Leben kennen, um es wahrheitsgetreu in Kunstwerken wiederzugeben. Es darf nicht akademisch, leblos, nur als ›objektive Realität‹ geschildert werden, sondern es gilt, das wirkliche Leben in seiner revolutionären Entwicklung darzustellen« (Gleb Struve, *»Soviet Russian Literature, 1917–50«*, Norman, Okla. 1951, S. 245).

vor den chinesischen Markt überschwemmten und »ausländischen Kapitalismus und Imperialismus« verkauften, wie Tschiang Tsching es ausdrückte. Was die puristischen Führer des Proletariats am meisten störte, war die ungeheure Beliebtheit dieser »verruchten« ausländischen Filme (die allerdings die puristische Proletarierin Tschiang Tsching auch weiterhin fesselten).[14]

Sie mußte sich, ohne dabei auf wirklich tatkräftige Unterstützung von seiten ihrer Genossen rechnen zu können, mit dem Problem auseinandersetzen, wie man Filme für ein vorwiegend ländliches Publikum machen sollte, das sich mitten im Aufbau des Sozialismus befand. Es stand für sie fest, daß die Filme, an denen Großstädter in den dreißiger Jahren Gefallen gefunden und die zu ihrer kulturellen Bildung beigetragen hatten, einen ideologischen Aufruhr bei den jetzigen Konsumenten hervorrufen würden. Und dieses jetzige Publikum bestand praktisch aus der gesamten Bevölkerung Chinas, deren überwältigende Mehrheit Bauern waren. Der schmerzhafte Prozeß der Umerziehung, die auch das Verbot der Ahnenverehrung, regionaler Kulte und volkstümlicher Theaterstücke einschloß und die religiösen Impulse in politische Bahnen lenkte, machte die Landbevölkerung ungemein anfällig für einen Rückfall. Solange bürgerliche chinesische und ausländische Filme überall zur Verfügung standen, würde der jeder kapitalistischen Gesellschaft innewohnende Individualismus, ihre Sentimentalität und ihr Materialismus mit dem Streben der Partei nach Umgestaltung der Arbeitsverhältnisse konkurrieren, die für den Aufbau des Sozialismus absolut notwendig war.

Tschiang Tschings Ernennung zur Leiterin des Film-Büros beschleunigte ihren Entschluß, sich des Films und der übrigen Künste zu bedienen, um an einem historischen Wendepunkt die Einstellung der Menschen zur Vergangenheit umzuformen und neue Maßstäbe für die Gegenwart zu setzen. Das Ende der Mandschu-Dynastie lag weniger als ein halbes Jahrhundert zurück und bot noch immer eine Menge historischer Stoffe. Darüberhinaus dienten Beurteilungen über den Niedergang und Sturz dieser Dynastie noch immer als Test für die gegenwärtige politische Ausrichtung. In der Zeit des Mandschu-Niedergangs angesiedelte Stoffe schlossen eine Fülle von Themen mit ein: den blutigen Boxeraufstand; die launische Kaiserin-Witwe Tze Hsi, allgemein in Erinnerung als Chinas jüngstes Beispiel einer »schlechten Herrscherin«; speichelleckende Eunuchen und widerspenstige Prinzen; ausländische Imperialisten, die durch die Acht-Mächte-Invasion der Verbotenen Stadt beinahe die Dynastie zu Fall gebracht hätten; die schamlose Kurtisane Sai Tschin-hua, von der manche glaubten, sie habe sich für das Vaterland prostituiert. Nach Tschiang Tschings Meinung gehörte zu den umstrittensten Filmen über jene Zeit »Die geheime Hofgeschichte der Tsching-Dynastie«, die auf dem populären Schauspiel »Arglist des Kaisertums« von Yao Hsinnung beruhte. In der Diskussion, die durch diesen in Hongkong gedrehten Film ausgelöst wurde, ging es darum, ob die Niederschlagung des Boxeraufstandes durch die Kaiserin-Witwe als »patriotisch« zu werten sei, weil dadurch das Land vor den ausländischen Mächten gerettet worden war, oder als konterrevolutionär, weil sie den »proletarischen« Klassenkampf der Boxer gegen die herrschende Feudalklasse im Keim erstickte.

»Die geheime Hofgeschichte der Tsching-Dynastie« irritierte Tschiang Tsching von Anfang an. Liu Schao-tschi hingegen lobte den Film als »patriotisch«. Der Vorsitzende Mao widersprach ihm jedoch; für ihn war der Film »verräterisch«. Es war *richtig*, daß die Acht Mächte in jener Spätzeit der Geschichte der Mandschu-Dynastie in China eingefallen waren, argumentierten Liu und seine Anhänger. Der Vorsitzende wich jedoch nicht von seiner Meinung ab.* Die Verfasser des Drehbuchs, berichtete Tschiang Tsching, hätten ihre Kritik ungemein geschickt zwischen den Zeilen versteckt; sie spezifizierte jedoch nicht, welche Kritik sie damit meinte.

Tschiang Tsching ging weder auf den Hintergrund des Films noch auf die Handlung ein (vielleicht weil sie annahm, daß ich und jeder andere sie kenne). Es lohnt sich jedoch, sie kurz zu umreißen, schon deshalb, weil bekannt ist, daß solche literarischen Rekonstruktionen der Vergangenheit von Chinas Herrschern als Schlüsselromane gelesen wurden. Was den Regierenden schmeichelte, wurde gepriesen; was sie beleidigte, wurde verdammt, und die Verfasser bezahlten ihre Unverblümtheit manchmal mit dem Leben. Die Hauptperson dieses ungewöhnlichen, glänzend gemachten Films ist die Kaiserin-Witwe Tze Hsi, die weder vom Volk geliebt noch von späteren Historikern gerühmt wurde. Sie und ihr prächtiger Hofstaat versuchen, trotz des wachsenden inneren Widerstands, trotz fremder Invasion und des aufkommenden chinesischen Nationalismus weiterhin im alten kaiserlichen Glanz zu leben. Yao Hsin-nungs faszinierendes modernes Porträt zeigt Tze-Hsi als Liebhaberin exotischer Blumen, des Theaters (ihre extravagante Freilichtbühne steht noch heute im Bezirk des Kaiserpalastes) und der Photographie, einer damals neuen technischen Errungenschaft. Doch in ihren menschlichen Beziehungen ist sie ein wahrer Drache. Der junge Kaiser meint es zwar ehrlich, aber er wird durch die Witwe eingeschüchtert, und der Obereunuch, Li Lien-ying, ist ein lasterhafter Speichellecker. Schließlich zerfällt die Einheit innerhalb der kaiserlichen Familie dadurch, daß die Mandschu-Prinzen gemeinsame Sache mit den fremdenfeindlichen Boxern machen. Auf dem Höhepunkt der Krise rettet sich die Witwe, indem sie sich auf die Seite der Rebellen schlägt, jedoch am Ende ergreift sie erneut Partei für die Unterdrücker.

Eine dramatische Handlung entwickelt sich aus den Spannungen zwischen den Frauen an der Spitze: der Kaiserin-Witwe und der Frau des Kaisers, Dame Tschen. Die Witwe erkennt, daß die wahre Bedrohung ihrer Macht von Tschen ausgeht, nicht vom Kaiser (den sie leicht lenken kann). Deshalb muß sie verhindern, daß Tschen Einfluß auf den Kaiser gewinnt. Das Stück demonstriert eine historische Tatsache, die revolutionäre Führer ihrem Volk

* In einem größeren ideologischen Zusammenhang gesehen ist diese Diskussion nur ein anschauliches Beispiel für den *Kampf zweier Linien*, der hier zwischen Mao und Liu unter Bezugnahme auf ein Ereignis aus vorkommunistischer Zeit ausgetragen wurde. Bei der grundsätzlichen Auseinandersetzung ging es um die Frage, ob jede geschichtliche Erfahrung und damit die Kunst, die diese Erfahrung darstellt, nach Gesichtspunkten des Klassenkampfes (Maos These) oder nach Gesichtspunkten patriotischer Landesverteidigung (die These der Opposition) zu werten sei.

vielleicht lieber *nicht* zeigen wollten: daß die Macht über die Thronfolge in den Händen von Frauen liegt.

1949 bezeichnete die chinesische Pressegesellschaft in Hongkong, deren Mitglieder schon immer eine Vorliebe für extravagante Geschichten und spöttische Kritik an der kaiserlichen Vergangenheit gehabt hatten, »Die geheime Hofgeschichte der Tsching-Dynastie« als den besten Film des Jahres. Obwohl die kommunistische Regierung die Aufführung des Bühnenstücks (das die Vorlage zum Film gewesen war) in der Frühzeit der Volksrepublik verboten hatte, wurde die Filmversion einem begeisterten Publikum gezeigt – bis Tschiang Tsching den Film schnitt.

Doch die Filmzensur allein vermochte weder der Geschichte ihre Faszination zu nehmen noch die Kontroverse zwischen den Führern zu beenden. 1954 wurde eine Opernversion mit dem Titel »Kaiser Kuang-hsü und die Perlenkonkubine« im Schaohsing-Stil produziert (der erfordert, daß alle Rollen mit Frauen besetzt werden). In den nächsten drei Jahren wurde die Oper in Schanghai, Nanking und Hangtschou in einer dem jeweiligen regionalen Stil angepaßten Bearbeitung aufgeführt. 1957, als Liu Schao-tschi auf dem Gipfel seiner Macht war, wurde das ursprüngliche Bühnenstück wieder in Peking gezeigt und auf eine offizielle Liste vorbildlicher Stücke gesetzt, was bedeutete, daß das Stück nicht nur für gut befunden wurde, sondern auch als nachahmenswertes Vorbild galt.

Während Maos *Bewegung gegen die Rechten* in den Jahren 1957 und 1958 wurden alle Fassungen von Yaos berühmt-berüchtigtem Meisterwerk wieder verboten. 1962 erlebte eine Opernversion ein kurzes Comeback, aber schon im nächsten Jahr verschwand sie wieder von den Bühnen. Im Jahr 1967, auf dem Höhepunkt der Kulturrevolution, wetterte Yao Wen-yüan heftig gegen den Film und beschimpfte Tschou Yang und andere Verantwortliche in aller Öffentlichkeit, weil sie für ihn eingetreten waren. Tschi Pen-yü[15], ein Mitglied der von Tschiang Tsching geleiteten *Gruppe für die Kulturrevolution,* brandmarkte sowohl den Film als auch Liu Schao-tschi, der ihn befürwortet hatte. Im Mai 1967 machte Mao Tse-tung den Film unschädlich (oder versuchte es zumindest), indem er anordnete, diesen unverwüstlichen Streifen wieder im ganzen Land zu zeigen, diesmal als »negatives Beispiel«. Danach war jede Aufführung von einer heftigen Propagandakampagne begleitet, in der auf alle schädlichen politischen Merkmale des Film hingewiesen wurde.

Der lange Disput über die »Geheime Hofgeschichte« war nicht an sich bedeutsam, fuhr Tschiang Tsching fort, sondern deshalb, weil ein Zusammenhang mit weiterreichenden Problemen der Kulturpolitik bestand. Gleich nach der Befreiung war der Import von Hongkongfilmen verboten worden. Nach nicht allzu langer Zeit ignorierte das Kultusministerium diese Vorschrift, mit dem Erfolg, daß Hongkonger Filmgesellschaften den chinesischen Markt wieder mit »äußerst korrupten Filmen, die Cowboys in Jeans und dergleichen zeigten«, überschwemmten. Der wesentliche Fehler an der »Geheimen Hofgeschichte«, argumentierte Tschiang Tsching in bewährter marxistischer Manier, sei die Tatsache gewesen, daß eine *kapitalistische* Gesellschaft (die *Kun-lun* in Hongkong) den Film produziert habe. Diejenigen, die die

Filmrechte für die Volksrepublik erwarben, waren »naiv«, wenn sie glaubten, der Film sei in Ordnung, solange sein Inhalt nicht plump reaktionär war.

Sofort nachdem Tschiang Tsching den Film gesehen hatte, berief sie bei sich zu Hause eine Sitzung ein, an der Kulturfunktionäre, Schriftsteller und Historiker teilnahmen. Gemeinsam beratschlagten sie, ob der Film dem Volk gezeigt werden dürfe – mit welchen Gefahren das verbunden war, schien (auf der Sitzung) keiner zu erkennen –, oder ob er sofort verboten werden solle. Den Vorsitz führte Lu Ting-i, in seiner Eigenschaft als Leiter der Propagandaabteilung der Partei Tschiang Tschings Vorgesetzter. Unter den Gästen befanden sich zwei Historiker, die sie kaum kannte. Nach deren Meinung sollte dieser Film trotz seiner Mängel in China gezeigt werden, aus dem einfachen Grund, weil er »patriotisch« war: Er behandle das Thema der Nationalen Verteidigung positiv. Tschiang Tsching reagierte auf die weit hergeholte Begründung mit eisigem Schweigen. Die Weigerung der beiden, die enormen Auswirkungen des Films auf den Klassenkampf in Betracht zu ziehen, machte sie wütend. Aber damals empfand sie ihre Position noch nicht als stark genug, um ihnen offen entgegenzutreten. Lu Ting-i murmelte ein paar grobe Worte vor sich hin, dann verkündete er, der Film sei in der Tat »patriotisch«. Tschiang Tsching protestierte heftig und sagte, er sei »verräterisch«. Ein anderer Teilnehmer forderte sie auf, sich zu erheben und ihre Kritik an Lu, Liu und allen Verteidigern des Films öffentlich vorzubringen. Das tat sie denn auch, indem sie mit lauter Stimme wiederholte: »Er ist verräterisch!«

Noch vor dem Ende der Sitzung wies sie die beiden Historiker an, eine Kritik über den Film zu schreiben. Später setzte sie sich mit ihnen in Verbindung, um zu erfahren, was sie geschrieben hatten. Sie antworteten ihr ausweichend und erklärten, sie solle das Schriftstück im Hause des Parteihistorikers Hu Tschiao-mu, eines Mannes, dem der Vorsitzende und sie selbst Vertrauen schenkten, holen lassen. Wie sich herausstellte, war ihre Kritik, die nicht viel taugte, im Haus eines Feindes von Hu Tschiao-mu versteckt worden. Da es Tschiang Tsching nicht gelungen war, professionelle Historiker für ihren Standpunkt zu gewinnen, nahm sie die Angelegenheit selbst in die Hand und verbot den Film kurzerhand.

In den Jahren 1950 und 1951, in denen viele Filme produziert wurden und zahlreiche Filmfestivals stattfanden[16], begutachtete sie weiterhin Filme und befand viele für ungeeignet. Einer der ärgerlichsten war »Söhne und Töchter von China und Korea«, der während des Koreakriegs gedreht worden war. Nachdem sie im Namen des Film-Büros seine Mängel dargelegt hatte, wären die für die Produktion des Films Verantwortlichen »beinahe entkommen«. Einer der Filmleute erwies sich als »Konterrevolutionär«, ein anderer als »Parteirenegat«, und die Filmgesellschaft hatte früher »Verrätern« gehört. Tschiang Tsching ließ den Stellvertretenden Kultusminister, Tschou Yang, suchen und fand ihn in dem bereits erwähnten Schanghaier Filmstudio. Tschiang Tsching machte ihn darauf aufmerksam, daß ein Film über ein so aktuelles Thema wie den Koreakrieg zwangsläufig politische Auswirkungen auf die Beziehungen mit dem »Bruderland« Korea haben mußte, dessen Sache China unterstützte. Diese Auswirkungen durften nicht negativ sein. Sie forderte Tschou Yang daher auf, den Film entweder entsprechend den Prinzipien der Revolution zu verändern oder ihn zu verbieten.

»Scheinheilig stimmte er mir zu«, erzählte sie, »und widmete sich dann wieder seiner Arbeit.« Tschiang Tsching fuhr zurück nach Peking, ohne genau zu wissen, wie er sich nun verhalten würde. Kurz darauf rief sie ihn im Studio an und bat ihn noch einmal, den Film zu überarbeiten. Er gab noch rechtzeitig nach und ließ ein paar Änderungen machen, die riesige Summen verschlangen. Tschen Po-ta und Hu Tschiao-mu, die mit Tschou in Verbindung standen, teilten ihr in einem Ferngespräch mit, daß der Film »Söhne und Töchter von China und Korea« tatsächlich geändert worden sei und sie ihn sich anschauen solle. Inzwischen war sie des mühsamen Tauziehens um Änderungen überdrüssig und hatte keine Lust mehr, sich das Resultat anzusehen.

In ihrem Gespräch über die Filmzensur der frühen fünfziger Jahre tauchte erneut der Name Ting Ling auf. Damals stand Ting Ling, die 1952 den Stalin-Preis für ihren Roman über die Bodenreform »Die Sonne scheint über dem Sangkan-Fluß« gewonnen hatte, im Blickpunkt der Öffentlichkeit. Sie war in verschiedenen Ausschüssen der Kulturverwaltung tätig und Herausgeberin der »Literaturzeitung«, Chinas angesehenster Literaturzeitschrift, die damals eine beachtliche politische Unabhängigkeit genoß – im Vergleich zu dem, was kommen sollte. Tschiang Tschings Bemerkungen über Ting betrafen nicht deren Kunst oder Führungsrolle innerhalb des literarischen Bereichs, sondern qualifizierten sie schlicht als politische Abtrünnige ab. (Angesichts dieser stereotypen Verurteilung fragt man sich, ob Ting Ling und andere, die von den Machthabern ähnlich geschmäht wurden, je wieder auf der politischen Bühne erscheinen werden, um ihren Fall vor dem Volk und dem Staat darzulegen.)

Jahre zuvor, sagte Tschiang Tsching, hätten der Vorsitzende und seine Anhänger angenommen, daß Tschou Yang und Ting Ling zwei verschiedenen Fraktionen angehörten. Als Ting Ling in den späten fünfziger Jahren »vom rechten Weg abkam, ging sie über zum Feind« (vermutlich zur KMT und ihren literarischen Vertretern). Manche vermuteten sogar, sie sei eine »Geheimagentin« (der KMT), doch hatten sie keine Beweise. Als Lu Hsün sie in den dreißiger Jahren protegierte, hatte er offensichtlich keine Ahnung, daß sie eine Renegatin war. Hu Feng, Hsiao Tschün und andere Schriftsteller, mit denen Ting Ling sich verbündete, hatten sich wenigstens die Mühe gemacht, eine »revolutionäre Verkleidung« anzulegen. Ihre Klüngelei ging zurück auf die Zeit der *Aussprache in Jenan* (1942), als Ting Ling, Hu Feng, Hsiao Tschün und ihre Anhänger »sich von den Massen entfernten«. Den Parteiführern war schon damals klar, daß diese Schriftsteller dem »Sektierertum« frönten. Ein Jahrzehnt später hatte sich nichts daran geändert, und schließlich verfielen sie vollends dem Sektierertum.

In den frühen fünfziger Jahren war Ting Ling dazu übergegangen, »auf Bestellung« zu schreiben.* Als Ting Ling merkte, daß Tschiang Tsching nicht

* Gegen Bezahlung, vielleicht auch als Ghostwriterin. Seit den vierziger Jahren enga-

gut auf Tschou Yang zu sprechen war – vielleicht wollte sie sich auch bei der Frau des Vorsitzenden einschmeicheln, vermerkte Tschiang Tsching –, erbot sie sich, ein paar kritische Artikel über Tschou Yang und seine irrigen Ansichten über die Filmzensur zu schreiben. So tiefgreifende Meinungsverschiedenheiten könnten nicht allein durch Ting Lings Feder beigelegt werden, erwiderte ihr Tschiang Tsching damals. In unserem Interview fügte sie hinzu, »ihr und anderen ihresgleichen einfach eins über den Kopf zu geben« (das heißt, sie direkt anzugreifen), hätte auch nichts genützt!

1951 und 1952 sei der Vorsitzende zu sehr mit anderen Dingen beschäftigt gewesen, um sich viele Filme anzusehen und sie zu beurteilen, sagte Tschiang Tsching, und sie selbst sei zu sehr in ihre eigene Arbeit vertieft gewesen, um intensiv zu verfolgen, was er tat, und zusammen mit ihm in der Öffentlichkeit zu erscheinen. Filmkritik war nur ein Randgebiet ihrer »eigentlichen Arbeit«, die sie so charakterisierte: alle »Überzeugungskraft« einzusetzen, um den Grundherren und der Bourgeoisie die Ziele der Bodenreform klar zu machen. Doch wie eindringlich sie auch ihre Empfehlungen vortrug, »keiner hörte« ihr damals zu, bemerkte sie sarkastisch.

Dennoch machte sie in jenen Jahren zwei Reisen in ländliche Gebiete, beide Male inkognito.[17] Obgleich einige führende Genossen sie als Tschiang Tsching erkannten, war sie für die dortige Bevölkerung doch Li Tschin – wie sie ursprünglich hieß. Beide Reisen hingen mit Problemen der Bodenreform zusammen. Während ihres ersten Aufenthalts auf dem Land, der acht Monate dauerte, widmete sie sich einer Untersuchung über den geschichtlichen Hintergrund des Lebens Wu Hsüns, einer bekannten Figur des 19. Jahrhunderts, die es vom Bettler zum Erzieher gebracht hatte; die zweite Reise betraf ebenfalls die Bodenreform und dauerte drei Monate.

Der Film »Das Leben Wu Hsüns« wurde ab Dezember 1950 im ganzen Land gezeigt.[18] Besorgt über seine möglichen Auswirkungen schrieb Tschiang Tsching einen einführenden Bericht über die Hintergründe sowie einen Artikel, in dem sie ihre Forschungsergebnisse zusammenfaßte. Gleich nach der Veröffentlichung »war der Feind entwaffnet«, sagte sie unheilverkündend, und der Film wurde sofort aus dem Verkehr gezogen. Danach wurde er nur noch ausgewählten Gruppen gezeigt, niemals mehr den Massen. Dieser Artikel stellte jedoch nur den Beginn mühevoller Ermittlungen dar.

Oberflächlich gesehen scheint die Wu-Hsün-Legende, die Tschiang Tsching nicht im Detail erzählte, eine simple Erfolgsgeschichte nach konfuzianischem Muster zu sein. Wu Hsün gelang der überraschende, dennoch nicht unmögliche soziale Sprung: von der verarmten Masse in die herrschen-

gierten die chinesischen Führer fähige Schriftsteller, die in einprägsamer ideologischer Rhetorik die Ansichten der Führung darlegten. Jahrelang schrieben Tschen Po-ta und Yao Wen-yüan (unter anderen) nicht nur unter ihrem eigenen Namen und unter Pseudonym, sondern verfaßten auch Artikel für Mao und Tschiang Tsching.

de Klasse. Mit dem Wunder dieses Aufstiegs beschäftigten sich mehr als ein Jahrhundert lang die geschichtlichen Analysen führender Denker.[19] Tschiang Tsching war die erste, die eine marxistische Kritik sanktionierte.

Von Tschiang Tschings Beteiligung an der Wu-Hsün-Affäre wußte zwar die Öffentlichkeit bis zu dem jetzigen Interview nichts, doch war die Wu Hsün-Legende in ganz China bekannt. Der 1838 geborene Wu Hsün war das jüngste von sieben Kindern einer armen Familie aus dem Dorf Wutschang in der Provinz Schantung. Seine Eltern starben früh, so daß er sich mit Betteln durchs Leben schlagen mußte. Statt die milden Gaben aufzubrauchen, sparte er so viel wie möglich. Was er an Bargeld bekam, betrachtete er als Kapital, das er gegen Zinsen an Grundherren und Wucherer auslieh. Schließlich betrieb er sogar Bodenspekulation. In seinem fünfzigsten Lebensjahr verwirklichte er sein lebenslang gehegtes Ziel: In Nachahmung der sozial Höhergestellten aus der Mandschu-Dynastie gründete er unter seinem Namen eine Schule, die den Söhnen der Armen eine kostenlose Ausbildung gewährte. Die erste Schule wurde in der Stadt Liu-lin, nahe seinem Heimatdorf errichtet, die zweite 1889 im Kreis Kuan-tao und die dritte im Jahr seines Todes in der Stadt Lin-tsching – alle drei in der Provinz Schantung.[20]

Die Reaktionen auf den ungewöhnlichen Fall Wu Hsün waren verschiedenartig. Für die Angehörigen der alten herrschenden Klasse – Grundherren und *gentry* – war es schmeichelhaft, daß ein Mann aus dem Volk bestrebt war, ihrem Vorbild nachzueifern. Die Reformisten priesen sein Werk, weil es den Armen Bildung ermöglichte, ganz im Sinne von Konfuzius und der Demokratie. Die Kommunisten reagierten langsam, bis Tschiang Tsching dazu Stellung bezog. Wu Hsün weiterhin als Vorbild zu verehren, so argumentierte sie, sei gefährlich, weil er die jetzigen nationalen Ziele in Mißkredit brachte: die grundbesitzende Klasse zu stürzen, die konfuzianischen Gelehrten zu begraben und die These der Reformisten (aus der Sicht der Kommunisten gleichbedeutend mit Revisionisten; siehe Liu Schao-tschi) zu widerlegen, daß Bildung die Klassenunterschiede aufhebe und zu gesellschaftlichem und politischem Erfolg führe. Nach Tschiang Tschings Auffassung hatte Wu Hsün das Proletariat verraten, gemeinsame Sache mit den Konfuzianern gemacht und auch kapitalistische Praktiken nicht abgelehnt.

Tschiang Tschings Interesse an Wu Hsün wurde durch den Film geweckt, die neueste Aufbereitung seiner Legende. Während Tschou Yang und Hsia Yen die Fertigstellung des Films überwachten (er war schon vor der Befreiung von der *China Motion Picture Company* unter der Regie des in Amerika ausgebildeten Sun Yü begonnen worden), brachte sie Einwände gegen deren Konzept vor. Zu jener Zeit nahm niemand ernst, was sie sagte. Es stand zwar nicht in ihrer Macht zu verhindern, daß die Produzenten den Film nach eigenem Gutdünken drehten, aber sie konnte zumindest jemanden beauftragen lassen, einen kritischen Artikel darüber zu schreiben, der seine reformistische Tendenz hervorhob. Sie sprach also bei dem Stellvertretenden Kultusminister, Tschou Yang, vor und machte ihm diesen Vorschlag. Doch der spottete nur über ihre Idee und erklärte: »Ich kann mit ein bißchen Reformismus schon fertig werden!«

»Dann machen Sie nur so weiter mit Ihrem Reformismus!« schrie sie ihn an und warf die Tür hinter sich zu.

Nun mußte sie alleine handeln. Zuerst sammelte sie alles Material, das sie über die Hintergründe des Wu-Hsün-Falles auftreiben konnte; dann verfaßte sie eine Stellungnahme. In jenen Tagen waren manche »führende ältere Genossen« (sie nannte keine Namen) noch voll des Lobes über Wu Hsün.[21] Sie war die einzige, die Briefe und Artikel ausfindig machte, in denen verschiedene Ansichten zu diesem Thema zu Wort kamen, während sie ihre eigenen Thesen formulierte. Als sie alles Material beisammen hatte, präsentierte sie es dem Vorsitzenden. Er mißbilligte ihr Vorgehen, es kam zu einem Streit, und schließlich ließ sie ihn stehen. Die nächsten Tage blieb sie in ihren eigenen Räumen. Er mußte sich offenbar über ihre Abwesenheit gewundert haben, denn schließlich erschien er in ihrem Arbeitszimmer, wo sie hinter Stapeln von Büchern und Papieren kaum noch zu sehen war. »Du sitzt also immer noch über dieser Sache«, bemerkte er trocken.

Was er auch dagegen einwandte, er konnte sie nicht von ihrem Vorhaben abbringen. Kurz darauf lud sie Tschen Po-ta und Hu Tschiao-mu, beide vertrauenswürdige Ideologen, zu sich ein, um über den Fall Wu Hsün zu sprechen. Sie wies sie auf die ideologischen Gefahren des Films hin. Vor allem die verharmlosende Darstellung der grundbesitzenden Klasse und das übermäßige Lob der Bildung als Leiter zum sozialen Aufstieg waren Aspekte, die zwangsläufig Eindruck auf zahllose Zuschauer machen mußten.

Tschou Yang bekam bald Wind von ihrem Vorhaben; er erfuhr, welche Leute sie traf und welche Schriften sie in Auftrag gegeben hatte. Er begann ihr solche Schwierigkeiten zu bereiten, daß sie sich vor die Entscheidung gestellt sah, ob sie die Sache in Peking weiterverfolgen oder die Stadt verlassen und woanders arbeiten wollte.

So traf sie im späten Frühjahr 1951 Vorbereitungen, um der Wu-Hsün-Legende auf den Grund zu gehen. Dazu mußte sie ins westliche Schantung fahren, in die Gegend, in der er berühmt geworden war. Da sie und er im gleichen Teil der Provinz geboren waren, würde sie keine Schwierigkeiten mit dem Dialekt haben – ein Pluspunkt für das Unternehmen. Da Mao ihre Reise nicht billigte, trat sie als Genossin Li Tschin auf. Nach all den Jahren erinnerte sich bestimmt niemand mehr an ihren Mädchennamen, und sie genoß dadurch mehr Bewegungsfreiheit. Sie sei die erste führende Genossin gewesen, die dort echte Forschungsarbeit geleistet habe, sagte sie stolz.

Als Tschou Yang von ihrem Plan erfuhr, den er, wie sie wußte, ablehnte, gab er ihr seinen Sekretär (und Verfasser von kulturpolitischen Schriften) Tschung Tien-fei unter dem Vorwand mit, er würde ihr bei dem Unternehmen assistieren. Ferner wurde die »Volkszeitung« beauftragt, den Journalisten Yüan Schui-po mitzuschicken, der für das Pekinger Büro Berichte über ihre Nachforschungen liefern sollte. Anfangs hatte sie Vertrauen zu Tschung und Yüan, aber bald merkte sie, daß Tschung ein »Rechter« war, den man mitgeschickt hatte, um ihr Projekt zu unterwandern.

Zusammen mit ihren Helfern bestiegen die drei den Zug nach West-Schantung. Im Kreis Tang-i stiegen sie in einen Jeep um. Durch den plötzlichen Klimawechsel holten sie sich alle eine Erkältung, und ständig tropften Nase und Augen. Außerdem hatte Tschiang Tsching Halsweh, das sie mit Penicillintabletten behandelte (an dieser Stelle erörterte sie wieder einmal ausführlich ihre Theorien über medizinische Selbstbehandlung). Mit Erkältungen konnte sie fertigwerden, unerträglich war aber, daß diese Männer, die ihr doch bei ihrer Untersuchung helfen sollten, nur sehr widerwillig auf sie hörten. Nur mit verbissener Hartnäckigkeit schaffte sie es, sie schließlich zur Mitarbeit zu bewegen.

In der Kreisregierung von Tang-i wurden sie von Tuan Tschun-tsching, dem Sekretär des örtlichen Parteikomitees, empfangen, einem weithin bekannten Verfechter von Wu Hsün. Da er keine Ahnung hatte, wer sie war, gerieten sie sofort in eine Auseinandersetzung über Wu Hsün. Tschiang Tsching versuchte ihn zu überzeugen, daß die weitere Verehrung eines solchen Mannes letztlich die Partei und das Land ruinieren würde. Dank ihrer Überredungskunst akzeptierte Sekretär Tuan schließlich ihren Standpunkt, erklärte sich zur Zusammenarbeit bereit und gab ihr sogleich Informationen.

Ein einflußreicher Grundbesitzer sei für die Verbreitung des Wu Hsün-Kultes in den letzten beiden Jahrzehnten verantwortlich gewesen, erklärte ihr Tuan. Er vermittelte ihr Kontakte zu Agenten, »Lakaien« und Soldaten des Grundbesitzers, die im Untergrund operierten. Als sie erfuhr, daß auch der Sohn des Grundherrn in die Sache verwickelt war, bat sie Tuan, alles über ihn herauszufinden und ihr die Ergebnisse der Untersuchung zur Verfügung zu stellen. Der alte Grundherr hatte sogar noch mehr Soldaten als Huang Schih-jen, der berüchtigte Grundbesitzer aus dem Revolutionsballett »Das Weißhaarige Mädchen« (das unter ihrer Regie während der Kulturrevolution entstand). Bald durchschaute sie die Technik seiner großangelegten Kampagne und wußte nun auch, daß in dieser Gegend und sicher auch anderswo Schurken wie er auf der Lauer lagen, die alle eifersüchtig die alten Klassenprivilegien hüteten.

Während ihre Arbeit Fortschritte machte, tauchten plötzlich zwei andere Untersuchungsgruppen auf, die eine aus der Provinz Hopeh, die andere aus der Provinz Pingyüan.* Tschiang Tsching war sich nicht sicher, wer sie beauftragt hatte. Yüan Schui-po und andere, die sie unterstützen sollten, waren gegen den Austausch von Informationen mit diesen anderen Gruppen, die sie als Rivalen betrachteten. Tschiang Tsching hingegen wollte die Informationen nicht monopolisieren. Sie war nicht nur bereit, ihre Entdeckungen und Erkenntnisse mit den anderen zu teilen, sondern sie wollte auch die »breite Masse« des Gebietes dafür einspannen, Material über die grundbesitzende Klasse zu sammeln. Dies gelang ihr auch, und ihr Team kam immer besser voran. Dadurch verloren die Gruppen aus Hopeh und Pingyüan das Interesse an der Untersuchung und zogen in andere Gegenden.

Während ihrer ganzen Arbeit hielten sie sich an den strengen Empirismus, den der Vorsitzende Mao in seinen Anweisungen zu wissenschaftlichen Un-

* Die Provinz Pingyüan entstand 1949 im wesentlichen aus Teilen der Provinzen Honan und Schantung; sie wurde 1952 aufgelöst, als die früheren Provinzgrenzen wiederhergestellt wurden.

tersuchungen propagierte. Schon in Peking hatte sie sich durch das Studium von geographischen Namensverzeichnissen und Geschichtswerken über das Gebiet von Schantung vorbereitet; in Schantung setzte sie dann ihre Recherchen fort und ergänzte sie durch viele persönliche Gespräche mit Einheimischen. Name, Alter, Tätigkeit und Erinnerungen an Wu Hsün wurden genau verzeichnet. Allmählich nahm der geschichtliche Hintergrund von Wu Hsüns Leben Gestalt an.

Nachdem Yüan Schui-po im Auftrag Tschiang Tschings ein paar Tage in Lin-tsching nachgeforscht hatte, rief er sie an und teilte ihr mit, er habe keine Hinweise auf Verbindungen von Wu Hsün zur Grundbesitzerklasse entdecken können. Enttäuscht drängte sie ihn, seine Anstrengungen zu verdoppeln; kurz danach kam sie ebenfalls nach Lin-tsching, um die Sache selbst in die Hand zu nehmen. Unter dem Decknamen Li Tschin – ihre Anonymität blieb vollkommen gewahrt – hielt sie den Mitgliedern der Parteikomitees von Stadt und Bezirk eindringliche Vorträge über die unheilbringenden Einflüsse des »Geistes von Wu Hsün«. Beeindruckt und vielleicht auch erschrocken über ihre Darlegungen versprach man, sich für ihr Projekt einzusetzen und sie bei ihrer Rekonstruktion der ursprünglichen geschichtlichen Situation zu unterstützen.

Auf ihre Anordnung blieben Tschung Tien-fei und Yüan Schui-po in Lin-tsching zurück, während sie selbst in dem nahegelegenen Kreis Kuan mehrere Wochen lang anderen Aspekten der Geschichte von Wu Hsün nachging.

Die Untersuchungen dauerten den ganzen Sommer über bis zum Frühherbst. Daß sie während dieser langen Zeit ohne bestimmte Annehmlichkeiten auskommen mußte, an die sie sich inzwischen gewöhnt hatte, belastete ihre ohnehin angegriffene Gesundheit. Trotz der Schwindelanfälle, die sie immer wieder überkamen, arbeitete sie unermüdlich weiter.

Eines Tages meldete sich Yüan Schui-po aus Lin-tsching mit der Nachricht, er sei auf ein Grundbuch gestoßen, in dem Wu Hsün als Grundbesitzer eingetragen sei. Hocherfreut über das Beweismaterial ließ Tschiang Tsching das Buch sofort in den Kreis Kuan bringen. Dort fotografierten sie es ab und schickten eine Kopie an den Historiker Kuo Mo-jo, der ihre Untersuchung von Peking aus verfolgte.[22]

Bei der Rekonstruktion der Geschichte Wu Hsüns entdeckte Tschiang Tsching, daß sein Leben von tiefer Trauer und Enttäuschung geprägt war – wie sie es bezeichnete –, was in den früheren Lobeshymnen über ihn immer übersehen worden war. In Nachahmung seiner gesellschaftlichen Leitbilder gab er sich viel mit Frauen ab und legte sich mehrere Konkubinen zu. Eine von ihnen lebte damals noch und ließ sich bereitwillig interviewen.

Um die Motive für sein Verhalten zu erhellen, sezierten sie nicht nur seine Herkunft, sondern auch seine Beziehungen zu der Klasse, in die er später aufgerückt war. Arm geboren, schaffte er den Aufstieg, um dann nichts weiter zu sein als ein »gehorsamer Lakai der Grundbesitzerklasse«. Sie bemühten sich auch, ihn vor dem Hintergrund seiner Zeit zu sehen. Zum Beispiel gründete er seine erste Schule im Jahre 1888 in Liu-lin, damals eine der blühendsten Städte von ganz China. Die frommen Legenden über seine philanthropische Karriere verschwiegen jedoch, daß sich in diesem Gebiet um die Mitte des 19. Jahrhunderts, als es an vielen Orten zu Unruhen kam, Tausende von Bauern zu einem Aufstand erhoben hatten – ein Ereignis, das sich in Wu Hsüns rückschrittlicher Laufbahn in keiner Weise spiegelte. Der aus Liu-lin gebürtige Banditengeneral Sung Tsching-schih profilierte sich während anderer Bauernaufstände als ein hervorragender Führer.[23] Auch die Truppen der Schwarzen Flagge hatten hier gekämpft.* Der Taiping-Führer Li Kai-fang war einmal mit seinen Anhängern durch diese Gegend gezogen, aber die Taiping lehnten es ab, einheimische Bauernaufstände im westlichen Schantung zu unterstützen – sie ergriffen nur Partei für die Klasse der Grundbesitzer(!). Und auch Wu Hsün hatte an keiner einzigen Bauernrevolte teilgenommen. Spätere Biographen priesen ihn immer in den unterwürfigsten Tönen, in Wirklichkeit besaß er jedoch zu seinen Lebzeiten einen ganz anderen Ruf. Einige der alten Bauern, die von Tschiang Tsching und ihren Helfern befragt wurden, erinnerten sich noch an seinen Spitznamen Wu Toumou, den man ihm wegen seiner abstoßenden Erscheinung gegeben hatte – von seinen Lippen troff der Speichel, ein Zeichen seiner Besitzgier.

Der schlimmste Fehler Wu Hsüns bestand nach Tschiang Tschings Ansicht darin, daß er seine ganze Energie für formale Bildung einsetzte. Für ihn war alles in Ordnung, wenn es nur ein paar Schulen mehr gab. Doch Tschiang Tschings eigene Nachforschungen in den Annalen der Schulen von Liu-lin ergaben, daß Wu Hsüns Schule zwar kostenlos war, den Ärmsten der Armen jedoch nicht offenstand. Ein paar Kinder von Mittelbauern durften aufgenommen werden, aber die von armen Bauern und Lohnarbeitern waren ausgeschlossen. Folglich konnten sich nur die Söhne von Mittelbauern die Grundlagen von Lesen und Schreiben aneignen und damit ihre Lebensbedingungen verbessern. Solche Tatsachen wurden von den Verteidigern der herrschenden Klasse übergangen. Nach dem Tode von Wu Hsün ehrte ihn der höchste Regierungsbeamte von Liu-lin – natürlich aus eigenem Interesse –, indem er die von ihm gegründete Schule in »Wu-Hsün-Mittelschule« umbenannte und prächtige Denkmäler für ihn errichtete.

Im Verlauf der achtmonatigen Nachforschungen in Schantung schrieb Tschiang Tsching eine Reihe von Berichten, die sie dem Vorsitzenden zur Durchsicht vorlegte. Er überarbeitete jeden ihrer Artikel. Ein Teil der Literatur über Wu Hsün stamme sogar ganz aus der Feder des Vorsitzenden, fügte sie hinzu.[24]

Während der Untersuchungen veröffentlichte die »Volkszeitung« täglich ihre Berichte. Um die Berichterstattung in Gang zu halten, machten sie auch viele Interviews mit alten Leuten, deren Erinnerungen bis ins späte 19. Jahrhundert zurückreichten. Mitglieder von Tschiang Tschings Team befragten sie einzeln und hielten auch oft Sitzungen mit der Bevölkerung ab. An die Alten heranzukommen, war nicht immer leicht. 1951 waren die noch leben-

* Angeführt von dem früheren Taiping-Soldaten Liu Yung-fu, der irreguläre chinesische Truppen gegen französiche Streitkräfte kommandierte, die in den siebziger und achtziger Jahren des 19. Jahrhunderts ein Protektorat in Indochina errichten wollten. Die Schwarze Flagge war besonders aktiv in Yünnan.

den Absolventen der Schulen von Wu Hsün alle über siebzig; ein paar hatten sogar die Hundert überschritten. An manchen von den ganz Alten war die Revolution spurlos vorübergegangen, und sie mißtrauten den Motiven der Befrager. Sie beschuldigten Tschiang Tsching und ihre Genossen, der Frage des »Reformismus« (die sich hier im Zusammenhang mit dem Konfuzianismus und der gesellschaftlichen Hierarchie stellte) nur deshalb nachzugehen, weil sie einer »höheren Klasse« angehörten, und schauten deshalb auf sie herab. (Es amüsierte Tschiang Tsching, daß man sie einmal für eine Reformistin gehalten hatte.) Als die Berichte der Gruppe erschienen und überall verbreitet wurden, fuhr sie wieder ernsthaft fort, fühlten sich einige der Alten, die Wu Hsün und seiner Legende immer die Treue gehalten hatten, zutiefst gedemütigt. Bloßgestellt waren aber auch jene Parteiführer, die sein Vorbild in den Himmel gehoben hatten. Sogar der Stellvertretende Minister für Kultur, Tschou Yang, der sich anfangs so hartnäckig gegen die von ihr betriebene Zerstörung der Legende gestellt hatte, war gezwungen, öffentliche Selbstkritik[25] zu üben, wie es im Sprachgebrauch der chinesischen Kommunisten heißt.

Nach Abschluß des Falles Wu Hsün kehrte Tschiang Tsching Anfang September 1951 nach Peking zurück. Doch von Ruhelosigkeit getrieben, beschloß sie, abermals aufs Land zu gehen, um ein zweites Mal an der Bodenreformbewegung teilzunehmen, die damals ihren Höhepunkt erreicht hatte. Beeindruckt von der Leistung, die sie soeben vollbracht hatte, unterstützte der Vorsitzende diesmal ihren Entschluß. Einige andere waren jedoch nach wie vor dagegen, daß sie direkte Verbindung zu den Massen aufnahm. Tschou Yang, noch immer Stellvertretender Minister für Kultur, entfachte unter den Parteichefs einen »heftigen Kampf«, in dem es darum ging, ob man sie ziehen lassen solle oder nicht. Am Ende setzte sie sich durch und schloß sich einer Gruppe an, der auch einige Parteiführer angehörten, unter anderen ein Politbüromitglied, der Wirtschaftswissenschaftler Li Hsien-nien. Sie reisten mit dem Zug nach Wuhan, einem bedeutenden Industriezentrum am Yangtse. Bei der Ankunft in Wuhan nötigte man Tschiang Tsching plötzlich, mit ihren Leibwächtern auszusteigen, während die anderen die Fahrt ins Landesinnere fortsetzten. Sie war wütend über diese Benachteiligung, konnte aber nichts dagegen unternehmen. Li Hsien-nien, den sie für einen Verfechter ihrer Sache hielt, blieb in Wutschang, einer nahegelegenen Stadt südlich des Yangtse.

Von Beginn an wurde ihre aufrichtige Absicht, auf die übliche Weise an der Bodenreform mitzuwirken, bei jedem Schritt hintertrieben. Schon die Zusammensetzung ihrer Arbeitsgruppe war äußerst merkwürdig – alle waren Leibwächter, mit Ausnahme von ihr.* Gemäß bestimmter Anweisungen von

* Eine normal zusammengesetzte Arbeitsgruppe wäre politisch, sozial und geographisch ausgewogen gewesen, und nach Möglichkeit hätten Intellektuelle, Studenten, Regierungspersonal, Beamte aus der Gegend und aus anderen Gebieten dazugehört.

oben durfte ihre Gruppe die Umgebung von Wuhan nicht verlassen, und man erlaubte ihr auch nicht, unter den Bauern zu leben oder wenigstens mit ihnen in Kontakt zu kommen, es sei denn in Ausnahmefällen, die *sie* aber herbeiführen mußte. Überdies zwang man sie, weiterhin inkognito als Li Tschin zu arbeiten, weil das Volk nicht ihre wahre Identität erfahren sollte.

Kaum hatte sich ihr Kontingent von Leibwächtern in einer Landgemeinde nahe Wuhan niedergelassen, als ihr das Parteikomitee der Region Zentral- und Südchina seinen eigenen Sicherheitsbeauftragten schickte. Dieser zusätzliche Leibwächter war eine bullige Frau, die ständig eine Pistole trug und Tschiang Tsching auf Schritt und Tritt beschattete, was deren Arbeit sehr behinderte. Einmal beim Besuch im Haus eines Bauern hatte Tschiang Tsching gerade Platz genommen, als diese Person mit eisiger Stimme sagte: »Der Mann ist krank!« Tschiang Tsching erkannte, das dies nur ein Trick war, um sie aus dem Haus zu treiben, und so warf sie kurzerhand die Leibwächterin hinaus und setzte ihr Gespräch unter vier Augen fort.

Ein anderes Mal versuchte sie mit einer Kuhhirtin in Kontakt zu kommen, die vor kurzem in die örtliche Miliz eingezogen worden war. Kaum waren sie ins Gespräch gekommen, stellte sich die Leibwächterin breitbeinig zwischen sie. Tschiang Tsching fuhr sie an: »Stehen Sie als Leibwächterin unter oder über meiner Arbeit? Sie halten mich von den Massen fern!«

Die Taktiken dieser Frau waren höchst seltsam. Tschiang Tsching konnte nur vermuten, daß Tschou Yang, der so strikt gegen das ganze Unternehmen gewesen war, die Frau auf diese Tricks gebracht hatte. Immer wieder sagte sie zu Tschiang Tsching, sie müsse bessere Nahrung essen. In Wirklichkeit wollte *sie* etwas Besseres und erwartete, daß Tschiang Tsching es für sie beide bestellte. Was die Person am liebsten aß, waren »fette Sachen«, die wiederum Tschiang Tsching nicht mochte. Damit die Situation nicht langsam unerträglich wurde, bestimmte sie die – recht bescheidene – Menge, die täglich gekocht werden sollte. Das verärgerte nun die Leibwächterin derart, daß sie sich von ihrem Mann für die Dauer ihres Dienstes spezielle Gerichte schicken ließ.

Während der ganzen Zeit erfuhr die Leibwächterin nie die wahre Identität der Genossin Li Tschin. Nur Tschiang Tschings eigene Leibwächter, die mit ihr aus Peking gekommen waren, wußten, wer sie war, bewahrten darüber aber Stillschweigen. Auch der Vorsitzende des Kreisbauernverbandes, ein Mann, mit dem sie häufig zu tun hatte, hielt sie für eine Genossin wie alle anderen. Obwohl die Stadt Wuhan ganz in der Nähe lag, war die Gegend kulturell rückständig und dünn besiedelt. Mehr als zwei Jahre nach der Befreiung trieben sich noch immer Banditen und »Rowdygruppen« in den ausgedehnten Sumpfgebieten herum. Es war kaum zu glauben, daß dieses Gebiet früher unter der Kuomintang-Herrschaft als »Modellkreis« gegolten hatte. In Wirklichkeit war das Gebiet äußerst rückständig, und die Massen sträubten sich hartnäckig, sich für die Bodenreform mobilisieren zu lassen. Als Tschiang Tschings Arbeitsgruppe mit der Verfolgung von Mitgliedern der Unterdrückerklasse begann, mußte sie feststellen, daß sie gar nicht die gesetzliche Befugnis hatte, jemanden festzunehmen. Zu diesem Zweck mußten sie eine Anklage vor Gericht erheben, und das war mühsam und lästig. Während der ganzen Zeit ging ihre Gruppe nach der Regel vor, nur solche Grundherren zu »belangen« (was wohl bedeutete, sie zu töten), von denen man wußte, daß sie Morde begangen hatten.

Der Vorsitzende Mao und das Zentralkomitee hatten bestimmt, daß die Arbeitsgruppen sich bei der Durchführung der Bodenreform auf die *Drei Berge* (Feudalismus, bürokratischer Kapitalismus und Imperialismus) konzentrieren sollten, ein Ratschlag, den sie auch befolgten. Auf dem Land war ihr Hauptfeind die feudale Grundherrenklasse; sie hatten es jedoch nur auf jene Grundbesitzer abgesehen, die als die übelsten Mörder und Verbrecher bekannt waren; den übrigen gab man noch eine Chance. Die armen Bauern und die der unteren Mittelbauern, die die Mehrheit darstellten, standen teilweise in enger Beziehung zu den Mittelbauern, einer Gruppe, die ebenfalls verschont blieb. Was die reichen Bauern betraf, so durften sie alles Land behalten, das sie selbst bearbeitet hatten; das durch die Ausbeutung anderer erworbene Land wurde ihnen weggenommen.[26] Zur Bestätigung ihrer Aussage kramte Tschiang Tsching unter den Papieren auf ihrem Schoß und zog schließlich ein zerknittertes Exemplar des Bodenreformgesetzes vom 30. Juni 1950 hervor. Sie überflog es und las laut daraus vor.

Der erste Schritt bei der Bodenreform bestand darin, den Chef der »Ortstyrannen« ausfindig zu machen. Gewöhnlich war dieser auch das Oberhaupt der Organisation der Grundbesitzer. In der Regel gab es neben ihm viele kleinere Grundherren, deren Ländereien weit verstreut sein konnten. Tschiang Tschings Arbeitsgruppe beschloß, ihren Angriff gegen etwa acht bis zwanzig Prozent der schlimmsten Tyrannen unter den Grundherren zu richten. Einem von den »Ortstyrannen«, die von ihrem Team aufgespürt worden waren, hatte die Bevölkerung den Spitznamen »Pockennarben-Tschin« gegeben. Bei der Ausübung ihrer Macht stützten sich die Grundbesitzer auf ein Netz von Geheimagenten. Obwohl diese Männer eigentlich »geheime Sicherheitsagenten« sein sollten, verrieten sie sich durch verschiedenfarbige Armbinden und wurden so zu einer leichten Beute für Gangster und Mörder – und nun auch für die Bodenreformer.

Es gelang Tschiang Tschings Arbeitsgruppe, allmählich der schlimmsten Ausbeuter habhaft zu werden und sie den Gerichten zu überantworten. Alle Maßnahmen, die sie trafen, wurden entsprechend dem Bodenreformgesetz ausgeführt. Mao und das Zentralkomitee hatten das Recht zur Bestrafung der Schuldigen ausschließlich den Provinzregierungen übertragen. (Darüber äußerte sich Tschiang Tsching nicht genauer.) Das Volksgericht machte die Strafe davon abhängig, welche Art von Verbrechen die Tyrannen an den einheimischen Bauern begangen hatten. Tschiang Tsching erinnerte sich an den beängstigenden Anblick der Massen, wenn sich ihr angestauter Haß entlud. Wenn die Leute außer Rand und Band gerieten, mußte ihre Arbeitsgruppe einschreiten, um zu verhindern, daß die Tyrannen an Ort und Stelle zu Tode geprügelt wurden. Oft mußten sie die Miliz holen und mit deren Hilfe die Gewalttätigkeiten des Mobs gegen die entlarvten Unterdrücker eindämmen. Einmal geriet eine Gerichtsverhandlung außer Kontrolle. Tschiang

Tsching und andere Mitglieder ihrer Gruppe wurden tätlich angegriffen, während sie sich als Puffer zwischen die Tyrannen und die entfesselten Massen stellten, die sie alle zu zermalmen drohten.

Wenn die Massen sich wieder beruhigt hatten, packte die Arbeitsgruppe den Tyrannen und schleppte ihn vor das Volksgericht, das ihn zum Tode verurteilte. War die Arbeit gut gemacht, versetzte das Schauspiel der Hinrichtung das Volk in Ekstase. Nie würde Tschiang Tsching das faszinierende und grausame Drama vergessen, das sich, immer mit demselben Ablauf, während der Bodenreform abspielte – der Tyrann wurde angeklagt, die Massen wurden aufgeputscht, dann fällte man das Urteil, und schließlich erfolgte die öffentliche Hinrichtung.[27]

Zu der Zeit, als diese erschütternden Ereignisse stattfanden, wußte die Bevölkerung nie genau, wer Tschiang Tsching und die anderen Mitglieder ihrer Gruppe eigentlich waren. Aufgrund ihrer guten Ausrüstung vermuteten offenbar manche, sie hätten irgendeine »offizielle« Mission. Doch die Rolle Tschiang Tschings blieb ihnen ein Rätsel. Da sie eine Kamera dabei hatte und oft photographierte, hielten sie manche Bauern für eine Berufsphotographin. Wenn aber ein Photograph dabei war, dann, so folgerten sie, konnten die anderen nur Vertreter der Kreisregierung sein. Um die Mentalität dieser Bauern zu verstehen, erklärte Tschiang Tsching, müsse man sich vor Augen halten, daß für sie, deren Kenntnis von der Welt so beschränkt war, ein Vertreter der Kreisregierung die höchste Amtsperson war, der sie je in ihrem ganzen Leben begegnen würden. Da sie die anderen also für Amtspersonen hielten, erhöhte das auch den Respekt vor ihr.

Im Gesamtplan der Bodenreform war die Identifizierung und Hinrichtung der Ortstyrannen die erste Phase; die Neuverteilung des Bodens war der nächste Schritt. Nach Tschiang Tschings Erfahrung nahmen beide Etappen zusammen zehn bis zwölf Tage in Anspruch. Wenn die Neuverteilung des Bodens begann, nahm die Arbeitsgruppe die Einteilung in Klassen vor: Sie stellte fest, wer der Klasse der Grundherren, der reichen und der Mittelbauern angehörte. Dies bestimmte dann die Art der Neuverteilung. Da jedes Gebiet eine andere soziale Schichtung hatte, variierte dementsprechend die Anwendung des Bodenreformgesetzes. Als Tschiang Tsching im Gebiet von Wuhan arbeitete, hörte sie Berichte von einer anderen Gegend, wo sowohl Vertreter des Kreises wie auch der Kreisregierung die reichen Bauern fälschlich als Grundherren und die Mittelbauern als reiche Bauern eingestuft hatten. Diese Manipulation der Klassenanalyse war von den verantwortlichen Genossen zweifellos beabsichtigt gewesen, sie hatte jedoch den Nachteil, daß die soziale Zielgruppe erweitert wurde. In ihrem Gebiet verstärkte Tschiang Tsching die Anstrengungen, um sinnlose Gewalttätigkeiten zu verhindern. Nach Abschluß ihrer Voruntersuchung rief sie die örtlichen Regierungsvertreter zusammen und fragte sie, welche Regeln sie selbst sich für das Verfahren gesetzt hätten. Sie klassifizierten zwischen sechzehn und zwanzig Prozent der einheimischen Bevölkerung als Grundherren und reiche Bauern. Diese Zahl sei zu hoch gegriffen, wandte sie ein, und dann wurde endlos über diese Frage debattiert.

Der schlaueste Trick, um mehr Land verteilen zu können, bestand darin, selbst Mittelbauern zu überreden, daß sie einen Teil ihres Bodens für die Umverteilung zur Verfügung stellten. Doch das Land dieser Kategorie von Bauern war normalerweise zu dürftig, als daß es sich gelohnt hätte. Da Tschiang Tsching nicht genügend Autorität besaß, um mit ihren Ansichten durchzudringen, telefonierte sie mit dem Parteikomitee der Provinz. Sie bat einige der örtlichen Amtsträger, sich neben sie zu stellen, damit sie das Gespräch mithören konnten. Eine solch unverantwortliche Erweiterung der Zielgruppe sabotiere die Parteipolitik, verkündete sie durchs Telefon. Die falsche Politik, Mittelbauern das Land wegzunehmen, müsse gestoppt werden.

Die Schwierigkeiten nahmen kein Ende. In jenem November 1951 suchte eine Kältewelle Zentralchina heim. Obwohl Tschiang Tsching stets Pelzmäntel und dicke Jacken trug, schlotterte sie vor Kälte und bekam blaue Lippen. Der Vorsitzende Mao, der regelmäßig über ihr Befinden informiert wurde, ließ ihren Wintermantel aus Peking schicken. Aber sie wagte es nicht, ihn zu tragen, weil das Material und der Schnitt so ausgefallen waren, daß die Leute vielleicht daran erkannt hätten, wer sie in Wirklichkeit war.

Auch Li Hsien-nien erfuhr, daß sie wegen der bitteren Kälte nachts nicht mehr als zwei oder drei Stunden schlafen konnte und sich einen Husten zugezogen hatte, der sich zu einer Bronchitis entwickelt hatte. Er riet ihr, sie solle in Wutschang zum Arzt gehen. Das tat sie, aber die verordnete Medizin hatte wenig Erfolg. Kurz nachdem sie wieder auf ihrem ländlichen Posten war, schickte ihr Li Hsien-nien eine Fuhre Holzkohle. Jeden Abend machten nun ihre Leibwächter ein Feuer und ließen es die ganze Nacht brennen. Sie war dankbar für die Holzkohle, doch ihr ewiger Husten verging nicht. Um ihre Arbeit zu erledigen, mußte sie jeden Tag mehrere Stunden zu Fuß gehen, meist über unwegsames Gelände. Die dortige Bevölkerung war natürlich an das rauhe Winterklima gewöhnt. Einige der Bauern, die sahen, wie ihre Kräfte erlahmten, spotteten: »Wofür halten Sie sich eigentlich?«

Unter solchen Belastungen kämpfte sie ständig an zwei Fronten, »nach außen hin gegen die Grundherrn, innerlich gegen mich selbst«.

Während sie bemüht war, ihre eigene Schwäche zu besiegen, betrieb sie mit ihrer Gruppe energisch die Einteilung der Klassen sowie die Verteilung von beweglichem Eigentum. Manche Grundherren, die wußten, was auf sie zukam, verfielen in ihrer Panik auf absurde Ideen. Einige hofften, ihre Garderobe zu retten, indem sie Dutzende von Anzügen oder langen Gewändern übereinander anzogen. Sie boten einen lächerlichen Anblick und konnten sich gar nicht mehr bewegen, aufgebläht wie sie waren! Aber nicht nur die Grundherren, auch die anderen brauchten lange, um sich auf die veränderte Situation einzustellen. Tschiang Tsching erinnerte sich an einen Lohnarbeiter, der überhaupt keine Kleidung besaß. Als man ihm eine Steppdecke und ein langes Gewand gab, wagte er es nicht, sie anzunehmen, weil er psychisch noch immer unter dem einschüchternden Druck des Grundherren stand, dem die Sachen gehört hatten. Natürlich konnten die Bauern auch gierig sein – sie kannten ja nichts anderes. Wenn Kleider, Betten, Bettzeug und Möbel verteilt wurden, rissen die armen Bauern und Lohnarbeiter, die solche Dinge noch nie besessen hatten, habsüchtig alles an sich, ohne an die anderen zu denken.

»Warum nehmt ihr eine große Steppdecke, wo ihr sie doch gar nicht braucht?« wies sie ein paar Landarbeiter zurecht. Ihnen mußte sie das Selbstverständliche erklären: Da die meisten Junggesellen waren (das heißt zu arm, um zu heiraten), brauchten sie Haushaltsgerät weniger dringend als arme Bauernfamilien, von denen viele noch nie ein Bett besessen hatten. Ein Teil von Tschiang Tschings Aufgabe bestand darin, die Bauern »großzügiges Denken« zu lehren, worunter sie Gerechtigkeit und Kooperation verstand.

Die Landverteilung brachte noch andere Probleme mit sich. Manche Bauern sträubten sich, sumpfige Felder anzunehmen oder Parzellen, die oft überschwemmt wurden. So mußte sie sie erst davon überzeugen, daß »feuchtes« Land bessere Ernten brachte. Dann gab es Streitigkeiten, wenn weit verstreute Felder einem einzigen Haushalt zugewiesen wurden, oder auch wenn es an die Verteilung von ungewöhnlich fruchtbarem Land ging.

Kuriose Situationen ergaben sich, wenn sie Hirten Häuser zuteilen wollten. Diese Nomaden hatten noch nie in Häusern gelebt und wußten kaum, was sie damit anfangen sollten. Selbst politische Aktivisten konnten verbohrt sein, wenn es darum ging, etwas anzunehmen. Keiner wollte etwas aus dem Haus eines anderen holen: Erst nachdem er politisch erweckt worden war, wagte er es, sich etwas anzueignen. Probleme entstanden auch jedesmal, wenn Zugtiere, Büffel und landwirtschaftliche Geräte verteilt wurden. Das alles wurde dringend gebraucht, war aber nicht in ausreichender Zahl vorhanden. In Tschiang Tschings Gebiet gab es bloß einen oder zwei Büffel zu verteilen.

Während dieser Phase der Bodenreform frischte sie ihr Wissen über sozialistische Theorie auf. Sie ließ nicht außer acht, daß im Prinzip und in der Praxis die wichtigste Aufgabe darin bestand, *sich zu organisieren.* Daraus folgte das nächste Stadium – die Schaffung einer neuen regionalen Regierung auf demokratischer Grundlage.

Da sie wußte, daß die Bauern erfüllt waren von utopischen Hoffnungen und nahezu außer sich vor Erregung über die bereits vollzogenen drastischen Änderungen, wagte sie nicht, an der Schlußsitzung der ganzen Gemeinde über die Bodenreform teilzunehmen (vielleicht aus Angst vor dem Mob?). Als für sie und ihre Arbeitsgruppe die Zeit zur Abreise gekommen war, scharten sich die Bauern um sie mit Trommeln und Gongs. Unter den Leuten, die gekommen waren, um sie zu verabschieden, befand sich auch eine Witwe, die sich nicht von der Welt zurückgezogen hatte, wie es die Tradition befahl, sondern im Zuge der Bodenreform zur politischen Aktivistin geworden war. Mit tränenüberströmten Gesicht drängte sie sich zu Tschiang Tsching heran, und auch Tschiang Tsching weinte. Aus einem späteren Bericht über die Wahlen, die am nächsten Tag in jener Stadt abgehalten worden waren, erfuhr Tschiang Tsching, daß man diese Frau in die Bauernvereinigung gewählt hatte. Als sie ihren neuen Posten antrat, gestand sie den Massen, einmal Mitglied des Geheimbundes *I Kuan Tao* (der zur traditionellen Unterwelt gehörte) gewesen zu sein. In all den Tagen ihrer gemeinsamen Arbeit habe ihr die Frau das nie erzählt, bemerkte Tschiang Tsching skeptisch (möglicherweise verdächtigte sie die Frau, weiterhin für diese Untergrundorganisation gearbeitet zu haben).

Nach Abschluß der Bodenreform kehrte ihre Arbeitsgruppe nach Wuhan, der Provinzhauptstadt von Hupeh, zurück, um eine »Zusammenfassung« der geleisteten Arbeit vorzunehmen. Nicht immer hatte bei der Bodenreform die Gerechtigkeit gesiegt; die Abweichungen erklärten sich durch die verschiedenen politischen Orientierungen der zuständigen Beamten. Diejenigen, die zu weit nach links tendierten, benannten und verurteilten zu viele Grundherren, während diejenigen, die zu weit rechts standen, zu wenige benannten, mit dem Erfolg, daß viele Grundherren ungeschoren davonkamen. Das Problem, wie Mittelbauern zu identifizieren und zu behandeln seien, machte fast allen Gruppen, die an der Bodenreform teilnahmen, zu schaffen. Während der abschließenden Beratungen in Wuhan fragten Vertreter aus anderen Bezirken Tschiang Tsching und ihre Gruppe, nach welcher Seite sie tendierten (die Antwort war, daß sie die Mittelbauern schonungsvoll behandeln wollten). Auf Sitzungen in Wutschang, an denen sie anschließend teilnahmen, berichteten sowohl der Sekretär als auch der Vorsitzende des dortigen Parteikomitees, die Massen, bei denen sie die Reform durchgeführt hätten, seien überzeugt gewesen, daß ihr Wahlspruch »Hände weg von den Mittelbauern« getreulich befolgt worden sei.

Ihre nächste Station war Hankou, die dritte mit Wuhan verbundene Stadt am Yangtse, wo Teng Tze-hui für die Bodenreform zuständig war. Obgleich nominell Lin Piao für die Zentral- und Südregion verantwortlich war, bekam sie ihn dort nicht zu sehen. Bei der Bodenreformbewegung habe er nicht die geringste Arbeit geleistet, sagte sie.[28]

Nach dem IX. Parteikongreß im Jahre 1969 (bei dem Tschiang Tsching und Ye Tschün, die Frau Lin Piaos, als einzige Frauen in das Politbüro des Zentralkomitees gewählt wurden) beschloß Ye Tschün, »Staub aufzuwirbeln«, wie Tschiang Tsching es ausdrückte. Ye Tschün behauptete von sich, während der Bodenreformbewegung habe *sie* unten an der Basis gearbeitet, was *überhaupt nicht stimmte.* Außerdem sagte sie, daß es dort, wo Tschiang Tsching an der Bodenreform teilgenommen habe, nicht zu den geringsten Änderungen gekommen sei. Während Ye Tschün das alles vorbrachte, vermochte Tschiang Tsching ihren Zorn zu unterdrücken, aber gleich danach reichte sie beim Politbüro förmlich Beschwerde gegen Ye Tschüns falsche Beschuldigungen ein.

Zugegebenermaßen war man in der Gegend um Wuhan, wo sie die Bodenreform durchgeführt hatte, Veränderungen gegenüber nicht gerade aufgeschlossen. Abermals erwähnte sie, wie anmaßend es von der KMT gewesen sie, gerade dieses Gebiet zum Musterkreis zu erklären; nach kommunistischen Maßstäben war es äußerst rückständig. Alte Bräuche und reaktionäre politische Überzeugungen waren weitgehend ungebrochen. Selbst nach der Befreiung sickerten noch viele KMT-Mitglieder in das Gebiet ein und belästigten skrupellos Frauen und junge Leute. Fast die ganze Bevölkerung beteiligte sich an Glücksspielen. Überall trieben sich Banditen herum, und man war sich seines Lebens nicht sicher. Selbst die Arbeiter waren widerspenstig. Sie hatte einen gekannt, der sich selber die Beine gebrochen hatte, um sich vor der Arbeit zu drücken.

Während sie in diesem »Musterbezirk« lebte, versetzte das Gerücht, ein Tiger treibe sich in der Gegend herum, die Bevölkerung in Angst und Schrecken.* Aber die Leute waren so eingeschüchtert, daß niemand es wagte, die Sache offiziell zu melden. Also ging sie persönlich durch das Dorf und sagte den Leuten, sie sollten sich mit Stöcken bewaffnen und Wachen aufstellen. Als sie dann in einer Mondnacht auf ihrem Bett lag, durchdrang ein Gebrüll die Nacht. Ihr Leibwächter sprang auf und lief ängstlich hin und her. »Sie brauchen sich nicht zu fürchten«, beruhigte sie ihn. Jetzt gab sie zu, daß er mit seinem Gewehr keinen Tiger hätte in Schach halten können.

Etwa um diese Zeit wäre ein Kreisvorsteher beinahe von einem Tiger aufgefressen worden. Auf einem seiner Rundgänge schlug er eines Tages eine Abkürzung ein und befand sich auf einem schmalen Pfad, der durch dichtes Unterholz führte. Plötzlich hörte er ganz nah ein fürchterliches Tigergebrüll. »Mir standen die Haare zu Berge«, berichtete er später, denn ebenso gut wie Tschiang Tschings Leibwächter wußte er, daß seine Pistole ihn nicht hätte retten können. Zu seinem Glück befand er sich im tiefsten Busch. Was Tiger am meisten fürchten und unweigerlich angreifen, sind Menschen, die sich auf freiem Gelände bewegen. Tschiang Tsching wählte ihre Wege stets überlegt. »Und wie Sie sehen, bin ich nicht von einem Tiger aufgefressen worden!«

Ihre Mitwirkung bei der Bodenreform lenkte Tschiang Tschings Interesse auf ein anderes wichtiges Werk der Sozialgesetzgebung aus den frühen Jahren der Volksrepublik, das Ehereformgesetz, das im Mai 1950 verabschiedet wurde. Der wichtigste Zweck dieses Gesetzes war der Schutz der Frauen, wie Tschiang Tsching erklärte. Dennoch war die Durchführung dieser Reform sehr schwierig. In jeder Region widersetzten sich Leute aller Altersklassen, selbst die Jungen, die Hauptnutznießer der Reform waren, und es kam sogar häufig zu tätlichen Auseinandersetzungen.

Tschiang Tsching erinnerte sich deutlich an einen blutigen Fall, der sich in einer Gemeinde ereignete, wo sie gearbeitet hatte. Eines Tages entdeckten Dorfbewohner in einem Teich einen toten Mann, dessen Hände auf dem Rücken gefesselt waren. Sie zogen ihn aus dem Wasser, aber der Körper war so zerschunden und aufgedunsen, daß man den Mann nicht identifizieren konnte. Offensichtlich war er nicht einfach ertrunken, sondern erschlagen und dann ins Wasser geworfen worden. Bald kursierte unter den verängstigten Dorfbewohnern das Gerücht, er sei von Geistern getötet worden.

Die mysteriöse Geschichte erregte Tschiang Tschings Neugier, und sie be-

* In Hupeh sind Tiger selten.

schloß, alle nur möglichen Informationen über den Fall zu sammeln. Bald stieß sie bei ihren Nachforschungen auf eine Dorfbewohnerin, die sich mit ihrem Mann nicht verstanden hatte. »Dreckskopf« nannte sie ihn. Nachdem das neue Ehegesetz in Kraft war, wollte sie sich von ihm scheiden lassen. Aber darüber ließ er nicht mit sich reden. So nahmen sie und ihr Liebhaber das Gesetz selbst in die Hand und prügelten den Mann zu Tode. Es war sein Leichnam, den man aus dem Teich gezogen hatte, und sie und ihr Liebhaber hatten die Geistergeschichten in Umlauf gebracht, wahrscheinlich um die Aufmerksamkeit von sich abzulenken.

Ausgerüstet mit diesen Informationen, machten sich Tschiang Tsching und ihre Gruppe auf den Weg zu der Frau, die sie zusammen mit ihrem Liebhaber antrafen. Nach dem Verbleib ihres Mannes befragt, gab sie freimütig zu, daß sie und ihr Liebhaber ihn beseitigt hätten. Die Arbeitsgruppe ermunterte sie, offen über ihre Situation zu sprechen, und bald kamen die Einzelheiten zutage, die sie suchten – der Klassenhintergrund der drei Beteiligten: die Frau und ihr Ehemann waren arme Angehörige der Arbeiterklasse, und der Liebhaber war Tagelöhner. Alle drei waren sehr jung. Sie hatte zwei kleine Kinder, eines lag noch in den Windeln. Ihr Mann war ein ehemaliger Soldat, der nach der Befreiung entlassen worden war. Nachdem er dadurch sein festes Einkommen verloren hatte, lebten sie in jämmerlicher Armut.

Nach ihrem Geständnis, wurde die junge Frau als Mörderin vor Gericht gestellt. Während der ganzen Verhandlung »benahm sie sich wie ein Kind, so, als hätte sie gar nichts verbrochen«, sagte Tschiang Tsching mißbilligend. Die Frau und ihr Liebhaber wurden zum Tod verurteilt.

Ihre Geschichte sei typisch für die Tragödien gewesen, die sich überall im Land abgespielt hätten, fuhr Tschiang Tsching fort. Die Wurzeln lagen in dem alten Ehesystem. Wenn einer der Partner unzufrieden war und die Beziehung lösen wollte, gab ihn der andere mit größter Wahrscheinlichkeit nicht frei und verhinderte so die Anwendung des neuen Gesetzes. Selbstmord oder Mord waren dann oft die Folge.

Als der Fall immer größere Wellen schlug, suchte Tschiang Tsching den Kreisvorsteher auf und warf ihm vor, er nehme sich nicht genügend der Menschen an, die unter seiner Obhut standen. In diesem Fall, erklärte sie ihm, habe er es versäumt, das neue Ehegesetz zu *propagieren.* Er verteidigte sich lahm und führte als Begründung an, es sei so schwierig, das Gesetz in der Praxis durchzuführen. »Keiner kümmert sich um die Frauen«, räumte er ein.

Was die Reaktion der Öffentlichkeit betraf, so hatten alle Einheimischen nur ein einziges Interesse: Das Paar sollte auf der Stelle erschossen werden! Die Schuld traf aber auch jene, die die öffentliche Meinung dazu benutzt hatten, um die Scheidung des entzweiten Paares zu verhindern. Am meisten sträubten sich die Alten gegen das Ehegesetz und das darin garantierte Recht auf Scheidung.

Später wandelte dann die Provinzregierung das Todesurteil gegen die Frau und ihren Liebhaber in Zwangsarbeit um, die sie innerhalb ihres Heimatortes leisten mußten. Wie sich dann heraustellte, sagte Tschiang Tsching, habe sich keiner von den Leuten, die so offensichtlich für das Schicksal dieser Frau verantwortlich waren, dazu bereit gefunden, sie zu überwachen.

In dieser gleichen Gemeinde lebte eine Witwe mit mehreren Kindern, die an Malaria und akuter Lungenentzündung erkrankt war. Tschiang Tsching wollte sie aufsuchen, weil sie dachte, sie könne ihr vielleicht helfen. Ihre Mitarbeiter und Leibwächter versuchten jedoch, sie zurückzuhalten, weil sie fürchteten, sie könnte sich anstecken. Aber sie ließ sich nicht aufhalten. Bei ihrem Besuch fand sie die Frau mit erloschenen Augen vor; der Atem war fast nicht mehr hörbar. In dem tödlichen Schweigen waren die einzigen Laute das Schluchzen der Kinder draußen im Hof. Tschiang Tsching gab der Frau ein paar westliche Medikamente, das war alles, was sie hatte. Die Frau nahm sie zwei oder drei Tage lang ein, kam wieder zu Kräften und kehrte als neuer Mensch in die Gesellschaft zurück. Zum erstenmal in ihrem Leben begann die Frau sich aktiv für ihre Gemeinde zu engagieren. Da sie Witwe war, übertrug man ihr die Aufgabe, jene Mörderin, deren Todesstrafe ausgesetzt worden war, zu beaufsichtigen und, wenn nötig, zurechtzuweisen.

Was das Eheproblem im allgemeinen betreffe, fuhr Tschiang Tsching fort, so seien alte Bräuche in ländlichen Gebieten nicht ohne weiteres auszurotten. Selbst nach Inkrafttreten des neuen Ehegesetzes wurden die Ehen noch, wie seit Jahrhunderten üblich, von den Eltern oder von Heiratsvermittlern gestiftet. Die Hochzeitszeremonien folgten noch immer den alten Bräuchen, und der Aufwand, der dabei getrieben wurde, war oft so groß, daß ganze Familien dadurch auf ewig verschuldet blieben. Ein Mann konnte genötigt sein, der Braut oder ihrer Familie ein Fahrrad, eine Uhr, ein Radio oder ein anderes Gerät zu schenken. Die Braut, die stets eine neue Garderobe erhielt, putzte sich prächtig heraus für ihren Hochzeitszug in der Sänfte, und zahlreiche Gäste wurden festlich bewirtet. Eine sozialistische Gesellschaft könne derartige Verschwendungen nicht dulden, sagte Tschiang Tsching entrüstet.

Auch die Bodenreform wirkte sich nicht immer positiv für die Frauen aus. Obwohl das Bodenreformgesetz das Land Frauen und Männern zu gleichen Teilen zuwies, hieß das noch lange nicht, daß das Gesetz auch automatisch angewandt wurde. Da die Frauen nicht gewohnt waren, ihre Rechte geltend zu machen, nahmen sie es widerstandslos hin, wenn sie kleinere Parzellen oder minderwertiges Land zugeteilt erhielten. Wenn auch die Regierung das Prinzip des gleichen Lohns für gleiche Arbeit vertrat, blieben die Frauen auf dem Land doch lange Zeit unterbezahlt, weil Männer jede nur erdenkliche List anzuwenden pflegen, um die besseren Posten und die damit verbundenen höheren Löhne zu ergattern. Typisch ist auch, daß die Männer landwirtschaftliches Gerät für sich allein beanspruchen und sich weigern, es mit den Frauen zu teilen, die ebenfalls ein Anrecht darauf haben. Es bedarf noch einer rigorosen politischen Erziehung, um die Landbevölkerung davon zu überzeugen, daß das Pflügen auch den Frauen zusteht. Die materielle Ungleichheit war auf dem Land immer größer als in den Städten, wo der Grundsatz des gleichen Lohns für gleiche Arbeit bereitwilliger akzeptiert wurde.

Tschiang Tsching warnte abermals davor, Ideal und Wirklichkeit zu verwechseln. Die Frauen in China hätten noch einen weiten Weg vor sich.

X Peking und Moskau

Sie sind verborgen und dulden; sonst tun sie nichts;
Ein Verband verbirgt den Ort, wo einer von ihnen lebt.
Sein Wissen von der Welt beschränkt sich auf die Instrumente, die ihn behandeln. W. H. Auden, »*Surgical Ward*«

Später rief sich Tschiang Tsching die fünfziger Jahre in Erinnerung, die Zeit, in der sie zwischen Peking und Moskau hin und her pendelte. Von diesen ständig wechselnden Beobachtungspunkten aus erkannte sie präzise, wohin die Entwicklung führte: Auseinandersetzungen über die medizinische Wissenschaft beeinflußten die Gutachten der sowjetischen Ärzte und damit auch Tschiang Tschings Zukunft. Die aufsehenerregenden Machtkämpfe in der Sowjetunion stellten eine Herausforderung für Chinas revolutionäre Orthodoxie dar. Dann verschärften sich die persönlichen Konflikte zwischen den chinesischen Politikern, die Tschiang Tsching nahestanden, und ihren sowjetischen Gegenspielern, die sich auf Banketten unverschämt aufführten und sich als Verräter erwiesen. Schließlich wurden die dringend benötigten russischen Techniker und die industrielle Ausrüstung aus China abgezogen; die »ewige Freundschaft« war für immer geschändet.

Diese krisenhaften Entwicklungen verstärkten Tschiang Tschings persönliche Befürchtungen. Sie beobachtete die Rivalitäten zwischen ehrgeizigen Männern, erlebte das Aufbrechen unversöhnlicher ideologischer Gegensätze und war Zeugin unabsehbarer Machtkämpfe – und unweigerlich machte sie sich Gedanken über ihre eigene Zukunft. Würden die schlauen Russen Maos Frau als Unterpfand behalten? Würde sie das Schicksal Ho Tze-tschens erleiden? (Ho Tze-tschen lebte mehrere Jahre in einer sowjetischen Heilanstalt und wurde schließlich in eine chinesische Irrenanstalt überwiesen.) Würde sie möglicherweise zugunsten einer anderen Chinesin »ausrangiert« werden? Es gab unendlich viele Möglichkeiten ...

In den fünfziger Jahren waren Tschiang Tschings Person und ihr Name dem chinesischen Volk fast ebenso unbekannt wie ausländischen Beobachtern. Und nur wenige wußten zu der Zeit, als sie zwischen China und der Sowjetunion hin und her flog, daß es um ihr politisches und auch physisches Überleben ging. Anfang der fünfziger Jahre wurde sie in Peking aller hohen Ämter enthoben. Nur noch mit Hilfe von Mao blieb sie im politischen Spiel hinter den Kulissen. Mao war der Mittelpunkt der Welt, die sie durch die Fenster von Tschung-nan-hai sah. Während ihres erzwungenen Aufenthalts in Moskau führte sie das Leben einer hochgestellten Invalidin, die von den Zentren der sowjetischen Macht, der Gesellschaft und der Kultur ferngehalten wurde.

Im Gegensatz zu den Jahren zuvor, als sie auf eigene Faust in China herumreiste, oder zu den Jahren danach, als sie den Boden für eine Kulturrevolution vorbereitete, resümierte Tschiang Tsching die Mitte der fünfziger Jahre hauptsächlich anhand wichtiger politischer Stellungnahmen Maos zu Fragen der Außen- und Innenpolitik. Kein Wunder, daß in diesen Arbeiten die Bedeutung der Tätigkeit Maos und anderer für die inzwischen sechshundert Millionen Chinesen nur höchst unzulänglich zum Ausdruck kam. Die ständige Beschäftigung mit ihrem Gesundheitszustand verringerte Tschiang Tschings Interesse am Zustand der Nation.

Tschiang Tsching berichtete zunächst über den Winter des Jahres 1951. Als sie von Zentralchina nach Peking zurückkehrte, war die Parteiführung damit beschäftigt, die *Bewegung gegen die Drei Übel* (gegen Unterschlagung, Verschwendung und Bürokratismus) zu organisieren, um die Arbeit der ständig wachsenden Zahl der Staatsbeamten effektiver zu gestalten. Nachdem die Boden- und Ehereform durchgeführt worden war, kehrte Tschiang Tsching in die Hauptstadt zurück, wo ihre kürzlich geleistete Arbeit honoriert wurde. Man übertrug ihr neue Funktionen. Die wichtigste war die einer Leiterin des Sekretariats des Allgemeinen Büros des Zentralkomitees. Doch diese Verwaltungsarbeit war zermürbender und hektischer, als sie erwartet hatte, und schadete ihrem Gesundheitszustand. Sie hatte ständig hohes Fieber, und ihr altes Leberleiden machte sich wieder bemerkbar.

Yang Schang-kun, der Leiter des Allgemeinen Büros des Zentralkomitees, und einige andere, von denen Tschiang Tsching wußte, daß sie ihren Aufstieg in die Führungsspitze mit Mißtrauen beobachteten, schlugen vor, sie solle in Anbetracht ihres schlechten Gesundheitszustands die Stellung als Leiterin des Sekretariats aufgeben und für einige Zeit völlig zurückgezogen leben. Tschiang Tsching brachte diese »Anregungen« (die ihr, nach dem Ton ihrer Stimme zu schließen, höchst unwillkommen waren) beim Vorsitzenden Mao zur Sprache. Dieser schloß sich der Meinung der anderen an. Nachdem er sich vermittelnd eingeschaltet hatte, waren die anderen Politiker aber damit einverstanden, daß sie »auf eigene Faust« weiterarbeitete. Folglich trat sie gegen Ende 1951 nicht nur den Posten der Leiterin ab, sondern auch den der Leiterin des Film-Büros in der Propagandaabteilung. Außerdem trat sie aus der *Chinesisch-Sowjetischen Freundschaftsgesellschaft* aus.* Von diesem Zeit-

* Ein extremer Schritt, da diese Mitgliedschaft unter den prominenten Genossen gewissermaßen nur formal war und keine aktive verantwortliche politische Tätigkeit darstellte.

Beim Thema Sowjetunion schweifte Tschiang Tsching ab und erklärte, daß Anfang der fünfziger Jahre, als der chinesisch-sowjetischen Freundschaft und dem Kulturaustausch große Bedeutung beigemessen wurden, die Halle der chinesisch-sowjetischen Freundschaft das höchste Gebäude Pekings war. Sie enthielt auch ein Theater. Trotz ihres Namens war diese Halle *nur* mit chinesischen Geldmitteln errichtet worden. Nachdem die Beziehungen zur Sowjetunion abgebrochen worden waren, änderten die Chinesen den Namen des Gebäudes. Es hieß nun Pekinger Ausstellungshalle.

punkt an hatte sie nur noch eine Stellung inne: als Sekretärin des Vorsitzenden Mao. Doch selbst dieser Posten wurde ihr entzogen, als gewisse Politiker im Namen der Partei erklärten, sie solle zu einer weiteren medizinischen Behandlung nach Moskau fahren. Von der Vorstellung gepeinigt, die Heimat wieder verlassen zu müssen, zögerte sie ihre Abreise bis zum Winter 1952 hinaus. Zu diesem Zeitpunkt war die medizinische Versorgung in China durch die Säuberungsaktionen der *Bewegung gegen die Drei Übel* beim Personal der städtischen Krankenhäuser völlig zusammengebrochen. Folglich blieb Tschiang Tsching gar nichts anderes übrig, als sich doch wieder ins Ausland zu begeben.

Tschiang Tschings Ankunft in Moskau wurde von dem Bewußtsein eines drohenden Unheils überschattet. Da sie heftige Leberschmerzen hatte, brachten die sowjetischen Ärzte sie unverzüglich in den Operationssaal und untersuchten ihre Leber. Doch sie versäumten es, die Flüssigkeit zu entfernen, die sich in der Gallenblase angesammelt hatte. Man entnahm operativ einige Gewebeproben, um eine Diagnose stellen zu können. Verschiedene Therapien wurden angewandt, und dann brachte man sie in den Süden nach Jalta, wo sie elend darniederlag. (Sie konnte sich nur noch vage an die luxuriöse Umgebung und die Gesellschaft in Jalta erinnern.) Um das Fieber zu senken, verabreichte man ihr große Mengen Penicillin (zwanzig Millionen Einheiten pro Injektion), was ihren Zustand weiter verschlechterte. Sie klagte darüber, daß man sie wie ein unmündiges Kind behandelte und ihr keine Bewegungsfreiheit ließ, doch ihre Proteste fruchteten nichts.

Während des öden Winters auf Jalta litt sie unter Heimweh, doch die Ärzte erlaubten ihr nicht die Heimreise nach China. Tschiang Tsching vermutete, daß man sie nur deshalb nicht abfahren lassen wollte, weil man sich genierte, sie nicht geheilt zu haben. Schließlich brachte man sie nach Moskau zurück und legte sie in ein gewöhnliches Krankenhaus. Doch glücklicherweise wurde sie später in das großartige Palast-Krankenhaus im Kreml überwiesen. Dieses Krankenhaus, fügte Tschiang Tsching hinzu, sei für hohe Funktionäre reserviert gewesen.*

* Im Palast-Krankenhaus arbeitete auch eine außerordentlich fähige Ärztin, der Tschiang Tschings Fall übertragen wurde. Eines ihrer Experimente zur Behandlung der Gallenblase und des damit zusammenhängenden Leberleidens bestand darin, daß sie eine Injektion in die Gallenblase machte. Das ermöglichte es, die Gallenflüssigkeit abzuzapfen (eine im Westen ungebräuchliche Methode). In Tschiang Tschings Fall war die Flüssigkeit schwarz; und es war zu befürchten, daß sich bald Gallensteine bilden würden. Dies sei ein Phänomen, das bei dicken, ungefähr vierzigjährigen Männern häufig festzustellen sei, erklärte ihr die Ärztin. Obwohl auch sie damals an die vierzig gewesen sei, sei sie *nicht* fett gewesen, sagte Tschiang Tsching lachend (und mit einem indignierten Unterton). Die Ärztin führte andere Tests durch – auch ein Tuberkulose-Test (der negativ ausfiel, was für sie sehr wichtig war, da sie in den vierziger Jahren wie Millionen ihrer Landsleute an Tuberkulose gelitten hatte) wurde durchgeführt, um die Ursache für das chronische Fieber herauszufinden. Infolge der Tests habe ihre Speiseröhre, das Verbindungsorgan zwischen Kehle und Magen, zu bluten begonnen, erzählte Tschiang Tsching, ihre Eigen-Analyse fortsetzend. »Dehnungen der Pfortader« seien die Ursache dafür gewesen. Doch mit der Zeit habe die Behandlung, die sie im Palast-Krankenhaus erhielt, Wirkung gezeigt, und bei den folgenden Tests sei die Gallenflüssigkeit farblos und klar gewesen.

Am Tag vor Stalins Tod (am 5. März 1953) hörte sie im Radio die Nachricht von seinem Schlaganfall. Sie lag zu dieser Zeit in einem Vorstadt-Sanatorium. Die anderen Patienten – es waren überwiegend hohe Funktionäre – fragten sich besorgt, welche Veränderungen Stalins Tod in der Struktur des Regierungsapparates – von der wiederum ihre eigene Karriere abhing – nach sich ziehen würde, und blieben wie erstarrt am Radio sitzen. Die feierliche Meldung von Stalins Tod stürzte alle Patienten und auch das Personal tagelang in große Aufregung. Zu diesem kritischen Zeitpunkt überschütteten die beiden russischen Sicherheitsbeamten, die Ärzte und auch die Krankenschwestern Tschiang Tsching mit politischen Ratschlägen. Der Tod ihres Führers schien ihnen von allergrößter Tragweite zu sein, so daß sie es für erforderlich hielten, daß auch der Vorsitzende Mao mit anderen führenden Politikern aus aller Welt zum Begräbnis nach Moskau komme. Dies gehe sie gar nichts an, erwiderte Tschiang Tsching. Eine so bedeutsame Entscheidung werde vom chinesischen Zentralkomitee getroffen.

Am Tag von Stalins Begräbnis sank das Thermometer in Moskau unter Null. Der Vorsitzende war nicht gekommen, hatte jedoch eine Botschaft übermittelt.* Tschiang Tsching, die noch immer intensiv behandelt wurde, hielt mit den anderen Patienten im Sanatorium Wache. Von ihrem Fenster aus beobachtete sie die Trauerprozession auf dem Weg zum Roten Platz. Die Menge zu beiden Seiten der Straße schien außer sich vor Kummer zu sein, was Tschiang Tsching sehr erstaunte. Die Leute benahmen sich wie »Fanatiker« und klammerten sich hilfesuchend aneinander. Tschiang Tsching sagte (und wußte sich darin mit Mao einig), eines von Stalins Versäumnissen sei es gewesen, die Massen nicht besser auf seinen Tod vorbereitet zu haben.

Unter den Politikern, die nach Moskau kamen, um Stalins Sarg das Geleit zu geben, befanden sich auch Klement Gottwald, der die Februar-Revolution in der Tschechoslowakei angeführt hatte, und der polnische Ministerpräsident Boleslaw Bierut. Nach Tschiang Tschings Ansicht befanden sich sowohl Gottwald als auch Bierut in gutem Gesundheitszustand, bevor sie zu Stalins Begräbnis nach Moskau kamen, doch dann seien sie beide an den Folgen des bitterkalten Wetters gestorben. Ebenso verhielt es sich angeblich mit Palmiro Togliatti, dem Vorsitzenden der Kommunistischen Partei Italiens, und William Z. Foster, dem Vorsitzenden der Kommunistischen Partei der Vereinigten Staaten. Dies sind geradezu phantastische Vermutungen.** Offensichtlich wollte Tschiang Tsching damit ausdrücken, daß Mao durch sein Fernbleiben der tödlichen Krankheit, die Stalins Todeszeremoniell verbreitete, entgangen war.

* Diese Botschaft wurde von Ministerpräsident Tschou En-lai überbracht. Er führte die chinesische Delegation und fungierte als der einzige nichtsowjetische Sargträger. Dieser eindrucksvolle Auftritt bei Stalins Begräbnis leitete eine neue Ära der chinesisch-sowjetischen Brüderlichkeit ein, die mit Chruschtschows Staatsbesuch im September 1954 ihren Höhepunkt erreichte. (Dies behauptet Franz Schurmann, *»The Logic of World Power«*, New York 1974, S. 247).

** Gottwald starb am 14. März 1953, doch die anderen lebten noch mehrere Jahre: Bierut bis zum 12. März 1956, Foster bis zum 1. September 1961 und Togliatti bis zum 21. August 1964.

Obwohl Tschiang Tschings zweiter Aufenthalt in der Sowjetunion beinahe ein Jahr dauerte – vom Winter 1952 bis zum Herbst 1953 –, war es für sie fast unmöglich, etwas über das Land zu erfahren, da alle Chinesen vom sowjetischen Volk ferngehalten wurden.* Kulturelle Veranstaltungen kamen nicht in Frage, und auch sonst gab es für sie keinerlei Unterhaltung. Ihre Lektüre bestand aus Schriften, die von Chinas Diplomaten überbracht wurden, und ihre menschlichen Kontakte beschränkten sich fast ausschließlich auf russische Ärzte, Schwestern und Sicherheitsbeamten. Diese Personen hielt sie für »gute Leute«, obwohl sie vom Geld besessen zu sein schienen. Eine russische Schwester erzählte ihr, daß der bekannte Schriftsteller und Verleger Konstantin Simonow dank seiner Tantiemen und seines Gehalts als Minister ein »Millionär« sei. Seine Frau besitze herrliche Juwelen. Tschiang Tsching stellte fest, daß auch diese Schwester Schmuck getragen habe. Als sie dies zur Sprache brachte, habe die Schwester erklärt, daß man Schmuck nicht als etwas beurteilen dürfe, das politische Bedeutung habe. Es handele sich nur um eine persönliche Vorliebe. Irgend jemand habe an die sowjetische Zeitschrift »Krokodil« geschrieben, um auf die Gewinnsucht der Familie Simonow aufmerksam zu machen, wußte die Schwester zu berichten. Doch diese Angelegenheiten seien so delikat (und weitverbreitet) gewesen, daß »Krokodil« es nicht gewagt habe, solche Leserbriefe zu veröffentlichen.

Die große Bedeutung, die ihre Kontaktpersonen dem Geld einräumten, sei für sie beunruhigend gewesen, sagte Tschiang Tsching. Die Funktionäre, mit denen sie und ihre Begleiter Umgang hatten, erwarteten Geschenke und Trinkgeld für ganz reguläre Dienstleistungen. Offensichtlich seien Konsumgüter Mangelware gewesen. Nach Tschiang Tschings Ansicht sei die sowjetische Führungsspitze zu tadeln, da sie dem Volk keine ideologischen Anreize geboten habe, um es vom »Raffen« abzuhalten.

Obwohl die Beziehungen zwischen China und der Sowjetunion 1953 noch freundschaftlich waren, begann Tschiang Tsching bereits gewisse feindselige Unterströmungen zu spüren. Da offene Kontakte zwischen Chinesen und Russen »offiziell nicht gern gesehen wurden«, habe sie es sich zum Prinzip gemacht, ganz für sich zu bleiben, wenn sie einmal kräftig genug gewesen sei, um durch die Straßen zu schlendern. Eines Tages habe sie zu ihrer Überraschung gehört, daß ganz in der Nähe die chinesische Nationalhymne gespielt wurde. Ein Russe – er habe keine Ahnung haben können, wer sie war – sei freundlich auf sie zugetreten und habe sie gebeten, dem Vorsitzenden Mao und anderen führenden Politikern ihres Landes seine besten Grüße auszurichten. Kaum hätte er diese Worte ausgesprochen, habe ihn auch schon ein Geheimdienstler am Arm gepackt und weggeführt.

Tschiang Tsching stellte fest, daß die Sowjetunion in den frühen fünfziger

* In Wirklichkeit hatten die Tausende von chinesischen Studenten, Wissenschaftlern und Technikern in der Zeit der freundschaftlichen Beziehungen (die im Herbst 1960 ihr Ende fand) durchaus Zugang zum Kulturleben in der Sowjetunion. Obwohl sie meist in chinesischen Gemeinschaftssiedlungen lebten, konnten sie Theater- und Ballettaufführungen besuchen. Außerdem stand ihnen eine größere Auswahl an Büchern und Zeitungen zur Verfügung als in China.

Jahren in kultureller Hinsicht pro-amerikanischer und pro-europäischer eingestellt gewesen sei, als die meisten chinesischen Politiker geahnt hätten. Das Volk habe immer noch unter dem Bann der »Aristokraten« gestanden, die sich lieber auf französisch als auf russisch unterhielten, ostentativ europäische Gepflogenheiten kultivierten und sehr auf ihr Äußeres Wert legten. Die gut geführten Krankenhäuser und Sanatorien, in denen sie sich aufhielt, hätten die Bedürfnisse solcher Aristokraten, zu denen viele mächtige Funktionäre des neuen Regimes gehörten, befriedigt. Da sie nichts Besseres zu tun hatten, hätten manche kritisiert, daß Tschiang Tsching zu schlicht aussehe und sich nicht nach der neuesten Mode richte.

Auch das einfache Volk habe mehr als das chinesische Volk auf Stil und Farben geachtet. Sie habe eines Tages von ihrem Krankenhausfenster auf die Straße hinuntergeblickt und eine Frau bemerkt, die einen grünen Hut trug, der nicht zu ihrer übrigen Kleidung paßte. Außerdem habe sie auch einige Männer mit grünen Hüten gesehen. Andere seien sogar ganz in Grün gekleidet gewesen. Kurz darauf habe sie anderen Patienten gegenüber eine Bemerkung über diese merkwürdige Farbe gemacht. »Wissen Sie denn nicht, daß Grün in diesem Jahr die Modefarbe ist?« sei die erstaunte Gegenfrage gewesen. Fast alle Frauen seien geschminkt gewesen, was sie selbst völlig ablehnte, da es nicht zu revolutionären Ideen passe. Aber sie habe niemals eine Bemerkung darüber gemacht, fügte sie hinzu.

Eines Tages stellten einige andere Patienten fest, daß Tschiang Tsching nicht die übliche Krankenhauskleidung trug. Ihre Kleidung hatte einen anderen Schnitt und eine andere Farbe. Sie glich ausgerechnet jenem Grünton, den sie bei vielen Fußgängern auf der Straße bemerkt hatte. Sie erklärte ihren Mitpatienten, daß ihre Kleidung auf eine persönliche Anordnung von Stalin hin angefertigt worden sei. Er hatte irgendwann einmal erfahren, daß die Kleidung, mit der das Krankenhaus die Patienten ausstattete, ihr zu groß war, da sie weitaus zierlicher war als die durchschnittliche Russin. Die Kleidung, die er eigens für sie anfertigen ließ, war von einem ganz bestimmten Grün (seiner Lieblingsfarbe). Die anderen hätten sie nicht nur um die Farbe ihrer Kleidung, sondern auch um ihre schlanke Figur beneidet, erklärte sie mir lächelnd.

Tschiang Tsching hielt sich immer noch in der Sowjetunion auf, als der Vorsitzende am 15. Juni 1953 dem Politbüro die *Generallinie für die Übergangszeit* (den Ersten Fünfjahresplan für den Übergang zum Sozialismus) unterbreitete. Tschiang Tsching erfuhr davon über diplomatische Kanäle. Noch immer erhielt sie nicht die Erlaubnis, nach China zurückzukehren. Erst im Spätherbst war es dann soweit. Nach fast einem Jahr hatten es die berühmten sowjetischen Ärzte noch immer nicht geschafft, sie vollständig zu heilen. Als sie wieder in Peking war, litt sie immer noch unter heftigen Schmerzen im Unterleib, so daß sie nicht gehen konnte. Chinesische Ärzte stellten fest – die sowjetischen hatten es übersehen –, daß sie außergewöhnlich viele weiße Blutkörperchen hatte. Neue Tests ergaben, daß Gallenblase, Leber und Nieren immer noch nicht kuriert waren.

Als Tschiang Tsching sich über diese und andere Details ihrer Krankheitsgeschichte ausließ,* diskutierte sie mit den beiden Ärzten, die hinter ihr saßen. Sie stimmten meist mit ihr überein und gaben ausführlich Erläuterungen. Ihre Leber habe sich um zwei Finger breit unter dem Brustkorb vergrößert, berichtete sie. Doch ihr Zustand sei dadurch erleichtert worden, daß man die übermäßige Flüssigkeit aus dem Bauch abgezapft habe. Die Entzündung der Gallengänge in der Leber sei durch eine Spezialdiät bekämpft worden. Ihre langwierige Krankheitsgeschichte habe sie gelehrt, daß gewisse pathologische Zustände, die durch Arzneimittel nicht geheilt werden können, durch eine Diät kuriert werden könnten. Mit Vergnügen nannte sie mir einige Hausmittel, die sie selbst erprobt hatte.

Die Zeit zwischen Winter 1953 und 1958 sei die schwerste Zeit in ihrem Leben gewesen, meinte Tschiang Tsching, denn sie sei die meiste Zeit bettlägerig gewesen. Phasen schwerer Krankheit wechselten mit Phasen der Gesundung ab. Auf ihre zwei weiteren Krankenhausaufenthalte in der Sowjetunion in dieser Zeit kam sie erst später zu sprechen.

Im Winter 1953 befand sich ihr »Büro« in ihrem Schlafzimmer in Tschung-nan-hai. Als Schreibtisch benutzte sie ihr Bett mit verstellbarem Kopfteil. Eine dicke Steppdecke schützte sie gegen die winterliche Kälte. Hier arbeitete sie in den nächsten Monaten mehr als in dem ganzen vorhergehenden Jahr. Sie las viel, wobei sie sich auf »den großen politischen Kampf zwischen uns und dem Klassenfeind« konzentrierte, mit anderen Worten: auf den Kampf »zwischen den Sozialisten und der Bourgeoisie«.

Aus Zeitungen, neu erschienenen Büchern und aus ihrer eigenen Bibliothek suchte sie das Material heraus, das sie dem Vorsitzenden zu lesen gab. Dabei wies sie ihn auf die nach ihrer Meinung wesentlichsten Punkte hin. Wenn er an ihrem Bett saß, las sie ihm Zeitungen und Telegramme vor und hielt ihn über die jüngsten Ereignisse auf dem laufenden. Sie stellte auch selbständig Berichte zusammen und beschäftigte sich intensiv mit Problemen, mit denen sie noch kaum vertraut war.

Im Februar 1954 war sie immer noch bettlägerig. In diesem Monat brachen gewisse regionale Unruhen, die seit einiger Zeit Anlaß zu geheimen Nachforschungen gegeben hatten, offen aus. Auf der 4. Plenartagung des

* Mao Tse-tung stellte fest, daß Hypochondrie ein klassenbedingtes Leiden sein könne. Er selbst schaffte es, seine Leiden unter Kontrolle zu halten, und bewahrte meist Stillschweigen darüber. In einer Rede über das Gesundheitswesen am 24. Januar 1964 sagte er: »Chinas Sanitätsdienst hat von der Sowjetunion gelernt, ich kann mich auf die Worte der Sanitätsärzte nicht vollständig verlassen . . . Ich verlasse mich nur zur Hälfte auf die Worte des Arztes, zur anderen Hälfte muß er auf mich hören. Wenn man sich vollständig auf die Worte des Arztes verließe, hätte man noch mehr Krankheiten und könnte überhaupt nicht mehr leben. Früher habe ich niemals soviel von hohem Blutdruck und Leberentzündung gehört. Wenn ein Mensch nicht in Bewegung bleibt, wenn er nur gut ißt, sich gut kleidet, gut wohnt und den Wagen nimmt, statt zu Fuß zu gehen, sobald er das Haus verläßt, dann muß er doch häufiger erkranken. Eine zu gute Fürsorge, was Kleidung, Essen, Wohnung und Fortbewegung angeht, das sind die vier Gründe, weshalb höhere Kader erkranken.« Aus: Helmut Martin (hrsg.), »Mao intern«, München 1974, S. 213f.

VII. Zentralkomitees der Partei, das vom 6. bis zum 10. Februar 1954 tagte, stellte sich heraus, daß Kao Kang und Jao Schu-schih (die das Nordost-Büro bzw. das Ostchina-Büro der Partei seit der Befreiung geleitet hatten) dabei waren, eine Clique gegen die Partei zu sammeln. Während der Plenartagung wurde eine Resolution zur Stärkung der Einheit der Partei angenommen. Erst kürzlich, fügte Tschiang Tsching hinzu, hätten sie und Mao herausgefunden, daß Lin Piao früher zu der Kao-Jao-Clique gehört habe. (Obwohl er damals nicht bloßgestellt worden sei, hätten sie jetzt *Beweise* für seine Verbindung zu dieser Clique.)

Ebenfalls im Februar 1954 veröffentlichte der Schriftsteller Hu Feng eine Denkschrift von über 300000 Schriftzeichen, die an die Kommunistische Partei gerichtet war. Dies löste von allen Seiten »wilde Attacken« gegen die Partei aus. A Lung, Lu Ling und Schu Wu, Mitglieder von Hu Fengs »konterrevolutionärer Clique«, verfaßten Briefe, die hitzige ideologische Debatten verursachten. Jede dieser Schmähschriften las Tschiang Tsching unverzüglich, wenn sie auftauchten, doch ihre anhaltende Krankheit hinderte sie daran, alle Kommentare des Vorsitzenden zu diesen Schriften zu lesen. In den folgenden Monaten faßte der Vorsitzende diese Kommentare jedoch in Aufsätzen zusammen. Sie dienten als Munition für den Gegenangriff, den Mao im Mai und Juni 1955 einleitete.

Obwohl Tschiang Tsching in unserer Unterhaltung auf Hu Fengs Anklageschrift nicht näher einging, verdient diese es doch, näher dargestellt zu werden, denn sie trifft den Kern des latenten Konflikts zwischen Schriftstellern und Politikern in der Volksrepublik China. Hu Feng wurde 1903 in Hupeh geboren. Seine Vorliebe für moderne Auffassungen führte ihn in den späten zwanziger und den frühen dreißiger Jahren nach Japan. Seit 1934 arbeitete er in der *Liga Linker Schriftsteller* in Schanghai und schloß sich Lu Hsüns Kreis an. Obwohl er offenbar nie ein Mitglied der Kommunistischen Partei gewesen ist, bezeichnete er sich selbst als Marxisten. Er nahm den unorthodoxen Standpunkt ein, daß der »individuell kämpfende Geist« des Künstlers wertvoller für den schöpferischen Prozeß sei als zentral entwickelte Parolen, die den »Klassenkampf« darstellten. Hus Konflikt mit Mao datiert von der *Aussprache in Jenan* (1942), wo er sich zum Sprecher einer Gruppe von Schriftstellern aus Schanghai machte (Ting Ling, Hsiao Tschün, der Dichter Ai Tsching und andere), die auf einem gewissen Maß an intellektueller Unabhängigkeit von parteigebundener Orthodoxie in der Kultur bestanden. Anfang der fünfziger Jahre unterhielt er enge Kontakte zu einflußreichen Leuten aus den Verlegerkreisen von Schanghai. Im Juli 1954 – vielleicht handelt es sich um jenes Ereignis, das Tschiang Tsching in das Frühjahr 1954 verlegte –, einer Ruheperiode, was die Beziehung der Partei zu den Intellektuellen betrifft, unterbreitete er dem Zentralkomitee einen langen Bericht, in dem er Chinas gegenwärtige intellektuelle Sterilität auf die dogmatische Führung und auf den »scholastischen Marxismus« zurückführte. Damit meinte er, daß nur wenige, von der Partei Auserwählte die marxistische Theorie erläutern dürften. Selbstverständlich hatte er nichts gegen die Umerziehungsversuche der Partei, die einigen widerspenstigen Individuen galten. Er beklagte lediglich die brutale Unterdrückung des schöpferischen Geistes.

Die Auswirkungen dieser Affäre, die Hu Feng der Nation unterbreitet hatte, waren schwerwiegender, als aus der Erwiderung der Partei zu ersehen war. Die Probleme, an die Hu Feng gerührt hatte, hatten jahrelang geschwelt, bis sie sich schließlich wieder entzündeten. Behandelte die Partei den Überbau (Literatur und Bewußtsein) auf die gleiche Weise wie die ökonomische Basis (Land und Arbeit)? Würde man am Ende mit begabten Schriftstellern – und selbst mit den glühenden Sozialisten des alten Regimes – wie mit reichen Großgrundbesitzern umspringen, sie als »Klassenfeinde« etikettieren und ausrotten? War Maos Herrschaft so totalitär, daß sie Schriftstellern das Recht verwehrte, geistige Arbeit zu leisten und neue Ideen zu entwickeln? Oder sollten die Gebiete der Literatur wie Ackergebiete aufgeteilt und an Arbeiter, Bauern und Soldaten verteilt werden, damit diese auf eigene Faust den Boden bestellten und, falls überhaupt etwas wuchs, Ideen züchten könnten?

Im Januar 1955 begann die endgültige Verdammung von Hu Feng, Chinas Symbolfigur für intellektuelle Redlichkeit, der in sowjetischen und osteuropäischen Staaten viele Leidensgenossen hatte.* Ältere Schriftsteller, die vor der Befreiung zu Ansehen gekommen waren, unter ihnen Pa Tschin, Lao Sche, Ai Tsching und Kuo Mo-jo, ließ die Partei aufmarschieren, um sie gegen ihren Kollegen einzusetzen. Dies taten sie, indem sie Briefe und Aufsätze in der »Volkszeitung« veröffentlichten und Hu Fengs Ruf besudelten. Doch war der Vorwurf, Hu Feng sei »konterrevolutionär«, übertrieben, da jeder Beweis dafür fehlte, daß er Prinzipien des Marxismus angegriffen oder versucht hatte, das Regime zu gefährden. Seine öffentliche Selbstkritik vom Mai 1955, die die Partei von ihm gefordert hatte, wurde nicht akzeptiert. Einen Monat später beschlagnahmte man die Privatkorrespondenz zwischen Hu Feng und seinen Freunden und veröffentlichte sie gemeinsam mit einer offiziellen Kritik in der »Volkszeitung« und anderen Blättern. Einige haben die nachfolgende Zeit der Säuberungsaktionen unter den Intellektuellen, die auf ähnliche Weise geistige Unabhängigkeit demonstriert hatten, als »Herrschaft des Terrors« bezeichnet.[2]

Tschiang Tschings Stellungnahme zu diesen demütigenden Heimsuchungen von Schriftstellern – von Persönlichkeiten, die sie in ihrer Jugend verehrt hatte – entsprach der herrschenden Ideologie und ließ jede humanitäre oder philosophische Sensibilität vermissen. Obwohl sie es nicht direkt sagte, ging es Mao und ihr in dieser Angelegenheit in erster Linie um die Erhaltung ihrer Macht. Tschiang Tsching betonte, daß die literarischen Provokationen, welche die kulturelle Führungsrolle des Vorsitzenden in Frage stellten, zeitlich mit der Auflehnung der moskautreuen Militärmachthaber Kao Kang

* Hsiao Mu vom Revolutionskomitee Schanghai schilderte mir Hu Feng mit den üblichen Parteiparolen. Nach seinen Worten war Hu Feng verschlagen. Jahrelang habe er vorgegeben, Maos Reden in Jenan zu respektieren, doch dieser Respekt sei nur vorgetäuscht gewesen. Und tatsächlich habe er sich dann schließlich entlarvt und die Erkenntnisse des Vorsitzenden verleumdet. Er habe seine Peitsche in Gummi gehüllt und benutzt, um die KPCh zu treffen.

und Jao Schu-schih und der Verschlechterung der Beziehungen zur Sowjetunion zusammenfielen.

Den sich anbahnenden Konflikt mit den Russen erkannte Tschiang Tsching weniger an der Kursänderung der Tagespolitik, von der sie 1954 und 1955 ausgeschlossen war, als daran, daß es häufig zu einem Mißbrauch des Protokolls und zu bösen Zänkereien zwischen den Männern an der Spitze kam. Als es ihr gesundheitlich wieder besser ging, so daß sie aufstehen konnte, stellte sie fest, daß die russischen Politiker zwischen Moskau und Peking hin und her reisten, um sich irgendwelche Vorteile zu verschaffen und weil sie auf eine günstige Gelegenheit zur Einmischung lauerten. Diese Staatsbesuche wurden zunehmend peinlich und sinnlos.

Chruschtschow (der Tschiang Tsching niemals in seinem Land empfing) besuchte China dreimal. Der Anlaß für den ersten Besuch, der vom 29. September bis zum 2. Oktober 1954 dauerte, waren die Festlichkeiten anläßlich des Fünften Jahrestages der Gründung der Volksrepublik China. Der zweite Besuch – vom 30. Juli bis zum 3. August 1958 – hatte keinen besonderen Anlaß. Jedenfalls konnte Tschiang Tsching sich nicht an einen solchen erinnern. Der Vorwand für den letzten Staatsbesuch vom 30. September bis zum 4. Oktober 1959 war die Feier anläßlich des Zehnten Jahrestages der Volksrepublik China. Doch Chruschtschows Anwesenheit stand unter keinem glücklichen Stern.

Ihre einzige Begegnung mit ihm fand 1954 statt. (Bei seinem zweiten und dritten Staatsbesuch wurde sie durch ihre Krankheit daran gehindert, ihn zu treffen.) Sie erinnerte sich daran, daß sie zwischen den Parteiführern auf der Rednertribüne am Tor des Himmlischen Friedens gestanden hatte, um von dort aus die Paraden und Demonstrationen und das Feuerwerk zu betrachten. Tschou En-lai, der immer Wert auf gesellschaftliche Umgangsformen legte, machte eine Bewegung, um Tschiang Tsching Chruschtschow vorzustellen. Doch als der Vorsitzende Mao bemerkte, was Tschou vorhatte, stand er auf, ging zu Tschiang Tsching hinüber (sie zeigten sich öffentlich so gut wie nie Seite an Seite) und führte sie rasch von der Rednertribüne hinunter.* Von der Menschenmenge unbeachtet verfolgten sie dort gemeinsam das Feuerwerk. Diese Erinnerung hielt Tschiang Tsching hoch in Ehren.

Maos Geste sei bedeutsam gewesen, erklärte Tschiang Tsching, denn sein

* Chruschtschow durchschaute das Spiel der chinesischen Politiker, das für die Massen inszeniert wurde, durchaus. Später schrieb er: »Ich erinnere mich, daß ich 1945 nach meiner Rückkehr aus China den Genossen gesagt habe: ›Ein Konflikt mit China ist unvermeidlich.‹ Ich kam zu diesem Schluß auf Grund verschiedener Bemerkungen Maos. Während meines Besuchs in Peking war die Atmosphäre typisch orientalisch gewesen. Alle verhielten sich unglaublich höflich und zuvorkommend, aber ich durchschaute ihre Heuchelei. Nach meiner Ankunft umarmten Mao und ich uns herzlich und küßten uns auf beide Wangen. Oft lagen wir an einem Schwimmbecken und plauderten wie die besten Freunde über alles mögliche. Aber die Atmosphäre war widerwärtig süßlich, so daß einem übel wurde. Darüber hinaus machten mich einige Dinge, die Mao sagte, mißtrauisch. Ich war nie ganz sicher, ob ich verstand, was er meinte. Damals dachte ich, es hätte mit einigen besonderen Charakterzügen der Chinesen und ihrer Denkweise zu tun.« (»Chruschtschow erinnert sich«, hrsg. Strobe Talbott, Reinbek bei Hamburg 1971, S. 468).

Entschluß, diese Begegnung zu verhindern, zeige, daß Mao den sowjetischen Parteichef schon 1954 verabscheut habe. Chruschtschow habe sich ihnen gegenüber schlecht betragen. Die Chinesen hätten gewußt, daß er sich hinter ihrem Rücken über sie lustig mache und die KPCh die »patriotische Partei« und die »Kinderpartei« nenne. Im September 1959 reiste Chruschtschow in die USA, wo er auch die Vereinten Nationen besuchte. Bei einer Ordentlichen Sitzung habe er seinen Schuh ausgezogen und eine Rüpelszene aufgeführt. Danach sei er nach China gekommen, und hier habe er sich ähnlich schlecht benommen. Bei einem Staatsbankett ihm zu Ehren habe er die Chinesen als »Gockel, die gern kämpfen« bezeichnet, und auch sonst habe er sich ungebührlich verhalten. So habe man ihn in China in Erinnerung.

Während im Herbst 1954 Tschiang Tschings Genesung langsam fortschritt, fanden in der chinesischen Führungsspitze entscheidende Veränderungen statt. Auf dem Ersten Nationalen Volkskongreß der Volksrepublik China am 15. September 1954 hielt Mao eine Eröffnungsrede, in der er die Partei als das Herz und die größte Stärke des Staates und den Marxismus-Leninismus als seine theoretische Basis bezeichnete. Kurz darauf wurde Mao zum Staatspräsidenten der Volksrepublik gewählt (und die erste Verfassung verabschiedet).

Fünf Jahre nach der Verabschiedung des Bodenreformgesetzes von 1950 widmete sich der Vorsitzende wieder den ernsten Problemen der Landwirtschaft. Er hielt den Zeitpunkt für gekommen, ein neues Organisationsmodell, die Genossenschaft, einzuführen. In jenem Sommer leitete er die Kampagne ein, die die Landbevölkerung dazu bringen sollte, die halbsozialistischen Genossenschaften in vollsozialistische umzuwandeln. Um die Begeisterung der Massen für eine weitere mühsame Veränderung zu wecken, mußte er die verschiedenen regionalen Parteisekretäre erst instruieren, wie diese Umgestaltung zu bewerkstelligen war. Am 31. Juli 1955 berief er eine Versammlung der Sekretäre der Provinz-, Kreis- und Stadt-Parteikomitees ein und hielt eine Ansprache über die mannigfaltigen Probleme bei der Gründung solcher Genossenschaften. Bei dieser Versammlung stieß er auf einen Widerstand, den er »Rechtsopportunismus« nannte. Liu Schao-tschi war der Führer dieser Fraktion. Daß Mao damals Liu und seine Gefolgsleute herausgefordert hatte, sollte weitreichende Konsequenzen haben.*

* In Maos Worten: »Ein neuer Aufschwung in der sozialistischen Massenbewegung auf dem Lande steht in ganz China bevor. Doch manche unserer Genossen trippeln wie eine Frau mit eingebundenen Füßen schwankend einher und beschweren sich in einem fort bei anderen Leuten: ›Ihr geht zu rasch!‹ Übertriebene Kritik, unangemessene Vorwürfe, endlose Befürchtungen und zahllose Vorschriften und Verbote –, sie glauben, das wäre der richtige Kurs der Anleitung zur sozialistischen Massenbewegung im Dorf …«

»Der gegenwärtige Aufschwung der gesellschaftlichen Umgestaltung auf dem Land – d. h. beim genossenschaftlichen Zusammenschluß – hat bereits einige Gebiete des Landes ergriffen; bald wird sich dieser Aufschwung über das ganze Land ausbreiten. Es ist dies eine sozialistische revolutionäre Bewegung von riesigen Ausmaßen, welche die mehr als 500 Millionen Menschen zählende Landbevölkerung umfaßt, eine Bewegung von größter Weltbedeutung.«

Aus: »Zur Frage des genossenschaftlichen Zusammenschlusses in der Landwirtschaft«, Peking 1968, S. 1f.

Um das Volk in der Genossenschaftsbewegung auf seine Seite zu ziehen, bereitete Mao im September 1955* die Veröffentlichung eines Buches unter dem Titel »Der sozialistische Aufschwung im chinesischen Dorf« vor.[3] Er verfaßte für die erste dreibändige Ausgabe ein Vorwort und Anmerkungen zu mehr als hundert Artikeln. Diese Artikel hatte man Leute schreiben lassen, die in den verschiedenen Phasen der Genossenschaftsbewegung, die allmählich an Boden gewann, beteiligt gewesen waren. Auf einer Erweiterten Sitzung des 6. Plenums des VII. Zentralkomitees, das vom 4. bis 11. Oktober 1955 abgehalten wurde, ließ der Vorsitzende Kopien der Artikel verteilen, die bereits den Repräsentanten der Provinz-, Stadt- und Kreis-Parteikomitees vorgelegt worden waren. Er bat um Stellungnahmen und um weitere schriftliche Beiträge.

Als diese Beiträge eintrafen, schrieb der Vorsitzende das Vorwort gegen Ende Dezember um und gab ihm seine endgültige Form. Der bedeutendste Artikel des Buches – »Der Parteisekretär leitet, und die ganze Partei arbeitet bei der Gründung und Verwaltung der Genossenschaften mit« – gehöre zu seinen Lieblingsartikeln, sagte Tschiang Tsching. Im Vorwort lobte er die Wang Kuo-fan-Genossenschaft – ursprünglich eine »Arme Genossenschaft« aus dem Kreis Tsun-hua in Hopeh – für die Sparsamkeit, die sie in ihrer Organisation und in ihren Produktionstechniken über drei Jahre hinweg bewiesen hatte.

»Der sozialistische Aufschwung im chinesischen Dorf« erschien zu einem Zeitpunkt, der für die chinesische Parteiführung und ihre Wirtschaftsplanung kritisch war, und sollte als Beweis für den *Kampf zweier Linien* betrachtet werden. Was hat den Vorsitzenden bewogen, ein solches Buch zusammenzustellen? Tschiang Tsching behauptete, die verschwörerischen Aktivitäten von Kao Kang und Jao Schu-schih, deren Clique zum erstenmal im Februar 1954 bloßgestellt worden war, hätten das Buch veranlaßt. Doch Kao und Jao waren nicht etwa auf sich allein gestellt, sondern wurden von den sowjetischen Revisionisten unterstützt. Sie waren also in Wirklichkeit Kollaborateure. Einige kämpften offen »an der Front«, andere heimlich hinter den Linien. Kao Kangs Ehrgeiz war es, Vorsitzender des Ministerrats zu werden – eine Institution nach »sowjetischem Muster«.[4]

Als am 25. Januar 1956 eine Sitzung der Obersten Staatskonferenz stattfand, legte der Vorsitzende ein Vierzehn-Punkte-Programm für die landwirtschaftliche Produktion der Jahre 1956 und 1957 vor. Am 5. April 1956 brachte die »Volkszeitung« den Leitartikel »Über die historischen Erfahrungen der Diktatur des Proletariats« und am 29. Dezember 1956 einen zweiten

* Im selben Monat schrieb Tschiang Tsching einen Artikel unter dem Titel »Bekommt das Volk bei der Lebensmittelzuteilung genug zu essen?«, der in *»Schih-schih schou-tse«* [Tagesereignisse] 17 am 10. September 1955 veröffentlicht wurde (ECMM 19 vom 19. Dez. 1955, S. 23ff.). In ihrem Artikel befürwortet sie eine zusätzliche Lebensmittelzuteilung auf dem Lande, wo es offenen Widerstand gegen die radikale Änderung der landwirtschaftlichen Produktionsmethoden gab. Ihre detaillierte Analyse, ergänzt durch graphische Darstellungen, zeigt, wie die Zuteilung sich nach den individuellen Bedürfnissen richten könnte – je nach Alter, Geschlecht, Körperbeschaffenheit, Energieverbrauch usw.

unter demselben Titel – beide Artikel seien wohlbekannt, sagte Tschiang Tsching.*

Auf einer Erweiterten Sitzung des Politbüros (vom 25. bis zum 28. April 1958) hielt der Vorsitzende Mao die Rede »Über die Zehn Großen Beziehungen«, die für Chinas Regierungsform von grundlegender Bedeutung sind.**

1956 nahmen die kulturellen Auseinandersetzungen, die Peking aus eigener Kraft unter Kontrolle halten wollte, plötzlich weltweite Ausmaße an. Würden die Meldungen parteifeindlicher Herausforderungen durch Intellektuelle in Osteuropa die Machtstellung der KPCh unterminieren? Um diese Gefahr zu bannen, berief der Vorsitzende zum 2. Mai 1956 eine Sitzung der Obersten Staatskonferenz ein und gab die Parole aus »Laßt hundert Blumen blühen, laßt hundert Schulen miteinander wetteifern« (eine Aufforderung zur freien Meinungsäußerung, welche auch die Freiheit einschloß, die Partei zu kritisieren). Auf dem VIII. Parteitag der KPCh, der vom 15. bis 20. September in Peking abgehalten wurde, signalisierte Maos Eröffnungsrede, daß die *Hundert-Blumen-Bewegung* eine große Kampagne einleiten sollte.*** Danach, sagte Tschiang Tsching, »begannen die Klassenfeinde zu Hause mit

* Dieser zweiteilige Leitartikel, der als Broschüre auf englisch erschien (Peking 1956), reagierte auf Chruschtschows Rede im Februar, in der er Stalins »Verbrechen« enthüllt hatte. Zugleich lehnte Mao Chruschtschows »Kult des Individuums« ab. Außerdem reflektierte er über Probleme der Staatsführung und über die Zukunft der Revolution. Mao verteidigte sich im Grunde gegen einen potentiellen Nachfolger, der seinen (Maos) Ruhm und den Volkskult – jene unzeitgemäße Vergötterung, die seinen Ruhm sicherte – zerstören könnte.

** Obwohl sie niemals offiziell veröffentlicht wurde, kursierte sie unter den politischen Führungskräften. Es ist eine dialektische Analyse von zehn fundamentalen sozialen Dichotomien – ländlich-städtisch, industriell-landwirtschaftlich, zentral-regional u. a. Mao betonte, daß es nötig sei, eine Balance zwischen entgegengesetzten Kräften aufrechtzuerhalten und vertrat nun die Lehre vom Vorrang der Landwirtschaft und forderte zur Dezentralisierung und zur lokalen Initiative auf. Auf diese Weise korrigierte er, was er als die Fehler des Ersten Fünfjahresplans ansah, der dem sowjetischen Vorbild der politischen Zentralisierung, des Bürokratismus und der Privilegierung der Schwerindustrie gefolgt war. Dieser Artikel ist unter dem Titel »Über die Zehn Großen Beziehungen« in Stuart Schram (Hrsg.), *»Mao Tse-tung Unrehearsed, Talks and Letters: 1956–71«*, London 1974, S. 61–83, erschienen. In der Pekinger »Volkszeitung« wurde der Text am 26. 12. 77 publiziert, deutsch in der »Peking Rundschau«, Nr. 1/1977.

*** Gegen Monatsende nahm Lu Ting-i, Direktor der Propagandaabteilung des ZK, der für die Kontrolle aller Publikationen verantwortlich und eine Autorität auf dem Gebiet der Literatur und der Kunst war, Maos Aufforderung zur öffentlichen Diskussion zum Anlaß für eine nationale Kampage. Lu Ting-i unterstützte Mao öffentlich mit seinem Eingeständnis, daß sowohl die Wissenschaft als auch die Künste in China stagnierten. Neue Initiativen sollten ergriffen werden. Dabei dürfe man natürlich nicht vergessen, daß Literatur, Kunst und Wissenschaft Waffen im Klassenkampf seien. Tschou Yang, Stellvertretender Direktor des ZK, unterstützte ihn, indem er die Kritiker unter den Literaten und anderen Künstlern bloßstellte und später Säuberungsaktionen gegen sie durchführte. Doch frühere Verdienste garantieren nicht die Gnade der Gegenwart. Tschiang Tsching vergaß die breite Zustimmung, welche Lu und Tschou damals erhalten hatten. Ihre persönliche Abneigung gegen die beiden und ihr Mißtrauen gegenüber den ideologischen Bindungen von Lu und Tschou führte zehn Jahre später, während der Kulturrevolution, zum Sturz der beiden.

den sowjetischen Revisionisten gemeinsame Sache zu machen«. Die Ereignisse in Polen und Ungarn von 1956 hatten die Klassenfeinde zu Hause dazu inspiriert, alle möglichen westlichen Irrtümer und konterrevolutionären Meinungen zu äußern.[5] Aufsätze, Romane und andere literarische Produkte, die im Jahr der *Hundert-Blumen-Bewegung* rasch hintereinander veröffentlicht worden seien, zeigten dies mehr als deutlich. Nach Tschiang Tschings Ansicht gehörten zu den verderblichsten Schriften Tschin Tschao-yangs Aufsatz »Der breite Weg des Realismus« und Wang Mengs Erzählung »Ein junger Neuankömmling in der Organisationsabteilung«.[6] Im Winter 1956 wurde Tschung Tien-feis Artikel »Gongs und Trommeln in der Filmindustrie« (er wies darauf hin, wie gering die Kassenerfolge der sozialistischen Filme seien) unter dem Pseudonym Tschu Tschu-tschu gedruckt. Er führte zu hitzigen Erwiderungen.[7] Im Februar 1957 veröffentlichte der bekannte Soziologe Fei Hsiao-tung seinen Aufsatz »Der Vorfrühling der Intellektuellen.«[8]

Diese und andere üble Machwerke seien während der »wilden Attacken gegen die Partei im März 1957« verbrochen worden. Angriffe von Intellektuellen hätten sich überall in den Städten auf den Wandzeitungen gefunden. Der Vorsitzende reagierte darauf mit seiner Rede vor der Obersten Staatskonferenz »Über die richtige Behandlung der Widersprüche im Volk«. Diese Rede wurde unter demselben Titel am 18. Juni 1957 als Aufsatz veröffentlicht. Ihr Ziel sei es gewesen, die Klassenanalyse voranzutreiben und die *Berichtigung* jener Intellektuellen vorzubereiten, die in den Monaten zuvor bürgerlichen Widerstand gegen den Sozialismus und gegen die Diktatur des Proletariats geleistet hatten.

Am 12. März 1957 sprach der Vorsitzende auf der Landeskonferenz der KP Chinas über Propagandaarbeit. Seine dort gehaltene Rede wurde später als Broschüre veröffentlicht. Nach den verräterischen Angriffen der bürgerlichen Rechten gegen die Partei wurde am 27. April 1957 die *Berichtigungsbewegung* gegen die Rechten offiziell vom Zentralkomitee angekündigt. Im Mai gab der Vorsitzende die Direktive aus: »Die Lage ändert sich.« Das Thema der zukünftigen »sozialistischen Erziehung« behandelte er in einer Rede vom 8. Juni. Am selben Tag und am 10. desselben Monats veröffentlichte die »Volkszeitung« Leitartikel des Vorsitzenden unter dem Titel »Wozu ist das gut?«. Diesen Leitartikeln, die den Gegenangriff gegen die Rechten einleiteten, folgte ein anderer Aufsatz des Vorsitzenden (»Die Lage hat sich stabilisiert«), der den Gegenangriff in das ganze Land hineintrug.

Die *Berichtigungsbewegung* müsse auch im internationalen Zusammenhang gesehen werden, fuhr Tschiang Tsching erregt fort. Ihre Ursachen seien nicht nur in China, sondern auch in den polnischen und ungarischen Ereignissen zu suchen*, die erst ein Jahr zuvor die sozialistische Weltöffentlichkeit

* Freimütig erklärte Mao am 18. Januar 1961: »Nach den Ereignissen in Ungarn von 1956 gelangten wir mit Hilfe der freien Meinungsäußerung auf den Boden der Tatsachen und säuberten uns von mehreren hunderttausend Rechten; wir säuberten auch die Genossenschaften auf dem Land, aber wir sahen nicht die Wiedergeburt der Grundbesitzer voraus.« (Ansprache vor dem 9. Plenum des VIII. Zentralkomitees, in: »*Miscellany of Mao Tse-tung Thought*« II, S. 243).

erschüttert hätten. Die Beziehung zwischen der *Berichtigungsbewegung* und den polnischen und ungarischen Ereignissen sei von Tschou En-lai vor Tausenden von Zuhörern bei der 4. Sitzung des Nationalen Volkskongresses am 26. Juni erläutert worden. Dort habe Tschou die schamlosen Täuschungsmanöver einiger sozialistischer Parteien des Auslands in der Folge der Rebellionen von Intellektuellen gegen die Parteiautorität aufgedeckt. Auf Tschous Bericht folgte Maos Vorgehen gegen die Hauptstörenfriede *innerhalb* Chinas. Am 1. Juli 1957 veröffentlichte er einen Artikel in der »Volkszeitung« unter dem Titel »Die bürgerliche Ausrichtung der ›*Wen-hui pao*‹ [Literaturzeitung] muß kritisiert werden!«*

Nachdem das Schlimmste vorüber war, fuhren Tschiang Tsching und Mao nach Nanking, um Versammlungen einzuberufen. Doch die hochsommerliche Hitze war so drückend, daß sie dort nur kurze Zeit blieben und dann in nördlicher Richtung nach Tsingtao weiterreisten. Dort herrschte aber die gleiche glühende Hitze. Alle, einschließlich Tschiang Tsching, zogen sich Erkältungen zu. Der Vorsitzende machte sich Sorgen wegen ihrer Gesundheit und bestand darauf, daß sie nach Peking zurückkehrte. Dies tat sie dann auch.

Bevor Mao Tsingtao verließ, gab er einen Überblick über die Lage, wie sie sich im Sommer 1957 darstellte, erläuterte die Grundsätze der *Bewegung gegen die Rechten* und entwickelte eine Strategie, wie man sie zu einer nationalen Bewegung erweitern könnte. Was Tschiang Tsching eine »sozialistische Erziehungsbewegung« nannte, wurde am 8. August vom Zentralkomitee im einzelnen festgelegt. Fünf Tage später wurde diese Kampagne gemeinsam mit der *Berichtigungsbewegung* überall in der Volksrepublik in Gang gesetzt.

Die Reaktion der Massen erfolgte rasch. Das Volk, fest entschlossen, sich Geltung zu verschaffen, brachte überall große Wandzeitungen an. Die Presse diskutierte die Bedeutung dessen, was der Vorsitzende gesagt hatte. Als die Auseinandersetzungen, die in der Stadt begonnen hatten, auf das Land übergriffen, »war die revolutionäre Lage ausgezeichnet«.

Gegen Ende 1957 hatte der Vorsitzende auf diese Weise die Kontrolle über das kulturelle Leben des Landes gewonnen. Die Filme wurden allerdings immer noch im Geist der dreißiger Jahre produziert, obwohl die damaligen Zustände sich geändert hatten und besser vergessen werden sollten. Als die bedenklichsten Filme (obwohl das Volk sie liebte) erschienen Tschiang Tsching Hsia Yens »Der Laden der Familie Lin« von 1959 und Ko Lings

* Unzufrieden mit der Selbstkritik der Literaturzeitschrift (im Juniheft) legte Mao seine Ansichten in der Symbolsprache der *Hundert-Blumen-Bewegung* dar. Ihr Ziel sei es, so erklärte er, die bösen Geister und Dämonen aller Arten »frei diskutieren zu lassen und die giftigen Kräuter für alle sichtbar heranwachsen zu lassen, bis das Volk über derartige Dinge entsetzt ist und daran geht, diese erbärmlichen Taugenichtse auszumerzen ... Wir haben dem Feind schon früher gesagt: Erst wenn man die Rinderteufel und Schlangengeister aus dem Käfig herausläßt, kann man sie ausrotten. Erst wenn man die giftigen Kräuter sprießen läßt, kann man sie jäten. Jäten die Bauern nicht mehrmals im Jahr das Unkraut?« (SCMP 1957 vom 11. Juli 1957, S. 20).

»Stadt ohne Nacht« von 1958.* Die Regisseure konnte sie jedoch erst zur Zeit der Kulturrevolution zur Rechenschaft ziehen. Beide Filme erschienen ihr in politischer und ökonomischer Hinsicht suspekt, da »sie versuchten, die Diktatur des Proletariats zu schwächen, indem sie den Klassenfeind priesen und zugleich versuchten, kapitalistische Unternehmen zu etablieren. Außerdem bemühten sie sich, die Genossenschaften in der Landwirtschaft zu unterminieren, indem sie die Rückkehr zur individuellen Bewirtschaftung propagierten.«

Während die Aufmerksamkeit aller auf die Verfolgung der Dissidenten gerichtet war, erlitt Tschiang Tsching einen weiteren schweren Rückfall, der sie völlig außer Gefecht setzte. Sie hatte ständig hohes Fieber und verlor schnell an Gewicht. Ihre Ärzte trafen ein, um sie zu untersuchen. Der Gynäkologe diagnostizierte Gebärmutterhalskrebs.

Tschiang Tsching erinnerte sich, daß sie 1955 zu einer Generaluntersuchung in die Sowjetunion geschickt worden war. Diese Reise erwies sich jedoch als nutzlos, da die sowjetischen Ärzte in jener Zeit nicht an die »Zelltheorie« glaubten.[9] Folglich lehnten sie die Diagnose ab, die von den chinesischen Ärzten vor Tschiang Tschings Abreise gestellt worden war. 1956 stellten die chinesischen Ärzte fest, daß die erkrankten Zellen die Haut des Gebärmutterhalses überwucherten. Nach Meinung der Ärzte gab es zwei mögliche Behandlungsmethoden: Operation oder Bestrahlung. Da die früheren Operationen (die durch ihr Leberleiden nötig geworden waren) Verwachsungen im Unterleib zur Folge hatten, die ihr immer noch Schmerzen

* »Der Laden der Familie Lin« basierte auf einer Kurzgeschichte, die Mao Tun (Schen Yen-ping) 1932 geschrieben hatte. Er war ein linker Autor, der völlig frei von dogmatischen, parteioffiziösen Vorstellungen war. Seine Geschichte, die von Japans Überraschungsangriff auf Schanghai (am 28. Januar 1932) handelt, erzählt von Lin, einem Geschäftsinhaber, dessen patriotische Instinkte stärker sind als sein Wunsch, sich eine neue Theorie des Klassenkampfs anzueignen.

Weil er für die Filmfassung dieser Erzählung verantwortlich war, wurde Hsia Yen angeklagt, die kapitalistische Klasse darzustellen und konterrevolutionäre Sympathien zu äußern. Außerdem legte man ihm zur Last, daß er nicht »das Leben von Arbeitern, Bauern und Soldaten« schildere. Zu seiner Verteidigung (und vielleicht auch zur Verteidigung einer Generation von autonomen linken Schriftstellern und Regisseuren, die heute unterdrückt werden) erklärte Hsia Yen, daß Filme, welche die Arbeiter, Bauern und Soldaten verherrlichten, künstlerisch unzulänglich seien, da es ihnen an Lebendigkeit und an einer glaubwürdigen Psychologie mangelte. Außerdem sei ihre Handlung und die Charakterisierung der Personen zu simpel; daher hätten sie weder Höhepunkte noch Spannung. Offizielle Schmähschriften gegen »Der Laden der Familie Lin« wurden erst auf dem Höhepunkt der Kulturrevolution veröffentlicht (in JMJP vom 29. Mai 1965; am 9. Juni 1965 und am 13. Juni 1965).

»Stadt ohne Nacht« war ursprünglich ein Theaterstück von Ko Ling (Kao Tschi-ling), der auch seit dem Anfang der dreißiger Jahre Drehbuchautor und Kritiker war. Die Handlung spielt in einer Textilfabrik in Schanghai, in einem Zeitraum von mehr als zwanzig Jahren. Dieser Film wurde während der Kulturrevolution angegriffen, da er einen »Kapitalisten als Helden« zeige und das Prinzip der »*Rettung des Vaterlands* durch die Industrie« vertrete. Dies waren »Vergehen«, die den Film angeblich mit dem verurteilten Liu Schaotschi und seinen revisionistischen Mitarbeitern in Verbindung brachten. (Leyda, *»Dianying«*, S. 342.)

bereiteten, wollte Tschiang Tsching von einer weiteren Operation nichts wissen. Also blieb nur die Bestrahlung übrig. Man verwendete sowohl Radiumträger als auch Kobalt 60. Die Bestrahlungen mit Radium waren eine Strapaze, die – noch stärkere – Kobalt-60-Behandlung war geradezu unerträglich. Da sie diese Therapie nicht aushielt, waren die Ärzte völlig ratlos. Sie schlugen Tschiang Tsching vor, nach Moskau zurückzukehren und sich erneut von den sowjetischen Ärzten behandeln zu lassen. Obwohl Tschiang Tsching schwer krank war und sie dies genau wußte, konnte sie die Vorstellung nicht ertragen, China wieder verlassen zu müssen und nicht zu wissen, was während ihrer Abwesenheit geschah. Also wehrte sie sich erbittert gegen die Entscheidung der Ärzte. Doch auch andere, die nichts von Medizin verstanden, mischten sich ein und drängten sie dazu, unverzüglich abzureisen. Zum ersten Mal setzten es der Vorsitzende Mao und das Zentralkomitee durch, daß eine Gynäkologin Tschiang Tsching in die Sowjetunion begleiten konnte. Diesem gemeinsamen Beschluß konnte sie nichts entgegensetzen. Sie kapitulierte und fuhr ein viertes Mal nach Rußland.

Sie erinnerte sich, daß sie völlig entnervt und mit hohem Fieber in Moskau ankam. Sie machte sich keine Illusionen über ihre schreckliche Krankheit, und auch nicht darüber, daß die Hoffnung auf Heilung nur gering war. Nachdem sie im Krankenhaus untersucht worden war, wollten die russischen Ärzte sie nicht dabehalten, da sich der Zellenbestand ihrer weißen Blutkörperchen auf 3000 verringert hatte – eine Nebenwirkung der Strahlentherapie. Dadurch war die Infektionsgefahr gefährlich erhöht worden. Sie selbst, ihre Gynäkologin und ihre anderen Begleiter erklärten empört, daß die Ärzte geradezu verpflichtet seien, sie aufzunehmen, solange sie Krankenbetten in ihrem Hospital hatten. Man gab nach, und zum erstenmal wurde ihr gestattet, die chinesische Ärztin bei sich zu behalten. Um den Gebärmutterhalskrebs zu bekämpfen, habe man ihr eine »Überdosis« Kobalt 60 gegeben, beschuldigte Tschiang Tsching die russischen Ärzte. Sie verlor ständig das Bewußtsein und war überzeugt, daß ihr Knochenmark verletzt war. Sie erhielt nun Bluttransfusionen, doch dadurch stieg ihr Fieber noch weiter an. Daraufhin brach man die Therapie ab. Die sowjetischen Ärzte waren an einem toten Punkt angelangt. Sie vermuteten, daß die frische Luft der Moskauer Vorstädte für Tschiang Tsching zuträglicher sei als die Luft in der Innenstadt. Also verlegten sie ihre Patientin in ein Vorstadt-Sanatorium, wo sie nicht mehr die Verantwortung für sie trugen.

In jenem Winter herrschte bittere Kälte, und man behandelte sie nicht gerade schonend. Die Ärzte des Sanatoriums versuchten, sie zu »heilen«, indem sie Tschiang Tsching ins Freie brachten, wo eine Kälte von zwanzig Grad unter Null herrschte. Der Schweiß brach ihr aus allen Poren, und ihre Sehkraft ließ nach. Sie sah alles verschwommen und verzerrt. Sie schwankte so sehr, daß sie ohne Stütze nicht aufrecht stehen konnte. Um sich »abzuhärten«, versuchte sie, Übungen zu machen, so schwach sie auch war. Doch Willenskraft allein konnte den extremen körperlichen Kräfteverlust nicht ausgleichen. In Tschiang Tschings Erinnerung verwandelte sich der alptraumhafte Winter unbemerkt in den Frühling und der Frühling in den Sommer. Nach längerer planloser Behandlung verkündeten ihr die Ärzte mit Grabesmiene, daß sie an Rachitis leide. Tschiang Tsching lachte, als sie sich daran erinnerte, daß im Norden der Provinz Schensi in den dreißiger und vierziger Jahren viele Genossen an derselben Krankheit gelitten hatten. Ihre Ursache vermutete man im Jod- und Kalzium-Mangel. Doch in Tschiang Tschings Fall hatte man die Rachitis deswegen diagnostiziert, um einen Vorwand zu finden, sie loszuwerden und in das städtische Krankenhaus zurückbringen zu lassen.

Die Ärzte in der Stadt setzten nun die mächtigsten Waffen gegen den Krebs ein. Sie ertrug drei Runden von Kobaltbestrahlungen. Die massive Dosierung schwächte ihren gesamten Organismus so sehr, daß sie ständig mit Sauerstoff beatmet werden mußte. Als sie zum viertenmal unter der Sauerstoffmaske lag, fiel sie in ein Koma. Deutlich erinnerte sie sich an das abrupte Erwachen, an die Angst, ersticken zu müssen, an die Angst vor dem Tod.

Sobald sie genug Energie aufbringen konnte, stellte sie zwei Forderungen. Erstens sollte man die Behandlung mit Kobalt abbrechen, und zweitens wollte sie nach China zurückgebracht werden. Diese Forderungen aufzustellen war einfach, sie in die Tat umzusetzen, stand auf einem ganz anderen Blatt. Die Ärzteschaft in der Sowjetunion war strikt hierarchisch aufgebaut. Das bedeutete, daß es so gut wie unmöglich war, einen Arzt oder Professor dazu zu bewegen, auf eigene Verantwortung zu handeln, wenn nicht die Zustimmung seiner Vorgesetzten vorlag. Tschiang Tsching lag schon wieder im Koma, bevor ein Professor zur Stelle war, der zu diesem Zeitpunkt ihren Fall übernehmen konnte. Als sie unter der Sauerstoffmaske wieder zu sich kam, völlig benommen und schweißüberströmt, erklärte sie, daß es ihr sehnlichster Wunsch sei, nach Hause zu fahren, doch keiner hörte ihr zu. Da sie zu schwach war, um zu essen, verschlimmerte sich ihr Zustand weiterhin. Die Ärzte des städtischen Krankenhauses wußten sich nicht mehr zu helfen und ließen Tschiang Tsching wieder in das Vorstadtsanatorium transportieren, wo sie außerhalb ihres Zuständigkeitsbereichs war.*

Sie erklärte heftig, daß der Vorsitzende Mao während all dieser Monate genau gewußt habe, daß sie unbedingt nach China zurückkehren wollte. Er war jedoch auch stets über alle Details der medizinischen Gutachten unterrichtet, die die russischen Ärzte anfertigten. Als Ministerpräsident Tschou zu Verhandlungen nach Moskau kam[10], besuchte er sie im Krankenhaus. Er war es, der ihr die Anweisung Maos übermittelte, sie solle so lange in Moskau bleiben, bis sie sich eindeutig auf dem Weg der Besserung befinde. Bei seinem Besuch im Krankenhaus unterhielt sich Tschou En-lai mit den Ärzten

* Die Ärzteschaft war in der Sowjetunion bereits Gegenstand des öffentlichen Skandals. Die Angst vor »Mördern in weißen Kitteln«, die über das Schicksal von sowjetischen Politikern mit dem Skalpell entscheiden konnten, war weitverbreitet. Am 13. Januar 1953 brachte die »*Prawda*« Geschichten von »abscheulichen Spionen und Mördern, die sich als Professoren der Medizin verkleideten«. Es wurde auch gemunkelt, daß Stalin »einer Verschwörung der Ärzte« zum Opfer gefallen sei. Tschiang Tsching, die in einem politischen Mächtespiel von der sowjetischen Spitze leicht als Werkzeug hätte benutzt werden können, hatte sicher von diesen Verdächtigungen erfahren.

und ließ sich Tschiang Tschings Krankengeschichte berichten, um sich selbst ein Bild davon zu machen, wie es um sie stand. Nachdem er erfahren hatte, wie sie diagnostiziert und behandelt worden war, war er wütend über die Maßnahmen, die ergriffen bzw. nicht ergriffen worden waren. Tschiang Tsching fügte hinzu, daß Tschou natürlich hauptsächlich deshalb nach Moskau gekommen sei, um mit Chruschtschow zu verhandeln. Jene langwierigen und äußerst ermüdenden Diskussionen veränderten seine gesamte Einstellung.

Natürlich war sie überglücklich, den Ministerpräsidenten zu sehen, denn sie versuchte nach Kräften, über die politische Lage in der Heimat und im Ausland auf dem laufenden zu bleiben. Er hätte auch eine Menge zu berichten gehabt, doch gab es seiner Meinung nach für sie nur eine Medizin – Zerstreuung. Eines Tages brachte er bei seinem Krankenbesuch Frau Borodin* und Tscheng Yen-tschiu mit, den berühmten Opernsänger (und Spezialisten für traditionelle Opern sowie für Frauenrollen). Beide hatten darauf bestanden, sie zu besuchen.[11] Einige andere gesellten sich zu ihnen, und alle blieben eine ganze Weile da. Tschou En-lai konnte selbstverständlich nicht ständig bei ihr sein, weil er mit Chruschtschow verhandeln mußte. Um sie zu zerstreuen, führte Tscheng Yen-tschiu Pantomimen auf und demonstrierte, daß die Mitglieder der KPCh jeweils Anhänger einer der beiden dramaturgischen Richtungen waren. Entweder folgten sie der orthodoxen Schule von Mei Lan-fang (1893–1961, ein noch berühmterer Spezialist für Frauenrollen in der traditionellen Oper), oder sie folgten seinem, Tscheng Yen-tschius Stil, der eine Neuerung (innerhalb der traditionellen Darstellung weiblicher Rollen) bedeutete.

Sie tauschten bis spät in den Abend hinein lustige Bemerkungen über Leute, die sie gut kannten, und über politische Angelegenheiten aus. Als ihre Besucher langsam hungrig wurden, verließen sie das Krankenhaus, um auswärts zu speisen, da man das Krankenhausessen Gästen nicht guten Gewissens anbieten konnte. Etwas später am gleichen Abend kamen Tschou En-lai und einige Begleiter und schimpften auf Chruschtschows Halsstarrigkeit während der Verhandlungen. Er sei durch nichts von seinem Standpunkt abzubringen, klagte Tschou. Tschiang Tsching war furchtbar verlegen, weil sie auch diesem Besuch nichts anbieten konnte. Die übliche russische Verpflegung – grobes Brot, Fisch und Eier –, die ihr aufs Zimmer gebracht worden war, eignete sich ihrer Ansicht nach schlecht zur Bewirtung hoher Gäste. Tschou En-lai machte es jedoch gar nichts aus, und er gab sich größte Mühe, sie gut zu unterhalten. Er hatte ihr einen Brief von seiner Frau, Teng Yingtschao, mitbringen sollen, vergaß aber völlig, ihn ihr zu geben, wie sich Tschiang Tsching noch genau erinnerte. Aus Versehen nahm er den Brief dann bis nach Indien mit und brachte ihn von dort nach China zurück, bevor er sich endlich wieder daran erinnerte.

* Die Witwe von Michail Borodin, einem Komintern-Funktionär, der 1923 Sun Yatsens Einladung nach China annahm und als politischer Berater des Zentral-Exekutiv-Komitees der KMT von 1923 bis 1927 in China blieb. 1951 starb er in einem sowjetischen Gefängnis.

Was den Schauspieler Tscheng Yen-tschiu anging, so hätte sie ihn und seine Ideen in späteren Jahren gut gebrauchen können. Sie erwähnte ihre wiederholten Bemühungen, Tschou En-lai und Mao dazu zu bewegen, ihn gegen ihre gemeinsamen Feinde zu beschützen. Als Tscheng Yen-tschiu zum erstenmal angegriffen wurde (in den späten fünfziger Jahren), versuchte Tschou En-lai, sich schützend vor ihn zu stellen, hatte jedoch letztlich keinen Erfolg damit. 1958 wurde er von den Vier Bösewichten »zu Tode schikaniert«. Warum quälten sie ihn? Weil sein Stil eine *Erneuerung* darstellte, während der seines Rivalen Mei Lan-fang *orthodox* war.

Je länger Tschiang Tschings Aufenthalt in der Sowjetunion dauerte, desto mehr verschlechterte sich ihr Gesundheitszustand. Um ihr Blutbild zu verbessern, bekam sie zusätzliche Transfusionen. Bevor der Kampf gegen den Krebs begann, war ihr Blutbild gar nicht schlecht (ungefähr 240000), doch im Verlauf der Bestrahlungstherapie sank es auf 70000 ab. Nach den Transfusionen hatte sie ein eigenartiges Gefühl der Kälte und Empfindungslosigkeit, und schließlich stellte sie fest, daß sie die eine Körperhälfte nicht mehr bewegen konnte. Diese halbseitige Lähmung versetzte die russischen Ärzte in Schrecken. Tschiang Tsching hatte das Gefühl, ihr Schädel würde platzen – die Schmerzen waren höllisch. Das Fieber flammte wieder auf. Immer wieder bat sie darum, nach China zurückkehren zu dürfen, und schließlich ließen die Ärzte sie ziehen. Auf dem Rückflug hatte sie am ganzen Körper subkutane Blutungen.

Aus dem inneren Abstand heraus, den sie mit der Zeit gewonnen hatte, machte Tschiang Tsching einige beiläufige Bemerkungen über die Außenpolitik. Obwohl China keine reiche Nation war, setzte es doch seine beschränkten Mittel dafür ein, unterdrückte Länder und Völker zu unterstützen. Der Vorsitzende erklärte seinen Landsleuten häufig, daß sie der Jugend, die später einmal die Nation leiten würde, zwei Dinge beibringen müßten: »Spielt nicht die Waffenlieferanten« und »Erzwingt keine Rückzahlung!« Die Führungsspitze folgte immer noch diesen Regeln. China mußte das unterdrückte Volk der Nordvietnamesen unterstützen, weil es *an der Front* kämpfte. Wenn die Nordvietnamesen nicht kämpften, dann würde der Feind die Chinesen angreifen. Das gleiche galt für Korea.

Chruschtschows Verhalten sei wirklich unerhört gewesen, sagte sie mit empörter Stimme. Im September 1955 stattete der westdeutsche Bundeskanzler Adenauer der Sowjetunion einen Besuch ab. Bei der Gelegenheit erklärte Chruschtschow, das größte Problem der Weltpolitik sei die »gelbe Gefahr«, wie er China nannte. Er forderte Westdeutschland auf, ihm dabei zu helfen, *mit den Chinesen fertig zu werden.* Im Verlauf der *chinesischen* Revolution halfen die Russen China nur wenig. Während des Koreakrieges gewährte ihnen Stalin ein Darlehen von dreihundert Millionen US-Dollar zu beträchtlichen Zinsen. Als Chruschtschow an die Macht gekommen war und die Ereignisse in Polen und Ungarn im Jahre 1956 seine Position gefährdeten, kamen ihm die Chinesen unverzüglich zu Hilfe. Sie versorgten ihn auch mit Abhandlungen und Berichten über die historischen Erfahrungen proletarischer Länder.

Chruschtschows Chinabesuch im Herbst 1959 diente nach außen hin dem Anlaß, den Tag der Gründung der Volksrepublik am 1. Oktober mitzufeiern. Dieser Besuch war eine unerfreuliche Angelegenheit. Chruschtschow kündigte an, daß er alle russischen Experten aus China abziehen würde, und drängte die chinesische Führung, alle Schulden zu begleichen. Diese Eröffnungen kamen sehr ungelegen, denn die späten fünfziger Jahre waren für China in jeder Hinsicht besonders schwierig. Trotz dieser Ankündigung erwartete Chruschtschow allen Ernstes, daß sie ständig Kotaus vor ihm machen sollten! Er konnte nicht wissen, daß die Chinesen einfach den Gürtel enger schnallten, nachdem die Sowjets ihre Experten (an die 1300 im Juli 1960) zurückgeholt hatten. Außerdem gab es nach Abzug der russischen Experten und ihrer technischen Hilfsmittel auch keinen gleichwertigen Warenaustausch. Die Sowjets wollten ursprünglich in China ein Rundfunksystem einrichten. Wären sie mit diesem Vorschlag durchgedrungen, dann hätten sie die Möglichkeit gehabt, das *ganze* Kommunikationssystem Chinas zu kontrollieren. Die Russen hatten auch angeboten, eine gemeinsame Flotte aufzubauen, die es ihnen ermöglicht hätte, sowohl die chinesischen Küsten als auch die Binnenschiffahrt zu beherrschen. Der Vorsitzende stimmte diesem zweiten Vorschlag *nur* unter der Bedingung zu, daß die Chinesen dafür zahlten. Er erklärte Chruschtschow: »Dies ist eine Frage des Prinzips: sonst werdet ihr uns alles wegnehmen.«*

Chruschtschow sei »ein großer Dummkopf« gewesen, meinte Tschiang Tsching. »Wir werden in die Berge gehen«, hatte der Vorsitzende einmal zu Chruschtschow gesagt. Diese philosophische Bemerkung bezog sich auf ihre Meinungsverschiedenheiten. Chruschtschow war jedoch »so dumm«, daß er nicht begriff, was Mao meinte. Chruschtschow hatte es auch nicht verschmäht, »Guerillamethoden« im Kampf gegen seinen Feind einzusetzen.**

* Es ist interessant, diese Darstellung mit Chruschtschows Erinnerungen zu vergleichen: »Das war unsere letzte Reise nach China. Es war 1959. Unsere Diskussionen verliefen in freundschaftlicher Atmosphäre, aber ohne konkrete Ergebnisse. Unter anderem erörterten wir auch das Thema Funkstation. Ich sagte: ›Genosse Mao Tse-tung, wir geben Ihnen das Geld für den Bau der Station. Uns kommt es nicht darauf an, wem sie gehört, solange wir sie nur benutzen können, um in Funkkontakt mit unseren Unterseebooten zu bleiben. Wir wären sogar bereit, Ihnen die Station zu geben, aber wir möchten, daß sie so schnell wie möglich gebaut wird. Unsere Flotte operiert jetzt im Pazifik, und unser Hauptstützpunkt ist Wladiwostok. Genosse Mao Tse-tung, ließe sich nicht irgendein Übereinkommen treffen, daß unsere U-Boote zum Auftanken, für Reparaturen, Landurlaub usw. in Ihrem Land einen Stützpunkt bekommen?‹ ›Zum letztenmal, nein, und ich will nichts mehr davon hören.‹« (»Chruschtschow erinnert sich«, ibid., S. 473f.) Die Idee einer gemeinsamen Flotte wurde nie realisiert.

** Damit meinte sie, daß er heimlich Unruhe stiftete oder mit Maos Kritikern gemeinsame Sache machte, was er vermutlich mit Kao Kang und Jao Schu-schih schon getan hatte und mit Peng Te-huai tun würde.

Solange die Russen noch freien Zugang zu China hatten, schafften sie viele wertvolle Mineralien aus dem Land, darunter auch Titan. Dies entdeckte Tschiang Tsching bei ihrer ersten Reise auf die Insel Hainan (vor der Südküste Chinas), weil sie dort Nachforschungen durchführen wollte, die mit ihrer Kulturarbeit zusammenhingen.* Dort interviewte sie zwei ehemalige Kämpfer aus dem Japankrieg und machte einige Photos, um den Bericht über die militärischen Manöver zu ergänzen, die 1939 während der japanischen Besatzung durchgeführt worden waren. Diese tropische Insel war weitaus üppiger und schöner, als sie es sich hätte träumen lassen. Der Dichter der Sung-Dynastie Su Tung-po war ebenfalls von Hainan entzückt gewesen. Er und andere Romantiker nach ihm nannten die Insel das »Ende der Welt« (*schih-mo*).

Als Tschiang Tsching eines Tages durch einen kaum besiedelten Teil der Insel wanderte und die Landschaft photographierte, stolperte sie über einen Haufen aus grauem, mehligem Material. Verlegen stand sie wieder auf, wischte den Staub von ihren Kleidern und fragte ihre Führer, was für eine eigenartige Substanz dies sei. »Titan«, erwiderten sie. Da sie wußte, daß dies ein wertvolles Mineral war, forschte sie weiter. Einige Inselbewohner erzählten ihr, daß vor kurzem eine Gruppe von Russen auf die Insel gekommen sei und Anspruch auf das Titan erhoben habe. Wie reagierten die Inselbewohner darauf? Sie blieben standhaft und weigerten sich, den sowjetischen Forderungen nachzugeben.** Tschiang Tsching stellte bei ihren weiteren Nachforschungen fest, daß Hainan ausgedehnte Titanvorkommen hatte.

An Breschnew war sie weniger interessiert. Auch seine Vorstellungen enthielten viele Irrtümer, sagte sie brüsk. Mit seiner »Doktrin der begrenzten Souveränität«, die auch »Sozialimperialismus« genannt werden könnte, sei letztlich nur das Recht gemeint, sich rücksichtslos über andere hinwegsetzen zu dürfen. Die Sowjets glaubten, daß nur ihre Partei wahrhaft patriotisch sei, während alle anderen bloße »Kinderparteien« seien. War das Marxismus? Konnte man eine solche Theorie in den Werken von Marx oder Lenin nachlesen? Breschnew war »der größte Clown der Welt!« Folglich versprachen die Chinesen den Russen keinerlei Unterstützung mehr. Der Vorsitzende Mao erklärte seinem Volk, man müsse diejenigen unterstützen, die ihrerseits

* Diese Reise machte sie 1964, um Hintergrundinformationen für das revolutionäre Modellballett »Das Rote Frauenbataillon« zu sammeln, das auf Hainan spielt.

** Chruschtschow erwähnt in seinen Memoiren, daß die Sowjetunion an Hainan interessiert gewesen sei. Vielleicht hängt dies mit dem Vorfall zusammen, den Tschiang Tsching beschrieb.

»Eines Tages saßen wir bei Stalin und suchten nach einer Möglichkeit, den Bedarf unserer Gummi-Industrie zu befriedigen, ohne Rohgummi bei den Kapitalisten kaufen zu müssen. Mein Vorschlag war, Mao dazu zu bewegen, daß er uns im Austausch für Kredite und technische Hilfe eine Gummibaum-Pflanzung in China anlegen ließ. Dies schlugen wir Mao in einem Telegramm vor. Die Chinesen antworteten, sie würden uns die Insel Hainan für eine Pflanzung zur Verfügung stellen, wenn wir ihnen Kredite gewährten. Wir trafen eine Vereinbarung, aber dann stellte sich heraus, daß das uns zur Verfügung gestellte Gebiet auf der Insel zu klein war für eine vernünftige Gummibaumpflanzung, und der Gedanke wurde fallengelassen.« (Chruschtschow erinnert sich«, ibid., S. 465.)

China unterstützten. Sowohl die Regierung der USA wie auch die revisionistische Sowjetregierung dienten den Interessen ihrer jeweiligen Rüstungsindustrie. Wie aber sollten diese Rüstungsindustrien ohne Kriege Profit machen?

Dieser Aspekt der internationalen Beziehungen erinnerte sie an einen Film über den chinesisch-indischen Grenzkonflikt (Oktober 1962). Der Film handelt von einem indischen Soldaten, der Geld zusammenspart, um in seine Heimat in Indien zurückkehren zu können, sobald der Krieg vorbei ist. Irgendwie geht ihm im Getümmel des Kampfes das Geld verloren, worauf er in Tränen ausbricht. Ein chinesischer Soldat findet das Geld und gibt es ihm zurück, worüber der Inder ganz außer sich vor Begeisterung gerät.

Nach dieser Abschweifung kam Tschiang Tsching noch einmal auf Chruschtschow zu sprechen. Er war schuld am Ausbruch des chinesisch-indischen Grenzkrieges, denn er hatte die Inder angestachelt, den Kampf gegen die Chinesen aufzunehmen, damit sie ihr Territorium vergrößern konnten. Chruschtschow erklärte den Indern, daß die Chinesen nicht zurückschlagen würden. Wie unrecht er hatte! Generalleutnant Kaul von der indischen Armee entging der Gefangennahme durch die Chinesen nur dadurch, daß er, als einfacher Soldat verkleidet, floh. Es stand außer Frage, daß sich die Chinesen *bis nach Neu-Delhi durchgekämpft hätten*, wenn sie den Krieg fortgeführt hätten. Aber sie entschlossen sich anders. Sie zogen ihre Truppen zurück und schickten alle indischen Kriegsgefangenen nach Hause. Auch die militärische Ausrüstung, die sie vorübergehend beschlagnahmt hatten, ging an Indien zurück. Doch die Chinesen wußten, daß sie es leicht bis nach Neu-Delhi geschafft hätten, wiederholte Tschiang Tsching. Im Verlauf des chinesisch-indischen Krieges wurde deutlich, daß das indische Volk unterdrückt wurde, obgleich Indien seit kurzem ein unabhängiger Staat war. Das indische Volk kämpfte gegen die chinesischen Streitmächte *nur* deshalb, weil es von der Regierung dazu gezwungen wurde. Frau Gandhi huldigte wie ihr Vater Nehru einem Großmacht-Chauvinismus.[12]

Schwierigkeiten mit den Sowjets gab es immer wieder, wie der Kampf um die Insel Tschenpao bewies (2. März 1969). Dieser Kampf wurde auf chinesischer Seite vorbildlich von Sun Yü-kuo geführt, einem noch ganz jungen Mann, der »genau wußte, wie man kämpft.« Seine Tapferkeit wurde mit dem Posten eines Delegierten beim IX. Parteitag (April 1969) belohnt.

Um zu illustrieren, wie der Vorsitzende Mao den russischen Revisionisten gegenüber Demokratie praktizierte, erzählte Tschiang Tsching, daß die sowjetischen Hetztiraden gegen China in der chinesischen Presse veröffentlicht würden. In der Sowjetunion werde dagegen niemals eine chinesische Kritik an den Sowjets publiziert. Als Präsident Nixon vom 22. bis 29. Mai 1972 die Sowjetunion besuchte, gaben die Chinesen keine Meinungsäußerung dazu ab, obwohl die amerikanische Regierung eben zu dieser Zeit Vietnam mit einem Bombenhagel eindeckte. Natürlich wußte man, daß Nixon »ein alter Streiter im Kampf gegen den Kommunismus« war. Und doch war er auch der erste amerikanische Präsident, der China je besuchte. Er war es, der den ersten Schritt auf eine chinesisch-amerikanische Freundschaft hin machte.

Doch sei er bei diesem und anderen Anlässen von seinem eigenen Volk kritisiert worden, bemerkte Tschiang Tsching halb ironisch, halb bedauernd.*

Die Chinesen stellten fest, daß Nixon seinen Standpunkt radikal ändern konnte. China, das er als »expansionistisch« zu bezeichnen pflegte, sah er später als »nach innen gerichtet« an. China mußte ständig auf der Hut sein, was die wechselnden Phasen von Nixons Außenpolitik betraf. Hätte der Vorsitzende Mao den abrupten Wechsel in Nixons Politik nicht so genau registriert, wie hätte er dann je Nixon einladen können, als Weltreisender, als Tourist oder in einer sonstigen Eigenschaft, die ihm gerade genehm war, nach China zu kommen?

Beim Thema »Nixon« zog Tschiang Tsching eine klare Linie zwischen ideologischem Engagement – Haß auf den amerikanischen Imperialismus – und politischen Konventionen – Respekt vor Nixon als dem Präsidenten einer Weltmacht zu einer Zeit der Entspannung. Als Erwiderung auf einige böse Bemerkungen, die ich über Amerikas Außenpolitik in Indochina machte, gab sie schnippisch zu bedenken: »Wenn Präsident Nixon nicht nach China gekommen wäre, dann säßen Sie jetzt nicht hier.«

Ihr Leben konzentrierte sich vor allem auf die öffentlichen Angelegenheiten ihres Landes, was sich auch auf ihr Privatleben auswirkte. Tschiang Tsching erklärte, daß sie und Mao sehr einfach lebten. Die meiste Zeit verbrachten sie mit Lektüre, der Analyse der Tagesereignisse und mit Schreiben. Kaum je unternahmen sie und der Vorsitzende etwas gemeinsam, und fast nie gingen sie als Privatpersonen auswärts essen. Seit sie in Peking lebten, hatten sie nur wenige Male in Restaurants gegessen, was sie früher, in jüngeren Jahren, leidenschaftlich gern getan hatte. Der Vorsitzende achte kaum darauf, was er esse, sagte Tschiang Tsching lachend. Er aß rasch und war normalerweise schon satt, wenn der letzte Gang aufgetragen wurde. Er vergaß immer, daß es noch einen letzten Gang gab, und wenn dieser dann kam, hatte er das Interesse am Essen verloren. Diese Gewohnheit Maos erinnerte sie an Wang An-schih, den Premierminister der Sung-Dynastie, von dem bekannt war, daß er immer nur jene Gerichte aß, die ganz nah an seinem Platz standen, ohne auf die übrigen zu achten, die sich weiter entfernt auf dem Tisch befanden. Als Wang An-schihs Frau dem Koch erzählte, daß Wang immer jenes Gericht aß, das ihm am nächsten stand, glaubte der Koch, eben dies sei sein Lieblingsgericht. Er kam gar nicht auf die Idee, daß es nur an dem »Standort« liegen könnte.[13] Als Tschiang Tsching Mao diese Geschichte erzählte, lachte er amüsiert und sagte: »Das sind also deine Geschichtskenntnisse, und damit ziehst du mich auch noch auf.«

* Ihr Urteil wurde natürlich in China geprägt, wo niemand Mao offen kritisierte.

1. Tschiang Tsching zu Beginn des Jahres 1947 in Jenan

2. Unsere erste Begegnung in der Großen Volkskongreßhalle. Zur Linken Tschiang Tschings ihr ideologischer und literarischer Beistand Yao Wen-yüan.

3. Tschiang Tsching posiert für die Autorin auf einer Veranda im Orchideenpark. Monate nach unseren Interviews erklärte Tschiang Tsching dieses Photo zu ihrem Lieblingsbild unter

den zahlreichen Aufnahmen, die ich während meines Besuchs in China von ihr gemacht hatte.

4. Tschiang Tsching, ihr ausländischer Gast und Yao Wen-yüan, zwischen ihnen Hsü Erh-wei und Schen Jo-yün, Tschiang Tschings Emissäre und Dolmetscherinnen, die den Kontakt zwischen uns aufrechterhielten.

5. Tschiang Tsching läßt sich über Gartenarbeit aus (sie hatte sich in den Daumen geschnitten), während wir uns in einem privaten Speisezimmer der Großen Volkskongreßhalle den Vorspeisen zu einer Peking-Ente widmen.

6. Dieses Bild erschien zusammen mit einem kurzen Artikel am 13. August 1972 in der »Volkszeitung«. Von links nach rechts: Hsü-Erh-wei und Schen Jo-yün, Tschang Ying, die wichtigste Vertraute Tschiang Tschings, Yao Wen-yüan, der ausländische Gast, Tschiang Tsching, Ting Hsüe-sung, die Generalsekretärin der *Freundschaftsgesellschaft,* die die Reise veranstaltet hatte, meine Führerinnen Tschen Ming-hsien und Yü Schih-lien.

7. Tschiang Tsching trifft Anstalten, ihre Begleiterinnen vor einem Lotusteich aufzunehmen.

8. »Photographieren Sie mich bei der Arbeit«, meinte Tschiang Tsching, als sie gerade dabei war, die Blüten seltener Orchideen auf gerahmtes Papier zu pressen.

9. Eines von mehreren Blumenstilleben Tschiang Tschings, die sie mir zum Geschenk machte. Dieses zeigt weiße Pfingstrosen, die sie eigenhändig mit Wasser besprengt hatte.

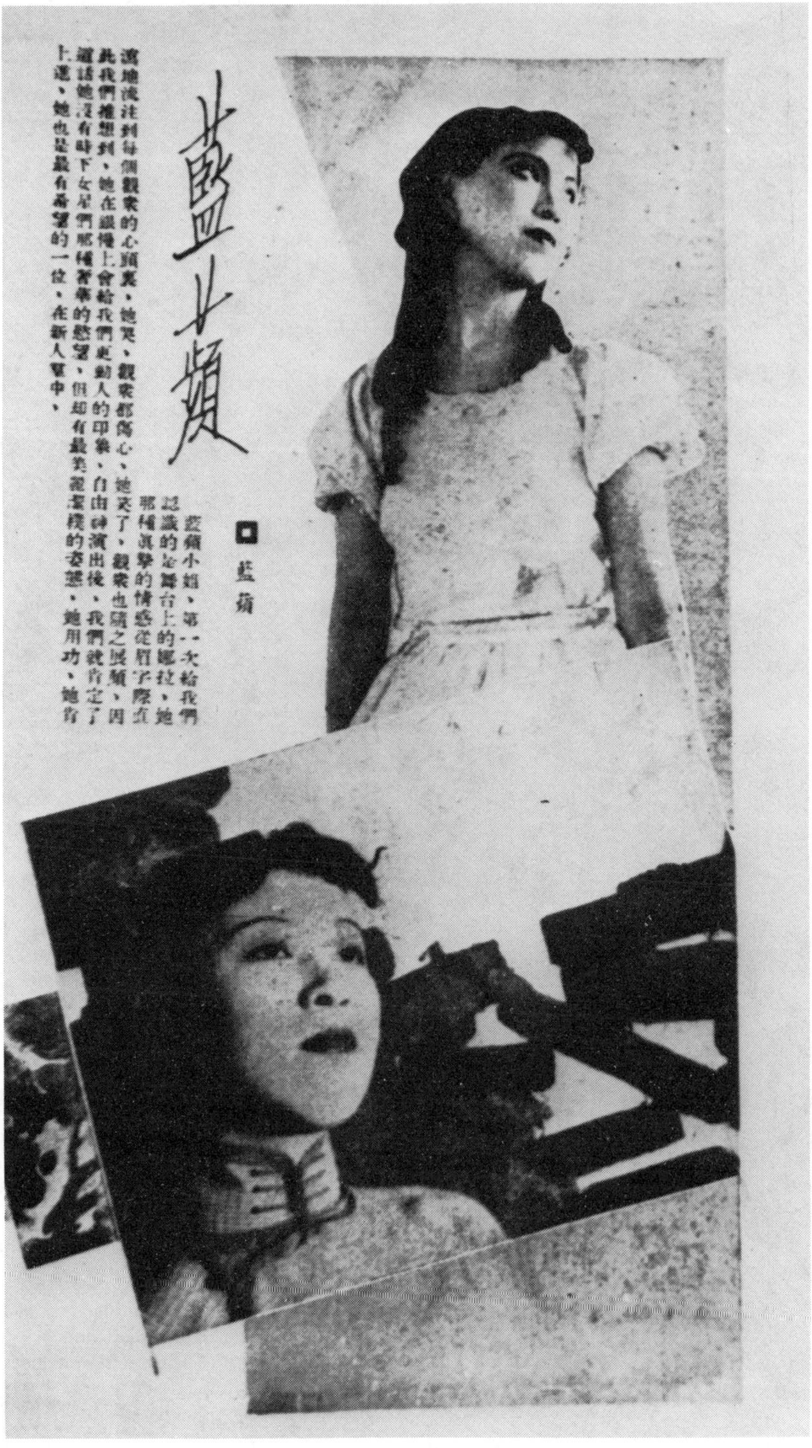

藍蘋

□ 藍蘋

藍蘋小姐、第一次給我們認識的是舞台上的娜拉、她那種眞摯的情感從眉宇際直瀉地流注到每個觀衆的心頭裏、她哭、觀衆都傷心、她笑了、觀衆也隨之展顏、因此我們推想到、她在銀幕上會給我們更動人的印象、自由神演出後、我們就肯定了這話她沒有時下女星們那種奢華的慾望、但卻有最美麗瀟灑的姿態、她用功、她肯上進、她也是最有希望的一位、在新人羣中、

10. Tschiang Tsching als Nora in Ibsens »Ein Puppenheim«.

11. Mao Tse-tung, der gerade etwas erklärt. Das Bild stammt aus der Zeit der *Aussprache in Jenan* (1942) und wurde vor einer Höhle aufgenommen.

12. Papa Mao mit seinen beiden kleinen Töchtern Li Min und Li Na im Gespräch mit einem Bauern (1944).

13. Die fünfundzwanzigjährige Tschiang Tsching als frischgebackene Ehefrau. Die Rückseite des Photos trägt eine Widmung an mich und den Vermerk, es sei 1939 in Jenan von Roman Karmen (dem Photographen Stalins) in Farbe aufgenommen worden.

14. Tschiang Tsching und Mao zu Beginn des Jahres 1947, bevor man sich im März während der Bombardierung durch Tschiang Kai-schek zu einer hastigen Evakuierung entschloß. Zu dieser Zeit waren sie acht Jahre verheiratet und hatten zehn Jahre in der hügeligen und sonnigen Provinz Jenan verbracht.

15. Eine Vorahnung ihres künftigen Schicksals spiegelt sich in ihren Gesichtern, als im März 1947 der Abmarsch aus Jenan bevorsteht. Im Hintergrund ihre Höhlenwohnung mit den gewölbten vergitterten Papierfenstern.

16. In Jenan, März 1945

17. Beim Auszug aus Jenan, der den zwei Jahre dauernden Befreiungsmarsch einleitet, reitet Mao auf seinem weißen Pony voran. Die Reiterin hinter ihm ist die knabenhaft wirkende Tschiang Tsching.

18. Im Sommer 1947 in Hsiao-ho, einer Station auf dem Marsch. Mao und Tschiang Tsching (zu seiner Rechten) als Gäste einer ortsansässigen Bauernfamilie. Die chinesische Inschrift auf diesem Bild lautet: »Unser Großer Vorsitzender Mao hat uns gelehrt: ›Wir Kommunisten sind wie der Same, und das Volk ist der Boden. Sobald wir an einen Ort gelangen, müssen wir das Volk vereinigen, zusammen mit dem Volk Wurzeln schlagen und mit ihm Blüten hervorbringen.‹ Während der Zeit des großen *Widerstandskrieges* gegen Japan war der Vorsitzende Mao immer eins mit dem Volk und teilte das Schicksal der Massen. Die leuchtenden Gedanken des Vorsitzenden Mao und seine große revolutionäre Linie werden uns immer anspornen und ein Vorbild sein.«

19. Tschiang Tsching und Mao in einer Höhlenwohnung, vertieft in Unterlagen. Aufgenommen im Frühjahr 1949 auf einer der letzten Stationen des Marsches, kurz vor Tschiang Tschings Abreise nach Moskau.

20. Tschiang Tsching pflügt 1951 inkognito einen Acker außerhalb von Wuhsi. Ob die zuschauende Bäuerin von Tschiang Tschings gezielter Demonstration, daß »Frauen einen Pflug führen können«, beeindruckt ist?

21. Noch einmal Tschiang Tsching bei der Feldarbeit – hier bei der Modell-Brigade Tatschai in der Provinz Schansi am 15. September 1975.

22. Eröffnungsszene des Revolutionsballetts »Das Rote Frauenbataillon«. Die Sklavin Wu Tsching-hua ist an einen Pfahl gefesselt und wird mit der Peitsche bedroht.

23. Die Schlußszene dieses Klassenkampfes im Ballett: Wu Tsching-hua nimmt am Ende Rache an dem Grundbesitzer, der sie tyrannisiert hat.

24. Im »Roten Frauenbataillon« dienen Bermudashorts als sittige militärische Gewandung.

25. »Die revolutionäre Rote Laterne erleuchtet die Bühne« – eine im Disney-Stil ausgeführte Darstellung Tschiang Tschings und der Gestalten, die sie für Ballett und Oper geschaffen hat.

26. In der Pause während der Aufführung der Revolutionsoper »Die Rote Signallaterne«. In diesem Foyer, das der Führungsspitze vorbehalten ist, sind die Schonbezüge des Sofas mit Spitze verziert.

27. Hinter der Bühne nach der Aufführung der »Roten Signallaterne«. Die Autorin begrüßt die revolutionäre Naive Tie-mei, die ein kunstvoll geflicktes Kostüm trägt. Dahinter Tschien Hao-liang, der männliche Hauptdarsteller, dem chinesischen Publikum unter dem Namen Hao-ling bekannt, der Tschiang Tsching die Hand schüttelt.

28. Die Autorin begrüßt Tschien Hao-liang. Zu seiner Linken »Großmütterchen Li«, rechts von ihr Tschiang Tsching, die Schöpferin all dieser Figuren.

29. Tschiang Tsching, Madame Sukarno und Mao, der sich seit Mitte Mai nicht mehr in der Öffentlichkeit gezeigt hatte.

30. Tschou En-lai, Tschiang Tsching, Kang Scheng, Tschang Tschun-tschiao, Wang Li und Yao Wen-yüan (erste Reihe von links) besichtigen am 26. April 1967 den Aufmarsch der Massen vom Tor des Himmlischen Friedens aus.

31. Tschiang Tsching während der Kulturrevolution mit Schauspielern aus der Volksbefreiungsarmee.

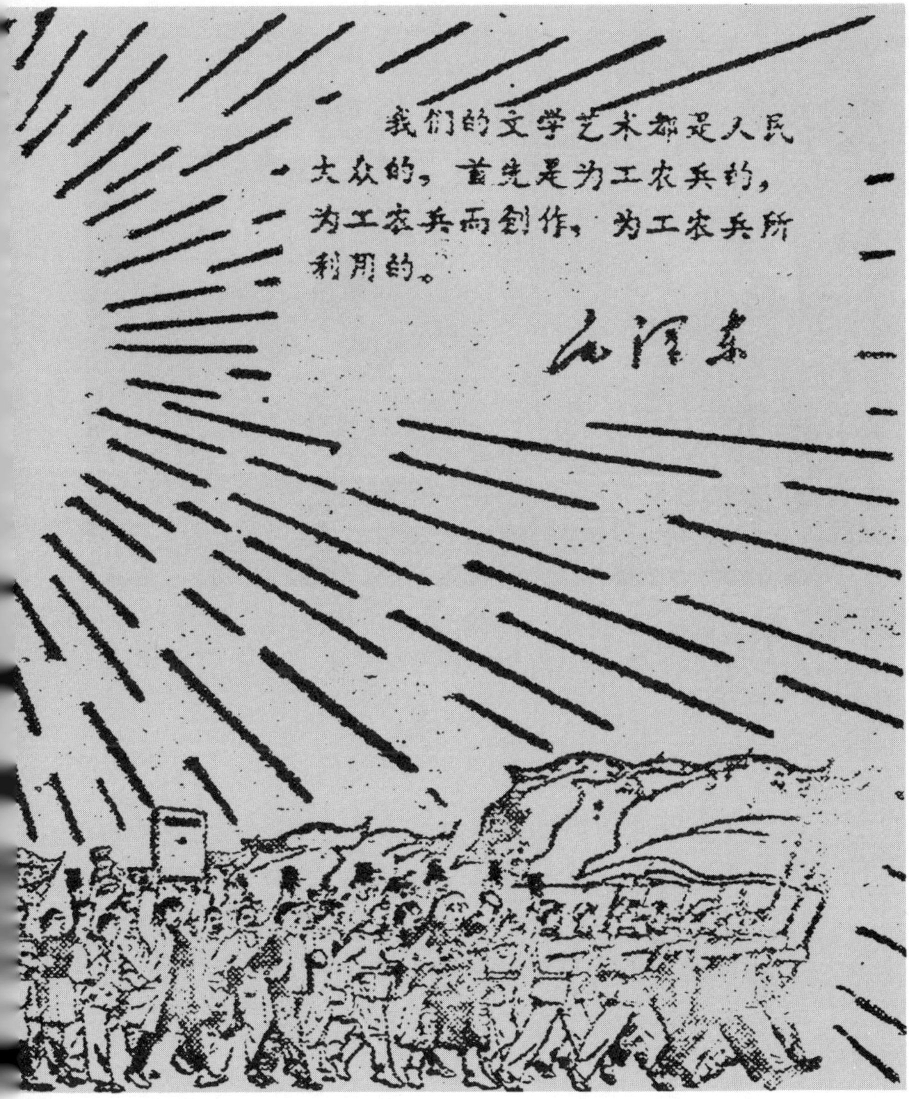

32. Tschiang Tsching schmückt die Titelseite der »Neuen Peking-Universität«, einer Zeitung der Roten Garden (30. März 1967).

33. Präsident Nixon, Dolmetscherin Nancy Tang und Tschiang Tsching bei einer Aufführung des Revolutionsballetts »Das Rote Frauenbataillon« am 22. Februar 1972.

34. Bei einem Empfang für chinesische Diplomaten im Mai 1974. Von links nach rechts: Ye Tschien-ying, der Stellvertretende Vorsitzende der Militärkommission, der gut aussehende Wang Hung-wen, Tschiang Tschings Vertrauensperson in Schanghai, ebenfalls Mitglied des Politbüros, Yao Wen-yüan, der steif hinter Tschiang Tsching steht, Tschou En-lai.

35. Mit Imelda Marcos am 24. September 1974 in Tientsin.

36. Porträt Maos, das Tschiang Tsching in den frühen sechziger Jahren unter ihrem eigentlichen Namen Li Tschin aufgenommen hatte. Es erschien im Frühling 1976 in *»Chinese Literature«* (Nr. 4) als Einführung zu einer Sammlung seiner Gedichte.

Nächste Seiten:
38. Tschiang Tsching übergibt der »CIA-Agentin« Roxane Witke zwei Dokumente, die mit der Aufschrift »Streng geheim« versehen sind. In der Bildlegende wird Tschiang Tsching vorgeworfen, sie betreibe Kapitulantentum und Landesverrat. Außerdem wird sie bezichtigt, in dem Interview mit Witke »Geheimnisse« preisgegeben zu haben.

39. Tschiang Tsching wird als Hexe gezeigt, die von Yao Wen-yüan und Tschang Tschun-tschiao in die Lüfte gehoben wird. Ihr Besen trägt die Aufschrift »Konterrevolutionäre revisionistische Linie in der Kunst«. Auf dem Beil, das Yao-Wen-yüan im Gürtel trägt, steht »Literaturkritiker«. Tschang Tschun-tschiao trägt das Horn der »Propaganda« um die Schulter gehängt. Wang Hung-wen wird als »Hubschrauber« dargestellt, da er in so kurzer Zeit an die Macht kam. Alle vier haben den Hundert-Blumen-Garten (Symbol für kulturelle Freiheit) zertrampelt. Bilder, Schallplatten der Kanton-Oper, Filmspulen und Partituren sind auf dem Boden angehäuft, und in der Luft fliegen Geier.

40. Tschiang Tsching wird als rauchende Schlange gezeigt, die Lippenstift, Rouge und rote Fingernägel trägt. Wang Hung-wen, der in der Uniform eines hohen Offiziers erscheint, bietet ihr eine goldene Krone an, auf deren Zacken jeweils ein Schädel sitzt. Tschiang Tschings offizielles Kleidungsstück mit der aufgemalten Schlange auf der Brust hängt hinter ihr aufgespießt auf eine Feder. Tschang Tschun-tschiao trägt ein blutiges Beil im Gürtel und malt ein »offizielles« Porträt von Tschiang Tsching in der Uniform der VBA. Der geifernde Yao Wen-yüan schreibt ein Manifest, in dem er zur »Öffnung des Landes«, d. h. zum Landesverrat auffordert. Zur Linken ein Stapel Hüte mit entehrenden Bezeichnungen, wie sie die »Viererbande« in Umlauf brachte.

37. 13. September 1976. Der sterblichen Hülle des Vorsitzenden Mao wird in der Großen Volkskongreßhalle die letzte Ehre erwiesen. Von links nach rechts: Hua Kuo-feng, Wang Hung-wen, Ye Tschien-ying, Tschang Tschun-tschiao, Tschiang Tsching, Yao Wen-yüan und Li Hsien-nien.

机密
绝密
㈤他们崇洋媚外，里通外国，大搞投降主义和
卖国主义，在同某外国作家进行几十小时的谈话中
出卖党和国家的重要机密。

江青
姚文元
張春橋
王洪文
廣州建築工人畫

开国宣言

庐山仙人洞

录

毛主席为李进同志所摄庐山仙人洞照

暮色苍茫看劲松，乱云飞渡仍从容。

天生一个仙人洞，无限风光在险峰。

赠

维特克夫人

江青

一九七二年八月十二日

42. Lu-schan, photographiert von Tschiang Tsching. Auf der Rückseite das Gedicht Maos, das von dem Bild inspiriert wurde und der Künstlerin gewidmet ist. Die Komposition der Landschaft entspricht klassischer Tradition und erinnert im Stil an den Maler Ma Yüan aus der Zeit der Sung-Dynastie im 12. Jahrhundert.

41. In einer großzügigen, rasch hingeworfenen Schrift kopierte Tschiang Tsching auf der Rückseite des Bildes von Lu-schan den Vierzeiler ihres Mannes »Auf ein Photo der Geisterhöhle am Lu-schan. Aufgenommen von Genossin Li Tschin«. Dies war ihr eigentlicher Name, den sie auch als Künstlernamen verwendete. Das Bild ist mir als »Madame Wei To-ko« gewidmet. Unten links die Unterschrift Tschiang Tschings und das Datum, 12. August 1972.

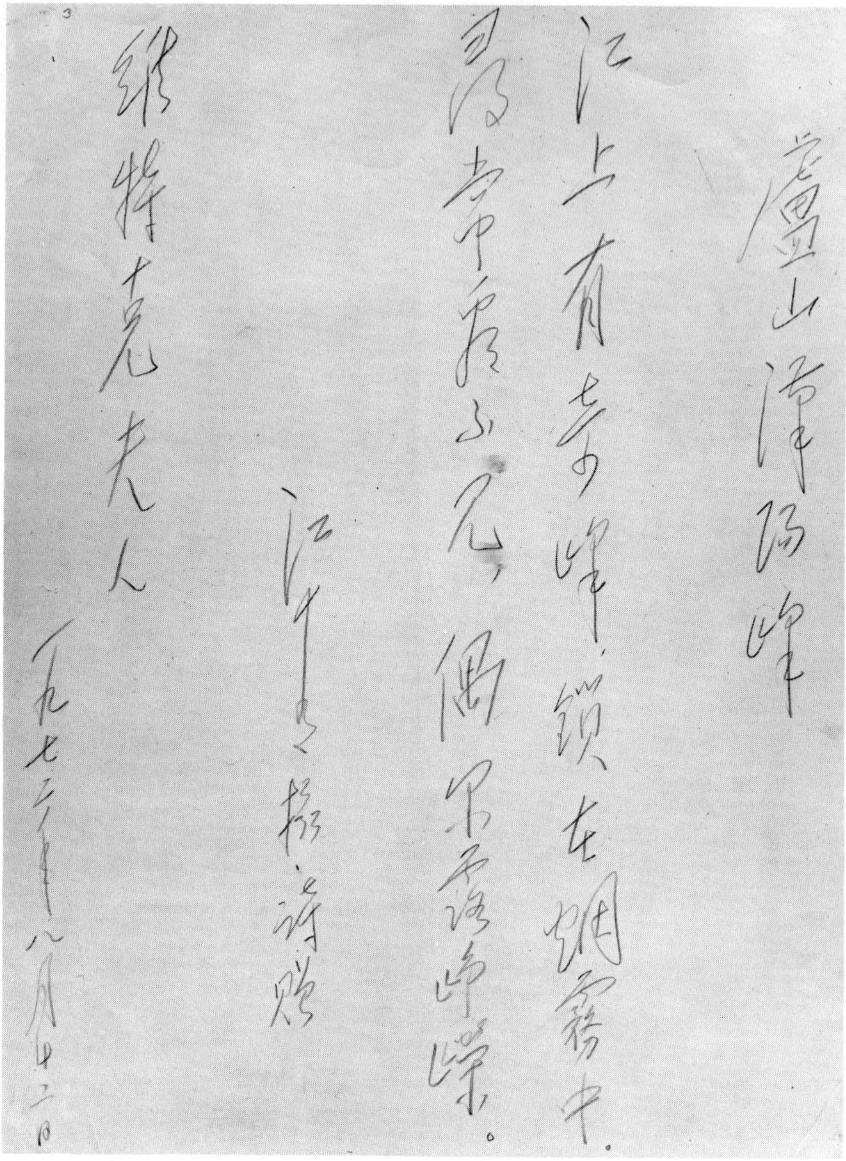

43. Gedicht, das Mao Tse-tung zugeschrieben wird; es entstand vermutlich in den frühen sechziger Jahren, als er mehrere vergleichbare Gedichte schrieb.

»Er erhebt sich über dem Flußufer und verhüllt sich
im Dunst des Flusses, der wundersame Gipfel,
er glüht nicht am Morgen.
Plötzlich wird seine Majestät offenbar.«

44. Der Gipfel des Han-yang bei Lu-schan

45. Das Photo Tschiang Tschings zeigt den Kohlen-Hügel, den sie mit dem weniger gebräuchlichen Namen »Hügel der prächtigen Aussicht« bezeichnete und den sie liebte, da er eine gute Aussicht auf das Stadtbild von Peking bietet. Der Kohlen-Hügel ist einer von fünf Hügeln, die vor rund sechshundert Jahren errichtet wurden, als der Boden der Gräben, die den Kaiserpalast umgaben, aufgeschüttet wurde. Seit den Zeiten der Mongolen-Dynastie bepflanzten die Kaiser seine Umgebung mit Obstbäumen und setzten wilde Tiere aus. Der letzte Ming-Kaiser erhängte sich 1644 am östlichen Abhang des Kohlen-Hügels an einem Johannisbrotbaum.

XI Die Debatte über den »Traum der roten Kammer«

Seiten voller unnützer Worte
Unter heißen, bitteren Tränen geschrieben;
Alle nennen den Dichter töricht;
Und niemand hört seine geheime Botschaft ...
»Traum der roten Kammer«

»Der Traum der roten Kammer«, ein klassischer chinesischer Roman aus dem 18. Jahrhundert, ist im Westen kaum bekannt. Generationen von Chinesen haben ihn fünf-, zehn- oder sogar zwanzigmal gelesen, und seine Interpretation war für sie sowohl ein literarisches Hobby als auch eine Übung zur Schulung der Intelligenz. Tschiang Tschings Kommentare zu »Der Traum der roten Kammer« zeigen, wie gut sie den Roman kennt, und machen deutlich, daß die radikal neue Einschätzung von Literatur und Kunst während der Kulturrevolution ohne sie gar nicht denkbar gewesen wäre.

Andere Staatsgründer hätten vielleicht das »Buch verbrannt und die Gelehrten begraben« – Gelehrte, die den Figuren eines Romans gleichen, der äußerst anschaulich eine unliebsame Vergangenheit schildert. Die kommunistischen Führer entschieden sich statt dessen dafür, mit ihm zu leben. Das hatte auch politische Gründe. Die Umdeutung eines literarischen Werkes, das ein untilgbarer Bestandteil der Tradition ist, erregt weniger Aufsehen und ruft weniger Widerstand im Volk hervor als eine drastische Zensur. Zudem korrigiert sich der Roman sozusagen selbst. Die traumartige Erzählung ernüchtert den Leser und weckt Zweifel an der Gesellschaftsordnung, die sie darstellt. Außerdem vertrauten der Vorsitzende und seine Partei auf ihre pädagogischen Fähigkeiten. Sie hofften, das Volk lehren zu können, früheren Deutungen zu mißtrauen und den Roman von einem marxistischen Standpunkt aus zu lesen.

Damit man als westlicher Leser Tschiang Tschings Analyse des »Traums der roten Kammer« richtig einschätzen kann, möchte ich zuerst die Handlung skizzieren und ein kurzes Psychogramm der Hauptpersonen geben. Jede Person des Romans gehört einer der beiden Sippen des aristokratischen Tschia-Clans an. Die eine lebt in dem Herrenhaus Ningkuofu, und die andere in Jungkuofu, einem ebenso großen Haus.*

In Jungkuofu ist Tschia Sche, der Sohn der Ältesten Witwe, das Oberhaupt der Familie. An der Spitze des Clans in Ningkuofu steht Tschia

* Scheinbar leben die beiden Familienclans im Norden des Landes, in Peking. Doch Kenner behaupten, daß der Schauplatz Nanking sei.

Tschen. Er nahm diese Position ein, als sein Vater Mönch wurde. Tschia Tscheng, Neffe von Tschia Tschen und ebenfalls Sohn der Ältesten Witwe, hat sich der Familie von Jungkuofu angeschlossen. Tschia Tschens Sohn Tschia Lien ist mit Phönix (Wang Hsi-fen) verheiratet, einer klugen und einflußreichen Frau, die später erkrankt und stirbt. Man macht sie und ihre Machenschaften dafür verantwortlich, daß das Vermögen des Tschia-Clans schließlich von kaiserlichen Beamten konfisziert wird.

Tschia Tschengs Sohn, den ihm seine Frau Wang Fu-jen gebar, heißt Pao-yü. Er ist der Held des Romans. Pao-yü soll fleißig studieren und sich auf die Prüfungen des Staatsdienstes vorbereiten, um als hoher Beamter Karriere zu machen. Doch Pao-yü, feinsinnig und gefühlvoll, zieht die Gesellschaft seiner Kusinen und Gesellschafterinnen vor. Eine dieser Kusinen, mit der er seit den Tagen seiner Kindheit gespielt hat und die er anbetet, ist Schwarze Jade, die bezaubernde hypersensible Enkelin der Sippenältesten.[1] Eine andere schöne Kusine, Kostbare Haarnadel, kommt nach Jungkuofu. Sie ist es, die Pao-yü heiraten soll. Als die Hochzeit stattfindet, stirbt Schwarze Jade in der Hochzeitsnacht an gebrochenem Herzen. Pao-yü findet sich in der realen Welt kaum zurecht, so daß diese Heirat für Kostbare Haarnadel kein Glück bringt. Schließlich schafft es Pao-yü, die Prüfungen für den Staatsdienst zu bestehen. Doch bald darauf entsagt er der Welt und wird Mönch. Kostbare Haarnadel bleibt mit einem Kind zurück.

In einer so kurzen Zusammenfassung tritt unvermeidlich die Liebesromanze, die nur *ein* Handlungsfaden des Romans ist, in den Vordergrund. Der Roman ist reich an ausgesprochen individuellen Charakteren und hat lange Zeit die Leser fasziniert, weil er sowohl den Glanz und Luxus als auch die Verkommenheit des Privatlebens einer untergehenden Elite schildert. Diese müßigen Reichen des achtzehnten Jahrhunderts inszenieren das ganze soziale, kulturelle und politische Panoptikum, das die kommunistischen Führer, die einen schlichten bäuerlichen Stil propagieren, das Volk vergessen lassen wollen: religiösen Mythos und Symbolismus, große Landsitze, in denen prunkliebende Reiche wohnen – die Armen werden nur äußerst selten geschildert –, Ehrbarkeit und Korruption im öffentlichen Dienst, der Aufstieg großer Familien auf Kosten des Staates, Liebschaften und ungezügelte sexuelle Leidenschaften.

Abgesehen von dem sozialen Panorama behandelt der Roman geschickt metaphysische Gegensätze: äußere Blüte und inneren Verfall, Sinnlichkeit und Leid, Fiktion und Wirklichkeit, Realität und Illusion, Alltag und Traumwelt. Mit kunstvollen Metaphern konfrontiert der Autor diese gegensätzlichen Welten.

»Ich habe den ›Traum der roten Kammer‹ fünfmal gelesen«, sagte Mao Tsetung 1964. »Ich bin dadurch nicht beeinflußt worden, da ich es als ein historisches Werk betrachte«.[2] Nachdem Tschiang Tsching lange Passagen über Feen, Jade und Paläste vorgetragen hatte, empfahl sie mir: »Lesen Sie das

Buch nicht nur als Roman, sondern auch als ein Geschichtsbuch, das den Klassenkampf schildert.«

So wie bei einigen Filmen, die geschichtliche Ereignisse darstellen (»Die geheime Hofgeschichte der Tsching-Dynastie« und »Das Leben Wu Hsüns«), war Tschiang Tsching angeblich die erste, die die politischen Führer auf die Ungereimtheiten der Kritik an dem Roman »Traum der roten Kammer« aufmerksam machte. Wenn Tschiang Tsching und ich viele Stunden über Romane, Dichtkunst, Mythen und Geschichte diskutierten, so lag das keineswegs nur daran, daß sie sich gern als Zensorin betätigte. Bei diesen Gesprächen kamen die beiden Komponenten ihrer Persönlichkeit wieder deutlich zum Vorschein. Eingedenk ihrer öffentlichen Pflichten fühlte sie sich als »literarischer Wachhund«, der seinen Herrn und Meister in Alarmbereitschaft versetzte, da Gefahren vor den Toren lauerten. Doch als Privatperson liebte sie diesen Roman geradezu überschwenglich.

Tschiang Tsching begann, über die Diskussion um den wahren Autor des Romans und dessen Bedeutung zu sprechen – ein vielschichtiges und problematisches Thema.* Obwohl einige detaillierte Angaben, die sie machte, und ihre Beurteilung der politischen Bedeutung des Romans fragwürdig waren, vertrat sie entschlossen die neue Linie der Kritik. Und zweifellos waren manche Tendenzen der neuen Literaturkritik von ihr inspiriert. Bestimmte Interpretationen, die sie in einem Monolog von mehreren Stunden vortrug, wurden Bestandteil der offiziellen Linie, die in dem Jahr nach unserem Interview[3] propagiert wurde.

Rätselhaft an diesem Roman ist bereits seine Herkunft. Wie hat er seine endgültige Fassung erhalten? Stammt der Roman von mehreren Autoren? Wie authentisch sind die überlieferten Manuskripte? Bis zu welchem Grad bietet der Roman eine zuverlässige Darstellung der historischen Verhältnisse und Personen?

Als Autor der ersten acht Kapitel wird allgemein Tsao Hsüe-tschin (1715?–1763) genannt, ein Sprößling einer reichen und einflußreichen Familie, der die Leitung der kaiserlichen Brokatfabrik in Nanking während der Herrschaft von Kang-hsi, dem zweiten Mandschu-Kaiser, anvertraut war. Unter Kang-hsi erreichte die Dynastie den Höhepunkt ihrer Macht, und kurz darauf begann der Abstieg. Gleichzeitig verlor die Tsao-Familie ihr Vermögen und die Gunst des Kaisers. Mit dem Tschia-Clan des Romans ist eindeutig die Tsao-Familie gemeint. Der Roman berichtet, daß die Tschias vom Kaiser mit zwei riesigen Landgütern belohnt worden sind, und im Verlauf der Handlung stellt ihre schönste Tochter eine noch engere Verbindung zum Hof her, indem sie zur kaiserlichen Gemahlin erwählt wird. Im weiteren Verlauf der Erzählung wendet sich das Glück von der Familie ab.[4]

Die marxistische Attacke gegen den »Traum der roten Kammer« begann fünf Jahre nach der Übernahme der Macht. Wie die anderen Werke der

* Einige Irrtümer in Tschiang Tschings Interpretation konnten mit Hilfe von Professor Tschao Kang, einem der wenigen wirklichen Experten für den »Traum der roten Kammer«, aufgeklärt werden.

Literatur- und Theatertradition und des Films war der Roman in den ersten Jahren der Volksrepublik China allen Interessenten zugänglich. Erst nachdem Tschiang Tsching von ihrer zweiten Reise in die Sowjetunion zurückgekehrt war, wurden der Roman und seine zeitgenössischen Interpreten vor der Nation angeprangert. Zuvor hatte es schon gewisse Warnzeichen gegeben. Nach Stalins Tod (1953) wurde in der Sowjetunion nicht mehr jede Form nichtproletarischer Literatur unterdrückt, was dann zum politischen »Tauwetter« führte. Das bedrohliche Nachspiel – die Ermutigung chinesischer Dissidenten – konnte nicht ignoriert werden. Sollte man Hu Fengs brüske Ablehnung der partei-offiziellen Orthodoxie als Ankündigung zunehmender Überheblichkeit auf seiten der Intellektuellen und Künstler einschätzen? Nicht nur in der Welt der Literaten, deren Zentrum Schanghai war, sondern auch in der Hauptstadt mehrten sich die Anzeichen für einen Drang nach Unabhängigkeit, der für die Führung bedrohlich war. Im Winter 1953 bestritten Kao Kang und Jao Schu-schih, kampferfahrene Genossen, die jahrelang in ihren Provinzen ungewöhnliche Vorrechte genossen hatten, Maos persönliche Vorherrschaft über den Staat und seine Kompetenz festzulegen, was für die nationale Entwicklung Vorrang hatte. Daß Kao und Jao im Frühling 1954 öffentlich angegriffen wurden, mußte man als Omen ansehen.

Tschiang Tsching erklärte, daß sie nur begrenzten Zugang zu ausländischer Literatur hätte, da sie keine fremden Sprachen lesen könne. Doch ihrer Meinung nach konnte keines der Bücher des achtzehnten und neunzehnten Jahrhunderts, die sie in Übersetzungen gelesen hatte, mit dem »Traum der roten Kammer« verglichen werden, was die subtile Analyse menschlicher Beziehungen betraf.

Unter den ausländischen Schriftstellern bewunderte sie besonders Mark Twain, einen »Fortschrittlichen«, der ganz bewußt die ungerechten sozialen Verhältnisse seiner Zeit geschildert hatte.

Alle Hauptpersonen seiner Erzählungen gehörten dem Kleinbürgertum an und bemühten sich nach Kräften, auf der sozialen Leiter emporzuklimmen. Ebenso verhalte es sich mit dem Helden aus Dickens' »Große Erwartungen« und mit Julien, dem Helden aus Stendhals »Rot und Schwarz«, der eine militärische Karriere anstrebt. Sein Schwiegervater möchte ihm einen Titel kaufen und stattet ihn mit einer Armbanduhr und anderen Symbolen bürgerlichen Wohlstands aus. Wie abstoßend sie dieses kleinbürgerliche Thema des sozialen Aufstiegs auch fand, Tschiang Tschings Bewunderung für Stendhal wurde dadurch nicht gemindert. »Rot und Schwarz« sei »unsterblich« und werde immer einen wichtigen Platz in der Weltliteratur einnehmen, da es die politische und ökonomische Situation Europas zu Beginn des neunzehnten Jahrhunderts beschreibe. Dieses Buch schildere nicht nur die Kämpfe zwischen Staat und Kirche, sondern auch die mörderischen Auseinandersetzungen innerhalb dieser beiden Institutionen. Ähnlich wie altmodische Kritiker des »Traums der roten Kammer«, so schmälerten gewisse revisionistische

Kritiker in Frankreich die historische Bedeutung von »Rot und Schwarz«, indem sie dieses Werk als eine Liebesgeschichte bezeichneten. Was Stendhal selbst beträfe, so sei er natürlich »unverbesserlich reaktionär«. In einer Kleinstadt geboren und auch dort aufgewachsen, habe er ganz Europa im Dienst der »Dynastie« bereist. Doch diese Seite seines Lebens erhöhe andererseits den Wert des Buches als eines authentischen Spiegels der zeitgenössischen politischen Szenerie.

Ein anderer großer Roman, den Tschiang Tsching lange bewundert hatte, war *»Kin-ping meh«,* ein Buch, das aus der Ming-Zeit stammte und von einer Stadt in Schantung handelte, die an die blühenden Handelszentren erinnerte, die Tschiang Tsching als Kind gekannt hatte. Die Beschreibungen sexueller Vorgänge sind so drastisch, daß den meisten Leuten jahrhundertelang die ursprüngliche, von anstößigen Stellen nicht gereinigte Ausgabe unzugänglich war. Sie habe sich strikt geweigert, die gesäuberte, entschärfte Fassung zu lesen, berichtete Tschiang Tsching, denn sie könne literarische Verfälschungen in keiner Form tolerieren(!).

»Ich bin schon ein halber Experte, was den ›Traum der roten Kammer‹ betrifft«, erklärte Tschiang Tsching. Sie hatte das Buch zuerst am Anfang der fünfziger Jahre auf seinen politischen Gehalt hin überprüft. Es lohnt sich, den Hintergrund der anhaltenden Debatten über diesen Roman zu schildern, da auf diese Weise gewisse »widerspenstige Personen« plastischer werden, mit denen sich die politischen Führer jahrelang auseinandersetzen mußten.[5] Es begann 1954, als Tschiang Tsching sich zu Hause allmählich erholte. Sie blätterte einige Journale durch und stieß im Septemberheft der Zeitschrift »Literatur, Geschichte und Philosophie« auf einen Artikel über den Roman »Der Traum der roten Kammer« – eine Publikation der Universität von Schantung. Die Verfasser, Li Hsi-fan und Lan Ling, zwei offensichtlich talentierte Studenten, von denen bisher niemand etwas gehört hatte, setzten sich mit der Interpretation von Professor Yü Ping-po auseinander, die kürzlich veröffentlicht worden war. Dieser Literaturhistoriker hatte seine Karriere mit einer allgemein anerkannten »bürgerlichen« Auslegung des Romans begründet. Tschiang Tsching gab den Artikel unverzüglich dem Vorsitzenden zu lesen, und Mao gab ihr dann recht, daß der Artikel es wert sei, einer größeren Leserschaft zugänglich gemacht zu werden. Er bat sie, die Pekinger »Volkszeitung« damit zu beauftragen, Li Hsi-fans Artikel abzudrucken. (Während unseres Gesprächs erwähnte Tschiang Tsching den Mitautor Lan Ling kaum.) Die leitenden Redakteure der »Volkszeitung« waren einverstanden.

Nun begann Tschiang Tsching auf eigene Faust Nachforschungen anzustellen. Sie erfuhr, daß Li Hsi-fan seinen Beitrag zuerst der »Literaturzeitung« (der größten Literaturzeitschrift, die in Schanghai erschien und von Hu Feng, Ting Ling und anderen herausgegeben wurde) angeboten hatte. Die »Literaturzeitung« hatte ihn jedoch zurückgewiesen. Danach hatte er seinen kritischen Artikel der Pekinger »Volkszeitung« zugesandt, doch auch diese hatte ihn abgelehnt. Erst als Tschiang Tsching die Redakteure dieser Zeitung im Namen des Vorsitzenden darum bat, waren sie bereit, Li Hsi-fans Beitrag zu drucken. Warum hatte die »Volkszeitung« sich beim erstenmal geweigert, den Artikel zu veröffentlichen? Dies sei auf die Macht gewisser prominenter Personen und die literarischen Doktrinen, die sie immer noch vertraten, zurückzuführen. Es sei »kein Geheimnis«, daß Yü Ping-po und Hu Schih derselben Clique angehörten.* Li Hsi-fans Artikel habe beide an ihrer »empfindlichsten Stelle (eine Umschreibung für bürgerliche Politik) getroffen. Ihr Einfluß, in den zwanziger Jahren begründet, war jedoch noch so stark, daß die neue Literaturwissenschaft, die Lis Artikel repräsentierte, ohne Tschiang Tschings Fürsprache in der Pekinger »Volkszeitung« keine Chance gehabt hätte.

Sie war noch immer Rekonvaleszentin, als sie sich in die Pekinger Redaktion der »Volkszeitung« begab, um sich für Lis Artikel einzusetzen. Dann erschien sie auf einer Sitzung der Propagandaabteilung des ZK und übergab den Artikel Tschou Yang und Hu Tschiao-mu, die den Vorsitz führten. Sie lasen ihn flüchtig durch und sagten mit verächtlicher Ironie: »Das ist von ganz unwichtigen Leuten geschrieben worden. Wie können es solche kleinen Nummern überhaupt wagen, eine andere kleine Nummer – Yü Ping-po – zu kritisieren?« Tschiang Tsching war wütend, verriet ihnen zu jenem Zeitpunkt aber noch nicht, daß die Pekinger »Volkszeitung« den Artikel veröffentlichen wollte.

Auf ihre Veranlassung hin sandte der Vorsitzende am 16. Oktober 1954 dem Politbüro und anderen Regierungsbüros den »Brief zur Frage der Studien über den ›Traum der roten Kammer‹« und berief eine Versammlung ein, um alle Seiten des Problems zu besprechen. Tschiang Tsching, die an der Versammlung teilnahm, erinnerte sich noch gut an seine Worte. Mao sprach über die Fehler der »großen bürgerlichen Unterdrückung der kleinen Leute« und über die »bürgerliche Unterdrückung aufstrebender Leute«. Was dies für den Roman bedeutete, war nicht schwer zu begreifen. Yü Ping-po und Hu Schih gehörten natürlich zu der gleichen Clique von idealistischen »bürgerlichen Unterdrückern«. Zugleich wußte man von den Leitern der Propagandaabteilung und des Kultusministeriums – Tschou Yang und Lu Ting-i –, daß sie lange Zeit die Untersuchung von Hu Schih und Yü Ping-po bewundert hatten. Wenn man diese Autoren nun angriff, würde das bewirken, daß einige Führer ihr Gesicht verlieren würden.

Als Hu Schih und Yü Ping-po diese Untersuchung in den zwanziger Jahren schrieben, »monopolisierten« sie die seltene Sechzehn-Kapitel-Ausgabe und

* Hu Schih, der in Cornell und Columbia studiert hatte, war Chinas bekanntester liberaler Publizist der republikanischen Ära. Anfang der zwanziger Jahre vertraten er und sein Schüler Yü Ping-po einen strengen Empirismus und andere moderne Methoden, um die traditionellen Vorstellungen vom Ursprung und von der historischen und literarischen Bedeutung des »Traums der roten Kammer« in Mißkredit zu bringen. Ganz besonders bemühten sie sich darum, Tsao Hsüe-tschins Behauptung zu bestätigen, daß der Roman im wesentlichen autobiographisch sei und nicht etwa einen versteckten Angriff gegen das regierende Mandschu-Herrschergeschlecht enthalte. Hu Schihs »bürgerlicher Liberalismus, Humanismus und Reformismus« wurde von den Kommunisten denunziert, nachdem er sich nach Taiwan abgesetzt und es Yü Ping-po, inzwischen Professor an der Peking-Universität, überlassen hatte, die Sache auszubaden.

die Achtzig-Kapitel-Ausgabe des Romans mit dem Ergebnis, daß »die Massen keine Möglichkeit mehr hatten, sie zu lesen«. Inzwischen befinden sich die Originalexemplare dieser beiden seltenen Editionen in öffentlicher Verwahrung; alle anderen Exemplare sind Photokopien. Das Original der Achtzig-Kapitel-Ausgabe wird in der Pekinger Staatsbibliothek aufbewahrt. Tschiang Tsching lieh sie sich einmal aus und bat, eine Kopie anzufertigen. Als gewisse »bürgerliche Autoritäten« von ihrer Bitte erfuhren, griffen sie Tschiang Tsching scharf an. Warum? Weil diese Leute die Originalausgaben für ihre eigenen Zwecke monopolisieren wollten.

Die späteren Kritiken haben unterschiedlichen Wert. Ein zeitgenössischer Kritiker namens Tschou Ju-tschang schrieb ein Buch mit dem Titel »Neue Überprüfung des ›Traums der roten Kammer‹«[7]. Sein Standpunkt glich dem der Gruppe um Hu Schih, doch Tschou Ju-tschang hatte die Archive des Tsching-Hofes zur Verfügung gehabt. Trotz gewisser Mängel seiner Untersuchung ist das Buch es immer noch wert, gelesen zu werden. Als Tschou Jutschang während der Kulturrevolution angegriffen wurde, versuchte Tschiang Tsching ihn zu schützen. (Sie fügte rasch hinzu, daß sie dies bis jetzt niemandem gegenüber zugegeben habe.)

Zum Werk selbst bemerkte Tschiang Tsching, daß der »Traum der roten Kammer« so lebendig wie die Geschichte selbst sei, obwohl er die Form eines Romans habe. Das soziale Panorama ist umfassend. Unter den drei- bis vierhundert Personen des Romans konzentrierte sich der Autor auf etwa zwanzig. Jene zwanzig, die er in den Mittelpunkt stellte, sind die Herren, und der Rest sind die Sklaven, die von dem Abfall dieser Herren leben.[8]

Die Achtzig-Kapitel-Ausgabe sei ungeheuer wertvoll, meinte Tschiang Tsching, da sie zahlreiche Randbemerkungen des Autors Tsao Hsüe-tschin enthalte. Diese Notizen zum Roman seien in historischer Hinsicht bedeutsam. Da Tsao aus der Perspektive der ersten Hälfte des achtzehnten Jahrhunderts geschrieben habe, seien seine Ansichten natürlich reaktionär. Dennoch sollten die Leser unserer Tage erkennen, daß seine Ideen für die damalige Zeit recht fortschrittlich waren.

Alle literarischen Werke müßten im Hinblick auf den historischen Hintergrund einer Epoche, in der sie verfaßt wurden, diskutiert werden, fuhr Tschiang Tsching fort. Tsao schrieb den »Traum der roten Kammer« im Alter von ungefähr zwanzig Jahren. Während der folgenden zehn Jahre überarbeitete er das Buch immer wieder. Nachdem Tschiang Tsching seine Notizen in verschiedenen Editionen studiert hatte, erkannte sie wie andere vor ihr, daß Tsao eine Fortsetzung oder einen zweiten Teil des Romans vorbereitet hatte. Da er ohne Erben gestorben war, fiel der zweite Teil in die Hände einiger Leute, die ihn sich angeblich nur ausleihen wollten, ihn aber nie mehr zurückgaben. Auf diese Weise ging das Original der Nachwelt verloren. Tsaos Anmerkungen zeigen, daß die Erzählung in der Fortsetzung einen tragischen Verlauf nehmen sollte: Die Familie verliert die Gunst des Kaisers, ihr Vermögen wird konfisziert, und jene, die in großem Stil gelebt haben, müssen als Bettler ihr Dasein fristen.

Nachdem das Original des zweiten Teils verlorengegangen war, arbeiteten andere Autoren eigene Fassungen aus. Die letzten vierzig Kapitel der heute bekannten vollständigen Hundertzwanzig-Kapitel-Ausgabe werden Kao E zugeschrieben. Dieser hat sie allerdings nicht signiert (und dadurch zugelassen, daß manche seine Arbeit für Tsaos Original hielten). In Kao Es Version wird Pao-yü ein *tschü-jen* (das heißt, er besteht die Beamtenprüfung für einen Provinzposten), verläßt Heim und Kind und wird Mönch.*

»Tsao Hsüe-tschin versuchte nicht, die Gesellschaft zu verändern«, sagte Tschiang Tsching und kehrte damit zur strengen marxistischen Deutung zurück, »sondern er versuchte nur, sie erträglich zu machen.« Er sei zwar vom bürokratischen System enttäuscht gewesen, sei jedoch nie soweit gegangen, den Sturz der Dynastie, die für alles verantwortlich war, zu befürworten. Er habe lediglich versucht, die bestehenden Zustände zu verbessern. Doch sogar unter dieser Voraussetzung sei »Der Traum der roten Kammer« der Schwanengesang der Feudalherrschaft gewesen. Und dabei habe ausgerechnet Tsao behauptet: »Der Roman – das sind Worte ohne Wahrheiten.«**

Die Schauplätze, die Charaktere und die Sprache des Romans seien mit Bedeutungen beladen, die oft falsch verstanden würden, erklärte Tschiang Tsching. Die Vertreter der beiden Familien von Ningkuofu und Jungkuofu stellen in vieler Hinsicht Gegensätze dar – Ningkuofu den Osten, Jungkuofu den Westen. Die Familien fungieren wie politische Parteien: Jungkuofu ist patriarchalisch, Ningkuofu matriarchalisch. Die patriarchalische und die matriarchalische Familie kämpfen darum, Pao-yü zu halten, doch am Schluß verlieren ihn beide. Die ersten fünf Kapitel sind nach Tschiang Tschings Ansicht lange mißverstanden worden, doch der Vorsitzende Mao habe Klarheit geschaffen. Er habe gesagt, daß man diese Kapitel in Hinblick auf den Klassenkampf und aus der Perspektive derer, die gelitten haben und gestorben sind, lesen müsse.

Hunderte von Personen sind durch komplexe Familienbande und durch Herr-Knecht-Beziehungen miteinander verbunden. Die meisten Bewunderer dieses Romans identifizieren sich mit dem jungen Herren Pao-yü, mit Schwarze Jade und Kostbare Haarnadel, seiner Kusine und seiner zukünftigen Ehefrau. Alle Hauptpersonen werden in den ersten fünf Kapiteln vorgestellt, und Aufbau und Grundthema der Geschichte werden durch »das Lied von Hao und Liao« im ersten Kapitel angedeutet. Tschiang Tsching sang vor:

Nach Erlösung sollte jeder streben,
Ehrgeiz reicht nur fürs irdische Leben,
Wo sind die Großen der vergangenen Tage?
Sie liegen alle unter dem Rasen im Grabe.[10]

* Kao E hat vergleichsweise weit mehr in seinem eigenen Leben geleistet, denn er bestand das *tschin-schih* (das Examen für den hohen Beamtendienst, das in Peking abgenommen wurde).

** Er schrieb jedoch auch: »Die Wahrheit wird Dichtung, wenn die Dichtung wahr ist. Das Wirkliche wird unwirklich, wenn das Unwirkliche wirklich ist.«

Sie entschuldigte sich dafür, daß sie nicht das ganze Lied vortragen konnte.

Vom Anfang bis zum Ende des Romans wählt der Autor durchweg symbolische Bezeichnungen und Namen. In Anspielung auf den Taoismus sagte er, daß die wahre Geschichte versteckt sei und eine falsche vorgeschoben werde: Im Traum trifft Pao-yü einen zweiten Pao-yü, der hier noch den Beinamen *tschen* hat, was soviel wie »wahr« bedeutet, während der echte Pao-yü den Beinamen *tschia* trägt, was »falsch« bedeutet. Dieses Wechselspiel zwischen *tschen* und *tschia* setzt sich in den Namen und Bezeichnungen des ganzen Romans fort.

Tschiang Tsching zitierte aus dem Kommentar zum »Lied von Hao und Liao« und wies darauf hin, daß diese Zeilen, wie auch die folgenden, häufig von Ausgabe zu Ausgabe variieren.

> Elende Hütten und verlassene Paläste,
> Wo einst sich trafen muntere Gäste:
> Zugige Winkel, wo Unkraut und Weiden nun gedeihen,
> Waren einst bevölkert von lärmenden Festesreihen,
> Vergoldete Balken stolzer Häuser sind mit grauem Spinngeweb bekränzt,
> Doch die ärmste Hütte mit herrlichem Musselin erglänzt.[11]

In dem Gespräch über die mythischen, übersinnlichen und traumähnlichen Gehalte des Romans wies Tschiang Tsching auf eine bestimmte Episode hin. Eine alte Frau, Liu Lao-lao, betritt Ta-kuan-yüan, den Palastgarten in Jungkuofu, wo ihre reichen Verwandten leben. Die Gartenanlage spiegelt den Plan des Himmels wider, den der Autor das »Traumland der großen Leere« nennt. Die Geschichte stellt die Übereinstimmung zwischen dem Garten und dem Himmel und zugleich die Möglichkeit zur Flucht aus der Realität in die Irrealität dar. Ursprünglich wuchs im Himmel Gras (das man sich als weiblich vorstellen muß), und Pao-yü lebte einst als Gott im Himmel. Dieser Gott hatte Mitleid mit dem Gras und begoß es jeden Tag (ein gebräuchliches Sexualsymbol in den chinesischen Schriftzeichen). Das Gras reagierte darauf und sagte, daß »sie« es dem Gott mit ihren Tränen zurückzahlen wolle, wenn sie ein menschliches Wesen auf Erden würde.

Tschiang Tsching erklärte mir die Bedeutung vieler Zeilen und längerer Abschnitte. »Weiße Knochen«, sagte sie, »beziehen sich auf Kostbare Haarnadel« (obgleich Kostbare Haarnadel sowohl in der gegenwärtigen Fassung als auch in Tsaos Original am Leben bleibt; vermutlich meinte Tschiang Tsching Schwarze Jade, die stirbt). »Mit Silber und Gold gefüllte Truhen« bedeuteten, daß ein Mächtiger zum armseligen Bettler werde, den jeder schmäht und schlecht behandelt – dies müsse sich wohl auf Pao-yü beziehen. Weniger klar sei, auf wen sich die folgenden Zeilen beziehen: »Einer seufzt über des anderen kurzes Leben und weiß nicht, daß auch er bald gehen wird.« Doch die Zeilen »Ein Richter, dessen Hut zu klein für seinen Kopf ist, trägt am Ende gar den schweren Holzkragen eines Verurteilten«, verweisen eindeutig auf den Bruder von Kostbare Haarnadel, Hsüe Pan, der zwar eine gute Erziehung genossen hat, aber fast zum Räuber wird.

Tschiang Tsching hielt beim fünften Kapitel inne und zitierte Abschnitte aus der berühmten Episode, in der die Fee der Desillusion Pao-yü ein bebildertes Buch mit zwölf Liedern überreicht, von denen jedes anschaulich eines der zwölf Mädchen von Tschinling beschreibt, die im Roman auftauchen. Tschiang Tsching erklärte, dies ereigne sich im Himmel, der in diesem Buch Land der Illusion heiße. Es gebe im Himmel zwei Bücher, von denen das eine orthodox und das andere ein Ergänzungsband sei. Der Ergänzungsband gehöre in die Tsching-wen-Tradition, und Tsching-wen (Gute Absicht) sei der Name von Pao-yüs schönster, aber vom Unglück verfolgter Ehrendame, die einen tragischen Tod stirbt. Tschiang Tsching rezitierte:

> Selten steht der Mond am nächtlichen Himmel frei,
> Und Tage voller Schönheit gehen viel zu rasch vorbei.
> Verstand, der kühn und edel blitzt,
> Aber in niedriger Hülle gefangen sitzt,
> Nur Haß kann dir dein Charme und Geist gewinnen,
> Ermordet gehst du schließlich dann von hinnen,
> Die edle Fürsorg' deines Herrn war ganz umsonst.[12]

Ein Gemälde, das dem folgenden Gedicht vorausgeht, zeigt zwei verdorrte Bäume, an denen ein Jadegürtel hängt. Unter einem Schneehaufen liegt eine goldene Haarnadel.

> Die eine zog an Tugenden das große Los,
> Die andre hatte seltene Geistesgaben,
> Der Jadegürtel hängt im Walde über dem Moos,
> Die goldene Nadel ist im Schnee begraben.[13]

Der »Jadegürtel im Wald« spiele auf Schwarze Jade an, und die »goldene Nadel, die im Schnee begraben ist«, auf den Namen Kostbare Haarnadel. Die Jade- und Gold-Symbolismen fänden sich im ganzen Roman. Auch Pao-yü werde durch Jade charakterisiert, und das Sprichwort, daß es zwischen Gold und Jade keine gute Ehe geben könne, werde durch die unbefriedigende Heirat zwischen Kostbare Haarnadel (Gold) und Pao-yü (Jade) versinnbildlicht.

»Den Mädchen des Ningkuofu-Clans«, fuhr Tschiang Tsching fort, »von denen jede auf ihre Art etwas Besonderes ist, war ein tragisches Schicksal bestimmt.« So wird z. B. Tschin Ko-tsching, die Schwiegertochter von Tschia Tschen, dem Familienoberhaupt der Ningkuofu, von diesem verführt, worauf sie sich erhängt. Warum habe sie dies getan? Weil sie gewußt habe, erklärte Tschiang Tsching, daß Tschia Tschens Frau, Wang Fu-jen, und zwei ihrer Gesellschaftsdamen Zeugen dieses Vorfalls geworden seien. Die beiden Gesellschaftsdamen seien so entsetzt gewesen, daß sich die eine umgebracht habe und die andere in ein Nonnenkloster geflohen sei. Es komme dem Autor bei dieser Darstellung von Sexualakten, von Flucht und Selbstmord darauf an zu zeigen, daß nichts Gutes dabei herauskomme, wenn Mitglieder der

Herrenklasse und der dienenden Klasse, die empfänglich füreinander sind, in einer nicht streng geordneten Hausgemeinschaft zusammenlebten. Häufig werde behauptet, daß die üblen Dinge immer in Ningkuofu passierten, aber in Wirklichkeit ereigneten sie sich meist in Jungkuofu.

Eine eindrucksvolle Beschreibung der Clans (der Tschia-Familie und der ebenso großen Schih-, Wang- und Hsüe-Familien), die die damalige Gesellschaft beherrschten, werde im vierten Kapitel gegeben:

Schreit hipp hurra
Für die Nanking Tschia!
Sie wiegen ihr Gold
Mit Gefäßen aus.
Der Ah-fang-Palast
Berührt schon die Wolken.
Doch die Nanking Schih
Beherbergte er nicht.
Der König der Meere
Kommt eilends herbei,
Wenn er zu wenig goldene Betten hat
Zu den Nanking Wang.
Die Nanking Hsüe
Die sind so reich!
Wer ihr Geld zählt
Braucht einen ganzen Tag ...[14]

Tschiang Tsching begleitete ihren Monolog über den Roman durch temperamentvolle Handbewegungen. Die Hitze des späten Abends war mörderisch. Einmal – sie unterbrach dabei ihre Ausführungen nicht – nahm sie ein weißes Frottéetuch vom Tisch und band es sich fest um den Kopf. Einige Sekunden drückte sie es fest an den Kopf, um die Schweißtropfen aufzusaugen. Dann band sie es wieder ab, legte es weg und fuhr sich durch die Haare.

Zu anderen Zeiten (während sie sprach oder am Mittagstisch saß) fuhr sie sich rasch mit ihrem grün-weißen Plastikkamm durch das Haar. »Ich trage die Haare gern kurz geschnitten – dann wird mir nicht so heiß«, erklärte sie heiter, wenn auch mit entschuldigendem Unterton (worauf ich mich fragte, ob sie dabei wohl an die Pagenfrisur oder an die Korkenzieherlocken dachte, die sie in ihrer glanzvolleren Schanghai-Zeit bevorzugt hatte).

Bei Tisch rezitierte sie lange Passagen aus Gedichten, unterbrach sich und machte persönliche Bemerkungen zu dem Dienstmädchen, das unser Essen auftrug. Gedankenverloren nahm Tschiang Tsching einmal eine große weiße Leinenserviette vom Schoß, band zwei Zipfel hinter dem Nacken zusammen und klemmte die beiden anderen unter ihren Teller, wodurch sie zwischen ihrem Kinn und dem Tisch eine schiefe Ebene herstellte. Ohne ein Lätzchen, sagte sie lachend, sähen ihre Kleider bald so schmutzig aus wie die eines Babys.

Die stundenlange konzentrierte Unterhaltung über die elegante, auf Äußerlichkeiten ausgerichtete Welt des »Traums der roten Kammer« schien ihre weibliche Eitelkeit zu wecken. Einmal machte sie über die Schulter hinweg eine Kopfbewegung zu einer Begleitperson, die ihr daraufhin sofort eine große längliche Pappschachtel brachte. Wie ein Schulmädchen kichernd, hob Tschiang Tsching den Deckel und holte wie durch Zauberei einen langen schwarzen Faltenrock nach dem anderen heraus.

»Ich liebe Röcke«*, verkündete sie, während sie jeder ihrer Begleitpersonen (außer mir) einen reichte. »Vor allem im Sommer sind sie so praktisch.«

Da ich noch nie gesehen hatte, daß solche eindeutig ausländischen Kleidungsstücke im revolutionären China getragen wurden, fragte ich sie, woher diese Röcke stammten.

»Aus dem Freundschaftsladen!« Es war ihr gleichgültig, daß offiziell nur Ausländer in diesen Freundschaftsläden einkaufen durften. Als ich mir diese nicht gerade eleganten Kleidungsstücke genauer ansah, bemerkte ich, daß die chinesischen Modeschöpfer sich eine überholte Mode zum Vorbild genommen hatten: die der drallen russischen Matronen aus den fünfziger Jahren.

Als sich am nächsten Tag Tschang Ying, Tschiang Tschings beiden Dolmetscherinnen und meine zwei Begleiterinnen zu unserem Interview trafen, trug jede von ihnen ihren neuen schwarzen Rock, und man sah ihre bleichen Beine, die nie der Sonne ausgesetzt gewesen waren. Ohne die gewohnten Hosen ließen sich die Genossinnen unbeholfen und gehemmt auf den Stühlen nieder und schoben die Falten, die sich in ihrem Schoß bauschten, von einer Seite zur anderen.

Tschiang Tsching erzählte, daß sie ihrer Tochter Li Na im Kindesalter den »Traum der roten Kammer« geschenkt und ihr beigebracht habe, wie der Roman korrekt zu lesen sei: vom Standpunkt des Klassenkampfes aus. Und der Vorsitzende habe den jugendlichen Mitgliedern der Kommunistischen Partei erklärt, daß sie sich nicht auf das Offensichtliche – die Liebesgeschichte – konzentrieren sollten. Bei ihrer Lektüre sollten sie vielmehr auf das Thema des Klassenkampfes achten und die Tatsache im Auge behalten, daß

* Tschiang Tschings Vorliebe für Kleider, die sie regelmäßig während unserer Interviews in Kanton trug, fiel ausländischen Journalisten zum erstenmal im Juni 1973 auf. Sie trug damals in Begleitung von David Bruce, dem amerikanischen Ersten Verbindungsoffizier, im Pekinger Sportstadion ein Kleid, das bis zur Mitte der Wade reichte. Erst im Frühling 1975 tauchte in Peking eine Kollektion von konservativ geschneiderten Kleidern auf. (*»New York Times«* vom 3. März 1975, S. 20). Kleider, lange Haare, Locken, Make-up, hohe Absätze und all die anderen Symbole westlicher Weiblichkeit waren während der Kulturrevolution verpönt. Frauen, die sich über diese ungeschriebenen Gesetze hinwegsetzten, wurden öffentlich scharf kritisiert.

mehr als zwanzig Personen des Buches in diesem Kampf sterben. Hunderte von anderen fristeten ihr Dasein nur mit Hilfe dessen, was ihnen von den Reichen gegeben werde. Solange eine Dienstmagd die Gunst ihres Herrn genieße, könne sie es sich leisten, eine eigene Meinung zu haben. Doch sobald sie seine Gunst verliere, werde sie zugrunde gehen.

Von seinem idealistischen Standpunkt aus habe Yü Ping-po phantasievolle und willkürliche Erklärungen für die Ereignisse und die Beziehungen der Romanfiguren ersonnen. Für seine Interpretation des Kapitels mit der Überschrift »Eine Abendgesellschaft zu Ehren von Pao-yüs Geburtstag« habe Yü sogar eine Zeichnung angefertigt, die zeigen sollte, welche Romanfiguren an welchem Platz saßen. Doch diese Anordnung sei nur sein Phantasieprodukt gewesen. Dann habe er etwas völlig Lächerliches behauptet: Die beiden weiblichen Hauptpersonen, Schwarze Jade und Kostbare Haarnadel, seien die beiden Seiten einer Person. Woher habe Yü das wissen wollen? Er sei wirklich rein *subjektiv* gewesen! Bei sorgfältiger Lektüre zeige sich, daß Kostbare Haarnadel und Schwarze Jade zur Aristokratie gehörten. Allerdings stehe Kostbare Haarnadel an der Spitze dieser Gesellschaftsschicht, während Schwarze Jade eine Waise sei, die im Haus von Kostbare Haarnadel lebe. Unter diesen Umständen versuche Kostbare Haarnadel natürlich, Schwarze Jade zu schikanieren. Schwarze Jade sei sehr treuherzig. Sie versuche zwar, sich zu wehren, könne es jedoch nicht ertragen, einem anderen ein Leid zuzufügen.

Der Autor schwärmte von der Schönheit von Kostbare Haarnadel – von ihrer zarten weißen Haut, ihren roten Lippen, ihren Augen, die zwei Aprikosen glichen, ihrem flachen Gesicht ... »Natürlich würde man so ein Gesicht nach heutigen Maßstäben häßlich finden«, fügte Tschiang Tsching hastig hinzu. Die detaillierte Beschreibung von Schwarze Jade sei eher kritisch. Der Autor lobte nie ausdrücklich ihre Schönheit, sondern sprach von ihren langen schwarzen Augenbrauen und den Augen, die geschlitzt seien wie die eines Phönix. Sie atme beim Laufen hastig – »wie wenn man die Hand auf einen Windhauch legt.« Der Unterschied im Charakter der beiden Mädchen kommt auch in der Beschreibung ihrer Zimmer zum Ausdruck – durch die Augen der alten Frau, Liu Lao-lao, gesehen. Der Raum von Schwarze Jade ähnelt dem eines Knaben, da er mit Büchern gefüllt ist. Damals war das nicht üblich gewesen.

Kostbare Haarnadel habe gewisse intellektuelle Ambitionen. Einmal versuche sie, eine Prüfung im Kaiserpalast zu bestehen.* Doch Schwarze Jade sei diejenige, die wie ein Knabe aufgezogen und unterrichtet worden sei. In ökonomischer Hinsicht stehe die eine Frau oben, die andere unten. Schwarze Jade stehe unten, da sie eine Proletarierin ohne Vermögen sei. Natürlich seien ihre Vorstellungen aristokratisch, aber das müsse im Hinblick auf ihre Zeit verstanden werden. Kostbare Haarnadel stamme dagegen aus einer reichen Kaufmannsfamilie, die mit der kaiserlichen Sippe blutsverwandt sei.**

* Vermutlich wurde sie an den Kaiserhof geschickt, um sich einer Ausleseprüfung für eine Anstellung als Palastdame oder Konkubine zu unterziehen.

** Im Roman nicht erwähnt.

Trotz dieser fundamentalen Unterschiede habe Yü Ping-po auf seiner Behauptung beharrt, daß die beiden Frauen lediglich zwei Seiten ein und derselben Person seien.

Alle Personen aus Tsao Hsüe-tschins Roman gehörten zur aristokratischen Schicht. Doch zwei der wichtigsten, Pao-yü und Schwarze Jade, *rebellierten* gegen diese Klasse. Obwohl Tsao sie als rebellisch schildere, kritisiere er zugleich ihre unbotmäßige Haltung: Pao-yü benehme sich schlecht, und Schwarze Jade verärgere die anderen. Doch Kostbare Haarnadel preise er immer aufs höchste. Sie sei anmutig, habe viel Geld und setze dieses Geld ein, um Menschen zu »kaufen«. In dieser Hinsicht bringe sie es fertig, sich wie ein »Geheimagent« zu verhalten. Man könne nicht abstreiten, daß Pao-yü auf seine (beschränkte) Weise ein echter Rebell sei. Eigenartigerweise behaupte er, daß alle Bücher *außer* den Vier Büchern (»Buch der Gespräche«, »Große Lehre«, »Innehalten der Mitte« und »Menzius« – die Klassiker schlechthin) wahr seien.* Vom klassischen Erbe gelangweilt, weigere er sich, sein Heim zu verlassen, um ernsthafte Schriften zu studieren und die Regierungskunst zu erlernen. Dies sei nur eine von vielen Arten, wie er sich dem Beamtenstand widersetze. Er behaupte, daß der lockende Ruhm das einzige Motiv jener Beamten sei, die dem Kaiser gute Ratschläge geben wollten. In der Tat seien einige ehrgeizige Beamte so weit gegangen, vor den Augen des Kaisers Selbstmord zu verüben, nur um ihre Namen berühmt zu machen. Pao-yü erkenne, daß die Generäle seiner Zeit kein wirkliches Interesse am Leben des Kaisers hätten und daß Gardisten, Soldaten und andere allein deshalb in den Krieg zögen, um Ruhm zu erlangen und befördert zu werden.

Im Gegensatz zu Kostbare Haarnadel habe Schwarze Jade kein Geld, das der Rede wert sei. Sie bekomme lediglich eine bescheidene monatliche Unterstützung von ihrer Großmutter. Doch auch dieses Geld behalte sie nicht nur für sich. Eines Tages nehme sie diesen Betrag und einige andere persönliche Habseligkeiten und verteile sie unter bedürftigen Menschen.** Wenn Schwarze Jade und Pao-yü heutzutage lebten, würde man sie vermutlich als »Ultra-Rechte« bezeichnen, sagte Tschiang Tsching trocken. Doch das wäre ungerecht! Bewerte man die beiden nämlich in ihrem historischen Milieu, so lasse sich nicht leugnen, daß sie gegen den Feudalismus opponierten. Selbst in ihrer romantischen und leidenschaftlichen Liebe seien Schwarze Jade und Pao-yü Rebellen gegen die feudale Aristokratenklasse. Das sei doch wundervoll!

»Meine Interpretation der ersten fünf Kapitel ist vielleicht nicht völlig korrekt. Schließlich bin ich nur ein Halb-Experte, was den ›Traum der roten Kammer‹ betrifft«, meinte Tschiang Tsching. Dieses Buch müsse mit der Me-

* Er steht damit im scharfen Gegensatz zur allgemein anerkannten konfuzianischen Lehre.

** In Wirklichkeit verteilt nur Kostbare Haarnadel Geld und Gegenstände unter die Leute, möglicherweise, um sich damit Zuneigung zu erkaufen. Tschiang Tsching neigte dazu, ihre »Rebellin« Schwarze Jade mit möglichst vielen guten Eigenschaften auszustatten.

thode des dialektischen Materialismus analysiert werden. Alle Themen, die es behandle, entwickelten sich aus der Grundfrage, wie man das kulturelle Erbe übernehmen solle. Hu Schih und Yü Ping-po hielten das Werk für einen Schlüsselroman – für eine Biographie lebender Personen. Aber sei es nicht besser, es als einen Roman mit biographischem Charakter zu verstehen? Enthalte der Roman nicht tiefe allgemeine Einsichten in die chinesische Gesellschaft? Sei er nicht ein Beispiel von kritischem Realismus mit einem Zusatz von Romantizismus? Oder sei er etwa lediglich eine Volkslektüre, die so unwichtige Dinge beschreibe wie die Liebesromanzen bestimmter Personen? Sollten wir nicht erkennen, daß sich Pao-yü und Schwarze Jade wie Rebellen verhalten? Seien Schwarze Jade und Kostbare Haarnadel *wirklich* die beiden Seiten ein und derselben Person? Falls es so sei, könnten wir dann das Thema des zwiespältigen Charakters mit dem philosophischen Lehrsatz in Beziehung setzen, daß ein Argument immer zwei widersprüchliche Seiten habe – daß »eins sich in zwei teilt«?

Nach Tschiang Tschings Meinung rebelliert Schwarze Jade gegen die Feudalklasse, während Kostbare Haarnadel diese Schicht unterstützt. Dieser Gegensatz verursacht letzten Endes den Tod von Schwarze Jade. Hu Schihs und Yü Ping-pos Auseinandersetzung hatte außerhalb der KPCh stattgefunden. Dennoch hatten ihre Ansichten nach 1960 die Einstellung der Partei zur Literatur beeinflußt und damit weitere Auseinandersetzungen über das literarische Erbe ausgelöst.

1962 oder 1963 hatte Tschiang Tsching bei der Durchführung mehrerer kultureller Projekte in Schanghai mit dem Leiter der Propagandaabteilung im Parteikomitee für die Region Ostchina (Hsia Tscheng-nung) zu tun, einem Mann, der damals für einen »guten Genossen« gehalten worden war. Erst später hatte sich herausgestellt, daß man ihm nicht hatte trauen können. Eines Tages hatte sie sich mit ihm über den historischen Hintergrund des Romans unterhalten, und dabei hatte er ihr erzählt, daß ein Garten mit dem Namen Ta-kuan-yüan (wie im Roman) in Peking entdeckt worden sei. Die Experten sind sich darin einig, daß der Ort der Handlung des Romans tatsächlich Nanking ist. Wenn das stimme, sagte Tschiang Tsching zu ihm, dann solle man den Titel »Traum der roten Kammer« in »Der Reisebericht von Tsao Hsüe-tschin« umbenennen. Hsia Tscheng-nung habe jedoch nicht begriffen, was sie damit gemeint habe, sagte Tschiang Tsching sarkastisch.

Tsaos Roman wurde als Angriff gegen die herrschende Klasse empfunden, so daß er offiziell auf die Liste »der verbotenen Bücher« gesetzt wurde, solange das Kaisergeschlecht an der Macht war. Diese Zensur machte das Buch für das große Publikum nur noch interessanter. Die Leute waren so begierig darauf, die unzensierte Originalversion zu besitzen, daß sie mehrere Unzen Silber für eine Kopie bezahlten. Da das Buch über einen größeren Zeitraum hinweg so häufig handschriftlich kopiert wurde, unterscheiden sich die verschiedenen noch vorhandenen Exemplare voneinander. Doch die durchdringende Wirkung des Originals ist bis heute nicht verlorengegangen. Während der Tao-kuang-Periode (1821–1851) und zur Zeit des Opiumkrieges (1839–1840) hielt ein hoher Beamter den »Traum der roten Kammer« für eine Droge, die man exportieren könne, um fremde Völker zu verdummen – so wie Opium von den britischen Imperialisten eingeführt worden war, um das chinesische Volk zu verdummen.

Manches an Tschiang Tschings Lebensstil in Kanton erinnerte noch entfernt an die Szenerie des achtzehnten Jahrhunderts, die in unserer Vorstellung noch so lebendig ist – mit ihren Gärten, Gedichten und anmutigen jungen Frauen. Obwohl Tschiang Tsching sich nicht in dem berühmten Garten aus dem »Traum der roten Kammer«, dem Ta-kuan-yüan, ergehen konnte, verfügte sie während ihres Aufenthalts in Kanton über etwas Vergleichbares: über einen großen Orchideenpark, der sich von ihrem Haus bis zum Perlfluß erstreckte. Am Ende unseres überraschenden morgendlichen Zusammentreffens, bei dem sie sich mit der Kulturrevolution beschäftigt hatte, schlug sie vor, den Ort zu wechseln. Warum sollten wir unser Interview am Nachmittag nicht in den Orchideengarten verlegen?

Wir trafen nacheinander in dem tropischen, der Öffentlichkeit nicht zugänglichen Park ein. Tschang Ying führte meine Begleiter und mich über verschlungene Pfade, an Hunderten von Orchideengewächsen vorbei, und zeigte uns die außergewöhnlichsten Arten. Wir kamen durch halbmondförmige Tore, durchschritten Miniatur-Gärten, die auf kunstvolle Weise »naturalistisch« angelegt waren, stießen auf schlichte Teepavillons und überquerten auf sanft geschwungenen Brücken künstliche Bäche und Teiche. Um die Idylle zu vervollständigen, fehlten nur noch Gelehrte in langen Gewändern und kauernde junge Diener. In einiger Entfernung stand ein größerer Pavillon. Tschiang Tsching saß, in schimmernde Seide gehüllt, auf der Veranda und blickte auf einen Lotosteich.

Als wir näherkamen, begrüßte sie uns heiter. Sie thronte auf einem bequemen Korbsessel und ließ sich in ihrer »Arbeit« nicht stören. Aus einem Korb holte sie seltene Orchideenpflanzen heraus und legte sie auf Löschpapier, das über leichte Holzrahmen gespannt war, die von ihren Sicherheitsbeamten gebastelt worden waren. Sie befestigte die Orchidee auf einem Rahmen, legte einen zweiten darüber und schnürte beide an den vier Ecken zusammen. »Sie können mich ruhig dabei photographieren«, sagte sie, während sie weiterarbeitete, lachte und munter plauderte. Also photographierte ich sie. Trotz der hellen Nachmittagssonne richtete ein Leibwächter starke Scheinwerfer auf sie. Doch plötzlich erschien ihr diese Szene wohl unpassend und frivol. Sie trat an das Terrassengeländer und stellte sich vor dem Hintergrund des wunderschönen Lotosteiches mit ernster Miene in Positur.

»Nun bin ich an der Reihe«, sagte sie dann. Sie trat zu ihren wertvollen Schweizer Photoapparaten, die auf der anderen Seite der Veranda aufgebaut waren. Als sie mit der Rolleiflex, die auf einem Stativ stand, zu arbeiten begann, legte sie sich ein altes himmelblaues Samttuch über den Kopf, machte rasch einige Aufnahmen und gab unter dem Tuch hervor mit gedämpfter Stimme Anweisungen. Sie reichte die großen Kassetten mit den

Negativen ihrem Sicherheitsbeamten (der auch für das Entwickeln und Vergrößern verantwortlich war, wie sie erklärte). Alle Anwesenden mußten sich vor der Kamera aufstellen oder hinsetzen.

Frisch aufgegossener Tee aus Orchideenblüten lockte uns ins Innere des Pavillons. Dort waren Vögel in phantasievollen Käfigen zu bewundern. Exotische Blüten wurden uns aus dem Garten gebracht, und wir saßen träge in unseren Sesseln und plauderten. Dann schlug Tschiang Tsching einen kleinen Rundgang auf der Terrasse vor. Goldfische in allen Regenbogenfarben flitzten unter uns im Wasser hin und her.

Irgendeine Bewegung der schimmernden Fische brachte sie vom Thema ab und erinnerte sie an Pferde. Sie sprach von der Lust und der Spannung, sie zu zügeln und anzutreiben. Von den Pferden kam sie auf die Menschen zu sprechen und auf die Kunst, sich bei jemandem einzuschmeicheln und ihn für sich zu gewinnen. »Wie steht's bei mir?« fragte ich mutwillig, als wir uns über die Balustrade lehnten. Wir brachen beide in Gelächter aus. Dann brachte sie das Gespräch auf den Abend.

»Ziehen Sie sich vor dem Essen um. Warum tragen Sie eigentlich nichts Buntes? Und wieso haben Sie ausgerechnet etwas Schwarzes angezogen, obwohl Sie wußten, daß ich Farbaufnahmen machen würde?«

Ich erklärte ihr, daß mir meine Begleiterinnen Yü und Tschen dunkle Kleidung empfohlen hatten.

»Sie sollten nie auf andere hören«, erwiderte sie. »Treffen Sie Ihre Entscheidungen selbst! Ziehen Sie an, was Sie möchten, und fühlen Sie sich wohl darin.«

Als wir uns am Abend wiedersahen, trug Tschiang Tsching immer noch das Kleid aus Naturseide. Ich trug eine rotweiß gepunktete Bluse und weiße ausgestellte Hosen, was ihr zu gefallen schien. Einige Stunden später – es war gegen Mitternacht – ging sie wieder zu ihrem Photoapparat, der inzwischen im Haus aufgebaut worden war. Um eine natürliche Umgebung vorzutäuschen, befahl sie Hsiao Tschiao, im Hintergrund einige große Palmkübel zu arrangieren. Wieder wurde helles Scheinwerferlicht eingeblendet. Bevor sie neue Aufnahmen machte, strich sie mir über mein lockiges, zerzaustes Haar. »Es ist rebellisch, ohne revolutionär zu sein«, sagte ich. Sie lachte und wartete, bis ich mir die Haare gebürstet hatte.

Als sie wieder unter ihrem himmelblauen Samttuch hervorkam, griff ich nach meiner Nikon. »Farbe?« fragte sie. Ich schüttelte den Kopf. Ich hatte einen Schwarzweißfilm eingelegt. Sie erinnerte mich daran, daß ihr Farbaufnahmen lieber seien. Ich sagte, daß ich es nicht vergessen habe, und fügte hinzu, daß ein Schwarzweißfilm besser geeignet sei, die Details der äußeren Erscheinung und auch die Nuancen des Charakters einzufangen. Sie sagte nichts dazu, doch ihr gewöhnlich sehr ausdrucksvolles Gesicht verhärtete sich. Als ich durch den Sucher blickte, stellte ich erneut fest, daß sie viel glaubwürdiger und einnehmender wirkte, wenn sie nicht auf die Nachwelt schielte.

Als ich später über ihre intensive Beschäftigung mit dem »Traum der roten Kammer« – und über ihren Wunsch, mich daran teilhaben zu lassen –

nachdachte, wurde mir etwas klar. Auch in ihren eigenen Vorstellungen hatten sich Wahrheit und Dichtung, Geschichte und Literatur, Vergangenheit und Gegenwart vermischt. Letzten Endes war die Propaganda, von der sie lebte, nichts anderes als dieses Gemisch.

Vierter Teil: Kulturrevolution

XII Vorbereitung zum Auftritt

Wenn Menschen soviel Mut auf die Welt mitbringen, muß die Welt sie töten, um sie zu zerbrechen, und darum tötet sie sie natürlich. Die Welt zerbricht jeden, und nachher sind viele an den zerbrochenen Stellen stark.
Ernest Hemingway,
»In einem andern Land«

»Ich möchte meine politische Jugend nie verlieren ...« Dies war eine von Tschiang Tschings ersten Bemerkungen mir gegenüber. Dabei sprach sie nicht nur für sich, sondern auch für die anderen alternden Revolutionsführer. Einige – allen voran Mao – waren entschlossen, die geistige Beweglichkeit und die körperliche Energie zu bewahren, die nötig waren, um die Nation auf dem radikalen politischen Kurs zu halten, den man ein halbes Jahrhundert zuvor eingeschlagen hatte. Diese Gruppe konnte es nicht zulassen, daß die überwiegend junge Bevölkerung (fast eine halbe Milliarde Chinesen sind unter dreißig) vorzeitig in ein politisches Erwachsenenalter geriet oder durch Nachlässigkeit die alte Ordnung wieder herstellte.

Mit ihrer gewohnten Leichtigkeit kombinierte Tschiang Tsching persönliche und öffentliche Angelegenheiten. »Ich leide an verschiedenen Krankheiten, aber ich arbeite und kämpfe weiter.«

»Genosse Tschiang Tsching kämpft gegen die Krankheit genauso tapfer, wie sie in politischen Auseinandersetzungen kämpft«, fügte Yao Wen-yüan mit seiner üblichen revolutionären Höflichkeit hinzu.

»Wissen Sie, wer Genosse Yao Wen-yüan ist, und was er geleistet hat?« fragte sie und stellte mir einen ihrer loyalsten und redegewandtesten Gefolgsleute aus dem letzten Kreuzzug vor – einen Kämpfer der Feder.* »Schon lange vor der Großen Kulturrevolution war er ein Literaturkritiker unserer Partei. Vor allem zu Beginn, aber auch in der mittleren Phase der Kulturrevolution sorgte er dafür, daß viele Artikel erschienen, in denen die reaktionäre Richtung in Kunst und Literatur kritisiert wurde. Natürlich gab mir zuerst Vorsitzender Mao Tse-tung seine Zustimmung. Dann fuhr ich nach Schanghai, wo der Genosse Ko Tsching-schih [der frühere Bürgermeister und Parteisekretär von Schanghai] mich unterstützte. Doch die meisten Artikel wurden vom Genossen Yao Wen-yüan geschrieben.«

»Die Arbeit stand unter der Leitung des Vorsitzenden Mao und wurde von der Genossin Tschiang Tsching organisiert«, betonte Yao Wen-yüan. »Zu jener Zeit war es ein sehr harter Kampf. Deshalb hat der Vorsitzende gesagt, Peking sei damals wasserdicht und undurchdringlich gewesen.«

* Als »polemischen Hofdichter« bezeichnet ihn Gordon Bennet zutreffend in *»Mrs. Mao's Literary Ghost«*, *»Far Eastern Economic Review«*, 62, vom 24. Okt. 1968), S. 197.

»Neunzehn Tage lang [vom 10. bis zum 29. November 1965] weigerten sich die Pekinger Zeitungen, den kritischen Artikel des Genossen Yao Wen-yüan ›Über das neue historische Drama: Hai Jui wird seines Amtes enthoben‹ abzudrucken«, fuhr Tschiang Tsching fort. »Am 10. November war er in der Schanghaier ›Literaturzeitung‹ veröffentlicht worden. Auf den Vorschlag des Vorsitzenden Mao hin wurde er danach als Broschüre gedruckt, doch zwei oder drei Tage lang wurde er der Pekinger Bevölkerung vorenthalten. Das zeigt, wie eigenmächtig diese Leute damals waren! Es hat sieben Monate gedauert, bis der Artikel fertig war, da er mehrfach überarbeitet wurde. Und während er geschrieben wurde, durfte niemand etwas davon wissen. Dann wurde der Entwurf nach Peking gebracht, und ich las ihn dreimal durch. Auch das mußte geheimgehalten werden. Überrascht Sie das?«

In Wirklichkeit hatte diese Geschichte seit einiger Zeit unter Chinabeobachtern kursiert.* Jedenfalls war ich seit langem sehr interessiert daran gewesen, den berühmten Yao Wen-yüan kennenzulernen. Er war leider nur bei meinem ersten Zusammentreffen mit Tschiang Tsching in der Großen Volkskongreßhalle in Peking dabeigewesen. Schon 1955 hatte Yao die Angriffe gegen den individualistisch-sozialistischen Schriftsteller Hu Feng unterstützt. Zwei Jahre später schloß sich Yao der *Bewegung gegen die Rechten* an, die auf die *Hundert-Blumen-Bewegung* folgte. In seiner Schrift »Lu Hsün, der Gigant der kulturellen Revolution in China« behandelte er neue und wichtige Themen. Drei Jahre später arbeitete er zusammen mit Tschiang Tsching und Mao den vernichtenden Hai Jui-Aufsatz aus. Nachdem dieser Aufsatz erschienen war, verlor das Pekinger Parteikomitee die Kontrolle über die Stadt und ihr Kulturleben. Yao Wen-yüans Leistungen wurden mit dem Posten des Herausgebers der Schanghaier »Literaturzeitung« und der Zeitung »Befreiung« (der größten Tageszeitung von Schanghai) belohnt. Außerdem wurde er Leiter der Propagandaabteilung des Parteikomitees von Schanghai. Mit Hilfe von Yao Wen-yüans bestimmendem Einfluß auf das Pressewesen in Schanghai führten Mao und Tschiang Tsching, denen vorübergehend die Kontrolle über Peking entglitten war, einen ideologischen Feldzug gegen die Stadt- und Nationalregierung in der Hauptstadt.

Yao Wen-yüans vernichtender Schlag gegen Pekings Propaganda-Festung war seine Kritik an dem Stück »Hai Jui wird seines Amtes enthoben«. Es stammte von Pekings Vize-Bürgermeister Wu Han und forderte eine politische Katastrophe heraus. Dies bliebe unverständlich, berücksichtigt man nicht eine bestimmte Tradition der chinesischen Kulturgeschichte: Das Drama und der Roman, die Dichtkunst und die Geschichtsschreibung sind Spiegel, die dem Bild der herrschenden Klasse entweder schmeicheln oder es verzerren. Wu Han war bestens informiert; ihm erschlossen sich alle politi-

* Dies galt auch für das Gerücht, daß Yao der Schwiegersohn Tschiang Tschings sei. Ich versuchte nicht, der Sache auf den Grund zu gehen, da wir uns gerade erst kennengelernt hatten. Solche Fragen empfand man als Eingriff in das Privatleben, das die chinesischen Führer vor den Massen geheimhalten wollen.

schen, geschichtlichen und kulturellen Wege im neuen chinesischen Reich. Er war nicht nur ein mächtiger Stadt- und Parteifunktionär (und enger Mitarbeiter von Maos Rivalen Liu Schao-tschi), er war auch bekannt als liberaler Historiker, der sich vor allem mit der Ming-Dynastie befaßte, und als Autor von historischen Dramen im modernem Stil. Sein Stück handelt von Hai Jui, einem rechtschaffenen Beamten der Ming-Dynastie, der die Sache des Volkes zu seiner eigenen macht. Als er sich auf eine Auseinandersetzung über die Landpolitik des Kaisers einläßt, wird er »ungerechterweise« für seine Aufrichtigkeit bestraft. Die Anspielungen des Dramas auf die Politik der Gegenwart sind recht deutlich. Mißernten und Planfehler im *Großen Sprung nach vorn* hatten zu schmerzlichen Rückschlägen und zu großer Armut unter dem Volk geführt. Der »rechtschaffene Beamte« Peng Te-huai hatte dem »Kaiser« Mao Tse-tung die Verantwortung dafür in die Schuhe geschoben. Mit Hilfe historischer Analogien fordert das Theaterstück »die Beseitigung der Mißstände« durch Sparmaßnahmen und die Reprivatisierung eines Teils des kollektivierten Bodens. Diese Botschaft wurde von den loyalen Anhängern des Vorsitzenden mit einem Wort gekennzeichnet: Restauration.

Tschiang Tsching setzte ihren Bericht über den Beginn der Krise der sechziger Jahre fort. »Das Vorspiel zur Großen Kulturrevolution begann mit dem Aufruf des Vorsitzenden auf dem 10. Plenum des VIII. Zentralkomitees der Kommunistischen Partei im Jahre 1962. Zwischen 1962 und 1966 waren solche Ereignisse wie das Peking-Opern-Festival und der Artikel über ›Hai Jui wird seines Amtes enthoben‹ für die weitere Vorbereitung sehr nützlich.«

Daß die Kulturrevolution einen literarischen Ursprung habe, sei nur eine der zahlreichen Hypothesen, die von ausländischen Beobachtern über die chinesische Politik vertreten worden seien, erwiderte ich. Auch Generationskonflikte und der Streit um die Nachfolge seien als Gründe genannt worden. Außerdem habe ja wohl eine Art Bürgerkrieg stattgefunden.

»Da ist etwas Wahres dran«, bestätigte Tschiang Tsching. »Der Vorsitzende Mao hat Edgar Snow erklärt, daß es ein Bürgerkrieg auf allen Gebieten war.«

»Ein Bürgerkrieg auf allen Gebieten!« wiederholte Yao Wen-yüan. Rasch fuhr er fort: »Das Proletariat und die Bourgeoisie kämpften um die Vorherrschaft in einem Staat unter der Diktatur des Proletariats.«*

»Man kann nicht sagen, daß in der Zeit von 1962 bis Mitte 1966 schon ein Bürgerkrieg auf allen Gebieten stattgefunden hat«, meinte Tschiang Tsching. »Ein solcher Bürgerkrieg begann erst 1966, als sich die Massen erhoben. In diesem Jahr suchte ich mehrere Male die Peking-Universität auf und konnte mich kaum retten. Einige Studenten sagten, sie wollten mich aufhängen, andere drohten mir, mich zu rösten. Ich erwiderte darauf, daß ich schrecklich viel zu tun hätte, sie aber einladen würde, mich zu hängen und zu rösten, wenn ich genug Zeit haben würde.«

* Erst in der Verfassung von 1975 erklärte China offiziell, es befinde sich in der Phase der Diktatur des Proletariats.

»Die Untersuchungen begannen schon viel früher, nämlich 1961«, fuhr sie fort. »1963 war es dann soweit, und wir begannen unseren Angriff.[1] 1964 hielt ich eine Rede über die Reform der Peking-Oper. Doch ich konnte die Rede damals nicht veröffentlichen lassen, weil man absichtlich Fehler hineinmachte.[2] Zu dieser Zeit hatten sie* große Macht in ihren Händen, und meine Worte hatten kein Gewicht, da es noch keine Massenbewegung gab.«

»In den ersten Phasen der Kulturrevolution«, fuhr Tschiang Tsching fort, habe der Vorsitzende über die *Vier Groß* gesprochen: großes Wetteifern, große Meinungsäußerung, große Wandzeitungen und große Debatten. Diese *Vier Groß* hätten die Durchführung der Kulturrevolution bestimmt. Während das von ihr selbst entworfene Rundschreiben vom 16. Mai, das dem 10. Plenum des VIII. Zentralkomitees im September 1962 vorgelegt wurde, noch zum Vorspiel der Kulturrevolution gehört habe, sei der eigentliche Beginn durch die Mobilisierung der Massen gekennzeichnet.** Zuerst schrieb Mao, was er »Meine Wandzeitung« nannte. Als nächstes empfing er die Massen am Tor des Himmlischen Friedens. Die ersten, die dort eintrafen, waren Studenten, Arbeiter und Bauern. Bei den nächsten Gelegenheiten sprach er (von der Haupttribüne am Tor des Himmlischen Friedens) zu ungefähr dreizehn Millionen Jugendlichen, die sich selbst »Rote Garden« nannten. Als die Soldaten mit dem Volk gemeinsame Sache machten, brach überall der Bürgerkrieg aus. Mehrmals wurde das Gleichgewicht der Kräfte gestört und wiederhergestellt: Zuerst ergriff die eine Gruppe die Macht, dann erlangte eine andere Gruppe die politische Macht zurück. Dies wiederholte sich mehrmals.

Im Verlauf der Kulturrevolution war Liu Schao-tschi der »erste, der sich zuviel anmaßte«. Ihm folgte Lin Piao, der laut Tschiang Tsching den *gefährlichsten Kampf* in der Geschichte der Revolution anzettelte. Sein Angriff auf den Vorsitzenden, dessen Führungsrolle er in Frage stellte, wird heute *der zehnte Kampf zweier Linien* genannt. Tschiang Tsching zählte im Stakkatorhythmus die Namen auf, die in diese Auseinandersetzungen verwickelt waren: erstens Tschen Tu-hsiu, zweitens Tschü Tschiu-pai, drittens Li Li-san, viertens Lo Tschang-lung, fünftens Wang Ming, sechstens Tschang Kuo-tao, siebtens Kao Kang und Jao Schu-schih, achtens Peng Te-huai, neuntens Liu Schao-tschi, zehntens Lin Piao.

»Ich bin nicht besonders begabt, aber ich kenne den praktischen Kampf«, sagte Tschiang Tsching. Sie fügte hinzu, daß ihre »revolutionäre Doppelstrategie« weniger raffiniert sei als »das Doppelspiel der Konterrevolutionäre«. Häufig benahm sie sich ihrer Meinung nach ungeschickt. Nachdem Liu Schao-tschi und seine Gefolgsleute Selbstkritik geübt und ihre Fehler eingestanden hatten, forderte Tschiang Tsching sie auf, sich ihrer Gruppe anzu-

* Staatspräsident Liu Schao-tschi, Pekings Oberbürgermeister Peng Tschen, der Leiter des Kultusministeriums, Tschou Yang, und ihre Gefolgsleute. Ihr Sturz ermöglichte Tschiang Tschings Aufstieg zur Macht.

** Siehe Kapitel XIII.

schließen. Doch sie hätten nicht aufgehört, abenteuerliche Pläne gegen ihr eigenes Volk zu schmieden. Als sich dann schließlich »die Liu Schao-tschi-Renegaten und die Konterrevolutionäre um Lin Piao eine Blöße gaben, war es ein großer Sieg für uns.«

Tschiang Tschings Hinweise auf die Vorgeschichte der Kulturrevolution, die sie in das Scheinwerferlicht der nationalen Öffentlichkeit stellte, wurden später von ihr durch eine sorgfältigere Rekonstruktion dieser Umwälzung ergänzt. Ihre Darstellung konzentrierte sich auf drei aufeinanderfolgende historische Entwicklungen. Während des *Großen Sprungs nach vorn* setzte Mao alle Kräfte ein, um eine Gesellschaft der Gleichheit anzustreben, in der niemand mehr materielle Privilegien hatte. Dieses Ziel sollte innerhalb des dritten Jahrzehnts nach der Gründung der Volksrepublik erreicht werden. Mao lehnte das sowjetische Modell ab, das sich auf dem Weg zum Sozialismus dahinschleppte und auch »kapitalistische« Vergünstigungen erlaubte. Laut Tschiang Tsching hatte der Vorsitzende Mao einen Ein-Mann-Feldzug im ganzen Land durchgeführt, um für das Ideal der Volkskommune zu werben und die radikalen organisatorischen Umwälzungen zu propagieren, die bei einer totalen Hinwendung zum Kommunismus unabdingbar waren. Doch gegen Ende der fünfziger Jahre hatte Mao nicht genug auf den Überbau geachtet – darauf, daß gleichzeitig Veränderungen im Bereich der Erziehung, der Literatur und der darstellenden Künste stattfinden mußten.

Daß es Mao nicht gelungen war, seinen Willen – eine beschleunigte Sozialisierung – einer schwerfälligen Nation von Bauern aufzuzwingen, die sich immer noch nicht des politischen Vorzugs, daß sie »arm und wie ein unbeschriebenes Blatt« waren, bewußt geworden waren, konnte nicht verborgen bleiben. Doch war es für Tschiang Tsching unerträglich zu erleben, wie andere über Maos Mißerfolg urteilten. Hungersnöte und politisches Chaos brachten China an den Rand eines regelrechten Aufruhrs. Die Gefahr, daß das »Volksmandat« verloren gehen könnte, hatte 1960 und 1961 eine gewisse Stagnierung der Sozialisierung zur Folge: Man gab begrenzte »Konzessionen« für privaten Grund und Boden, gestattete Landmärkte und persönlichen Besitz und gewährte Entschädigungen für Güter, die vom Staat im ersten Eifer der Sozialisierung konfisziert worden waren. In Tschiang Tschings Bericht von diesem riskanten Spiel um das Schicksal der Nation drehte sich fast alles um die Rolle von Mao. Sie zitierte peinlich genau seine teils provokativen, teils vermittelnden und bisweilen recht weitschweifigen Anweisungen. Liu Schao-tschi und der Generalsekretär der Partei, Teng Hsiao-ping, der jene einschränkenden Maßnahmen ohne großes Aufsehen durchführte, waren zur Zeit unseres Interviews offiziell in Mißkredit geraten und wurden daher kaum erwähnt. Sie hatten allerdings auch jetzt noch eine starke, wenn auch schweigende Anhängerschaft.

Zu Beginn der *Sozialistischen Erziehungsbewegung* im Herbst 1962 versuchte Mao, mit Hilfe der Volksbefreiungsarmee und deren Chef Lin Piao seinen Rivalen, Liu Schao-tschi, von der Spitze zu verdrängen. Es ging um die Planung eines chinesischen Weges zum Sozialismus. In der heroischen Sprache jener Zeit war Mao »Unser Großer Steuermann«.

Die Schwankungen der revolutionären Bewegung beobachtete Tschiang Tsching von den verschiedenen Stufen ihrer Rekonvaleszenz aus. Erst Anfang der sechziger Jahre wandte sie sich dem Theater zu, einem pädagogischen Medium, das durch die *Sozialistische Erziehungsbewegung* in den Mittelpunkt der Aufmerksamkeit gerückt worden war.

Sie hatte ihren Bericht über die innenpolitischen Ereignisse der späten fünfziger Jahre mit der *Berichtigungsbewegung* gegen die Dissidenten in den Jahren 1957 und 1958 abgeschlossen. Zu diesem Zeitpunkt begann sich der Vorsitzende Mao auf die Landbevölkerung zu konzentrieren, in welcher der revolutionäre Elan in der letzten Zeit nachgelassen hatte. Am 19. Februar 1958 eröffnete er seinen Kampf mit den »Zehn Punkten über die Arbeitsmethoden in der Partei«[3]. Dann unternahm er eine Inspektionsreise durch das Land und verbrachte März und April in der Provinz Szetschuan. In Tschengtu berief er eine wichtige Versammlung ein, wo die Generallinie für den Übergang zum Sozialismus (die dem Politbüro fünf Jahre zuvor vorgelegt worden war) offiziell angenommen wurde. Am 1. Juni 1958 erschien im Parteiblatt »Rote Fahne«* der Artikel »Vorstellung einer Genossenschaft«.

Um die Kollektivierung der Landwirtschaft zu beschleunigen, hielt das Politbüro im August 1958 drei Sitzungen in Tschengtschou in Honan (Zentralchina) ab und wandte sich dabei gegen die »übertriebene Beschlagnahme von Eigentum« (durch Erhebung überhöhter Steuern), und gegen andere »drastische Forderungen von oben«. Das Politbüro erließ auch Verordnungen gegen die hartnäckige Vorliebe für Privatwirtschaft und private Landwirtschaft, also gegen jede Art der Bewirtschaftung, die nicht kollektiv war. Um seiner Ansicht Nachdruck zu verleihen, fragte der Vorsitzende Mao geradeheraus: »Glaubt ihr an den Marxismus oder nicht? Glaubt ihr an das Wertgesetz oder nicht?«

Mao führte seine persönliche Kampagne fort und machte vom 4. bis zum 13. August Inspektionsreisen durch Dörfer und Städte in den Provinzen Honan, Hopeh und Schantung. Außerdem besuchte er Tientsin (südöstlich von Peking). Bei jedem Aufenthalt berief er Sitzungen der lokalen Funktionäre ein und stellte die *Kommune* als ein Modell vor, um dessen Verwirklichung sich alle bemühen sollten. Dieser Gedanke wurde mit großem Nachdruck propagiert und in einigen Orten mit Begeisterung aufgenommen. Vom

* Dieser Leitartikel enthält auch seine berühmte metaphorische Versöhnung mit der Armut der Massen. »Neben anderen Besonderheiten besitzt das 600 Millionen zählende chinesische Volk zwei bemerkenswerte Eigenschaften: es ist arm und ein unbeschriebenes Blatt. Das sind scheinbar Nachteile, in Wahrheit aber sind es Vorzüge. Wer arm ist, will seine Lage bessern, er will Anstrengungen machen, er will die Revolution. Ein weißes Blatt ist noch unbeschrieben; es lassen sich die neuesten und schönsten Worte darauf schreiben, es lassen sich die neuesten und schönsten Bilder darauf malen.«
Aus: Stuart R. Schram, »Das Mao-System«, München 1972, S. 312.

28. November bis zum 10. Dezember 1958 hielt das VIII. ZK seine 6. Plenarsitzung in Wutschang ab. Es wurden mehrere Resolutionen über die Probleme des Kommunismus verabschiedet. Mit Hilfe der Parole »Der Imperialismus und alle Reaktionäre sind Papiertiger«[4] verstärkte Mao zur selben Zeit seine schon früher ausgesprochene Warnung vor konterrevolutionären Angstgefühlen. Das gleiche Plenum habe Maos Entscheidung akzeptiert, das Amt des »Staatspräsidenten« abzugeben – so kommentierte Tschiang Tsching eine Entscheidung, die durchaus auch eine andere Interpretation zuläßt.[5]

Blickt man zurück auf die Sitzungen des Politbüros vom Juli und August 1959, die schließlich zu einer Umgruppierung der Führungskräfte führten, so wird deutlich, daß sich hier für die politische Karriere Tschiang Tschings unerwartete Möglichkeiten eröffneten. Die Sitzungen fanden in Lu-schan, einem Bergort am Westufer des Poyang-Sees in der Provinz Kiangsi statt. Die Lage war gespannt. Der Abbruch der Beziehungen zur Sowjetunion, von der die Chinesen ideologisch und materiell abhängig gewesen waren, stand kurz bevor. Der *Große Sprung nach vorn* hatte Not und Leid für das Volk gebracht, was nach traditionellen Maßstäben das Ende einer Dynastie signalisiert hätte. Doch wie gedemütigt und belastet Mao sich auch fühlen mochte, er dachte nicht daran, die politische Macht an Rivalen abzutreten, auf das Urteil gebildeter Ratgeber zu hören oder sich der Rache des Volkes auszusetzen.

An der Spitze wurden jedoch einige Umbesetzungen vorgenommen. Mao war als Staatspräsident der Volksrepublik China zurückgetreten, scheinbar deswegen, um seine Kräfte mehr der revolutionären Philosophie zu widmen. Obwohl Liu Schao-tschi ebenfalls für das Primat der Landwirtschaft eingetreten war und Maos *Großen Sprung nach vorn* enthusiastisch unterstützt hatte, schoben die Genossen Mao die Verantwortung für die Rückschläge zu. Liu wurde geschont. Auf der Sitzung in Lu-schan, wo Liu Mao als Staatspräsident ablöste, wuchsen zwischen Lius und Maos Gefolgsleuten die Spannungen. Wie immer entging Mao dank seines Geschichtssinns den bestehenden Gefahren. Er analysierte den Konflikt zwischen den dominierenden Persönlichkeiten mit ideologischen Begriffen – als sei es eine Klassenkonfrontation.

> »Der Konflikt, der in der Sitzung in Lu-schan ausgebrochen ist, ist ein Klassenkampf. Es ist die Fortsetzung des Kampfes auf Tod und Leben zwischen den beiden großen Gegnern, der Bourgeoisie und dem Proletariat, im Prozeß der sozialistischen Revolution der letzten zehn Jahre. In China und in unserer Partei wird dieser Kampf wohl noch mindestens zwanzig weitere Jahre dauern, vielleicht sogar ein halbes Jahrhundert lang. Kurz gesagt: Bevor die Klassen nicht vollständig beseitigt worden sind, geht der Kampf weiter. Nach dem Ende des alten sozialen Kampfes werden neue soziale Kämpfe entstehen. Kurz gesagt: In Übereinstimmung mit der materialistischen Dialektik sind Widerspruch und Kampf ewig. Wäre es nicht so, gäbe es keine Welt ... Der innerparteiliche Kampf reflektiert lediglich den Klassenkampf in der Gesellschaft.«[6]

In diesem glühend heißen Sommer waren diese Männer und ihre Streitigkeiten für Tschiang Tsching weit entfernt. Sie weilte zur Erholung in einem Haus, das für den Vorsitzenden und sie in Pei-tai-ho, einem Ort am Meer östlich von Peking, reserviert war. Sie erinnerte sich daran, daß ihr angenehmer Aufenthalt plötzlich durch einen Brief des Vorsitzenden gestört wurde. Dieses Schreiben enthielt den Entwurf seiner Antwort an Peng Te-huai, den Verteidigungsminister, der soeben Maos »Missetaten« angeprangert hatte. Er hatte einen sogenannten Zehntausend-Zeichen-Brief verfaßt, der Maos Generallinie für den Übergang zum Sozialismus ablehnte. Peng überreichte seinen Brief am 14. Juli, an demselben Tag – das entnahm Tschiang Tsching ihren Unterlagen –, an dem die Resolution gegen die »Verbrechen« von Huang Ko-tscheng[7] verabschiedet wurde. Außerdem kamen Angelegenheiten, welche die *Drei Roten Banner* (die Generallinie, die Volkskommune und den *Großen Sprung nach vorn*) betrafen, zur Sprache. Da Tschiang Tsching keinen vernünftigen Kommentar zu dem Entwurf des Vorsitzenden abgeben konnte, ohne Pengs Originalbrief[8] gelesen zu haben, rief sie den Vorsitzenden an, um ihm mitzuteilen, daß sie unverzüglich zu ihm nach Lu-schan fliegen wolle, um mehr über die Hintergründe der Auseinandersetzung zu erfahren.

»Der Kampf ist zu heftig«, erwiderte er. Er wollte nicht, daß sie kam. Sie flog trotzdem nach Lu-schan und wohnte zu Maos Kummer den Sitzungen bei. Der Streit zwischen den Männern und den Ideen war hitziger, als sie es seit Jahren erlebt hatte. Tschiang Tschings Gesundheitszustand verschlechterte sich sofort, was den Vorsitzenden sehr bekümmerte. Gleich nach dem Ende der Sitzung fuhren sie gemeinsam nach Hangtschou. Dort erholten sie sich und planten ihre nächsten Schritte.

Für die offizielle Geschichtsschreibung war Peng Te-huais unverschämte Herausforderung der Höhepunkt der Sitzung von Lu-schan. Doch eigentlich wurde ihre persönliche Geschichte kaum davon berührt – die höchst private Sehnsucht eines Mannes und seiner Frau nach einem Leben, das der Kunst und der Literatur gewidmet war. Wie gewöhnlich hatte Tschiang Tsching ihre Kamera bei sich und photographierte in ihrer freien Zeit nach Lust und Laune. Das schönste Photo war ihrer Meinung nach eine Berglandschaft, die wundervolle Geisterhöhle, in der ein altes taoistisches Heiligtum seinen Platz hat. Jahrhundertelang zog es Reisende nach Lu-schan.

Zwei Jahre später, am 9. September 1961, inspirierte Maos Muse Tschiang Tsching ihn dazu, einen Vierzeiler zu dichten. Er schrieb ihn auf die Rückseite ihrer Aufnahme von Lu-schan. Er widmete dieses Gedicht Li Tschin – Tschiang Tschings Kindername, mit dem sie ihre Kunstphotos zu signieren pflegte. Während unseres Interviews gab mir Tschiang Tsching einen vergrößerten Abzug ihres geliebten Lu-schan-Photos mit Maos Gedicht, das sie eigenhändig auf die Rückseite geschrieben hatte. Seine Empfindungen für den Ort und für die Frau, die ihn mit dem Objektiv eingefangen hat, sind ausgesprochen romantisch:

»Dämmerschein, blaue Weite; seh stämmige Kiefern,
wirbelnde Wolken, im Flug dahin, doch gelassen.

Himmelsschöpfung die eine Geisterhöhle;
unbegrenzter Rundblick auf schroffem Gipfel.«[9]

Wer hätte 1961 geahnt, daß die Lyrik, die der Vorsitzende der Genossin Li Tschin widmete, ein Beispiel für die Sprache der Kulturrevolution werden würde, die sie vorbereiteten?

Am 15. August seien sie immer noch in Hangtschou gewesen, fuhr Tschiang Tsching fort. An diesem Tag schrieb der Vorsitzende das »Geleitwort zu ›Empirismus oder Marxismus – Leninismus‹«, in dem er allen Führern und sonstigen verantwortlichen Genossen riet, ein bestimmtes kleines philosophisches Wörterbuch zu lesen, das damals in dritter Auflage erschienen war.[10] Zugleich empfahl er auch ein Lehrbuch über politische Ökonomie.[11]

Hangtschou war so schön wie immer, doch im Spätsommer wurde es heiß und schwül. Die Temperatur stieg auf ungefähr 40° Celsius. Selbst mit Hilfe der Klimaanlage konnte man die Temperatur nicht unter 30° senken. Völlig erschöpft durch die glühende Hitze ließ Tschiang Tsching den Vorsitzenden allein zurück und reiste in ihr Haus in Schanghai. Um wieder zu Kräften zu kommen, zwang sie sich zu körperlichen Betätigungen, wozu auch Gartenarbeit gehörte. Normalerweise liebte sie diese Arbeit, doch nun war schon das Bewässern des Gartens zuviel für sie, und ihr brach der Schweiß aus allen Poren. (Trafen bei Tschiang Tsching als Mittvierzigerin möglicherweise gewisse Symptome des Klimakteriums mit einer Zäsur in ihrer politischen Laufbahn zusammen?) Sie verlor das Bewußtsein, kam wieder zu sich und wurde erneut ohnmächtig. Da sie glaubte, daß sie zu wenig Blutzucker hatte, stopfte sie Unmengen von Süßigkeiten in sich hinein, die »bewirkten, daß sich ihr Magen senkte«, so daß sie unter heftigem Brechreiz litt. Sie konnte nichts mehr verdauen, und für schier endlose Tage hatte sie ständig das Gefühl, sich übergeben zu müssen.

Um sie von ihren körperlichen Beschwerden abzulenken, schlug ihr der Arzt vor, sich einige Theaterveranstaltungen anzusehen. Sie befolgte seinen Rat und wandte sich gegen Ende des Sommers von neuem der Kulturszene zu. Was sie dabei feststellte, entsetzte sie. Als sie im Theater von Schanghai saß, das klassische und bürgerliche Stücke im Repertoire hatte, kam es ihr vor, als ob sie bei archäologischen Ausgrabungen plötzlich auf einen Haufen von Altertümern gestoßen sei, die seit langem begraben waren und nun wirr durcheinanderlagen. Die Probleme, die sie kommen sah, wenn man den »Überbau so verändern wollte, daß er zur Basis paßte«, waren kaum vorstellbar.

Um sich für die Anstrengungen, die ihr bevorstanden, zu stärken, ließ sie sich wiederholt akupunktieren. Außerdem absolvierte sie ein noch härteres körperliches Training. Tag für Tag machte sie eine Viertelstunde lang *tai-tschi-tschüan* (eine Art »Schattenboxen«, das die Bewegungen von Tieren und Blumen nachahmte), spielte zwanzig Minuten lang Tischtennis und ein oder zwei Runden Billard. Und täglich schwamm sie einige Bahnen. »Ich bin hundertfünfzig Meter mit vier Ruhepausen geschwommen, stimmt's?« fragte sie Hsia Tschiao, der schon dreizehn Jahre lang ihr Sicherheitsbeamter war. Er nickte. Drei Jahre lang absolvierte sie dieses Aufbauprogramm, bis sie sich gegen Ende 1962 kräftig genug fühlte, sich ganz der Kulturarbeit zu widmen.*

Der Vorsitzende hatte in den Jahren zuvor viel geschrieben, um das Volk mit seinem Standpunkt vertraut zu machen. Sollte er sich weiterhin damit begnügen, seine Ideen nur durch Flugschriften, vereinzelte Buchveröffentlichungen und die Tagespresse zu verbreiten, oder sollte er eine beständigere Form wählen? Stalin war es gewesen, der als erster Mao Tse-tung vorgeschlagen hatte, seine »Ausgewählten Werke« herauszugeben. Dieses Projekt nahm mehrere Jahre in Anspruch.

1960 war Stalin schon sieben Jahre tot. Sein Name war durch Chruschtschow in Verruf gebracht worden, und die chinesisch-sowjetischen Beziehungen hatten sich verschlechtert. Im Hinblick auf diese unerträgliche Lage entwarf der Vorsitzende im März 1960 die »Anschan-Verfassung«.**

Im Juli zog die Sowjetunion alle ihre Experten aus China ab und erklärte Verträge für ungültig, die zwischen den beiden Ländern abgeschlossen worden waren. Der Vorsitzende sei über diesen Rückschlag entsetzt gewesen, sagte Tschiang Tsching, habe ihn aber gefaßt hingenommen. Da ihn die Sowjetunion im Stich gelassen hatte, war er gezwungen, wieder die nationalen Ressourcen (was noch immer hieß: Land und Arbeit) in Betracht zu ziehen und erneut das »Vertrauen des Volkes auf die eigene Kraft«*** zu bestär-

* Tschiang Tsching wußte, daß ich gerne schwamm, und wollte mir eine Freude machen. Da die Massen in Aufregung geraten würden, wenn sie Maos Frau beim Schwimmen sah, wollte sie mich dieses Mal nicht begleiten, sondern erst bei einem meiner späteren Besuche in China.

Auf ihre Anweisung hin war ein Swimmingpool von olympischen Ausmaßen in einem Erholungspark am Perlfluß für die Öffentlichkeit gesperrt worden. Man hatte das Wasser erneuert, und vier stramme Schwimmerinnen der Nationalmannschaft waren abgeordnet worden, mir Gesellschaft zu leisten. »Damit Sie nicht ertrinken«, erwiderten sie auf meinen leisen Protest. Es war herrlich, eine Stunde in dem großen Schwimmbecken zu verbringen, das von farbenprächtigen tropischen Gewächsen umgeben war. Die Unterhaltung mit diesen Expertinnen über bestimmte Bewegungsabläufe beim Butterfly war reizend. Aber nach einem zweiten Vormittag, an dem ich das gleiche Vergnügen genossen hatte, lehnte ich weitere Badeausflüge dankend ab. Ich hatte erfahren, daß man das Wasser nicht nur dann erneuert hatte, bevor ich kam, sondern auch hinterher!

** Die Betriebsverfassung des Hüttenkombinats Anschan (*Anschan kang-ling*) regelte die Führung sozialistischer Unternehmen. Diese Regeln standen in krassem Widerspruch zu der Betriebsverfassung des Hüttenkombinats von Magnitogorsk, welche in erster Linie die Produktion und in zweiter Linie die Autorität der Fachleute betont, dem Profit und materiellen Anreizen den Vorrang einräumt und andere sowjetische und »kapitalistische« Techniken (die später mit Liu Schao-tschi in Verbindung gebracht wurden) befürwortet. Maos »Anschan-Verfassung« stellte die politische Linie, die Parteiführung, die Massenbewegung, die Teilnahme von Kadern an der produktiven Arbeit und die Teilnahme von Arbeitern an der Betriebsführung, die Annullierung überholter Vorschriften und die enge Zusammenarbeit von Kadern, Arbeitern und Technikern in den Mittelpunkt. Diese Prinzipien wurden von Maos Anhängern energisch durchgesetzt, als die Kulturrevolution den industriellen Bereich erfaßte.

*** *Tze-li keng-scheng,* eine Parole, die zum erstenmal während der Kuomintang-Blokkade von Jenan ausgegeben worden war.

ken. Diese plötzliche politische Kursänderung erfolgte im August, als man der Landwirtschaft wieder den Vorrang in der nationalen Wirtschaftsentwicklung einräumte.

Auf der 9. Plenartagung des VIII. Zentralkomitees, das vom 13. bis zum 18. Januar 1961 tagte, trug der Vorsitzende Mao der Unausgewogenheit der Lage (Naturkatastrophen und der fehlgeleitete *Große Sprung nach vorn*) Rechnung. Er forderte, die Wirtschaft »anzupassen, zu konsolidieren, zu bereichern und zu verbessern«.[12] Im Februar und März trat das Zentralkomitee in Kanton zusammen, und der Vorsitzende arbeitete am Entwurf des Konzepts von »Sechzig Punkte für die Volkskommune«[13] mit. Dieses Dokument sollte dazu dienen, organisatorische Prinzipien, die bereits angewandt wurden, zu systematisieren. Der Volkskommune, erklärte Tschiang Tsching, habe das Prinzip zugrundegelegen, den Kollektivbesitz auf drei Ebenen abzusichern – durch die Gruppe, die Brigade und die Kommune. Die Gründung der Kommunen sollte die Bauern jedoch nicht daran hindern, kleine Parzellen für ihren persönlichen Bedarf zu bewirtschaften. Sie konnten z. B. Gemüse anpflanzen oder Schweine halten. Dieses modifizierte Modell der Kommune wurde mehrere Monate lang erprobt.

Während die leitenden Funktionäre nahezu in allen Provinzen die Gründung von Volkskommunen propagierten, mußten sie zugleich ihr Wirtschaftsprogramm verteidigen, das von Journalisten und Bühnenautoren in versteckter Weise angegriffen wurde. Diese Angriffe führten dazu, daß im Januar und Februar 1962 eine Arbeitskonferenz des ZK einberufen wurde. Bei dieser Gelegenheit sprach der Vorsitzende vor einer Erweiterten Versammlung von mehreren tausend Menschen. Tschiang Tsching sagte, diese Rede sei äußerst wichtig gewesen.*

Im Frühjahr 1962 hatte Tschiang Tsching den Vorsitzenden davon überzeugt (seit Jahren hatte sie sich darum bemüht), daß es unbedingt nötig war, ideologisch die Oberhand zu gewinnen, indem in Kunst und Literatur die Vorherrschaft des Proletariats energisch geltend gemacht wurde. Zum ersten Mal gab Mao ihr den Auftrag, einen politischen Bericht zu verfassen, welcher der höchsten Instanz des Staates, dem Zentralkomitee (in dem sie noch nicht einmal Mitglied war) vorgelegt werden sollte. Das Dokument, das sie verfaßte, wurde als das »Rundschreiben vom 16. Mai« bekannt.[14] Tschiang Tsching betonte, man müsse es als ein Kapitel in der Vorgeschichte der Kulturrevolution verstehen. Am 6. August 1962, als Mao in Pei-tai-ho den Vorsitz des Zentralkomitees führte, gab er die Anweisung aus: »Klasse – Situation und Widerspruch«. So nannte er eine ausführliche Abhandlung über die Probleme des nationalen und internationalen Klassenkampfes und die Förderung der proletarischen Ideologie im ganzen Land. Die Botschaft aus Pei-tai-ho wurde später als der *Geist der Zehnten Plenartagung* bekannt. Auch diese Abhandlung gehörte zur Vorgeschichte der Kulturrevolution, vor allem im Hinblick auf die Bemerkungen zu den darstellenden Künsten. Doch der el-

* »*Talk at an Enlarged Work Conference*« (30. Jan. 1962), in Stuart Schram, hrsg., »*Chairman Mao Talks to the People*«, S. 158–187.

gentliche Beginn werde durch die *Mobilisierung der Massen* im Sommer 1966 gekennzeichnet, wiederholte Tschiang Tsching.

Bald nahm die Auseinandersetzung mit Liu Schao-tschi härtere Formen an. Tschiang Tsching erkannte dies an dem Kurs, den der Vorsitzende bei der wichtigen 10. Plenartagung des VIII. Zentralkomitees einschlug. Diese Plenartagung fand vom 24. bis zum 27. September 1962 statt.[15] Mao hatte den Vorsitz und legte die »Generallinie der Partei im Stadium des Sozialismus« fest. Es war dies eine Botschaft von »großer historischer Bedeutung«. Sie sollte Liu Schao-tschis Außenpolitik, die von Konzilianz gegenüber dem Imperialismus, dem Revisionismus und der Reaktion bestimmt war, entgegenwirken. In der Innenpolitik war Liu ein Vertreter der Freien Marktwirtschaft. Er warb für privaten Grund und Boden, für freie Unternehmen, die für ihre eigene Produktion verantwortlich waren, und die Festsetzung von Anteilen für jeden Haushalt (statt für jede Gruppe).*

Als das ZK am 20. Mai 1963 in Hangtschou tagte, war Tschiang Tsching als Zuhörerin anwesend. Auf dieser Sitzung sprach der Vorsitzende Mao über mehrere Probleme der Entwicklung auf dem Land.[16] Diese Erörterungen wurden später als die *Früheren Zehn Punkte* bekannt, in denen die Macht der Ideen über die materielle Macht gestellt wurde.[17] Vier Monate später (im September 1963) veröffentlichte Liu Schao-tschi die sogenannten *Späteren Zehn Punkte,* die »links in der Form, aber rechts dem Inhalt nach waren«. Scheinbar eine Ergänzung zu den *Früheren Zehn Punkten* des Vorsitzenden, seien sie in Wirklichkeit geschrieben worden, um diese zu widerlegen, meinte Tschiang Tsching.

Die Kulturrevolution war ein »politischer Kurs, der nicht im Klassenzimmer gelehrt wird«, witzelte Mao einmal. In den frühen sechziger Jahren war Tschiang Tsching Schülerin und Lehrerin in diesem Kurs. Als ihr Mentor Mao gespürt hatte, daß er in dem permanenten Machtkampf an Boden verlor, hatte er sein Hauptquartier verlassen, die offiziellen Parteikanäle mißachtet und sich ganz allein aufgemacht, um mit seinen eigentlichen Auftraggebern, den Massen, Kontakt aufzunehmen. Seine politische Überlegenheit verdankte er seinem historischen Bewußtsein und der Erkenntnis, daß erst die Massen und nur die Massen eine Regierung legitimierten. Wer fähig ist, den Massen vertrauensvoll und positiv gegenüberzutreten, erlangt – symbolisch gesprochen – den Auftrag des Himmels und beweist so seine Befähigung zum Regieren. Diese politische Lektion, die Mao so eindrucksvoll erteilte, wurde von Tschiang Tsching verstanden.

Anfang der sechziger Jahre war Tschiang Tsching wieder gesund (und wahrscheinlich vom Krebs geheilt). Sie war fest entschlossen, in der revolutionären Bewegung eine Rolle zu spielen. Folglich begann sie, in Jugend- und Frauenzeitschriften unter ihrem eigenen Namen zu schreiben. Dieser Name war zu jener Zeit nur für wenige ein Begriff.[18] Noch wichtiger war,

* Diese Entstellung von Lius außen- und innenpolitischen Prinzipien sollte demonstrieren, daß er in »Widerspruch« zu Maos neuen ideologischen Zielen stand.

daß sie auch wieder allein zu reisen begann und der Zentrale berichtete, was sie sah. Außerdem konnte sie dank ihrer besonderen Beziehungen zu Mao verschiedenen Sitzungen des Zentralkomitees beiwohnen. So bereitete sie sich darauf vor, die Schranken niederzureißen, die um Ehefrauen in hohen Stellungen errichtet waren. Konnte sie, nachdem sie zwei Jahrzehnte isoliert gewesen war, den Kontakt zum Volk erneuern und Anerkennung als Führerin finden?

Die *Sozialistische Erziehungsbewegung* half ihr, sich dem Volk wieder zu nähern. Der *Geist der Zehnten Plenartagung* sollte auf Festivals der Erziehung und der Künste die Massen ergreifen. Die Volksbefreiungsarmee, die von Lin Piao geleitet wurde, unterstützte die Kampagne nicht nur physisch, sondern auch moralisch. Sowohl auf dem »Forum zu Erziehungsfragen während des Frühlingsfestes« als auch bei den »Dritten Literatur- und Kunstfestspielen in der VBA« wurde die Parole ausgegeben: »Lernt von der VBA!«

Die Geschichte des jungen Soldaten Lei Feng, dessen Unfalltod ihn zum Märtyrer machte, diente den Medien als Vorbild.

Die eben genannte Parole beschleunigte das Herannahen der Kulturrevolution. Die *Sozialistische Erziehungsbewegung* förderte die Bereitschaft der Massen, zivile Interessen mit militärischen zu verbinden und die Distanz zwischen Stadt- und Landbevölkerung und zwischen privilegierten und unterprivilegierten Klassen zu verringern. Auf dem Frühlingsfest vertrat Mao die Devise: »Man muß alle Sänger, Dichter, Bühnenautoren und Literaten aus den Städten auf das Land drängen. Sie sollten in Gruppen von einer Bühne zur anderen, zu den Bauern und in die Fabriken geschickt werden. Man darf ihnen nicht erlauben, ständig in Büros herumzusitzen, denn so können sie nichts Gutes schaffen. Diejenigen, die noch nicht zur Basis gegangen sind, sollten nichts zu essen bekommen – nur die, die es schon getan haben.«[19]

Gleichzeitig begann Tschiang Tsching ihren eigenen (unauffälligeren) Feldzug gegen jene Bühnen, die immer wieder eine längst überwundene Vergangenheit heraufbeschworen. In marxistischer Terminologie prangerte sie »Geisterstücke« (die vom Aberglauben und von der Volksreligion beseelt waren) und Theaterstücke über die feudale Gesellschaft und die Bourgeoisie an, da sie Elemente des Überbaus waren, die zu Chinas sozialistischer Basis nicht paßten. Zu den unerträglichsten »feudalen« Dramen gehörten natürlich Wu Hans Stück über Hai Jui, das 1961 aufgeführt worden war, Meng Tschaos *»Li Hui-hsiang«* und Tien Hans *»Hsie Yao-huan«* von 1961 (ein vielversprechendes Jahr für alle liberalen Intellektuellen). Daß *»Hsie Yao-huan«* die führenden Funktionäre so sehr erboste, ließ auf latente politische Ängste schließen (die bei Tschiang Tsching vielleicht am stärksten waren). Die Parallelen zu »Die geheime Hofgeschichte der Tsching-Dynastie«, einem Stück, das Tschiang Tsching zehn Jahre früher zensiert hatte, waren verblüffend. Beide Werke handelten von Kaiserinnen: »Die geheime Hofgeschichte« von der Kaiserin-Witwe Tze Hsi, und *»Hsie Yao huan«* von der Kaiserin Wu aus dem 8. Jahrhundert. Tien Hans Titelfigur, die Zeremonienmeisterin, Vertraute und Beraterin der Kaiserin Wu, war jedoch nur eine Phantasiegestalt, denn die historische Kaiserin Wu hatte nur männliche Berater gehabt. In seinem neuen Stück charakterisierte Tien Han, dessen Geschick, moderne und historische Frauenrollen zu gestalten, allgemein anerkannt war, die Kaiserin und ihre Beraterin auf verblüffende Weise: Sie leisteten den mächtigen Familien und Aristokraten Widerstand aus »Sorge um das Volk«, das unter den ungerechten Bedingungen der Landarbeit litt. Vom marxistischen Standpunkt aus war eine solche Charakterisierung indiskutabel. Da die Kaiserin und ihre Beraterin zur herrschenden Feudalschicht gehörten, konnten sie natürlich in keiner Weise Sympathien für ihren Klassenfeind, die Bauern, empfinden, die von ihnen ausgebeutet wurden – und sei es nur, weil es per Definition so zu sein hatte. Wie der Film »Das Leben Wu Hsüns«, der während der Bodenreformbewegung gezeigt wurde, tauchten *»Hsie Yaohuan«* (und eine Flut von modern aufgemachten »feudalen« und »Geister-« Stücken, darunter *»Wu Tse-tien«* und »Das duftende Seidentaschentuch«) in der Zeit der beschleunigten Vergesellschaftung und beim *Großen Sprung nach vorn* auf – zu einer Zeit also, da alle ideologischen und moralischen Kräfte mobilisiert werden mußten. Man warf Theaterstücken wie den eben genannten vor, nostalgische Gefühle für die Vergangenheit zu erwecken und den Klassenkampf zu schwächen, indem sie ein angenehmes Bild von der alten herrschenden und landbesitzenden Klasse zeichneten. Außerdem warf man ihnen vor, daß sie die moralische Restauration des Feudalismus in einer Zeit förderten, in der die Parteiführung alles daransetzte, den Übergang zum Sozialismus zu beschleunigen. Tien Han und Wu Han wurden beide beschuldigt, sich ihrer Bühnenfiguren, der »loyalen Berater« Hsie Yao-huan und Hai Jui, zu bedienen, um private und öffentliche Klagen vorbringen zu können. Beide Figuren (und damit auch ihre Autoren) behaupteten, »für das Volk zu sprechen«, ein Privileg, das die Führer der Diktatur des Proletariats für sich beanspruchten, jedoch nicht völlig ausnutzten. Dies taten sie erst 1966, als sie die Vorherrschaft auf allen Gebieten der Kultur erlangten.[20]

Zu den wenigen führenden Politikern, die damals schon Tschiang Tsching in ihrer Absicht unterstützten, das nationale Theater von allen religiösen Maskeraden, von »Rinderteufeln und Schlangengeistern«, aufgeputzten und prächtigen Gestalten aus einer finsteren Vergangenheit zu befreien, gehörte ihr Freund, der Bürgermeister von Schanghai, Ko Tsching-schih. Im Januar 1963 erließ er einen Aufruf an verschiedene einflußreiche Schauspielergruppen. Er forderte sie auf, die alten Repertoires aufzugeben, sich statt dessen den Geist des Klassenkampfs von der Zehnten Plenartagung zu eigen zu machen und neue Dramen mit Helden aus den Reihen der Arbeiter, Bauern und Soldaten auf die Bühne zu bringen – kurzum, das Volk darzustellen, das während der letzten dreizehn Jahre die sozialistische Gesellschaft verwirklicht hatte.

Kurz darauf formulierte der Vorsitzende Mao auf Anregung seiner Frau einen Aphorismus, der Teil der offiziellen Terminologie der kommenden Jahre werden sollte. Alle Dramen, die »Geister« oder »Kaiser, Könige, Generäle, Kanzler, junge Gelehrte und anmutige Schönheiten« darstellten, sollten von den Bühnen verbannt werden. Um seinen Standpunkt zu verdeutlichen, beschuldigte Mao das Kultusministerium, das seit 1949 von Tschou

Yang, Hsia Yen, Lin Mo-han und ihrem Klüngel* beherrscht wurde, ein »Ministerium für Kaiser, Könige, Generäle, Kanzler, junge Gelehrte und anmutige Schönheiten« zu sein.[21]

Im Dezember klangen Maos Worte schon drohender: »Viele Sparten werden noch bis heute von den ›Toten‹ beherrscht ... Die sozial-ökonomische Basis hat sich bereits geändert, aber die Kunst als ein Teil des Überbaus, der dieser Basis dienen soll, bleibt bis jetzt immer noch ein ernstes Problem. Daher ist es notwendig, daß man dieses Problem, von Untersuchung und Forschung ausgehend, gewissenhaft anpackt ... Ist es denn nicht absurd, daß viele Kommunisten eifrig dabei sind, die feudale und kapitalistische Kunst zu fördern, aber nicht die sozialistische?«[22]

Liu Schao-tschi, der angeblich den Beschützer dieser Fehlgeleiteten spielte, erwiderte zu seiner Verteidigung, »Kaiser und Könige, Generäle und Kanzler sollten immer noch dargestellt werden, allerdings weniger häufig ... Was die Kunst anbelangt, so ist das Niveau der Musik, der Romane, der Poesie und der Opern aus der kapitalistischen Ära – die wir die neue demokratische Ära nennen – nicht so hoch wie zur Zeit des Feudalismus. Romane und Theaterstücke unserer Zeit sind aber meist auch nicht so gut wie jene aus der Feudalzeit. Daher sollten die Stücke über ›Kaiser und Könige, Generäle und Kanzler, junge Gelehrte und anmutige Schönheiten‹ dennoch aufgeführt werden.«[23]

Tschiang Tschings Erforschung des Theaterlebens brachte sie mit einigen wichtigen Politikern in Berührung, von denen sie nur wenige respektierte. Unter ihnen war Tao Tschu, der starke Mann des Südens[24], der wie Tschiang Tsching daran interessiert war, das Kulturleben zu kontrollieren, um seinen politischen Einfluß zu erweitern. Während Tschiang Tsching im Norden um die Macht kämpfte, weil sie die Peking-Oper reformieren wollte, setzte Tao Tschu seinen ganzen beträchtlichen Einfluß ein, um die Yüe-Oper, die in Kanton heimisch war, zu modernisieren und zu politisieren.

Tschiang Tsching berichtete, daß Tao Tschu am 11. Oktober 1961 über das Thema »Die Intellektuellen in Kanton« gesprochen habe. (Er war der Erste Sekretär des Büros für Zentral- und Südchina der KPCh in Kanton.) Tao Tschu habe dieses Thema damals abschätzig (und daher löblich) behandelt, erinnerte sie sich. Allerdings war nicht ganz klar, wem er persönlich verpflichtet war. Im darauffolgenden Frühjahr wurden überall im Land viele Versammlungen abgehalten, die sich mit Kunst befaßten. Tao Tschu nahm an einer Sitzung am 5. März 1962 teil und propagierte die Schöpfung neuer moderner Dramen und Opern. Er nahm auch an der »Konferenz der Literatur- und Kunstschaffenden zur Förderung des schöpferischen Schreibens« teil. Auch am 23. Mai war er bei einer anderen wichtigen literarischen Tagung anwesend. Die wahren Motive für Tao Tschus Auftritt bei den Tagungen im März und im Mai, wo er

* Obwohl das Kultusministerium von 1949 bis 1965 offiziell von dem angesehenen Schriftsteller Mao Tun (Schen Yen-ping) geleitet wurde, schoben ihm weder Mao Tse-tung noch Tschiang Tsching die Schuld für die Obstruktionspolitik dieses Ministeriums während dieser Jahre in die Schuhe.

von allen gesehen wurde, seien erst vor kurzem deutlich geworden, sagte Tschiang Tsching. Vor dem Mai 1963 habe man nur wenig über seine Kulturpolitik gewußt, und noch 1965 seien seine Absichten nicht überall durchschaut worden. Tschiang Tschings Mitstreiter aus den frühen Phasen der Kulturrevolution, Yao Wen-yüan, gehörte zu den ersten, die Tao Tschus Arbeit sorgfältig untersuchten. Yao analysierte dann zwei Bücher von Tao; eines davon hieß »Über den Stil der sauberen Presse«. Scharfsinnig zeigte er in seiner Kritik auf, daß Tao Tschu in Wirklichkeit die Vier Bösewichte unterstützte, die Tschiang Tsching und Mao in der Kulturpolitik Widerstand leisteten. Nach der Veröffentlichung von Yaos Kritik hätten sie – Tschiang Tsching und Mao – entdeckt, daß Tao Tschu hinter den Kulissen Befehle von Lin Piao entgegengenommen habe. Dies bemerkte Tschiang Tsching in einer Anwandlung von historischem Revisionismus. Schon in den frühen sechziger Jahren seien Lin Piao und Liu Schao-tschi »auf gutem Fuß miteinander« gestanden. Auch dies sei erst vor kurzem entdeckt worden.

Tschiang Tsching trat auf den großen Versammlungen nicht in den Vordergrund. Dies änderte sich erst bei den »Festspielen der Peking-Oper mit zeitgenössischen Themen«, die im Juni und Juli 1964 in der Großen Volkskongreßhalle stattfanden. Bei diesen Festspielen wurde nicht in Kultur geschwelgt. Unter der Schirmherrschaft des Kultusministeriums, das vom ZK dazu angeregt worden war, boten die Festspiele eine Gelegenheit, neue Theaterstücke aufzuführen. Hinterher sollten die zentralen Propagandaorgane Empfehlungen abgeben, wie proletarische Politik durch das Theater gefördert werden könne. Ministerpräsident Tschou En-lai berücksichtigte Tschiang Tschings neugewonnene Kenntnisse über die Opernensembles im ganzen Land und forderte sie auf, einen Artikel über das Problem der Revolution in der Peking-Oper zu schreiben. Diesen Artikel könne sie dann bei den Festspielen vorlesen, sagte er.

Diese Festspiele waren einmalig in der chinesischen Geschichte, was die Anzahl der Opernensembles betraf und der Menschen, die daran beteiligt waren. Sie waren aber auch deshalb einzigartig, weil die verschiedenen Theateraufführungen, die weit mehr Ausdruck einer regionalen Kulturlandschaft als einer einheitlichen nationalen Kultur waren, in eine Linie mit der proletarischen Politik des Zentrums gebracht werden sollten. Siebenunddreißig neue Opern wurden von achtundzwanzig Opernensembles aus neunzehn Provinzen, Städten und autonomen Gebieten aufgeführt. Dreiunddreißig Opern beschäftigten sich mit der gegenwärtigen Phase der Revolution, die übrigen zeigten die revolutionären Kämpfe, die vor der Ära des Kommunismus stattgefunden hatten. Propagandachef Lu Ting-i – kein Freund von Tschiang Tsching – hielt die Begrüßungsansprache. Dann referierten Mao Tse-tung, der offenbar voll und ganz hinter diesem Revolutionstheater stand, Liu Schao-tschi, der gewisse Einwände äußerte, und Tschou En-lai, der mit seiner Meinung hinter dem Berg hielt. Auch der Oberbürgermeister Peng Tschen sprach. Ihm wurde später das Zitat nachgesagt: »Die revolutionäre Oper steckt immer noch in den Windeln und lutscht am Daumen.«[25] »Die Reformbrise würde nur dann aufhören zu blasen, wenn der Kapitalismus wiederhergestellt werden würde und moderne Revisionisten an die Macht kommen würden«, schrieb er in einem Bericht über die Festspiele.[26]

Genossin Tschiang Tsching, deren Gesicht und Stimme den meisten noch unbekannt waren, hielt ihre Jungfernrede. Doch die Veröffentlichung dieser Rede, so betonte sie in unserem Interview, sei drei Jahre lang hinausgezögert worden, während die Ansprachen der anderen unverzüglich abgedruckt wurden. Erst im Mai 1967 erschien ihre Rede in »Rote Fahne«. Warum? Weil ihre »Feinde« (die Männer, die Tschiang Tschings Kompetenz im Bereich der Künste anzweifelten) an ihrem Text herumpfuschten und sich dann weigerten, ihn als offiziell verbindlich anzusehen. Erst nachdem diese Leute unschädlich gemacht worden waren, konnte der Text publiziert werden.

In diesem Artikel (sie zitierte ihn in unserem Interview nicht, doch er war mir schon auszugsweise von ihren Mitarbeitern vorgelesen worden) wetterte sie gegen künstlerische und politische Anachronismen und verlangte die Entwicklung eines angemessenen Überbaus »zur Absicherung der sozialistischen ökonomischen Basis«. Sie berief sich auf »schockierende« Statistiken, und ihr politisches Motiv war durchsichtig. Doch dieselben Daten bestätigten die große Macht des Theaters über die Phantasie des Volkes und die öffentliche Meinung. Nach ihrer groben Schätzung

»... gibt es im ganzen Land dreitausend Theatergruppen (ausgenommen Laienspielgruppen und nicht anerkannte Gruppen); darunter sind etwa neunzig Berufsschauspielergruppen für modernes Theater und über achtzig Kulturensembles. Die übrigen mehr als zweitausendachthundert sind ausschließlich Opern- und Singspielgruppen. Unsere Opernbühne wird von Kaisern und Königen, Generälen und Kanzlern, Weisen und weiblichen Schönheiten oder sogar von Geistern und Dämonen beherrscht. Was die über neunzig Gruppen von Berufsschauspielern betrifft, so spielen sie ebenfalls nicht alle Stücke, in denen Arbeiter, Bauern und Soldaten vorkommen. Außerdem legen sie Gewicht auf Mehrakter oder auf Stücke ausländischen oder klassischen Ursprungs ... Im ganzen Land zählen die Arbeiter, Bauern und Soldaten mehr als sechshundert Millionen; aber es gibt nur mehr eine Handvoll Gutsbesitzer, reiche Bauern, Konterrevolutionäre, asoziale Elemente, Rechts- und bürgerliche Elemente. Sollen wir nun dieser Handvoll Leuten dienen oder den über sechshundert Millionen?«

Die schlichte marxistische Argumentation, das Theater habe ganz und gar der Sache des Proletariats zu dienen, wurde in den kommenden Jahren wieder und wieder vorgebracht. Und auch Tschiang Tschings Appell an das neue proletarische Klassenbewußtsein, den sie zum erstenmal bei den Opernfestspielen an das Publikum richtete, gehörte von nun an zum Katechismus:

»Wir essen das von den Bauern produzierte Getreide, tragen von den Arbeitern erzeugte Kleidung und wohnen in Häusern, die ebenfalls von den

Arbeitern gebaut wurden, und die Volksbefreiungsarmee steht an der Front der Landesverteidigung für uns Wache. Sie alle werden jedoch nicht dargestellt. Darf ich fragen: auf welchem Klassenstandpunkt steht ihr Künstler, und wo bleibt das künstlerische ›Gewissen‹, von dem ihr alle sehr oft redet?«[27]

In der Oper war es nötig, »einige Schrittmacher zu fördern«. Zu diesen »Schrittmachern«, die noch in einem experimentellen Stadium steckten, gehörten »Die Geschichte einer Roten Signallaterne«, »Funke im Schilf« (später *»Schatschiapang«* genannt), »Sturm auf das Regiment ›Weißer Tiger‹« und »Sturm auf die Banditenfestung« (später: »Mit taktischem Geschick den Tigerberg erobert«). Sie alle sollten »Modellopern« werden. Zu den Führern, die diese Opern sahen und Veränderungsvorschläge machten, gehörten außer dem Vorsitzenden Ko Tsching-schih und Sicherheitschef Kang Scheng, über den Tschiang Tsching oft vergnügt und herzlich sprach. (»Er wollte so gern meine liebsten Pfingstrosenphotos kriegen, aber ich habe sie ihm nicht gegeben.«)

Genauer erinnerte sie sich jedoch an ihre Feinde*, jene Kulturkommissare, die nach ihrer Überzeugung ihre Karriere dreißig Jahre lang hintertrieben hatten. Während der Festspiel-Wochen legte sie Wert darauf, mit den Vier Bösewichten – Tschou Yang, Yang Han-scheng, Tien Han und Hsia Yen – zu sprechen, und auch mit Tschang Keng, der *immer noch* bürgerliche Theaterstücke schrieb. Sie war immer noch nicht dazu entschlossen – so wenig wie in Jenan – gegen sie Rache zu üben, sondern trat ihnen mit den besten Absichten entgegen und ermutigte sie, *zur Abwechslung einmal Revolution zu machen.* Doch sie standen nur sprachlos herum. Tschiang Tsching hielt sich zurück, da die allgemeine Lage gespannt und undurchsichtig war. Schon in diesem Sommer argwöhnten sie und der Vorsitzende, daß diese Männer »Renegaten, Trotzkisten oder Spezialagenten der Kuomintang waren«.[28] Allerdings fehlte ihnen der schlüssige Beweis.

Um den guten Willen Tien Hans (dessen Bekanntschaft sie in Schanghai als verängstigtes junges Mädchen gemacht hatte, als sie von der Partei isoliert gewesen war) auf die Probe zu stellen, lud sie ihn und seine Frau zum Abendessen ein. Die beiden nahmen die Einladung an. Tschiang Tsching

* Einer, dessen Name während der Kulturrevolution häufig zitiert wurde, obwohl er von Tschiang Tsching bei unseren Interviews kaum erwähnt wurde, da er gerade »berichtigt« wurde, war Teng Hsiao-ping, der frühere Generalsekretär unter Liu Schao-tschi. Nach zehn Jahren der Ungnade wurde er 1975 vorübergehend rehabilitiert und fungierte als Stellvertretender Ministerpräsident, wobei er den kränkelnden Tschou En-lai vertrat. Auf einer Sitzung des Sekretariats des ZK, die während der Festspiele der Peking-Oper abgehalten wurde, verunglimpfte Teng die politische Stellung, die sich Tschiang Tsching angemaßt hatte. »Manche Leute versuchen, für sich selbst zu werben, indem sie andere kritisieren und schmähen. Sie treten anderen auf die Füße, um selbst auf die Bühne zu kommen . . . Aus Furcht vor der Bewegung für eine Reform der Oper wagen es viele Leute nicht mehr, Artikel zu schreiben. Heutzutage erhält die Nachrichtenagentur Neues China nur noch zwei Artikel pro Tag. Nur noch Soldaten und Krieg werden in den Stücken dargestellt.« (CB 842 vom 8. Dez. 1957, S. 14).

benutzte diese Gelegenheit, um Tien Han zu bitten, das Manuskript des Theaterstücks »Das Rote Frauenbataillon« zu einer Peking-Oper umzuschreiben. Tien Han erklärte sich dazu bereit. Was er ihr jedoch einige Wochen später vorlegte, sei wesentlich schlechter als das Original gewesen, sagte Tschiang Tsching empört.

Nach den Festspielen der Peking-Oper, die von Tschiang Tsching als ein überragender Erfolg gewertet wurden, reisten Liu Schao-tschi und seine Frau Wang Kuang-mei, die offensichtlich über Tschiang Tschings Erfolg verstimmt waren, im August und September durch das ganze Land. Scheinbar hätten sie dabei die *Bewegung der Vier Säuberungen* unterstützt, sagte Tschiang Tsching ärgerlich, doch in Wirklichkeit hätten sie versucht, die proletarische Revolutionslinie des Vorsitzenden Mao zu durchkreuzen.

Mao beobachtete diese Entwicklungen aufmerksam. Im Arbeitsbericht für die 1. Sitzung des III. Nationalen Volkskongresses, der am 21. Dezember 1964 stattfand, sprach er über die kulturellen Hauptströmungen des Jahres und erklärte, daß die Geschichte der Menschheit als ein ständiges Fortschreiten aus dem Reich der Notwendigkeiten in das Reich der Freiheit verstanden werden müsse. Jener Tag, fügte Tschiang Tsching beiläufig hinzu, sei für sie sehr bedeutungsvoll gewesen. Sie wurde als Delegierte von Schantung, ihrer Heimatprovinz, in den Nationalen Volkskongreß geschickt. So faßte sie im politischen Establishment Fuß. Doch sie war fest davon überzeugt, daß manche versuchten, ihr Steine in den Weg zu legen.

In jenem Dezember wurden die Verbrechen des einst berühmten Armeeführers Lo Jui-tsching aufgedeckt. Sein Fall wurde in Schanghai verhandelt. Lo Jui-tsching wurde wegen seiner »bürgerlichen militärischen Linie« verurteilt. Lin Piao habe Los Ansichten geteilt, fügte Tschiang Tsching hinzu. Schon *bevor* sich 1965 die Umrisse der Kulturrevolution abzuzeichnen begannen, sei der Vorsitzende Lin Piaos Feind gewesen. Die Unvereinbarkeiten zwischen ihnen seien evident gewesen.

In dem Verfahren gegen Lo Jui-tsching stellte sich heraus, daß er seine Stellung in Organen der öffentlichen Sicherheit dazu mißbraucht hatte, zu Beginn des Jahres 1964 in Tschiang Tschings Organisation (ihre nähere Umgebung und ihre Mitarbeiter) herumspionieren zu lassen. Lo Jui-tsching war derjenige, der gefordert hatte, Tschiang Tschings Initiative für eine Kulturrevolution in der »Zeitung der Befreiungsarmee« ausführlich darzustellen, obwohl sie dies hatte geheimhalten wollen. Als sie davon erfuhr, rief sie ihn sofort an und »diskutierte mit ihm«. Lo Jui-tschings Ansichten waren reichlich naiv. Er glaubte, daß alles, was die Armee tat, gut war. »Lebt die VBA etwa in einem Vakuum?« fragte sie ihn, und er wußte darauf keine Antwort.

Die VBA pflegte ihre eigenen Stücke, Musicals und Filme zu produzieren. Ein Film, der den Langen Marsch darstellen sollte, fiel Tschiang Tsching besonders auf, da er ein »reformistisches« Motiv zu haben schien. Sie bat den Vorsitzenden, sich den Film anzusehen. Mao befand, daß der Film »sektiererisch« sei, da er nicht richtig darstelle, wie alle Streitkräfte zusammengewirkt hätten. Statt dessen konzentriere sich der Film auf die Rolle der 1. Front-Armee (die Lin Piao geführt hatte) und behaupte, daß sie aus den tapfersten Kämpfern bestanden habe. (Die Rolle der 3. und 4. Front-Armee wurde vernachlässigt.) Um die Momente von »Sektierertum« und die Verherrlichung der »Bergspitzenmentalität« aus dem Film zu tilgen, habe der Vorsitzende gewisse Verbesserungen vorgeschlagen. Doch »Lin Piao und seine Clique« hätten alle Versuche durchkreuzt, *ihren* Film zu überarbeiten, erklärte Tschiang Tsching.

Im Frühjahr 1966 flammte der Konflikt überall offen auf. In jenem Februar – Mao besuchte gerade Hangtschou und Hunan – leitete Tschiang Tsching in Schanghai eine »Beratung über die Arbeit in Literatur und Kunst in der Armee«. Da wurden plötzlich die *Februar-Thesen* der *Fünfer-Gruppe für die Kulturrevolution* »aufgetischt«.[29] Diese Gruppe wurde von Pekings Oberbürgermeister Peng Tschen geleitet, einem Mann, der schon Tschiang Tschings Reform der Oper bekämpft hatte. Sein Programm, das erkannte sie sofort, war nichts anderes als eine kalkulierte Ablehnung *ihres* Programms (den Sozialismus in die Kunst zu tragen). Als rein »akademischer« Diskussionsbeitrag ohne politische Verbindlichkeit präsentiert, enthielten die *Februar-Thesen* so alberne Slogans wie »vor der Wahrheit sind alle gleich« und andere überholte Sprüche. Diese Art von »konterrevolutionärem Revisionismus« machte sich allenthalben bemerkbar. In der Philosophie begannen einige, das Prinzip »eins teilt sich in zwei« (nach Mao grundlegend für das dialektische Denken) in Frage zu stellen.[30] Der Volkswirtschaftler Sun Ye-fang, der noch weiter ging als J. Libermann aus der Sowjetunion, sprach sich für den »Vorrang des Profits« und andere »revisionistische Preis- und Profittheorien« aus. Unter den Historikern gewann die »Theorie der Konzessionen« zunehmend an Einfluß. Diese Theorie besagte, daß die Erfolge der Bauernaufstände in der Vergangenheit nicht den Anstrengungen der Bauern zu verdanken, sondern eher das Ergebnis von Konzessionen gewesen seien, die die Herrschenden dem Volk gegenüber gemacht hätten. Sie bezog sich vor allem auf Tang Tai-tsung, den zweiten Kaiser der Tang-Dynastie, der von 627–650 regiert hatte.

Am 16. April 1966 trat in Hangtschou das Zentralkomitee zusammen. Gleichzeitig erklärte sich das Pekinger Stadtparteikomitee – das von denselben Männern geleitet wurde, welche die *Fünfergruppe für die Kulturrevolution* kontrollierten – dazu bereit, pro forma einige Maßnahmen der »Berichtigung« gegenüber einigen Intellektuellen zu ergreifen, da diese die Parteiführung angegriffen hatten. Geschickt organisierten sie eine Artikelserie, die nur scheinbar Kritik an Wu Hans Zeitungskolumne »Das Drei-Familien-Dorf« übte. (In dieser Kolumne wurden historische Anekdoten satirisch verfremdet. Auf diese Weise sollten die Schwächen Maos und seiner Mitstreiter kritisiert werden. Wu Han verfaßte die Kolumne gemeinsam mit den Journalisten Teng To und Liao Mo-scha.) Im Grunde habe das Pekinger Parteikomitee diese umstürzlerische Kolumne gerechtfertigt, behauptete Tschiang Tsching. Und diese pseudokritischen Artikel wurden überall im Land verbreitet. Sogar Tao Tschu* druckte sie in der »Kantoner Zeitung« ab.

* Er wurde 1966 als Leiter der Propagandaabteilung eingesetzt und war der Vierte in der Parteihierarchie nach Mao, Lin Piao und Tschou En-lai.

Auf der Sitzung in Hangtschou wurde die Rolle Peng Tschens, der damals Vorsitzender des Pekinger Partei-Komitees war, kenntlich gemacht. Er habe Peking »wasserdicht« gemacht, sagte Tschiang Tsching. Keinem Außenstehenden habe man Einblick in die Arbeit des Parteikomitees gestattet.

Einer von Peng Tschens Männern (die jetzt unter Druck standen), war Liao Mo-scha, ein Journalist, den Tschiang Tsching gut gekannt hatte, als er jung gewesen war und in den dreißiger Jahren in Schanghai ums Überleben gekämpft hatte. Er war jetzt nicht nur deshalb in Ungnade gefallen, weil er ein Mitverfasser von »Das Drei-Familien-Dorf« war, sondern auch deshalb, weil er Lu Hsün verleumdet hatte. (Dieser wurde nach dem Sturz seines früheren Rivalen Tschou Yang rehabilitiert.) Besonders Lus »umrandete Artikel« (*hui-pien wen-hsüe*) hatte er angegriffen. Tschiang Tsching deutete an, daß Liao ein Anhänger der Kuomintang war. Warum sprach man von »umrandeten Artikeln«? Lu Hsün hatte den Begriff aus der Terminologie der Kuomintang übernommen und verwandte ihn als Titel eines seiner Bücher. In den Zeitungen der Kuomintang waren häufig sogenannte »offene himmlische Fenster« *(kai-tien tschuang)* oder freie Stellen zu sehen. Sie kennzeichneten den Raum, in dem ein zensierter Artikel, von Lu Hsün oder einem anderen Dissidenten, hätte erscheinen sollen. Das waren die Methoden von Tschiang Kai-scheks Faschismus.

Tschiang Tschings Abneigung gegen Peng Tschen rührte aus der Zeit vor der Kulturrevolution. Sie erinnerte sich sehr gut daran, daß sie einmal eine Versammlung des Stadtparteikomitees besucht und um die Erlaubnis gebeten hatte, einem Ensemble der Peking-Oper revolutionäre Texte und Partituren übergeben zu dürfen. Das Komitee wollte von diesem Plan jedoch nichts wissen. Als Li Tsung-jen (er war Ende der vierziger Jahre Präsident der Republik) Peking 1965 einen Besuch abstattete, gab Mao ihm zu Ehren ein Essen. Diesem Essen ging ein Empfang voraus, zu dem auch Tschiang Tsching eingeladen war. Sie war vorgewarnt, daß auch Peng Tschen bei dem Empfang anwesend sein würde, und nahm nur an dem Bankett teil. Doch während des Essens faßte sie sich ein Herz, ging zu Peng Tschen und forderte ihn auf, mit ihr in ein anderes Zimmer zu kommen. Als sie dort mit ihm allein war, erläuterte sie ihm, welch brennendes Interesse sie daran habe, den Sozialismus in die Kunst einzubringen. Sie zitierte auch das Beispiel Tschang Tschun-tschiaos, des Parteichefs von Schanghai, der (auf ihre Anregung hin) das Ballett »Das Weißhaarige Mädchen« und andere revolutionäre Stücke hatte neu bearbeiten lassen. Mit einer Opernpartitur in der Hand bat sie Peng Tschen erneut, ihr ein Ensemble der Peking-Oper zur Verfügung zu stellen, damit sie ihre Vorstellungen verwirklichen konnte. Verärgert griff er nach der Partitur, schlug ihr die Bitte ab und riet ihr, sich um »eine einflußreiche Position« zu bemühen. Sie berichtete dem Vorsitzenden von dieser Unterredung, und dieser war sehr empört.

Es war ihnen beiden und ihren Anhängern klar, daß Tschiang Tsching ohne hohe Position nichts erreichen würde. Zwar konnte sie weiterhin hinter den Kulissen schädliche Literatur entlarven und sich älterer Werke annehmen, die zu erhalten sich lohnte. Aber auf lange Sicht war dies keine Lösung.

XIII Schwimmen durch Schwimmen lernen

Wenn wir schwimmen lernen, lernen wir nicht zuerst schwimmen und gehen dann ins Wasser. Wir lernen schwimmen durch Schwimmen ... Wenn wir die Revolution durchführen, dann wird das auch nicht zuerst gelernt und dann getan, sondern man lernt, während man etwas tut oder vielmehr, man tut etwas und dann lernt man. Etwas tun ist lernen.
Leitartikel der »Volkszeitung«
(17. August 1966)

Die Herrscher des kaiserlichen Chinas lebten in pompösen Palästen und wurden durch hohe Mauern von ihren Untertanen abgeschirmt. Sie gingen prächtig gekleidet, hielten verschwenderische Eßgelage ab und umgaben sich mit einem großen Hofstaat. Sie regierten durch Erlasse, die in einer eleganten literarischen Sprache abgefaßt waren und von einer hierarchisch aufgebauten Beamtenschaft (lauter gelehrte Herren) weitergeleitet wurden. In diesem Apparat, der von gelehrten Männern verwaltet wurde, gab es keine Frau.

Es ist ein Merkmal der revolutionären Führer des zwanzigsten Jahrhunderts geworden, daß sie sich unmittelbar ans Volk wenden und in seiner eigenen Sprache mit ihm reden, doch nur selten ist diese direkte Konfrontation von Frauen gewagt worden, die sich an der Spitze der Macht befanden. Diese Ungleichheit begann Tschiang Tsching nun zu korrigieren. Regelmäßig verließ sie ihr komfortables Refugium in Tschung-nan-hai und mobilisierte zuverlässige Genossen. Die soziale Ordnung wurde auf den Kopf gestellt, wenn sie die Straßen, auf denen sie einst gegen andere Führer demonstriert hatte, zu Schauplätzen spontaner politischer Aktionen verwandelte. Sie war die erste Frau, die sich nach der Befreiung an die Massen wandte, die die Themen ihrer Reden selbst wählte und dafür sorgte, daß ihre Ansprachen veröffentlicht und teilweise auch fürs Ausland übersetzt wurden.

Tschiang Tschings Selbstbehauptung als Frau wurde in der offiziellen kommunistischen Presse niemals lobend erwähnt. Und doch sollte man dies genau so zur Kenntnis nehmen wie die revolutionären Ideen, für die sie eintrat. Möglicherweise glaubten die anderen politischen Führer, daß das revolutionäre Bewußtsein des Volkes noch nicht so weit entwickelt sei, als daß es bereit sei, eine Frau an der Spitze der Macht zu akzeptieren.

Seit Mitte des zwanzigsten Jahrhunderts hat sich Chinas 400-Millionen-Bevölkerung infolge verbesserter Ernährungsverhältnisse, fortschrittlicherer medizinischer Versorgung und seltenerer kriegerischen Auseinandersetzungen nahezu verdoppelt. Zu Beginn der Kulturrevolution war die Mehrheit der Bevölkerung unter dreißig. Folglich mußten sich die politischen Führer auf die Bedürfnisse einer unruhigen, idealistischen und manchmal auch zynischen Gefolgschaft einstellen. Auch wenn es von außen her so aussah, als sei China vom Rest der Welt hermetisch abgeschlossen, so war die jüngere Generation nicht völlig immun gegen die Krankheit steigender Erwartungen. In den frühen sechziger Jahren waren der Stadtbevölkerung ausländische Literatur, Filme und Theateraufführungen ausländischer Ensembles weitgehend zugänglich. Vom streng pragmatischen Gesichtspunkt einiger Führer aus gesehen, lenkten solche Zerstreuungen von der wichtigsten Aufgabe, das heißt dem sozialistischen Aufbau ab. Wenn die Energien des gesamten Volkes auf einheitliche Ziele ausgerichtet sein sollten, dann war es erforderlich, beherrschenden Einfluß auf das Denken der Massen und vor allem auf ihre kulturellen Interessen auszuüben. Insbesondere Mao und Tschiang Tsching erkannten, daß der Einfluß jeglicher bürgerlicher Ideologie – sei sie inländischer oder ausländischer Herkunft – gestoppt werden mußte. Außerdem mußte die Bereitschaft der Jugend zu moralischem Engagement und rascher Aktion möglichst nutzbringend eingesetzt werden.

Sollte eine revolutionäre Kontinuität über die Ära der Gründer hinaus entstehen, so mußten die Generationen durch ideologische Bande miteinander verknüpft werden. Wer aber sollte das zustandebringen? Mitte der sechziger Jahre wirkte Mao Tse-tung auf viele bereits als mythische Gestalt – ein Image, das sein sehr reales Talent, mit Männern, Frauen, Massen und Ideen umzugehen, verschleierte. Auf zynische Beobachter machte der Vorsitzende den Eindruck, als ob er nicht nur alt, sondern auch schon senil würde. Doch dieses voreilige Urteil ließ sich nur noch schwer aufrechterhalten nach seinem groß angekündigten Auftritt im Juli 1966, als er, umgeben von Massen jugendlicher Schwimmer, im Yangtse geschwommen war. Besser als durch dieses symbolische Schauspiel hätte er die Verbundenheit zwischen den Generationen nicht demonstrieren können.

Doch Symbole würden auf die Dauer nicht genügen. Da die Gründer der Volksrepublik dem Tod nicht mehr allzu fern waren, begann sich Tschiang Tsching, die mindestens zehn Jahre jünger als die meisten von ihnen war, immer mehr Gedanken über kommende Krisen zu machen, die den Lauf der Geschichte verändern würden. Was für Überlebenschancen hatte sie unter Genossen, die erst nach Jenan dazugekommen waren? Wie würde es ihr in einem Nachfolgekampf ergehen, der von Männern ausgetragen wurde, die sie nie völlig in den innersten Kreis der Macht einbezogen hatten? Wie sehr brauchte sie den Vorsitzenden?

Die Kulturrevolution, die nicht nur durch einen Nachfolgekampf zwischen Männern und Frauen, sondern zwischen Generationen heraufbeschworen worden war, war vermutlich der stärkste ideologische und soziale Umbruch in der ganzen chinesischen Geschichte. Wie es dazu kam, läßt sich nicht in simplen Sätzen erklären. Diese Frage hat außerhalb Chinas zu unerschöpflichen Spekulationen geführt. War es lediglich (oder hauptsächlich) ein

Machtkampf oder aber eine ideologische Auseinandersetzung? Repräsentierten Mao und Liu Schao-tschi klar und deutlich gegensätzliche politische Linien – eine sozialistische und eine revisionistische, beziehungsweise eine gute und eine schlechte, entsprechend den Maßstäben, die Mao gesetzt hatte?

Einige Antworten gibt Tschiang Tschings Werdegang in den nächsten drei Jahren, dem in diesem und dem folgenden Kapitel nachgegangen wird. Ihr Vorgehen entsprach natürlich immer den Begriffen Maos und des arbeitenden Volkes, das er unterstützte. Sie trug allerdings eine doppelte Bürde, denn sie kämpfte nicht nur für Mao und seine Ideen, sondern auch für sich selbst. Sie mußte sich als Frau gegen die Vorherrschaft der Männer in der Geschichte zur Wehr setzen, als sie danach strebte, eine eigene Vertrauensstellung bei den Massen einzunehmen und als selbständige Genossin eine Führungsposition zu erringen.

Im Hintergrund von Tschiang Tschings persönlichem Drama standen die beiden Männer, deren persönliche und ideologische Gegensätzlichkeiten von Franz Schurmann folgendermaßen charakterisiert wurden:

> Die großen Protagonisten in dem Kampf, der sich während der Kulturrevolution dramatisch zuspitzte, waren Mao Tse-tung und Liu Schao-tschi. Mao und Liu werden auf manichäische Weise als die Verkörperungen von gut und böse dargestellt und ähneln damit Gestalten aus der Tradition der klassischen Peking-Oper. Außenseiter brauchen in diesem Drama weder eine Rolle zu spielen noch Partei zu ergreifen. Es ist eine historische Tatsache, daß Mao gewonnen, Liu verloren hat; darüber läßt sich nicht streiten. Jeder der beiden vertrat eine in China tief verwurzelte Strömung, und beide spielten eine große und wichtige Rolle in der Kulturrevolution. Mao war der Organisator, wie es sich in all seinen Schriften zeigt . . . Eine der bekanntesten Darstellungen Maos während der Kulturrevolution zeigt ihn im Gewand eines Gelehrten, wie er mit dem Schirm in der Hand über einen hohen Felsgrat wandert, der von fernen Gipfeln umgeben ist.* Selbst in der Zeitspanne von 1962–1966, in der Liu offiziell als Nachfolger Maos galt, wurde er stets in der hölzernen unpersönlichen Art abgebildet, welche die russischen Publikationen zu Stalins Zeiten charakterisierte. Mao vertrat immer die Devise »eins teilt sich in zwei«, während Liu argumentierte, daß sämtliche Anstrengungen unternommen werden müßten, um das Entzweiende auf ein Minimum zu beschränken: Der Kampf sollte unter Ausschluß der Öffentlichkeit innerhalb der Partei ausgefochten werden.[1]

Über die ungeheuer komplexen Ereignisse, die die »Geschichte« der Kulturrevolution ausmachen, gab Tschiang Tsching mit gutem Grund nur hin und wieder Auskunft. Sie wollte nicht, wie es üblicherweise Historiker – mit geringem Erfolg – versuchen, das Gesamtbild einer Ära nachzeichnen, sondern

* Dieses Ölportrait, das Mao in jugendlichem Alter zeigt und in westlichem Stil gemalt ist, wurde von Tschiang Tsching während der Kulturrevolution überall propagandistisch eingesetzt.

konzentrierte sich auf bestimmte Themen. Die Art der Auswahl, die sie traf, zeigte mir, daß sie von jenem weitverbreiteten Image einer »Radikalen« oder »Ultra-Linken« ablenken wollte, das ihr durch ausländische Berichterstattung aufgezwungen worden war. Ich bat sie um persönliche Photos aus den mittleren sechziger Jahren – sie gab mir kein einziges. Vielleicht ist es für Ausländer am schwersten zu begreifen, daß sie die Revolution des chinesischen Theaters als ihre »wahre Arbeit« ansah. Auf der Bühne konnten proletarische Werte durch Figuren des Dramas verkörpert und als politische Vorbilder für das ganze Volk aufgestellt werden.

Dokumentarische Aufzeichnungen sind die Hauptquelle für dieses und das folgende Kapitel. Bei unserer Unterhaltung änderte sich Tschiang Tschings Tonfall, je nachdem, ob sie von persönlichen Erinnerungen sprach oder aber in die offizielle Rhetorik verfiel. Ihre Stimme wurde immer dann besonders schrill, wenn sie von ihren revolutionärsten Taten berichtete: von der Aufstachelung der Massen.

1965 wurde China von einem Triumvirat regiert. Symbolisch, wenn auch nicht mehr ganz de facto, leitete Mao die Partei. Obwohl Liu Schao-tschi vor kurzem scharf angegriffen worden war, übten er und seine Gefolgsleute die Kontrolle über die Partei und die Hauptstadt aus. Lin Piao, der Held des Langen Marsches und des Befreiungskrieges, hatte den Oberbefehl über die Armee. Wenn Tschiang Tsching zu einer führenden Position gelangen wollte, mußte sie sich mit mindestens einem von den dreien verbünden. Als Herrscherin über ein viertes Reich – die Kultur – ganz allein zu stehen, war riskant. Wenn sie sich nur auf Mao stützte, sah das zu sehr nach Nepotismus aus. Liu Schao-tschi war zu augenscheinlich Maos Rivale und würde sich nicht mehr lange halten können. Damit blieb Lin Piao übrig, dessen Glaubwürdigkeit zu jener Zeit sicher noch nicht so gering gewesen war, wie die revisionistische Politik der folgenden zehn Jahre und der bösartige Bericht über ihn, den mir Tschiang Tsching lieferte, glauben machen wollte.

Im Februar 1966 schlossen Tschiang Tsching und Lin Piao ein faires Abkommen. Sie bot ihm alle Vorteile an, die ihm aus einer Verbindung mit der Frau des Vorsitzenden (die zudem Erfahrungen auf dem Gebiet der Kultur besaß) erwachsen konnten. Sie wollte dafür eine Position im Führungskader der Armee haben. Nach fünfundzwanzigjähriger Ehe mit dem obersten Führer der Revolution war Tschiang Tsching seinen Millionen von militärischen Gefolgsleuten ebenso unbekannt wie den Massen. Wie konnte Lin Piao, das Symbol maskuliner Kultur, die Exschauspielerin und Ehefrau des Vorsitzenden Mao, die so lange Zeit ein Schattendasein geführt hatte, als *die* Genossin vorstellen, die am besten geeignet war, als oberste Ratgeberin in kulturellen Angelegenheiten, als »Schrittmacherin« in den darstellenden Künsten zu fungieren?

»Offiziell beauftragt« von Lin Piao, leitete Tschiang Tsching die *Beratung über die Arbeit in Literatur und Kunst in der Armee* in Schanghai, wo ihr

Führungsanspruch im Bereich der Kultur von den reizbaren Machthabern in Peking nicht angefochten wurde. »Genossin Tschiang Tsching hat gestern mit mir ein Gespräch geführt«, informierte Lin Piao nervös seine Leute, bevor sie auf der Beratung erschien. »Auf dem Gebiet der Arbeit in Literatur und Kunst ist sie in politischer Hinsicht sehr stark und kennt sich in künstlerischer Hinsicht auch wirklich gut aus. Sie hat viele wertvolle Ansichten. Ihr müßt diesen Ansichten große Aufmerksamkeit schenken und Maßnahmen ergreifen, um zu gewährleisten, daß ihre Ansichten ideologisch und organisatorisch gewissenhaft in die Tat umgesetzt werden. Von nun an sollen ihr alle Dokumente der Armee in bezug auf Literatur und Kunst übersandt werden.«

Tschiang Tsching erschien pünktlich. Sie trug militärische Arbeitskleidung, die dann während der Jahre der Kulturrevolution zu ihrer üblichen Aufmachung gehörte. Vor einem Meer von Soldaten begann sie ihre Ansprache in einem entschuldigenden Ton, der an die aufopfernde Frau der chinesischen Tradition erinnerte ... Mangelnde Gesundheit hatte ihre Arbeit in den letzten Jahren behindert, und sie hatte die Gedanken des Vorsitzenden Mao nicht fleißig genug studiert. Sie hatte zwar den Bericht für die *Zehnte Plenartagung* entworfen, der die Grundlagen für die kulturelle Erneuerung bestimmte, doch der Vorsitzende hatte ihren Entwurf dreimal überarbeitet, bevor er gedruckt wurde. Tschiang Tsching erinnerte die Soldaten daran, daß dieser Bericht die Notwendigkeit betonte, den Klassenkampf in das ganze Land zu tragen, proletarische Ideologie zu pflegen und bürgerliche Ideologie auszumerzen. Die letztere nannte sie die »Schwarze Linie der dreißiger Jahre«; dazu gehörten solche literarischen Sünden wie die Theorie, daß man »›die Wahrheit schreiben‹ müsse«, »der breite Weg des Realismus«, »die Vertiefung des Realismus«, »mittelmäßige Charaktere« und die »gegen den ›Pulvergeruch‹ gerichtete Theorie«. Nicht nur diese Irrtümer, auch Literaturkritiker der russischen Bourgeoisie – Belinski, Tschernyschewski und Dobroljubow –, außerdem auch Stanislawski sollten verurteilt werden.

Als Verbeugung vor der historischen Rolle ihrer neuen Auftraggeber beschloß Tschiang Tsching, die revolutionären Errungenschaften der Armee zu verherrlichen; sie wollte »Werke der Literatur und Kunst schaffen, welche die drei großen Schlachten von Westliaoning-Schenyang, Huai-Hai und Peking-Tientsin ... zum Gegenstand haben, solange die Genossen [vor allem Lin Piao], die diese Schlachten geleitet und gelenkt haben, noch am Leben sind.« Dennoch sollte »das Monopol auf Literatur- und Kunstkritik einiger weniger sogenannter ›Literatur- und Kunstkritiker‹« gebrochen werden »und zwar derjenigen, die eine falsche Orientierung haben, unfähig und nicht kämpferisch genug sind.« Durch sie sollte das Monopol den Massen übertragen werden. »In der Literatur müssen wir unseren Stil reformieren und die Abfassung von kurzen, populären Artikeln fördern; wir müssen unsere Literatur- und Kunstkritik in Dolche und Handgranaten verwandeln und lernen, diese Waffen wirksam im Nahkampf zu benutzen. ... Wir sind dagegen, daß man mit Sonderausdrücken und Fachwörtern andere Menschen einschüchtern will. Nur auf diese Weise können wir jene sogenannten ›Literatur- und Kunstkritiker‹ entwaffnen.«[2]

Auf diese Weise stachelte Tschiang Tsching die Soldaten zu außergewöhnlichen Kämpfen an: zu einer neuen Art von Klassenkampf gegen die Esoterik der Literaten und gegen das Vermächtnis der traditionellen chinesischen und der ausländischen Kultur. Zu dieser Kultur in Ehrfurcht aufzuschauen – darauf war die bisherige Erziehung ausgerichtet gewesen. Nun wurden einfache Soldaten, deren Bildung sehr beschränkt war, dazu aufgefordert, Feder, Pinsel, Taktstock und Kamera zur Hand zu nehmen, ihre eigenen Leistungen zu würdigen und selber Propaganda für die eigene Vergangenheit zu machen.

Tschiang Tsching war während der ersten vier Monate nach ihrer Ernennung auch an »anderen Fronten« in Schanghai tätig. Sie verbrachte viel Zeit hinter der Bühne und sprach mit Dramatikern, Schauspielern und Choreographen, deren politisches Bewußtsein sie individuell und kollektiv zu verändern suchte. Während der ganzen Zeit verfolgte sie jedoch die Tagesberichte, die unter den obersten politischen Führern zirkulierten, und achtete auf Zeichen, die möglicherweise einen Wechsel in den Gezeiten der politischen Ereignisse ankündigten. Der politischen Lage in Peking etwas entfremdet, verbrachte der Vorsitzende Mao mehrere Wochen auf einer Inspektionsreise durch das Land, um anderen Führern und der Presse aus dem Weg zu gehen. Im Frühsommer kam er dann zu ihr nach Schanghai, wo sie gemeinsam in aller Ruhe ihre nächsten Schritte vorbereiteten.

Schon lange hatten sich beide über Chinas Jugend Gedanken gemacht. Sie wußten, daß diese mit demselben Elan, mit dem sie ihren Führern folgte, sie auch verurteilen konnte. Anfang 1965 erzählte Mao Edgar Snow, daß er gebildeten jungen Leuten mißtraute, da sie »noch niemals einen Krieg gekämpft, nie einen Imperialisten gesehen und nie den Kapitalismus an der Macht erlebt« hatten. Möglich sei auch, »daß die Jugend die Revolution verleugne.«[3] Ende Mai 1966 verbrachte Tschiang Tsching über einen Monat damit, die wichtigsten Universitäten auf neue Strömungen hin zu untersuchen, wobei sie ihr besonderes Augenmerk auf Neuigkeiten aus der Nanking-, der Tschiaotung-Universität in Sian und der Peking-Universität richtete.

Im Frühsommer waren ihre Aktionsmöglichkeiten größer denn je. Im Februar hatte man sie zur Kulturberaterin der Armee ernannt. Im Mai schaltete der Vorsitzende – er tagte gerade in Hangtschou mit dem Zentralkomitee – die *Fünfergruppe für die Kulturrevolution* aus. Jene Gruppe hatte die *Februar-Thesen* verfaßt, in denen heimtückisch die proletarische Linie angegriffen wurde, die der Vorsitzende und Tschiang Tsching vertraten. An ihrer Stelle berief der Vorsitzende mit Genehmigung des ZK die *Gruppe für die Kulturrevolution,* ein zweites Team politischer Führungskräfte, die sowohl wegen ihrer Fähigkeiten als auch ihrer Loyalität Mao gegenüber ausgewählt worden waren. Diese Gruppe wurde von Tschen Po-ta geleitet, einem Mann, der sich schon oft zum Sprachrohr der politischen Linie des Vorsitzenden gemacht hatte. Tschiang Tsching und Tschang Tschun-tschiao aus Schanghai wurden stellvertretende Leiter. Die zuverlässigen Genossen Yao Wen-yüan und Kang Scheng (der einzige aus der *Fünfergruppe,* der übernommen wurde), gehörten ebenfalls dazu.[4]

Tschiang Tsching befand sich noch in Schanghai, als ihr der Vorsitzende die Aufgabe zuteilte, ein zweites *Rundschreiben vom 16. Mai* zu entwerfen. Dieses sollte Punkt für Punkt die Argumente der *Februar-Thesen* widerlegen, die nun seit drei Monaten auf den verschiedensten Ebenen der Parteikomitees zirkulierten. Sie schickte dem Vorsitzenden ihren Entwurf, der ihn mehrfach überarbeitete, was laut Tschiang Tsching zur Folge hatte, daß ein großer Teil der endgültigen Fassung von ihm stammte.

Tschiang Tsching sprach mit mir nicht ausführlicher über den Inhalt dieses *Rundschreibens vom 16. Mai.* Es verdient jedoch besondere Beachtung, da es von ihrer Seite aus die Offensive vom Frühjahr 1966 bedeutete. In kühner, militanter Sprache beschuldigte dieses Rundschreiben die Autoren der *Februar-Thesen* (insbesondere Peng Tschen; Kang Scheng wurde verschont), dem Aufruf des Vorsitzenden zur sozialistischen Kulturrevolution von der *Zehnten Plenartagung* (1962) nicht Folge geleistet zu haben. Die *Februar-Thesen* ließen die bürgerliche Rechts-Orientierung von »akademischen Despoten« erkennen, die eine bewußt unklare Sprache benutzten, um den Klassenkampf zu entschärfen. Sie warfen außer den politischen Fragen auch noch akademische und theoretische Fragen auf und förderten den Irrglauben, daß »vor der Wahrheit alle gleich sind.« Der sechste Punkt von Tschiang Tschings Rundschreiben – die Aufforderung zum »Niederreißen« – war entscheidend. »Vorsitzender Mao hat oft gesagt: ›Ohne Niederreißen kann es keinen Aufbau geben. Niederreißen bedeutet Kritik und Verurteilung, bedeutet Revolution. Um das Alte niederzureißen, muß man Argumente vorbringen, und argumentieren heißt Neues aufbauen. Stellt man das Niederreißen voran, steckt der Aufbau schon drin.‹« Ferner wies das Schreiben darauf hin, daß Dossiers mit ausgesprochen ungünstigen persönlichen Daten über linke Parteimitglieder angefertigt wurden, um in einer nachfolgenden *Berichtigungskampagne* gegen sie verwandt zu werden. Das *Rundschreiben vom 16. Mai* wurde erst am 17. Mai 1967 in der »Volkszeitung« veröffentlicht (einige Tage später auch in der »Peking Rundschau«). Dieser Aufschub von einem Jahr zeigt, wie lang Maos Seite brauchte, um die Kontrolle über die Presse und die öffentliche Meinung zurückzugewinnen.

Auf einer Erweiterten Sitzung des Zentralkomitees am 18. Mai 1966 in Hangtschou trug Lin Piao seine »berüchtigte konterrevolutionäre Rede« vor,* die gegen Ende des Monats zu einer zweiten Erweiterten Sitzung in Hangtschou führte. Tschiang Tsching nahm daran teil und erinnerte sich noch sehr gut an die unglaublich gespannte Atmosphäre, denn Liu Schaotschi (der Peng Tschen und die soeben verworfenen *Februar-Thesen* unterstützt hatte) war auch anwesend. Die Fronten zeichneten sich ab. Kurz darauf widmete sich Tschiang Tsching wieder ihrer Kulturarbeit in Schanghai, und Mao zog sich zurück, um seine Gegenattacke vorzubereiten.

Innerhalb von wenigen Tagen griffen die Kämpfe zwischen den Genossen des Zentralkomitees auf die Universitäten über und wurden von dort in die Öffentlichkeit getragen. Am 25. Mai wurde auf einer Wandzeitung, die von

* Diese Rede zeugte von großer persönlicher Offenheit und historischem Bewußtsein. (Mehr darüber in Kapitel XV).

der Philosophiedozentin Nie Yüan-tze und ihren Freunden verfaßt worden war, gegen die konservative Verwaltungsführung des Rektors der Peking-Universität Lu Ping (der lange von Peng Tschen unterstützt wurde) zu Felde gezogen. Hoch erfreut über diese spontane Herausforderung telephonierte Mao mit Kang Scheng und forderte ihn auf, sie im ganzen Land zu verbreiten. Am 1. Juni schrieb Mao eine eigene Wandzeitung, in der er die Schrift Nie Yüan-tzes als »die erste marxistisch-leninistische Wandzeitung Chinas« bezeichnete. Diese Wandzeitung des Vorsitzenden wurde veröffentlicht, und damit war das Signal für ausgedehnte Studentenrevolten gegeben.

Plötzlich kam es an allen Universitäten zu Fraktionskämpfen, zu Mord, Selbstmord und anderen Gewalttaten. Die renommierte Peking-Universität war wie immer die »Speerspitze der Rebellion«. Während der *Bewegung des 4. Mai* 1919, der *Bewegung des 9. Dezember* 1935 und auch während der *Hundert-Blumen-Bewegung* von 1957 waren aus der Peking-Universität idealistische und fähige junge Leute hervorgegangen, die Studentenunruhen entfachten und die Politisierung der anderen Universitäten und der Gesellschaft (besonders der Städte) verstärkten. Würde sich dieser Prozeß wiederholen?

Zunächst konnte Tschiang Tsching die Vorfälle an der Peking-Universität nicht einordnen. War der Studentenaufstand – der blutige Zwischenfall vom 18. Juni – konterrevolutionär (gegen Mao) oder revolutionär? Und falls letzteres zutraf, sollte er dann als positive Tendenz innerhalb der jüngeren Generation gefördert werden? Wie sie später in der Öffentlichkeit verkündete, war die Situation, wie sie sich in den Berichten darstellte, ausgesprochen »unnormal«. »Ich war erstaunt, als ich erfuhr, daß einige junge Leute von einwandfreier Herkunft [Kinder von Bauern und Proletariern], deren Wandzeitungen und andere Schriften zeigten, daß sie sich für die Revolution einsetzten, als Konterrevolutionäre gebrandmarkt wurden. Solche Anklagen trieben viele in den Wahnsinn und einige in den Selbstmord.«[5] In unserem Interview machte sich Tschiang Tsching erneut darüber Gedanken, warum so viele junge Leute mit der richtigen Klassenzugehörigkeit Selbstmord begehen wollten. Was war da fehlgeschlagen?

Im Juni, auf dem Höhepunkt der Studentenrevolte, wurden Arbeitsgruppen an die Peking-Universität geschickt, um die als konterrevolutionär bezeichneten Aufstände zu unterdrücken. Am 18. Juli, erinnerte sich Tschiang Tsching, kehrte Mao aus Schanghai nach Peking zurück, und sie folgte ihm zwei Tage später. Eine Massenversammlung wurde am Tor des Himmlischen Friedens abgehalten – vielleicht ging es um Vietnam, aber sie konnte sich nicht mehr genau daran erinnern. Um sich von der Stimmung unter den Studenten einen Eindruck zu verschaffen, beschloß Tschiang Tsching, die Peking-Universität aufzusuchen und dort die Wandzeitungen selbst zu lesen. Als sie Liu Schao-tschi von ihrem Plan erzählte, »machte er ein langes Gesicht.« Sie nahm rasch Kontakt mit Tschen Po-ta, Kang Scheng und anderen Mitgliedern der *Gruppe für die Kulturrevolution* auf, fragte sie über die Situation an der Peking-Universität aus und gab dann deren Ansichten an Mao weiter. In der Universität traf sie Nie Yüan-tze, die für die erste zündende

Wandzeitung verantwortlich war. Gemeinsam gingen sie durch die Universitätsgebäude, die aus der Zeit der Ming-Dynastie stammen, lasen die Wandzeitungen und unterhielten sich mit Studenten und Professoren, die natürlich alle über den überraschenden Besuch der Genossin Tschiang Tsching verblüfft waren. Erst nach stundenlangen Befragungen erkannte sie, daß die rebellischen Studenten und Professoren, die seit kurzem durch die Arbeitsgruppen unterdrückt wurden, *nicht* konterrevolutionär waren, wie ursprünglich berichtet worden war, sondern im Gegenteil revolutionär, da sie auf die ersten Wandzeitungen von Ende Mai sofort reagiert hatten. Anfang Juni hatte der Vorsitzende angeordnet, daß die Arbeitsgruppen nicht vorschnell an die Universitäten geschickt werden sollten. Diese Anordnungen waren offensichtlich aufgehoben worden, erklärte Tschiang Tsching. Der Studentenaufstand hätte nicht unterdrückt werden dürfen!

In Begleitung von Tschen Po-ta und anderen Führern der Kulturrevolution stattete Tschiang Tsching der Peking-Universität noch mehrere Besuche ab. Da ihre Anwesenheit möglicherweise Furcht und Scheu unter den studentischen Zuhörern auslösen konnte, nannten sich die Führer bescheiden »Schüler«, die von ihren »Lehrern«, den Massen, lernen wollten. »Man muß besseren Gebrauch von Augen, Ohren und Verstand machen, um zu hören, was die Massen zu sagen haben«, erklärte Tschen Po-ta feierlich. »Nur ein Schüler der Massen kann zum Lehrer der Massen werden«, meinte der ältliche Kang Scheng in Anlehnung an Maos Worte. »Wir sind nur die Diener der Revolutionäre«, fügte Tschiang Tsching hinzu.

Sie verließen sich auf ihre Überzeugungskraft und bemühten sich, den Studenten und Professoren klar zu machen, daß die Arbeitsgruppen nicht auf Anweisung Maos, sondern von Peng Tschen geschickt worden waren, der damit den Rektor Lu Ping bei der Aufrechterhaltung der Ordnung in der Universität unterstützen wollte. Am 26. Juli verordnete die *Gruppe für die Kulturrevolution* die Auflösung der Arbeitsgruppen und die Erfüllung der maoistischen Forderungen nach verringerter Verwaltungsbürokratie, nach flexiblerem Unterricht, nach kürzeren Ausbildungszeiten und nach einer Aufnahmeregelung, die mehr auf der von den Studenten unter Beweis gestellten proletarischen Klassenausrichtung als auf vorausgegangener Ausbildung oder auf dem politischen Rang der Eltern basierte.[6] All das waren langfristige Erziehungsziele der Kulturrevolution.

In den Monaten August und September 1966 kam es zu schweren sozialen Unruhen, besonders unter der Jugend, die von den Führern aufgefordert wurde, die Revolution fortzuführen. Während dieses Aufruhrs wurden die meisten Mittelschulen, Colleges und Universitäten geschlossen. An die dreizehn Millionen Jugendlicher, die vom Zentralkomitee aufgefordert worden waren, die elterliche und erzieherische Autorität abzuschütteln, zogen zu Fuß, per Fahrrad, Bus, Lastwagen und Zug aus ihrer Heimat nach Peking. Dort wurden sie en masse »persönlich« vom höchsten Patriarchen, vom Vorsitzenden Mao empfangen.

Tschiang Tsching verwandte den langen heißen Sommer des Jahres 1966 darauf, aus ihrer bisherigen Rolle auszubrechen. Ihre Gruppe von Führern der Kulturrevolution – allesamt Männer, die daran gewöhnt waren, Ansichten hinter geschlossenen Türen auszutauschen und politische Meinungen in der Presse vorzutragen – diente nun als Verbindungsglied zwischen dem Vorsitzenden und den Massen, die nach Peking gezogen kamen. Nie zuvor in der chinesischen Geschichte hatten so viele Millionen ihre Führer persönlich gesehen und gehört. Nach all den Jahren, in denen Tschiang Tsching zurückgezogen gelebt hatte und ihr Name von anderen verdeckt worden war, stürzte sie sich nun mit aller Energie auf das Volk und forderte es auf, die Sache des Vorsitzenden zu unterstützen. Am 6. August sprach sie zu einer Gruppe Roter Garden in Pekings prächtigem Tien-tschiao-Theater, einem der Kulturzentren, die sie zu ihrer speziellen Kampfarena erkoren hatte.

»Der Vorsitzende Mao sendet euch seine besten Grüße«, begann sie ihre Ansprache. Sie gab zu, daß sie einige Fehler begangen hatte und auch in Zukunft begehen würde. »Doch wir Revolutionäre haben keine Angst davor, Fehler zu machen!« Sie war da, um das Konzept der revolutionären Bewegung zu präsentieren, das in den kommenden Monaten rigoros angewandt werden sollte. Als erstes mußte man die »kapitalistischen Machthaber« in der Partei ausmerzen; als zweites mußte man die »Vier Alten« loswerden – alte Ideologie, Kultur, Bräuche und Angewohnheiten – drittens mußte der Prozeß Kampf-Kritik-Umgestaltung *(tou-pi-kai)* durchgeführt werden. Oder anders ausgedrückt: »Wir müssen mit einem mächtigen Feind fertigwerden und müssen alle Rinderteufel und Schlangengeister davonjagen.«* »Ich bin sicher, ihr werdet gute Arbeit leisten!«

Wie sollte die Jugend, die im Begriff war, »Rinderteufel« und »kapitalistische Machthaber« auszurotten, ihre Eltern behandeln? Tschiang Tschings Antwort lebte als Slogan weiter:

Wenn Eltern Revolutionäre sind,
Sollten ihre Kinder ihnen folgen.
Wenn Eltern Reaktionäre sind,
Sollten ihre Kinder rebellieren.[7]

Am 16. August – zwei Tage, bevor Mao eine Million politischer Pilger empfing – traf Tschiang Tsching mit Mitgliedern der *Gruppe für die Kulturrevolution* – Tschen Po-ta, Li Hsüe-fang, Yao Wen-yüan, Kang Scheng und Tschang Tschun-tschiao – im Pekinger Arbeiter-Stadion ein, um eine Massenversammlung »revolutionärer Studenten und Lehrer« zu leiten. In schlichte Militäruniform gekleidet, stand sie mit ihrer Gruppe im Regen unter einem stahlgrauen Himmel. Die Atmosphäre reflektierte die Vehemenz der revolutionären Umwandlung. Wieder eröffnete Tschiang Tsching ihre Ansprache mit der elektrisierenden Formel: »Der Vorsitzende Mao bat mich, euch seine besten Grüße zu übermitteln.«

* Volkstümliche Bezeichnungen für die dunklen Mächte der Welt.

»Zur Zeit befinden wir uns mitten in einem tobenden Sturm – wir sind keine Blumen im Treibhaus«, donnerte Yao Wen-yüan. Alle sollten sich für den »stürmischen Klassenkampf« stählen. Er stimmte die Hymne der Kulturrevolution an, die inzwischen von allen als ein Lobgesang auf Mao angesehen wurde. »Wer aufs Meer hinausfährt, braucht den Steuermann . . .«

Die vorrangige Aufgabe war es, das Tempo der Revolution voranzutreiben, indem eine scharfe Linie zwischen Feinden und Freunden gezogen wurde (ein permanentes dialektisches Prinzip, das für den Klassenkampf von fundamentaler Bedeutung ist). Dies sollte in Übereinstimmung mit dem *16-Punkte-Beschluß* und dem Kommuniqué des Zentralkomitees geschehen, das unter Leitung des Vorsitzenden am 8. August angenommen worden war. Diese Verfahrensregeln autorisierten die *Gruppe für die Kulturrevolution,* die Linken zu »entdecken« und deren Möglichkeiten zu revolutionärer Führung zu fördern. Die Linken sollten mit ihr zusammenarbeiten, indem sie Reaktionäre, Rechte und konterrevolutionäre Revisionisten bloßstellten, deren Verbrechen gegen die Partei kritisierten und sie absolut isolierten.[8]

Kang Scheng, der hochgebildete Chef der Geheimpolizei, stellte rasch ein gutes Verhältnis zu den Studenten her. Tschiang Tsching lernte es, seine geschickte Rhetorik nachzuahmen. »Wollt ihr das Kommuniqué und den *16-Punkte-Beschluß* studieren?« fragte er. »Ja!«, schrieen die Volksmassen zurück. »Wollt ihr sie wieder und wieder studieren?«. »Ja!« »Wollt ihr damit vertraut werden?«. »Ja!«. »Wollt ihr sie ganz erfassen?«. »Ja!«. »Wollt ihr sie nutzbar machen?«. »Ja!«. »Wollt ihr sie in der großen Kulturrevolution in eurer Schule anwenden?«. »Ja! Ja!« riefen die Jugendlichen immer wieder. Kang legte (wie Tschiang Tsching bei späteren Gelegenheiten) besondere Betonung auf Punkt vier des *16-Punkte-Beschlusses.* Darin ging es um das *Vertrauen auf die eigene Kraft* während der Revolution (was sehr bald schon als Freibrief für die Anarchie mißverstanden wurde). Ein Individuum muß Selbstvertrauen haben, um die Revolution vorwärtszutreiben, und die Massen müssen sich selbst befreien. Die Studenten müssen Vertrauen zu den Massen haben und sich auf sie stützen. Und erneut forderte Kang die Menge auf, in Sprechchören zu antworten.[9] Indem sie rhetorische Techniken benutzten, die in einer anderen Kultur als religiöse bezeichnet würden, trommelten Kang Scheng, Tschiang Tsching und andere von Maos zuverlässigsten Schülern die revolutionären Rhythmen in Herzen und Gehirne der Massen ein. Mitte August sollte dieser Rhythmus ein fieberhaftes Tempo erreichen.

»Der Vorsitzende Mao empfing eine Million Menschen . . .«[10] Mit diesen Worten begann der ehrfurchtsvolle Bericht über die erste Massenversammlung großen Stils der Roten Garden auf dem Platz vor dem Kaiserpalast. Von der Rednertribüne über dem Tor des Himmlischen Friedens blickten die Führer auf die Massen hinab. Wie bei ähnlichen Versammlungen in den kommenden Monaten stand Lin Piao, der eine Woche zuvor zum Stellvertretenden Vorsitzenden, das heißt Maos designiertem Nachfolger ernannt worden war, neben dem Vorsitzenden, und Tschiang Tsching ganz in der Nähe. In unserem Interview erwähnte Tschiang Tsching weder diese prekäre Konstellation noch jenen außergewöhnlichen Tag. Und doch war sie, realiter und auch in den Augen der Massen, der Machtspitze nie so nahe gewesen. »Mao traf am Tor des Himmlischen Friedens ein, wo ein Meer von Menschen und ein Wald roter Fahnen ihn erwarteten«, fuhr der offizielle Bericht fort. »Das Volk wandte sich dem Vorsitzenden zu, hob die Hände hoch, sprang auf, jubelte ihm zu und klatschte. Viele klatschten solange, bis ihre Hände wund waren, viele vergossen Freudentränen . . . Das gewaltige Jubelgeschrei brandete bis zum Himmel empor.« Vertreter der Massen proklamierten:

> Unter der Leitung unseres großen Vorsitzenden Mao wird in unserem Lande eine Große Proletarische Kulturrevolution durchgeführt, die beispiellos in der Geschichte ist. Dies ist eine Revolution von weltweiter Bedeutung. Wir werden die alte Welt in tausend Stücke schlagen, wir werden eine neue Welt erschaffen und die Große Proletarische Kulturrevolution bis zum Ende durchführen. Wer aufs Meer hinausfährt, braucht den Steuermann; was auf der Erde wächst, braucht die Sonne; wer Revolution macht, braucht die Maotsetungideen . . . Der Vorsitzende Mao ist die röteste Sonne in unseren Herzen . . .[11]

Im November 1966 war Tschiang Tsching bereits bei den Autokolonnen, auf der großen Tribüne und bei sieben der acht größten Rotgardisten-Versammlungen auf dem Podium dabeigewesen. Als Rednerin wurde sie zunehmend selbstsicherer und mischte persönliche Erkenntnisse in die offiziellen Erklärungen. Sie betrachtete ihre Ansprache vom 28. November vor einer Versammlung von Literatur- und Kunstschaffenden als eine wichtige philosophische Aussage.[12] Nach ihrer langjährigen Krankheit, erklärte sie, sei sie plötzlich mit historischen Ungereimtheiten konfrontiert worden: Ein sozialistisches Volk fuhr damit fort, Stücke über Geister, Kaiser, Beamte, Generäle, Gelehrte und schöne Frauen zu produzieren (und zu genießen) und suchte seine Unterhaltung in berühmten ausländischen Dramen. Wenn man den Überbau nicht dazu zwang, mit der sozialistischen ökonomischen Basis übereinzustimmen, dann würden derartige Dramen diese Basis unvermeidlich »zerstören«. Sie übertrieb stark, da sie die gebildete chinesische Zuhörerschaft schockieren wollte, die sich an die Reize importierter Kunst gewöhnt hatte, als sie die Warnung aussprach:

> Imperialismus ist im Absterben begriffen, Kapitalismus ist schmarotzerhaft und verdorben. Moderner Revisionismus ist ein Produkt imperialistischer Politik und eine Variante des Kapitalismus. Nichts Gutes kann daraus entstehen. Der Kapitalismus hat eine Geschichte von mehreren Jahrhunderten hinter sich, doch er verfügt nur über eine jämmerlich geringe Anzahl von »Klassikern«. Sie [die kapitalistischen Schriftsteller] haben einige Arbeiten geschaffen, die sie den »Klassikern« nachempfunden haben. Diese Nachahmungen sind jedoch stereotyp und gefallen dem Volk nicht mehr. Die kapitalistische Kultur ist auf der ganzen Linie im Niedergang begriffen. Aber es gibt andere Dinge, die den Markt überfluten, wie Rock'n

Roll, Jazz, Striptease, Impressionismus, Symbolismus, abstrakte Kunst, Fauvismus, Modernismus – es ist kein Ende abzusehen ... Mit einem Wort, es breiten sich Dekadenz und Schmutz aus, die das Volk vergiften und korrumpieren.

Da sie den ganzen Sommer damit verbracht hatte, Ansprachen zu halten und mit der Revolution Schritt zu halten, hatte sie ihre Kulturarbeit vernachlässigt. Dies tat ihr leid, und sie gelobte Besserung. Als nächstes wies sie jene Mitglieder des Ersten Peking-Opernensembles zurecht, die bislang noch nicht ihren revolutionären Eifer dadurch bewiesen hatten, daß sie offen einzelne Funktionäre des soeben entmachteten Pekinger Stadtparteikomitees kritisierten, das jahrelang diese Elitetruppe vor Tschiang Tschings proletarischen Werbungen geschützt hatte. Um ihre Loyalität dem Vorsitzenden und ihr gegenüber zu beweisen, sollten die einzelnen Mitglieder eine scharfe Linie zwischen Feinden und Freunden ziehen. Sie sollten auch unternehmungslustigen jungen Kollegen aus ihrem Ensemble erlauben, *ihr zu folgen,* indem sie gemeinsam mit ihr die darstellenden Künste revolutionierten. Die älteren Mitglieder der Truppe, die sich Tschiang Tschings Leitung widersetzt hatten, sollten »aufrichtig bereuen und ganz neu beginnen.« Noch einmal forderte sie eindringlich dazu auf, gute Argumente anstatt Gewalt zu gebrauchen. »Verletzt und schlagt andere nicht. Ein Kampf, der auf Gewalt beruht, kann nur die Haut ritzen, während ein Kampf, der auf Argumenten beruht, bis in die Seele dringen kann.«[13]

Am 28. November wurde das Erste Peking-Opernensemble nach einem Stadium relativer künstlerischer Unabhängigkeit und traditioneller Integrität, die durch das frühere Pekinger Stadtparteikomitee gewährleistet worden waren,[14] der *Gruppe für die Kulturrevolution* (deren Stellvertretende Leiterin Tschiang Tsching war) und der VBA (deren Kulturberaterin sie war) unterstellt. Im Stil der Pariser Kommune, so sagte Tschiang Tsching, sollten die Mitglieder des Ensembles aus ihren eigenen Reihen kulturrevolutionäre Komitees wählen. Und *alle anderen* wichtigen Gruppen darstellender Künstler in Peking mußten der VBA eingegliedert werden und deren Anweisungen folgen. (Es war ungefähr so, wie wenn das Pentagon plötzlich die *Metropolitan Opera* und alle anderen Theater-Ensembles in New York übernehmen würde und verfügte, daß deren zukünftige Arbeit persönlich von einer engen Verwandten des Präsidenten geleitet würde).

Was Tschiang Tsching dazu trieb, die Welt der sechziger Jahre zu verändern, war das Gespenst der dreißiger Jahre, das sie noch immer verfolgte und das – ihrer Meinung nach – die Nation behext hatte. Der Gedanke, daß in Schanghai immer noch beklagenswerte Arbeitsbedingungen herrschten, drängte Tschiang Tsching dazu, die Abschaffung kurzfristiger und ungerechter Arbeitsverträge zu fordern.[15] Doch das Engagement für die Beseitigung von Mißständen auf dem Arbeitssektor war nur ein Zwischenspiel, das ihrer Leidenschaft für die politische Rolle der Kultur keinen Abbruch tat. Mitte der sechziger Jahre hatten Mao und Tschiang Tsching (allerdings aus verschiedenen Gründen) übereinstimmend den Eindruck, daß andere politische, ökonomische und kulturelle Systeme ihren eigenen entgegengesetzt würden. Dies schrieben sie im großen und ganzen der Rivalität und dem beherrschenden Einfluß Liu Schao-tschis zu. Mao und sie wußten, daß sie zuerst die öffentliche Meinung beeinflussen mußten, wenn sie wieder die Führung übernehmen wollten. Das bedeutete, daß sie zunächst ideologisch die Oberhand gewinnen mußten. Um den kulturellen Sektor zu ihrem Wirkungsbereich zu machen, verdammte Tschiang Tsching die Weltoffenheit der dreißiger Jahre. Ihrer Meinung nach bedeutete Lius Interesse an kultureller Vielfalt, an »bourgeoiser Liberalisierung«, daß er eine »Literatur und Kunst des ganzen Volkes« predigte und »das Leben auf dem Lande vom bequemen Wagen aus sah«. Hingegen lehrte der Vorsitzende, daß Literatur und Kunst der »Diktatur des Proletariats« dienen müßten und Schriftsteller und Künstler »zu den Arbeitern, Bauern und Soldaten, mitten in den Klassenkampf hineingehen« sollten. Lius »konterrevolutionäre revisionistische« Prinzipien zeigten sich nicht nur in den Filmen von Hsia Yen, Tschen Huang-mei und Tsai Tschu-scheng, sondern auch in den Dokumentarfilmen von Tscheng Tschi-hua und Hsia Yen, die die Vorzüge der Schanghaier Kultur in den dreißiger Jahren priesen und sogar versuchten, sie in den sechziger Jahren neu zu entwickeln.[16]

Die umfangreichste und vernichtendste Kritik an dem Filmkult der dreißiger Jahre erschien am 12. März 1966[17] in der Pekinger Zeitung »Aufklärung«. Der Autor dieses außergewöhnlich langen Artikels mit dem Titel »Über die reaktionären Gedanken des Stückes ›*Sai Tschin-hua*‹; Analyse eines sogenannten ›berühmten Stückes‹ aus den dreißiger Jahren« war der Chefredakteur Mu Hsin, der später Mitglied von Tschiang Tschings Gruppe für die Kulturrevolution wurde. Die Ansichten, die er vertrat, hätten genauso gut von Tschiang Tsching stammen können. Es gab keine Gestalt in der modernen chinesischen Geschichte, die sie mehr verabscheute als die Kurtisane Sai Tschin-hua. Es gab auch keinen modernen Schriftsteller und Regisseur, den sie so ablehnte wie Hsia Yen, der das höchst erfolgreiche Stück (nach Meinung des Publikums, nicht nach Tschiang Tschings Maßstäben) über Sai Tschin-hua verfaßt hatte, das 1936 zum erstenmal von der Gesellschaft der Vierzigerjahre produziert worden war.

Selbst in den dreißiger Jahren, so schrieb Mu Hsin, »schwamm Hsia Yen gegen die Zeitströmung«. Obwohl Hsia in den frühen fünfziger Jahren überredet worden war, den Film über Wu Hsün nach Tschiang Tschings Vorbild zu verdammen, verteidigte er in den sechziger Jahren immer noch sein Stück über Sai und verlangte nach einer »Wiedereröffnung ihres Falles«. »Er katzbuckelte vor Ausländern«; seine Heldin Sai war eine »sekundäre fremde Teufelin«, weil sie mit einem Deutschen eine Liaison gehabt hatte; Hsia Yen tolerierte in den dreißiger Jahren die japanische und überhaupt die ausländische Kultur und setzte sich in den sechziger Jahren für liberale linke (und folglich ausländische) Geisteswissenschaften ein. In seinem Stück verspottete er die Boxer Bewegung, die als revolutionär hätte gerühmt werden müssen. Außerdem zeigte er das einfache chinesische Volk als Prostituierte, Opiumraucher, Schwindler und Frauen mit eingebundenen Füßen. Solche negativen

Darstellungen bewiesen nur seinen eigenen »nationalen Minderwertigkeitskomplex«. Indem er seine Landsleute beleidigte, ließ er die westliche Zivilisation viel zu positiv erscheinen.

Mit diesen Anklagen wurde im Frühling 1966 eine Kampagne eingeleitet, in der alte Rechnungen beglichen wurden. Dies dauerte das ganze Jahr über an. Als im Sommer Millionen Jugendlicher aus allen Teilen des Landes nach Peking kamen, eröffneten Tschiang Tsching und ihre *Gruppe für die Kulturrevolution* den Kampf gegen den »Rädelsführer Tschou Yang« und seine »Schwarze Bande«, zu der auch Hsia Yen und Tien Han gehörten. Die Zerstörung ihres guten Rufes und einer Arbeit von dreißig Jahren diente dazu, »die alten Wurzeln der schwarzen Linie in der bürgerlichen Literatur und Kunst der dreißiger Jahre auszureißen« und den »Kapitulations-Charakter« ihrer alten Parole, »Nationale Verteidigungs-Literatur«, bloßzustellen, mit der viele Verbrechen der Kuomintang gerechtfertigt wurden. Die schwarze Fahne der Dramen, Filme und Musikstücke für die Nationale Verteidigung mußte heruntergerissen werden. Rotgardisten wurden aufgefordert, den »Liedern der Nationalen Verteidigung aus den dreißiger Jahren die Masken abzureißen«, um endlich zu erkennen, was sie in Wirklichkeit waren. Tien Han wurde z. B. verdammt, weil er wollte, daß die Leute »alte Zwiste vergaßen.« Sein Lied »Volkshaß« strotzte angeblich von Schmähungen gegen die revolutionären Massen, die wie »bedauernswerte plumpe Kühe« unter der Parteiherrschaft Kämpfe ausfochten.[18]

Im Herbst nahmen die Gewalttätigkeiten zu. Obwohl ein Rundschreiben vom 20. November 1966 dem Volk verbot, Leute einzusperren, zu foltern und zu bestrafen,[19] wurde dieses Gebot kaum befolgt. »Volksfeinde« wurden im Frühherbst am Tor des Himmlischen Friedens öffentlich genannt und im Dezember angeklagt. Zu ihnen gehörten auch Pekings Oberbürgermeister Peng Tschen, Hsia Yen, Tien Han, Propagandachef Lu Ting-i und der Leiter des Allgemeinen Büros des Staatsrates, Yang Schang-kun (der Tschiang Tsching vierzehn Jahre zuvor nach Moskau geschickt hatte). Am 12. Dezember wurden sie unter militärischer Bewachung in das Arbeiter-Stadion gebracht, wo 10000 Rote Garden sie erwarteten. So wie man in Feudalzeiten prominente Staatsfeinde als Warnung für alle öffentlich hingerichtet hatte, so trugen die jetzigen Opfer schwere Holzplakate um den Hals. Auf diesen Plakaten waren ihre Namen mit riesigen schwarzen Schriftzeichen gemalt, und darüber hatte man ein dickes X geschmiert. Sie wurden, mit ihren Führern voran, angeklagt und verurteilt.[20]

»Der Vorsitzende Mao sendet euch seine besten Grüße«, verkündete Tschiang Tsching wieder einmal schwungvoll. Es war der 19. Dezember. An die 100000 VBA-Soldaten waren nach Peking beordert worden, um in kameradschaftlicher Weise die Millionen Jugendlicher unter Kontrolle zu halten, die nun (jeweils für eine Woche oder länger) in der Hauptstadt kampierten. »Ihr werdet alle wissen wollen, wie es dem Vorsitzenden geht«, rief

Tschiang Tsching. »Ich kann euch mitteilen, daß er bei guter Gesundheit ist.«

Dies war der Auftakt für eine weitere politische Besonderheit, die dazu dienen sollte, einen neuen Kameradschaftsgeist unter den verschiedenen sozialen Gruppen zu fördern. Bei der Kundgebung waren Jugendliche mit roten Maobibeln, Armbinden und Abzeichen anwesend, die schwerfälligen Massen und nun auch die Soldaten, die sich vom Rest durch ihre graugrüne Uniform abhoben. Der Leiter der *Gruppe für die Kulturrevolution,* Tschen Po-ta, setzte all seine rhetorischen Fähigkeiten ein, um die Moral des Militärs aufzubauen, denn die aggressive Loyalität der Soldaten war entscheidend für die Durchführung der kulturrevolutionären Ziele.

»Noch nie hat es auf der Welt eine Armee wie die eure gegeben«, rief er. »Mit dieser Armee, die mit den Maotsetungideen bewaffnet ist, sind wir unbesiegbar. Alle Feinde, mögen es Imperialisten, Revisionisten, Rinderteufel oder Schlangengeister sein, können von eurer Hand in Stücke gerissen werden. Vom Vorsitzenden Mao und vom Genossen Lin Piao geführt, habt ihr wahrhaftig verstanden, wie man dem Volke dient . . . Als Schüler wollen wir mit euch, unseren Lehrern, voranmarschieren.«

Die Aufgabe der Armee war es, so wurde den Soldaten aufgetragen, die Revolution über ihre Reihen hinaus zu verbreiten und Gruppen *Revolutionärer Rebellen* aufzustellen, analog zu den Studentengruppen der Roten Garden, die aktiv in Industrie- und Bergbauzentren und auch in Kommunen tätig waren.

Gegen Ende des Jahres hatte sich Tschou En-lai voll und ganz auf die Seite der Kulturrevolutionäre gestellt (allerdings blieb er als vorzüglicher Stratege flexibel, jederzeit bereit, einen Rückzieher zu machen). Nun stand er unerschütterlich inmitten der Massen, der ideale Revolutionär, der keinen Kompromiß eingehen würde um persönlicher Vorteile willen. Fünf Monate lang waren die Jugendlichen der Nachkriegsgeneration auf Regierungskosten durch das Land gereist. Waren sie nun im Begriff, in die Anarchie zu versinken, völlig außerhalb jeder Kontrolle zu geraten? »Ihr müßt den kompromißlosen Geist des Langen Marsches wieder erneuern«, drängte sie Tschou En-lai. »Statt nach Peking zu *fahren,* um Anweisungen vom Vorsitzenden Mao entgegenzunehmen, geht lieber zu Fuß«! Und die Jugend rief begeistert: »Lang lebe der Geist des Langen Marsches! Lang lebe die Große Proletarische Kulturrevolution!«

Die Jungen, die so unerwartet vom Elternhaus und der Schule befreit waren, schienen sich mit Herz und Verstand den neuen Führern, den Kulturrevolutionären, zuzuwenden. Angefeuert vom Enthusiasmus dieser radikalen Sprecher, zu denen auch eine starke und gewinnende Frau gehörte, die allen Konventionen trotzte, zerstörte die Jugend die Symbole der alten Ordnung und ordnete sich neu unter Leitung der VBA, die dazu bestimmt war, sie im Dienst des gesamten Volkes zu führen.

Auf diese Weise wandelte die historische Dialektik, von einer stärkeren menschlichen Energie als je zuvor bewegt, die beginnende revisionistische Ordnung zu einer neuen revolutionären Unordnung um. Überall im Land brach zwischen rivalisierenden Studentengruppen Streit aus, desgleichen zwischen rebellischen Jugendlichen und Soldaten, die den Auftrag hatten, die Ordnung wiederherzustellen, und zwischen Studenten und Arbeitern, wodurch ein empfindlicher Produktionsrückgang entstand. Mao Tse-tung, der stärkste Motor der Kulturrevolution und gleichzeitig der hauptsächliche Nutznießer einer künftigen Stabilität, hatte keine andere Wahl als zu versuchen, die scheinbar unaufhaltsame Entwicklung zur Anarchie hin, die er selbst in Gang gesetzt hatte, unter Kontrolle zu bekommen.

Als die Studentenbewegung ihrem Höhepunkt entgegentrieb (August 1966), begeisterten sich ihre Anführer über Maos äußerst passende Parole von 1939 »Rebellion ist berechtigt!« Als der Aufstand der jungen Generation jedoch zu einem Dauerzustand zu werden drohte, gab Mao eine modifizierte Version dieser Parole heraus. »Die Rebellion gegen Reaktionäre ist berechtigt!« Diese Berichtigung wurde von Tschiang Tsching in ihren späteren Ansprachen unterstützt.[21] Doch die Studenten, die man zuvor zu höchstem Enthusiasmus angestachelt hatte, der für ihr Alter ganz natürlich war, hielten zwei weitere Jahre lang an der ursprünglichen Parole fest.[22]

Um das Ganze noch zu dramatisieren, wurden gewisse Höhepunkte aus der Revolutionsgeschichte der Welt beschworen. So wurde der geschichtsunbewußten chinesischen Jugend die Pariser Kommune von 1871 (in Punkt neun des *16-Punkte-Beschlusses*) als eine Ausdrucksform revolutionärer Reinheit und kollektiver Selbstbestimmung vor Augen gestellt.[23] Tschiang Tsching, die lange Zeit romantische Vorstellungen von französischer Kultur gehabt hatte, die aus Filmen und Romanen stammten, proklamierte im Dezember 1966 begeistert die Pariser Kommune als Modell, bis sie schließlich dem Aufruf des Vorsitzenden nach Mäßigung Folge leistete. Doch der Leiter ihrer Gruppe, Tschen Po-ta, forderte sogar noch im Januar eine neue Pariser Kommune. Für die Radikalen bedeutete das: »Ergreift die Macht!« (wenn auch nicht notwendigerweise unter der Leitung der *Gruppe für die Kulturrevolution*). Also brach ein unheilvoller *Januar-Sturm* über das Land herein, der dann zur Januar-Revolution wurde.

Es gab Versuche, in Harbin und in den Provinzen Heilungkiang, Schansi, Anhwei und Kiangsi die Macht zu übernehmen. Doch nur in Schanghai, inzwischen eine Zehn-Millionen-Stadt, wurde aus dem Pariser Symbol vorübergehend Realität. Tschang Tschun-tschiao und Yao Wen-yüan, Mitglieder der *Gruppe für die Kulturrevolution,* die in Schanghai arbeiteten, empfingen radikale Studentenführer aus Peking. Sie kontrollierten die »Zeitung der Befreiungsarmee«, die »Literaturzeitung« und alle Radio- und Fernsehstationen. Durch diese Kontrolle mobilisierten sie die öffentliche Meinung gegen das Schanghaier Stadtkomitee, indem sie dessen »Ökonomismus«* und Revisionismus anprangerten und das Proletariat aufforderten, »die Macht zu ergreifen«. Als Folge davon wurde die ganze Stadt buchstäblich gelähmt. Die Arbeit in den

* »Ökonomismus« bedeutete, daß man den Arbeitern ökonomische und materielle Anreize bot; anders ausgedrückt: Man richtete sich mehr nach den kurzfristigen Bedürfnissen des Einzelnen als nach den langfristigeren kollektiven und nationalen Zielen.

Fabriken, das Transportwesen, das Kommunikationssystem, Wasser- und Elektrizitätsversorgung brachen fast völlig zusammen. Die Bahnverbindung wurde im Norden von Schanghai unterbrochen.[24] Mitten in diesem totalen Chaos gründeten Tschang Tschun-tschiao und Yao-Wen-yüan am 5. Februar die Schanghai-Kommune. Tschang wurde zum Vorsitzenden ernannt. Die Geburtsstunde der neuen Regierung wurde von mehr als einer Million Demonstranten gefeiert, die durch die Straßen zogen und bunte Plakate und rote Fahnen schwenkten.

Schanghais revolutionäre Autonomie war gleichbedeutend mit Abspaltung, was den Zorn Maos und Lin Piaos erregte. Ihr Erfolg bei der Führung von Partei und Armee hing davon ab, ob sich lokale Stabilität und fortwährende Anpassung an Veränderungen der revolutionären Autorität kombinieren ließen. Ende Februar wurden Tschang und Yao nach Peking beordert, wo der Vorsitzende angeblich ihr anarchistisches Verhalten als eine Form »reaktionärer Politik« tadelte. Bevor das extreme Modell der Schanghaier Kommune die Nation gefährlich beeinflussen konnte, wurde das Revolutionskomitee der Stadt Schanghai eingesetzt. Diese erste institutionelle Form einer neuen Ordnung sollte durch ein neues dreifaches Bündnis geleitet werden. Mitglieder der »revolutionären Massen« sollten sich mit zwei bewährten stabileren Elementen assoziieren: mit loyalen Mitgliedern der VBA und mit zuverlässigen Parteifunktionären.

Während dieser schwierigen Monate wurden andere Revolutionskomitees eingesetzt, die die früheren Stadt- und Provinzregierungen ablösten. Da die Bedeutung der Armee im Lauf dieser Umwandlungen zunehmend wuchs, wurde Tschiang Tschings militärischer Rang Mitte Januar erhöht: sie wurde Beraterin einer zweiten *Gruppe für die Kulturrevolution* – diesmal innerhalb der VBA. Ihre häufigen Ansprachen an die regionalen Gruppen in dieser Phase des Umbruchs illustrieren ihren Kampf mit dem Dilemma revolutionärer Führerschaft: Wie kann man Aggressionen gegen den Revisionismus verbal unterstützen, ohne daß diese Aggressionen sich in Gewalttaten entladen und dadurch unter Umständen die Kommunikation zwischen Führern und Geführten zerstören? Schärfer formuliert: Wie konnte man Gewalttaten unter Kontrolle halten, die letztlich nichts anderes waren als politischer Enthusiasmus in Aktion, ohne daß die revolutionäre Bewegung gebremst wurde, die notwendig war, um die Gesellschaft davor zu bewahren, wieder in den früheren Zustand zu verfallen, in dem die Armen und die Frauen von der Verantwortung für öffentliche Belange ausgeschlossen waren?

Wie immer hatte Tschiang Tsching kaum eine andere Wahl, als Maos Kritik zu akzeptieren und seinen Meinungswandel mitzumachen. Am 22. Dezember 1966 hielt sie vor einer Massenversammlung von Jugendlichen aus Pekings Mittelschulen eine Ansprache. »Euer [politisches] Niveau ist hoch«, sagte sie lobend. »Ich möchte von euch lernen. Bisher habe ich noch nicht viel getan. Was für ein Mensch ist ein Mitglied der KPCh? Ein KPCh-Mitglied ist jemand, der keine Angst vor Kritik hat!« Sie empfahl den jungen Leuten, zusammenzuhalten und sich mit der Mehrheit jener zu verbinden, die noch nicht zu Gewalttaten geschritten waren. »Wenn ihr einig sein wollt, dann müßt ihr gegenüber der Minderheit diktatorisch sein, die weiterhin gewaltsam vorgehen will.«[25]

In einer Rede, die Tschiang Tsching am 10. Januar im Westsaal der Großen Volkskongreßhalle hielt, führte sie eine Praxis fort, die in der Kulturrevolution laufend geübt wurde: politische Verdammung verbunden mit Rufmord. Obwohl Liu Schao-tschi und Teng Hsiao-ping, die Hauptanführer der »bürgerlichen« Linie, im vorhergehenden Sommer entmachtet worden waren, war ihr Einfluß noch zu stark, argumentierte Tschiang Tsching. Lius Frau, Wang Kuang-mei, wurde angegriffen, weil sie die Linie ihres Mannes vertreten hatte. Lius und Wangs revisionistische Auffassung von Ökonomismus wurde immer noch in Peking, Schanghai und anderswo in der Praxis vertreten. »Wir müssen eine scharfe Linie zwischen dem Feind und uns ziehen«, rief Tschiang Tsching und gab weitere Urteile über revolutionäre Widersacher ab, wobei ihre Begründungen nicht besonders stichhaltig waren. Ihre Ausdrucksweise (die für Nicht-Eingeweihte sicher befremdlich geklungen hätte) war für eine Zuhörerschaft, die seit langem an solche Verbalinjurien gewöhnt war, durchaus glaubwürdig. Tschen I (der sehr geachtete Außenminister) sei ein »guter Genosse«, konterte sie kürzlich erfolgte Angriffe auf ihn, die das Gegenteil behaupteten. Er mochte ja vielleicht einige falsche Dinge geäußert und einige »irrige Gedichte« verfaßt haben, er sei jedoch nicht doppelzüngig. Tschen Is ausgezeichnete Leistungen bei der Neuen 4. Armee und die Tatsache, daß er schon frühzeitig gegen die Wang-Ming-Linie gekämpft hatte, durften nicht unberücksichtigt bleiben. Li Fu-tschun (Mitglied des Politbüros und langjähriger guter Bekannter Tschiang Tschings, der einen Verwaltungsposten innerhalb der Wirtschaft innegehabt hatte) sei unvorsichtig gewesen, behauptete sie, ohne nähere Angaben zu machen. Li Hsien-nien (Finanzspezialist und Mitglied des Zentralkomitees) und Hsie Fu-tschih (in den sechziger Jahren Sicherheitschef und Stellvertretender Vorsitzender der Staatskonferenz) waren – obwohl sie einst Untergebene von Teng Hsiao-ping gewesen waren – gleichfalls »gute Leute«.

Tao Tschu (der starke Mann aus dem Süden, Mitglied des Politbüros und Leiter der Propagandaabteilung seit 1966) war ein ganz anderer Fall. Er gehöre zu der »doppelzüngigen« Gruppe, erklärte Tschiang Tsching. Auf einer Massenversammlung, die während der Kulturrevolution abgehalten wurde, hatte er die Frechheit besessen, eine Aufnahme der politischen Führer zu machen, später den Kopf von Tschen I aus der Photographie herauszuschneiden und ihn auf den Körper von Teng Hsiao-ping zu kleben (der sich über Tschiang Tschings Reformbemühungen auf dem Kunstsektor lustig gemacht hatte).[26]

Die offene Aufforderung zur Rebellion (1966) wurde zu Beginn des neuen Jahres ganz allmählich von einer dringlichen, allerdings wenig beachteten Aufforderung nach Mäßigung abgelöst. Die Revolution sollte nicht notwendigerweise mit Gewalt gekoppelt werden. Man solle auch nicht glauben, daß es ohne Gewaltanwendung keine Revolution gebe, erklärte Tschiang Tsching einer Gruppe junger Rebellen in Peking. Revolution im Sinne einer ständigen Selbstkritik und Kritik an anderen – ihre persönliche Glaubensformel, die in unserem Interview wiederholt ausgedrückt wurde – sollte zur Lebensform werden. Linke Gruppierungen sollten sich mit anderen revolutionären Gruppen zusammenschließen. Jene jungen Leute, die ihre Tendenz zur Anarchie und Ultra-Demokratie eingestanden hatten, sollten korrigiert werden. Solche Studenten sollten nicht nur gegen den Klassenfeind kämpfen, sondern auch das dialektische Prinzip »eins teilt sich in zwei« auf ihre eigenen Gedanken anwenden. Jeder Mensch hat »eine dunkle und eine lichte Seite ... seid selbstkritisch und gesteht eure Fehler ein.«

Sie sollten Peking, das immer noch von Peng Tschens konterrevolutionären Ideen infiltriert war, verlassen und in die Fabriken und die Bezirke um Peking gehen – man mußte gar nicht sehr weit gehen ... Um echte Revolutionäre zu sein, sollten sie ihre Privatinteressen zurückstellen und den Bedürfnissen des ganzen Landes Rechnung tragen. Doch zuerst müßten die anarchistischen Auswüchse beseitigt werden und alle Macht, die unberechtigt ergriffen wurde, zurückgegeben werden.[27]

Während jener Wochen, in denen die Schanghaier Kommune entstand, blieb Tschiang Tsching in Peking. Am 22. Januar sprach sie vor einer Versammlung der Roten Garden – »Kampfgefährten«, redete sie sie an – und sprach die Hoffnung aus, daß sie gewaltlos kämpfen würden. Thema der Ansprache war die Situation an der Tsinghua-Universität, wo monatelang Fraktionskämpfe zu öffentlichen Verhandlungen und Verurteilungen, zu offenem Krieg und zu Todesfällen geführt hatten. Sie sprach nicht im einzelnen über die Personen, die daran beteiligt waren. Die Gründe dafür waren politischer Natur, wenn auch nicht von der üblichen Art. Ihr Gegenspieler war nämlich eine andere Frau aus dem politischen Machtzentrum, Wang Kuang-mei, die Frau von Maos Erzrivalen Liu Schao-tschi.

Tschiang Tsching und Wang Kuang-mei waren beide loyale Ehefrauen und der Sache ihrer Männer absolut ergeben. Während Tschiang Tsching zur Förderung der Politik Maos in der Peking-Universität aufgetreten war, dem Zentrum der Geisteswissenschaften, hatte sich Wang Kuang-mei (ebenfalls zugunsten ihres Mannes) an die Tsinghua-Universität gewandt, das wissenschaftliche und technische Zentrum, woran Liu ganz besonders interessiert war. Diese Parallelen, in Verbindung mit der Annahme, daß nur einer der beiden Männer an der Spitze sein konnte, haben Beobachter zu der Ansicht bewogen, daß die beiden Frauen persönlich, wenn nicht sogar auch ideologisch, erbitterte Feindinnen waren. In China war man außerdem immer der Meinung gewesen, daß Eifersucht die »empfindlichste Stelle« einer Frau sei. Um von diesem Eindruck abzulenken und vielleicht auch um auf keinen Fall den Verdacht zu erwecken, sie könne für Wang Kuang-meis Schicksal mitverantwortlich sein, äußerte sich Tschiang Tsching in unserem Interview ausgesprochen zurückhaltend über Lius Frau.[28] Im übrigen hatte Tschiang Tsching sicher auch eine andere mögliche Parallele vor Augen: Wenn Mao entmachtet würde, dann wäre es auch mit ihrer Karriere vorbei. Und wenn er starb, würde sie Leuten ausgeliefert sein, die versucht sein könnten, seine Familie und politische Linie zu liquidieren.

Wer war Wang Kuang-mei? Ich interviewte mehrere Frauen in Führungspositionen, doch Wang bekam ich nicht zu Gesicht. Das Dossier, das während der Kulturrevolution über sie angefertigt worden war, hatte mit der Realität nichts mehr gemein. Doch einige Tatsachen lassen sich doch noch eruieren. Sie sind nicht unwichtig, denn Wangs Tragödie demonstriert deutlich das immer gleiche Risiko, das jede Frau eingeht, die einen politisch mächtigen Mann heiratet und dann eigene Macht gewinnen will.

Wang Kuang-mei war eine außergewöhnlich intelligente und gewandte Frau. Sie war die fünfte oder sechste Ehefrau Lius und ihm gegenüber unbedingt loyal. In Amerika geboren, kehrte Wang nach China zurück, studierte an den katholischen Universitäten Fu Jen und Yentsching und arbeitete 1946 in Jenan als Dolmetscherin für die Kommunisten. Bei der Gelegenheit lernte sie einige amerikanische Unterhändler kennen. Anfang der sechziger Jahre, als Tschiang Tsching sich noch kaum profiliert hatte, trat Wang Kuang-mei als eine politisch aktive Ehefrau schon deutlich in Erscheinung. 1963 begleitete sie Staatspräsident Liu Schao-tschi nach Djakarta, im Frühjahr 1966 nach Afghanistan, Pakistan und Burma. Wie es den diplomatischen Anlässen entsprach, trug sie zeitweilig statt schlichter proletarischer Kleidung modische Kleider (es wird behauptet, Tschiang Tsching habe sie davor gewarnt, Perlen zu tragen), und nahm auch ab und zu die Möglichkeit wahr, in Gesellschaft zu tanzen. In China empfingen sie und ihr Mann gemeinsam die Politiker, die zu Staatsbesuchen kamen, obwohl es unter sozialistischen Führern nicht die Norm war, gemeinsam mit der Ehefrau aufzutreten. Sie vernachlässigte auch die Innenpolitik nicht. Ungefähr zehn Jahre später als Tschiang Tsching reiste sie 1963 inkognito nach Hopeh, wo sie mehrere Monate damit verbrachte, im Rahmen der *Bewegung der Vier Säuberungen* die Korruption zu bekämpfen.[29] Als dann jedoch Maos Kulturrevolution das ganze Land in ihren Sog gezogen hatte, lastete man ihr alle Sünden Liu Schao-tschis an. Auch daß sie sich bei ihrer Arbeit auf dem Land auf Liu als oberste Autorität berufen hatte statt auf Mao, wurde ihr vorgeworfen.

Kurz bevor Tschiang Tsching begann, sich mit den Studenten der Peking-Universität auseinanderzusetzen, trat Wang Kuang-mei im Juni 1966 in der Tsinghua im Namen des Zentralkomitees auf (in dem zu der Zeit noch keine der beiden Frauen Mitglied war).* Obgleich Wang behauptete, den Vorsitzenden Mao und die Partei zu vertreten, war die Truppe, die sie anführte, jene Arbeitsgruppe von etwa fünfhundert Funktionären, die aus allen Teilen des Landes stammten, in Wirklichkeit von Liu dazu autorisiert worden (nach späteren Berichten der Roten Garden), den linken Aufstand in dieser Universität zu unterdrücken. Statt den Studenten zu erlauben, große Wandzeitungen zu schreiben, befahl Wang Kuang-mei ihnen, sich auf kleine unauffäl-

* Die meisten der folgenden Informationen über Wang Kuang-mei erhielt ich von Professoren der Tsinghua-Universität, die ich im Juli 1972 interviewte.

lige zu beschränken. Sie bezeichnete Gruppen unzufriedener Studenten als »finstere Banden« und wollte sie am liebsten auflösen. Als Liu im August in Mißkredit geriet, wurde ihre Arbeitsgruppe von der Universität verbannt. Tausende von radikalen Studenten und Lehrern übernahmen sofort die Macht und reisten durch das ganze Land, um Maos Kurs zu unterstützen. Im Dezember kehrten sie nach Tsinghua zurück und gründeten das Vereinigte Tsching-kang-schan Regiment, in Erinnerung an jenen Ort, an dem Mao zum erstenmal Arbeiter und Bauern organisiert hatte. Auf einer Massenkundgebung von mehr als zehntausend Menschen am 25. Dezember wurde Liu Schao-tschis politisches Schicksal besiegelt und das ganze Universitätsgelände mit riesigen grellen Wandzeitungen geschmückt. Die ständigen Unruhen weiteten sich im Frühjahr zum Bürgerkrieg aus. Trotz Maos gegenteiligen Anordnungen hörten die Studenten nicht damit auf, den Ideenkrieg mit brutaler Gewalt zu führen.

Ohne auf Tschou En-lais Rat zu hören, organisierte Kuai Ta-fu, Studentenführer des Vereinigten Tsching-kang-schan Regiments, der von Tschiang Tsching einmal als »rebellischer Held« gefeiert worden war, am 10. April 1967 eine Massenversammlung von mehr als dreihunderttausend Menschen. Das gesamte Universitätsgelände war mit Wandzeitungen gepflastert, die sich gegen Liu richteten. Wang Kuang-mei, die Frau des Mannes, der vierzig Jahre lang Maos Kampfgefährte gewesen war, wurde persönlich den Massen vorgeführt. Als schreckliche Karikatur ihrer »bürgerlichen« Zeit, in der sie auf diplomatischen Empfängen aufgetreten war, trug sie ein enges Abendkleid, spitze hochhackige Schuhe, einen breiten englischen Strohhut und eine Halskette aus vergoldeten Pingpongbällen, die mit Totenköpfen bemalt waren. Obwohl behauptet wird, daß sich das sozialistische China von der Volksreligion befreit hat, daß der Glaube an Hexen und die Macht der Teufelsaustreibung aufgegeben wurde, schrie die Menge Wang Kuang-mei an: »Nieder mit den Rindsteufeln und den Schlangengeistern!«[30]

Mit Liu Schao-tschi ging man etwas glimpflicher um. Man beschimpfte ihn hauptsächlich hinter seinem Rücken, und die üblichen Beschuldigungen, die sich bis zum Überdruß über ihn ergossen, wurden mit den Jahren zum Ritual. Doch seine Frau, die die sexuelle Phantasie des Volkes anregte, das immer noch an Sündenböcke und Hexen glaubte, wurde nicht geschont.

XIV Gegen den Strom

Vier Meere aufgebäumt, Wolken und Wasser zornig, fünf Erdteile bebend, Wind und Donner entfacht. Müßte sie auskehren, allesamt, die üblen Insekten: nirgend sonst Feinde.
Mao Tse-tung, »Genossen Kuo Mo-jo erwidernd«

Im November 1966 hatte Tschiang Tsching angekündigt, die Kulturrevolution werde sich nicht mit einer seichten Korrektur politischer Vergehen zufriedengeben. Da der Feind in der Partei tiefe Wurzeln geschlagen hatte, waren Vergeltungsmaßnahmen angebracht. »Wir müssen nicht nur die fünfzig Tage und die siebzehn Jahre, sondern auch die dreißiger Jahre berücksichtigen.«[1] Die »fünfzig Tage« waren der Zeitraum von Anfang Juni bis Mitte Juli, in dem der Vorsitzende aus dem »uneinnehmbaren Königreich« Peking ausgeschlossen gewesen war, wo Liu Schao-tschi, Teng Hsiao-ping und andere herrschten und ihre Interessen wahrten, indem sie Arbeitsgruppen an die Universitäten und andere Schauplätze von Konflikten entsandten. Dann schwamm der Vorsitzende im Yangtse, gewann mit dieser aufsehenerregenden Demonstration seine Hauptstadt zurück und mobilisierte Millionen Roter Garden zu seiner Verteidigung. Die »siebzehn Jahre« verkörperten die Geschichte der Volksrepublik: Jahre, in denen Tschiang Tsching und gelegentlich auch der Vorsitzende nicht die ganze Macht besessen hatten, die ihnen nach Tschiangs Überzeugung zustand. Und die dreißiger Jahre waren die Glanzzeit des linksgerichteten Kosmopolitismus gewesen. Damals hatte sie erstmals versucht, ihren Weg als Kommunistin und Schauspielerin zu machen, war aber dabei von gewissen Leuten behindert worden.

Nachdem Tschiang Tschings persönliche Feinde – vor allem Tschou Yang, Hsia Yen und Tien Han – beseitigt waren, wurden die Spitzenfunktionäre Liu Schao-Tschi, Teng Hsiao-ping und Tao Tschu verhaftet. Am 5. August 1967 fand auf dem Platz am Tor des Himmlischen Friedens eine Kundgebung mit einer Million Teilnehmern statt. Diese einst verehrten Führer, die jetzt im Tschung-nan-hai unter Hausarrest standen, hörten im Rundfunk die Direkt-Übertragung der Massenkundgebung und die Reaktion der Massen. Entlang der vom Tschung-nan-hai wegführenden Straße hingen Strohpuppen mit ihren Namen auf der Brust an den Bäumen. Innerhalb weniger Tage wurden in ganz China beleidigende Karikaturen dieser Männer verbreitet.[2]

In den meisten Fällen gingen mit den entmachteten Führern auch deren Familien unter, wie es in der Vergangenheit bei Verbrechern üblich gewesen war. Aber die Familie Liu war anders – fortschrittlich. Obwohl die Frau mit ihrem Mann unterging, erhoben die Kinder sich als Rebellen im Namen Maos und *seiner* Generation junger revolutionärer Nachfolger gegen ihre Eltern.

Im neuen Jahr nahm die Zahl der Verurteilungen zu. Über andere revolutionäre Patriarchen, von denen einige seit fast fünfzig Jahren in der Öffentlichkeit nie anders als höchst lobend erwähnt worden waren, wurden belastende Dossiers zusammengestellt. Ein prominentes Mitglied dieser Gruppe war Tschu Te, der lange einen Ehrenplatz im Politbüro gehabt hatte. »Tatsachen« aus einer frühen Biographie, die den Weg dieses Einzelgängers vom Opiumsüchtigen, Schürzenjäger und Militärmachthaber bis zum Begründer der Volksbefreiungsarmee schilderte, wurden dazu benützt, Tschu zu verleumden. Diese Armee, behaupteten seine jungen Inquisitoren, sei ausschließlich von dem Vorsitzenden Mao gegründet und persönlich geführt worden – niemals (obwohl sich das beweisen ließ) von Tschu. Seine Wohnung im Tschung-nan-hai wurde geplündert, und seine Frau Kang Ko-tsching, eine ehemalige Leibeigene und spätere Rotarmistin, wurde in Schimpf und Schande durch die Straßen geschleppt.[3]

Ein weiteres Opfer der neuen Linken wurde Außenminister Tschen I. Er wurde wegen seiner geistigen Unabhängigkeit, seines Sarkasmus, seiner Abneigung gegen engstirnige Propaganda, seines ausgeprägten Kunstverstandes und seiner Gewandtheit im Umgang mit Diplomaten seit langem gefürchtet und bewundert. Die Ende 1966 einsetzenden Angriffe gegen ihn erreichten ihren Höhepunkt im April 1967, als die Roten Garten das Außenministerium besetzten. Archive wurden geplündert, Funktionäre wurden mißhandelt, und die Dienstgeschäfte wurden erst nach Monaten wieder aufgenommen. Auch Tschens Frau Tschang Tschien, die von Militär und Theater ebensoviel wie ihr Mann verstand, mußte für die Untaten büßen, die ihr Mann angeblich verübt hatte.

Tschou En-lai, der Unentbehrliche, übernahm im Frühjahr 1967 auch Tschen Is Funktion als Außenminister. Gleichzeitig hielt er Verbindung zu dem Vorsitzenden Mao und dem Parteizentrum, zu Lin Piao und seiner Militärkommission und zu Tschiang Tsching und ihrer *Gruppe für die Kulturrevolution*. Häufig erschien er bei ihren Seminaren und Massenkundgebungen. Während er mit diesen Rollen jonglierte – oft bis an den Rand der Erschöpfung –, wurden Dossiers gegen ihn sowie gegen Tschiang Tsching zusammengestellt. Von wem? Von den *Ultralinken**, wie Tschiang später erklärte.

Tan Tschen-lin, ein alter Militär, der Mao von Anfang an gedient hatte, machte sich schließlich zum Sprecher der auf diese Weise plötzlich bedrohten Gruppe alternder Patriarchen. Vom Standpunkt der von Tschiang Tsching gelenkten *Gruppe für die Kulturrevolution* aus war diese *Februar-Gegenströmung* eine von rechts kommende Behinderung der Taten von Tschiang Tschings Gruppe. Tans Vorgehen zog seine Verhaftung und die eigentümliche (wenn nicht sogar irrationale) Anklage nach sich, er habe versucht, Liu Schao-tschi und Teng Hsiao-ping zu rehabilitieren und eine »Restauration des Kapitalismus« herbeizuführen.

Unterdessen arbeiteten die Kulturrevolutionäre weiter mit dem Ziel, einen ausgewogenen und flexiblen Mechanismus zu schaffen, mit dem die »gesäu-

* D. h. von Anarchisten oder links von ihr stehenden politischen Gegnern.

berten Klassenreihen« einer neuen Ordnung regiert werden sollten. Um ihren Einflußbereich zu erweitern, vermittelten sie die strengen Maßstäbe der Studenten, die natürlich rasch lernten, handelten und vergaßen, den Arbeitern und Bauern, die sich langsamer anpaßten, aber im Rahmen einer neuen Ordnung leichter zu regieren waren, wenn diese sich einmal etabliert hatte.

In diesen Monaten des Bürgerkriegs konzentrierte Tschiang Tsching sich weiterhin auf den Überbau, d. h. die Vermittlunq einer an Mao ausgerichteten Ideologie durch die Medien. Außer der revolutionären Oper und dem Ballett, (hier gewann sie wirklich Boden), kämpfte sie um die Kontrolle über den Film, der ihrer Überzeugung nach das potentiell wirksamste Mittel zur Beeinflussung der öffentlichen Meinung war. Aber ihr erstes und zugleich letztes Ziel war die Erschaffung einer revolutionären Persönlichkeit, die Modellcharakter für die gesamte Nation haben sollte. Zu diesem Zweck verbrachte sie ihre Tage damit, die Kunst der Selbstverleugnung sowie Kritik und Selbstkritik zu lehren. Strenge Selbstdisziplin sollte sich an dem von Mao aufgestellten Ideal orientieren: Dem Volke dienen!

Bei der Ende 1966 einsetzenden Demontage des Propaganda- und Kulturestablishments fielen die Medien in die Hände der Kulturrevolutionäre. Dutzende von Zeitungen und Zeitschriften stellten ihr Erscheinen ein; die wenigen verschonten Blätter mußten eine streng maoistische Linie verfolgen. Die Verlage, die Ende der fünfziger Jahre endlich begonnen hatten, den Ende der dreißiger Jahre verlorenen intellektuellen Schwung wiederzugewinnen, durften nicht weiterarbeiten. Offiziell genehmigte Experimentierbühnen führten hauptsächlich Tschiang Tschings Musterstücke auf. Alle anderen Aufführungen waren verboten. Filmateliers wurden geschlossen, und Drehbuchautoren, Produzenten, Regisseure und Schauspieler wurden gedemütigt und in die Wüste geschickt. Alle Spiel- und Dokumentarfilme außer den wenigen, die das Zentralkomitee erneut gebilligt hatte, wurden aus den Kinos verbannt, und die Presse setzte die jahrelange Arbeit von Filmkritikern und Historikern gröblich herab.[4] Ebenso wie die neue Wege gehende proletarische Literatur und die schönen Künste der dreißiger Jahre wurde auch der Filmkult dieses Jahrzehnts von den Hohepriestern der *Gruppe für die Kulturrevolution* öffentlich exorziert.

Aber auch im Film mußte wie überall sonst dem Niederreißen ein Aufbauen folgen. Wo waren entsprechende Talente zu finden? Die erfahrensten Regisseure waren die Männer, die in den dreißiger Jahren den Schanghaier Untergrund belebt hatten. Obwohl sie unter dem totalitären Regime der Kuomintang hatten arbeiten müssen, waren sie auf dem Feld der radikalen Kunst ihre eigenen Herren gewesen. Nachdem die KPCh, für die die meisten von ihnen hingebungsvoll gekämpft hatten, an die Macht gekommen war, wurde die Filmproduktion paradoxerweise einer neuen Zensur unterworfen, und diese Zensur erwies sich als viel strenger als die der Kuomintang.

Tschiang Tschings Erinnerungen zeugten wie ihre Handlungsweise von einer Verflechtung ideologischer und persönlicher Motive. Die einst so hilfsbedürftige Lan Ping, die jetzt die mächtige Tschiang Tsching war, hatte endlich mit ihrem früheren Chef in der filmschaffenden Unterwelt Schanghais, Hsia Yen, abgerechnet. Er und drei weitere »Bösewichte« wurden ausgeschaltet, d. h. offenbar unter Hausarrest gestellt.

Am 1. Februar 1967 rief Tschiang Tsching die Vertreter zweier stillgelegter Filmateliers zu einer Besprechung zusammen, um Beschwerden entgegenzunehmen. »Hsia Yen, Tschen Huang-mei und ihre Truppe [durchweg reglementierte Regisseure] haben nichts anderes zu tun, als den ganzen Tag im Bett zu faulenzen«, erklärte sie.

»Zerrt sie heraus und bekämpft sie!« rief Tschi Pen-yü (ein politischer Essayist auf Maos Seite) der Gruppe von jugendlichen Radikalen zu, die schon andere prominente Filmschaffende herausgezerrt und mißhandelt hatte.

Nach Tschiangs Darstellung hatten die »Gauner« einen Wochenschaufilm gedreht, in dem der Vorsitzende einen Vorbeimarsch der Roten Garden abnahm. Sie hätten aber die Parade so gefilmt, daß Liu Schao-tschi in günstigem Licht erschien. Alle Szenen mit Liu, Teng Hsiao-ping und Tao Tschu (Tschiang Tschings Rivale, der jetzt auf der Seite des Gegners stand) mußten aus dem Film herausgeschnitten werden. Ein Dokumentarfilm, der Liu Schao-tschi und seine Frau Wang Kuang-mei auf ihrer berüchtigten Indonesienreise im Jahre 1963 zeigte und ebenfalls hätte aufgeführt werden sollen, mache nur Reklame für »bürgerliches Hofleben«, erklärte die Gruppe.

»Der Vorsitzende haßt es, gefilmt zu werden«, erinnerte Tschiang Tsching die Filmemacher. »Das war schon so, als ich ihn in Jenan kennengelernt habe. Jetzt wollen alle ehrgeizigen ›revolutionären‹ Kameraleute den Vorsitzenden aufnehmen. Außer bei offiziellen Anlässen läßt der Vorsitzende sich nicht bei der Arbeit photographieren. Im Gegensatz dazu kämpfen Vertreter der Bourgeoisie erbittert darum, ins Bild zu kommen. Liu Schao-tschi hat sich immer recht eigenartig verhalten. Er hat stets großen Wert darauf gelegt, unmittelbar neben dem Vorsitzenden zu stehen und so zu tun, als spreche er mit ihm... Er ist nie in den Hintergrund getreten.«[5]

Sabotage bei der Filmproduktion sei häufig vorgekommen, sagte sie. Kameras und Filmmaterial wurden beschlagnahmt, Dienstwagen von Regisseuren konfisziert und Wohnungen enteignet, ohne daß alle diese Aktionen vom Zentrum genehmigt worden wären. Als die Filmproduktion unter Aufsicht der *Gruppe für die Kulturrevolution* wieder aufgenommen wurde, mußten die Vertreter der Linken – die Tschiang Tsching mit den Massen gleichsetzte – sich mit »proletarischen Elementen« in der Filmindustrie vereinigen und gemeinsam mit ihnen gegen den Klassenfeind kämpfen. Sie befahl: »Es darf nicht zugelassen werden, daß Rinderteufel und Schlangengeister sich erheben. Ihr müßt Grundbesitzer, reiche Bauern, Konterrevolutionäre, üble Gestalten und Rechte scharf im Auge behalten. *Nur die Linke darf rebellieren. Der Rechten ist es nicht gestattet, sich zu erheben!*«*

* Hervorhebung durch die Verfasserin.

Obwohl die Linke »rebellieren dürfe«, müsse sie in Anbetracht ihrer Anfälligkeit für Anarchie und ihrer internen Streitigkeiten darauf achten, sich nicht von der Rechten manipulieren und in Fraktionen aufsplittern zu lassen. Die Rechte würde Menschen in Tiger verwandeln, stellte sie warnend fest, und sie aufeinanderhetzen. Die Rechtsabweichler würden dieses Schauspiel genießen.

Auch Tschi Pen-yü drückte sich ähnlich aus: »Wenn die Massen gegeneinander kämpfen, klatscht die Schwarze Bande auf den Ringplätzen Beifall.«

Tschiang Tsching schloß ihre Ausführungen mit Bemerkungen zu ihrem Lieblingsthema, dem Problem des Eigennutzes. Dieser subjektive Aspekt der revolutionären Umgestaltung (dies wurde bei unseren Interviews deutlich) war ihr stets bewußt. Revolution zu machen, stellte sie sinngemäß fest, sei zugleich ein introvertiertes und extrovertiertes Erlebnis, eine private und öffentliche Angelegenheit. Konflikte existierten nicht nur außen – zwischen dem Feind und den Revolutionären – oder intern – zwischen den Revolutionären –, wie der Vorsitzende Mao gezeigt habe. Sie müßten auch *im Inneren* des Menschen ausgetragen werden – *gegen* den sogenannten Eigennutz. Sie zitierte aus einem Leitartikel der »Volkszeitung« vom Vortag:

> »Wir verfolgen zwei Revolutionen gleichzeitig: eine Revolution, um die objektive Welt zu reformieren, und eine weitere, um die subjektive Welt zu reformieren. Außerdem führen wir gleichzeitig zwei Kämpfe um die Machtergreifung: einen, um den Machthabern, die den kapitalistischen Weg gehen, die Macht zu entreißen, und den anderen, um dem Eigennutz in unseren Köpfen die Macht zu entwinden. Erst wenn der Eigennutz im Verstand gründlich entmachtet ist, wird es möglich sein, in dem Kampf um die Macht gegen die Machthaber, die den kapitalistischen Weg gehen, einen vollständigen Sieg zu erringen.
>
> Die Machtergreifung im Verstand ist ein schmerzhafter Vorgang. Aber der Kampf muß geführt werden, und das erfordert den Mut, mit einem Bajonett blutende Wunden zuzufügen. Dieser Kampf wird am besten dadurch geführt, daß man sich in Fabriken und Dörfern in die reißende Strömung der Großen Proletarischen Kulturrevolution wirft und sich mit Arbeitern und Bauern vereinigt... Nur so können Intellektuelle ihre Schwächen überwinden und Revolutionäre werden.«[6]

»Wie können wir das große Bündnis zwischen Arbeitern, Bauern und Intellektuellen zustandebringen?«, wollten ihre Zuhörer wissen.

»Verlangt keine Anweisungen von mir. Wir sind alle Genossen!«

»Genossin Tschiang Tsching, übermitteln Sie dem Vorsitzenden Mao bitte unsere Grüße.«

Am 12. April 1967, zwei Tage, nachdem Wang Kuang-mei aus ihrem Haus im Tschung-nan-hai gezerrt und an der Tsinghua-Universität in einem Schauprozeß abgeurteilt worden war, sprach Tschiang Tsching vor der Militärkommission beim Zentralkomitee.[7] Ihr Tonfall ließ darauf schließen, daß die moralische Vernichtung der Gattin des ehemaligen Staatsoberhaupts auf sie ernüchternd gewirkt hatte. Ihre erlesene Zuhörerschaft mit Lin Piao, dem designierten Nachfolger des Vorsitzenden, an der Spitze, bestand aus harten Militärs, denen es jetzt darauf ankam, aus den gegenwärtigen Wirren die größtmöglichen politischen Vorteile zu ziehen. Vor ihnen erschien sie mustergültig bescheiden und vernünftig, frei von jener Demagogie, die sie auf Massenkundgebungen einzusetzen gelernt hatte.

Sie stellte sich als gewöhnliches Parteimitglied vor: seit vielen Jahren die Sekretärin des Vorsitzenden Mao und seit dem letzten Jahr Sekretärin des Ständigen Ausschusses des Politbüros. Tatsächlich war die ganze *Gruppe für die Kulturrevolution* ihrer Auffassung nach nicht mehr (oder weniger!) als ein Sekretariat für diesen Ständigen Ausschuß, das mächtigste Gremium des Landes. Sie verglich die Arbeit ihrer Gruppe mit den Funktionen von Wachposten und Stabsoffizieren. Sie mache Vorschläge und liefere Material für den Vorsitzenden Mao, den Stellvertretenden Vorsitzenden Lin, Ministerpräsident Tschou und andere Ausschußmitglieder.

Sie charakterisierte ihre besondere Beziehung zu dem Vorsitzenden, indem sie ihre »Späherdienste« auf den Gebieten der Kultur und Erziehung schilderte. Sie lese Zeitungen und Zeitschriften, suche Material heraus, das im guten oder schlechten Sinne bemerkenswert sei, und lege es dem Vorsitzenden Mao zur Prüfung vor.

Der Vorsitzende sei streng mit ihr und ein unnachsichtiger Lehrer, fuhr sie fort. Selbstverständlich führe er sie nicht an der Hand, wie er es bei manchen anderen tat. Trotzdem sei er außerordentlich streng zu ihr. Sie gestand ein, sehr unwissend zu sein. Tatsächlich kannten einige der anwesenden Genossen den Vorsitzenden wohl besser als sie.

> »Wir leben zusammen, aber er ist ein schweigsamer Mensch; er redet nicht viel. Wenn er redet, geht es meistens um Politik, Wirtschaft, Kultur, die internationale Szene, innenpolitische Ereignisse – was ihm gerade einfällt. Manchmal spricht er über die ›kleinen Rundfunksendungen‹ aus der Gesellschaft (weitverbreitete günstige oder ungünstige Gerüchte), aber nicht sehr oft... Ich halte die Informationen, die man aus solchen kleinen Rundfunksendungen aus der Gesellschaft gewinnen kann, für wenig nützlich und für Energieverschwendung.«

Was das Wissen betreffe, sei sie anderen Genossen unterlegen. Ihr Wissen sei unzulänglich und vor allem nicht systematisch genug. »Falls ich irgendeinen Vorzug habe, ist es der, daß ich bei der Sache bleibe und sie erledige, wenn ich mir vornehme, etwas in Angriff zu nehmen.«

Zur Illustration der Lehre des Vorsitzenden, Führungskader dürften nicht von ihrem Kapital zehren, sondern müßten dem Volk erneut dienen, erzählte sie eine der historischen Anekdoten, auf die er sich oft bezog.* Der Vorsit-

* Diese Geschichte von der Königin-Witwe des Staates Tschao im 5. Jahrhundert vor Christus schildert auf subtile Weise Nepotismus und politische Intrigen zwischen führenden Frauen in der Zeit der Kämpfenden Reiche.

zende, sagte sie, erkläre dazu, daß diese Geschichte die Umverteilung von Eigentum und Macht innerhalb der Grundbesitzerklasse zum Zeitpunkt des Übergangs von der Leibeigenschaft zum Feudalsystem behandle. Diese Neuverteilung des Grundbesitzes müsse ununterbrochen weitergehen.

Was die Anwesenden betreffe, so verträten sie nicht die Ausbeuter-, sondern die Arbeiterklasse. Aber wenn sie es versäumten, ihre Kinder streng zu erziehen, bestehe die Gefahr, daß diese sich zurückentwickelten und eines Tages den Kapitalismus restaurierten.

Einige der hier versammelten Genossen besäßen erheblich mehr Macht als viele Potentaten der chinesischen Geschichte. Genosse Tschen Po-ta sage oft, er sei nur ein gewöhnlicher kleiner Mann. Sie selbst sei noch unbedeutender. »Aber Macht sollte nicht leichtfertig ausgeübt werden. Das Volk hat uns hohe Stellungen, gute Gehälter und große Autorität gegeben. Jedoch – wird es uns noch lange dulden, wenn wir keine neuen Leistungen bringen?« Folglich, erklärte sie den Verantwortlichen, müsse die VBA Neues leisten.

Sie erinnerte ihre Zuhörer daran, welche dominierende Rolle Kultur und Erziehung bei der Bewußtseinsformung des Volkes spielten. In dieser Beziehung seien in den vergangenen siebzehn Jahren Fehler gemacht worden. Personen mit zweifelhafter ideologischer Einstellung und Kompetenz seien für Kultur und Erziehungswesen zuständig gewesen. Deren Einfluß, zu dem noch der Einfluß »mehrerer Millionen bürgerlicher Intellektueller«, die eine Hinterlassenschaft des alten Regimes seien, hinzugekommen sei, habe bewirkt, daß China von bürgerlichen und feudalen Ideen überflutet worden sei. »Jede Klasse, ob proletarisch oder bürgerlich, welche die politische Macht ergreifen will, muß zuerst die öffentliche Meinung beeinflussen. In der Vergangenheit habe ich nicht genug auf diesen Punkt geachtet«, sagte sie. Die militärische Führung müsse jetzt die Kontrolle über die öffentliche Meinung an sich bringen.

Kinder sollten nicht als »Privateigentum« behandelt werden, meinte sie. Sie sollten vielmehr als der »Reichtum des Volkes, die Nachkommenschaft des Volkes« betrachtet werden. Wer seine eigenen Kinder als Geschenke des Himmels für sich in Anspruch nehme, ignoriere zwangsläufig fremde Kinder, besonders die der Arbeiterklasse, da er sie für wertlos halte.

> »Nehmen Sie zum Beispiel unsere Tochter [Li Na]. Als sie noch in der Grundschule war, hat sie mir eines Tages erzählt, ihre Lehrerin habe mit ihr über ein Buch mit dem Titel ›*Tun-tun ti tsching-ho*‹ gesprochen. Was für eine schreckliche Lehrerin! Ich habe ihr erklärt, das sei falsch, und die richtige Übersetzung laute ›*Tsching-tsching ti tun ho*‹ [›Der stille Don‹ von Michail Scholochow]. ›Willst du das Buch lesen?‹ fragte ich sie. ›Ja, Mama.‹ Ich erklärte ihr außerdem, sie müsse es beim Lesen als sowjetisches Geschichtsmaterial oder als die Geschichte sowjetischer Kriege betrachten. Trotzdem sei es kein gutes Buch, weil seine Helden ein Verräter und ein Konterrevolutionär seien. ›Wie kannst du das sagen, Mama? Alle finden das Buch gut.‹
>
> Sie kritisierte mich, weil das Buch damals noch nicht kritisiert werden

durfte. Ich forderte sie auf, niemandem von unserem Gespräch zu erzählen. Ich erklärte ihr, dies sei meine persönliche Auffassung nach der Lektüre des Buches…

Ich finde, Eltern sollten ihre Kinder als Gleichberechtigte behandeln. Sie sollten sie nicht auf feudale Weise behandeln, indem sie sich als Herren des Haushalts betrachten. Man sollte dem Beispiel des Vorsitzenden Mao folgen, der sich zu Hause äußerst demokratisch verhält. Unsere Kinder dürfen ihrem Vater widersprechen. Manchmal bringen wir sie sogar absichtlich dazu, uns zu widersprechen! … Aber meistens tun sie es nicht, weil sie ihre Eltern respektieren. Es ist gut für sie zu diskutieren. Sie sollen ein bißchen rebellieren… Was nützt es ihnen, die ganze Zeit nur ›Ja, Papa, ja, Mama‹ zu sagen?«

Drei Tage später, an einem denkwürdigen Tag für die Kulturrevolution, begab sich Tschiang Tsching wieder unter die Massen. Gemeinsam mit Hsie Fu-tschih, dem Beauftragten für öffentliche Sicherheit, der zwei Jahre politische Stürme überstanden hatte und soeben zum Stellvertretenden Ministerpräsidenten ernannt worden war, leitete sie die Feierlichkeiten anläßlich der Gründung des Pekinger Revolutionskomitees, an dessen Spitze Hsie stand.

»Die Lage ist ausgezeichnet«, verkündete sie. Damit meinte sie die neue politische Ordnung in der Hauptstadt, insbesondere eine *Dreierverbindung* von Arbeitern, Bauern und Soldaten sowie eine *Drei-in-eins-Kombination* von Armee, Funktionären und Massen – die beiden auf Dreierbündnissen basierenden Selbstverwaltungsmodelle, an denen sich die Behörden, Schulen und Produktionsstätten in ganz China orientieren sollten. Sie zog aus der Lage in Peking, wo die Macht einer sich entwickelnden Ausbeuterklasse entrissen worden sei, allgemeine Schlußfolgerungen, wobei sie die Lage ein wenig dramatisierte: »Die Handvoll Leute innerhalb der Partei, die Machtpositionen innehaben und den kapitalistischen Weg gehen, sind die Vertreter der kapitalistischen Restauration und die Hintermänner der konterrevolutionären revisionistischen Clique in der Stadt Peking.« Nach Tschiangs Darstellung waren diese Kräfte unschädlich gemacht worden, aber der *Kampf zweier Linien* zwischen Sozialismus und Revisionismus gehe weiter und müsse durch den unaufhörlichen Prozeß *Kampf-Kritik-Umgestaltung* weitergeführt werden. Da es in der Politik niemals ein beständiges Gleichgewicht geben könne, müßten Selbstkritik und Einigung einander ständig begleiten. Aber »Gewalttätigkeiten müssen unter allen Umständen vermieden werden«.[8]

Im Verlauf der Kulturrevolution ließ der Vorsitzende Mao es im Interesse der für die Regierung wünschenswerten Stabilität zu, daß er Gegenstand eines Personenkults wurde. Dieser Kult stellte sogar noch jene Verehrung in den Schatten, die im Kaiserreich dem Thron galt (und insofern auch dem Mann, der auf ihm saß). Nicht nur der Vorsitzende, sondern auch andere führende Männer – vor allem Lin Piao – duldeten diese an Stalin erinnernde, überschwengliche Anbetung seiner Person.

In den sechziger Jahren wurde kein weiterer führender Mann in den Himmel gehoben; auch wurde es keinem erlaubt, seine Aufsätze und Reden gesammelt zu veröffentlichen. Die einzige Ausnahme war Tschiang Tsching. Im Frühjahr 1967 wurde auch sie allmählich zu einer Art Kultgegenstand, der von den Massen umjubelt wurde. Verdankte sie das ihrer Verbindung mit Mao oder ihrem mitreißenden politischen Elan? Zeichnete sich eine matriarchalische Orientierung ab? Sollte die patriarchalische Vergangenheit von fünf Jahrtausenden auf diese Weise unterhöhlt werden?

Die Verehrung, die Tschiang Tsching als Führerin von Männern und Frauen genoß, stellte ein geradezu revolutionäres Ereignis in der sexualpolitischen Geschichte Chinas dar, obwohl dieser Aspekt damals nie erwähnt wurde. Paradoxerweise rühmten die romantischen Jugendlichen und manche von ihrer Persönlichkeit bezauberten älteren Menschen ihre konservativen Tugenden mehr als ihre radikalen Neuerungen. Sie lobten sie nicht als Führungspersönlichkeit, sondern als Anhängerin Maos; nicht als Rebellin, sondern als Loyalistin; nicht als Lehrerin, sondern als Lernende.*

In einem Artikel, dessen Titel Lu Hsüns ehrenvollen Beinamen (den ihm Mao gegeben hatte) auf Tschiang Tsching übertrug – »Gruß an Genossin Tschiang Tsching, die große Bannerträgerin der Kulturrevolution« –, schrieben die den Roten Garden angehörenden Verfasser:

> »35 Jahre sind vergangen, seitdem sie [Tschiang Tsching] während des Zwischenfalls vom 18. September [1931] erstmals an der Revolution teilgenommen hat. Welch herzbewegende 35 Jahre! In diesen 35 Jahren hat sie viel für die Partei getan, aber sie ist nie in der Öffentlichkeit aufgetreten.* Als Hu Tsung-nans Banditenclique ihren erbitterten Angriff vortrug, ist Genossin Tschiang Tsching an der Seite des Vorsitzenden Mao geblieben, und sie hat zu der letzten Gruppe gehört, die Jenan verlassen hat. In der kritischsten Zeit hat sie den Vorsitzenden Mao auf Märschen und in Kämpfen im Norden und Süden begleitet, bis die mehrere Millionen starke Streitmacht der Familie Tschiang [Kai-schek] vernichtet war. Seit der nationalen Befreiung hat Genossin Tschiang Tsching dem Vorsitzenden Mao unablässig als Sekretärin gedient und seine Lehren befolgt...«[9]

Diese Wertung war ihrer Ansicht nach schon sechs Jahre zuvor in Maos Gedicht auf der Rückseite ihres Photos von der Geisterhöhle am Lu-schan beglaubigt worden. Damals hatte der Vorsitzende Mao geschrieben:

> »Dämmerschein, blaue Weite; seh stämmige Kiefern,
> wirbelnde Wolken, im Flug dahin, doch gelassen.
> Himmelsschöpfung die eine Geisterhöhle;
> unbegrenzter Rundblick auf schroffem Gipfel.«

* Es herrschte die Meinung, daß Tschiang Tsching bis zur Kulturrevolution keine öffentlichen Funktionen übernommen hatte. Leuten mit konventionellen Auffassungen erschien eine derartige lebenslängliche weibliche Zurückhaltung bewundernswert.

Dieser Kommentar der Roten Garden wurde in den folgenden Monaten von Jugendlichen, die Tschiang Tsching anbeteten, in abgewandelter Form übernommen:

> »Gewaltig, herrlich und inspirierend enthüllt [das Gedicht des Vorsitzenden Mao] die großen Bestrebungen einer proletarischen Revolutionärin und stellt unserer Ansicht nach das umfassendste, vollkommenste, eindrucksvollste und lebensechteste Porträt der Genossin Tschiang Tsching dar. Liest man die eindrucksvollen Gedichtzeilen heute wieder, so empfindet man tiefe Rührung und grenzenlose Bewunderung für Genossin Tschiang Tsching.«

Im Mai 1967, am 25. Jahrestag von Maos *Reden bei der Aussprache in Jenan über Literatur und Kunst,* brachten mehrere radikale Studentenzeitschriften ein Porträt von Tschiang Tsching auf ihren Titelseiten. Sie wurde stets in schlichter Militäruniform abgebildet, das Rote Buch in der rechten Hand haltend und von den Strahlen erhellt, die von Maos sonnengleichem Gesicht ausgingen, während im Hintergrund die Massen das Bild füllten. Diese revolutionäre Ikonographie wurde durch weitschweifige und phrasenhafte Leitartikel ergänzt. Die »Neue Peking-Universität« lobte sie als Maos »beste Schülerin«, als ein Muster an Loyalität gegenüber dem Vorsitzenden und seiner proletarischen Linie auf dem Kultursektor, die es ermöglichte, im Hinblick auf klassenspezifische Gesinnungen »zwischen Liebe und Haß zu unterscheiden«.[10] Erwähnt wurden zahlreiche Charakteristika ihrer Persönlichkeit, auch ihre pikante Angewohnheit, Exemplare der »Ausgewählten Werke« des Vorsitzenden, die von ihr signiert waren, zu verschenken. Unerwähnt blieben allerdings die besonderen Vorteile, die sie aus ihrer Ehe mit Mao gezogen hatte, und ihr seit Jahren (stillschweigend) geführter Kampf als Frauenrechtlerin.

Nicht nur die Jungen, sondern auch einige der ganz Alten sahen sich veranlaßt, ihr Lob zu singen. Der ehrwürdige Schriftsteller Kuo Mo-jo pries sie anläßlich der Fünfundzwanzigjahrfeier, die jetzt von Tschiang Tsching, die bei der *Aussprache in Jenan* nur als stumme Beobachterin zugegen gewesen war, dirigiert wurde.

> »Liebe Genossin Tschiang Tsching, Sie sind ein leuchtendes Beispiel für uns,
> Sie verstehen es, die unbesiegbaren Maotsetungideen schöpferisch zu studieren und anzuwenden.
> Furchtlos stürmen Sie an der Literatur- und Kunstfront voran,
> So daß das heroische Bild der Arbeiter, Bauern und Soldaten jetzt die chinesische Bühne beherrscht;
> Und wir müssen das Gleiche auf allen Bühnen der Welt erreichen!
> Chinas Gestern ist das Heute vieler afro-asiatischer Länder,
> Und Chinas Heute wird ihr Morgen sein.
> Wir werden für die völlige Gleichberechtigung der unterdrückten Nationen und Völker kämpfen,

Wir werden das große rote Banner der Maotsetungideen über allen afro-asiatischen Ländern wehen lassen,
Und über den sechs Erdteilen und vier Weltmeeren.«[11]

Solche Loblieder verblaßten jedoch vor den politischen Realitäten, die im Sommer dieses Jahres Tschiang Tschings ganze Aufmerksamkeit erforderten. Die im Jahr zuvor aus strategischen Gründen mobilisierten Bevölkerungsgruppen agierten nach eigenem Gutdünken, so daß ein Bürgerkrieg in bedrohliche Nähe gerückt war. Die vor allem aus Arbeitern und Bauern bestehende Volksbefreiungsarmee wurde zur Stabilisierung der sich herausbildenden neuen Ordnung benötigt. Andererseits stellte die VBA einen ständigen Gefahrenherd dar, da ihre in ganz China stationierten Einheiten von regionalen Kommandostrukturen geprägt waren. Falls die Armee sich nicht entschieden auf die Seite der Kulturrevolutionäre schlug, war nicht auszuschließen, daß die VBA oder der eine oder andere Truppenteil sie bekämpfte.

Im Februar 1966 hatte Lin Piao Tschiang Tsching zur Beraterin der VBA in Kulturfragen ernannt, und dieser hohe Rang wurde im Januar 1967 bestätigt, als sie zur Beraterin einer innerhalb der VBA neu konstituierten *Gruppe für die Kulturrevolution* ernannt wurde. Beide Ernennungen sollten ihr Image in der Öffentlichkeit aufwerten, den politischen Führungsanspruch der *Gruppe für die Kulturrevolution* insgesamt verteidigen, die Armee in ihrem Kurs bestätigen und Maos Position stärken.

Die VBA war von kleinbürgerlichem Konservatismus und Egoismus jedoch nicht weniger durchsetzt als jede andere Massenorganisation. Zudem war Lin Piao nicht bedingungslos bereit oder imstande, die scharfe Kursänderung, welche die Kulturrevolutionslinie nach sich zog, auch für die Armee für verbindlich zu erklären. Die Wuhan-Meuterei im Juli 1967, die sich im Zentrum des chinesischen Industriegebiets ereignete, markierte einen der bedrohlichsten Konflikte zwischen regionalen und zentralen Interessen.[12] Obwohl die Einzelheiten umstritten sind, scheint festzustehen, daß es auf einer Yangtse-Brücke zu einer mörderischen Konfrontation zwischen Mitgliedern einer konservativen Massenorganisation, die die »Million Helden« genannt wurden, und Angehörigen einer Organisation Wuhaner Arbeiter gekommen war. Tschen Tsai-tao, der für seine konservative Einstellung bekannte lokale Militärbefehlshaber, unterstützte die »Million Helden«. Das war Marschall Lin Piao offenbar peinlich, und er veranlaßte den Vorsitzenden dazu, Ministerpräsident Tschou En-lai, Wang Li (den stellvertretenden Chefredakteur der »Roten Fahne«) und Hsie Fu-tschih nach Wuhan zu entsenden, um Tschen maßregeln und die Ordnung wiederherstellen zu lassen. Als die »Million Helden« mit Unterstützung von Tschens Truppen in der Stadt die Macht übernahmen, kam es zu einem Aufstand gegen die Maoisten. Tschou En-lai entkam durch eine List, während Wang Li und Hsie Fu-tschih entführt, gedemütigt und gefoltert wurden. Nachdem Wang Li freigelassen worden war, kehrte er nach Peking zurück, wo er als Held empfangen wurde. Tschou En-lai, Tschen Po-ta, Tschiang Tsching und Kang Scheng begrüßten ihn auf dem Flughafen, ließen die maotreuen Führer der Nation auf der Ehrentribüne am Tor des Himmlischen Friedens aufmarschieren und mobilisierten »Millionenmassen«, die im Namen des Vorsitzenden auf den breiten Boulevards demonstrierten.

Tschiang Tsching, die über diese Meuterer in einem wichtigen Industriezentrum erzürnt war, sprach nun eine andere Sprache. Obwohl sie in diesem konfliktreichen Sommer darauf bestanden hatte, daß der Kampf mit verbaler und nicht mit physischer Gewalt geführt werde, änderte sie nach der Wuhaner Meuterei ihre Taktik. Sie gab die harte Parole aus: »Mit Argumenten angreifen und mit Gewalt verteidigen!« Sie warnte die Pekinger Jugendlichen davor, sich jemals so wie die Abgesandten des Vorsitzenden einschüchtern zu lassen. »Greift zu den Waffen und verteidigt euch!« befahl sie ihnen.[13] Eine ähnlich radikale Kehrtwendung vollzog sich im Zentrum. In kurzer Zeit wurden zuverlässige Einheiten der Roten Garden und revolutionärer Rebellen (hauptsächlich Arbeitereinheiten) in Peking und den Provinzen bewaffnet, damit sie sich vor Vergeltungsmaßnahmen konservativer Truppenteile schützen konnten.[14]

Die Meuterei und ihre Auswirkungen zwangen die Führer der Kulturrevolution zu äußerst schwerwiegenden Entscheidungen. War es ratsam, für junge Leute, die auf den Straßen marschierten und Parolen riefen, Waffen aus den Arsenalen holen und im Bürgerkrieg die Initiative ergreifen zu lassen? Inwieweit waren bewaffnete Studenten zuverlässig? Unter welchen Gesichtspunkten interpretierte die von Tschiang Tsching beherrschte *Gruppe für die Kulturrevolution* Maos Überlegungen in bezug auf die Vorteile und Risiken einer Bewaffnung von Tausenden, vielleicht sogar von Millionen ziviler Verteidiger seiner politischen Ideale? Wie zu erwarten gewesen war, waren bewaffnete Jugendliche nur schwer unter Kontrolle zu halten. Im Spätsommer 1967 trafen aus allen Provinzen Meldungen über jugendlichen Anarchismus und Vergeltungsmaßnahmen lokaler Interessengruppen ein. Nachdem alle Schulen und Universitäten geschlossen worden waren, griffen die freigesetzten Horden von Schülern und Studenten, die sich als eine Art Bürgerwehr verstanden, alle Formen von Autorität an – darunter auch einige neu gebildete und offiziell anerkannte Revolutionskomitees. Die durch dieses Chaos in Verwirrung gestürzte *Gruppe für die Kulturrevolution* gab eine Menge Weisungen aus, von denen einige die Gewaltanwendung befürworteten, während andere sie ablehnten. Der Trennungsstrich zwischen verbaler und physischer Gewalt ließ sich ideologisch viel leichter ziehen als in der Wirklichkeit.

Als Mao Tse-tung im September 1967 von einer Inspektionsreise durch die Provinzen nach Peking zurückkam, forderte er Tschou En-lai, Tschiang Tsching und ihre *Gruppe für die Kulturrevolution* wahrscheinlich zur Mäßigung auf. Tschiang Tsching, die bisweilen verbale Gewalt vorgezogen und bisweilen den bewaffneten Kampf gebilligt hatte, entschied sich jetzt jedenfalls für verbale Auseinandersetzungen.

Der September 1967, erklärte sie mir in unserem Interview (wie sie zuvor schon ihren Anhängern erläutert hatte), sei ein Wendepunkt der Kulturrevolution gewesen.[15] Am 5. September, an dem Tag, an dem ein Rundschreiben den revolutionären Gruppen untersagte, weiterhin Waffen zu beschlagnahmen, hielt Tschiang Tsching eine wichtige Rede vor Delegierten der Provinz Anhwei. Obwohl diese Rede nie offiziell veröffentlicht wurde, wurde sie gedruckt und an die Massen verteilt.[16] Auf Tschiang Tschings Wunsch hin wurde sie mir in Peking von ihren Mitarbeitern vorgelesen.

»Mein alter Freund Kang Scheng hat mich hierhergeschleppt«, sagte sie damals jovial. Obwohl sie »unvorbereitet« gekommen war, analysierte sie bis ins Detail die Veränderung der revolutionären Situation. Es waren mehr Gewalttaten geschehen, als sie es vor ihren Zuhörern eingestehen wollte. Sie verteidigte sich gegen den Vorwurf, sie habe physische Gewalt befürwortet, und ermahnte alle, es ihr gleichzutun und die Weisung des Vorsitzenden Mao, nicht gewaltsam, sondern friedlich zu kämpfen, zu beherzigen. »Lernt von Genossin Tschiang Tsching! Respektiert Genossin Tschiang Tsching!« antworteten die Delegierten im Chor. Worauf sie erwiderte: »Lernt von unseren Genossen! Respektiert unsere Genossen!«

Noch vor einem Jahr, erklärte sie der Gruppe aus Anhwei, »hat eine Handvoll von Machthabern, die den kapitalistischen Weg gingen, die Partei beherrscht«. Nun seien sie »ausgeschaltet« und durch die Errichtung von Revolutionskomitees in einer Provinz und einer Stadt nach der anderen entmachtet worden. Die Spitzenfunktionäre, die den kapitalistischen Weg gingen, waren nach Tschiang Tschings Darstellung *berüchtigter als Trotzki.* Konterrevolutionäre Verräter und kapitalistische Halunken wie Liu Schao-tschi seien *ohne* Gewaltanwendung unschädlich gemacht worden. Aber falls der Feind zu Gewalt greife, fuhr Tschiang Tsching fort, werde ihre Seite zurückschlagen – *und sie werde persönlich zurückschlagen.* Aber der Kampf mit Worten sei auf jeden Fall vorzuziehen: Maschinengewehre sollten nur im äußersten Notfall eingesetzt werden.

Die Gruppe um Tschiang Tsching hatte in dieser Situation drei Ziele: Erstens – den Vorsitzenden Mao an der Spitze des Zentralkomitees der KPCh zu halten (hatten andere Gruppen eigene Kandidaten?); zweitens – der VBA die Möglichkeit zu geben, die Kulturrevolution zu verteidigen (keine Gegenangriffe gegen die VBA); und drittens – die Errichtung von Revolutionskomitees durch die *Große Allianz,* d. h. durch die *Dreierverbindung,* durch *Kampf-Kritik-Umgestaltung* und die revolutionäre Massenkritik (verbaler statt bewaffneter Kampf, Beendigung offener Kampfhandlungen).

Die *Ultralinke* sei eine weitere feindliche Gruppierung, führte Tschiang Tsching aus. Es gebe auch rechtsstehende Feinde, welche die Integrität des ZK der KPCh unterminierten. Tschiang Tsching erwähnte die *16. Mai-Clique* in Peking, eine »konterrevolutionäre Verschwörerclique«, die sich *beider* Abweichungen schuldig mache. Konterrevolutionäre hätten sich das *Rundschreiben vom 16. Mai* Tschiang Tschings angeeignet und im Namen dieser Clique verbreitet. Der *16. Mai-Clique* gehörten nur wenige und ziemlich junge Menschen an. Nur eine Minderheit von ihnen bestehe aus bürgerlichen Reaktionären; überwiegend seien es junge Menschen, die sich hätten blenden lassen – die »von den bürgerlich-reaktionären Führern getäuscht« worden seien, wie sie es ausdrückte. Obwohl unzählige Jugendliche durch die Kulturrevolution gestählt worden seien, sei ihre ideologische Haltung aufgrund ihrer Jugend noch nicht gefestigt, so daß sie von »schlechten Menschen«, die als Drahtzieher hinter den Kulissen tätig seien, manipuliert werden könnten.

Die politische Färbung der *16. Mai-Clique* könne täuschen. Nach außen hin wirke sie ultralinks, und ihr erklärter Hauptfeind sei Tschou En-lai. Die Gruppe habe über ihn und andere führende Persönlichkeiten (auch über Tschiang Tsching) Dossiers angelegt und bringe unsinnige Gerüchte, die auf inoffiziellen Biographien basierten, in Umlauf. Deshalb müßten die Führer der Kulturrevolution wachsam bleiben und die Massen erziehen, um eine Ausbreitung solcher Verschwörergruppen zu verhindern.

Die Gesellschaft sei von »Geheimagenten« durchsetzt, warnte Tschiang Tsching. Das Archiv des Zentralkomitees enthalte Beweise dafür, daß »üble Elemente sich in die Partei eingeschlichen haben«. Obwohl diese Individuen und Gruppen jahrzehntelang unentdeckt geblieben seien, seien sie jetzt hinausgesäubert worden. Trotzdem gelte es weiterhin, egoistisches Gruppendenken und »Bergspitzenmentalität« – eine Art Anarchismus – zu bekämpfen. Das Hauptziel müsse es sein, eine gemeinsame Basis zu finden und über geringfügige Meinungsverschiedenheiten hinwegzusehen (eine weitere Warnung vor einer Auflehnung gegen die militärische Macht des Vorsitzenden – die VBA).

In diesem Jahr seien die revolutionären Bestrebungen der jungen Leute fehlgeschlagen, da sie in Wuhan und in anderen Orten nur einige wenige aus der Armee entfernt hätten. »Ihr dürft nicht in die vom Feind gestellte Falle tappen«, warnte Tschiang Tsching. Sobald die Rebellen von Wuhan ihre Arbeit in dieser Stadt beendet hatten, seien sie durch andere Teile des Landes gestreift. Doch dort neigten sie ohne Kenntnis der örtlichen Verhältnisse dazu, bei der Identifizierung und Maßregelung der Feinde des Vorsitzenden Mao weitere Fehler zu machen.

Im Jahresrhythmus der Kulturrevolution folgten 1967 auf die Studentenunruhen des Sommers 1966 die Auseinandersetzungen zwischen revolutionären Gruppen und dem Militär, woraufhin die Arbeiterklasse im Sommer 1968 erneut in die Kämpfe eingriff – eine mit unermeßlichen Produktionsverlusten erkaufte Ausbreitung der revolutionären Bewegung. Am 14. September 1967 sprach Tschiang Tsching vor neuen Propagandatrupps, die aus Arbeitern und Soldaten bestanden, über das progressive Erbe des Proletariats in der revolutionären Bewegung. Nach einem Sommer der Gewalt und der heftigen Auseinandersetzungen in der Parteiführung, sprach Tschiang Tsching in gemäßigtem Ton. Sie rief dazu auf, Einigkeit über den Streit zu stellen. Es sei das Verdienst des Vorsitzenden Mao gewesen, am 27. Juli eine *Kampf-Kritik-Umgestaltungs*-Kampagne im Überbau in Gang gesetzt zu haben – im Namen der Arbeiterklasse. Studenten, die den bewaffneten Kampf fortsetzten, lösten sich von den Massen – und folglich auch von der Arbeiterklasse, die jetzt ihrerseits dazu aufgerufen sei, führende Positionen im Erziehungswesen, in der Regierung und im kulturellen Überbau zu übernehmen.

Tschiang Tsching stellte provozierend fest, daß es sehr leicht sei, Revolution gegen andere zu machen, aber offenbar sehr schwer sei, Revolution gegen sich selbst zu machen. Damit war sie wieder bei ihrem Lieblingsthema: dem Kampf mit dem Eigennutz. Jeder Mensch habe eine Schattenseite und eine Lichtseite (damit thematisierte Tschiang Tsching einen inneren Konflikt, der aber in ihren Musteropern und Musterballetten offenbar nichts zu suchen hatte). Wer sich nicht von seiner Schattenseite – seinen kleinbürgerlichen und bürgerlichen Anschauungen – befreie, müsse eines Tages feststellen, daß er hinter der allgemeinen Entwicklung herhinke. Was war sonst noch für die Schattenseite charakteristisch? Gruppenegoismus, Individualismus, Ressortdenken, Anarchismus und mangelnde Bereitschaft, auf andere Menschen zu hören.

Wie Tschiang in unserem Interview feststellte, habe ihre Rede vor der Delegation aus Anhwei »den bösen Wind« aufhalten sollen. Was meinte sie damit? Im Herbst 1967 habe sie sich noch nicht von anderen Mitgliedern der *Gruppe für die Kulturrevolution* lossagen können, antwortete sie schlicht. Zu diesem Zeitpunkt beschränkten sich die meisten ihrer Genossen in dieser Gruppe[17] nicht mehr auf Propaganda. Sie nahmen Zuflucht zur Gewalt, und ihr Beispiel wurde natürlich nachgeahmt. An der Spitze derer, die Tschiang Tschings Appell, unnötiges Blutvergießen zu vermeiden, mißachteten, stand Tschen Po-ta, der Leiter der *Gruppe für die Kulturrevolution,* dessen Manöver hinter den Kulissen unerwünschte Auswirkungen hatten.

Über die von den *Ultralinken* ausgelösten Gewalttätigkeiten wurde die Öffentlichkeit auf einer Kundgebung am 17. September unterrichtet. Tschou En-lai, der in diesen Wochen häufig mit Tschiang Tschings Gruppe auftrat, war der Hauptredner. Tschen Po-ta (dessen linksradikale Einstellung Tschiang Tsching jetzt fürchtete) und Kang Scheng waren ebenfalls anwesend. Als Anwalt der Gemäßigten verurteilte der Ministerpräsident bewaffnete Aktivisten als »kleinbürgerliche Anarchisten«, die den Bürgerkrieg fortführen wollten. Tschiang Tsching berichtete ihren Zuhörern, daß am Tag zuvor mehr als dreißig Personen, »die sich wie Räuber aufführten«, die Redaktion der Parteizeitschrift (und des Organs ihrer Gruppe) »Rote Fahne« verwüstet hatten, während zehn aus der Provinz Kansu in den Tschung-nan-hai und ins Hauptquartier des Vorsitzenden Mao in der Huai Jen-Halle eingedrungen waren. Dort waren sie gefaßt worden.[18]

Dieser Vorfall im Tschung-nan-hai erinnerte Tschiang Tsching an eine andere Begebenheit. Erzürnt berichtete sie bei unserem Interview, was sich damals ereignet hatte. Während sie mit den Delegierten aus Anhwei zusammengekommen war, hatte der Vorsitzende sich auf einer Inspektionsreise durch die Provinzen befunden. In seiner Abwesenheit hatten die Gegner ihr gemeinsames Heim im Tschung-nan-hai von einer Menschenmenge einschließen lassen, so daß es niemand betreten konnte. Ein Mitglied des Zentralkomitees (sie nannte unhörbar seinen Namen) besaß sogar die Frechheit, dem Vorsitzenden ein Telegramm zu schicken, in der Absicht, ihn von den in Peking drohenden Gefahren abzulenken. »Was für ein Verräter!« fauchte sie wütend. Doch dann murmelte sie, daß sein Leben durch eine schlechte Ehe fast unerträglich geworden sei. Als sie und der Vorsitzende über dieses Telegramm gesprochen hatten, habe er bemerkt, daß es Wang Mings Einfluß erkennen lasse. Der Vorsitzende beschloß, von Sun Yat-sen zu lernen. Damit habe er den beträchtlichen Altersunterschied zwischen sich und Sun Yat-sen (siebenundzwanzig Jahre) gemeint, fügte Tschiang Tsching rätselhafterweise hinzu.

Im Verlauf unseres Gesprächs tadelte sie weitere damals verübte nihilistische Gewaltakte. Sie stellte fest, das Niederbrennen der britischen Botschaft* sei ein Beispiel für die Brutalität der *Ultralinken,* die von der *16. Mai-Clique* angestiftet worden sei. Auch die Konfiszierung ausländischer Schiffe während der Kulturrevolution lasse sich nicht rechtfertigen.[19]

Im November 1967 kehrte Tschiang Tsching, die jetzt auf nationaler Ebene eine anerkannte Führerpersönlichkeit war, in die Welt der Kultur zurück. Sie entschuldigte sich dafür, daß sie während der großen Umwälzungen in den beiden letzten Jahren die Umgestaltung von Musik, Schauspiel und Film vernachlässigt hatte. In Übereinstimmung mit den ihr von Mao erteilten Anweisungen mußten die *Dreierverbindungen* und die *Dreierkombinationen,* die in anderen Bereichen verwirklicht worden waren, nun auch in den kulturellen Gruppen etabliert werden, die sich ihrer Befehlsgewalt bisher entzogen hatten. »Der Feind ist listig – er hat viele Schauspieltruppen«, erklärte sie in der Sprache des Guerillakrieges. »Sobald man eine Truppe vernichtet hat, taucht er in einer anderen auf.« Deshalb sollten auf dem Kultursektor sorgfältige Ermittlungen angestellt werden. Alle, die in die VBA eintreten wollten (ein Zufluchtsort vor den Wirren der Kulturrevolution?), wurden aufgefordert, noch Geduld zu haben. Der Stellvertretende Vorsitzende Lin Piao und die Militärkommission trafen die nötigen Vorbereitungen. Aber eine Fixierung auf die Armee bewirkte nur, daß die Leute andere Dinge vergaßen.

Tschen Po-ta empfahl Tschiang Tschings Rede über die acht Musterwerke (Musikstücke, Opern und Ballette) und unterstützte ihre Absicht, sie alle zu verfilmen, da der Film das einzige Medium sei, mit dessen Hilfe diese Werke mühelos im ganzen Land vorgeführt werden konnten. Sämtliche kulturellen Institutionen Chinas sollten eine Tonbandaufzeichnung ihrer Rede erhalten, schlug Tschen vor. Am 13. November wurde eine redigierte Fassung zu einem offiziellen Dokument des Zentralkomitees erklärt.[20]

Wollte man die traditionelle chinesische Terminologie gebrauchen, so hatte sich der historische Prozeß aus einem Stadium des Chaos schrittweise zu einem Stadium der Harmonie entwickelt. In der Sprache der Kulturrevolution hieß dies: Die politische Entwicklung verlagerte sich von der revisionistischen Linie Liu Schao-tschis zu der fortschrittlichen proletarischen Linie Mao Tse-tungs. Oder wie Tschiang Tsching es am 27. November ausdrückte:

* Dazu war es gekommen, nachdem englische Botschaftsangehörige beiderlei Geschlechts von chinesischen Jugendlichen beiderlei Geschlechts getreten, bespuckt und sexuell mißhandelt worden waren. Ihr Fremdenhaß erinnerte an das Programm der Boxer: Um die Jahrhundertwende hatten chinesische Patrioten mit stillschweigender Zustimmung der Kaiserin-Witwe Aufstände angezettelt, um China von allen ausländischen Einflüssen zu befreien.

»Die Situation ist ausgezeichnet: Proletarischer Politik wird der Vorrang gegeben.« An diesem Tag sprach sie in Peking vor einem Arbeiterforum, das sich aus Vertretern einer wichtigen neuen Zielgruppe der Kulturrevolution zusammensetzte – den Industriearbeitern. Die durch bewaffnete Kämpfe verursachten Produktionsausfälle waren nach Tschiangs Darstellung unterdessen wieder aufgeholt worden. Die Studiengruppen, die sich mit den Werken Mao Tse-tungs befaßten, machten gute Fortschritte. Obwohl die Studenten als erste rebelliert hatten, hatte ihr revolutionärer Elan sich auf die armen Bauern und die unteren Mittelbauern (so wurde seit der Bodenreform die große Mehrheit der Bauern bezeichnet) und die Arbeiter übertragen. In Zukunft sollten die rotgardistischen Studenten sich nicht mehr in die Arbeit in den Fabriken einmischen. Studenten, die diese Anweisung mißachteten und die Produktion unterbrachen, sollten verjagt werden. Der Anarchismus sei eine bürgerliche Ideologie, die proletarische Revolutionäre korrumpiere, behauptete Tschiang Tsching erneut. Jedermann war aufgerufen, sich am Kampf gegen den Anarchismus zu beteiligen.

Tschiang Tsching berichtete amüsiert, daß manche Leute gesagt hätten, alle Parteimitglieder über dreißig seien konservativ. Aber der Vorsitzende Mao war bereits über siebzig! Das beweise, daß Alter nicht die Hauptursache für den Konservatismus sein könne. »Ich selbst bin politisch noch immer jung«, verkündete sie strahlend. »Durch die Zusammenarbeit mit Genossen wie euch fühle ich mich politisch jung.«[21]

Die Führer der *Gruppe für die Kulturrevolution* erkannten gefährliche Abweichungen in der revolutionären Bewegung und waren sich darüber im klaren, daß sie der Bewegung neue Anstöße geben mußten, um ein Zurückgleiten zu verhindern. Deshalb setzten sie im März 1968 eine Reihe von Versammlungen an. Am Abend des 11. März trafen der Ministerpräsident, Tschiang Tsching, Lin Piaos Frau Ye Tschün und andere mit einer Delegation Pekinger Studenten zusammen, der auch ein Vertreter der petrochemischen Hochschule des Erdölfeldes Tatsching angehörte. Obwohl Mao vier Jahre zuvor diese Kommune wegen ihrer Autarkie als vorbildlich gepriesen hatte – »Lernt in der Industrie von Tatsching« – warf ihr die neue Führung vor, sie habe es versäumt, auf die neue politische Linie einzuschwenken. Ihre gerühmte Hochschule hatte sich geweigert, die *Februar-Gegenströmung* des Vorjahres zu verurteilen, was einer stillschweigenden Billigung der von Liu Schao-tschi (einem Verfechter des Primats der industriellen Entwicklung) unterstützten Politik der alten Garde gleichkam. Der Kommune wurde jetzt vorgeworfen, sie habe Ausstellungen über Erdölförderung und Agrarproduktion veranstaltet, die Liu geehrt, aber Mao vernachlässigt hätten.* Tschiang Tsching hielt es für äußerst bedenklich, daß die Kommune private Rundfunk-

* In der acht Jahre später einsetzenden Verleumdungskampagne gegen Tschiang Tsching warf Hua Kuo-fengs neues Regime ihr vor, sie habe im Frühjahr 1975 versucht, die Aufführung des Films »Bahnbrecher« zu verhindern – eines auf den Ölfeldern von Ta-

sender errichtet, Telefone abgehört und Abhöranlagen installiert hatte – durchweg illegale konterrevolutionäre Tätigkeiten. Sie verglich die dafür Verantwortlichen mit »feigen Teufeln«, die schon immer Konservative gewesen seien.[22]

Was ist die Große Proletarische Kulturrevolution? Diese Frage legte Kang Scheng am 18. März in Peking einer Delegation aus der Provinz Anhwei vor. »Die Große Proletarische Kulturrevolution ist ihrem Wesen nach eine unter den Bedingungen des Sozialismus vom Proletariat gegen die Bourgeoisie und alle anderen Ausbeuterklassen durchgeführte große politische Revolution«, stellte er fest. »Sie ist die Fortsetzung des langjährigen Kampfes zwischen der Kommunistischen Partei Chinas und den von dieser geführten breiten revolutionären Volksmassen einerseits und den Kuomintang-Reaktionären andererseits, die Fortsetzung des Klassenkampfes zwischen dem Proletariat und der Bourgeoisie.«

Dies sei die Definition des Vorsitzenden Mao gewesen, ergänzte Tschiang Tsching.

Unterdessen waren in etwa 18 Provinzen und Städten Revolutionskomitees gegründet worden. Und in Tschekiang schien die Einsetzung eines Komitees unmittelbar bevorzustehen. Diese Provinz mit ihren 31 Millionen Einwohnern grenzte an Schanghai, Chinas verwirrendste Stadt, die seit dem Vorjahr von einem Revolutionskomitee regiert wurde. In einer Bürgerkriegsatmosphäre, die bewußt erzeugt worden war, betonten Ministerpräsident Tschou En-lai, Ye Tschün, Kang Scheng und Tschiang Tsching vor Delegierten aus Tschekiang, die Provinz liege im vordersten Frontabschnitt der nationalen Verteidigungslinie gegen Taiwan, wo die Streitkräfte Tschiang Kai-scheks und der amerikanischen Imperialisten stationiert waren und durch ihre Anwesenheit ständig daran erinnerten, daß der Bürgerkrieg noch nicht beendet war. Außerdem waren Tschiang Tsching und die anderen fest davon überzeugt, daß Tschiang Kai-schek, die Vereinigten Staaten und Japan Hunderte von Geheimagenten in Tschekiang eingeschleust hatten. Der Abwehrspezialist Kang Scheng behauptete sogar, Liu Schao-tschis Frau, die im Vorjahr in einem Schauprozeß verurteilte Wang Kuang-mei, sei nichts anderes als eine Geheimagentin der Amerikaner, der Japaner und der Kuomintang. Wang, fügte Tschiang Tsching aufgebracht hinzu, sei eine »Geheimagentin von strategischer Bedeutung« gewesen.

Die Angst vor Geheimagenten saß Tschiang Tsching ständig im Nacken. Wie Ministerpräsident Tschou und die anderen war sie nicht nur davon überzeugt, Tschekiang werde von Kuomintang- und Auslandsagenten infiltriert, sondern glaubte auch, Peng Tschen und andere »Spitzenfunktionäre auf dem kapitalistischen Weg« hätten Agenten ausgeschickt, von denen einige – nach

tsching spielenden Films, der in den Tschangtschun-Filmateliers in Kirin gedreht worden war, ohne daß sie auf die Gestaltung hätte Einfluß nehmen können. Nun deutete man ihren Einspruch als Angriff gegen Mao und Ministerpräsident Tschou En-lai und als Beweis für ihren Ehrgeiz, das Kulturwesen zu beherrschen, um »die Parteiführung an sich zu reißen und die Macht im Staate zu ergreifen«. Diese und andere zweifelhafte Vorwürfe finden sich in PR 47 vom 19. November 1976, S. 14–16.

Ministerpräsident Tschous Darstellung – Tschiang Tsching während ihrer Erholungsaufenthalte in ihrem privaten Landhaus in Hangtschou »verfolgt« hätten.

»Sie haben in den Dienstsitzen des Vorsitzenden und des Stellvertretenden Vorsitzenden Lin Abhöranlagen installiert, Telefone angezapft und sich wie Geheimagenten aufgeführt«, erklärte Tschiang Tsching. Außerdem überlebe in der Kultur von Tschekiang immer noch der Geist der Feudalzeit. Auch die Oper von Schaohsing, in der Frauen über sechzig die Männerrollen spielten, existiere noch.

Kang Scheng äußerte sich spöttisch über die dort umherziehenden Horden von Nonnen und Mönchen und schlug vor, diese Nonnen sollten heiraten. Tschiang Tsching warf ein, tagtäglich seien Zehntausende solcher Faulenzer auf den Straßen unterwegs.[23]

Drei Tage später trafen Tschiang Tsching, Tschou En-lai und Kang Scheng mit Delegierten aus Kiangsu zusammen, einer weiteren strategisch wichtigen Provinz an der Küste im Norden von Schanghai. Sie warnten erneut vor einer »Revision richtiger Urteile«, d. h. vor der Rehabilitation der alten Garde unter Liu Schao-tschi und Peng Tschen. Das sei »der Feind, der nicht freiwillig die Bühne der Geschichte räumen werde«, zitierte Kang Scheng einen Ausspruch Tschiang Tschings. Zwei Formen des Rechtsopportunismus gefährdeten das Durchhaltevermögen der revolutionären Bewegung. Jene, die sich als Linke gebärdeten, insgeheim aber rechten Ideen anhingen, behinderten die Bewegung in der zweiten Hälfte des Jahres 1967. Durch einen geschickten Schachzug Lius und Pengs wurden diese Übeltäter (Wang Li, Kuan Feng und Konsorten) in Tschiang Tschings *Gruppe für die Kulturrevolution* aufgenommen. Nach ihrer Entlarvung »haben wir sie herausgezerrt und aufgehängt«, sagte sie. Eine zweite Gruppe von erklärten Rechtsopportunisten habe sich geweigert, die *Februar-Gegenströmung* zurückzuweisen und auf diese Weise versucht, Liu, Peng Tschen und andere wieder an die Macht zu bringen.[24]

Ende März flammten an der Peking- und Tsinghua-Universität sowie sporadisch in Städten und Großstädten in ganz China erneut Kämpfe auf. Die Ausführung der Weisung des Vorsitzenden Mao, die neue Ordnung durch Revolutionskomitees zu konsolidieren, hatte die *Ultralinke* zu unerwartet heftigen Reaktionen gereizt. Ein Zusammenstoß dieser Art hatte sich im Januar in der Provinz Hunan ereignet, wo eine ultralinke Gruppe, die sich *Scheng-wu-lien* nannte und möglicherweise von einigen 16. Mai-Anhängern in Tschiang Tschings *Gruppe für die Kulturrevolution* gesteuert wurde, Widerstand gegen die Bildung eines Revolutionskomitees leistete. Das Manifest der *Scheng-wu-lien* wiederholte bestimmte ultralinke Argumente, die im Vorjahr während der Januarrevolution und zur Zeit der Schanghaier Kommune vorgebracht worden waren. Tschou En-lai wurde als Anführer einer »roten Kapitalistenklasse« verurteilt; vor allem aber forderte man, die Revolution durch die Streitkräfte durchführen zu lassen, den alten Staatsapparat zu zerschmettern und in Hunan statt eines Provinzrevolutionskomitees eine Volkskommune zu errichten.[25]

Auf diese Weise zielte der Hauptstoß der *Ultralinken,* die bereits die neue Ordnung der Revolutionskomitees und die Integrität der VBA bedroht hatten, nun gegen das Herz der die Revolution vorantreibenden Kräfte – Tschiang Tschings *Gruppe für die Kulturrevolution.* Aus teilweise widersprüchlichen Berichten läßt sich rekonstruieren, daß Fu Tschung-pi, der Pekinger Garnisonskommandant, am 8. März 1967 die Büros der Gruppe besetzen und dort Verhaftungen vornehmen wollte. Die Rebellen wurden festgenommen, und Tschiang Tsching ordnete als Vergeltungsmaßnahme die Verhaftung des Stellvertretenden Verteidigungsministers Yang Tscheng-wu und eines weiteren hohen Offiziers an. Dieser Vorfall war höchst fatal, da man bisher angenommen hatte, die VBA habe die *Gruppe für die Kulturrevolution* unterstützt. Für Lin Piao war der Vorfall peinlich, denn Yang Tscheng-wu galt als sein Schützling, und Tschiang Tsching hatte nun beide bloßgestellt.

Am 27. März berief Tschiang Tsching eine Massenkundgebung mit 100000 Teilnehmern ein und berichtete von dem bewaffneten Angriff auf ihre Person, ihre Anhänger und das innerste Machtzentrum. Ihr energisches Auftreten ließ keine Zweifel daran, daß sie die Situation wieder im Griff hatte. Punkt für Punkt zählte sie die Herausforderungen der Rechten und die Siege der Linken auf. Leidenschaftlich unterstützt wurde sie dabei von Ye Tschün (Lin Piaos Frau, die in diesem Frühjahr in den Vordergrund trat, um Tschiang Tschings Massenchöre zu dirigieren) und Hsie Fu-tschih, der schrie: »Lernt von Genossin Tschiang Tsching! Grüßt Genossin Tschiang Tsching! Schwört, Genossin Tschiang Tsching bis in den Tod zu verteidigen!« Tschiang Tsching, die den donnernden Applaus sichtlich genoß, erinnerte ihre Zuhörer scherzhaft daran, daß es noch gar nicht lange her sei, daß Studenten gedroht hatten, sie »in Öl zu sieden und zu erwürgen«.

Nach der rituellen Verurteilung der in Ungnade gefallenen Führer machte Tschiang Tsching die verblüffende Mitteilung, der Stellvertretende Verteidigungsminister Yang Tscheng-wu sei verhaftet worden, weil er geplant habe, die Luftwaffe für konterrevolutionäre Zwecke einzusetzen. (Dies war gewissermaßen ein Vorspiel von Lin Piaos Verschwörung, die drei Jahre später aufgedeckt werden sollte.) Und Tan Tschen-lin (den Tschiang Tsching bisher stets verteidigt hatte, wie sie sich selbst vorwarf), den Führer der *Februar-Gegenströmung* des Vorjahres, verurteilte sie als Renegaten. Nun besaß sie unwiderlegbare Beweise dafür, daß er und seine Anhänger »das Rad der Geschichte zurückdrehen und eine Restauration des Kapitalismus herbeiführen« wollten.[26]

Drei Tage später kamen Tschiang Tsching, der Ministerpräsident und andere führende Funktionäre in der Großen Volkskongreßhalle zusammen und führten Klage über die Unruhen dieses Frühjahrs – besonders über die Ausschreitungen der »Renegaten und üblen Elemente« in Hunan, der Heimatprovinz des Vorsitzenden. Am verächtlichsten war die *Scheng-wu-lien,* diese bunt zusammengewürfelte Gruppe von Hunaner Extremisten, deren linksradikale Abweichungen seit Ende Januar kritisiert worden waren. Dieser Gruppierung wurden die gleichen Irrtümer wie der *Februar-Gegenströmung* vorgeworfen. Nebenbei erwähnte Tschiang Tsching auch die Zahl der Frauen, die während der Kulturrevolution bahnbrechend gewirkt hatten, und sie fügte hinzu, es gelte, mehr Frauen dazu zu ermutigen, eine aktive Rolle zu spielen.[27]

Zu den wichtigsten Besprechungen mit regionalen Delegierten, die im Frühjahr 1968 stattfanden, gehörte die Sitzung mit der Vorbereitungsgruppe für das Revolutionskomitee der Provinz Szetschuan, die am 15. März stattfand. Tschiang Tsching wurde dabei von dem Ministerpräsidenten, Kang Scheng, Yao Wen-Yüan, Wang Tung-hsing und Ye Tschün begleitet.

»Szetschuan ist stets früher als das übrige China in Schwierigkeiten geraten, und dort wird die Ordnung stets zuletzt wiederhergestellt«, begann Ministerpräsident Tschou. Dieses alte Sprichwort, bemerkte er humorvoll, wolle er jedoch nicht für die Ewigkeit gelten lassen.

»Ihr seid weitgereiste Gäste«, sagte Tschiang Tsching und begrüßte die Delegierten mit konfuzianischer Höflichkeit. Mit ihren 70 Millionen Einwohnern und ihrem Reichtum an Bodenschätzen entspreche die Provinz Szetschuan einem großen europäischen Land, sagte sie, und fragte mit bemerkenswertem Geschichtsbewußtsein, ob diese Provinz nicht eines Tages wieder in ein unabhängiges Königreich verwandelt werden könne.

»Das stimmt doch, Genosse Li Ta-tschang?« Mit diesen Worten wandte sie sich an einen Mann, den sie vermutlich vor fünfunddreißig Jahren zum letztenmal gesehen hatte. Er trat zögernd vor. Dieser seit langem hochgeschätzte Sekretär des Südwestlichen Regionalbüros war kritisiert worden, aber seine Kritiker hatten ihm nicht allzuviel vorwerfen können. Tschou Enlai – der ihm nicht mehr begegnet war, seitdem sie 1932 gemeinsam im Untergrund gekämpft hatten – versicherte ihm, seine schriftliche »Selbstkritik« brauche nicht lang zu sein. Es kam vor allem darauf an, daß er eindeutig von dem Szetschuaner Spitzenfunktionär Li Tsching-tschüan abrückte, dem vorgeworfen wurde, im selben revisionistischen Lager wie Liu Schao-tschi, Teng Hsiao-ping und Yang Schang-kun zu stehen.

Tschiang Tsching erklärte, Li Ta-tschang habe sich bei ihrem Eintritt in die KPCh (1933) für sie verbürgt. Damit deutete sie die Dauer ihrer Mitgliedschaft an. Danach wollte sie wissen, wie alt er jetzt sei. »Achtundsechzig«, antwortete Li. »Dann wollen wir uns gegenseitig helfen und unsere politische Jugendlichkeit bewahren«, munterte sie ihn auf.

Die Führung war seit mindestens einem Jahr von Berichten über Unruhen und bewaffnete Auseinandersetzungen in Szetschuan überschüttet worden. Inzwischen waren aus diesen Berichten sechs bis sieben Bände geworden. Der Ministerpräsident hatte sie nach eigener Aussage nicht genau studiert. Was ihm, Kang Scheng und Tschiang Tsching vor allem Sorgen machte, war der noch immer nicht völlig zurückgedrängte Einfluß der Kuomintang. Die alte Stadt Tschungking, die Tschiang Kai-scheks Hauptstadt gewesen war, nachdem die Japaner die Kuomintang 1937 ins Landesinnere vertrieben hatten, wurde von Tschiang Tsching jetzt als »Räubernest« voller Überreste des Regimes und der alten Gesellschaft und voller Verräter bezeichnet. Öffentliche Sicherheit, Verwaltung und Gerichte befanden sich in einem beklagenswerten Zustand. Überall waren »konterrevolutionäre« Abhöranlagen installiert. Als Li Tsching-tschüan im Februar brutal die Konterrevolutionäre unterdrückt hatte, waren fast 100000 Menschen verhaftet und Unzählige ermordet worden. Dazu kam noch, daß Szetschuan mit den modernsten Waffen Chinas – auch mit Zwillingsflaks – ausgerüstet war. Das Spaltertum blühte dort, und die Bevölkerung leistete hartnäckigen Widerstand gegen die vom Zentrum vorgeschriebene ideologische Linie.

»Heute haben wir euch bombardiert, und morgen bombardiert ihr vielleicht uns«, fügte Tschiang Tsching scherzhaft hinzu. Yang Schang-kun, gegen den sie seit einem Vierteljahrhundert persönliche Aversionen hegte, griff sie als despotischen Feudalherren an. Auch seine Familie tauge nichts. Gegen seine Frau müsse man kämpfen wie gegen die Frauen aller anderen »schlechten Männer«. Tschiang Tsching gestand jedoch ein, daß manche Genossinnen gute Arbeit geleistet hatten, und warnte die anwesenden Delegierten aus Szetschuan davor, so »feudalistisch« zu sein. »Warum sollten wir nicht einige weibliche Generale haben?«[28]

Der 18. Mai 1968 wurde zu einem schmerzlich schönen Jahrestag in Tschiangs privatem und öffentlichem Leben. An diesem Tag besichtigte sie Schaohsing in der Provinz Tschekiang, den Geburtsort Lu Hsüns. Der Gegensatz zwischen den Erinnerungen an diesen Mann, den sie bewunderte, und der zäh fortlebenden feudalen und bürgerlichen Mentalität war bedrückend. Sie stellte fest, daß das Institut der Schönen Künste von Tschekiang, das Lu Hsün besucht hatte, als es dort von ehrgeizigen jungen proletarischen Künstlern gewimmelt hatte, eine Brutstätte reaktionärer Maler war, die wenig Talent besaßen und unermüdlich der Schwarzen Linie der dreißiger Jahre folgten. Im Theater dominierten noch immer alternde Schauspielerinnen, die uralte Opern und Geisterstücke aufführten – jämmerliche Dramen über »geisteskranke Weiber, Säufer, Vampire und anderes wirres Zeug«. Die Oper »Die Suche nach Mutter im Nonnenkloster«, ebenfalls eine Spezialität von Schaohsing, war zutiefst bürgerlich und unerträglich. Die Musik war deprimierend.[29]

Im Laufe des nächsten Jahres betrat Tschiang Tsching als revolutionäre Vorkämpferin eine größere historische Bühne. Sie hatte nun großen Rückhalt in der Partei, im Militär und in den Institutionen der darstellenden Künste, jener großen revolutionären Arena, die von Außenstehenden oft herabgesetzt wird. Auf dem IX. Parteitag der KPCh im April 1969, dem ersten seit dreizehn Jahren, wurde Tschiang Tschings Aufstieg in die Parteispitze offiziell ratifiziert. Die in den Jahren zuvor als Revisionisten und Renegaten hinausgesäuberten Männer, unter ihnen Liu Schao-tschi, Teng Hsiao-ping, Peng Tschen und Tao Tschu, waren ihrer Ämter enthoben und verhaftet worden. Die Hauptthemen der Kulturrevolution – »den Eigennutz bekämpfen und den Revisionismus verurteilen«, »die Armee unterstützen und für das Volk sorgen«, »*Kampf-Kritik-Umgestaltung*« – wurden als Richtlinien nationaler Politik akzeptiert. Tschiang Tsching und ihre treuesten Anhänger während der Kulturrevolution, unter ihnen Hsie Fu-tschih, Yao Wen-yüan und Tschang Tschun-tschiao, wurden ins Politbüro gewählt. Eine weitere Frau, die zweite in der Geschichte der KPCh, die (nach geringeren Anstrengungen) auf die gleiche Weise belohnt wurde, war Ye Tschün, die Frau Lin Piaos, des offiziell designierten Nachfolgers des Vorsitzenden Mao.

In den Nachrichten, die in die Öffentlichkeit drangen, rechtfertigte nichts die Befürchtungen, die Tschiang Tsching in bezug auf den schlauen Nachfolger Maos und seine ehrgeizige Frau angeblich schon damals hegte. Tschiang Tschings Ressentiments schwelten bis zum Sommer 1972 weiter. In diesem Sommer gab sie im Namen des Regimes ihres Mannes den Sturz von Lin Piao bekannt und legte dem Volk behutsam die daraus sich ergebenden Konsequenzen dar.

XV Lin Piao, der Verräter

Ikarus, du steigst in die Lüfte
Mit schmelzendem Wachs,
Stürzest ins Meer.
Mögen Wärme und Wachs
Dich wiederbeleben, so daß du
Diese Lektion lehren kannst.
Der Wahrsager nehme sich in acht,
Der Hochstapler fällt
Jenseits der Sterne fliegend.
Alciato, »Emblemata«

Am 18. Mai 1966 hielt Lin Piao vor dem Politbüro eine der ungewöhnlichsten Ansprachen in den Annalen der chinesischen Geschichte.[1] Daß er ständig von Staatsstreichen sprach und mit einer ganzen Reihe blutrünstiger Beispiele aus der Weltgeschichte aufwartete, beunruhigte den Vorsitzenden Mao, der wußte, daß er als auf Lebenszeit gewählter Führer besonders gefährdet war. Lin Piaos schonungslose Analyse von Machtkämpfen entnervte auch Tschiang Tsching, die sich durch seine rücksichtslose Geschichtsklitterung und seine offensichtliche Bereitschaft, solchen Vorbildern nachzueifern, ebenfalls physisch und politisch angegriffen fühlte. An diesem Tag (und vermutlich auch bei weniger bekannten Anlässen) stellte Lin Piao die mörderische Politik auf höchster Ebene dar und nahm seinen eigenen steilen Aufstieg zum Nachfolger Maos und seinen schrecklichen Sturz vorweg.

So interessant wie der Inhalt von Lin Piaos Ausführungen war der Zeitpunkt, an dem sie gemacht wurden. Ein Vierteljahr zuvor hatten Peng Tschen und andere Anhänger Liu Schao-tschis die *Februar-Thesen* verbreitet, die scheinbar Maos Forderung nach einer Kulturrevolution unterstützten, obwohl sie in Wirklichkeit dagegen opponierten. Diese Männer hofften, daß für die Kontrolle der kulturellen Angelegenheiten weiterhin die Propaganda- und Kulturabteilungen zuständig sein würden. Von diesen Abteilungen waren in den vergangenen siebzehn Jahren die Medien, das Bildungswesen und die Künste betreut worden. Auf Tschiang Tschings Drängen hin hatte Mao Lius Gefolgsleute durch die *Gruppe für die Kulturrevolution* ersetzt, die scheinbar nur aus Mao-Anhängern bestand. Diese Gruppe erhielt den Auftrag, die Massenerhebung in den kommenden zwei Jahren zu steuern.

Ebenfalls im Februar wurde Tschiang Tsching zur Beraterin der VBA in Kulturfragen ernannt. Diese Funktion nötigte sie zur engen Zusammenarbeit mit Lin Piao, sicherte ihr militärische Unterstützung für ihre aggressiven Projekte auf dem Kultursektor und erlaubte die Erfüllung von Mao Tse-tungs seit langem erhobener Forderung, daß die Soldaten der VBA im zivilen wie im militärischen Bereich tätig sein sollten. Nur dann konnten sie seine Ideen mit Worten und Waffen verteidigen. Am 16. Mai 1966 bestätigte das Zentralkomitee Tschiang Tschings und Mao Tse-tungs Rundschreiben, in dem die Ausdehnung des proletarischen Klassenkampfs auf alle kulturellen Gebiete verlangt wurde. Zwei Tage später trat Lin Piao vor die Mitglieder des Politbüros des ZK, um über das Wesen des Staatsstreichs zu referieren.

Lin Piao hielt sich an ein vorbereitetes Konzept. Detailliert schilderte er die blutigen Machtkämpfe von der Zeit der alten Tschou-Dynastie bis zur jüngsten Vergangenheit und behandelte zuletzt die Februar-Herausforderung durch das »Vier-Familien-Dorf«, sein Spitzname für Liu Schao-tschis Führungsgruppe. Die wichtigsten Männer dieser Gruppe waren Peng Tschen, der politische Theoretiker, Lo Jui-tsching, der das Militär kontrolliert hatte, Lu Ting-i, der Oberkommandierende an der kulturellen und ideologischen Front, und Yang Schang-kun, der für Geheimdienstoperationen und strategische Verbindungen zuständig war.

Als Redner ließ Lin Piao sich sehr viel weniger als seine Kollegen durch revolutionären Optimismus leiten. Auch bediente er sich nicht des in der Massenpropaganda üblichen marxistischen Jargons. »Politische Macht ist ein Instrument, mit dem eine Klasse die andere unterdrückt«, erklärte er. »Das gilt für Revolution und Konterrevolution. Meiner Ansicht nach ist politische Macht die Macht, andere zu unterdrücken.« Der Vorsitzende Mao, berichtete er bewundernd, habe einer Konterrevolution entgegengewirkt, indem er in den Rundfunk, das Militär und den Sicherheitsdienst Beobachter eingeschleust hatte. »Wir sollten von solchen Methoden des Vorsitzenden Mao lernen.«

Nach Lin Piao gab es zwei Voraussetzungen für einen Staatsstreich. Die erste war die Kontrolle über die Propagandaorgane – Presse, Rundfunk, Literatur, Film und Verlage. Die zweite war die Kontrolle über die Streitkräfte. Erst wenn die zivile und die militärische Macht koordiniert waren, konnte ein konterrevolutionärer Coup gelingen. Oder deutlicher ausgedrückt: »Die Machtergreifung auf politischem Gebiet hängt von Gewehrläufen und Tintenfässern ab.«

Im Frühjahr 1966 beherrschten Lin Piao und Tschiang Tsching gemeinsam die Gewehrläufe und die Tintenfässer (Symbole von althergebrachter geschichtlicher Bedeutung). Nach der traditionellen Ausdrucksweise des chinesischen Regierungswesens befehligte Lin Piao *wu,* den militärischen Bereich, und Tschiang Tsching, die in Maos Auftrag handelte, *wen,* den kulturellen Bereich. Ungeachtet ihrer persönlichen Ambitionen handelten beide stets im Namen des Vorsitzenden Mao und strebten danach, seine Lehren anzuwenden. In Friedenszeiten war *wen* – Ethik, Geschichte, Literatur und Regierungskunst – für die Aufrechterhaltung der Ordnung entscheidend. Nach dem *Widerstandskrieg* und dem Befreiungskrieg räumte die kommunistische chinesische Regierung *wen* deshalb wieder den Vorrang ein. In der chinesischen kommunistischen Terminologie läßt sich *wen* etwa mit »Propaganda« gleichsetzen, einem nicht weniger umfassenden und nicht unbedingt herabsetzenden Begriff. Das Problem der Führung lief stets auf die Frage hinaus, wer die Propagandaorgane langfristig kontrollierte. Im Frühjahr 1966 hatte

Lin Piao sich von Tschiang Tsching davon überzeugen lassen, daß die Kontrolle über die Propaganda im Laufe der vergangenen siebzehn Jahre allmählich aus Mao Tse-tungs Händen in die seiner Rivalen, die sich gegen ihn verschworen hatten, übergegangen war.

In der Öffentlichkeit trat Lin Piao als illusionsloser Realist auf, der in seinen kritischen Betrachtungen nur ein Thema aussparte: den Vorsitzenden Mao. Lin Piao rühmte ihn als »Genie« und behauptete, seine Lehren seien die »immerwährende Wahrheit«. War er wie Millionen andere nur ein fanatischer Anhänger des großen Führers und Lehrers? Oder hatte Mao ihm – einem Mann von untadeligem militärischen und zivilen Ruf – den Auftrag gegeben, diesen Personenkult, der auf eine Vergötterung Maos durch die Massen hinauslief, zu fördern? Oder verbarg sich hinter Lin Piaos Lobpreisungen ein raffinierter Kalkül – vielleicht die Absicht, schon vor Maos Tod die Macht zu ergreifen?[2]

Mao war besorgt. Das fiel Tschiang Tsching auf den Krisensitzungen des Politbüros, die kurz nach Lin Piaos Brandrede in Hangtschou stattfanden, auf. Das Unbehagen des Vorsitzenden zeigte sich auch in dem Briefwechsel in den nächsten Wochen, als er auf Reisen war, während sie in Schanghai auf dem Kultursektor arbeitete. In seiner Antwort auf ihren Brief vom 29. Juni zeigte er sich nachdenklich und auf die eigene Person konzentriert. Er war entschlossen, »sich selbst zu erkennen« und forderte Tschiang Tsching auf, das Gleiche zu tun.[3] Er zitierte Lu Hsün, als er schrieb, daß es für sie beide (Mao und Tschiang) von Vorteil sei, die eigenen Motive sorgfältiger als die Motive anderer zu sezieren. (Darauf kam Tschiang Tsching im Gespräch oft zurück.) Zugleich machte sich in diesem Brief ein gewisses Mißtrauen gegenüber »unserem Freund« (wie sie Lin Piao nannten) bemerkbar. Mao schrieb:

> »Doch die Dinge gehen generell auf ihr Gegenteil zu. Je höher man jemanden in den Himmel hebt, desto schwerer schlägt er auf... Ich meine, auch Du solltest dieser Frage Beachtung schenken und Dir nicht den Sieg in den Kopf steigen lassen. Häufig solltest Du über die eigenen Schwächen, Fehler und Mängel nachdenken. Diesen Punkt habe ich Dir gegenüber wer weiß wie viele Male angeschnitten. Im April in Schanghai habe ich Dir das noch gesagt.«

Über die Gefahren seiner eigenen Position und das Paradox des Personenkults führte er aus:

> »Immer war ich der Ansicht, daß sich der Affe zum Großkönig ernennt, wenn es in den Bergen keinen Tiger gibt. Ein solcher Großkönig bin ich auch geworden. Doch dazwischen besteht wiederum kein Kompromiß. Ich habe etwas vom Tiger an mir, und das ist dominierend. Dazu habe ich etwas vom Affen an mir, und das ist sekundär. Früher habe ich einmal einige Sätze aus dem Brief von Li Ku aus der Han-Dynastie an Huang Tschiung angeführt: ›Was hoch herausragt, ist leicht zu knicken, was hell

glänzt, leicht zu beschmutzen. Dem weißen Schnee im Frühling gleichzukommen, das gibt es immer weniger; unter der Last eines berühmten Namens ist entsprechendes Handeln schwer.‹ Diese letzten beiden Sätze passen ganz auf mich.«*

Mao kannte die Risiken einer revolutionären Ära, die sich als »Diktatur des Proletariats« verstand. Sie entstanden unweigerlich, sobald man dem Volk ein dynastisches Element – den Monarchen – wiedergab, das es brauchte (das spürte Mao), obwohl es den Wunsch danach nicht eingestehen konnte. Er war sich darüber im klaren, wie sehr der Königsmacher Lin Piao seinen und in letzter Zeit auch Tschiang Tschings Ruf »hinaufgetrieben« hatte und daß sie beide vernichtet werden konnten, wenn sie stürzten. Aber der Verdacht, den Mao im Hinblick auf Lin Piaos persönliche Motive hegen mochte, war jedenfalls nicht stark genug, um eine sofortige Säuberung zu rechtfertigen. Der Vorsitzende konnte Lin Piaos Analyse historischer Staatsstreiche damals noch nicht als Enthüllung einer persönlichen Strategie verstehen. Auch der Zeitpunkt, von dem an Tschiang Tsching Lin Piao zu mißtrauen begann, läßt sich nicht leicht bestimmen. In unseren Interviews, die stattfanden, als Lin Piaos makelloser Ruf offiziell zuschanden gemacht wurde, setzte sie den Beginn seiner verräterischen Wühlarbeit auf Mitte 1966 an. Ihrer Ansicht nach hatte er damals Tschen Po-ta dazu veranlaßt, die Mitglieder der im Spätsommer 1966 gebildeten *16. Mai-Gruppe* negativ zu beeinflussen, so daß sich diese Gruppe in die – von ihr so bezeichnete – »16. Mai-Clique« verwandelte. Diese Clique, die sich von der Gruppe abspaltete, mit der Tschiang Tsching assoziiert gewesen war, rückte auf den ultralinken Flügel, indem sie den physischen Kampf – der auch bewaffnete Auseinandersetzungen einschloß – propagierte.

Obwohl Tschiang Tsching ihm später vorwarf, ein Revisionist gewesen zu sein, stieg Lin Piao scheinbar unaufhaltsam aus den Wirren, Fraktionskämpfen und Zerwürfnissen jener Jahre auf. Der IX. Parteitag der KPCh im April 1969 bestätigte ihn offiziell als »Nachfolger«. Damals kamen mehr als die Hälfte aller neu ins Politbüro Gewählten aus dem Militär. Auf demselben Parteitag wurde die offizielle Schreibweise des Namens des Vorsitzenden in »Mao Tsetung« abgeändert, eine stilistische Vereinfachung, die ihn linguistisch und ideologisch auf die gleiche Stufe mit den europäischen Patriarchen Karl Marx und W. I. Lenin stellen sollte. In den folgenden sechzehn Monaten wurde der Vorsitzende nur selten ohne sein Alter ego Lin Piao photographiert.

Diese demonstrative Freundschaft hielt bis zur 2. Plenartagung des IX. Zentralkomitees, die im September 1970 in Lu-Schan stattfand. Offiziell wurde diese Tagung zu dem Zweck einberufen, über Änderungen des Parteistatuts zu beraten. Aber wie zwei Jahre später in einem Geheimbericht festgestellt wurde, kam es dabei zu dem Versuch einer »Machtergreifung« durch Lin Piaos Gruppe.[4] In der Öffentlichkeit pries Lin die »Maotsetungideen«

* Zit. nach »Mao intern«, hrsg. H. Martin, S. 193f.

noch immer in den höchsten Tönen, doch als Realpolitiker hatte er sich die Unterstützung der Mehrheit des Politbüros, unter anderem die Stimmen seiner Frau und Tschen Po-tas gesichert.[5] Aus Maos Geheimbericht geht hervor, daß es Lin Piao darauf angelegt hatte, das Amt des Staatspräsidenten, das nach Liu Schao-tschis Sturz abgeschafft worden war, neu zu schaffen (und wohl selbst zu besetzen). Mao hatte 1958 festgestellt, daß er dieses Amt nicht für sich beanspruche, was bedeutete, daß er die Abschaffung dieses Amts wünschte. Hätte Lin Piao sich zwölf Jahre später mit seiner Auffassung durchgesetzt und wäre er Staatspräsident geworden, hätte er protokollarisch über Tschou En-lai gestanden. Außerdem wären die Interessen der VBA, die er befehligte, den Interessen der Partei, die Mao, Tschou und Tschiang verfolgten, übergeordnet worden.

Für den Dialektiker Mao, der davon überzeugt war, daß die Geschichte aus Wiederholungen bestehe, war Lin Piaos Herausforderung gewiß keine Überraschung gewesen. Angesichts der von Mao selbst geschilderten periodischen Wiederholung von Machtkämpfen war der Zeitpunkt dieses Kampfes vorhersagbar. Peng Te-huai war 1959 in Lu-schan gegen Mao angetreten, und Liu Schao-tschi hatte 1965 am selben Ort den Kampf gegen ihn aufgenommen. Nach dem erwarteten Intervall von fünf bis sechs Jahren begann jetzt Lin Piao – ebenfalls in Lu-schan – den *zehnten Kampf zweier Linien.*

Wann in der Menschheitsgeschichte hat sich die Rolle des designierten Nachfolgers des Begründers einer Dynastie völlig absichern lassen? Obwohl ihn von der regulären Übernahme der Macht nur ein Herzschlag – oder ein Dolchstoß – trennte, wußte Lin Piao, daß seine Rivalen bereit waren, ihn politisch oder physisch zu vernichten. Auch die Erfahrung, wie es Liu Schao-tschi in der gleichen Position ergangen war, zeigte, daß Mao nicht darüber erhaben war, seine Meinung zu ändern. Schließlich bestand die Möglichkeit, daß Mao, der vierzehn Jahre älter, aber im allgemeinen gesund war (während Lin Piao ständig kränkelte und Anfang der fünfziger Jahre Krankenurlaub hatte nehmen müssen), »über 100 Jahre« werden konnte, wie Lin selbst prophezeite.[6]

Um die Zwischenzeit zu seiner und Maos Zufriedenheit zu überstehen, bezog sich Lin Piao auf historische Prinzipien, ohne dabei die Grundregeln zu vernachlässigen. Wie er wußte, hielt Mao Tse-tung sich stets an das grundlegende Paradox revolutionärer Herrschaft: daß man gleichzeitig zu den Führenden wie zu den Geführten gehören müsse. Solange Mao nur kleine Gruppen unzufriedener Arbeiter und Bauern geführt hatte, war dies leicht gewesen. Aber aufgrund seines Erfolgs hatte die Zahl seiner Anhänger zugenommen – und damit auch die Zahl der Führenden. Um *Primus inter pares* im Kreis der Kampfgefährten und geheimen Rivalen zu bleiben, mußte Mao sie mit Kopf und Schultern überragen – und dabei erhob er sich noch höher über die Massen. In diesem Absonderungsprozeß ließ Mao zwar die Verbindung zum Volk nicht abreißen. Doch er blieb nicht nur innerhalb der Tradition des Kaisertums, sondern folgte auch dem Beispiel Stalins, des Baumeisters einer sozialistischen Nation und Objekt eines Personenkults. Mao bewunderte Stalin – viel mehr, als Stalin ihn. Eine vergleichbare Verehrung konnte Mao in China nur mit Hilfe einer gut kalkulierten politischen Strategie gewinnen. Mit Maos Erlaubnis, wenn nicht sogar mit seiner aktiven Unterstützung, übernahm Lin Piao die Aufgabe, diese Strategie in die Praxis umzusetzen.

Die ideologische Grundlage dieses Kults war eine Auswahl aus den Werken des Vorsitzenden, die im Ausland als das »Kleine Rote Buch« oder als »Maobibel« bezeichnet wurde. Die Entstehungsgeschichte der »Maobibel« reicht bis ins Jahr 1960 zurück, als Lin Piao, der im Jahr zuvor zum Verteidigungsminister ernannt worden war, der Militärkommission eine Liste von Prinzipien vorgelegt hatte, die als die *Vier Ersten* bekannt wurden: Der Mensch ist stets von größerer Bedeutung als seine Waffen; unter allen Tätigkeiten muß die politische Arbeit an erster Stelle stehen; im Bereich der politischen Arbeit gebührt der ideologischen Arbeit der Vorrang; für die ideologische Arbeit sind die schöpferischen Impulse entscheidend. Dieses von Mao überarbeitete Dokument, das den Titel »Über die Verstärkung der politischen und ideologischen Arbeit in der Armee« erhielt, wurde im Dezember 1960 vom Zentralkomitee bestätigt und kündigte bereits den späteren Anthropomorphismus der Kulturrevolution an. Ein Teil davon erschien als erster Absatz des Vorworts zu »Worte des Vorsitzenden Mao Tse-tung«. Die »Worte« wurden am 1. August 1965 erstmals veröffentlicht – angeblich herausgegeben von der Allgemeinen Politabteilung der VBA – und bis Ende 1966 mehrmals neu aufgelegt.

Im Jahr 1962, in dem nach Tschiang Tsching das Vorspiel zur Kulturrevolution begann, wurde die Zusammenarbeit von Armee und Partei noch enger. Lin Piao hatte veranlaßt, daß die »Worte des Vorsitzenden Mao Tsetung« regelmäßig als Schlagzeilen in der »Zeitung der Befreiungsarmee« erschienen. Im Dezember 1963 revanchierte Mao sich mit der Kampagne »Lernt von der VBA!« Im nächsten Jahr sammelte Lin Piao markante Auszüge aus Maos Schriften und kurze Aufsätze des Vorsitzenden für ein Taschenbuch, das jeder Soldat besitzen sollte. Im Jahr 1966 zogen die Studenten und bald darauf auch die Massen nach, indem sie bei Demonstrationen in der Hauptstadt die rot gebundenen Taschenausgaben der »Worte« in die Höhe hielten. Als die Kulturrevolution sich immer schneller ausbreitete, tauchten überall Zitate aus den »Worten« auf: auf den Titelseiten aller Zeitungen und Zeitschriften, vor und nach oder während aller kulturellen Veranstaltungen und in riesigen Schriftzeichen an Fassaden und auf Plakaten in den Straßen. Selbst das Kinderspielzeug wurde nicht verschmäht: Ganze Mao-Zitate wurden auf Bauklötze gedruckt – jeweils ein Schriftzeichen pro Klotz. Die Zitate durften niemals durcheinandergebracht werden. Noch Jahre nach dem Sturz des Propagandisten Lin Piao waren die Bilder und Worte des Vorsitzenden allgegenwärtig.

Auf dem Höhepunkt des Personenkults, im Jahre 1970, ließ Mao Tse-tung Edgar Snow gegenüber erkennen, daß er sich bewußt war, eine lebende geschichtliche Gestalt zu sein. Es falle dem Volk sehr schwer, die dreitausendjährige Tradition der Kaiserverehrung zu überwinden, bemerkte er bei dieser Gelegenheit. Daß ihm die sogenannten *Vier Groß* – Großer Lehrer, Großer Führer, Großer Oberkommandierender und Großer Steuermann – als ritualisierte Ehrennamen aufgedrängt wurden, empfand er als lästig. Auf die Dauer legte er nur Wert auf den Titel »Lehrer«, mit dem er einst in Tschangscha begonnen hatte. »Manchmal frage ich mich, ob diejenigen, die am lautesten Mao schreien und die meisten Banner schwenken, nicht – wie einige sagen – die Rote Fahne schwenken, um die Rote Fahne zu besiegen.«[7]

Maos Verdacht von 1970 wurde zwei Jahre später Tschiang Tschings leidenschaftliche Überzeugung. Sie behauptete, Lin Piao sei der heimliche Anführer der *Ultralinken,* d.h. der Kreise, die den Kampf, den der Vorsitzende und sie in der Kulturrevolution gegen den Revisionismus führten, auf gewalttätige Weise sabotierten. Nicht alles, was sie mir (beherrscht von Ressentiments und Rachegelüsten gegen einen Mann, der ihr Unrecht getan hatte) anvertraute, war zur Veröffentlichung bestimmt, und ich habe diese Bitte respektiert. Auch war nicht zu erwarten, daß alle Beweise, die sie mir vorlegte, in die offizielle Anklageschrift gegen Lin Piao, die – vielleicht sogar unter ihrer Federführung – soeben ausgearbeitet wurde, aufgenommen werden würden.

Wer ungewöhnliche Wege beschreite, müsse unweigerlich einige Fehler machen, sagte Tschiang Tsching, bevor sie ihren Bericht fortsetzte. Ein Mitglied der KPCh solle stets bemüht sein, seine Arbeit richtig zu tun. Falls es bei der Verfolgung der außergewöhnlichen Ziele, die es sich selbst gesteckt habe, Fehler mache, aber es zulasse, daß sie korrigiert würden, sei alles in Ordnung. »Wenn ich Fehler gemacht habe, übe ich natürlich Selbstkritik und korrigiere meine Fehler!« rief sie. »Das ist nichts Schlimmes. Das ist sogar etwas Gutes.«

Tschiang Tsching erinnerte sich belustigt daran, daß sie beinahe ein Opfer der Kämpfe in den sechziger Jahren geworden sei. Nachdem sie in die *Gruppe für die Kulturrevolution,* die Peng Tschens *Fünfergruppe* abgelöst hatte, entsandt worden war, hatten einige Anhänger der verstoßenen Gruppe eine der ersten Sitzungen der neuen Gruppe gesprengt. Sie waren bewaffnet und hatten offenbar die Absicht, alle Anwesenden zu ermorden. Sie schossen sogar, waren aber offenbar zu aufgeregt und wurden festgenommen.

Als offiziell festgelegt werden sollte, wer bei diesem Zusammenstoß die »wahren Feinde« und wer die »zeitweiligen Missetäter« gewesen waren, einigten Tschiang Tsching und ihre Genossen – das berichtete sie, ohne Namen zu nennen – sich darauf, daß die Attentäter, die versucht hatten, die Mitglieder der *Gruppe für die Kulturrevolution* zu ermorden, ohne »ernste« ideologische Abweichungen erkennen zu lassen, nach entsprechender Zeit entlassen werden konnten. Einige andere, die sich in der Vergangenheit als ideologisch unzuverlässig erwiesen hatten, wurden »stabilisiert«: Sobald sie sich auf Maos Seite schlugen, wurden sie in ihre politischen Positionen wieder eingesetzt, und ihr guter Ruf war wiederhergestellt. Die Führung trage solchen »bewährten Kadern« nichts nach, sagte Tschiang Tsching. Ihre jetzige »korrekte« Haltung sei das Ergebnis der schweren Schläge, die sie während der Kulturrevolution hatten hinnehmen müssen. Solche Persönlichkeiten (andere in diesem Zusammenhang gemachte Äußerungen ließen erkennen, daß sie dabei in erster Linie an Teng Hsiao-ping dachte), die sich im langwierigen Prozeß von *Kampf-Kritik-Umgestaltung* bewährt hätten, dienten dem Volk nunmehr besser als zuvor.

Die Machthaber urteilten jedoch nicht immer unparteiisch, sagte sie. Die Bekanntesten unter den zu Unrecht Bestraften seien Teng Hsiao-ping, Tao Tschu und Tschen Po-ta.* Alle drei hätten es nicht geschafft, die revolutionären Normen, die Tschiang Tsching, der Vorsitzende Mao und ihre Anhänger in der Kulturrevolution trotz größter Schwierigkeiten durchgesetzt hatten, zu erreichen oder auf die Dauer einzuhalten. In der Zeit, als der Vorsitzende und seine engsten Vertrauten nicht in der Lage gewesen seien, Gerechtigkeit zu üben, seien solche Genossen zu Unrecht von der Rechten oder der *Ultralinken* angegriffen worden.

Die Unfähigkeit mancher revolutionärer Veteranen wie Teng Hsiao-ping oder Ye Tschien-ying, sich den raschen Kursänderungen der revolutionären Bewegung anzupassen, habe zu bedauerlichen Vorfällen geführt. Und einige führende Genossen hätten offensichtlich auch Fehler gemacht. Der Feind habe diese Irrtümer sofort der öffentlichen Kritik preisgegeben. Sowohl der Vorsitzende als auch der Ministerpräsident hätten sich bemüht, die zu Unrecht Angegriffenen zu schützen. Doch trotz ihrer Bemühungen seien einige von ihnen den von der Kulturrevolution entfachten Leidenschaften zum Opfer gefallen. Diese Mißachtung der Menschenwürde – die in einigen Fällen den Betroffenen das Leben gekostet habe – müsse allerdings unter dem Aspekt des Prinzips »Eins teilt sich in zwei« gesehen werden.

Die Kulturrevolution sei den Kritisierten zwar gut bekommen, doch zugleich sei der Prozeß der Selbstumgestaltung (der ideologischen Berichtigung) mühsam und langwierig gewesen. Das gelte insbesondere für Teng Hsiao-ping und Ye Tschien-ying. Im Lauf der Zeit werde ihre Leistung wiederanerkannt und ihr Prestige wiederhergestellt werden – dies prophezeite Tschiang Tsching im Sommer 1972.

Obwohl sie nur ungern die Namen derer nannte, die zu Unrecht angegriffen worden waren, sprach sie mit großem Mitgefühl von dem alten Kämpfer Hsü Hsiang-tschien, dem Stellvertretenden Vorsitzenden der Militärkommission des Zentralkomitees. Als er sich 1966 in Lebensgefahr befand, lud der Vorsitzende ihn und andere, die ebenfalls bedroht waren, in ihr Haus im Tschung-nan-hai ein. Dort blieben sie, bis die Lage wieder unter Kontrolle war.

Die Kulturrevolution mußte mit Menschenleben, mit der Zerstörung von Eigentum und mit einem Rückgang der Agrarproduktion bezahlt werden. Doch die schwersten Rückschläge gab es in der Industrie. Selbst jetzt, im

* Als diese drei Männer verurteilt wurden, war Teng Hsiao-ping ZK-Generalsekretär und Anhänger Liu Schao-tschis; Tao Tschu war Parteifunktionär im Süden und Tschiang Tschings Rivale bei der Revolutionierung des Theaterwesens; Tschen Po-ta, ein maoistischer Ideologe und Mitglied von Tschiang Tschings *Gruppe für die Kulturrevolution,* war, – dies behauptete sie jedenfalls – von Lin Piaos *Ultralinken* eingeschleust worden.

Sommer 1972, war die Produktionslücke noch nicht völlig geschlossen worden. In zahlreichen Fabriken führten die ideologischen Auseinandersetzungen schließlich zu offenen Kämpfen, was im Hinblick auf den nationalen Bedarf an einem konstanten Ausstoß von Gebrauchsgütern einer Katastrophe gleichkam. Auch in den Volkskommunen auf dem Lande flammten Kämpfe auf, allerdings waren die Verluste dort weniger gravierend. Die Führung der Partei und des Staates zwang sich dazu, die Unruhen differenziert zu beurteilen und als Ausdruck des Prinzips »Eins teilt sich in zwei« zu sehen. Sie wußte durchaus, daß die Kämpfe verhängnisvoll waren, da sie Menschenleben und Produktionsmittel kosteten. Doch zugleich ließen sie die Widersprüche zwischen den Klassen deutlich hervortreten und förderten ideologische und kulturelle Umwälzungen, die sich auf die Dauer als vorteilhaft erwiesen. Im nachhinein erscheint als die bedeutsamste Errungenschaft der Kulturrevolution die in ihr eingeleitete Veränderung der Einstellung der Massen.

Lu Hsüns Witwe, Hsü Kuang-ping, wurde während der Kulturrevolution ebenfalls zu Unrecht verfolgt. Und sie überlebte diese Verfolgung nicht.

Ich fragte, weshalb Hsü Kuang-ping so schwer bedrängt worden sei.

Nach Ansicht Tschiang Tschings war dies auf die in den dreißiger Jahren zwischen Tschou Yang und Lu Hsün ausgetragene literarische Fehde zurückzuführen. »Ich habe erst davon [von Hsü Kuang-pings mißlicher Lage] erfahren, als jemand mich in einem Brief darauf aufmerksam gemacht hat. Dann hat Lu Hsüns Frau mir selbst geschrieben, und ich habe sie besucht. Kurz nach unserer Begegnung ist sie wie ihr Mann in den Tod getrieben worden [am 3. März 1968]. Diese Nachricht hat mich zutiefst bekümmert. Zu der Verfolgung kam es, während wir mit anderen Problemen beschäftigt waren. Wäre sie nicht von den 16. Mai-Elementen [den *Ultralinken* – offenbar unter Führung von Lin Piao, nicht von Tschou Yang, der schon zwei Jahre zuvor kaltgestellt worden war] beschimpft worden, dann lebte sie vielleicht heute noch.

Wenig später haben die Genossen Tschou En-lai, Kang Scheng und ich ihren Sohn besucht. Er war Techniker beim Staatsrundfunk. Er hat uns geschildert, wie man sie bis kurz vor ihrem Tod belästigt und geängstigt hat.«

Politische Klugheit hinderte Tschiang Tsching daran, mir zu sagen, auf welche Weise Hsü Kuang-ping verfolgt worden war, politisch oder durch physischen oder psychischen Terror? Deutlich wurde jedenfalls, daß Tschiang mit Hsü sympathisierte – und das aus gutem Grund. Mit der Witwe wurde zugleich das Andenken des Mannes geehrt, den Mao und sie als literarischen Wegbereiter ihrer Sache schätzten. Aber die Sache hatte noch einen weniger offenkundigen, feministischen Aspekt: Diese beiden Frauen und vielleicht Millionen weniger berühmter Geschlechtsgenossinnen teilten das Los aller Ehefrauen, die Opfer der politischen Kämpfe wurden, die hauptsächlich von Männern geführt wurden. Beide Frauen außergewöhnlich begabt und begeisterungsfähig – reiften in den Wirren der dreißiger Jahre in Schanghai. Beide heirateten berühmte Männer und überlebten diese schließlich. Aber Hsü, die Konventionellere von beiden, ließ nie erkennen, was sie von den Legenden hielt, die von den Kulturpolitikern der Volksrepublik China um ihren Mann gewoben wurden.[8] Als Außenstehender kann man sich fragen, ob sie sich je dagegen aufgelehnt hat, daß die KPCh den größten Teil seiner Werke unterdrückte, daß seine begabtesten Schützlinge (Ting Ling, Hu Feng, Hsiao Tschün und andere) erbarmungslos verfolgt wurden und daß Tschiang Tsching sich später seinen Ruhm und einige seiner Arbeiten für ihren Feldzug gegen Tschou Yang, ihren gemeinsamen Feind, zunutze machte.

Waren Hsü Kuang-pings Nachgiebigkeit gegenüber denen, die den Lauf der Geschichte bestimmten, und ihr Verzicht auf eine eigene Karriere, typisch für alle Frauen berühmter Männer? Tschiang Tsching war ihrem Mann und allem, wofür er eintrat, nicht weniger treu. Aber sie unterschied sich dadurch von Hsü, daß sie schon als junge Frau großen persönlichen Ehrgeiz besessen hatte und hartnäckig davon überzeugt gewesen war, den Lauf der Geschichte beeinflussen zu können. Anfang der fünfziger Jahre begann für sie der schwierige und zermürbende Prozeß der Trennung von ihrem Mann. Ihre enge Zusammenarbeit wurde beendet. Dennoch mußte sie sich nach Maos Tod wie Hsü mit seinen politischen Erben auseinandersetzen, die sein Charisma für ihre eigenen Zwecke auszunutzen versuchten.

Bei unserer Begegnung in Peking schlug Tschiang Tsching das neueste Kapitel in der Geschichte chinesischer Hofpolitik auf: »Die Kommunistische Partei Chinas hat bisher zehn große *Kämpfe zweier Linien* ausgefochten. Der zehnte ist der gefährlichste gewesen. Die zentrale Figur dieses Kampfes war Lin Piao. Er wollte nicht nur den Vorsitzenden Mao ermorden – und zu diesem Zweck hat er viele Pläne geschmiedet –, sondern hatte auch vor, sämtliche Genossen aus dem Politbüro umzubringen. Seine Leute haben Pläne unserer Wohnungen gezeichnet und wollten sie angreifen und bombardieren, um uns alle gleichzeitig zu erledigen. Der Kampf war äußerst heftig. Diese Leute waren so heimtückisch, grausam und brutal, daß sie nicht einmal vor einem Attentat auf den Vorsitzenden Mao zurückschreckten!«

Sie erzählte, daß Lin Piaos Männer in der Zeit, in der sie Maos Dienstsitz kontrollierten, den Auftrag gehabt hätten, dem Essen für den Vorsitzenden und seine Frau immer größer werdende Giftdosen beizumengen. Beide seien sie schwer krank geworden, ohne die Ursache zu ahnen, und sie selbst sei den größten Teil des Jahres krank gewesen. Dies habe sich vor allem auf ihren Verstand und ihr Gedächtnis ausgewirkt. Sie sei erst vor kurzem wieder ganz genesen, fügte sie hinzu.

»Die Sowjetrevisionisten haben ihm den Rücken gestärkt«, warf Yao Wen-yüan ein. »Nachdem sein Plan fehlgeschlagen war, hat er versucht, mit seiner Frau und seinem Sohn in die Sowjetunion zu fliehen. Er wollte in panischer Angst zum Feind überlaufen. Doch indem er die Partei und die Nation verriet, hat er seine eigene Vernichtung bewirkt – sein Flugzeug ist in der Mongolei abgestürzt.«

»Genossen wie der Ministerpräsident, Kang Scheng, Tschang Tschun-tschiao, Yao Wen-yüan und ich haben auf der Seite des Vorsitzenden Mao gekämpft«, beteuerte Tschiang Tsching. »Lin Piaos *Ultralinke* hat überall Brände gelegt, und wir haben als Feuerwehr fungiert und unsere alten Genossen beschützt. Lin Piao wollte die altbewährten Genossen entmachten und selbst die Macht ergreifen. Er hätte es hingenommen, wenn die Sowjetrevisionisten ihre Truppen ins Land geschickt hätten. Aber wie der Vorsitzende Mao seinem Gast, Minister Schuman, erklärt hat, hat er einen Tropfen Alkohol appliziert* – und Lin Piao war erledigt!«

Nach Tschiang Tsching hatte die im Sommer 1972 beginnende Propagandakampagne gegen Lin Piao den Zweck, den Menschen aller Altersgruppen die aus der Kulturrevolution zu ziehenden Lehren nahezubringen. Der Vorsitzende habe erklärt, die Kampagne diene dazu, das Erkenntnis- und Unterscheidungsvermögen der Menschen zu verbessern. Die Massen müßten lernen, zwischen Linken, Rechten und unschlüssig in der Mitte Schwankenden zu unterscheiden, um unter allen Umständen die Grenzen zwischen den Klassen erkennen zu können. Die Bewegung demonstriere vor allem, daß Lin Piao *niemals* »mit der Volksbefreiungsarmee identisch« gewesen sei, wie er gern behauptet habe. Die VBA sei von Mao Tse-tung »und einigen anderen« aufgebaut und von Anfang an von Mao persönlich befehligt worden.[9]

Lin Piaos Verrat habe schon vor langer Zeit begonnen, sagte Tschiang Tsching, ohne zu erklären, warum die Parteiführung erst so spät gegen ihn vorgegangen war. Nachdem Lin Piao 1959 zum Verteidigungsminister ernannt worden war, verkündete er: »Ein Satz des Vorsitzenden Mao steht für zehntausend Sätze.« Der Vorsitzende, dem solche Übertreibungen zuwider waren, habe später geantwortet: »Ein Satz steht für einen Satz, und es gibt eine Angelegenheit [seine Weigerung, das Amt des Staatspräsidenten wiedereinzuführen], zu der ich sechs Sätze gesagt habe, aus denen nichts geworden ist, nicht einmal ein halber Satz.«[10]

Lin Piao habe sich als unermüdlicher Plagiator erwiesen. Ein gutes Beispiel dafür sei der Ausspruch, den er ständig im Munde geführt habe: »Wer aufs Meer hinausfährt, braucht den Steuermann...» Lin Piao pflegte zu behaupten, dies seien *seine* Worte, aber in Wirklichkeit habe er sie aus einem bekannten Lied entlehnt, das jemand anders geschrieben habe. Tschiang Tsching erklärte damals den anderen Mitgliedern der Führungsspitze, daß Lin Piao ständig dieses höchst wichtige Zitat verwende, lasse den Vorsitzenden unbescheiden wirken.

Was die »Worte des Vorsitzenden Mao Tse-tung« betreffe, so habe Lin Piao nichts dazu beigetragen, obwohl er das Gegenteil behauptet habe. Wie Tschen Po-ta erläutert habe, sei das ursprüngliche Vorwort (vom 1. August 1965) von der Allgemeinen Politabteilung der VBA verfaßt worden, und Lin Piao habe keineswegs zu den Herausgebern gehört. Als Lin Piao das Vorwort vorgelegt worden sei, habe er nur die Einleitung und den Schluß geändert. Dennoch habe er es unterzeichnet und dadurch den falschen Eindruck

* D. h. Lin Piaos guten Namen aus dem Buch der Geschichte getilgt.

erweckt, das gesamte durchgesehene Vorwort (vom 16. Dezember 1966) stamme von ihm.

Tschiang Tsching hatte, wie sie berichtete, zwei verschiedene Ausgaben von ausgewählten Werken des Vorsitzenden gelesen. Die erste mit dem schlichten Titel »Höchste Weisungen« *(»Tsui-kao tschih-schih«)* war in den Jahren 1968 und 1969 von der VBA und dem Politbüro gemeinsam herausgegeben worden. Sie hatte sich gefragt, was »Höchste Weisungen« bedeuten sollten. Der Titel bezog sich nur auf einen Namen – den des Vorsitzenden. Als einziger Autor dieser »Höchsten Weisungen« mußte der Vorsitzende als höchst unbescheidener Mann erscheinen. Von wem stammten sie also wirklich? Die Bezeichnung »höchste« Weisungen konnte nach Tschiang Tschings Meinung nur bedeuten, daß es irgendwo jemanden gab, der »höhere« Weisungen erteilte. Aber niemand wollte sich Tschiang Tsching gegenüber zu der Behauptung versteigen, daß seine Weisungen als »höhere« zu verstehen seien. Einigen Kampfgefährten (offenbar Tschiang Tschings Gefährten) sei es schließlich gelungen, diese erste Ausgabe zu boykottieren.

Die Männer, die das Verlagswesen kontrollierten (d. h. VBA-Publikationen, die von Lin Piao und seiner Gruppe ediert wurden), hatten den Vorsitzenden und seine Anhänger stets über ihre Verlagsprogramme im unklaren gelassen. So hatten sie beispielsweise auf eigene Verantwortung mehrere Ausgaben der Werke Mao Tse-tungs herausgebracht, ohne den Vorsitzenden, den Ministerpräsidenten oder Tschiang Tsching vorher zu benachrichtigen. Als Tschiang Tsching eines Tages von einer weiteren Broschüre erfuhr, bat sie Tschou En-lai, ihr ein Exemplar zu beschaffen. Die Durchschrift trug den Titel »Lang leben die Maotsetungideen!«, und war keine bloße »Broschüre«, sondern ein ziemlich dickes Buch. Nachdem sie und der Vorsitzende es studiert und die Stellungnahmen anderer dazu gehört hatten, sei ihnen klar geworden, daß es zu zwei Dritteln aus Lin Piaos Ideen bestehe. Nur ein Drittel bestehe aus den Ideen Mao Tse-tungs.* Als sie ihre Exemplare erhielten, sei das Buch schon weit verbreitet gewesen, denn es kostete nur 60 Cent (etwa 0,25 Dollar). Ihr Exemplar habe immer im Salon ihres Hauses im Tschung-nan-hai gelegen, bemerkte Tschiang Tsching spöttisch. Schon nach kurzer Zeit habe sie entdeckt, daß dies nur eine von mehreren verfälschten Ausgaben des gleichen Buches war, was ihrer Überzeugung nach bewies, daß diese Ausgaben den Zweck hatten, *Mao Tse tung zu stürzen.*

Lin Piao sei ein Landesverräter gewesen, fuhr Tschiang Tsching fort. Lange Zeit habe niemand erkannt, daß er ein großer »Veruntreuer« des materiellen und geistigen Reichtums Chinas war. Aber einige hätten schon früh-

* Das »dicke Buch« war vermutlich *»Mao Tse-tung ssu-hsiang wan-schui«*, ein 996 Seiten starkes zweibändiges Werk, das 1967 und 1969 ohne präzisen Verlagsvermerk erschien. Später folgte dann eine vierbändige chinesische Ausgabe. In diesem Buch habe ich die JPRS-Übersetzung *»Miscellany of Mao Tse-tung Thought, 1949–1968«* benützt. Tschiang Tschings Behauptung, es habe »zu zwei Dritteln aus Lin Piaos Ideen« bestanden, sollte vermutlich bedeuten, daß Lin Piao etwa zwei Drittel der Mao zugeschriebenen Äußerungen ausgewählt und redigiert habe. Das Buch ist die umfangreichste Sammlung von Mao zugeschriebenen Reden und Schriften nach der offiziellen Pekinger Ausgabe seiner »Ausgewählten Werke«.

zeitig den Hintersinn seiner übermäßigen Begeisterung erkannt: Lin habe die Rote Fahne geschwenkt, um damit gegen die Rote Fahne zu kämpfen. Sie hätten bald erkannt, daß die Fahne, die er schwenkte, nur auf einer Seite rot war. Auf der Rückseite sei sie mit einem Totenschädel und gekreuzten Knochen geschmückt gewesen. Im Laufe der Zeit habe er sich den Ruf eines extravaganten Mannes verschafft, der ein großzügiger Gastgeber war und seine Freunde beschenkte. In Wirklichkeit habe er sich jedoch aus dem Staatseigentum bedient und es nach eigenem Gutdünken verschenkt. (In seiner Person gehe der konfuzianische Eifer, »ein Beamter und reich zu werden«, eine Verbindung mit einem Materialismus sowjetischer Art ein.) Lin Piao habe sich in verschiedenen Teilen des Landes riesige Villen bauen lassen, in die er viele Familien eingeladen habe, um sie fürstlich zu bewirten.

Im Frühjahr 1967 hätten einige Mitglieder von Lin Piaos Clique eine Fabrik in Szetschuan besetzt und grundlos »zehntausend Schüsse« (selbstverständlich eine Übertreibung) in die Luft abgefeuert – eine primitive vulgäre militärische Machtdemonstration ohne Sinn und Zweck.

Kämpfe hätten auch ihr Gutes, versicherte mir Tschiang Tsching. Aber mit dem Ausklang der Kulturrevolution hätten die offenen Auseinandersetzungen aufgehört. Das sei nur gut so, fügte sie heiter hinzu.

Während der Kulturrevolution kam es jedoch an vielen Orten zu schweren Kämpfen. Tschiang Tsching erinnerte sich an einen Vorfall im Zusammenhang mit bewaffneten Unruhen in Südost-Schansi. Als sie eines Abends (im Sommer 1967) in ihrem Arbeitszimmer in der Großen Volkskongreßhalle beim Aktenstudium saß, kam Ministerpräsident Tschou hereingestürzt und bat sie, nach Hause zu gehen. »Fahren Sie nach Hause und sehen Sie zu, daß Sie ein bißchen Schlaf bekommen«, forderte er sie auf. Im nächsten Augenblick stürmte eine Gruppe von Soldaten, die Landkarten mitbrachten, in die Große Volkskongreßhalle. Ihr Anführer war der alte Soldat und Politkommissar Tscheng Wei-san, damals bereits ein Mitglied der Lin-Piao-Clique, wie sich später herausstellen sollte. Tscheng hatte den Auftrag erhalten (vermutlich von Lin Piao), gegen Rebellen in Südost-Schansi vorzugehen. Sowohl Yang Tschen-wu, der amtierende Generalstabschef, als auch der Stellvertretende Generalstabschef waren anwesend. Artillerie, gepanzerte Fahrzeuge und Pioniergerät wurden angefordert und zusammengezogen. Während Tschiang Tsching diese Vorbereitungen erstaunt beobachtete, meinte ein Generalstäbler herausfordernd: »Genossin Tschiang Tsching, Sie können doch kämpfen!« Offenbar wollte er damit sagen, daß sie sich dieser Expedition anschließen solle. Aber sie erklärte ihm, die Jahre an der Seite des Vorsitzenden Mao hätten sie gelehrt, daß Waffen niemals rücksichtslos gebraucht werden dürften.

Nachts erreichte der Ministerpräsident sie telephonisch zu Hause. Er forderte sie auf, sich aus militärischen Konfrontationen herauszuhalten; sie solle sich darauf konzentrieren, Propaganda bei den Massen zu machen. Aber sie mußte ihm begreiflich machen, daß die Massen ebensogut wie das Militär bewaffnet rebellieren konnten, falls die Spannungen weiter zunahmen.

Lin Piaos Verschwörung betraf auch Mitglieder ihrer Familie. Es war ihm durchaus zuzutrauen, daß er versuchte, mit Hilfe ihrer Kinder gegen Tschiang Tsching vorzugehen. Jetzt konnte sie darüber lachen, doch damals war ihr kaum zum Lachen zumute gewesen. Lin Piao hatte während der Kulturrevolution geplant, ihre Tochter Li Na zu entführen, um sie für irgendwelche finsteren Zwecke zu gebrauchen. Aber er kannte sie offenbar nicht gut genug, denn als die Falle, die er gestellt hatte, zuschnappte, saß darin eine ganz andere Frau. Als Li Na in einer kritischen Phase bei der »Tageszeitung der Befreiungsarmee« arbeitete (als provisorische Chefredakteurin), warfen einige Mitglieder von Lin Piaos »parteifeindlicher« Clique ihr zu Unrecht »Machtanmaßung« vor.*

In einer späteren kritischen Phase der Kulturrevolution ernannte Tschiang Tsching ihre Stieftochter Li Min zu einem führenden Mitglied der (für Atomforschung zuständigen) Kommission für Wissenschaft und Technologie im Pekinger Verteidigungsministerium. Diese Kommission wurde damals von Nie Jung-tschen geleitet, der zugleich Stellvertretender Verteidigungsminister war. Li Min gehörte damals auch der Massenorganisation »16. September« an, die ihren Sitz in Peking hatte. Ein bestimmter Luftwaffengeneral nahm Li Min beiseite und erzählte ihr schadenfroh, der Kommission seien einige Fehler Tschiang Tschings gemeldet worden und Li Min werde als ihre Stieftochter nun ebenfalls dafür zur Rechenschaft gezogen werden.

Einige Zeit später, im Jahre 1971, besuchte Tschiang Tsching Li Min in Tsingtao. Dort war Li Min erneut zu Unrecht wegen ihrer Stiefmutter angegriffen worden. Bemerkungen Tschiang Tschings zur Person des Kommissionsvorsitzenden Nie Jung-tschen hatten Verwirrung ausgelöst. Im Gegensatz zu Berichten, in denen behauptet worden war, sie habe ihn angegriffen, hatte sie gefordert, er müsse vor ungerechtfertigter Kritik *geschützt* werden.[11] Dies waren nur einige Fäden in dem scheinbar unentwirrbaren Netz von Gerüchten und falschen Anschuldigungen, in dem sich Tschiang Tsching, ihre Kinder und die ihnen Nahestehenden oft verfingen.

Doch trotz aller Gefahren folgten beide Töchter dem Beispiel ihrer Eltern und beteiligten sich an der Revolution. Sie waren begeisterungsfähig, selbständig und kritisch. Li Na, fügte Tschiang Tsching scherzhaft hinzu, werfe ihr oft vor, sie bevorzuge Jungen und vernachlässige Mädchen – und Li Min sei der gleichen Ansicht.

Es sei nie das Prinzip des Vorsitzenden Mao gewesen, die Vergangenheit durch die Unterdrückung der historischen Wahrheit zu verfälschen, beteuerte Tschiang Tsching. Bei Lin Piao treffe genau das Gegenteil zu. Als *Ultralinker* habe er Photos, Filme und andere Publikationen zensiert, wenn dies

* Li Na war offenbar von ihrer Mutter in diese heikle Position gebracht worden. Der Chefredakteur dieser Zeitung verfügte über ein nicht zu unterschätzendes Machtpotential, was die Behandlung militärischer und ziviler Angelegenheiten betraf. Als Li Na diese Funktion innehatte (Ende August 1967), hatte die »Zeitung der Befreiungsarmee« die »Volkszeitung« vorübergehend als Sprachrohr des Zentralkomitees abgelöst.

seinen eigenen Plänen zugute kam. Selbst die Amerikaner hätten sich davon beeindrucken lassen. Als Tschiao Kuan-hua als UNO-Botschafter begrüßt wurde (Mitte November 1971), zeigte das amerikanische Fernsehen Aufnahmen, auf denen der Vorsitzende Mao mit Lin Piao (der vermutlich im September 1971 umgekommen war) zu sehen war. Das nächste Bild zeigte »Superspion Lin« allein. Dieser Fernsehjournalismus habe der chinesischen Führung bewiesen, daß die von der amerikanischen Regierung angeordnete Nachrichtenbeschaffung sehr gründlich und aufwendig war. (Sie war sicher weniger regierungsamtlich und weniger diabolisch, als Tschiang Tsching annahm.) Selbst Präsident Nixon habe sich vor dem gegen ihn arbeitenden Nachrichtendienst gefürchtet. Keiner sei dagegen immun, fügte sie ominös hinzu.

Laut Tschiang Tsching war Lin Piao der gerissenste aller in den sechziger Jahren operierenden Rechten und Linken Opportunisten. Um die Partei, das Militär und den Staat unter seine Kontrolle zu bekommen, bediente er sich vieler bösartiger Mittel. Dazu gehörte unter anderem der Mißbrauch der Verlage. Lin Piao wollte den Vorsitzenden Mao zu einem Idol machen, das eines Tages gestürzt werden konnte. Eine andere Methode, deren sich Lin Piao bediente, war es, Chaos zu erzeugen. Während der Kulturrevolution hatte der Vorsitzende Mao den führenden Genossen – und auch Edgar Snow – mehrmals erklärt, es sei notwendig, daß sich nun alle »beruhigten«. Er hatte sich mehrmals an den Ministerpräsidenten gewandt und ihn aufgefordert, dazu beizutragen, daß die erbitterten Auseinandersetzungen in allen Teilen des Landes in ruhigere Bahnen gelenkt wurden.

Als Tschiang Tsching sich einmal von dem Chaos, das in Peking herrschte, in Schanghai erholen wollte, mußte sie feststellen, daß diese Stadt völlig von Lin Piaos Clique beherrscht wurde. An allen Fassaden prangten Worte des Vorsitzenden Mao Tse-tung. Ein lächerliches gigantisches Photo des Vorsitzenden mit einem seiner Zitate in riesigen Schriftzeichen über seinem Kopf erbitterte sie ganz besonders. Solche vulgären Schaustellungen ließen Mao Tse-tung als »unbescheidenen Mann« erscheinen. Als Tschiang Tsching sich bei Tschang Tschun-tschiao, der die Stadtverwaltung von Schanghai repräsentierte, beschwerte, erklärte er, wenn die Porträts und Worte des Vorsitzenden entfernt würden, kämen die Porträts Lin Piaos desto auffälliger zur Geltung. Dennoch bestand sie darauf, daß Tschang Tschun-tschiao diese Vergrößerung entfernen ließ und in Zukunft nur noch dezent präsentierte Mao-Zitate gestattete.

Da die Überreste früherer Epochen sich von ehrgeizigen Menschen leicht mißbrauchen ließen, sollten nach Tschiang Tschings Ansicht nicht alle historischen Stätten und Bauwerke erhalten bleiben. Auf der Welt gab es einfach *zu viele Menschen,* als daß alles erhalten werden konnte. Deshalb hatte die chinesische Führung damit begonnen, einige Baudenkmäler zu beseitigen. Ein riesiger Torbogen vor dem Sommerpalast und drei weitere aus der Pekinger Innenstadt wurden abgebrochen. Die drei Bogen, die früher das Tor des Himmlischen Friedens verdeckt hatten, sahen wie »drei seltsame kleine Höhlen« aus. Mir seien sie vielleicht erhaltenswert erschienen, kommentierte sie trocken, weil mein Land lediglich eine zweihundertjährige Geschichte aufzuweisen habe. Aber für China mit seiner langen Geschichte seien solche Bogen und Tore ohne größere Bedeutung. Außerdem verursachten sie Verkehrsunfälle, und auch dies habe sie veranlaßt, ihren Abbruch zu fordern. Doch Tschen Po-ta und Yang Tze-tschen widerriefen ihre Anweisung, und so hielt sie ihnen einen Grundsatzvortrag und forderte sie auf, den Kohlen-Hügel neben dem Kaiserpalast zu besteigen und sich von dort aus zu überzeugen, daß das Peking-Hotel, das höchste Gebäude der Stadt, die Silhouette der Hauptstadt entstellte.*

Aber trotz aller von Tschiang Tsching vorgebrachten ideologischen und pragmatischen Argumente verwahrten sich Tschen, Yang und andere entschieden gegen bauliche Veränderungen – insbesondere gegen den Abbruch der Torbogen. Im Jahr 1971 setzte Tschiang Tsching sich endlich durch. Die Bogen wurden abgetragen und im Tao-yüan-ting, einem Park in der Nähe des alten Tempels des Ackerbaus, wiederaufgebaut. Durch diese Konservierungsmaßnahme sei die bescheidene historische Bedeutung der Bogen *nicht* erhöht worden, fügte Tschiang Tsching hinzu.

Allerdings sprach sie sich dafür aus, alte Baudenkmäler und bei Ausgrabungen entdeckte Gegenstände von unbestreitbarem historischen Wert zu erhalten. Dabei erwähnte sie die im letzten Jahrzehnt vorgenommenen Ausgrabungen an archäologischen Fundstätten bei Tschangscha in der Provinz Hunan. Die dort aufgefundenen Schätze – manche stammten aus der Zeit der Schang-Dynastie – gehörten nicht nur dem chinesischen Volk, sondern allen Völkern der Welt.** Der ständige Umgang mit solchen Gegenständen sei nicht ungefährlich. Manche chinesischen Archäologen und ihre Studenten, die ungehindert mit diesen antiken Objekten arbeiten durften, hätten sich im Lauf der Zeit mit ihnen identifiziert, so daß ihr revolutionärer Eifer nachgelassen habe. Dieses Risiko bestehe ständig, stellte Tschiang Tsching fest. Sie betonte jedoch, daß die chinesische Führung nichts wirklich Wichtiges vernachlässige oder gar vernichten lasse.

Tschiang Tsching brachte das Thema wieder auf Lin Piao und seine Anhänger. Sie erinnerte sich an ein beunruhigendes Erlebnis im Jahre 1970. Eines Tages besuchte sie den Tempel des Himmels im Sun-Yat-sen-Park in Peking. Sie wurde dabei von Wang Li (dem 1967 vorgeworfen worden war, er gehöre der *16. Mai-Clique* an) begleitet, weil Wu Te (nach Peng Tschens Entlassung amtierender Bürgermeister von Peking), den sie bewunderte und deshalb mit kulturellen Aufgaben betraut hatte, anderweitig beschäftigt war. Wang Li sei schon immer ein Dummkopf gewesen, stellte sie angewidert fest. Und an diesem Tag habe er sich besonders unmöglich benommen. Aber in dieser Beziehung sei er nicht der einzige gewesen, denn 1970 sei die Einstellung der meisten Menschen unbefriedigend gewesen.

* Im Jahr 1973 wurde das Peking-Hotel aufgestockt und dadurch zum ersten mittelgroßen Wolkenkratzer der Hauptstadt.

** Einige dieser nach der Kulturrevolution gemachten Funde wurden 1973 auf eine internationale Ausstellungsreise geschickt. Die erste Station war Paris.

Beim Betreten des Parks erklärte ihr Wang Li, er wolle ihr einige Buddhas zeigen. Tschiang Tsching erinnerte ihn daran, daß sie hergekommen sei, um einige Exemplare bestimmter exotischer Pflanzen für ihren eigenen Garten zu holen. Aber er bestand darauf, ihr die Buddhas zu zeigen. Sie gab schließlich nach und folgte ihm in den Tempel der azurenen Wolke. Da sie kurzsichtig war (sie trug fast ständig eine Brille), nahm sie im Halbdunkel nicht sofort alle Einzelheiten wahr. Ihr Begleiter zeigte ihr zuerst Gerätschaften und Opfergaben vor den Buddhastatuen. Dann betrachteten sie Sun Yat-sens berühmten Hut und andere Reliquien, überwiegend Kleidungsstücke. Und tief im Tempelinneren standen sie plötzlich vor einer kleinen Mao-Büste. Die muß erst vor kurzem hier aufgestellt worden sein! dachte Tschiang Tsching.

Sie war aufgebracht. Zwar war es zulässig, Erinnerungsstücke aus Sun Yatsens Leben neben Buddhastatuen auszustellen, doch niemand hatte das Recht, Darstellungen des Vorsitzenden Mao oder Andenken an ihn in einem Tempel aufzubewahren. Tschiang Tsching sah sich um. Der fünf- oder sechshundert Jahre alte Tempel enthielt etwa ein halbes Tausend *Lohan*-Statuen – Darstellungen buddhistischer Heiliger. Sie ließ sofort Soldaten kommen und alles entfernen, was an den Vorsitzenden Mao erinnerte. Dann wandte sie sich an Wang Li und gab ihm zu bedenken, daß der Park von zahlreichen ausländischen Gästen und chinesischen Werktätigen besucht werde. Ihnen dürfe der Anblick einer Porträtbüste des Vorsitzenden im Rahmen einer religiösen Kultstätte nicht zugemutet werden. In ihrem Zorn machte sie ihm eine Szene (an die sie sich verlegen lachend erinnerte), aber deswegen schämte sie sich nicht. Sie fand, die Leute sollten sie kennenlernen, wie sie wirklich war. Sie brachte zum Ausdruck, daß die von Wang Li veranlaßte Aufstellung einer Mao-Büste völlig unzulässig war. Um ihren Standpunkt zu verdeutlichen, kaufte sie die als Opfergaben vor den Göttern und Götzen stehenden Speisen auf und verteilte sie an die Umstehenden. »Eßt!« sagte sie zu ihnen.

Als sie 1971 den Sommerpalast besuchte, beschloß sie, den Palast der Weißen Wolke, das größte Bauwerk in der Umgebung, zu besteigen, um das Panorama mit dem See, den Pavillons und dem Park überblicken zu können. Sie näherte sich dem Gebäude und sah zu ihrer Verblüffung, daß auf seinen Mauern in riesigen Schriftzeichen stand: »Lest das Buch des Vorsitzenden Mao und befolgt seine Weisungen.« Jedes der mit einer Spritzpistole aufgetragenen Schriftzeichen war zwei Meter hoch und entsprach genau Lin Piaos kalligraphischem Stil. Lin Piao ließ die Mauern berühmter Gebäude mit Schriftzeichen in seiner bekannten Schreibweise beschmieren und gab dann vor, dieser Ausspruch stamme von *ihm*. Aber in Wirklichkeit stammte er von Lei Feng (dem jungen Märtyrer, der Anfang der sechziger Jahre Mittelpunkt einer landesweiten Kampagne gewesen war).

Schon bevor Tschiang Tsching solche Beweise mit eigenen Augen sah, hatte der Vorsitzende Mao in einem Gespräch mit Edgar Snow betont, daß es falsch sei, seinen Worten und seiner Person übermäßige Bedeutung zuzumessen. Er hatte Snow erklärt, daß solche Dinge den ausländischen Freunden niemals aufgedrängt werden sollten – in dieser Frage sei sich die chinesische Führung einig. Aber Lin Piao zog es vor, diese Entscheidung zu ignorieren. Als Tschiang Tsching die riesige Schrift an der Palastwand zum erstenmal sah, sagte sie zu ihrer Begleitung lediglich: »Die Macht des Vorsitzenden liegt im Literarischen, und seine Kalligraphie ist Kunst.« Aber am 13. September 1971 (an dem Tag, an dem das Flugzeug, mit dem Lin Piao floh, angeblich in der Mongolischen Volksrepublik abstürzte) wurde Li Tso-peng (seit 1969 Politbüromitglied und vermutlich ein Anhänger von Lin Piao) mit dem Auftrag zum Sommerpalast entsandt, die riesigen Schriftzeichen entfernen zu lassen. Der Vorsitzende habe sich stets gegen jeglichen Großmachtchauvinismus ausgesprochen, bemerkte Tschiang Tsching, und damit meinte sie offenbar Lin Piaos Prahlereien.

Lin Piaos Machenschaften gegen den Vorsitzenden Mao, gegen Tschiang Tsching und gegen ihre Anhänger nahmen 1971 an Häufigkeit und Dreistigkeit zu. Der Vorsitzende instruierte den Ministerpräsidenten, wie er sich bei Zusammenstößen mit Lin Piao zu verhalten habe, aber Maos Vorstellungen waren nicht leicht zu verwirklichen. Auf dem Höhepunkt der Krise eilte Tschiang Tsching oft zu Tschou En-lai, um ihm zu helfen, die Wogen der Erregung zu glätten. Die ständige Bedrohung, die Fraktionskämpfe und die Konspirationen ließen sie fast nicht mehr zur Ruhe und zur Arbeit kommen – nicht einmal in ihrem Haus im Tschung-nan-hai. Denn auch dort hatte sich der Gegner eingenistet. Sie konnten nicht einmal mehr ungefährdet schlafen oder essen. Um zu überleben, räumten der Vorsitzende und ihre Mitarbeiter unauffällig ihr Hauptquartier im Tschung-nan-hai und zogen ins Hotel Tschinhai. Doch dieses Hotel erwies sich als wenig geeignet, und sie richteten sich in der Großen Volkskongreßhalle ein. Die technischen Einrichtungen in dieser Halle erleichterten die Regierungstätigkeit. Da der Vorsitzende aus seinem Heim vertrieben worden war, mußte er alle Besucher in der Großen Volkskongreßhalle empfangen.* Damals hätten Außenstehende zum erstenmal von der Suche Maos und seiner Gruppe nach einem Zufluchtsort und damit auch von Lin Piaos Verschwörung zum Sturz des Vorsitzenden erfahren, fügte Tschiang Tsching hinzu.

Die siegreichen Führer hielten Lin Piao zugute, er habe durch sein negatives Beispiel gezeigt, wie wichtig es sei, alle Generationen zum gewissenhaften Studium des Marxismus, des Leninismus und der Maotsetungideen anzuhalten. Ohne unablässiges Studium würden die Massen sich immer wieder »von Schwindlern wie Lin Piao täuschen lassen«.

Um dem im Volk noch immer virulenten Revisionismus entgegenzuwirken, wurde eine neue *Berichtigungsbewegung* eröffnet. Am 14. September 1971, am Tag nach Lin Piaos Absturz, begann das Büro des Vorsitzenden eine mühevolle Kampagne zur Zurückweisung von Lins Führungsanspruch

* Aus Agenturmeldungen geht hervor, daß der Vorsitzende zwischen Januar 1970 und 1971 keine ausländischen Gäste im Tschung-nan-hai empfangen hat. Nach Lin Piaos Tod war Präsident Nixon der erste Ausländer, der im Frühjahr 1972 wieder dort empfangen wurde.

und zur Bekämpfung seines Arbeitsstils, der von vielen übernommen worden war. Und im nächsten Jahr wurde eine Kampagne zur Kritik an Tschen Po-ta (der 1967 als *Ultralinker* kritisiert worden war) in die Wege geleitet. Die Beschlüsse des Vorsitzenden, Tschiang Tschings und ihrer Gruppe wurden den Parteigliederungen und danach den Massen bekanntgegeben. Sie forderten die Entmachtung der parteifeindlichen Clique von hohen Funktionären und deren Anhängern. In diesem Sinne wurden die Massen aufgefordert, erneut den Marxismus-Leninismus und die Maotsetungideen zu studieren.

Seit etwa einem Jahr, sagte Tschiang Tsching, nähmen diese Lehren den ihnen zustehenden Platz im Denken des Volkes ein, und das Bewußtsein der Massen scheine »gut gerüstet« zu sein. Zur Bloßstellung der Mitglieder von Lin Piaos Gruppe sei ein gewisses Maß an »konzentriertem, nachhaltigem Studium« erforderlich. Wenn die Massen mit dem Marxismus-Leninismus und den Maotsetungideen gewappnet seien, kritisierten sie ihre Lage, faßten ihre Erfahrungen in Worte und setzten ihren Kampf fort. Nicht nur die jüngeren, sondern auch die älteren Genossen müßten täglich politische Theorie studieren. »Das gilt auch für mich«, sagte sie lächelnd.

Da nunmehr sehr viele Menschen ernsthaft zu studieren begonnen hätten, sei die revolutionäre Lage gegenwärtig »ausgezeichnet«. Das »große Chaos« liege hinter ihnen, und das »Anfangsstadium geregelter Ordnung« sei erreicht. (Dies waren ihre Ausdrücke für die Stadien des politischen Fortschritts.) Da China sehr groß sei, sei mit neuem Chaos zu rechnen. Und deshalb müßten sich alle auf die Bewältigung der heute schon absehbaren künftigen Probleme konzentrieren.

Vor ihnen lagen drei Aufgaben. Wie schon von einigen Auslandskorrespondenten dargestellt, bestehe die erste Aufgabe darin, den Prozeß der *Kampf-Kritik-Umgestaltung* (fort vom Revisionismus, hin zum Sozialismus) in allen Fabriken und anderen Produktionseinheiten voranzutreiben. Die politische *Berichtigung* dürfe aber die Produktionssteigerung nicht behindern; letztere sei einfacher zu erreichen, bemerkte Tschiang Tsching anzüglich. Auf dem Gebiet der Medizin habe der Prozeß der *Kampf-Kritik-Umgestaltung* noch nicht begonnen. Die zweite und dritte Aufgabe habe der Vorsitzende Mao der gesamten Partei und der Nation erläutert: China dürfe niemals eine Supermacht werden und Nuklearwaffen einsetzen.

»Wird es einen elften *Kampf zweier Linien* geben?« fragte ich Tschiang Tsching.

»Unweigerlich«, antwortete sie. Die Führung vertrete nicht die Ansicht, daß der Klassenkampf von selbst einschlafen werde. China werde noch immer von Agenten der Bourgeoisie infiltriert und sei von kapitalistischen Staaten umgeben.

Im Juli 1966 habe der Vorsitzende Mao ihr einen Brief geschrieben, der »brillante Vorhersagen« enthalte, bemerkte Tschiang Tsching. Sie bezog sich auf die Korrespondenz, die von westlichen Geheimdiensten aus China beschafft worden war und von der in diesem Kapitel bereits die Rede war. Mao habe in diesem Brief ihr gemeinsames Ziel abgesteckt: den Sturz aller Rechten Opportunisten in der Partei und im ganzen Land. Es sei selbstverständlich unmöglich, *alle* zu stürzen, fügte Tschiang Tsching hinzu. Nach sieben oder acht Jahren müsse eine weitere Bewegung »zur Ausrottung von Rinderteufeln und Schlangengeistern« beginnen. Dabei würde es erneut zu »Säuberungen« kommen. Der Vorsitzende habe unmißverständlich erklärt, daß jeder Versuch eines Staatsstreichs durch kommunistische Rechte Opportunisten fehlschlagen müsse. Jede Maßnahme, die den Interessen von 95 Prozent der Bevölkerung zuwiderlief, sei seiner Überzeugung nach zum Scheitern verurteilt. Als Mao dies 1966 niederschrieb, war nicht etwa der Wunsch der Vater des Gedankens. Seine Vorhersagen trafen tatsächlich ein. Und die Kulturrevolution erwies sich letztlich nur als eine Generalprobe.

Lin Piaos schließliche Selbstentlarvung beweise, daß der Brief des Vorsitzenden brillante Vorhersagen enthalte (ein Ausdruck, den Tschiang Tsching wiederholte). Aber dieser Entlarvung seien selbstverständlich langwierige und weitverbreitete Unruhen voraus gegangen. Auch in Peking seien große Sachschäden entstanden. Bestimmte Institutionen wie die Peking- und Tsinghua-Universität, in denen politische und akademische Aktivitäten nicht voneinander getrennt werden könnten, hätten sich als besonders verwundbar erwiesen. Sie seien sofort zusammengebrochen. Dieser Zusammenbruch zeige, daß der Mißerfolg der Rechten Opportunisten in den Institutionen, in denen sie am arrogantesten aufgetreten waren, am krassesten sichtbar werde. Außerdem sei dort auch die Reaktion der Linken rascher und wirksamer erfolgt. Der Zusammenbruch dieser hervorragenden Universitäten, die seit Jahrzehnten eine Heimstatt berühmter Professoren und begabter Studenten gewesen seien, aber auch dazu beigetragen hätten, daß die Akademiker den Kontakt mit der Realität teilweise verloren hatten, gehöre zu einer ganz China erfassenden Generalprobe für zukünftige Kämpfe. Im Lauf der Zeit würde jeder seine Lektion lernen. Die Richtschnur für diesen Kampf lasse sich aus den Worten des Vorsitzenden ableiten: »Der Weg ist voller Windungen und Wendungen, doch die Zukunft ist glänzend.«

Im vergangenen Jahr (1971) habe die KPCh ihr fünfzigjähriges Bestehen gefeiert, sagte Tschiang Tsching. Die Führungsspitze sei sich darüber im klaren, daß durchschnittlich alle fünf Jahre ein *Kampf zweier Linien* ausbreche. Der Kampf gegen Wang Ming sei der längste gewesen – und stets eine offene Konfrontation. Aber der Kampf gegen »Lin Piaos Diktatur«, der jahrelang unterirdisch geführt worden war, sei nur zweieinhalb Tage lang auf der Plenartagung in Lu-schan im August 1970 offen ausgebrochen.

Welche Früchte hatte die Revolution bisher getragen? Die Führer konzentrierten sich darauf, das »Rückgrat der Revolution« zu stärken. Es solle ebenso aus den Menschen mittleren Alters und den Alten wie aus den Jungen bestehen. Solange jene, die Fehler gemacht hatten, sie eingestanden und die revolutionäre Linie des Vorsitzenden Mao übernahmen, könnten sie mit der Vergebung der Massen rechnen. Ein Beispiel dafür sei der Fall Teng Hsiao-ping. Er habe Fehler gemacht, aber später eingestanden, daß er sich falsch verhalten hatte. Nach seiner Berichtigung seien er und andere zu »Schätzen des Volkes« geworden.

Anfang 1972 trafen sich einige jüngere Spitzenfunktionäre zu einer Erweiterten Arbeitstagung des Zentralkomitees, und Tschiang Tsching nahm daran teil. Danach begab sie sich als Beobachterin zu einer anderen Tagung, bei der hohe Offiziere zusammenkamen. Die geistige Einstellung beider Gruppen erschien ihr völlig neuartig. Die Kritik an Lin Piao, die *Berichtigung* seiner Anhänger und das erneuerte Studium der Lehren von Marx, Lenin und Mao bildeten die ideologischen Triebkräfte der neuen Bewegung. Die Menschen lernten nun tatsächlich, auf neuartige Weise zu denken und zu sprechen. Außerdem hätten sie das *beständige Bedürfnis, kritisiert zu werden.* Die meisten Menschen seien nicht verknöchert; sie könnten ihre Ansichten ändern.

Diese Kraft des Volkes, sein Weltbild zu ändern, spürte Tschiang Tsching auf einer weiteren Versammlung, der sie beiwohnte. Diesmal waren die Teilnehmer Arbeiter, Bauern und Soldaten, und unter ihnen waren auch viele Frauen und Angehörige nationaler Minderheiten. Einige Aktivistinnen sprachen erstaunlich gut – besonders eine aus Tibet. Auch von Mongolinnen kamen nützliche Beiträge. Im Verlauf der Versammlung sprachen zuerst die jungen Leute. Dann folgten einige erfahrene Revolutionäre. Sie sprachen länger und hielten sich oft an umfangreiche Konzepte, die sie mitgebracht hatten. Zum Schluß ergriffen einige ZK-Mitglieder das Wort und gaben konstruktive Stellungnahmen ab. Versammlungen wie diese überzeugten die Führer davon, daß die Bewegung zur Entlarvung Lin Piaos und der von ihm propagierten Werte an Boden gewann.

Läßt man Tschiang Tschings Darstellung der Affäre Lin Piao, die verständlicherweise subjektiv war und ihren eigenen Zwecken diente, einmal außer acht, dann fällt auf, wie ähnlich Lin Piaos und Tschiang Tschings Ziele waren – was die Machtverhältnisse und die Nachfolgefrage betrifft. Obwohl Lin Piao hauptsächlich auf militärischem Gebiet und Tschiang Tsching im zivilen Bereich tätig war, wurden sie Rivalen im Kampf um die oberste Machtposition. Beide präsentierten sich den Massen ausdrücklich oder stillschweigend als »bester Schüler« des Vorsitzenden. Und seit Anfang der sechziger Jahre bemühte sich jeder von beiden, der Hauptvollstrecker seiner Ideen zu werden – eine Rolle, die nach dem Tod des Vorsitzenden von entscheidender Bedeutung sein konnte. Lin Piao erreichte in der *Sozialistischen Erziehungsbewegung* eine ideologische Spitzenposition; Tschiang Tsching stieg in der ihr folgenden Kulturrevolution auf. Lin Piaos Methode bestand darin, Maos Worte im Kleinen Roten Buch geschickt zu redigieren. Tschiang Tsching entwickelte die Kunst der Propaganda noch weiter, indem sie Theater, Oper und Film in Medien für die Maotsetungideen verwandelte. Ihr unbeirrbares Streben nach der Kontrolle über die chinesische Kulturpolitik, in dem ihr Lin Piao im Jahr 1966 für kurze Zeit behilflich war, ist das Thema der nächsten Kapitel.

Fünfter Teil:
Die Beherrscherin der Künste

XVI Das revolutionäre Theater

Geschichte wird vom Volk gemacht. Aber auf der Bühne der alten Oper (und in der gesamten alten, vom Volk losgelösten Literatur und Kunst) wird das Volk als Abschaum hingestellt. Die Bühne wird von den vornehmen Herren und Damen und deren verzärtelten Söhnen und Töchtern beherrscht. Nun haben Sie die auf den Kopf gestellte Geschichte wieder auf die Füße gestellt, die historische Wahrheit wiederhergestellt. Somit ist die alte Oper zu neuem Leben erweckt worden.
Mao Tse-tung, Brief an das Theater für Peking-Opern in Jenan, 9. 1. 1944

... Dies alles wird von einer mir fremden Musik getragen, die westliche Tonfolgen mit dem Miauen und Kreischen der alten chinesischen Oper vermengt ... Von der Revolution sind nichts als Museen übriggeblieben – und Opern.
André Malraux, »Antimemoiren«

Als Präsident Nixon im Frühjahr 1972 China besuchte, lud Tschiang Tsching ihn zu einer Vorstellung des revolutionären Balletts »Das Rote Frauenbataillon« ein. Er schien die Vorstellung zu genießen und fragte Tschiang Tsching nach den Namen der Librettisten, Komponisten und Regisseure dieser und anderer zeitgenössischer chinesischer »Musicals«. Sie seien »von den Massen geschaffen« worden, antwortete sie. Es sei ihm nicht leichtgefallen, diese Erklärung zu akzeptieren, berichtete Tschiang Tsching mir lächelnd, und sie fügte hinzu, man habe nicht erwarten können, daß er das Ausmaß ihrer persönlichen Verantwortung für die Entwicklung eines neuen Modelltheaters für China erfasse.

Bei der Erinnerung an die frühen sechziger Jahre gestand sie mit schmerzlicher Miene, daß ihr Entschluß, sich nach jahrelanger Abwesenheit von der Bühne plötzlich wieder in Ballett-, Theater- und Musikerkreisen zu zeigen und dort mitzuarbeiten, dazu geführt habe, daß sie auf Kritik sehr empfindlich reagiert habe. Als sie dann den Kunstsektor selbst kontrollierte, weigerten manche Leute sich, mit ihr zusammenzuarbeiten, während andere sogar gegen sie konspirierten. Aber Tschiang Tsching ließ sich auch durch diese Feindseligkeit nicht davon abhalten, ihren Weg zu gehen.

Beobachtet man Tschiang Tsching aus der Distanz einer ganz anderen Kultur, muß man sich vielleicht fragen, bis zu welchem Ausmaß sie sich über die grundlegend revolutionäre Natur ihrer Handlungsweise im klaren gewesen ist. Mit Unterstützung weniger kämpfte sie nicht nur gegen die Strömungen der chinesischen Geschichte, sondern auch gegen die der Weltgeschichte an. In der Überzeugung, daß das Theater das Bewußtsein schärfe, versuchte sie, die höchste Autorität im Bereich der darstellenden Künste und später der gesamten nationalen Kultur zu werden. Ihr Endziel war die Kontrolle über das Bewußtsein der Menschen – oder besser: dessen »Revolutionierung«. Sie hatte das Gefühl, diese Befehlsgewalt über das Bewußtsein der Massen (und die Anerkennung durch die Massen) als Basis ihrer persönlichen Macht und Autorität und als Mittel zur Festigung der Positionen ihrer loyalen Gefolgsleute zu benötigen. Ihr Aufstieg zur Gestalterin der nationalen Schauspielkunst bedeutete eine Inanspruchnahme des historischen Vorrechts der Männer, »die Rolle des Vorführers zu spielen, das Vorführbare zu bestimmen«.[1]

Das größte Problem für revolutionäre Führer wie für Historiker ist weder der Niedergang eines Reiches noch die Auflösung einer Revolution, sondern der Prozeß, durch den Ideen zu sozialen Normen werden. In China ist das Schauspiel, das Ausländer am besten als »Oper« kennen, das Medium schlechthin. Luigi Barzini hat festgestellt, für die Italiener sei die Oper die dominierende nationale Metapher. Das Gleiche ließe sich von den Chinesen sagen, erst recht in jenem revolutionären Stadium, in dem der Zusammenhang zwischen Politik und Kunst dank der marxistischen Lehre in das öffentliche Bewußtsein eingedrungen war. Beide Völker erschaffen die Vergangenheit auf melodramatische Weise neu, lieben historisches Gepränge und lassen sich nicht davon abbringen, Patriarchen zu verehren. Der Unterschied liegt in dem Grad der Toleranz gegenüber traditioneller Kultur. Die Italiener haben die mittelalterliche Kirche in einem modernen Staat bewahrt und fördern weiterhin die traditionelle Oper als Begleitmusik des heutigen Lebens. Aber die Chinesen haben in ihrer revolutionären Begeisterung nicht nur die politischen Strukturen des »Feudalismus«, sondern auch die damit verknüpften religiösen und sozialen Institutionen ausgerottet. Um eine neue, totalitäre proletarische Kultur zu etablieren, haben Chinas Führer fast alle alten und modernen, ländlichen und städtischen Kulturformen abgeschafft. Teestuben, Caféhäuser, unabhängige lokale Bühnen, private Restaurants und freie Märkte sind geschlossen worden. Märchenerzähler, Wahrsager, Straßenmusikanten, Komiker und Akrobaten sind von den Straßen gefegt worden. Religiöse Feste, prunkvolle Hochzeiten und Beerdigungen sowie die großen Feiertage des alten Kalenders sind aus dem Alltag getilgt worden – als seien sie eine von einer toten Zivilisation ausgehende Seuche.

Diejenigen, die seit der Kulturrevolution an der Macht sind, haben keine neuen opernhaften Darstellungen dieser verbannten Vergangenheit zugelassen. Weil die Vorliebe für Musik, Schauspiel und öffentliche Darbietungen sich unter verbesserten wirtschaftlichen und freieren gesellschaftlichen Bedingungen nicht nur erhalten, sondern sogar vergrößert hatte, stellten Tschiang Tsching und ihre Mitarbeiter ein Repertoire von Musterwerken zusammen, die auf den Strukturen und dem Symbolismus der sozialistischen Gegenwart basierten. In einem Sektor, der eine kulturelle Wüste hätte werden können, konnten sich die *Neuen Dinge* einer geplanten proletarischen Kultur entfalten. Die Menschen drängen sich, um Opern auf der Bühne oder im Film zu sehen, singen Arien in den Gassen und auf den Feldern und sind sofort bereit, dem ausländischen Besucher ihre Lieblingsszenen vorzuspielen. Selbst die Kinder – für die es keine spezielle Jugendkultur mit Mickymaus, Sesamstraße oder Rockgruppen gibt, keine Kultur, die im Fernsehen angeboten und kapitalistisch vermarktet wird – stimmen spontan ein mitreißendes Revolutionslied an.

Auch in China gewinnt die Ideologie durch die Leidenschaft an Kraft. Revolutionärer Einsatz zeigt sich nicht nur in Worten, sondern auch durch Taten. In Bezug auf kulturelle und folglich auch auf moralische oder politische Angelegenheiten pflegten die Chinesen zu sagen: »Gutes hat gute Wirkungen; Böses hat böse Wirkungen: Regt die Menschen dazu an, gut zu sein.« Das klassische Theater propagierte den Konfuzianismus, und das viel ungeschliffenere Theater des gemeinen Volkes propagierte die volkstümliche Religion, wobei es oft den Konfuzianismus der Feudalherrenklasse herabsetzte.[2] Das revolutionäre Theater der Gegenwart bemüht sich, die Menschen zu lehren, das Böse zu erkennen und das Gute zu tun. In der Werkstatt der Revolution hatte Tschiang Tsching den Sonderauftrag, Ideen zu entwickeln, die mit gesellschaftspolitischer Hebelwirkung in die darstellenden Künste integriert werden konnten. Ihre revolutionären Dramen sind mit physisch attraktiven und moralisch (lies: politisch) vorbildlichen Menschen aus verschiedenen Generationen besetzt. Kraft des geheimnisvollen Hypnotismus des Theaters werden ihre Verhaltensweisen und Wertmaßstäbe bewußt und unbewußt in den Alltag der Zuschauer übertragen und dort nachgeahmt.

Seit der Kulturrevolution haben sich die Musterwerke, zu denen Ballette, Symphonien und Skulpturen sowie Sprechtheaterstücke gehören, zu einer großartigen Manifestation von Geschichte, Mythos und nationaler Politik entwickelt. Was Mircea Eliade über die traditionellen Gesellschaften gesagt hat, gilt auch für Chinas revolutionäre Gesellschaft, die jetzt darum kämpft, Traditionen für die Zukunft zu schaffen. »Alle wichtigen Taten des Lebens«, schrieb er, »sind ursprünglich von Göttern und Helden vollbracht worden. Die Menschen wiederholen diese beispielhaften und mustergültigen Gesten nur *ad infinitum.*«[3] Im heutigen China stammen alle »Götter und Helden«, die als Gestalten des Mustertheaters auftreten, aus der Geschichte der KPCh. Kein Bühnenstück spielt in einer Zeit vor dem Beginn der zwanziger Jahre, d. h. vor dem Beginn der revolutionären Bewegung. In keinem wird jedoch eine geschichtliche Persönlichkeit wie Mao Tse-tung, Liu Schao-tschi und Lin Piao realistisch dargestellt. Die Bühne wird nur von abstrakten Gestalten bevölkert, die angeblich »typisch« für die Massen sind. Sämtliche Helden verkörpern die leuchtendsten Tugenden der proletarischen Klasse, und die Bösewichte karikieren die Laster der Kuomintang oder des ausländischen Feindes. Im Gegensatz zu der Seefahrermythologie des Mittelmeerraums oder der Südsee sind die Mythen, die sich um die Gründung der KPCh ranken, auf dem Festland angesiedelt, wo das nasse Element vor allem durch Flüsse verkörpert wird.

Der chinesischen Führung kommt es weniger darauf an, daß die Kunst das Leben imitiert, als darauf, daß die Massen die Kunst imitieren. Deshalb beurteilt sie ihre Aufwendungen für das Theater im Gegensatz zu der in den meisten Staaten geübten Praxis nicht kommerziell (sie fragt nicht, ob die Kosten eingespielt werden), sondern politisch (sie fragt, ob die Menschen durch die Stücke zum Wohlverhalten veranlaßt werden). Theaterkarten sind sehr billig. Eine Opernkarte kostet etwa 0,10 US-Dollar, eine Akrobatenschau bekommt man für ungefähr acht Cent zu sehen, und für ein Ballett oder einen Film sind nur etwa sechs Cent zu zahlen. Kinder zahlen überall nur etwa einen Cent. Die wenigen Chinesen, die sich die Mühe machten, nach den Eintrittspreisen in amerikanischen Theatern zu fragen, waren entsetzt: »Die kapitalistische Klasse kontrolliert und konsumiert also tatsächlich die Kultur!« Tschiang Tsching, der diese horrenden Preisunterschiede geläufig waren, zeigte sich entschlossen, die Eintrittspreise künstlich tiefzuhalten, wenn bestimmte Musterwerke auf Amerikatournee geschickt werden sollten – »um den Besuch durch die Massen zu fördern«.

»Wenn Sie über Kunst schreiben wollen«, erklärte Tschiang Tsching, »müssen Sie zuerst die richtige politische, wirtschaftliche und soziale Analyse der chinesischen Gesellschaft ›erfassen‹. Dann verstehen Sie, welche Funktion die Kunst innerhalb des Überbaus erfüllt.«

»Überbau« – dieser von ihr so häufig verwendete marxistische Begriff, entspricht etwa dem, was wir im weitesten Sinn unter Kultur verstehen: Kunst, Literatur, Erziehung, Wissenschaft sowie Ideen und Werte. Kommunistische Theoretiker haben die Ansicht vertreten, der Überbau müsse die ökonomische Basis ergänzen: Solange die Geschichte den richtigen Verlauf nimmt, hält der Überbau mit den Veränderungen der Basis Schritt. Das Problem der Koordinierung von Veränderungen in Überbau und Basis sowie die Frage, auf welcher Seite die historische Initiative liege, wurden Anfang der sechziger Jahre diskutiert. Die noch ungelösten Fragen wurden während der Kulturrevolution eingehend behandelt. Damals behaupteten Maos Gefolgsleute mit Tschiang Tsching an der Spitze, Chinas Überbau – vor allem auf den Gebieten der Kunst und der Erziehung – habe nicht mit den wirtschaftlichen Veränderungen Schritt gehalten. Werde nichts dagegen unternommen, daß der Überbau nachhinke, so werde die sozialistische ökonomische Basis unweigerlich »zerstört«, wodurch eine »Restauration des Kapitalismus« ermöglicht werde.

In der Mitte der sechziger Jahre hatte das revolutionäre Theater eine lange proletarische und kommunistische Tradition. In den *Zentralen Sowjetgebieten* in Kiangsi gründete die KPCh 1931 ein Theater (an der Akademie der Roten Armee). Ein Jahr später wurde die Gorki-Schauspielschule gegründet, und der sowjetische Einfluß verstärkte sich weiter durch chinesische Übersetzungen russischer proletarischer Schriftsteller und durch junge chinesische Kommunistenführer, die zwischen Schanghai, den chinesischen Sowjets und

Moskau hin und her reisten. Nach 1933 hörten Chinas propagandabewußte Führer, daß Stalin begonnen hatte, den »sozialistischen Realismus« auf der Bühne zu fördern. Unter Moskaus Einfluß entstand eine Volksschauspielgruppe, und deren Improvisationstheater, das eine »lebende Zeitung« darstellte, wurde regelmäßig dazu eingesetzt, politische Ideologie von Wanderbühnen aus unter die Massen zu bringen. Tschiang Tschings Bühnenlaufbahn in Schanghai wurde durch andere, raffiniertere Formen des revolutionären Dramas bestimmt. Aber in den von der Kuomintang regierten Großstädten mußten solche von links kommenden Veränderungen des Überbaus ohne die Unterstützung durch eine sozialistische ökonomische Basis bewirkt werden.

Nach der Befreiung wurden Bildungseinrichtungen und kulturelle Institutionen zusammen mit dem Grundbesitz und der Industrie stufenweise verstaatlicht. Diese Umwandlung kam nur langsam voran. So wie an der ökonomischen Basis noch bis zum Vorabend der Kulturrevolution einige Betriebe geduldet wurden, an denen Privatleute beteiligt waren, hielten sich bis zu diesem Zeitpunkt einige Institutionen im Überbau, darunter auch privat finanzierte und geführte Schauspieltruppen.[4] Allerdings wurden bedeutsame Anstrengungen gemacht, das Theater zu verstaatlichen. Im Juni 1950 versammelte Tschou Yang über vierzig führende Operndarsteller zur ersten Tagung des Opernreformbüros. Wenig später wurde ein dem Kultusministerium unterstelltes Opernforschungsinstitut unter Leitung von Tschang Keng (einem von Tschiang Tschings abgewiesenen Verehrern) gegründet. Dieses Institut förderte die Kooperation zwischen den neuen Kommissaren und der über ganz China verstreuten Gemeinschaft von Schauspielern, Sängern, Akrobaten und Musikern – der buntscheckigen Darsteller lokaler Opern, die bisher keine Regierungskontrolle gekannt hatten. Im Jahr 1952 wurde ein Pekinger Volkskunsttheater eingerichtet. Es sollte das moderne Schauspiel, das sich aus bürgerlichen auslandschinesischen Vorbildern entwickelt hatte, in ein neues Theater umwandeln, das die Ziele der sozialistischen Gesellschaft propagierte. Hier wurden die Methoden des volksnahen Theaters, das schon seit Anfang des 20. Jahrhunderts zur Förderung politischen Bewußtseins eingesetzt worden war, systematisch angewendet. Um kommunistische Ideologie zu verbreiten und die Kluft zwischen den Berufsschauspielern und den Werktätigen zu beseitigen, wurden die Ensembles meist in vier Gruppen aufgeteilt. Diese Gruppen wechselten sich bei den Vorstellungen vor Arbeitern und Bauern ab. Die gleiche Einteilung wurde während der Kulturrevolution auf allen Bühnen unerbittlich durchgesetzt.

Den gesellschaftspolitischen Projekten mit dem Ziel, Klassenunterschiede einzuebnen, gelang es nicht, kulturelle Traditionen auszurotten oder moderne Importe zu verhindern. Bis weit in die sechziger Jahre hinein existierten Tausende von lokalen Opernensembles – manche unabhängig, andere mit staatlicher Unterstützung. In Kreisen städtischer Kenner, vor allem bei denen, die neue und unkonventionelle Lebensrezepte suchten, ließ der Enthusiasmus für Stücke von Ibsen, O'Neill, Shaw, Tschechow und Tsao Yü (der berühmeste chinesische Imitator westlicher Stücke) keineswegs nach. Russische Dramaturgen und ihre chinesischen Schüler lehrten Stanislawskis

Methode der Schauspielkunst. Erst in der Kulturrevolution wurden sämtliche Darstellungen von Seelenerforschung, »häuslichem Exil« und »innerer Emigration« durch staatliche Intervention unterbunden.

Zu Beginn der fünfziger Jahre, als die kulturelle Kontrolle durch das Zentrum noch nahezu wirkungslos war, vermengten sich alte und moderne, feudale und bürgerliche Stilelemente, wodurch neue Bühnenphänomene entstanden. Die Karriere Mei Lan-fangs, eines außergewöhnlichen Schauspielers, der auf elegante weibliche Opernrollen spezialisiert war (Schauspielerinnen erschienen erst nach der Befreiung regelmäßig auf chinesischen Bühnen), zeigte, wie viele kulturelle Initiativen den Darstellern noch immer offenstanden. Zu Anfang des Jahrhunderts hatte er mit Peking-Opern in modernen Kostümen experimentiert; diese Versuche hatte er jedoch bald wieder aufgegeben.[5] In der Mitte des Jahrhunderts hatte er einen internationalen Ruf als Darsteller weiblicher Rollen. Nachdem die Kommunisten an die Macht gekommen waren, gestaltete er sein Repertoire weiterhin mit modernem Glamour, gab seine Lebenserinnerungen auf englisch heraus, machte Filme und Schallplatten von seinen Auftritten und prahlte mit seiner Freundschaft mit Hollywoodstars.[6] Nach der Jahrhundertmitte schrieben die Bühnenautoren neue Dramen, die mehr realistische Dialoge und realistischere Schauplätze enthielten als die traditionelle Oper. Tien Hans Stück über die Kaiserin Wu Tse-tien, Hsia Yens Stück über Sai Tschin-hua und Wu Hans Zyklus über Hai Jui, den aufrechten Beamten der Ming-Dynastie, waren nur Beispiele für eine neue Welle historischer Romanzen auf der Basis spannender Episoden aus der feudalen und kaiserlichen Geschichte – Erinnerungen an diese jetzt durch Liebe und Haß entstellte Vergangenheit.

Hätte Tschiang Tsching, die nach einer allseits anerkannten politischen Machtposition maskulinen Typs strebte, angesichts der Tatsache, daß Schauspielerinnen im allgemeinen als moralisch suspekt galten oder nur als Stars der leichten Muse geschätzt wurden, nicht allen Grund gehabt, sich der Öffentlichkeit nicht wieder als Schauspielerin in Erinnerung zu bringen? Außerdem war die »Kultur« in China wie fast überall auf der Welt noch niemals ein von Frauen beherrschter Wirkungsbereich gewesen. Jahrhundertelang hatten Männer das Theater als Autoren, Regisseure und Musiker beherrscht, und bis vor kurzem hatten sie die Bühne für sich allein beansprucht.

Für Tschiang Tschings zielbewußtes Streben nach uneingeschränkter Kontrolle über die darstellenden Künste und die nationale Kultur insgesamt liegt eine ideologische Erklärung (die jedoch psychologisch unzulänglich ist) nahe. Bei unserem Interview erinnerte sie sich daran, daß sie 1962 über die »ideologischen Kämpfe, die Kämpfe an der ökonomischen Basis wiederspiegelten« tiefer als je zuvor beunruhigt gewesen war. Auf der 10. Plenartagung (1962) des VIII. Zentralkomitees wurde die Frage aufgeworfen, ob es ihr gestattet werden sollte, die Initiative zu ergreifen, um die Kritik an den führenden Mitgliedern des Pekinger Stadtparteikomitees (das zugleich die chinesische Kulturpolitik kontrollierte) zu organisieren. In der Debatte wurde sie von dem Vorsitzenden, von Tschou En-lai, von Kang Scheng und von Ko Tsching-schih (der als Vorsitzender des Parteikomitees von Ostchina ein wertvoller Verbündeter war) unterstützt. Nach fünfjährigem Kampf gegen die alte Kulturgarde, deren Amtsenthebung Tschiang Tsching schließlich durchsetzen konnte, hatte sie die jüngeren Wortführer davon überzeugt, daß sie die Führungsposition auf dem Kultursektor zu Recht innehatte. Zeitschriften der Roten Garde, die auf ihrer Seite standen, veröffentlichten Biographien, die jeden Schritt ihres Aufstiegs zur kulturellen Macht schilderten und lobten.[7] In diesen Ergüssen wurden ihre revolutionären Mustertheaterstücke gelobt, weil sie bewirkten, »daß der Überbau tatsächlich mit der ökonomischen Basis übereinstimmte«, weil sie ein »kostbares Gut des Weltproletariats« und »leuchtende Perlen proletarischer Literatur und Kunst« waren – »von Maotsetungideen sprühend . . ., ein glänzendes Ergebnis von Genossin Tschiang Tschings persönlicher Beteiligung an der Kampf- und Kunstpraxis«.[8]

Tschiang Tsching übernahm auch die kaiserliche Tradition, die Kunst im allgemeinen und das Theater im besonderen zu fördern. Kaiser Ming Huang aus der Tang-Dynastie hielt sich an seinem Hof einen Schauspielerzirkel, den er den »Birnen-Garten« nannte; ähnliche Förderung wurde dem Theater von seinen Nachfolgern zuteil. Die letzte Mandschu-Herrscherin, Kaiserin-Witwe Tze Hsi*, bewunderte die Schauspielkunst so sehr, daß sie sich im Sommerpalast eine erhöhte Freilichtbühne im prächtigen Ming-Stil bauen ließ. Dort wurden Romanzen über unglückliche Liebende, erbauende Stücke voller Sohnesliebe und religiöse Maskenspiele nach buddhistischen Legenden aufgeführt. Die Kaiserin-Witwe gab sich nicht damit zufrieden, nur Zuschauerin zu sein. Sie und ihr Schützling, der junge Kaiser Tung-tschih, verkleideten sich gelegentlich phantastisch und spielten Rollen, die weit weniger erhaben als ihre Herrscherrollen waren.

Chinas gegenwärtige Herrscher haben keine Zeit mehr für Idyllen. Da sie entschlossen sind, den Charakter der Massen, deren kulturelle Gewohnheiten noch aus kaiserlichen Zeiten stammen, völlig umzugestalten, können sie es sich nicht leisten (zumindest nicht öffentlich), sich dem Amüsement hinzugeben oder sich ihren Bibliotheken, Kunstsammlungen und Filmarchiven zu widmen. Ihnen geht es in erster Linie um die Festlegung dessen, was die Nation lesen, hören und sehen darf.

Wie beim Aufbau einer modernen Industrie konnten die kommunistischen Führer in der kulturellen Revolution westliche Elemente nicht völlig ausschließen. Seit dem ausgehenden 19. Jahrhundert – Jahrzehnte vor dem Siegeszug des Marxismus – waren Spannungen zwischen dem ideologischen Überbau und der ökonomischen Basis spürbar gewesen. »Chinesische Gelehrsamkeit für das Wesentliche, und westliche Gelehrsamkeit für die Funktion«,[9] mahnte der in der Mandschu-Dynastie lebende Reformer Tschang Tschih-tung. Er befürchtete, China werde durch den Import westlicher Industrie und Waffentechnologien, die für die Nation angesichts der Bedrohung

* Tze Hsis Name wird in diesem Buch erwähnt, doch Tschiang Tsching nannte ihn auch dann nicht, wenn sie von der Mandschu-Ära sprach. Dafür hatte sie bestimmt politische Gründe: Sie wollte nicht auf diese berüchtigtste und unbeliebteste Herrscherin der Neuzeit aufmerksam machen.

durch den ausländischen Imperialismus lebensnotwendig waren, kulturell verseucht werden. Anfang der zwanziger Jahre warnte Hu Schih, der liberale Förderer schrittweiser Reformen und einer Mundartliteratur im amerikanischen Stil, vor der Tendenz zu einer »pauschalen Verwestlichung«.[10] Auch die kommunistische Führung stand vor dem Problem, ausländische und einheimische Werte gegeneinander abwägen zu müssen. Der Vorsitzende Mao hatte dazu aufgefordert: »Das Alte in den Dienst der Gegenwart stellen, das Ausländische für China nutzbar machen!« Tschiang Tsching benutzte dieses Rezept, um die kritische Aneignung des nationalen Kulturerbes und die Einführung neuer ausländischer Ideen in altvertraute Genres zu rechtfertigen. Aber *kritische* Aneignung bedeutete, daß der im Überbau wuchernde Wildwuchs beschnitten werden mußte.

»Wie können wir kritisch Geister, Götter und Religion assimilieren?« fragte Tschiang Tsching im November 1966 auf einer Dramatikerversammlung in der Großen Volkskongreßhalle. »Das ist meiner Ansicht nach unmöglich, weil wir Atheisten und Kommunisten sind. Wir glauben gar nicht an Geister und Götter.« Solcher Aberglauben sei von der Gutsbesitzerklasse dazu benutzt worden, das Volk zu unterdrücken und auszubeuten. »Alle Reste des Ausbeutungssystems und die alten Ideen, die alte Kultur, die alten Sitten und Gebräuche der Ausbeuterklassen hinwegzufegen, ist eine wichtige Aufgabe unserer Großen Proletarischen Kulturrevolution.«[11]

Bis zum Untergang der Mandschu-Dynastie waren die Führer Chinas davon überzeugt, ihr Regierungssystem, ihr reiches geschichtliches Erbe und ihre Kultur seien denen der abendländischen »Barbaren« überlegen. Während die marxistische Geschichtsbetrachtung Chinas gegenwärtige Führung dazu gezwungen hat, die »Feudalherrschaft« und die literarische Tradition der Vergangenheit zu verwerfen, sind die materiellen Kulturdenkmäler – Bronzen, Keramik, Porzellan, Architektur, Monumente – zu einem neuen Quell des Nationalstolzes geworden. Sie werden nicht als geniale Werke von Künstlern gefeiert, sondern als »Schöpfungen der Massen«.

In ihrem Kampf um eine literarische Kultur für die revolutionäre Ära wurden verschiedene Parteiführer, darunter auch Mao Tse-tung und Tschiang Tsching, von einem Gefühl der Unzulänglichkeit, ja sogar des Versagens ergriffen. Die jahrhundertealte Haßliebe für den Westen ist unverändert stark geblieben. Allerdings kann niemand behaupten, seit der Gründung der KPCh im Jahre 1921 sei nichts erreicht worden. Wären die politischen Zustände in China in den dreißiger Jahren und danach günstiger gewesen, hätte Lu Hsün vielleicht Chinas Solschenizyn, Tien Han Chinas Arthur Miller und Hsia Yen Chinas Federico Fellini werden können. Alle drei waren zudem Mittelpunkt eines vielversprechenden Kreises kreativer Begabungen. Ihr tragisches Unglück scheint es gewesen zu sein, daß sie Genies und Individualisten zugleich waren – und den Mut hatten, diese Kombination zu verteidigen. Lu Hsün starb 1936. Die beiden anderen überlebten und wurden in der Kulturrevolution gestürzt: paradoxerweise in derselben Bewegung, die Lu Hsüns heldenhaften Ruf – nicht nur als revolutionärer »Bannerträger«, sondern auch als »Kommunist« – begründete, obwohl er niemals unter kommunistischen Bürokraten gearbeitet hatte. Im Jahre 1956 erklärte Mao im Hinblick auf dieses kulturelle Dilemma:

> »Wir müssen zugeben, daß das Niveau des Westens, was die moderne Kultur betrifft, höher als unseres ist. Wir sind hinter ihm zurückgeblieben. Gilt dies auch für die Kunst? In der Kunst haben wir unsere Stärken und unsere Schwächen. Wir müssen es verstehen, uns die guten Dinge aus dem Ausland anzueignen, um unsere Mängel wettzumachen. Wenn wir unsere alten Wege beschreiten und die ausländische Literatur nicht studieren, sie nicht in China einführen, wenn wir nicht wissen, wie man ausländische Musik anhört oder spielt, ist das nicht gut. Wir dürfen nicht wie die Kaiserin-Witwe Tze Hsi blindlings alle ausländischen Dinge ablehnen. Blindlings ausländische Dinge ablehnen ist das Gleiche wie sie blindlings anbeten. Beides ist falsch und schädlich.«[12]

Kein geschichtsbewußter Chinese kann Konfuzius' Feststellung vergessen, daß Musik das Gemüt der Menschen besänftige. Seit dem Beginn der chinesischen Geschichte wurden staatliche Rituale von Musik begleitet. In der Westlichen Tschou-Dynastie (1100–771 v. Chr.) wurden Bogenschießzeremonien von Orchestern begleitet, zu deren Instrumenten Leiern, Flöten, Trommeln und Glocken gehörten. Die kaiserlichen Orchester der Han-Dynastie fügten nach und nach weitere Instrumente hinzu. Nach vier Jahrhunderten der Uneinigkeit waren die Sui- und Tang-Dynastien, die vom sechsten bis zehnten Jahrhundert regierten, beide vor allem mit der Konsolidierung des Reiches und der Bereicherung der Kultur – auch durch die Übernahme einiger ausländischer Eigenarten – beschäftigt. Kaiser beider Dynastien gründeten stark gegliederte Musikakademien, die sich bemühten, Musik aus Zentralasien und die Musik der nationalen Minderheiten mit der dominierenden Han-Tradition zu verschmelzen.[13] Ein Jahrtausend später förderte die Volksrepublik, der soviel wie jeder vergangenen Dynastie daran lag, einen inneren Zwiespalt durch politische Konsolidierung zu überwinden, neue Forschungsarbeiten über die Musik der Minderheiten oder die »Volksmusik«, wie man sie auch nennen konnte. Sie sollte mit Elementen der klassischen Han-Tradition und des Westens verschmolzen werden – möglichst von allen Anklängen an Feudalismus, Imperialismus und Kapitalismus gesäubert.

In derselben Zeit, als die Kaiserin-Witwe Tze Hsi »ausländische Dinge blindlings ablehnte«, bewunderte der phantasiebegabte Reformer Liang Tschi-tschao ausländische Musik, die er für viel ausdrucksvoller als die chinesische hielt. Liang suchte nach den Gründen dafür, daß Chinas militärischer Geist unterentwickelt war (was sich nie deutlicher als während der Herausforderung durch den ausländischen Imperialismus im späten 19. Jahrhundert zeigte), und zu den Gründen, die er anführte, gehörte auch das »lethargische« Wesen der chinesischen Musik. Er schlug vor, die Chinesen sollten wie die Athener, von denen die Spartaner gelernt hatten, ihre Krieger mit aufreizender Musik zum Sieg zu treiben, nach Mitteln suchen, um den Wagemut und die Angriffslust ihres Volkes zu stimulieren.[14]

Die Bereitschaft, die Staatsmusik durch bewußte Anleihen bei ausländischen Quellen und der chinesischen Vergangenheit zu bereichern, war am Vorabend der Kulturrevolution größer als je zuvor. Das Hauptziel dieser nationalen Erhebung war eine Wiedererweckung des revolutionären Willens der Massen, damit diese die ehrgeizigen Aufgaben beim »Aufbau des Sozialismus« anpacken konnten. Als Tschiang Tsching diese historische Herausforderung in den sechziger Jahren annahm, waren die Probleme der kulturellen Ausgewogenheit und der kulturellen Synthese noch immer ungelöst. Wieviel ausländischen Einfluß konnte China in seinem Bemühen um kulturelle Autarkie tolerieren? Welche kulturellen Vorteile hatten andere Rassen und Staaten Chinas aufstrebender Proletarierklasse zu bieten?

Seit der Mitte des 19. Jahrhunderts betraf die Herausforderung durch den Westen nicht nur das kulturelle, sondern auch das industrielle und das militärische Niveau. Nach Chinas demütigender Niederlage im Opiumkrieg von 1839–1840 und dem Abschluß der *Ungleichen Verträge* setzten einige tapfere Reformer um 1860 eine Bewegung in Gang, mit dem Ziel, Grundlagen für eine Industrialisierung zu schaffen und die nationale Verteidigungskraft zu stärken. Angesichts der agrarischen, nichtindustriellen Tradition Chinas ist das beispiellose Streben dieser Reformer nach Energie und Macht über die unbelebte Natur von dem Historiker Benjamin Schwartz zu recht als faustisch-prometheisch bezeichnet worden.[15] Die gleiche dynamische und aggressive Einstellung wurde von der Kommunistischen Partei Chinas bewußt zum Arbeitsprinzip erhoben. Bodenreform und Industrialisierung verwirklichten es in der materiellen, d. h. sozio-ökonomischen Ordnung, und die gewaltigen Umwälzungen in der Mitte der sechziger Jahre übertrugen es auf die kulturelle Sphäre.

Musik wurde das wichtigste Mittel zur Feier der Kulturrevolution. Aus dem Westen kamen eine Vielzahl von Musikinstrumenten und eine Fülle von Symphonien, die Chinas gegenwärtiger geschichtlicher Situation ebenso entsprachen, wie die vor einem Jahrhundert eingeführten industriellen und militärischen Techniken die Bedürfnisse der damaligen Zeit befriedigt hatten. Ausländische Geigen, Bratschen, Celli, Klarinetten, Hörner und der Konzertflügel erzeugten eine bis dahin unbekannte Klangfülle, Lautstärke und Klangfärbung, wenn sie im Stil von Tschaikowski, Liszt, Rachmaninow oder Smetana orchestriert wurden. In die chinesische Bühnenmusik projizierte der faustisch-prometheische Geist die Hoffnungen, die Wehrhaftigkeit, den Reichtum und die Macht der Proletarierklasse.

Die Chinesen hätten ihre eigene Musiktradition verachtet, erklärte Tschiang Tsching, als wir über die musikalischen Grundlagen der Kulturrevolution sprachen. Sobald sie ein westliches Musikstück hörten, setzten sie gedankenlos voraus, es sei besser als jedes chinesische Werk. Sie überlegten sich auch niemals ernstlich, daß neue Musik *komponiert* werden könnte. Nachdem China jahrzehntelang westlicher Musik ausgesetzt gewesen war, wurde einigen schließlich die Tatsache bewußt, daß diese Musik eine Funktion des ausländischen Kapitalismus war. Trotzdem, fügte Tschiang Tsching hinzu, ohne sich auf ihren strengen Marxismus zu versteifen, lasse sich von westlicher Musik viel lernen. Generationen chinesischer Musiker, die sich dem Studium ausländischer Instrumente und Kompositionen gewidmet hatten, brauchten dies nicht als demütigend zu empfinden. Ihre Begeisterung für westliche Musik hatte zur Folge, daß China überreich an Musikern war. Es gab unzählige Pianisten, von denen einige sehr gut und vielseitig waren. »China hat mehr Liszts als Liszt«, hieß es deshalb scherzhaft.

Sie habe nicht sonderlich viel westliche Musik gehört, fuhr Tschiang Tsching fort. Doch sie konnte Partituren fließend lesen, nachdem sie sich diese Fähigkeit zu Anfang der sechziger Jahre angeeignet hatte. Seit Jahren sei sie davon überzeugt, daß die Chinesen ihre eigene Musikkultur auf der Grundlage ausländischer Errungenschaften bereichern könnten.

»Mit dem Hammer in der Hand habe ich mich darangemacht«, verkündete sie mit erhobener Faust, »alle überlieferten Konventionen zu zerschlagen.« Ihre Offensive löste in Musikerkreisen heftige Debatten aus. Manche waren bisher der Überzeugung gewesen, eine Symphonie könne nur vier Sätze haben; andere plädierten für acht. Manche wollten nur noch Symphonien spielen lassen. Andere zogen Solistenkonzerte vor oder erklärten die menschliche Stimme zum wichtigsten Instrument.

Tschiang Tschings musikalische Vorbildung war lückenhaft. Als Schauspielschülerin in Tsinan hatte sie mehrere Instrumente spielen gelernt und drei Monate lang Klavierunterricht bekommen. Obwohl ihre Lehrerin sie persönlich geschätzt hatte, war sie am Klavier sehr streng gewesen und hatte ihrer Schülerin mit Stöcken auf die Handgelenke geschlagen, um deren Tempo zu steuern. Tschiang Tsching hatte diese Klavierstunden gehaßt und war deshalb eigentlich nie über Tonleitern und einfache Etüden hinausgekommen. Vor Präsident Nixons Staatsbesuch im Frühjahr 1972 hatte sie erfahren, daß er ein ausgezeichneter Klavierspieler sei. Deshalb hatte sie nicht gewagt, ihm zu erzählen, daß sie früher auch ein wenig Klavier gespielt hatte. »Sie sind der erste ausländische Gast, dem ich gestanden habe, daß ich dieses Instrument gespielt habe«, sagte sie lachend.

Einige Jahre lang, vor allem nach 1964, besuchte sie verschiedene Konservatorien, hörte sich stundenlang Konzerte an und beobachtete aus nächster Nähe, wie ausländische Instrumente gebaut waren und beherrscht wurden.[16] Nachdem sie gehört hatte, wie Klarinetten, Oboen, Flöten und andere Instrumente in der Kammermusik, in Symphonien und im Solo klangen, bekam sie einen Begriff von der Vielseitigkeit dieser Musikinstrumente und ihrem Potential im Zusammenspiel mit anderen – auch mit chinesischen Instrumenten. Diese Vorstöße in esoterische Musikerkreise seien ihr nicht leicht gefallen, sagte Tschiang Tsching. Sie war sich schmerzlich bewußt, mit welcher Verachtung berühmte Musiker auf sie herabsahen, weil sie keine erwähnenswerte musikalische Vorbildung hatte. Aber sie wagten nicht, Tschiang Tschings Absicht zu kritisieren: die Revolution in die Welt der Musik zu tragen.

Während Tschiang Tsching sich musikalisch weiterbildete, bemühte sie sich, das Interesse der Musiker zu wecken und sie dazu zu verpflichten, die Musik in ein revolutionäres Medium zu verwandeln. Die verbale Zustimmung der Musiker war leicht zu erlangen – aber dies war bedeutungslos, wie Tschiang Tsching bald feststellte. Li Te-lun (der in Schanghai ausgebildet worden war und in Jenan eine Parteikarriere begonnen hatte), der Dirigent des Zentralen Philharmonischen Orchesters, und sein preisgekrönter Pianist Yin Tscheng-tschung (damals Mitte Zwanzig und Absolvent des Leningrader Konservatoriums) schickten ihr beide einen Brief, in dem sie ihr versicherten, sie wollten unbedingt revolutionäre Musik machen. Aber solche Briefe waren wertlos, wenn ihre Verfasser nicht tatsächlich etwas in dieser Richtung unternahmen. Da Tschiang Tsching die westliche Musik kannte, die sie bewunderten und auf die sie unter keinen Umständen verzichten wollten, spürte sie den verzweifelten Wunsch, gegen die beiden vorzugehen und die ausländischen Konventionen, an die sich so sklavisch hielten, zu zerschlagen. Um ihr Ziel zu erreichen, arbeitete sie solange mit den beiden zusammen, bis diese allmählich begriffen, um welche schöpferischen Synthesen es ihr ging.

Obwohl Li Te-lun, Yin Tscheng-tschung und ihre Kollegen gute Musiker waren, verstanden sie praktisch nichts von Komposition. Tschiang Tsching erklärte ihnen, bei der Schöpfung revolutionärer Musik sei es unumgänglich, sich sowohl über chinesische als auch über ausländische Konventionen hinwegzusetzen. Oft kam sie unangemeldet zu den Proben des Zentralen Philharmonischen Orchesters. Nachdem sie ihr Urteil abgegeben hatte, kreischte der Dirigent Li Te-lun bisweilen: »Sie schlagen mit einem großen Hammer auf mich ein!« Tschiang Tsching amüsierte sich bei der Erinnerung an diese Szene. Aber Li Te-lun war ehrlich und gutmütig – und wußte, daß ihre scharfe Kritik ihm nützte. Sowohl Li Te-lun als auch Yin Tscheng-tschung hätten sich über Jahre hinweg unbekümmert ausländischen musikalischen Konventionen unterworfen, fügte sie hinzu.

Li Te-lun lernte also, mit Tschiang Tsching zusammenzuarbeiten, und präsentierte ihr im Lauf der Zeit neue Werke von »Meisterkomponisten« aus den Kreisen seiner Musikerkollegen. Dazu gehörten Entwürfe für das Klavierkonzert »Der Gelbe Fluß« und die Symphonie *»Schatschiapang«* (nach der revolutionären Peking-Oper *»Schatschiapang«*), die beiden wichtigsten während der Kulturrevolution entstandenen Kompositionen. Die ursprünglichen Fassungen waren durch ausländische Einflüsse beeinträchtigt. Unter Tschiang Tschings Leitung wurden sie überarbeitet, so daß sie schließlich zu den Musterstücken zählten – obwohl sie noch immer unvollkommen waren, wie sie sagte. Das symphonische Arrangement dieser Stücke brachte gewaltige Schwierigkeiten mit sich, denn Tschiang Tsching hatte nicht nur mit der Konzeption der Partituren zu kämpfen, sondern auch mit den Fachleuten, die den Auftrag hatten, die Details zu komponieren, und schließlich sogar mit den Künstlern. Als sie das Konzert »Der Gelbe Fluß« überarbeitete, erwiesen sich die Komponisten und Künstler als unglaublich hartnäckig, wenn es darum ging, die richtige Arbeitsweise zu praktizieren. Die von Tschiang Tsching engagierten Sänger weigerten sich zunächst, aus ihren Berufsverbänden auszutreten und sich der (von ihr geförderten) Chinesischen Musikvereinigung anzuschließen. Deshalb mußte sie »mit einem Hammer auf sie einschlagen«, bis die Musiker auf ihre Linie einschwenkten.

Das Klavierkonzert »Der Gelbe Fluß« basierte auf einer früheren Komposition, der Kantate »Der Gelbe Fluß«, die Hsien Hsing-Hai in Jenan als Chorwerk komponiert hatte.[17] Tschiang Tsching hatte dabei mitgewirkt, denn sie hatte damals an der Lu-Hsün-Akademie gearbeitet. Später entdeckte sie, daß die Kantate bestimmte »ungesunde« Passagen enthielt. Diese waren aus der späteren Fassung – die andere Mängel aufwies, wie sie sich hinzuzufügen beeilte – entfernt worden. Persönliche Erfahrungen beeinflußten ihre Auffassung davon, wie die Musik neu entwickelt werden sollte. Da sie den Gelben Fluß während des Befreiungskriegs im Nordwesten mehrmals überquert und seinen Oberlauf erforscht hatte, hatte sie eine lebhafte Vorstellung von Form und Bewegung dieses Flusses. Sie hatte auch an Kämpfen an seinen Ufern teilgenommen. Um Yin Tscheng-tschung auf die Komposition seines Soloparts vorzubereiten, schickte sie ihn mit dem Auftrag los, den Spuren des vom Vorsitzenden Mao geführten Langen Marsches zu folgen. So war er später imstande, den Geist der von der älteren Revolutionärsgeneration im Nordwesten geführten Kämpfe musikalisch auszudrücken.

Unter Tschiang Tschings Anleitung wurde die Tonalität der Kantate »Der Gelbe Fluß«, die sich in ihrer ursprünglichen Form auffällig ausländisch anhörte, verändert. In jedem Stadium der Bearbeitung holten sie und ihr Assistent die Meinungen der Massen ein und änderten dann die Partitur entsprechend ab. Die gleichen routinemäßigen Befragungen in der Öffentlichkeit begleiteten die Komposition der Symphonie *»Schatschiapang«* und die Peking-Oper-Version der »Geschichte einer Roten Signallaterne«.[18] Beide wurden wiederholt abgeändert, bis sie die gewünschte Wirkung auf die Massen hatten.

Wie Thomas Jefferson im 18. Jahrhundert festgestellt hat, wird die Behauptung »Die Gegenwart gehört den Lebenden« von jeder revolutionären Generation wiederholt, die ihre Verantwortung für das Los ihrer Mitmenschen fühlt. Mao Tse-tungs vergleichbare Parole im 20. Jahrhundert, »Dem Volke dienen«, entstand bei der Beerdigung eines Freundes in Jenan. »Dem Volke dienen« wurde von anderen Parteiführern als wirkungsvolles Schlagwort aufgegriffen und millionenfach in Bildungswesen, Forschung, Gesundheitswesen, Militär und Verwaltung wiederholt. In den sechziger Jahren erklärte Tschiang Tsching diese Parole zum obersten Prinzip der darstellenden Künste.

Bei der Planung und Verwirklichung eines Revolutionstheaters mit Modellcharakter konnte Tschiang Tsching sich nicht auf die praktische Unterstützung Maos verlassen, dessen Begabung sich in Aufsätzen und Gedichten zeigte. Als sie in den sechziger Jahren als Kulturpolitikerin aktiv zu werden begann, gestand er bereitwillig ein, daß sie vom Theater mehr wußte als er. Dennoch kritisierte er sie gelegentlich, wenn sie Meinungen äußerte, die er dem bürgerlichen Stadium des kulturellen Bewußtseins zuordnete. Tschiang Tschings Forderung nach proletarischen Symphonien und Theaterstücken folgte der jahrhundertealten Tradition, klassische Kunstformen zeitgenössischen Interessen anzupassen. Wie das Versmaß dazu dient, den Gedichten Spannung zu verleihen, so dient die klassische Opernform dazu, dem Revolutionstheater Spannung zu verleihen. Die Massen Chinas – die Adressaten der neuen proletarischen Kunst – wurden dadurch an das neue Theater gewöhnt, daß zunächst bestimmte Strukturen aus klassischen und populären Stücken beibehalten wurden. Arien, Tempi, bekannte Vortragsweisen, artistische Einlagen und übertriebene soziale Typologie gaben den neuartigen Inhalten vertraute Formen. Obwohl westliche Neuerungen wie die Vorbühne, realistische Kulissen und Requisiten und der Orchestergraben (für das von der Bühne verbannte größere Orchester) anfangs fremdartig wirkten, entsprach diese Synthese von vertrauten und fremden Elementen eher den Zuschauererwartungen, als es reine Sprechstücke – Dialoge ohne Gesang und Akrobatik – vermocht hätten.

Das Schlagwort »Die Zerstörung muß dem Aufbau vorangehen« wurde während der Kulturrevolution auf die darstellende Kunst wie auf zahllose andere Bereiche angewandt. Der Stil des Dramas wurde von Wortgefechten statt vom Schwerterklang geprägt. Aus der Verwüstung, die Tschiang Tsching und ihre Gefolgsleute anrichteten, indem sie sämtliche unterhaltenden Medien verboten – anfangs vor allem Musik, Schauspiel und Film –, ging eine als *yang-pan hsi* bekannte Auswahl von Musterwerken hervor. Der üblich werdende Gebrauch von *yang-pan*, d. h. »Muster« oder »Modell«, hatte eine politische Bedeutung. Ende der fünfziger Jahre bezog der Begriff *yang-pan* sich auf die »Vorführfelder« von Muster-Volkskommunen, die während des *Großen Sprungs* zur allgemeinen Nachahmung anregen sollten.[19] Auf diese Weise übertrug der Ausdruck *yang-pan hsi* – »Modell*theater*« – die Metapher von der Basis auf den Überbau. Dadurch wurde ausgedrückt, das Musiktheater habe nicht anders als die Landwirtschaft einem bestimmten Muster zu entsprechen – und daß dieses Muster sich je nach den Anforderungen der revolutionären Führung und der Zeit verändern könne.

Als die Kulturrevolution 1968 in ihr letztes Stadium trat, waren insgesamt acht Musterwerke geschaffen worden: vier Peking-Opern (»Geschichte einer Roten Signallaterne«, *»Schatschiapang«*, »Mit taktischem Geschick den Tigerberg erobert« und »Sturm auf das Regiment ›Weißer Tiger‹«), zwei Ballette (»Das Rote Frauenbataillon« und »Das Weißhaarige Mädchen«), das Klavierkonzert »Der Gelbe Fluß« und eine Reihe figürlicher Tableaus im Stil des chinesischen sozialistischen Realismus: »Hof für die Pachteinnahme«. Die Premiere jedes dieser Werke war ein Ereignis von nationaler Bedeutung, über das die Zeitungen ausführlich auf den ersten Seiten berichteten und dessen philosophischer Auslegung sich die Parteizeitung »Rote Fahne« widmete. Die acht »revolutionären klassischen Werke« wurden im Lauf der Zeit um einige Gemälde vermehrt, vor allem um ein – in Stil und Thema westliches – Porträt, das einen jungenhaften Mao Tse-tung in blauer Jacke (Anfang der zwanziger Jahre) zeigt, der gerade dabei ist, die Arbeitsbedingungen in den Bergwerken von An-yüan zu untersuchen.[20]

In den Jahren, in denen auf dem Kultursektor weit mehr zerstört als aufgebaut wurde, verteidigte Tschiang Tsching immer wieder ihr neues Modellrepertoire, das sich auf wenige Beispiele und wenige Formen beschränkte. Wenn die neuen Opern weiterhin so zusammengeschustert werden würden, wie dies in der jüngeren Vergangenheit der Fall gewesen sei, bemerkte sie im November 1967 in einer Rede, dann »würden die Leute uns niederschlagen«. Es sei von Vorteil, daß die acht Musterwerke vorerst die Szene beherrschten, denn sie hätten die Kaiser, die Generale und die Bourgeoisie vertrieben. Auch Ballett und Symphonie seien reformiert worden. »Obgleich sie noch immer Mängel aufweisen und in manchen Bereichen verbesserungsbedürftig sind«, sagte sie, »haben sie zumindest Aufsehen hervorgerufen und die Welt schockiert.«[21]

Tschiang Tsching und ihr erfahrener Mitarbeiterstab waren eindeutig die Wegbereiter der radikalen kulturellen Veränderungen: Sie fühlten sich verpflichtet, den weiterhin existierenden Glauben an die bürgerliche Vorstellung vom individuellen Genie zu zerstören und durch das proletarische Ideal einer Kreativität der Massen zu ersetzen. Dieses Ideal war abgeleitet von der leninistischen Auffassung vom demokratischen Zentralismus, der in der Mitte der sechziger Jahre in sämtlichen Bereichen des politischen Lebens durchgesetzt wurde. In ihrer Ansprache »Über die Revolution in der Peking-Oper« im Juli 1964 lobte Tschiang Tsching den Schanghaier Bürgermeister Ko Tsching-schih, weil dieser die Grundvoraussetzung erkannt habe: »Der Schlüssel für das dramatische Schaffen ist eine dreifache Verbindung, die Verbindung der Leitung mit den Fachkräften und den Massen . . . Zuerst stellt die Leitung das Thema auf. Danach gehen die Autoren des Stücks an Ort und Stelle und sammeln praktische Erfahrungen . . . Nach der Generalprobe verbessert man nach umfangreicher Kritik und Vorschlägen dieses Stück. So holt man fortwährend Meinungen ein und verbessert das Stück immer wieder.« In unserem Interview acht Jahre später wurde sie deutlicher: »Alle Theaterstücke müssen den Massen vorgelegt werden, damit diese ihre Ansichten äußern können. Die brauchbaren Ansichten werden berücksichtigt, die irrigen werden zurückgewiesen, und die nicht sofort in die Tat umzusetzenden Ansichten werden zunächst zurückgestellt. Das nennen wir demokratischen Zentralismus auf breiter Basis.«

Ich erkundigte mich, was mit dem modernen Drama geschehen solle.

Sie habe während der Kulturrevolution versucht, einige moderne Dramen bearbeiten zu lassen, antwortete Tschiang Tsching gereizt, doch sei dies an einem Mangel an Kooperationsbereitschaft gescheitert. Die Autoren, Regisseure und Schauspieler, die das »Rückgrat« der Theaterwelt darstellten, hatten ihre Wertmaßstäbe und ihren Arbeitsstil den dreißiger und vierziger Jahren entlehnt. Doch damals war das politische Klima ein völlig anderes gewesen. Unter den Künstlern gab es einige Parteimitglieder, die in Wirklichkeit Parteifeinde und Kuomintang-Geheimagenten waren. Obwohl diese Berühmtheiten des Theaters wie alle anderen in Höhlen gehaust hatten, als die KPCh sich nach Jenan zurückziehen mußte, hatten sie ihr bürgerliches Luxusleben sofort nach der Rückkehr in ihre geliebten Städte wieder aufgenommen. Dieser luxuriöse Lebensstil machte es ihnen unmöglich, die geistigen Bedürfnisse eines aus Arbeitern, Bauern und Soldaten bestehenden wachsenden Publikums zu befriedigen. Wieviel Energie habe sie nicht schon bei dem Versuch vergeudet, die Einstellung dieser Leute zu ändern! Doch auf die Dauer sei dies alles vergeblich gewesen.

War es trotz der unveränderten Lebensweise bestimmter Bühnenautoren, die nicht namentlich genannt wurden, möglich, daß andere Autoren moderne chinesische oder ausländische Dramen für revolutionäre Zwecke bearbeiteten?

Das hänge von der Art des Stückes, der Bereitschaft des Autors, die notwendigen Änderungen vorzunehmen, und der Anpassungsfähigkeit der Schauspieler an die neuen Rollen ab, antwortete Tschiang Tsching. Die meisten Bühnenautoren hatten offenbar aufgehört, in ihren Villen ein Drohnendasein zu führen (ganz abgesehen von denen, die nie reich gewesen waren). Wie andere Intellektuelle waren auch sie unter die Massen gegangen, für die sie in Zukunft würden schreiben müssen. Aber das Hauptproblem bei der Entwicklung des modernen Dramas war ein *Führungsproblem*: Man mußte wissen, wie man zur rechten Zeit den richtigen Druck ausüben konnte. Die führenden Theaterleute unterstützten die Neuentdeckung und Bearbeitung von Schauspielen, »wenn sie sich gute Chancen für sich selbst ausrechnen können«.

Tschiang Tschings Bemühungen um *Muster*schauspiele begannen zu Anfang der sechziger Jahre während der *Sozialistischen Erziehungsbewegung* (und der Zeit des Aufstiegs von Lin Piao und des Militärs im allgemeinen). Damals hatte sie gehofft, mehrere neue Bühnenstücke über militärische Themen, die in Auftrag gegeben worden waren, retten zu können. Eines handelte von dem jungen Soldaten Lei Feng (dessen Märtyrertum seit 1963 gefeiert wurde). Ein weiteres schilderte den Langen Marsch der Jahre 1934 und 1935 und ein drittes hieß »Briefe aus dem Süden« (ein politisches Melodrama über den US-Imperialismus in Vietnam). In ihrer ursprünglichen Form waren diese Stücke wertlos, weil die Aufträge an Bühnenautoren ohne praktische Militärerfahrung gegangen waren. Die Schauspieler der ersten Vorstellungen hatten ebenfalls keine einschlägigen Erfahrungen. Sie stolzierten über die Bühne und zeigten städtische Allüren, die nicht das geringste mit der schlichten Lebensweise von Soldaten in der Roten Armee zu tun hatten. Ihre Kunst war von der Politik völlig losgelöst.

Die Übertragung einer Geschichte von einem Genre ins andere, vom Roman in ein Schauspiel, eine Oper oder einen Film (allerdings nicht notwendigerweise in dieser Reihenfolge), sei seit Jahrhunderten praktiziert worden, betonte Tschiang Tsching. Gegenwärtig hielt sie Oper und Film für die lohnendsten Medien. Da die Opernform den Massen vertraut war, waren radikale Veränderungen des Inhalts akzeptabel. Aber Filme waren auf die Dauer billiger, weil Chinas riesige und verstreute Bevölkerung sich mit ihnen am leichtesten erreichen ließ.

Wenn die Übertragung eines Stoffs von einem Genre zum anderen von oben angeordnet wurde, führte dies unweigerlich zu Konflikten, da alle Beteiligten ihren eigenen Willen durchsetzen wollten. Tschiang Tsching erwähnte in diesem Zusammenhang »Die große Mauer«, ein später unter dem Titel »Auf dem Südchinesischen Meer« in eine Peking-Oper umgearbeitetes Drama. Während der Kulturrevolution erklärte sich der Autor bereit, sie das Manuskript prüfen zu lassen. Sie nahm Änderungen vor, und er akzeptierte sie. Aber als sie die überarbeitete Fassung dem Regisseur übergab, begann er, auf »reaktionäre« Weise zu protestieren. Obwohl er sie scheinbar aufforderte, ihn anzuleiten (sie erklärte ihm, wie die schauspielerischen Leistungen zu verbessern seien), ignorierte er ihre Vorschläge. Diese Hartnäckigkeit war für sie der Beweis, daß er ein Konterrevolutionär war.

Tatsächlich, fuhr sie ruhiger fort, sei die Führung am Scheitern der Versuche, Schauspiele zu retten, schuld gewesen. Die Führungsspitze mußte erkennen, daß die Leute, die schon immer die Bühne beherrscht hatten – Autoren, Regisseure und Schauspieler –, vom Theater völlig geprägt waren. Da sie keine »praktische Erfahrung« hatten, verfehlten ihre Vorstellungen die Strukturen und Motive im Leben gewöhnlicher Menschen. Dazu kam noch, daß manche Theaterleute ganz einfach faul waren und sich weigerten, neue Aufgaben zu übernehmen.* Jüngere Menschen waren im allgemeinen leichter umzuformen. Die Führung war sich jedoch immer mehr dessen bewußt, daß es darauf ankam, die älteren, erfahrenen Autoren, Regisseure und Schauspieler zu ermutigen, im Getümmel nicht den Mut sinken zu lassen, sondern unter Beachtung der neuen Bedingungen weiterzuarbeiten.

Anfang der sechziger Jahre unterstützte niemand Tschiang Tschings Bemühungen, das Drama auf den neuesten Stand der Dinge zu bringen. Unter allen führenden Männern, die sie kannte, war nur Ko Tsching-schih bereit, sie zu unterstützen. Nachdem ihr Versuch, ein Theaterstück mit dem Titel »Eine neue Generation« selbst zu bearbeiten, fehlgeschlagen war, übergab sie das Manuskript Ko Tsching-schih, mit der Aufforderung, seine Autorität als Bürgermeister einzusetzen und das Stück in einer revidierten Fassung von einem Schanghaier Ensemble aufführen zu lassen. Aber auch in der neuen Version waren die gegensätzlichen Charaktere nicht deutlich genug herausgearbeitet, d. h. die politisch fortschrittlichen Charaktere erhoben sich niemals für jedermann sichtbar über die schlechten. Weitere Probleme ergaben sich im Zusammenhang mit der Gestaltung realistischer Bühnenbil-

* Tschang Ying, die Stellvertretende Propagandaleiterin, warf ein, die »Ode an die Drachenflußbrigade«, eine der neuesten revolutionären Opern, sei ursprünglich ein Schauspiel gewesen und dann mit sozialistischer Themenstellung in eine Peking-Oper umgeformt worden. Sie verglich die Situation der darstellenden Kunst, die noch vor kurzem in China bestanden hatte, mit der in der Sowjetunion. Dort hatten die Veteranen der Oktoberrevolution noch viele Jahre nach Kriegsende die Bühne beherrscht. Als die proletarische Revolution endlich im Theater dargestellt werden konnte, waren die Schauspieler, die ihre Laufbahn während der Kämpfe gegen die Zaren begonnen hatten, alt und dick und außerstande, neue Rollen einzustudieren. In der Stalin-Ära lag die kulturelle Oberhoheit allein bei Revisionisten, die weiterhin die Bühne beherrschten, wie sie es bis vor kurzem in China getan hatten. Zwar konnten die alten Bühnenautoren ermutigt werden, ihre Arbeit fortzusetzen, wenn sie ihren ideologischen Standpunkt korrigiert hatten. Doch sie kannten nicht die Kämpfe, die jenseits der Mauern ihrer Akademien ausgetragen wurden, und wurden durch diesen Mangel an Erfahrung behindert.

der, die mit der Tradition der leeren Bühne brachen. Außerdem, fügte Tschiang Tsching hinzu, bezogen die erfahrenen Schauspieler, die lernen sollten, proletarische Charaktere zu verkörpern und auf ihr elitäres Repertoire zu verzichten, weiterhin die absurd hohen Gagen aus der Vergangenheit. Als die Führung auf diese Ungerechtigkeit aufmerksam gemacht wurde, gerieten die Schauspieler in Panik. Sie fürchteten, arbeitslos zu werden, was höchst unwahrscheinlich war. Aber selbst nach 1968, als Schauspieler gemeinsam mit Akademikern und Beamten in *7. Mai-Kaderschulen** geschickt und in ländlicher Umgebung politisch geschult wurden, bezogen sie immer noch die gleichen überhöhten Gagen. Damit sei Ministerpräsident Tschou nie einverstanden gewesen, bemerkte Tschiang Tsching.

Sie hatte oft Vorwürfe einstecken müssen, weil sie sich für Theaterstücke eingesetzt hatte, an denen scheinbar nichts zu retten war. Tschiang Tsching erwähnte in diesem Zusammenhang den von der Volksbefreiungsarmee herausgebrachten Einakter »Der Mann, der die Truppe führt«. Nach der Premiere wurde sie von Mitarbeitern angerufen. Diese empfahlen ihr dringend, sich das Stück selbst anzusehen. Sie besuchte eine Vorstellung in Begleitung des Literaturkritikers Tschen Ya-ting, der gleichzeitig Stellvertretender Leiter der VBA-Kulturabteilung war. Tschiang Tsching war mit den Gestalten dieses Stücks nicht einverstanden, da deren politische Haltung unklar (weder absolut gut noch schlecht) war. In der Pause fragte sie Tschen Ya-ting, ob die auf der Bühne dargestellten Soldaten als »individuelle« oder »universelle« Charaktere zu verstehen seien. War der Hauptdarsteller, dessen Rolle ihr mißfiel, »typisch« für Chinas Militär?

Obwohl »Der Mann, der die Truppe führt« als Theaterstück problematisch war, glaubte Tschiang Tsching, mit ihm einen brauchbaren Filmstoff gefunden zu haben. Nachdem die Filmproduktion während der Kulturrevolution fast völlig zum Stillstand gekommen war, benötigte sie nämlich dringend Drehbücher für neue Produktionen. Sie unterbreitete ihren Plan Ministerpräsident Tschou. Dieser forderte sie prompt auf, auf den bevorstehenden Filmfestspielen (vermutlich im Jahr 1965) eine Rede über die geplante Verfilmung dieses Stücks zu halten. Diese Nachricht überraschte den Vorsitzenden, und er durchkreuzte Tschiang Tschings Plan. Er hatte das Theaterstück ebenfalls gesehen und kritisierte es jetzt als »liberal«. Seiner Überzeugung nach würde selbst eine revidierte Filmversion noch irreführend sein. Mao hatte, so meinte Tschiang Tsching, deutlicher als jeder andere erkannt, daß das Soldatenleben in diesem Stück verzerrt dargestellt war – keineswegs »typisch«. Dieser Vorfall, sagte sie, beweise erneut, daß die Reform des Theaters im Endeffekt in den Verantwortungsbereich der Führung falle. Aus der Perspektive der Führenden stelle sich noch immer die grundsätzliche Frage:

* Auf dem Land eingerichtete Schulungslager für Funktionäre und Intellektuelle. Diese lernten dort mehrere Monate oder Jahre lang, auf ihre eigene Kraft zu vertrauen, indem sie Felder bestellten, Unterkünfte bauten und einrichteten und nur die Klassiker des Marxismus sowie Maos Werke lasen und diskutierten. Die meisten Ausländer, die China seit dem Ende der sechziger Jahre besucht haben, werden sich an das fröhliche Lächeln und die Konzerte der Lehrgangsteilnehmer erinnern.

Werden die Schriftsteller sich mit den Arbeitern, Bauern und Soldaten vereinigen?[22]

Einige wenige Theaterstücke zu militärischen Themen waren realistisch genug, um in Opern, Spielfilme oder historische »Dokumentarfilme« (im chinesischen Sprachgebrauch phantasievolle Rekonstruktionen geschichtlicher Ereignisse, im Unterschied zu Wochenschauen oder Originalaufnahmen) umgearbeitet werden zu können. Tschiang Tsching nannte als gutes Beispiel »Kampf in der Ebene«, ein Stück über den Guerillakrieg mit realistischen Szenen aus dem Tunnelkrieg gegen die Japaner. Diese Szenen würdigte sie besonders, da sie schon selbst durch solche von den Massen gegrabenen Tunnels gekrochen war (sie wurden für künftige Eventualitäten instandgehalten). Aber »Partisanen der Ebene«, ein Stück über ein ähnliches Thema (dessen Verfilmung ich sah), verfehlte diesen Realismus.

Ich fragte Tschiang Tsching, welche Aussichten für eine Wiederaufführung ausländischer Theaterstücke in China bestünden.

Solche Aufführungen hätten ihrer Meinung nach keinen Sinn, antwortete sie. Ausländische Stücke seien selbstverständlich in den dreißiger Jahren beliebt gewesen, und die vorliegenden Übersetzungen hätten nicht ausgereicht, um den Bedarf zu decken. Deshalb seien eine ganze Anzahl von Stücken Bühnenversionen ausländischer Filme gewesen. Der japanische Film »Kindermord« und ein irischer Film, der so ähnlich wie »Schließ deinen Koffer ab« geheißen habe, seien auch in Theaterfassungen erschienen (in beiden hatte Tschiang Tsching die Hauptrolle gespielt). Die erfolgreichsten Aufführungen, unter anderem Ibsens »Nora«, Ostrowskis »Das Gewitter« und Gogols »Der Revisor«, seien jedoch nach den Originaltexten inszeniert worden. Die chinesischen Interpretationen seien hervorragend gewesen, viel besser, als es Aufführungen mit europäischen Schauspielern hätten sein können.

In letzter Zeit war versucht worden, altchinesische Sagenkreise (die seit Jahrhunderten Opernthemen geliefert hatten) ins revolutionäre Theater aufzunehmen. Einige »bürgerliche Bühnenautoren« hatten Teile von »Die Geschichte der drei Reiche« zu einer modernen Oper verarbeitet. Aber Text, Musik und Regieanweisungen waren im Laufe der Jahre ständig revidiert worden, so daß das Endergebnis kaum noch Ähnlichkeit mit dem Original aufwies. Vom Standpunkt der Führung aus war so etwas unerwünscht.

Literarische und musikalische Originalwerke sollten nur mit Genehmigung der Führung bearbeitet und für das revolutionäre Theater eingerichtet werden – und auch dann nur äußerst sorgfältig. Dabei drohte stets die Gefahr, daß Effekte erzielt wurden, die den gewünschten entgegengesetzt waren. Als Tschiang Tsching und andere Mitglieder der Lu-Hsün-Akademie für Literatur und Kunst sich in der Wildnis von Jenan daran machten, revolutionäre Musik zu komponieren, hatten sie keine Vorbilder, kein musikalisches Erbe, aus dem sie hätten schöpfen können. Auch ausländische Musikliteratur stand ihnen kaum zur Verfügung. Deshalb behalfen sie sich mit Volksmusik: Sie sammelten alte Volksweisen, spielten sie auf eigenen Instrumenten und schrieben neue, politische Texte. Aber das war riskant, da die durch solche Melodien bei den Zuhörern hervorgerufenen Assoziationen nicht immer bekannt waren. Einige Musiker, mit denen Tschiang Tsching zusammengearbeitet hatte, hatten beispielsweise das Pech gehabt, Melodien zu übernehmen, zu denen es obszöne Texte gab. Trotzdem hatten sie nicht aufgegeben und nur die Texte geändert. Aber Tschiang Tsching war sich darüber im klaren gewesen, daß es nicht zu vermeiden war, daß sich lüsterne Assoziationen bei den Zuhörern einstellten. Sie selbst sei nie an der Bearbeitung solcher Obszönitäten beteiligt gewesen, stellte sie steif fest.

Dann kam Tschiang Tsching wieder auf das Sprechtheater – ein aus dem Westen importiertes Genre – zurück. Sie sagte, daß die zu bearbeitenden Stücke sich in drei Kategorien einteilen ließen. Zur ersten Kategorie gehörten alle, die offen konterrevolutionär und deshalb hoffnungslos seien. Die Theaterstücke der zweiten Kategorie wiesen gute Motive auf. Sie seien jedoch so primitiv dargestellt, daß eine Bearbeitung sich nicht lohnte. Auch die Stücke der dritten Kategorie enthielten gute Motive. Diese seien aber so subtil ausgeführt (ohne daß die moralische Bedeutung von Maske, Musik und Kostüm offensichtlich würde), daß die meisten Zuschauer die in ihnen enthaltene Lehre nicht begriffen. Stücke aus dieser Kategorie seien am schwierigsten zu bearbeiten.

Ein Beispiel für die erste Kategorie war ein Theaterstück der Dramatikerin Lan Kuang, die einst dem Ensemble des Schanghaier Kunsttheaters für Kinder angehört hatte (»das mit den Trotzkisten verbunden war«, fügte Tschiang Tsching verächtlich hinzu). Als Tschiang Tsching in der Schanghaier Kulturszene nach Stücken gesucht hatte, die bearbeitet werden konnten, wurde ihr Lan Kuangs »Der letzte Akt« empfohlen. Das Stück spielte in den dreißiger Jahren. Damals hatte die Kuomintang alle politischen Demonstrationen unterdrückt und die revolutionären Schriftsteller und Künstler dazu gezwungen, im Untergrund zu arbeiten. Tschiang Tsching hatte diese Ära mit ihrer kulturellen Subkultur in schmerzlicher Erinnerung. Aber dieses Theaterstück war, wie sie bei einer Aufführung erkannte, auf gefährliche Weise irreführend, da es eine »Parabel von feindlichen Geheimagenten« war. Heutzutage sei ein Stück, dessen »Helden« feindliche Agenten seien, die den Staat bedrohen, den Massen nicht mehr zumutbar (weil sie nur markante Verteidiger der KPCh sehen dürfen). Unmittelbar nach der Vorstellung berichtete sie dem Schanghaier Bürgermeister Ko Tsching-schih, Lan Kuangs Stück sei erbärmlich schlecht. Er ließ es sofort vom Spielplan absetzen.

Ying Schen-tschens kürzlich erschienener Roman »Jugend in den Flammen der Schlacht« warf ähnliche Probleme auf. Er handelte von mehreren KPCh-Verrätern, die in den früher von der Kuomintang kontrollierten *Weißen Gebieten* arbeiteten. Ying Schen-tschen mußte seinen Roman mehrmals überarbeiten, um ihn auf den jeweils aktuellen politischen Stand zu bringen. Der Roman wurde verfilmt und später vom Autor als Schaohsing-Oper, in der alle Rollen von Frauen gespielt werden, auf die Bühne gebracht. Aber Frauen, die Männer spielen, »verderben ihre Erscheinung«, wandte Tschiang Tsching ein. Und in dieser Schaohsing-Version wurden selbst die japanischen Imperialisten von Chinesinnen dargestellt. Das fand Tschiang Tsching so abscheulich, daß sie das Theater während der Vorstellung verließ. Während der

Kulturrevolution wurde Ying Schen-tschen schließlich zu dem Geständnis veranlaßt, daß es reaktionär gewesen sei, »in unserer Zeit« eine Schaohsing-Oper zu schreiben.

»Azaleenberg« entstand in Schanghai als Theaterstück und wurde unter Leitung anderer bearbeitet. (Den Hintergrund bildet ein denkwürdiges Ereignis in der Geschichte des chinesischen Kommunismus: der Herbsternte-Aufstand des Jahres 1927.) Später versuchten einige selbsternannte »Revolutionäre«, aus dem Stück eine Peking-Oper zu machen – Tschiang Tschings bevorzugtes Medium. Aber diese Version fiel durch, weil sie nach Tschiang Tschings Meinung »keinen wahrhaft proletarischen Stil« hatte. Die »proletarischen Helden«, die von diesen Leuten zusammengestoppelt wurden, seien nicht von alten Bettlern zu unterscheiden gewesen.

Die Kulturrevolution zeigte der Führung, daß sich zwar die meisten Theaterstücke, aber nicht alle Bühnenautoren retten ließen. Doch China war groß, und ein Mangel an Talenten war gewiß nicht zu befürchten. Niemand (am wenigsten erfahrene Schriftsteller und Künstler) konnte mehr irgendeinen Bereich als seine Domäne beanspruchen – nicht einmal im Bereich der Kultur. Die gegenwärtige Aufgabe des Zentralkomitees in der Theaterreform bestehe darin, als »Verarbeitungsbetrieb« zu dienen. Das Klavierkonzert »Der Gelbe Fluß« war ein Musterbeispiel für eine Musik, die »durch Komiteebeschluß geschaffen« werden konnte – durch Beschluß des ZK oder zumindest seiner Sachverständigen.

Wenn es so schwierig war, das Sprechtheater auf das erreichte revolutionäre Niveau zu bringen – wie stand es dann mit der traditionellen Oper, die jahrhundertelang großen Zulauf hatte?

Tschiang Tsching begann mit einigen Bemerkungen über die esoterischen und elitären Aspekte einiger älterer Opernformen. In ihrer Jugend in Schantung waren viele *Kun-tschü*-Opern (aus Sutschou stammende konfuzianische Opern für Kenner) aufgeführt, aber nur schwach besucht worden. In den *Kun-tschü*-Theatern waren nur die ersten Reihen besetzt: hauptsächlich von Professoren und anderen Intellektuellen, die ständig ihre Libretti studieren mußten, um überhaupt zu wissen, was auf der Bühne vorging. Auch in den Pekinger Theatern saßen die Liebhaber in den ersten Reihen und ließen die übrigen Reihen leer (obwohl die dortige Oper weniger esoterisch war und oft bekannte geschichtliche Ereignisse darstellte).

Schanghai bot früher weitere lokale Opern-Varianten. Dazu gehörten die *Tien-tsching*-Oper, welche bestimmte Merkmale der Tientsin- und der Peking-Oper kombinierte, und die *Tsching-kun*-Oper, welche mehrere lokale Stilrichtungen in sich vereinigte. Auch dort war der Besuch schlecht. Um zu verhindern, daß diese Ensembles nach der Befreiung bankrott gingen, zahlte der Staat ihnen Subventionen von 200 bis 300 Yüan pro Jahr. Aber selbst wenn Freikarten ausgegeben wurden, kam nur wenig Publikum. Hätte sie eine Freikarte bekommen, hätte sie sich ebenfalls geweigert, eine Vorstellung zu besuchen, erklärte Tschiang Tsching nachdrücklich – offenbar in der Absicht, damit die Entbehrlichkeit und Unbeliebtheit des von ihr zerstörten nationalen Theaters zu belegen. Obwohl die meisten *Kun-tschü*-Opern reaktionär und vielleicht auch konterrevolutionär seien, ließen sich einige ihrer Stilmittel noch heute nutzen. Und einige alte *Kun-tschü*-Melodien hätten in neuen Opern Verwendung gefunden.

Die von Tschiang Tsching geförderten Modellopern kombinierten mehrere lokale Formen. Sie erinnerten an die Schanghai-Oper (die schon in den dreißiger Jahren Hollywood zu imitieren begann) und die Huai-Oper, die sich ebenfalls in Schanghai entwickelt hatte. Andere Werke, die in den nächsten Jahren auf die Bühne kommen sollten, enthielten Elemente verschiedener Varianten der Peking-Oper (im Stil von Schantung, Kweitschou und der Inneren Mongolei).

Tschiang Tsching erinnerte sich an einen nicht angekündigten Besuch in der Aufführung einer Peking-Oper zu Anfang der sechziger Jahre. Damals hatte sie gerade begonnen, die verschiedenen Opernformen zu begutachten. Das Publikum war wie gewöhnlich nur spärlich erschienen und von der Bühne aus deutlich zu erkennen. (Im alten Theater wurde der Zuschauerraum nicht verdunkelt.) Als der berühmte Schauspieler Ma Tschang-li* sie sah, vergaß er plötzlich seinen Text und stand sprachlos da. (Daran erinnerte sie sich mit gespieltem Erstaunen.) Damals war die Qualität der Aufführungen schon so schlecht, daß es kein Wunder war, daß niemand mehr hinging.

Weder junge Chinesen noch »ausländische Freunde« seien noch gern in die Oper gegangen, stellte Tschiang Tsching fest.[23] Eine Ausnahme war allerdings ihre Tochter Li Na. Diese war früher eine Opernliebhaberin gewesen. Als gebildete Frau konnte sie die geheimnisvolle Sprache und den subtilen Symbolismus der traditionellen Oper würdigen. Die meisten Chinesen konnten jedoch nichts damit anfangen – auch nicht mit den »Wasserärmeln« der Frauen, den wallenden Bärten und den anderen historischen Details (analog dem Elisabethanischen Theater, der Commedia dell'arte und natürlich der von den kulturellen Eliten des Westens geschätzten Großen Oper).

Die Entwicklung einer völlig neuen Kunstrichtung ohne Rückgriff auf frühere Formen sei fast unmöglich, stellte Tschiang Tsching fest; sie erfordere peinlich genaue und unermüdliche Arbeit. In dem Bemühen, aus alten Kunstformen neue zu entwickeln, seien die Chinesen auf die gleichen Probleme gestoßen wie die Europäer, die sich von der »höfischen Kunst« lösen wollten und dann feststellen mußten, daß sie weiterhin von ihr abhängig waren. Bei der Wiederverwendung alter Melodien habe die Führung sich von dem Grundsatz leiten lassen, daß Worte und Musik untrennbar miteinander verbunden seien: Seit Menschengedenken seien alle Gedichte Balladen – geschrieben, um gesungen zu werden. Aus diesem Grund enthält das revolutionäre Ballett »Das Rote Frauenbataillon« Arien aus klassischen Opern. Und die revolutionäre Oper »Ode an die Drachenflußbrigade« sei für traditionelle Instrumente geschrieben worden.

Tschiang Tsching äußerte die Vermutung, Ausländer könnten die Neubearbeitung alter Werke für neue Zwecke als eigenartig empfinden. Aber die

* Er fiel offenbar nicht in Ungnade, denn er spielte 1968 die Hauptrolle in Tschiang Tschings revolutionierten Oper »Schatschiapang«.

Chinesen wüßten, daß sie nicht das einzige Volk waren, das dies tat. Die Historiker müßten begreifen, daß diese neuartigen Opern, deren Elemente aus verschiedenen kulturellen Traditionen stammten, auf realen geschichtlichen Ereignissen basierten – auf der Geschichte der Kommunistischen Partei Chinas. Um sich auf die Entwicklung von Musterwerken vorzubereiten, hatte Tschiang Tsching auch zahlreiche militärgeschichtliche Bücher gelesen. »Mit solchen Zielen vor Augen«, erklärte sie lebhaft, »bereiteten ich und die gewöhnlichen Leute *[lao pai hsing]* uns vor, noch einmal loszuziehen und Krieg zu führen«.

In der Mitte der sechziger Jahre wurden in den Filmateliers die gleichen Verwüstungen wie im modernen Theater und in der Oper angerichtet. Und bis 1967 wurden alle Filme aus den Kinos zurückgezogen. Tschiang Tsching machte sich nicht die Mühe, einzelne Filme zu zensieren oder sie bearbeiten zu lassen. Musik und Drama können auch losgelöst von der mündlichen Tradition als Literatur überleben. Sie müssen nicht aufgeführt werden. Aber Filme sind wie Gemälde oder Skulpturen transportierbare Gegenstände. Waren die Filme einfach vernichtet oder für die Zukunft eingelagert worden? Auf diese Frage gab es keine Antwort.

Nach ihrem Erfolg mit den Festspielen der Peking-Oper im Jahre 1964 begann Tschiang Tsching mit der Planung eines Filmfestivals, das ein Jahr später stattfinden sollte. Ihr Ziel war es auch diesmal, die Unzulänglichkeiten der gegenwärtigen Filmproduktion vor einem nationalen Forum aufzuzeigen und neue Richtlinien zu erlassen. Ihre Bemühungen wurden von Anfang an durch Kulturkommissar Tschou Yang und seine Phalanx von Filmproduzenten behindert. Im Jahre 1966 konnte die »Rote Fahne« jedoch berichten, Tschiang Tsching habe »das Todesurteil über die kapitalistische Herrschaft in den Filmkreisen gesprochen«. »Kreative Monologe« wurden als »nihilistisch und dekadent« verurteilt. Das »bürgerliche System der Konzentration auf den Regisseur« wurde abgeschafft und durch das »Parteisystem des demokratischen Zentralismus« ersetzt.[24] Während der hitzigen Diskussion, die inzwischen von Maos Gefolgsleuten beherrscht wurde, wagte es kein Organ der KPCh oder der Roten Garde, zu schreiben – sei es in guter oder in böser Absicht –, daß Tschiang Tsching, die neue Beherrscherin der Filmkunst, einst ein Filmstar gewesen war.

Filmschauspieler, Produzenten und Regisseure waren von ihr kaltgestellt oder vernichtet worden. Wie wollte sie in diesem zutiefst demoralisierten Sektor einen neuen Anfang machen, vertrauensvoll mit Technikern zusammenarbeiten und die loyalen Talente um sich scharen, die sie brauchte, um die Kameras wieder surren lassen zu können?

Gute Filme zu machen sei noch mühsamer, als die Oper zu reformieren, sagte Tschiang Tsching. Die Produktion eines Films warf vielfältige, auch technische Probleme auf, und Tschiang Tsching hatte keine eigenen Erfahrungen auf diesem Gebiet. Ihre Versuche, die Industrie zu kontrollieren, wurden fast überall von ihren Gegnern abgeblockt. Ein Beispiel dafür: In Pao-ting in der Provinz Hopeh befand sich eine Entwicklungsanstalt, in der wertvolle Negative eines von ihr genehmigten Filmprojekts lagerten. Während der Kulturrevolution versuchte sie, die Kontrolle über dieses Labor und sein Filmarchiv zu behalten. Aber der Feind (Lin Piao und Konsorten) verabscheute ihre Projekte so sehr, daß er versuchte, das Archiv mit Handgranaten zu zerstören. Wäre dieser Anschlag geglückt, dann wären alle ihre neuen Filmarbeiten verloren gewesen. Da es ihr nicht gelungen war, die sich immer wieder ereignenden Sabotageakte zu unterbinden, wandte sie sich hilfesuchend an Tschou En-lai. Doch auch ihm gelang es nicht, den ständigen Behinderungen einen Riegel vorzuschieben.

Nur um Tschiang Tsching zu ärgern, stifteten »Lin Piao und seine Umgebung« einige Filmtechniker dazu an, den Spielfilm, den sie entwickeln ließ, so zu verändern, daß er einen unnatürlichen rötlichen Farbton bekam. Diese Sabotage der Filmentwicklung provozierte schließlich offene Kämpfe in der Bevölkerung des Kreises Pao-ting.

Einmal lud Tschiang Tsching drei Kameramänner und Regisseure ein, sie zum Sommerpalast zu begleiten, wo sie einen Tag lang filmen wollten. Als Übungsobjekt diente ihnen Tschiang Tschings Schützling, der international bekannte Tischtennismeister Tschuang Tse-tung. Als sie einige Tage später erneut zusammenkamen, um die Ergebnisse zu vergleichen, stellte sich heraus, daß in den Filmen der anderen die Rot- und Grüntöne fehlten, während ihr privat entwickelter Film völlig natürliche Farben aufwies. Nach Tschiang Tschings Überzeugung war dies ein weiterer Beweis für Sabotage in der Entwicklungsanstalt.

»Na, Genossin Tschiang Tsching, haben Sie's schon geschafft, neue Filme zu drehen?« fragten Lin Piao und seine Leute grinsend, während sie hektisch arbeitete. Sie wußten, daß sie Mißerfolge hatte, und ihre Stichelei war genau das, was Tschiang Tsching am wenigsten ertragen konnte.

Ihre Filmprojekte seien weiterhin auf raffinierte Weise sabotiert worden, stellte sie fest. Dies habe bereits die bevorstehenden Kämpfe angekündigt.

Andere Länder hätten in der Filmkunst große Fortschritte gemacht, und die Chinesen könnten viel von ihnen lernen, bemerkte Tschiang Tsching mehrmals. Hätten wir mehr Zeit gehabt, hätten wir uns gemeinsam einige ihrer Lieblingsfilme ansehen können. Sie erwähnte besonders den mexikanischen Film »Kaltes Herz«. Obwohl der Filminhalt reaktionär war, weil er den Kolonialismus verniedlichte, waren die technischen Probleme von Licht und Farbe hervorragend gelöst. Die führenden Genossen hatten allerdings nie die Originalversion gesehen, denn Tschiang Tschings drei Kopien waren chinesisch synchronisiert. Eine Kopie lagerte beim Zentralkomitee, die zweite in Schanghai und die dritte mit Sondererlaubnis in Peking (möglicherweise in ihrem eigenen Filmarchiv).

Als Tschiang Tsching dazu kam, eigene Filme zu machen, war das Hauptproblem, geeignete Talente zu finden. Sie mußte Schauspieler dazu überreden, ihre Karriere – wenn nicht sogar ihr Leben – zu riskieren, um ihrer neuen revolutionären Linie zu folgen. Schauspieler seien »willensstark« und nicht leicht auf eine andere Seite zu ziehen, sagte sie. Ein Beispiel dafür war der Schauspieler Tung Hsiang-ling, der gegenwärtig die Rolle des Helden in der revolutionären Oper »Mit taktischem Geschick den Tigerberg erobert« spielte. (Sie kam an dieser Stelle vom Thema ab, indem sie berichtete, seine ältere Schwester, Tung Tschih-ling, trete ebenfalls in Peking-Opern auf. Deren Privatleben sei früher geradezu berüchtigt gewesen – eine »komplizierte Geschichte«. Auch der Bruder habe sich in seiner Jugend einen Ruf als Herzensbrecher gemacht.)

Tung Hsiang-ling war ihr zuerst aufgefallen, als sie in Peking und Schanghai nach Talenten suchte. Nur wenige unter den Schauspielern, die sie begutachtete, verfügten zugleich über Jugend, gutes Aussehen und Talent für Gesang, Schauspiel und Tanz. Hsiang-ling war wegen seiner Stimme bekannt, aber Tschiang Tsching wußte nicht, ob er auch tanzen konnte. Um ihn auf die Probe zu stellen, gab sie ihm eine Nebenrolle in »Geschichte einer Roten Signallaterne«, einem Stück, das damals gerade in eine revolutionäre Oper umgearbeitet wurde. Seine Schwester spielte die Großmutter Li, und ihre Leistung war höchst beeindruckend. Aber sie sei hingegangen, um Hsiang-ling zu begutachten, sagte Tschiang Tsching. (Sie entschuldigte sich für diese neuerliche Abschweifung.)

Tung Hsiang-lings Auftritt gefiel ihr. Nach der Vorstellung besuchte sie ihn in seiner Garderobe, um ihn zu fragen, ob er ein Amateur oder ein Berufsschauspieler sei.* Tung war so überrascht, daß er nur hervorbrachte, er liebe die Peking-Oper und beherrsche Salti (was eine Voraussetzung dafür war, es mit der Opernakrobatik aufnehmen zu können). Diese peinliche Begegnung, die Tschiang Tsching jetzt komisch erschien, überzeugte sie davon, daß er ein vielversprechender Schauspieler war.

Um ihn besser beurteilen zu können, bat sie Tschang Tschun-tschiao, ihren guten Freund in Schanghai, sich mit Hsiang-ling in Verbindung zu setzen und ihn auszuhorchen. Von Tschang erfuhr sie, daß er ein guter Sänger und Tänzer war.Vor allem war er bereit, seine beruflichen und politischen Bindungen zu lösen und exklusiv mit Tschiang Tsching zusammenzuarbeiten.** Sie war begeistert und belohnte ihn mit der Rolle des Yang Tze-jung, des Helden der Musteroper »Mit taktischem Geschick den Tigerberg erobert«, mit deren Neubearbeitung sie damals intensiv beschäftigt war.

Als die »schlechten Elemente« der *16. Mai-Clique* entdeckten, daß der hochgeschätzte Tung Hsiang-ling sich auf Tschiang Tschings Seite geschlagen hatte, faßten sie den Plan, ihn zu »ergreifen« – in ihre Obhut zu nehmen –, um ihn daran zu hindern, mit ihr zusammenzuarbeiten. Tschiang Tsching, die

* Diese Frage betraf nicht seine Schauspielerfahrung, sondern einen etwaigen anderen Hauptberuf Tung Hsiang-lings. Auch bei den chinesischen Kommunisten wird die Tradition des Laienspiels fortgesetzt – seit Jahrhunderten ein Privileg der Gebildeten. Das neue Regime schätzt Laienspiele. Arbeiter, Bauern, Studenten und andere lernen politische Prinzipien dadurch zu begreifen, daß sie neben der Arbeit kleine Szenen aufführen, in denen die jeweiligen Probleme behandelt werden. Diese kurzen Stücke sind allen ausländischen Besuchern vertraut.

** Das Meister-Lehrlings-Verhältnis sowie das monarchistische Patronat gehörten zu den chinesischen Theatertraditionen.

sich in die Defensive gedrängt sah, teilte diesen Elementen mit, der Schauspieler Tung Hsiang-ling, der bisher nur seinem eigenen »Tung-Stil« treu gewesen sei, habe sich jetzt ihr verpflichtet, um Revolution zu machen. *Niemand dürfe ihren Schauspieler anrühren!* warnte sie streng.

Doch die 16. Mai-Elemente taten weiterhin alles, um Tung Hsiang-ling das Leben schwerzumachen. Ihre Strategie bestand darin, ihn nach Peking einzuladen, nachdem sie zu erkennen gegeben hatten, daß er dort besondere Gefälligkeiten von ihnen erwarten könne. Was vielleicht für seine Schwester galt, die als Schauspielerin leicht durch dieses oder jenes zu verführen war, traf nicht auf Hsiang-ling zu – er hatte mehr Charakter. Nach einiger Zeit nahmen er und sein Opernensemble die Einladung nach Peking an. Tschiang Tsching wollte ihnen dort einige Filme vorführen und Probeaufnahmen machen, die *sie* beaufsichtigen würde. Aber ihre Gegner sorgten dafür, daß die Schauspieler die gewöhnlich für ihre Berufsgruppe vorgesehenen Annehmlichkeiten entbehren mußten. Tschiang Tsching hörte, daß ihre Unterkunft und das Essen miserabel seien.

Nach ihrer Rückkehr nach Peking meldete sie diese Schikanen dem Stellvertretenden Ministerpräsidenten Hsie Fu-tschih (der auch für die öffentliche Sicherheit zuständig war). Sie fuhren gemeinsam zu dem Filmatelier, in dem das Ensemble untergebracht war, inspizierten die Schlafsäle und sorgten für bessere Unterkünfte, schmackhafteres Essen und Busse zur Personenbeförderung. Tschiang Tsching vergewisserte sich persönlich, daß die Schauspieler die warmen Mahlzeiten bekamen, ohne die ihre Stimmen gelitten hätten.

Später sollte »Mit taktischem Geschick den Tigerberg erobert« verfilmt werden. Während der Aufnahmen schalteten ihre Feinde plötzlich den Strom in den Filmateliers ab und sorgten dafür, daß keine warmen Mahlzeiten mehr geliefert wurden. Tschiang Tsching war wütend und beschloß, ihr Projekt unter militärischen Schutz zu stellen. Auf ihr Ersuchen hin wies Ti Fu-tsao vom Staatsrat sofort die VBA-Einheit 8341 (Maos in Peking stationierte Leibwache) an, die Schauspieler zu beschützen.

Da Tschiang Tsching nicht mit erfahrenen Drehbuchautoren, Produzenten, Regisseuren und Schauspielern zusammenarbeiten konnte (die meisten von ihnen waren in Ungnade gefallen), blieb ihr nichts anderes übrig, als vertrauenswürdige Darsteller aus Oper und Ballett auszuwählen und zu versuchen, Filmschauspieler aus ihnen zu machen. Die damit verbundenen Probleme waren erschreckend. Die Schauspieler waren es gewohnt, mit der für die Opernbühne nötigen Kühnheit und Übertreibung zu spielen. Diese Posen wirkten aber im Film lächerlich. Der »Revisionismus«, dem sie in der Vergangenheit ausgesetzt gewesen seien, habe sie »schreckliche Dinge« gelehrt, behauptete Tschiang Tsching, ohne auf Einzelheiten einzugehen. Und da sie in der Zeit nach der Befreiung aufgewachsen waren, hatten sie wenig Gelegenheit gehabt, sich die richtige Schauspieltechnik aus ausländischen Filmen anzueignen. Als die Schauspieler erstmals vor die Jupiterlampen und Kameras traten, waren sie sichtlich befangen, und Tschiang Tsching mußte sie aufmuntern. »Ihr braucht keine Angst vor einem Mißerfolg zu haben«, versicherte sie ihnen, »die Parteiorganisation steht hinter euch.« Um ihre Ausbildung zu Filmschauspielern zu beschleunigen, ließ sie ihnen mehrere ausländische Filme aus ihrem privaten Filmarchiv vorführen. Dabei sollten sie sich fragen: »Wovon können wir lernen, und wo können wir Fehler vermeiden?«

Tung Hsiang-ling war einer der ersten bekannten Schauspieler, der auf Tschiang Tschings Linie einschwenkte, um Revolution zu machen. Andere folgten rasch. Zu ihnen gehörten Liu Tsching-tang, der hervorragende Balletttänzer, dem sie die Hauptrolle in »Das Rote Frauenbataillon« gab, Tschien Hao-liang, der Star von »Die Geschichte einer Roten Signallaterne«, und Tan Yüan-schou, der die Hauptrolle in *»Schatschiapang«* spielte. Als der berühmte Ma Tschang-li zu ihr stieß, belohnte Tschiang Tsching ihn mit einer großen negativen Rolle – der des japanischen Gendarmen in *»Schatschiapang«*. Sie war sich jedoch ständig bewußt, daß die Künstler, die loyal zu ihr hielten, in ständiger Gefahr schwebten. Lin Piaos *16. Mai-Clique* verfolgte ihre Mitarbeiter unaufhörlich. Es gelang Tschiang Tsching, Liu Tsching-tang, Tschien Hao-liang und Tan Yüan-schou stets rechtzeitig zu warnen und sie vor Brutalitäten zu schützen. Doch der alte Ma Tschang-li wurde überfallen und verprügelt.

Mit diesen und anderen Schauspielern, deren Karriere sie eine neue Richtung gab, setzte Tschiang Tsching ihre Filmexperimente fort. Andere Akteure stießen später zu ihr. Männer mit großer literarischer Begabung – Tschien Hao-liang, Liu Tsching-tang und Yü Hui-yung* – überredete sie dazu, ihr bei der Abfassung von Drehbüchern zu helfen. Dies war für alle eine völlig neue Aufgabe. Aber ihre Unerfahrenheit als Drehbuchautoren, die mangelhaften schauspielerischen Leistungen vor der Kamera und bösartige Behinderungen von seiten ihrer Feinde führten dazu, daß Tschiang Tsching während der Kulturrevolution nicht einmal einen einzigen guten Spielfilm zustandebrachte.

Da sie schnelle Erfolge sehen wollte, wandte sie sich dem Fernsehen zu: dem Medium, das ihre Werke der größtmöglichen Zahl von Zuschauern nahebringen konnte. Tschiang Tsching begann mit einer sorgfältigen Analyse aller Programme des staatlichen Fernsehens. Dann legte sie den Verantwortlichen eine Liste von Punkten vor, die ihrer Meinung nach zu kritisieren waren. Ihre Beurteilungen zwangen die führenden Funktionäre, das technische Personal und die Schauspieler dazu, an die Öffentlichkeit zu treten und in den genannten Punkten Selbstkritik zu üben. Tschiang Tsching lobte sie daraufhin herzlich und forderte sie auf, sich mit ihr zusammenzuschließen, um die Revolution ins Staatsfernsehen zu tragen. Danach dauerte es nicht mehr lange, bis die Verantwortlichen einsahen, daß es richtig war, ihre Musterwerke in Rundfunk und Fernsehen zu übertragen und weitere revolutionäre Programme einzuführen. Die erste Fernsehproduktion von *»Scha-*

* Komponist, führende Persönlichkeit im internationalen Kulturaustausch und seit 1967 ein Anhänger von Tschiang Tschings Opernreform. Auf dem IV. Nationalen Volkskongreß im Januar 1975 wurde er zum Kultusminister gewählt. Damit trat er die Nachfolge des neun Jahre zuvor abgesetzten Tschou Yang an. Im Oktober 1976 soll er gemeinsam mit Tschiang Tsching verhaftet worden sein.

tschiapang« und die Produktion weiterer Musterwerke war sehr aufregend für Tschiang Tsching. Um ihre Freude mit anderen zu teilen, lud sie zahlreiche Filmschaffende und Darsteller der Peking-Oper in die Große Volkskongreßhalle ein, um ihnen zu demonstrieren, wie man *vom Fernsehen lernen* könne. Diese Feier zeigte der Öffentlichkeit, daß sie eine weitere Blockade – die von den widerstrebenden Chefs des Fernsehens errichtet worden war – durchbrochen hatte. »Ich habe ihr Monopol zerschmettert!« frohlockte sie.

Was den Film betraf, so produzierten sie und ihre Mitarbeiter nach drei Mißerfolgen in drei Jahren endlich eine annehmbare Fassung der Oper »Mit taktischem Geschick den Tigerberg erobert«. Alle Szenen wurden in Peking gedreht, obwohl die meisten Darsteller und das Bühnenpersonal ihre Wohnungen in Schanghai (wo das Ensemble entstanden war) beibehielten. Die Schauspieler identifizierten sich mit dem Projekt in Peking so, daß sie es häufig ablehnten, von Tschiang Tschings Erlaubnis Gebrauch zu machen und ihre Familien in Schanghai zu besuchen. Sie bestanden darauf, bei Tschiang Tsching in Peking zu bleiben, bis diese mit dem Film zufrieden war.

Selbst jetzt, meinte Tschiang Tsching, seien die Filme mangelhaft. Die Farbabstimmung sei unzulänglich, und die Kameraführung müsse verbessert werden. Die Schauspieler wirkten auf der Bühne noch immer erheblich besser als auf der Leinwand.

Um die tiefgreifenden menschlichen Wandlungen der sechziger Jahre zu verstehen, müsse ich begreifen, sagte Tschiang Tsching, daß diese Darsteller – ebenso wie ihre weniger berühmten Kollegen, die sich entschlossen, ihrer Linie bei der Reform des Theaters zu folgen – in der alten Gesellschaft aufgewachsen seien. Als Tschiang Tsching sie kennenlernte, waren sie ideologisch keineswegs fortschrittlich. Doch wichtig sei nur, daß sie ihre Botschaft erfaßt hätten und ihr durch unruhige, gefahrvolle Jahre gefolgt seien. Die großen Risiken, die sie auf sich nahmen, hätten ihren Gesinnungswechsel beschleunigt. Und da die Lage sich wieder entspannt hätte, seien sie ihr und ihrer Lehre treu geblieben.

Um mir zu zeigen, wie diese revolutionären Veränderungen ermöglicht worden waren, vermittelte mir Tschiang Tsching Gespräche mit Tschien Hao-liang, Tung Hsiang-ling und anderen führenden Schauspielern und Tänzern. Diese Künstler würden mir, wie sie sagte, nun ihre Seite der Geschichte erzählen.

XVII Heroismus auf der Opernbühne

Wenn du den Tiger nicht in seinem Lager aufspürst,
wie willst du dann den jungen Tiger fangen?
Tschiang Tsching zitiert vor den Darstellern der Oper »Die Rote Signallaterne« ein altes chinesisches Sprichwort.

Dem revolutionären Theater kommt es nicht darauf an, der Masse Unterhaltung zu bieten. Hier geht es in erster Linie darum, die Ideologie in Aktion zu zeigen, den Aufstand der Arbeiterklasse und den Triumph der Führung der Kommunistischen Partei. Dabei werden auch die Höhepunkte der Revolutionsgeschichte dargestellt, gute und schlechte Verhaltensmuster werden dem Volk vorgeführt. Der Gründergeneration, zu der sich Tschiang Tsching rechnete, kam es darauf an, die simplifizierte offizielle Geschichte in eine Mythologie nationalen Ursprungs zu verwandeln und ein neues Pantheon aus Helden und Heldinnen der nationalen Kultur zu schaffen. Solche Ideen wurden dem Volk zum erstenmal durch die revolutionäre Oper und das revolutionäre Ballett vermittelt. Eine weniger deutlich ausgesprochene, aber doch wichtige Absicht war es zu zeigen, daß das physische Überleben im Kriege gegenüber der subtileren Frage nach dem psychischen Überleben den Vorrang hatte – der Frage, wie das Individuum in einer Zeit andauernder Umwälzung seine geistige Gesundheit und seine Selbstachtung bewahren konnte. Für das Theater wie auch für das Leben, das es auf der Bühne darstellte, war das Grundthema der Dramen von Äschylos, der Rachegedanke, von fundamentaler Bedeutung, ein emotionaler Aspekt, der in den politischen Theorien von Marx, Lenin und Mao vernachlässigt worden war.

Die dem neuen Drama zugrundeliegende marxistische materialistische Geschichtsauffassung stellt die Vergangenheit nicht als eine Reihe von willkürlichen Zufällen dar, sondern als eine zu einem bestimmten Ziel führende, zusammenhängende Struktur, und läßt daher die Faszination und den Schrekken der Unsicherheit außer acht. Eine Geschichtsbetrachtung im Sinne einer solchen Erlösungstheorie leugnet die Realität der persönlichen Tragik, eine Vorstellung, die der chinesischen Kultur fremd ist. Im neuen Theater wie in der Politik erleben diejenigen, die für die große Sache sterben, eine Auferstehung als Märtyrer; bei Theateraufführungen und politischen Massenkundgebungen, zu denen das Volk von Zeit zu Zeit aufgerufen wird, werden sie immer wieder von neuem gefeiert.

Das Rollenspiel, das im gesellschaftlichen Leben der Chinesen seit langer Zeit eine fundamentale Bedeutung besitzt, hat die Wirkungsmöglichkeiten des Theaters als eines politischen Instruments gefördert. In dem traditionellen Clansystem übernahm jedes Mitglied der Großfamilie eine Reihe von Aufgaben oder Rollen, die jeweils eine eigene Bezeichnung trugen. Unter dem revolutionären Regime wurden die Rollen innerhalb der Familie durch zahlreiche politische Rollen ersetzt oder verdrängt – durch die Mitgliedschaft in Jugend-, Frauen- und Arbeiterorganisationen, in der Partei, den revolutionären Ausschüssen usw. Gesellschaftliche Beziehungen bestehen daher mehr zwischen den einzelnen Rollen, die reguliert werden können, als zwischen Individuen, die sich aus der Ferne nicht so leicht überwachen lassen.

Diese neue Möglichkeit einer zentral gelenkten Kontrolle der sozialen Beziehungen ist durch die Bühne noch weiter entwickelt worden, wo die von den Schauspielern übernommenen dramatischen Rollen politische Archetypen darstellen sollen. Von der Bühne verbannt ist die alte hierarchische Gesellschaft, die von prächtig kostümierten Aristokraten repräsentiert wurde. An ihre Stelle ist eine Reihe von Arbeiter-Typen getreten, die in stilisierter proletarischer Aufmachung erscheinen. Ihre Hauptfeinde sind die Aristokraten, vor allem die Großgrundbesitzer von einst, und die fremden Eindringlinge, in erster Linie die Japaner. Obwohl der Klassencharakter des revolutionären Theaters und Lebens eine radikale Veränderung erlebt hat, gibt es immer noch die Achtung vor hervorragenden Einzelpersönlichkeiten sowohl im praktischen Leben als auch in der Kunst. Das didaktische Element der traditionellen Oper ist von der modernen Bühne übernommen worden. Tschiang Tschings proletarische Archetypen dienen als Modelle für die gesamte Bevölkerung.

Ebenso wie das wirkliche Leben die politische Kunst zu imitieren hatte, so gerieten auch Schauspieler und Publikum in den Sog der rigorosen politischen Dialektik, die Kunst und Leben beherrschte. Eine Schauspielerin, die die weibliche Hauptrolle der Tie-mei in »Die Rote Signallaterne« übernommen hatte, wurde dazu veranlaßt, für die »Rote Fahne« zu schreiben:

> Wenn man als Schauspieler die Rolle eines Helden übernimmt, dann lernt man auch von diesem Helden. Um einen Helden auf der Bühne richtig darzustellen, muß man zugleich von diesem Helden etwas lernen und seine Eigenschaften ins praktische Leben übernehmen . . . Um die Maotsetungideen auf der Bühne zu propagieren . . . verringere ich einfach den Abstand zwischen mir selbst und den proletarischen Helden im Stück.[1]

Die Schauspieler, die in der alten Gesellschaftsordnung auf der untersten Stufe standen, wurden in der neuen zu den Verkündern der offiziellen Lehre. Früher waren die Darsteller meist Analphabeten, Schmierenschauspieler oder Angehörige von Wanderzirkussen. Es hat allerdings zu allen Zeiten große Künstler unter ihnen gegeben, die Reichtum und soziales Ansehen erwarben. Nach der Befreiung wurden die Theater ebenso wie andere private Einrichtungen allmählich verstaatlicht. Die Schauspieler erhielten Wohnungen, ein festes Gehalt, und man wies ihnen die Bühnen zu, auf denen sie auftreten durften. Doch der Preis für die soziale Sicherheit war die (oft nicht beachtete) Verpflichtung, nur Theaterstücke aufzuführen, deren Texte vom Zentralkomitee genehmigt, später auch zur Verfügung gestellt wurden. Im

Gegensatz zu früher, als es den Schauspielern freistand, auf der Bühne zu improvisieren, verlangte man von den »befreiten« Darstellern, daß sie sich wörtlich an den von der Partei genehmigten Text hielten.

Tschiang Tschings frühere Beziehungen zum Theater hatten kaum etwas mit der Rolle zu tun, die sie in der Kulturrevolution übernommen hatte. Inzwischen war sie längst keine Schauspielerin mehr, und in der Öffentlichkeit, auf die sie einen so beherrschenden Einfluß ausübte, gab es keinen offiziellen Nachweis mehr über ihre Karriere als Schauspielerin. Ihr politisches und künstlerisches Talent in Verbindung mit ihrer Beziehung zum Vorsitzenden machte sie eine Zeitlang zur Primadonna auf der Bühne der Geschichte und zur Kommissarin für Kultur (wenn auch nur de facto), deren Aufgabe es war, die Vorbilder zu schaffen, denen die Massen nacheifern sollten. Die Schauspieler, die sie betreute, agierten nicht nur auf der revolutionären Bühne, sondern auch in der revolutionären Geschichte. Bis Mitte der siebziger Jahre sah man überall in den Großstädten und auf dem Lande die riesigen Photos der Kulturhelden und -heldinnen, der neuen Stars des Überbaus. Ihre überdimensionalen Gesichter waren die einzigen, die neben den würdigen Porträts der Gründerväter des Kommunismus, Marx, Engels, Lenin, Stalin und Mao, auftauchten.

Der revolutionäre Heroismus verlangte, daß auf Literatur im eigentlichen Sinne weitgehend verzichtet wurde – dazu gehörte auch ein großer Teil der bedeutendsten klassischen und modernen chinesischen Literatur. Auf der heutigen Bühne ist die gesellschaftliche Satire fast vollständig verschwunden, deren Meister früher das Idol von Tschiang Tsching, Lu Hsün, gewesen war. Die Parteiführung hatte zwingende Gründe, die Satire zu unterdrücken und sie nur als Waffe gegen die offensichtlichen Klassenfeinde – die tyrannischen Grundbesitzer, KMT-Machthaber und japanische Imperialisten – zuzulassen. Bis in die jüngste Zeit beschäftigten sich die Satiriker in erster Linie mit den Armen und den Mächtigen; aber das heutige Regime schützt beide vor Hohn und Spott; die Armen, die mit den Massen gleichzusetzen sind, müssen verherrlicht werden, und die Mächtigen, das heißt die politischen Führer, werden gepriesen. Damit hat Tschiang Tschings Revolutionierung des Theaters die Armen davon befreit, Zielscheibe des Spottes zu sein, und die Mächtigen davor geschützt, daß ihre verhängnisvollen Irrtümer aufgedeckt wurden.

Als Tschiang Tsching die revolutionären Maßstäbe der neuen politischen Ordnung verschärfte, war sie sich der Tatsache bewußt, daß es notwendig sei, im Volk und seinen Führern das heroische Bewußtsein zu aktivieren. Wenn die Massen sich heldenhaft erwiesen, so würde dies von oben belohnt werden. Offenbar genoß sie es auch, daß das Volk sie selbst als Heldin betrachtete. 1966 sagte sie: »Wir dürfen uns nicht darauf beschränken, Gestalten und Ereignisse zu beschreiben, die dem wirklichen Leben entnommen sind. Noch weniger dürfen wir einen Helden erst dann beschreiben, wenn er gestorben ist. Es gibt in Wirklichkeit mehr lebende als tote Helden.«[2] Im folgenden Jahr wurde sie von revolutionären Studenten der Neuen Peking-Universität als »proletarische Heldin«, die »beste Schülerin« des Vorsitzenden Mao, die »die Strahlen der Roten Laterne« überallhin leuchten läßt, bezeichnet.[3]

Doch gerade die Macht des Vorbilds, die ein großes Publikum von der Bühne und damit vom Zentralkomitee aus manipulierte, war Mao Tse-tung nicht geheuer. Als Anhänger des demokratischen Zentralismus wußte er, daß eine starke Regierung auf die lokale Initiative als Gegengewicht zur zentralen Kontrolle nicht verzichten kann. Auf einer Konferenz der Parteisekretäre im Jahr 1958 schalt er seine Zuhörer:

> Jede Provinz braucht einen oder zwei Männer wie Marx oder Lu Hsün. Ihr solltet Artikel schreiben. Jeder von euch, der jünger ist als sechzig Jahre, sollte schreiben.
> Jede Provinz sollte Theoretiker ausbilden. Wir bilden Schauspieler, Schauspielerinnen und Maler aus, aber keine Theoretiker. Das ist ein Mangel im System. Ihr verlaßt euch auf die Zentralregierung, aber die Zentralregierung hat euch nie verboten, selbständig etwas zu tun.[4]

Wieviel Initiative würden die Anhänger von Tschiang Tsching zu übernehmen wagen, wenn sie mit mir im Rahmen ihres Tätigkeitsbereichs über sie sprachen?

Bei einem Essen in der Großen Halle bezeichnete Tschiang Tsching ihre revolutionäre Oper »Die Rote Signallaterne« als eine »Tragödie«, die zeige, wie sich Angehörige von drei Generationen einer Familie von den zwanziger Jahren bis zum Krieg mit Japan im Kampf gegen die japanische Aggression »heroisch geopfert« hätten. Die Oper zeige auch »die von unserer Partei geführte *8. Route-Armee*«, Untergrundarbeit in den von den Weißen beherrschten Gebieten, bewaffnete Kämpfe und Soldaten der *8. Route-Armee* bei der Rettung einfacher Menschen, die außerhalb des Stützpunktgebietes der Armee für die Partei arbeiteten.

Nach dem Essen wurden wir in das wie durch ein Wunder bis auf den letzten Platz gefüllte Tien-tschiao-Theater gebracht, wo die Zuschauer mehr als eine Stunde in glühender Hitze auf uns hatten warten müssen. Ihres großen Auftritts bewußt betrat Tschiang Tsching das Theater. Die erwartungsvolle Stille wurde durch donnernden Applaus unterbrochen. Der Scheinwerferkegel beleuchtete sie von oben. Sie lächelte strahlend, hob die Arme und erwiderte selbst mit Klatschen den Applaus.

Als es im Zuschauerraum dunkel geworden war, plauderte Tschiang Tsching, die links neben mir Platz genommen hatte, mit leiser Stimme über die Krisen bei den Probeinszenierungen an der Oper während der Kulturrevolution. Um ihre Schauspieler vor Vergeltungsmaßnahmen ihrer Feinde zu schützen, brachte sie sie in sicherer Entfernung von Peking unter und blieb dort in ihrer Nähe. Premierminister Tschou rief sie fast täglich an, um sie über die Vorgänge in der Hauptstadt auf dem laufenden zu halten. Im Verlauf von öffentlich abgehaltenen Proben wurde der Text der »Roten Laterne« ständig revidiert und geglättet, und das Stück fand immer mehr Anklang. Am besten gefielen den Zuschauern die dramatischen Posen, die von der alten Oper übernommen worden waren. Manchmal erregten sich die Leute so sehr, daß sie und ihre Mitarbeiter sie beruhigen mußten. Ihr wichtigster Mitarbeiter, Tschien Hao-liang (den sie und das Volk nur Hao-liang nannten) führte Buch über die Fortschritte und schickte regelmäßig Meldungen an die anderen führenden Genossen in Peking. Obwohl der Premier zunächst an dem Erfolg ihres Projekts gezweifelt hatte, kam er, um sich eine neue Version der Inszenierung anzusehen, und erklärte, sie habe ihm gefallen. Allmählich gewannen sie und ihre Leute mehr Selbstvertrauen, und das veranlaßte sie weiterzuarbeiten.

Der Vorhang hob sich. Die drei Hauptdarsteller sind jeweils typische Vertreter ihrer Generation, die die Geschichte der KPCh vor der Befreiung miterlebt haben. Li Yü-ho (gespielt von Hao-liang), ein Weichensteller bei der von den Japanern kontrollierten Eisenbahn, ist der klassische proletarische Held der zweiten Generation. Seine Adoptivmutter, Großmütterchen Li, symbolisiert die erste Generation, und seine siebzehnjährige Adoptivtochter Tie-mei, die während des Eisenbahnerstreiks im Jahr 1923 beide Eltern verloren hat, ist die ansprechende Vertreterin der jüngsten.

Als die Japaner in Nordchina einfallen, wird Li Yü-ho ein Geheimschlüssel anvertraut, den er den kommunistischen Guerillas in den Bergen überbringen soll. Ein anderer untergetauchter Kommunist, der von Hatoyama, dem Chef der japanischen Militärpolizei gefoltert wird, verrät Li Yü-ho. Dieser wird nun polizeilich überwacht, bedroht und bestochen, weigert sich aber, auf die Forderungen der Japaner einzugehen. Seine Standhaftigkeit erzürnt Hatoyama, der alle drei Mitglieder der Familie festnehmen und foltern läßt. Li Yü-ho und Großmütterchen Li werden hingerichtet, weil sie den Geheimschlüssel nicht preisgeben wollen. Die überlebende Tochter Tie-mei »verwandelt Schmerz in Stärke« und schwört im Namen der Partei Rache. Mit Unterstützung ihrer Nachbarn überlistet sie die Polizeispitzel und entkommt. Sie ergreift ihren einzigen Besitz, die rote Signallaterne ihres zu Tode gefolterten Vaters, das Symbol der nie endenden Revolution, und erfüllt seinen Auftrag. Stellvertretend für ihren toten Vater bringt sie den Guerillas in den Bergen den Geheimschlüssel und wird dadurch zu seiner revolutionären Nachfolgerin.

Während wir die fünfte Szene erleben, in der Großmütterchen Li eine ergreifende Arie singt und dabei die Geschichte vom Martyrium der einzelnen Mitglieder der Familie Li erzählt (Tschiang Tsching trug ursprünglich den gleichen Familiennamen), stiegen Tschiang Tsching die Tränen in die Augen und liefen ihr die Wangen hinunter. Während sie sich das Gesicht mit einem weißen Taschentuch abtupfte, zählte sie die Namen von sechs Mitgliedern der Familie des Vorsitzenden Mao auf, die »ihr Leben für die Revolution hingegeben haben«. Sie sagte: »Jedesmal, wenn ich diese Opern sehe, muß ich weinen. In seinem Gedicht ›Gekommen nach Schao-schan‹ hat der Vorsitzende Mao geschrieben: ›Weil sie sich opfern, opfern zu vielen, erstarkt ihr Wille, / wagt Befehle an Sonne und Mond: schafft neue Tage.‹« Wenn ich die Geschichte der Chinesischen Kommunistischen Partei kennenlernen wolle, so fuhr sie nüchterner fort, dann sollte ich mich auf die Prosaschriften und die Lyrik des Vorsitzenden Mao konzentrieren, die davon eine klare Vorstellung vermittelten.

In der Pause gab sie der Dolmetscherin Hsü Erh-wei, die hinter uns saß, ihr Programm und bat sie, den Titel des Dramas »*Hung teng tschi*« in der englischen Übersetzung aufzuschreiben. Mit großen Druckbuchstaben schrieb sie den englischen Titel hin und gab Tschiang Tsching das Programm zurück, die begeistert jeden einzelnen Buchstaben nachmalte. »Wie spricht man das aus?« fragte sie Hsü. Ihre Augen folgten den Bewegungen der Lippen von Hsü, als sie langsam sagte: »Die Rote Laterne«.

An mich gewandt fragte sie: »Was bedeutet ›die‹?«

»Eigentlich gar nichts,« warf Hsü dazwischen.

»Dann ist es ein leeres Wort!« schloß Tschiang Tsching und bezog sich damit auf bestimmte bedeutungslose Artikel im klassischen Chinesisch (bei einer anderen Gelegenheit gestand sie, es fiele ihr schwer, diesen esoterischen Stil zu lesen).

Über die spannungsgeladene Szene, in der Li Yü-ho seine Mutter im Gefängnis besucht, sagte sie: »Da er selbst eben erst aus dem Gefängnis entlassen wurde, müßten seine Kleidung und sein Haar eigentlich unordentlich sein. Weil er aber bald zum Märtyrer werden wird, lassen wir ihn sauber und ordentlich gekleidet, weiß und rein, auftreten, denn er muß ein würdiges Bild abgeben. Wir halten nichts vom Naturalismus.«

In der alten Oper, fuhr sie fort, seien die Schauspieler buchstäblich und im übertragenen Sinn von Gongs und Trommeln überspielt worden. Obwohl diese Instrumente aus der neuen Oper verbannt wurden, übernehmen westliche Schlaginstrumente und dann auch das Klavier (das mit »Die Rote Laterne« in die chinesische Oper eingeführt wurde)[5] die gleichen harten Rhythmen.

Nachdem der Vorhang gefallen war, führte sie uns hinter die Bühne, um die schwitzenden Schauspieler zu beglückwünschen, die sich durch ihren Besuch hochgeehrt fühlten. Sie stellte mir den heroischen Weichensteller Tschien Hao-liang vor und sagte: »Er hat früher als die anderen ein politisches Bewußtsein entwickelt und hat mich bei der Revolutionierung der Peking-Oper unterstützt.« Von Tie-mei, die von der lebhaften jungen Liu Tschang-yü dargestellt worden war, erzählte sie humorvoll, ihr Vater sei in Peking Beamter der KMT gewesen. Als sie jedoch erwachsen geworden sei, habe sie auf eigene Faust beschlossen, der Genossin Tschiang Tsching zu folgen und sich mit ihr an der Revolution zu beteiligen. Der Darsteller von Hatoyama, Yüan Schui-hai, war ein in ganz Asien bekannter Schauspieler. Einige japanische Führer hatten Tschiang Tsching gesagt, in den chinesischen Revolutionsopern seien die Schurken die besten Schauspieler!

Einige Tage darauf fuhr ich in die Außenbezirke von Peking, um die Akademie des Chinesischen Peking-Opernensembles zu besuchen, das »Die Rote Laterne« inszeniert hatte. Ich wurde empfangen von dem respektgebietenden Hao-liang, einem der am besten aussehenden und körperlich robustesten Männer, die mir in China begegnet sind. Mit seinen großen tiefliegenden Augen und der langen, schmalen Nase sah er fast ein wenig europäisch aus. Hemd und Hosen waren elegant geschnitten und aus gutem Stoff. Zusammen mit einer teuren Uhr und Ledersandalen italienischer Machart verriet diese Aufmachung eine gewisse Wohlhabenheit, die man im heutigen China nur selten antrifft.

Auch andere Mitglieder der Truppe sahen gut aus, wenn auch nicht so »nach Theater« wie im alten China oder im Westen. Sittsam nebeneinander aufgereiht saßen sie auf langen Sofas und fächelten sich in der heißen Augustluft mit großen schwarzen Fächern Kühlung zu. Die Fächer sahen alle gleich aus, aber keiner trug eine Inschrift mit den Worten des Vorsitzenden, wie man sie sonst überall fand. Nach einem Gespräch über die Geschichte des Theaters begaben wir uns in das geräumige Studio, wo Arien gesungen und zu Klavierbegleitung Tänze und Gymnastik geübt wurden. Wir machten eine Menge Aufnahmen und kehrten dann wieder in den Aufenthaltsraum zurück. Hier setzte man uns riesige Weintrauben, Pfirsiche und Birnen vor, die die Mitglieder der Akademie selbst gezogen hatten. Damit bewiesen sie, daß sie trotz ihres künstlerischen Talents und ihrer hohen gesellschaftlichen Stellung nicht »vom Boden getrennt« waren, sondern auch in der landwirtschaftlichen Produktion etwas leisteten.*

»Nach der Befreiung begann die revolutionäre Linke, die kulturellen Interessen des einfachen Volkes zu fördern,« begann Hao-liang feierlich. »Aber als man die Revolution in die Peking-Oper trug, gerieten die Vier Bösewichte [Tschou Yang, Hsia Yen, Yang Han-scheng und Tien Han] in Panik und versuchten, den historischen Entwicklungsprozeß aufzuhalten. Vom Kontrollturm des Kultusministeriums aus mißachteten die Vier Bösewichte immer wieder die Anweisungen des Zentralkomitees, die Oper nach den Vorstellungen der Genossin Tschiang Tsching umzugestalten. Als sie und andere darangingen, die Peking-Oper zu revolutionieren, weigerte sich das Kultusministerium, diese Bemühungen öffentlich bekannt werden zu lassen, und nur wenige waren informiert über das, was geschah. So war das Volk Anfang der sechziger Jahre enttäuscht, weil das Theater die neuen gesellschaftlichen Aufgaben, die die Menschen im täglichen Leben übernahmen, nicht unterstützte. Diese Art von Oper brachte niemanden dazu, sein Leben in den Dienst der Revolution zu stellen. Weil das luxuriöse Leben in Palästen, wie es auf der Bühne dargestellt wurde, mit dem Alltag nichts zu tun hatte, nahm das öffentliche Interesse am Theater deutlich ab. Nur noch wenige ältere und ganz alte Leute kamen zu den Aufführungen.«

In der traditionellen Oper stellten die Schauspielerinnen Angehörige der Aristokratie dar, die durch das ehemalige Klassensystem unterdrückt wur-

* Die Forderung Mao Tse-tungs, daß sich jedermann an körperlicher Arbeit beteiligen solle, wurde während der Kulturrevolution aufs neue erhoben. Vor allem Schriftsteller und Künstler, wie auch Wissenschaftler, Beamte und Professoren folgten diesem Appell, das heißt Leute, die normalerweise kaum Neigung gehabt hätten, in der Landwirtschaft zu arbeiten.

den, fuhr Hao-liang fort. In den wenigen Fällen, in denen Arbeiterinnen auf der Bühne erschienen, »sahen sie vulgär aus; ganz im Gegensatz zu heute, denn jetzt sind sie die Heldinnen«. Von der bisherigen negativen Charakterisierung abzukommen und Angehörige der Arbeiterklasse positiv darzustellen, war ungeheuer schwierig. Das erforderte nicht nur radikale Änderungen der Schauspieltechnik, sondern auch einen fundamentalen inneren Wandel im Denken und in den Wertvorstellungen der Schauspielerinnen selbst.

Um ihr schauspielerisches Können zu vervollkommnen, unternahmen alle Mitglieder der Truppe jährliche Reisen aufs Land, wo sie »das Rohmaterial« für künftige Werke sammelten und »ihren Horizont erweiterten«. Im Gegensatz zu den Schauspielern der alten Schule, die ihre gepflegten Hände niemals beschmutzten, arbeiten die Mitglieder dieser Truppe in ihrer Freizeit regelmäßig in der Landwirtschaft.

Bestimmte Elemente der Peking-Oper ließen sich bis auf die Tang- und die südliche Sung-Dynastie zurückführen (vom 7. bis zum 13. Jahrhundert), fuhr Hao-liang fort. Die Entwicklung erreichte ihren Höhepunkt im kosmopolitischen städtischen Stil der Mandschu, aber die ursprüngliche Peking-Oper war eine Volksoper gewesen und nicht von gelehrten Aristokraten geschaffen worden. Als die Mandschu-Eroberer erkannten, wie beliebt die Oper beim einfachen Volk war, befahlen sie, auch im Palast Aufführungen zu veranstalten. Unter der kaiserlichen Schirmherrschaft verfeinerte sich die »Volksoper« allmählich zu einer »höfischen Oper«, und auf dieser Ebene blieb die historische Entwicklung der Peking-Oper stehen. (Sie blieb freilich die raffinierteste Form der chinesischen Oper und galt für manche als das nationale Schauspiel).

»Natürlich wurden in den von der kaiserlichen Obrigkeit geförderten Opern die Bauernaufstände immer niedergeworfen, doch die bloße Tatsache, daß man etwas von Bauernrevolten wußte, zeigt *uns,* daß sich die Bauern *gegen die Ausbeutung wehrten.* Sie verlangten Gleichheit und Gerechtigkeit. Ihre Motive sind klar herausgearbeitet in dem Zyklus von Geschichten, aus dem der Roman ›*Schui-hu tschuan*‹ [in der Übersetzung von Pearl S. Buck *»All Men are Brothers«*]* entstanden ist. Andere Opern aus der Sung-Zeit behandeln den Kampf chinesischer Patrioten gegen fremde Eindringlinge.«

Ich fragte, ob in naher Zukunft auch traditionelle Opern über historische Themen inszeniert werden würden.

»Das hängt davon ab, wie sich die Lage entwickelt,« antwortete Hao-liang vorsichtig. »Alte Opern können das heutige Leben nicht mehr darstellen. Während die Schwarze Bande und die kapitalistischen Machthaber sich verschworen hatten, der Genossin Tschiang Tsching das Recht auf die Inszenierung ihrer eigenen Opern streitig zu machen, hatte sie keine Zeit für Versuche, alte Opern zu modernisieren. Die Richtschnur sind die Worte des Vorsitzenden Mao, ›Laßt hundert Blumen blühen‹ und ›Reißt das Alte aus, um das Neue hervorzubringen‹. Es wird sich mit Sicherheit die Gelegenheit ergeben, diese Grundsätze auch auf die traditionelle Oper anzuwenden.«

* Unter dem deutschen Titel »Die Räuber vom Liang Schan-Moor« übertragen von F. Kuhn [Anm. der Red.]

»In der Revolution segelt man auf stürmischer See,« fuhr Hao-liang fort und folgte mit diesen Worten wieder dem politischen Klischee. »Es gibt seit jeher den Kampf zwischen der korrekten Linie des Vorsitzenden Mao und der konterrevolutionären, revisionistischen Linie von Liu Schao-tschi. In der Peking-Oper war dieser Kampf am härtesten. Vor mehr als dreißig Jahren hat der Vorsitzende Mao die korrekte Linie in seinen Reden bei der *Aussprache in Jenan* dargestellt. Sein wichtigster Grundsatz war, daß die Kunst dem Volke dienen müsse. Zu den Opern, die in Jenan in Übereinstimmung mit diesen Anweisungen inszeniert worden sind, gehörten ›Gezwungen, sich den Rebellen auf dem Liang-Berg anzuschließen‹ und ›Drei Schlachten gegen das Dorf Tschu-tschia‹. Warum führen wir sie jetzt nicht auf? Wir haben einfach keine Zeit dafür.«

Ich erkundigte mich nach dem Schicksal der Schriftsteller und Künstler, die ihr Leben damit zugebracht hatten, die modernen Dramen zu verfassen, die Tschiang Tsching in der Kulturrevolution samt und sonders von der Bühne verbannt hatte.

Die meisten von ihnen waren aufs Land geschickt worden, um dort an Programmen zum Thema *Kampf – Kritik – Umgestaltung* mitzumachen. Nach dieser kurzen Auskunft wechselte er das Thema.[6] Man müsse verstehen, daß die modernen Dramen aus den dreißiger Jahren in den fünfziger Jahren Gift verbreitet hätten. »Die Kameliendame« von Dumas und die Liebesabenteuer von Yang Kuei-fei (der sinnlichen kaiserlichen Konkubine aus dem 8. Jahrhundert) lenkten auf gefährliche Weise vom heutigen Leben ab. »Nachdem sich China der Sache des Proletariats verschrieben hatte, mußte das Theater einen weiten Weg gehen, um das Versäumte aufzuholen, und das war nicht leicht.« Hao-liang lächelte etwas verkrampft, und sein Gesicht war von Schweiß bedeckt, während er sprach.

Er dozierte weiter. 1963 stattete die Genossin Tschiang Tsching der Akademie mehrere Besuche ab. Sie hielt Vorträge und erklärte, die Peking-Oper sei in letzter Zeit erstarrt und weigere sich, den historischen Kräften nachzugeben. Wenn diese »Festung des Feudalismus«, diese »widerspenstigste« aller traditionellen Künste so erneuert würde, daß sie den Bedürfnissen der heute lebenden Menschen entspräche, dann würden alle anderen Künste (Literatur, Musik und bildende Kunst) folgen. »Und sie hatte recht!« sagte Hao-liang.

Er erinnerte sich, wie Tschiang Tsching die Schauspieler herausgefordert und ihnen zugerufen hatte: »Wollt ihr die Revolution? Wenn ihr euch entschließt, euch zu ändern und an der Revolution zu beteiligen, wie würdet ihr dann positive Arbeiter, Bauern und Soldaten darstellen?«

1963 hatten sie noch keine Vorstellung davon, welche Signalwirkung von der Oper oder der Genossin Tschiang Tsching bei der Geburt der Großen Proletarischen Kulturrevolution ausgehen würde. Sie hatten nicht die geringste Ahnung, was eine »Kulturrevolution« bedeutete. Es war undenkbar, daß ein neuer Kurs in der Kunst zu einem Klassenkampf führen könnte, der die ganze Nation ergriff. Das gelang nur, weil Tschiang Tsching sie davon überzeugte, daß sie von Klassenfeinden in die Irre geführt und von der alten

Oper »betrogen« worden seien. Sie verkündete: »Um revolutionär zu handeln, müßt ihr zuerst revolutionär sein.«

Hao-liang lachte laut auf, als er sich daran erinnerte, wie sein politisches Bewußtsein zum erstenmal erwachte. 1963 spielte er den Vizemarschall der Armee. »Um befördert zu werden, mußte ich meinen Vorgesetzten, den Marschall, mit einem vergifteten Pfeil ermorden. Nach einem ihrer unerwarteten Besuche im Theater kam Genossin Tschiang Tsching wütend hinter die Bühne. ›Sie sind zwar ein großartiger Schauspieler, aber ich konnte Ihnen nicht applaudieren, weil Sie die Rolle eines selbstsüchtigen und egoistischen Mannes übernommen haben, der nur vorankommt, wenn er andere vernichtet.‹ Dann wandte sie sich an die ganze Gruppe und stellte die Grundsatzfrage: ›Was ihr eßt, wird von Bauern produziert; die Kleider, die ihr tragt, werden von Arbeitern erzeugt; die Grenzen werden von der VBA verteidigt. Wenn ihr nicht die Arbeiter, Bauern und Soldaten verteidigt, wo bleibt dann euer Gewissen?‹«

Beim Verfassen neuer Texte schrieb Tschiang Tsching sie nicht selbst nieder, sondern beauftragte Berufsschriftsteller, sie nach ihren Angaben herzustellen. Nach diesem Verfahren ging sie immer vor. Die Geschichte für »Die Rote Laterne« fand sich in zwölf verschiedenen Versionen in anderen Opernhäusern der Provinz, aber keine von ihnen eignete sich für den Stil der Peking-Oper. Tschiang Tsching gab auch die Anregung für ein Theaterstück mit dem Titel: »Angehörige der VBA helfen bei der Flutkatastrophe in Peking« und für den Text von »Das Rote Frauenbataillon«. Weil sich »kapitalistische Machthaber« eingemischt hatten, dauerte die Inszenierung der »Roten Laterne« ein ganzes Jahr. Ein anderes Ensemble bekam den Text für »Das Rote Frauenbataillon« und machte ein Ballett daraus. Nach endlosen Revisionen wurde »Die Rote Laterne« schließlich zu einer »Modelloper«. »Doch die persönlichen Opfer, die dafür gebracht wurden, waren hoch: das Blut der Genossin Tschiang Tsching und die energische Unterstützung des Vorsitzenden Mao und des Premiers Tschou. Wir sind ihnen zu großem Dank verpflichtet,« fügte Hao-liang demütig hinzu.

Zu Beginn gaben gewisse »kapitalistische Wegbereiter« in der Truppe scheinheilig vor, daß auch sie »Die Rote Laterne« als revolutionäres Drama auf die Bühne bringen wollten. Ihre Heuchelei zeigte sich erst, als es darum ging, die Rolle des Weichenstellers Hao-liang in positiver Weise umzugestalten. Sie wußten, daß die Genossin Tschiang Tsching die charakterlichen Schwächen von Li Yü-ho ausmerzen wollte – seine Sentimentalität und seinen Hang zum Alkohol –, aber die Opposition wollte ihn nicht zum Helden machen, sondern verlangte die Gleichberechtigung der Darsteller aller drei Generationen.[7] Diese Leute behaupteten, dadurch ergäbe sich eine harmonischere Darstellung der Arbeiterklasse. In Wirklichkeit wollten sie nur die Rolle der Tochter Tie-mei herausheben und sie als Symbol der jüngeren Generation in den Vordergrund stellen. Aber er und Tschiang Tsching bestanden darauf, daß auch die Generation deutlich gezeichnet würde, die die folgende erzeugt hatte (nämlich Tschiang Tschings Generation), weil damit der Grundsatz der revolutionären Nachfolge zum Ausdruck kam.

Die Bürokraten, die an den direkten und regelmäßigen Kontakten Tschiang Tschings mit der Truppe Anstoß nahmen, versuchten dagegen, das proletarische Image von Li Yü-ho zu »verunstalten«. Sie versahen ihn mit einem Buckel und zwangen ihn, ein schlampiges Kostüm und einen ungepflegten Bart zu tragen. Dazu erklärten sie: »Das ist naturalistisch. Alte Weichensteller sehen so aus.«

Bis zum Vorabend der Kulturrevolution war er gezwungen, diese abstoßende Rolle zu spielen. Nach Auflösung des alten Kultusministeriums[8] mußte sich die Truppe in einem anstrengenden Schulungskursus dem Prozeß *Kampf – Kritik – Umgestaltung* unterziehen. Erst damals lernten die Schauspieler Tschiang Tsching wirklich kennen.

Sie nahm jetzt an allen Proben teil, und es blieb kaum etwas von der ursprünglichen Fassung übrig. Alles wurde verändert: der Text, die Artikulation, die Kostüme, die Auftritte und die gesamte Struktur. Manchmal wurde sie von Yao Wen-yüan begleitet, dessen Kommentare die Schauspieler für sehr treffend hielten. Damals hielt sich Genosse Yao Wen-yüan meist in Schanghai auf, wo er neben seiner übrigen schriftstellerischen Tätigkeit auch die Überarbeitung der Oper »Mit taktischem Geschick den Tigerberg erobert« überwachte. Als Genossin Tschiang Tsching in Schanghai arbeitete, nahmen sie die Genossen Tschang Tschun-tschiao, Ko Tsching-schi und Yao Wen-yüan in Schutz. In Peking stellten sich der Vorsitzende Mao, der Premier Tschou und Genosse Kang Scheng hinter sie. Während der ganzen Zeit der sehr anstrengenden Überarbeitungen und Proben konnten die Schauspieler nie vergessen, daß diese drei Führer hinter ihr standen.

Dank all dieser Bemühungen gelang es hier zum erstenmal, im chinesischen Theater Angehörige der Arbeiterklasse auf die Bühne zu stellen, die stark, attraktiv und klug waren. Um zu zeigen, worin die Veränderungen bestanden, zitierte Hao-liang die dritte Szene der gegenwärtigen Fassung, die vor einem Haferbreiverkaufsstand auf einem Trödelmarkt spielt. Als eine Lastwagenladung japanischer Militärpolizisten eintrifft, versteckt Li Yü-ho den Geheimcode für die Kommunisten in seinem Eßgeschirr und übergießt ihn mit einem stinkenden Haferbrei, dessen Geruch die Polizisten von seiner Spur abbringt. Aber vor Jahren hatten »kapitalistische Machthaber« diese Szene herausgeschnitten und behauptet, sie sei dumm und abstoßend. Nachdem Tschiang Tsching an die Macht gekommen war, nahm sie die Szene wieder auf, um zu zeigen, wie schlau Li Yü-ho war und wie die Arbeiter auf dem Trödelmarkt zusammenhielten.

»Genossin Tschiang Tsching kämmte alles mit dem Staubkamm durch«, meinte Hao-liang. In der ursprünglichen Fassung der fünften Szene versteckt Li Yü-ho seine Tochter Tie-mei, da er fürchtet, sie könnte während der japanischen Besatzung verlorengehen. Die dabei zum Ausdruck kommenden engen persönlichen Beziehungen störten Tschiang Tsching, und sie änderte den Text so um, daß der Vater sich in erster Linie von revolutionären Gesichtspunkten leiten ließ.

Besondere Aufmerksamkeit schenkte sie den Bewegungen der Schauspieler. »Wenn du sitzt, dann sitze gut; wenn du stehst, dann stehe gut«, pflegte sie ihnen zu sagen. »Jede Bewegung muß geformt sein.« Als bei der Szene »Kampf auf dem Hinrichtungsplatz« die Choreographie festgelegt wurde, sprang Tschiang Tsching auf die Bühne, machte den Schauspielern jeden Schritt vor und zeichnete dann ein Diagramm auf den Boden.

»Die neue Oper ist kein Zufallsprodukt,« betonte Tschiang Tsching nachdrücklich, »sondern ein Kunstwerk.« Die Kostüme sollten »die Wirklichkeit überhöhen«, aber dabei dürfte der Idealismus nicht übertrieben werden. Damit meinte sie, daß der »gewöhnliche Realismus«, bei dem proletarische Helden in alter Arbeitskleidung auftreten, künstlerisch nicht zu rechtfertigen sei, daß man jedoch neuen Kleidern wiederum nicht ansieht, wie schwer die Arbeit ist. Es kam zu lebhaften Diskussionen über das Anbringen von Flikken an den Kostümen für »Die Rote Laterne«.

Die Kostümschneider, die sie übernommen hatte, waren darin ausgebildet, Seidenstoffe für die Aristokraten zu besticken und elegante Anzüge und Kleider für die Bourgeoisie herzustellen. Als sie die ersten Kostüme für die Armen nähten, befestigten sie die Flicken auf den Vorderseiten der Jacken und zeigten damit, daß sie keine Ahnung hatten, wo ein Arbeiter seinen Anzug abwetzt. Tschiang Tsching forderte sie auf, die Flicken an den Ellbogen, an den Knien und an den Kragen anzubringen, dort, wo die Kleidungsstücke am meisten beansprucht werden. Dabei sollten die Flicken sauber und anständig aussehen. Ebenso wichtig seien, wie sie sagte, die Farbkombinationen. Arbeiter dürften nur ganz bestimmte Farbtöne tragen, meist unauffällige und dunkle. Nur die junge Heldin Tie-mei durfte in einer auffallenden roten Jacke im volkstümlichen Stil auftreten und eine hübsche Haarnadel tragen, die Tschiang Tsching für sie ausgesucht hatte.

Tschiang Tsching beaufsichtigte auch die Komposition der musikalischen Partitur. Für die achte Szene, den »Kampf auf dem Hinrichtungsplatz«, bei der Rhythmus und Tonalität der alten Peking-Oper erhalten blieben, schrieb sie selbst die Musik und die Texte. Als Tie-mei die Hinrichtung ihres Adoptivvaters und der Großmutter Li mitansehen muß, singt sie das *wa-wa tiao,* den klassischen Gesangsstil eines Menschen, der zum Erwachsenen herangereift ist.

Tschiang Tsching erklärte den Schauspielern, die Oper müsse die militärischen Prinzipien des Vorsitzenden Mao demonstrieren, denn in der Schlußszene werden die Regeln der Kriegskunst, das sogenannte *wu-schu* gezeigt. Im Tanz mußten die Überraschungsangriffe und andere Taktiken des Guerillakrieges zum Ausdruck kommen, durch die der Feind schließlich geschlagen wird. Die Oper endet mit einem positiven Ausblick: Der bewaffnete Kampf geht weiter, und das militärische Stützpunktgebiet wird vergrößert.

»Sie sehen, wie bereitwillig wir zu ihren Instrumenten geworden sind«, schloß Hao-liang mit einem strahlenden Lächeln.

Zu den »bereitwilligen Instrumenten« gehörte auch die lebhafte Schauspielerin Liu Tschang-yü, die erzählte, sie sei noch sehr jung und leicht zu beeinflussen gewesen, als sie die Genossin Tschiang Tsching kennenlernte. Bei unserem Interview wirkte sie sehr aufgeschlossen und gleichzeitig sehr bestimmt. In allem, was sie sagte, spürte man die ritualisierte Selbstkritik der privilegierten Jugend, die in der Kulturrevolution nach proletarischen Maßstäben gezügelt worden war.

Liu Tschang-yü erklärte, sie habe in der neunten Szene, in der sie vom Tode ihres Adoptivvaters und der Großmutter Li erfährt, ein Klagelied im Stil der alten Oper gesungen. Tschiang Tsching habe diese Interpretation nicht gefallen und sie habe erklärt, man könne nicht nur von Schmerz, sondern auch von Zorn überwältigt werden. Beide Gefühle müßten sofort umgesetzt werden, und die Stimme der Sängerin müsse Zorn und Entschlossenheit zum Ausdruck bringen.

Obwohl es bitter gewesen war, diese Kritik der Genossin Tschiang Tsching zu hören, hatte sie Liu gezeigt, was an ihrer ideologischen Einstellung falsch war: Sie hatte die emotionale Dynamik der Arbeiterklasse noch nicht begriffen. Immer wieder rief ihr Tschiang Tsching zu: »Wo bleibt dein Gewissen? Wenn du die Revolution auf der Bühne darstellen willst, dann mußt du selbst eine Revolutionärin sein.« Und der Vorsitzende Mao hatte gesagt: »Um Lehrer zu sein, mußt du zuerst Schüler sein.« Bei der Inszenierung dieser Oper sei der Genosse Hao-liang ihr Lehrer gewesen, erklärte Liu Tschang-yü. Er hatte sie aufs Land geschickt, damit sie eine Zeitlang mit Arbeitern, Bauern und Soldaten zusammenlebte. Dort war sie so lange geblieben, bis sie gelernt hatte, diese Menschen mit Begeisterung darzustellen und der ganzen Welt zu beweisen, daß sie jetzt auf der Seite des Proletariats stand.

An unserem ersten Abend in der Oper lehnte sich Tschiang Tsching über mich hinweg, stieß Yao Wen-yüan an und sagte ihm, er solle für mich eine Aufführung von »Mit taktischem Geschick den Tigerberg erobert« arrangieren und für den folgenden Tag Interviews mit den Darstellern vorbereiten. Sie versicherte mir, die Orchestermusik zu diesem Stück sei die beste von all ihren Modellinszenierungen.

Etwas mehr als eine Woche später war ich in Schanghai und sah eine Aufführung dieser sehr dynamischen und optisch eindrucksvollen Oper. Die Interviews mit den Schauspielern fanden im obersten Stockwerk des Tsching-tschiao-Hotels statt, wo ich auch untergebracht war. Der leitende Mann war Tung Hsiang-ling, ein Tschiang Tsching treu ergebener Schauspieler, der seit mehr als zehn Jahren den Helden Yang Tze-jung spielte. Er stellte mir den musikalischen Direktor, Hsia Fei-yün, vor, einen zierlichen Mann, der sich über die Partitur der Oper recht vorsichtig äußerte. Sie war aus dem Klavierkonzert »Der Gelbe Fluß« entwickelt worden. Die Oper war zuvor während der Kulturrevolution von Tschiang Tsching inszeniert worden, jedoch stammte der Text, der die Entwicklung des *Widerstandskrieges* schilderte, von Nie Erh, der in den dreißiger Jahren in Schanghai Texte für Schlager und Filmmusik geschrieben hatte. Hsia Fei-yün erklärte, gewöhnlich würden die Verse nicht gesungen, sondern in großen Schriftzeichen rechts neben der Bühne auf eine Leinwand projiziert (das gleiche geschah auch in der Oper, selbst wenn die Texte gesungen wurden). Das Klavierkonzert war das erste, in dem Parteiparolen nach Melodien von Volksliedern in Musik gesetzt und von einem Orchester im westlichen Stil gespielt wurden. Die erfolgreiche Kombination der *pi-pa* (eines der Laute oder der Gitarre ähnlichen Instruments), der Fünftonleiter und westlicher Harmonien ermutigte das Ensemble, bei der Musik für den »Tigerberg« eine ähnliche Synthese auszuprobieren.

Es war die Idee von Tschiang Tsching, chinesische Schlaginstrumente und westliche Harmonien miteinander zu verbinden – wie sie glaubte, jeweils das Beste aus beiden Kulturkreisen.* Sie vergrößerte daher die Anzahl der chinesischen Schlaginstrumente und führte ausländische Saiteninstrumente ein: vier erste Violinen, drei zweite Violinen, zwei Bratschen, ein Cello und einen Baß. Zu den Bläsern kamen eine Oboe, eine Klarinette, zwei Trompeten, zwei Hörner und eine Tuba hinzu. Außerdem wurden westliche Kesselpauken eingesetzt. Früher saßen acht Musiker mit ihren Instrumenten – vier Schlaginstrumenten und vier Streichinstrumenten, deren Rhythmus von der Trommel bestimmt wurde – auf einer Seite der Bühne. Nun wurde das erweiterte Orchester – dreißig Musiker und ein Dirigent – von der Bühne verbannt. Nie zuvor hatte es in der chinesischen Oper ein solches musikalisches Volumen und eine so große Flexibilität gegeben.

Aber Genossin Tschiang Tsching ließ sich nicht leicht zufriedenstellen, meinte Hsia Fei-yün. Als man ihr die erste Probepartitur vorlegte, kritisierte sie die Musik, »weil sie noch immer zu sehr von der Tradition geprägt« sei. Sie verlangte, daß die schrillen Töne des klassischen Stils vermieden würden, weil sie die Stimmen der Sänger übertönten. Damit sich das Publikum in erster Linie mit den proletarischen Charakteren beschäftigte, sollten die Musiker die Beziehungen zwischen Orchester und Sängern so auffassen wie die zwischen Gastgeber und Gästen. Das Orchester sollte die menschlichen Stimmen begleiten, sie aber nicht übertönen.[9]

»Mit taktischem Geschick den Tigerberg erobert« spielt im Winter 1946 in der Mandschurei und stellt den Beginn des Befreiungskrieges dar. Im Gegensatz zur »Roten Laterne«, wo es um dramatische Situationen im Parteiuntergrund geht, zeigt der »Tigerberg« den Kampf zwischen der VBA und der »Bergspitzenmentalität« der Banditen. Ein Verfolgungstrupp der VBA stößt tief in die bewaldeten Berge vor, um die örtliche Bevölkerung gegen die Banditen zu mobilisieren. Diese stehen unter dem Kommando des »Geiers«, des selbsternannten Königs des Tigerberges, der sowohl von der KMT als auch von den Amerikanern unterstützt wird. Yang Tze-jung, das schneidige Symbol der VBA, führt einen Aufklärungstrupp, der erkunden soll, wie der Tigerberg mit strategischen Mitteln erobert werden kann (d. h. der von Lin Piao angewandten Guerillataktik wird gegenüber einem Frontalangriff – der konventionellen Taktik Liu Schao-tschis – der Vorrang gegeben).

Während des Aufstiegs auf den Berg erkundigt sich Yang Tze-jung nach

* Jahrzehnte zuvor hatten Opernensembles in Hongkong und in chinesischen Gemeinden in Übersee ihre Orchester durch Saxophone und Geigen ergänzt. Mit Münzen benähte Kostüme wurden mit winzigen elektrischen Glühbirnen noch verschönt. Gelegentlich wurden auch klassische Arien im Stil moderner Unterhaltungsmusik vorgetragen.

den Leiden der örtlichen Bevölkerung (und weckt damit das Bewußtsein der Unterdrückung). Er nimmt die Hilfe des Jägers Tschang und seiner Tochter, der klugen reizvollen Tschang Pao, in Anspruch, die den Banditen des Geiers, den Mördern ihrer nächsten Verwandten, Blutrache schwören. In der prächtigen Verkleidung eines Banditen, mit weißem pelzbesetzten Mantel, einer Weste aus Tigerfell und einer Mütze aus Fuchspelz dringt Yang Tze-jung in das Lager der Banditen ein und gewinnt das Vertrauen des Geiers. Hier bereitet er alles für die Einnahme des Banditenschlupfwinkels durch die Armee vor. Beim Fest der Hundert Hühner in der Halle des Tigers verführt Yang die Banditen zu einer wüsten Orgie. Unfähig, sich zu wehren, werden sie von den Soldaten der VBA niedergemacht. Ihre Ankunft – auf Skiern kommen sie von den Berghängen herab – ist eine der glänzendsten realistischen Szenen, die es im zeitgenössischen chinesischen Theater gibt.

Wie in anderen modernen chinesischen Opern wird auch hier der ideologische Kampf mittels historischer Anspielungen symbolisch dargestellt. Nach der Niederlage der Japaner im August 1945 und dem Rückzug der Sowjetunion aus der Mandschurei trat Lin Piao als Befehlshaber der VBA an die Stelle von Peng Tschen, der damals Sekretär des Ostchina-Büros war, und wurde zum starken Mann im Nordosten. Während der Kulturrevolution, als Lin Piao in hohem Ansehen stand, empfahl diese Oper angeblich die Methode des von Lin Piao geführten »Volkskrieges« gegenüber der Methode von Peng Tschen – der »gegen den Pulvergeruch gerichteten Theorie«.[10] Yang Tze-jung stellt daher in dieser Rolle zwei verschiedene Aspekte dar. Auf der einen Ebene ist seine Rolle »eine konzentrierte Darstellung der zahllosen Helden im wirklichen Leben«,[11] auf der anderen stellt er die politische Laufbahn von Lin Piao dar.*

Doch nach dem Sturz von Lin Piao im Jahr 1971 läßt sich die Handlung der Oper so interpretieren, daß sie die Verschwörung Lins zum Sturz Maos vorwegnimmt und davor warnt. Die Eroberung des Banditenstützpunkts mit strategischen Mitteln durch Yang Tze-jung und die Ermordung des Geiers, des Königs des Berges, könnte den Versuch Lin Piaos symbolisieren, Mao zu töten und die Macht in Partei und Staat zu ergreifen. In seinem Brief an Tschiang Tsching vom 8. Juli 1966 bekennt Mao: »Immer war ich der Ansicht, daß sich der Affe zum Großkönig ernennt, wenn es in den Bergen keinen Tiger gibt.«

Ebenso wie Tschien Hao-liang wurde Tung Hsiang-ling zum Bühnenstar und gewann politischen Einfluß, nachdem er Tschiang Tsching während der Kulturrevolution und danach gefolgt war. Bei unserem Gespräch hatte er sich schon abgeschminkt, und auf seinem flachen Gesicht zeigten sich scharfe Züge. Er war schon etwa 45 Jahre alt, hatte jedoch einen energiegeladenen, straffen und beherrschten Körper. Er lächelte herausfordernd und ein wenig hinterhältig – neben all den anderen offenen Gesichtern wirkte das erfrischend.

* Der falsche Name, unter dem Yang in das Lager der Banditen eindringt, ist Hu Piao. In der während der Kulturrevolution aufgeführten Fassung wird der Name »Piao« mit dem gleichen Schriftzeichen geschrieben wie der von Lin Piao.

»Die moderne Oper, die heute unter dem Titel ›Mit taktischem Geschick den Tigerberg erobert‹ bekannt ist, wurde 1958 vom Schanghaier Peking-Opernensemble uraufgeführt,« begann Tung und fuhr dann ungeduldig fort. »Damals beherrschte die revisionistische Linie von Liu Schao-tschi die Künste. Obwohl Yang Tze-jung ein proletarischer Held ist, ließ er sich vor der Kulturrevolution nicht von den Banditen unterscheiden. Alle Schauspieler trugen die gleichen verrückten Kostüme. Heute trägt der Banditenhäuptling Geier den zerbeulten Hut, den früher Yang Tze-jung getragen hat. Früher bediente sich Yang der ›schwarzen Sprache‹ [der Unterwelt], tanzte zu ›gelber Musik‹ [eine Imitation westlicher Schlager] und hielt eine Pfeife in der Hand. Die Regisseure zwangen ihn, seine proletarische Würde zu verleugnen, und er mußte sich vor dem Geier unterwürfig ›um achtzig Grad‹ verbeugen. Bei der Orgie im Banditenlager war der Platz des Geiers in der Mitte der Bühne, wo er von seinen Männern umringt stolz dastand, während Yang Tze-jung, der damals von einem viel älteren und weniger kräftigen Mann gespielt wurde, als ich es bin, sich bescheiden in eine Ecke der Bühne verkriechen mußte.«

Nachdem Tschiang Tsching 1963 diese sogenannte moderne Oper gesehen habe, fuhr Tung Hsiang-ling fort, sei sie hinter die Kulissen gekommen und habe erklärt, sie halte das Stück für wertlos. Unter ihrer Anleitung begann im folgenden Jahr die Überarbeitung. Sie nahm der Rolle des Yang Tze-jung alles Unappetitliche und verwandelte ihn in ein bewunderungswürdiges Symbol des Proletariats. Der Geier und seine Banditen wurden an die Peripherie der Bühne verwiesen.

Die Schauspieler, denen sie ihre neuen Rollen zuwies, hatten keine Ahnung von der eigentlichen Bedeutung der großen Veränderungen, die sie bis zu den Festspielen der Peking-Oper im Juni 1964 durchgesetzt hatte, zu denen jede Provinz außer Taiwan eine Abordnung schickte. Nachdem die Inszenierung von Tschiang Tsching als eine Darstellung des militärischen Denkens des Vorsitzenden Mao, wie er es im Nordosten entwickelt hatte, anerkannt worden war, erhoben sich die Lakaien Liu Schao-tschis und beschlossen, aus Yang Tze-jung einen gefährlichen Banditen zu machen. Der Stellvertretende Minister für Kultur und Stellvertretende Leiter der Propagandaabteilung, Lin Mo-han, setzte sich energisch dafür ein.[12] Er befahl dem Bühnenschriftsteller Lin Han-piao (ein Pseudonym), die Oper entsprechend der Linie Liu Schao-tschis umzuarbeiten.

Die Anhänger Liu Schao-tschis brachen bald darauf ihren Frontalangriff gegen die moderne Peking-Oper ab und eröffneten einen »akademischen« Angriff (gemäß den *Februar-Thesen* von 1966). Diese Attacke richtete sich nicht nur gegen die Modernisierung, die bis zu einem gewissen Grad eingeschränkt werden konnte, sondern auch gegen die revolutionäre Substanz. Darüber konnten sie jedoch keine Kontrolle ausüben. Geschickt lenkten sie die Aufmerksamkeit vom ideologischen Kern der Oper ab, indem sie nur ihre »künstlerische Form« kritisierten. Da es die Handlung erforderlich machte, daß sich Yang als Bandit tarnte, sagten sie, er solle in seiner Verkleidung um der künstlerischen Wirkung willen noch schlimmer aussehen als die richtigen Banditen. Dieser Vorschlag brachte die für Tschiang Tsching so eminent wichtigen Fragen der Klassen und der Ideologie völlig durcheinander.

Vor der Kulturrevolution besuchte die Genossin Tschiang Tsching oft den Bürgermeister von Schanghai, Ko Tsching-schih, und trug ihm ihre Gedanken über die philosophischen Voraussetzungen vor, die ihrer Ansicht nach für die Reform der Oper unerläßlich waren. Dabei vertrat sie die Auffassung, daß Theorie und Praxis einander ergänzen und unterstützen müßten (das alte chinesische philosophische Thema von den Beziehungen zwischen Denken und Handeln). Praxis führe zur Erkenntnis, sagte sie, und die Erkenntnis fördere die Praxis. Sie wies auch darauf hin, daß bei der Darstellung von Helden auf der Bühne die Musik, der Text, der Dialog, der Tanz, die Kostüme und die Regie der Theorie der »drei wichtigsten Gesichtspunkte« entsprechen müßten. Erstens kam es darauf an, positive Gestalten zu schaffen. Zweitens mußten unter diesen positiven Gestalten die Helden deutlich erkennbar sein. Und drittens sollten unter den Helden die Hauptthelden hervortreten. Diese Theorie wurde später in all ihren Musterwerken in die Praxis übernommen.[13]

Da Tschiang Tsching während der Kulturrevolution mit anderen Staatsgeschäften stark überlastet war, konnte sie zu dieser Zeit nur selten und für kurze Zeit nach Schanghai kommen. Das Ensemble von Tung Hsiang-ling schickte ihr regelmäßig Berichte über die erzielten Fortschritte in Form von Tonbändern und Schallplatten nach Peking. Später sagte sie den Schauspielern, sie habe sich diese Aufnahmen während der Mahlzeiten immer wieder vorgespielt und jede Einzelheit darin registriert. Weil es ihr vorrangiges Anliegen war, Botschaften zu verkünden, war ihr die Sprechweise besonders wichtig, und sie legte Wert darauf, daß bestimmte Schlüsselworte stark betont würden. Sie erwähnte das Wort »Haß«, das dem Feind energisch und dramatisch entgegengeschleudert werden sollte.

»Ihr müßt die in ihr Gegenteil verkehrte Menschheitsgeschichte wieder umkehren,« zitierte sie den Vorsitzenden Mao. Damit meinte sie, daß Menschen, und zwar einzig und allein Menschen die treibende Kraft in der Geschichte seien. Sie dürften keine Marionetten oder Spielzeugsoldaten sein. Um ihre Auffassungen zu illustrieren, empfahl sie die Lektüre des Aufsatzes des Vorsitzenden »Über die Koalitionsregierung«. Aber, so berichtete Tung, in der Kunst interessierte sie sich weniger für die kritische Theorie. Ihre Anregungen bezogen sich mehr auf die Praxis, und darin war sie unerschöpflich. »Es gelang ihr sogar, meinen Stil zu verjüngen!« Tung lachte, als er sich daran erinnerte. Er war darauf spezialisiert, alte Männer darzustellen. Wenn er auf die Bühne kam, dann fing er ohne Rücksicht auf die jeweilige Rolle automatisch an, gebückt zu gehen und herumzustolpern. Die Genossin Tschiang Tsching fand das entwürdigend. »Wenn sie mich in dieser Haltung erwischte, strich sie mit den Fingern an meinem Rücken entlang und sagte: ›Steh gerade. Dein Yang Tze-jung ist nicht besser als Tschu-ko Liang.*

* Ein heldenhafter Stratege in dem alten Novellenzyklus »Geschichte der drei Reiche«. In JMJP vom 7. November 1969 (S. 3) wird argumentiert, daß es Tschu-ko Liang, der

Überwinde den veralteten Stil. Steh aufrecht da und sing mit kräftiger Stimme!‹« Außerdem sollte er jetzt nicht mehr das alte seidene Gewand, sondern einen prächtigen, mit Pelz besetzten Mantel tragen. Als Yang Tze-jung mit zwei Fingern eine Bewegung ausführte, mit der er andeuten wollte, wie er dem Geier einen Dolch ins Herz stieß, sagte sie ihm, er solle drei Finger nehmen, weil das bedrohlicher wirke.

Auch ließ sie sich nicht durch musikalische Konventionen beeindrucken. Nach den Regeln der alten Oper war es unmöglich, daß ein Darsteller zwei verschiedene Singstile verwendete, einen zarten (*erh-huang*) und einen kräftigen (*hsi-pi*). Auch durften beide Stile nicht gleichzeitig im selben Auftritt verwendet werden. Um starke Gefühle zart auszudrücken, kombinierte Tschiang Tsching beide Ausdrucksweisen in einer Arie. Gefühle sollten subtil artikuliert werden, verlangte sie. Nur unter besonderen Umständen, etwa wenn der Darsteller schwor, er werde den Banditen Geier begraben oder die Kommunistische Partei gegen alle Widerstände unterstützen, dürfe er den kräftigen Stil allein verwenden.

Der künstlerische Stil mußte eine gesellschaftliche Aussage haben. Deshalb gab sie die klassische Ansicht auf, daß am Schluß musikalischer Phrasen die Töne tiefer werden müßten, um ein Wort abzurunden. Der Entschluß zum Handeln ließe sich, so lehrte sie die Sänger, am besten dadurch ausdrükken, daß die Töne höher wurden.

Tungs Lieblingsstelle in der Oper war die fünfte Szene, in der er zum Revolutionshelden heranreift und »die Morgensonne in seinem Bewußtsein erstrahlt«. Das kam in einem Tanz zum Ausdruck, den Tschiang Tsching persönlich entworfen hatte. In der ersten Fassung bestieg Yang den Berg zu Fuß. 1965 sagte ihm Tschiang Tsching, er solle auf einem Pferd hinaufreiten, um auf diese Weise heldischer zu erscheinen. In der alten Oper war das Pferd, das auf der Bühne nur durch Pantomime dargestellt wurde, ein sanftes Tier, und der Schauspieler wurde symbolisch aufs Pferd gehoben. Tschiang Tsching hielt jedoch nichts von der pantomimischen Andeutung, wie sie früher üblich gewesen war, sondern wollte dramatische Aktionen. Also kombinierte sie moderne Choreographie mit traditioneller Akrobatik. Als gute Reiterin (Tung selbst hatte keine Erfahrung im Reiten) demonstrierte sie die Gesten, mit denen er zeigen sollte, wie er ein imaginäres Pferd bestieg und wie ein Held davongaloppierte, während er das widerspenstige Tier in Schach hielt.

Tung Hsiang-ling sprang auf und spielte uns vor, wie Tschiang Tsching die Szene demonstriert und wie er sie imitiert hatte. Sie hatte ihm gesagt: »Um in einer Pantomime zu zeigen, wie man ein kräftiges Pferd besteigt, mache einen raschen Schritt vorwärts und springe in die Luft. Dabei spreize die Beine. Wenn das Pferd beim Anblick des Tigers zu Boden stürzt, dann deute das durch ein Spreizen der Beine auf dem Boden an. Gleite am Schluß nicht

sechs Jahrhunderte lang als unerreichtes Vorbild galt, nicht gelungen sei, das hohe Ideal zu verwirklichen, das sich Yang Tze-jung zum Ziel gesetzt hat, der es erreichen will, daß »die Rote Fahne über fünf Kontinenten weht«.

einfach vom Pferderücken. Das vermittelt den Eindruck von Schwäche. Zum Absitzen springe über den Kopf des Pferdes.«

Nachdem sie die verfilmte Fassung der Oper aus dem Jahr 1969 gesehen hatte, sagte sie, der Pferdetanz gefalle ihr immer noch nicht. In ihrem Reitstall in Peking experimentierte sie mit den verschiedensten Arten des Auf- und Absitzens. Als sie nach Schanghai zurückkam, sagte sie ihm: »Artistik verlangt Übertreibung. Um ein großes, aber nur in der Vorstellung vorhandenes Pferd zu besteigen, hebe das Bein so hoch wie möglich. Beim Absitzen springe nicht über den Kopf des Pferdes, sondern setze dich seitlich hin, hebe ein Bein, dann das andere, und springe hinunter. Lande aber nicht auf den Fußsohlen, sondern auf den Zehenspitzen. Das wirkt majestätisch.«

Gleich nach dieser Szene zieht Yang Tze-jung die Pistole und schießt den Tiger durch den Kopf. Der Banditenhäuptling fragt ihn, ob er den Tiger getötet habe. Yang antwortet kühl: »Er ist meiner Kugel in den Weg gelaufen.«

Die Genossin Tschiang Tsching lege großen Wert auf die äußere Erscheinung, fuhr Tung fort. Sie lehrte die Schauspieler, wie man mit Hilfe der Kostüme bestimmte körperliche Eigenschaften betonen und andere kaschieren kann. »Ihr war aufgefallen, daß ich für eine Heldenrolle verhältnismäßig klein bin. Deshalb riet sie mir, das Kostüm so anfertigen zu lassen, daß der Gürtel recht hoch saß. So sahen meine Beine länger aus, und ich wirkte auf der Bühne größer.«

Tung erzählte, sie habe sich mehr um jeden einzelnen Schauspieler gekümmert, als man dies von einem politischen Führer erwarten könnte. Wenn er früher die Rolle des Yang Tze-jung spielte, trug er die Pistole vorn am Gürtel. Sie riet ihm: »Trag sie an der Seite.« Warum? Sie erklärte das so: »Wenn ein Mann die Pistole lange Zeit vor dem Bauch trägt, dann kann dies innere Schäden in der Gegend des Beckens hervorrufen.«

Das Zentralkomitee wurde laufend über die Umgestaltung der Oper unterrichtet, ebenso der Vorsitzende Mao. Anfang Juli 1967 kam er nach Schanghai, um sich eine Vorstellung anzusehen. Er kritisierte nur die literarische Form. Eine Zeile in der fünften Szene wurde auf seine Veranlassung folgendermaßen geändert: ». . . und führen den Frühling herbei, um die Welt der Menschen zu verändern.« (Der revolutionäre Optimismus wurde dadurch stärker betont). Außerdem sagte er, solle der klassische Ausdruck für »Offiziersuniform« durch das moderne Wort ersetzt werden. Noch nach zwei Jahren verbesserte Tschiang Tsching die Aussprache Tungs bei dem Wort »Frühling«, damit sein »gesellschaftlicher und politischer Inhalt« stärker zum Ausdruck käme.

Tung Hsiang-ling stellte uns Tschi Schu-fa vor, eine schüchterne, mädchenhaft aussehende Schauspielerin Ende Zwanzig, die die Tochter des Jägers Tschang Pao darstellte. In eine einfache Bluse und eine Hose gekleidet, glich sie in keiner Weise der lebhaften Tschang Pao mit der leuchtendroten Jacke und dem dicken schwarzen Zopf, der energisch auf ihrem Rücken auf- und abwippte. Ebenso wie auf der Bühne klang ihre Stimme auch jetzt klagend, ernst und sehr hoch.

Alles, was Tschi Schu-fa über sich sagte, entsprach den Vorstellungen vom idealen Künstler der Kulturrevolution. Sie sagte, sie sei gegen persönlichen Ruhm, weigere sich, die »Blutsaugerklasse« in Gestalt von Kaisern, Ministern und schönen Frauen darzustellen, und verdammte die bürgerliche Einstellung, nach der die Kunst ein Selbstzweck sei. Die Genossin Tschiang Tsching hatte sie gelehrt, daß sie ihre natürliche Scheu überwinden und militant werden müsse. Ebenso wie Lu Hsün sollte sie den Geist des Ochsen in sich pflegen. Nur die Starrköpfigkeit eines Büffels ermöglichte es den Schauspielern, die verhärteten Konventionen der alten Peking-Oper zu zerschlagen.

Indem sie die Rolle von Tschang Pao als beispielhaft herausstellte, begann die Genossin Tschiang Tsching, die Darstellung von Frauen auf der Bühne zu revolutionieren. Alle für die feudale Klasse bezeichnenden Gesten sollten abgeschafft werden. Tschi Schu-fa hob die Hand und bog zierlich ihre Finger, um zu demonstrieren, wie die Schauspielerinnen der alten Oper die Geste der »Orchideenfinger« zeigten. Sie sagte, das sähe dumm und affektiert aus, und ballte dann die Hand zur Faust mit der militanten Miene, die sie sich inzwischen angeeignet hatte.

In der alten Oper durften die Frauen ebenso wenig wie in der früheren Gesellschaft ihre Zähne zeigen. Wenn sie lächelten, verdeckten sie den Mund mit den Händen, während ihre »Wasserärmel« den Körper verbargen. Heute lächelt jeder ganz offen. Kleinen Mädchen wurden die Füße eingebunden, und sie wurden zu Krüppeln mit »Dreizoll-Lilien«. Wenn Schauspielerinnen keine vorschriftsmäßig kleinen Füße hatten oder wenn Schauspieler Frauen darstellten, imitierten sie den üblichen Gang der Frauen, indem sie kleine Stelzen trugen oder mit grotesken Schritten über die Bühne trippelten. »Heute ist es den Frauen gleichgültig, wie groß ihre Füße sind, und wir können uns natürlich bewegen. Früher bedeckten wir die Augen, wenn wir weinten.« Wenn Tschi Schu-fa bei den ersten Aufführungen die Arie sang, in der sie erzählte, wie ihre Mutter von den Banditen ermordet worden war, brach sie in Tränen aus, setzte sich hin und bedeckte das Gesicht mit den Händen. Tschiang Tsching sagte ihr, das sei kein proletarisches Weinen. Sie richtete sich auf, wandte das Gesicht einem imaginären Publikum zu und zeigte, wie ihr die Tränen die Wangen hinunterliefen. »Menschen aus der Arbeiterklasse setzen sich nicht hin und nehmen nicht den Kopf in die Hände, wenn sie weinen,« sagte Tschiang Tsching. »Wenn sie weinen, bleiben sie aufrecht stehen.«

Tschi Schu-fa sollte sich jedoch nicht an ihrem Kummer festklammern, verlangte Tschiang Tsching. »Konzentriere dich darauf, den Kummer in Haß zu verwandeln, den Haß in Empörung und die Empörung in den Entschluß zu kämpfen.« Wenn Tschi bei der Interpretation ihrer Rolle auch nur das geringste Selbstmitleid zeigte, sah Tschiang Tsching sie böse an und sagte: »Zeige nur Klassenhaß, Klassenempörung und die Entschlossenheit der Klasse zu kämpfen ... Wenn du dich auch Tag und Nacht danach sehnst, daß die Sonne aufgeht, so mußt du doch bis zum bitteren Ende kämpfen. Du mußt entschlossen sein, *alle Wölfe zu vernichten.* Wir erziehen die Menschen dazu, den Kopf hoch zu tragen und nie zu vergessen, daß Schönheit weniger wichtig ist als Wille und Kraft.«

Tschi Schu-fa war nur im Falsettgesang ausgebildet worden, der für aristokratische Frauen und Feen typischen Tonlage. Als die Genossin Tschiang Tsching sie 1964 in die Lehre nahm, lernte sie von ihr, das Falsett mit der natürlichen Stimme in den tiefen und mittleren Tonlagen zu kombinieren. Das reine Falsett sollte nur noch in den hohen Tonlagen gesungen werden. Nur eine volltönende Stimme sei imstande, Rachedrohungen auszustoßen.

Immer wieder sagte ihr Tschiang Tsching, daß der Gesang niemals der eigenen Befriedigung dienen dürfe. »Du singst für die Arbeiter, Bauern und Soldaten.« Auch dürfe der Schauspieler nie mit seinen persönlichen Fähigkeiten glänzen, denn damit lenkte er das Publikum von der gemeinsamen Leistung ab. »Persönlicher Hochmut hat auf der revolutionären Bühne keinen Platz«, sagte sie.

Bei den früheren Fassungen des »Tigerbergs« war die Szene, in der die Soldaten der VBA mit Skiern zur Rettung Tungs herbeieilen, nur mit akrobatischen Mitteln aufgeführt worden. Ein so »extremer Manierismus« gefiel Tschiang Tsching nicht, weil die Arbeiter, Bauern und Soldaten das nicht verstehen könnten. Um die Massen zu interessieren, ließ sie realistische Kulissen aufstellen und bediente sich einer beweglichen Bühne und einer dynamischen Beleuchtung. Aber die »Reaktionäre«, die sich verzweifelt darum bemühten, auf einer kahlen Bühne den reinen Symbolismus zu bewahren, bekämpften jede Neuerung. Sie stellte sich diesem Kampf mit großer Energie und ließ sich in ihren Plänen nicht beirren. Sie kombinierte alte und moderne Tanzstile und kostümierte die Männer mit weißwollenen Umhängen, die prächtig im Winde flatterten und so den Eindruck vermittelten, daß sie über die Berghänge herabsausten. Tschiang Tsching erklärte der Truppe, daß dieses »kollektive Bild« der Soldaten auf Skiern »zeige, wie Menschen ihr Leben für die Sache der Revolution aufs Spiel setzten«.

Über ihre Rolle sagte Tschi Schu-fa, bis zur neunten Szene sei sie nur die einfältige Tochter eines Jägers, die keinen Funken »spontanen revolutionären Bewußtseins« besitze. Was sie in eine Kämpferin, eine *bewußte* proletarische Heldin verwandelte, die entschlossen war, für die Befreiung der Menschheit zu kämpfen, war die Erfahrung, die sie gewann, als sie die Miliz beim Exerzieren und beim Singen zur Begleitung des militärischen Signalhorns erlebte. Tschiang Tsching sagte ihr, wenn sie in einer Arie das Proletariat verherrlichte, dann müsse sich das Tempo der Musik verlangsamen, und ihre Stimme müsse fest und ruhig klingen. Wenn sie jedoch gelobte, alle Wölfe zu töten, dann solle sie das Tempo erhöhen und in großer Erregung singen.

»Die Begleichung von Blutschuld« gehört zu den wichtigsten, aber am wenigsten gefeierten Themen des chinesischen revolutionären Theaters und der Politik, deren Ausdruck es sein will. Der Zusammenhang zwischen dem persönlichen Leben und den Gefühlen Tschiang Tschings und ihrem Modelltheater ist niemals öffenlich erwähnt worden. Tschang Paos Leidenskatalog »Fragen nach der Bitterkeit« stellt vielleicht den Schmerz Tschiang Tschings über den Verlust von Familienmitgliedern dar – natürlich nicht nur ihrer eigenen – und ihr Verlangen, frei zu reden und sich wie ein junges Mädchen zu kleiden. Die Rachegefühle sind allgemein und persönlich zugleich. Tschang Pao singt:

Der Geier mordete die Großmutter und entführte Mutter und Vater;
Onkel Ta-schan im Tschiapi-Tal nahm mich auf;
Der Vater floh und kam zurück,
Aber die Mutter stürzte sich von der Klippe zu Tode.
O geliebte Mutter!
In den Bergen suchen wir Zuflucht;
Aus Furcht, ich könnte in die Hände jener Teufel geraten,
Verkleidete mich Vater als Knaben und sagte, ich sei stumm.
Tagsüber jagten wir in den Bergen,
Nachts dachten wir an Großmutter und Mutter.
Wir blickten auf Sterne und Mond
Und sehnten uns nach der Zeit,
Wenn die Sonne scheinen wird über diesen Bergen;
Wenn ich wieder frei reden darf,
Mich wieder kleiden wie ein Mädchen;
Wenn wir endlich die Blutschuld begleichen.
O hätte ich doch Flügel, ich nähme ein Gewehr
Und flöge auf den Gipfel und tötete alle jene Wölfe.

»O Vater!« ruft sie und wirft sich in des Vaters Arme. Yang Tze-jung erwidert leidenschaftlich:

Paos Bericht von den Verbrechen der Banditen,
Randvoll mit Blut und Tränen,
Weckt meinen fürchterlichen Zorn.
Unterdrückte Menschen müssen überall blutige Rache nehmen
An den Unterdrückern.
Nach Rache rufen sie;
Auge um Auge, Blut um Blut.

Nach der Oper ist das Ballett die zweitwichtigste Form des revolutionären Theaters. Die Peking-Oper, eine nationale Tradition, stellt historische Episoden vom Standpunkt der herrschenden Klasse aus dar. Heute sind an die Stelle der Kaiser, Minister und Generäle, die hoch über der Masse des Volkes standen, die Vertreter der Partei und der VBA getreten, die den Anspruch erheben, für das ganze Proletariat zu sprechen. Da Männer noch immer die neue herrschende Klasse der »proletarischen Diktatoren« anführen, ohne im übrigen das Monopol zu beanspruchen, ist die Oper auch weiterhin in erster Linie eine von Männern beherrschte Kunstform. Frauen übernehmen wichtige Nebenrollen und erweisen sich als besonders geeignet, »revolutionäre Nachfolger« darzustellen. Das Ballett, das in jeder Hinsicht weniger mit der chinesischen Geschichte verhaftet ist, bleibt im Stil lyrischer und im Inhalt mythischer. Da im Ballett seit jeher Frauen dominierten, drücken sie jetzt ihre Auflehnung gegen die Unterdrückung durch den Tanz dramatischer aus als dies in der chinesischen Oper geschieht.

In China ist der Aufstand gegen die Reinheit und »Tyrannei« des klassischen Balletts gegenüber der Entwicklung im Westen um mindestens ein halbes Jahrhundert zurückgeblieben. 1909 schockierte Sergej Diaghilew Paris mit seinem Russischen Ballett. Bald rebellierte auch Martha Graham mit dem künstlerischen Barbarismus ihres modernen Tanzes gegen den Schönheitskult des Balletts. Mit der Wiederbelebung des Volkstanzes in den Broadway-Musicals begann Agnes De Mille, den Tanzstil durch vielfältige regionale Varianten zu bereichern. Parallel zu diesen modernistischen, populistischen, kosmopolitischen und manchmal auch nur kommerziellen Bestrebungen gab es die Experimente von Moisejew in der Sowjetunion, des Folklorico in Mexiko und des Inbal in Israel. Chinas revolutionäre Änderung der Technik des Balletts und die Entdeckung der Volkstänze von Minderheiten stammen aus jüngster Zeit.

Jahre vor der Befreiung gab es in Schanghai für Reiche und für Ausländer Eurythmie, eine Reihe von Ballettschulen, die sich jeweils um einen Meister gruppierten, Tanzgruppen im Stil von Hollywood, den Tanz in Vergnügungslokalen und mit Taxigirls und häufige Gastspiele ausländischer Truppen. Am Vorabend der Kulturrevolution war alles mit Ausnahme des klassischen Balletts verboten. Tschiang Tsching gefiel das Ballett zwar als tänzerische Bewegung, aber sie lehnte es als Ausdruck unerwünschter ausländischer Kultur ab. Tänzerinnen in rosafarbenen Balletträckchen, die sich als sterbende Schwäne gebärdeten, waren ihr zuwider. Ihr Aufruf gegen die Tyrannei des klassischen Balletts brachte ihr die Feindschaft von Rechten und Linken ein. Die einen waren entschlossen, das klassische Ballett beizubehalten, wollten aber die revolutionäre Realität davon fernhalten, die anderen waren dafür, es ganz zu verbieten. Keine der beiden Gruppen wollte jedenfalls den Versuch unternehmen, es politisch zu verwerten. Anhänger Liu Schao-tschis drohten angeblich, sie würden den Ballerinen die Beine brechen, die zur Verherrlichung der chinesischen Revolution tanzen wollten.

Tschiang Tschings politische Macht, die von Mao Tse-tung gestützt wurde, ermöglichte es ihr jedoch, das Ballett am Leben zu erhalten, um es nach Maos Grundsatz zu modernisieren: »Laßt das Alte dem Neuen und das Fremde dem Chinesischen dienen.« Aus der chinesischen Oper übernahm man die Akrobatik, den Gesang, die übertriebene Mimik und den starren Gesichtsausdruck. Aus der Volkskunst stammten die rhythmische Musik, die Choreographie und die farbenfreudigen Kostüme. Aber die Beinarbeit, die Pirouetten und Arabesken wurden dem klassischen Ballett entlehnt. Die Instrumentation imitierte die Programmusik des 19. Jahrhunderts oder gängige Filmmelodien, die den Chinesen schon seit Jahrzehnten durch ausländische Filme vertraut waren.

Tschiang Tsching sagte mir, die Revolution des Balletts bedeute, daß sie und ihre Mitarbeiter »gegen die Fesseln des russischen Klassizismus ankämpften, die die chinesischen Tänzer seit Jahrzehnten versklavt hatten.« Stalin sei für die Erhaltung der »bürgerlichen Klassiker verantwortlich, die den Widerstreit zwischen Gut und Böse demonstrieren.« Die sowjetischen Führer nach ihm seien der gleichen absurden »Politik« gefolgt und hätten ein Tier – einen schwarzen Schwan – zur Hauptfigur von »Schwanensee« gemacht!

Im Gegensatz dazu beruhte »Das Rote Frauenbataillon« (das Ballett erlebte im Oktober 1964 seine Premiere) auf historischen Vorgängen. Der Schauplatz der Handlung war die Insel Hainan vor der Küste Südchinas. Das Ballett zeigt den politischen Widerstand der Angehörigen der Li-Volksgruppe. Alle ethnischen Minderheiten im alten China wurden unterdrückt. »Wie Tiere«, sagte Tschiang Tsching, seien sie behandelt worden.

Schon vor meinem ersten Zusammentreffen mit Tschiang Tsching hatte ich dieses kühne und freche Ballett in Peking gesehen. Die heiße tropische Insel Hainan war augenscheinlich sowohl aus politischen als auch aus ästhetischen Gründen als Schauplatz der Handlung ausgewählt worden. Hainan, das fast so groß ist wie Taiwan, ist sehr reich an natürlichen Bodenschätzen. Es wurde erst im April 1950 von den Kommunisten befreit, nachdem es den Nationalisten nicht gelungen war, die Unterstützung der Amerikaner für ihren Anspruch zu gewinnen.* Das Gegenstück zu der Insellandschaft im »Roten Frauenbataillon« ist die rauhe Gebirgsgegend im nordwestlichen Binnenland, wo das Ballett »Das Weißhaarige Mädchen« spielt.

Ebenso wie die Oper folgt auch das Ballett dem marxistisch-leninistischen und maoistischen Gedanken vom Gesetz der ausgesparten Mitte. Positive Personen sind entweder von Anfang an Helden oder werden es durch die Befreiung. Negative Personen haben keine Wahl; sie müssen vernichtet werden, damit es Sieger geben kann. Zwischen den positiven und negativen Gestalten gibt es nichts, keine »Mittelcharaktere«, wie die Chinesen sagen. In der alten und neuen Oper wie auch im neuen Ballett werden positive und negative Gestalten durch konventionelle Masken und konventionelle Bewegungen voneinander unterschieden. Ein Held betritt stolz und feierlich die Bühne, mit erhobenem Arm und geöffneter Hand. Er wendet sein »gutes Gesicht« direkt dem Publikum zu. Aber ein Schurke humpelt gebückt auf die Bühne. Sein aschfahles oder geschwärztes Gesicht wendet er von den Zuschauern ab.

»Das Rote Frauenbataillon« beginnt in einem Kerker, wo die schöne Sklavin Wu Tsching-hua (eindeutig eine positive Gestalt) von Nan Pa-tien, der die schurkischen Großgrundbesitzer des alten Südens verkörpert, an einen Pfosten gefesselt worden ist. Während sie ein zorniges Lied singt, befreit sie sich von den Fesseln und verteidigt sich mit Gewalt gegen die Wächter, die ihr den Fluchtweg abschneiden wollen. Ein junger Kurier der Roten Armee findet sie und bringt sie zu seiner Einheit, die von dem gutaussehenden Hung

* Hat Präsident Nixon dieses Element der Kulturpolitik etwa übersehen, das das Schanghai-Kommuniqué unterstreicht und indirekt andeutet, die Provinz Taiwan müsse mit dem Festland vereinigt werden?

Tschang-tsching, einem Vertreter der Partei, geführt wird. Er veranlaßt sie, Zuflucht beim Frauenbataillon zu suchen, das sich, angespornt von den Rachegefühlen Wu Tsching-huas, aufmacht, um das prächtige Landhaus von Nan Pa-tien zu stürmen. Wu Tsching-hua ermordet den Tyrannen. Die Befreiung des Dorfes wird mit einem schwungvollen Volkstanz der Li-Leute gefeiert. Am Schluß gelobt Wu Tsching-hua, dem Beispiel des Helden Hung Tschang-tsching nachzueifern und das Wort Maos zu ihrem Leitspruch zu machen: »Die politische Macht kommt aus den Gewehrläufen.«

Tschiang Tsching erklärte mir, als sie die Inszenierung dieses Balletts Anfang der sechziger Jahre in Angriff genommen habe, seien bis dahin noch niemals mit einem Ballett militärgeschichtliche Ereignisse dargestellt worden, und kaum jemand habe sie bei diesem Vorhaben unterstützen wollen.* Um sich darauf vorzubereiten, sei sie Ende 1963 allein auf die Insel Hainan gereist und habe sich dort die umfangreichen militärischen Anlagen angesehen. Von dort ging sie nach Schanghai, um persönlich die Einstudierung des Balletts zu übernehmen. Die Lage war gefährlich, denn einige mächtige Persönlichkeiten im Bereich der Kultur hatten schon geplant, ihre Bemühungen um das revolutionäre Ballett zu sabotieren, das sie 1964 auf die Bühne bringen wollte. Um sich die Zustimmung der politischen Führer zu sichern, hatte sie Premierminister Tschou zur Probe einer ersten Fassung eingeladen, und er war dieser Einladung gefolgt. Die schwachen Stellen, auf die er hinwies, hatte man geändert. Um die Tänzer mit dem militärischen Leben vertraut zu machen, wollte sie sie für ein paar Monate zu einer Einheit der VBA schikken. Kaum hatte sie diese Anweisung erteilt, ordnete Tschou Yang in seiner Eigenschaft als hoher Beamter im Kulturministerium an, daß ausgerechnet ihre Truppe nach Hongkong gehen sollte, um dort »Schwanensee« aufzuführen! Sie war wütend, konnte aber nichts dagegen unternehmen. Der Bürgermeister von Schanghai, Ko Tsching-schih, der sich sicher auf ihre Seite gestellt hätte, war erkrankt. Sie wandte sich deshalb an Premierminister Tschou und schoß »eine ganze Salve von Beschuldigungen gegen eine gewisse Person« ab, die ihre Bemühungen um das Ballett sabotiere. Sie nahm an, er wisse, wer gemeint sei, und bat dann den Premier, ihr den Namen dieser Person zu nennen. Er habe keine Ahnung, sagte Tschou. Doch bald entstanden im Kulturbereich so große Spannungen, daß niemand mehr behaupten konnte, er wisse nichts davon, daß Tschou Yang sich ihrer Reform des Balletts widersetzt habe (angeblich hatte er »Das Rote Frauenbataillon« höhnisch als »einen am Daumen lutschenden Säugling in Windeln« und als »häßliche Schwiegertochter« bezeichnet).[14]

* Immerhin schrieb Mao im Februar 1961 auf die Rückseite einer Photographie folgendes Gedicht mit dem Titel »Auf das Bild einer Milizionärin«:

Anwehn von Frische, tapfere Anmut, fünf Fuß das Gewehr;
Morgenglanz, die ersten Strahlen am Übungsplatz.
Chinas Mädchen, der vielen, staunenswertes Ziel:
lieben nicht rote Kleider, lieben das Waffenkleid.

(Übersetzung von Joachim Schickel, in: »Mao Tse-tung: 37 Gedichte«, München 1974, S. 37).

Trotz des Widerstandes von Tschou Yang und der Verachtung, die er ihrem Experiment gegenüber bewies, fuhr sie mit der Modernisierung des Balletts fort und begleitete es schließlich auf einer Tournee in die großen Städte. Nach der Rückkehr nach Peking besuchte sie mit Premier Tschou noch einmal eine Vorstellung, die aber stark umgearbeitet worden war. Daß er von einer »wirklichen Revolution« sprach, freute sie. Nachdem der Vorhang gefallen war, ging sie mit dem Premier hinter die Bühne, um die Tänzer und Musiker zu beglückwünschen, die während des Kampfes um die Neuschöpfung treu zu ihr gehalten hatten.

Immer noch machte sie sich Sorgen darum, ob diese aus chinesischen und westlichen Elementen bestehende Synthese des Tanzes bei den Massen ankommen würde. Während der Sitzung des Nationalen Volkskongresses im Winter 1964 lud sie einige Delegierte zu einer Vorstellung ein, darunter Arbeiter aus dem Industriezentrum Wuhan. Bei der Aufführung hörte sie, wie ein Arbeiter sagte, daß er früher nie verstanden habe, was das Ballett eigentlich bedeute. Jetzt habe er es begriffen. Tschiang Tsching war außerordentlich erleichtert.

Um den Delegierten den Gegensatz zwischen dem klassischen und dem revolutionären Ballett zu demonstrieren, ließ sie die Truppe aus Schanghai zuerst »Das rote Frauenbataillon« und dann das alte Standardballett »Schwanensee« aufführen. Bei der zweiten Aufführung protestierten einige Arbeiter laut, und einige von ihnen baten, das Theater verlassen zu dürfen. »Wir sind überzeugt, daß ›Das Rote Frauenbataillon‹ viel besser ist,« versicherten sie (allerdings hat Tschiang Tsching mir gegenüber nie erwähnt, daß die Arbeiter es unter solchen Umständen wahrscheinlich nie gewagt hätten, eine andere Meinung zu haben). Der erste Tänzer Liu Tsching-tang, der sie regelmäßig über die Reaktion des Publikums unterrichtete, bestätigte ihren Eindruck und sagte, die Oper sei im allgemeinen positiv aufgenommen worden.

Zwei Tage bevor ich Tschiang Tsching kennenlernte, interviewte ich im Peking-Hotel Mitglieder der Truppe aus Schanghai, die seit 1964 ausschließlich »Das Rote Frauenbataillon« aufgeführt hatte. Der Tschiang Tsching treu ergebene Liu Tsching-tang war der Hauptsprecher. Er erzählte mir, Anfang der fünfziger Jahre hätten russische Lehrer und ihre Privatschüler in China das Monopol für die Ausbildung an den Ballettschulen gehabt, während eine Elite chinesischer Berufstänzer die Volkstänze gepflegt hätte. 1954 richtete die Partei in Peking eine Tanzschule ein, deren Ziel es war, chinesische Ballett- und Volkstanzlehrer auszubilden, die nicht nur Schüler aus der städtischen Oberschicht, sondern auch Angehörige der armen Landbevölkerung unterrichten sollten. Aber noch Mitte der fünfziger Jahre war es das Bestreben aller Ballettänzer, »die berühmten ausländischen Balletts« zu beherrschen. Sie begannen mit kleinen Ausschnitten, etwa dem Tanz der kleinen Schwäne aus »Schwanensee«, Passagen aus »Giselle« und aus Byrons »Korsar«. Allmählich erweiterten sie das Repertoire und beherrschten schließlich diese und andere ausländische Balletts vollständig.

Der »einseitige Abzug« aller sowjetischer Experten im Jahre 1960 war für das Ballett in China ein schwerer Schlag. Halb ausgebildete Lehrer und

Schüler mußten ohne fremde Hilfe weitermachen. Doch gerade weil sie nun gezwungenermaßen auf sich selbst angewiesen waren, wurden sie zu Abwandlungen angeregt, und dadurch wurde auf lange Sicht das Entstehen des heutigen »revolutionären Balletts« möglich. Unmittelbar nach dem Abzug der Sowjets trennte sich eine Gruppe von Lehrern von dem ursprünglichen Pekinger Institut für Tanz und richtete in Schanghai eine Zweigstelle ein. Noch 1962 und 1963 inszenierten beide Truppen ausschließlich »ausländische bürgerliche Klassiker«. Ungläubig lachend erklärte eine Tänzerin, Victor Hugos »Glöckner von Notre Dame« und Alexander Puschkins »Quelle der Tränen« hätten einmal zu ihren besten Inszenierungen gehört.

Als Genossin Tschiang Tsching 1963 zum erstenmal an das Pekinger Institut für Tanz kam, gab sie nicht vor, etwas vom Ballett zu verstehen. Ihre Mission war rein politischer Natur. Aber die Tänzer wußten, daß sie während der vergangenen zwei Jahre für ihre Arbeit in der symphonischen Musik und der Oper große Anerkennung gefunden hatte. *»Schatschiapang«* war bereits zur Modelloper, Symphonie und zum Film umgearbeitet worden. Die Umarbeitung des klassischen ausländischen Balletts war die nächste Phase. Tschiang Tsching war entschlossen, auch hier alles auszumerzen, was an die feudalistische Klasse erinnerte, und Technik und Inhalt neu zu gestalten.

Anfang der sechziger Jahre hatte man aus einem Theaterstück mit dem gleichen Thema den Film »Das Rote Frauenbataillon« gemacht. Tschiang Tsching sagte den Tänzern, der Film sei zwar mißlungen, sie sei jedoch überzeugt, sie könnte daraus ein revolutionäres Ballett machen. Deshalb unternahm sie Ende 1963 die Reise auf die Insel Hainan. Hier besichtigte sie nicht nur die militärischen Einrichtungen, sondern studierte gründlich die Topographie, das Klima, die Bäume, die Blumen, die Farben und die Kultur der Inselbewohner, des Li-Stammes. Außerdem interviewte sie die Leute über die Geschichte des in den Jahren 1930 bis 1931 aufgestellten Frauenbataillons. Trotz der Behinderungen durch Tschou Yang kehrte sie sehr zuversichtlich nach Peking zurück und ließ die Akademie schließen. Damit mußten alle in Vorbereitung befindlichen Inszenierungen aufgegeben werden. Aus den Mitgliedern der Akademie suchte sie sich die wenigen Leute aus, auf die sie sich verlassen konnte, und stellte aus ihnen die »schöpferische Gruppe« zusammen. Diese Gruppe, zu der auch Schriftsteller, Musiker, Choreographen, Bühnenbildner und Hauptdarsteller gehörten, schickte sie nach Hainan (nachdem sie sich der Unterstützung Tschou En-lais versichert hatte). Dort sollten sie aus der lokalen Kultur »Rohmaterial« auswählen.

Die Gruppe setzte sich aus Nordchinesen zusammen, die das tropische Klima nicht vertragen konnten. Außerdem war die Bevölkerung der Insel über das Eindringen der Leute verärgert. Aus Streitgesprächen innerhalb der Gruppe über die richtige politische Interpretation des Tanzes wurde ein regelrechter Krieg, was um so peinlicher war, als man die Künstler bei einer VBA-Einheit untergebracht hatte, die für die Verteidigung Hainans verantwortlich war. Bei dem Versuch, aus den Erfahrungen des Lebens in Kasernen künstlerische Anregungen zu gewinnen, lernten sie vor allem, daß »politische Macht aus den Gewehrläufen kommt.«

Auf der Suche nach historischer Authentizität sprachen die Tänzer mit einigen älteren Frauen, die noch selbst in dem Roten Frauenbataillon gekämpft hatten. Diese Frauen schilderten ihnen, wie das in dem Ballett unter dem Namen Wu Tsching-hua auftretende junge Mädchen von der Familie des Großgrundbesitzers als Dienstmädchen ausgebeutet worden sei. Als sie flüchtete, sei sie noch ein Kind gewesen. Eine andere Frau, die ähnliches erlebt hatte, sagte, die Flucht vor ihrem tyrannischen Grundherrn sei ihr erst nach fünf oder sechs Versuchen gelungen. Dann sei sie bei der VBA untergekommen.

Liu Tsching-tang sagte, manche Leute, besonders Ausländer, hätten die falsche Vorstellung, in diesem Ballett ginge es in erster Linie um Frauen. In Wirklichkeit sei die Zentralfigur der Held Hung Tschang-tsching (den er darstellte), und nicht die Frau Wu Tsching-hua!

Die Kulturrevolution hatte in der Tat das klassische Ballett vernichtet. Seit 1963 durfte diese Truppe jedoch nur ein einziges Werk aufführen, eben »Das Rote Frauenbataillon«. Ich fragte, ob man jetzt mit der Inszenierung anderer revolutionärer Balletts rechnen könne.

Das Ballett »Ein Loblied auf das Yimeng-Gebirge«, das 1971 probeweise zum erstenmal aufgeführt worden war, wurde, wie Liu Tsching-tang mir sagte, noch überarbeitet. Es sollte später in das Modellrepertoire aufgenommen und verfilmt werden. Die Premiere fand 1973 in Peking statt. Der Schauplatz war die Halbinsel Schantung, wo während des Befreiungskrieges zwei Stützpunkte der Revolutionsarmee lagen. »Ein Loblied auf das Yimeng-Gebirge« sollte zeigen, in welch einzigartiger Weise Mao Tse-tung den Guerillakrieg und den Volkskrieg kombiniert hatte – die Armee, die sich im Volk wie der Fisch im Wasser bewegte. Um sich darauf vorzubereiten, reiste die Truppe nach Schantung, wo die Tänzer ihre eigene »Fisch-Wasser-Beziehung« zur Bevölkerung pflegten. Die Operntruppe am Yimeng-Berg stellte den Tänzern ihre Bühne zur Verfügung, damit sie Ausschnitte aus dem neuen Ballett vorführen konnten. Die Schauspieler aus Schantung, die sich offensichtlich dadurch geschmeichelt fühlten, daß die Tänzer aus Peking versuchten, ihr Leben auf der Bühne darzustellen, brachten ihrerseits eine Oper mit dem gleichen historischen Thema zur Aufführung. Die erste Inszenierung des Balletts wurde vor mehr als 40 000 Zuschauern aufgeführt, die zum Teil von weither angereist kamen. Kinder kletterten auf Bäume, um die Vorgänge auf der Bühne aus der Vogelperspektive zu sehen. Liu Tsching-tang beurteilte die Schwächen und Stärken des Balletts nach der Reaktion des Publikums: Lauter Beifall bedeutete, daß eine Szene gelungen war; herrschte Schweigen, so hieß dies, daß die Künstler sich noch mehr um soziale und regionale Authentizität bemühen mußten.

Ein Tänzer meinte, die Aufnahme des klassischen Balletts in früheren Jahren sei »sehr kühl« gewesen. Nur wenige alte Leute hätten sich dafür interessiert. Da die Tänzer wußten, daß die Massen sich nicht für ihre Arbeit erwärmen konnten, war auch ihr eigenes Interesse nicht sehr groß. »Wir sind der Genossin Tschiang Tsching dankbar dafür, daß sie uns mit Wärme und Begeisterung für unsere Arbeit erfüllt hat.«

Als Tschou En-lai und Edgar Snow 1936 eine Höhlenstadt nördlich von Jenan besuchten, erschien am Rande einer steilen Klippe plötzlich eine völlig nackte verrückte Frau. Als sie die Männer sah, stieß sie Flüche aus und floh. Später erfuhr Snow, daß ihr persönliches Schicksal diese Frau in den Wahnsinn getrieben hatte. Ihre ganze Familie war durch eine Seuche umgekommen.[15]

Man hörte immer wieder, daß Frauen in Zeiten des Aufruhrs und sporadischer Revolten durch unerträgliche Verhältnisse in Wahnsinn verfallen waren. Solche Begebenheiten verwandelten sich in eine moderne Mythologie. Eine der bekanntesten Legenden entstand aus Gerüchten über ein weißhaariges Mädchen. Ihre Geschichte wurde zu einer Oper, einem Film und einem Ballett verarbeitet. An den verschiedenen Versionen läßt sich der Wandel in der Haltung der Kommunistischen Partei gegenüber dem menschlichen Körper, der Sexualität, der unehelichen Geburt, der romantischen Liebe und der Möglichkeit der politischen Befreiung ablesen.

In der ursprünglichen Volksoper »Das Weißhaarige Mädchen«, die 1944 an der Lu-Hsün-Akademie inszeniert wurde,[16] ist die Heldin Hsi-erh die Tochter eines alten Bauern, der seine Pacht nicht bezahlen kann. Zur Strafe nehmen ihm der Gutsbesitzer und sein Lakai die Tochter. Das treibt den Vater zur Verzweiflung und zum Selbstmord. Hsi-erh wird gezwungen, als Magd im Hause des Gutsbesitzers zu dienen. Er vergewaltigt sie, und die Frauen machen ihr das Leben zur Hölle. Als sie schwanger wird, versucht der Gutsbesitzer, sie zu ermorden. Aber sie flieht in die Berge, wo sie einen Sohn gebiert, der an Hunger stirbt. Aus Mangel an Salz und Sonnenlicht wird ihr Haar vorzeitig weiß (berichtet die örtliche Überlieferung). Dorfbewohner, die die gespenstische Gestalt sehen, als sie im Tempel geopferte Lebensmittel stiehlt, halten sie für einen Geist. In der Opernfassung von Jenan, die von Tschou Yang,[17] Tschang Keng und anderen genehmigt wurde, entflieht Hsi-erh einer »feudalen« Gesellschaft, um am Schluß von Angehörigen der *8. Route-Armee* (Maos Roter Armee) und der Kommunistischen Partei gerettet zu werden.

In dieser einfachen Provinzoper sind Hsi-erh, ihr Vater Yang Pai-lao und der Gutsherr Huang Schih-dschen archetypische Gestalten, und ihre Namen haben eine bittere symbolische Bedeutung. Hsi-erh heißt »Freude«, Yang Pai-lao »vergebliche Mühe« und Huang Schi-jen »Barmherzigkeit der Welt«. Eine weitere Person ist der gutaussehende junge Ta-tschun (»Großer Frühling«), der in dem verwahrlosten totenblassen Mädchen seine ehemalige Verlobte erkennt. Nach ihrer glücklichen Wiedervereinigung schließt sie sich der *8. Route-Armee* an. Als die Oper in Jenan aufgeführt wurde, gerieten die Bauern beim Auftritt des Grundbesitzers in solchen Zorn, daß sie sich erhoben und riefen: *»Scha! Scha!«* [Bringt ihn um!]

Damals sagte man, die Oper zeige, »wie die alte Gesellschaft die Menschen in Geister verwandelt und die neue Gesellschaft Geister zu Menschen macht.« (Während der Kulturrevolution gab man diese Deutung auf, weil sie Ausdruck von Aberglauben und fehlendem Klassenbewußtsein sei.) Da das Thema immer noch sehr beliebt war, entstand danach 1950 ein »naturalistischer« Film. Die Hauptrolle spielte Tien Hua, ein von den Schauspielern der *8. Route-Armee* ausgebildetes Bauernmädchen. 1951 wurde der in verschiedenen Ländern gezeigte Film mit dem Stalinpreis zweiter Klasse ausgezeichnet.[18] Obwohl die Handlung während des Befreiungskriegs gegen Japan spielt, tritt in dem ganzen Film kein einziger Japaner auf. Doch die Nachfahren der imperialistischen Generation in Japan waren von der grausigen, aber romantischen Geistergeschichte so fasziniert, daß in Japan ein Ballett daraus geschaffen wurde. Es wurde zuerst 1957 und dann Anfang der sechziger Jahre in Peking aufgeführt.[19] Damals begann Tschiang Tsching mit der Arbeit an ihrer eigenen Fassung und machte daraus ein »proletarisches Ballett«, das von allen romantischen und naturalistischen Elementen gereinigt und mit der Klassenkampfideologie durchtränkt werden sollte. In getrennt geführten Interviews erklärten sowohl sie als auch ihre Anhänger vom Ballett, daß man in der revolutionierten Fassung die Vergewaltigung, die Geburt und den Tod des Kindes gestrichen habe, um neue und positive Vorstellungen und einen alles überstrahlenden »Glanz« zu erzeugen. Die erotischen Beziehungen zwischen Hsi-erh und Ta-tschun traten in den Hintergrund, und im Finale wurden die Größe der *8. Route-Armee* und des Vorsitzenden Mao in bombastischer Weise gefeiert.

Dieses Ballett, das so eng mit der Geschichte der chinesischen Revolution verknüpft ist, hat auf Ausländer in der verschiedensten Weise gewirkt. 1973, als Tschiang Tsching mir die neueste Filmfassung des »Weißhaarigen Mädchens« im Austausch gegen *»The Sound of Music«* schickte, schrieb der Musikkritiker der *»New York Times«*, Harold Schonberg, über die Aufführung des Balletts, die er in Schanghai gesehen hatte:

> Für westliche Augen ist das Ballett alles andere als revolutionär. Es ist ein naives, unschuldiges Propagandamärchen, das sich in erster Linie auf das russische Ballett stützt und den westlichen Tanzstil übernommen hat. Hier und dort werden chinesische Elemente eingeführt; Volksinstrumente, die Pentatonalität und sogar einige Mikrotöne. Aber auch das klingt irgendwie russisch . . . Die meisten westlichen Zuhörer würden die Musik zu »Das Weißhaarige Mädchen« als Filmmusik bezeichnen. Jedenfalls finden sich darin sämtliche Klischees.[20]

An einem Spätnachmittag im August lernte ich die Truppe kennen, die dieses provozierende Ballett in der schönen, im europäischen Stil errichteten Akademie am Stadtrand von Schanghai einstudiert hatte. Lin Yang-yang, ein treuer Anhänger der Kulturpolitik von Tschiang Tsching, Ballettmeister und zugleich politischer Kommissar der Truppe, übernahm die Erklärungen. Er war witzig und kannte sich mit Ausländern aus. 1960, begann er seinen Bericht über die politische Geschichte des Ensembles, war die Tanzgruppe der »jüngeren Brüder« nach Schanghai gekommen, nachdem sie sich von den »älteren Brüdern« am Institut für Tanz in Peking gelöst hatte. Während der vergangenen zehn Jahre war es dieser Gruppe, der bis dahin nur reiche Mädchen angehört hatten, die es sich leisten konnten, bei ausländischen Tanzmeistern Unterricht zu nehmen, gelungen, das Volk für ihre Kunst zu interessieren. Heute wurden die Schüler und Schülerinnen ausschließlich von chinesischen Tanzlehrern unterrichtet.

Genossin Tschiang Tsching war es, die in erster Linie den Beginn des kulturellen Kampfes ausgelöst hatte, in dessen Verlauf sich das Ballett von einer »bürgerlich klassischen Kunst« in eine »chinesische Volkskunst« verwandelt hatte. Ihr Hauptgegner war Lui Schao-tschi, der Verteidiger der »heiligen Felder der Großgrundbesitzer und der Bourgeoisie«. Ebenso wie Lin Mohan, der Stellvertretende Vorsitzende der ehemaligen Propagandaabteilung, und Tschen Pei-hsien, der Sekretär des städtischen Parteikomitees von Schanghai, pflegte Liu Schao-tschi zu sagen, es sei absurd zu glauben, ein ausländischer Tanz, das Ballett, könnte von fremden sozialen und politischen Elementen gereinigt und dazu verwandt werden, die gegenwärtige chinesische Wirklichkeit darzustellen. Diese drei Männer und andere arbeiteten zusammen, um die Mitglieder des Balletts dazu zu bringen, sich der sorgfältigen Neubearbeitung des Stoffs durch Tschiang Tsching zu widersetzen.

Sie wollte zum Beispiel die revolutionäre Initiative des Helden Ta-tschun besonders dadurch herausstellen, daß sie zeigte, wie er den Kampf gegen die örtlichen Despoten und den japanischen Imperialismus organisierte. Aber die Revisionisten verlangten, daß sich Ta-tschun in erster Linie um seine Herzensangelegenheiten kümmerte und die Heldin Hsi-erh umwarb. Damit stellten sie die Liebe über die Revolution. In der Szene in der Berghöhle, wo Ta-tschun Hsi-erh nach vielen Jahren wiedersieht, sollte er ihr zum Zeichen, daß er sie erkannte, ein Nähzeug zeigen, das er ihr früher einmal geschenkt hatte. Nach dem Willen der Revisionisten sollte er einen erotisch angehauchten Tanz aufführen und vor lauter Liebe in Ohnmacht fallen. Am Schluß sollte ein Duett aufgeführt werden, das zeigte, wie das Paar ein idyllisches Leben auf dem Lande begann. Bei den Gruppentänzen sollte nur die Produktion und nichts Politisches gefeiert werden (auch nichts, was sich besonders auf die Person Maos bezog). Tschiang Tsching widersetzte sich diesem »friedlichen Finale«, weil es, wie sie sagte, die Theorie vom Ende des Klassenkampfes propagierte. Wenn auch der Grundbesitzer Huang Schih-jen und die Dorfdespoten am Schluß gestürzt worden seien, so habe Ende der dreißiger Jahre doch der größte Teil ihres Landes ebenso wie die übrige Welt noch auf die Befreiung gewartet, erklärte sie den Tänzern. Hsi-erh und Ta-tschun sollten deshalb ihre Liebesbeziehung hintanstellen und sich an die noch nicht beendete Arbeit für die Revolution machen.

Über sich selbst erzählte Lin Yang-yang: »Da ich in der neuen Gesellschaft geboren und aufgewachsen war, fehlte mir das wahre Engagement für die Arbeiterklasse, und auch diese Tänzerinnen [die pflichtschuldig zuhörten und nur darauf zu warten schienen, daß der Meister den Finger hob] wußten damals nichts von der wirklichen Welt. Um sich von den elitären Vorstellungen zu befreien, die sie in der Akademie entwickelt hatten, mußten sie turnusmäßig in industrielle und landwirtschaftliche Betriebe gehen und dort lernen, wie man die Sorgen einfacher Menschen im Tanz darstellen kann. Die meisten Tänzer und Musiker litten unter der ›Kluft zwischen den Generationen‹. Da sie nach der Befreiung aufgewachsen waren, kannten sie nur materielle Annehmlichkeiten und wußten, daß die Sicherheit des Staates nicht gefährdet war. Jetzt mußten sie die Bedeutung der Armut, des Exils und der Existenzbedrohung kennenlernen.«

Die Musiker des Balletts berichteten, wie aus der alten Volksoper von Nord-Schensi das stark westlich beeinflußte heutige symphonische Arrangement entstanden war. Die Genossin Tschiang Tsching habe sie gelehrt, die Kraft des in der neuen Synthese gefundenen musikalischen Ausdrucks auf den Rachegedanken zu konzentrieren, das fundamentale Thema der Handlung. Sie hatte auch die Beziehungen zwischen Musik und Tanz umgekehrt. Sie hatte gesagt, beim klassischen Ballett sei die Musik das primäre Element gewesen und der Tanz ihr Ausdruck, aber beim revolutionären Ballett sei der Tanz die Hauptsache. Im Tanz sollten die heroischen Gestalten in den führenden Rollen deutlich werden und in den Vordergrund treten. Als die Truppe im April 1972 auf eine Tournee nach Nord-Korea und Japan ging, wurde sie von Premier Tschou und Tschiang Tsching verabschiedet. Sie erinnerte die Tänzer und Tänzerinnen daran, daß sie technisch noch keineswegs perfekt seien, und ermahnte sie, ihre Bewegungen exakter auszuführen. Hsi-erh sollte die Beine bei der Pirouette noch mehr heben. Die Musiker sollten stets daran denken, daß sie nicht zu laut spielen durften, weil die alte chinesische Musik mit ihren schrillen Tönen nichts für fremde Ohren sei. Dabei sagte sie (das gleiche hatte sie schon den Musikern an der Oper gesagt: »Die Musik ist der Gast, nicht der Gastgeber.«

Auch Lin Yang-yang benutzte Vergleiche und erklärte, beim klassischen Ballett habe man die menschliche Stimme weder als Solo noch im Chor gehört. Aber das chinesische Publikum, das vor allem mit der Oper vertraut war, empfand eine Bühne als »nackt«, wenn es keine Gesangseinlagen gab (nackte Schenkel und Netztrikots, wie man es im Ausland kannte, wirkten ebenfalls zu nackt, meinten andere). In das revolutionäre Ballett hatte man daher die Solostimme und den Chor aufgenommen, die an dramatischen Stellen mächtig anschwellen, damit das Publikum mitgerissen wird, wie es die Führer beabsichtigen. Wenn zum Beispiel der Vater Yang Pai-lao in der ersten Szene vom Gutsherrn getötet wird, drückt die Arie der Hsi-erh (die hinter der Bühne von einer Opernsängerin gesungen wird) ihren Kummer und ihre Entrüstung aus.

Um die Klangfülle zu erhöhen, hat man europäische Instrumente ins Orchester aufgenommen, aber die chinesischen Instrumente spielen die Leitmotive der einzelnen Rollen (wie z. B. in »Peter und der Wolf«) und erzeugen hochdramatische Wirkungen. Wenn zum Beispiel Hsi-erh von ihrem Vater eine Rolle Garn geschenkt bekommt, sich der Ausbeutung widersetzt oder an ihre früheren Leiden denkt, verleiht das Blasinstrument *pan-hu* ihren leidenschaftlichen Gefühlen Ausdruck. Das *san-hsien,* ein Instrument mit drei Seiten, verkündet mit düsteren Tönen das Nahen des Grundbesitzers Huang Schih-jen. Die heroische Gestalt von Ta-tschun wird durch eine Reihe von

Schlaginstrumenten akustisch symbolisiert. Bei ländlichen Szenen ertönen Bambusflöten.

Im ersten Teil der Bühnenaufführung und des Films tanzte die Ballerina Mao Kuei-fang die Rolle der Hsi-erh. Eine zweite Tänzerin löste sie bei den anstrengenden Szenen ab, die in den Bergen spielen. Diese selbstbewußte, aber unprätentiöse Primaballerina ist wahrscheinlich das Idol von Millionen junger Mädchen ihrer Generation, die von ihren Führern unaufhörlich ermahnt werden, nicht nach persönlichem Ruhm zu streben. Sie sah aus wie die meisten chinesischen Tänzerinnen, die trotz ihres harten Trainings nie zu muskulös oder sehnig wirken. Das ungewöhnlich lange Haar trug sie als Krone um den Kopf gelegt. Obwohl sie im kulturellen Leben Chinas eine prominente Rolle spielte, ist weder sie noch irgendeine andere chinesische Tänzerin, die durch das Feuer der Kulturrevolution gegangen ist, zu einem Star geworden wie die Fonteyn oder die Plisetzkaja.

Auch sie wurde gebeten, ihre Geschichte zu erzählen. Als sie zum erstenmal in der Szene auftrat, in der sie von ihrem Vater rotes Garn geschenkt bekommt, habe ihre Gleichgültigkeit die Bauern, die die Probeaufführung beurteilen sollten, empört. Erst nachdem sie eine Zeitlang bei armen Bauern gelebt hatte, verstand sie, welche Freude man einem jungen Mädchen mit etwas rotem Garn machen konnte, und erst dann konnte sie diese Freude auch ausdrücken. In der Szene, in der sie auf den Zehenspitzen durch einen Gebirgsbach tanzt, bemühte sie sich um ausgefallene pantomimische Gebärden. Die Bauern protestierten. »Wenn du viel durchgemacht hast, dann kannst du nicht mehr graziös sein!« Darauf wurden die Choreographie und ihre Bewegungen kühner.

Das chinesische Ballett hat vom klassischen Ballett den Spitzentanz und die Grundschritte übernommen, jedoch mit gewissen Modifizierungen. Die chinesische Arabeske ist absichtlich weniger romantisch. Genossin Tschiang Tsching lehnte die zu häufige Verwendung der Gebärde der »Orchideenfinger« (Daumen und Mittelfinger bilden einen Kreis) und der graziös nach oben gewandten Handflächen ab, berichtete Mao Kuei-fang. Um Entschlossenheit und Empörung zum Ausdruck zu bringen, ballten die Tänzerinnen die Fäuste. »Orchideenfinger« durften nur ausnahmsweise gezeigt werden wie etwa in der Szene, wo Hsi-erh sich aus den dunklen Berghöhlen vorsichtig den Weg zu der Lichtung ertastet und mit den Händen aus einem Gebirgsbach Trinkwasser schöpft. Bei ihrer Geburtstagsfeier darf Hsi-erh im Élevée auf Zehenspitzen verharren, während Ta-tschun sich zu erkennen gibt und seine Maske fallen läßt.

Im großen und ganzen studierte Tschiang Tsching lieber heftige Bewegungen ein, die den Haß gegen die Feudalherren und den Entschluß, Rache zu üben, ausdrückten.

Lin Yang-yang sagte, im revolutionären Ballett verwende man Solos und Duette nur selten, weil sie Ausdruck des Individualismus seien und romantische Gefühle darstellen. Im klassischen Ballett verbreiteten Solotänzer die Aura persönlicher Noblesse und führten Schritte und Sprünge vor, mit denen sie alle anderen Tänzer der Gruppe übertrafen. Die Zartheit, mit der sie die

Ballerina behandelten, war Ausdruck ihrer Herablassung gegenüber der Frau. Im revolutionären Ballett ist ein Racheakt die einzige Rechtfertigung für das Solo eines Tänzers. Wenn zum Beispiel der Grundherr Hsi-erh ihrem Vater entreißt, führt Ta-tschun ein großartiges, aus Pirouetten und Spagats bestehendes Solo auf, um seine Klassenbrüder aufzufordern, mit ihm an dem tyrannischen Feudalherrn Rache zu nehmen.

Die Ballerina im klassischen Ballett steht oft im Mittelpunkt, und der Solotänzer nimmt ihr gegenüber nur den zweiten Rang ein. Lin meinte, daß diese Beziehung den Chinesen seltsam vorkomme. Ihr neues Ballett bemühe sich um die Gleichberechtigung der männlichen und weiblichen Hauptdarsteller. Die romantischen Tendenzen, an denen sich früher die chinesischen Revisionisten ergötzt hatten, seien jetzt nicht mehr so deutlich zu spüren.

In der ursprünglichen Fassung des »Weißhaarigen Mädchens«, der Oper aus Jenan, wurden alle Familienmitglieder des Grundbesitzers negativ gesehen. Während der Kulturrevolution wurde dieser Aspekt des Stückes geändert, und nur die Matriarchin, die Mutter des Grundherrn, ist eine böse Frau. Die anderen weiblichen Angehörigen sind die Opfer ihrer Tyrannei. Die älteste Magd zeigt aufrichtiges Mitgefühl mit dem Leiden von Hsi-erh. Die Matriarchin ist nicht nur in diesem Ballett die einzige böse Frau, sondern überhaupt die einzige negative weibliche Gestalt auf der neuen Modellbühne. Diese abstoßende Frau werde nur deshalb noch gezeigt, weil die heutige Jugend nicht mehr unter dem alten Familiensystem und den Schwiegermüttern zu leiden habe. Dieses Ballett sei deshalb die einzige (!) Möglichkeit für die Jugendlichen, zu sehen, wie böse Frauen früher waren.

Das Ansehen der proletarischen Klasse wurde wesentlich gestärkt, als Tschiang Tsching verlangte, der Vater Yang Pai-lao solle seine defätistische Haltung aufgeben und Würde zeigen. Als der Vater in der ersten Fassung damit bedroht wurde, daß man ihm seine Tochter nehmen werde, duckte er sich vor dem Feudalherrn und nahm sich mit Gift das Leben. Tschiang Tsching verlangte von ihm, er solle sich dem Grundherrn stolz entgegenstellen, ihm mit seinem Schulterstock (früher ein Zeichen der Schande, heute das stolze Symbol des Arbeiters) drohen und kämpfend sterben.

Hsi-erh war nun nicht mehr nur die schwache junge Frau, der Unrecht geschah, sondern verteidigte sich militant und rachedurstig gegen die Angriffe des Grundherrn mit einem der großen Kerzenleuchter, die er in seiner Wohnung aufgestellt hatte.

Um Haß- und Rachegefühle zum Ausdruck zu bringen, übernahm man Schritte aus chinesischen Nationaltänzen, wie sie in Opern verwendet wurden, in das Ballett. Während das Haar von Hsi-erh durch die Entbehrungen in der Verbannung allmählich seine natürliche Farbe verliert und zunächst grau und dann weiß wird, tanzt sie mit kräftigen Bewegungen, die an das moderne westliche Ballett erinnern. Die Tänzer haben den »Entengang« mit den nach außen gewendeten Fußspitzen des klassischen Balletts durch den militärischen Marschtritt ersetzt. In seinem Solotanz, mit dem Ta-tschun die anderen Bauern auffordert, an dem Feudalherrn Huang Schin-jen Rache zu nehmen, verbindet er Pirouetten aus dem Ballett mit dem in der Oper gezeigten Spagat. Tänzer und Tänzerinnen nehmen auch die in der alten Oper üblichen starren dramatischen Posen ein. In der ersten Opernversion kämpften die Bauern mit Schwertern und Speeren. Heute tanzen sie mit Gewehren – und sogar mit Handgranaten –, weil sie modern sind.

»Madame Witke,« sagte Tschiang Tsching in einem persönlichen Gespräch zu mir, »Sie haben ein paarmal gesagt, Kunst und Literatur in unserem Lande seien ›fortschrittlich‹ [meine Bemerkungen hatten sich auf die Tatsache bezogen, daß sich die Kunst auf allen Gebieten so offenkundig bemühte, sozialistisch und kommunistisch zu werden]. Wir haben aber trotzdem das Gefühl, daß das künstlerische Niveau unserer Arbeit nicht dem hohen Ansehen entspricht, dessen wir uns heute erfreuen.«

Sie erwähnte in diesem Zusammenhang besonders die neue Fassung des »Weißhaarigen Mädchens«, das Ergebnis jahrelanger mühsamer Umarbeitungen. Tschiang Tsching und ihre Gefolgsleute hatten beabsichtigt, weitere Verbesserungen anzubringen, aber die Clique um Lin Piao, deren Manipulationen hinter den Kulissen unentdeckt blieben, bis es fast zu spät war, hatte dies sabotiert. Einige Anhänger von Lin, die für eine Umarbeitung des »Weißhaarigen Mädchens« verantwortlich gemacht wurden, übertrieben das romantische Element. In ihrer Version blieb Hsi-erh so lange in den Bergen, daß der Eindruck entsteht, sie habe sich dem Klassenkampf entzogen. Seit dem Sturz von Lin Piao bemühte sich Tschiang Tsching immer noch, die Bedeutung der erotischen Beziehungen zwischen Ta-tschun und Hsi-erh herunterzuspielen. Sie glaubte, diese letzte Korrektur werde dazu beitragen, daß das Publikum noch mehr Verständnis für die politische Bedeutung des Balletts bekäme.

Sie gab jedoch zu, daß alle diese Modellarbeiten ihre Schwächen hätten. Und doch fänden hier die chinesischen Massen nicht nur eine Darstellung ihrer Revolution, sondern man könnte von dem neuen Repertoire auch behaupten, daß fremde Traditionen in der Musik und im Theater keiner anderen Nation so kühn integriert worden seien wie hier. Das ganze Ausmaß dieser revolutionären Arbeit werde die Welt erst später zu würdigen wissen.

XVIII Der Druck läßt nach

Wir können den Mond im Neunten Himmel umfassen
Und die Schildkröten fangen tief in den Fünf Meeren;
Wir kommen zurück – lachend und singend im Sieg.
»Nichts ist schwierig in dieser Welt,
Ist da der Wille, die Höhen zu erklimmen.«
Mao Tse-tung, »Den Tschinggangschan wieder hinauf«

»Könnten Sie nicht doch noch ein paar Wochen oder Monate länger bleiben?« fragten mich Tschiang Tsching und ihre Mitarbeiter. Man drängte mich dazu, nachdem Tschiang Tsching einige Tage mit mir über die Vergangenheit gesprochen hatte. Doch ich wollte in diesem rein »proletarischen« Bereich, wo sich niemand ihrem Willen widersetzen konnte, wenigstens über meine Abreise frei entscheiden. Ich sagte nein, denn ich hatte einen Lehrauftrag an der Stanford University, wo ich Vorlesungen über Geschichte halten mußte, und andere berufliche und persönliche Verpflichtungen. Sie wußte, daß ich sehr an meiner Tochter hänge. Aber in China gehören die Kinder dem Staat, und daran hatte sie mich mehr als einmal erinnert. Wenn ich jedoch entschlossen sei, bald abzureisen, würde sie sich in der Zeit, die uns noch blieb, auf das Wichtigste konzentrieren und sich bemühen, Erfahrungen und Einsichten, die eigentlich einer gründlichen Erläuterung bedürften, zusammenzufassen. Ich war bereit, noch zwei Tage in China zu bleiben, und in diesen Tagen übergab ich ihr auf ihren Wunsch hin einen Katalog von Fragen. Ich wollte verschiedene unklare Punkte klären und sie veranlassen, zu bestimmten Fragen ein allgemeines Urteil abzugeben. Am Ende des letzten Abends ging sie auf meine Fragen ein.

Während meines ganzen Aufenthalts in China hatte es mich beeindruckt, wie zwanglos und flexibel die chinesische Führung arbeitete. Tschiang Tsching nahm jetzt, zu Beginn der siebziger Jahre, Funktionen im Bereich der Kultur wahr, ohne offiziell für kulturelle Fragen zuständig zu sein. Sie hatte auch nie darüber gesprochen, welche hohen politischen Ämter sie in den vergangenen Jahren übernommen hatte, Ämter, durch die sie eine Person der Zeitgeschichte geworden war. Ihre Unbekümmertheit gegenüber ihrer offiziellen Stellung und gegenüber dem Status anderer Politiker stand ganz im Gegensatz zu den Bemühungen von Ausländern, den Rang der einzelnen Führer festzustellen, um sie entsprechend beurteilen zu können.

»Ich gehöre der Chinesischen Kommunistischen Partei an«, beantwortete sie meine Frage nach der Stellung, die sie einnahm. »Ich bin Delegierte beim Nationalen Volkskongreß, und ich bin Mitglied des Zentralkomitees der Chinesischen Kommunistischen Partei. Andere offizielle Ämter bekleide ich nicht.«

Sie sagte, ihre tägliche Arbeit sei Routine. Sie analysiere innen- und außenpolitische Entwicklungen und berate das Zentralkomitee und den Vorsitzenden Mao. Der Vorsitzende Mao werde über alle wichtigen Fragen unterrichtet, die im Politbüro zur Sprache kamen. Ministerpräsident Tschou sei zuständig für »Routinearbeit«.

»Daneben lerne ich. Der Vorsitzende hat uns die Aufgabe gestellt, den Marxismus-Leninismus zu studieren, und ich selbst habe mir vorgenommen, die Maotsetungideen zu studieren.« Seine Aufsätze »Über den Widerspruch« und »Über die Praxis« seien sehr nützlich. Oft lese sie seine Reden bei der *Aussprache in Jenan* und seine Schriften über die Kriegsführung. »Jeder kann sehen, daß meine Arbeit immer etwas mit der Kriegsführung zu tun hat«, sagte sie lächelnd.

Was mich an China am meisten faszinierte und verwirrte, war der ungeheure Einfluß der politischen Führer, die das »proletarische Bewußtsein« weckten und regulierten, den Mythos, der das Volk zu der gewaltigen Leistung antrieb, seine eigenen Anschauungen und die Produktionsverhältnisse zu verändern. Fast die gesamte intellektuelle Diskussion und die kulturelle Vielfalt der Gegenwart waren aus China verbannt, mit Ausnahme dessen, was Maos Begriff vom Marxismus diente. Allenfalls war es den Führern zugänglich – in einem vor der Öffentlichkeit abgeschirmten Bereich. Tschiang Tschings Antworten auf solche Fragen waren erstaunlich freimütig.

Auf die Frage, ob es möglich sei, daß ausländische Künstler Arbeiten, die nicht unbedingt als sozialistisch zu bezeichnen waren, in China öffentlich zeigen könnten, sagte sie, das hänge vom jeweiligen ideologischen Gehalt dieser Kunstwerke ab. Bis zur Zeit der Kulturrevolution habe es einen gewissen Kulturaustausch mit anderen Ländern gegeben, aber seit der Kulturrevolution (in der sie auch diesen Austausch kontrolliert hatte) waren nur zwei Ensembles, die sie persönlich ausgebildet hatte, ins Ausland geschickt worden.

Nach Tschiang Tsching gab es zwei Kategorien von Kulturerzeugnissen, öffentliche und private. Der erwähnte Austausch beschränkte sich auf die Produktionen, die der Öffentlichkeit zugänglich waren. Arbeiten, die als »ungesund für das Volk« angesehen wurden, durften nur im privaten Rahmen den führenden Genossen als Anschauungsmaterial gezeigt werden. Mit anderen Worten, sie betrachteten sie als lehrreich, da es »negative Beispiele« waren. In diesem Zusammenhang wurden mehrere faschistische Filme aus Japan importiert und den Führern vorgeführt. Tschiang Tsching sagte, man wisse, daß die japanischen Linken solche Filme wegen der hohen Eintrittspreise nur selten zu sehen bekämen. Andere ausländische Arbeiten würden nach China gebracht, damit sie von einem rein künstlerischen Standpunkt aus beurteilt und mit anderen Werken verglichen werden könnten.

Bis auf weiteres sollte der Kulturaustausch mit anderen Ländern eingeschränkt bleiben. Das Außenministerium regelte den Austausch mit Ländern, mit denen China offizielle diplomatische Beziehungen unterhielt. Für den Austausch mit Ländern, zu denen bisher keine diplomatischen Beziehungen aufgenommen worden waren, war die *Freundschaftsgesellschaft* zuständig. Doch in jedem Fall mußten die nach China gebrachten Kunstwerke inhaltlich progressiv sein und vom Staatsrat genehmigt werden.

»Vielen ausländischen Freunden würden unsere Arbeiten gefallen«, sagte sie zuversichtlich. »Aber weil Ihr Land, die Vereinigten Staaten, Taiwan besetzt hält, unterhalten wir keine diplomatischen Beziehungen. Der Austausch mit Ihnen muß daher über die *Freundschaftsgesellschaft* geregelt werden.« Sie meinte, daß verschiedene chinesische Inszenierungen in Amerika sicher gut aufgenommen werden würden. Für die Amerikaner sei es sicher nicht unangenehm, die Oper »Mit taktischem Geschick den Tigerberg erobert« oder andere revolutionäre Opern zu sehen. Solche Werke hätten große historische Bedeutung, und einige sagten auch etwas über die chinesisch-amerikanischen Beziehungen aus.

Erneut lobte sie General Eisenhower dafür, daß er vor zwanzig Jahren nach Korea gegangen sei, um den Waffenstillstand zu unterzeichnen. Sie sagte, die Koreaner hätten gelernt, selbst mit ihren Problemen fertigzuwerden, und wünschten keine Einmischung anderer Länder. Und dieser Politik stimmten die Vereinigten Staaten augenscheinlich zu. Eine Reihe nordkoreanischer Filme sei nach China gekommen. Man habe auch fortschrittliche Arbeiten aus Albanien und Jugoslawien positiv beurteilt. Aber aus der Sowjetunion höre man nichts.

Während unseres Gesprächs erwähnte sie ein paarmal etwas wehmütig die Filme mit Greta Garbo, Charlie Chaplin und anderen Hollywood-Stars. Ich fragte, ob es möglich sei, sie aus den Archiven hervorzuholen und heute dem Volk als »negative Beispiele« vorzuführen.

»Das sind bürgerlich-demokratische Filme, die nur privat gezeigt werden dürfen«, erklärte sie mechanisch. Das Volk würde solche Filme aus politischen Gründen streng kritisieren. Solche öffentlichen Stellungnahmen und Angriffe seien gegenüber der Garbo ungerecht, weil sie keine Chinesin sei. Das Gleiche gelte für Chaplin. Die meisten seiner Filme aus den dreißiger Jahren habe sie gesehen. »Moderne Zeiten« richte sich gegen die Diktatur, und andere Chaplinfilme seien gegen Stalin und insbesondere gegen Hitler gerichtet. Dies mache sie nach ihrer und der anderen Genossen Auffassung zu »progressiven« Arbeiten. Man müsse jedoch berücksichtigen, daß diese Filme in einer historischen Situation entstanden seien, als ausländische Filmproduzenten China gegenüber freundlich eingestellt waren. Deshalb sei es sehr unfair, die Darsteller aufgrund der gegenwärtigen politischen Lage zu kritisieren. Es sei jedoch durchaus möglich, daß die chinesischen Führer sich die Filme ansähen, um festzustellen, worin ihre Stärken und Schwächen bestünden. Solche privaten Vorführungen dürften jedoch nicht in der Öffentlichkeit bekannt werden.

Ich war in China auf keine besonderen kulturellen Einrichtungen für Kinder oder Heranwachsende gestoßen. Nun fragte ich, ob es sinnvoll sei, daß Kinder zu Erziehungszwecken Revolutionsopern aufführten, die von Erwachsenen für Erwachsene komponiert worden seien, oder ob für sie eine andere kulturelle Ordnung geschaffen werde.

»Hier mangelt es uns noch an Initiative«, antwortete Tschiang Tsching. Damit drückte sie die offizielle Haltung der politischen Führung aus. »Die Massen haben aber schon aus eigener Initiative viel getan.« (Was das war, blieb ein Geheimnis.)

Der Vorsitzende Mao habe das Ziel in der *Aussprache von Jenan* abgesteckt. Es bestehe darin, das künstlerische Niveau zu heben, aber stets im Rahmen des Allgemeinverständlichen. In der Kunst und Literatur müsse man immer aufrichtig, vorsichtig und sorgfältig zu Werke gehen. Man dürfe dem Feind nicht mit groben Mitteln begegnen und ihn nicht primitiv kritisieren. Er müsse negativ dargestellt werden, aber nur nach sorgfältiger Überlegung und Analyse.

Sie prophezeite, daß mit der Erweiterung der internationalen Beziehungen und des damit Hand in Hand gehenden Kulturaustauschs große Widersprüche aufbrechen würden. Aber diese Widersprüche (damit meinte sie den Schock, den die Vorführung ausländischer und bürgerlicher Kunstwerke in ihrem Land auslösen würde) würden sich fast ausschließlich in China selbst zeigen. Die Frage, die sie eigentlich interessiere, sei, ob die Chinesen fähig sein würden, eine Kunst zu entwickeln, die revolutionäre Menschen in der ganzen Welt ansprechen könnte. Um das zu ermöglichen, müßten das künstlerische und das ideologische Niveau sehr hoch sein. Aber dennoch sei es nicht die Aufgabe der Chinesen, andere zu bekehren. Immer wieder sagte sie, daß chinesische Künstler, die ihre Werke im Ausland zeigten, das Risiko eingingen, nicht dem Ansehen gerecht zu werden, dessen China sich schon erfreute.

»Ich bin mit meinen Leistungen nie zufrieden, weil sie niemals vollkommen sind«, sagte sie wiederholt. »Ich versuche ständig, Fehler zu finden. Wir dürfen in unserem Bemühen um künstlerische und ideologische Vollkommenheit nie nachlassen. Auch dürfen wir uns keinen Hochmut erlauben.«

Was waren nach ihrer Auffassung die größten Leistungen und die größten Mißerfolge in den vergangenen dreiundzwanzig Jahren?

Vor allem habe sich das chinesische Volk *erhoben*. Man könne den Chinesen nicht mehr als »den armen Mann Europas oder den kranken Mann in Asien« bezeichnen. Die Chinesen seien nicht mehr die Opfer des Imperialismus. Doch gebe es quälende Probleme. Immer noch hielten die amerikanischen Imperialisten »Taiwan gewaltsam besetzt«. Andere Gebiete an der Nordgrenze seien von fremden Mächten (der Sowjetunion) besetzt, und Indien habe sich einen Teil der westlichen Gebiete Chinas angeeignet. Dort komme es immer wieder zu Grenzzwischenfällen.

Der Vorsitzende Mao habe die folgenden Grundsätze festgelegt: China müsse seine Unabhängigkeit und Souveränität bewahren. Die Einmischung fremder Mächte auf chinesischem Boden habe Taiwan zu einem Problem für die Chinesen gemacht. Dieses Problem betreffe jedoch nur Taiwan und die Volksrepublik selbst und könne nur zwischen ihnen gelöst werden. Sogar Präsident Nixon habe endlich anerkannt, daß Taiwan zu China gehöre. Er habe eine Erklärung (das Schanghaier Kommuniqué) unterzeichnet, die dies bestätige. Tschiang Tsching sah mich herausfordernd an und sagte: »Ist Ihnen klar, daß Ihr Land in Taiwan die gleiche Lage geschaffen hat, die entstehen würde, wenn wir Long Island besetzen würden?« Ich erwiderte, ich hätte in einer Vorlesung vor meinen Studenten eben diesen Vergleich gemacht und damit eine Lachsalve ausgelöst. Heute sei China (die Volksrepublik China) unabhängig und »zum kleineren Teil« souverän, fuhr sie fort. Sie sagte, es werde nicht lange dauern, bis ganz China souverän geworden sei.

Wirtschaftlich müsse China autark sein. Das bedeute aber nicht, daß der Vorsitzende gegen den internationalen Handel und den Austausch auf verschiedenen Gebieten sei. Sie stellte die rhetorische Frage, ob China ein fortschrittliches Land sei, und meinte, die Volksrepublik sei das einzige Land in der Welt, das weder im Inneren noch im Ausland Schulden habe. Das seien die wichtigsten Gesichtspunkte.

Was nun die Mängel und Fehler betreffe, so sei die wirtschaftliche Entwicklung ungleichmäßig verlaufen und habe damit das Gesetz bestätigt, nach dem gleichmäßiger Fortschritt und Gleichgewicht nur vorübergehend zu erreichen seien. Gewisse wirtschaftliche Bereiche und gewisse Gebiete der Wissenschaft seien vernachlässigt worden.

Was die Ideologie betreffe, so habe China eine relativ reife marxistisch-leninistische Partei, und dies sei das Entscheidende. Aber andererseits hätten die Chinesen den Marxismus-Leninismus nicht gründlich genug studiert. Deshalb seien viele gute Genossen gegenüber »politischen Schwindlern, die es noch in den Reihen der Partei gibt«, relativ wehrlos. (War die Frage des politischen Überlebens demnach eine Frage der Ideologie?)

Wir sprachen über die Frauenfrage. Sie sagte, auf dem Lande gebe es noch feudalistische, von den Eltern arrangierte Heiraten, und in der Landwirtschaft erhielten die Frauen nicht überall den gleichen Lohn wie die Männer. Trotz dieser Mängel sei man im Bereich der politischen Führung gut vorangekommen. »Praktisch haben die Frauen bei uns mehr führende politische Ämter inne als in irgendeinem anderen Land. Ich meine wirkliche, nicht nur formale politische Macht.« (In ihrem Fall stimmte das, denn ihre praktischen Kompetenzen waren größer als ihre offiziellen.) Obwohl Frauen in kapitalistischen Ländern auch leitende Positionen innehätten, sei ihre Macht dort nur formal. Darin unterschieden sich die Verhältnisse in China von denen in anderen Ländern. Hier seien die Frauen nicht nur eine Dekoration der politischen Szene. Sie seien weiter zur Führungsspitze vorgedrungen als im Westen. Doch auf anderen (nicht genannten) Gebieten sei die Stellung der chinesischen Frau noch benachteiligt. Nur durch unermüdliche politische und ideologische Arbeit könne das geändert werden. Die Kombination von Fortschritt und Rückständigkeit im Wandel der Rolle der Frau beweise die »Einheit der Gegensätze«. Die Stellung der Frau müsse aus dieser Perspektive gesehen werden.

Nun kam sie auf ein heikles Thema zu sprechen, das kaum ein chinesischer Führer zu erwähnen wagte: die Furcht vor politischen Vergeltungsmaßnahmen, die Schriftsteller und Verleger oft daran hinderte, etwas zu veröffentlichen. Diese Furcht habe sich auf allen kulturellen Gebieten, den Film eingeschlossen, verstärkt. Tschiang Tsching erwähnte Tao Tschus »Manipulationen«. Die Furcht vor Kritik müsse ihn veranlaßt haben, die Zahl der Rollen in gewissen unappetitlichen Filmen zu verringern, für die er, wie er wußte, verantwortlich gewesen war. Als sie davon erfahren habe, habe sie eine Untersuchung seiner Beziehungen zum Film angeordnet, denn die Führer wünschten nicht, daß er oder irgendein anderer (von Mao und seinen Gefolgsleuten abgesehen) die Initiative ergriff, um das Wissen des Volkes über seine eigene Vergangenheit zu beeinflussen.

Mit der Arbeit der Verwaltung in den verschiedenen Bereichen des kulturellen Lebens sei sie nicht zufrieden (damit meinte sie den Beamtenapparat im ganzen Land). Die schlechten Leistungen der Verwaltung führte sie jedoch darauf zurück, daß die politischen Führer selbst mangelhafte politische Arbeit geleistet hätten. (Sie hätten die konfuzianische Tradition fortgeführt, nach der die Führer als Vorbilder die Maßstäbe festsetzten, denen das Volk folgte.)

Sie gab auch zu, daß es im Hinblick auf die Veröffentlichung literarischer Werke in China unerträglich schlecht stand. (Wahrscheinlich, weil ich einmal gesagt hatte, die neuesten, von der Partei autorisierten Darstellungen der Geschichte simplifizierten die Vergangenheit in grober Weise, aber selbst diese Geschichtsbücher seien im Buchhandel kaum zu beschaffen. Außerdem hätten Studenten und Professoren keinen Zugang zu den Universitätsbibliotheken). Sie sagte, sie persönlich habe die Verleger kritisiert, weil sie nicht mehr Bücher herausbrachten. Auch Ministerpräsident Tschou habe diesen Übelstand beklagt. Die Führer wüßten aber, daß sich die Verleger davor fürchteten, für etwaige politische Fehler zur Rechenschaft gezogen zu werden. (Die Furcht, für die Veröffentlichung von Irrlehren bestraft zu werden, war heute noch ebenso lebendig wie zur Kaiserzeit).

Sie sagte, die Bücher, die ich für meine historischen Forschungen unbedingt benötigte, stünden noch nicht zur Verfügung. Sie werde aber weiter versuchen, einige Bände von Fan Wen-lan, einem Historiker, dem sie vertraute, und andere Werke über die neuere Geschichte zu beschaffen. Sie habe einige Genossen damit beauftragt, in Antiquariaten nach diesen Büchern zu suchen, aber zu ihrem Erstaunen gäben die Antiquare selbst dann gewisse Titel nicht heraus, wenn der Vorsitzende Mao und die Genossin Tschiang Tsching ihnen erlaubten, sie zu verkaufen. (Wie konnte sie sich darüber wundern, da sie doch wußte, wie tief die Furcht saß?) »Deshalb benötige auch ich Zeit, um das zu besorgen, was Sie brauchen!« Wenn sie das, wonach sie suchte, nicht in den Buchläden finden könne, werde sie mir ihre eigenen Exemplare zur Verfügung stellen, denn sie fühlte sich für meine Untersuchungen persönlich verantwortlich. Oft fordere sie die Leute in ihrer Umgebung dringend auf, Geschichtswerke zu lesen und möglichst viel aus ihnen zu lernen.

Sie fragte mich, ob ich über eine Ausgabe der »Vierundzwanzig Dynastiegeschichten« verfügte. Das war nicht der Fall, und ich erklärte, kaum ein Gelehrter in Amerika habe die Möglichkeit, sich dieses umfangreiche Werk zu kaufen. Sie fragte, wie denn jemand behaupten könne, Historiker zu sein, wenn ihm das nötigste Handwerkzeug dafür fehlte.

Dagegen ließ sich kaum etwas einwenden. Ich erwiderte aber, daß in Amerika wissenschaftliche Bibliotheken diese grundlegenden Werke anschafften, um den Wissenschaftlern die hohen Anschaffungskosten zu ersparen. Einen Augenblick schien meine Antwort sie zu verwirren. Doch dann sagte sie, sie werde mir eine Ausgabe des Werks besorgen. Sie wisse, daß ich den Verdacht hätte, nicht nur Renegaten, sondern auch gute Kommunisten manipulierten die schriftlichen Aufzeichnungen über die Vergangenheit oder fürchteten sich davor, mit der Geschichte in ihrer Gesamtheit konfrontiert zu werden. Wenn sie mir die kompletten »Dynastiengeschichten« zur Verfügung stelle, dann würde ich mein Mißtrauen aufgeben. Zwar wisse sie nicht genau, wie lange es dauere, das gesamte Werk zu beschaffen, aber wenn ihre Mitarbeiter es nicht finden sollten, dann werde sie es mir aus ihrer Privatbücherei überlassen. Ich müßte ihre Integrität und die des Vorsitzenden und der anderen politischen Führer anerkennen.

Als sie mir später einen Stoß Bücher übergab, die auf die traditionelle Weise gebunden waren, sagte sie, da der Vorsitzende und sie gar nicht in der Lage seien, das ganze Geld auszugeben, das sie in Form von Honoraren verdienten (!), hätten sie für mich die vollständige Ausgabe der »Vierundzwanzig Dynastiegeschichten« gekauft. Dann führte sie mich an den Tisch, auf dem die Bände lagen. Ich blätterte in ihnen und sah, daß es die Ausgabe aus dem zehnten Jahr von Kuang Hsü (1884) war. Sobald sie auch die »Vorläufige Geschichte der Tsching-Dynastie« gefunden habe, die gemeinsam mit den »Vierundzwanzig Dynastiegeschichten« die vollständige offizielle Geschichte darstelle, werde sie mir die Bücher nach Amerika schicken (was sie bald nach meiner Rückkehr auch tat). Sie sagte, diese geschichtlichen Darstellungen seien natürlich feudalistisch; man müsse sie jedoch lesen. Alle Menschen, Chinesen und Ausländer, müßten die Geschichte studieren. Und wenn es diese Sammlungen in Amerika gebe, dann seien sie dort wahrscheinlich sehr teuer. Aus diesem Grund habe auch Ministerpräsident Tschou ein Exemplar für das State Department gekauft. Obwohl diese Geschichte sich mit der fernen Vergangenheit beschäftige, habe sie für die Gegenwart doch große Bedeutung. Die Sammlung enthalte zum Beispiel die »Geschichte der Späteren Han-Dynastie«, zu der auch der berühmte Brief von Li Ku an Huang Tschiung gehöre, den Mao 1966 zitiert habe.

Obwohl sie behauptet hatte, der Vorsitzende Mao und die Leute, die eng mit ihm zusammenarbeiten, respektierten die Geschichte und »verdrehten die Vergangenheit nie«, konnte ich nicht feststellen, daß in China eine bedeutsame historische Forschungsarbeit geleistet wurde. Ich fragte sie daher, welche Chancen sie dieser Forschungsarbeit in der nächsten Zeit gebe.

In förmlichem Ton antwortete sie, in ihrem Land werde akademische Forschung nicht nur in den Universitäten betrieben, sondern auch von den Akademien der Wissenschaften und von den Massen geleistet. Die archäologischen Ausgrabungen in Tschangscha zeigten, wie die Massen wissenschaftlich arbeiten könnten. Es komme nicht darauf an, wer die Arbeit tue, wie hoch oder wie niedrig seine gesellschaftliche Stellung sei oder welche Schulbildung er genossen habe. Die Arbeit müsse immer vom proletarischen Standpunkt aus verrichtet werden. Diese Regel gelte für jede intellektuelle Tätigkeit, nicht nur für die historische Forschung, sondern auch für die klassischen Fächer, für Literatur und Kunst und natürlich auch für die Oper.

Kurz vor dem Morgengrauen ließ Tschiang Tsching noch weitere Geschenke bringen. Zwei Männer schleppten eine große Holzkiste herein und öffneten sie. Oben und an den Seiten lagen viele kleine Pakete mit getrockneten und pulverisierten Lotusstengeln (die seit den Zeiten der Tang-Dynastie als Heilmittel verwendet werden). Auf dem Boden stand in Papierwolle verpackt ein großer glasierter Steintopf mit Deckel. Die Lotusstengel, deren Alkaloide nicht unvermischt eingenommen werden durften, sollten in diesem Topf mit Wasser aufgebrüht werden, erklärte sie. Damit ich politische Belastungen ebensogut überstehen könne wie sie (damit meinte sie, daß meine Bekanntschaft mit ihr mich in Ungelegenheiten bringen konnte), zeigte sie mir, wie man den Inhalt eines Päckchens mit Lotuspulver in 300 ccm Wasser schüttete und kochen ließ, bis 200 ccm verdunstet waren. Diese Arznei müsse man sofort trinken, damit die Blasentätigkeit angeregt werde.

Dann zeigte sie mir eine Seewasserlösung, mit der ich mir den Mund ausspülen sollte (vorher mußte sie in einem Bambusgefäß erhitzt werden). »Gut für den Gaumen«, sagte sie. Schließlich förderte sie getrocknete weiße Lilien zutage, über deren Heilkraft sie aber nichts sagte. Dummerweise erwähnte ich die Grenzkontrollen und die Neugier ausländischer Zollbeamter. Ich fürchtete, diese geheimnisvollen Medikamente könnten sie mißtrauisch machen.

»Dann dürfen Sie die Sachen auf keinen Fall mitnehmen!« rief Tschiang Tsching besorgt. (Gegen Agenten, Untersuchungen und die Erregung öffentlichen Interesses zur unrechten Zeit spürte sie eine tief verwurzelte Abneigung.) Also ließ sie ihre Geschenke wieder fortbringen und wandte sich einem weniger verfänglichen Thema zu, ihrem eigenen Gesundheitszustand. Ihr Blutbild hatte sich nach einer zweijährigen Akupunkturbehandlung normalisiert, und die Zahl der roten und weißen Blutkörperchen hatte sich ausgeglichen. Außer einem Schlafmittel nahm sie keine Medikamente ein. Sie meinte, genügend Flüssigkeit und körperliche Bewegung seien die beste Medizin.

Am 31. August um vier Uhr morgens flüsterte mir eine ihrer Mitarbeiterinnen zu, daß die Genossin Tschiang Tsching ihre Geschichte beendet habe. Ich hatte zwar damit gerechnet, war aber doch etwas erschrocken. Jetzt mußte ich ihre stark nach Jasmin und Sandelholz duftende Privatwohnung verlassen – und das Verfahren blieb in der Schwebe.

Sie fragte, ob ich mit ihrem Bericht zufrieden sei.

Das war ich; dennoch fühlte ich mich gedemütigt. Ich hatte Heimweh und spürte deutlich, wie groß der Abstand zwischen uns beiden bleiben würde. Wahrscheinlich hatte sie den Eindruck gehabt, daß ich voll darauf konzentriert gewesen war, meine Notizen niederzuschreiben. Und so sagte ich, ich hätte festgestellt, daß sie nicht nur eine einzigartige revolutionäre Führerin, sondern auch eine bemerkenswerte Lehrerin sei – *lao-schi,* »eine alte hochgelehrte Person«. Das war ein alter feudalistischer Begriff. Ich fügte hinzu, ich wollte versuchen, das, was ich von ihr gelernt hatte, im Ausland weiterzugeben. Dies war mehr, als wir beide zu diesem Zeitpunkt ahnen konnten.

»Sie sind die Professorin – nein, ich meine, die außerordentliche Professorin«, erwiderte sie das Kompliment. Sie sagte, sie habe das Gefühl, nur wenig geleistet zu haben, und es falle ihr schwer, eine abschließende Erklärung abzugeben. Als ich mich zum Gehen wandte, erklärte sie noch einmal, daß die »gewaltsame Besetzung« Taiwans durch die Vereinigten Staaten das einzige Hindernis für die Aufnahme diplomatischer Beziehungen sei.

Das sei richtig, antwortete ich. Ich fügte hinzu, daß ich beabsichtigte, ein Buch über die Geschichte der chinesischen Revolution zu schreiben, und zwar so, wie diese Geschichte sich aus ihrer Sicht darstelle. In diese Geschichte würde ich auch ihre Lebensgeschichte aufnehmen.

Sie nahm diese letzten Worte schweigend auf. Ich spürte sofort, was hinter diesem Schweigen stand: der ewige Konflikt zwischen dem Individuum und der Gesellschaft, dem einzelnen und der Masse, den Führern und den Geführten, zwischen dem privaten und dem öffentlichen Leben – zwischen Tschiang Tsching und Mao. Durfte es außer dem Vorsitzenden Mao einen Menschen geben, der für die Auslegung der jüngsten Geschichte kompetent war? Durfte es neben der Biographie Maos und der einiger seiner Mitstreiter aus den dreißiger Jahren noch andere Biographien geben? War ihr Entschluß, ihre eigene Version veröffentlichen zu lassen, nicht eine sehr ernste Herausforderung für die revolutionäre Führung?

»Ihr Spezialgebiet ist das Schreiben«, sagte sie schließlich. »Meines ist die revolutionäre Führung!«

Wir gaben uns die Hand, und ich verließ sie.

Meine chinesischen Gastgeber und vielleicht auch ich – solange ich mich noch unter ihnen befand – glaubten, daß man sich in dem geordneten Leben dieser Nation von Millionen Menschen, die sich gegenseitig beobachteten, vollkommen sicher fühlen könne, solange man sich den verborgenen Strömungen und den geltenden Regeln in diesem Land anpaßte. Nach meiner Erfahrung hatten diese Menschen von dem, was außerhalb Chinas geschah, nur marxistisch-mechanistische Vorstellungen. Es war für sie eine bürgerlich-imperialistische Groteske, und das war natürlich erschreckend.

In den letzten Tagen meines Aufenthalts in Kanton zeigten sich die Mitarbeiter von Tschiang Tsching und meine Begleiter besorgt darüber, was mit meinen Aufzeichnungen, Photos, Dokumenten und natürlich auch mit mir selbst geschehen könnte, wenn ich die chinesische Grenze überschritten hätte. Im Auftrag von Tschiang Tsching und anderen führenden Genossen warnte mich der Protokollbeamte Tang Lung-ping. Vielleicht hätten Reporter, Agenten oder Spione von unseren geheimen Zusammenkünften Wind bekommen. Es bestehe die Möglichkeit, daß man mich in Hongkong festnahm, um mein Material zu beschlagnahmen und auszuwerten. Er fragte, ob ich nicht aus Sicherheitsgründen alles in China lassen wolle. Die chinesische Regierung könnte es mir nach Hause nachschicken.

Ich wollte mich jedoch auf keinen Fall auch nur vorübergehend von den Dokumenten trennen. Nur wenn ich in ihrem Besitz blieb, konnte ich meine Aufgabe erfüllen. Also weigerte ich mich.

Bei unserer nächsten Begegnung kam Tschiang Tsching noch einmal auf diese Frage zurück. Sie sagte, Edgar Snow habe nach seinem ersten Interview mit dem Vorsitzenden Mao seine Aufzeichnungen zunächst den Chinesen zur Aufbewahrung gegeben. Es bestehe doch auch die Gefahr, daß meine Aufzeichnungen Irrtümer oder unklare Stellen enthielten, die von unwissenden oder feindlich gesonnenen Personen mißbraucht werden könnten.

Ich lachte und versicherte ihr, daß ich in der Lage sei, mich zu verteidigen. Ich sei an das Leben in der Welt außerhalb Chinas gewöhnt. Offensichtlich beurteilten wir die Risiken unterschiedlich. Von Anfang an sei das Vertrauen die einzige Grundlage unserer Beziehungen gewesen.

Als ich am folgenden Tag meine Sachen packte, kam Schen Jo-yün in das Gästehaus. Sie erwähnte noch einmal das Sicherheitsrisiko und sprach von den Regeln, die man im Guerillakrieg entwickelt habe. Sie meinte, ich solle mir schon im voraus überlegen, was ich neugierigen Reportern in Hongkong sagen wolle, um sie auf eine falsche Fährte zu bringen. Die Vorbereitungen dazu hatten schon begonnen. Der Name »Genossin Tschiang Tsching« war aus unserem Wortschatz verbannt. Die geheimnisvolle Dame, die er bezeichnete, hatte sich in nichts aufgelöst wie der Fuchs im chinesischen Märchen. Es blieb nur das prickelnde Gefühl, noch vor kurzem der Schönheit und dem Schrecken ausgesetzt gewesen zu sein.

Schen, meine Begleiter und ich fuhren in laut hupenden Wagen durch die von pulsierendem Leben erfüllten Straßen Kantons. Wir waren entspannter als in den Tagen zuvor. Der offizielle Abschied auf dem Bahnhof machte es unmöglich, daß wir uns unseres gegenseitigen Vertrauens versicherten, und ließ keinen Abschiedsschmerz aufkommen. Eine junge Frau aus Yünnan, die der Zweigstelle der *Freundschaftsgesellschaft* in Kanton angehörte, sollte mich im Expreßzug von Kanton nach Hongkong begleiten. Ich ahnte, daß sie über meine Mission unterrichtet sei, und schenkte ihr die Hälfte der schon verwelkten Orchideen, die Tschiang Tsching mir zum Abschied gegeben hatte. Als ich mir die Mitreisenden näher ansah, erkannte ich plötzlich die Gesichter von Männern, die mir – ohne daß ich es bisher gemerkt hatte – wochenlang auf all meinen Wegen gefolgt waren.

In der Grenzstadt Schumtschun übergab man mich dem geschickten und erfahrenen Mr. Lai, der mich schon bei meiner Ankunft hier begrüßt hatte. Er war ein internationaler Bevollmächtigter der Kommunistischen Partei Chinas und sagte, er habe schon mehrmals Edgar Snow und andere »ausländische Freunde« begleitet. Die chinesischen Zollbeamten winkten uns durch. Um die andere Seite zu täuschen, gingen wir getrennt über die Lowu-Brücke. Drüben wartete eine Limousine auf uns. Sie brachte uns in das ruhige Hotel, in dem ich schon nach meiner Ankunft gewohnt hatte. Vor meinem Zimmer, am Aufzug und hinter jeder größeren Säule im Speisesaal standen kräftige Agenten der Volksrepublik in verwaschenen blauen Anzügen. Unsere Blicke kreuzten sich nur selten.

Wohin ich mich am nächsten Tag auf den Avenuen und Alleen von Hongkong auch bewegte – in der vertrauten und doch aufs neue schockierenden Umgebung, im unverbesserlichen Treiben und Feilschen des Kapitalismus und Kolonialismus –, ständig wurde ich bewacht. Schließlich betrat ich das Büro der TWA. Tschiang Tsching hatte mir gesagt, daß Ministerpräsident Tschou für mich einen Platz im Flugzeug habe reservieren lassen. Damit ich meine Abreise um ein paar Tage verschieben konnte, hatte er einen anderen Passagier, der diesen Platz gebucht hatte, von der Liste streichen lassen.

XIX Die elfte Stunde

Wer die Vergangenheit kontrolliert,
der kontrolliert die Zukunft.
Wer die Gegenwart kontrolliert,
der kontrolliert die Vergangenheit.
George Orwell, »1984«

Im Hinblick auf die Jahre, die sie als junge Ehefrau und unbekannte Parteigenossin in Jenan zugebracht hatte, meinte Tschiang Tsching, Sex sei zunächst ganz reizvoll, doch was das Interesse des Menschen auf die Dauer fessele, sei die Macht.

Mit dieser freimütigen Erklärung hatte sie – vielleicht unbewußt – das Wesentliche ihres ungewöhnlichen Lebens zusammengefaßt. Auf eine qualvolle Jugend folgte die Heirat mit dem obersten Führer, und nun, da ihre ehelichen Beziehungen nicht mehr im Vordergrund standen, strebte sie nach persönlicher Macht. Den Status einer führenden Parteifunktionärin hatte sie als einzige Frau ihrer Generation im Verlauf einer Reihe persönlicher Auseinandersetzungen erkämpft. Sie lehrte den Vorsitzenden, sie nicht nur als Frau zu lieben, sondern sie auch als politische Persönlichkeit zu achten, die von keinem Mann in Beschlag genommen werden konnte. Seine Mitarbeiter mußten sie respektieren, denn manchmal verwehrte sie ihnen den direkten Zugang zu ihrem Führer. Sie stellte persönlichen Kontakt zu den Massen her, denen sich Spitzenpolitiker allzu leicht entfremdeten. Sie hielt sich nicht mehr an die revolutionären Normen, die ältere Parteigenossen festgelegt hatten, sondern setzte eigene Maßstäbe, die die Geschichte ihres Landes verändern konnten.

Während unserer Interviews hat Tschiang Tsching einige künftige Entwicklungen vorausgesagt, und diese Prognosen haben sich später bestätigt. Zahlreiche Genossen, die während der Kulturrevolution »streng zurechtgewiesen wurden«, sind inzwischen rehabilitiert. Im April 1973 erschien Teng Hsiao-ping, früher ein mächtiger Gefolgsmann Liu Schao-tschis, wieder an der Oberfläche und bestätigte damit – allerdings nur kurzfristig – die Bereitschaft der Führung, alte Gegensätze auszusöhnen. Das aus den Wirren der Kulturrevolution hervorgegangene Modelltheater überlebte und begann, oft unter großen Schwierigkeiten, den Mythos der jüngsten kommunistischen Geschichte und der fortschrittlichen Gegenwart auf den Provinzbühnen zu beschwören. Man gestattete weiterhin den Kulturaustausch mit dem Ausland, wobei sich auf chinesischer Seite die »Widersprüche verschärften«, was bedeutete, daß die Führer auch künftig der Gefahr einer Ansteckung durch fremde Einflüsse mit äußerster Vorsicht begegnen würden.

Während Krankheit und Tod die Reihen der alten Genossen lichteten, dehnte Tschiang Tsching ihre Einflußsphäre vom Bereich der Kultur auf die Außen- und Wirtschaftspolitik aus. Da die alternden Führer jeden Tag unbarmherziger damit konfrontiert wurden, daß Menschen und revolutionäre Ideen vergänglich waren, nutzten sie ihre Verdienste in der Vergangenheit immer unverblümter zu ihrem persönlichen Vorteil. Wie würden sie als einzelne, wie würde ihre Partei und wie würde das Volk, dessen Leben sie verändert hatten, am Ende dastehen – im Urteil einer distanzierten Geschichtsschreibung?

Für ausländische Beobachter bleibt Tschiang Tsching eine geheimnisvolle Frau, deren Bild plötzlich ins öffentliche Scheinwerferlicht rückte und wieder verschwand. Ihre persönlichen Ziele (oder die irgendeines anderen politischen Führers, von Mao abgesehen) waren kaum zu erkennen, obwohl aus ihren Selbstdarstellungen hervorgeht, welche Interessen sie seit langem verfolgte und welcher Mittel sie sich dabei bediente.

Im Gegensatz zu Mao, dessen Strategie und dessen patriarchalischer Nimbus ihn auf Dauer davon dispensierten, an Banketten, Paraden und Empfängen für ausländische Gäste teilzunehmen, war Tschiang Tsching dazu verpflichtet, bei zahlreichen Staatsakten aufzutreten. Wenn sie bei solchen Anlässen einmal fehlte – was die ausländische Presse zu Meldungen veranlaßte, sie sei in Ungnade gefallen oder gestürzt worden –, dann war dies auf ihre Sonderstellung, eine vorübergehende Verstimmung, politischen Druck oder einen angegriffenen Gesundheitszustand zurückzuführen. Jedenfalls arbeitete sie hinter den Kulissen weiter und veröffentlichte unter Pseudonymen Beiträge in der Parteipresse. Es gibt keinen Grund für die Annahme, daß sie die Verfügungsgewalt, die sie über den Bereich von Ideologie und Kultur ausübte (und an der nur wenige Anteil hatten), verlor.

Chinas nationale Kultur war nie populärer und nie weniger elitär als in der Folge der Kulturrevolution. Zugleich wurden die darstellenden Künste (zu denen der Sport ebenso gehört wie Theater und Film) strenger von den Staatsorganen kontrolliert als je zuvor. Nie zuvor in der Geschichte wurden Ideen und Bilder und das Verhalten der Massen geschickter aufeinander abgestimmt.

Für alle großen Kulturen – die Maya-Kultur, die griechische, römische und amerikanische – waren öffentliche Spiele unverzichtbar, ob es sich nun um Kämpfe zwischen Christen und Löwen oder um Ringkämpfe handelte. Die Chinesen haben erst in der Mitte des zwanzigsten Jahrhunderts den Wert solcher Veranstaltungen erkannt, doch dann bewiesen sie bei der Nutzung der neuen Möglichkeiten großen Scharfsinn. Juvenal hat einmal gesagt, daß sich die Bevölkerung des kaiserlichen Rom nur für Brot und Spiele interessierte. Im Jahr 2000 wird man die Bewohner Pekings vielleicht nur noch in Bewegung setzen können, wenn man ihnen »Nudeln und Spiele« vorsetzt. Der Circus Maximus in Peking ist das Arbeiterstadion. Seit der römischen Kaiserzeit und seit der Antike in China haben sich die Spielregeln im Kampf auf Leben und Tod verändert. Staatliche Vergeltungsmaßnahmen gegen Kriminelle und widersetzliche Elemente – von Tschiang Tsching seit ihrer Kindheit gefürchtet und beklagt – werden nicht mehr vorgeführt. Gewalt, Mord und erbarmungslose Zweikämpfe, die in begrenzten Bereichen und zu festgelegten Gelegenheiten in den meisten antiken und modernen Kulturen legitimiert waren, sind heute in China aus den öffentlichen Spielen verbannt. In der Revolutionsoper und im Ballett wird die Gewalt nur symbolisch, fast spielerisch ausgedrückt. Beide Bühnenformen pflegen das *wu-schu,* kriegerische Übungen, die seit jeher bloße Mimesis gewesen sind. Auch in den Sportarenen darf die Aggression nur simuliert werden. Sportarten, die den Kampf Mann gegen Mann vorführen, wie etwa das Boxen oder das Ringen, werden offiziell nicht gefördert. Selbst Hahnen- und Heuschreckenkämpfe wurden untersagt. Der Sport der Einzelkämpfer wurde vom Massensport abgelöst, und im Unterschied zu früheren Zeiten, in denen der Sport eine rein männliche Angelegenheit war, wird heute die Beteiligung von Frauen gefördert. Es gibt sogar Basketball-Frauenmannschaften. Die »Ping-Pong-Diplomatie« hatte durchaus eine politische Bedeutung. Aber das Schlagwort, das für die Chinesen beim Sport zu Hause und im Ausland gilt, heißt: »Zuerst Freundschaft, dann Wettkampf«.

Nach der Kulturrevolution vergrößerte sich das Repertoire der von der Partei sanktionierten Massensportarten, und Tschiang Tsching übernahm gelegentlich die Schirmherrschaft bei den Eröffnungsfeierlichkeiten, auffällig nach westlicher Mode gekleidet, so daß sie sich deutlich von ihren Landsmänninnen abhob. Sie saß dann auf einem Ehrenplatz neben ihren Gästen – Diplomaten aus wichtigen befreundeten Nationen – und demonstrierte das, was ich an ihr als ungewöhnlich empfand: eine perfekte hoheitsvolle Haltung, eine ausdrucksvolle Mimik und die Fähigkeit, im richtigen Augenblick das Richtige zu tun.

Diese öffentlichen Auftritte vor den Massen und vor dem Fernsehen, das ihr Bild bisweilen in der ganzen Welt verbreitete, vermittelten keinen Eindruck von ihrer eigentlichen politischen Arbeit: der beharrlichen Förderung eines nationalen Theaters, das die Vorstellungen und Ideale des zeitgenössischen Lebens gestaltete. Als die Kulturrevolution 1969 und 1970 abflaute, löste sich ihre Gruppe, die diese Massenbewegung seit 1966 geleitet hatte, unauffällig auf. 1971 wurde ein neues Kultusministerium geschaffen, das dem Staatsrat unterstellt war. Sein Leiter, Wu Te, war ein Mann, den Tschiang Tsching bewunderte. Daß er zugleich Bürgermeister von Peking und Chef des Stadtparteikomitees von Peking war (also die gleichen Ämter innehatte wie der gestürzte Peng Tscheng), wies darauf hin, welche Bedeutung seinem neuen Posten zukam.

1974 beging man das zehnjährige Jubiläum der Festspiele der Peking-Oper. Dieses Jubiläum markiert das politische Debüt von Tschiang Tsching. Das revolutionäre Modelltheater wurde begeistert gefeiert und als führende kulturelle Einrichtung anerkannt. Tschu Lan (wörtlich »Erste Welle«), war das Pseudonym eines Parteisprechers, der die kulturelle Arbeit von Tschiang Tsching unterstützte.* Er erklärte: »Die vom revolutionären Modelltheater

* Höchstwahrscheinlich wurde der Schriftsteller, der sich Tschu Lan nannte, von Tschiang Tsching dazu abgestellt, ausschließlich in ihrem Auftrag zu schreiben.

zur Aufführung gebrachten Werke haben unmittelbar eine revolutionäre öffentliche Zustimmung für die Große Proletarische Kulturrevolution geschaffen. Sie sind eine mächtige ideologische Waffe für die Festigung der Diktatur des Proletariats und die Verhinderung einer Restauration des Kapitalismus.«[1]

In der Zeit nach dem zehnjährigen Jubiläum bis zu Tschiang Tschings Sturz war es kaum bekannt, daß sie die Initiatorin und Leiterin des Modelltheaters war. Das entsprach der allgemeinen Tendenz, zu leugnen, daß es außer Mao noch andere ideologische oder schöpferische Autoritäten gab. Dies drückte sich auch darin aus, daß Artikel aus der Feder anonymer Verfasser in der Parteipresse zunahmen. Diese Verfasser dienten offenbar jeweils den Interessen eines oder mehrerer politischer Führer. Mit einer rituellen Übertreibung, die außerhalb Chinas unverständlich sein muß, bezeichnete man das neue Theater als »lebende historische Schriftrollen . . . strahlende Galerien, welche die heroischen Vorbilder des Proletariats vorführen.« Das letzte in das Repertoire aufgenommene Stück, »Azaleenberg«, wurde gepriesen, weil es die militärische Aufbauarbeit des Vorsitzenden Mao in den zwanziger Jahren zeigte und den Rechtsopportunismus von Tschen Tuhsiu (einem der Gründer der Chinesischen Kommunistischen Partei) sowie die schändliche Politik Lin Piaos denunzierte. Es war das erste historische Drama, das inszeniert worden war, um Lin zu verdammen.

Niemand, kein Chinese und kein Ausländer, konnte übersehen, wie kümmerlich das neue Repertoire war, das man nach der Kulturrevolution nur um ein oder zwei Werke ergänzt hatte. Angesichts des Reichtums und der Vielfältigkeit der chinesischen Theatertradition bedurfte dies einer Erklärung. Sie blieb rein defensiv. Die Angriffe gegen die »Dürftigkeit« des kulturellen Angebots seien »ein übler Wind, der von den Klassenfeinden angefacht worden ist; ein Argument, das ein Ausdruck des Klassenkampfs in Literatur und Kunst ist.« So hieß es in der »Roten Fahne«, und dazu wurde erklärt, daß es im wesentlichen nur um den Gegensatz von Qualität und Quantität gehe. Reiche Reaktionäre könnten es sich leisten, große Quantitäten herzustellen, aber die chinesischen Führer hätten sich dazu entschieden, sie niemals um den Überfluß, über den jene verfügten, zu beneiden. Reaktionäre Produktionen müßten sabotiert werden. Man müsse sie scharf kritisieren und »auf den Abfallhaufen der Geschichte werfen«.[2] Die Qualität in den Künsten bezeichnete man metaphorisch als »Wassertropfen, der das Sonnenlicht reflektiert«.[3]

Im Namen der dramatischen Tugend beklagte man sich darüber, daß auf der Bühne immer noch »stinkendes Unkraut« wucherte. 1973 hatte man die Theatertruppen in ganz China dazu ermutigt, sozialistische Dramen zu gestalten, die von der Parteileitung genehmigt und schließlich als Modellstücke kanonisiert werden könnten. In diesem Sinne inszenierte man in der Provinz Schansi das Stück »Dreimal den Pfirsich-Berg besteigen«. Oberflächlich betrachtet war es ganz einfach eine neue Oper. Doch das, was in ihr verkündet wurde, entfachte in Peking einen Sturm der Entrüstung.

Diese gereizte Reaktion auf versteckte politische Aussagen auf einer Provinzbühne macht deutlich, daß in einer Gesellschaft, in der die Führer und ihre Programme von den politischen Körperschaften und der Presse nicht offen kritisiert werden können, notwendigerweise ein Klima der Verlogenheit entsteht. China hat eine lange Tradition der Unterdrückung jeder Kritik an seinen Beherrschern; und in den autokratischen Epochen des Kaisertums wurde solche Kritik am härtesten bestraft.

Offene Kritik in Form von Polemik war unmöglich, aber eine phantastische Literatur und insbesondere historische Dramen konnten abweichenden Haltungen zum Ausdruck verhelfen. Das Regime Mao Tse-tungs folgte der Tradition der Kaiserzeit auch darin, daß es intellektuelle und politische Abweichler bestrafte. Heute erinnern wir uns daran, daß die Parteigänger Mao Tse-tungs zu Anfang der sechziger Jahre den Dramenzyklus von Wu Han über den rechtschaffenen Beamten Hai Jui aus dem 16. Jahrhundert als Angriff gegen die ungerechtfertigte Entlassung von Peng Te-huai durch den Vorsitzenden werteten. Dies war jener prominente General, der Maos *Großen Sprung nach vorn* in den späten fünfziger Jahren kritisiert hatte. Das Stück »Dreimal den Pfirsich-Berg besteigen« entsprach insofern den Forderungen der Kulturrevolution, als hier in einem Theaterstück ausschließlich die Geschichte der Chinesischen Kommunistischen Partei gefeiert wurde. Doch die Autoren versetzten die Oper in die Zeit des *Großen Sprungs nach vorn,* in die unrühmlichste Phase des politischen Werdegangs von Mao. Hinzu kam noch, daß die Ereignisse, die das Theaterstück behandelte, in das Jahr 1964 verlegt wurden, die Zeit kurz vor dem Beginn der Kulturrevolution, als Tschiang Tsching sich auf dem Aufstieg zur Macht befand und Liu Schao-tschi und seine Frau Wang Kuang-mei schon in Mißkredit gerieten.

Anfang 1974 verdammte Tschu Lan die Oper aus Schansi als einen »konterrevolutionären« Versuch, das Urteil gegen die bürgerlich-reaktionäre Linie »umzustoßen«. Durch geschickte Anspielungen glorifiziere die Oper die politische Linie von Liu Schao-tschi und Wang Kuang-mei in der Provinz Hopeh während der *Sozialistischen Erziehungsbewegung.* Pferde symbolisierten die rivalisierenden männlichen Führer. Das »kranke Pferd mit dem schwachen Gehirn«, das angetrieben wird, bis es zusammenbricht und vor Erschöpfung stirbt, repräsentiere Mao Tse-tungs *Großen Sprung nach vorn.* Ein riesiges rotes Pferd mit dem Namen Lao Liu (guter alter Liu) sei eine Anspielung darauf, daß Wang Kuang-mei der Pfirsichgarten-Brigade 1964 persönlich ein Pferd geschenkt hatte. Ausgerechnet diese Gestalt werde als heroisch dargestellt. Die weibliche Hauptrolle der Tschiang Lan verkörpere die negative Haltung von Wang Kuang-mei: die Billigung der Lehren von Konfuzius und Menzius und die Unterstellung, der Klassenkampf liege in den letzten Zügen. Die Oper spiele mit der Theorie, nach der es keinen Konflikt gebe und »das Volk in der Mitte stehe«! Mit anderen Worten, sie negiere das Ethos des Klassenkampfes und die politisch gegensätzlichen Charaktere, die die Modelldramen von Tschiang Tsching beherrschten.[4]

Es gab nur wenige Theaterstücke in der Zeit nach der Kulturrevolution, die von der Parteiführung anerkannt wurden. Zu ihnen gehörte »Ein halber Korb Erdnüsse«, ein kurzes Stück aus der Provinz Tschekiang, das dadurch ausgezeichnet wurde, daß man nach ihm einen Farbfilm drehte. Dieser Film wurde in der Presse überschwenglich gelobt und im ganzen Land gezeigt. Zwar räumten die Sprecher der Partei ein, daß dieses kurze Stück über einen Studenten, der in seiner Freizeit auf dem Feld liegengebliebene Erdnüsse aufsammelt, selbst nach vielen Revisionen noch unvollkommen sei. Aber dennoch zeigten die Äußerungen armer und unterer Mitttelbauern, wie »die Philosophie aus dem Hörsaal der Philosophen befreit und wie Lehrbücher in den Händen der Masse zu scharfen Waffen geworden waren«. Die überzeugende Darstellung des *Kampfes zweier Linien* zwischen Kommunismus und Kapitalismus auf dem Lande zeige, daß die Universalität des Widerspruchs auch im Besonderen aufgewiesen werden könne, was beweise, daß man »das Große durch das Kleine sehen könne«.[5]

Um die Illusion aufrechtzuerhalten, daß Mao Tse-tung auf dem Gebiet der Kunst wie überall sonst allein zuständig sei und daß die Verwaltung unter seiner Anleitung mit *einer* Stimme spreche, wurde die entscheidende Rolle, die Tschiang Tsching in der Zensur gespielt hatte, vor der Öffentlichkeit kaschiert. Hätte man öffentlich klargestellt, was in unseren Interviews deutlich zum Ausdruck kam, dann hätte sich gezeigt, daß ihr Einfluß nicht nur den des Vorsitzenden ergänzte, sondern auch mit ihm konkurrierte. Hinweise auf ihren persönlichen Ehrgeiz – dessen man in China immer wieder Frauen mit weltlichen Interessen angeklagt hatte – hätten Tschiang Tsching in kritischen Situationen noch angreifbarer gemacht.

Es gab aber auch weniger gefährliche Wege, Ehrenschulden zu begleichen. Im Juli 1974 wurde Tschiang Tsching zum zehnten Jahrestag der Festspiele der Peking-Oper als »Auslegerin der Gedanken von Mao Tse-tung« gepriesen,[6] eine Ehre, die man bisher nur Tschou En-lai und Lin Piao erwiesen hatte. Tschu Lan verkündete in vulgärmarxistischer Manier, aus den Jahrtausenden des Feudalismus und den Jahrhunderten der Bourgeoisie würden sich nur wenige Werke der Nachwelt erhalten. Seit dem Beginn des Imperialismus erlebe man den Niedergang des Kapitalismus, und »die Bühne wurde zur Plattform der modernistischen Schule, des Fauvismus, des Teddy-Boy-Tanzes, des Striptease und anderen entarteten Schunds . . . Es gab wohl viele und verschiedenartige Werke, aber alle zeichneten sich dadurch aus, daß sie das Bewußtsein der Menschen vergifteten oder einschläferten«.[7]

Die Förderer des Modelltheaters, an der Spitze der mysteriöse Tschu Lan, sahen China in der Vorhut der Weltgeschichte – in den Geburtswehen einer neuen proletarischen Kultur, die an die Stelle der feudalistischen, imperialistischen und bürgerlichen Kultur treten werde. Tschu Lan ging auf den laufenden Feldzug gegen die alten Philosophen ein und behauptete, die ethischen Grundsätze der alten Oper seien den »fanatischen« Lehren von Konfuzius und Menzius entsprungen. Hier stünde der Herrscher über dem Untertanen, der Vater über dem Sohn, der Ehemann über der Ehefrau, und hier gälten die Grundsätze der *Fünf Ständigen Tugenden* (Menschlichkeit, Rechtschaffenheit, Höflichkeit, Weisheit und Aufrichtigkeit), der *Dreifache Gehorsam* der Frauen (Gehorsam dem Vater und den älteren Brüdern in der Jugend, Gehorsam gegenüber dem Gatten nach der Heirat und Gehorsam gegenüber den Söhnen nach der Verwitwung) und die *Vierfache Tugendhaftigkeit* (guter Charakter, gute Umgangsformen, gute Erscheinung, gutes Handwerk), »Treue, Kindesliebe, Keuschheit und Rechtschaffenheit« sowie Treue, Selbstbeherrschung, Mildtätigkeit und Liebe.

»Wir leisten nicht nur etwas bei der Zerstörung der alten Welt, sondern auch beim Aufbau einer neuen«, verkündete Tschu Lan im Hinblick auf die »Qualität« der kulturellen Leistungen. Nach zehn mühevollen Jahren habe »das Proletariat« siebzehn revolutionäre Modellwerke für die Bühne geschaffen. Die Grundlage des neuen Repertoires seien natürlich die acht Modellwerke, die Tschiang Tsching in der Kulturrevolution geschaffen und inszeniert habe. Heute würden diese Werke durch neun weitere ergänzt – durch Teile aus »Die Geschichte einer Roten Signallaterne«, das Klavierkonzert »Der Gelbe Fluß«, die modernen Pekinger Revolutionsopern »Ode an die Drachenfluß-Brigade«, »Das Rote Frauenbataillon« (zunächst ein revolutionäres Modellballett), »Kampf in der Ebene« (ursprünglich ein Film) und »Azaleenberg«, die revolutionären Tanzdramen »Ein Loblied auf das Yimeng-Gebirge« und »Geschwister aus dem Grasland« (entstanden in Jenan) und schließlich durch die Revolutionsoper »Mit taktischem Geschick den Tigerberg erobert«. Die Produktion dieser Werke hatte freilich viel Zeit gebraucht, denn wenigstens fünf von ihnen waren Ausschnitte aus früheren Produktionen oder revidierte Bühnenstücke.

Vorausblickend auf das Jahr 1984 (war das ironisch gemeint?) kam Tschu Lan zu dem Schluß: »In den vor uns liegenden zehn bis zwanzig Jahren sollten wir ›auf schnellem Roß mit erhobener Peitsche und ohne aus dem Sattel zu steigen‹ unsere Anstrengungen verdoppeln und weitere neue Kapitel für die Geschichte der proletarischen Literatur und Kunst schreiben.«[8]

Im Herbst 1975 genehmigte das neugeschaffene Kultusministerium Aufführungen, die Tschiang Tsching in den Jahren, als hinter ihr die *Gruppe für die Kulturrevolution* des Zentralkomitees gestanden hatte, auf eigene Verantwortung genehmigt hatte. Mit Unterstützung des Ministeriums wurden noch weitere Filme und Dramen aufgeführt. Alle feierten die gleichzeitig stattfindenden politischen Aktionen, unter anderem die Ausbildung »barfüßiger« Ärzte und die Produktion von Torpedobooten und großen Handelsschiffen. Das Bild des Nationalfeiertags, des ersten Oktobers, wurde nun merklicher als je zuvor von den Schauspielern und Schauspielerinnen, dem neuen heroischen Orden der Gesellschaft, bestimmt. Überall im ganzen Land organisierten die Gemeinden Lesungen von Balladen und Erzählungen, Dialoge und Theateraufführungen – Darstellungsformen, die während der Kulturrevolution verpönt gewesen waren. Im folgenden März erschienen an den Zeitungskiosken in Peking fünf Zeitschriften für Literatur und Kunst, die ihr Erscheinen vor zehn Jahren eingestellt hatten. Aufmachung und Format waren gleichgeblieben, aber der Inhalt bestand übereinstimmend aus einer Preisung des Proletariats und des späten Maoismus.

Der bedeutendste Beitrag zur Revolutionsgeschichte auf der Bühne war das aus zehn Akten bestehende Theaterstück »Der Lange Marsch«, das die Allgemeine Politabteilung der VBA produziert hatte. Es war nicht nur das erste längere Sprechtheaterstück (ohne Gesang und Tanz), das nach der Kulturrevolution mit Billigung der höchsten Stellen aufgeführt wurde, sondern es war auch die erste Darstellung dieses bedeutenden Abschnitts in der Geschichte der Chinesischen Kommunistischen Partei. Die Handlung wurde allein von politischen Gesichtspunkten bestimmt. Sie rühmt »den großen Sieg der revolutionären Linie des Vorsitzenden Mao über die von Wang Ming vertretene opportunistische Linie und dann über die rechte Abweichung, das Zurückweichler- und Spaltertum von Tschang Kuo-tao.«[9] Das Problem, den Vorsitzenden auf der Bühne darzustellen, das auch schon früher aufgetaucht war, wurde dadurch gelöst, daß seine Ideen allgegenwärtig waren, seine körperliche Existenz jedoch der Phantasie der Zuschauer überlassen blieb. (Dies entsprach auch dem Regierungsstil Maos seit seiner ideologischen Renaissance in der Mitte der sechziger Jahre.)

In unseren Gesprächen hatte Tschiang Tsching erläutert, daß der Kulturaustausch die internationalen Beziehungen in der Überbau-Sphäre festige. Sie wußte, daß der Kulturaustausch viel riskanter als die üblichen Handelsbeziehungen war, denn dabei setzten die Chinesen ihre aggressive proletarische, moralisch naive und künstlerisch gemischte Kultur der Beurteilung, wenn nicht dem Spott des Auslands aus, während die importierte »bürgerliche« Kultur in Chinas wohlbehütetem proletarischen Reich einen gefährlichen Hunger nach Abwechslung wecken konnte. Die modern erzogenen Chinesen und die alten Kenner erinnerten sich noch ganz gut an die Zeit, als China alljährlich Hunderte von Filmen, Theaterstücken und Büchern beachtlicher Qualität produziert hatte. In den frühen sechziger Jahren hatte man ihnen auch erlaubt, Aufführungen alter und ausländischer Theaterstücke, Konzerte und Filme zu besuchen. Diese tolerante Kulturpolitik fand mit dem Anfang der Kulturrevolution ein plötzliches Ende. Durfte man es sich nun in den frühen siebziger Jahre leisten, wieder ein wenig toleranter zu werden, ohne den Appetit auf mehr kosmopolitische Kost übermäßig anzuregen?

Zwei faszinierende Ereignisse im Rahmen des Kulturaustauschs mit dem Ausland standen im Mittelpunkt des Interesses von Tschiang Tsching: Antonionis Filmbericht über China und das Gastspiel des Philadelphia Orchestra in Peking. Die offiziellen Berichte über beide Ereignisse verdeutlichten den beständigen Widerspruch zwischen dem chinesischen Verlangen, Gastfreundschaft zu gewähren, und der Forderung nach kultureller »Reinheit«. Beide Tendenzen waren jetzt nicht weniger stark als im Kaiserreich.

Im Frühjahr 1972 besuchte der italienische Filmregisseur Antonioni China als Staatsgast mit dem Auftrag, für das chinesische Fernsehen einen Dokumentarfilm zu drehen. Das Fernsehen hatte sich in den vergangenen Jahren zu einem der wichtigsten Propagandamedien entwickelt. Die Fernseh- und Rundfunkbehörden (Tschiang Tsching behauptete, daß sie diese seit der Zeit der Kulturrevolution kontrolliert habe) luden ihn ausdrücklich dazu ein. Schon vor ihm waren Filmregisseure in China gewesen, und zwar in den dreißiger Jahren, unter anderem Eisenstein und Karmen aus der Sowjetunion und Joris Ivens aus den Niederlanden. (Er hatte im Sommer 1972 erneut in China gefilmt.) Antonionis Film bestätigte die Binsenweisheit, daß ein Gegenstand stets im Auge (in diesem Fall im Objektiv der Kamera) des Betrachters Gestalt annimmt. Der Fehler dieses vier Stunden langen Films des Regisseurs von »Rote Wüste« und einiger flauer naturalistischer Produktionen lag darin, daß er unverkennbar die Handschrift von Antonioni trug. Der Film geriet daher zu einem Zerrbild des proletarischen China. Seine ungeschminkte Darstellung der täglichen Wirklichkeit widersprach der Vorstellung der Partei von Idealbildern und vorgeschriebenen Verhaltensweisen. Was Antonioni hier lässig, unprätentiös, schwunglos, etwas gehässig und träumerisch zeigte, war ein Strom von Impressionen, wie sie jeder Fußgänger haben konnte, der über die Straßen und Plätze Chinas schlenderte.

Nachdem der Film in einer privaten Vorführung chinesischen Parteiführern gezeigt worden war und Antonioni Ausschnitte daraus dem ausländischen Fernsehen zur Verfügung gestellt hatte (er wurde im Januar 1973 in Amerika gesendet), nannte ihn ein Kommentar der »Volkszeitung« einen »regelrechten Betrug«, dessen Zweck es sei, »China zu verleumden und anzuschwärzen.« Die in China gebauten großen Handelsschiffe im Hafen von Schanghai kämen nicht ins Bild, dafür aber ausländische Frachter und kleine chinesischen Dschunken. Die Szenen über den Kreis Lin in Schantung – durch den der Rote-Fahne-Kanal läuft, auf den die Chinesen so stolz sind, der aber im Film so gut wie nicht zu sehen ist – zeigten »ununterbrochen aufgesplitterte Felder, einsame Greise, erschöpfte Zugtiere, schäbige Hütten«. In einer Szene, in der einige Leute das Schattenboxen – *Tai-tschi-tschüan* – übten, behauptete Antonioni (fälschlicherweise), die politische Führung wolle diese alte Tradition abschaffen. Zu seinen »grotesken« Motiven gehörten in Teehäusern sitzende Menschen, Frauen mit eingebundenen Füßen, Menschen, die in der Nase bohrten, und andere, die auf die Toilette gingen. Antonioni behauptete, diese Menschen hätten Sehnsucht nach der Vergangenheit. In Wirklichkeit, so meinte die Zeitung, »hassen sie die Vergangenheit aufs äußerste, in der Hunderte Jahre Ungeheuer und Teufel in Menschengestalt wüteten . . . Aber das Rad der Geschichte läßt sich nicht zurückdrehen. All diejenigen, die die Geschichte zurückzudrehen versuchen, werden unweigerlich von deren gewaltigem Rad zermalmt werden.« Bei den Aufnahmen von der Brücke über den Yangtse bei Nanking (des Symbols des industrialisierten China) habe er sie »absichtlich« von ungünstigen Winkeln aus gefilmt, so daß sie krumm und unstabil wirke. Daß unter der Brücke ein Paar Hosen zum Trocknen aufgehängt waren, sei eine weitere Verhöhnung. Er habe keine einzige Szene aus dem chinesischen Revolutionstheater aufgenommen, sich aber über die Arie »Erhebe dein Haupt, dehne die Brust« lustig gemacht, die von der Heldin des Revolutionsdramas »Ode an die Drachenfluß-Brigade« gesungen wird. Denn er habe die Melodie als Begleitmusik zu einer Einstellung verwendet, in der ein Schwein den Kopf schüttelt.[10]

Enttäuscht über die Kritik aus Peking meinte Antonioni gelassen: »Sie haben ganz einfach nicht verstanden, was ich mit meinem Dokumentarfilm sagen wollte. Sie waren nicht fähig zu begreifen, welche gewaltige Bühne ihr Land darstellt, und zu ermessen, was zahllose Darsteller und achthundert Millionen Statisten in diesem gigantischsten und geheimnisvollsten aller Dramen sagten.«[11]

Als sich die chinesisch-amerikanischen Beziehungen im September 1973 erwärmten, wurde das Philadelphia Orchestra zu einem Gastspiel nach Peking und Schanghai eingeladen. Allerdings unternahm man keinen Versuch, chinesische Musik unter den gleichen Bedingungen in Amerika zu Gehör zu bringen. Was bei dieser Gelegenheit an Diplomatie aufgeboten wurde, ist ebenso wie die darauffolgende Ernüchterung typisch für die paradoxe Haltung Chinas gegenüber Abgesandten aus der Außenwelt. Die Gäste wurden mit ungewöhnlicher Herzlichkeit empfangen, und man brachte unzählige Trinksprüche auf die Freundschaft mit den Ausländern aus, die nach China gekommen waren. Doch sobald die Gäste abgereist waren, äußerte man sich verächtlich über alles, was eine fremde Kultur ins Land bringen konnte.

Als das Philadelphia Orchestra offiziell eingeladen wurde, wiesen die Chinesen besonders auf den Umstand hin, daß das Orchester aus dem Geburtsort der amerikanischen Unabhängigkeit stamme und von Eugene Ormandy geleitet wurde, einem Mann, der allein schon durch sein Alter (73 Jahre) und seine Lebenserfahrung Ehrfurcht einflößte. (Nach den chinesischen Klischeevorstellungen vom Westen war der alte Herr mit seinem schneeweißen Haar der perfekte Vertreter seiner Klasse.) Tschiang Tsching hatte mir in einem Interview gesagt, daß in Übereinstimmung mit der allgemeinen politischen Linie die vier Konzerte in Peking und die zwei in Schanghai ausschließlich für die politischen Führer, nicht aber für die Massen bestimmt gewesen seien. Das Publikum bestand aus den führenden amerikanischen Vertretern in Peking und hohen chinesischen Beamten aus Politik und Kultur. Unter den Chinesen fiel besonders Li Te-lun auf, der langjährige Dirigent des Zentralen Philharmonischen Orchesters. Außer ihm waren auch die Hauptdarsteller der Revolutionsoper und des Balletts erschienen – glühende Anhänger von Tschiang Tsching, die unter den Gastgebern den Ehrenplatz einnahm.

Was das Philadelphia Orchestra zum Vortrag brachte, war konservativ und bestand überwiegend aus farbiger Programmusik. Unter anderem spielte das Orchester die 5. Symphonie von Beethoven (deren martialisches »Siegesthema« besonderen Anklang fand), die 1. Symphonie von Brahms, »Die Neue Welt« von Dvořák und das Adagio aus Samuel Barbers Streichkonzert. Tschiang Tsching hatte angeblich das Orchester gebeten, auch die 6. Symphonie von Beethoven, die »Pastorale«, zu spielen. Als sie erfuhr, daß das Orchester nicht über die Partitur dieser Symphonie verfügte (und im Gegensatz zu den chinesischen Orchestern nur vom Blatt spielen konnte), schickte sie ein Flugzeug nach Schanghai, um das einzige vorhandene Exemplar der Partitur aus dem Archiv holen zu lassen, so daß das Philadelphia Orchestra bei seinem nächsten Auftritt das Gewünschte bieten konnte. Die Kritiker der offiziellen Parteipresse lobten die klaren musikalischen Klangfarben der »Pastorale«, die sprudelnden Quellen, den Gesang der Vögel, den ländlichen

Tanz, das Gewitter und die Schlußapotheose der von der Sonne beschienenen Landschaft. Weckten die akustischen Impressionen Beethovens, die er zu Beginn des 19. Jahrhunderts in der Gegend von Wien empfangen hatte, romantische sozialistische Vorstellungen von der chinesischen Landschaft im 20. Jahrhundert?

Zum Abschied spielten die Amerikaner den »Marsch der Arbeiter und Bauern« und Tschiang Tschings Meisterwerk, das Klavierkonzert »Der Gelbe Fluß«. Ihr Schützling Yin Tscheng-tschung übernahm dabei den Solopart. Ohne die Begleitung der ihm vertrauten Orchesters (die Pekinger Philharmonie gab während der ganzen Zeit dieses Gastspiels kein Konzert) spielte Yin als Zugabe seine Version einer typisch amerikanischen Melodie – *»Home on the Range«*.

Am Ende des dritten Pekinger Konzerts schenkte Tschiang Tsching Mr. Ormandy einige Bücher aus ihrer Privatsammlung, mit der Bemerkung, es handele sich um hundert Jahre alte Einzelbände. Auf den letzten Seiten eines Bandes seien chinesische Noten abgedruckt, die, wie sie meinte, Mr. Ormandy nicht werde entziffern können. Als junge Mädchen hätten sie und ihre Freundinnen westliche Noten als »Bohnensprossen« bezeichnet. »Nachdem ich mich schon seit Jahrzehnten nicht mehr mit den Bohnensprossen beschäftigt habe«, meinte sie philosophisch, »sind aus uns etwas rohere Ackerfrüchte geworden.«[12]

Für die Konzerte wurde ein Rahmen aus höflichen diplomatischen Umgangsformen geschaffen. Doch diese freundliche Fassade verschwand, wie dies in China üblich ist, sofort nach der Abreise der Gäste. Die traditionelle Neigung, China als Mittelpunkt der Welt zu betrachten, hatte sich durch das neue proletarische Bewußtsein von der eigenen Unfehlbarkeit noch verstärkt. Sie zwang die Führer dazu, ihre Fremdenfeindlichkeit erneut unter Beweis zu stellen und die »bürgerliche« Musik der Ausländer in klassenkämpferischen Tönen zu verdammen. Wahrscheinlich hatten eifrige chinesische Musiker, die im westlichen klassischen Repertoire ausgebildet worden waren, aus der Begeisterung der Führer für die Konzerte Ormandys geschlossen, daß das strenge Verbot, ausländische Musik zu hören, zu spielen oder zu lehren, aufgehoben werden würde. Das war ein Irrtum.

Die sozialistischen Ahnen hatten einen ähnlichen Hochmut auf kulturellem Gebiet nicht gekannt. Selbst der Proletkult in Moskau in den Jahren nach der Revolution begründete keine derart starre Frontstellung gegen fremde Einflüsse. Wie man weiß, bewunderte Marx Shakespeare und Balzac, und Lenin liebte Puschkin, Tschernyschewski und Beethoven. Die chinesischen Führer assoziierten im Frühjahr 1974 die klassische Musik mit der Entstehung des Kapitalismus und die impressionistische und moderne Musik mit seinem Verfall. Damit widersprachen sie der kurz zuvor (von wem?) aufgestellten These, daß (»bürgerliche«) Musik im Hinblick auf die gesellschaftlichen Klassen neutral sei. Der weise Konfuzius, dessen Philosophie im Jahr zuvor wiederentdeckt worden war, nur um scharf angegriffen zu werden, wurde beschuldigt, die Musik zur Erweckung sanfter, harmonischer Gefühle empfohlen zu haben. Damit leugnete er die Widersprüche und den Klassenkampf. Nun behauptete Tschu Lan, der Chor in der 9. Symphonie von Beethoven, der verkündet, daß alle Menschen Brüder seien, und die Strophen enthält: »Seid umschlungen, Millionen! Diesen Kuß der ganzen Welt!«, propagiere »humanitäre bürgerliche« Ideen. Die Werke des »bürgerlich impressionistischen« Komponisten Debussy seien »voll von dekadenten, kraftlosen Stimmungen des *fin de siècle*«.[13]

Grob zusammengefaßt meinte diese Kritik folgendes: »Gegenwärtig zielt die Tendenz der Anbetung des Ausländischen und Wiederbelebung des Alten auf die Verneinung der Großen Proletarischen Kulturrevolution ab, im Bemühen, dem Rad der Geschichte in die Speichen zu greifen und die Praktiken der Revisionistischen Linie für Literatur und Kunst wiederzubeleben. Diese Tendenz hat ihre ideologischen Wurzeln in der ›Theorie von der menschlichen Natur‹.«*

Gewisse (ungenannte) Persönlichkeiten wurden von Tschu Lan der blinden Verehrung ausländischer bürgerlicher Werke beschuldigt. Er warf ihnen vor, in der Wachsamkeit gegenüber der kulturellen Infiltration durch den Imperialismus und den Sozialimperialismus nachgelassen zu haben. Zwar müsse man nicht allem »Fremden« abschwören, doch sei die westliche klassische Musik vom Klassenstandpunkt aus zu beurteilen. Denjenigen, die sich vor allem Fremden kriecherisch im Staub wälzten, müsse man Einhalt gebieten. Es sei notwendig, das Angebot kritisch zu prüfen und dabei dem Grundsatz zu folgen: »Das Alte in den Dienst der Gegenwart stellen, das Ausländische für China nutzbar machen.«

Die musikalische Gastfreundschaft von Tschiang Tsching war offenbar ein Fehlschlag gewesen. Hatte sie nun Tschu Lan beauftragt, diese beißende Kritik zu schreiben? Oder hatte dies ein Gegner veranlaßt?

Der Musikkritiker der *»New York Times«*, Harold Schonberg, der das Philadelphia Orchestra nach China begleitet hatte, berichtete für die andere Seite mit der gleichen Schonungslosigkeit. Als die Amerikaner aufgefordert wurden, das Klavierkonzert »Der Gelbe Fluß« zu spielen, bezeichneten sie es als »gelbes Fieber«. Der Wirbelwindvirtuose Yin Tscheng-tschung habe sich trotz seiner Ausbildung in den kommunistischen Hauptstädten nicht um den Taktstock von Mr. Ormandy gekümmert. Die Partitur sei bestenfalls »Filmmusik, eine aufgewärmte Mischung aus Rachmaninow, Khatchaturian, Spätromantik, bastardisierter chinesischer Musik und Höhepunkten aus Filmmusiken von Warner Brothers.«[14]

Soviel über »Ausländisches, das China nutzbar gemacht wird«.

* In seiner Rede bei der *Aussprache in Jenan* sagte Mao: »Es existiert nur eine konkrete menschliche Natur und keine abstrakte menschliche Natur. In der Klassengesellschaft existiert nur eine menschliche Natur, die Klassencharakter hat, und nicht irgendeine über den Klassen stehende menschliche Natur.« (AW, 3; 100)

Die wichtigste Frage, die auch Tschiang Tsching ständig beschäftigte, war die nach ihrem Platz in der Geschichte. War sie in erster Linie die Gattin des Begründers einer neuen Ordnung? Oder nahm sie selbst eine führende Stellung ein, die sie auch nach dem Tod Maos behalten würde? Oder hatte sie beide Aufgaben übernommen, wobei sich der Schwerpunkt je nach den Umständen auf die eine oder andere Aufgabe verlagerte? Wenn man sich daran erinnert, welche Funktionen sie in den siebziger Jahren übernommen hat und wie sie sich in die philosophische Diskussion in der Presse eingeschaltet hat, dann kann man daraus vielleicht auch auf ihre Absichten schließen.

Während der Kulturrevolution wurde Tschiang Tsching in das Politbüro aufgenommen, und man verlieh ihr den Titel »nationale Führerin«. Ihr Einfluß beschränkte sich aber auch weiterhin fast ausschließlich auf die Führer und ihre eigenen Gefolgsleute. In der Öffentlichkeit ließ sie sich nur selten sehen. Gelegentlich begrüßte sie ausländische Gäste, unter anderem Präsident Nixon,[15] den britischen Premierminister Edward Heath, Erzbischof Makarios von Zypern und zahlreiche afrikanische Würdenträger. Aber sie gewährte ihnen keine bedeutsamen Interviews und äußerte sich nicht zu Fragen der nationalen Prioritäten, der Außenpolitik oder der Handelsbeziehungen. Die Zuständigkeit in diesen lebenswichtigen Bereichen lag auch weiterhin ausschließlich bei dem Vorsitzenden Mao, bei Ministerpäsident Tschou, beim Ersten Stellvertretenden Ministerpräsident Teng Hsiao-ping und bei Außenministers Tschiao Kuan-hua.

Aber als Frau des Staatschefs (die Bezeichnung »First Lady« trifft hier vielleicht nicht zu) übernahm Tschiang Tsching die Aufgaben der Gastgeberin gegenüber den Damen der ausländischen Gäste in China. Die strahlendste Erscheinung unter ihnen war Imelda Marcos, die Gattin des Präsidenten der Philippinen, jener strategisch so wichtigen asiatischen Nation, deren Beziehungen zu China recht gespannt waren. Imelda Marcos, eine ehemalige Schönheitskönigin, international bekannt für ihr makelloses Äußeres, ihre Anteilnahme an humanitären Angelegenheiten außerhalb ihres Landes und ihren Machthunger, wurde im September 1974 von Tschiang Tsching empfangen. Señora Marcos, die gefürchtet hatte, Tschiang Tsching werde sich als radikale Ideologin gebärden, berichtete, die Gastgeberin sei »sanft und sehr feminin« gewesen. Ihr gemeinsamer Berührungspunkt bestehe darin, daß sie »Frauen des Ostens« seien, und dies setzte sie merkwürdigerweise mit »Aufgeschlossenheit« gleich.[16] Der Besuch fand nach dem Watergate-Skandal statt, und Señora Marcos berichtete, Tschiang Tsching habe gesagt: »Nixon ist ein tapferer Mann.« Er habe die Politik der Entspannung eingeleitet. »Seine Vorzüge überwiegen bei weitem seine Schwächen.«[17]

Tschiang Tsching unterhielt Señora Marcos in königlichem proletarischen Stil, führte sie in die Oper und besuchte mit ihr moderne Fabriken und das am Stadtrand von Tientsin gelegene Dorf Hsiao-tschin-tschuang. Tschiang hatte hier nach historischen Vorbildern[18] eine fortschrittliche Musterbrigade ins Leben gerufen. Das Dorf wurde von etwa sechshundert Bauern bewohnt, die eine Produktionsbrigade bildeten, und war jetzt in ein winziges Utopia proletarischer Kultur verwandelt worden. Tschiang Tsching zeigte ihrem

Gast das einfache Zimmer und das Bett, das sie benutzte, zu der Zeit, als sie ihre Untertanen darin unterrichtete, wie man proletarische Gedichte, Romane, Lieder, Tänze und Opern schuf. Eines ihrer Ziele war die soziale und politische Gleichstellung der in diesem Dorf lebenden Frauen.[19]

Wenn der revolutionäre Eifer dieser gewöhnlichen Leute, die zu Darstellern im täglichen Schauspiel der Gegenwart geworden waren, bewahrt wurde und sich auf andere übertrug, dann würden sie die Schöpfer einer neuen nationalen Geschichte sein, einer Geschichte, in der »Millionen von Helden die Diktatur des Proletariats verwirklichen«. In der Kulturrevolution habe sich gezeigt, meinte Tschiang Tsching, daß die Frage der revolutionären Nachfolge bei den Massen ebenso wichtig sei wie an der Spitze. Doch das vielgepriesene Modell von Hsiao-tschin-tschuang konnte nicht darüber hinwegtäuschen, daß es den führenden Genossen vorbehalten war, in dieser wie in jeder anderen Frage »die öffentliche Meinung zu schaffen.« Wie sonst konnten die Angehörigen der sozialistischen Dynastie, die mit Mao an die Macht gekommen waren, ihren Platz in der Geschichte sichern und die richtige Regierungsform an kommende Generationen weitergeben?

In unseren Interviews sagte Tschiang Tsching mehrere Male, sie habe ihre Genossen immer wieder aufgefordert, die Geschichte zu studieren. Das müsse jedoch in der richtigen Weise geschehen, also unter der Anleitung der führenden Genossen. Gegen Ende des dritten Viertels des 20. Jahrhunderts wurde die Geschichtsschreibung den Historikern, die meist mit offizieller Billigung gearbeitet hatten, abgenommen. Nun wurde sie zum exklusiven Privileg der Führer. Deren Auffassungen wurden der Öffentlichkeit auf drei verschiedenen Wegen bekannt gemacht: entweder von Mao direkt oder unter dem Pseudonym eines bedeutenden Führers beziehungsweise einer Gruppe von Führern oder unter dem Namen einer neuentdeckten Begabung aus den Massen, deren Arbeit von der Führungsspitze inspiriert war.

Die Frage, weshalb Dynastien zerfallen, wenn ihr Begründer gestorben ist, ließ Mao keine Ruhe. Er und seine engsten Mitarbeiter beschäftigten sich mit der Geschichte, um zu lernen, wie man die periodischen Rückschläge nach einem bestimmten historischen Zyklus verhindern konnte. In den siebziger Jahren wurde die Erforschung der chinesischen Geschichte durch die Partei fortgesetzt. Man legte dabei die Maßstäbe der marxistischen Dialektik an.[20] Die chinesische Geschichte ist schriftlich besser belegt als die aller anderen alten Kulturen. Dies war ein langfristiges Unternehmen, aber die Motive, die es veranlaßten, blieben aktuell. Die Verbrechen Lin Piaos an den Führern und am Volk wurden dadurch »erklärt«, daß man ihn mit dem »rückschrittlichen« Konfuzianismus in Verbindung brachte. Man behauptete, die Partei lasse sich von einem »progressiven« Legalismus leiten, der nun als historischer Vorläufer des Kommunismus anerkannt wurde.

Der chinesische Legalismus strebte wie der Kommunismus für seinen Herscher eine fast absolute Machtvollkommenheit an. In beiden Systemen übernahm der Herrscher die Rolle des Vaters, und er behandelte die Massen wie seine Kinder. Nur der Staat war dazu berechtigt zu bestimmen, was richtig und was falsch ist. (Man ließ keine anderen weltlichen oder religiösen oder persönlichen moralischen Maßstäbe gelten.) Die soziale Kontrolle wurde durch ein starres System von Belohnung (Ruhm und Wohlergehen) und Strafe (Schande und Schmerz) und gegenseitiger Bespitzelung gesichert. In beiden Systemen waren die Landwirtschaft und die Landesverteidigung die wichtigsten Bereiche; deshalb standen Bauern und Soldaten über dem Handel und der Kaufmannsklasse.

Während der Kampagne gegen Lin Piao wurde dieser mit Konfuzius in Verbindung gebracht – jenem chinesischen Weisen aus dem 5. Jahrhundert v. Chr., der von späteren Dynastien verehrt und zum Hauptgegner des Legalismus erklärt worden war. Nun wurde er als der Strohmann der gegen das Regime Maos gerichteten Opposition angegriffen. Eine Beziehung zwischen ihm und Lin Piao war kaum glaubhaft, denn Lin Piao hatte während seines ganzen Lebens, in dessen Verlauf er 35 Jahre lang ein überzeugter Verfechter revolutionärer Ideen gewesen war, niemals konfuzianische Lehren verkündet (weder hatte er hierarchische Prinzipien höher gestellt als den Grundsatz der Gleichheit noch die Harmonie höher bewertet als den Klassenkampf). Er hatte sie auch nicht praktiziert. Ganz im Gegenteil, er war das lebende Symbol des bewaffneten Kampfes, ein Fachmann auf dem Gebiet der Guerillataktik und ein Held des Befreiungskrieges. Als Tschiang Tsching bei unseren Interviews über ihn sprach, erwähnte sie mit keinem Wort seinen Konfuzianismus. Auch in den geheimen Dokumenten, die kurz darauf von der Parteizentrale herausgegeben wurden, war keine Rede davon. Erst 1973, zwei Jahre, nachdem er angeblich versucht hatte, seine Genossen zu ermorden, wurde der konfuzianische Aspekt in die Angelegenheit hineingebracht. Im Januar wurde er nicht beschuldigt, ein *Ultralinker* zu sein (was Tschiang Tsching behauptet hatte), sondern als Rechtsabweichler bezeichnet.[21] So war sein Tod in der Äußeren Mongolei nur der Anfang. Jetzt mußte noch sein verklärtes Bild aus dem Bewußtsein von achthundert Millionen Chinesen getilgt werden. Dafür gab es einen Präzedenzfall. Als vor sechs Jahren der einzige andere Mann, der Maos Erbe hätte werden können, Liu Schao-tschi, gestürzt wurde, war der Haß gegenüber der Sowjetunion in China so groß, daß es genügte, ihn als »chinesischen Chruschtschow« zu bezeichnen. Lin Piaos Schwierigkeiten begannen später, zu einem Zeitpunkt, als die Führer rückwärts blickten, um mit Hilfe der Lehren der Vergangenheit vorwärts zu kommen. Daher stellten seine Feinde die Verbindung zwischen ihm und Konfuzius her.

Diese willkürlichen Kombinationen von Menschen und Ideen, Vergangenheit und Gegenwart wurden dann geschickt in eine das ganze Volk erfassende Bewegung zur Verdammung von Lin Piao und Konfuzius verwandelt. Man bekämpfte die »restaurativen« Werte, die angeblich gleichermaßen zwei Männer kennzeichneten, zwischen denen 2500 Jahre lagen. Es bildete sich eine ritualisierte Alltagssprache heraus, die beide Idole zerstören sollte: den angeblich überwundenen Feudalismus und den angeblich unangreifbaren Revolutionär. Die Idee stammte, wie behauptet wurde, von Mao selbst, und Tschou En-lai war der öffentliche Initiator.[22] Tschiang Tsching scheint aber nicht nur die einzige Nutznießerin dieser Entwicklung gewesen zu sein. Sie war es auch, die in erster Linie die öffentliche Meinung organisierte. Von nationalchinesischen Agenten auf dem chinesischen Festland beschaffte Dokumente deuten darauf hin, daß sie Beweismittel gegen Lin Piao an militärische Eliteverbände im ganzen Land verteilen ließ – an jene Verbände, die früher unter seinem Kommando gestanden hatten. Außerdem lieferte sie allen, die ihm einmal treu ergeben gewesen waren, die Argumente, mit deren Hilfe sie ihn verdammen und sich selbst retten konnten.[23] Vermutlich war auch Tschiang Tsching die Person, die das Büro für Kritik an Konfuzius und Lin Piao leitete.

Monatelang wurde Lin Piao beschimpft und mit Konfuzius und dem Philosophen Menzius in einen Topf geworfen. Zu den Beschuldigungen gehörte auch die Behauptung, Lin sei ein Vertreter des männlichen Chauvinismus. Obwohl nur Konfuzius und Menzius zu diesem Thema schriftliches Beweismaterial hinterlassen hatten, beschuldigte man alle drei, den Aufstieg der Frauen zur Macht zu hintertreiben.[24]

Während die postumen Verleumdungen weitergingen, stieg das Ansehen von Tschiang Tsching zwischen Herbst 1974 bis Frühjahr 1975 gewaltig – und ebenso das Ansehen früherer Kaiserinnen. Wer hätte vergessen können, daß während der ganzen vieltausendjährigen chinesischen Geschichte Frauen ihren sozialen Aufstieg am schnellsten dadurch schafften, daß sie die Gemahlin des Kaisers wurden?

Daß im heutigen China das Recht der Frauen, politische Macht auszuüben, ganz anders als früher beurteilt wird, zeigt sich auf fast unmerkliche, doch bezeichnende Weise. Man hat das materielle und literarische Erbe der Vergangenheit sondiert, um es den Interessen der Gegenwart nutzbar zu machen. In allen chinesischen Museen befinden sich Ausstellungen, die nach politischen Erfordernissen gestaltet worden sind. Die Besucher der antiken Nordwest-Stadt Sian werden routinemäßig in das Museum geführt, das um das angeblich 6000 Jahre alte Dorf Pan-po aus der jüngeren Steinzeit herum errichtet worden ist. Dieses Dorf wurde 1953 entdeckt, fünf Jahre später ausgegraben und erregte nach der Kulturrevolution erneut das Interesse der Partei. Die »primitive kommunistische« Gesellschaft, die hier angeblich einmal existiert hat, wird unter Berufung auf verschiedene Ausgrabungsstücke als matriarchalisch bezeichnet. Die Frauen beschäftigten sich in erster Linie mit der Landwirtschaft und schufen damit die Existenzgrundlage, während die Männer auf die Jagd gingen, also eine untergeordnete Aufgabe übernahmen. Die Kinder wurden von der Mutter aufgezogen und trugen ihren Namen, was sich etymologisch durch das Schriftzeichen *hsing* ausdrückt, das aus den Wortelementen für »Frau« und »Geburt« zusammengesetzt ist. Trotz der vaterrechtlich geprägten chinesischen Geschichte bedeutet das Wort *hsing* auch noch heute soviel wie »Zuname«. Die vorgeschichtliche matriarchalische Gesellschaftsordnung lebt als ein Mythos weiter, der in der Revolutionsgeschichte neu belebt worden ist,[25] und bildet – wenigstens symbolisch – das Gegengewicht zu der »konfuzianischen« Geschichtsauffassung, nach der es den Frauen nicht gestattet ist, den Ahnenkult im Haus zu vollziehen oder sich am öffentlichen Leben und am Staatskult zu beteiligen. Wenn die Achtung vor dem Matriarchat erneuert werden sollte, stand dann nicht ein politischer Kurswechsel in Aussicht?

In seiner Jugend hatte Mao Tse-tung die abenteuerlichsten Rebellen und Banditen der Geschichte bewundert; als alter Mann studierte er etablierte Gesellschaftsformen und nahm sich den ersten Kaiser der Tschin-Dynastie, Tschin Schih Huang-ti, zum Vorbild. Dieser Kaiser hatte im 3. Jahrhundert v. Chr. gelebt und war der einzige wirkliche legalistische Herrscher Chinas. Die konfuzianische Lehrtradition hatte ihn über mehr als zwei Jahrtausende als Tyrannen betrachtet. Dieses Urteil wurde 1974 revidiert. Es erschienen zahlreiche gelehrte und polemische Aufsätze über Tschin Schih Huang-ti, von einem Autor, der sich hinter dem Pseudonym Lo Sze-ting verbarg – wahrscheinlich ein für Mao schreibender Historiker.

Obwohl dieser legalistische Kaiser, der den Beinamen »der Einiger« trug, da er der Herrschaft der Kriegsherren ein Ende bereitet hatte, nach konfuzianischer Auffassung als übermäßig streng galt, meinte Lo Sze-ting, er sei nicht streng genug gewesen. Er habe nicht alle seine reaktionären Feinde beseitigt (nur 460 konfuzianische Gelehrte wurden lebendig begraben), und daher hätten sie sich schließlich gegen ihn erhoben, die Macht seines Nachfolgers unterhöhlt und jenen langwierigen Streit entfacht, der erst mit der Begründung der Han-Dynastie beendet wurde. Der Begründer der Han-Dynastie, Liu Pang, der als Sohn eines Bauern geboren worden war, vertrat dann die Interessen der ehemaligen Grundherren. Er übernahm aber auch – und darauf wies Lo Sze-ting besonders hin – den legalistischen Regierungsstil von Tschin Schih Huang-ti.[26]

Daß sich die Kommunistische Partei darum bemühte, nach und nach mit der Geschichte Chinas, insbesondere mit dem Legalismus ins reine zu kommen, war verständlich. Wie die Tschin-Regierung die Massen mobilisiert hatte, um gewaltige öffentliche Bauten zu errichten (wie etwa die große Mauer), so setzte auch die Kommunistische Partei die Volksmassen für die Verteidigung, die Umbettung großer Flüsse und den Bau von Brücken und Kanälen ein. Beide Regimes verdammten Geister, Magie und Gespenster, und beide lehnten eine übermäßige »Buchgelehrsamkeit« ab. Mao, der alles tat, um das Bewußtsein der Massen und die Intellektuellen unter seine Kontrolle zu bringen, lobte die Legalisten dafür, daß sie Bücher verbrannt und Gelehrte lebendig begraben hatten. Durch die Wiederbelebung des Interesses für Tschin Schih Huang-ti, durch Aufsätze und archäologische Ausgrabungen[27] provozierte Mao aber auch indirekt die Frage, ob sein eigenes Regime von ebenso kurzer Dauer sein würde wie das von Tschin Schih Huang-ti, der fünfzehn Jahre regiert hatte.

In unseren Gesprächen erklärte Tschiang Tsching: »Die Führer verschleiern oder verzerren die Geschichte nie.« Es war jedoch deutlich zu erkennen, daß sie die Geschichte zu ihrem politischen Vorteil nutzten. Auch Tschiang Tsching sah sich gezwungen, sich ihren Platz in der Geschichte zu sichern, indem sie in einseitiger Weise auf die Vergangenheit Bezug nahm. In denselben Jahren, in denen die negative Einschätzung Tschin Schih Huang-tis in ihr Gegenteil verkehrt wurde, revidierte man auch die konfuzianische Verachtung der weiblichen Herrscher. Die neue, von der Partei inspirierte Geschichtswissenschaft zeigte, daß zur Zeit der frühen und späteren Han-Dynastien (206 v. Chr. bis 220 n. Chr.) wenigstens sechs verwitwete Kaiserinnen Hof gehalten und wichtige Regierungsfunktionen übernommen hatten. Einige von ihnen hatten sogar weiterregiert, nachdem der Thronfolger volljährig geworden war. Dieser hatte sich auf repräsentative Aufgaben beschränkt.[28] Die revolutionären Analysen der Übergangszeit zwischen der Tschin-Dynastie und der Han-Dynastie stellten die aus dem Volk hervorgegangene spätere Kaiserin Lü als verehrungswürdiges Bindeglied heraus. In ihrer Jugend war sie als Guerillaführerin hervorgetreten. Sie hatte an der Seite des Banditen Liu Pang gegen die Konfuzianer gekämpft. Nachdem Liu Pang Kaiser geworden war, heiratete er sie, und nach dem Tod ihres Gatten und Sohnes wurde sie selbst Kaiserin. Während ihrer achtjährigen Regierungszeit kam es gegen den Widerstand der konfuzianischen Opposition zu einer legalistischen Renaissance.[29] Indem die Historiker des Chinas der Gegenwart sie als Beispiel hinstellten, unternahmen sie den Versuch, die historische Rolle der Frauen aufzuwerten.[30]

Lu Hsün stellte einmal die Frage: »Als Wu Tse-tien Kaiserin wurde, wer hätte es da gewagt zu sagen: ›Männer sind mehr und Frauen sind weniger wert‹?«[31] Mehr als zwölf Jahrhunderte lang war die »Usurpatorin« Wu Tse-tien Gegenstand der offiziellen und der inoffiziellen Geschichtsschreibung und von Anekdoten, und schließlich wurde diese faszinierende Gestalt zur Heldin moderner Dramen und Schauerfilme. Aber erst 1974 entschloß sich die führende Gruppe in China, Wu Tse-tien und ihr legalistisches Regime als leuchtende Vorbilder hinzustellen.

Wu Tse-tien war die Tochter eines kleinen Grundbesitzers und kam im Alter von vierzehn Jahren als Konkubine niedrigen Ranges in den Palast des zweiten Kaisers der Tang-Dynastie, Tai Tsung. Dort nahm sie aber sehr bald den ersten Rang ein. Als der Kaiser starb, zog sie sich in ein Nonnenkloster zurück und blieb dort, bis sein Sohn, der Kaiser Kao Tsung, sie zurückholte. In Anerkennung ihrer literarischen Fähigkeiten setzte er sie als Hofbeamtin ein. Weniger als ein Jahr später ließ er sich von seiner Frau scheiden und heiratete Wu Tse-tien. Das empörte seine konfuzianischen Ratgeber, denn sie standen auf der Seite seiner ersten Frau, die aus einer berühmten Adelsfamilie stammte, und verachteten Wu Tse-tien wegen ihrer niedrigen Herkunft. Sie bezeichneten sie als »eifersüchtige« Frau und verglichen sie mit den schlimmsten Konkubinen der chinesischen Legenden. Wenn der Kaiser sich von ihr betören lasse, dann werde das mit der »Unterjochung der Nation« enden. Im Sinne des klassischen konfuzianischen Frauenhasses prophezeiten sie: »Wenn Wu Tse-tien Kaiserin wird, dann geht die Tang-Dynastie unter.«

Doch im Gegensatz zu diesen pessimistischen Voraussagen ließ sich Wu Tse-tien nicht vom Luxus des Lebens im Kaiserpalast blenden, sondern unterstützte den Kaiser mit legalistischen Methoden bei seinen Staatsgeschäften. Sie blieb fast ein halbes Jahrhundert an der Macht und wurde während dieser Zeit von den Reaktionären ständig als »tyrannisch und frivol« angegriffen. Man behauptete, bei der Verhängung von Strafen folge sie nur ihren Launen. Doch in den Augen ihrer kommunistischen (und legalistischen) Bewunderer »beherrschte sie die Welt durch die Anwendung von Lohn und Strafe.« Durch die von ihr eingeleitete Regierungsreform begünstigte sie plebejische Grundbesitzer gegenüber den Feudalherren und der alten Aristokratie. Sie förderte junge Talente entsprechend den Leistungen, die bei schriftlichen Examina und kriegerischen Spielen nachgewiesen wurden. Außerdem sorgte sie für eine Umverteilung des bäuerlichen Landes. Daß sie die weniger Mächtigen förderte und den Legalismus im politischen, wirtschaftlichen, ideologischen und kulturellen Leben durchsetzte, hatte zur Folge, daß die Widersprüche zwischen den reaktionären und fortschrittlichen Klassen immer deutlicher hervortraten.

Nach dem Tod von Kao Tsung weigerte sich die weise Herrscherin abzudanken. Überzeugte Konfuzianer schlossen sich gegen sie zusammen. Sie stellte eine Armee von 300 000 Mann auf. Diese Armee marschierte nach Süden und nahm die von den Rebellen verteidigte Festung nach einer Belagerung von fünfzig Tagen ein. Im Jahr 684 bestieg sie als selbsternannte »Heilige Kaiserin« den Thron und begründete die Tschou-Dynastie, ein Interregnum in der Ära der Tang-Dynastie. Zu dieser ungewöhnlichen Nachfolgeregelung erklärte ein Sprecher der Kommunistischen Partei: »Schon die Tatsache, daß eine Frau es gewagt hat, den Thron zu besteigen, war eine deutliche Kritik an den Lehren von Konfuzius und Menzius.«

Nach der Auffassung der kommunistischen Autoritäten gehörte auch die Verbesserung des Status der Frauen zu den Reformen von Wu Tse-tien (die ersten Legalisten waren allerdings keine Feministen). Wu Tse-tien führte Examina für Frauen ein und erlaubte denjenigen, die diese Prüfungen bestanden, in Gruppen zu dritt oder zu fünft in den Palast zu kommen und an den Staatsbanketten teilzunehmen. Zwar änderte dieses Zugeständnis nichts an den Lebensbedingungen der Frauen, die in der Landwirtschaft oder anderswo schwer arbeiten mußten, und auch nichts am feudalistischen System. Aber »das Auftreten von Frauen bei Staatsbanketten widerlegte die Lehre, daß ›die Unterscheidung zwischen Männern und Frauen eine der wichtigsten Regeln der Staatsräson ist‹.« Zum erstenmal in der Geschichte durften Frauen als Zivilbeamtinnen in den vierten und fünften Rang aufsteigen. Doch am Ende des zweiten Jahrzehnts ihrer Regierungszeit ließ sich die Heilige Kaiserin vom Luxus und den Extravaganzen der Buddhisten betören, die sie gegen die Konfuzianer unterstützt hatten. Ihre Tschou-Dynastie ging unter, und die Konfuzianer gewannen schrittweise ihre Macht wieder zurück. Welche Bedeutung die Legende von der Kaiserin-Witwe, die zur Herrscherin wurde, für die Gegenwart haben würde, sollte sich nach dem Tod von Mao Tse-tung erweisen

Zu einem amerikanischen Besucher, der im Spätherbst 1975 nach China kam, sagte ein Chinese: »Photographieren Sie die Wasserbüffel jetzt, denn in fünf Jahren gibt es keine mehr.«[32] Zwar war die Landwirtschaft immer noch die Existenzgrundlage des revolutionären China, doch in den siebziger Jahren bemühte man sich zunehmend darum, sie zu mechanisieren und die Industrialisierung voranzutreiben. Dieser Prozeß war während der Kulturrevolution verlangsamt worden. Im Januar 1975 erhob sich Ministerpräsident Tschou zum letztenmal vom Krankenbett, um vor dem Nationalen Volkskongreß zu sprechen. In seiner Ansprache verkündete er das Ziel, »bis 1980 ein unabhängiges, relativ selbständiges System der Industrie und der Volkswirtschaft insgesamt« und »noch in diesem Jahrhundert einen modernen und mächtigen sozialistischen Staat aufzubauen«.

Gegen Ende des Jahres 1975, als man von Tschiang Tschings Modelltheater nicht mehr allzu viel hörte, wandte sie sich der Landwirtschaft zu. Seit der Zeit der Bodenreform hatte sie sich nicht mehr mit den Problemen der Landwirtschaft beschäftigt, und damals fast völlig unbemerkt. Nach dem Ende der Kulturrevolution pries man die Tatschai-Brigade in der von Trokkenheit heimgesuchten Provinz Schansi vor der ganzen Nation als Muster für eine autarke und hochproduktive Landwirtschaft, die ihr Soll auch unter den ungünstigsten Voraussetzungen erfüllte. Bei den Eröffnungsfeierlichkeiten der in den Medien groß herausgestellten *Landeskonferenz über das Lernen von Tatschai in der Landwirtschaft* (Mitte September) sprachen Teng Hsiaoping und Tschiang Tsching (die es nicht gewohnt und der es vielleicht auch unangenehm war, in derselben Arena wie er aufzutreten) vor ungefähr 3700 Delegierten. Sie sprachen von der Notwendigkeit, »die materiellen Grundlagen der Diktatur des Proletariats zu festigen« – dadurch, daß nicht weniger als vier Millionen Arbeiter aufs Land geschickt wurden, die unfruchtbares Land bewässern und dadurch ertragsfähig machen sollten.[33] Tschiang Tsching krempelte die Ärmel hoch und begann, an der Seite des berühmten Bauernführers Tschen Yung-kuei aus Tatschai, der vor zwei Jahren ins Politbüro gewählt worden war, unter den erstaunten Augen von Teng Hsiao-ping einen Graben auszuheben. Auf diese Weise im Frühjahr die Erde zu lockern entsprach einem Ritual, dem sich die Herrscher zu allen Zeiten unterworfen hatten.

Die Außenpolitik war bisher ausschließlich von einer kleinen Gruppe älterer Genossen, die sich des besonderen Vertrauens des Vorsitzenden erfreuten, bestimmt worden. Dieser Bereich lag offensichtlich auch außerhalb der Einflußsphäre von Tschiang Tsching (und der meisten anderen Frauen). Doch im Frühjahr 1975 gab es erste Anzeichen dafür, daß sich dieser Zustand änderte. Im März hielt Tschiang Tsching eine leidenschaftliche und provozierende Ansprache zum Thema der fundamentalen Schwierigkeiten in den Beziehungen Chinas zur Außenwelt.[34] Sie begann mit der Feststellung, daß sie in der Außenpolitik eine »Außenseiterin« sei, die »ganz von unten anfangen« müsse.

»Nur unter der richtigen Linie des Vorsitzenden Mao wagen wir den

Kampf und fürchten uns weder vor Eindämmung noch Blockade ... Bei der großen Unordnung auf der Welt haben wir nie nachgelassen, unseren revolutionären Grundsätzen treuzubleiben.

Der Marxismus-Leninismus und die Gedanken Mao Tse-tungs bestehen in ihrem innersten Kern darin, an der Lehre vom Klassenkampf festzuhalten und die Diktatur des Proletariats herbeizuführen. Das Endziel der Revolution ist die Begründung einer kommunistischen Gesellschaft auf der ganzen Welt ... Für die heutige geschichtliche Periode haben wir aufgrund ihrer Merkmale den Standpunkt eingenommen, daß ›Staaten Unabhängigkeit wollen, Nationen die Befreiung wollen und Völker die Revolution wollen.‹

Das Hauptgewicht unserer diplomatischen Arbeit haben wir darauf gelegt, schwarze Freunde, kleine Freunde und arme Freunde zu gewinnen. Die wissen unsere Freundschaft zu schätzen und bemühen sich, Gleiches mit Gleichem zu vergelten. Wenn wir auch keine Weißen, Großen und Reichen zu Freunden haben, so sind wir doch nicht allein. Bei der UNO-Abstimmung über unsere Zulassung zur Weltorganisation hatten die Großmächte ein lautes Geschrei erhoben und die anderen mit Drohungen zu beeinflussen versucht, aber unsere kleinen Freunde waren stärker an Zahl und hatten eine durchdringendere Stimme. So kamen wir schließlich doch in die UNO, und da standen plötzlich auch große Länder vor unserer Tür, um uns zu besuchen.«

Dann sprach sie davon, wie Nixon an die Tore Chinas gekommen war (vielleicht der größte diplomatische Erfolg Chinas in der Gegenwart). Über den amerikanischen Außenminister Henry Kissinger äußerte sie sich weniger freundlich. Bei seinen Gesprächen mit den Chinesen habe er erklärt, die Vereinigten Staaten wollten den asiatischen Raum im Pazifik »aufgeben«. (Wußten das seine Landsleute?) Diese Absicht beurteilten die Chinesen nach dem Grundsatz »Eins teilt sich in zwei«. Dann fuhr sie fort:

»Wir glauben, daß Kissinger sich niemals von den Kriterien eines kapitalistischen Staatsmannes wird lösen können. Sein Standpunkt ist grundsätzlich durch das Bestreben eingeschränkt, die Interessen seiner Klasse zu wahren. Daher kann er die vielfältigen Widersprüche, die sich aus der komplizierten Lage der heutigen Welt ergeben, weder verstehen noch lösen. Wie alle früheren Staatsmänner der reaktionären Klasse ist auch Kissinger ein Abenteurer und Defätist ... Die Vereinigten Staaten müssen in die Welt der Wirklichkeit zurückkehren und sich nicht dadurch verzetteln, daß sie in die Souveränität und die Interessen anderer Länder einzugreifen versuchen. Kissinger brachte die Forderung nach einem Gleichgewicht der Macht zur Sprache. In Wirklichkeit bedeutet das, daß er die Widersprüche zwar erkannt hat, aber nicht bereit ist, den steinigen Weg des Kampfes zu gehen, um die Widersprüche unter den neuen Verhältnissen zu lösen. Im Gegenteil, er hat bei der Behandlung der Widersprüche eine ausweichende Haltung eingenommen. Mit einem Wort: Das ist Vogel-Strauß-Politik.«

Das Verhalten chinesischer Staatsangehöriger im Ausland zu kontrollieren und sie vor der Korruption durch die Versuchungen im Ausland zu schützen, war, wie Tschiang Tsching einräumte, für die Kommunisten nicht weniger schwierig als seinerzeit für die Konfuzianer. Es sei riskant, in Zeiten ideologischer Säuberungen diplomatische Missionen ins Ausland zu schicken, wie etwa kürzlich während der Kampagne gegen Konfuzius und Lin Piao. Man dürfe von den Diplomaten nicht erwarten, daß sie sich ebenso benähmen wie die Menschen in der Heimat. »Man kann nicht auf die Straßen von New York oder Paris gehen und dort Wandzeitungen mit kritischen Bemerkungen über den [chinesischen] Außenminister oder den Botschafter aufhängen.«

Tschiang Tsching zitierte ein altes Sprichwort: »Steht ein General an der Front im Kampf, so braucht er den Befehlen seines Herrschers nicht mehr zu gehorchen.« Dieses Sprichwort gelte aber heute nicht mehr. Die Beamten im Auswärtigen Dienst dürften sich nicht den Einflüssen der kollektiven Führung zu Hause entziehen, erst recht nicht in der heutigen Zeit mit ihren zahlreichen Kommunikationsmitteln. Heute bestehe stets die Möglichkeit, zu telegraphieren, zu telefonieren und im Flugzeug zu reisen. Es gebe Botschaften, Konsulate und Handelsvertretungen, die jeden Tag telegrafierten und telefonierten, aber dabei nur geschäftliche Dinge zur Sprache brächten und politische Fragen (was wohl hieß: ideologische Abweichungen in den Auslandsvertretungen) außer acht ließen. In ihrer Arbeitswut überträfen sie sogar die bürgerlichen Diplomaten und Monopolkapitalisten. Es gäbe Botschaften in Ost- und Zentralafrika, die sich ein halbes Jahr lang in keiner Weise politisch geschult und keinen einzigen Bericht über ihre politische Arbeit oder zu der laufenden Kampagne geschickt hätten. »Der Vorsitzende Mao hat ihnen gesagt: ›Bittet oft um Anweisungen, macht mehr Berichte, habt keine Angst vor dem Ärger, der daraus entstehen kann, und kehrt wenn nötig immer wieder nach Peking zurück!‹«

Die Parteizentrale müsse alle chinesischen Botschaften »fest im Griff« haben, fuhr sie fort und erklärte, ganz im Sinne des Legalismus, die gegenseitige Verantwortlichkeit müsse erzwungen werden. Chinesische Staatsbeamte im Ausland dürften nie den Anschein erwecken, daß sie einer bestimmten Fraktion angehörten. Nach außen hin müßten sie den Eindruck vollkommener Einigkeit vermitteln. Allerdings dürfe auch niemand unterstellen, daß ein Botschafter, der für die Einheitsfront arbeite, indem er an kapitalistischen Banketts teilnehme, sich dadurch der bürgerlichen Korruption aussetze. »Da sie Menschen der verschiedensten Art kennenlernen, müssen sie ihre revolutionäre Wachsamkeit verstärken.«

Als Staatsfrau hatte sie viel gelernt.

Gegen Ende 1975 wurde die revolutionäre Erbfolge durch eine Reihe von Todesfällen beschleunigt. Im Dezember starb Tschiang Tschings alter Genosse, der Sicherheitschef Kang Scheng. Am achten Tag des neuen Jahres erlag Tschou En-lai, Tschiang Tschings besonnener Kampfgefährte, einem Krebsleiden. Teng Hsiao-ping, den man nach zehn Jahren Schande zurückgeholt hatte, damit er im Auftrag des todkranken Ministerpräsidenten innen- und außenpolitische Angelegenheiten regeln konnte, leitete die eine Woche dauernden Beisetzungsfeierlichkeiten. Die Zeremonien, die über einen chinesischen Satelliten in alle Länder übertragen wurden, boten seltene Eindrücke von den Überlebenden, die nun in aller Stille ihre neuen Plätze in der Hierarchie einnahmen. Tschou En-lais Witwe, Teng Ying-tschao, mit kummervollem, aschfahlen, aufgedunsenen Gesicht, umarmte und küßte die älteren und einige jüngere führende Genossen, die vortraten, um dem Toten die letzte Ehre zu erweisen. Tschiang Tsching ging mit ernstem Gesicht auf Teng zu, und beide Frauen hielten sich für einen Augenblick an den Armen fest.

Die Leitung der Beisetzungsfeierlichkeiten für den Ministerpräsidenten waren für Teng Hsiao-ping das letzte politische Amt unter Mao. Im selben Frühjahr erlebte die Kulturpolitik von Tschiang Tsching einen neuen Höhepunkt – nachdem der pragmatisch eingestellte und an kulturellen Fragen weniger interessierte Teng Hsiao-ping sie schamlos verunglimpft hatte. In der Ausgabe der »Roten Fahne« vom März 1976 schrieb der Sprecher Tschiang Tschings unter dem Pseudonym Tschu Lan: »Zustimmung oder Ablehnung des revolutionären Modelltheaters – vor allem darum geht es in dem Kampf zweier Klassen und zweier Linien in Literatur und Kunst.«[35] Die zweite nationale Kampagne gegen den »unverbesserlichen kapitalistischen Wegbereiter« Teng Hsiao-ping kam ins Rollen.

Diesmal nahmen die Massen jedoch eine andere Haltung ein. Beim traditionellen Tsching-Ming-Fest zur Totenehrung, die 1976 auf den 5. April fielen, versammelten sich fast 100000 Menschen auf dem Platz vor dem Tor des Himmlischen Friedens. Die zu Ehren des verstorbenen Tschou En-lai veranstaltete Demonstration artete in Aufruhr aus. Es kam zu Gewaltanwendung und Beschimpfungen. Autos wurden in Brand gesetzt, und mehr als tausend Menschen wurden verhaftet. Die Parteizentrale bezeichnete diese nicht vorgesehenen Demonstrationen in ihrer Presse als »konterrevolutionär«. Sie seien gegen den Vorsitzenden Mao und die führenden Genossen des Zentralkomitees gerichtet. Die Schleifen an den Kränzen, die zu Ehren von Tschou niedergelegt worden waren, trugen zum Teil Inschriften, die sich gegen weibliche Herrscherinnen richteten, unter anderem gegen Indira Gandhi und die Kaiserin-Witwe Tze Hsi. Am schmerzhaftesten war jedoch das Gedicht, das viele aktuelle Anspielungen auf die Historie enthielt:

> Mein Blut weih ich dem gefallenen Helden [Tschou En-lai?]
> Mit hochgezogenen Augenbrauen zieh' ich das Schwert.
> China ist nicht mehr das alte,
> Das Volk ist auch nicht mehr so dumm wie einst.
> Die feudale Gesellschaft des Kaisers Tschin Schih Huang gehört für immer der Vergangenheit an.
> Wir bekennen uns zum Marxismus-Leninismus,
> Und jene Schreiberlinge, die dem Marxismus-Leninismus die Quintessenz nehmen, sollen sich zum Teufel scheren![36]

Am 20. April hieß es in einem Leitartikel der »Volkszeitung«: »Sie [die Verfasser der Protestgedichte] beschuldigen die Diktatur des Proletariats, sich nicht von dem Feudalismus von Tschin Schih Huang-ti zu unterscheiden.« Hier ging es um die Frage, ob Tschin Schih Huang-ti ein guter oder ein schlechter Herrscher gewesen war. Die Demonstranten vertraten die Auffassung, die sie in der Schule gelernt hatten: daß nämlich Tschin Schih Huang-ti ein Tyrann gewesen sei. Vergaßen – oder mißachteten – sie Mao Tse-tungs revolutionäre Bewunderung für den Begründer der Tschin-Dynastie, weil er nie Skrupel gehabt hatte, bejahrte Patriarchen und ihre veraltete Moral über Bord zu werfen?

Seit alten Zeiten glauben die Chinesen, daß der Niedergang einer Dynastie und ein unmittelbar bevorstehender Machtwechsel durch Naturkatastrophen angekündigt würden.* Im April 1976 fiel in der Provinz Kirin ein riesiger Meteor, der größte, der je von Menschen entdeckt und geborgen wurde. Im Juli und August wurde Nordchina von drei gewaltigen Erdbeben erschüttert. Große Teile von Peking wurden verwüstet, und die nahegelegene Industriestadt Tangschan wurde fast völlig zerstört. Da die Erde wochenlang nicht zur Ruhe kam, verließen Millionen ihre Häuser und kampierten auf den Straßen. Ausländische Beobachter schätzten die Zahl der Toten auf 665 000 und die der Verletzten auf über 775 000. Demnach handelte es sich um das zweitgrößte Erdbeben in der Geschichte.

Ebenso bemerkenswert wie die Zahl der Opfer und die metaphysischen Sinnbezüge dieser Naturkatastrophen war die heitere Gelassenheit, mit der sie in der chinesischen Presse behandelt wurden. Weder trauerte man um die Toten, noch wurde jemals die Zahl der Opfer bekanntgegeben. Ebenso wie die revolutionäre Kunst beschäftigte sich auch die revolutionäre Berichterstattung nur mit der lichten Seite des Lebens. Sie forderte die Menschen auf, »Kummer in Stärke zu verwandeln«. In Tschiang Tschings Musterdorf Hsiao-tschin-tschuang, das in unmittelbarer Nähe der schwer getroffenen Stadt Tientsin lag, wurde während der ganzen Dauer des Erdbebens das revolutionäre Routineprogramm mit Tanz und Gesang nicht abgesetzt.[37] Die Zeitungen geboten der Bevölkerung im ganzen Land, diesem Beispiel zu folgen.

Von dieser revolutionären Romantik abgesehen – die Notstandsmaßnahmen wurden vom Stellvertretenden Vorsitzenden Hua Kuo-feng hervorragend organisiert. Die Parole hieß: »Trotzt dem Erdbeben und besiegt die Katastrophe!« Ein Leitartikel in der »Volkszeitung« vom 1. August trug die Überschrift: »Der Mensch kann den Himmel besiegen.« (War das kein Aufbegehren gegen den alten Fatalismus?)

* Die Anklage gegen Yao Wen-yüan, er habe ein Komplott geschmiedet, um an die Macht zu gelangen, schloß auch die Beschuldigung mit ein, er habe das folgende Gedicht aus dem 19. Jahrhundert in einen Artikel aufnehmen lassen: »Aufruhr der Erde kündet vom Entstehen einer neuen Welt, im Aufruhr gebiert der Himmel eine neue ewige, himmlische Dynastie.« PR 48 vom 30. Nov. 1976, S. 16.

Während der Zeit des Erdbebens im Juli starb der Kampfgenosse Maos und Mitbegründer der Roten Armee, Tschu Te, im neunzigsten Lebensjahr. Mao Tse-tung selbst hatte sich den Massen seit dem 1. Mai 1971 nicht mehr gezeigt. Allerdings war er im letzten Vierteljahrhundert mit Hilfe der Nachrichtenmedien zum populärsten Herrscher der chinesischen Geschichte geworden. Am 9. September starb er.

Die Trauerfeierlichkeiten dauerten acht Tage. Bei den vom Fernsehen übertragenen Zeremonien, die kürzer waren als die für Tschou En-lai veranstalteten, erschien Tschiang Tsching erschöpft, den Kopf in ein schwarzes Tuch gehüllt. Auf der Schleife ihres Kranzes standen die Worte: »Deine Schülerin und Kampfgefährtin Tschiang Tsching.«[38] Der letzte politische Führer, der sich als Maos Waffengefährte bezeichnet hatte, war Lin Piao gewesen. Im Gegensatz zu Teng Ying-tschao spielte Tschiang Tsching bei der Beisetzung nicht die Rolle der Witwe. Sie hatte schon lange deutlichen Abstand zum Vorsitzenden gewahrt. Am 18. September wurden im ganzen Land drei Schweigeminuten für Mao abgehalten. Flugzeuge, Schiffe und Fabriken standen still. Bei der Frage, was mit Maos sterblichen Überresten geschehen sollte, muß es unter denen, die um seine Nachfolge rivalisierten, zu Meinungsverschiedenheiten gekommen sein. Schließlich wurde bekanntgegeben, der Vorsitzende sollte in einem Kristallsarkophag beigesetzt werden, und um diesen Sarkophag sollte ein Mausoleum errichtet werden.

Der neue starke Mann in China war der hochgewachsene, kräftig gebaute Hua Kuo-feng, den man nach dem Sturz von Teng Hsiao-ping häufig im Kreis der höchsten Parteifunktionäre gesehen hatte. Man wußte nur wenig über diesen einfachen Mann aus Schansi. Nach 1955 hatte er in Maos Provinz Hunan als Parteifunktionär rasch Karriere gemacht, und nach 1971 hatte er zu den Mitarbeitern von Tschou En-lai in Peking gehört. Bevor ein Monat nach dem Tod Maos vergangen war, hatte Hua erreicht, was niemand vorhergesagt hatte. Er wurde Parteivorsitzender und behielt seine Ämter als Ministerpräsident, Leiter der Militärkommission, Parteisekretär von Hunan und Minister für Öffentliche Sicherheit. Weder verkündete er eine eigene Doktrin, noch bediente er sich eines besonderen Jargons, wie es die chinesischen Herrscher der Vergangenheit getan hatten. Er hatte auch nicht die intellektuelle Ausstrahlung und die Weltläufigkeit eines modernen politischen Führers. Doch er hatte bewiesen, daß er ein geschickter Politiker war; allerdings war er ein unbeschriebenes Blatt.

Mitte Oktober hatte Hua die Presse fest in der Hand. Damit besaß er die Macht, der Öffentlichkeit einen unwiderlegbaren Bericht vorzulegen, in dem stand, wie er am 7. Oktober den Parteivorsitz übernommen hatte. Er zögerte nicht, seine Rivalen zu entmachten (oder einem Gegenschlag vorzubeugen?). Am 16. Oktober kam über die chinesischen Medien eine Meldung, die noch sensationeller war als die Nachricht vom Tode Mao Tse-tungs: die »Viererbande« war verhaftet worden. Es handelte sich um die vertrautesten Jünger Maos, Wang Hung-wen, Yao Wen-yuan, Tschiang Tsching und Tschang Tschun-tschiao. Tschiang Tsching wurde als Rädelsführerin bezeichnet.

Die Festnahme, die wahrscheinlich am 6. Oktober erfolgt war, muß sie zutiefst erschüttert haben. Ihre eigene Partei stempelte sie zur Konterrevolutionärin, ungeachtet dessen, daß sie dreißig Jahre zuvor von der Kuomintang als »kommunistische Revolutionärin« eingesperrt worden war. Aber damals hatte noch kaum jemand ihr Gesicht gekannt.

Am 16. Oktober drängten sich die Volksmassen in den Straßen von Schanghai, ähnlich wie zu den Zeiten der Kulturrevolution, als die Opfer von heute noch die Macht in den Händen hielten. Vom 21. bis zum 24. Oktober zogen Millionen durch die breiten Avenuen von Peking, begleitet von Lautsprechermusik, einem Feuerwerk, Zimbeln und Trommeln. Die berühmte Leibwache Mao Tse-tungs, die Einheit Nr. 8341 der VBA, sorgte für die Ordnung unter den Marschierern, während diese in einem vulgären, von den neuen Machthabern eingeführten Jargon in Sprechchören die »parteifeindliche Clique« verdammten und beschimpften.*

Seinen plötzlichen Aufstieg zur absoluten Machtfülle verdankte Hua der verworrenen Lage, die seit der Zeit der Kulturrevolution bestand. Rechtliche Verfahrensformen wurden praktisch nicht mehr beachtet, und wichtige Entscheidungen wurden durch Befehle getroffen, wobei oft unklar blieb, welche Behörde sie gegeben hatte. So war zum Beispiel Hua im Frühjahr 1976 vom »Parteizentrum« zum Stellvertretenden Parteivorsitzenden und zum Ministerpräsidenten ernannt worden. Damit konnten das Zentralkomitee, Mao selbst oder eine Gruppe von hohen politischen Führern, die sich die Macht angemaßt hatten, gemeint sein.

Hatte sich Hua selbst zum Parteivorsitzenden ernannt? War er nach dem Tod Maos von seinen Genossen im Zentralkomitee gewählt worden? Oder hatte Mao ihn tatsächlich selbst noch vor seinem Tod zum Nachfolger bestimmt? Woher nahm ausgerechnet er sich das Recht, Tschiang Tsching zu verhaften, die bis dahin als unantastbar gegolten hatte?

Was wirklich hinter den Kulissen geschehen war, wird man vielleicht nie erfahren. Der chinesischen Öffentlichkeit legte man sorgfältig ausgewählte Passagen aus Aufzeichnungen und Gesprächen Mao Tse-tungs vor, scheinbar unwiderlegbare Darstellungen, aus denen zu entnehmen war, daß er das »Mandat des Himmels« auf dem Sterbebett an seinen Nachfolger übertragen hatte. Am 25. Oktober, dem Tag nach der öffentlichen Bekanntgabe der Ernennung Huas zum Parteivorsitzenden, druckten die »Volkszeitung«, die »Rote Fahne« und die »Zeitung der Befreiungsarmee« die offizielle – wenn auch recht schwache und fragwürdige – Rechtfertigung. Sie wurde in den folgenden Wochen und Monaten durch weitere »Zitate« gestützt. Am 30. April 1976, kurz nach Huas Ernennung zum Stellvertretenden Parteivorsitzenden und Premierminister, habe ihm Mao Tse-tung handschriftlich mitgeteilt: »Hast Du die Sache in der Hand, ist mir leicht ums Herz.« (Diese Bemerkung kann sich aber auch auf die Kampagne gegen Teng Hsiao-ping bezogen haben.)

* Noch einen Monat zuvor hatte dieselbe Einheit Nr. 8341 in der »Volkszeitung« berichtet, Mao habe die Soldaten in das Modelltheater von Tschiang Tsching geschickt (CNA 1060 vom 13. November 1976, S. 3).

Die Verdammung der Rivalen Huas erfolgte rasch. Zunächst wurde die »Geschichte« von der angeblichen Unzufriedenheit Mao Tse-tungs mit Tschiang Tsching und ihrem Kreis veröffentlicht. Dann wurden die Beschuldigten auf Wandzeitungen und in anderen Medien mit phantastischen Karikaturen verleumdet und »wahnwitziger Verbrechen« beschuldigt.

Am selben Tag, an dem Hua Kuo-feng den Parteivorsitz übernahm, wurde ein Bericht über die Worte seines Vorgängers veröffentlicht, mit denen er ihn vor der »Viererbande« gewarnt habe. Am 17. Juli 1974 habe der Vorsitzende Mao folgendes geäußert: »Ihr müßt aufpassen; bildet nicht eine kleine Fraktion von vier Leuten.« Am 24. Dezember habe er gesagt: »Bildet keine Fraktion. Wer das macht, wird straucheln.« Im November und Dezember desselben Jahres, während der Vorbereitungen für den IV. Nationalen Volkskongreß, habe Mao erklärt: »Tschiang Tsching hat ein machtgieriges Herz. Sie will, daß Wang Hung-wen Vorsitzender des Ständigen Ausschusses des Nationalen Volkskongresses wird, sie selbst aber Vorsitzende des Zentralkomitees der Partei.«* Auf der Sitzung des Politbüros am 3. Mai 1975 habe der Vorsitzende die *Drei Ja und drei Nein* wiederholt: »Man muß den Marxismus und nicht den Revisionismus praktizieren; sich zusammenschließen und nicht Spaltertätigkeit betreiben; offen und ehrlich sein und sich nicht mit Verschwörungen und Ränken befassen. Ihr sollt keine Viererbande bilden, laßt das sein. Warum macht ihr in dieser Weise weiter?« Und er drohte: »Wenn es nicht in der ersten Hälfte dieses Jahres gelöst wird, dann eben in der zweiten Hälfte; wenn nicht dieses Jahr, so nächstes Jahr; wenn nicht im nächsten, so ein Jahr darauf.«[39]

Nachdem Maos lautstärksten Anhängern die Kontrolle über die Medien entrissen worden war, wurde Tschiang Tsching ebenso beschimpft, wie sie jahrelang ihre Feinde beschimpft hatte. Die verbale Munition, die sie von Lu Hsün entlehnt hatte, wurde jetzt gegen sie selbst abgefeuert. »Prügelt den Hund im Wasser rücksichtslos«, sagten ihre Feinde über die »Viererbande«, als sie gelobten, sie bis zum bitteren Ende zu bekämpfen. Für ihre Behauptung, die Bannerträger von Lu Hsün gewesen zu sein, wurden die Vier verhöhnt.

Waren Tschiang Tschings langgehegte Zweifel daran, daß die Chinesen ein »zivilisiertes Volk« seien, jemals deutlicher bestätigt worden? Und hatten sich Maos gewaltige Anstrengungen, das Bewußtsein zu revolutionieren, jemals als so ohnmächtig erwiesen? Die Wandzeitungen, auf denen gefordert wurde: »Hackt Tschiang Tsching in zehntausend Stücke!« waren Forderungen nach einer Wiederbelebung der alten chinesischen Folter. Andere verlangten, Yao Wen-yüan sollte »gebraten« werden, und die Karikaturen zeigten ihn mit einem von einer Feder durchbohrten Kopf – ein Hinweis darauf,

* Am 20. Dezember 1974 schrieb ich Tschiang Tsching einen langen Brief, in dem ich sie bat, bestimmte Punkte in ihrem Bericht von 1972 zu präzisieren und von ihrer Position als Mitglied der Führungsspitze aus die spätere Entwicklung in China und im Ausland zu kommentieren. Zum ersten Mal erhielt ich keine Antwort. Im Januar forderten mich Ho Li-liang und Huang Hua, die in Peking gewesen waren, auf, lieber die Geschichte des Vorsitzenden Mao als die Tschiang Tschings zu schreiben (siehe Einleitung).

daß Lu Hsün seine Feder als Dolch verwendete. Wieder andere Zeichnungen zeigten die Vier mit heraushängenden Zungen, während ihnen das Blut aus den Mündern troff.[40]

Ebenso hemmungslos waren die Rundfunkberichte und Zeitungskommentare. Sie warfen Tschiang Tsching Verbrechen vor, die fast alle etwas mit ihrem Sexualleben und ihren »bürgerlichen« Klassengewohnheiten zu tun hatten. Sie wurde der Promiskuität beschuldigt und als Hure bezeichnet (ohne daß es dafür Beweise gab und ungeachtet dessen, daß viele ihrer männlichen Genossen – offen und ohne dafür politisch zur Rechenschaft gezogen zu werden – unerlaubte Liebesbeziehungen unterhielten). Man behauptete, sie habe ständig an Mao herumgenörgelt (der dafür gelobt wurde, daß er sie abgekanzelt habe). Als sie vier Tage vor seinem Tode zu Mao gerufen wurde, habe sie stundenlang Poker gespielt. Eine regionale Rundfunksendung in Hunan zitierte sie und behauptete, sie habe zugegeben, eine zweite Kaiserin Lü oder Wu Tse-tien werden zu wollen. Und sie habe hinzugefügt: Zwar sei ihre Klasse progressiver als die der Kaiserinnen, doch sei sie (Tschiang Tsching) weniger geschickt, denn die Kaiserinnen hätten Verbündete für sich gewinnen können (auf welchen chinesischen Beamten oder General hätte Tschiang Tsching sich verlassen dürfen?). Man berichtete, sie habe aus den öffentlichen Bibliotheken ständig Bücher über alte Geschichte und über die Kaiserinnen ausgeliehen. Damit wollte man beweisen, sie habe selbst den Ehrgeiz gehabt, Kaiserin zu werden (doch wer machte Mao einen Vorwurf daraus, daß er versucht hatte, seine Herrschaft dadurch zu festigen, daß er historische Untersuchungen las und aus der Geschichte lernte?). Irgend jemand hatte, als Mao im Sterben lag, angeblich gehört, daß Tschiang Tsching gesagt hatte: »Der Mann muß abdanken und sich von der Frau ablösen lassen. Auch eine Frau kann Herrscherin sein. Sogar in einem kommunistischen Staat kann es eine Kaiserin geben.«[41]

Um zu beweisen, daß Hua die Nation vor einer selbsternannten Kaiserin gerettet habe, zitierte die neue Parteileitung wiederum den Vorsitzenden: »Bevor der Vorsitzende Mao starb, erzählte er Genossen Hua Kuo-feng in tiefem Ernst die Geschichte von Liu Pang [dem Gründungskaiser der Han-Dynastie], der kurz vor seinem Tod gewahr wurde, daß die Kaiserin Lü und andere ihres Clans eine Verschwörung planten, das Land zu verraten und die Macht an sich zu reißen. Genosse Hua Kuo-feng hat sich die Worte des Vorsitzenden Mao tief zu Herzen genommen und seine aufrichtige Hoffnung nicht enttäuscht.«[42] Mißbilligend wurde berichtet, daß Tschiang Tsching dafür verantwortlich war, daß das Bild der Kaiserinnen in den vergangenen beiden Jahren korrigiert worden war. Jetzt warf man ihr vor, sie habe die Kaiserin Lü als Legalistin darstellen lassen.[43] Eine Wandzeitung zeigte sie beim Studium von Büchern über Wu Tse-tien, die Kaiserin, die nach der Legende nicht nur ehrgeizig, sondern auch promiskuös gewesen sein soll.[44]

Hatte es Tschiang Tsching verdient, plötzlich mit Schmutz beworfen zu werden? Was bedeutete es, wenn gesagt wurde, Tschiang Tsching sei eine »kapitalistische Wegbereiterin« und eine »typische Vertreterin der Bourgeoisie innerhalb der Partei«? Waren dies nur die üblichen politischen Verleumdungen, die schon früher gegen die gestürzten Genossen Maos vorgebracht worden waren, vor allem gegen Liu Schao-tschi, Lin Piao und Teng Hsiao-ping?

Nach ihrer Festnahme tauchten in der Presse unzählige Berichte über ihr unproletarisches Verhalten auf. Die Tatschai-Brigade berichtete über einen ihrer Besuche im September 1976:

> Sie, die sich ›Bannerträgerin der Revolution in Literatur und Kunst‹ nannte, hatte einen ganzen Lastkraftwagen voll Filme mit nach Tatschai gebracht und ließ sich jeden Abend diese importierten unmoralischen Filme vorführen. Wollte sie bergauf – eine Entfernung von nur einigen hundert Metern –, ritt sie zuweilen auf einem Pferd oder ließ einen Wagen kommen und fuhr die Strecke, immer begleitet von Dutzenden Personen. Allein für das Photographieren wurden zwei- bis dreitausend Yüan ausgegeben.

Auf der Landwirtschaftskonferenz im Jahr zuvor war sie angeblich nur deshalb erschienen, weil sie auch hier selbst die Kontrolle übernehmen wollte.[45]

Wie nahmen Personen und Gruppen, die ihr jahrelang eng verbunden gewesen waren, ihren Sturz auf? Wenn Tschiang Tsching auf dem Lande einen Stützpunkt hatte, dann war es Hsiao-tschin-tschuang. Am Tag der Armee, dem 1. August 1976, empfahl die Presse den Soldaten, sich an Hsiao-tschin-tschuang ein Beispiel zu nehmen und politische Abendschulen, Leseräume und Propagandaabteilungen zu etablieren. Die eifrigsten Gefolgsleute in der Armee waren die Angehörigen der Einheit Fang-hua-lien. Sie waren von Tschiang Tsching mit Briefen und anderen persönlichen Gunstbezeugungen überschüttet worden.[46] Eine Woche, nachdem Hua an die Macht gekommen war, drückten die Bauern in Hsiao-tschin-tschuang in der stereotypen Weise ihre Ergebenheit gegenüber Hua aus.[47] Gegen ihre oberste politische Führerin Tschiang Tsching wandten sie sich allerdings erst Ende November. Dieses »verfaulte Ei«, wie sie sie jetzt nannten, habe selbstherrlich behauptet, Hsiao-tschin-tschuang »gehöre« ihr persönlich und der Parteizentrale. Bei ihren häufigen Besuchen habe sie sich aufgeführt wie eine Kaiserin. Zum Beispiel habe sie in der Abenddämmerung alle Tiere einsperren lassen, damit diese sie nicht im Schlaf störten.[48]

Ähnliche Berichte über die anmaßende Forderung Tschiang Tschings, es müsse absolute Ruhe herrschen, wenn sie schlief (gewöhnlich in den Morgenstunden), kamen aus dem Sommerpalast. Hier sei es den Flugzeugen verboten worden, auf dem nahegelegenen Flugplatz zu landen. Und auf der Insel Hainan habe man Autofahrer schon anderthalb Kilometer vor ihrem Haus gezwungen, den Motor abzustellen. Wenn sie in ihrer Villa in Kanton gewohnt hatte (wo wir uns begegnet waren), seien der Schiffsverkehr auf dem Fluß und die Arbeiten auf den Schiffswerften unterbrochen worden. Vor ihrem Besuch habe man die Blätter an den Bäumen neben der Straße, die zu ihrem Orchideengarten in Kanton führten, abgestaubt.[49]

Weniger albern als die Berichte über ihre Überempfindlichkeit (ein Kennzeichen der bürgerlichen Klasse) waren die Versuche, ihr durch eine böswillige Darstellung ihrer Vergangenheit zu schaden. Nach meinen Gesprächen mit ihr hatte ich den Eindruck gehabt, daß sie nichts mehr fürchtete als Nachforschungen über ihre Karriere als Schauspielerin in den dreißiger Jahren. Ein Artikel versuchte nun nachzuweisen, daß sie als Darstellerin in Theaterstücken und Filmen (*»Sai Tschin-hua«* und »Blut auf dem Wolfsberg«) »konterrevolutionäre« Tendenzen verfolgt habe. Diese Stücke und Filme hatten das Thema der Nationalen Verteidigung im Zusammenhang mit Wang Ming dargestellt und dabei die KMT relativ freundlich behandelt.[50]

Andere Beschuldigungen, die sich weniger auf ihren Lebenswandel oder ihren Lebenslauf bezogen, konnten ihr auf die Dauer noch mehr schaden, denn sie betrafen die Geschichte des Landes. Man warf ihr und ihren Gefolgsleuten vor, politische Grundsätze verletzt und das Volk geknechtet zu haben. Die »Viererbande« hatte angeblich das Denken Mao Tse-tungs falsch ausgelegt und die Vorstellungen des Volkes von den Beziehungen zwischen Theorie und Praxis, Materie und Bewußtsein, Führern und Massen, Produktionsverhältnissen und Produktivkräften, Überbau und ökonomischer Basis, Politik und Arbeit, Revolution und Produktion, Demokratie und Zentralismus sowie zwischen Freizügigkeit und Disziplin verwirrt. Schlichter ausgedrückt hieß das: »Sie brachten richtige und falsche Theorien durcheinander und unterminierten sowohl Revolution als auch Produktion. Unter der Flagge des Marxismus-Leninismus sabotierten sie die revolutionäre Linie und Politik des Vorsitzenden Mao und setzten die ultrarechte, konterrevolutionäre, revisionistische Linie durch.«[51]

Die Bewohner von Tatschai beschwerten sich darüber, daß sie ständig von diesen Leuten verfolgt worden seien und ihnen nie etwas hätten recht machen können: »Unter diesen Schurken wucherten Metaphysik und Idealismus, so daß die Menschen nicht mehr ein noch aus wußten. Wenn man arbeitete, war es falsch, wenn man nicht arbeitete, war es auch falsch. Das war für alle eine große Plage, und am Ende kam bei der ganzen Arbeit nichts heraus. Wer mit großer Energie für den Sozialismus arbeitete, erregte ihren Haß und war in ihren Augen ein ›Sünder‹.«[52]

Am Tage der Amtseinführung von Hua Kuo-feng sagte der Bürgermeister von Peking, Wu Te, vor einer Million Zuhörern auf dem Platz vor dem Tor des Himmlischen Friedens über die »Viererbande«: »Sie vergötterten Ausländisches, schmeichelten Ausländern und unterhielten unerlaubte Verbindungen mit dem Ausland. Sie betrieben skrupelloses Kapitulantentum und begingen Landesverrat.«[53] Diese Behauptungen wurden in der Presse wiederholt und durch detaillierte Vorwürfe gegen die »Verräterin« Tschiang Tsching ergänzt. Durch Leitartikel, Rundfunksendungen und Gerüchte wurde verbreitet, Tschiang Tsching habe 1972 oder 1973 Maos Zorn erregt, weil sie mir Interviews gewährt habe, ohne ihn oder das Zentralkomitee um Erlaubnis zu fragen. (Sie hatte mit Sicherheit das Einverständnis von Tschou En-lai und wurde von Wang Tung-hsing unterstützt.) Angeblich habe Mao sie beschuldigt, Partei- und Staatsgeheimnisse verraten zu haben, und zu versuchen, sich zum Mittelpunkt eines Personenkults zu machen. Einige Zeit später habe Mao nicht mehr mit ihr zusammenleben wollen. Im Juli 1974 habe er sie dann schließlich davor gewarnt, eine aus vier Personen bestehende Fraktion zu bilden.[54]

Anfang Oktober 1976 hatte Hua Kuo-feng bei einer Sitzung des Politbüros angeblich erklärt, die Interviews mit mir hätten den Vorsitzenden so erzürnt, daß schließlich seine Gesundheit Schaden genommen habe.[55] Im Herbst 1975 seien zum erstenmal Berichte über die Empörung des Vorsitzenden international bekannt geworden. Nach anderen Berichten war Tschiang Tsching so anspruchsvoll und lästig, daß Mao ihr die folgenden Zeilen schrieb: »Ich bin schon achtzig Jahre alt. Aber dennoch beunruhigst Du mich, indem Du mir verschiedene Dinge sagst. Warum hast Du kein Verständnis? Ich beneide Tschou En-lai und seine Frau.« (Die beiden waren schon fünfzig Jahre offenbar glücklich verheiratet.)

Als Hua von ihr verlangte, gewisse Dokumente aus dem Nachlaß Maos, die sie angeblich kurz nach seinem Tod an sich genommen hatte, herauszugeben,* rief sie ihn an und schrie: »Der Vorsitzende Mao ist noch nicht kalt geworden, und schon wollen Sie mich hinauswerfen! Ist das Ihr Dank für die Freundlichkeit des Vorsitzenden Mao, dem Sie Ihren Aufstieg zu verdanken haben?« Er antwortete: »Ich werde die Freundlichkeit des Vorsitzenden Mao niemals vergessen . . . Ich habe auch nicht die Absicht, Sie hinauszuwerfen. Leben Sie friedlich in Ihrem Haus, und niemand wird es wagen, Sie zu vertreiben.«[56] Am 7. Dezember druckte die »Volkszeitung« in einer besonders hervorgehobenen Spalte der Titelseite ein bis dahin unbekanntes Zitat des verstorbenen Vorsitzenden ab. Es war vom 21. März 1974 datiert und lautete: »Es ist besser, wenn wir uns nicht sehen. Vieles, was ich mit Dir in früheren Jahren besprochen habe, hast Du nicht durchgeführt. Wozu soll das gut sein, wenn wir uns öfters sehen? Es gibt marxistisch-leninistische Klassiker, es gibt meine Bücher, aber Du willst sie einfach nicht studieren.«[57]

Wer vermöchte zu sagen, ob Hua Kuo-feng und seine Leute schrieben, was geschehen war, oder ob sie es umschrieben?

Natürlich konnte die Säuberungsaktion gegen vier höhere Parteifunktionäre, die wesentlich länger mit Mao zusammengearbeitet hatten als Hua, nur

* Wang Tung-hsing spielte in diesem Zusammenhang eine entscheidende Rolle. Er war nicht nur der Führer von Maos Leibgarde, der Einheit Nr. 8341, der auch Tschiang Tschings Schutz anvertraut war, bis Wang sich gegen sie wandte, sondern leitete auch das Hauptbüro des Zentralkomitees, wo viele Unterlagen von Mao aufbewahrt wurden. Unmittelbar nach Maos Tod ging Tschiang Tsching angeblich in dieses Büro und veranlaßte einen Sekretär, ihr bestimmte Dokumente auszuhändigen. Der Sekretär erfüllte ihren Wunsch, meldete den Vorfall aber Wang Tung-hsing, der seinerseits Hua unterrichtete. Als Hua sie überredete, die Schriftstücke zurückzugeben, habe er bemerkt, daß an zwei Dokumenten Veränderungen angebracht worden seien. Das beweise, daß sie vorgehabt habe, die Regierungsgewalt an sich zu reißen (*»The Washington Post«*, 29. Oktober 1976).

Solche Berichte, deren Wahrheitsgehalt erst nachgewiesen werden müßte, sind mit dem, was Tschiang Tsching mir anvertraute, nicht in Einklang zu bringen. Sie stellte fest, daß der Vorsitzende ein unübertrefflicher Kalligraph sei. Wer hätte also seine Handschrift fälschen können? Außerdem erklärte sie mir, daß es ein Verbrechen sei, seine Worte zu verfälschen oder sie für schlechte Zwecke zu mißbrauchen.

der Anfang sein. Hätte er wie Stalin Massenverhaftungen vornehmen lassen und harte Strafen verhängt, dann hätte sich eine Widerstandsbewegung bilden oder sogar ein Bürgerkrieg ausbrechen können. Also verhielt sich Hua zunächst sehr vorsichtig. Trotzdem wurden Hunderte von Menschen, die Tschiang Tsching persönlich gekannt hatten, und Hunderttausende, die in ihrem Zuständigkeitsbereich gearbeitet hatten, von Furcht und Schrecken ergriffen. Wer würde nun die Stars des Überbaus verteidigen, die ihr Treue gelobt und aufrichtig geglaubt hatten, sie vertrete – wie es von der Parteipresse ja bestätigt worden war – den Willen des Vorsitzenden Mao?

Etwa um dieselbe Zeit, als Tschiang Tsching festgenommen wurde, verhaftete man auch einige ihrer wichtigsten Gefolgsleute. Zu ihnen gehörten der Kultusminister Yü Hui-yung, der Tischtennismeister und Vorsitzende des Ausschusses für Leibeserziehung und Sport, Tschuang Tse-tung, der Vorsitzende des Revolutionskomitees der Tsinghua-Universität, Tschih Tschün, und die Stellvertretende Vorsitzende des Revolutionskomitees von Tsinghua, Hsi Tsching-i. Ende November wurde Außenminister Tschiao Kuan-hua, der seit 1971 die Interessen der Volksrepublik China leidenschaftlich bei den Vereinten Nationen vertreten hatte und sich auf diplomatischem Parkett sicher bewegte, entlassen und durch Huang Hua ersetzt. Sowohl Tschiao Kuan-hua als auch seine Frau Tschang Han-tschih, die ebenfalls im diplomatischen Dienst arbeitete, wurden öffentlich beschuldigt, mit Tschiang Tsching »opportunistische« Beziehungen unterhalten zu haben.*

Um in der Sphäre des kulturellen Überbaus, die ganz und gar von den verhafteten Funktionären beherrscht worden war, kein Chaos zu provozieren, wurde das von Tschiang Tsching geschaffene Repertoire nicht in Bausch und Bogen verdammt. Vielmehr behauptete man, es sei »unter der unmittelbaren Anleitung des Vorsitzenden Mao entstanden«.[58] (Einzelheiten seiner Mitarbeit wurden nicht genannt.) Natürlich wurde Tschiang Tschings Leistung auf diesem Gebiet pauschal abqualifiziert. Das Chinesische Peking-Opernensemble, das »Die Geschichte einer Roten Signallaterne« inszeniert hatte, distanzierte sich von der »Viererbande«: »Ihre Verbrechen sind so zahlreich, daß sie tausend Tode sterben sollten . . . Sie ergriffen Besitz von der Literatur und dem Theater und erzeugten eine üble öffentliche Meinung. Sie waren die bösen Herren der Literatur und des Theaters.«[59]

Tschiang Tsching kann es nicht verborgen geblieben sein, daß die Selbstherrlichkeit, mit der sie sich während eines Vierteljahrhunderts als Zensorin des Films betätigt hatte, eine weitverbreitete Verstimmung hervorgerufen hatte. Nur wenige wagten es, ihren Unwillen zu äußern, bis sie sich schließlich sicher fühlen konnten, nachdem Maos Nachfolger Tschiang Tsching verstoßen hatte. Nach acht unproduktiven Jahren (von Verfilmungen von Opern und Balletts abgesehen) wurden 1974 einige schablonenhafte Lehrfilme uraufgeführt. Zu denen, die innerhalb und außerhalb Chinas große Verbreitung fanden, gehörte »Brechen mit alten Ideen«, ein Film, der die Ver-

* Ebenfalls verhaftet wurde nach anderen Berichten Mao Yüan-hsin, der Lieblingsneffe des Vorsitzenden Mao und Beauftragter des Militärbezirks von Schenyang. Über das Schicksal von Li Na und Li Min wurde nichts bekannt.

wirklichung der Prinzipien der Kulturrevolution behandelte. In vielen Orten brachten die Bühnen Variationen zu den Themen, denen Tschiang Tsching den Vorzug gab. Aber nach einem halben Jahrhundert revolutionären Fortschritts war Chinas Kulturangebot immer noch recht dürftig. Individuelle Initiativen, die auf eine Erneuerung und Bereicherung des kulturellen Angebots abzielten, konnten nicht gefördert werden, solange sich Tschiang Tsching auf freiem Fuß befand. Unmittelbar nach ihrer Verhaftung wurden einige vor der Kulturrevolution gedrehte und dann verbotene Filme vor einem geladenen Publikum gezeigt und als Anzeichen für eine Änderung der Lage begrüßt. Natürlich war das extrem konservative Kunstprogramm der Volksrepublik in Maos Namen überwacht und zensiert worden. Doch kurz nach seinem Tod wurden Tschiang Tsching und ihre Mitarbeiter beschuldigt, eine »faschistische Diktatur über Literatur und Kunst« errichtet zu haben.[60] Begann nun in China – wie in der Sowjetunion nach dem Tod Stalins – ein kulturelles Tauwetter?

Die Jahre nach dem Sturz Lin Piaos und nach dem Tod Tschou En-lais, als sich das Befinden Maos zunehmend verschlechterte, waren Tschiang Tschings elfte Stunde. Wie konnte es ihr gelingen, den bevorstehenden Kampf um die Nachfolge zu überstehen? Nach Maos Tod wurde sie von Hua Kuo-feng ausmanövriert, und gegen Ende des Jahres kam es zu ihrer politischen Verdammung. Am 25. Dezember 1976 bezeichnete er die »Viererbande« als »Ultrarechte« und »konterrevolutionäre Revisionisten«, die jahrelang vorgegeben hätten, linke Revolutionäre zu sein. Er deutete an, ihr Kampf gegen die Partei sei der elfte *Kampf zweier Linien* gewesen. Die wichtigste Aufgabe, die er dem Land für 1977 stellte, war es, »die Massenbewegung zur Entlarvung und Kritik an der Viererbande zu vertiefen«.[61]

Wahrscheinlich wird der Hintersinn des politischen Dramas nirgends in einem solchen Ausmaß durch historische Anspielungen und die Kunst der verschleierten Mitteilung enthüllt wie in China. Wie konnte also die Öffentlichkeit die Angriffe gegen die ranghöchste Frau der Nation, eine Frau mit gebieterischem Charakter, selbstgefälligem Ehrgeiz und Beziehungen zum engsten Führungskreis, als etwas anderes verstehen als einen indirekten Angriff gegen den Begründer der Dynastie, der sich selbst für einen zweiten Tschin Schih Huang-ti hielt? In den Wochen nach seinem Tod haben seine Nachfolger zu verstehen gegeben, daß die Beziehung zwischen Tschiang Tsching und Mao ein destruktives Element enthielt, und diese Unterstellung versuchen sie in die offizielle Geschichtsschreibung hineinzuschmuggeln. Doch vielleicht gibt es auch andere Beweismittel, die aus dem eisernen Käfig des neuen Regimes hinausgelangen können. In seinem Brief an Tschiang Tsching vom Juli 1966 sprach Mao von der Gefahr, daß nach seinem Tod antikommunistische Rechtsabweichler einige seiner Worte mißbrauchen könnten, um selbst die Macht zu ergreifen. Doch würden sie, schrieb er, nicht lange an der Macht bleiben, da die linken Kräfte ihnen »im ganzen Land eine Lehre erteilen« würden.

Zehn Jahre später schickte Mao Tschiang Tsching wieder eine Botschaft, diesmal in Form eines Gedichts. Sie gab es noch zu Maos Lebzeiten ihren Freunden zu lesen, als ob es sein Testament gewesen sei.[62]

Diesmal schrieb er: »Man hat Dir unrecht getan. Heute trennen wir uns und betreten zwei verschiedene Welten. Mag jeder seinen Frieden finden. Diese wenigen Worte sind vielleicht meine letzte Botschaft an Dich. Das menschliche Leben ist begrenzt. Aber die Revolution kennt keine Grenzen. In dem Kampf der vergangenen zehn Jahre habe ich versucht, den Gipfel der Revolution zu erreichen, aber der Erfolg ist mir versagt geblieben. Du kannst den Gipfel erreichen. Wenn es Dir nicht gelingt, wirst Du in einen bodenlosen Abgrund stürzen. Dein Körper wird zerschmettert. Deine Knochen werden zerbrechen.«

Anhang

Verzeichnis der Abbildungen

Wenn nicht anders vermerkt, erscheinen die Abbildungen mit freundlicher Genehmigung Tschiang Tschings. Auch die Photos der Hsinhua werden mit freundlicher Genehmigung Tschiang Tschings abgebildet.

38. Wandplakat aus Schanghai, aufgenommen im November 1976. © Erwin Schneider
39.–40. Zwei Plakate, die im Oktober 1976 in Kanton erschienen und den Sturz der »Viererbande« verkündeten. Aus einer Privatsammlung
41. Mao zugeschriebenes Gedicht über den Hang-yang
42. Der Gipfel des Han-yang im Lu-schan-Gebirge
43. Rückseite der Aufnahme vom Lu-schan mit Maos Vierzeiler und einer Widmung an
44. Lu-schan
45. Kohlen-Hügel

Karten

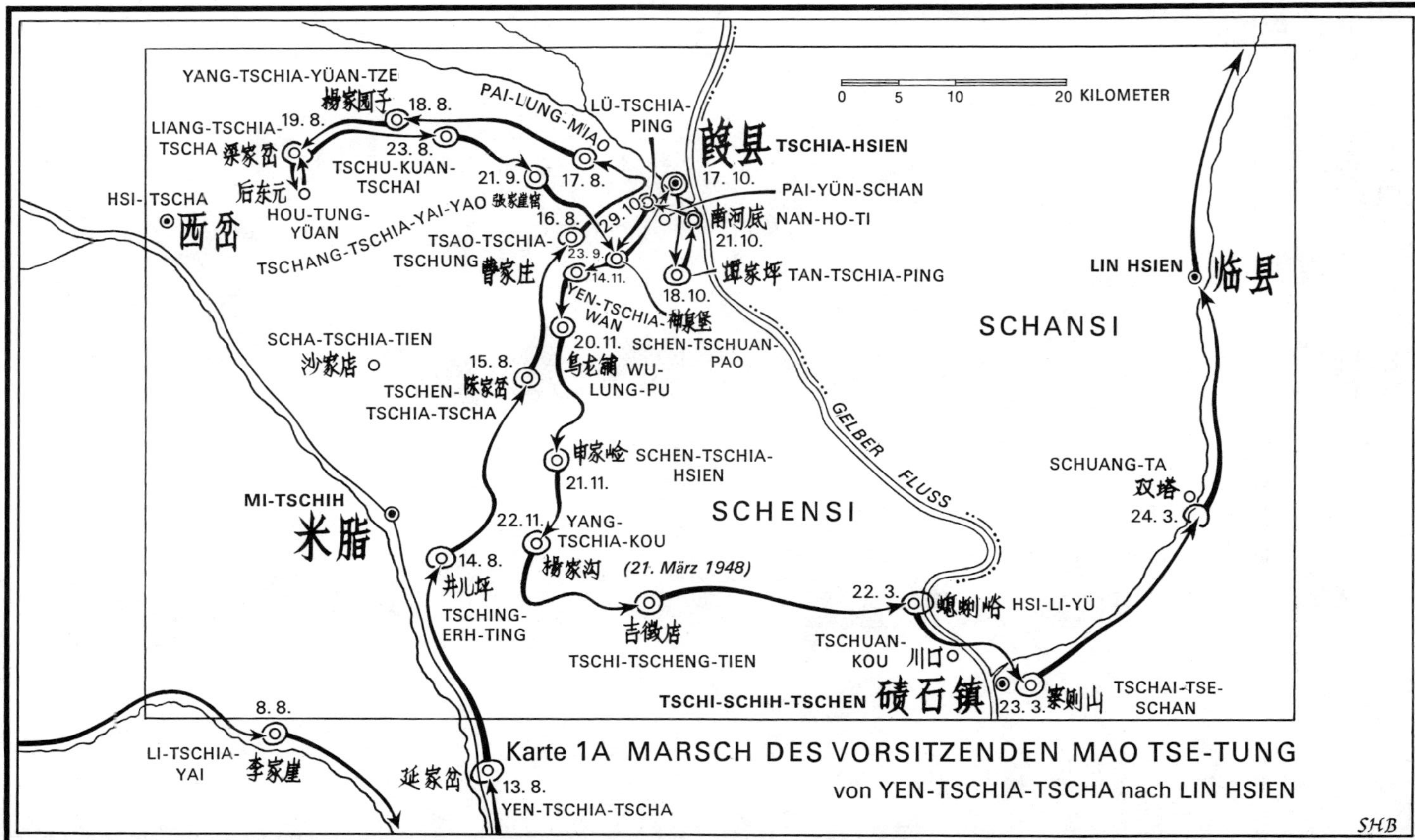

Karte 1A MARSCH DES VORSITZENDEN MAO TSE-TUNG von YEN-TSCHIA-TSCHA nach LIN HSIEN

Karte 1

MARSCH DES VORSITZENDE
毛泽东主席

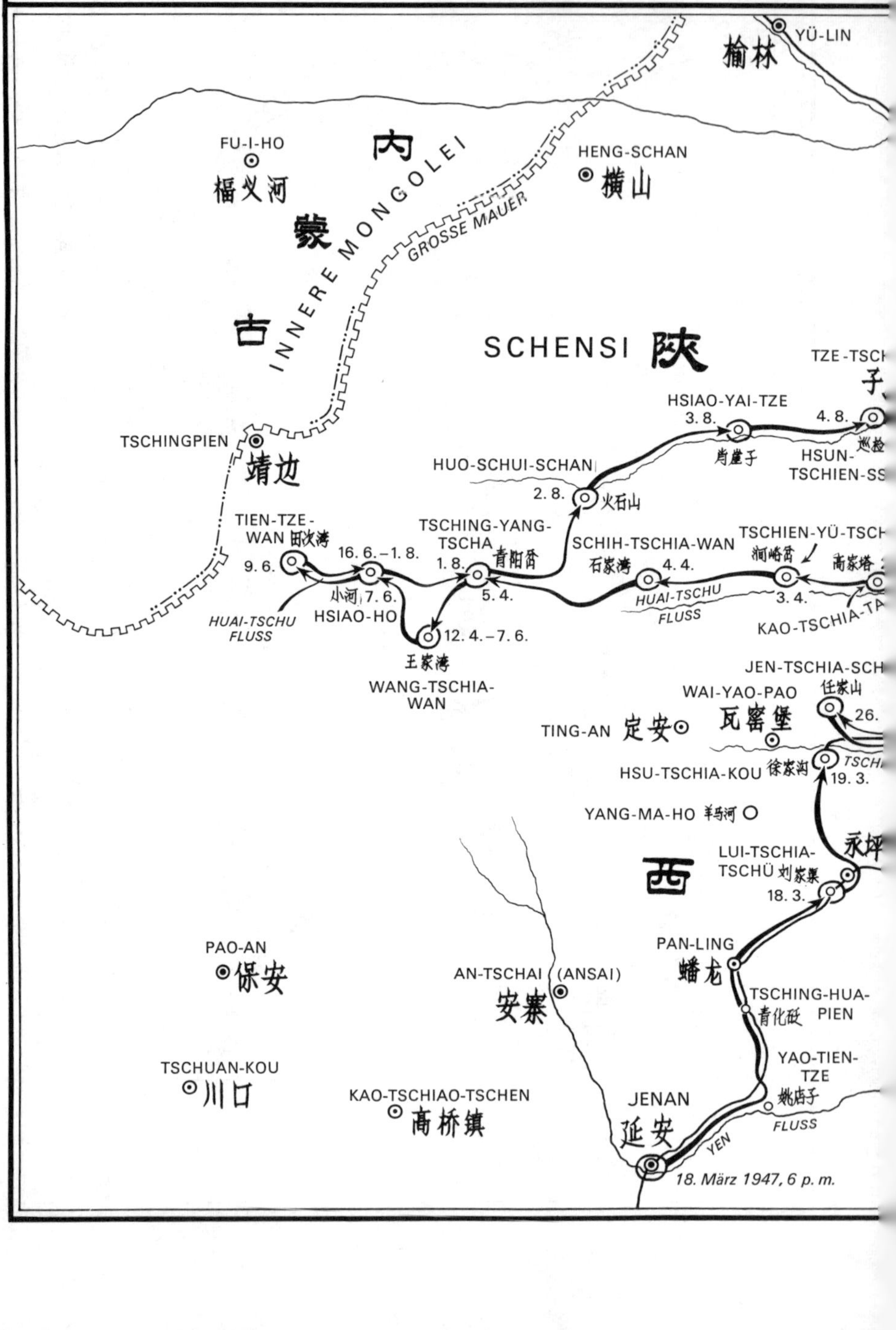

MAO TSE-TUNG

行动路线图

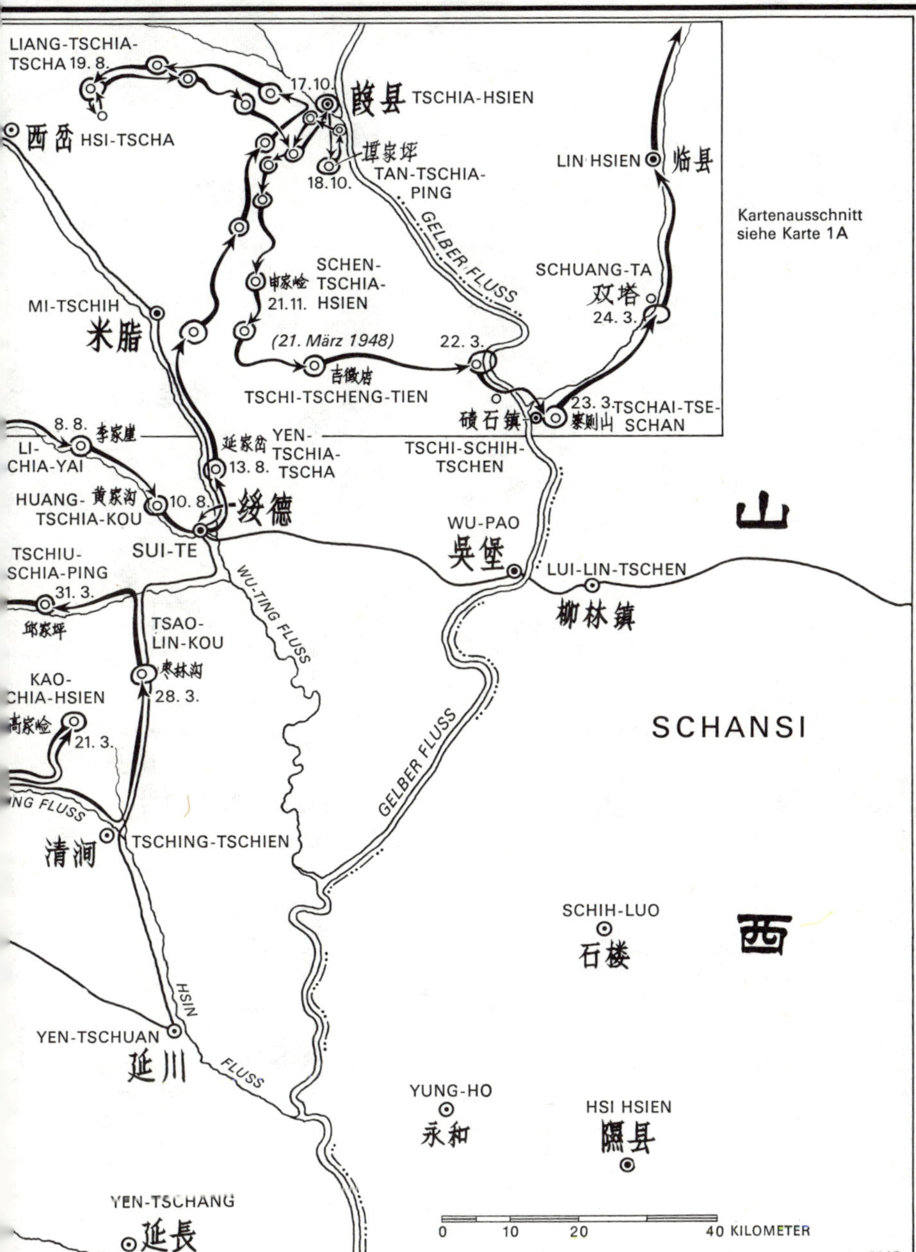

Karte 2

MARSCH DES VORSITZENDEN

毛泽东主席

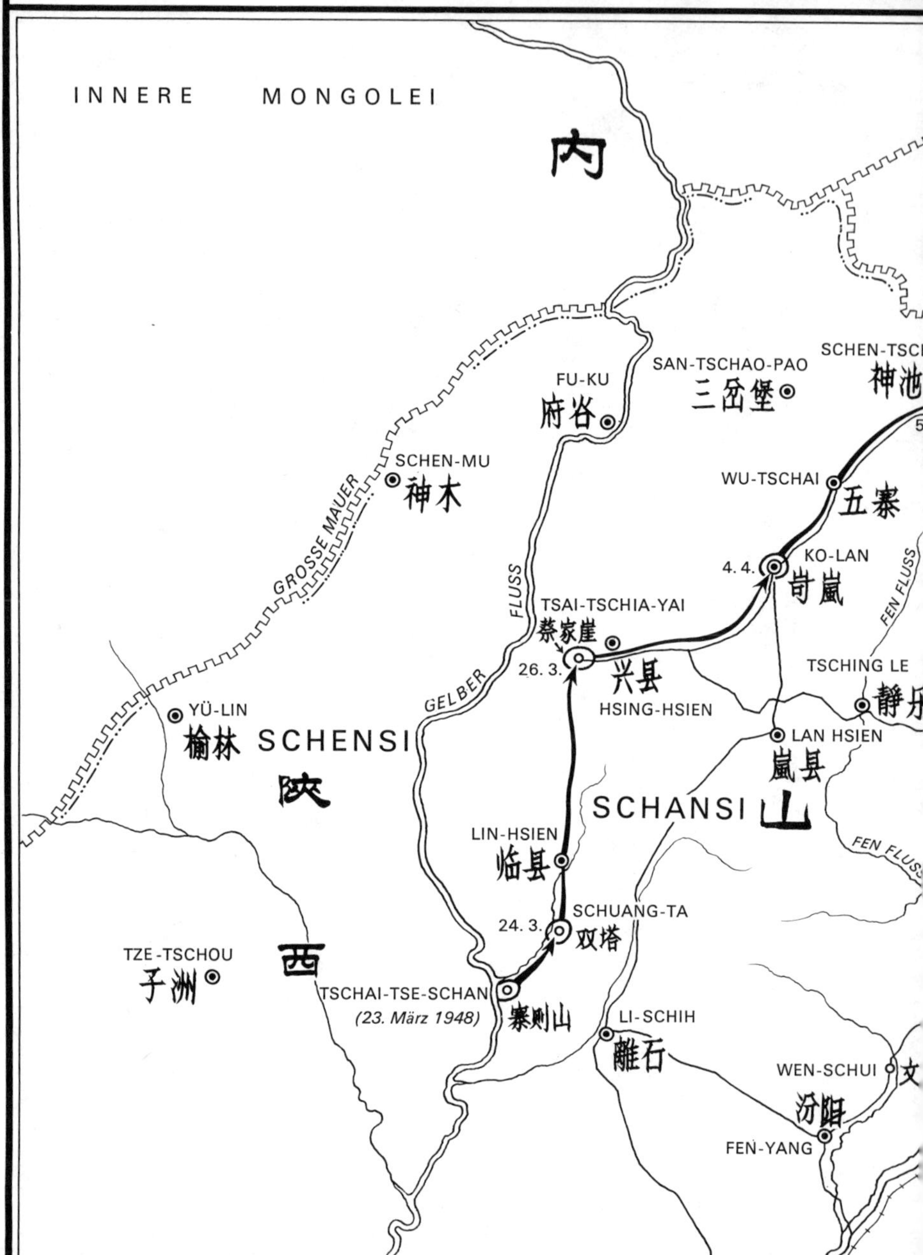

MAO TSE-TUNG

行动路线图

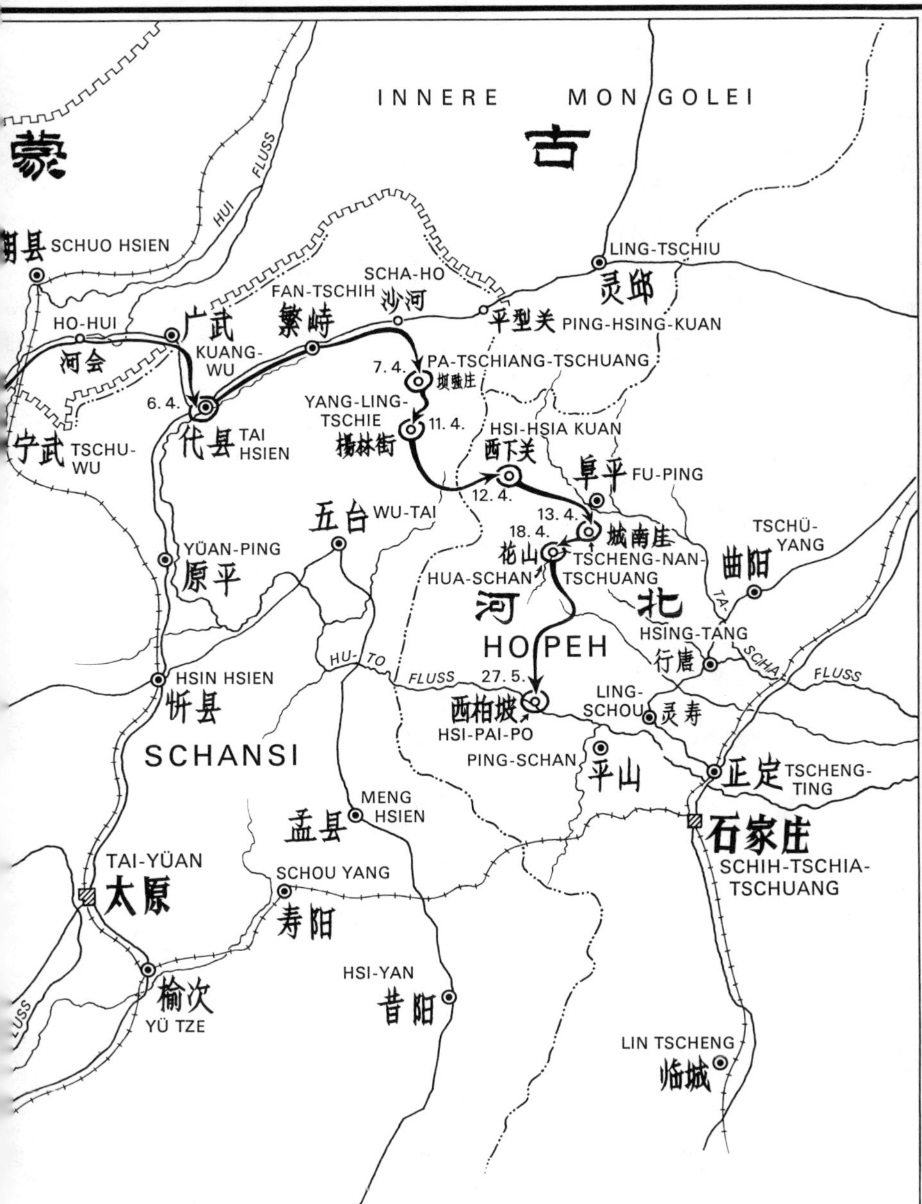

Zeittafel

	Politische Entwicklung Chinas	*Tschiang Tsching*
1900	Boxer-Aufstand und Invasion der Acht Mächte, die den von den Boxern belagerten Gesandtschaften in Peking zu Hilfe kommen.	
1911	Revolution von 1911. Sturz der Mandschu-Dynastie. Errichtung der Republik.	
1914		Geboren im März in Tschu-tscheng, Provinz Schantung.
1916	Beginn der Ära der *warlords,* die sich über zwölf Jahre erstreckt.	
1919	*Bewegung des 4. Mai*	
1921	Gründung der Kommunistischen Partei Chinas (KPCh).	
1925	30. Mai: Britische Polizei schießt auf Studenten, die für chinesische Arbeiter demonstrieren.	
1926	Tschiang Kai-schek begibt sich mit den nationalistischen Streitkräften auf den Nordfeldzug, der zwei Jahre dauert.	
1927	Die Kuomintang (KMT) trennt sich nach vier Jahren der Zusammenarbeit von der KPCh.	Zieht mit ihrer Mutter nach Tientsin.
1928	Mao Tse-tung baut in Südostchina eine Guerilla-Bewegung auf.	
1929		Zieht mit ihrer Mutter von Tientsin nach Tsinan. Immatrikulation am Schantunger Provinztheater für Experimentelle Kunst.
1931	18. September: *Mukden-Zwischenfall* – Japan dringt in Nordostchina ein.	Geht nach Tsingtao, wird Studentin und Wanderschauspielerin. Wird Mitglied der *Liga Linker Dramatiker* und der *Liga Linker Schriftsteller.*
1932	Am 28. Januar Angriff der Japaner auf Schanghai. Am 12. Dezember nimmt die UdSSR Beziehungen zu der Nanking-Regierung (KMT) auf.	Wird Mitglied der Antiimperialistischen Liga.
1933		Februar. Wird in Tsingtao Mitglied der KPCh. Reist im Sommer per Schiff nach Schanghai.
1934	Im Oktober beginnt der Lange Marsch der Roten Armee. Er endet ein Jahr später im Nordwesten.	Tritt mit der Schanghaier Werk-Studium-Truppe auf. Unterrichtet an einer Abendschule für Arbeiter und versucht, mit dem im Untergrund arbeitenden Zweig der KPCh in Schanghai Kontakt aufzunehmen. Wird von der KMT verhaftet und ins Gefängnis gesteckt.
1935	Das Manifest der KPCh vom 1. August propagiert eine Politik der Einheitsfront mit der KMT, der sich die KMT nicht anschließt. Im August wird Mao in der	Wird im Februar freigelassen. Nimmt ihre Karriere als Schauspielerin wieder auf. Tritt den Vereinigungen zur *Rettung des Vaterlands* bei.

	Politische Entwicklung Chinas	*Tschiang Tsching*
	Konferenz von Tsunyi zum Ersten unter Gleichrangigen innerhalb der KPCh bestimmt. Die *Bewegung des 9. Dezember,* die an der Universität Peking entstanden war, greift auf das ganze Land über.	
1936	Im Dezember die *Sian-Ereignisse:* Tschiang Kai-schek wird verhaftet und stimmt der Einheitsfront mit der KPCh zu.	Baut unter dem Pseudonym Lan Ping ihre Schauspielerinnenkarriere aus und wirkt zwei Jahre lang in linksgerichteten Filmen mit.
1937	Mit der Besetzung Schanghais durch die Japaner (13. August) weitet sich der chinesisch-japanische Konflikt zum Krieg aus.	Verläßt im Juli Schanghai, das kurz darauf belagert wird. Gelangt im August nach Jenan; wird zur Parteischule, zur Lu-Hsün-Schule und -Akademie zugelassen; unterzieht sich sechs Monate lang einer militärischen Ausbildung.
1938		Tritt an der Lu-Hsün-Akademie auf und unterrichtet dort. Beginn des Zusammenlebens mit Mao.
1939		Sechsmonatiger Pflicht-Aufenthalt in Nanniwan. In den folgenden acht Jahren ist sie hauptsächlich Maos Gefährtin und seine Sekretärin.
1942		Mai. Nimmt an der *Aussprache in Jenan* über Literatur und Kunst teil, auf der Mao proletarische kulturelle Maßstäbe für alle darlegt.
1942–1944	*Berichtigungsbewegung:* ideologische Umerziehung entsprechend den Gedanken Maos in allen revolutionären Institutionen Jenans.	
1945	Kapitulation Japans.	
1946	Frühjahr. Die Marshall-Mission, die zwischen der KMT und der KPCh vermitteln sollte, scheitert. Der Bürgerkrieg zwischen den beiden Parteien bricht erneut aus.	
1947	13. Mai beginnt die Nordwest-Offensive unter Führung Maos. Sie dauert an bis zum 12. Juni 1949.	Nimmt als Politinstrukteurin an der Nordwest-Offensive teil.
1949	Am 1. Oktober Gründung der Volksrepublik China (VRCh). Die Nationalisten ziehen sich unter der Führung Tschiang Kai-scheks nach Taiwan zurück. Vom 16. Dezember bis zum 4. März 1950 Aufenthalt Maos in der UdSSR.	Wird im März zu ärztlicher Behandlung nach Moskau und Jalta geschickt, kehrt im Herbst zurück. Wird Mitglied der Chinesisch-Sowjetischen *Freundschaftsgesellschaft.*
1950	Beginn des Korea-Krieges, der 1953 beendet wird. Die Bodenreform wird fortgesetzt; Beginn der Reform des Eherechts.	Nimmt im Frühjahr inkognito an der Bodenreform in Ostchina teil. Wird zur Leiterin des Film-Büros der Propagandaabteilung ernannt und ist verantwortlich für die Verurteilung des Films »Die geheime Hofgeschichte der Tsching-Dynastie«.

	Politische Entwicklung Chinas	Tschiang Tsching
		Leitet von Frühjahr bis Sommer die Untersuchung des Wu-Hsün-Falles.
1951		Nimmt im Herbst erneut inkognito an der Bodenreform und an der Reform des Eherechts in der Umgebung von Wuhan teil.
	Im Winter findet die *Bewegung gegen die Drei Übel* – Verschwendung, Unterschlagung und Bürokratismus – statt.	Wird im Winter dazu gezwungen, von ihrem Posten als Leiterin des Allgemeinen Büros im Zentralkomitee der Partei zurückzutreten. Wird wieder Maos Sekretärin und bleibt während der fünfziger Jahre in diesem Amt.
1952		Rückkehr nach Moskau, wo sie sich bis zum Herbst 1953 aufhält. Ist während der folgenden sechs Jahre meist bettlägerig.
1954	Im Februar beginnt die Kampagne gegen Kao Kang und Jao Schu-schih. Schriftsteller, die aus Schanghai stammen, schließen sich Hu Fengs Widerstand gegenüber der KPCh an.	Bringt marxistische Diskussionen über den Roman »Traum der roten Kammer« in Gang.
1955	Mao führt einen Gegenangriff gegen Hu Feng und die anderen Dissidenten unter den Literaten durch.	
1956	Im Mai gibt Mao die Erklärung heraus: »Laßt hundert Blumen blühen«.	Da sie immer noch nicht von chinesischen Ärzten geheilt worden ist, die Krebs als Diagnose stellen, wird sie gegen ihren Willen in die Sowjetunion geschickt.
1957	Januar. Reise Tschou En-lais in die Sowjetunion und andere Länder Asiens. Februar. Maos Rede »Über die richtige Behandlung der Widersprüche im Volk« greift die Hundert-Blumen-Parole wieder auf und fordert gezielt Volk und Partei zur Kritik auf. Im Juni Beginn der *Berichtigungsbewegung (Bewegung gegen die Rechten)* gegen diejenigen, die während der *Hundert-Blumen-Bewegung* Kritik an der Partei übten.	Rückkehr nach China.
1958	Im Frühjahr beginnt der *Große Sprung nach vorn.* Sommer. Aufbau der Volkskommunen. Dezember. Mao tritt als Staatspräsident der VRCh zurück. Sein Nachfolger wird Liu Schao-tschi.	
1959	Juli. Peng Te-huai übt auf dem Luschan Kritik an Mao. Er verliert seinen Posten als Verteidigungsminister. An seine Stelle tritt Lin Piao.	Fährt im Juli auf den Lu-schan, dann zusammen mit Mao nach Hangtschou und anschließend allein nach Schanghai. Ihr Gesundheitszustand wird besser, und sie macht sich daran, das reaktionäre kulturelle Leben Schanghais zu analysieren.

	Politische Entwicklung Chinas	*Tschiang Tsching*
1960	Endgültiger Bruch zwischen China und der Sowjetunion.	
1961	Das Zentralkomitee gibt zu, daß die Ziffern für die Landwirtschaftsproduktion, wie sie in Maos *Großem Sprung nach vorn* geplant gewesen waren, nicht erreicht wurden.	Beschäftigt sich mit einer Klassenanalyse der darstellenden Künste.
1962		Beginnt zusammen mit dem Bürgermeister von Schanghai, Ko Tsching-schih, ihren Angriff auf feudale und bürgerliche Konventionen in Kunst und Literatur. Frühjahr. Entwirft das *Rundschreiben vom 16. Mai.*
	September. Bericht der 10. Plenartagung des VIII. Zentralkomitees; Tschiang Tschings *Rundschreiben vom 16. Mai.* Im *Geist der 10. Plenartagung* wird die ideologische Priorität bei der Kulturrevolution und der Klassenkampf als ihre Basis festgesetzt.	
1963	Beginn der *Sozialistischen Erziehungsbewegung.* Während der drei Jahre dauernden Kampagne wird zum Nacheifern der Volksbefreiungsarmee und zum Klassenkampf auf Landesebene aufgerufen.	Dezember. Sucht auf der Insel Hainan nach Hintergrundinformationen für das »Rote Frauenbatallion«.
1964		Juni/Juli. Festspiele der Peking-Oper. Hält ihre erste öffentliche Rede. Setzt die Reform von Oper und Ballett hinter den Kulissen fort und regt weitere Kunst-Festivals an. Oktober. Zeigt sich mit Mao am Nationalfeiertag und bei anderen wichtigen Anlässen. Wird im Dezember in den Nationalen Volkskongreß gewählt.
1965	Beginn der Offensive der Kulturrevolution.	Organisiert die Kritik an Wu Hans »Hai Jui wird seines Amtes enthoben«, das unter dem Namen Yao Wen-yüans im November aufgeführt wurde.
1966	*Februar-Thesen.* Peng Tschen setzt dem Angriff auf Wu Han Widerstand entgegen. 18. Mai. Lin Piaos »berüchtigte konterrevolutionäre Rede« in Hangtschou.	Februar. Leitet in Schanghai die *Beratung über die Arbeit in Literatur und Kunst in der Armee.* Wird von Lin Piao zur Kulturberaterin bei der Armee ernannt. Entwirft das zweite Rundschreiben vom 16. Mai und geht darin mit den *Februar-Thesen* ins Gericht. Die *Gruppe für die Kulturrevolution* des Zentralkomitees konstituiert sich mit Tschen Po-ta an der Spitze und Tschiang Tsching und Tschang Tschun-tschiao als seinen Stellvertretern.

	Politische Entwicklung Chinas	Tschiang Tsching
	13. Juni. Nach Anordnung des Zentralkomitees wird der Unterricht an den Universitäten eingestellt.	Wird Sekretärin des Ständigen Ausschusses des Politbüros. 18. Juli. Ein privater Brief Maos an sie bringt Befürchtungen über Lin Piao zum Ausdruck. Kehrt am 20. Juli nach Peking zurück und ergreift die Initiative an der Peking-Universität.
	1.–12. August. Liu Schao-tschi und Teng Hsiao-ping werden gestürzt. 8. August. Der *16-Punkte-Beschluß.* 18. August. Die erste Parade der Roten Garden am Tor des Himmlischen Friedens leitet die »Massenmobilisierung« ein. Dezember. Die Arbeiter werden angewiesen, den kulturrevolutionären Kampf in die Fabriken zu tragen.	
1967	In Schanghai beginnt der *Januar-Sturm,* begleitet von »anarchistischen« Tendenzen. Die Schanghaier Kommune wird ins Leben gerufen. Februar. Es beginnt die Februar-Gegenströmung, eine revisionistische Reaktion auf den *Januar-Sturm.* Allmählich bilden sich Revolutionskomitees im ganzen Land. Im Februar und März Gegenangriffe der Linken, die Große Allianzen fordern. April. Wang Kuang-meis Prozeß in der Tsinghua-Universität.	Wird zur Beraterin einer neu konstituierten Kulturrevolutionsgruppe der VBA ernannt.
		Leitet eine Untergruppe der *Gruppe für die Kulturrevolution,* die für die Kontrolle von Kunst und Literatur zuständig ist. Nachdem sie fast ein Jahr lang vor Gruppen und auf Massenversammlungen sprach, führt sie nun den Vorsitz bei dem Aufmarsch der Massen in Peking zum 25. Jubiläum von Maos Jenan-Reden. Zu dieser Zeit befindet sie sich auf dem Höhepunkt ihrer Popularität.
	Juli–August. Die Wuhan-Meuterei und die Offensive der *Ultralinken.* Angriffe gegen die VBA. September. Die Bewegung der *Ultralinken* wird zurückgedrängt, bis zum Februar 1968 wird allmählich die Ordnung wiederhergestellt.	
1968	Februar–Juli. Die Gegenströmung von rechts wird erneut aktiv. Revolutionskomitees schießen aus dem Boden und werden bis zum Jahresende zu einer Form der Regierung.	

	Politische Entwicklung Chinas	Tschiang Tsching
1969	Neunter Parteitag. Eine neue Parteiverfassung erklärt Lin Piao zum »engsten Kampfgefährten und Nachfolger des Genossen Mao Tse-tung«.	Wird im April ins Politbüro gewählt. Ist die folgenden zwei Jahre mit Lin Piao verfeindet.
1970	Kampf gegen Lin Piaos Versuch, auf dem Lu-schan die Macht zu ergreifen.	Winter. Plant mit anderen zusammen die nationale Kampagne gegen Lin Piao. Bis zur Mitte der siebziger Jahre überarbeitet sie weiterhin die in den sechziger Jahren eingeführten Revolutionsopern, Balletts und musikalischen Kompositionen. Von einigen läßt sie Filmfassungen machen.
1971	Am 12. September kommt Lin Piao, Berichten zufolge, bei einem Flugzeugabsturz in der Äußeren Mongolei ums Leben.	
1972	Februar. Der Besuch Präsident Nixons eröffnet wieder die chinesisch-amerikanischen Beziehungen. Veröffentlichung des Schanghaier Kommuniqués. Sommer. Die Propagandakampagne gegen Lin Piao ist im Gang.	Führt Gespräche mit Präsident Nixon und seiner Gattin. 12. August. Treffen mit der Autorin in Peking. Führt vom 25.–30. August in Kanton mit der Autorin Gespräche, die geheimgehalten werden.
1973	Der Filmbericht über China, den Antonioni auf Einladung der Chinesen gedreht hatte, wird verurteilt. Herbst. Ankündigung der Anti-Konfuzius-Kampagne als Fortsetzung der Kampagne gegen Lin Piao.	September. Gastgeberin des Philadelphia Orchestra.
1974	Verurteilung der Schansi-Oper »Dreimal den Pfirsich-Berg besteigen« entlastet Liu Schao-tschi.	Januar. Das zehnjährige Jubiläum der revolutionären Musterwerke, die unter ihrer Anleitung entstanden, wird gefeiert.
	Frühjahr. Angriff auf die »bürgerliche Musik«, die das Philadelphia Orchestra im September des vorhergehenden Jahres in Peking und Schanghai gespielt hatte.	
		Juli. Wird als eine »Auslegerin der Maotsetungideen« für ihre Leistungen im Überbau gepriesen.
	Das negative Urteil über den ersten legalistischen Kaiser und über die Kaiserinnen in der Geschichte Chinas wird revidiert.	September. Empfängt Imelda Marcos und lenkt die Aufmerksamkeit des ganzen Landes auf ihre Modellbrigade in Hsiao-tschin-tschuang.
1975	Januar. Beim Vierten Nationalen Volkskongreß skizziert Tschou En-lai die Modernisierung der Wirtschaft. Teng Hsiao-ping wird Stellvertretender Vorsitzender des Zentralkomitees.	
		März. Äußert sich dezidiert zur Außenpolitik. September. Besucht mit Teng Hsiao-ping und Hua Kuo-feng eine Konferenz über Landwirtschaft in der Modellbrigade Tatschai.
1976	Januar. Der Tod Tschou En-lais hat den Sturz Teng Hsiao-pings zur Folge,	

der zur Zielscheibe einer neuen Bewegung gegen die Rechten wird, die angeblich von Tschiang Tsching angestiftet wurde.
April. *Tien-an-men*-Zwischenfall.
Juli. Eine Reihe katastrophaler Erdbeben, vor allem in Nordchina.
9. September. Tod Mao Tse-tungs.
7. Oktober. Hua Kuo-feng wird als Nachfolger Maos zum Parteivorsitzenden erklärt und übernimmt Maos übrige Posten in Armee und Staat.

Oktober. Tschiang Tsching, Wang Hung-wen, Tschang Tschun-tschiao und Yao Wen-yüan als »Viererbande« verhaftet. Eine Kampagne gegen sie und ihre Anhänger, die sich über das ganze Land erstreckt, dauert bis 1977 an.

Glossar

Arbeitsgruppen: Gruppen von Beamten, die während der ersten Zeit der Kulturrevolution von Liu Schao-tschi und seiner Frau, Wang Kuang-mei, ausgeschickt wurden, um gegen die Offensive Maos vorzugehen.

Befreiung: die Gründung der Volksrepublik China 1949, allgemeiner: die früheren Machtübernahmen durch die Kommunisten in von der KMT und von den *warlords* beherrschten Gebieten.

Berichtigungsbewegungen: periodische Kampagnen zur ideologischen Umerziehung des politischen Personals und zur Ausrichtung auf die Linie Mao Tse-tungs. Die wichtigsten Kampagnen fanden 1942 bis 1944 und 1957 bis 1958 statt.

Bewegung des 4. Mai: kulturelle und nationalistische Revolution im Jahr 1919 von beispielloser Spannweite, die von der Peking-Universität ausging und sich auf andere städtische Zentren ausbreitete.

Demokratischer Zentralismus: dieses von Lenin entwickelte Prinzip ist das grundlegende organisatorische und dialektische Konzept der VRCh. Die Formulierung von Meinungen im Volk ist »demokratisch«, während der Gehorsam gegenüber der nationalen Autorität als »Zentralismus« erscheint. Die Ideen der Massen werden nach oben geleitet, während die von den Führern festgelegten allgemeinen politischen Richtlinien nach unten gesandt werden.

Einheitsfront: Zusammenarbeit zwischen gegensätzlichen Klassen und politischen Parteien gegen äußere Bedrohungen wie den japanischen Imperialismus.

Großer Sprung nach vorn: Maos geplante Beschleunigung der landwirtschaftlichen und industriellen Entwicklung durch Mobilisierung der Massen, eingeschlossen die Bildung der Kommunen in den Jahren 1958 bis 1960. In Wirklichkeit ein ökonomischer Rückschlag.

Gruppe für die Kulturrevolution: im Mai 1966 gebildet als Ersatz für die erste Februar-Gruppe unter Peng Tschen. Ihr stand Tschen Po-ta vor mit Tschiang Tsching als Stellvertretender Leiterin. Zu den aktivsten Mitgliedern dieser Führungsgruppe gehörten Kang Scheng, Tschang Tschun-tschiao und Yao Wen-yüan.

Hundert-Blumen-Bewegung: eine kurze Zeitspanne der relativen kulturellen Freiheit im Jahr 1957, der eine *Berichtigungsbewegung* gegen nonkonformistische Intellektuelle folgte.

Ideologische Umerziehung: politische Umerziehung widerspenstiger Individuen durch vorprogrammierte Kritik und Bloßstellung sowie durch anschließenden Neuaufbau des politischen Glaubens und der Persönlichkeit.

Jenan: von 1937 bis 1947 die kommunistische Hauptstadt im nördlichen Schensi; der »Geist von Jenan« beschwört die revolutionäre Reinheit jener frühen Tage.

Kampf zweier Linien: periodischer Klassenkampf zwischen der von Mao definierten proletarischen revolutionären Linie und seiner Opponenten, die als bürgerlich, reaktionär, revisionistisch, den kapitalistischen Weg gehend oder als rechtsabweichlerisch usw. verurteilt wurden. Im besonderen sind damit zehn Auseinandersetzungen zwischen Mao und seinen Rivalen gemeint.

KMT: Kuomintang: die von Tschiang Kai-schek bis zu seinem Tod 1975 geleitete herrschende Partei in der nationalistischen Regierung.

KPCh: Kommunistische Partei Chinas

Kulturrevolution: ein von Mao im landesweiten Maßstab gegen Rivalen und gegen den Revisionismus inszenierter Angriff, dessen Höhepunkt in den Jahren 1966 bis 1968 lag. Insgesamt eine Förderung des Klassenkampfs in allen Bereichen unter besonderer Berücksichtigung der kulturellen und ideologischen Umgestaltung.

Langer Marsch: jahrelanger Marsch der roten Streitkräfte, der im Oktober 1934 von Kiangsi im Südosten ausging und nach Schensi im Nordwesten führte.

Ligen der Linken: städtische Organisationen der Künstler und anderer akademischer Berufsgruppen mit Schanghai als Zentrum. Meist dienten sie auch als kommunistische Frontorganisationen in den frühen dreißiger Jahren.

Miliz: lokale Verteidigungseinheiten, die von der VBA ausgebildet und ausgerüstet werden, doch den lokalen Parteiorganen untergeordnet sind. Insgesamt waren sie auf die *Gruppe für die Kulturrevolution* von Tschiang Tsching ausgerichtet. Sie gewannen insbesondere nach 1973 an Bedeutung.

Mukden-Zwischenfall: die japanische Invasion in der Mandschurei am 18. Sept. 1931.

Neue Dinge: sozialistische Institutionen, in denen »der Klassenkampf das wichtigste Glied der Kette« ist. Während der Kulturrevolution entwickelte sich der radikale Egalitarismus im Erziehungsbereich, massenhaft wurden Studenten aufs Land geschickt, es entstanden fortschrittliche Modelleinheiten in allen Bereichen, wissenschaftliche, technische und kulturelle Angelegenheiten wurden von den Arbeitern und Bauern überwacht, es entstanden die Bewegung der Barfußärzte, die Revolutionskomitees, die Musterstücke der revolutionären Bühnenkunst.

Revisionismus: chinesische Vorstellung von bürgerlichen und kapitalistischen Zügen, wie sie in der Sowjetunion als vorherrschend angesehen werden.

Revolutionäre Rebellen: im allgemeinen nichtstudentische Aktivisten aus der Arbeiterklasse während der Kulturrevolution.

Revolutionskomitees: neue Formen der Regierung auf Provinzebene und darunter, die von Mao angeregt und von der *Gruppe für die Kulturrevolution* ab Ende 1967 eingeführt wurden. Sie waren dazu bestimmt, die Macht unter der neuen Ordnung zu stabilisieren.

Rotgardisten: allgemeiner Begriff für die Millionen junger Menschen, die rote Armbinden trugen, rote Bücher mit sich führten und ungezählte Organisationen bildeten. Es war dies die Antwort auf Maos Aufruf zur Unterstützung im Sommer 1966.

16. Mai-Clique: entstand gegen Ende 1967 als Abkömmling der von Tschiang Tsching ins Leben gerufenen *16. Mai-Gruppe.* Deren ultralinke Ausrichtung stand im Gegensatz zu den ursprünglichen Prinzipien ihrer Gruppe.

16. Mai-Gruppe: Tschiang Tschings Fraktion, die auf ihr Manifest vom 16. Mai 1966 zurückging.

Sozialistische Erziehungsbewegung: ein Aufruf in den frühen sechziger Jahren zur Erneuerung des proletarischen Klassenkampfs. Die VBA sollte als Vorbild dienen, und revolutionäre Nachfolger sollten herangezogen werden. Der Beginn der Kulturrevolution.

Tschung-nan-hai: seit 1949 die Residenz der Führung innerhalb der Mauern des alten kaiserlichen Palastes in Peking.

Tien-an-men: das zum alten Kaiserpalast in Peking gehörende Tor des Himmlischen Friedens, das sich auf einen mächtigen Platz öffnet, wo die Massen während der ganzen modernen Zeit immer wieder demonstriert haben.

Ultralinks: von einigen Gruppen während der Kulturrevolution vertretene Bevorzugung körperlicher Gewalt gegenüber der verbalen Auseinandersetzung, eine Position, von der sich die Verteidiger Maos später distanzierten.

VBA: Volksbefreiungsarmee, ein umfassender Begriff für das Militär in der VRCh.

Vier Bösewichte: von Lu Hsün entliehener Begriff. Tschiang Tsching bezeichnet damit Yang Han-scheng, Tschou Yang, Hsia Yen und Tien Han.

Viererbande: Hua Kuo-fengs Bezeichnung für Wang Hung-wen, Tschang Tschun-tschiao, Tschiang Tsching und Yao Wen-yüan, die er im Oktober 1976 ausschaltete.

VRCh: Volksrepublik China

Weißer Terror: die kommunistische Bezeichnung für das bedrohliche politische Klima in den Städten, die während des Nankinger Jahrzehnts, 1927 bis 1937, von der KMT beherrscht wurden.

Widerstandskrieg: wurde gegen Japan von 1937 bis 1945 geführt.

Yang-pan hsi: revolutionäre »Musterstücke«, ursprünglich ein Repertoire von acht Werken, die von Tschiang Tsching während der Kulturrevolution zur Aufführung freigegeben wurden.

Zehnte Plenartagung: die Zentralkomiteesitzung der KPCh vom September 1962, auf der Mao sein Engagement für die kollektive Wirtschaft und die ideologische Reinheit bekräftigte und zum erneuten Klassenkampf aufrief.

Personenverzeichnis

Ho Tze-tschen: Maos dritte Frau, von 1930–1937.

Hsia Yen: produktiver linker Dramatiker, Filmregisseur und Filmhistoriker; besaß großen Einfluß von den dreißiger Jahren bis in die frühen sechziger Jahre. Als einer der Vier Bösewichte von Tschiang Tsching während der Kulturrevolution gestürzt.

Hsien Hsing-hai: Komponist moderner und revolutionärer Musik, u. a. der Kantate »Der Gelbe Fluß«, die in Jenan geschaffen und unter der Leitung Tschiang Tschings währendder Kulturrevolution überarbeitet wurde.

Hsü Erh-wei: zusammen mit Schen Jo-yün Tschiang Tschings Chef-Dolmetscherin während meines Besuchs.

Hsü Hsiang-tschien: Stellvertretender Vorsitzender der Militärkommission, im Januar 1967 zum Leiter der *Gruppe für die Kulturrevolution* innerhalb der VBA ernannt und damit Tschiang Tsching nahestehend. Im selben Jahr Beförderung zum Politbüromitglied.

Hua Kuo-feng: trat im April 1976 als Premierminister an die Stelle von Tschou En-lai. Nach Maos Tod nahm er den Titel des Parteivorsitzenden und des Vorsitzenden der Militärkommission an und stellte sich als erstes die Aufgabe, die »Viererbande« zu stürzen.

Huang Hua: Studentenführer in der *9. Dezember-Bewegung,* später Dolmetscher Edgar Snows. 1971 wurde er der Delegationsleiter bei den Vereinten Nationen. Nach dem Tode Maos 1976 wurde er an Stelle von Tschiao Kuan-hua zum Außenminister ernannt.

Hu Tschiao-mu: Historiker und Propagandist, der in Jenan nach 1937 einer von Maos politischen Sekretären wurde. Seine »Dreißig Jahre Kommunistische Partei China« (1951) erreichte Millionenauflagen und erschien als Pflichtlektüre auf der Literaturliste für Intellektuelle, die eine ideologische Umerziehung mitmachten. Auf Anregung Tschiang Tschings initiierte er eine Kampagne gegen die »liberale« Interpretation des Romans »Traum der roten Kammer« durch den Kritiker Yü Ping-po.

Jao Schu-schih: militärischer Führer und Politkommissar seit den dreißiger Jahren. In den frühen fünfziger Jahren leitete er das Ostchina-Büro und nahm auch andere Spitzenpositionen in jener Region ein, wo er sich auch gegen Übergriffe von seiten Tschiang Tschings wehrte. Er und Kao Kang, der Leiter des Nordost-Büros, wurden im März 1955 ausgeschaltet, da sie ihre »selbständigen Königreiche« als »Privatbesitz« betrachteten.

Jen Pi-tschih: in der Sowjetunion ausgebildetes Mitglied des Kommunistischen Jugendverbands; wurde 1927 ins Zentralkomitee gewählt. Er gehörte im Befreiungskrieg zu den höchsten Parteiführern.

Kang Ko-tsching: die berühmte Kämpferin auf dem Langen Marsch, Tschu Tes vierte und letzte Frau. Seit den dreißiger Jahren auch eine Führerin der Frauenbewegung.

Kang Scheng: Wie Tschiang Tsching in Tschu-tscheng in der Provinz Schantung geboren. Seine Moskauer Ausbildung in Spionage- und Sicherheitsfragen machte ihn in China zu einer Autorität für Fragen der Öffentlichen Sicherheit; dieser Ruf blieb ihm bis zu seinem Tod 1975 erhalten. Er war ein umfassend gebildeter Mann und seit den Tagen in Jenan Tschiang Tschings Vertrauter; er schloß sich ihr in der *Gruppe für die Kulturrevolution* an.

Kao Kang: Schlüsselfigur in Nord-Schensi und Jenan in der zweiten Hälfte der dreißiger

Jahre. Seit 1949 Sekretär des Nordost-Büros, zu dem die Mandschurei gehörte; außerdem Vorsitzender der Staatlichen Planungskommission und ein Stellvertretender Vorsitzender des Zentralen Volksregierungsrates. Einer der Vorwürfe Maos gegen ihn und Jao Schu-schih war, daß sie versucht hätten, eine »parteifeindliche Allianz« zu bilden. Während seines Prozesses beging Kao Kang Selbstmord.

Ko Tsching-schih: nach 1955 Oberbürgermeister von Schanghai; unterstützte schon früh Tschiang Tschings Bemühungen um das zeitgenössische und proletarische Drama. Er starb vermutlich an einer Krankheit zu Beginn der Kulturrevolution 1965.

Lan Ping: Tschiang Tschings Filmpseudonym.

Li Fu-tschun: nach dem Langen Marsch wurde er zum Parteivorsitzenden des Grenzgebietes Schensi-Kansu-Ninghsia. Obwohl ihm während der Kulturrevolution vorgeworfen wurde, gegen Maos *Großen Sprung nach vorn* Stellung bezogen zu haben, wurde er 1967 rehabilitiert. Er wurde Mitglied des Politbüros, aus dem er zwei Jahre später ausgeschlossen wurde. 1923 heiratete er Tsai Tschang, eine Veteranin der Frauenbewegung während des letzten halben Jahrhunderts.

Li Min: Tochter von Ho Tze-tschen und Mao, geboren 1936 oder 1937. Später von Tschiang Tsching adoptiert.

Li Na: Tochter von Tschiang Tsching und Mao, um 1940 geboren.

Li Ta-tschang: ein Radikaler aus Szetschuan, der 1933 Tschiang Tsching den Weg in die KPCh bahnte.

Li Te-lun: Dirigent des Zentralen Philharmonischen Orchesters in Peking vor und während der Kulturrevolution; in dieser Zeit lernte er die Modellmusik Tschiang Tschings zu dirigieren.

Li Tschin: Tschiang Tschings ursprünglicher Name.

Li Tsching-tschüan: ein Bauernorganisator und Veteran des Langen Marsches, der schließlich als Leiter des Südwest-Büros Szetschuan beherrschte. 1967 wurden er und Teng Hsia-ping, der ebenfalls aus Szetschuan stammte, wegen Verbindungen zu Liu Schao-tschi und zu den »kapitalistischen Machthabern« ihrer Posten enthoben.

Li Yün-ho: Bühnenpseudonym Tschiang Tschings.

Liao Mo-scha: kämpferischer Autor und in den dreißiger Jahren Mitglied der *Liga Linker Dramatiker.* Nach der Befreiung wurde er zum Direktor der Abteilung Einheitsfront im Stadtparteikomitee von Peking ernannt. Zusammen mit Wu Han und Teng Tuo verfaßte er das satirische und politisch ketzerische »Drei-Familien-Dorf«, wofür sie zu Beginn der Kulturrevolution bestraft wurden.

Lin Piao: militärischer Held aus der Zeit des Langen Marsches, der Befreiung der Mandschurei und aus dem Koreakrieg. 1966 erbte er Liu Schao-tschis Titel »engster Kampfgefährte des Vorsitzenden Mao« und forderte Tschiang Tsching auf, die Kulturrevolution innerhalb der Armee anzugehen. 1969 zum Nachfolger Maos ernannt; starb im September 1971, nach einem angeblichen Mordversuch an Mao, Tschiang Tsching und anderen führenden Genossen, die zwischen ihm und einer sofortigen Übernahme der höchsten Machtposition standen.

Liu Schao-tschi: in seiner Jugend ein radikaler Arbeiterorganisator, während des *Widerstandskrieges* Untergrundparteiführer im Norden und angesehener Ideologe in Jenan während der vierziger Jahre. Er amtierte seit 1959 als Staatsoberhaupt und war Maos designierter Nachfolger seit 1961 bis zu seinem Sturz; zusammen mit einer Reihe Verbündeter wurde er im Jahre 1966 aufgrund einer plötzlichen Enthüllung angeklagt, er habe schon seit eh und je einen Revisionismus sowjetischer Prägung vertreten.

Lo Jui-tsching: Veteran des Langen Marsches, Minister für Öffentliche Sicherheit in den fünfziger Jahren und nach 1959 Stabschef der VBA. Geriet in Gegensatz zu Mao und verlor im Dezember 1965 seinen Posten.

Lu Hsün: Chinas bedeutendster moderner Essayist, Verfasser von Kurzgeschichten und Literaturhistoriker. Er war für seine und die folgenden Generationen ein Vorbild linker Opposition gegen autoritäre Regierungsformen. In der Kulturrevolution kam seine Parole aus der Mitte der dreißiger Jahre »Massenliteratur für den nationalen revolutionären Krieg« wieder zu Ehren, da sie den proletarischen Klassenkampf in der Kunst einschloß.

Lu Ting-i: Propagandist der Roten Armee, nach 1950 Direktor des Propagandabüros der Partei, das die nationalen Institutionen für Bildung und Kultur kontrollierte. 1966 wurde er als parteifeindlicher Rechter und Revisionist angeklagt. Tschiang Tsching und ihre Mitarbeiter übernahmen seine weitreichenden Machtbefugnisse.

Mao An-tsching: Maos zweiter Sohn aus der Ehe mit Yang Kai-hui, ungefähr 1921 in Tschangscha geboren.

Mao An-ying: Maos erster Sohn aus der Ehe mit Yang Kai-hui, ungefähr 1920 geboren. Ausgebildet in der Sowjetunion; arbeitete in einer Gemeinde in Schansi nach seiner Rückkehr nach China 1948, trat dann in eine Parteischule ein. Er fiel am 25. Oktober 1950 in Korea.

Mao Tse-min: Maos jüngster Bruder, der mit ihm und Liu Schao-tschi während der frühen zwanziger Jahre in Arbeiterorganisationen in Hunan aktiv war. Veteran des Langen Marsches, wurde 1943 eingekerkert und von General Scheng Schih-tsai aus Sinkiang hingerichtet.

Mao Tse-tan: Maos jüngerer Bruder, ebenfalls ein Arbeiterorganisator und Teilnehmer am Langen Marsch; fiel 1935.

Nie Erh: Komponist von Musik im westlichen Stil, war zunächst in Schanghai erfolgreich, wo er Filmmusik komponierte. Während der Zeit in Jenan schrieb er die Texte für die Kantate »Der Gelbe Fluß«, für die chinesische Nationalhymne und für andere Lieder gegen den Imperialismus und den Feudalismus.

Pan Han-nien: Vertreter der Komintern in der KPCh, der unter Tschen I von 1949 bis 1955 Stellvertretender Oberbürgermeister von Schanghai war. Sechs Jahre später wurde er aus der Partei ausgeschlossen und inhaftiert.

Peng Te-huai: eine lange und brillante militärische Karriere innerhalb der KPCh führte 1954 zu seiner Ernennung als Verteidigungsminister. Er behielt dieses Amt bis 1959, als er sich Maos Gunst dadurch verscherzte, daß er über den *Großen Sprung nach vorn* sagte: »Die Politik voranzustellen ist kein Ersatz für ökonomische Prinzipien.«

Peng Tschen: seit Mitte der dreißiger Jahre einer der wichtigsten kommunistischen Führer in Nordchina. Von Mitte der fünfziger Jahre bis Mitte der sechziger Jahre war er eine der Schlüsselfiguren im Nationalen Volkskongreß und im Stadtparteikomitee von Peking und gleichzeitig Oberbürgermeister Pekings. Als Verfasser der *Februar-Thesen,* die die ideologische Offensive der Kulturrevolution abschwächten, wurde er entlassen, und seine Machtpositionen wurden von Tschiang Tschings *Gruppe für die Kulturrevolution* übernommen.

Sai Tschin-hua: eine außergewöhnliche Kurtisane, die während der Boxer-Zeit in die internationale Politik verwickelt war. Tschiang Tsching verachtete sie, obwohl sie schließlich selbst wegen »unerlaubter Verbindungen zum Ausland« und wegen »Landesverrates« angeklagt wurde.

Schen Jo-yün: eine der Dolmetscherinnen Tschiang Tschings, die den Kontakt zwischen uns aufrechterhielt.

Tang Lung-ping: ein Stellvertretender Protokolleiter während meines Chinabesuches, der während der meisten Treffen mit Tschiang Tsching anwesend war.

Tao Tschu: hatte während des *Widerstandskrieges,* während des Befreiungskrieges und in den frühen fünfziger Jahren hohe Positionen inne und war eine führende Parteipersönlichkeit in Südchina. 1962 wurde er Leiter des Zentral- und Südchina-Büros. Anschließend kämpfte er mit Tschiang Tsching um die Anerkennung als nationale Autorität in kulturellen Fragen und um die ideologische Vorherrschaft. Er unterlag in diesem Kampf und wurde 1966 von ihr gründlich in Verruf gebracht.

Teng Hsiao-ping: ein in Frankreich und in der Sowjetunion ausgebildetes Mitglied der Gründergeneration des chinesischen Kommunismus. Er war während der vierziger Jahre Politkommissar in der Roten Armee. 1955, als er die Anklage gegen Kao Kang und Jao Schu-schih leitete, wurde er ins Politbüro gewählt, und im folgenden Jahr stieg er in dessen Ständigen Ausschuß auf. Als Generalsekretär der Partei in den frühen sechziger Jahren war er an der Formulierung des chinesischen Standpunktes der chinesisch-sowjetischen Auseinandersetzung beteiligt. Die Rotgardisten bezeichneten ihn als den wichtigsten Kollaborateur von Liu Schao-tschi. Im April 1973 wurde sein Ansehen wiederhergestellt; er wurde Stellvertretender Ministerpräsident und nahm bis zum Tode von Tschou En-lai im Januar 1976 dessen Geschäfte wahr. Danach fiel er abermals in Ungnade.

Teng Ying-tschao: mit ungefähr fünfzehn Jahren Führerin in der *Bewegung des 4. Mai* und frühes Mitglied der KPCh. Seit 1923 die Frau von Tschou En-lai. Sie und Tsai Tschang, die Frau von Li Fu-tschun, leiteten die Frauenbewegung seit der Parteigründung 1921 ein halbes Jahrhundert lang. Nach dem Tode von Tschou und Mao erhielt sie den Ehrenposten einer Stellvertretenden Vorsitzenden des Ständigen Ausschusses des IV. Nationalen Volkskongresses.

Tien Han: ein ausgezeichneter moderner Dramatiker, der Tschiang Tsching in ihren frühen Schanghaier Tagen kannte, aber den Fehler beging, sie nicht zu unterstützen. Als einer der Vier Bösewichte wurde er ein Opfer der Kulturrevolution.

Ting Ling: Chinas berühmteste revolutionäre Schriftstellerin; ihre intellektuelle und moralische Unabhängigkeit machte es ihr unmöglich, unter der kommunistischen Herrschaft schöpferisch tätig zu sein.

Tsao Hsüe-tschin: Autor des Romans »Traum der roten Kammer« aus dem 18. Jahrhundert.

Tschang Keng: bekannter Schauspiellehrer, Kritiker und Parteiführer im Schanghaier Untergrund, an der Lu-Hsün-Akademie in Jenan und nach der Befreiung. Aus persönlichen und politischen Gründen in Ungnade bei Tschiang Tsching, die mit ihm während der Kulturrevolution abrechnete.

Tschang Tschun-tschiao: seit den frühen fünfziger Jahren in der Regierung Schanghais aktiv, auch auf dem Kultursektor. Langjährige Zusammenarbeit mit Yao Wen-yüan im ideologischen Journalismus. Ein aggressiver und geschickter Stellvertretender Leiter der *Gruppe für die Kulturrevolution* ab 1966, danach Tschiang Tsching nahestehend. Zur

Zeit seines Sturzes als Mitglied der »Viererbande« Stellvertretender Premierminister und bedeutender Partei- und Propagandaleiter in Schanghai.

Tschen I: Veteran der Roten Armee, Oberbürgermeister von Schanghai in den frühen fünfziger Jahren und Außenminister in den frühen sechziger Jahren.

Tschen Ming-hsien (»Lao Tschen«): eine meiner Begleiterinnen aus der *Freundschaftsgesellschaft.*

Tschen Po-ta: ein produktiver Autor, schrieb über Fragen des Marxismus; gewann in den späten dreißiger Jahren als politischer Sekretär Maos in Jenan das Vertrauen des Vorsitzenden. War mit Unterbrechungen in den fünfziger Jahren erneut Maos politischer Sekretär. Nachdem er der *Gruppe für die Kulturrevolution* in den Jahren 1966 und 1967 vorgestanden hatte, wurde er angeklagt, auf der Seite der *Ultralinken* zu stehen.

Tschen Yün: Arbeiterorganisator der KPCh in der Mitte der zwanziger Jahre. Nach einer Ausbildung in Moskau leitete er die Organisationsabteilung der Partei in Jenan in den späten dreißiger Jahren und bereitete so die Ankunft Tschiang Tschings dort vor.

Tschi Pen-yü: Chefredakteur des Parteiorgans »Rote Fahne«; trat der *Gruppe für die Kulturrevolution* 1966 bei, wurde jedoch zwei Jahre später dieses Postens enthoben.

Tschiao Kuan-hua: in Europa ausgebildeter Spezialist für Auswärtige Angelegenheiten, der 1950 und insbesondere nach 1971 die chinesischen UNO-Delegationen leitete. 1975 Ernennung zum Außenminister, Entlassung im folgenden Jahr aufgrund seiner Beziehungen zur »Viererbande«.

Tschien Hao-liang: ein Tschiang Tsching ergebener Schauspieler. Der Held der revolutionären Oper »Die Geschichte einer Roten Signallaterne«. In ganz China bekannt als Hao-liang.

Tschou En-lai: Ausbildung in Frankreich und der Sowjetunion. Seit den dreißiger Jahren war Tschou eine der drei oder vier mächtigsten Figuren in der kommunistischen Bewegung und der unter den Staatsmännern der Welt bestbekannte Führer der KPCh. Obwohl er abwechselnd als Führer der Roten Armee, als Außenminister, Premierminister und als Stellvertretender Parteivorsitzender auftrat, war er doch nie ein eigenständiger Theoretiker. Er zeichnete sich als hervorragender Unterhändler aus und als geschickter Manager in wechselnden Führungsgruppen. Er starb im Januar 1976.

Tschou Yang: ein der Untergrundorganisation der KPCh nahestehender Literaturtheoretiker in Schanghai; stellte die Parole von der Literatur der Nationalen Verteidigung der Parole Lu Hsüns (siehe Lu Hsün) entgegen. Bedeutende Autorität in Fragen der Kultur und Propaganda von der Zeit in Jenan bis Mitte der sechziger Jahre; Symbol der literarischen und künstlerischen Orthodoxie, wie sie von Mao definiert wurde. Sein Versäumnis, Tschiang Tschings proletarische Kriterien zu propagieren, und ihre bitteren persönlichen Erinnerungen an die dreißiger Jahre waren der Grund für seine Entmachtung als einer der Vier Bösewichte.

Tschu Te: Oberbefehlshaber der Roten Armee seit 1927 und Teilnehmer an allen wichtigen Episoden, die den Aufstieg des chinesischen Kommunismus bezeichneten. Bis zu seinem Tod 1976 blieb er ein hochgestellter, wenn auch politisch inaktiver Vertreter der Generation der Parteigründer.

Tschü Tschiu-pai: in Moskau ausgebildeter Schriftsteller, marxistischer Theoretiker und städtischer Führer der KPCh. Der zweite Generalsekretär der Partei (1927–1928). 1935 von den Nationalisten hingerichtet.

Tsung Hsiang-ling: Schauspieler und schon früh ein Gefolgsmann Tschiang Tschings, der dadurch zu einer glänzenden Rolle in der revolutionären Oper »Mit taktischem Geschick den Tigerberg erobert« kam.

Wang Hung-wen: um 1965 ein politisch ambitionierter Schanghaier Textilarbeiter, dem es die *Gruppe für die Kulturrevolution* ermöglichte, in Schanghai an die Macht zu kommen. 1966 wurde er ins Zentralkomitee berufen und vier Jahre später zum Stellvertretenden Parteivorsitzenden und zum Mitglied des Ständigen Ausschusses im Politbüro ernannt. Somit wurde er mit ungefähr vierzig Jahren zum Symbol für die Aussichten der jüngeren Generation, die Nachfolge der alternden Gründer anzutreten. Nach dem Tod von Mao als einer der »Viererbande« gestürzt.

Wang Kuang-mei: Frau von Liu Schao-tschi, Verteidigerin seiner Politik und gleich ihm ein Opfer der Kulturrevolution.

Wang Li: in den sechziger Jahren Redakteur der »Roten Fahne« und ein Mitglied des Parteikomitees von Peking. Er stellte sich am Vorabend der Kulturrevolution gegen den Oberbürgermeister Peng Tschen und seine Schwarze Bande und errang dadurch einen Posten in der *Gruppe für die Kulturrevolution.*

Wang Ming: Führer der Achtundzwanzig Bolschewiken, die in den zwanziger Jahren in Moskau ausgebildet wurden. Von 1931 bis 1935 leiteten sie die kommunistische Organisation in Schanghai, die mit Maos Führung in den ländlichen Stützpunktgebieten konkurrierte. Nach seiner Rückkehr von Moskau nach China im Jahre 1937 setzte Wang Ming die Strategie der Einheitsfront durch. Mao verurteilte Wang Mings »blinde Verehrung ausländischer marxistischer Dogmen«, denen in China kein großer Erfolg beschieden war. Bis 1942 hatten sich die ideologischen Differenzen zwischen den beiden völlig verhärtet – ein besonders deutliches Beispiel für den *Kampf zweier Linien.* Zu Beginn des chinesisch-sowjetischen Konfliktes 1956 kehrte Wang nach Moskau zurück und agitierte von dort aus bis zu seinem Tode 1974 gegen die Herrschaft Maos.

Wang Tung-hsing: oberster Leibwächter Maos und seiner Familie seit den dreißiger Jahren und damit Tschiang Tschings Gefährte seit der Zeit in Jenan. Dank seiner Nähe zu Mao ein Experte in militärischer Strategie und Geschichte. 1967 ersetzte er den gestürzten Yang Schan-kun als Direktor des Allgemeinen Büros im Zentralkomitee und war in dieser Funktion verantwortlich für die Bewachung der persönlichen Papiere Maos und der zentralen Parteidokumente. Seit der Kulturrevolution stand er an der Spitze der Einheit Nr. 8341 der VBA, dem Palastwachensystem, mit dessen Hilfe Mao und die Kulturrevolutionäre gegen einen Staatsstreich verteidigt und die städtische Miliz entwickelt werden sollten. Mitglied des Politbüros seit 1973. Nach dem Tod von Mao schlug er sich auf die Seite von Hua Kuo-feng und verriet Tschiang Tsching dadurch, daß er sie und ihren Kreis festnahm und sich von ihnen öffentlich vom Tor des Himmlischen Friedens aus distanzierte.

Wu Han: Historiker, Journalist und Dramatiker, der mit der Chinesischen Demokratischen Liga assoziiert war. Zusammen mit Teng To und Liao Mo-scha schrieb er in der satirischen Kolumne »Das Drei-Familien-Dorf«. Auch war er der Autor eines Zyklus von historischen Dramen über den Ming-Beamten Hai Jui, in denen Tschiang Tsching als erste eine Allegorie erkannte, die die Herrschaft Maos verleumdete. Während der Kulturrevolution gestürzt.

Wu Te: löste 1966 Peng Tschen als Oberbürgermeister von Peking ab und übernahm gleichzeitig andere wichtige Posten in der Parteiführung und beim Militär. Ins Politbüro gewählt. Weitgehend verantwortlich für die Unterdrückung der spontanen Demonstrationen, die den *Tien-an-men-Zwischenfall* vom April 1976 bildeten. Sechs Monate später brachte er die Führung und die Massen gegen Tschiang Tsching auf, die seine Autorität in allgemeinen und kulturellen Bereichen seit 1966 unterstützt hatte. Anfang 1977 fiel er in

Ungnade, vermutlich wegen früherer Verbindungen zu Tschiang Tsching und den Kulturrevolutionären.

Yang Han-scheng: in den dreißiger Jahren Verfasser von Kurzgeschichten, Theaterstücken und Filmdrehbüchern; spielte eine bedeutende Rolle in der *Liga Linker Schriftsteller.* 1964 wurde er als einer der Vier Bösewichte angeklagt, da er es unterlassen hatte, für Tschiang Tschings neue Schule der Klassenkultur einzutreten.

Yang Kai-hui: Maos zweite Frau und Tochter von Yang Tschang-tschi, dem von Mao verehrten liberalen Lehrer in Tschangscha. Sie war eine emanzipierte Frau von fünfundzwanzig Jahren, als sie Mao 1920 heiratete. Sie gebar drei Söhne. Zehn Jahre später wurde sie von den Nationalisten eingesperrt und dann zusammen mit anderen Mitgliedern aus Maos Familie hingerichtet, da sie nicht bereit war, Mao oder die KPCh zu verleugnen.

Yang Schan-kun: einer der Achtundzwanzig Bolschewiken Wang Mings. Bald nach der Befreiung wurde er Direktor des Allgemeinen Büros im Zentralkomitee und behinderte Tschiang Tschings Aufstieg in jenem zentralen Regierungsorgan. 1967 aus diesem Posten entfernt.

Yao Wen-yüan: Literaturkritiker und marxistischer Ideologe aus Schanghai, der Maos Herrschaft von Beginn der Kulturrevolution bis zu seinem Sturz als einer der »Viererbande« 1976 tatkräftig unterstützte. Während dieser Zeit assistierte er auch Tschiang Tsching persönlich, indem er ihre Ideen zu polemischen Angriffen in den wichtigsten Presseorganen der Partei umformte.

Yin Tscheng-tschung: ein in Moskau ausgebildeter Klaviervirtuose, der seine Berufung in der Aufführung des Klavierkonzerts »Der Gelbe Fluß« fand, einer Modellkomposition, die unter Tschiang Tschings Aufsicht entstand.

Yü Schih-lien: Mitglied der *Freundschaftsgesellschaft.* Sie begleitete mich meistens während meines Aufenthalts in Peking.

Abkürzungen

AW	*Ausgewählte Werke Mao Tse-tungs,* (4 Bde. Peking, Bde. I und II, 1968, Bde. III und IV, 1969)
CB	*Current Background* (hektographiert; Amerikanisches Generalkonsulat, Hongkong)
CF	*China Forum, The* (Schanghai)
CL	*Chinese Literature* (Peking)
CNA	*China News Analysis* (Hongkong)
CQ	*China Quarterly, The* (London)
ECMM	*Extracts from China Mainland Magazines* (hektographiert; Amerikanisches Generalkonsulat, Hongkong)
HC	*Hung-tschi* (Rote Fahne; Peking)
HCPP	*Hung-tschi piao-piao* (Es flattert die Rote Fahne; Peking)
JMJP	*Jen-min jih-pao* (Volkszeitung; Peking)
JPRS	*Miscellany of Mao Tse-tung Thought 1949–1968, Teil 1 und 2; Joint Publications Research Service (Arlington, Va.),* Auswahl von Übersetzungen aus *Mao Tse-tung ssu-hsiang wan-sui* [Lang leben die Maotsetungideen!], 1967, 1969 (hektographiert)
KMJP	*Kuang-ming jih-pao* (Aufklärung; Peking)
NCNA	*New China News Agency* (Hsinhua; Peking)
PR	*Peking Rundschau* (Peking) (von März 1958 bis Sept. 1964 nur in Englisch)
SCMM	*Survey of the China Mainland Magazines* (hektographiert; Amerikanisches Generalkonsulat, Hongkong); später SPRCP
SCMP	*Survey of the China Mainland Press* (hektographiert; Amerikanisches Generalkonsulat, Hongkong); später SPRCP
SCMPS	*Supplement to the Survey of the China Mainland Press*
Reden von Tschiang Tsching	*Tschiang Tsching kuan-yü wen-hua ta ko-ming ti yen-tschiang tschi* (Reden zur Großen Kulturrevolution von Tschiang Tsching) (Macao 1971)
SPRCM	*Selections from People's Republic of China Magazines* (hektographiert; Amerikanisches Generalkonsulat, Hongkong)
SPRCP	*Survey of People's Republic of China Press* (hektographiert; Amerikanisches Generalkonsulat, Hongkong)

Anmerkungen

I Die Begegnung

1 Mit Robert Rinden, »*The Red Flag Waves. A Guide to the ›Hung-ch'i p'iao – p'iao‹, Collection*«, Berkeley 1968.
2 CQ 31, Juli-Sept. 1967, S. 128–147.
3 Viele dieser Geschichten wurden zusammengetragen durch Chung Hua-min [Pseudonym] und Arthur C. Miller in »*Madame Mao – A Profile of Chiang Ch'ing*«, *Union Research Institute*, Hongkong 1968. Die Autoren machen darauf aufmerksam, daß der Wahrheitsgehalt der Geschichten nicht nachprüfbar ist.
4 Eine gekürzte Fassung dieses Vortrags erschien in PR 23 vom 2. Juni 1967, S. 10–16.
5 Nym Wales' hervorragende Porträts von Tsai Tschang, Teng Ying-tschai, Kang Kotsching und anderen erschienen in »*Red Dust*« (Stanford 1952), dann als Bd. I von Helen Foster Snow (Nym Wales), »*The Chinese Communists. Sketches and Autobiographies of the Old Guard*«, 2 Bde., Westport, Conn. 1972. Tschiang Tsching hatte gewiß von Nym Wales gehört, aber sie sprach mit mir nicht über sie, vielleicht weil die Interviews von Nym Wales mit chinesischen Revolutionärinnen vor ihrer (Tschiang Tschings) Ehe mit Mao stattgefunden hatten.

II Ausbruch aus der Unmündigkeit

1 Hunde und Wölfe sind ein häufig wiederkehrendes Thema nicht nur im Leben Tschiang Tschings, sondern auch in der Kunst ihrer Zeit. In der Literatur der dreißiger Jahre wird von den japanischen Invasoren oft als »Wölfen« gesprochen. Tschiang Tsching selbst spielte eine Hauptrolle in dem Film »Blut auf dem Wolfsberg« (1936), der auf die Geschichte »Kalter Mond und Wolfsatem« von Schen Fu zurückging. Der Film, der in den dreißiger Jahren spielt, ist eine Parabel, in der isolierte Mitglieder einer Gemeinde von den Wölfen gefressen werden, bis sich die Einwohner zum Widerstand gegen die reißenden Tiere zusammenschließen. Siehe Tscheng Tschi-hua, »*Tschung-kuo tien-ying fatschan schih*« [Geschichte der Entwicklung des chinesischen Films], 2 Bde., Peking 1963, I, S. 470–473. In dem revolutionären Ballett »Das Weißhaarige Mädchen« wird die weibliche Hauptdarstellerin in ihrem Bergexil von Wölfen bedroht.
2 Akira Iriye, »*After Imperialism: The Search for a New Order in the Far East, 1921–1931*«, New York 1969, S. 193–205.
3 Einen allgemeinen Überblick über die Reform des Erziehungswesens in Tsinan gibt David D. Buck, »*Educational Modernization in Tsinan, 1899–1937*«, in »*The Chinese City Between Two Worlds*«, hrsg. von Mark Elvin und G. William Skinner, Stanford 1974.
4 »*Tschi-nan tschih-nan*« [Ein Führer durch Tsinan], Tsinan 1919, S. 178f.
5 »*Fen-scheng ti-tschih: Schantung*« [Adreßbuch für die Provinz Schantung], Schanghai 1935, S. 81–86.
6 Yü Schan war bereits eine bekannte Opernsängerin und Schauspielerin, als sie Tschao Tai-mou heiratete (Edgar Snow, »Roter Stern über China«, Frankfurt 1974, S. 435). Bevor er Direktor des Tsinan-Theaters für Experimentelle Kunst wurde, hatte Tschao an der Columbia- und der John-Hopkins-Universität studiert und an der Peking-Universität gelehrt. Vgl. »*Schantung scheng tschiao-yü ting ti-i-tzu kung-tso pao-kao*« [Erster Arbeitsbericht vom Amt für Erziehung und Unterricht der Provinz Schantung], Schantung 1929; auch Haschikawa Tokio, »*Tschügoku bunkakai jimbutsu sokan*« [Biographisches Lexikon der Gestalten des kulturellen Lebens in China], Peking 1940, S. 643f., S. 651; und »*Tschung-hua min-kuo ta-hsueh tschih*« [Bericht über die Hochschulausbildung in der Republik China], 2 Bde., Taipeh 1954, I, S. 219f.

7 Früher im Dienste des Kriegsherren Feng Yü-hsiang, wurde Han 1930 Gouverneur der Provinz Schantung und trat gleichzeitig zu Tschiang Kai-schek über. Unter der Anklage, den Japanern einen wirkungslosen Widerstand entgegengesetzt zu haben, wurde er von der KMT vor ein Militärgericht gestellt und im Januar 1938 hingerichtet. Siehe Chalmers A. Johnson, *»Peasant Nationalism and Communist Power«*, Stanford 1962, S. 109f.

8 Tschiang Tsching war damals ein Neuling im politischen Stegreiftheater, dessen Tradition in China auf drei oder mehr Jahrzehnte zurückging: Um die Jahrhundertwende trugen radikale junge Nationalisten Lieder vor und spielten kurze satirische Stücke, um den ausländischen Imperialismus anzuprangern. Siehe *»China in Revolution: The First Phase, 1900–1913«*, hrsg. von Mary C. Wright, New Haven, Conn. 1968, S. 9.

9 *Fang-hsia ni-ti pien-tze.*

10 Obwohl sich Tschiang Tsching in unserem Interview abschätzig über die *16. Mai-Gruppe* äußerte, war sie selbst eines der Gründungsmitglieder der Gruppe gewesen, die sich im Mai 1966 gebildet hatte, um die Autoren der *Februar-Thesen* zu diskreditieren. Die Verfasser der Thesen galten als Anhänger Liu Schao-tschis, des Hauptwidersachers Mao Tse-tungs in der Kulturrevolution. Eines der ursprünglichen Ziele der *16. Mai-Gruppe* war es, die reaktionären Elemente in den regionalen Truppenkommandos der VBA bloßzustellen, deren Oberbefehlshaber damals Lin Piao war, Tschiang Tschings wichtigster Förderer seit Februar.
Nach dem Bericht, den Tschiang Tsching in unserem Interview lieferte, verkehrte sich die Gönnerschaft Lins im Sommer in ihr Gegenteil, denn sie beschuldigte ihn, daß er insgeheim Angriffe der *Ultralinken* auf Tschou En-lai ausgelöst habe (den Tschiang Tsching immer als einen ihrer Unterstützer betrachtet hatte), auf sie selbst und andere Mitglieder der *Gruppe für die Kulturrevolution,* die mit Mao assoziiert wurde. Vgl. Barry Burtons auf den veröffentlichten Protokollen basierende Analyse, in der Lin Piao im großen und ganzen nicht als Haupt der ultralinken Verschwörer erscheint: *»The Cultural Revolution's Ultra-Left Conspiracy: The ›May 16 Group‹«* in *»Asian Survey«* vom 11. Nov. 1971, S. 1029–1053.

11 Schen Tsung-wen entstammte einer alten Offiziersfamilie, die ihr Vermögen während des Boxer-Aufstands verloren hatte. Als Tschiang Tsching ihn als Professor und Verfasser von Kurzgeschichten kennenlernte, dürften seine Einnahmen mäßig gewesen sein, aber immer noch größer als ihre eigenen. Siehe *»Biographical Dictionary of Republican China«*, hrsg. von Howard L. Boorman und Richard C. Howard, 4 Bde., New York 1967–1970, IV, S. 107.

III Agitation und Gefängnis

1 Edgar Snow beleuchtet einen weiteren Aspekt von Tschiang Tschings Aufnahme in die KPCh aus der Sicht Yü Tschi-weis (alias Huang Tsching, alias David Yü), des wichtigsten kommunistischen Beraters der *Bewegung des 9. Dezember,* den er 1935 interviewte. Yü Tschi-wei erzählte ihm, er habe Tschiang Tsching durch seine Schwester (oder Cousine) Yü San (Yü Schan) kennengelernt, die Frau Tschao Tai-mous (die von Tschiang Tsching, wie wir gesehen haben, als »Tyrannin« geschildert wurde). Damals, d. h. um 1933, war Yü Tschi-wei der Propagandaleiter des im Untergrund tätigen kommunistischen Parteiapparats in Tsingtao und könnte in dieser Funktion die Verbindung zwischen Tschiang Tsching und der KPCh hergestellt haben. Ein Onkel Yü Schans und Yü Tschi-weis war Yü Ta-wei, der Verteidigungsminister der Nankinger Kuomintang-Regierung – diese Verbindung zur KMT wollte Tschiang Tsching anscheinend nicht offenlegen. Siehe Edgar Snow, ibid., S. 449f.
Andere Berichte, deren Zuverlässigkeit zweifelhaft ist, weil sie keine Quellen nennen und zudem angesichts von Tschiang Tschings Erinnerungen unwahrscheinlich sind, deuten ihre Verbindung mit Yü Tschi-wei als sexuelle Beziehung. Ihre Verfasser behaupten, Yü Tschi-wei und »Miss Li« (Li Tsching-yün) hätten in Tsingtao geheiratet, hätten dort gemeinsam politisch gearbeitet und seien beide ins Gefängnis gekommen.

Nach ihrer Entlassung seien sie zusammen mit dem Schiff nach Schanghai gefahren, wo Miss Li sich Tao Hsing-tschihs Werk-Studium-Truppe angeschlossen habe. Siehe die Einträge über Huang Tsching in *»Hsin Tschung-kuo jen-wu tschih«* [Biographisches Lexikon des Neuen China], Hongkong 1950, I, S. 246; und *»Biographical Service«* in *»Union Research Institute«*, Hongkong 1956, S. 43. Siehe auch Kapitel VI., Anmerkung 2.

2 Im Frühjahr 1933, als Tschiang Tsching nach Schanghai kam, gehörten zum Repertoire des Frühling-und-Herbst-Schauspielensembles mehrere Übersetzungen ausländischer Stücke sowie chinesische Dramen, die den nationalen Widerstand zum Thema hatten. Eines der ausländischen Stücke war Upton Sinclairs *»Second Story Man«*. Zu den von Tien Han nach seinem Linksruck als Folge des *Mukden-Zwischenfalls* (18. September 1931) geschriebenen Stücken, die dort ebenfalls aufgeführt wurden, gehörten »Schwester« und »Sturmglocke«. Siehe Kiang Ye: *»Student Groups Give Anti-Japanese Plays«,* CF 2 vom 27. März 1933, S. 12.

3 *»Biographical Dictionary of Republican China«,* III, S. 267.

4 Lord Marleys Ankunft wurde im Schanghaier *»North China Herald«* vom 23. August 1933 gemeldet. Tschiang Tsching erwähnte nicht, daß Sung Tsching-ling, die Witwe Sun Yat-sens, eine prominente Bürgerrechtlerin, das chinesische Empfangskomitee anführte und bei dieser Gelegenheit als einzige Chinesin im *»Herald«* abgebildet wurde.

5 James P. Harrison: *»The Long March to Power«,* New York 1972, S. 231–34.

6 Edgar Snow schildert Mao Tse-tung in ähnlicher Lage und ähnlich ernährt: »Nach sechs Monaten verließ ich die Schule [die Erste Mittelschule in Tschangscha] und richtete meinen eigenen Ausbildungsplan ein, der darin bestand, täglich in der Provinzbücherei von Hunan zu lesen. Ich war darin sehr regelmäßig und gewissenhaft; das halbe Jahr, das ich so verbrachte, war meiner Ansicht nach sehr wertvoll für mich. Ich ging am Morgen in die Bibliothek, wenn sie öffnete. Mittags machte ich gerade lang genug Pause, zwei Reiskuchen zu kaufen und als Mittagessen zu verzehren. Ich hielt mich täglich in der Bibliothek auf und las dort, bis sie schloß.« (Edgar Snow, ibid., S. 147). An diese intellektuelle Selbständigkeit und jugendliche Genügsamkeit erinnerte Mao sich 1968 im Geiste der Kulturrevolution: »Es ist viel besser, in der Bibliothek zu studieren, als zu Vorlesungen zu gehen. Ein Stück Reiskuchen genügt als Mahlzeit für den ganzen Tag. Der alte Bibliothekar wurde sehr gut mit mir bekannt.« Eine Ironie des Schicksals war es natürlich, daß die Studenten der Kulturrevolutionsgeneration ihren Wissensdurst nicht mehr unabhängig in Bibliotheken stillen durften und daß auch keine regelmäßigen Vorlesungen gehalten wurden.

7 Jacques Guillermaz: *»La Chine populaire«,* Paris 1959, S. 226.

8 Israel Epstein: *»People's War«,* London 1939, S. 33.

9 Siehe Nym Wales (Helen Foster Snow): *»The Chinese Labor Movement«,* New York 1945, besonders S. 138f. Siehe auch Eleanor Hinder: *»Life and Labor in Shanghai«,* New York 1944.

10 Auf allen modernen industriellen Sektoren der chinesischen Wirtschaft stellten Frauen die Mehrzahl der Arbeitskräfte. Harold R. Isaacs berichtete im Jahre 1932, in Schanghai seien siebzig Prozent der in modernen Industriebetrieben Beschäftigten Frauen, von denen wiederum neunzig Prozent in der Textilindustrie – vor allem in Baumwollspinnereien und Seidenspulereien – arbeiteten, »allerdings existieren die Seidenspulereien heutzutage praktisch nicht mehr, und ihre Arbeitskräfte gehören zum alten Eisen« (Harold R. Isaacs, *»Five Years of Kuomintang Reaction«,* Schanghai 1932, S. 55).

11 In ihrer auf Quellenstudien basierenden Untersuchung der chinesischen Arbeiterbewegung in den dreißiger Jahren berichtete Nym Wales, daß Vertragsagenten der Textilindustrie aufs Land fuhren, um Mädchen für ein bis drei Jahre zu verpflichten. Danach erhielt die Familie jedes Mädchens einen kleinen Geldbetrag. Während ein Mädchen in der Textilfabrik arbeitete, mußte der Vertragsagent ihm nur freie Kost und Wohnung gewähren, obwohl er oft über sechzig Prozent des Arbeitslohnes einbehielt. Siehe Nym Wales, ibid., S. 14.

Harold Isaacs, der Herausgeber von *»The China Forum«*, einer in den dreißiger Jahren in Schanghai erscheinenden radikalen Zeitschrift in englischer Sprache, schilderte das Vertragssystem (*pao-tou*) ähnlich wie Tschiang Tsching. Seinem Bericht nach wurde es in den zwanziger und dreißiger Jahren in ganz China praktiziert. Die Arbeitgeber delegierten die Anwerbung von Arbeitskräften an einen Mittelsmann, normalerweise einen professionellen Vermittler oder Vertragsagenten (den *Pao-tou*-Mann), der es übernahm, die benötigten Arbeitskräfte bereitzustellen. Dieser Vermittler wurde häufig gleichzeitig als Vorarbeiter oder Aufseher in der Fabrik beschäftigt, so daß er die von ihm angeworbenen Arbeitskräfte ständig unter Kontrolle halten konnte. Während freie Arbeiter Tariflöhne erhielten, wurde den Vertragsarbeitern ein vereinbarter Prozentsatz für den Vermittler abgezogen. Der Nettolohn des Vertragsarbeiters verringerte sich außerdem um ein »Schmiergeld«, das üblicherweise ebenfalls an den Vermittler zu zahlen war. Auf diese Weise betrug der Anteil des Vermittlers am Tageslohn zwischen knapp zehn Prozent und über zwanzig Prozent.

Die von der *British-American Tobacco Company* in Schanghai angewendeten Methoden waren typisch. Der Komprador der Fabrik, ein Chinese, der die Aufgabe hatte, zwischen der Fabrik und in- und ausländischen Stellen zu vermitteln, erhielt den Auftrag, einen Arbeitsvermittler einzuschalten. Auf diese Weise kassierte der Komprador als erster einen bestimmten Prozentsatz von den Löhnen. Wurde der Arbeitsvermittler von einer der Schanghaier Gangsterbanden gestellt, erhielt deren Boß ebenfalls seinen Anteil. Gelegentlich waren alle diese Funktionen in einer Person vereinigt, der als Komprador, Gangsterboß und Arbeitsvermittler auftrat und somit alle drei Anteile einstrich. Von Arbeitsvermittlern der *British-American Tobacco Company* war bekannt, daß sie ihren Arbeitern Darlehen mit Monatszinsen bis zu zwanzig Prozent gaben, so daß die Arbeiter nicht mehr aus den Schulden herauskamen. Arbeitsvermittler, die auf dem Lande Arbeitskräfte anwarben, in Sammeltransporten nach Schanghai brachten und dort an andere Vermittler vermieteten, konnten weitere Anteile einbehalten. Siehe Harold Isaacs, ibid., S. 57–61, sowie »*Contract Labor at the B. A. T.*«, CF 2 vom 29. Mai 1933, S. 15.

Aus einem Interview mit einer Vertragsarbeiterin: »Sind wir noch Menschen? Sehen Sie sich unsere Gesichter an! Auf einem ein blauer Fleck. Auf einem anderen eine gelbe Narbe. Auf einem dritten eine schwarze Narbe. Striemen und Furchen und widerwärtige Pickel und Geschwüre. Von unseren Backenknochen hängt die Haut wie nasses Papier herunter . . . Wir sind hier Tausende von Mädchen, keine älter als neunzehn, wenige älter als dreizehn – und keine von uns, die nicht an Bindehautentzündung litte . . .

Wir arbeiten täglich zwölf Stunden in einer japanischen Baumwollspinnerei. Wir sind den Arbeitsvermittlern ausgeliefert, die in unsere Dörfer gekommen sind, mit unseren Eltern verhandelt und uns mitgenommen haben. Der Vermittler ist angeblich für uns verantwortlich. Wir zahlen ihm sieben Dollar im Monat für Kost und Wohnung. Unsere Löhne werden von den Vermittlern eingestrichen, die stirnrunzelnd mit den Schultern zucken und behaupten, sie setzten Geld zu, weil sie nur sechs Dollar Monatslohn für uns bekämen! Wie hoch unser Lohn wirklich ist, spielt keine Rolle, weil der Vermittler ihn ohnehin einstreicht.

Wenn manche von uns besser aussehen, steckt er uns nicht in Baumwollspinnereien, sondern in Bordelle, um auf diese Weise mehr Geld mit uns zu verdienen.« (Interview mit einer Vertragsarbeiterin, CF 2 vom 4. Okt. 1933, S. 12).

IV Auf der Bühne

1 Tien Han et al., »*Tschung-kuo hua tschü yun-tung wu-schih nien schih-liao tschi, 1907–1957*« [Materialsammlung: Fünfzig Jahre Sprechtheater in China, 1907–1957], Peking 1958, S. 13. Das Stück wurde noch bis 1963 in Schanghai aufgeführt.

2 Tien Han et al., ibid.

3 Nym Wales (Helen Foster Snow), »*Historical Notes on China*«, Hoover Institution, Stanford 1961, S. 23.

4 Im Mai 1937 schrieb Tschang Keng positiv über Lan Ping (Filmpseudonym von Tschiang Tsching) und bezeichnete sie als linke Schauspielerin des Volkstheaters. Er zitierte sie: »Als ich in ›Ein Puppenheim‹ mitspielte, konzentrierte ich mich voll und ganz auf die Rolle der Nora, aber für ›Donner‹, das Stück von Tsao Yü, das viel schwerer ist als das ›Puppenheim‹, habe ich täglich nur zwei Stunden geprobt.« Die meisten anderen Schauspielerinnen, führte Tschang Keng aus, seien viel egozentrischer gewesen als Lan Ping und nur darauf versessen, hübsch auszusehen (»Einige Fragen im Zusammenhang mit der Theater-Bewegung«, *»Kuang-ming tsa-tschih«* [Aufklärung] vom 25. Mai 1937, S. 1494).

5 Lu Hsüns Analyse von Ibsens Schauspiel, die er 1923 verfaßte, machte die Frauen auf neue Möglichkeiten, die sich ihnen boten, aufmerksam. Er berichtete, daß in einer Aufführung des Stücks in Schanghai die Ungewißheit über Noras Zukunft dadurch aufgehoben worden sei, daß man sie nach Hause zurückkehren ließ. Aber wenn Nora nur ein Vogel war, der aus seinem Käfig entflogen war, konnte sie von einem Falken oder einer Katze gefressen werden, überlegte er. Oder wenn ihre Flügel nach den vielen Jahren der Häuslichkeit lahm geworden wären, hätte sie gar nicht erst wegfliegen können und folglich auch keine Probleme gehabt. Es ist das schrecklichste Erlebnis überhaupt, aus einem Traum zu erwachen und nicht zu wissen, wohin man sich wenden soll. Jemand, der nicht weiß, wohin er gehen soll, sollte gar nicht erst geweckt werden. Das gleiche gilt für die Massen. Aber für die moderne gebildete Frau hat sich die Situation geändert. Allein fürs Essen braucht die Frau, die von zu Hause fortgeht, Geld. Obgleich die Freiheit nicht käuflich ist, kann sie doch für Geld verkauft werden. Deshalb müssen die Frauen um ihre ökonomischen Rechte kämpfen – dies ist der einzige Weg zur Unabhängigkeit.

6 Sai Tschin-huas außergewöhnliches persönliches Schicksal, das so eng mit dem Kampf zwischen chinesischem Nationalismus und ausländischem Imperialismus verknüpft war, beeindruckte Tschiang Tsching zutiefst; sie sprach häufig von ihr und wurde dabei jedesmal so heftig, als stellte diese Frau noch immer eine Bedrohung dar. Sai stammte aus Sutschou, einer Stadt, die für ihre schönen und begabten Frauen berühmt ist. Ende der achtziger Jahre des letzten Jahrhunderts ging sie nach Deutschland und wurde dort die Geliebte des Stabschefs der preußischen Armee, Graf Alfred von Waldersee. Während des Boxer-Aufstands (1898–1900) ernannte ihn der Kaiser, der empört war über die Ermordung seines Gesandten durch die Boxer und über die Tatsache, daß die Deutschen nicht aufgefordert waren, zur Befreiung der belagerten ausländischen Gesandtschaften in Peking beizutragen, zum Feldmarschall und setzte es durch, daß er den Oberbefehl über die Truppen der Verbündeten führte, die gegen die chinesischen Aufständischen entsandt worden waren.

Sai begleitete den Grafen nach Peking, wo sie ihn zu überreden versuchte, nicht ihre Landsleute zu töten oder als Vergeltung für Verluste der Ausländer chinesisches Eigentum zu zerstören. Sie hatte keinen Erfolg. Die exotisch anmutende Verbindung der beiden, aus der sie in Peking gar keinen Hehl machten, war für viele Schriftsteller anregend, darunter auch Tseng Meng-pu, der Sais Leben in seinem erfolgreichen Roman *»Nieh hai hua«* [Blume auf einem Meer des Bösen] (1906) verarbeitete. Nach dem Niedergang der Mandschu-Dynastie, mit dem auch Sais Glanz verblaßt war – sie beendete ihre Tage in einem Schanghaier Elendsviertel –, schrieb Liu Pan-nung ihre Lebensgeschichte, wie sie ihm erzählt worden war, nieder und veröffentlichte sie 1934 unter dem Titel *»Sai Tschin-hua pen-schih«* [Die wahre Geschichte von Sai Tschin-hua]. Lius Biographie löste eine ganze Flut von Geschichten, Romanen und Theaterstücken über sie aus und wurde schließlich unter dem Titel *»That Chinese Woman: The Life of Sai Chin-hua«* (London 1959) von Henry McAleavy auch ins Englische übersetzt.

1936 erhielt Hsia Yens dramatisierte Fassung von Lius Roman in Schanghai großartige Kritiken. Die Rolle der Sai wurde von Wang Ying gespielt, einer der beliebtesten Schauspielerinnen dieser Epoche. Nachdem Tschou Yang Hsia Yens Stück gesehen hatte, erklärte er, daß damit »völlig neue Perspektiven für das Nationale Verteidigungsdrama eröffnet« worden seien – wegen seiner Parallele zu der zeitgenössischen

antijapanischen Debatte (*»Kuo-fang wen-hsueh lun-tschan«* [Tschou Yangs »Diskussionen über Literatur zur Nationalen Verteidigung«], Schanghai 1936, S. 174).
Während der Kulturrevolution warf Tschiang Tsching wiederholt die rhetorische Frage auf, ob Sai der Sache des chinesischen Nationalismus gedient oder ob sie sie verraten habe; sie behauptete stets letzteres. Inzwischen verfügte sie natürlich über Mittel und Wege, um Hsia Yen zu bestrafen, indem sie seine Karriere zerstörte, seinen Namen verunglimpfte und seine Werke verbot. Siehe auch die lange Schmähschrift gegen das Stück, die Mu Hsin am 12. März 1966 im KMJP und am 16. März 1966 im CB 786, S. 15–36, veröffentlichte.

7 Japanischer Faschismus und Imperialismus waren die unmittelbaren Ziele. Sung Tsching-ling, die Witwe von Sun Yat-sen, erklärte, daß die Vereinigungen zur *Rettung des Vaterlands,* die in Schanghai auf volksnaher Ebene die Politik der Einheitsfront vertraten, weder prokommunistisch noch gegen die Regierung seien. Sie wandten sich an alle, unabhängig davon, welchem politischen Glauben sie anhingen oder welcher Partei sie zugehörten. Ihr Hauptziel war es, einen Nationalen Befreiungskrieg durchzuführen. (»Erklärung zur Verhaftung der ›Sieben Gentlemen‹« in Ssung Tsching-ling, »Der Kampf um ein neues China«, Berlin 1958, S. 89f.).
Mit Mao Tse-tungs Bericht vom 1. August 1935 erklärte sich die KPCh bereit, sich mit allen politischen Parteien, Organisationen und Einzelpersonen zusammenzuschließen, die sich den Widerstand gegen die Japaner und die Rettung der Nation als Ziel gesetzt hatten. Gemeinsam sollte eine Regierung zur Nationalen Verteidigung gebildet werden. (»Die Aufgaben der Kommunistischen Partei Chinas in der Periode des Widerstandskampfes gegen die japanische Aggression«, AW I, S. 311, S. 325, Anm. 2).

8 Nur zwei Wochen nach der Pekinger Demonstration vom 9. Dezember wurde am 22. Dezember 1935 in Schanghai die Frauenvereinigung zur *Rettung des Vaterlands* gegründet. Laut Sung Tsching-ling zogen am Tag ihrer Gründung Tausende von Frauen durch die Straßen Schanghais und riefen Parolen, die für die allgemeine demokratische Bewegung typisch waren: »Schluß mit dem Bürgerkrieg!«, »Chinesen dürfen nicht gegen Chinesen kämpfen!«, »Bildet eine Einheitsfront zur *Rettung des Vaterlands!*«, »Frauen können sich nur emanzipieren, indem sie sich am Widerstand beteiligen!« Mitglieder der Vereinigung waren Lehrerinnen, Arbeiterinnen, Studentinnen und Hausfrauen. Von Anfang an wurde die Vereinigung von der CVJF unterstützt. Zu ihren Publikationsorganen gehörte die Monatszeitschrift »Das Leben der Frau«; »Die Masse der Frauen« erschien alle zehn Tage und »Kleine Schwestern« zweimal im Monat. (Ssung Tsching-ling, ibid., S. 147–162).
Den Namen von Sun Yat-sens Witwe, Sung Tsching-ling, eine der Hauptanführerinnen der Bürgerrechtsbewegung gegen die Unterdrückung durch die KMT, hat Tschiang Tsching mir gegenüber nie erwähnt. Obgleich sie nicht Mitglied der Kommunistischen Partei war, war Sung Tsching-ling dank ihrer außerordentlichen Intelligenz und ihrer Zivilcourage wie auch aufgrund der historischen Rolle, die ihr Mann gespielt hatte, wahrscheinlich die prominenteste Frau des linken Flügels im Schanghai der dreißiger Jahre.

9 John Israel hat gezeigt, daß sich Schanghai durch den Schutz, den das ausländische Recht bot, und vor allem durch seine exterritoriale Situation, die politischen und intellektuellen Nonkonformisten Immunität garantierte, für die Bewegung zur *Rettung des Vaterlands* geradezu anbot. Die »Sieben Gentlemen« trugen zur Gründung der Vereinigungen zur *Rettung des Vaterlands* bei. Es gab Vereinigungen von Frauen, von Lehrern, Dramatikern und Filmleuten. Ihre kompromißlose Forderung nach rückhaltlosem Widerstand gegen die Japaner – zu einer Zeit, zu der die kommunistischen Kräfte im Nordwesten ebenfalls für eine Einheitsfront eintraten, führte zu harter Bestrafung durch die Nationalisten (John Israel, *»Student Nationalism in China«,* Stanford 1966, S. 132f.).
Am 28. Dezember 1936, nur zwei Tage, nachdem Tschiang Kai-schek eine Erklärung abgegeben hatte, faßte Mao Tse-tung »Eine Erklärung zur Erklärung Tschiang Kai-scheks« ab, in der er die Freilassung der »Sieben Gentlemen« und aller anderen politischen Gefangenen forderte und dazu eine Garantie für die Freiheit und die Rechte des

Volkes (AW I, S. 299–302). Obwohl Tschiang Kai-schek durch seine Festnahme gezwungen worden war, zumindest nominell die Politik der Einheitsfront zu akzeptieren, ließ er sich mit der Freilassung der politischen Gefangenen Zeit.

10 Ein umfassender Bericht über die *Sian-Ereignisse* findet sich bei Lyman P. Van Slyke, *»Friends and Enemies: The United Front in Chinese Communist History«,* Stanford 1967, Kap. V.

11 Aber er »beobachtete« nicht nur, sondern er schrieb auch zwischen 1927 und 1930 »Ausgewählte Tang- und Sung-Geschichten« (1928), »Morgenblüten, am Abend gepflückt« (1928), Lebenserinnerungen; »Das wär's dann« (1928), gesammelte Essays; außerdem war er Chefredakteur der Zeitschrift »Der Schwätzer«. 1930 begann er aktiv zu werden. In diesem Jahr gründete er zusammen mit anderen die Chinesische Freiheitsliga, eine Bürgerrechtsorganisation, und die *Liga Linker Schriftsteller,* die erste und einflußreichste aller Linken Ligen. Er schrieb zahlreiche Kurzgeschichten, prägnante Essays über Ästhetik sowie gesellschaftliche und politische Kritiken. Außerdem übersetzte er A. W. Lunatscharskijs »Über Kunst, Literatur und Kritik«, G. W. Plechanows »Über die Kunst« und andere Werke über literarische Beziehungen zwischen China und Rußland. Diese Phase seiner Arbeit wird von den Verwaltern seines literarischen Testaments seit der chinesisch-sowjetischen Spaltung, die Ende der fünfziger Jahre begann, unterschlagen.

12 Meine Schanghaier Führer erzählten mir vom gleichen Treffen zwischen Lu Hsün und Tschen Keng und fügten außerdem hinzu, Tschen habe für Lu Hsün eine Karte gezeichnet, auf der die militärischen Operationen in den Stützpunktgebieten aufgeführt gewesen seien. Diese handgezeichnete Karte wurde nach der Befreiung gefunden. Er berichtete Lu Hsün auch aus erster Hand über die ökonomischen und sozialen Verhältnisse in den chinesischen Sowjetgebieten in Kiangsi.

Ein Jahr nach meinem Interview mit Tschiang Tsching wurde dieser Vorfall, neben anderen, in einem neuen Geschichtsbuch von Schih I-ko aufgeführt: *»Lu Hsün ti ku schih«* [Geschichten über Lu Hsün], Peking 1973, S. 107–110 pass.

Edgar Snow bestätigte die Anekdote über Tschen Keng. Während des Vierten Einkreisungsfeldzugs im Herbst 1932 zwischen der Roten Armee und den Streitkräften der KMT wurde Tschen Keng am Bein verwundet und kam Anfang 1933 zur ärztlichen Behandlung nach Schanghai. Dort wurde er von dem kommunistischen Überläufer Ku Schun-tschang erkannt und der Nationalisten-Polizei ausgeliefert. Sie vermochten ihn nicht dazu zu überreden, der KMT beizutreten, und er kehrte zu Maos Gruppe in Kiangsi zurück (*»Random Notes on Red China,* 1936–1945«, Cambridge, Mass. 1957, S. 92f.).

13 Mit dem Versuch, Lu Hsün nachträglich mit der Sache des Kommunismus in Verbindung zu bringen, veröffentlichte seine Witwe Hsü Kuang-ping Erinnerungen an ihre Zeit in Schanghai. Darin enthalten sind Bemerkungen über ihre Freundschaft mit Tschü Tschiu-pai und seiner Frau, Yang Tschih-hua, die zwischen 1932 und 1934 häufig bei ihnen zu Besuch waren – in einer Zeit, zu der beide Schriftsteller und ihre Familien von der KMT unter massiven Druck gesetzt wurden. Im Januar 1934 verließ Tschü Tschiu-pai Schanghai und ging nach Kiangsi, um dort in den *Zentralen Sowjetgebieten* zu arbeiten. Im Juni wurde er von der KMT gefangengenommen und hingerichtet. Daß Tschüs Arbeiten erhalten geblieben sind, ist Lu Hsün zu verdanken, der sie während des *Weißen Terrors* verwahrte und so ihren Verlust und ihre Vernichtung verhinderte. Siehe Hsü Kuang-ping, »Lu Hsün und Tschü Tschiu-pai«, CL 9 vom September 1961, S. 3–113.

14 Lu Hsün war mit Tschou Yang und Tien Han über eine Reihe von Punkten uneins, unter anderem auch über die Tatsache, daß sie seinen literarischen Schützling Hu Feng verdächtigten, Spion der KMT-Regierung zu sein. *»Lu Hsün hsun-tschi«* [Lu Hsüns gesammelte Werke], 20 Bde., Peking 1938, VI, S. 540–542.

15 »Über die neue Demokratie«, 1940, AW II, S. 435.

16 In der Übersetzung lautet der betreffende Teil des Briefs: ». . . Auf den ersten Blick scheinen auf der dritten Seite von *›Sche-hui jih-pao‹* [Zeitung für die Gesellschaft] Aufsätze abgedruckt zu werden, deren Verfasser eine unorthodoxe heterogene Linie

vertreten. Diese Artikel scheinen keine bestimmte Person lobend herauszustellen oder zu kritisieren. Tatsächlich gibt es doch eine einheitliche Linie. Nachdem ich die Artikel zwei Monate lang regelmäßig gelesen habe, ist mir aufgefallen, daß darin kein einziges Wort gegen Tschou Yang und seine Gruppe laut wird, was darauf hinweist, daß eine [besondere] ›gesellschaftliche Beziehung‹ besteht. Ständige Angriffe auf (Wen I-tze?) und seine Gefährten gehören zur Politik [der Zeitung], und mit der Suspendierung von I Wen wollte man Unbehagen erzeugen. Trotzdem bemüht sich unser Herr Fu Tung-hua sehr [für uns zu kämpfen].«

17 »Antwort auf ein Schreiben der Trotzkisten«, in »Selected Works of Lu Hsün«, 4 Bde., Peking 1956–1960, IV, S. 277–280.

18 *»Lu Hsün san-schih nien tschi«* [Eine Sammlung aus dem dreißigjährigen Schaffen Lu Hsüns], 30 Bde., Schanghai, 1947, XXX, S. 69–86.

19 Die ersten beiden Artikel stammen aus *»Lu Hsün san-schih nien tschi«*, XXX, S. 69–86, und XXVIII, S. 30–34; der dritte aus »Ausgewählte Werke«, IV, S. 186–190.

20 Siehe beispielsweise T. A. Hsias Artikel *»The Enigma of the Five Martyrs«*, in *»The Gate of Darkness«* (Seattle 1968, S. 163–223), sowie seine anderen Untersuchungen über die Literaturpolitik der dreißiger Jahre.

V Filmarbeit in Schanghai

1 Der junge sowjetische Kameramann Roman Karmen traf im November 1938 in Wuhan ein, um eine Reportage zu machen. Im Dezember ging er nach Tschungking und im darauffolgenden Mai kam er in die kommunistische Hochburg im Nordwesten. Sein Filmbericht wurde 1941 unter dem Titel »In China« vorgeführt. Im gleichen Jahr veröffentlichte er in Moskau ein Tagebuch mit dem Titel »Ein Jahr in China«. Siehe Jay Leyda, *»Dianying: Electric Shadows«* (Cambridge, Mass. 1972, S. 363). Bei dem Film, den Tschiang Tsching erwähnte, handelte es sich wahrscheinlich um Karmens »In China«.

2 Es heißt, Tang Na, wahrscheinlich ihr Liebhaber und später ihr Ehemann, habe für die *»Ta-kung pao«* Filmkritiken geschrieben, in denen sie stets gut besprochen worden sei.

3 Lan Ping [Tschiang Tsching], *»Wo-men ti scheng-huo«*, in *»Kuang-ming tsa-tschih«* [Aufklärung] vom 25. Mai 1937. Ein Abdruck des Artikels findet sich in *»Ming-pao«* (Hongkong) 100, April 1974, S. 86ff.

4 Einen Überblick über die Filmindustrie der dreißiger Jahre in englischer Sprache gibt Yao Hsin-nung, *»Chinese Movies«, in »Tien Hsia Monthly«* vom April 1937, S. 393–400.

5 Tscheng Tschi-hua, *»Tschung-kuo tien-ying fa-tschan schih«*, ibid., I, S. 184f.

6 Tscheng Tschi-hua, ibid., S. 187.

7 Tscheng Tschi-hua, ibid., S. 200f.

8 Leyda, ibid., S. 80.

9 CF 3, Nr. 2 vom 30. Nov. 1933; 3, Nr. 4 vom 13. Jan. 1934.

10 Leyda, ibid., S. 88.

11 In den dreißiger Jahren legten sich Frauen, die in der Unterhaltungsbranche arbeiteten, flotte Namen zu – Schmetterling Wu und Lily Li hießen die beiden berühmtesten Stars (im Chinesischen bestehen die Namen aus drei Homophonen); daneben nahm sich Blauer Apfel geradezu bescheiden aus. Hingegen war das gesellschaftliche Ansehen von Filmschauspielerinnen in den zwanziger Jahren, als die Filmindustrie ihren Aufschwung erlebte, so gering, daß sich die Frauen hinter Pseudonymen versteckten – Gelehrte Dame FF oder Gelehrte Damen AA (Kung Tschia-nung, *»Kung Tschia-nung tsung-ying hui-i lu«* [Kung Tschia-nungs Erinnerungen an den Film], 3 Bde., Taipeh 1967, I, S. 13).

12 Tscheng Tschi-hua, ibid., I, S. 333.

13 Zu den Autoren, die kritisiert wurden, gehörte auch Tscheng Tschi-hua, der das Hauptwerk über die Geschichte des chinesischen Films schrieb. Siehe Anm. 5 und 17.

14 Tscheng Tschi-hua, ibid., I, S. 470ff. Ein anderer antijapanischer Film, in dem sie mitspielte, hieß »Lien-Hua-Symphonie«. Die acht Episoden des Films waren von Tsai Tschu-scheng geschrieben worden, Regie führte Su-tu Hui-min; 1937 wurde der Film von der *United Photoplay* fertiggestellt. Tschiang Tsching spielt in der ersten Episode mit dem Titel »Zwanzig Cents« (Tscheng Tschi-hua, ibid., I, S. 473–476, S. 611f.).

15 Yao Hsin-nung, ibid., S. 399.

16 Lu Ssu, *»Ying-ping i-tschiu«* [Gedanken über die frühere Filmkritik], Peking 1962, S. 27–44.

17 Tscheng Tschi-hua, ibid., I, S. 473. In Tscheng Tschi-huas Rückschau auf Filme, in denen Tschiang Tsching mitgewirkt hat, findet sie nur als Lan Ping Erwähnung; von ihrem späteren Namen, den sie während der Revolution wählte, und ihrer Heirat mit Mao ist nirgends die Rede. Tscheng bestätigt viel von dem, was sie nur andeutete, obgleich er auch manches von dem, was sie über ihre Tätigkeit nach 1937 behauptete, in Abrede stellt – vielleicht aus Unkenntnis, vielleicht aber auch aus Bosheit. Zum Beispiel sagt er, sie habe 1938 bei der *Tschung Tien-Filmgesellschaft* unter Vertrag gestanden, einem Organ des Zentralen Propagandabüros der KMT, das nach dem japanischen Angriff im Jahre 1937 und der Auflösung der Schanghaier Filmindustrie im Inneren des Landes, in Wuhan und Tschungking, weiterproduzierte. Da die KMT selbst über kein Reservoir an Filmtalenten verfügte, machte sie »progressiven« Filmleuten Avancen, darunter auch dem begabten Regisseur Schen Hsi-ling und einer Gruppe Schauspieler, zu denen auch Tschao Tan und Lan Ping gehörten. Lan Ping hatte eine Rolle in »Jungen und Mädchen von China«, einem Film, in dem vier Geschichten verarbeitet sind, die davon handeln, wie sich Leute aus verschiedenen sozialen Klassen und aus verschiedenen Teilen Chinas dem Widerstand anschließen. Sie spielte in der Episode mit dem Titel »Ein Bauer erwacht«, in dem es um die Bildung eines patriotischen Bewußtseins in ländlichen Regionen geht. Der Film wurde im September 1938 in Tschungking fertiggestellt und 1939 aufgeführt (Tscheng Tschi-hua, ibid., II, S. 59f.).
Aber in ihrem Bericht im Sommer 1972 behauptete Tschiang Tsching (und ihre Heftigkeit läßt darauf schließen, daß sie gegenteilige Gerüchte auszuräumen wünschte), im August 1937 direkt von Schanghai über Sian in Jenan eingetroffen zu sein; daher habe sie unmöglich in diesem Film in dem von Tscheng genannten Zeitraum mitspielen können. Tscheng täuschte sich also tatsächlich, oder er verhielt sich nicht sehr diplomatisch. Diese mysteriöse Geschichte muß ebenso wie seine lobenden Worte über Hsia Yen, Yang Han-scheng und andere talentierte Filmemacher der dreißiger Jahre, die während der Kulturrevolution Mitte der sechziger Jahre denunziert wurden, zweifellos mit der Kritik in Zusammenhang gebracht werden, die die »Volkszeitung« 1966 an Tschengs Filmgeschichte übte. Dabei wurde ihm sein Lob auf Hsia Yen und andere zum Vorwurf gemacht wie auch seine Förderung des »Kults des Films der dreißiger Jahre«. Gleichzeitig erfuhr Tscheng, daß die Veröffentlichung eines dritten Bandes, der die Zeit von 1949 bis 1959 behandeln sollte, so lange verschoben werden müßte, bis er die ersten beiden Bände sorgfältig überarbeitet und zur Veröffentlichung vorgelegt hätte (vgl. Leyda, S. 337, 339). Bis Mitte der siebziger Jahre war die Neubearbeitung noch nicht veröffentlicht.

18 Tscheng Tschi-hua, ibid., I, S. 465f. Lan Pings Rolle in *»Wang Lao-wu«* wird ebenfalls in Yang Tsuns *»Tschung-kuo tien-ying san-schih nien«* [Dreißig Jahre chinesischer Film], Hongkong 1954, S. 172, erwähnt.

19 Zum Beispiel findet sich in der Filmrubrik der *»Schih pao«* (Schanghai) vom 15. Juni 1937 die ausgesprochen belanglose Notiz, daß Lan Ping am vorhergehenden Abend mit dem Sohn des kürzlich geschiedenen Schauspielers Tschang Min zu Abend gegessen habe. Gefragt, wie sie sich zwei Tage nach Beendigung der Dreharbeiten von *»Wang Lao-wu«* fühle, sagte sie: »Bestens!«

20 Tscheng Tschi-hua, ibid., I, S. 467

21 Sie hatte vor allem in politischer Hinsicht etwas an ihm auszusetzen – weil er sich mit der Nationalen Verteidigung zufriedengab, die keinen Nachdruck auf den Klassenkampf legte, und weil er sich als linker Künstler seine Unabhängigkeit bewahrte. Er

blieb auch nach der Eroberung Schanghais durch die Japaner dort und gab die Tageszeitung »Rettung des Vaterlands« heraus, die von dem hervorragenden Schriftsteller Kuo Mo-jo gegründet worden war, der seinen guten Namen übrigens über die Kulturrevolution hinwegrettete.

22 Siehe Tien Hans Artikel »Erinnerungen an den Film«, in *»Tschung-kuo tien-ying«* [Der chinesische Film], Juni 1958, S. 62ff.

23 Zu den Filmen, in denen Yüan Ling-yü die Hauptrolle spielte, gehörten unter anderem »Das Bauernmädchen«, »Ein Morgen in der Stadt«, »Aufschrei der Frauen«, »Der Arbeiter aus der Zündholzfabrik« und »Mädchen von der Straße«. Eine kurze Zusammenfassung ihres Lebens, das von der Heftchen-Literatur eifrig ausgeschlachtet wurde, gibt Yang Tsun (ibid., S. 124–130) und Sun Yü in »In Erinnerung an Yüan Ling-yü«, in *»Schang-hai tien-ying«* [Schanghaier Film] 3, 1962, S. 18f.

24 Nie Erh, der sein Pseudonym einfach aus vier Radikalen mit der Bedeutung »Ohr« zusammengesetzt hatte, war ein Schüler Li Tschin-huis, des größten Produzenten »gelber Musik« (Musik im populären westlichen Stil) im Schanghai der dreißiger Jahre. 1933 warb Tien Han Nie Erh für die Kommunistische Partei an und verschaffte ihm Arbeit bei der *United Photoplay*, wo er zahlreiche Lieder für Filme, fürs Radio und für Schallplatten komponierte. Um politischer Verfolgung zu entgehen, floh er nach Rußland, Westeuropa und Japan, wo er 1935 beim Schwimmen ertrank. Obgleich Tien Han gleichzeitig sein und Tschiang Tschings Mentor war, hat sie Nie Erh möglicherweise nicht persönlich gekannt (sie hat seinen Namen nie erwähnt), denn sie schloß ihren Filmvertrag im gleichen Jahr ab, in dem er ums Leben kam. Siehe Tscheng Tschihua, ibid., I, S. 385ff.; A.C. Scott, *»Literature and the Arts in Twentieth Century China«*, New York 1963, S. 134f.; Kung Tschia-nung, ibid., III, S. 201.

25 Leyda, ibid., S. 96. Die Verwandlung von Schmerz in Stärke – die Abwendung von »bürgerlicher Sentimentalität« hin zu revolutionären Taten – ist seit den dreißiger Jahren ein ständig wiederkehrendes Motiv in der proletarischen chinesischen Kunst, sowohl im Film als auch in der Literatur.

26 Leyda, ibid.

27 Der Aufsatz, der am 6. Mai 1935 geschrieben wurde, erschien in »Ausgewählte Werke von Lu Hsün«, ibid., IV, S. 186–190.

28 Laut Edgar Snow ist Tschiang Tsching 1934 nach Tsinan zurückgekehrt, heiratete dort einen Schauspieler mit dem Bühnennamen Tang Na und arbeitete danach beim Film in Schanghai. 1937 wurde sie geschieden. Angesichts Snows weiterer Behauptungen über sie, die zu ihren eigenen Aussagen im Widerspruch stehen (z.B. daß sie 1938 in Jenan eingetroffen sei, daß sie und Mao zwei Töchter hätten usw.) muß auch Snows Bemerkung über Tang Na mit gewisser Vorsicht aufgenommen werden (Snow, ibid., S. 436). Darüber hinaus berichten Tschung Hua-min und Arthur C. Miller, ohne dies dokumentarisch zu belegen, daß die Selbstmorddrohung Tang Nas Tschiang Tsching zur Berühmtheit verhalf (in Wirklichkeit war sie schon zuvor eine angesehene Schauspielerin) (Arthur C. Miller, *»Madame Mao: A Profile of Tschiang Tsching«*, ibid., S. 24).

VI Bei Mao in Jenan

1 Um einen Eindruck zu vermitteln, wie unsere Mahlzeiten aussahen, gebe ich hier die Speisenfolge vom ersten Abend in der Villa in Kanton wieder: als erstes geröstete Cashew-Nüsse, Tomaten- und Gurkensalat und dünne Scheiben geräucherten Schinkens. Danach Hühnchen mit Ingwer-Soße – eine Kantoner Spezialität – und winzige knusprige Vögel, wahrscheinlich Drosseln, die in schwimmendem Fett gebacken worden waren. Dann folgten zwei Krebsgerichte, einmal mit Süßwasser-, das andere Mal mit Meereskrebsen, die auf verschiedene Art zubereitet waren. Auf der Reissuppe, einer kräftigen Hühnerbrühe mit Reis, schwammen eßbare weiße Jasminblüten. Pilze und anderes frisches Gemüse waren gedünstet und wurden ohne Soße serviert. Eine Besonderheit, wahrscheinlich mit Rücksicht auf den ausländischen Gast, waren Weißbrotschnitten, Butterstückchen und Jam. Zum Nachtisch gab es als erstes »Seiden«-

Äpfel und -Bananen – Apfel- und Bananenstücke werden in heißen Sirup gelegt und heiß serviert; bei Tisch werden sie dann in eine Schale mit kaltem Wasser getaucht, so daß der Sirup kristallisiert – wie zu »Seiden«-Fäden. Noch ungewöhnlicher war ein »Glaskuchen«, eine Kanton-Spezialität, die aus dem Mehl gestoßener Wasserkastanien hergestellt wird. Durchsichtige Ananasscheiben und kleine Stücke Blatthonig und Wassermelonen, die gerade die richtige Reife besaßen, bildeten den Abschluß des Mahls.

Tschiang Tschings Köche waren vielseitig – Meister der verschiedensten chinesischen Spezialitäten, aber durchaus auch mit ausländischen Gerichten vertraut. Ein besonders denkwürdiges Essen war »westlich«, wurde aber auf chinesische Art serviert. Es gab die üblichen zehn Gänge, aber jeder stellte ein Gericht für sich dar; eine Aufeinanderfolge von Steak und Bratkartoffeln, gebratenem Hähnchen und Kartoffelbrei, Curryreis, gebratenem Fisch, verschiedenen gekochten Gemüsen und besonders zusammengestellten Salaten. Was es zum Nachtisch gab, habe ich vergessen. Obgleich ich persönlich dadurch zwar nicht gerade von Heimweh angerührt wurde, verzehrten Tschiang Tschings Mitarbeiter dieses exotische Festessen mit Eßstäbchen und sichtlichem Genuß.

2 Tschiang Tsching behauptete nie, nach 1937 im Auftrag der KMT bei Vorstellungen im Landesinneren aufgetreten zu sein. Viele ihrer Kollegen von Film und Theater aus Schanghai schlossen sich jedoch anderen Gruppen an und gingen auf Tournee nach Nanking und Wuhan, manche sogar bis nach Tschengtu und Tschungking, ebenfalls Städte im Südwesten, wo sie Produktionen der Nationalen Verteidigung aufführten.

Eine Hongkonger Quelle stellt Tschiang Tschings Ankunft im Winter 1939 (mehr als zwei Jahre später, als sie selbst angibt) anders dar: Danach kam sie in Begleitung ihres »Mannes« Yü Tschi-wei (vgl. Kap. III, Anm. 1) nach Jenan. Aber schon bald danach ließen sich Yü und »Miss Li« scheiden. Miss Li ging zur Lu-Hsün-Akademie, und Yü verließ Jenan und arbeitete für die Regierung des Grenzgebiets Schen-Kan-Ning. Nach der japanischen Kapitulation und der Befreiung von Tschang-tschia-kou (Kalgan) wurde er Bürgermeister dieser Stadt, und nachdem sich die kommunistische Regierung in Peking etabliert hatte, Bürgermeister von Tientsin (Eintragung über Huang Tsching, *»Hsin Tschung-kuo jen-wu tschih«* [Biographisches Lexikon des Neuen China], ibid., I, S. 246.

In der kommunistischen Bewegung war Yü Tschi-wei allgemein als Huang Tsching bekannt. 1956 wurde er in das Zentralkomitee gewählt; anderthalb Jahre später starb er. In den fünfziger Jahren war er mit Fan Tschin verheiratet – Mitglied der KPCh, bekannte Journalistin, Stellvertretende Bürgermeisterin von Peking und Chefredakteurin der *»Pei-tsching jih-pao«* [Pekinger Zeitung]. Im späten Frühjahr 1966 wurde sie zu einer Feindin der Kulturrevolution erklärt und von den Massen beschimpft (Donald W. Klein und Anne B. Clark, *»Biographical Dictionary of Chinese Communism, 1921–1965«*, 2 Bde., Cambridge, Mass. 1971, I, S. 393).

3 Tscheng Tschi-hua, ibid., II, S. 60. Da die chinesischen Filmarchive ziemlich unvollständig und die politischen Zusammenhänge komplex und widersprüchlich sind, konnte ich nicht feststellen, ob Tschiang Tsching 1938 tatsächlich bei der *Tschung Tien-Filmgesellschaft* gearbeitet und somit in »Jungen und Mädchen von China« mitgespielt hat.

4 Um den 20. August 1937 trafen sich ungefähr zwanzig Mitglieder des Zentralkomitees in Lo-tschuan, um zu beraten, wie den wachsenden Schwierigkeiten im Krieg gegen Japan zu begegnen sei. An einigen Zusammenkünften nahmen auch Mitglieder des Politbüros teil, sowie Leiter verschiedener Unterabteilungen des Zentralkomitees und wichtige Militärs und Politiker, zum Beispiel Peng Te-huai, Ho Lung und Lin Piao. Zwischen Mao und Tschang Wen-tien (dem damaligen Sekretär des Zentralkomitees) und ihren Anhängern auf der einen und Tschang Kuo-tao, der dann im April 1938 aus Jenan verjagt wurde, auf der anderen Seite herrschten erhebliche Meinungsverschiedenheiten. Mao bezeichnete seine Auseinandersetzungen mit Tschang Kuo-tao als einen *Kampf zweier Linien:* Mao machte Tschang für strategische Fehler während des Langen Marschs verantwortlich und beschuldigte ihn, die Parteidisziplin verletzt und seine Autorität im Nordwesten in Frage gestellt zu haben. Tschang wiederum hatte abweichende politische Meinungen und mißbilligte Maos Arroganz und Vorherrschaft.

Bei der Lo-tschuan-Konferenz wurden (wie Tschang Kuo-tao später im Exil berichtete) Pläne für die Antijapanische Militärische und Politische Akademie (die als Kang-ta bekannt wurde) ausgearbeitet, an der Politiker und Militärs ausgebildet werden sollten. Die geplante Parteischule hingegen sollte speziell auf die Arbeit in der Partei vorbereiten. Außerdem war ein weiteres Institut geplant, die Nord-Schensi-Schule, in der Spezialisten für technische Bereiche ausgebildet werden sollten – Finanzen, Wirtschaft, Erziehung und Gesundheit. (Chang Kuo-tao, *»The Rise of the Chinese Communist Party. The Autobiography of Chang Kuo-tao«* 1921–1927, I; 1928–1938, II, Lawrence, Kan. 1971, 1973, II, S. 526, 533f., 547.)

Es überrascht nicht, daß Edgar Snow in seiner Darlegung der Hintergründe der Lotschuan-Konferenz im Hinblick auf die Meinungsverschiedenheiten zwischen Mao und Tschang Kuo-tao mehr zu Maos Seite tendiert. Er schreibt, daß Mao nach den *Sian-Ereignissen* vom Dezember 1936, die mit der Inhaftierung Tschiang Kai-scheks endeten, sein Hauptquartier von Pao-an nach Jenan verlegte. Dort wurde er im Januar 1937 Vorsitzender des Direktoriums von Kang-ta, zu einem Zeitpunkt, der für die politische Konsolidierung entscheidend war. Als Vorsitzender schrieb er die drei Aufsätze »Über die Praxis«, »Über den Widerspruch« (1937) und »Über den langwierigen Krieg« (1938), die er in Kang-ta in Anwesenheit des Zentralkomitees als jedermann zugängliche Vorlesungen vortrug.

Im allgemeinen geht aus Berichten über diese Zeit hervor, daß Maos Führerschaft als Vorsitzender der Chinesischen Sowjetrepublik bei dem Lo-tschuan-Treffen bestätigt wurde. Tschang Kuo-tao wurde wegen seiner »rechten« Haltung verurteilt und mußte seine Fehler öffentlich bekennen, was er ohne Überzeugung tat. Im darauffolgenden Jahr verließ er die Roten Stützpunktgebiete und ging zum Feind, zu Tschiang Kaischek über (Snow, »Roter Stern über China«, S. 467).

Maos Referat »Die Aufgaben der Kommunistischen Partei Chinas in der Periode des Widerstandskampfes gegen die japanische Aggression«, das vom Politbüro des Zentralkomitees in Lo-tschuan am 25. August 1937 übernommen wurde, behandelt den Widerstandskrieg ganz nach Maos üblicher rhetorischer Manier: Sollte die KMT und die »Bourgeoisie« oder die KPCh und das »Proletariat« die Einheitsfront im Kampf gegen Japan anführen? (AW I, S. 309–324).

5 Chang Kuo-tao, ibid., II, S. 551.

6 Die Lu-Hsün-Schule war im Sommer 1937 unter der vorübergehenden Leitung von Hsü Te-li, Maos berühmtem altem Lehrer aus Hunan, eröffnet worden. Gleich im nächsten Jahr erweiterten Mao, Lo Fu und Tscheng Fang-wu die Schule zur Akademie mit Abteilungen für verschiedene Kunstbereiche. Nähere Einzelheiten siehe Tschi Lu, *»Schen-Kan-Ning pien-tschü schi-lu«* [Authentischer Bericht über das Grenzgebiet Schen-Kan-Ning], Jenan 1939, S. 147 pass.

7 Mao Tse-tungs eigener Bericht über sein früheres Familienleben und seine Ehen findet sich bei Snow, »Roter Stern über China«, Teil IV.

8 Zufällig befand sich Maos Frau (Tschiang Tsching), mit der er nunmehr achtzehn Jahre verheiratet war, todkrank in der Sowjetunion, als dieses Gedicht (1957) geschrieben wurde.

9 *Tsching tschu yü lan erh scheng yü lan:* Dieser Ausdruck wird verwendet, wenn ein Schüler seinen Lehrer übertrifft. Hatte Mao seinem Schützling dieses Kompliment gemacht?

10 Edward H. Schafer, *»The Divine Woman: Dragon Ladies and Rain Maidens in T'ang Literature«,* Berkeley 1973, S. 6ff.

11 Das Schen-Kan-Ning-Ehegesetz, das am 4. April 1939 in Kraft trat, ist in Wang Tschien-mins *»Tschung-kuo kung-tschang tang schih-kao«* [Entwurf der Geschichte der KPCh], 3 Bde., Taipeh 1965, III, S. 247f. wiedergegeben.

12 CQ 31 (Juli–September 1967), S. 148ff.

13 Laut Nym Wales (Helen Foster Snow) und Edgar Snow heirateten Mao und Ho, die politisch tätig war, 1930 im Kiangsi Sowjetgebiet, im gleichen Jahr, in dem seine frühere Frau Yang Kai-hui hingerichtet wurde (Nym Wales, *»Inside Red China«,* New York 1974, S. 178; Snow, »Roter Stern über China«, S. 444). Edgar Snows Zeitangabe

stimmt mit der Tschiang Tschings überein (Snow, ibid., S. 444). In *»Red China Today«* (New York 1970; vorher erschienen unter dem Titel *»The Other Side of the River«*), führt Snow auch 1937 als Jahr der Scheidung an (S. 174).
Han Suyin schreibt, Mao und Ho Tze-tschen hätten 1931 in Kiangsi geheiratet und seien 1938 geschieden worden; allerdings gibt sie keine Quellen an (Han Suyin (Pseud.), »Die Morgenflut – Mao Tse-tung, ein Leben für die Revolution«, Frankfurt/M. 1975, S. 464).

14 Nach Snows Informationen wurden Scheidungen im Registrationsbüro des Sowjets auf »dringenden« Wunsch eines Ehepartners ausgesprochen. Allerdings benötigten die Frauen von Soldaten der Roten Armee die Zustimmung ihres Mannes, bevor sie eine Scheidung einreichen konnten (Snow: »Roter Stern über China«, S. 234. Aus diesem für Frauen nachteiligen Verfahren leiteten Außenstehende wahrscheinlich den Schluß ab, daß es eher Mao war, der die Scheidung einreichte, als Ho.

15 In ihrem Brief vom 20. Mai 1974 gab mir Helen Snow noch weitere Informationen über Ho. 1937 erzählte ihr Kang Ko-tsching, daß Ho sehr »häuslich« sei und zu den Frauen gehörte, die sich persönlich sehr um ihren Mann kümmern (Kang Ko-tsching selbst zog es vor, die Hausarbeit den Leibwächtern zu überlassen, so daß sie sich ihrer eigenen revolutionären Karriere widmen konnte). Obgleich Mrs. Snow nie mit Ho ein Interview gemacht hat, wußte sie, daß Ho eine andere amerikanische Journalistin, nämlich Agnes Smedley, verabscheute, die ganz offen alle dreißig Frauen, die den Langen Marsch mitgemacht hatten, kritisierte – sie besäßen einen »feudalen« Charakter – und sich dafür aussprach, daß sich die jeweiligen Ehemänner von ihnen scheiden lassen sollten. Es gab keine, die der Smedley solche Äußerungen nicht übel genommen hätte, fügte Mrs. Snow hinzu, außer der eigenwilligen Schriftstellerin Ting Ling und der Dolmetscherin der Smedley, Lily Wu, die ihre Ansichten über die Ehen der kommunistischen Führer in Jenan teilten.
Als Snow Mao 1936 in Pao-an besuchte – das letzte Jahr, in dem Mao, laut Tschiang Tsching, mit Ho zusammenlebte –, schrieb er über die schwer erfaßbare Frau, die für Mao und seinen Gast ein Kompott aus sauren Pflaumen zubereitete: »[Mao] war nicht das einzige verheiratete Mitglied des Politbüros – es gab nur sehr wenige Frauen im Lager –, aber diese Frau war die einzige, die von ihrem Ehemann völlig abhängig war und von ihm beherrscht wurde« (Snow: *»Journey to the Beginning«*, New York 1958, S. 160f.).
Helen Foster Snow, die sich von Mai bis August 1937 in Jenan aufhielt (in einer Zeit, in der Ho, laut Tschiang Tsching, nicht in Jenan gewesen sein soll), schrieb über Ho: »Und dann war da noch Mao Tse-tungs Frau Ho Tze-tschün [sic], eine schmale, zarte Frau mit hübschen Gesichtszügen und schüchternem, bescheidenem Benehmen, die die meiste Zeit damit beschäftigt war, für ihren Mann zu sorgen – den sie verehrte – und Kinder auf die Welt zu bringen. Bevor sie Mao geheiratet hat, war sie übrigens selbst aktiv für die Kommunistische Partei und als Lehrerin tätig. Sie hatte im Krieg mehr mitgemacht als jede andere Frau, denn sie bekam während des Langen Marschs nicht nur mehrere Kinder, sondern zog sich bei einem Bombenangriff sechzehn Schrapnellverletzungen zu. Ho Tze-tschün hatte am Lehrerseminar in Hunan ihr Examen gemacht. 1927 trat sie der Kommunistischen Partei bei, danach ging sie als Propagandistin zu Maos erster Armee und heiratete ihn nach dem Tod seiner ersten Frau« (*»Inside Red China«*, ibid., S. 178). In ihrem Brief an mich vom Mai 1974 sagte mir Mrs. Snow, daß sie diese Bemerkungen über Ho gemacht hätte, ohne sie persönlich kennengelernt oder interviewt zu haben.

16 In den *Zentralen Sowjetgebieten* standen den Frauen der Kommunistenführer eigene Leibwachen zur Verfügung. In ihrem Brief vom 20. Mai 1974 bemerkte Mrs. Snow, daß Hos Leibwachen im Sommer 1937 in Jenan gewesen seien, allerdings hatte sie sich nie vergewissert, ob Ho tatsächlich bei ihnen war. Zu dieser Zeit hatte es sich allerdings in Jenan bereits herumgesprochen, daß Ho ernstlich krank war, und so bezweifelte Mrs. Snow, daß man sie in Pao-an dahinsiechen ließ, wo die medizinische Versorgung weit schlechter war als in Jenan.

17 Helen Foster Snow (Nym Wales), *»The Chinese Communists«*, ibid., II, S. 251.

18 Ibid., S. 252.
19 Ibid., S. 250; Edgar Snow, »Roter Stern über China«, S. 444.
20 Yang Tze-lie, *»Tschang Kuo-tao fu-jen hui-i lu«* [Erinnerungen von Madame Tschang Kuo-tao], Hongkong 1970, S. 333f., S. 338.
21 Mao An-ying wurde kurz nach der Heirat geboren. 1930 wurde er zusammen mit seiner Mutter eingesperrt; nach ihrer Hinrichtung wurde er freigelassen und von Angehörigen der Mao-Familie, die aus Tschangscha geflohen waren, in Schanghai versteckt gehalten. Während des 2. Weltkriegs studierte er in der Sowjetunion und kehrte 1944 (nicht 1948, wie Snow berichtet) nach China zurück. In dieser Zeit arbeitete er einige Monate in einer Gemeinde in Schansi und ging dann auf eine Parteischule für höhere Kader. Da er eine militärische Ausbildung besaß, gehörte er zu den ersten Chinesen, die nach Korea kamen; dort befehligte er eine Division, als er am 25. Oktober 1950 fiel (Snow, »Roter Stern«, S. 465).
Mao An-tsching wurde um 1921 geboren. Als seine Mutter 1930 eingesperrt wurde, versteckten ihn Freunde bei sich und schickten ihn später mit seinem Bruder An-ying nach Schanghai und dann in die Sowjetunion, wo er, wie es heißt, zum Ingenieur ausgebildet wurde. Nach seiner Rückkehr nach China arbeitete er als Sprachexperte für Russisch und übersetzte Lehrbücher. 1965 erzählte Mao Edgar Snow, An-tsching und seine »zwei Töchter« von Tschiang Tsching seien seine einzigen noch lebenden Kinder. Mao drückte auch seine Enttäuschung darüber aus, daß sein Sohn nicht in China ausgebildet worden war (Snow, »Roter Stern«). Tschiang Tsching gab über Mao An-ling keinerlei Auskunft.
22 Nach Snow hatte Mao mit Ho Tze-tschen in Kiangsi zwei Kinder, die sie bei Bauern ließen, als sie sich auf den Langen Marsch machten. Die Kinder wurden nie wiedergefunden. 1936 bekam Ho in Pao-an von Mao eine Tochter. – »Kurz bevor ich Pao-an verließ, bekamen die Maos eine neue Tochter« (die Tschiang Tsching später unter dem Namen Li Min aufzog). Als Snow 1939 in Jenan war, erfuhr er, daß Ho bereits mit ihrer Tochter nach Rußland gegangen war. (Snow, »Roter Stern«, S. 444).
23 Tillman Durdin berichtete, daß Mao An-ying, der damals vierundzwanzig war, 1944 – im gleichen Jahr, in dem Durdin Tschiang Tsching kennenlernte – aus Moskau zurückkehrte, wohin er »seine Mutter« (genauer, seine erste Stiefmutter Ho Tze-tschen) 1936 begleitet hatte. Siehe auch Durdins Artikel *»Mao Tse-tung ti fu-jen«* [Die Frau Mao Tse-tungs] in *»Jenan ti nü-hsing«* [Frauen von Jenan], o. O., o. J., S. 6. Das Datum ihrer Abreise, das er mit 1936 angab, entspricht ungefähr dem von Tschiang Tsching genannten, höchstens mit einem Jahr Unterschied. Aber das verläßlichere und wichtigere Datum ist 1944, aus dem wahrscheinlich der Zeitpunkt der Rückkehr Ho Tzetschens mit Mao An-ying und der Tochter von Moskau nach Schanghai hervorgeht.
24 Mao Tse-min wurde 1897 geboren und betätigte sich ab 1922 in der KPCh. Drei Jahre später organisierte er in den Städten ein Netz zur Verbreitung kommunistischer Publikationen. 1927 wurde er eingesperrt, konnte entkommen und floh nach Schanghai. Vier Jahre danach wurde er Leiter der Versorgungsdivision der Fukien-Kwangtung-Kiangsi-Militärregion, und im Herbst 1934 schloß er sich dem Langen Marsch an. 1936 wurde er in Schansi zum Wirtschaftsminister ernannt. Zwei Jahre danach versetzte man ihn nach Sinkiang (*»Mao Tse-tung: A Chronology of His Life«, Union Research Institute,* Hongkong 1970, S. 70, S. 81, S. 126, S. 145, S. 165, S. 184). Nachdem General Scheng Schih-tsai von einer pro-sowjetischen zu einer pro-KMT-Politik übergewechselt war, nahm er Mao Tse-min und andere Kommunisten, die in Sinkiang arbeiteten, fest. Tschou En-lais Verhandlungen in Tschungking, bei denen er sich um die Freilassung politischer Gefangener bemühte, führten dazu, daß wenigstens einige nach Jenan gehen durften. Aber Mao Tse-min wurde 1943, zusammen mit Tausenden anderen, hingerichtet (oder vergiftet) (HCPP 5, S. 152–165; 8, S. 79; 10, S. 122–155).
Edgar Snow schreibt, Mao Tse-tung habe auch die Kinder seines jüngeren Bruders, Mao Tse-tan, der 1935 im Kampf fiel, adoptiert und aufgezogen, ebenso wie Kinder seines jüngsten Bruders, Mao Tse-min (Snow, »Roter Stern«, S. 465). Tschiang Tsching erwähnte diese früheren Adoptionen allerdings nicht.
25 Als Mao Yüan-hsin im Juli 1964 am Militärtechnischen Institut von Harbin studierte,

drängte ihn Mao, die Struktur der VBA zu analysieren, die in jenen Tagen als Modell für die gesamte Gesellschaft angesehen wurde, und sich darauf zu konzentrieren, aus der Praxis zu lernen und weniger aus Büchern – eine typische Schwäche der Intellektuellen. Siehe »Mao intern«, hrsg. von Helmut Martin, S. 230–237.

26 Mark Selden, *»The Yenan Way in Revolutionary China«*, Cambridge, Mass. 1971, S. 180; Harrison Forman, *»Report from Red China«*, New York 1945, S. 73.

27 Yen Te-ming, »Nord-Schensi wie Kiangnan«, HCPP 16, S. 134.

28 Dabei wurden nicht immer Grundnahrungsmittel angepflanzt. Früher wurde auf dem besten Boden Opium angebaut, dessen Ernte am schnellsten Geld einbrachte (Selden, ibid., S. 5).

29 Forman, ibid., S. 38–41.

30 *»Authority, Participation and Cultural Change in China«*, hrsg. von Stuart Schram, Cambridge 1973, S. 33.

31 Yen Te-ming, ibid., S. 134f.

32 Einen Bericht aus erster Hand über den Beginn des Nanniwan-Projekts im Winter 1938/39 gibt Liu Yün-yang, »Beginn aus dem Nichts – Die Ta Kuang-Textilmühle der 359. Brigade«, HCPP 16, S. 137–147.

33 Nachdem Hu Tsung-nan mit seinen Nationalistischen Streitkräften eine Blockade um Nordwest-Schansi errichtet hatte, lieferten die Auseinandersetzungen zwischen der »Neuen Schansi-Armee« der ansässigen Linken und der konservativen »Alten Schansi-Armee«, die zu dem Kriegsherrn von Schansi, Yen Hsi-han, hielt, einen weiteren Beweis für das Zerbröckeln der Einheitsfront zwischen Yen und den Kommunisten. Hsia Kos 358. Brigade und Wang Tschens 359. Brigade, ursprünglich Teile der 120. Division, kämpften ebenfalls in Hopeh, jeweils östlich und westlich von Peiping (Peking). Später zog sich Wang Tschens 359. Brigade nach Nord-Schensi zurück, kurz bevor sie nach Nanniwan marschierte (Harrison, ibid., S. 298).

34 Nach Wang Tschen waren die Frauen, die sich am Nanniwan-Projekt beteiligten, hauptsächlich mit Hausarbeit, Spinnen und Weben beschäftigt (Forman, ibid., S. 67).

35 Im Frühjahr 1962 veröffentlichte Tschiang Tsching für *»Tschieh-fang tschün pao«* [Zeitung der Befreiungsarmee] einen Artikel – »Der Geist von Nanniwan wird in den Herzen der Soldaten auf immer weiterleben«. Er bezog sich auf einen Besuch, den sie Nanniwan kurz vorher abgestattet hatte; ihr sentimentaler und lobender Bericht über Nanniwan als musterhaftes Beispiel für materielle Selbstversorgung unter schwierigen Umständen enthüllt jedoch nichts über ihre eigene Pflichtübung dort in jenen Pioniertagen. Ihr Bericht war in einem ziemlich simplen und banalen kommunistischen Jargon abgefaßt und wurde in *»Tschung-kuo tsching-nien pao«* [Zeitung der Chinesischen Jugend], Peking, 1. Mai 1962, abgedruckt; SCMP 2378 vom 5. Mai 1962, S. 8–10.

VII Volkskultur in den befreiten Gebieten

1 Snow, »Roter Stern«, S. 306–317.

2 Tscheng Tschi-hua, ibid., II, S. 367ff.

3 Roman Karmen, *»God v. Kitae«* [Ein Jahr in China], Moskau 1941, S. 108.

4 Tillman Durdin, ibid., S. 3–6.

5 Harrison Forman, ibid., S. 178f.

6 David D. Barrett, *»Dixie Mission: The United States Army Observer Group in Yenan, 1944«*, Berkeley 1970, S. 83.

7 Korrespondenz zwischen der Autorin und John Service, 23. April 1974.

8 Robert Payne, *»Mao Tse-tung: Ruler of Red China«*, London 1951, S. 214.

9 Eine ähnliche Darstellung, die Mao als unermüdlichen geistigen Arbeiter schildert, gibt Huo Tsching-hua in seinen schriftlichen Erinnerungen, »Mit dem Vorsitzenden Mao auf dem Weg nach Jenan«, in *»Hsing-huo liao-yüan«* [Ein einziger Funken kann einen Steppenbrand auslösen], 10 Bde., Peking 1958–1963, IV, S. 134–139.

10 Der VII. Parteitag im Jahre 1945 stimmte der Auffassung Mao Tse-tungs und der mar-

xistisch-leninistischen Theorie zu, von der sie sich herleitete. Dies war gleichbedeutend mit Maos Sieg über Wang Ming. Beim VIII. Parteitag, 1956, wurde er wieder ins Zentralkomitee gewählt. Bei diesem Kongreß schaffte ein anderer Rivale Maos, Liu Schao-tschi, ein Gegengewicht, und die Resolution, die 1945 verabschiedet worden war, wurde nicht wieder aufgenommen. Sie fand erst wieder beim IX. Parteitag im Jahre 1969 Zustimmung und bestätigte somit die ideologische Vorherrschaft, die Mao während der Kulturrevolution errungen hatte (James P. Harrison, ibid., S. 361).

11 Anna Louise Strong (1895–1970), für Tschiang Tsching auf politischer Ebene eine »Chinesin«, gehörte zu den wenigen Amerikanern, die sich in dieser Zeit des Umschwungs in der Volksrepublik niederließen. Sie verdiente sich gewissermaßen ihren Aufenthalt, indem sie den literarischen Beweis für ihre »Freundschaft« lieferte. Zu den vielen Büchern, die sie verfaßte, gehören *»China's Millions«* (1935), *»The Chinese Conquer China«* (1949) und *»When Serfs Stood Up in Tibet«* (1960).

12 »Über die Neue Demokratie« erscheint in AW II, S. 395–450; »Organisieren!« in AW III, S. 175–186; »Über die Koalitionsregierung« in AW III, S. 239–320.

13 Der *Kampf zweier Linien* die Auseinandersetzung Maos mit Wang Ming, wurde für Edgar Snow während seines Besuchs in dem kommunistischen Stützpunkt in den Jahren 1936 und 1937 deutlich. Im Dezember 1937 forderte Wang Ming Mao mit der These »Ein Schlüssel zur Lösung der gegenwärtigen Situation« heraus. Darin vertritt er die Meinung, daß sich die Roten Streitkräfte völlig mit der KMT verbinden sollten. Nach Maos entgegengesetzter Strategie der Einheitsfront sollte jedoch die KPCh die Befehlsgewalt über die kommunistische Streitmacht und in den Stützpunktgebieten behalten. Obgleich Mao in diesem Streit Sieger blieb, konnte sich Wang Ming halten, auch wenn seine Komintern-orientierten Ideen ihren Glanz verloren hatten. 1940 veröffentlichte er »Die beiden Linien«; darin setzt er sich dafür ein, zuerst die Arbeiter in den Städten zu organisieren und sie die Macht übernehmen zu lassen und dann die Bauern auf dem Land zu mobilisieren. Mao war der gegenteiligen Ansicht. Snow mutmaßte, daß Mao die Anwesenheit Wang Mings ganz gelegen kam – nachdem er keine echte Gefahr mehr bedeutete –, weil er dadurch seine Ablehnung der Komintern-Linie deutlich demonstrieren konnte. Der *Kampf zweier Linien*, der von Wang Ming eindeutig formuliert worden war, führte zu Maos *Berichtigungsbewegung*, die dazu dienen sollte, durch politische Überredung (im Gegensatz zu Stalins blutigen Liquidierungen) jede Spur russischer Einflüsse zu beseitigen und seine eigene flexible Vorherrschaft auf ideologischem Gebiet zu festigen (Snow, »Roter Stern«, S. 483 ff.).

Gemäß der offiziellen Parteigeschichte war diese Polarisation zwischen Mao, der für sich in Anspruch nahm, für das Volk zu sprechen und Probleme auf chinesische Art anzugehen, und den Bürokraten und Intellektuellen, die sektiererisch und nach der sowjetischen Linie handelten, die Ursache jedes wichtigen *Kampfes zweier Linien* seit der Ära von Jenan. Als einer der ersten führte Hu Tschiao-mu diesen Punkt an (*»Thirty Years of the Communist Party of China«*, London 1951). Als Mao Tse-tung später Liu Schao-tschi (1966) und Lin Piao (1971) entmachtete, wurde dies ebenfalls als *Kampf zweier Linien* interpretiert.

Die Große Proletarische Kulturrevolution Mitte der sechziger Jahre brachte unter den regionalen Führern eine neue Generation von Fanatikern hervor. Als ich mich im August 1972 in Schanghai aufhielt, hielt mir ein muskelstarker Arbeiter, der das städtische Revolutionskomitee vertrat, einen dreistündigen Vortrag, in dem er vor allem zu beweisen versuchte, daß allen wichtigen historischen Ereignissen im China des 20. Jahrhunderts, einschließlich der Reformbewegung von 1898, bei der die unpopuläre Kaiserin-Witwe Tze Hsi als Antagonistin herausgestellt wurde, der *Kampf zweier Linien* zugrundeliege.

14 Eine sehr genaue Analyse, die auf Fallstudien basiert, lieferte Robert J. Lifton, *»Thought Reform and the Psychology of Totalism«* (New York 1961). Allyn und Adele Rickett, zwei Amerikaner, die einige Aspekte der Umerziehung selbst erlebten, schrieben einen objektiven und ausgewogenen Bericht: *»Prisoners of Liberation«* (New York 1957).

15 Die Hintergründe der *Berichtigungsbewegung*, bei denen weit komplexere Ideen und

Persönlichkeiten miteinander konkurrierten, als Tschiang Tsching andeutete, beschreibt Harrison, ibid., Kap. 16.

16 Ho Tschi-fang, »*Kuan-yü hsien-schih-tschu-i*« [Über den Realismus], Schanghai 1951, S. 110.

17 Zu Tschang Kengs Werken, die diese Zeit wiederspiegeln, gehört »*Hsin ko-tschu lunwen tschi*« [Gesammelte Aufsätze über das neue Musikdrama], Zentralakademie für Dramaforschung, Peking 1951.

18 Forman, ibid., S. 87.

19 Forman, ibid., S. 88.

20 Barrett, ibid., S. 51.

21 Forman, ibid., S. 97.

22 Wie sich die Führerin der Frauenbewegung Tsai Tschang erinnert (Nym Wales, »*My Yenan Notebooks*«, Madison, Conn. 1961, S. 78).

23 Der Abdruck, den Tschiang Tsching mir aushändigte, »*Wen hsueh yü scheng-huo mantan*« [Bemerkungen über Literatur und Wirklichkeit], erschien zuerst in »*Tschieh-fang jih-pao*« [Befreiung] vom 17.–19. Juli 1941. Im Zusammenhang mit der Förderung von Literatur, in der sich die soziale Realität niederschlägt, für die Tschiang Tsching eintrat, wirkt die von ihr zitierte Redewendung auf den normalen Leser kaum sehr aufrührerisch.

24 Wang Schih-weis erstes Stück mit dem Titel »Die wilde Lilie« wurde am 13. März 1942 in »*Tschieh-fang jih-pao*« [Befreiung] abgedruckt; weitere Teile erschienen zehn Tage später.
Wangs Aufsatz enthielt die Unterhaltung zwischen zwei Mädchen, die sich darüber beklagen, daß die Geschlechter in Jenan nicht gleichberechtigt seien und daß manche Führer (Namen werden nicht genannt) »dreierlei« Kleidung trügen und Mahlzeiten zu sich nehmen würden, die in »fünf Stufen« eingeteilt seien – Beweis für die hierarchische Struktur, die auf junge Idealisten in Jenan desillusionierend wirkte.

25 Ma Ko, »Reminiszenzen an das Leben an der Lu-Hsün-Akademie in Jenan«, HCPP 16, S. 148–166.

26 Li Tsching, eine frühere Genossin aus Jenan, die ich in Sian interviewte, erinnerte sich, daß Tschiang Tsching auch Malerei und andere graphische Künste unterrichtet hatte (was Tschiang Tsching mir gegenüber aber nicht erwähnte).

27 Tschao Tschao-kou, der Jenan 1943 besuchte, bestätigt Tschiang Tschings Aussagen über die neue Dramabewegung, ohne sie namentlich zu erwähnen (»*Yen-an i yueh*« [Januar in Jenan], Nanking 1946, S. 121–132).

28 Ein anderer Dramatiker, Liu Wu, erinnert sich vorsichtig an Maos Besuch von Aufführungen der Akademie im *Yang-tschia-ling*-Auditorium, ganz in der Nähe von Maos und Tschiang Tschings Wohnung. Mao kam in Begleitung von Sicherheitschef Kang Scheng und General Ho Lung und verursachte große Aufregung. Auf die Gedanken, die nach der Aufführung ausgetauscht wurden, geht Liu in seinem Bericht nicht ein, auch Tschiang Tschings Anwesenheit wird nicht erwähnt (»Unter Sonne und Regen«, in »*Hsing-huo liao-yüan*«, 6, S. 34–40).

29 Mao Ko, ibid.

30 Wie Mao 1937 Wang Mings »Rechtsabweichung« auffaßte, schildert Harrison, ibid., S. 281.

31 AW III, S. 75–108.

32 W. I. Lenin, »Partei-Organisation und Partei-Literatur«, Gesammelte Werke, 40 Bde., X.

33 »Reden bei der Aussprache in Jenan über Literatur und Kunst«, AW III, S. 76.

34 ibid., S. 93f.

35 Eine sehr persönliche Biographie von Ting Lings frühen Jahren gibt Schen Tsung-wen, »*Tschi Ting Ling*« [In Erinnerung an Ting Ling], Schanghai 1934. Ein allgemeinerer Bericht erscheint in »*Biographical Dictionary of Republican China*«, III, S. 272–276.

36 Siehe beispielsweise Li Ang [Pseud. von Tschu Pei-wo], »*Hung-se wu-tai*« [Rote Bühne], Peking 1946, S. 98. Li Ang beobachtete sowohl das private als auch das politische Leben der Führer in Jenan, war aber nicht über Gerüchte erhaben.

37 Einen ausführlichen Bericht über Ting Lings harte Kämpfe in der Welt literarisch-politischer Machenschaften gibt Merle Goldmann, »*Literary Dissent in Communist China*« (Cambridge, Mass. 1967, pass.). Ting Lings Überleben im hohen Norden von Heilungkiang findet bei Hsu Kai-yu, »*The Chinese Literary Scene: A Writer's Visit to the People's Republic*«, New York 1975, S. 136, Erwähnung.

VIII Der Marsch nach Peking

1 Neben vielen anderen persönlichen Dienstleistungen, die der aus der Provinz Schansi gebürtige Wang Tung-hsing übernommen hatte, übersetzte er für den Vorsitzenden den Schansi-Dialekt. Mehr über die frühe Laufbahn von Wang Tung-hsing in HCPP 3, S. 357 pass. Nach der Kulturrevolution erfolgte der steile Aufstieg dieses ehemaligen Leiters von Maos militärischem Nachrichtendienst. 1974, ein Jahr, nachdem er Mitglied im Politbüro geworden war, feierte die Schanghaier Zeitschrift »*Hsüe-hsi yü pi-pan*« [Studium und Kritik], die auf Tschiang Tschings Interessen ausgerichtet war, Wangs militärisches Heldentum während der Bürgerkriegszeit (CNA vom 17. Jan. 1975, S. 7).

2 Vielseitige Berichte über diese Episode des Bürgerkrieges in: General Lionel Max Chassin, »*The Communist Conquest of China: A History of Civil War, 1945–1949*«, Cambridge, Mass. 1965; und James P. Harrison, ibid., Kap. 18.

3 Band IV der »Ausgewählten Werke Mao Tse-tungs« auf chinesisch (1960) und auf deutsch (1969) trägt den Untertitel »Die Periode des Dritten Revolutionären Bürgerkriegs«.

4 Snow, »Roter Stern«, S. 173.

5 In seinem »Rundschreiben vom 9. April 1947« (AW IV, S. 132ff.) beschrieb Mao die relative Truppenstärke zu der Zeit, als Jenan vorübergehend aufgegeben wurde: »Mehr als 230000 Mann der Kuomintang-Truppen griffen das Grenzgebiet Schensi-Kansu-Ninghsia an, während die Volksbefreiungsarmee des Nordwestens dort nur etwas mehr als 20000 Mann stehen hatte.« (S. 132, Anm.)

6 Nach Angaben von Jacques Guillermaz gehörte Liu Kan zu mehreren nationalistischen Generälen, die Selbstmord begingen, nachdem sie im Frühjahr 1948 in einigen Schlachten in Schensi gegen die Kommunisten unterlegen waren. (»*A History of the Chinese Communist Party, 1921–1949*«, London 1968, S. 403).

7 In einem Bericht über die Evakuierung Jenans bezeichnet Yen Tschang-ling, einer von Maos Leibwächtern aus jener Zeit, den Tschou En-lai der Epoche des Befreiungskriegs regelmäßig als Stellvertretenden Vorsitzenden Tschou. Tschiang Tsching erwähnte diesen Titel nie, sondern bezeichnete Tschou gewöhnlich mit dem Titel, den er zuletzt trug, *Tsung-li* (Premier) oder Tschou *Tsung-li.* Vgl. Yen Tschang-ling, »*In His Mind a Million Bold Warriors*« und »*The Great Turning Point*«, in »*The Great Turning Point*« (Peking 1962, S. 58–113). Dieser Band ist eine Übersetzung des ursprünglichen chinesischen Titels »*Tschieh-fang tschan-tscheng hui-i lu*« [Erinnerungen an die Befreiungskriege], Peking 1961.

8 Die Uniformen, insbesondere die Mützen, symbolisierten die wechselnde – kooperative, dann wieder feindliche – Haltung zwischen KPCh und KMT. In den Zeiten der Kooperation oder der Einheitsfront wurde die Mütze der Nationalisten mit der weißen Sonne getragen.
Maos früherer Rivale Tschang Kuo-tao berichtete, nach 1937, als es zu einer Aussöhnung zwischen KPCh und KMT gekommen war und man vereinbart hatte, die Rote Armee in die Nationalrevolutionäre Armee unter der Kontrolle der Zentralregierung einzugliedern, sei es den Einwohnern Jenans freigestellt gewesen, die Uniform der Roten oder der Nationalrevolutionären Armee zu tragen. Mao besaß zwei Armeemützen, die der Nationalrevolutionären Armee und die ursprüngliche Rote-Armee-Mütze mit dem fünfzackigen Stern. Beim Empfang von Gästen, die von außerhalb kamen, trug er die erstere, die letztere bei KPCh-Versammlungen und Ansprachen vor den Studenten der Antijapanischen Universität (Chang Kuo-tao, ibid., II, S. 530).

9 Yen Tschang-ling (ibid., S. 69) erwähnt dasselbe Pseudonym für Mao. Geringfügige Abwandlungen dieser beiden Pseudonyme werden in einem anderen Erinnerungsbericht über die Revolution zitiert. Darin wird Mao als »Li Tse-scheng« aufgeführt, und zwar mit dem Schriftzeichen *»Te«* in der Bedeutung von »Tugend« (und nicht in der Bedeutung »entschlossen«), so daß dann der ganze Name »tugendhafter Sieg« lautet. Das Pseudonym Tschous wird »Hu Pi-tscheng« geschrieben, das heißt »des Sieges sicher« (HCPP 3, S. 345).

10 Zu den Witzen, die zwischen der Führung und der Bevölkerung über die Tarnung des Zentralkomitees als »Neunte Abteilung« und Tschou En-lais gelegentliche Auftritte unter falschem Namen ausgetauscht wurden, siehe HCPP 3, S. 361.

11 Vgl. AW IV, S. 132ff.

12 AW IV, S. 135f.

13 Yen Tschang-ling machte eine ähnliche Bemerkung über Maos militärisches Genie: »Er war so sehr Herr der Lage, daß er nicht nur unsere Truppen befehligte, sondern gleichzeitig auch die Aktionen des Feindes lenkte« (Yen Tschang-ling, ibid., S. 66).

14 Bei Edgar Snow (»Roter Stern«, S. 306–317) findet sich eine farbige Darstellung des Ma-Clans, der mohammedanischen Satrapen Chinas. Der Kampf mit der 1. Feldarmee, den Tschiang Tsching erwähnte, wird von Jacques Guillermaz beschrieben (ibid., S. 414, 423f.).

15 Wangs Stück war nicht in den sechzehn Bänden dieser Sammlung von Erinnerungsberichten über die Revolution enthalten, die den Herausgebern der amerikanischen Ausgabe zur Verfügung stand. Vgl. Robert Rinden und Roxane Witke, *»The Red Flag Waves: A Guide to the ›Hung-ch'i p'iao-p'iao‹ Collection«*, ibid. Andere Teile wurden möglicherweise in China beschlagnahmt. Die vollständige Sammlung war seit dem Vorabend der Kulturrevolution nicht mehr zugänglich, als verschiedene Autoren in Ungnade fielen und viele Themen verpönt waren.

16 Die Truppenstärke von einer Million erscheint im Titel von Yens Aufsatz *»In His Mind a Million Bold Warriors«* (ibid., S. 58–79). In Anbetracht der Vorliebe der Chinesen für runde Zahlen ist dieser Titel vielleicht nur eine politische Übertreibung im Sinne des Personenkults. Im übrigen schreibt Yen weder in diesem Aufsatz noch in dem zweiten, der den Titel *»The Great Turning Point«* trägt, daß Tschiang Tsching Schuhe für den Vorsitzenden gemacht habe. Er erwähnt sie nicht in ihrer Eigenschaft als Ehefrau, sondern nur im Zusammenhang mit ihrer politischen Stellung. Analog zu ihrer Schilderung berichtet er, daß sich der Feind während des Marsches von Hsiao-ho nach Tien-tze-wan am Fuße des Berges und nicht auf der Höhe befunden habe (ibid., S. 74).

17 Die nominelle Umwandlung des Frontkomitees in eine unter dem Befehl Tschou En-lais stehende Instruktionsbrigade findet keine Erwähnung in »Strategischer Kurs für das zweite Jahr des Befreiungskrieges« vom 1. September 1947 (vgl. AW IV, S. 143–148). Wahrscheinlich meinte Tschiang Tsching damit Maos Anweisung an Tschou, die neuen strategischen Prinzipien auf sämtlichen Ebenen der Armee bekanntzugeben. Dieser Auftrag wird im achten und letzten Punkt des Aufsatzes übermittelt.

18 AW IV, S. 151–157.

19 AW IV, S. 159.

20 AW IV, S. 161–181.

21 Maos Kommentar zu dieser Erneuerung der *Berichtigungsbewegung* findet sich in »Die gegenwärtige Lage und unsere Aufgaben«, ibid.

22 »Taktische Probleme der Arbeit auf dem Lande in den Neuen Befreiten Gebieten« (24. März 1948) und »Arbeit der Bodenreform und der Konsolidierung der Partei im Jahre 1948« (25. Mai 1948), AW IV, S. 267–276.

23 AW IV, S. 263ff.

24 Näheres über die drei Feldzüge findet sich in folgenden Berichten Maos: »Über den Kurs der Kampfhandlungen bei der West-Liaoning-Schenyang-Operation« (September bis Oktober 1948; ursprünglich als Telegramm abgefaßt, siehe Anm. 28), AW IV, S. 277ff.; »Über den Kurs der Kampfhandlungen bei der Huai-hai-Operation« (11. Okt. 1948), ibid., S. 297ff.; »Über den Kurs der Kampfhandlungen bei der Peiping-Tientsin-Operation« (11. Dez. 1948), ibid., S. 309–313.

25 Ende Januar kapitulierte in Peking General Fu Tso-i mit seiner 600000 bis 1200000 Mann starken Streitmacht vor Lin Piao, dem Befehlshaber des Liao-Schen-Feldzugs. Die Übergabe erfolgte aufgrund der militärischen Unterlegenheit der KMT-Truppen, außerdem sollte die Stadt Peking verschont bleiben.

26 Die acht Bedingungen, die die Kommunisten zu Beginn der Friedensverhandlungen stellten, werden aufgeführt in: Mao Tse-tung, »Erklärung zur gegenwärtigen Lage«, AW IV, S. 335–339.

27 Tschiang Tsching kam am 1. April in Peking an; am 15. April wurde der Nanking-Regierung eine Friedensvereinbarung übergeben, die fünf Tage später verworfen wurde. Näheres über die Bedingungen siehe Mao Tse-tung, AW IV, S. 414–428.

28 Dies bezieht sich unter Umständen auf Telegramme vom September und Oktober 1948. Sie tragen die Überschrift »Über den Kurs der Kampfhandlungen bei der West-Liaoning-Schenyang-Operation« und sind an »Lin Piao, Luo Jung-huan und andere Genossen« gerichtet, durch Mao Tse-tung namens des Revolutionären Militärausschusses beim Zentralkomitee. Vgl. AW IV, S. 277–282.

IX Inkognito

1 Gemäß dem Bodenreformgesetz (Peking 1950) wurden »Großbauern« niedriger eingestuft als Großgrundbesitzer, aber höher als die Mittelbauern. Als Großbauer galt, wer nicht nur Land, Pflüge und anderes landwirtschaftliches Gerät besaß, sondern auch Boden an andere verpachtete. Ein Großbauer beteiligte sich zwar an der Arbeit, aber er war auch ein Ausbeuter, weil er ärmere Bauern für sich arbeiten ließ. Liu Schaotschis »Linie der Großbauern« oder »Weg der Großbauern«, wie sie auch bezeichnet wurde, sah vor, daß die Großbauern von der Bodenreform so lange kaum betroffen sein sollten, bis die städtische Wirtschaft, die vor der ländlichen den Vorrang haben sollte, so viel technisches Gerät bereitstellen konnte, daß auch auf dem Land der Sozialismus eingeleitet werden konnte. In der Rhetorik der Kulturrevolution wurde Lius »Linie der Großbauern« als »kapitalistische Richtlinie« verdammt.

Maos Politik gegenüber den reichen Bauern während der ersten Phase der Bodenreform war das krasse Gegenteil. Siehe dazu den Bodengesetzentwurf vom 10. Oktober 1947, der in Hsi-pai-po, Distrikt Pingschan in der Provinz Hopeh erstellt wurde, in dem Mao zur Beschlagnahme von überschüssigem Land der Großbauern aufruft. (Guillermaz, ibid., S. 431). Zu weiteren Aufrufen, das Eigentum der reichen Bauern ebenso wie das der Gutsherren zu konfiszieren, siehe Maos Anweisungen vom 25. Dezember 1947 (AW IV, S. 169) und vom 15. Februar 1948 (AW IV, S. 209).

Das »Grundsatzprogramm zum Chinesischen Bodengesetz« in: William Hinton, »Fanschen – Dokumentation über die Revolution in einem chinesischen Dorf«, 2 Bde., Frankfurt/M. 1972, II, Anhang A, S. 391–396.

2 Unter ihnen, sagte Tschiang Tsching, sei Tscheng Tschiens Ehefrau gewesen, die anscheinend erst seit kurzer Zeit Kommunistin war. Tscheng Tschien, der aus Hunan stammte, war seit ungefähr 1920 militärischer Befehlshaber der KMT gewesen und später Nationalistischer Gouverneur von Hunan geworden. Er schloß sich erst im August 1949 den Kommunisten an.

3 Neben anderen hat Franz Schurmann über die Beziehungen von Kao und Jao zur Sowjetunion geschrieben (solche Verbindungen zwischen chinesischen und sowjetischen Führern waren in den frühen fünfziger Jahren durchaus üblich). Möglicherweise gründeten Kao und Jao eine Interessengemeinschaft zur industriellen Entwicklung von Nordost- bzw. Ostchina. Wenn auch Stalin nicht damit rechnen konnte, Kontrolle über den politischen Apparat zu bekommen, der fest in der Hand der Jenan-Veteranen lag, so mag er doch versucht haben, die Wirtschaft zu beeinflussen oder zu kontrollieren, ebenso vielleicht auch das Militär. (*»Ideology and Organization in Communist China«*, Berkeley 1966, S. 334).

Tschiang Tsching behauptete, Kao und Jao hätten sich auf die wichtigsten Industriezweige konzentriert, ohne an der Bodenreform interessiert zu sein, sie hätten Maos Autorität mißachtet und sich den Untersuchungen seiner Vertreter widersetzt.

4 Jao Schu-schihs Frau Lu Tsui war in der Provinz Tschekiang geboren. Sie studierte Mitte der dreißiger Jahre an der Tsinghua Universität und schloß sich 1935 der *Bewegung des 9. Dezember* an. 1946 nahmen sie und Jao an den Pekinger Friedensverhandlungen mit der KMT teil, die unter der Schirmherrschaft von General Marshall, dem amerikanischen Sonderbeauftragten, standen. 1949 wurde sie in den Ständigen Ausschuß der China-Föderation Demokratischer Frauen gewählt, in das chinesische Friedenskomitee und in die Chinesisch-Sowjetische *Freundschaftsgesellschaft,* bei der auch Tschiang Tsching Mitglied war. Wie zu erwarten war, endeten ihre politischen Aktivitäten in dem Jahr, in dem ihr Mann entmachtet wurde. (Donald W. Klein/Anne B. Clark, *»Biographical Dictionary of Chinese Communism, 1921–1965«,* ibid., I, S. 411).

5 Ein *mou* erstklassigen Bodens oder drei *mou* drittklassigen Bodens für alle Personen über sechzehn Jahre, diejenigen unter sechzehn bekamen die Hälfte (Vincent Y.C. Shih, *»The Taiping Ideology, Its Sources, Interpretations and Influences«,* Seattle 1967, S. 83).

6 Tatsächlich mieden 1950, in einem Jahr der Revolution und der nationalen Konsolidierung, sowohl Mao als auch Liu die Auseinandersetzung mit den Großbauern, um nicht die Produktion zu unterbrechen. Siehe dazu Stuart Schrams Darstellung der Auseinandersetzung in dem von ihm herausgegebenen Buch *»Authority, Participation and Cultural Change in China«,* ibid., S. 38.
Tschiang Tsching vermied es, darauf hinzuweisen, daß sie 1950 zum ersten Mal an den Feierlichkeiten zum 1. Oktober teilgenommen hatte. »Die Feiern des 1. Oktober gingen ruhig vorüber. Sie begannen mit einem Empfang bei Mao Tse-tung, bei dem ich zum ersten und letzten Mal Madame Mao sah. Sie stand an der Spitze der Empfangsreihe, eine hübsche, jung aussehende Frau von etwa vierzig, die zwar elegant gekleidet war, sich aber in keiner Weise von den übrigen unterschied. Neben ihr standen Tschou En-lai und seine Frau, während der Präsident und die Vizepräsidenten, darunter Madame Sun Yat-sen, uns im Inneren des Saales empfingen.« (K.M. Panikkar, »Botschafter in beiden China«, Frankfurt 1956, S. 132f.).

7 Nach Angaben der U.S. Armee dienten 500000 Soldaten bei den amerikanischen Streitkräften in Korea. Nicht berücksichtigt sind dabei die Streitkräfte der U.S. Marines, der Marine und der Luftwaffe. Die Streitkräfte der Vereinigten Staaten waren ein Teil der UN-Streitkräfte, die sich aus den Truppen der sechzehn Mitgliedernationen zusammensetzten. Siehe Walter G. Hermes, *»Tent Truce and Fighting Front« (Office of the Chief of Military History, Department of the Army,* Washington 1966, S. 367ff., S. 477); Frank A. Reister, *»Battle Casualties and Medical Statistics: U.S. Army Experience in the Korean War« (The Surgeon General, Department of the Army,* Washington 1973, S. 1, S. 3).

8 Tschiang Tsching ging nicht näher auf Pengs Aktion und deren Auswirkungen ein. William Whitson berichtet, Peng Te-huai habe Maos ideologischen Stil der Kriegsführung abgelehnt, der unter Lin Piao während der ersten neun Monate des Krieges angewandt wurde und Zehntausenden von chinesischen Soldaten das Leben kostete. Nachdem er die Nachfolge Lin Piaos angetreten hatte, verzichtete Peng Te-huai auf die politischen Kommissare und gab die Guerilla-Taktik auf, um unter stärkerer Verwendung sowjetischen Kriegsmaterials streng militärisch vorzugehen. Jene Offensive, die Tschiang Tsching irrtümlich als seine vierte bezeichnet hatte, dürfte die fünfte gewesen sein, die zunächst erfolgreich begann, dann aber mit einem Desaster endete (Whitson und Huang Chai-hsia, *»The Chinese High Command«,* New York 1973, S. 95f., S. 525).

9 Die Vereinigten Staaten hatten 1953 noch nicht die Genfer Konvention von 1949 ratifiziert, die die Repatriierung sämtlicher Kriegsgefangener vorschrieb. 14234 chinesische Kriegsgefangene, die nicht in ihre Heimat zurückkehren wollten, wurden unter dem Schutz der Vereinten Nationen nach Taiwan gebracht (Hermes, ibid., S. 171, S. 495f., S. 514f.).

10 Nach amerikanischen Erhebungen beliefen sich die Verluste der Amerikaner auf 33629 Tote, 103284 Verwundete und 5178 Vermißte bzw. Kriegsgefangene – insgesamt also auf 142091, während Tschiang Tsching von 400000 sprach. Die Verluste der

Streitkräfte der Vereinten Nationen, die jene der amerikanischen Streitkräfte einschließen, bezifferten sich auf mehr als 500000, davon über 94000 Tote. Nach Schätzung der Vereinten Nationen lagen die Verluste von Nordkorea und China bei 1,5 Millionen (Hermes, ibid., S. 501).

11 Tschiang Tsching machte keine Angaben über chinesische und nordkoreanische Niederlagen oder Menschen- und Materialverluste. Nach den Angaben der amerikanischen Luftwaffe verlor die Fernost-Luftwaffe (die U. S. Luftwaffe in Korea) 1466 Flugzeuge, die U. S. Marine 368 und weitere UN-Streitkräfte 152, insgesamt also 1986 Flugzeuge, eine Summe, die sich von der, die Tschiang Tsching mir nannte, (rund 10000) deutlich unterscheidet. (Robert F. Furtrell, *»The United States Air Forces in Korea, 1950–1953«,* New York 1961, S. 645).

12 Roger Boussinot, *»L'Encyclopédie du cinéma«,* Paris 1967, S. 327f.; A. C. Scott, *»Literature and the Arts in Twentieth Century China«,* New York 1963, S. 73–77.

13 Eine der Aufgaben des neuen Film-Büros in einer Zeit kultureller Erneuerung war die Einrichtung einer Filmakademie, deren politisches Verständnis auf Maos Botschaft auf der *Aussprache* in *Jenan* basierte. Die Studenten der Akademie sollten sich vorwiegend aus dem Proletariat rekrutieren – aus den Reihen der Arbeiter, Bauern und Soldaten – und weniger aus den bürgerlichen bzw. den privilegierten Schichten. *»Hsin-wen jih-pao«* [Nachrichten], vom 24. Juli 1951; SCMP 150 vom 9. August 1951, S. 22f.

14 1950 leitete Tsai Schu-scheng, der mit Tschiang Tsching 1936 *»Wang Lao-wu«* gedreht hatte, das Kunstkomitee des Filmkunst-Büros des Kultusministeriums. Tsai hatte vorausgesehen, daß das Jahr 1950, in dem viele Filmfachleute aus der Volksbefreiungsarmee entlassen wurden, zwangsläufig sehr wichtig in der chinesischen Filmgeschichte werden würde. In diesem Jahr plante der Staat sechsundzwanzig abendfüllende Spielfilme, die sich hauptsächlich mit ländlichen – und weniger mit städtischen – Themen befassen sollten, siebzehn Dokumentarfilme, die Übernahme von vierzig synchronisierten sowjetischen Filmen und sechsunddreißig sowjetische Erziehungsfilme. Private Gesellschaften in Hongkong und Schanghai wurden beauftragt, etwa fünfzig neue Filme zu drehen und auch Kopien sowjetischer Filme anzufertigen. Ziel dieses beachtlichen Produktionsplans war es, die »U. S.-Filmpropaganda« auszulöschen (Tsai Schu-scheng, *»The Chinese Film Industry«, »People's China«* vom 16. Juni 1950, S. 14).

15 Tschi Pen-yü gibt eine ausführlichere Darstellung dieser dramatischen Auseinandersetzung, als Tschiang Tsching sie liefert. Auf dem Höhepunkt der Kulturrevolution prangert Tschi Pen-yü in diesem Artikel Liu Schao-tschi an, der damals als »der oberste Machthaber in der Partei, der den kapitalistischen Weg geht« bezeichnet wurde. Liu wird als wichtigster Verfechter der »patriotischen Richtung« dargestellt und dadurch in das gleiche revisionistische Lager abgeschoben, in dem sich der Kaiser Kuang Hsü und seine Konkubine befinden. Der revolutionäre Geist der Boxer wird gepriesen, die (wie die Rote Garde um 1960) »ausländische Imperialisten« angegriffen hatten. Tschi Pen-yü beschrieb Tschiang Tsching als ein Mitglied (nicht als Leiterin) des Film-Büros des Zentralkomitees und fügte im Stil der ganz auf Mao bezogenen orthodoxen Ausrichtung hinzu, daß der Vorsitzende die Kritik an dem Film geführt und Tschiang Tsching nur nach seinen Anweisungen gehandelt habe (»Patriotismus oder Landesverrat«, in »Mao Tse-tung. Der Große Strategische Plan«, hrsg. von Joachim Schickel, Berlin 1969, S. 327–359).

16 Im März 1951 wurde ein einmonatiges Filmfestival in zwanzig Städten abgehalten, mit Spielfilmen, die in der VRCh produziert worden waren. Die am meisten bejubelten waren »Das Weißhaarige Mädchen«, »Konzentrationslager in Tschang-tschao«, »Neue Helden und Heldinnen«, »Rote Fahne über dem Tsuikang-(?)Berg« und »Vereint für morgen« *(Boussinot,* ibid., S. 330).

17 Seit der Gründung der VRCh war es nicht ungewöhnlich, daß die Parteiführer – außer den Spitzenpolitikern, deren Gesichter den Massen bekannt waren – inkognito durch das Land reisten und dort arbeiteten. Während der *Bewegung der Vier Säuberungen* im Jahr 1964 untersuchten mehrere Führer unerkannt die Korruption auf dem Land. Unter denen, deren Identität später aufgedeckt wurde, befand sich Liu Schao-tschis Frau, Wang Kuang-mei, die inkognito in einer Kommune in Hopeh gearbeitet hatte (Michael

Oksenberg, »*Methods of Communication within the Chinese Bureaucracy*«, CQ 57, Januar-März 1974, S. 1–39, vor allem S. 22).

18 Li Ting-scheng, »*Ping Wu Hsün ho ›Wu Hsün tschuan*‹ [Kritisiert Wu Hsün; Das Leben Wu Hsüns], Kanton 1951, S. 4.

19 Zu den Autoren, die Beiträge zur Feier des 50. Todestags von Wu Hsün lieferten, zählten Liang Tschi-Tschao, Tao Hsing-schih, Liu Tze-tan und Feng Yü-hsiang. Siehe Liang Tschi-tschao et. al., »*Wu Hsün hsien-scheng ti tschuantschi*« [Biographie von Herrn Wu Hsün], Schanghai 1948.

20 Tschang Mei-scheng, »*Wu Hsün tschuan*« [Biographie Wu Hsüns], Schanghai 1947.

21 Von Dezember 1950 bis Januar 1951 erschienen über vierzig lobende Artikel in Zeitungen und Zeitschriften über den Film »Das Leben Wu Hsüns«.

22 Photographien des Grundbuchs, der näheren Umgebung und der Personen, die an der Untersuchung teilnahmen, sind im offiziellen Bericht über die Recherchen abgebildet. Siehe Anm. 25.

23 1951 ging eine Gruppe von Schriftstellern nach Schantung, um für einen Film über sein Leben Nachforschungen anzustellen. Der Film wurde 1957 abgedreht (Leyda, ibid., S. 228f.). Tschiang Tsching erwähnte diesen Film nicht. Im August 1967 jedoch enthüllten einige ihrer Anhänger, daß Tschiang Tsching, nachdem sie die Wu Hsün-Untersuchung abgeschlossen hatte, eine revolutionäre Peking-Oper über Sung Tsching-schihs Leben schreiben und inszenieren wollte. Tschou Yang hatte dieses Projekt bereits in seinen Anfängen verhindert. (»Gruß an Tschiang Tsching, die Große Bannerträgerin der Kulturrevolution«, SCMP 3996 vom 25. Mai 1967, S. 4).

24 Nach Yao Wen-yüans Angaben schrieb Mao den Leitartikel, der am 20. Mai 1951 in der »Volkszeitung« erschien und die Kampagne für die Kritik am Film einleitete. (HC 1, 1967).

25 Der vollständige Bericht der Untersuchung, bei dem Li Tschin (alias Tschiang Tsching) vom Kultusministerium, Yüan Schui-po von der »Volkszeitung« und Tschung Tien-fei, ebenfalls vom Kultusministerium, die Ko-Autoren waren, erschien in »*Wu Hsün li-schih tiao-tscha tschi*« [Bericht über die Untersuchung der Geschichte Wu Hsüns], Peking 1951. Von Mai bis August 1951 publizierten Kuo Mo-jo, eine anerkannte Autorität in kulturellen Fragen, der Historiker und Propagandist Hu-Scheng, der akademische Philosoph Fan Wen-lan und der Filmemacher Sun Yü kritische Artikel über Wu Hsün und beriefen sich dabei in den meisten Fällen auf den Untersuchungsbericht. Die Kampagne gegen Wu Hsün hatte ihren Höhepunkt am 8. August 1951, als Tschou Yangs ausführliche Verdammung in der »Volkszeitung« erschien.

Die Wu Hsün-Affäre gehörte zu einer umfassenderen Bewegung, die zum Ziel hatte, die Klassenanalyse auf jene Gruppe angesehener Intellektueller auszuweiten, die in der Zeit vor Marx ausgebildet worden waren. Obwohl Tschiang Tschings früherer Mentor Tao Hsing-schih in diesem Zusammenhang angegriffen wurde, wurde gleichzeitig sein Widerstand gegen Tschiang Kai-scheks Regime in den dreißiger Jahren hervorgehoben (JMJP vom 16. Mai 1951). Sicher unter politischem Druck denunzierte auch der Dramatiker Tien Han Wu Hsün (JMJP vom 10. Juni 1951). Dann wurde der Fall Wu Hsün bis zur Kulturrevolution beigelegt, als Tschou Yang zum ersten Mal öffentlich zum Sündenbock für alles gemacht wurde, was während der Phase gemäßigter kultureller Freiheit in den ersten fünfzehn Jahren der VRCh produziert worden war. 1967 verunglimpfte Yao Wen-yüan die Rolle Tschou Yangs in der Affäre Wu Hsün. In radikalen Worten behauptete Yao Wen-yüan, daß »Hsia Yen, ein anderer Häuptling der Revisionistenbande um Tschou Yang«, den nicht zu Ende gedrehten Film über Wu Hsün fertiggestellt und das Proletariat aufgerufen habe, Wu Hsüns »kapitalistischem« Heldentum zu folgen und sich den Großgrundbesitzern und der Bourgeoisie zu »ergeben«. Er betonte nachdrücklich, daß die »Untersuchung der Geschichte Wu Hsüns«, die im JMJP vom 23. bis 28. Juli 1951 erschienen war, von Li Tschin, Yüan Schui-po und Tschung Tien-fei entworfen und persönlich vom Vorsitzenden Mao revidiert worden sei. Als Wu Hsün als »mächtiger Großgrundbesitzer, mächtiger Geldverleiher und großer Müßiggänger« entlarvt worden sei, sei auch seine Legende wie eine Seifenblase geplatzt. Das »Bekenntnis« Tschou Yangs vom 8. August 1951 sollte eigentlich nur den Eindruck erwecken, daß er die Kritik anführte, obgleich er in Wirklichkeit nur das vollzog, was der Vorsitzende Mao bereits gesagt hatte. Dies verstärkte noch den Eindruck seiner »konterrevolutionären betrügerischen Taktik«. (»Kritisiert Tschou Yang, das heuchlerische konterrevolutionäre Element«, HC 1, 1967).

26 Als Großbauern wurden alle diejenigen definiert, die nicht nur ihre eigene Arbeitskraft benutzten; d. h. sie bezogen mehr als die Hälfte ihres Netto-Einkommens von der körperlichen Arbeit anderer. Aus dem Bericht von William Hinton, anhand dessen man vorsichtige Verallgemeinerungen machen kann, geht hervor, daß die Großbauern zusammen mit den Großgrundbesitzern etwa zehn Prozent der Bevölkerung ausmachten und etwa siebzig bis achtzig Prozent des Bodens und die meisten Nutztiere und landwirtschaftlichen Geräte besaßen. Landarbeiter, arme Kleinbauern und Mittelbauern bildeten den Rest der Bevölkerung, besaßen aber weniger als dreißig Prozent des Bodens. In dieser Gruppe waren die Mittelbauern mit etwa vierzig Prozent vertreten, besaßen aber weniger als dreißig Prozent des Bodens (Hinton, ibid., I, S. 27, S. 404f.). Die Verhältnisse schwankten natürlich von Provinz zu Provinz. Die hitzigsten Auseinandersetzungen gab es über die Definition und die Behandlung der Großbauern – ob man sie mit zu den Großgrundbesitzern rechnen sollte (Maos Politik vor der Befreiung) oder ob man sie schonend behandeln sollte (Liu Schao-tschis »Richtlinie für Großbauern«, die nach der Befreiung übernommen wurde) – und über die Definition und die Behandlung der Mittelbauern, wie Tschiang Tsching später erklärte.

27 Tschiang Tsching wollte sich auf ihre eigenen Erfahrungen beschränken und vermied es aus persönlichem Widerwillen heraus, von Metzeleien zu berichten. Sie verschwieg deshalb die Tatsache, daß die Bodenreformbewegung der Jahre 1950 bis 1951 eine der grausamsten und blutigsten Epochen der kommunistischen Revolution war. Nicht weniger als zwei Millionen Menschen, vor allem Großgrundbesitzer, wurden hingerichtet oder starben auf andere Weise, und Millionen andere wurden in die Arbeitslager geschickt. Zu den zahllosen Hinrichtungen und zu den Deportationen in die Arbeitslager im Zuge der Bodenreform siehe James P. Harrison, ibid., S. 608. Eine farbige Schilderung der Bodenreform von einem ideologisch fundierten Blickpunkt aus erscheint in Ting Lings Roman »Die Sonne scheint über dem Sangkan-Fluß« (Peking 1948).

28 Andere Berichte erklären Lin Piaos Abwesenheit vom öffentlichen Leben in den frühen fünfziger Jahren mit Krankheit (Klein und Clark, ibid., I, S. 565).

X Peking und Moskau

1 Konstantin M. Simonow (geb. 1915), ein äußerst produktiver Lyriker, Romancier, Verfasser von Kurzgeschichten und Bühnenschriftsteller, war Chefredakteur der führenden Literaturzeitschrift *»Novy Mir«* von 1954 bis 1957. Gerade in diesen Jahren war Tschiang Tsching in Moskau. 1957 wurde Simonow dieses Postens enthoben, da er Dudinzews Roman »Der Mensch lebt nicht von Brot allein« und Werke anderer Dissidenten veröffentlicht hatte, die während der Tauwetterperiode freigegeben worden waren. Seine Ansprache über »Die Doktrin des sozialistischen Realismus« vor dem Zweiten Sowjetischen Schriftstellerkongreß (Dezember 1954) wurde von Tschin Tschao-yang und Huang Tschiu-yun zitiert, zwei chinesischen Schriftstellern, die während der *Berichtigungsbewegung* von 1957 als »Rechte« angegriffen wurden (Douwe W. Fokkema, *»Literary Doctrine in China and Soviet Influence, 1956–1960«,* Den Haag 1965, S. 115).

2 Vgl. Donald W. Klein und Anne B. Clark, ibid., I, S. 377–379; Merle Goldman, *»Literary Dissent in Communist China«,* Cambridge, Mass. 1967, S. 149–146, 149f.

3 Die chinesische Originalausgabe, die 176 Artikel enthält, wurde Anfang 1956 in drei Bänden veröffentlicht. Die gekürzte englische Ausgabe (Peking 1957) enthält 44 der ursprünglichen Artikel.

4 Vermutlich handelt es sich um die Staatskonferenz der Volksrepublik, die mächtigste staatliche Instanz von 1949 bis September 1954, als sie aufgelöst wurde. Kao Kang, der starke Mann der Mandschurei seit ihrer Befreiung gegen Ende der vierziger Jahre, war

einer der sechs Stellvertretenden Vorsitzenden der Staatskonferenz unter dem Vorsitzenden Mao. 1953 wurde Kao offiziell als einer von Maos »engsten Kampfgefährten« bezeichnet. (Klein und Clark, ibid., I, S. 433).

Eine Resolution, die von der Nationalkonferenz der KPCh am 31. März 1955 angenommen wurde, besagte, daß die »Fakten« des Falles Kao Kang, die vor und nach der 4. Plenarsitzung des VII. Zentralkomitees vom Februar 1954 an den Tag gekommen waren, »bewiesen, daß Kao Kang sich ab 1949 an verschwörerischen Umtrieben beteiligt hatte und daß er danach strebte, die Führungsgewalt über die Partei und den Staat an sich zu reißen . . . Zunächst wollte er Generalsekretär und Stellvertretender Vorsitzender des Zentralkomitees der Partei und Premierminister sein. Nachdem die 4. Plenarsitzung des VII. Zentralkomitees der Partei eine ernste Warnung an alle parteifeindlichen Elemente ausgesprochen hatte, gestand Kao Kang der Partei nicht nur seine Schuld ein, er verübte sogar Selbstmord, was seinen Verrat an der Partei hinlänglich beweist.« (*»Resolution on the Kao Kang-Jao Shu-shi Anti-party Alliance«,* NCNA, 4. April 1955; CB 324, 5. April 1955, S. 4–6). Tschiang Tschings Bemerkung bezog sich vermutlich auf die Bezichtigung, er habe Präsident der Staatskonferenz werden wollen.

5 An dieser Stelle der Unterhaltung wurde Tschiang Tsching sehr deutlich. »Die Klassenfeinde zu Hause begannen mit den sowjetischen Revisionisten gemeinsame Sache zu machen«, konstruierte eine Parallele zwischen chinesischen Dissidenten und russischen revisionistischen Schriftstellern, die sich angeblich des Liberalismus, des Subjektivismus und anderer ketzerischer Alternativen zur kulturellen Orthodoxie der Partei schuldig gemacht hatten. »Konterrevolutionäre Einstellung« ist ein weit schlimmerer Tatbestand als »Parteifeindlichkeit«, was man vielen chinesischen Dissidenten ursprünglich vorgeworfen hatte.

6 *»Hsien-schih-tusch-i, kuang-kuo ti tao-lu«* [Realismus, der breite Weg] wurde unter dem Pseudonym Ho Tschih in *»Jen-min wen-hsueh«* [Literatur des Volkes] 9, 1956, S. 1–13, veröffentlicht. Tschin Tschao-yangs Essay plädierte für den »Realismus der sozialistischen Epoche«, die liberale Alternative, die der Interpretation des Autors mehr Spielraum ließ, anstelle des »sozialistischen Realismus«, der von den Sowjets beeinflußten literarischen Orthodoxie. Tschin griff auch den Dogmatismus in der politischen Kontrolle über Literatur und Kunst an. Näheres über diesen Essay sowie eine Analyse der gemeinsamen Sprache und Argumente, die von russischen und chinesischen Schriftstellern in den fünfziger Jahren vor und während der gleichzeitigen »Tauwetterperioden« geprägt wurden, finden sich in: Fokkema, S. 155 und pass.

Die ursprünglich in dem Septemberheft von 1956 der *»Jen-min wen-hsüe«* veröffentlichte Geschichte Wang Mengs weicht ebenfalls vom schmalen Pfad des »sozialistischen Realismus« ab, um ein größeres Spektrum an Charakteren und Empfindungen mit den Mitteln des »Realismus der sozialistischen Epoche« darzustellen. Einige seiner Personen sind weder ganz schlecht noch ganz gut; sie sind melancholisch, romantisch oder einfach faul. Die Jugend, die sich nach der, wie sie glauben, liberaleren russischen Literatur und Musikkultur sehnt, verachtet den dummen Bürokratismus der chinesischen Parteigenossen, die eine Organisationsabteilung in Peking leiten.

7 Tschung Tien-fei, Tschou Yangs früherer Sekretär und Tschiang Tschings Mitarbeiter bei der Wu-Hsün-Untersuchung, wollte mit diesem Artikel offensichtlich die *Berichtigungsbewegung* auch auf die Filmindustrie ausdehnen. Einige Führer der *Berichtigungsbewegung* waren jedoch nicht mit den Ergebnissen zufrieden und rächten sich, indem sie ihn seines Postens bei der führenden literarischen Zeitschrift »Literaturzeitung« im November 1957 enthoben (Leyda, ibid., S. 227; Fokkema, ibid., Anm. 155).

8 Zuerst veröffentlicht in JMJP, 24. März 1957. Über Fei Hsiao-tungs außergewöhnliche Karriere siehe: A. R. Sanchez und S. L. Wong, *»An Interview with Chinese Anthropologists«,* CQ 60, Dezember 1974, S. 775–790.

9 Tschiang Tschings Bemerkung bezog sich auf die »neue Zelltheorie« von O. P. Lepeschinskaja, einer Biologin und hohen kommunistischen Funktionärin, deren These, daß Zellen aus vor-zellularem Leben entstanden sein können, Virchows Grundsatz »omnis cellula ex cellulae« (alle Zellen stammen von Zellen ab) verwarf, der im Westen

unbestritten war. Ihre Theorie besagte, »daß sich im Prozeß der Wundheilung neue Zellen nicht nur durch Teilung von Zellen bilden, ... sondern auch aus einer lebenden Substanz in Form von winzigen Partikeln, die durch die Zerstörung und Zersetzung der Zellen entstehen.« Diese neue Theorie, die die gängige Evolutionstheorie ablehnte, wurde im Kampf gegen vorzeitiges Altern und gegen Krebs eingesetzt (Gustav A. Wetter, *»Dialectical Materialism, A Historical and Systematic Survey of Philosophy in the Soviet Union«,* London 1958, S. 451–455; Loren R. Graham, *»Science and Philosophy in the Soviet Union«,* New York 1972, S. 276).

10 Anlaß der Reise Tschou En-lais in die Sowjetunion im Winter 1957 waren die Unruhen innerhalb des kommunistischen Blocks, insbesondere die Zwischenfälle in Polen im Sommer 1956 und der ungarische Aufstand im Herbst des gleichen Jahres. Die Pekinger Parteispitze unterstützte zwar das Prinzip der Solidarität kommunistischer Blockstaaten, war jedoch nicht einverstanden mit Chruschtschows Methoden zur Wiederherstellung der Ordnung. Mitte November 1956 machte Tschou En-lai eine Rundreise durch Nord-Vietnam, Kambodscha, Indien, Burma und Pakistan. Gegen Jahresende wurde er überraschend nach Peking zurückberufen, wo er Anfang Januar 1957 eintraf. Schon nach wenigen Tagen brach er zu einer Reise nach Moskau auf, wo er vom 7. bis 10. Januar mit russischen, ostdeutschen und ungarischen Parteiführern Unterredungen führte. Nach kurzen Besuchen in Warschau und Budapest kehrte er Mitte Januar nach Moskau zurück, wo weitere Kommuniqués zur Solidarität der Blockstaaten herausgegeben wurden. Gegen Ende Januar setzte er seine Reise durch Asien fort und besuchte Afghanistan, Indien, Nepal und Ceylon (Klein und Clark, ibid., II, S. 216). Tschiang Tsching sah Tschou vermutlich in der zweiten Januarwoche und erfuhr dabei von den Spannungen zwischen ihm und Chruschtschow.

11 Tscheng Yen-tschiu wurde als Kind armer Leute 1904 geboren und kam im Alter von sechs Jahren zu einem Opernensemble. Nach der Befreiung wurde er zum Vizepräsidenten des Instituts für Chinesische Opernforschung ernannt und hatte weiterhin großen Erfolg als Schauspieler. Besonders geglückt waren seine Darstellungen »unterdrückter Frauen in einem halbkolonialen, halb-feudalistischen Gesellschaftssystem«. Bei einer Gedächtnisfeier zum ersten Jahrestag seines Todes (1958) pries der Bühnenschriftsteller Tien Han (einer von Tschiang Tschings Vier Bösewichten) Tscheng Yentschius Eintreten für die Idee kultureller Vielfalt während der *Hundert-Blumen-Bewegung.* Tschang Keng (Tschiang Tschings Intimfeind seit ihren Schanghaier Tagen), der zum Nachfolger Tschengs als Vizepräsident des Instituts für Chinesische Opernforschung ernannt worden war, hob bei demselben Anlaß hervor, daß sich Tscheng während der Besetzung Pekings durch die Japaner von der Bühne zurückgezogen und der Landwirtschaft gewidmet hatte. Die Unklarheit, die über den politischen Standort Tschengs besteht, zeigt sich auch darin, daß er erst 1957 in die KPCh eintrat – und dann auch nur als Parteimitglied auf Probe. Die volle Parteimitgliedschaft wurde ihm erst postum zuerkannt. (NCNA – engl. Ausg. 9, März 1959; abgedruckt in SCMP 1972 vom 13. März 1959, S. 9; NCNA – engl. Ausg. 11. März 1958, abgedruckt in SCMP 13, 1734, vom 19. März 1958, S. 9).

12 Einen objektiven Bericht über den Grenzkrieg mit Indien, eine von Chinas größten außenpolitischen Auseinandersetzungen im 20. Jahrhundert, bietet Neville Maxwell, *»India's China War«,* New York 1970, besonders in Teil III, *»The View from Peking«* und in Bemerkungen über den Einzelgänger General Kaul.

13 Eine ähnliche Version der Geschichte findet sich bei Ting Tschuan-tsching, *»Sung-jen i-schi hui-pien«* [Anekdoten über Persönlichkeiten aus der Zeit der Sung-Dynastie], 2 Bde., Peking 1958, I, S. 446f.

XI Die Debatte über den »Traum der roten Kammer«

1 Mao Tse-tung entging nicht dem Los, mit einer Person – auch noch ausgerechnet einer Frau – aus dem »Traum der roten Kammer« verglichen zu werden. Li Ang (Tschu Pei-wo), die Mao in den dreißiger Jahren gekannt haben will, schrieb in einem ge-

schwätzigen Artikel, Mao trage einige Züge von Schwarze Jade, darunter auch die Neigung zur Hypochondrie (Li Ang, *»Hung-se wu-tai«* [Rote Bühne], Peking 1946, S. 97).

2 *»Miscellany of Mao Tse-tung Thought«*, II, S. 391. Er meinte damit, er sei nicht von der Liebesgeschichte beeinflußt worden.

3 Z. B. Sun Wen-kuang, *»Persist in Using the Class Viewpoint in Studying ›The Dream of the Red Chamber‹«* (HC 11 vom 1. Nov. 1973), übersetzt in SCMM 763f. vom 26. Nov.–3. Dez. 1973. Manche Abschnitte in Suns Darlegungen gleichen Tschiang Tschings Interpretation verblüffend.

4 Tschiang Tsching wies darauf hin, daß »Der Traum der roten Kammer« wie auch andere Romane aus früheren Formen entstanden sei. Das ursprüngliche Werk mit dem Titel »Mondbrise, kostbarer Spiegel« *(»Feng-yueh pao-tschien«)* wurde zu »Die Geschichte des Steins« *(»Schih-tou tschi)*. David Hawkes' kürzlich vollendete Übersetzung des ersten Romandrittels hat diesen Titel übernommen: *»The Story of the Stone«* (Middlesex 1973). Hawkes erläutert in seiner Einleitung, daß die präzisere Übersetzung eines anderen, von Tsao in Betracht gezogenen Titels *»Hung-lou meng«* »Ein Traum der roten Herrenhäuser« lauten müßte. »Der Traum der roten Kammer« ist jedoch der gängige Titel in China und im Ausland geworden. Daher wird er auch in diesem Buch verwendet.
Der Abschnitt »Der kostbare Spiegel – Die Geschichte des Steins« erklärt, warum das erste Kapitel, das ursprünglich »Kostbarer Spiegel« *(pao-tschien)* hieß, mit der Zeit »Geschichte des Steins« genannt wurde. Die Tschin-Ausgabe, die 1784 gedruckt wurde, trägt den Titel »Die Hochzeit von Gold und Jade« *(Tschin yü yuan)*. Sie ähnelt in vielem der Tschih-Edition, so genannt nach dem Herausgeber Tschih Yen-tschai, dessen Version zusammen mit seinen Anmerkungen 1759, 1760 und danach veröffentlicht wurde. Die Tschih-Edition kommt der Ausgabe »Die Geschichte des Steins« noch näher [dt. Erstausgabe 1932, Übs. Franz Kuhn].

5 Einen allgemeinen Überblick gibt Jerome B. Grieder, *»The Communist Critique of ›Hung-lou-meng‹«*, *»Papers on China«* 10, 1956, S. 142–168.

6 Yü Ping-pos »Kurze Abhandlung über den ›Traum der roten Kammer‹« war soeben in *»Hsin tschien-sche«* [Neuer Aufbau] 3, 1954, S. 34–38 erschienen. Sein Artikel basierte auf seinem *»Hung-lou meng pien«* [Diskussion über den *›Traum der roten Kammer‹*], Schanghai 1923.

7 *»Hung-lou meng hsin-tscheng«*, Hongkong 1964.

8 Man vergleiche diese Stellungnahme mit Mao Tse-tungs Betrachtung: »Der Klassenkampf, der sich in ›Der Traum der roten Kammer‹ darstellt, ist sehr heftig, und viele Menschen müssen sterben. Nur zwanzig oder dreißig (irgend jemand hat dreiunddreißig gezählt) von diesen Opfern stammen aus der herrschenden Schicht. Der Rest – an die dreihundert – sind Sklaven wie Yüan-yang, Su-tschi, Yu Erh-tschieh und Yu San-tschieh etc. Wenn man Geschichte nicht vom Standpunkt des Klassenkampfes aus diskutiert, dann wird das Geschichtsverständnis nicht sehr hoch sein. Nur wenn man Klassenanalyse einsetzt, kann sie [die Geschichte] klar analysiert werden« (»Rede über philosophische Probleme«), 18. Aug. 1964, *»Miscellany of Mao Tse-tung Thought«*, II, S. 391f.).

9 Man vergleiche damit Mao Tse-tungs Bemerkung »Tsao Hsüe-tschins ›Der Traum der roten Kammer‹ wollte den Himmel ›flicken‹ – den Himmel des Feudalismus. Trotzdem hat Tsao Hsüe-tschin im Grunde den Niedergang feudalistischer Sippen beschrieben. Dies kann man als Widerspruch zwischen Tsaos Weltanschauung und seinem Werk ansehen.« (*»Talk on Sakata's Article«*, 24. Aug. 1964, *»Miscellany of Mao Tse-tung Thought«*, II, S. 401).
Tschiang Tschings Intimfeind Yü Ping-po verfolgt in seinem Artikel, der den Namen des Romans trägt und in *»People's China«* (10, 1954) erschien, denselben Gedanken: »›Der Traum der roten Kammer‹ ist der Schwanengesang der Feudalherrschaft in China«.

1 Später sprach Tschiang Tsching von parallel laufenden Aktionen von seiten Maos und des Zentralkomitees. Zwischen dem 6. September 1963 und dem 4. Juli 1964 veröffentlichte das ZK neun Artikel über die *Bewegung der Vier Säuberungen (Su-tsching)* – die Beseitigung von Korruption in Politik, Wirtschaft, Ideologie und Organisation. Vgl.: *»Nan-fang jih-pao«* [Südzeitung] vom 26. Dez. 1964. Die frühere Fassung prangerte Unregelmäßigkeiten in der Buchführung, in Lagerhäusern, bei der Arbeitspunkteberechnung und bei der Versorgung an. Vgl. Richard Baum/Frederick C. Tiewes, *»Ssu-ching: The Socialist Education Movement of 1962–1966«, »China Research Monographs«* 2, Berkeley 1968, S. 58–71. Am 14. Juli 1965 veröffentlichte der Vorsitzende das »Dreiundzwanzig-Punkte-Dokument über Fragen bei der *Sozialistischen Erziehungsbewegung* auf dem Lande«. Die Punkte, die in diesem Dokument behandelt wurden, schlossen nach Angaben Tschiang Tschings auch die *Bewegung der Vier Säuberungen* ein, die sich schon bald im ganzen Land ausbreitete.

2 Ihre Rede wurde zusammen mit Reden anderer von den Festspielen der Peking-Oper in HC 6 vom 8. Mai 1967 veröffentlicht. Die Zusammenfassung dieser Reden, in der Tschiang Tsching als Autorin genannt wurde, trägt den Titel »Über die Revolution in der Peking-Oper« und wurde von der *Foreign Languages Press* 1968 in Peking veröffentlicht. Joachim Schickel, »Mao Tse-tung: Der Große Strategische Plan«, Berlin 1969, S. 359–365.

3 Die *Zehn Punkte* haben den gleichen theoretischen Hintergrund wie eine Serie von Richtlinien, nämlich die *Früheren Zehn Punkte* vom Mai 1963, die *Späteren Zehn Punkte* vom September 1963 und die *Überarbeiteten Späteren Zehn Punkte,* die von Liu Schao-tschi im September 1964 herausgegeben wurden. Sie werden von Tschiang Tsching auf Seite 328 erörtert. Vgl. auch Schram, ibid., S. 76–85; Baum und Tiewes, ibid., S. 15.

4 Im August 1946 gab Mao der amerikanischen Journalistin Anna Louise Strong in Jenan ein Interview, in dem er sagte: »Alle Reaktionäre sind Papiertiger. Dem Aussehen nach sind sie furchterregend, aber in Wirklichkeit sind sie gar nicht so mächtig. Auf lange Sicht haben nicht die Reaktionäre, sondern hat das Volk eine wirklich große Macht.« (AW IV, S. 101; Auszüge unter dem Titel »Die Imperialisten und alle Reaktionäre sind Papiertiger« in JMJP vom 31. Okt. 1958).

5 Tschiang Tsching betonte, daß Mao sich aus freiem Willen dazu entschlossen habe, von seinem Posten als Staatsoberhaupt zurückzutreten. Die allgemeine Interpretation hingegen lautete, er sei wegen der Fehlplanungen beim *Großen Sprung nach vorn* dazu gezwungen worden, dieses Amt aufzugeben.

Die Hauptpunkte der Plenarsitzung betrafen die Wirtschaftsplanung für 1950; insbesondere ging es um die Notwendigkeit, das Gleichgewicht zwischen Landwirtschaft und Industrie, zwischen Leicht- und Schwerindustrie aufrechtzuerhalten und die Kommunen auszubauen. Außerdem wurde über den »positiven Vorschlag« debattiert, daß Mao nicht mehr als Staatspräsident kandidieren sollte. Als Begründung für diesen Vorschlag wurde angegeben, daß Mao mehr Zeit für seine theoretischen Arbeiten haben sollte. (*»Documents of the CCP Central Committee«*, Sept. 1956–April 1969, 2 Bde., Hongkong 1971, I, S. 113–119, S. 121f.).

In einer inoffiziellen Aufzeichnung seiner Rede vom 19. Dezember auf der 6. Plenartagung kommentierte Mao in seiner üblichen ironischen Art den Rücktritt von seinem Posten als Staatspräsident der VRCh: »Diesmal muß ein offizieller Beschluß gefaßt werden, ich hoffe, die Genossen stimmen zu. Wir verlangen, daß man innerhalb von drei Tagen in den Provinzen eine Telefonkonferenz abhält, daß die Bezirke, die Kreise sowie die Volkskommunen informiert werden; drei Tage später ist das Kommuniqué zu veröffentlichen, um zu verhindern, daß man unten das Gefühl hat, es komme unerwartet plötzlich. Die Dinge in der Welt sind nun einmal so seltsam. Man kann hinauf, aber man kann nicht hinunter. Man soll in Betracht ziehen, daß möglicherweise ein Teil zustimmen wird und ein anderer Teil nicht. Die Massen könnten kein Verständnis aufbringen und sagen, alle mühen sich nach Leibeskräften ab, und du ziehst dich mitten im

Gefecht zurück. Man soll das deutlich erklären, so verhält es sich nicht, ich ziehe mich nicht zurück; erst wenn wir im Wettstreit Amerika überholt haben, werde ich Marx vor die Augen treten.« (»Mao intern«, ibid., S. 142).

6 Mao, »Der Ursprung von Maschinengewehren und Granatwerfern etc.« (16. Aug. 1959) *»Chinese Law and Government I«,* Winter 1968–1969, S. 73f., zitiert in Frederick Wakeman, jr., *»History and Will: Philosophical Perspectives of Mao Tse-tung's Thought«,* Berkeley 1973, S. 37f.

7 Geboren in Hunan und Revolutionär der ersten Stunde, war Huang Ko-tscheng bis zum Ende der fünfziger Jahre eine zentrale Gestalt der Militär- und Staatsmacht. Während der letzten Stadien der »Inselkrise« (Quemoy und Matsu, zwischen Taiwan und Chinas Südostküste gelegen) im Oktober 1958 wurde Huang zum Stabschef der VBA ernannt und im darauffolgenden April wieder in den Nationalen Verteidigungsrat gewählt. Die »Verbrechen«, auf die sich Tschiang Tsching bezog, wurden im September 1959 durch seine plötzliche Ablösung durch Lo Jui-tsching als Stabschef der VBA und seine Absetzung als Stellvertretender Verteidigungsminister bestraft (zur gleichen Zeit übernahm Lin Piao von Peng Te-huai den Posten des Verteidigungsministers). Ein nicht öffentliches militärisches Informationsorgan der chinesischen Kommunisten, *»Kung-tso tung-hsun«* [Arbeitsbulletin] von 1961 zeigte, daß Huang und Peng Te-huai als »moderne Revisionisten« angeklagt worden waren, die eine »parteifeindliche Gruppe« bilden wollten, was indirekt bedeutet, daß sie Unterstützung von der Sowjetunion erhielten, auch nachdem die brüderlichen kommunistischen Beziehungen abgebrochen waren. Vgl. Klein und Clark, ibid., I, S. 400.

8 Der wesentliche Teil von Pengs Beschwerde in seinem »Zehntausend-Zeichen-Brief« wurde auf dem Höhepunkt der Kulturrevolution in der »Peking Rundschau« veröffentlicht. Pengs Brief »malte die gegenwärtige Situation im Lande in düstersten Farben aus. Im wesentlichen negiert er den Sieg der Generallinie und die Errungenschaften des *Großen Sprung nach vorn.* Er war auch gegen die rasche Entwicklung der Wirtschaft, gegen die Bewegung zur Ertragssteigerung an der ›landwirtschaftlichen Front‹, gegen die Massenbewegung, Eisen und Stahl zu produzieren, gegen die Volkskommune-Bewegung, gegen die Massenbewegungen beim wirtschaftlichen Aufbau und gegen die Führung der Partei beim sozialistischen Aufbau, also gegen das ›Kommando der Politik‹. In seinem Brief verleumdete er auf unverschämte Weise den revolutionären Eifer der Partei und von Millionen von Menschen als ›kleinbürgerlichen Fanatismus‹.« Daher war es nötig, »diesen Heuchler, Karrieremacher und Verräter in seiner wahren Gestalt zu zeigen und seinen spalterischen parteifeindlichen Machenschaften ein Ende zu bereiten«. Man behauptete von Peng auch, daß er zu der parteifeindlichen Clique um Kao Kang und Jao Schu-schih gehörte. Vgl.: *»Resolution of Eighth Plenary Session of Eighth Central Committee of C. C. P. concerning the anti-Party Clique headed by P'eng Teh-huai«* (Auszüge) PR 34 vom 18. Aug. 1967, S. 8ff.

9 Übersetzt von J. Schickel, »Mao Tse-tung, 37 Gedichte«, München 1970, S. 39. Auf dem Höhepunkt der Kulturrevolution im November 1967 veröffentlichte Tschou En-lai zum erstenmal diesen privaten Austausch zwischen dem Vorsitzenden Mao und der Genossin Tschiang Tsching. Vermutlich glaubte er, daß dieser literarische Beweis für Maos Zuneigung Tschiang Tsching erhöhte Achtung beim Volk verschaffen würde. Vgl. *»We-ke tung hsun«* [Kulturrevolutions-Nachrichten], Kanton, 8. Nov. 1967; SCMP 4076 vom 18. Dez. 1967, S. 3.

10 Vermutlich handelt es sich um Ting Wus 1957 verfaßte chinesische Bearbeitung (1958 in Peking herausgegeben) von M. Rozentals und P. Yudins »Kleines philosophisches Wörterbuch«, das 1939 zum erstenmal in Moskau veröffentlicht wurde und über viele Jahre hinweg in Neubearbeitungen herausgegeben wurde. Die Pekinger Bearbeitung zeigt deutlich die zunehmende Abkehr von den in der Sowjetunion eingeführten Begriffen des Marxismus und dokumentiert zugleich, wie Mao als philosophischer Denker immer mehr in den Vordergrund rückt. Die Auszüge aus dem Wörterbuch, die in der Schanghaier Zeitschrift *»Hsüe hsi yü pi-pan«* [Studium und Kritik] im Frühjahr 1974 abgedruckt wurden, zeigen, wie sich dieser Prozeß noch verstärkt. (CNA 992 vom 7. März 1974, S. 2).

11 Zu den Büchern und Kommentaren, mit denen sich der Vorsitzende befaßte, während sie krank und mit sich selbst beschäftigt war, gehören das russische Werk »Politische Ökonomie«, Maos Kritik an Stalins »Ökonomische Probleme des Sozialismus in der Sowjetunion« und seine Kommentare zu Stalins »Antwort an die Genossen Sanina und Venzher«. Siehe Maos inoffiziell veröffentlichte Rede über »Ökonomische Probleme«, in »Mao Tse-tung. Das machen wir anders als Moskau«, hrsg. von Helmut Martin, Reinbek 1975, S. 96–100. Richard Levys Aufsatz *»New Light on Mao; 2. His Views on the Soviet Union's Political Economy«* (CQ 61 vom März 1975, S. 95–117), analysiert Maos Gedanken zu Problemen der Basis und des Überbaus, seine Einschätzung von Stalins Einbeziehung bürgerlicher Elemente beim Aufbau der Kommunen und seine Überprüfung der Gültigkeit des sowjetischen Modells der Industrialisierung im Licht der oben genannten Veröffentlichungen. 1959 begann sich Mao ganz eindeutig vom sowjetischen Modell zu lösen.

12 Mao war von den Katastrophen, die sein weltfremd-idealistischer Plan von 1959 ausgelöst hatte, weit mehr betroffen als Tschiang Tsching dies in unserer Unterhaltung zum Ausdruck brachte. Zu diesen Desastern gehörten Mißernten, Hungersnöte, eine unerwartet niedrige industrielle Produktion und Unruhen im ganzen Land. Am letzten Tag der 9. Plenartagung wandte sich Mao entschlossen einem neuen Empirismus zu. Er sagte, 1961 würde das Jahr, »in dem man die Wahrheit in der Realität suchen sollte«. »Wir haben eine lange Tradition, die Wahrheit in der Realität zu suchen. Da jedoch der Druck der öffentlichen Belange stärker geworden ist, haben wir uns vermutlich nicht mehr genug bemüht, auf den Grund der Dinge zu gelangen . . . Von nun an sollte jeder forschen und studieren und nicht nur andere Leute schlecht machen.« *(»Miscellany of Mao Tse-tung's Thought,«* II, S. 242).

13 Stuart Schram erwähnt Maos Entschließungsentwurf, der der Obersten Staatskonferenz am 28. Januar 1958 vorgelegt wurde und den Titel trägt »Sechzig Punkte über Arbeitsmethoden« und vom 31. Januar 1958 datiert ist (S. Schram, ibid., S. 51–56. CB 892; vom 21. Okt. 1969), S. 1–14; Jerome Ch'en, »Mao Papers«, München 1972, S. 81–103). Dieser Entwurf ist wohl eine frühe Version der »Sechzig Regeln für die Volkskommunen« gewesen.

14 Das *Rundschreiben vom 16. Mai* wurde als Leitartikel unter dem Titel »Der Weg der Intellektuellen nach vorn« veröffentlicht. (HC 10 vom 16. Mai 1962). In dieser Neuformulierung der zwei Jahrzehnte zuvor von Mao Tse-tung auf der *Aussprache in Jenan* gehaltenen Rede wurden die Intellektuellen dazu aufgefordert, der Notwendigkeit, sich unablässig »neu zu formen« eingedenk zu sein, die Perspektive zu verändern und sich immer dessen bewußt zu sein, wem sie dienten.

15 Einen Monat zuvor hatte sich Liu Schao-tschi auf ideologischer Ebene erneut zur Geltung gebracht, indem er seinen denkwürdigen Essay aus den späten dreißiger Jahren »Wie man ein guter Kommunist wird« neu drucken und in großer Auflage verbreiten ließ. Solch ein literarisches Ereignis konnte nur in einer Gesellschaft verdammt werden, die unfähig ist, die Ansichten zweier bedeutender Männer zur gleichen Zeit zu tolerieren.

Im Herbst 1962 bestand ein prekäres Gleichgewicht zwischen den politischen Grundsätzen Maos und Lius, wie auch zwischen den Ehefrauen Tschiang Tsching und Wang Kuang-mei, doch kam Tschiang Tsching in unseren Gesprächen kein einzigesmal direkt darauf zu sprechen. Anfang der sechziger Jahre war Wang Kuang-mei für ihren Charme und ihr diplomatisches Geschick international bekannt. Im Herbst 1962 übertrat die »Volkszeitung« – ohne Zweifel auf Veranlassung von Liu Schao-tschi – das ungeschriebene Gesetz, dem Volk keine Aufnahmen eines politischen Führers in Begleitung seiner Frau zu präsentieren. Auf der zweiten Seite der Nummer vom 25. September 1962 wurden Wang, Liu und eine der Frauen Sukarnos, die zu einem Staatsbesuch in China weilte, zusammen abgebildet. Am nächsten Tag tauchte eine Photographie von Wang und Madame Sukarno sogar auf der Titelseite auf. Fünf Tage später zeigte die Titelseite eine Aufnahme von Mao, Tschiang Tsching und Madame Sukarno, die zweite Seite eine Aufnahme von Liu, Wang und Madame Sukarno. Dies war seit 1949 das erstemal, daß Mao und Tschiang Tsching gemeinsam auf einem offiziellen

Photo abgebildet wurden. Wie ein westlicher Beobachter die politische Tragweite einschätzte, siehe Roderick MacFarquhar, *»On Photographs«*, CQ 46, 1971, S. 300.

16 »Resolution des ZK der KPCh zu einigen Problemen der Landwirtschaft« (Entwurf), 20. Mai 1963, *»Documents of the CCP Central Committee, September 1956–April 1969«*, Bd. I, S. 735–752.
Stuart Schram hat die Vermutung geäußert, daß die *Späteren Zehn Punkte,* mit denen die *Sozialistische Erziehungsbewegung* eingeleitet wurde, möglicherweise von Teng Hsiao-ping, dem damaligen Generalsekretär der Partei, entworfen wurden. Ein Jahr später veröffentlichte Liu die *Überarbeiteten Späteren Zehn Punkte* (Schram, ibid., S. 76ff.).

17 Erwähnt bei William F. Dorrill, *»Power, Policy and Ideology«* in *»The Cultural Revolution in China«*, hrsg. von Thomas W. Robinson, Berkeley 1971, S. 57, Anm. 68.

18 Zu diesen Artikeln gehörte auch ein lobender Bericht über die Genossin Tschen Min, die zum erstenmal in Jenan und Nanniwan von sich reden machte und auch noch zwanzig Jahre später als würdiges Vorbild galt. Wie Tschiang Tsching war auch Tschen Min mit einem Mann verheiratet, der politisch bedeutender war als sie (mit dem politischen Kommissar Tan Wen-pang). Sie hatte neun Kinder zur Welt gebracht (von denen vier starben) und galt wegen ihres Fleißes und ihrer Genügsamkeit als mustergültiges Beispiel. Schon in Jenan war sie zu einer sogenannten »Modell-Angestellten mit Spezialgrad« gewählt worden (ein indirekter Hinweis auf die eingeschränkten Möglichkeiten der Frauen in jener Ära). Tschiang Tschings Artikel wurde in *»Tschung-kuo fu-nü«* [Frauen von China] 8 vom 1. August 1961 gedruckt; SCMM 277, vom 5. Sept. 1961, S. 18–24.
Am 26. August erschien ihr Bericht »Die guten Traditionen einer Kompanie der Roten Armee« in *»Tschung-kuo tsching-nien pao«* [Chinesische Jugend]; SCMP 2581, vom 19. Sept. 1961, S. 7ff. Diesem zwar lobenden, aber farblosen Bericht über die Loyalität und Anspruchslosigkeit der Ersten Gardekompanie fehlte der persönliche und politische Eifer von Tschiang Tschings Schriften aus den dreißiger Jahren, aber auch der harte, auftrumpfende Stil, den sie in den späten sechziger Jahren vertrat. Die beiden Artikel wurden in unserem Interview nicht erwähnt.

19 Diese Rede wurde am 23. Februar 1964 gehalten. CB 842 vom 8. Dez. 1967, S. 19.

20 Vgl. Yun Sungs Artikel »Tien Hans *›Hsie Yao-huan‹* ist ein äußerst giftiges Unkraut«, veröffentlicht in KMJP vom 1. Febr. 1966; CB 784 vom 30. März 1966, S. 1.

21 CB 842 vom 8. Dez. 1967, S. 8f.

22 Ibid., S. 17.

23 Ibid., S. 21.

24 Über Tao Tschus Karriere in den frühen sechziger Jahren vgl. Ezra F. Vogel *»Canton under Communism«* (Cambridge, Mass. 1969, S. 308f.).

25 CB 842 vom 8. Dez. 1967, S. 21.

26 PR 27 vom 3. Juli 1964.

27 Vgl. J. Schickel (Hrsg.), »Der Große Strategische Plan«, ibid., S. 361f.

28 Nach Tschao Tze-fan: »Sein [Tien Hans] KMT-Parteimitgliedsausweis wurde im vierten Stock der *Mitsui Yoko,* einer japanischen Handelsgesellschaft, am 7. August 1938 ausgestellt. Mitte der dreißiger Jahre leitete er die 6. Division der 3. Abteilung des Nationalen Militärrates im Rang eines Generalmajors und war beauftragt, auch die Kunst im Kampf gegen die Japaner einzusetzen. (*»Left-Wing Chinese Literary and Art Movement in the 1930's«* in: *»Issues and Studies«,* Taipeh, 3. November 1966, S. 27.

29 Die *Februar-Thesen,* die am 7. Februar 1966 verfaßt worden waren, wurden fünf Tage später vom ZK zur Verbreitung freigegeben. Nachdem sie im *Rundschreiben vom 16. Mai* 1966 (siehe Kapitel XIII) widerrufen worden waren, wurden beide Dokumente an die Parteikomitees in allen Einheiten und auf allen Ebenen geschickt und zur Debatte gestellt. Das richtige Dokument war natürlich das letztere. Eine Übersetzung der *Februar-Thesen* findet sich in SCMP 3952 vom 5. Juni 1967, S. 1–4. Die anderen Mitglieder der *Fünfergruppe* waren Kang Scheng, Wu Leng-hsi, Tschou Yang und Lu Ting-i.

30 Im Verlauf einer philosophischen Debatte, die Yang Hsien-tschens Prinzip »Zwei-

vereinigen sich in eins« widerlegen sollte, schrieb Tschou Ku-tscheng, daß »die Materie eine Einheit ohne innere Widersprüche sein kann«.
Vgl. Ju Hsin, »Eine Kritik der philosophischen Grundlage von Tschou Ku-tschengs Kunstbegriff«, HC 15 vom 15. Aug. 1964 und »Neue Auseinandersetzungen an der philosophischen Front«, HC 16 vom 31. August 1964 über Yangs Theorie.

XIII Schwimmen durch Schwimmen lernen

1 Franz Schurmann, *»The Logic of World Power«* ibid., S. 334.
2 »Zusammenfassung der von Genossin Tschiang Tsching in Auftrag von Genossen Lin Piao einberufenen Beratung über die Arbeit in Literatur und Kunst in der Armee«, HC 9 vom 27. Mai 1967, deutsch in: »Wichtige Dokumente der Großen Proletarischen Kulturrevolution«, Peking 1970, S. 226–271.
3 Interview mit Mao im Januar 1965, in E. Snow, »Die lange Revolution«, Frankfurt/M. 1973, S. 219–254.
4 Andere Mitglieder der *Gruppe für die Kulturrevolution* waren Wang Jen-tschung, Stellvertretender Leiter; Kuang Feng und Tschi Pen-yü, Schriftsteller; Wang Li, Ko-Autor der »Neun Kommentare zum Revisionismus«; Mu Hsin, Chefredakteuer von KMJP und Stellvertretender Leitender Direktor von HC (CB 830 vom 26. Juni 1967, S. 4, 27).
5 Rede vom 28. Nov. 1966; SCMP 3908 vom 30. Mai 1967, S. 11.
6 »Auszüge aus Reden der Leiter der *Gruppe für die Kulturrevolution* des ZK der KPCh an der Peking-Universität«. CB 830 vom 26. Juni 1967, S. 4.
7 Ibid.
8 Das Kommuniqué, das nachträglich die von Mao nach 1962 getroffenen innen- und außenpolitischen Entscheidungen in allen Punkten billigte, wurde am 9. August 1966 in der JMJB veröffentlicht. Eine deutsche Übersetzung erschien in »Wichtige Dokumente«, ibid., S. 176–199 (auch: Schickel, ibid., S. 166–173). Der *16-Punkte-Beschluß* mahnte: »Die Minderheit soll geschützt werden, denn manchmal liegt bei ihr die Wahrheit.« Hieß das, daß die Gruppe um Mao Tse-tung noch nicht über die Mehrheit im Zentralkomitee verfügte?
Richard Baum hat dargelegt, daß der *16-Punkte-Beschluß* die gegenseitige Ergänzung der *Sozialistischen Erziehungsbewegung*, die sich an städtische und ländliche Produktionseinheiten richtete, und der Kulturrevolution, die auf kulturelle und erzieherische Einrichtungen und auf Partei- und Regierungsorgane abzielte, klar herausstellte. Die Beschränkung der kulturrevolutionären Aktivitäten, die vom Spätsommer bis zum Herbst andauerte, wurde im November und Dezember aufgehoben, als die Studentenmassen aufgefordert wurden, die politische Bewegung in die Fabriken und landwirtschaftlichen Betriebe im ganzen Land zu tragen. Das Ergebnis war, daß die Nation an den Rand des Bürgerkrieges geriet. (Richard Baum, *»Prelude to the Cultural Revolution: Mao, the Party and the Peasant Question, 1962–1966«*, New York 1975, S. 149f.).
9 CB 830 vom 26. Juni 1967, S. 26f.
10 »Der Vorsitzende Mao empfängt eine Million Menschen, um die Große Proletarische Kulturrevolution zu feiern« (18. August 1966), NCNA-Bericht in »Führt die Große Proletarische Kulturrevolution bis zum Ende durch!« Peking 1966, S. 15.
11 Ibid., S. 16.
12 Diese Rede war mit sechs anderen (Juli 1964 auf den Festspielen der Peking-Oper; 20. Februar 1966, 20. April 1967, 5. September 1967, 9. und 12. November 1967 und 27. November 1967) von Tschou En-lai ausgewählt worden und wurde mir von Tschiang Tschings Mitarbeitern in Peking vorgetragen (vgl. Kapitel I). Die Rede vom 28. November sei nie »offiziell« veröffentlicht worden, sagte mir Tschiang Tsching. Dennoch ist sie ungefähr in der Form, in der sie mir berichtet wurde, abgedruckt in *»Hung-i tschan-pao«* [Kampfbulletin der Roten Künste], 15. Februar 1967; SCMP 3908 vom 30. März 1967, S. 9–15.
13 SCMP 3908 vom 30. März 1967, S. 9–15.

14 Zu dem Zeitpunkt waren der Pekinger Oberbürgermeister Peng Tschen, die Dramatiker Wu Han und Tien Han sowie der Journalist Liao Mo-scha verhaftet worden. Nach Aussage Tschen Po-tas waren mehr als vierhunderttausend »Volksfeinde« aus den Städten auf das Land verbannt worden. Vgl. Douwe W. Fokkema, *»Report from Peking: Observations of a Western Diplomat on the Cultural Revolution«*, London 1971, S. 50.
15 Berichtet in *»Sankei«* (Tokio), 26. April 1967, zit. nach Edward Rice: *»Mao's Way«*, Berkeley 1972, S. 292f.
16 »Ein konterrevolutionärer Bericht, der auf die Restauration des Kapitalismus abzielt«, CL 6 (1968), S. 95–100.
17 Übersetzt in CB 786 vom 16. Mai 1966, S. 15–36.
18 *»Wen-hui pao«* [Literaturzeitung], 8. Sept. 1966; SCMPS 156 vom 7. Okt. 1966, S. 25–29.
19 Rice, ibid., S. 272.
20 Rice, ibid., S. 273.
21 Vgl. z. B. ihre Rede vom 1. Februar 1967 vor Vertretern von Filmstudios, SCMP 3902 vom 20. März 1967, S. 1–7.
22 Maos wörtliche Berichtigung wird zitiert in *»Chairman Mao Unrehearsed: Talks and Letters 1956–1971«*, hrsg. von Stuart Schram, Penguin-Books 1974, S. 15f.
23 In jenem Frühjahr veröffentlichte die »Rote Fahne«, die damals von Tschen Po-ta herausgegeben wurde, einen langen Artikel über die Pariser Kommune (HC 4 vom 24. März 1966).
24 Wie in einem JMJP Leitartikel vom 9. Januar 1967 berichtet wurde.
25 *»Hung-wei-ping pao«* [Rote-Garden-Zeitung, Peking], 22. Dez. 1966; nachgedruckt in »Reden von Tschiang Tsching«, S. 27f.
26 *»Hung-wei pao«* [Rote-Garden-Zeitung], 17. Jan. 1967, nachgedruckt in »Reden von Tschiang Tsching«, S. 29–33.
27 »Rede an eine Gruppe Revolutionärer Rebellen« (17. Jan. 1967), *»Hung-wei-ping pao«* [Rote-Garden-Zeitung].
28 Welchen Anteil Tschiang Tsching an der Anklage gegen Wang Kuang-mei hatte, ist nicht eindeutig festzustellen. Immerhin wird sie in einer Veröffentlichung der Roten Garden mit einem Satz zitiert, den sie am 18. Dezember gesagt haben soll: »Wang Kuang-mei sollte nach Tsinghua zurückgeschafft werden, um dort ein Geständnis abzulegen.« (JPRS, *»Samples of Red Guard Publications«*, 1. Aug. 1967, I, 8. Artikel; zit. nach Rice, ibid., S. 281).
29 Aufschluß über Wang Kuang-meis Reise und deren politische Konsequenzen gibt: Baum, ibid., S. 83–101.
30 William Hinton, *»Hundred Day War: The Cultural Revolution at Tsinghua University«*, New York 1972, S. 101–104. Daß Frauen in der chinesischen Geschichte oft zum Sündenbock gestempelt werden, ist von vielen, unter anderen auch Lu Hsün, erkannt worden. Vgl. seine Essays *»Random Thoughts«* und *»Women are not the Worst Liars«* in *»Selected Works of Lu Hsün«*, ibid., II, S. 34ff., und IV, S. 11f. Der zweite Essay auf deutsch in »Lu Hsün. Der Einsturz der Lei-feng-Pagode«, Reinbek bei Hamburg 1973, S. 154.

XIV Gegen den Strom

1 Kantoner *»Wen-i hung-tschi«* [Rote Fahne der Literatur und Kunst], 10. Jan. 1968; SCMPS 216 vom 26. Jan. 1968, S. 4.
2 Edward E. Rice: *»Mao's Way«*, ibid., 1972, S. 409.
3 *»Hsin Peita«* [Neue Peking-Universität], 16. Februar 1967; CB 822 vom 23. März 1967; Rice, ibid., S. 331f.
4 Beispielsweise Tschcng Tschi-hua, ibid. und Hsia Yens *»Tien-ying lun-wen tschi«* [Gesammelte Essays über den Film], Peking 1963.
5 SCMP 3902 vom 20. März 1967, S. 1–7.

6 Der Leitartikel, der am 31. Januar 1967 erschien, trug den Titel: »Den Eigennutz besiegen und das große Bündnis Revolutionärer Rebellen schmieden«.

7 Rede vom 12. April 1967 in »Reden von Tschiang Tsching«, 1971, S. 45–61, aus der Originalbroschüre mit dem Titel *»Wei jen-min li hsin kung«* [Dem Volk aufs neue dienen], Kunming.

8 JMJP vom 21. April 1967.

9 Pekinger *»Tsching-kang-schan pao«* [Tschingkangschaner Zeitung], 25. Mai 1967; SCMP 3996 vom 8. Aug. 1967, S. 3. Siehe auch die Lobeshymnen auf Tschiang Tschings Arbeit in den Jahren 1931–64 in der Kantoner *»Kuang-yin hung-tschi«* [Rote Fahne der Druckindustrie], 29. Okt. 1967; SCMP 4089 vom 29. Dez. 1967, S. 1f.; *»Kuang-tschou hung tai-hui«* [Kantoner Roter Kongreß], 28. Okt. 1968; SCMP 4306 vom 26. Nov. 1968, S. 1–8.

10 *»Hsin Peita«*, 30. Mai 1967; SCMPS 190 vom 6. Juli 1967, S. 11.

11 PR 24 vom 9. Juni 1967, S. 24.

12 Siehe beispielsweise Rice, ibid., S. 396–402, und Jean Daubier: *»A History of the Chinese Cultural Revolution«*, New York 1974, S. 197–204. In einem am 26. Juli 1967 von der NCNA verbreiteten Leitartikel der »Zeitung der Befreiungsarmee« wurden die Revolutionäre dazu aufgerufen, »die kleine Handvoll Machthaber in der Armee, die den kapitalistischen Weg gehen, zu nehmen und ausnahmslos auf den Kehrichthaufen zu werfen« (SCMP 3993 vom 2. Aug. 1967, S. 5). Der Sommer 1967 war offenbar ein Tiefpunkt in der »ruhmreichen Geschichte« der VBA.

13 Rede am 22. Juli 1967; SCMPS 198 vom 18. Aug. 1967, S. 8.

14 Siehe Philip Bridgham, *»Mao's Cultural Revolution in 1967* in *»China in Ferment«*, hrsg. von Richard Baum und Louise B. Bennett, Englewood Cliffs, N. J., 1971, S. 134f.; Thomas W. Robinson, *»Chou En-lai and the Cultural Revolution in China«* in *»The Cultural Revolution in China«*, hrsg. von Thomas W. Robinson, Berkeley 1971, besonders S. 239–50.

15 Nach Tschou En-lais am 17. September geäußerter Überzeugung war die Kulturrevolution inzwischen in ein zweites Stadium eingetreten. Siehe *»Kan tschin tschao«* [Die Gegenwart betrachten], 15. Oktober 1967; SCMP 4078 vom 12. Dez. 1967, S. 7.

16 Zuerst erschienen in der Kantoner *»Kung-ko-lien«* [»Das revolutionäre Arbeiterbündnis], 18. September 1967; abgedruckt in »Reden von Tschiang Tsching«, S. 68–76; übersetzt aus der Pekinger *»Tsching-kan-schan pao«* [Tschingkangschaner Zeitung], 20. September 1967, in SCMPS 209 vom 3. Nov. 1967, S. 1–5.

17 Vor allem Wang Li, der Held des Wuhan-Aufstandes, Tschi Pen-yü und Lin Tschie. Im September wurde Wang Li beschuldigt, die *16. Mai-Clique* dazu angestiftet zu haben, Ministerpräsident Tschou En-lai als »bürgerlichen Reaktionär« anzugreifen, weil er ab Mai dieses Jahres versucht hatte, bewährte Veteranen wie Tschen I, Tschu Te und Tan Tschen-lin vor weiteren Angriffen der Linken zu schützen. Näheres bei Daubier, ibid., S. 187ff.

18 *»Kan tschin tschao«* [Die Gegenwart betrachten], 15. Okt. 1967; SCMP 4078 vom 12. Dez. 1967, S. 9.

19 Beide Vorfälle beschreibt Rice, ibid., S. 376ff.

20 *Tschung-fa* (1967) 354 (Weisung des ZK), nach Berichten in der Kantoner *»Wen-i hung-tschi«* [Rote Fahne der Literatur und Kunst], 10. Jan. 1968; SCMPS 216 vom 26. Jan. 1968, S. 1–5.

21 Aus der mir in Peking vorgelesenen Rede.

22 *»Kuang-tschou hung tai-hu«* [Kantoner Roter Kongreß], 3. April 1968; SCMP 4164 vom 25. April 1968, S. 1f.

23 *»Hung-tschi«* [Rote Fahne; Revolutionskomitee des Pekinger Luftfahrtinstituts], 26. März 1968; SCMPS 226 vom 20. Mai 1968, S. 4–7; außerdem SCMP 4182 vom 21. Mai 1968, S. 1–12.

24 Kantoner *»Tschung-ta hung-tschi«* [Rote Fahne der Universität Tschungschan], Nr. 63, 4. April 1968; SCMP 4166 vom 29. April 1968, S. 1–4.

25 Eine Zusammenfassung der Ereignisse auf der Grundlage von Dokumenten aus der damaligen Zeit in Rice, ibid., S. 437–40.

26 Kantoner *»Tschu-ying tung-fang hung«* [Perlenfluß-Filmatelier »Der Osten ist rot«] 20 Sondernummer, April 1968; SCMP 4172 vom 7. Mai 1968, S. 2–7.
27 Kantoner *»Tze-liao tschuan-tschi«* [Sonderausgabe von Nachschlagematerial] 3, Mai 1968; SCMP 4196 vom 12. Juni 1968, S. 4.
28 Pekinger *»Tsching-kang-schan pao«* [Tschingkangschaner Zeitschrift] und *Hung-tschi* [Rote Fahne; Revolutionskomitee des Pekinger Luftfahrtinstituts], 21. März 1968; SCMPS 225 vom 14. Mai 1968, S. 1–14.
29 Kantoner *»Huo-tschu tung-hsün«* [Fackelbulletin] 1, Juli 1968; SCMM 622 vom 6. August 1968, S. 7–10.

XV Lin Piao, der Verräter

1 Übersetzt als »Lin Piaos Rede auf der Erweiterten Tagung des Politbüros des Zentralkomitees der KPCh (18. Mai 1966)«, *»Issues and Studies 6«*, Februar 1970, S. 81–92. Umfangreiche Auszüge in: Jaap van Ginneken, *»The Rise and Fall of Lin Piao«*, Penguin Books 1976, S. 58–62.
2 Eine ausführliche, auf Dokumenten basierende Darstellung von Lin Piaos Herausforderung bei Michael Y. M. Kau: *»The Lin Piao Affair: Power Politics and Military Coup«*, White Plains, N. Y. 1975.
3 Nachdem die Kritik an Lin Piao im Sommer 1972 eingesetzt hatte, wurde dieser Briefwechsel zwischen den Eheleuten führenden Parteifunktionären als Beweis für Maos früh erwachtes Mißtrauen gegenüber Lin Piao und Tschiang Tschings frühzeitiger Warnung vor ihm zur Kenntnis gebracht. Eine Übersetzung erschien in »Mao intern«, ibid., S. 192–195.
4 Eine Zusammenfassung von Lin Piaos Rede auf der Plenartagung auf dem Lu-schan gehörte zu den Punkten der von der KPCh gegen ihn zusammengestellten Anklageschrift. Siehe Zentraldokument Nr. 12 des ZK der KPCh in: »Mao intern«, S. 196–202.
5 Maos Bericht enthielt auch eine Verurteilung des Nepotismus, die sich direkt auch auf seine eigene Situation bezog: »Ich habe niemals zugestimmt, daß die eigene Frau Bürochef im eigenen Arbeitsbereich wurde. Bei Lin Piao, da ist Yeh Ch'ün Bürochefin, wenn diese Vier bei Lin Piao Weisungen über bestimmte Fragen einholen wollten, mußte alles durch ihre Hände laufen. Seine Arbeit muß man selbst in die Hand nehmen, man muß selbst lesen und selbst Stellung nehmen; von einem Privatsekretär sollte man sich nicht abhängig machen und ihm keine so große Macht überlassen. Mein Privatsekretär hat nur einzusammeln und zu verteilen; er reicht die Dokumente her, dann wähle ich selbst aus und lese auch selbst; was ich erledigen will, schreibe ich selbst, um zu vermeiden, daß eine Sache schief läuft.« (»Mao intern«, S. 202).
6 »Lin Piaos Rede« (18. Mai 1966), *»Issues and Studies«* 6, S. 91.
7 Edgar Snow: »Die lange Revolution«, Frankfurt/M. 1973, S. 195. Als Mao zwölf Jahre zuvor im Kreise von Genossen über das gleiche Thema gesprochen und Stalins Personenkult sowie seine Abschaffung durch Chruschtschow erwähnt hatte, hatte er zwischen richtigem und falschem Personenkult unterschieden, wobei der falsche einfach aus »blindem Gehorsam« bestand. Siehe »Rede auf der Tschengtu-Konferenz«, 10. März 1958 in »Mao intern«, S. 34f.
8 Sie förderte es sogar noch eifrig, daß Mao Lu Hsüns Ruf für seine Zwecke ausnützte. Im Jahre 1967 äußerte sie, während des *Weißen Terrors* der Kuomintang seien »Lu Hsün und Vorsitzender Mao durch große räumliche Entfernungen getrennt gewesen, aber Lu Hsüns Herz ist bei dem Vorsitzenden Mao gewesen, hat mit dem Vorsitzenden Mao geschlagen. Für Lu Hsün ist unser großer Vorsitzender Mao die röteste Sonne in seinem Herzen gewesen«. Gleichzeitig beschuldigte sie Tschou Yang und Konsorten, ihren Mann verfolgt und in den Tod getrieben zu haben (CL 1, 1967, S. 36ff.).
9 In seinem Bericht über die Plenartagung auf dem Lu-schan am 23. August 1970 warf Mao Tse-tung eine Frage auf: »Außerdem heißt es doch immer, die Volksbefreiungsarmee sei von mir begründet und geführt worden und werde von Lin persönlich kom-

mandiert; wenn man sie begründet hat, kann man sie dann etwa nicht mehr kommandieren! Begründet habe ich sie außerdem nicht alleine.« Siehe »Zentraldokument Nr. 12« in »Mao intern«, ibid., S. 199f.

10 Lin Piaos Vorliebe für solche Behauptungen ist dokumentarisch belegt – allerdings erst sieben Jahre später. Am 18. Mai 1966 stellte er in einer Rede fest: »Jeder Satz des Vorsitzenden Mao verkörpert die Wahrheit; ein Ausspruch von ihm gilt mehr als zehntausend von uns« (»Lin Piaos Rede« vom 18. Mai 1966, in: van Ginneken, ibid., S. 62). In seiner Entgegnung auf Lin Piaos Ausführungen während der Plenartagung auf dem Lu-schan vom 23. August 1970 sagte Mao unter anderem: »Was heißt schon ›Gipfel‹ oder ›Ein Satz steht für zehntausend Sätze‹, das hast du doch wirklich übertrieben! Ein Satz ist ein Satz, wie könnte er da für zehntausend Sätze stehen. Daß kein Staatspräsident einzusetzen sei, daß ich nicht Staatspräsident werden wolle, habe ich sechsmal gesagt, rechnen wir das einmal als einen Satz, dann waren es sechzigtausend Sätze, und sie haben überhaupt nicht darauf gehört, nicht für einen halben Satz hat es gestanden, das Ergebnis war gleich null.« »Mao intern«, S. 199.

11 Am 24. Juni 1968 schlug Li Min eine Wandzeitung mit der Überschrift »Bombardiert Nie Jung-tschen« an, offenbar einen Aufruf zum Klassenkampf innerhalb der Kommission für Wissenschaft und Technologie (Notiz in der Kantoner Zeitschrift *»Tschung-hsueh hung-wei-ping«* [Rote Garden der Mittelschulen] 8, Juli 1968; SCMP 4236 vom 12. Aug. 1968, S. 1f.

XVI Das revolutionäre Theater

1 Catherine R. Stimpson: *»Power, Presentations, and the Presentable«*, unveröffentlichte Arbeit (August 1975).

2 Colin Mackerras: *»The Chinese Theatre in Modern Times from 1840 to the Present Day«*, Amherst, Mass. 1975, S. 92, 97 und pass.

3 *»Cosmos and History«*, New York 1954, S. 32.

4 Mackerras, ibid., S. 163.

5 CNA 1038 vom 23. April 1975, S. 2.

6 Siehe Mei Lan-fang: *»Wo-ti tien-ying scheng-huo«* [Mein Leben beim Film], Peking 1962.

7 Siehe zum Beispiel die Kantoner *»Kuang-yin hung-tschi«* [Rote Fahne der Druckindustrie], 29. Okt. 1967; SCMP 4089 vom 29. Dez. 1967, S. 1–13.

8 SCMP 3996 vom 8. Aug. 1967, S. 12.

9 Das Dilemma von Essenz und Anwendung *(ti-yung)* wird von Joseph R. Levenson in *»Modern China and Its Confucian Past«*, Garden City, N. Y. 1964, S. 82ff. et pass., provokant analysiert.

10 Siehe Jerome B. Grieders geistesgeschichtliche Biographie *»Hu Shih and the Chinese Renaissance«*, Cambridge, Mass. 1970, S. 130f.

11 Rede vom 28. November 1966; SCMP 3908 vom 30. März 1967, S. 10.

12 *»Chairman Mao's Talk to Music Workers (24. August 1956)«* in *»Chairman Mao Unrehearsed Talks and Letters, 1956–1971«*, S. 87.

13 Überlegungen vom Gesichtspunkt der Kulturrevolution aus enthält Mao Tschi-tseng: *»Traditional Chinese Orchestras«*, CL 6, 1964, S. 102–108.

14 Hsiang-schan schih (Pseudonym von Liang Tschi-tschao): *»Yin-ping-schih schih-hua«* [Notizen über Poesie aus dem Atelier des Eistrinkers], Schanghai 1909, *Tschüan* 2, 1a–1b.

15 Benjamin Schwartz: *»In Search of Wealth and Power: Yen Fu and the West«*, Cambridge, Mass. 1964; siehe vor allem Kap. XII *»Some Implications«*.

16 Berichte über Tschiang Tschings erste Besuche von Proben des Zentralen Philharmonischen Orchesters sowie über die Versuche Tschou Yangs, Lin Mo-hans und anderer, ihre Arbeit zu sabotieren, finden sich in CL 3, 1967, S. 4–8.

17 Hsien Hsing-hai (1905–45), Sohn eines kantonesischen Bootsbauers, studierte Musik in Paris, schrieb die Kantate »Der Gelbe Fluß«, als er 1939 an der Lu-Hsün-Akademie

die Abteilung Musik leitete. Die Kantate, für die es in der chinesischen Musiktradition kein Vorbild gab, enthielt auch Jenaner Volksweisen, von denen eine die Stimme einer unterdrückten Frau verkörperte. Ihre klagende Stimme sollte den Zuhörern bewußt machen, daß sie in Unterdrückung lebten, und ihren Wunsch nach Befreiung wecken. Siehe dazu seinen persönlichen Bericht: Hsien Hsing-hai: *»Huang ho ta-ho«* [Die Kantate »Der Gelbe Fluß«], Peking 1951.

18 Die Symphonie *»Schatschiapang«* wurde am Nationalfeiertag, dem 1. Oktober 1965, uraufgeführt (HC 8, 1967); »Die Geschichte einer Roten Signallaterne« wurde im Juli 1967 erstmals mit Klavierbegleitung aufgeführt (PR 30, 1968, S. 4ff).

19 Eine linguistische Analyse der Schöpfung der *yang-pan hsi* gibt Hua-yüan Li Mowry: *»Yang-pan hsi« – New Theater in China«* in *»Studies in Chinese Communist Terminology«*, Nr. 15, Berkeley 1973.

20 Das millionenfach verbreitete Gemälde »Vorsitzender Mao geht nach An-yüan« wurde von einem Pekinger Studentenkollektiv gestaltet und von dem 24jährigen Sohn eines armen Bauern gemalt. Tschiang Tsching, die das Bild während der Kulturrevolution propagierte, lobte den Mut, den die Studenten dadurch bewiesen hatten, daß sie Ölfarben (etwas Ausländisches) benützt hatten, um damit etwas Chinesisches darzustellen. Diese kulturelle Synthese entsprach dem Stil ihrer Modellwerke auf den Gebieten Oper, Ballett und Symphonie. Nähere Angaben über das Gemälde in CL 9 (1968), S. 40f.

21 Reden auf Tagungen von Kulturschaffenden, 9. und 12. Nov. 1967, Kantoner *»Wen-i hung-tschi«* [Rote Fahne der Literatur und Kunst], 10. Jan. 1968; SCMPS 216 vom 26. Jan. 1968.

22 Die hier von Mao Tse-tung und Tschiang Tsching verwendeten Ausdrücke – »typisch«, »individuell« und »liberal« – haben im kommunistischen Sprachgebrauch besondere Bedeutung. Auf der Bühne ist ein »typischer« Mensch eine heroische Verkörperung der Maotsetungideen – ein Vorbild, dem ganz China nacheifern soll. Ein »individueller« Mensch ist dagegen jemand, der sein Leben auf traditionelle chinesische Weise damit verbringt, es allen recht zu machen und niemanden zu beleidigen, wodurch er Maos Lehren vernachlässigt. Die literarischen Auswirkungen schildert Joe C. Huang: *»Heroes and Villains in Communist China: The Contemporary Chinese Novel as a Reflection of Life«*, New York 1973, S. 293f.

Bei der *Aussprache in Jenan über Literatur und Kunst* im Jahre 1942 sagte Mao Tsetung über den Begriff »typisch« in bezug auf sozialistischen Realismus: ». . . das in Werken der Literatur und der Kunst widergespiegelte Leben in seinen Äußerungen erhabener, schärfer ausgeprägt, konzentrierter, typischer und idealer und folglich auch allumfassender als die Alltagswirklichkeit sein kann und soll . . . Schriftsteller und Künstler schaffen Werke der Literatur und Kunst – indem sie diese alltäglichen Erscheinungen in einem Brennpunkt konzentrieren und die in ihnen enthaltenen Widersprüche und Kämpfe typisieren –, welche die Volksmassen aufrütteln, in Begeisterung versetzen und dazu treiben können, für die Änderung der Verhältnisse, in denen sie leben, sich zusammenzuschließen und zu kämpfen« (»Aussprache in Jenan über Literatur und Kunst«, AW III, S. 90).

Auch die Begriffe »liberal« und »Liberalismus« haben ihre Bedeutung im Sprachgebrauch der chinesischen Kommunisten gewandelt. In seinem 1937 geschriebenen Essay »Gegen den Liberalismus« (AW II, S. 27–30) definierte Mao den Liberalismus extensiv: »Der Liberalismus aber verzichtet auf den ideologischen Kampf und tritt für einen prinzipienlosen Frieden ein; das Ergebnis sind ein modriges, spießbürgerliches Verhalten und die politische Entartung gewisser Einheiten und Mitglieder der Partei und der revolutionären Organisationen.«

23 Im Jahre 1974 berichtete allerdings Li Hsi-fan, einer von Tschiang Tschings Gefolgsleuten, der damals in der Feuilletonredaktion der »Volkszeitung« tätig war, einige klassische Opern würden für ausländische Würdenträger einstudiert und vielleicht in absehbarer Zeit wieder öffentlich aufgeführt. Siehe Mackerras, ibid., S. 174.

24 HC vom 26. März 1968; SCMPS 227 vom 4. Juni 1968, S. 17f.

1 HC 9 vom 27. Mai 1967; SCMM 584 vom 17. Juli 1967, S. 19.

2 »Zusammenfassung der von der Genossin Tschiang Tsching im Auftrag von Genossen Lin Piao einberufenen Beratung über die Arbeit in Literatur und Kunst in der Armee«, HC 9 vom 27. Mai 1967, deutsch in: »Wichtige Dokumente der Großen Proletarischen Kulturrevolution«, Peking 1970, S. 226–271.

3 *»Hsin Peita«* [Neue Peking-Universität] vom 30. Mai 1967; SCMPS 190 vom 6. Juli 1967, S. 12f.

4 »Zwischenbemerkungen auf der Konferenz der Parteisekretäre der Provinzen und Städte (gesammelt)«, Januar 1957, *»Miscellany of Mao Tse-tung Thought«*, I, S. 46, JPRS 61269-1.

5 Die sensationelle Einführung des Klaviers in das Orchester der Peking-Oper bei der Aufführung der »Roten Signallaterne« wurde mit neuem proletarischem Pathos begrüßt: »Bürgerliche Musiker haben behauptet, das Klavierspiel sei eine schwer zu erlernende Kunst, und das Instrument eigne sich nur zur Wiedergabe der weltberühmten Kompositionen aus dem 18. und 19. Jahrhundert. Das ist Unsinn. Diese Leute haben sich nur von dekadentem, bürgerlichem, revisionistischem Zeug verblenden lassen. Diese Musik der oberen Klassen dient nur dazu, dem revolutionären Volk die Kampfkraft zu nehmen.«
»Als wir vor dem Klavier keine affektierten bürgerlichen jungen Damen und Herren in anmaßender Haltung stehen sahen, sondern die imponierenden Gestalten der Arbeiter, Bauern und Soldaten, und als wir den machtvollen Ton des Klaviers und die klaren Stimmen der Sänger hörten, waren wir zutiefst ergriffen.« (CL 9, 1968, S. 24f.).

6 Am 23. Februar 1964 befahl Mao den Schauspielern, Dichtern, Schriftstellern und Dramatikern, die Großstädte zu verlassen und aufs Land zu gehen (CB 842 vom 8. Dez. 1967, S. 19).

7 Die Anordnung Tschiang Tschings, Li Yü-ho sollte unter den Klängen der »Internationale« zur Hinrichtung gehen, wurde von Lin Mo-han widerrufen, der bei einer Probe spöttisch meinte, die auf traditionellen chinesischen Instrumenten gespielte »Internationale« klinge »dünn und wie das Gequieke von Ratten« (CL 3, 1967, S. 22).

8 Zu den Günstlingen des ehemaligen Kultusministers gehörte der Oberbürgermeister von Peking, Peng Tschen, der an dem neuen Repertoire von Tschiang Tsching noch nie Gefallen gefunden hatte. 1946 wurde er zum Sekretär des Nordost-Büros der Partei ernannt, mußte aber um die Mitte des gleichen Jahres Lin Piao und seiner Politik der Guerillakriegführung weichen, die im Gegensatz zur konventionellen Strategie von Peng Tschen stand. Vermutlich aus Ärger über ein revolutionäres Drama, das die heroischen Taten Lin Piaos auf Kosten Pengs in den Vordergrund stellte, soll dieser die Schauspieler aufgefordert haben: »Warum führt ihr nicht traditionelle Stücke auf [und vermeidet Stoffe aus der neueren Geschichte]? Haben wir auf unseren Universitäten und Schulen keinen Geschichtsunterricht mehr?« In aller Eile besorgte er mehr als hundertachtzig traditionelle Dramen und zwang das Ensemble, sie im Namen »politischer und wirtschaftlicher Aufgaben« aufzuführen. Tschiang Tsching ließ sich dadurch nicht abschrecken; sie kehrte an das Theater zurück, übergab den Schauspielern signierte Exemplare der »Ausgewählten Werke« von Mao und erklärte: »Glaubt nicht, ich sei nur hier, um Theateraufführungen zu veranstalten. Ich bin hier, um gegen den Feudalismus, den Kapitalismus und den Revisionismus zu kämpfen.« (Peking, *»Tsching-kang-schan pao«* [Tschingkangschaner Zeitung], 25. Mai 1967, SCMP 3996 vom 8. Aug. 1967, S. 8).

9 Ein detaillierter Bericht über die Schwierigkeiten bei der Redaktion des Textes von »Tigerberg« erschien in HC 2 vom 30. Jan. 1970; SCMM 7002, Febr. 1970, S. 36–48.

10 HC 8 vom 23. Mai 1967; JPRS 41, 458 vom 20. Juni 1967, S. 57–64.

11 Ibid., S. 62.

12 Lin Mo-han, den die Kulturrevolutionäre als den »Drahtzieher der Schwarzen Linie in Literatur und Kunst« bezeichneten, verriß »Tigerberg« und behauptete, der Oper fehle die »Atmosphäre der Peking-Oper«, sie sei »abgekochtes Wasser« und ein »drittklassi-

ges Machwerk«. Siehe Kuan Hsin, »Die Maotsetungideen führen uns in der großen Revolution der Peking-Oper« in Tschiang Tsching, »Über die Revolution in der Peking-Oper«, Peking 1968.

13 Die »drei Prinzipien der Spannung« und andere Tschiang Tsching zugeschriebene dramatische Formeln erscheinen in »Laßt unser Theater auf ewig die Maotsetungideen propagieren«, von Yü Hui-yung (der 1975 zum Kultusminister ernannt wurde) in CL 7–8, 1968, S. 107–115.

14 Hsüe Tsching, »Die Geburt des ersten Balletts mit einem modernen revolutionären Thema«, CL 3, 1967, S. 12.

15 Edgar Snow, *»The Other Side of the River«,* ibid., S. 76.

16 Die ursprüngliche Opernfassung in sechs Akten erschien in *»Pai-mao nü«* [Das Weißhaarige Mädchen], hrsg. von Hu Tsching-tschih et. al., Peking 1946.

17 Als wichtige Autorität in kulturellen Angelegenheiten in Jenan pries Tschou Yang den romantischen Geist der Geschichte, ihren realistischen Ausgangspunkt, die Darstellung des Widerstandes gegen Japan und des Klassenkampfes (HCPP 16, 1961, S. 163).

18 Die Fassung von 1950 und die Entstehungsgeschichte der Oper erschienen in *»Pai-mao nü«* [Das Weißhaarige Mädchen], Peking 1953.

19 Lois Wheeler Snow, *»China on Stage«,* ibid., S. 202.

20 *»The New York Times«,* 7. Oktober 1973.

XIX Die elfte Stunde

1 Tschu Lan, »Großartige Gemälde der chinesischen Revolutionsgeschichte; über die Errungenschaften und die Bedeutung der revolutionären Musterstücke«, HC 1 vom 1. Jan. 1974; SPRCM 767–768 vom 21. Jan.–4. Febr. 1974, S. 60–66.

2 Ibid.

3 Tschu Lan, »Kritik an der Schansi-Oper ›Dreimal den Pfirsich-Berg besteigen‹«, JMJP vom 28. Feb. 1974; SPRCP 5575 vom 19. März 1974, S. 38–45, s. besonders S. 39. (gekürzte Übersetzung in PR 11 vom 19. März 1974, S. 8ff.).

4 Ibid. Siehe auch Wei Tsching, »Die Schansi-Oper ›Dreimal den Pfirsich-Berg besteigen‹ ist ein äußerst giftiges Unkraut, das versucht, das Urteil gegen Liu Schao-tschi aufzuheben«, KMJP vom 3. März 1974; SPRCP 5576 vom 20. März 1974, S. 72–81.

5 Siehe Fang Tschins Artikel in HC 6 vom 1. Juni 1974; SPRCM 778–779 vom 2.–8. Juli 1974, S. 88–92.

6 Über die Rede Tschiang Tschings vom 5. Juli 1964 hieß es, sie habe »die glänzende Theorie Maos hervorragend interpretiert«, JMJP vom 16. Juli 1974.

7 Tschu Lan, »Zehn Jahre Revolution in der Peking-Oper«, HC 7 vom 1. Juli 1974; SRPCM 784–785 vom 29. Juli–15. Aug. 1974, S. 80–88. (leicht gekürzt in PR 31 vom 6. Aug. 1974, S. 4–10).

8 Ibid.

9 »Großes Repertoire in Pekings Theatern und Kinos«, PR 41 vom 14. Okt. 1975, S. 26f.

10 »Gemeine Hintergedanken, hinterhältige Tricks«, JMJP vom 30. Jan. 1974; PR 5 vom 5. Febr. 1974, S. 7–12.

11 *»Saturday Review World«,* 18. Mai 1974.

12 Beobachtungen eines Amerikaners bei dem Empfang.

13 Tschu Lan, »Vertieft die Kritik an der bürgerlichen Theorie von der menschlichen Natur«, HC 4 vom 1. April 1974; SPRCM 773–774 vom 22.–29. April 1974, S. 63–70; PR 23, 1974.

14 *»The New York Times«,* 14. Okt. 1973.

15 Vier Jahre, nachdem der Vorsitzende Mao und Präsident Nixon das Schanghaier-Kommuniqué verfaßt hatten, und fast zwei Jahre nach der Watergate Affäre lud der Vorsitzende Nixon zu einem zweiten Besuch nach China ein. Obwohl in Unehren aus dem Amt gejagt, wurde Nixon mit fürstlichem Pomp empfangen. Am Abend nach seiner Audienz beim Vorsitzenden am 23. Februar begleitete Tschiang Tsching Nixon

und seine Frau in die Große Halle zu einer Vorführung von etwa fünfundzwanzig Tanz- und Gesangsnummern. Während der Vorstellung sprang Tschiang Tsching plötzlich auf und applaudierte dem Lied eines Tenors, das die Entschlossenheit Chinas zum Ausdruck brachte, »Taiwan zu befreien« (das war nach Auffassung von Peking der Inhalt des Schanghaier-Kommuniqués). In Unkenntnis des chinesischen Textes wollte auch Nixon sich erheben, blieb dann aber doch sitzen und applaudierte verhalten. Auch Frau Nixon war aufgestanden, setzte sich aber wieder, als sie sah, daß ihr Mann sitzenblieb. *»The New York Times«,* 24. Febr. 1976.

16 *»The New York Times«,* 22. Okt. 1973.

17 *»International Herald Tribune«,* 26. Okt. 1974. Wer glaubt, die Gastfreundschaft, die Tschiang Tsching Imelda Marcos gewährte, sei eine Bagatelle gewesen, sollte eine Rede lesen, die Außenminister Tschiao Kuan-hua, Berichten zufolge, am 20. Mai 1975 gehalten hat. Darin sagte er: »Die Frau des Präsidenten der Philippinen war Preisträgerin auf einer Schönheitskonkurrenz. Sie ist das Produkt eines korrupten kapitalistischen Systems, in dem Frauen als Spielzeug angesehen werden. Daraus läßt sich ersehen, welcher Klasse der Präsident der Philippinen und seine Frau angehören. Dennoch müssen wir angesichts der gegenwärtigen internationalen Lage mit ihnen sprechen, wie wir auch Nixon einladen und mit ihm sprechen mußten. Die Größe des Vorsitzenden Mao besteht darin, daß er zwischen dem, was wichtig und was unwichtig ist, unterscheiden kann.« CNA 1036 vom 19. April 1976, S. 6.

18 Zum Beispiel das Experiment von James Yen in Ting-hsien und die »Modellkreise« der KMT.

19 Die *»New York Times«* berichtete am 23. Dez. 1974 über die Vorführung der Wunder von Hsiao-tschin-tschuang vor Frau Marcos. KMJP vom 15. Okt. 1974 zählt sämtliche kulturellen Unternehmen der Brigade auf.

20 Siehe z. B. die Ausgabe von HC vom Jan. 1973 und die Besprechung in CNA 1059 vom 5. Nov. 1976; PR 2 vom 14. Jan. 1975. Eine gute Quelle über das Aufleben des Interesses für die kurzlebige Tschin-Dynastie und das dort gegebene legalistische Beispiel ist *»The First Emperor of China«,* hrsg. von Li Yu-ning, White Plains, N. Y. 1975.

21 Siehe HC-Nummer vom Jan. 1973 und die Besprechung in CNA 1059 vom 5. Nov. 1976, S. 3.

22 Auf dem Zehnten Parteitag im August 1973 bezeichnete Tschou En-lai die Kampagne gegen Konfuzius als eine »Fortführung und Vertiefung der Kampagne gegen Lin Piao«. Am 2. Februar 1974 erklärte die »Volkszeitung« diesen Vorgang zu einer Massenbewegung.

23 Dokument der KPCh *(Tschung-fa)* 3 (1974), *»Issues and Studies«,* Taipeh, 10. Aug. 1974, S. 110–113.

24 Vor allem die Gruppe der »Eisernen Mädchen« in Tatschai erhob diese Anklage. Vgl. »Wir revolutionären Frauen hassen erbittert die Lehren von Konfuzius und Menzius«, HC 3 vom 3. März 1974; SPRCM 771–772 vom 25. März–1. April 1974, S. 36ff.; Fu Wen, »Die Doktrin von Konfuzius und Menzius – der Strick zur Fesselung der Frau«, PR 10 vom 12. März 1974, S. 17ff.

25 Eine neue historische Würdigung des matriarchalischen Systems in der primitiven Gesellschaft gibt Sun Lo-ying und Lu Li-fan, »Über die konfuzianische Verfolgung der Frauen in der Geschichte«, *»Hsüe-hsi yü pi-pan«* [Studium und Kritik] 1 vom 10. Jan. 1975; SPRCM 813 vom 17. März 1975, S. 52–57.

26 Lo Su-ting, »Über den Klassenkampf in der Tschin-Han-Periode«, HC 8 vom 1. Aug. 1974; SPRCM 787–788 vom 30. Aug.–9. Sept. 1974, S. 15–28.

27 1974 in der Provinz Schansi begonnene archäologische Ausgrabungen förderten bedeutende Kunstschätze aus der Regierungszeit von Tschin Schih Huang-ti zutage (Besprechung in der *»New York Times«* vom 30. Nov. 1975). Etwa tausend Bambusstücke mit legalistischen Gesetzen und Dokumenten aus der Spätzeit der Kämpfenden Reiche bis zur Tschin-Dynastie (475–224 v. Chr.) wurden in einem der zwölf Gräber gefunden, die Anfang 1976 in Zentralchina ausgegraben worden sind (*»The New York Times«* vom 29. März 1976).

28 Tschü Tung-tsu, *»Han Social Structure«,* hrsg. von Jack Dull, Seattle 1972, S. 60f.

29 Lo Su-ting, »Über den Klassenkampf«. Vgl. Kap. XIX, Anm. 26.
30 Siehe z.B. Sun Lo-ying und Lu Li-fan, »Über die konfuzianische Verfolgung«. Vgl. Anm. 25.
31 Zitiert in *»Hsüe-hsi yü pi-pan«* [Studium und Kritik] 1 vom 10. Jan. 1975; SPRCM 810 vom 24. Febr. 1975, S. 1. Dieser sehr detaillierte Bericht, der den Werdegang Wu Tse-tiens vom legalistischen Standpunkt aus schildert, ist einer von mehreren revolutionären Berichten, die im Herbst 1974 zu diesem Thema zu erscheinen begannen. Vgl. auch »Studium der historischen Erfahrungen des Kampfes zwischen der konfuzianischen und legalistischen Schule«, HC 10 vom Okt. 1974; SPRCM 795 vom 29. Okt.–4. Nov. 1974. Der Aufsatz in HC wurde am 13. Oktober 1974 in JMJP nachgedruckt (leicht gekürzt in PR 2 vom 14. Jan. 1975, S. 8–12). Der sehr geachtete Philosoph Feng Yu-lan veröffentlichte fünfundzwanzig politische Gedichte in KMJP vom 14. Sept. 1974. Das elfte lautete:

Die zertrümmerten Berge und Flüsse sind wieder vereinigt.
Nun beherrschen verarmte Familien und einfache Leute
Ehemals mächtige Clans.
[Wu] Tse-tien, die es wagte, sich selbst zur Herrscherin zu erklären,
War eine unvergleichliche Heldin in ihrem Widerstand
Gegen den Konfuzianismus.

Übers. nach der englischen Übertragung in *»Current Scene«* vom 12. Nov. 1974, S. 22.
32 Audrey Topping, »China unternimmt Anstrengungen, die Landwirtschaft zu mechanisieren«, *»The New York Times«,* 4. Dez. 1975.
33 CNA 1019 vom 7. Nov. 1975, S. 5f.
34 Dieses über Taipeh beschaffte Dokument wird wörtlich zitiert in CNA 1004 vom 20. Juni 1975 (auch »CHINA aktuell«, Hamburg, August 1975, S. 432–435).
35 HC 3 vom März 1976; Nachdruck in JMJP vom 4. März 1976.
36 PR 15 vom 13. April 1976, S. 5.
37 CNA 1054 vom 17. Sept. 1974, S. 4.
38 JMJP vom 12. Sept. 1976.
39 PR 44 vom 2. Nov. 1976, S. 15–18.
40 Bericht von Tiziano Terzani, *»Newsweek«,* 1. Nov. 1976, S. 44.
41 *»The Washington Post«* vom 17. Nov. 1976.
42 PR 47 vom 23. Nov. 1976, S. 8.
43 JMJP vom 23. Nov. 1976.
44 *»The New York Times«* vom 4. Dez. 1976.
45 PR 46 vom 16. Nov. 1976, S. 6f.
46 CNA 1056 vom 8. Okt. 1976, S. 6.
47 CNA 1060 vom 12. Nov. 1976, S. 2.
48 JMJP vom 26. Nov. 1976.
49 *»The Washington Post«* vom 17. Nov. 1976.
50 JMJP vom 19. Nov. 1976.
51 PR 46 vom 16. Nov. 1976, S. 8f.
52 Ibid., S. 9.
53 PR 44 vom 2. Nov. 1976, S. 13.
54 *»The New York Times«* vom 31. Okt. 1976.
55 *»The New York Times«* vom 23. Okt. 1976.
56 *»The Washington Post«* vom 29. Okt. 1976.
57 *»The New York Times«* vom 8. Dez. 1976 (Vgl. PR 52 vom 28. Dez. 1976, S. 17).
58 JMJP vom 10. Nov. 1976.
59 JMJP vom 1. Nov. 1976.
60 *»The New York Times«* vom 7. Dez. 1976.
61 PR 1 vom 4. Jan. 1977.
62 *»Manchester Guardian«* 115 vom 7. Nov. 1976.

Nach Drucklegung dieses Buches entdeckte ich in der »Volkszeitung« vom 26. November 1976 einen Artikel, in dem behauptet wird, Tschiang Tsching habe im Sommer 1974 versucht, in einer chinesischen Photozeitschrift ein Landschaftsphoto und den Vierzeiler zu veröffentlichen, der in diesem Buch abgebildet ist, »Der Gipfel des Han-yang im Luschan-Gebirge«. Einige ihrer jetzigen Gegner glauben, sie habe das Gedicht selbst verfaßt; an die Möglichkeit, der verstorbene Mao hätte es schreiben können, hat niemand gedacht. Der Kritiker der »Volkszeitung« hat jede Zeile dieses »schwarzen« Gedichts seziert, um nachzuweisen, es sei Ausdruck des Bestrebens von Tschiang Tsching, im 20. Jahrhundert Kaiserin von China zu werden.

Personen- und Sachregister

SOWJETUNION
Irkutsk
Balchasch See
MONGOLISCHE
VOLKSREPUBLIK
(ÄUSSERE MONGOLEI)
AFGHANISTAN
SINKIANG
INNERE
JUMMU
UND
KASCHMIR
KANSU
TSINGHAI
NINGHSIA
PAKISTAN
Lantschou
Indus
TIBET
Salween
SZETSCHUAN
Yangtsekiang
Tschengtu
Lhasa
Delhi
NEPAL
SIKKIM
Tschungking
BHUTAN
Yalung
Mekong
BANGLA-
DESCH
Daccá
Kunming
Yüan
Kalkutta
YÜNNAN
(Roter
INDIEN
BURMA
(Nord)
Golf von
Bengalen
Salween
Mekong
LAOS
THAILAND